《走出石窟的北魏王朝》编辑委员会

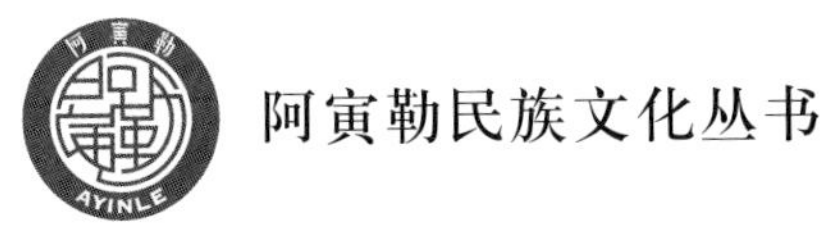

阿寅勒民族文化丛书

上卷

走出石窟的北魏王朝

金昭　阿勒得尔图　主编

文化艺術出版社
Culture and Art Publishing House

金 昭 高级经济师，工学硕士。曾任满洲里市副市长、扎兰屯市委书记，现任呼伦贝尔市副市长。

俄罗斯·独联体研究中心研究员，对外经济贸易大学中国开放型经济研究所研究员，吉林工业大学兼职教授，哈尔滨理工大学兼职教授。

阿勒得尔图 蒙古族，中国作家协会会员、中国摄影家协会会员，现任中国文化报内蒙古记者站站长。

两卷本文学作品集《纵酒踏歌》荣获第九届内蒙古“五个一工程”图书奖，2007年被内蒙古党委、政府授予“全区民族团结进步模范个人称号”。

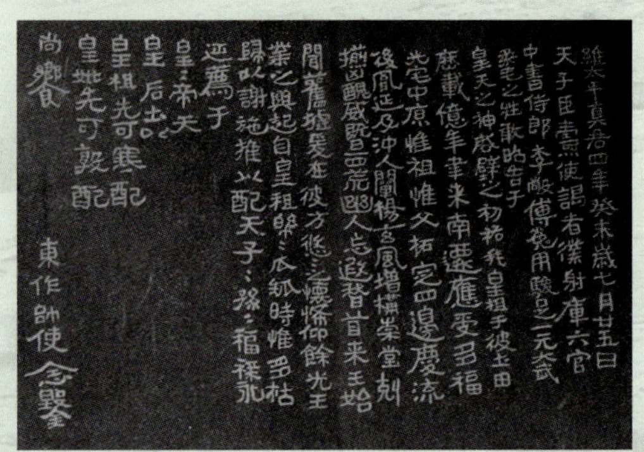

嘎仙洞祝文石刻

嘎仙洞地理位置

目　录

（上卷）

南迁西进入主中原篇

鲜卑源流名称考篇

石室祝文篇

（下卷）

考古探索篇

社会经济篇

石窟论述篇

序　言

金　昭　阿勒得尔图

翦伯赞与郭沫若、范文澜、吕振羽、侯外庐一道被誉为马列主义新史学“五名家”。这位治学严谨、著作宏富的大家应乌兰夫主席的邀请，曾于1961年7月开始在内蒙古做了长达51天的访问考察。他在《内蒙访古》中写道：“呼伦贝尔不仅在现在是内蒙（古）的一个最好的牧区，自古以来就是一个最好的草原。这个草原一直是游牧民族的历史摇篮。出现在中国历史上的大多数游牧民族：鲜卑人、契丹人、女真人、蒙古人都是在这个摇篮里长大的，又都在这里度过了他们历史上的青春时代。”

“假如呼伦贝尔草原在中国历史上是一个闹市，那么大兴安岭则是中国历史上的一个幽静的后院。”

“森林是一个比草原更为古老的人类的摇篮。”

翦伯赞先生对呼伦贝尔草原和大兴安岭森林的定位和评论充满真知灼见。

从内蒙古大鲜卑山嘎仙洞（今鄂伦春自治旗境内）走出的拓跋鲜卑历经几百年的迁徙和征战、几千里的跋涉和历练，从小到大、从弱到强，拓跋焘于公元439年统一黄河流域，成为历史上第一个入主中原的北方游牧民族政权，并和刘宋王朝形成南北对峙，将中国带入南北朝时期。

孝文帝拓跋宏于公元495年迁都洛阳并实行一系列改革后，北魏王朝出现空前的北方民族大融合，极大地促进了北魏王朝政治、经济、文化、社会等各个领域的蓬勃发展。

正因为如此，深入、系统、认真地对北魏王朝的政治、经济、文化、社会等各个领域进行探讨和研究，在今天仍然具有很重要的现实意义。我们将专家、学者们在国内外报刊上发表的具有真知灼见的论文集结在《走出石窟的北魏王朝》里，试图以完璧的形成就教于学者、就教于专家、就教于读者，同时也给北魏王朝研究提供一个可资借鉴的理论平台。

《魏书·序纪》载："昔黄帝有子二十五人，或内列诸华，或外分荒服。昌意少子，受封北土，国有大鲜卑山，因以为号。其后世为君长，统幽都之北，广漠之野，畜牧迁徙，射猎为业，淳朴为俗，简易为化，不为文字，刻木纪事而已。世事远近，人相传授，如史官之记录焉。黄帝以土德王，北俗谓土为'托'，谓后为'跋'，故以为氏。其裔始均，入仕尧世，逐女魃于弱水之北，民赖其勤，帝舜嘉之，命为田祖。爰历三代，以及秦汉，獯鬻、猃狁、山戎、匈奴之属，累代残暴，作害中州，而始均之裔，不交南夏，是以载籍无闻焉。"

《魏书·序纪》中的这段文字似有玄机。既然始均曾侍尧、舜，并受奖受封，在汉文典籍中应有记载，然而史学界至今没有发现任何蛛丝马迹。无疑，《魏书》是一部最为汉化的史籍，孝文帝又是一个完全汉化的皇帝，给自己贴金在所难免。著名史学家林干先生认为，《魏书》把拓跋鲜卑与"炎黄"扯上关系，"只不过是后来北魏王朝的统治者出于政治上的需要，乃命修史者曲意为之伪托而已"。但不能否认，拓跋鲜卑起源早于其他鲜卑，可上溯夏商时期。《魏书》说"拓跋"源于黄帝，而研究者认为是他们远古以来的自称。

《后汉书·鲜卑传》载："鲜卑者，亦东胡之支也，别依鲜卑山，故因号焉。……汉初亦为冒顿所破，远窜辽东塞外，与乌桓相接，未常通中国焉。"

鲜卑为东胡后裔已成定论。这里有一个问题需要指出，汉初被冒顿单于所破的东胡就是后来的乌桓和鲜卑，皆因山而得名。乌桓山在今内蒙古阿鲁科尔沁旗天山镇西北 70 公里处，鲜卑山在今内蒙古科右中旗境内。这个"鲜卑"是居住在鲜卑山的东部鲜卑，而不是居住在大鲜卑山的拓跋鲜卑。居住在大鲜卑山的拓跋鲜卑要比居住在鲜卑山的东部鲜卑古老得多，但拓跋鲜卑是什么时候居住在大鲜卑山的，目前还无稽可考。

居住在大鲜卑山嘎仙洞的拓跋鲜卑发展到成帝毛时已经"统国三十六，大姓九十九"，并且"威震北方"了！然而，这三十六国、九十九姓亦是相对而言，试想以嘎仙洞为活动中心，如果超过三五万人，势必很是拥挤？作为统治者，是否有必要谋取更大的生活空间？于是就有第一推寅率部“南迁大泽”的壮举（大泽即呼伦湖，现在内蒙古满洲里境内）！

第一推寅下传七世至邻时，东部鲜卑檀石槐建立起强大的部落军事联盟。檀石槐第一次登上文献历史舞台的时间是公元156年秋，《后汉书·鲜卑传》“桓帝二年（156年）秋，檀石槐遂将三四千骑寇云中”，当时他仅是一个部落酋长而已。10年后，檀石槐已成为“尽据匈奴故地的大国之汗”，“南抄汉边，北据丁零，东却扶余，西击乌孙”，其辖地“东西万四千余里，南北七千余里”。很显然居住在大泽的拓跋鲜卑已经进入檀石槐的势力范围，受其辖制亦在情理之中。如此分析我们就会豁然开朗，《魏书·序纪》中有神人对拓跋邻说：“此土荒遐，未足以建都邑，宜复徙居。”有学者认为，“神人”的这番话是檀石槐对拓跋鲜卑下达的命令。然而，被称为第二推寅的拓跋邻年已老迈，无力举步西迁，遂传位给儿子拓跋诘汾。诘汾率部经过“山谷高深，九难八阻，历年乃出”到达“匈奴故地”后，只是檀石槐麾下统治西部鲜卑的一个大人而已。

所谓“推寅”是一种荣誉称号，在鲜卑语里“推寅”具有“钻研”的意思。

檀石槐强大部落军事联盟溃散后，拓跋力微已经登上政治、军事舞台，神元二十九年（258年），力微“控弦士马二十万”，10年后，他将根据地从河套地区迁至盛乐（今内蒙古和林格尔县），争取到更为广阔的活动空间。

晋永嘉二年（308年），猗卢称霸拓跋鲜卑时已经“控弦之士达四十余万”，不难看出这是一支非常骁勇的铁骑之师。斯时，正值铁弗匈奴、白部匈奴联合进攻并州。并州刺史刘琨请求猗卢相救，猗卢出兵制胜。为感谢猗卢救命之恩，刘琨表奏晋怀帝封猗卢为“代公”，进而晋愍帝又封其为“代王”，并将句注山陉岭以北之地相赠。代政权建立，标志着拓跋鲜卑正式登上历史舞台。

猗卢于晋建兴四年（316年）被谋杀后，拓跋鲜卑内部大乱，直到东晋咸康四年（338年）拓跋什翼犍继代王位，颓势得以扭转。拓跋什翼犍大举设官分职、制定法律，国家机构雏形已现。正当拓跋鲜卑雄心勃勃地朝着建立国家的方向大步迈进的时候，前秦苻坚的金戈铁马把这个美梦踏得粉碎，拓跋什翼犍也惨死在自己儿子的锋利屠刀之下，代政权走向灭亡。

淝水之战后，前秦政权土崩瓦解。被认定“光复洪业、光扬祖宗者”的拓跋什翼犍之孙拓跋珪于386年初乘机起兵，复建代国，定都盛乐，自称魏王，史称北魏；398年12月，拓跋珪迁都平城（今山西大同）后称帝，拓跋珪为北魏开国皇帝。

拓跋珪称帝后，一边忙于统一北方的大业，一边忙于治理已经取得的天下。一个从森林、从草原走出的少数民族政权，要治理国家、发展经济离开汉族的支持和帮助那是不可能的。拓跋珪“诚思成败之理，察治乱之由，鉴殷周之失，革秦汉之弊”，在他统治的20多年里，启用汉臣、推进汉化，使游牧生活向农耕生活转变，使奴隶社会向封建社会转变。

北魏第三任皇帝拓跋焘是极有作为的。“世祖聪明雄断，威豪杰立，藉二世之资，奋征伐之气，遂戎轩四出，周旋险夷。扫统万，平秦陇，翦辽海，荡河源，南夷荷担，北蠕削迹，廓定四表，混一戎华，其为功也大矣。遂使有魏之业，光迈百王，岂非神睿经纶，事当命世?”他于439年统一北方，第一次形成中国历史上南北对峙的局面。拓跋焘在位期间，倡导吏治、倡导儒学，把开始于拓跋珪时代的封建化进程推向一个高峰，数百名汉族贤士谋臣对其俯首称臣，“髦士盈朝，而济济之美兴焉”！

443年，36岁的拓跋焘听乌洛侯国前来平城朝贡的使臣说，“魏先之居幽都也，凿石为祖宗之庙于乌洛侯国西北，自后南迁，其地隔远。……石庙如故，民常祈请，有神验焉”后极为兴奋，立即“遣中书侍郎李敞告祭焉，刊祝文于室之壁而还”。这个刊有祝文的石室就是嘎仙洞，时隔1537年后的1980年7月，这则祝文在嘎仙洞被发现，其后引起学术界的广泛关注，将北魏研究推向一个全新的制高点。对此，非常有必要为拓跋焘记上一功！

被称为北魏改革家的孝文帝拓跋宏不仅有政治家的气魄，更有文学家的风采。“白日光天兮无曜/江左一隅独未照”至今读来仍振聋发馈，他在文学上的成就“颉颃汉彻，跨蹑曹丕”。

孝文帝拓跋宏所处的时代是北方草原游牧民族与南方中原汉族文化大融合大碰撞的时代。为顺应时代潮流、加强封建统治、稳定社会环境，孝文帝推出迁都、汉化等一系列改革措施。他的迁都、汉化措施并不是空中楼阁、空穴来风，拓跋珪建都盛乐两年后便迁都平城，拓跋珪、拓跋焘都有意识地推进汉化过程，拓跋宏的“均田制”就脱胎于拓跋珪的“计口授田制和课田制”。

曾几何时，赵武灵王号令全国“胡服骑射”，是借鉴游牧民族的长处治理国家。而孝文帝的变鲜卑姓为汉姓、变鲜卑服为汉服、变鲜卑语为汉语，虽然有助于民族大融合，但使一个游牧民族的传统消失了，文化消失了，语言消失了。

日本学者白鸟库吉20世纪初完成的巨著《东胡民族考》颇得国学大师王国维的赏识，1934年由白鸟库吉的得意门生方壮猷翻译出版。白鸟库吉在《东胡民族考》中说：“乌洛侯国之所在地，既在今嫩江流域，则在乌洛侯国西北部之拓跋氏祖先石室，亦必在嫩江流域之中，而当在兴安岭之近旁。”在没有考古证据的前提下（后来被考古证明），就能大致判断出石室的方位所在，非功力深厚者所不能为也，学界认为这是鲜卑研究的第一座里程碑。

我国著名的民族学家、历史学家马长寿20世纪60年代出版的《乌桓与鲜卑》站在马克思主义的历史唯物主义理论高度，对鲜卑族在中华民族形成过程中的巨大作用给予充分肯定，学界认为这是鲜卑研究的第二座里程碑。

白鸟库吉、马长寿的研究虽然都有独到之处，但大都依赖于文献典籍，由于当时的历史条件的局限，还不能充分利用、借鉴考古和遗迹。20世纪70年代，随着各地考古的重大发现以及我国佛教考古的开创者、著名考古学家宿白《东北、内蒙古地区的鲜卑遗迹》、《盛乐、平城一带的拓跋鲜卑——北魏遗迹》、《北魏洛阳城和北邙陵墓》等3篇《鲜卑辑录》的发表，为沉闷的鲜卑研究注入一股新鲜空气，学界认为这是鲜卑研究的第三座里程碑。

米文平于1980年7月29日发现北魏石刻祝文，学界认为是鲜卑研究的第四座里程碑，同时掀起新一轮北魏研究的高潮。北魏研究的论文如数不尽的繁星在万里学术长空闪烁，佟柱臣、史树青、林干等大家的研究力作的发表使这学术长空更加灿烂。

翦伯赞的《内蒙访古》是一篇激情奔放的散文。严格意义上说《内蒙访古》不属于我们编辑的论文范畴，但翦老以深邃的目光洞穿1500多年的历史尘埃，对呼伦贝尔、对大兴安岭、对鲜卑、对蒙古等游牧民族都提出了独到的见解和阐释，使我们获益匪浅。翦伯赞主编的《中国史纲要》中说："鲜卑拓跋部先世居于嫩江西北的大兴安岭地区。"此语与白鸟库吉所持观点如出一辙，可见两位史学大家在学养上不分仲伯。有鉴于此，我们将《内蒙访古》节选后作为代序置于书首，以飨读者。

北魏王朝是从呼伦贝尔走出去的。

呼伦贝尔有责任和义务为探讨北魏的建立和发展做些力所能及的事情，这就是我们编辑《走出石窟的北魏王朝》论文集的初衷。

2009年10月8日

内蒙访古（节选·代序）

翦伯赞

游牧民族的摇篮

我们在内蒙西部没有看到的塞外风光，在内蒙东部看到了。当我们的火车越过大兴安岭进入呼伦贝尔草原时，自然环境就散发出内蒙古的气氛。一幅天苍苍野茫茫的画面出现在我们的面前了。

正像大青山把内蒙的西部分成南北两块，大兴安岭这一条从东北伸向西南的广阔的山脉也把呼伦贝尔草原分割为东西两部。山脉的两麓被无数起伏不大的山谷割开，从山谷中流出来的溪水，分别灌注着大兴安岭东西的草原，并在东部汇成了嫩江，在西部汇成了海拉尔河。海拉尔，蒙古语，它的意思就是流下来的水。

海拉尔市虽然是一个草原中的城市，但住在这个城市里，并不能使我们感到草原的风味，只有当我们从海拉尔乘汽车经过南屯前往锡尼河的这条路上，才看到真正的草原风光。在这条路上，我第一次看到这样平坦、广阔、空旷的草原，从古以来没有人耕种过的、甚至从来也没有属于任何个人私有过的草原。没有山，没有树木，没有村落，只有碧绿的草和覆盖这个草原的蓝色的天，一直到锡尼河我们才看到一些用毡子围起来的灰白色的帐幕，这是布列亚特蒙古族牧人的家。

我们访问了这些牧人的家，在草原上度过了最快乐的一天。

当然不是所有的草原都像锡尼河一样的平坦。当我们从海拉尔前往满洲里的路上，我们就看到一些起伏不大的沙丘；而当我们从满洲里到达赉湖，从达赉湖到扎赉诺尔的路上，也看到了一些坡度不大的丘陵在地平线上画出了各种各样的柔和的曲线。

呼伦贝尔不仅在现在是内蒙的一个最好的牧区，自古以来就是一个最好的草原。这个草原一直是游牧民族的历史摇篮。出现在中国历史上的大多数游牧民族：鲜卑人、契丹人、女真人、蒙古人都是在这个摇篮里长大的，又都在这里度过了他们历史上的青春时代。

根据《后汉书·鲜卑传》所载，鲜卑人最早的游牧之地是鲜卑山。

他们每年“以季春月大会于饶乐水上”。鲜卑山、饶乐水究竟在哪里，历来的史学家都没有搞清楚。现在我们在扎赉诺尔附近木图拉雅河的东岸发现了一个古墓群。据考古学家判断，可能是鲜卑人的墓群。如果是鲜卑人的墓群，那就可以证实早在两汉时期鲜卑人就游牧于呼伦贝尔西部达赉湖附近一带的草原。

对于早期鲜卑人的生活，历史文献上给我们的知识很少，仅说鲜卑人的习俗与乌桓同。而当时的乌桓是一个以“弋猎禽兽为事，随水草放牧”，但已“能作弓矢鞍勒，锻金铁为兵器”的游牧民族。我们这次在呼和浩特和海拉尔两处的博物馆，看到扎赉诺尔古墓中发现的鲜卑人的文物，其中有双耳青铜罐和雕有马鹿等动物形象的铜饰片。又有桦木制的弓、桦树皮制的弓囊和骨镞等等，只是没有发现角端弓。又《鲜卑传》谓鲜卑于建武二十五年始与东汉王朝通驿（当作译）使，这件事也从墓葬中发现的织有“如意”字样的丝织物和汉代的规矩镜得到了证实。

史载契丹人最初居在鲜卑人的故地，地名枭罗箇没里，没里者，河也。这条河究竟在哪里，不得而知。最近在扎赉诺尔古墓群附近发现了契丹人的古城遗址，证明契丹人也在呼伦贝尔草原东部游牧过。女真人在呼伦贝尔草原也留下了他们的遗迹。其中最有名的是两条边墙。一条边墙在草原的西北部，沿着额尔古纳河而西，中间经过满洲里直到达赉湖的西边，长约数百里。这条边墙显然是为了防御蒙古人侵入呼伦贝尔草原而建筑的。但据史籍所载，在蒙古人占领这个草原以前，游牧于这个草原的是塔塔儿人，蒙古人不是从女真人手中，而是从塔塔儿人手中接收这个草原的。根据这样的情况，这条边墙，似乎不是女真人修筑的。只有在这样的情况之下，即为了抵抗蒙古人的侵入，当时的塔塔儿人和女真人是站在一边的，女真人才有可能修筑这条边墙。另一条边墙在呼伦贝尔的东南，这条边墙是沿着大兴安岭南麓自东北而西南，东起于莫力达瓦达斡尔族自治旗的尼尔基镇，西至科尔沁右翼前旗的索伦，长亦数百里。王国维曾在其所著《金界壕考》一文中对这条墙作了详细的考证，有人认为这是成吉思汗的边墙，并且把札兰屯南边的一个小镇取名为成吉思汗，以纪念这条边墙，这是错误的。毫无疑问，这条边墙是女真人建筑的，其目的是为了保卫呼伦贝尔南部的草原，免于蒙古人的侵入。但是成吉思汗终于突破了这两道边墙，进入了呼伦贝尔草原。

呼伦贝尔草原不仅是古代游牧民族的历史摇篮，而且是他们的武库、粮仓和练兵场。他们利用这里的优越的自然条件，繁殖自己的民族，武装自己的军队，然后以此为出发点由东而西，征服内蒙中部和西部诸部落或更广大的世界，展开他们的历史性的活动。鲜卑人如此，契丹人、女真人、蒙古人也是如此。

鲜卑人占领了这个草原就代替匈奴人成为蒙古地区的支配民族，以后进入黄河流域建立了北魏王朝。鲜卑人在前进的路上留下了很多遗迹，现在在内蒙和林格尔县发现的土城子古城，可能就是北魏盛乐城的遗址。大同云岗石窟和洛阳龙门石窟也是鲜卑人留下来的艺术宝库。我们在访问大同时曾经游览云岗石窟，把这里的艺术创造和扎赉诺尔的文化遗物比较一下，那就明显地表示出奠居在大同一带的鲜卑人比起游牧于扎赉诺尔的鲜卑人来，已经是一个具有高得多的文化的民族。如果把龙门石窟和云岗石窟的艺术，作一比较研究，我想一定能看出鲜卑人在文化艺术方面更大一步的前进。

在呼伦贝尔草原游牧过的契丹人，后来也向内蒙的中部和西部发展，最后定居在黄河流域建立了辽王朝。契丹人也在前进的路上留下了他们历史的里程碑。他们在锦州市内留下了一个大广济寺古塔，在呼和浩特东四十里的地方留下了一个万部华严经塔，还在大同城内留下了上下华严寺。我们这次游览了锦州的古塔，欣赏了大同上下华严寺的佛像雕塑艺术。从这些建筑艺术和雕塑艺术看来，奠居在锦州和大同一带的契丹人也是一个具有相当高度文化艺术的民族。

为了保卫呼伦贝尔草原建筑过两条边墙的女真人，后来也进入黄河流域。和鲜卑人、契丹人略有不同，女真人在进入中原以前已经具有比较高度的文化，并且建立了金王朝。现在黑龙江省阿城县南的白城就是金上京。在这次访问中，有些同志曾经去游览过金上京遗址，从遗址看来已经是一个规模相当大的城市。这个城市表明了当时女真人已经进入了定居的农业生活，并且有了繁盛的商业活动。

成吉思汗在进入呼伦贝尔草原以前，始终局促于斡难河与额尔古纳河之间的狭小地区。但当他一旦征服了塔塔儿人占领了这个草原，不到几年他就统一了蒙古诸部落，正如他在写给长春真人邱处机的诏书中所说的：“七载之中成大业，六合之内为一统。”

蒙古人当然知道这个草原的重要性，元顺帝在失掉了大都以后，带着他的残余军队逃亡，不是逃往别处而是逃到呼伦贝尔草原。

朱元璋似乎也知道这个草原的重要性，他派蓝玉追击元顺帝，一直追到捕鱼儿海（即今贝尔湖）东北八十里的地方，在这个草原中彻底地歼灭了元顺帝的军队以后，蒙古王朝的统治才从中国历史上结束。

历史的后院

假如呼伦贝尔草原在中国历史上是一个闹市，那么大兴安岭则是中国历史上的一个幽静的后院。重重叠叠的山岭和覆蔽着这些山岭的万古常青的丛密的原始森林，构成了天然的障壁，把这里和呼伦贝尔草原分开，使居住在这里的人民与世隔绝，在悠久的历史时期中，保持他们传统的古老的生活方式。一直到解放以前，居住在这个森林里的鄂伦春人和鄂温克人还停留在原始社会末期的历史阶段。但是解放以后，这里的情况已经大大的改变了。

现在，一条铁路已经沿着大兴安岭的溪谷远远地伸入了这个原始森林的深处，过去遮断文明的障壁在铁道面前被粉碎了。社会主义的光辉已经照亮了整个大兴安岭。我们这次就是沿着这条铁道进入大兴安岭的。火车首先把我们带到牙克石。牙克石是喜桂图旗的首府，也是进入大兴安岭森林地带的大门。喜桂图，蒙古语，意思是有森林的地方。这个蒙古语的地名，纪录了这里的历史情况，其实在牙克石附近现在已经没有森林了。

在牙克石前往甘河的路上，我们的目光便从广阔的草原转向淹没在原始森林中的无数山峰。在铁道两旁，几乎看不到一个没有森林覆蔽的山坡，到处都丛生着各种各样的树木，其中最多的是落叶松和白桦，也有樟松、青杨和其他不知名的树木。

我们在甘河换了小火车，继续向森林地带前进。经过了几小时的行程，火车把我们带到了一个叫做第二十四的地方。应该说明一下，在这个森林中，有很多地方过去没有名字。解放以后，森林工作者替这些地方也取了一些名字，如第一站、第二站之类。但有些地方原来是有鄂伦春语的名字的，而这些鄂伦春语的地名，又往往能透露一些历史的消息。例如西尼气是一个鄂伦春语的地名，意思是有柳树的地方；又如加格达奇，也是一个鄂伦春语的地名，意思是有樟松的地方。这样的地名比起数目字的地名来，当然要好得多，因此我以为最好能找到这些地方的鄂伦春语的名字。

我们在第二十四地点下了火车，走进原始森林。依照我们的想法，在原始森林里，一定可以看到万年不死的古树；实际上并没有这样长寿的树木，落叶松的寿命最多也不过一百多年。所谓原始森林，是说这个森林从太古以来，世世代代，自我更新，一直到现在，依然保持它们原始的状态。当然在我们脚下践踏的，整整有一尺多厚的像海绵一样的泥土，其中必然有一万年甚至几万年前的腐朽的树木和树叶。

我们在这里第一次看到了太阳都射不进去的丛密的森林，也第一次看到了遍山遍岭的杜鹃花和一种驯鹿爱吃的特殊的苔藓。秋天的太阳无私地普照着连绵不断的山岗，畅茂的森林在阳光中显出青铜色的深绿。在山下，河流蜿蜒地流过狭窄的河谷，河谷两岸是一片翠绿的草地和丛生的柳树。世界上哪里能找到这样美丽的花园呢？

我们的旅程，并没有停止在甘河。就在当天夜晚，火车把我们带到了这条森林铁路的终点阿里河。阿里河是鄂伦春族自治旗的首府。鄂伦春，满洲语，意思是驱使驯鹿的部落。但是现在的鄂伦春族人民已经不是一个驱使驯鹿的部落，他们在阿里河边建筑了新式的住房，在这里定住下来，逐渐从狩猎生活转向驯养鹿群和农业的生活。现在在大兴安岭内驱使驯鹿的唯一的民族，也是以狩猎为生的唯一的民族是鄂温克族。

从狩猎转向畜牧生活并不是一种轻而易举的事，这要求一个民族从森林地带走到草原，因为游牧的民族必须依靠草原。森林是一个比草原更为古老的人类的摇篮。恩格斯曾经说过，一直到野蛮低级阶段上的人们还是生活在森林里；但是当人们习惯于游牧生活以后，人们就再也不会想到从河谷的草原自愿地回到他们的祖先所住过的森林区域里面去了。恩格斯的话说明了人类在走出森林以后再回到森林是不容易的；在我看来，人类从森林走到草原也同样是不容易的。因为这需要改变全部的生活方式。要改变一种陈旧的生活方式，那就要触犯许多传统的风俗习惯，而这种传统的风俗习惯对于一个古老的民族来说是神圣不可侵犯的。不仅改变全部生活方式会要遇到困难，据一位鄂伦春的老猎人说，甚至把狩猎用的弓矢换为猎枪这样简单的事情，也曾经引起反对。反对的理由是火器有响声，打到一只野兽，惊走了一群，而弓箭就没有这种副作用。但是新的总是要战胜旧的，现在不仅鄂伦春族的猎人，甚至鄂温克族的猎人也用新式的猎枪装备自己。

札兰屯是我们最后访问的一个内蒙城市。到了札兰屯，原始森林的气氛就消失了。出现在我们面前的是一座美丽的山城。这座山城建筑在大兴安岭的南麓，在它的北边是一些绿色的丘陵。有一条小河从这个城市中流过，河水清浅，可以清楚地看见生长在河里的水草。

郊外风景幽美，在前往秀水亭的路上，可以看到一些长满了柞树的山丘，也可以看到从峡谷中流出来的一条溪河，丛生的柳树散布在河谷的底部。到处都是果树、菜园和种植庄稼的田野，这一切告诉了我们这里已经是呼伦贝尔的农业区了。我们就在这里结束了内蒙的访问。

揭穿了一个历史的秘密

这次访问对于我来说，是上了一课很好的蒙古史，也可以说揭穿了一个历史的秘密，即为什么大多数的游牧民族都是由东而西走上历史舞台。现在问题很明白了，那就是因为内蒙东部有一个呼伦贝尔草原。假如整个内蒙是游牧民族的历史舞台，那么这个草原就是这个历史舞台的后台。很多的游牧民族都是在呼伦贝尔草原打扮好了，或者说在这个草原里装备好了，然后才走出马门。当他们走出马门的时候，他们已经不仅是一群牧人，而是有组织的全副武装了的骑手、战士。这些牧人、骑手或战士总想把万里长城打破一个缺口，走进黄河流域。他们或者以辽河流域的平原为据点，或者以锡林郭勒草原为据点，但最主要的是以乌兰察布平原为据点，来敲打长城的大门，因而阴山一带往往出现民族矛盾的高潮。两汉与匈奴，北魏与柔然，隋唐与突厥，明与鞑靼，都在这一带展开了剧烈的斗争。一直到清初，这里还是和准噶尔进行战争的一个重要的军事据点，如果这些游牧民族在阴山也站不住脚，他们就只有继续往西走，试图从居延打开一条通路进入洮河流域或青海草原；如果这种企图又失败了，他们就只有跑到准噶尔高原，从天山东麓打进新疆南部；如果在这里也遇到抵抗，那就只有远走中亚，把希望寄托在妫水流域了。所有这些民族矛盾斗争在今天看来，都是一系列的民族不幸事件，因为不论谁胜谁负，对于双方的人民来说都是一种灾难，一种悲剧。

马克思说："世界历史形式的最后一个阶段，就是它的喜剧。"

现在悲剧的时代已一去不复返了，出现在内蒙地区的是历史喜剧。

但是悲剧时代总是一个历史时代，一个不可避免的历史时代，一个紧紧和喜剧时代衔接的时代。为了让我们更愉快地和过去的悲剧时代诀别以及更好地创造我们的幸福的未来，回顾一下这个过去了的时代，不是没有益处的。

南迁西进入主中原篇

拓跋鲜卑的南迁与其在我国历史上的作用

舒顺林

鲜卑是我国历史上古老的游牧民族之一，以山名族[①]，属东胡族系。以地理位置分为东部与西部鲜卑（北部鲜卑）两大部分。西部鲜卑即拓跋鲜卑发源于我国大兴安岭北段的大鲜卑山[②]（今内蒙古呼伦贝尔市鄂伦春自治旗阿里河西北）。

以大鲜卑山为发祥地的鲜卑人，据《魏书·帝纪·序纪》记载至“成皇帝讳毛立”时，已积“六十七世”。毛所在之时，相当于公元前179~前141年西汉文景年间。由此上溯二千余年（一世依30年计），是为历史上传说的尧、舜、禹时代，故《魏书》有鲜卑之先祖始均“入仕尧世”，逐女魃于弱水之北，民赖其勤而受到帝舜“嘉之”的记载；早期鲜卑这种遥远的历史，已被嘎仙洞鲜卑石室的地下文化层所证实。[③]可见，鲜卑不仅历史久远，而且早就与中原华夏有着入仕的共处关系。

毛传五世至推寅，他率部众“南迁大泽”（今呼伦湖）。大泽虽方千余里，但“厥土昏冥沮洳”，未足以建都邑，因而到献帝邻时，意欲南迁，只因时年衰老，未能遂愿。

诘汾即位后即遵邻之命，率众南迁，经过“山谷高深，九难八阻”，历年始达“匈奴之故地”。[④]

鲜卑在自东而西迁往故地的过程中，正是北匈奴及北匈奴单于向西逃遁之后，其余种十余万落诣辽东杂处，这十余万落五六十万匈奴人与鲜卑人结合，皆自号鲜卑，从此鲜卑人逐渐强盛。[⑤]《魏书·帝纪·序纪》记载拓跋诘汾与匈奴故地的天女相匹偶生下力微的故事，正是鲜卑与匈奴互相婚媾融合，形成鲜卑父胡母（匈奴母）的拓跋鲜卑的典型写照。

由鲜卑与匈奴余部相偶而产生的拓跋鲜卑之“力微皇帝”，开始依附无缘的没鹿回部大人窦宾，并与宾之爱女结亲，后又率部北居长川。积十余年，“德化大恰，诸部旧民，咸来归附”。[⑥]窦宾死后，力微尽并其众，诸部大人，悉皆款服。力微从此拥有“控弦士马二十余万”。[⑦]

神元三十九年（258 年），力微把统治中心移至呼和浩特平原定襄之盛乐（今呼和浩特市南和林格尔县）。“诸部皆畏服之”。[⑧]至此，形成了一个以拓跋鲜卑为首的部落大联盟。这个联盟除“宗室八姓”的拓跋部八姓氏外还有七十五个异姓，其中包括匈奴、丁零（高车）、柔然、乌桓、东部鲜卑等三十一姓，统称“内入八姓”；此外，尚有与拓跋部保持“岁时朝贡”的“四方诸姓”共三十五部。[⑨]

力微死后，“诸部离叛，国内纷扰”，至拓跋禄官即位时，国乃分为三部。禄官死，拓跋猗卢“总摄三部，以为一统”。猗卢先接受晋怀帝“大单于”、“代公”的封爵，后又接受晋愍帝“代王”封号，以盛乐为北都，“修故平城以为南都”[⑩]，置官属，明刑峻法，加强自己的统治权利。

公元 338 年，什翼犍即代王位。始置百官，分掌众职[⑪]，建立了“余官杂号”“多同于晋朝”[⑫]的初具雏形的国家，王权有了强化。此时拓跋部的疆域“北有沙漠，南据阴山，众数十万”。[⑬]为文明社会的过渡打下了坚实的基础。

公元 386 年，什翼犍孙拓跋珪在诸部大人拥戴下，继代王位，并在今内蒙古呼和浩特市牛川召开部落大会，确定了拓跋鲜卑为诸部首领的地位。同年四月，他又改代王为魏王。公元 398 年，拓跋珪正式即皇帝位，定国号为魏，兼称代、魏。他法殷、商，立官制、协音律、制礼仪、定律令、考天象，并从盛乐迁都平城（今大同市东），在平城营宫室、建宗庙、立社稷[⑭]，按照周、秦以来中原王朝的立国规模及典章制度建立了北魏朝廷，成为南北朝时期代表祖国北方的王朝。

建都在代北大同的北魏，至孝文帝拓跋宏时，以代在恒山之北，九州之外乃用武之地，非可文治，因此欲迁宅中原，但以北人习常恋故，乃议大举伐齐，欲以胁众。平阳公丕曰：“迁都大事，当讯之卜筮。”孝文帝说：“王者以四海为家，或南或北，何常之有。朕之远祖，世居北荒，平文皇帝（拓跋郁律）始都东木根……（在朔方），昭成皇帝（拓跋翳槐）更营盛乐，道武皇帝（拓跋珪）迁于平城，朕幸属胜残之运，而独不得迁乎？”[⑮]终于由平城迁都洛阳。可见，拓跋鲜卑之由北而南，并非偶然。

拓跋鲜卑自拓跋珪建国，经北魏（386～534 年）和由北魏分化出来的东、西魏（534～556年），历时一百七十载。如果把早期鲜卑的历史计算在内，鲜卑在我国历史上活动的时间就更为悠长。鲜卑存在之时，在我国历史上产生了极大的作用和影响。

历史上活跃于我国北方地区的游牧民族，虽分属于不同的族属和文化系统，有着各自不同的特点和发展经历，但在其发展过程中，有一个共同的东西，即当他们兴起后，总是由北向南迁徙发展。匈奴、乌桓是这样，丁零、柔然是这样，突厥、回纥是这样，契丹也是这样，这其中鲜卑可以说是最为典型和最具代表者。

游牧民族南迁有多种原因，从其游动性、脆弱性的经济特点看，游动性决定它常无定居之所，这好像是其迁徙的重要原因之一。但多数游牧民族之内迁，并非完全出于它的游动性。孝文帝由大同南迁洛阳就已证实了这一点。

历史的结论是：当北方游牧民族未进入中原之前，他们往往尚未或刚刚跨入阶级社会的门槛，而与之同时的中原王朝则早已进入封建社会，这也就是说，中原地区先进的政治、经济制度不能不对少数游牧民族造成一定的影响，因而对北方诸族来说，无形中产生了一种向心力和吸引力，迫使北方诸族自然不自然地向南迁徙、向中原接触靠拢。在我国历史上，边疆地区与中原内地彼此之间的接触往来和经济文化交流始终是主要的。正是这种接触交往和在接触交往过程中的融合杂处，构成了我国历史发展的潮流，增进了各民族间的友好合作，促进了祖国大家庭的繁荣昌盛。拓跋鲜卑不断南迁的典型意义和突出作用正在于此。

鲜卑在南迁过程中，除了在辽东与匈奴余众十余万落互相融合外，同时也与乌桓等其他民族融合与同化。

公元1世纪中叶（东汉永平初年），鲜卑与辽太守祭肜联合攻下赤山乌桓后，大部分乌桓人南迁，剩留在塞外的乌桓人便受鲜卑部落大人统治。后来这些乌桓人就同化于鲜卑了。[16]1世纪末年，塞外鲜卑逐渐向辽东、辽西、代、上谷四郡移动，又跟原来居住在那里的乌桓人杂居在一起。[17]这是鲜卑与乌桓互相融合的大致情形。

属东部鲜卑的宇文部，史称：其先乃南单于之远属。[18]《唐书·宰相世系表》“宇文氏”条亦云：“宇文氏出自匈奴南单于之裔。有葛乌菟，为鲜卑长，世袭大人。”关于葛乌菟为鲜卑长之事，《周书·文帝纪》亦有记载，该书言：葛乌菟“雄武多算略，鲜卑慕之，奉以为主，遂总十二部落，世为大人”。可见，宇文氏原本为匈奴，只因雄武多算略以匈奴酋长身份受到鲜卑人景仰而统治鲜卑的。

自西汉晚期，拓跋与东部鲜卑分别开始了南迁与西迁，至东汉末期，这些南迁、西迁的鲜卑人又呈扇形展开，向西、南方向迁徙，渗透；以至于东起辽河，西至乌孙，遍布了鲜卑人；这些部别繁多、分布广阔的鲜卑人不仅与当地各族融合在一起，而且与各族居民互相学习、共同生活劳作，为我国北方、西北和东北地区的开发利用发挥了他们的积极作用。

拓跋鲜卑迁至呼伦湖、五原、盛乐各地，可以说主要是与当地居民（多为北方民族）之间的融合，而入代、平城及洛阳后，则主要是与中原汉族的融合，这种融合在我国历史上也是颇为壮观的。

据《魏书》“太祖纪”、“太宗纪”、“世祖纪”的记载，北魏自公元398年（天兴元年）至公元469年（皇兴三年）期间，共有十余次向代郡移民。这十余次“徙往代郡的人口总数当在一百万人以上”。[19]

此外，拓跋鲜卑还有两次大规模的南迁活动。一次是迁洛之时（494～495年），“估计迁洛的贵族、官僚、军队和一部分人民总数当在一百万左右”[20]。一次是六镇起义（520年）后，代郡和六镇鲜卑的南下。六镇起义失败，共兵民和部分将帅先后降魏者约二十多万。[21]

鲜卑经孝文帝（471～499年）的迁都、改制、禁胡服，禁鲜卑语，改鲜卑姓等，即推行汉化运动，使鲜卑与汉族的融合达到了高潮。

《隋书·经籍志》说：“后魏迁洛，有八氏十姓，咸出帝族。又有三十六族，则诸国之从魏者，九十二姓，世为部落大人者，并为河南洛阳人。”即迁洛之后，出于帝族者仅遣八氏十姓，其余三十六族、九十二姓皆已并入为河南洛阳人。就是这些汉化了的鲜卑人当北周既都关中时，又“改称京兆人”了。[22]故孝文帝时，胡、汉族界限已逐渐消失，以致《魏书·韩显宗传》说：“京洛之制，居民以官位相从，不依族类。”

北齐时，将相大臣中，十之七八为鲜卑贵族和鲜卑化的汉人[23]，而到了隋唐，政权中的鲜卑人已为数不多，就是这为数不多者也是汉化了的，所以《周书·文帝纪》说：“魏氏之初，统国三十六，大姓九十九，后多绝灭。”也就是说，这些鲜卑人后来大多都融合到汉族和其他民族之中了。

魏晋南北朝时期是我国历史上的大迁徙、大融合的时期。各族的大融合为中华民族增加了新鲜血液，增添了新的活力。这种大融合的内动力，则始于当时活跃在我国北方及东北、西北的诸游牧民族，而在这诸多游牧族中，鲜卑与匈奴是最引人注目的，特别是鲜卑可谓五胡（匈奴、鲜卑、羯、羌、氐）中的佼佼者。因此，鲜卑在民族融合和促进祖国繁荣发展方面是作出了突出贡献的。

早期鲜卑以“畜牧射猎为业”，主要经营的是畜牧业经济，其畜牧业经济当时很发达的。如前所述，力微时鲜卑已有控弦士马二十余万，禄官时有控弦骑士四十万，郁律时控弦士马者则将近百万。[24]军队用马仅是畜牧业经济中的一部分，但通过这不断扩大的数字，我们即可窥见其畜牧业发展的程度和规模。又据《魏书·燕凤传》说鲜卑“云中川自东山至西河二百里，北山至南山有百余里，每岁孟秋，马常大集，略为满川”。这里已证实了拓跋部的牛马以川谷相量并非妄言虚语。拓跋嗣（409～423年）时，鲜卑已是“岁数丰穰，畜牧滋息”[25]，一派兴旺景象。拓跋焘平统万城、定秦陇后，仅于收复之地——河西一个牧苑就养马“二百余万匹，橐驼将半之，牛羊则无数”。[26]整个北魏统治地区的牲畜头数于此可以想见。高祖元宏时，“复以河阳为牧场，恒置戎马十万匹，以拟京师军警之备……而河西之牧弥滋矣”。[27]孝文帝在河阳供养常备战马就有十万匹，非战马数亦不得而知。

迁洛之前，鲜卑的国有牧场皆在河西，迁洛之后，除河西仍为牧苑外，河阳（今河南孟县西）也开辟了牧场，以后又渐次南下，于是河西、并州西部，河东、河内许多地方都成为牛马遍野的牧区。《魏书·宇文福传》写道：“福规石济（今河南延津县西）以西，河内（今河南沁阳县）以东，拒黄河南北，千里为牧地。”孝文帝时，鲜卑的畜牧业已转向农业，尽管这样，其畜牧业经济仍如此发达。

鲜卑不仅有发达的畜牧业，而且具有发达的农业。这一点是古代其他游牧民族所不及的。

早在猗卢时，鲜卑就在从事畜牧业生产的同时开始注重农业生产。拓跋猗卢从晋州刺史刘琨手中取得陉岭以北（今晋北一带）土地后，乃自雁门迁移十万家至陉北[28]，让这些移民在陉北从事耕作，使陉北的农业得以发展起来。

魏初，关于鲜卑贵族“劝课农桑”、“计口授田”的记载是很多的。

公元386年，拓跋珪就曾在盛乐附近“息众课农”[29]，“务农息民”，以致“国人悦之”。[30]公元394年，拓跋珪又将盛乐课农的经验推而广之，命东平公元仪“督屯田子河北，自五原至固阳塞外，分农稼，大得人心”[31]，次年燕军至五原，就“收穄田百余万斛”。[32]公元398年（天兴元年），珪又徙山东（太行山东）六州吏民及徒河、高丽杂夷三十六署百工伎巧十万余口，以充京师[33]，并令给“内徙新民耕牛，计口授田”。

拓跋珪从盛乐迁大同后，又以平城为中心，把“东至代郡，西至善无，南极阴馆，北尽参合”的广大地区划为“畿内之田”，并设立八部帅“劝课农桑，量校收入，以为殿最”。[34]当时平城一带“比岁大熟，匹中八十余斛”。[35]农业连年丰收，产量逐步提高，农业经济在北魏都城平城及云中、代郡占据了非常重要的地位。

孝文帝时，由于均田制的推行，鲜卑的农业呈现了更加繁荣兴盛的局面。

公元485年（太和九年），北魏颁布了均田制令。均田制首先从旧京平城开始实施，以后逐步推广到四方。

“均田制”是在北魏初期“分土定居”、“计口授田”基础上发展而来的。推行之后，不仅使北魏进一步封建化，而且对恢复和发展农业生产也起到了一定的促进作用。颁布均田令后，政府曾几次以苑囿禁地给予贫民耕垦，并鼓励开荒，于是无地或少地农民，多少得到一些土地，劳动力与荒地结缘，使“中原萧条，千里无烟”之处有了生气。荒地被垦辟，土地充分被利用，因而农产品增多了，国库充实了。正如《洛阳伽蓝记》卷4所言：“于时国家殷富，库藏盈溢，钱绢露积于廊者，不可较数。”

由于国库积储充足，以致公元490年（太和十四年）京师平城发生大旱灾，“一岁未收”也“未为大损”。[36]

经济繁荣发达，人民生活趋于稳定，自然呈现出“海内安之”[37]的升平景象。《洛阳伽蓝记》就有“百姓殷阜，年登俗乐，鳏寡不闻犬豕之食，茕独不见牛马之衣”的记载。由于国富民康，所以当时一些豪贾子弟，“率以朋游为乐”[38]。生活富足安定，人口亦随之增长。北魏全盛时户数为西晋的一倍多，[39]西晋平吴后有户2459800，有口16163800余。[40]这样，北魏全盛时户数当为500余万。可谓人丁兴旺。

北魏农业经济的发展，并非全在于推行均田制。实际上，北魏的屯田收效也不少，同时，农业生产工具的改进和耕作技术的提高也是一个不可忽视的因素，这方面，《齐民要术》就有较详细的记载。

北魏均田以后，北齐、北周亦相继均田，公元780年（唐德宗建中元年）两税法颁布以前，国家于法律上一直承认着这种制度。三百年来，这种制度在北方一直作为最基本的土地所有制形式，对鲜卑来说，它是进入封建制的一大飞跃；对隋唐乃至整个中国历史来说，它又是产生过积极影响和重大作用的一种封建田制。所以均田制的推行，对当时的国计民生不能不是一大贡献。

北魏与周边少数民族，均有一定的贸易关系。北魏末年，突厥逐渐兴盛起来，至首领土门时“始至塞上”与西魏（拓跋鲜卑分衍者）“市絮缯”，和中原进行通商。[41]

吐谷浑畜牧业比较发达，从世宗到肃宗年间，吐谷浑所送“犛牛蜀马及西南之珍，无岁不至”。[42]直到东魏武定三年，吐谷浑仍奉其从妹，被东魏纳为“容华嫔”。[43]

北魏与西域，早在拓跋焘时就已建立关系。当时西域的龟兹、疏勒、乌孙、悦般、渴槃陀、鄯善、焉耆、车师等，皆派使者入魏，魏也先后派王恩生、许纲和董琬、高明等，携带大量锦帛出使西域各国。西域“遣使与琬俱来贡献者，十有六国。自后相继而来，不间于岁，国使亦数十辈矣”。[44]高昌与北魏往来尤密，高昌曾求内徙，遣使“献珠象，白黑貂裘，名马、盐、枕等”[45]，还求借《五经》诸史，请派国子助教刘燮到高昌去当博士，北魂皆一一应允、满足。

北魏与当时国外的贸易来往也较频繁。《洛阳伽蓝记》卷 3 记述道：“自葱岭以西，至于大秦，百国千城，莫不欢附，商胡贩客，日奔塞下，所谓尽天地之区已。乐中国土风，因而宅者，不可胜数。是以附化之民，万有余家。门巷修整，阊阖填列，青槐荫陌，绿柳垂庭，天下难得之货，咸悉在焉。”单这段记述就完全可以绘制一幅北魏洛阳地区的《清明上河图》！北魏之时，由于百国千城纷至沓来，政府在洛阳城内不得不设立四里四馆来接待他们。这就是：南朝来者请居于“归正里”（金陵馆），北方来者请居于“归德里”（燕然馆），西方诸族及国外来者请居于“慕义里”（崦嵫馆），东方诸族及国外来者请居于“慕化里”（扶桑馆）。四里四馆的设置，足见北魏与境内各族和国外贸易交往事业之繁盛！

鲜卑由大鲜山“南迁大泽”即抵达呼伦湖后，与中原的交往便与日俱增。完工、扎赉诺尔鲜卑古墓群的发现[46]即可为证。在完工出土的鲜卑墓的随葬品中，就有不少和内地有联系，甚至是从中原内地输入的器物。如具有黄河流域文化标志的三个袋形足的陶鬲就是具体的实例。在许多骨架附近还出土有用绢或麻布制成的衣物残片，而绢、麻均来源于汉族地区。

完工第一号墓还出土有汉族所特有的漆器残片。至于作装饰用的绿松石、玛瑙、珊瑚和海贝、海螺，也都来自南方的汉族地带。扎赉诺尔鲜卑墓葬中出土的轮制双耳陶罐和角器上刻画的龙形纹饰，都显示了鲜明的汉文化影响。特别是这里还发现了几件标准的中原地区的输入品——规矩镜、“如意”锦片和木胎漆器。[47]近年来，在哲里木盟境内也发现了属于早期鲜卑的舍根史文化遗存。在舍根文化遗物中，大量散布于地表的印纹陶，当是与中原密切交往的产物。奈曼旗平安地公社北京铺子出土的陶樽也是中原两汉时期出现的特有陶器。陶樽与东部鲜卑遗物并出，且施以鲜卑遗物相同的滚轮压印纹饰，亦反映出鲜卑与中原的密切交往关系。[48]

早期鲜卑以畜牧业为主的经济非常需要与汉朝互市，以换取铁和缣帛等，鲜卑的要求，汉朝则尽量给予满足。东汉初年汉朝设置在上谷宁城的乌桓校尉，就是兼领对鲜卑的赏赐、质子和岁时互市等管理工作的。永初年间（107~113年）鲜卑大人燕荔阳亲至洛阳朝贺，东汉政府回赐燕荔阳“鲜卑王印绶”，并允许在上谷宁城“通胡市”，“因筑南北二部质馆”接待他们，于是鲜卑邑落一百二十部各遣使人质[49]，与汉朝密切了政治经济关系。

东汉桓帝时，鲜卑出了个著名的首领叫檀石槐。其辖区虽东至吉林，西至新疆，南至阴山河套，北至贝加尔湖，但其统治中心即牙帐在中原汉地之高柳（山西阳高县）北三百余里的“弹汗山啜仇水上”[50]（内蒙古商都一带）。从地域上看，这时的鲜卑邑与中原内地紧密地联结在一起了。正因为这种邻近关系，所以一些不堪东汉朝统治的内地汉人，便不时逃亡到檀石槐的辖区，出谋划策，“为之谋主”，而汉地的“精金良铁”也通过边境人民的走私直接进入鲜卑地区。[51]

檀石槐部落大联盟瓦解以后，漠南自云中郡以东的鲜卑分为三部，其中的轲比能部“部落近塞，自袁绍据河北，中国人多亡叛归之，教作兵器、铠、楯，颇学文字。故其勒御部，拟则中国，出入弋猎，建立旌麾，以鼓节为进退”[52]，中原物质文化对鲜卑的影响于此显见一斑。

拓跋力微即位后，不仅“与魏和亲”，而且于景元二年（261年）遣长子沙漠汗入魏，借此与魏“聘问交市，往来不绝”。魏人遣鲜卑金帛缯絮，岁以万计。[53]四年后，西晋代三国，鲜卑与晋“和好仍密”，沙漠汗又两次（力微四十八年、五十六年）入晋。晋遣鲜卑的锦、罽、缯、綵、绵、绢，诸物，“咸出丰厚”。[54]

拓跋猗㐌时，猗㐌西幸榆中，东行代地，所到之处，洛阳大贾尾随其后。[55]猗卢时，大商人莫含亦“常往来国中，穆帝爱其才，善待之”。[56]拓跋珪时，有安同者和公孙眷同至鲜卑部经商，竟留仕于魏。

公元420年，南朝刘宋政权确立，公元424年（始光元年），拓跋焘就诏龙骧将军步堆使宋，宋人也不时“来聘”。[57]以后南北朝各自禅代，但北魏、东魏、北齐、北周与宋、齐、梁、陈，北“使”南“聘”，来往不绝。

随着鲜卑的不断南迁，与中原内地的经济文化交往也日益增强。如前所述，当时的洛阳，不仅为北魏的政治、经济、文化中心，也是南朝人的羡慕向往之地。如当时梁将陈庆之到洛阳后，就曾发出了颇为中肯的观感：“自晋宋以来，号洛阳为荒土，此中谓长江以北，尽是夷狄。昨至洛阳始知衣冠士族，并在中原。礼仪富盛，人物殷阜，目所不识，口不能传。所谓帝京翼翼，四方之则。如登泰山者卑培塿，涉江海者小湘沅。”[58]

足见当时之洛阳，南朝弗如。在繁华的洛阳，除上面提及的设有四里四馆外，还有专门做买卖的市——大市、四通市和马市、小市等，市内设钟楼，击钟以开市罢市。[59]各路货物源源不断涌入洛阳，又经洛阳向四方纷纷散去，洛阳俨然成为沟通国内各族、江南塞北乃至国内于海外之间的枢纽！

通过交往，日本的货物传入中国[60]，北魏的“衣冠服物车旗之饰”亦引入高丽[61]，波斯的方物运至洛阳，中国的织成（丝织成品）输入西方[62]，此外，破洛那的汗血马，普岚国的宝剑[63]，罽宾的锦罽，天竺的石蜜、骏马等也都传入中原内地，甚至大月氏“光泽乃美于西方来者”的制造五色琉璃石的技艺也在京师得到推广普及，以致出现了“中国琉璃遂贱，人不复珍之”[64]的情形。

特别是随着交往，鲜卑族优秀的文化成分被中原汉族文化所吸收，对汉族人民的物质文化生活产生了积极的影响。例如，鲜卑的畜牧业生产经验和技术传入内地后，在北方汉人中获得广泛传播，对北方地区的经济生活起了一定的促进作用。当时中原人受鲜卑文化的影响是很深很广的。如，孝文帝时的《李波小妹歌》有关于对李波小妹的描写：“褰裙逐马如卷蓬，左射右射必叠双。”[65]这段描写，不论从风度或是服饰上看，均显示了汉人受鲜卑文化影响之迹象。颜之推在比较了南北方音后指出：“南染吴越，北杂夷虏。”[66]说明北方汉语中就吸收了鲜卑语的若干成分。东魏、北齐时，汉族中尚鲜卑的风气很重。《颜氏家训》记载齐朝有一士大夫曾对人说："我有一儿，年已十七，颇晓书疏。教其鲜卑语及弹琵琶，稍欲通解，以此伏事公卿，无不宠爱。"可见当时中原鲜卑化风气尚行。

鲜卑人不仅以其勤劳的双手和聪明的才智，在我国历史上创造了丰富的物质文化，而且还创造了灿烂的精神文化。

拓跋鲜卑是一个勤劳勇敢的民族，也是一个善于思考、刻苦钻研的民族。鲜卑先祖宣、献二帝，后人就并号曰"推寅"。推寅就是有智慧、能"钻研"之意。[67]

史载孝文帝就"雅好读书，手不释卷"，对于《五经》、史传百家，无不涉猎。孝文帝不仅好学，也很勤政，太和十年以后，凡诏册皆亲出御笔。他还"亲为群臣讲《丧服》于清微堂"、"讲礼于华林园"。[68]

明元帝拓跋嗣也是好读书、善钻研、能著书之人，史载他好览史传，在读书过程中发现刘向《新序》、《说苑》"于经典正义，多有所阙，乃撰《新集》三十篇，采诸经史，该洽古义"。[69]

宣武帝拓跋恪，亦"雅爱经史，尤长释氏之义，每至讲论，连夜忘疲"。他执政期间，"置国子，立太学，树小学于四门"[70]，致力于发展教育事业，以提高本民族的文化水准。

鲜卑贵族不仅自己虚心好学，而且十分注重延揽有识之士作为他们的辅佐，参与典章制度的制订和实施，登国初年，拓跋珪即以许谦为右司马，张衮为左长史，"参赞初基"。[71]登国十年（395 年），在参合陂击溃后燕慕容宝军后，即"于俘虏之中擢其才识者贾彝、贾国、晁崇等，与参谋议，宪章故实"。[72]由于当时鲜卑初拓中原，所以对于人才特别"留心慰纳"，"苟有微能，咸蒙叙用"。[73]

拓跋焘继位后，继续"虚心求贤"，并擢用范阳卢玄、博陵崔绰、赵郡李灵、河间邢颖、渤海高允、广平游雅、太原张伟等及州郡所遣数百人，"皆差次叙用"。[74]

孝文帝在位期间，更是广纳各路人才，使得人尽其才，才尽其用，各得其所。孝文帝改革的许多重要内容和措施，皆先出自有识之士的谏疏。如均田制，就是李安世上疏孝文帝而后颁布的。三长制及其相关的租调制则为李冲之首创。[76]太和年间的官制为王肃参照汉、晋以来的官制而定。[77]北魏官制又影响于北齐、北周乃至隋唐[78]，在中国官制沿革史上是很值得一提的，就是北魏迁洛后改用汉人衣冠的冠制，也是由蒋少游主持制订的，甚至北魏的“宫室制度皆从其出”[79]，而蒋少游不过是“见俘，入于平城，充平齐户，后配云中为兵”者。[80]由于孝文帝礼贤下士，善于用人，虚心纳谏，以致他在位期间，出现了“北魏盛世”。北魏盛世在中国历史上也是颇具影响的。

北魏盛世，内涵广泛，除政治、经济、吏治外，号称我国佛教石窟艺术宝库的云冈、龙门、莫高窟等石窟艺术亦“冠于一时”。

云冈石窟大体从北魏和平元年（460 年）至北魏迁洛（494 年）止，前后经过 35 年时间而建成。现云冈第 16～20 窟，就是北魏开凿最早的所谓“昙曜五窟”。[81]云冈现存主要石窟 53 个，大小造像 51000 多个。从现存纪年铭刻和艺术风格来看，这座浩大的艺术工程基本上都是北魏的遗物，至今已有 1500 多年的历史。

“冠绝一时”的龙门石窟（亦称伊阙石窟），略晚建于云冈。最早的龙门三窟也是北魏迁洛后自景明元年至正光四年（500～523 年）花 23 年时间，用工 80 多万建造而成的。[82]龙门石窟计有窟 1352 个，龛 750 个，造像 97306 躯，碑刻题记 3680 块，佛塔 39 座，此外尚有若干小龛等。[83]这座庞大的工程是继北魏以后，历经东、西魏，北齐、北周、隋唐和五代、北宋等各朝陆续开凿而致。但现存的主要洞寺、佛像却为北魏和唐代所雕凿。

举世闻名的敦煌莫高窟（千佛洞）的兴建虽不始于北魏[84]，但前秦仅凿一窟，不过是开了个头而已。诚然，莫高窟大规模的兴建当在隋、唐，尤在唐朝，但如果没有北魏继凿云冈石窟后在前秦基础上对莫高窟的经营建造（保存至今的魏窟尚有 20 多座），就很难形成隋唐时那宏壮的规模和辉煌的成就；所以，魏窟可谓莫高窟极盛时期的先驱者。

此外，甘肃永靖县炳灵寺石窟，天水的麦积山石窟，安西的榆林窟，武威的天梯山，太原的天龙山，河南巩县石窟寺，河北邯郸市峰峰区的南北响堂山石窟，辽宁义县的万佛洞等，皆有元魏开凿之痕迹。

石窟艺术不但是我们今天了解和研究古代历史、雕刻、建筑、音乐及宗教信仰等方面的重要形象资料，也是追溯古代中西文化交流和人民友好往来的实物见证。而这方面鲜卑人的功劳是不可磨灭的。

拓跋魏期间，文化发达繁荣，还表现在出现了一批有影响、有价值的重要著作——《洛阳伽蓝记》、《水经注》和《齐民要术》等。

《洛阳伽蓝记》为北魏至东魏时期北平（今河北定县）人杨衒之所

著。分城内、城东、城南、城西、城北5卷。内容虽是对洛阳寺庙兴废史的追叙，借以披露“王公相竞侵渔百姓”[85]的罪恶，但作者在这部寄寓政治情感的著作中却保留了丰富的史料，对于研究佛教寺庙史、洛阳掌故人情及北朝的政治、经济、文化具有较高的学术价值。特别是第5卷《城北》（亦称《宋云行纪》），不少人为之作注，是研究中西交通史的重要资料。

《水经注》为北魏孝明帝时郦道元所著。郦道元以《水经》为底本，成书40卷。详记全国及邻国水道，在叙水道所经山川、城市、遗迹和地理变迁之时，旁及风俗、物产、人物等掌故，具有较高的史学、地理学价值。书中对战国以来的农田水利建设，如陂、塘、堤、堰的兴废均有记载。这些记载对于我们今天抗旱防涝的水利建设仍有参考价值。

在农学著作方面，影响较大的当推《齐民要术》。《齐民要术》为魏末贾思勰所著。内容包括谷物种植法、蔬菜瓜果种植法、种树法、饲养家畜家禽法、养鱼法、酿造法、做菜法等，还记载了中原以外和外国的一些植物品种。正如作者自序所言：“起自耕农，终于醯醢，资生之业，靡不毕书。”[86]该书不仅集西周至元魏农业生产之大成，而且反映了当时北方地区农村生活及经济状况。其中关于耕田、土壤改良、选种、换茬、轮种、施肥、灌溉、田间管理等农业生产技巧及经验总结，对于我们今天也不失借鉴作用，这部巨著的完成及流传，与古代北方特别是鲜卑魏重视农业生产、善于总结经验是密不可分的。

拓跋魏时期的文学也是有成就的。南北朝乐府民歌是继周民歌、汉乐府民歌后出现的一股文学浪潮。北朝民歌，以具有浓郁少数民族特色的“梁鼓角横吹曲”为主，所谓横吹曲是当时北方民族一种在马上演奏的军乐。因乐器有鼓有角，故称“鼓角横吹曲”，这些歌词作者多为鲜卑族和其他北方民族。如《折杨柳歌》“我是虏家儿，不解汉儿歌”即是明证。鲜卑民歌原本是“其词虏音，竟不可晓”的，而现存的歌词全是汉语，原因就是孝文帝曾“诏断北语，一从正音”[87]，致使鲜卑人汉化、汉人鲜卑化所造成的。如脍炙人口的《敕勒歌》、《木兰辞》和《企喻歌》等皆如此。

《敕勒歌》，宋洪迈《容斋随笔》[88]、《乐府广题》都认为本为鲜卑语，只是由斛律金或他人译后流传至今的。如果这种观点不错的话，那也就是说，鲜卑语不仅为祖国语音学、语言学的繁荣发展增添了合理的成分和内容，而且为祖国民族文学的繁荣和发展增添了异彩，放射出灿烂的光芒。

《木兰辞》是北朝乐府民歌之代表作。它与《孔雀东南飞》堪称我国诗歌史上的“双璧”，民歌中的奇葩。就诗的内容与风格看，似有经后人加工之痕迹，虽如此，却仍保持着北朝民歌的特色。卓绝千古的《木兰辞》为这一时期的民歌生色添辉，在文学上的地位为世人所瞩目。无须赘言。

《企喻歌》也是鲜卑的优秀民歌。如其中的“放马大泽中，草好马著膘。牌子铁裲裆，钰鉾鹳尾条”，就很有特色。内容写的是一位牧马待战的勇士形象。虽短短四句，却收到了以静写动，以实启虚，意多于景的艺术效果。它格式整齐，语言凝练，韵律成熟，思想上艺术上均堪称佳作。

“艳曲兴于南朝，胡音生于北俗”[89]，北朝民歌不仅内容丰富而且语言朴实、表情坦率、风格豪放，艺术上具有独创性。在形式主义文风泛滥的南北朝，这种刚健清新的民歌，尤显可贵。特别是这些优美的民歌在表现手法上对唐代诗人无不有着较多的启迪和深远的影响。

魏晋南北朝的书法、绘画在我国历史上亦占有特殊地位。北魏书法较盛行，出现了像郑道昭那样的大书法家。北魏书法多为碑体，世称魏碑。魏碑方整遒劲，对隋唐书法影响尤大。

北魏古乐，熔北方其他民族之胡乐于一炉，是我国音乐、古器乐史上的转折时期，历史上亦占有重要地位，值得重视和挖掘。

拓跋魏的政治、文化典章制度，对隋唐影响颇大，这方面陈寅恪先生已有专论（见《隋唐制度溯源略论稿》），兹不赘述。

总之，鲜卑是我国历史上影响极为深远的古老民族之一。自西汉晚期起，从大兴安岭地区开始南迁与西迁，至东汉末分布在东起辽河，西到乌孙逾越万里的地区，部别繁多。东晋十六国时，曾建立前燕、西燕、后燕、南燕、西秦、南凉、代等一系列王国；南北朝时，又在北方建立了北魏、东魏、西魏（统称拓跋魏）及北齐、北周王朝，此外在青海境内还有一个吐谷浑王国。这些鲜卑族所建立的政权，对我国长江以北广大地区的开发和经济文化的发展均有突出的贡献和作用。

在长达几个世纪的时间中，鲜卑族曾吸收、融合匈奴、乌桓、氐、羌和汉人，形成许多部别。这众多的部别后来都在中原又几乎全部汉化，成为隋唐时期北方地区汉人的重要组成部分之一。作为一个民族，鲜卑自唐代以后已基本消失，然则汉化之鲜卑贵族在隋唐统治集团中仍起着较重要的作用。而且北魏至隋唐时期的室韦人、契丹人以及后来之蒙古人，无不与鲜卑有着密切关系。因此鲜卑在我国历史上占有承前启后的重要地位。

本文仅就鲜卑之一支——拓跋鲜卑的南迁及其所建之北魏，在我国历史上的作用及贡献，擢其要者进行论述而已。至于鲜卑其他部别及其历史作用，历史地位因不是本文范围，故从略。

注释：

①司马彪《续汉书》、袁宏《后汉记》、王沈《魏书》皆以为因山而名族。《魏书·帝纪·序纪》亦云："国有大鲜卑山，因以为号。"

②米文平：《鲜卑石室的发现与初步研究》，《文物》1981年第2期。

③1980年发现的鲜卑石室——嘎仙洞内，除太平真君四年的石刻外，还发现有相当的文化堆积，在表土以下0.8米黑色粘沙土中，出土了很多手制夹沙灰褐陶片，还有骨镞、石镞等，在地表以下1.3米左右的黄色粘沙土中，又出土了一些打制石器和刮削石器，表明这里在更早时期就有原始人类居住。

④⑥⑦⑩⑪㉘㉙㊸㊹㊼《魏书·帝纪·序纪》。

⑤《后汉书·乌桓鲜卑列传》、《三国志·魏志·鲜卑传》。

⑧《资治通鉴》卷77，魏元帝景元二年。

⑨⑫参《魏书·官氏志》。

⑬《宋书·索虏传》。

⑭《魏书·太祖纪》天兴元年，《通鉴·晋纪》安帝隆安二年。

⑮《资治通鉴》卷139，明帝建武元年九月。

⑯《后汉书·祭彤传》、《后汉书·乌桓鲜卑列传》。

⑰⑲⑳㉑马长寿：《乌桓与鲜卑》第181页；第47页；第70页；第76页。

⑱《北史·匈奴宇文莫槐传》、《魏书·宇文福传》及《宇文忠传》。

㉒《周书》及《北史·明帝纪》。

㉓万斯同：《北齐将相大臣年表》、《二十五史补编》第4册。

㉔《魏书·帝纪·序纪》载郁律初立，西兼乌孙故地，东吞勿吉以西，"控弦士马将有百万"。

㉕㉖㉗㉞㉟㊲《魏书·食货志》。

㉚《通鉴·晋纪》孝武帝太元十一年。

㉛《魏书·昭成子孙·拓跋仪传》。

㉜《通鉴·晋纪》孝武帝太元二十年。

㉝《魏书·太祖纪》作三十六万，而《北史·魏本纪》、《册府元龟》卷486皆作三十六署。疑"万"系"署"之讹。

㊱《魏书·高闾传》。

㊳《魏书·任城王云附元顺传》。

㊴《魏书·地形至上》。

㊵据《通典·历代盛衰户口》。

㊶《周书·突厥传》、《北史·突厥传》。

㊷《北史·吐谷浑传》。

㊸《北史·魏本纪第五》。

㊹《北史·西域传序》。

㊺《北史·高昌传》。

㊻见《内蒙古文物资料选辑》，郑隆《扎赉诺尔古墓群》，《考古》1962年第11期；潘行荣：《内蒙古陈巴尔虎旗完工索木发现古墓群》。

㊼《东北、内蒙古地区的鲜卑遗迹》，《文物》1977年第5期。

㊽《哲里木盟发现的鲜卑遗存》，《文物》1981年第2期。

㊾㊿51《后汉书·乌桓鲜卑列传》。

52《三国志·魏志·鲜卑传》。

55《水经注·河水注》。

56《魏书·莫含传》。

57《北史·魏本纪第二》。

58《洛阳伽蓝记》卷2景宁寺。

59《洛阳伽蓝记》卷2。

60《隋书·倭国传》。

61《北史·高丽传》。

62《魏书·波斯传》。

63《北史·魏本纪第二》。

64《北史·大月氏传》。

65 75《魏书·李安世传》。

66《颜氏家训》卷第7，音辞第17。

68《魏北史·魏本纪第三》。

69《魏书·太宗纪》。

70《北史·魏本纪第四》。

71《魏书·许谦传》。

72 73《魏书·太祖纪》。

74《魏书·世祖纪》。

76《魏书·李冲传》。

77《南齐书·魏虏传》：“王肃为虏制官品百司，皆如中国”；《通典·职官一》亦有同样记载。

78《通典·职官一》。

79《南齐书·魏虏传》。

80《魏书·木艺传》。

81《魏书·释老志》载：“昙曜白帝，于京城西武州塞，凿山石壁，开窟五所，镌刻佛像各一，高者七十尺，次六十尺。雕饰奇伟，冠于一时。”可谓云冈石窟营建之始。

㊽《魏书·释老志》。

㊾《龙门石窟》,《文物》1978年第2期。

⑧④据唐·李怀让《重修莫高窟佛龛碑》所记,莫高窟建于前秦建元二年,即366年。

⑧⑤《广弘明集》卷6。

⑧⑥《齐民要术·序》。

⑧⑦《魏书·咸阳五传》。

⑧⑧《容斋随笔》卷1“敕勒歌”条。

⑧⑨《乐府诗集》。

(原载《内蒙古师范大学学报》1984年)

论拓跋鲜卑南迁及其氏族制度解体

陈启汉

一、在大鲜卑山阶段

拓跋鲜卑族最早的居地大鲜卑山，这个久议未决几乎无望证实的历史问题，自拓跋鲜卑“石室”的发现得到了证实。大鲜卑山是在今内蒙古大兴安岭北部东麓嘎仙洞一带的山地。[①]

相传当时还生活在森林里的拓跋鲜卑祖先，据“有大鲜卑山，因以为号”以“射猎为业”兼事“畜牧”，在“幽都之北，广漠之野”迁徙不定；“淳朴为俗，简易为化”；也没有文字，遇事则“刻木纪契而已”（《魏书·序纪》卷1）。传说所展示出来的完全是一幅原始社会的生活图景。

其后，经过许多世代传到其酋长毛。毛“聪明武略，远近所推，统国三十六，大姓九十九，威振北方，莫不率服”。史学界认为，所谓“三十六国”，实即三十六个部落，所谓“九十九大姓”，实即九十九个氏族。这个传说反映了他们当时已经组成为部落联盟，毛经过“远近所推”当上了部落联盟大酋长。这是传说保留下来的拓跋鲜卑人最早的社会组织。任何一种传说，其中都有真有伪。像这个传说，在很久以后仍给鲜卑人留下了难忘的印象，宇文泰在西魏执政时期，还企图恢复这种旧制，“以诸将功高者为三十六国后，次功者为九十九姓后”[②]，由此可见，这个部落联盟的传说是可以相信的。

当拓跋鲜卑族在历史上出现的时候，母权制已让位于父权制，他们的世系是按照父系来计算的。他们的氏族制度已经进入了衰落阶段。大约毛以后，联盟大酋长的后继者都是在拓跋氏家庭里世袭的。他们的畜牧生产日益发达，自毛以后又经过四代，由以狩猎为主过渡到以畜牧为主。这是他们将要由森林走向草原的证明。现在大兴安岭北部森林区域大鲜卑山已经不能适应他们畜牧业发展的要求了。

鲜卑“石室”的发掘，发现有很多手制的陶器，还有骨镞、石镞等。[3]这些出土遗物，证明其经济、文化的发展水平，尤其是掌握制陶术，标志着他们业已达到野蛮时代的水平。

以其山居、猎牧、制陶及社会组织、部落联盟等方面与人类一般发展过程相对照，我们便可以看到，在大鲜卑山的拓跋鲜卑人正是处于野蛮时代低级阶段末期。

二、南迁“大泽”游牧

到毛以后第五代的大酋长推寅，便率领族人走出大鲜卑山，南迁到“大泽”游牧。《魏书·序纪》云：“宣皇帝讳推寅立。南迁大泽，方千余里，厥土昏冥沮洳。谋更南徙，未行而崩。”从其迁徙方向和地形来看，“大泽”应是呼伦池，“方千余里，厥土昏冥沮洳”应是呼伦贝尔草原，这从考古材料也得到了证实。

从推寅进入呼伦贝尔草原到后代走出这个草原，经历了八代（推寅、利、俟、肆、机、盖、侩、邻）。一代以二十五年计，约二百年左右。关于他们这个时期的生产状况，可从考古材料略知其大概。在呼伦池附近发现的完工古墓和扎赉诺尔墓群，据考古学界判断，是鲜卑人的墓葬。完工古墓在葬式上是丛葬（多人葬），墓内埋有大量的牛、马、狗等牲畜，还有丝绸衣裤残片。随葬品有石器、骨器、木器、陶器、铜器、铁器等，还有珠饰、贝壳、珊瑚枝等装饰品。其中铁器有铁镞、铁刀、铁环等工具和武器。[4]这批出土遗物反映出他们的畜牧业生产已经相当发达。并且，在这批遗物中有不少器物均非当地所产，如海贝、丝绸、珊瑚枝等，说明他们与外界地区有着经济、文化的交往关系。而扎赉诺尔墓群，则绝大部分是单人葬。这批墓葬以大量的马、牛、羊殉葬，随葬品中的铁器有铁矛、铁镞、铁环首刀、铁衔、铁鞘等，而且在出土的陶罐内一般都发现有腐烂的谷壳。扎赉诺尔出土的遗物，不论是铁器、铜器、陶器、骨器、木器等都比完工的种类增多，工艺精美，说明扎赉诺尔遗物的年代要晚于完工。[5]扎赉诺尔时期的畜牧业生产比完工时期有了显著的发展。而且已以谷子随葬，可能当时已出现了少量农业。有论者还认为，完工墓葬还存在丛葬制度，扎赉诺尔墓葬则普遍实行单人葬，单人葬取代了丛葬，这正是大家族组织走向解体，个体家庭开始出现的生动反映。[⑥]

呼伦贝尔草原疆域广阔，水草丰美，是游牧部落的天然牧场。二百年间，拓跋鲜卑人利用草原优越的自然条件，繁殖他们的畜群，发展他们的种族，到大酋长拓跋邻，即将走出草原的最后一代时，他们已经壮大成为一支有组织的、兵强马盛的骑士队伍了。《魏书》卷113《官氏志》云：

> 初，安帝统国，诸部有九十九姓。至献帝邻时，七分国人，使诸兄弟各摄领之，乃分其氏。……献帝以兄为纥骨氏（后改姓氏略，下同），次兄为普氏，次兄为拓跋氏（当作“拔拔氏”），弟为达奚氏，次弟为伊娄氏，次弟为丘敦氏，次弟为俟氏（当作“俟亥氏”）。七族之兴，自此始也。又命叔父之胤曰乙旃氏，又命疏属曰车焜氏。凡与帝室为十姓，百世不通婚。太和以前，国之丧葬祠礼，非十族不得与也。

为什么这里只提“九十九姓”而不提“三十六国”呢？根据马长寿教授解释，氏族统于部落之内，“九十九姓”应统于“三十六国”之内，所以说到“诸部有九十九姓”是已经包括“三十六国”在内了。大酋长拓跋邻“七分国人，使诸兄弟各摄领之”。他把拓跋鲜卑部民分为七个部落，派了自己七个兄弟担任这七个部落的大人酋长。这七个部落加上拓跋部落共为八个部落。从此便打下了后世所谓“鲜卑八国”的基础。这新的八个部落建立起来后，加强了其部落联盟的组织性，加强了其大酋长对部落联盟的领导。这种改组部落和委派部落大人的措施，必然是出于当时对内对外的迫切需要，不过，这种行动本身已经意味着未来王权的最初萌芽。

经过这次改组，原来同一氏族的拓跋氏七个兄弟，因出任七个部落的大人，他们便各以其所统领的部落名称作为自己的姓氏而分裂出来，逐渐形成为七个氏族。这七个子辈氏族，加上其母辈拓跋氏族，共为八个氏族。连同所谓“叔父之胤”的乙旃氏族和所谓“疏属”的车焜氏族，总共十个氏族。这个历史形成的特殊集团，从血缘亲属关系来说，它应是一个胞族。在胞族这个范围内，拓跋鲜卑人是“百世不通婚”的。这个由拓跋氏族分裂为好几个氏族，而又以胞族的形式保存下来的实例，正可代表当时拓跋鲜卑人的一般情况。

在当时，全体部民都是享有完全平等权利的，其管理组织和他们的生活条件相适应。《魏书》卷111《刑罚志》云：

> 魏初，礼俗纯朴，刑禁疏简。宣帝（推寅）南迁，复置四部大人，坐王庭决辞讼，以言语约束，刻契记事，无一囹圄考讯之法，诸犯罪者，皆临时决遣。神元（力微）因循，亡所革易。

推寅南迁，“置四部大人，坐王庭决辞讼”，它是由四个部落大人组成的管理机关，看来应是联盟议事会。在他们的社会里，没有法律、监狱等强制手段，只有通过舆论来调整社会秩序，一切纠纷由“四部大人”根据传统习惯便能得到解决。从推寅到力微时代他们都是奉行这种民主管理制度的。

三、南迁“匈奴故地”和种族成分复杂的部落联盟之形成

大酋长邻改组部落后，更谋南迁，于是命令他新任大酋长的儿子诘汾来执行。《魏书》卷1《序纪》云：

> 时有神人言于国曰：“此土荒遐，未足以建都邑，宜复徙居。”帝时年衰老，乃以位授子。圣武皇帝讳诘汾。献帝命南移，山谷高深，九难八阻，……历年乃出。始居匈奴之故地。其迁徙策略，多出宣、献二帝，故人并号曰“推寅”，盖俗云“钻研”之义。

诘汾率领族人从呼伦贝尔草原登上漫长的南迁征途，“山谷高深，九难八阻”，经历一年以上时间才达到漠南的“匈奴故地”。所谓“匈奴故地”是汉代五原郡之地，在今河套北部固阳阴山一带。由于推寅和邻这二位大酋长有远见、有魄力，能领导族人迁徙到水草丰美的地方去游牧，所以他们受到族人的尊敬和钦佩，而并誉之“推寅”。“推寅”一词在鲜卑语中是善于“钻研”的意思。就是说，第一推寅（宣帝推寅）和第二推寅（献帝邻）都是杰出的有远见的人物。⑦

然而他们来到“匈奴故地”是在何时呢？史无明文，只好根据后事推测。按诘汾之子力微是诘汾到“匈奴故地”之后所生的，这事史文有明确记载。《魏书·序纪》云：“神元（力微）四十二年，魏景元二年也。”则神元元年，是汉献帝延康元年（220 年）。又云：力微崩，“凡享国五十八年，年一百四岁”。则力微是在四十七岁时才继承大酋长职位的，可知力微是生在汉灵帝熹平三年（174 年）。又，诘汾与“天女相偶”。生力微的神话说到，生力微前一年诘汾在“匈奴故地”与“天女”相偶，则其时在熹平二年（173 年）。据此可知，在汉灵帝熹平二年拓跋鲜卑人已经来到“匈奴故地”了。

再根据《新唐书》卷 71 下《宰相世系表》窦氏条云：“窦统，字敬道，雁门太守，以窦武之难，亡入鲜卑拓跋部，使居南境代郡平城，以间窥中国，号没鹿回部落大人。后得匈奴旧境，又徙居之。”

按“窦武之难”发生于东汉灵帝建宁元年（168 年）九月[⑧]，是外戚窦武和官僚陈蕃等联合反对宦官，结果被宦官所杀，而株连甚广。窦统因“窦武之难”所株连，在是年“亡入鲜卑拓跋部”。据此可知，拓跋鲜卑部是早在东汉灵帝建宁元年以前的桓帝之世已经驻牧于“匈奴故地”了。这条材料比用力微岁数推算又提前了七年左右。这是目前我们所能找到史料以证明的较早的年代。

如前所述，拓跋鲜卑部在东汉桓灵之际已经迁到河套北部固阳阴山一带游牧。其时正是檀石槐号令各部的时期（150～180 年）。檀石槐联盟建庭于高柳（今阳高县）北三百里的弹汗山（今大青山），其所统辖的地区划分为东、中、西三部。而拓跋鲜卑部的驻牧区域则属于西部。据《三国志·魏书·鲜卑传》注引王沈《魏书》云：“从上谷以西至敦煌，西接乌孙，为西部，二十余邑，其大人曰置鞬落罗、日律、推演、宴荔游等，皆为大帅，而制属檀石槐。”其中西部大人推演，就是拓跋鲜卑部的第二推寅献帝邻。这个看法已为史学界所公认。

阴山一带在汉代是一个“草木茂盛，多禽兽”的地方（《汉书·匈奴传下》卷 94），当年匈奴人曾把这里当作自己的苑囿；这里又是一个各族牧民都很向往而想占领的地方，各族牧民多集在此及其附近。自诘汾迁到这里以后，拓跋鲜卑人就与原来住在这里的匈奴、乌桓等族错居杂处，互为婚姻，出现了混血关系，开始走上相互融合的道路。马长寿教授对此作了精辟的论证（《乌桓与鲜卑》第 245～275 页）。所谓“诘汾皇帝无妇家，力微皇帝无舅家”的民间传闻，正是他们与匈奴诸族错居杂处后，出现了“鲜卑父匈奴母”混血关系的现实反映。

诘汾死，庚子年（220 年）力微继承大酋长职位，称神元元年。拓跋鲜卑人的历史，自力微执政开始才有确实的纪年。在这一年，有一个西部大人乘诘汾刚死入侵拓跋部。这位西部大人，按《三国志·魏书·鲜卑传》记载，可能就是西部鲜卑大人蒲头。力微战败，其驻牧地被他们所占领，部众离散。力微被驱逐出来后，便率领残部投依于居在“匈奴旧境”五原郡的没鹿回部大人窦宾。诘汾的长子匹孤（力微的异母长兄），亦“率其部自塞北迁于河西”。[9]至此，拓跋鲜卑部落联盟完全瓦解。

其后，力微得到窦宾的允许，乃率所部驻牧在他的领地北部一个叫做长川的地方。经过十多年，离散的旧部民完全都来归附。到神元二十九年（248 年），窦宾死后，力微杀其二子，并吞没鹿回部。由此拓跋部拥有控弦骑士“二十余万”[10]，势力复振。

自 235 年（魏青龙三年）轲比能部落联盟瓦解后，在曹魏边境的各族各部落不可能长期没有一个统一政府，没有一个统一政府则各族牧民所需要的游牧、交通和交换的秩序便无从建立。而有志于恢复旧业亦具有一定实力的力微，毅然负起了时代提出的这一项历史使命。他在神元三十九年（258 年）从五原郡东迁到定襄郡的盛乐（今内蒙古和林格尔县北），就在这里举行“祭天”典礼，即举行部落联盟成立大会。远近的部落大人都来“助祭”，表示参加部落联盟。以拓跋鲜卑部为首的部落联盟正式宣告成立，力微被推举为大酋长。只有一位白部[11]大人观望不来“助祭”，力微把他杀掉。远近诸部无不畏服。于是由拓跋鲜卑部的拓跋氏家庭中选出大酋长的后继者的权利，也取得各族各部落所认可。

现在建立的新联盟比以前的旧联盟，规模要大得多，其种族成分也较前复杂得多。据《魏书·官氏志》记载，除了“帝室十姓”之外，还有丘穆陵氏等七十五个姓。此七十五姓中有一部分不是拓跋鲜卑，而是其他种族。其中属于匈奴族的姓氏有六，属于丁零族（包括高车）的姓氏有六，属于柔然族的姓氏有三，属于乌桓及东部鲜卑的姓氏有九，属于东方西方各族的姓氏有七，共计三十一姓。[12]此七十五姓都加入拓跋鲜卑部落联盟，故统称“内入诸姓”。

在“内入诸姓”的外围，还有与拓跋鲜卑部落联盟保持“岁时朝贡”关系的“四方诸姓”共三十五部。所谓“朝贡”，只可解释为在政治上建交，在经济上有交换而已。这些“四方诸姓”是在拓跋鲜卑部落联盟之外的。

四、与魏晋建交及其氏族制度解体

神元三十九年盛乐“祭天”典礼宣告拓跋鲜卑部落联盟成立的同时，还做出了“与魏和亲”的决定。到神元四十二年即魏景元二年（261 年），力微派遣其长子沙漠汗出使魏国，并作为质子留在魏都洛阳（《魏书·序纪》卷 1）。这是拓跋鲜卑部落联盟与汉族国家正式建交的开始。从此，汉族中世纪的商品经济日渐渗入他们的经济领域，汉族先进的文化日渐影响着他们的生活习俗，使他们逐渐走上汉化的道路。

建交后与魏“交市，往来不绝”。每年都有大量的牲畜及皮毛输出汉地，又有“岁以万计”的金、帛、缯、絮等物从汉地输入部落中去。魏亡之后，仍与晋交好，交市如故。而后因鲜卑和乌桓逐渐成为晋朝幽、并二州的“边害”，晋幽州刺史卫瓘对他们施用离间政策，结果倾向汉化的沙漠汗被部落守旧势力所杀害，拓跋联盟发生分裂，力微亦因此忧愤而死。[13]

此后，拓跋联盟分为东、中、西三部，由禄官、猗㐌、猗卢各统一部。其时“财畜富实，控弦骑士四十余万”，成为一支强大的政治力量。代郡的汉人卫操、卫雄、姬澹等，看到晋朝内乱，相率投依拓跋鲜卑族，受到猗㐌、猗卢所重用。他们劝告猗㐌、猗卢招纳汉人以立功业，“于是晋人附者稍众”（《魏书·卫操传》卷 23）。

由于猗㐌、猗卢对汉人实行开放政策，所以有汉族商人常常来到拓跋鲜卑部落住区里经商。如居住接壤的汉商莫含，“家世货殖，赀累巨万。……常往来国（拓跋联盟）中”[14]进行交易。也有远地的汉商深入其部落各地贸易；如猗㐌出巡：西自榆中（今甘肃榆中县）东至代郡，有洛阳大商人携带金帛货物跟随在他的后面做买卖。[15]

猗㐌、禄官死后，猗卢统领三部。猗卢出兵援助晋朝刘琨有功，晋朝封猗卢为代公，并割晋北马邑、阴馆、楼烦、峙、繁畤五县地给猗卢。猗卢便移部民“十万家”入居之。不久，猗卢又被晋封为代王。猗卢重用汉族士人和汉化较早的乌桓人，于是引起了拓跋鲜卑部落贵族的妒忌，因而便分为旧人和新人两派。随着西晋王朝的倾覆（316 年），猗卢图谋进兵中原争夺霸权。为着争霸，他要求加强他支配部民的权力，效仿汉族的封建统治；但按氏族民主制这是绝不允许的，只有将它破坏而采取强制手段才能做到。猗卢果然是这样做了：他废弃氏族习惯法，“乃峻刑法，每以军令从事”。[16]可是，一向生活在氏族制度下的部民，在思想认识上完全不能适应；因此，“民乘宽政，多以违命得罪”。[17]凡被征调而不按期赴军役的，猗卢则按“军令”处理，“皆举部戮之”[18]，“死者以万计”。[19]从而引起了联盟内部矛盾的激化，特别是代王与氏族成员之间的矛盾、新人（汉人和乌桓人）与旧人（拓跋鲜卑人）之间的矛盾的激化，使整个联盟陷于骚乱和恐怖之中。猗卢也就在此时被其长子六脩所杀。[20]猗卢死后，新人与旧人公开采取敌对行动，结果新人寡不敌众，南奔并州[21]，归附刘琨。

自猗卢的后继者郁律起，到后来什翼犍执政的二十一年中（317~338年），拓跋氏家庭内部为了争夺王位而互相残杀。有六次大酋长易位，其中四次是经过流血的政变来实现的（《魏书·序纪》卷1）。从前，大酋长的继位还需经过诸部大人所认可，现在人们却用暴力来夺取它。这种情况在氏族制度还适应经济基础时是决不会发生的。现在拓跋鲜卑社会的经济基础已经发生了新的变化：

（一）自3世纪60年代他们与汉族国家有了交往，汉族先进的生产工具和技术因此传入，使得他们大面积的谷物种植和牧草栽培成为可能，从而促进其畜牧经济迅速发展。到什翼犍时出现了“色别谷量”畜群遍野的盛况。[22]而他们的畜群经营已出现了私人占有，故才有必要“分别公私旧畜”（《魏书·庾业延传》卷26）。

（二）自力微以后，连年的对外战争，逐渐加强了代王和诸部大人的权力。同时通过军事掠夺，代王及诸部大人又成为部落内部有钱有势者。

（三）在拓跋鲜卑社会里有许多被征服和降附的部落，处在被统治的从属地位，他们与征服者拓跋鲜卑部之间存在着矛盾。例如“穆帝（猗卢）七年，国有匈奴杂胡万余家，多勒种类，闻勒破幽州，乃谋为乱，欲以应勒，发觉伏诛”。[23]这类部落伺机而动，其内部存在着不安的因素。

（四）自从与汉商发生交易以后，中世纪的商品经济像潮水般地汹涌而至，渗入了原始部民的生活领域，破坏着原来氏族部落所有制的经济结构，促使其畜产个体经营迅速形成和发展。

（五）拓跋氏家庭内部王位之争在进行着。而这种斗争又影响和导致所属诸部之间的对立。

（六）自力微以来拓跋联盟和中原的汉族国家及西蜀李氏、凉州张氏、后赵石氏等都有外交关系，而其内政问题则往往受到外部力量的影响和干涉。氏族制度面临着这种新的矛盾却毫无办法。

上述拓跋鲜卑社会内部发生的新变化和新矛盾，氏族制度的机关毫无领导和解决的能力。因此，什翼犍继任代王、大酋长（338～376年），便任用汉人燕凤、许谦为辅助，实行一系列的改革措施：

首先，建立了适应于经济基础的政权机关：（1）设立中央政权机构。备置百官，分掌众职；其官员官职“多同于晋朝”[24]；（2）设立代王近侍机构，挑选“诸部大人及豪族良家子弟”所组成；（3）设置管辖“乌丸”事务的机关，各按其部众多少任命酋长，复置南北二部大人以统领之。

其次，制定了法律，以成文法代替习惯法。这个法律最重要的是“盗官物，一备五，私则备十”[25]，宣布保护私有财产。

我们不难看到，其氏族制度机关已经部分地被改造（如管辖“乌丸”事务机关），又部分地被新设立的权力机关（如中央机关和近侍机构）所代替。

其后，什翼犍连年对外征伐，掠夺大量“生口”及牲畜（《魏书·序纪》卷1）。正当他将要征服其世仇铁弗部刘卫辰时，卫辰求救于苻坚，苻坚出兵击败什翼键，什翼健被杀，公元376年代政权灭亡。

苻坚淝水之败（383年），中国北部统一的局面又出现分裂。于是晋、冀地区一时又成为独孤部刘显、铁弗部刘卫辰、后燕慕容垂、西燕慕容永等几种势力的角逐之场。就在这时候什翼犍的孙子拓跋珪，受到贺兰部及所属诸部的推举，386年即代王位（年号登国），于是灭亡了十年之久的代政权又重新恢复了。拓跋珪即王位后，取得一连串的军事胜利，最后统一晋冀地区，独雄塞北。

各族间长期的大混战，人民辗转流离。远征、迁徙、逃散、掳掠、依附，破坏了氏族部落住区中的血缘关系。就拓跋部来说，旧的八个部落，屡经战争和迁徙，血统混杂已非旧观，所以《魏书·官氏志》说：“八国姓族难分。”这样，血缘部落的保留已失去它的社会意义，也不适宜作为政治团体了。拓跋珪在把各部征服的过程中，颁布了一个依地域划分居民的措施。《魏书》卷113《官氏志》云：“凡此四方诸部，岁时朝贡，登国初，太祖（拓跋珪庙号）散诸部落，始同为编民。”又《北史》卷80《外戚贺讷传》云：“讷从道武（拓跋珪谥号）平中原，拜安远将军。其后离散诸部，分土定居，不听迁徙，其君长大人皆同编户。纳以元舅，甚见尊重，然无统领。”

实行部落解散，“分土定居”，改为“编民”，就是按地区划分公民。原来部落大人也改为“编户”，有的也没有统领职务。它标志着血缘关系的部落组织最后彻底地消灭。虽然解散部落后仍有部落的聚居形式，但它是属于地域部落而不是血缘部落了。

拓跋珪的魏政权在登国元年就设置了禁兵。[26]到伐后燕时拥有“中军精骑十有余万，外军无数”。[27]所谓“中军”是指中央军队，“外军”是指地方军队。比如定州一地便有八个军，共统兵四万。这批军队是为了“以相威慑”[28]的需要而建立起来的。很明显，它与部民自发的武装组织有性质上的区别。

与此同时，拓跋鲜卑征服者为了实现对晋冀地区以汉族为主体的广大人民的统治，特别注重录用汉族士大夫，接受汉族地主阶级的统治经验。皇始元年（396年），拓跋珪“建曹省，备置百官，封拜五等。外职则刺史、太守、令长以下有未备者，随而置之”（《魏书·官氏志》卷113）。于是作为实现阶级统治的一整套政权机构建立起来了。天兴元年（398年），典官制，立爵品，制朝仪，定律令，申科禁，“以为永式”（《魏书·太祖纪》卷2）。于是作为体现统治阶级意志的各种法度也臻于完备了。

综上所述，依地区划分公民，公共权力（军队和政权机构）的建立以及各种法度的制定，它们标志着拓跋魏政权为了“控制阶级对立的需要”[29]而在天兴年间（398~403年）已经形成为国家，随着拓跋魏国家的产生，最后就宣告了拓跋鲜卑氏族社会及其制度的彻底瓦解。

注释：

①米文平：《鲜卑石室的发现与初步研究》，《文物》1981年2期。

②《周书》卷2《文帝纪下》。

③米文平：《鲜卑石室的发现与初步研究》，《文物》1981年2期。

④内蒙古自治区文物工作队：《内蒙古陈巴尔虎旗完工古墓清理简报》，《考古》1965年6期。

⑤内蒙古自治区文物工作队：《内蒙古扎赉诺尔古墓群发掘简报》，《考古》1961年12期。

⑥宿白：《东北、内蒙古地区的鲜卑遗迹——鲜卑遗迹解录之一》，《文物》1977年5期第40页。

⑦《乌桓与鲜卑》，上海人民出版社，1962年版，第240页。

⑧《后汉书》卷8《灵帝纪》。

⑨《晋书》卷126《秃发乌孤载记》；又吴士鉴注引《元和姓纂》卷10云："圣武帝诘汾长子匹孤，神元时率其部众徙河西。"

⑩《魏书》卷1《序纪》。

⑪拓跋鲜卑称东部鲜卑为"白部"或"东部"，或"徒何"。

⑫《乌桓与鲜卑》第249~254页。

⑬《晋书》卷36《卫瓘传》。

⑭《魏书》卷23《莫含传》。

⑮《水经注》卷3《河水》。

⑯⑰《魏书》卷111《刑罚志》。

⑱《魏书》卷1《序纪》。

⑲《魏书》卷111《刑罚志》。

⑳《资治通鉴》卷89建兴4年记载。

㉑《魏书》卷23《卫操传附卫雄姬澹传》。

㉒《魏书》卷24《燕凤传》。

㉓《魏书》卷1《序纪》。

㉔《魏书》卷113《官氏志》。

㉕《魏书》卷111《刑罚志》。

㉖《魏书》卷113《官氏志》云："登国元年，置都统长，……其都统长领殿内之兵，直王宫。"

㉗《魏书》卷33《张济传》。

㉘《魏书》卷58《杨播传附杨椿传》。

㉙《马克思恩格斯选集》第4卷，第168页。

（原载《广东社会科学》1985年第1期）

鲜卑史研究的一座丰碑

陈连开

在大兴安岭北段顶巅东侧嘎仙洞发现的鲜卑拓跋部祖庙石室，无疑是我国近年来最重要的考古发现之一。这一发现，不仅解答了史学上一个千古之谜；也不只是为鲜卑史研究提供了一个重要遗址，还为研究黑龙江流域历史地理确立了一个关键坐标。因此，它受到考古学界与史学界广泛的关注是理所当然的。

千古求索的重要史迹

鲜卑拓跋部因建立北魏王朝而在我国古代史上占有重要地位。根据北魏世代相传的谱系推算，拓跋部的祖先在公元前二千年左右已活动于大鲜卑山，并因此得名鲜卑，他们在那里曾“凿石为祖宗之庙”。[①]太平真君四年（443年）乌洛侯来朝，“称其国西北有国家先帝旧墟，石室南北九十步，东西四十步，高七十尺。室有神灵，民多祈请”[②]，于是太武帝拓跋焘即派中书侍郎李敞等前往“告祭天地，以皇祖先妣配”。[③]李敞完成使命，“刊祝文于石室之壁而还”。[④]此后，随着年代变迁与北魏灭亡，石室所在变得渺不可寻，然而它的重要性却没有被遗忘。千百年来，研究北魏史、鲜卑史以及黑龙江流域历史地理的人们，上下求索，不断根据文献推论它的地理方位。希望有朝一日能使石室重新被发现。这些考证，一般是从乌洛侯地理入手。

清末，张穆、何秋涛等，都受《清文献通考·四裔考》的影响，把乌洛侯改成乌洛俟，与俄罗斯混为一谈。何秋涛论证乌洛侯为当今贝加尔湖以东，尼布楚城（前苏境涅尔琴斯克）以南直到黑龙江以南地区，因而

“魏之先祖石室……当在尼布楚城正西之地”。[⑤]丁谦指出：“从前考据家硬改侯为俟，谓俄罗斯转音，真无知妄说”，他认为乌洛侯分布在今呼伦贝尔地区，因而“魏先帝石室在（贝加尔）湖南滨”。[⑥]日本学者白鸟库吉的论证进了一步，他推断“乌洛侯之国必在今嫩江流域。……托跋氏祖先之石室，亦必在嫩江流域之中，而当在兴安岭之近傍”[⑦]。

解放后，马长寿教授沿白鸟之说，进一步断言：“魏之祖先石室在（额尔古纳与嫩江）二河之间的大兴安岭山脉之内”，而大鲜卑山“当在今之大兴安岭的北段”[⑧]。宿白教授也指出鲜卑拓跋部的“原始游牧地区在黑龙江上游额尔古纳河和大兴安岭北段之间”。[⑨]可见，考古学与民族史学的发展，使石室地理方位的论断与真实状况越来越接近。

嘎仙洞鲜卑石室遗址的发现者米文平同志，经过仔细研究前人考证与历史文献，又调查了鄂伦春人关于嘎仙洞的传说，自 1979 年 9 月 1 日到 1980 年 7 月 30 日，四访嘎仙洞，终于发现了李敞所刻拓跋焘祭天祝文，从而宣告了嘎仙洞就是鲜卑石室遗址！

据米文平同志在《文物》1981 年 2 期著文报道以后，笔者也曾有幸与米文平等十多位考古学及民族史学工作者到嘎仙洞进行实地考察。《魏书》所说祖庙石室，并非一座雄伟的石砌建筑，而是一座天然洞窟，其规模之宏大，与《魏书·乌洛侯传》记载相合，完全具备祖庙的神圣威严。

令人仔细揣度的是，洞窟前半部两壁，自底线到上线约两米高的壁面，有经过修琢的痕迹。此修琢面自洞口直到几十米深处。洞窟中央那一块被群众称为“石桌”的巨型石板，显然是人工放置，与东北其他地区的发现比较，可能与早期墓葬有关。这些经过人工处理的痕迹，使我们体味出，远古鲜卑人是在天然洞窟中“凿石为祖宗之庙”的。联想到他们的子孙在接受了佛教之后，往往在自然洞窟中修造佛教石窟，难道在文化传统上与其祖庙石室一点联系都没有吗？[⑩]

祝文刻在“大厅”西壁上，距洞口 15 米。刊文处尤其平整，是李敞致祭时经过再修琢磨平刊刻于壁的。石刻风格经过鉴定，米文平已有释文，此处不赘。值得注意的是，对照《魏书·礼志》著录的祝文，略有几处差异，证明魏收著录时已略加文饰，个别则是有意篡改。

石刻头行年款“惟太平真君四年癸未岁七月廿五日”。《魏书·礼志》叙事在太平真君四年，故祝文删去年款，而石刻保留了致祭的日子，为研究其他相关史事提供了准确时间。第二行“天子臣焘使谒者仆射库六官”，

《魏书・礼志》称"天子焘谨遣李敞等"，石刻称"天子臣焘"符合皇帝祭天礼制。天兴元年（398 年）拓跋珪"即皇帝位，立坛兆告天地，祝曰：'皇帝臣珪敢用玄牡，昭告于皇天后土之灵'"[11]，是北魏开国时已熟悉礼仪，拓跋寿自然也熟悉。二百八十年后，唐开元十三年（725 年）十一月，唐玄宗到泰山行封禅，曾公布玉牒，"其辞曰：有唐嗣天子臣某……"以下祝文格式略与石刻拓跋焘祝辞相同。[12]据说，这封玉牒 1930 年被马鸿逵在泰山挖出来，玉牒上所刻祝文称"天子臣隆基"，内容与文献记载一致。[13]可见石刻祝辞作"天子臣焘"为是，《魏书・礼志》少一"臣"字，盖传抄遗漏所致。至于库六官是谒者仆射，官阶比李敞低，署名却在李敞前，大概因为他是鲜卑人。《魏书・礼志》删去库六官。此外，石刻于末句"福禄永延"下有"荐于皇皇帝天，皇皇后土，以皇祖先可寒配，皇妣先可敦配"。说明拓跋焘时虽已基本上采用中原礼仪，仍保留着鲜卑旧俗，《魏书・礼志》仅有"告祭天地，以皇祖先妣配"的叙述，全删可寒（可汗）、可敦等鲜卑名号。

还有一处，米文平已释，需再强调。石刻第八行"延及冲人，阐扬玄风，增构崇堂"，《魏书・礼志》改作："冲人纂业，德声弗彰。"魏太武帝时，在崔浩等支持下以崇道灭佛作为国家宗教政策，故祝辞原文把"阐扬玄风，增构崇堂"当作一项显政来颂扬；魏收修史在北齐文宣帝高洋时，高洋又把崇佛灭道当作改朝换代的一种手段，故魏收改作"冲人纂业，德声弗彰"。此处改动显然是适应当时政治的需要。

总之，石刻祝文不仅与史文相吻合，还补充与订正了史文，足以对千百年来史学上关于拓跋远祖石室是否存在以及它的地理位置何在的猜测与论证，做出了确定无疑的回答。

研究鲜卑历史的探源宝镜

鲜卑是东胡的一支，因鲜卑山而得名，自司马彪《续汉书》、袁宏《后汉记》、王沈《魏书》等记载是一致的；鲜卑人自己，无论是慕容还是拓跋，也是如此。隋唐承鲜卑诸王朝之后，史家关于鲜卑起源于鲜卑山是肯定的。因此，鲜卑属东胡系统，起源于鲜卑山，当无异议。

问题是，魏晋以来到南北朝，鲜卑部别很多，大致可分为东部鲜卑与西部鲜卑，他们是否同源？鲜卑山据东晋南北朝文献记载有好几处，究竟何处为正？而拓跋魏口碑相传的世系，竟可追溯到拓跋珪以前百世，使中外学者多怀疑是魏室为“夸耀其门阀之古，家系之悠，而故意造作者也”。[14]

产生上述疑问，在没有充足物证可以弄清鲜卑源流的情况下是自然的，也不无道理。现在地下遗存出土多了，但也不是对鲜卑源流可一举弄个水落石出；不过嘎仙洞遗址，为我们探测鲜卑提供了一面宝镜，我们在这个问题上较前人研究大进一步是完全可能的。

首先，在大兴安岭北段发现了鲜卑石室，为民族史、考古学界关于鲜卑拓跋部起源于大兴安岭北段提供了雄辩有力的物证。因而大鲜卑山的位置同样可以确定。

其次，石室遗址同样雄辩有力地证明了《魏书·序纪》所记录鲜卑人关于其远祖的口碑史料，是有真实的历史事实做基础的，因而是可信的。

从年代学角度看，北魏始祖力微在位年代准确。《序纪》叙力微继位“岁在庚子”。而力微四十二年当曹魏“景元二年也”。景元二年（261年）上推四十二年是黄初元年（220年），恰是“岁在庚子”。说明力微继汗位之年可以当作《序纪》中可靠的绝对年代。[15]

力微以前，自元初胡三省注《通鉴》提出檀石槐时鲜卑西部大人中有个叫推演的，就是北魏先祖推寅[16]，现在已进一步弄明白，西部大人推演，不是北魏追谥的宣帝推寅，而是追谥的献帝邻，史学上称为第二推寅。邻是力微的祖父，其生活年代当在力微以前七十年左右，当东汉桓灵在位时，正是檀石槐号令各部的时期。

献帝邻又是自大泽再往南迁（实是西迁）的酋长，此时正是东汉击溃北匈奴之后不久，“鲜卑因转徙据其地。匈奴余种留者尚有十余万落，皆自号鲜卑，鲜卑由此渐盛”。[17]《序纪》说：“献帝命南移，山谷高深，九难八阻，于是欲止。有神兽，其形似马，其声类牛，先行导引，历年乃出。始居匈奴之故地。”他的出发点是呼伦贝尔草原，经蒙古高原，迁到阴山河套晋北一带。南迁后与匈奴余种融合，产生了“鲜卑父匈奴母”的鲜卑新支派，即拓跋鲜卑。《序纪》宣称力微的父亲诘汾与草原上的“天女”相配生下了力微，“故时人谚云：‘诘汾皇帝无妇家，力微皇帝无舅家’。”大概反映了南迁后与匈奴融合的情形，只不过北魏皇室把这一过程神化了。

邻以上七世，是第一推寅，即北魏追谥的宣帝推寅。推寅率众自大鲜卑山出发，“南迁大泽，方千余里，厥土昏冥沮洳”。大鲜卑山如果不是指整个大兴安岭北段，也可以肯定是指嘎仙洞所在的大兴安岭北段顶巅东侧一带山地。他们从这里出发，南迁到呼伦贝尔大草原。所谓“大泽”，指今呼伦湖而言。自呼盟陈巴尔旗完工和新巴尔虎扎赉诺尔两处鲜卑古墓群被发现，考古学与民族史学界多推断是推寅南迁后的鲜卑早期墓群。第一推寅距邻七代，其生活的年代，当在桓灵以前一百五十年至二百年间，大体是西汉成帝在位时期。完工与扎赉诺尔古墓群的绝对年代，尚有分歧。自第一推寅至第二推寅经历七世，约当西汉晚期到东汉晚期。尽管出土的文物说明年代较久，但都保持比较纯粹的早期鲜卑文化的特征。[18]

推寅的前五世为追谥的成帝毛，《序纪》称其“聪明武略，远近所推，统国三十六，大姓九十九。威振北方，莫不率服”。是大鲜卑山一带部落联盟首领。毛以前“积六十七世”，都是“统幽都之北，广漠之野，畜牧迁徙，射猎为业，淳朴为俗，简易为化，不为文字，刻木纪契而已”，经历过大约两千年的原始氏族部落时期。毛生活的时期，当汉初文景时，再上推六十七世，最早可推算到公元前二千年，相当传说中的舜禹时代。

以上《序纪》所记世系，力微以下，北魏自有《国记》（邓渊撰）及《国书》（崔浩等撰）等为蓝本，年代准确，事迹具体。力微以上，为年代不准，大多无事迹可言的“人相传授”的世系。然而所叙约二千多年间各个阶段与迁徙方向、地点，都可与史相映，轮廓分明。过去从王鸣盛到白鸟库吉等中外学者多有疑议，是因为没有确实的遗物，可以印证这些鲜卑童年时期的发展史。现在嘎仙洞鲜卑石室遗址，不仅证明了石室确实存在，而且为考察需要作了试挖，“发现有相当厚的文化堆积”。“在洞口处，也挖了一条一米宽、二十米长的排水沟。……在表土以下，到 0.8 米深处为黑色粘沙土，其中出土了很多手制夹砂灰褐陶片，还有骨镞、石镞等。从陶器的形制、加工工艺来看，与完工、扎赉诺尔墓群出土的陶器，有着相似的文化特征，但更具原始性。在地表以下 1.3 米的黄色粘沙土中，还出土有打制石器，表明这里可能有更早的人类曾经居住过。”[19]因此，毛以前积六十七世的传说得到了文化遗存的有力证明。我们有理由期望将来进一步系统的挖掘，很可能有更惊人的发现。

嘎仙洞遗址中发现了打制石器是引人注意的，而此处出土陶器与完工、扎赉诺尔出土的相似，更具原始性，证明从大鲜卑山到大泽的鲜卑人，即邻南迁以前的鲜卑人，都是比较纯粹的鲜卑人。他们发源于大鲜卑山，而不是后来“远窜塞外”退保到大鲜卑山去的。我们习惯于称呼东汉到魏晋活动于辽东辽西至上谷一带的鲜卑为东部鲜卑，他们的祖先是在饶乐水以北的鲜卑山，我们称之为早期东部鲜卑。与这些早期东部鲜卑区别开来，可以称大鲜卑山一带的拓跋部远祖为北部鲜卑。

然而，汉魏两晋史家认为“鲜卑，亦东胡之余也，别保鲜卑山，因号焉。其语言习俗与乌丸同”，秦汉之际“鲜卑自为冒顿所破远窜辽东塞外，不与余国争衡，未有名通于汉。而自与乌丸相接”。[20]如何看待这样的记载呢？

我们知道，鲜卑一词，或作“师比”、“私批”、“犀比”、“胥纰”等异译形式在先秦与西汉文献中累次出现。不过，当时仅指一种胡服的带或带钩。这些记载，说明那时鲜卑人虽未与中原发生政治交往，但他们确实在鲜卑山存在。而且其文化影响大概是通过东胡、乌桓已间接达于中原。依据考古材料，甚至把这种中原与鲜卑人的文化联系推到更遥远的年代。[21]

鲜卑作为一个古族出现在中国历史舞台上，是在两汉之际。不过，当时所知的鲜卑人，大体上都是指早期的东部鲜卑，这一部分鲜卑人西汉前期仍在他们发源的鲜卑山地区游牧射猎。汉武帝时“霍去病击破匈奴左地，因徙乌桓于上谷、渔阳、右北平、辽西、辽东五郡塞外”。[22]原分布在鲜卑山的早期东部鲜卑人接踵而迁移到乌桓故地饶乐水（今西拉木伦河）一带来。在未南迁以前，他们南“与乌桓接”，东与夫余接[23]，当在今西辽河以北至霍林河一带，今哲里木盟地区。

张穆《蒙古游牧记》卷1说：科尔沁右翼中旗“西三十里有鲜卑山，土人名蒙格”。其卷3又说：阿鲁科尔沁西北“百四十里有乌辽山，即乌丸山”。《辽史·地理志一》上京乌州条说：“本乌丸地，……有辽河、夜河、乌丸川、乌丸山”，此即今阿鲁科尔沁旗与西乌珠穆沁旗交界处赤山。西拉木伦河一带在西汉前期仍是乌桓人活动的中心地带，张穆所记乌丸山正在西拉木伦河北侧，与他所记鲜卑山（在霍林河沿）南北相距约四百里。此两山都在大兴安岭南段，鲜卑山在南段中央，而乌桓山在南段尾部，地理位置与古代文献所记十分吻合。另一方面，西拉木伦河至霍林河之间分布的“舍根文化”，据初步研究，是早期鲜卑文化遗存[24]，与我们根据文献判断早期东部鲜卑在未迁入乌桓故地以前应分布在大兴安岭南段、西辽河与霍林河之间森林草原可以互相印证。因此，早期东部鲜卑人起源的鲜卑山在大兴安岭南段中央，张穆所记“蒙格”山，正是在这个范围之内。这一部分鲜卑人先迁到西拉木河乌桓故地，东汉初乌桓得到光武帝批准再度内迁到辽南、辽西及冀北、晋北一带，于是鲜卑也随之分布到了辽东等五郡塞外。他们南迁后逐渐与乌桓、匈奴以至汉人融合而形成东部鲜卑各部。服虔说“东胡，乌丸之先，后为鲜卑”㉕是以种类相近的三部与中原发生政治交往的次序排列的。

那么，鲜卑既以其发源的地方命名鲜卑山，鲜卑一词是什么意思呢？

《史记·匈奴传》《索隐》“黄金胥纰”，注引“张晏云，鲜卑郭落带，瑞兽名也。东胡好服之”。据白鸟库吉考定，鲜卑之“鲜”古音与“犀”均读 sai，因而“鲜卑与胥纰、师比、私批等皆当读 sai-pi 或 sa-pi”。他断言“满洲语谓瑞、祥、吉兆、灵异之天象异人曰 sabi，鲜卑当系 sabi 之对译”。此外，他还考定，“满洲语谓兽曰 gurugu，蒙古语谓兽曰 guru-ksu；郭落即此等语之音译也”。㉖实际上蒙古语 sibelek 也具有吉祥、祥瑞等意思；达斡尔语同样指美好、吉祥的事物。而满语 gurugu 泛指兽类，蒙古语、达斡尔语 guruksu 则专指较大的走兽。鲜卑语“郭落”当更近于蒙古、达斡尔语的 guruksu 含义。由此可见，“鲜卑山”汉语与鲜卑语混合词，意为“祥瑞山”或“神山”。汉魏两晋史家，只说明鲜卑族因鲜卑山为号，没有说明鲜卑人发源的鲜卑山究竟在何处。以上我们的论证如果不误，可以肯定鲜卑人发源于大兴安岭，其北段鲜卑人自称大鲜卑山，为北部鲜卑人起源之区，其南段为鲜卑山，是早期东部鲜卑人活动的场所。这两部分早期鲜卑人分别在大兴安岭南北段，同样自称鲜卑人，他们可能是两大氏族部落集团，然而语言相通、族属相同，出土文化遗存也证明大同而小异，可以说是同源。至于早期东部鲜卑人，与北部鲜卑人是否都发源于大鲜卑山，只是后来一部分南迁到大兴安岭南段，成为早期东部鲜卑，还有待考古学上更多实证才能确定。

目前所能见到对鲜卑山具体位置的记载是释道安《西域记》与崔鸿《十六国春秋》。但都不是鲜卑山原址。

《太平御览·地部一〇》鲜卑山条引述《十六国春秋》说：“慕容廆，先代君辽左，号曰东胡，……秦汉之际为匈奴所败，分保鲜卑山，因复以为号也，棘城之东。塞外又有鲜卑山，在辽西之西北一百里，与此异山而同号。”另引《隋图经》：“鲜卑山在柳城东南。”此即崔鸿所记“棘城之东”的鲜卑山。《通典·州郡八》营州柳城条自注“鲜卑山，在县东南二百里棘城之东。塞外亦有鲜卑山，在辽西之北一百里，未详熟是”。此外，顾祖禹《读史方舆纪要·直隶九》徒河青山条自注："或曰，鲜卑山即青山。"

可见，自杜佑起，已对以上两三处鲜卑山感到迷惑不解。

实际上棘城之东与辽西塞外百里，都在辽西范围之内，这几处鲜卑山都与慕容部在辽西的迁徙有关。

慕容部是东部鲜卑主干，两汉之际，早期东部鲜卑自发源的鲜卑山南迁饶乐水，慕容部大概移牧于今西拉木伦河上游，檀石槐时有中部大人名慕容，即其祖先。据《十六国春秋》记载，是慕容廆的"曾祖莫护跋于魏初率其诸部入居辽西。从司马宣王讨公孙渊，拜率义王，始建国于棘城之北"。司马懿灭公孙渊在景初二年（238 年），慕容部居棘城当在此时。此后该部一度入居辽东，晋太康十年（289 年）慕容廆又自辽东迁回徒河之青山。从《晋书·载记·慕容廆传》载其迁徙过程看，可知棘城在徒河之北。

柳城在今辽宁省朝阳市区已成定论，棘城当在今义县附近，徒河当在今锦州市，也可随柳城位置的确定而大致可定。因此，《十六国春秋》、《隋图经》、《通典》所记两处鲜卑山都在辽西，是慕容部迁入以后，为不忘祖源而迁入的地名。至于徒河青山是否鲜卑山也就无需详考了。

另一处鲜卑山在河西与青海相接的祁连山脉，此山见于《水经·河水注》所引《释氏西域记》，即释道安所撰《西域记》。道安东晋十六国人，较崔鸿更早。

唐以前，人们都相信黄河发源于昆仑山，在盐泽之东伏流地下，然后在积石山复出为黄河。然而《释氏西域记》记载了古人另一种说法。《水经·河水注》叙："湟水又东与阁门河合，即浩亹河也。水出西塞外，东入塞，经敦煌酒泉张掖东南……又东流注于湟水，故《地理志》曰浩亹水东至允吾入湟水。……湟水又东流注入于金城河，即积石之黄河也。阚骃曰：'河至金城县谓之金城河，随地为名也。'《释氏西域记》曰：'牢兰海东伏流，龙沙堆在屯皇，东南四百里阿步干鲜卑山东流至金城河为大河。'"

古盐泽，又名蒲昌海，因为在楼兰附近，又称楼兰海，即今罗布泊。《释氏西域记》认为河源自昆仑出，至牢（楼）兰海东伏流，到屯皇东南四百里阿步干鲜卑山复出地面东流至金城入大河，此即《水经注》所叙阁门河，今之大通河。

乾隆时赵一清解释《西域记》这一记载说："屯皇即敦煌，师古曰，敦音屯。《汉志》曰敦煌郡有白龙沙堆。”全祖望解释说：“阿步干，鲜卑语也。慕容廆思其兄吐谷浑，因作《阿干之歌》，盖胡俗称其兄曰阿步干，阿干者，阿步干之省也。今兰州阿干谷、阿干河、阿干城、阿干堡，金人置阿干县，皆以《阿干之歌》得名。”由此可知，阿步干鲜卑山，即阿干鲜卑山，是吐谷浑部所名之鲜卑山。以《释氏西域记》所叙方位推断，是指今大通河源之祁连山。《汉书·武帝纪》天山条颜注说：“即祁连山也，匈奴谓天为祁连；今鲜卑语尚然。”吐谷浑最盛时，都伏俟城（今青海湖西南十余里），北控祁连山。他们以祁连山，也就是“天山”为纪念祖先的神山，又与辽西慕容部的鲜卑山区别开来，号为阿干鲜卑山，真是顺理成章。此是东部鲜卑西迁之后，也把鲜卑山的名称带到了河西与青海相接处的祁连山。由此可见，鲜卑人最初因鲜卑山名族，后来随着鲜卑各部的迁徙，而把祖先发源的山名带到了新的游牧区域。明乎此，就不至对从辽西到河西有几处鲜卑山，而又都不是鲜卑山原址感到迷惑不解了。

结语

综上所述，我大胆得出以下几点结论：

1. 鲜卑人起源于大兴安岭，这是蒙古高原东部森林草原地带。茫茫林海中，既有早期鲜卑人赖以游牧射猎的衣食之源；也与大漠南北地形地理特点有很大区别，是使匈奴铁骑不能适应的天然屏障，史书所说“保鲜卑山”大概指此而言；更何况，大兴安岭自身又充满着神秘威严的自然力量。早期鲜卑人把大兴安岭或者大兴安岭中某些部分命名为“祥瑞山”或“神山”是最恰当不过了。大兴安岭既是鲜卑人发源与早期活动的地区，也就是鲜卑山与大鲜卑山原址所在。

2. 东胡与乌桓在战国都已与中原发生关系。战国末年东胡已出现早期游牧军事国家。东胡，或可理解为东方的胡人，是中原人的称呼，其自称或者就是乌桓、鲜卑。不过乌桓在战国末似未达到建立国家的发展水平，鲜卑当时比乌桓还要原始。我认为东胡、乌桓、鲜卑都是属东胡系统，因其语言、文化、族属相近，而两汉时都以东胡称之。东胡因分布在滦河流域及西拉木伦河、老哈河上源地区，与中原农业文化相接，社会发展水平最高。他们理应另有自称，但对中原称之为东胡，也自居之不嫌，因为胡在当时并无轻侮的意思。所以匈奴人自称胡，而与中原一样称东胡人为东胡。乌桓人在战国时已与中原发生经济、文化联系，见于《史记·货殖列传》记载，他们当时在饶乐水或稍南一带繁衍生息。冒顿破东胡，他们所保乌桓山在大兴安岭南段尾部，也是借着森林草原的屏障。鲜卑在先秦与西汉虽存在于今大兴安岭南北段，但中间隔着东胡、乌桓，未与中原发生直接关系，尽管其文化影响早已达于中原，但作为一个古族，东汉以前仍不为中原所知，而东汉所知也主要是指早期东部鲜卑人。

3. 鲜卑人的南迁与西迁以及鲜卑人的兴盛是与匈奴的衰亡过程相联系的。东部鲜卑人是随乌桓内迁的路线南迁而后部分西迁。北部鲜卑人拓跋则是受东部鲜卑南迁与北匈奴西迁的推动向南向西迁徙，先迁至大泽呼伦贝尔地区，再迁到阴山河套晋北一带“匈奴故地”，而后再有一部分西迁河西。大体而言，鲜卑人是从大兴安岭出发，向南向西成扇形展开迁徙。他们迁徙之后，又把发源的神山的名称带到了新居处，所以从辽西到河西都有他们带去的鲜卑山地名。

4. 嘎仙洞鲜卑石室的文化遗存与完工、扎赉诺尔古墓文化遗存以及舍根文化都说明，在大兴安岭地区游牧射猎的早期鲜卑人同源而且较为单纯，他们南迁和西迁以后，与匈奴、乌桓以及羌人、汉人融合，而形成许多部别，而这些后来发展出来的鲜卑各部，又大体上都与汉人融合，成为隋唐汉族的重要来源之一。唐代鲜卑作为一个古族消失了，但汉化的鲜卑贵族在隋唐统治集团中都起重要作用，在隋唐文化发展中也有一定地位。此外，北魏至隋唐的室韦人、契丹人以及后来的蒙古人，都与鲜卑有着很深的渊源。所有这些民族的形成、发展与鲜卑的关系，也是鲜卑史研究中探源追流的重要内容，是研究中华民族形成史的重要课题。

由于嘎仙洞鲜卑石室遗址的发现，确立了大鲜卑山的方位，也使《序纪》所叙拓跋先祖世系得到实证，我们才得以与相关文献及文化遗存印证考察，探赜索隐，得出了以上几点结论。至于嘎仙洞遗址为研究黑龙江流域历史地理所确立的关键坐标，所涉考证过程较为繁杂，我希望在本文仅存此说以表述嘎仙洞遗址重要意义的一个重要方面，而另作专文加以论证。

嘎仙洞鲜卑石室遗址已引起广泛的重视，我深信，随着它的重要性一步步得到阐明，特别是进一步作科学发掘，必将更加充实它在探溯鲜卑史源与研究中华民族形成史及中国疆域发展史方面的科学价值，国内外史学界都将肯定，它确实是鲜卑史研究的一座丰碑！

后记

本文在写作过程中，王钟翰、张锡彤两教授为我审阅草稿并提出修改意见。在我写成本文以后，《历史研究》1981 年 6 期发表了佟柱臣教授的文章：《嘎仙洞拓跋焘祝文石刻考》。佟柱臣教授是考古学界前辈，拙文与佟先生大作论证过程与角度各不相同，而主要结论颇可相通，因而也使我对最近几个月的探索产生了一种信心。佟先生对拓跋鲜卑、乌桓、东部鲜卑的迁徙路线作了如下表述：1. 拓跋鲜卑的迁徙路线是：大兴安岭北段西麓→呼伦贝尔草原→阴山→晋北。2. 乌桓的迁徙路线是：西拉木伦河→沽源、翁牛特旗、昌图一线以北→河套东部、晋北、冀北、辽南。3. 东部鲜卑迁徙路线是：科尔沁右翼中旗→西拉木伦河→赤峰至密云一带→内蒙古草原广大地区。这三条路线，第 1 条和第 2 条、第 3 条完全不同；第 2 条和第 3 条有一部分相同，有一部分不同。这个史实说明他们原来居住的地区不同，因而大鲜卑山和鲜卑山也自是不同的。佟先生的考证过程清楚，表述也很明白易懂，因而我借抄于拙作之后，作为拙作的借鉴。事后又蒙佟先生为我审阅未定稿，提出修订意见。对王、张、佟三位老师的指导在此谨致谢忱。

注释：

①③《魏书·礼志一》。

②④《魏书·乌洛侯传》。

⑤《朔方备乘·尼布楚城考》。

⑥《魏书外国传地理考证·乌洛侯》。

⑦《东胡民族考》方氏译本上编，第 127 页。

⑧《乌桓与鲜卑》1952 年版，第 239 页。

⑨《东北、内蒙古地区的鲜卑遗迹》（鲜卑遗迹辑录之一），载《文物》1977 年 5 期。

⑩参看罗未子：《北朝石窟艺术》一书序及有关北魏早期石窟特点的论述。

⑪《魏书·礼志一》。

⑫《旧唐书·礼仪志三》。

⑬张寄亚等：《马鸿逵在宁夏》，载《文史资料选辑》第 27 辑。

⑭《东胡民族考》上编，第 122 页。

⑮参看《二十二史考异》卷 28，及《十七史商榷》卷 66。

⑯《通鉴》卷 77。胡氏以为即南迁大泽的推寅，年代与地理与史不合，当是第二推寅，在史学上已成定论。《序纪》说两次南迁“其策略多出宣、献帝，故人并号曰‘推寅’，盖俗云‘钻

研’之义”。

⑰《后汉书·鲜卑传》。

⑱参见内蒙古自治区文物工作队：《内蒙古陈巴尔虎旗完工古墓清理简报》，载《考古》1965年第6期；郑隆：《内蒙古扎赉诺尔古墓群调查记》，载《文物》1961年第9期。又见《内蒙古文物资料选辑》一书。《东北、内蒙古地区的鲜卑遗迹》（鲜卑遗迹辑录之一），载《文物》1977年第5期。

⑲米文平：《鲜卑石室的发现与初步研究》，载《文物》1981年第2期。

⑳《三国魏志·乌桓鲜卑传》裴注引王沈《魏书》。

㉑参看孙秀仁：《黑龙江历史考古述论》上，载《社会科学战线》1979年第1期，及以上所引几篇考古报告。

㉒《后汉书·乌桓传》。

㉓《后汉书·夫余传》谓夫余“西接鲜卑”。

㉔张柏忠：《哲里木盟发现的鲜卑遗存》，载《文物》1981年第2期。

㉕《史记·匈奴传》《索隐》所引。

㉖《东胡民族考》上编，第25页。按“鲜卑”一词的罗马字注音以“sibe”为正，白鸟原有注音仍旧。

（原载《民族研究》1982年第6期）

鲜卑拓跋、秃发、乞伏三部的早期历史及其南迁路线的初步探索

林 干

一、拓跋鲜卑的远祖及其最初的驻牧地——大鲜卑山

拓跋鲜卑早期的历史，过去因为文献资料奇缺，难于详述。现在，由于考古工作的开展，鲜卑遗迹不断发现，文物不断出土，遂使拓跋鲜卑早期的历史有了探索的可能，其中尤以1980年鲜卑石室刻石祝文的发现[①]，意义最为巨大。它为解决拓跋鲜卑早期历史的一系列难题提供了一把钥匙。

首先是鲜卑山与大鲜卑山的问题。根据《后汉书·鲜卑传》鲜卑与乌桓原属东胡部落联盟的一部，自被匈奴冒顿单于击破，乌桓一支退保乌桓山，而鲜卑一支则逃至辽东塞外，驻牧于鲜卑山（今大兴安岭南段，内蒙古哲盟科尔沁左翼中旗西）[②]，从此与乌桓各自成族。

除了地处大兴安岭南段的鲜卑山外，《魏书·序纪》还提到另一个鲜卑山——大鲜卑山。过去学者对于这个大鲜卑山及同书《礼志一》所载的鲜卑祖庙——石室的刻石祝文，颇疑其不实。而今石室被发现，其地即今大兴安岭北段、内蒙古呼伦贝尔盟鄂伦春自治旗阿里河镇的嘎仙洞。洞内的刻石祝文，除个别字句有异外，全文与《礼志》所载基本相同。因此，疑团消失，确信除大兴安岭南段的鲜卑山外，北段还有一个大鲜卑山。这就连带发生及需要解决另一个问题，即驻牧于鲜卑山的鲜卑与驻牧于大鲜卑山的鲜卑有什么区别？这两部分鲜卑的关系又如何？《魏书·序纪》载：“昔黄帝有子二十五人，或内列诸华，或外分荒服，昌意少子，受封北土，国有大鲜卑山，因以为号。其后世为君长，统幽都之北，广漠之野，畜牧

迁徙，射猎为业，淳朴为俗，简易为化，不为文字，刻木纪契而已，世事远近，人相传授，如史官之纪录焉。黄帝以土德望，北俗谓土为'托'，谓后为'跋'，故以为氏。其裔始均，入仕尧世，逐女魃于弱水之北，民赖其勤，帝舜嘉之，命为田祖。爰历三代，以及秦汉，獯鬻、猃狁、山戎、匈奴之属，累代残暴，作害中州，而始均之裔不交南夏，是以载籍无闻焉。"

《序纪》既载鲜卑自称以"拓跋"为氏，其原因是"黄帝以土德王，土为托，后为跋"，但若抛开这种阴阳五行的神秘色彩，可知"托跋"（拓跋）一名，及驻牧于大鲜卑山的鲜卑人自远祖以来的自称，并非在东汉末因鲜卑人与匈奴人发生婚媾关系，即所谓"鲜卑父，匈奴母"产生的后裔，才称为"拓跋"的。[3]

依据《序纪》，拓跋始祖神元帝力微元年，"岁在庚子"。考"庚子"年，即魏文帝黄初元年（220年）。[4]而其远祖成帝毛，上距力微14世。始以每世30岁或25岁计，上溯14世，毛的生活时代当在公元前200年（汉高帝初年）或公元前130年（汉武帝元光年间）左右。在毛之前，鲜卑之先已"积六十七世"，仍以每世30岁或25岁计，则毛之先祖可上溯到两千年上下，这在中国历史上已是夏末商初。故《序纪》把自己的祖先一直追溯到黄帝，并说其远祖始均开始入仕帝尧和帝舜。这"六十七世"的世次是否真的这样悠长，姑且不论，鲜卑拓跋氏起源甚早，当属事实。而拓跋鲜卑之所以把祖先纳入"炎黄子孙"的族系，只不过后来北魏王朝的统治者出于政治上的需要，乃命修史者曲意伪托而已。正应为汉初（或者更前），拓跋鲜卑已在大兴安岭北段的大鲜卑山驻牧，而东胡被匈奴冒顿击破后向北逃遁时，乌桓一支转向西北的乌桓山，而鲜卑一支转向东北大兴安岭南段的鲜卑山，决非偶然（可能是想投靠或靠近自己的同种拓跋鲜卑）。

《序纪》又载，毛下传5世而至推寅（其时当在公元前50年或公元前5年左右），开始率领部众离开大鲜卑山，"南迁大泽，方千余里，厥土昏冥沮洳，谋更南徙，未行而崩"。这个"大泽"，过去学者对它颇费寻索，现世由于在内蒙古呼盟陈巴尔虎旗完工索木（村）、完工西北的扎赉诺尔和海拉尔市南伊敏河流域各地发现了鲜卑古墓群[5]，遂使我们得以探悉推寅南迁的路线及确证"大泽"即今呼伦湖。这几处的鲜卑古墓群，学者间大多认定是属于推寅南迁时的文化遗迹。鲜卑石室（今嘎仙洞）刻石祝文发现后，考古学者曾对石室试掘，发现有相当厚的文化堆积，其中出土了很多陶器，还有骨器和石器。从这些器物的形制和加工工艺来看，与完工、扎赉诺尔和伊敏河流域的古墓群出土的器物有着类似的文化特征（详下），但更具原始性。可见完工、扎赉诺尔和伊敏河流域的文化遗迹与嘎仙洞的文化遗迹是一脉相承下来的，只是时间有先有后。这正好说明拓跋鲜卑早年由大鲜卑山南迁“大泽”的痕迹。

推寅下传7世（毛下传12世）而至邻（力微祖父），以“此土荒遐，未足以建都邑，宜复徙居”。但因年老，乃传位于其子诘汾（力微父），并命诘汾继续南迁。诘汾遵命“南移，（因）山谷高深，九难八阻，于是欲止。有神兽，其形似马，其声类牛，先行导引，历年乃出，始居匈奴故地”。所谓“匈奴之故地”，以后来第二推寅及力微活动的地区证之，当指匈奴的发祥地，即今内蒙古河套及大青山一代。因邻继承推寅南迁的政策，故族人亦称他为“推寅”（第二推寅）。“推寅者，盖俗云‘钻研’之义。”

第二推寅（邻）约在公元160年或170年左右，即东汉桓、灵之间，也就是檀石槐势力强大，在弹汗山（今河北张家口地区尚义县南）建立起鲜卑部落军事大联盟的时期。[⑥]因此第二推寅率领部众，加入檀石槐的大联盟，并成为大联盟中的西部大人之一。《三国志·魏志·鲜卑传》裴注引王沈《魏书》载檀石槐“分期地为中、东、西三部。……从以上谷以西至敦煌、西接乌孙为西部，二十余邑，其大人曰置鞬落罗、日律推寅、晏荔游等，皆为大帅，而制属（于）檀石槐”。这个推寅即第二推寅。[⑦]

第二推寅再传二世，即为始祖力微。当初，第二推寅命诘汾继续南迁，由“大泽”（今呼伦湖）出发，到达“匈奴之故地”（今河套及大青山一带），沿途所率部众多少，史书未载。及至力微（诘汾子）时，部众仍不太多，势力仍弱，故曾依附于没鹿回部的部众，始有“控弦士马二十余万”，遂迁于定襄郡之盛乐（今内蒙古和林格尔县北），把盛乐作为他的政治统领中心，才开始逐渐强盛起来。可见史书所载公元91年北匈奴被汉兵击败，主力西迁后，留在漠北的十余万落（户），计数十万匈奴人加入鲜卑的那部分鲜卑当非拓跋鲜卑，而是驻牧于辽东的鲜卑（即东部鲜卑）。因为：（1）第二推寅命诘汾南下。时间约在公元160年或170年，而北匈奴余众之加入鲜卑，却在公元91年，其间相距七八十年；（2）北匈奴加入鲜卑的人数多达数十万，而诘汾之子力微，在吞并了没鹿回部，趋于强盛之后，始有士马二十余万；(3) 东部鲜卑首领檀石槐统领的大联盟则“兵马甚盛”，“尽据匈奴故地”（大漠南北）。《后汉书·鲜卑传》明确记载东部鲜卑强盛的原因主要由于北匈奴余众的加入：“和帝永元中(91 年)，大将军窦宪遣右校尉薛夔击破匈奴，北单于逃走，鲜卑因此转徙其地。匈奴余种留者尚有十万余落，皆自号鲜卑，鲜卑由此渐盛。”故经过六七十年之后，即到公元 156 年（东汉桓帝永寿二年），东部鲜卑以檀石槐为首，遂活跃于大漠南北的历史舞台上，而这时拓跋鲜卑的首领第二推寅仅能加入檀石槐的大联盟而成为西部大人之一，受东部鲜卑节制。(4) 特别重要的是，东部鲜卑一向在辽东一带驻牧，而北匈奴余众当时正是逃往辽东加入那里的鲜卑的。同上裴注引王沈《魏书》载：“鲜卑自为冒顿所破，远窜辽东塞外”；（东汉初），“鲜卑自敦煌、酒泉以东邑落大人，皆指辽东受赏赐”。可见东部鲜卑始终是在辽东一带驻牧的。同书又载：“匈奴及北单于遁逃后，余众十余万落，诣辽东杂处，皆自号鲜卑。”可见北匈奴余众加入的鲜卑，为辽东一带的东部鲜卑，而非由大泽南迁河套及大青山一带的拓跋鲜卑。马长寿认为北匈奴余众加入南迁过程中的鲜卑[8]，这个说法似乎需要重新斟酌。

综上所述，拓跋鲜卑的远祖发祥于大兴安岭北段的大鲜卑山，他们自称为“托跋”，故拓跋鲜卑的起源较东部鲜卑为早。[9]东部鲜卑是在汉初被匈奴击破后，才逃至大兴安岭南段的鲜卑山的。然而在汉初，拓跋鲜卑业已经历了很多的世次，在首领毛的统领下，“统国三十六，大姓九十九”，并且“威振北方”了[10]，只是由于“始均之裔不交南夏，是以载籍无闻”而已。正由于拓跋鲜卑的远祖“不交南夏”，而东部鲜卑在东汉初以前，亦“未尝通中国”，故这两部分鲜卑虽同属东胡种族，但因分据二山（鲜卑山与大鲜卑山），故他们二者间在早期是否发生过接触，在目前的文献和考古资料中尚不能找到答案。

二、拓跋鲜卑早期的经济生活和社会组织

拓跋鲜卑在驻牧于大鲜卑山及后来南迁至“大泽”的过程中，其经济生活和社会组织经过近 30 年来的考古发现，已逐渐为人们所认识。

考古工作者曾在嘎仙洞进行调查和试掘，收集到不少陶片、石器、骨器和角牙器。他们把这些器物加以整理、归纳和分析，认为：(1) 出土的

细石器较多，且用途广泛，其中有的是用来射猎（如石镞、石矛），有的是用来切割（如切割器、石叶），有的则是用来钻孔（如尖刻器）。从石镞和石矛的制作业已趋于定型化且制作精细来看，表明鲜卑人的狩猎经济已经有了长期的发展，同时也反映出生产力具有一定的水平；（2）除石器外，还出土了骨器。骨器有骨镞、骨锥、角锥、牙锥等。其中作为射猎用的骨镞，体身细长，镞的前部作圆形，尾部作楔形。这种楔形骨镞，被认为是嘎仙洞中富有特征性的鲜卑遗物；（3）出土的陶片为夹砂陶，羼杂粗砂、细砂，均为手制，火候不高。除陶罐外，尚有陶鬲；（4）收集到铜饰牌和铁刀各1件。铜饰牌圆形，透雕，图案简单。铁刀则是刻石祝文壁下的石片层中发现的，这可能是太平真君四年（443年）李敞等人来此告祭时遗落之物。[11]从嘎仙洞发现的遗物可以看出，狩猎工具占多数，并有大量的动物骨骼，说明当时狩猎经济已属于主要的地位。这和《魏书·序纪》说拓跋鲜卑的远祖在“统幽都之北，广漠之野（时），畜牧迁徙，射猎为业”是吻合的。从内蒙古陈巴尔虎旗完工和扎赉诺尔古墓群发掘出的鲜卑遗物得知，石器和骨器，在质料、器形和制作方面，都能看出它们与嘎仙洞的遗物具有内在的联系和文化上的继承关系。但完工的石器已见减少，扎赉诺尔则根本没有发现石器。射猎用的石镞、石矛已被大量的骨镞和铁镞所取代。完工出土骨镞26件，铁镞2件，铁刀10件。扎赉诺尔出土骨镞104件，铁镞35件，铁矛6件。完工和扎赉诺尔还出土了铜制饰具如带饰、带扣、铃、环等。

在完工和扎赉诺尔的墓葬中，发现有殉羊、殉马、殉牛和殉狗的习俗，说明这些动物已被作为家畜驯养。有的墓葬，殉牲的数量很大。然而在嘎仙洞发现的动物骨骼，却是以野猪、野羊、野鹿为主。可见拓跋鲜卑在南迁至“大泽”之后（完工和扎赉诺尔都在“大泽”附近），畜牧业已很发达，较之嘎仙洞时期以狩猎为主，大不相同了。[12]考古工作者认为，在完工和扎赉诺尔两地的墓葬中，完工墓葬应较扎赉诺尔的墓葬为早。

1979年及1980年先后在内蒙古海拉尔南伊敏河流域的车站和车站东的孟根楚鲁的11座墓葬中，也发现了不少拓跋鲜卑的遗物。出土的陶器为手制夹砂灰褐陶和红褐陶。考古工作者认为，无论从陶质、陶色、器形和纹饰等方面比较，都与扎赉诺尔墓葬出土的相同，如环状双耳陶壶，更是与完工M1墓出土的陶壶相似。这里也有羊、马殉葬的习俗。此外，孟根楚鲁7座墓葬，殉牲多置于死者头前的土台上，这与扎赉诺尔的M10、

M29 的情况也是一样的。伊敏河各墓出土的铜、铁器不少，铜器有铜饰针、铜扣、铜镯共 31 件；铁器有铁甲片 105 件，鸣镝 5 件，铁镞 25 件，还有铁刀、铁矛头、铁带钩、铁马衔等多件，说明这时拓跋鲜卑的金属冶炼和铜、铁手工业已较完工、扎赉诺尔时期发达。

上述情况表明，伊敏车站和孟根楚鲁出土的遗物，与完工、扎赉诺尔出土的遗物，文化性质是相同的。考古工作者认为，伊敏河流域墓葬的年代，其上限都在东汉晚期，也正是第二推寅（邻）南迁至“大泽”的时期，不过比完工、扎赉诺尔墓葬的年代略晚。[13]

《魏书·序纪》说，在远祖成帝毛时，因“聪明武略，远近所推，统国三十六，大姓九十九，威振北方，莫不率服”。这当然是一个部落联盟的大酋长。可见这时拓跋鲜卑的社会组织是一个氏族部落组织。但因史书没有留下更多的记载，古大鲜卑山时期的社会情况和政治组织，均难于查考。及至献帝邻（第二推寅）南迁“大泽”之后，始有较多的史迹可寻。

在完工墓葬中，我们看见体现原始氏族社会末期那种同一氏族中各个大家族成员一起埋葬的丛葬墓。1963 年在完工发掘的第一号墓就是这种丛葬墓。墓中有一具仰身直肢的骨架，骨架头部放着石镞、骨镞，右侧则排列陶器。从这些随葬器物的种类和放置的位置，可以看出死者生前的特殊身份和地位。围着死者周围的还有 25 具不同性别和姿势的骨架。这些骨架的死者，大概都是那个头部放着牛角器的死者的大家族成员，而那个头部有牛角器的死者，则是大家族的族长。[14]

完工的这种丛葬墓，在较完工稍晚的扎赉诺尔已经不见了，而代之出现的却是有框架的棺木的单人葬。这种单人葬式在扎赉诺尔很普遍，在已发掘的 31 座墓葬中，有 26 座是单人葬。这种单人葬式的普遍出现，说明扎赉诺尔时期拓跋鲜卑的大家族组织已开始解体，个体家庭逐渐占据社会中的主要地位。同时，各个墓葬的随葬品多少不一，说明贫富悬殊的现象也很显著了。《魏书》卷 113《官氏志》载：“初，安帝（即成帝毛）统国，诸部有九十九姓。至献帝（邻）时，七分国人，使诸兄弟各摄领之，乃分其氏。自后兼并他国，各有本部。部中别族，为内姓焉。……献帝以兄为纥骨氏，后改为胡氏；次兄为普氏，后改为周氏；次兄为拓跋氏，后改为长孙氏；弟为达奚氏，后改为奚氏；次弟为伊娄氏，后改为伊氏；次弟为丘敦氏，后改为丘氏；次弟为候氏，后改为亥氏。七族之兴，自此始也。又命叔父之胤曰乙旃氏，后改为叔孙氏；又命疏属曰车焜氏，后改为车氏；凡与帝室为十姓，百世不同婚。太和（477～499年）以前，国之丧葬祠礼，非十族不得与也。”

据此得知，拓跋鲜卑的社会组织和政治组织，在献帝邻时曾一度经过改革。这次改革的目的和内容，主要为利用拓跋部落逐渐强大起来的力量和献帝邻自己的权利、地位，强迫取消非拓跋氏的异姓部落酋长的职位，而代之以拓跋氏的兄弟，并把“统国三十六、大姓九十九”的大联盟加以整顿、合并为七个部落，由邻派他的七个兄弟去充当那七个部落的酋长。这样便把联盟的权利更加集中到拓跋氏一族的手中，拓跋氏对联盟的统治权较前加强了。同时，通过这种社会改组和政治改组，也迫使各个非拓跋氏的部落融合于拓跋氏的部落之中。

三、秃发鲜卑

秃发鲜卑为拓跋鲜卑的一支。《晋书》卷126《秃发乌孤载记》及《魏书》卷99《秃发乌孤传》俱载，秃发氏的始祖与北魏同出，至八世秃发匹孤时，率领部众，自塞北迁于河西（黄河以西），故亦称河西鲜卑。

《魏书》卷41《源贺传》说源贺原名秃发破羌，乃河西王秃发傉檀之子。傉檀于公元414年被乞伏炽磐击灭后，源贺自乐部（今青海乐都县）投奔北魏，世族太武帝（拓跋焘）谓贺曰：“卿与朕源同，因事分姓，今可为源氏。”可见北魏的最高统治者也确知秃发氏与拓跋氏同源，故赐姓“源氏”。从《新唐书》卷75《宰相世系表五上》“源氏”条得知，源氏出自北魏圣武帝诘汾之子疋孤（匹孤），传7世而至秃发傉檀。唐人林宝撰的《元和姓纂》卷10也说河西鲜卑秃发氏与北魏同出，匹孤为诘汾长子，在圣元帝力微（诘汾次子）时，率众徙于河西。考《魏书·序纪》，力微元年，“岁在庚子”为黄初元年，公元220年，在位58年，卒于公元277年，则匹孤迁往河西时，当在公元3世纪中叶。

力微在位时，拓跋鲜卑活动的地区在今内蒙古河套及大青山一带。这一带，汉代以来称为“塞北”或“塞外”。匹孤西迁时既“迁自塞北”，此塞北当即指河套及大青山之地。匹孤由塞北迁入河西时所经路线，史载不详。但从《晋书》卷47《傅玄传》及《资治通鉴》卷79所记得知，大约在曹魏甘露年至景元四年（256～263年）邓艾任镇西将军、都督陇右诸军事时，曾受纳鲜卑降者数万人，置之于雍、凉之间，与当地人民杂居。这部分鲜卑人，胡三省注谓“此河西鲜卑也”。

雍、凉即雍州和凉州。考《晋书》卷14《地理志》上载，雍州之地，历代多有变迁，汉献帝时复置，“自三辅（今陕西中南部）距西域属焉。魏文帝即位，分河西（今黄河以西）为凉州……晋初于长安（今陕西西安市）置雍州”。凉州则在雍州之西。献帝时凉州数有乱，河西与郡（武威、张掖、酒泉、敦煌、金城）去州隔远（距离州刺史治所隔远，东汉时凉州刺史治陇县，今甘肃张家川县）于是乃别以为雍州。末（献帝末年）又……合关右为雍州。魏时复分以为凉州，刺史领戊己校尉，护西域，如汉故事，至晋不改”。据此可知，所谓雍、凉之间，“其地（活动地区）东至麦田（今甘肃靖远县东北）、牵屯（山名，今甘肃平凉市西北），西至湿罗（今青海湖北），南至浇河（今青海贵德县），北接大漠（今腾格里沙漠）”，互相对比，则秃发匹孤西迁后，部众主要聚居区在今甘肃省黄河以西的河西走廊东部及青海湖以东一带。从这里可以推知，当时匹孤率领的部众，是由河套地区，沿着黄河西岸，傍贺兰山脉东麓南下，先到达今陕西中南部及甘肃东南部，然后逐渐西移，最后聚居于河西走廊东部及青海湖一带。

中国史书上的“河西”一辞，所指地域颇为广泛。故秃发鲜卑又被称为河西鲜卑，只是因为它居于河西一带而言。其实当时居于河西一带的鲜卑，实不止秃发一部，除了下文将要叙述的陇西鲜卑外，还有居于西海（今青海）的乙弗鲜卑[15]，居于湟中廉川（今青海乐都县东北）的折屈鲜卑[16]，居于广武（今甘肃永昌县东南）附近的意云鲜卑[17]，居于显美（今甘肃武威市西北）的车盖鲜卑[18]，及居于麦田（今甘肃靖远县东北）和居于北山（今甘肃张掖市北的北大山）的鲜卑部落（亦称“麦田鲜卑”和“北山鲜卑”）。[19]

匹孤既为拓跋诘汾之子，为何不姓拓跋而姓秃发？据《晋书·秃发乌孤载记》载：“匹孤卒，子寿阗立。初，寿阗之母在孕，母胡掖氏因寝而产于被中，鲜卑谓被为秃发，因而氏焉。”据此，则“秃发”乃为鲜卑语“被”之义。因匹孤之子产于被中，故此后遂改姓为“秃发”。但从语言学方面推究，“秃发”与“拓跋”实即一音之转，仅译写时用字不同而已。清人钱大昕在《廿二史考异》卷22中已曾论证。

那么，《魏书》为何编出“寿阗生于被中，故以秃发为氏”这一段“故事”？钱大昕认为，此乃“魏伯起书尊魏而抑凉，故别而二之，晋史亦承其说”。这就是说，《魏书》的作者魏收（字伯起）为了尊崇拓跋氏建立的北魏而贬抑秃发氏建立的南凉，故把“拓跋”与“秃发”分别为二名，而唐人撰修的《晋书》（晋史）又承袭其说，所以才出现了拓跋鲜卑与秃发鲜卑之异。至于日本学者白鸟库吉把“秃发”一辞的语源，释为“皮外套”[20]，则属无据。

四、乞伏鲜卑

乞伏鲜卑亦被称为陇西鲜卑。陇西鲜卑，指陇山以西的鲜卑。陇山即今六盘山南端。此山由今陕西陇县西北延伸于陕、甘边境，南北走向，故称陇坂或陇坻。居于陇西的鲜卑计有很多部，皆非当地土族，乃由外地迁入，其迁入的时间有早有晚。其中以乞伏氏发展最快，力量最强，在陇西鲜卑的各部中形成为一个支配的势力，先后吞并了其他各部，建立起自己的政权，因而成为陇西鲜卑的中心。

《晋书》卷125《乞伏国仁载记》载：“乞伏国仁，陇西鲜卑人也。在昔有如弗与斯引、出连、叱卢三部[21]，自漠北南出大阴山。”如弗即乞伏之音转。据此得知，陇西鲜卑乞伏氏及斯引、出连、叱卢三部，最先是从漠北（今蒙古草原）南迁至大阴山（今内蒙古阴山，俗称大青山）驻牧的。南迁的时间，史籍未载。但《载记》说，国仁的5世祖祐邻在晋秦始初（265年）与另一个鲜卑部落首领鹿结在高平川（即源出于今宁夏固原县南的清水河）相攻。那么，故以每世30或25年计之，5世当为150或125年左右。由秦始上溯150年或125年，即为东汉顺帝（126~144年）年间。其时正值东部鲜卑在大漠南北继匈奴而起，首领檀石槐（156~181年）建立的鲜卑部落军事大联盟据有“匈奴故地”（即大漠南北）了，控制了东自辽东、西至乌孙的广大地区。但他死后不久，联盟即告瓦解，原先加入大联盟的东西各部大人，均纷纷率众离去，故乞伏鲜卑可能就是在这个时期由漠北南下的。

同上《载记》还载，乞伏等4部在南迁大阴山的过程中，“遭一巨虫于路，状若圣龟，大如陵阜，乃杀马而祭之。祝曰：‘若善神也，便开路；恶神也，遂塞不通。’俄而不见，乃有一小儿在焉。时又有乞伏部有老父无子者，请养为子，众咸许之。老父欣然自以有所依托。字之纥干。纥干者，夏言‘依倚’也。年十岁，骁勇善骑射，弯弓五百斤，四部服其雄武，推为统主，号之曰乞伏可汗托铎莫何。托铎者，言非神非人之称也”。据此，则乞伏、斯引、出连、叱卢4部南迁时业已组成部落联盟，而乞伏部则被推为联盟之主（统主），其首领被称为乞伏可汗托铎莫何。可汗意为“管家”[22]，托铎意为“非神非人”，莫何意为“勇健者”。此皆东胡族系的语言或官号。故所谓“乞伏可汗托铎莫何”者，意即乞伏等4部联盟的非神非人的勇健者（首领）之义也。[23]

考鲜卑族在追述其先祖的迁徙时，多有“神兽引路”之类的“奇迹”。例如拓跋鲜卑经大泽再迁之今河套阴山时，便是如此。因此颇疑乞伏鲜卑与拓跋鲜卑的祖源或有一定关系。以乞伏氏为首的4部联盟，除乞伏属于鲜卑外，斯引、出连、叱卢3部是否属于鲜卑，尚待考证。根据《通典》卷198《北狄·高车》所载的高车12姓中，就有吐卢氏一姓。吐卢氏，《魏书》卷113《官氏志》“内入诸姓”作叱卢氏。吐卢即叱卢。可见叱卢部属高车族，是以异族部落加入乞伏鲜卑联盟的。其余斯引、出连两部，无考。《乞伏国仁载记》对于其先祖从大阴山继续南下至陇西的路线及兴起的过程，则追述的比较清楚：“其后有祐邻者，即国仁五世祖也。秦始初，率户五千迁于夏缘[24]，部众稍盛。鲜卑鹿结七万余落屯于高平川，与祐邻迭相攻击。鹿结败，南奔略阳，祐邻尽并其众，因居高平川。祐邻死，子结权立，徙于牵屯。结权死，子利那立，击鲜卑吐赖于乌树山，讨尉迟渴权于大非川，收众三万余落。利那死，弟祁溎立。祁溎死，利那子述延立，讨鲜卑莫侯于苑川，大破之，降其众二万余落，因居苑川。”

据此可知，乞伏氏之由大阴山继续南下，始于国仁的5世祖祐邻，时在晋秦始初（265年）。祐邻当时仅有部众5000户，首先到达接近中原的边远地区（即所谓“夏缘”）[25]，也就是到达了距离高平川不远之处。后来吞并了鹿结之部，遂居于高平川（今宁夏固原县南的清水河）。4世祖结权时徙于牵屯（山名，在今甘肃平凉市西北）。至国仁祖父述延时，徙居于苑川（今甘肃榆中县东北）。因为先后吞并了十多万落的异姓鲜卑，故士马开始强盛起来。

《乞伏国仁载记》还载，述延卒，子傉大寒立。不久傉大寒卒，子司繁立，迁于度坚山（今甘肃泾源县西）。东晋咸安元年（371年）被前秦益州刺史王统进攻，司繁部落5万余皆降于统。秦王苻坚封司繁为南单于，留之于长安（前秦都城），以司繁从叔吐雷为勇士护军，驻勇士川

(在苑川东)，管理司繁的部众。

东晋宁康元年（373 年），居于陇西的另一鲜卑勃寒之部侵略陇右(即陇山以西地区)。秦王苻坚命司繁前往讨伐，勃寒请降。坚遂使司繁镇勇士川。东晋太元元年（376 年），司繁卒，子国仁继位，仍镇勇士川。太元八年（383 年）苻坚大败于淝水，前秦政权濒于崩溃。十年（385年）八月苻坚被缢死。九月国仁乘机召集诸部，众至十余万，自称大都督、大将军、单于，领秦河二州牧，改元建义，筑勇士城作为都城，始为乞伏氏建立政权之始（史称西秦)。

陇西鲜卑，除乞伏氏外，还有不少非乞伏氏的部落，如见于《乞伏国仁载记》的有：居于高平川的鹿结部七万余落；居于乌树山的吐赖部；居于苑川的莫侯部二万余落；居于陇右勇士川的勃寒部；居地不明的匹兰部；居于六泉（在苑川东北）的密贵、裕苟、提伦三部；居于高平川的没弈于部；居于平壤（今甘肃通渭县西南）的越质叱黎部。此外，还有后见于《乞伏乾归载记》的豆留革奇、叱豆浑、南丘鹿结（以上三部居地不明)，大兜国（居地在安阳城，今甘肃张家川县境）原属北魏的叠掘河内部（以后以 5000 户归附西秦)，居于龙马苑（今甘肃漳县西龙马山一带）的悦大坚部及见于《资治通鉴》卷 115 的仆浑部（居地不明)。但这些鲜卑部落何时及从何地迁入陇西，均难一一查考。

注释：

①米文平：《鲜卑石室的发现与初步研究》，《文物》1981 年第 2 期。

②张穆：《蒙古游牧记》卷 1。

③马长寿在《乌桓与鲜卑》一书（上海人民出版社 1962 年出版）中即注“鲜卑父匈奴母”的后裔称“拓跋”之说，见该书第 3 页、第 30 页、第 47 页。

④⑥参阅拙编《中国历代各族纪念表》，内蒙古人民出版社 1980 年版，第 261 页、第 253 页。

⑤⑫内蒙古自治区文物工作队：《内蒙古陈巴尔虎旗完工古墓清理简报》，《考古》1965 年第 6 期；郑隆：《内蒙古扎赉诺尔古墓群调查记》，《文物》1961 年 9 期及《考古》1961 年第 12 期；程道宏：《伊敏河地区的鲜卑墓》，《内蒙古文物考古》第 2 期，1982 年 12 月出版。

⑦《资治通鉴》卷 77 胡三省注，误以第二推寅为第一推寅；马长寿在《乌桓与鲜卑》一书（第 241～242 页）中业已辩正。

⑧《乌桓与鲜卑》第 3 页、第 130 页、第 245 页、第 247 页。

⑨马长寿先生说：“东部鲜卑出现在前，拓跋鲜卑出现在后”（见马长寿《乌桓与鲜卑》第 30 页、第 245 页、第 247 页)，这个说法也需要重新斟酌。

⑩《魏书·序纪》。

⑪米文平：《鲜卑石室的发现与初步研究》；吉发习：《嘎仙洞调查记》，《内蒙古师大学报》

1985年第1期。

⑬参阅前引《伊敏河地区的鲜卑墓》。

⑭参阅《内蒙古陈巴尔虎旗完工古墓清理简报》。

⑮《晋书·秃发乌孤载记》及卷125《乞伏炽磐记》。又《资治通鉴》卷111胡三省注："乙弗，亦鲜卑种，居西海。"

⑯《晋书·秃发乌孤载记》及卷125《乞伏乾归载记》。

⑰《晋书·秃发乌孤载记》。

⑱《晋书》卷126《秃发傉檀载记》。

⑲《晋书·秃发傉檀载记》及卷87《李玄盛传》。

⑳见白鸟库吉注：《东胡民族考》，方壮猷译本，上海商务印书馆1934年版，第115页。

㉑史文原作"在昔有如弗斯出连叱卢三部"，中脱"与"、"引"二字，依据中华书局标点本校勘记改正。

㉒《宋书》卷96《鲜卑吐谷浑传》。

㉓白鸟库吉译为"乞伏者，儿童之义；托铎者，奇异之义。……则乞伏可汗托铎莫何之称号，即小儿可汗，奇怪的少年之谓也"。《东胡民族考》第112～113页。

㉔有人把此句读作"迁于夏，缘部众稍盛"，我以为非是。

㉕中华书局标点本把"夏缘"作为地名，无考。

（原载《北方文物》1989年第3期）

拓跋鲜卑南迁匈奴故地时间和契机考

曹永年

一、问题的提出

《魏书·序纪》云：

> 献皇帝讳邻立。时有神人言于国曰："此土荒遐，未足以建都邑，宜复徙居。"帝时年衰老，乃以位授子。圣武皇帝讳诘汾。献帝命南移，山谷高深，九难八阻，于是欲止。有神兽，其形似马，其声类牛，先行导引，历年乃出。始居匈奴之故地。其迁徙策略，多出宣献二帝，故人并号曰"推寅"。盖俗云"钻研"之义。

这是现存关于拓拔鲜卑第二次南迁的唯一的一条历史记载。这条出诸"人相传授"的史料，极为简略，拓跋部南迁匈奴故地的许多重要情况都是迷离恍惚，看不清楚，1980年嘎仙洞北魏太平真君四年李敞石刻祝文的发现，宣帝率众"南迁大泽，方千余里，厥土昏冥沮洳"之大泽为呼伦池，已可成为定论；但，第二推寅（邻）——诘汾南迁的时间、契机等，还有待索隐考订，才能求得近似的了解。

胡三省注《通鉴》，最先提出"推寅"就是檀石槐西部大人"推演"。他说："《魏书》曰：汉桓帝时，鲜卑檀石槐分其地为东、中、西三部，其大人曰置鞬落罗、日律、推演、宴荔游等，皆为大帅，推演盖即推寅也。"[①]马长寿先生接受这个见解，同时明确指出：檀石槐西部大人推演并非宣帝推寅，而是献帝邻，即第二个推寅。[②]此说在《魏书·序纪》和王沈《魏书》之间架起了一座桥梁，使拓跋早期历史增添了许多珍贵的资料，人们可以藉此揭示更多的史实：关于献帝邻的南迁问题，也只有在这种情况下才能找到解决的钥匙。

不过，推演即推寅说，尽管显示了卓越的才识，但仅以同音立论，缺少充分的依据。难以消除人们的疑窦，本文拟作进一步探讨，在肯定檀石槐西部大人推演即第二推寅的前提下讨论拓跋族南迁匈奴故地的时间和契机。

二、西部大人推演就是第二推寅

我们判断檀石槐西部大人推演为拓跋族酋长第二推寅，理由如下：

第一，名号相同。

推演与推寅声韵相通，为同一名号的略有差异之译写，这个胡三省、马长寿已经指出，尽管不能仅持孤证遽然视推演即推寅为定论，但作为论据之一，应该是有说服力的。

这里有两点需要澄清。其一，檀石槐的西部大人是推演，还是“日律推演”，需要澄清。中华书局标点本《三国志·鲜卑传》裴注引王沈《魏书》记檀石槐西部，断句为“其大人曰置鞬落罗、日律推演、宴荔游等”。[③]倘作“日律推演”，那么是否能够与推演勘同，就很难说了。这段文字，马长寿的标点则为“置鞬、落罗、日律、推演，宴荔游等”[④]按《三国志》、《后汉书》载异民族多音节人名，总以汉人眼光和习惯去理解，记录，凡三个音节以上的人名，一般只载其最末的三个或两个字。南匈奴“句龙吾斯”略记为“吾斯”[⑤]，羌“无弋爰剑”略记为“爰剑”[⑥]均其例。所以两书《鲜卑传》记鲜卑人名，如偏何、於仇贲、满头、燕荔阳、乌伦、其至鞬、檀石槐、和连、骞曼、魁头、步度根、扶罗韩、轲比能、泄归泥、素利、琐奴、郁筑鞬、蒲头、弥加、厥机、沙末汗、成律归等，无有超过三个字者。甚至，于三个音节的鲜卑人名，也往往理解为姓名结合，略其“姓”而呼其“名”。《三国志·鲜卑传》多处称轲比能为“比能”，称泄归泥为“归泥”，称郁筑鞬为“鞬”。又，东汉、三国时，匈奴、鲜卑，以“鞬”为尾音的人名不少，匈奴有於除鞬，鲜卑有其至鞬、郁筑鞬等等。所以马长寿的断句，列“日律、推演”为两个人是准确的。

还有一个需要澄清的问题是，南迁前邻已经传位于子诘汾，檀石槐西部大人之中如果有拓跋族的酋长，那应该是诘汾，为什么还以推演闻名？除已经传位于子是事实，但不能忘记，拓跋部两次迁徙，“其迁徙策略，多出宣献二帝”，邻因为建立了这样辉煌的业绩而受到人们的推崇。摩尔根说：

> 在美洲各地的土著中，所有的氏族，都以某种动物或无生物命名，从没有以个人命名的。当社会处在这种低级状态时，人的个体性被氏族所掩盖了。我们至少可以推想希腊和拉丁部落的氏族在早先某个时期也是如此命名的；但当他们在历史上居于显著地位之时，其氏族已经以个人命名了。⑦

我国古代，某个少数民族的首领功业卓著，他的名字、职衔往往会成为氏族名，成为部落名，成为后继酋长名，被其后裔所继承，被周邻诸部所传颂。《后汉书·乌桓传》：“氏姓无常，以大人健者名字为姓。”这是乌桓的情况。吐谷浑作为部名，由该部始祖的名字转来⑧；呼韩邪单于的称号，为稽侯珊的孙子比所承袭。⑨类似的实例不在少数。⑩因此，邻尽管已经让位于诘汾，甚至可能已经不在人世，拓跋族的酋长以推演（推寅）为外人所传承，都不是不可理解的。

第二，活动地域一致。

王沈《魏书》云，檀石槐分三部，“从上谷以西至敦煌、西接乌孙为西部，二十余邑”。推演的具体驻牧地点虽不可考，但在上谷以西至敦煌、乌孙之间这一大致方位则是明确的。

《魏书·序纪》载，第二推寅（邻）——诘汾率领拓跋族南迁，经过九难八阻，历年“始居匈奴之故地”。“匈奴故地”所在，马长寿说：“《汉书·地理志》五原郡有头曼城；《匈奴传》亦谓阴山为冒顿所居，治弓矢练骑射以伐东胡。故此所谓匈奴故地，当指匈奴单于祖先发迹之所的漠南汉五原郡内。”⑪《史记·匈奴列传》还保存了一条非常明确的记载：“后秦灭六国，而始皇帝使蒙恬将数十万之众北击胡，悉收河南地……又渡河据阳山北假中。当是之时，东胡强而月氏盛，匈奴单于曰头曼。头曼不胜秦，北徙。”当蒙恬渡河据阳山即阴山山脉北假中的时候，头曼被迫北徙，正说明头曼本来就驻牧阴山北麓汉头曼城一带，并在这一地区发迹。所以，这里在魏晋仍被称作“匈奴故地”是不难理解的。

诘汾以后拓跋的活动地域，也有助于我们准确地判定邻——诘汾的南迁地点。《魏书·序纪》称：圣武帝诘汾之子，始祖神元帝力微“元年，岁在庚子。先是，西部内侵，国民离散，依于没鹿回部大人窦宾”。以“先是”发端，盖追叙诘汾时事。没鹿回部驻牧何处，确切地点不可考，但《新唐书·宰相世系表》谓其“得匈奴旧境，又徙居之”。力微曾请求窦宾准予“率所部北居长川”，其三十九年又“迁于定襄之盛乐”（今内蒙和林格尔）。[12]足见没鹿回部和拓跋部的活动地域，不出阴山山脉左右，即今大青山，乌拉山两侧之乌兰察布草原和土默川。诘汾自即位初南迁匈奴故地，以后未见再有长途迁徙之举，那么这个“匈奴故地”应该就在阴山北麓。

檀石槐西部大人推演驻牧于上谷至敦煌、乌孙间的某地，拓跋部在第二推寅——诘汾领导下南迁阴山北麓，二者牧地一致。

第三，时间吻合。

檀石槐西部大人推演的生卒年无从考订，但是当公元166年檀石槐分其地为三部时，推演作为西部二十余邑中的一位大人活动于历史舞台，则是确凿可靠的。拓跋部的第二个推寅邻与檀石槐西部大人推演如果是同一个人的话，那么他必须在166年以前率所部南迁到匈奴故地。

现存史籍关于拓跋部的最早历史纪年是力微元年。《魏书·序纪》载，力微元年“岁在庚子”。同卷，力微四十二年遣子沙漠汗入曹魏为质，是年“魏景元二年也”。《通鉴》亦于是年始记拓跋事。由此上推42年，力微元年为魏黄初元年（220年），庚子与“元年岁在庚子”的记载相符。[13]

但《序纪》又称，力微“凡享国五十八年，年一百四岁”。力微卒于晋武帝成宁三年，戊戌年，公元277年；据以上推104年，当生于东汉灵帝熹平四年，乙卯年，公元175年，因此，公元175年才是目前能够推定的最早的确切纪年。

这样就使我们得以确切地知道关于诘汾的两个重要年代：

（一）诘汾于公元175年生力微；

（二）由于父死子继，诘汾的去世当在公元220年。

可以作为诘汾行年推算依据的还有秃发氏的世系。《晋书·秃发乌孤载记》：“秃发乌孤河西鲜卑人也。其先与后魏同出。八世祖匹孤率其部自塞北迁于河西。”《魏书·源贺传》载拓跋焘：“谓贺曰：‘卿与朕源同，因事分姓，今可为源氏。’”《新唐书·宰相世系五上》对于所谓“源同”

有重要的补充："源氏出自后魏圣武帝诘汾长子匹孤。九世孙秃发傉檀，据南凉，子贺降后魏。"[14]根据《晋书》记载和《新唐书·宰相世系表》提供的资料，可以编制秃发氏世系如下：

诘汾→匹孤→寿阗→？→务丸→？→推斤→思复犍→乌孤→傉檀
↓　　　　↓
力微　　　？→树机能

在这张世系表里，乌孤晋安帝隆安三年，公元399年去世；树机能晋武帝咸宁五年（279年）为马隆杀害，这都是史有明文的。树机能死至乌孤死，其间四世约120年，平均一世30年。由树机能死，上推四世至匹孤生，亦当为120年上下，那么诘汾长子匹孤当于公元160年前后降生。

于是，关于诘汾的生平，我们有了第三个年代可资研究。

（三）公元160年左右生长子匹孤。

在这三个年代中，除公元160年生匹孤为间接推算所得，可能有数年之差而外，其余两个年代都是准确可靠的。

根据这三个年代，我们不难作这样的推测：如果以诘汾18岁生长子匹孤，那么他33岁生力微，78岁去世。考虑到其子力微104岁，诘汾享年78岁，是不会使人奇怪的。由220年上推78岁，诘汾之生年当在公元143年或略晚一些时候。

当公元166年檀石槐分三部时，诘汾年龄在24岁左右，其父邻即第二推寅大约五六十岁，《序纪》称其"时年衰老"，不为过分，这与檀石槐西部大人推演在时间上恰好相当。

第四，重大事件合拍。

《后汉书·鲜卑传》："自檀石槐后，诸大人遂世相传袭。"[15]这就是说，包括西部大人推演在内，从檀石槐时期开始，大人职位世袭。《魏书·序纪》载，第二推寅献帝邻在南迁前以"年衰老，乃以位授子"，也开始世袭，正是在檀石槐时期。

《后汉书》、《三国志》、《晋书》以及南北朝八书，记北方匈奴、鲜卑诸族史事，歧义纷呈，往往前后无法贯通。这是因为魏晋大乱，中原诸王朝无暇北顾，且适逢北方草原亦处于分裂消沉状态，许多情况也无法深究。至于匈奴、鲜卑诸族的历史则仍在继续沿着自身的轨道发展；三国两晋之际，十六国北魏之交，北方民族的许多历史事件和人物，是应该而且能够缀合的。王沈《魏书》的推演与魏收《魏书》的第二推寅，不仅名号相同，时间、地点以及重大事件亦皆合排，应该是同一个人。

三、南迁匈奴故地的契机

诘汾生年和檀石槐西部大人推演即拓跋邻的考定，还为我们探讨拓跋部南迁匈奴故地的契机带来了令人欣喜的曙光。

诘汾生于公元143年，当公元166年第二推寅（邻）——诘汾作为檀石槐西部大人出现在漠南的时候，他才24岁。诘汾能够继他父亲邻任酋长，并且执行邻的命令组织南迁，至少应该接近成年。那么拓跋部由呼伦贝尔南迁阴山北麓，当在诘汾14至24岁，即公元156年至公元166年这十年之间。

恰恰在这个时期，蒙古草原上正经历着一场天翻地覆的变化。

《后汉书·鲜卑传》：桓帝“永寿二年（156年）秋，檀石槐遂将三四千骑寇云中”。这是檀石槐第一次登上文献历史的舞台，当时所率只有三四千骑。桓帝延熹元年、二年（158年、159年）复入雁门一带，双方亡失也仅一二百人。用兵规模不大，且均局限于檀氏原牧地附近，显然檀石槐仍不过是一部之长。檀石槐由一个部落大人发迹而为尽据匈奴版图的大国之汗，大约在延熹三至九年间（160～166年），延熹六年（163年）五月，鲜卑寇辽东，是役虽不过千骑[16]，但标志檀石槐的势力已经发展到辽东，却值得注意。王沈《魏书》总叙檀石槐的功业时说他“南钞汉边，北拒丁令，东却夫余，西击乌孙，尽据匈奴故地”。檀石槐“东却夫余”，盖在此时。千余人寇边之举，当是偏师所为。

按《后汉书·东夷夫余传》：“夫余国在玄菟北千里。南与高句骊，东与挹娄，西与鲜卑接，北有弱水，地方二千里，本秽地也。”又云：其“于东夷之域最为平敞，土宜五谷”。其地当在大兴安岭东侧之松嫩平原。[17]163年左右檀氏“东却夫余”，从而使夫余国“西与鲜卑接”，大兴安岭西侧之呼伦贝尔草原，显然已经处于他的势力范围以内。当时驻牧于呼伦池一带的拓跋部正是献帝邻为酋长。史称檀石槐“兵马甚盛，东西部大人皆归焉”，邻所领导的拓跋部，自当于此时归属于檀石槐。

在东进前后的数年内，檀石槐尽有匈奴领土。但是由于经济、政治和民族关系诸原因，檀氏之庭始终在弹汗山，他将自己的政治中心置于漠南，并进一步将鲜卑诸部安排在沿长城一线，于是从公元1世纪开始的乌桓、鲜卑诸部沿长城西迁的过程加快，形成了新的浪潮。

拓跋部与中原地区之间，早已经建立了相当密切的直接或间接的经济、文化联系。呼伦贝尔完工墓葬发现之丝绸、麻布以及海贝、珊瑚等[18]，扎赉诺尔墓葬出土的轮制灰陶罐、织锦、漆器以及规矩镜等[19]，均为来自中原的遗物。这些考古发现，不仅反映了东汉时期呼伦贝尔与中原经济文化联系的紧密，而且也深刻地表现了拓跋鲜卑诸部对中原文明的喜爱和向往。

在这种历史和政治背景下，《魏书·序纪》所记"神人"言自会引起我们的极大兴趣，《序纪》称：献帝邻时有神人言于国曰："此土荒遐，未足以建都邑，宜复徙居。"

这一则貌似虚无缥缈的神话，其实隐藏着一段重要的历史事实。

在人类发展的历史上，一个处于文明门槛前的民族，把一些重大的历史事变归诸某个神话性、传说性的人物，是普遍现象。北美印第安人易洛魁部将他们的部落联盟的建立，归功于哈——约——温特——哈这样一个神话传说性人物。[20]中国古代更不乏这样的例子。黄帝、炎帝、嫘祖、苍颉等等一大批人物都属于这种类型。我们从"哈哈镜"中的歪曲了的形象，总可以感受到某种历史的脉搏；而拓跋族的这一传说，似更要真切一些。

拓跋族南迁在公元2世纪前期，南迁导致拓跋鲜卑社会的飞跃发展，同时也使拓跋族能够更多地吸收中原文化。桓帝猗㐌死，其"辅相"卫操曾为之立碑颂功德，碑文为长篇骈体文[21]，关于拓跋早期历史的文字记录，似应始于此时。此距献帝邻南迁，不过四世，人们的记忆犹新，指示南迁的"神人"，应该实有所指。事实上，我们透过笼罩着"神人"的缭绕祥云，也能够看到檀石槐的影子。

公元163年左右，檀石槐东却夫余，势力扩展到呼伦贝尔；是征服，还是自动归附，详情已不得而知，总之拓跋部的首领邻归属了檀石槐。且由于檀石槐的光辉业绩，使拓跋人"认为自己的伟大和尊贵，就在于跻身于他们之列"[22]，因而檀石槐的命令必须执行，他的至高无上的地位无异就是"神人"。

"神人"指示，"此土荒遐，不可以建都邑，宜复徙居"，所谓"建都邑"，自系后来附会粉饰之词，但认为呼伦池地区荒僻，远离经济繁荣的内地，应该迁往长城沿线，这不仅表达了拓跋族的强烈愿望，成为促成拓跋南迁的强大动力，而且完全符合檀石槐的政治蓝图。“神人”所言，实际上不过是将檀石槐的指令，披上了一件神圣的外衣。

既为檀石槐的指令，为什么不直书其事？檀石槐所建立的鲜卑汗国，一度统治整个内外蒙古草原，这是自匈奴冒顿单于以来最辉煌的成就。鲜卑成为显赫的、令人敬畏的称号。拓跋贵族自君临北中国以后，总是力图独占鲜卑这一光荣的名字。他们宣称只有自己才是正宗的鲜卑嫡裔。东部鲜卑传说，鲜卑为东胡之一支，“别依鲜卑山，故因号焉”[23]；拓跋贵族就声言“国有大鲜卑山，因以为号”[24]，也制造出一个鲜卑山，且冠“大”字，以示货真价实。他们甚至不承认在鲜卑发展史上起过重大作用的东部鲜卑慕容氏为鲜卑，而名之曰“徒何”。因为同样的原因，对于檀石槐和他的汗国，以及拓跋曾经归附檀石槐为其属部的历史，则一概予以抹杀，讳莫如深。遍检洋洋数十万字的一部《魏书》，竟无只字涉及檀石槐者。这些，或许在邓渊撰《国纪》时已经如此，更可能是在崔浩因国史得祸时，拓跋早期历史遭到全面篡改，而变成今天我们所见到的样子。

四、结语

经过上述考订，我们似乎可以作这样的结论：1. 拓跋部由呼伦贝尔草原南迁阴山北麓匈奴故地，约在公元163至166年之间；2. 公元163至166年之间，檀石槐征服呼伦贝尔草原各部，拓跋鲜卑成为檀石槐鲜卑汗国属部，其南迁乃按檀石槐的部署进行。

注释：

①《通鉴》77，魏景元二年胡注。中华书局标点本作“置鞬落罗、日律推演、宴荔游等”。此处标点从马长寿，见《乌桓与鲜卑》，人民出版社1962年版，第243页。

②《乌桓与鲜卑》第242页。

③中华书局标点本《通鉴》同，见注①。

④《乌桓与鲜卑》第242页。

⑤⑨《后汉书·南匈奴传》。

⑥《后汉书·西羌传》。

⑦摩尔根：《古代社会》（新译本）上册，商务印书馆1977年版，第83页。

⑧《晋书·吐谷浑传》。

⑩明代中原汉人称蒙古麻古可儿吉斯汗为小王子，其后继者脱思、把秃猛可、伯颜猛可等亦

被称为小王子，参见《明史·鞑靼传》、郑晓：《今言》等。

⑪《乌桓与鲜卑》第243页注。又，拙作《战国历史上的“匈奴”》（载《光明日报》1963年4月10日）曾引王先谦补注“头曼城盖即冒顿父筑”为旁证。近熊存瑞同志重提此文，认为王先谦所云“与匈奴‘逐水草迁徙，毋城郭’的特点不符，亦未获考古印证”，并以此否定拙稿“战国晚期匈奴族活动中心在河套西北”的结论。（载《社会科学战线》1983年第1期。熊文说，曹永年认为“战国时匈奴应居河套”，与我的原意不符。）拙文系20多年以前的习作，稚拙、错误之处不少，所引王先谦说即一例，但并不能因此无视头曼城与头曼的关系。按《汉书·武帝纪》：太初三年“遣光禄勋徐自为筑五原塞外列城，西北至卢朐，游击将军韩说将兵屯之”（参看《匈奴列传》）《地理志》五原郡稒阳县条“北出石门障得光禄城，又西北得支就城，又西北得头曼城，又西北……”）。此列城皆太初三年光禄勋徐自为所筑甚明。时上距头曼不过百年，头曼建牙何处，西汉朝廷自不会不知。光禄城显为纪念工程负责人徐自为而命名，那么头曼城之得名与头曼之牙帐所在自不能没有关系。

⑫㉔《魏书·序纪》

⑬参见钱大昕：《廿二史考异》卷28，王鸣盛：《十七史商榷》卷66。

⑭“九世”原作“七世”（见中华书局标点本）。姚薇元先生据《晋书》载记及《御览》卷126引《南凉录》所叙秃发世系改，见《北朝胡姓考》第241页，“源氏”条注。

⑮《三国志·鲜卑传》裴注引王沈《魏书》“自檀石槐死后，大人遂世相袭也”。范晔删“死”字，当有所据。

⑯《后汉书·桓帝纪·鲜卑传》。

⑰参见《中国历史地图集》第二册。内蒙古文物工作队：《内蒙古陈巴尔虎旗完工古墓清理简报》，载《考古》1965年第6期。

⑲郑隆：《内蒙古扎赉诺尔古墓群调查记》，载《文物》1961年第9期。

⑳《古代社会》上册，第124页。

㉑《魏书·卫操传》。

㉒拉施特：《史集》，余大均等译，第1卷第1分册，第166页。

㉓《后汉书·鲜卑传》。

（原载《内蒙古社会科学》1987年第4期）

北魏太和改制前胡汉形势论

李培栋

魏晋之际，中国巨变，中国文化在历史搅拌机的剧烈翻动下产生多个文化变异点，提供多种变异发展的可能性。在每一个变异点上，中国历史似乎都有可能脱出旧轨道作别样运行。本文主要考察北魏太和改制前的胡汉形势，尝试不以社会形态学的“封建化”研究为唯一方法，不以传统的“汉化”为唯一主题，而着重于就胡族游牧文化与中原农业文化之冲撞和遭遇所造成的文化景观及其发展过程，作一粗略描述与考察，并力求探索其中的文化认识意义。

一、胡汉易位的历史巨变

中国古代传统政治思想的主流一贯是“内中国外夷狄”。然而，“中国”的实际状况却是由立国之始就存在于“四夷”的包围、对立、威胁，并且不得不与之交往乃至战争的状态之中，因而，中国自秦汉首创了中央集权的、多民族的、统一的大帝国之后，在对待“四夷”的问题上充满着正统理论和客观实际之间的矛盾和正统理论本身不断追求其完整性的有趣现象。

秦始皇的琅玡台石刻铭文就尖锐地表露着这种矛盾，今人看来，他显然在吹嘘：“六合之内，皇帝之土，……人迹所至，无不臣者。”[①]既尔，筑长城所为何来？

汉初，屈辱于匈奴，更是大悖于蔑视夷狄的传统思想的客观事实，“洛阳少年”贾谊曾因而“流涕者此也”，他为之愤慨不已，竟自荐请使匈奴，“请必系单于之颈，而制其命”[②]。就当时情势而论，真是书生吃语，无怪乎千年之后聪明的苏轼讥其“才有余而识不足也”[3]，把书生贾谊的狂言与同时的政治家晁错对匈奴与汉朝亦即胡汉形势之长短得失利害的条分缕析相比较[4]，任何人都不难发现晁错真是一名高明的“智囊”，他对游牧民族和农业民族的比较研究，确实达到了很高的认识水平。

然而，两汉毕竟各自取得了对匈奴的辉煌战功，为后代所盛赞。范仲淹梦想“燕然勒石”，辛弃疾向往“封狼居胥”等等，亦皆成为千古名篇。这种汉族的民族自豪感衍发为一种强烈的民族意识一直延续到现代，至今，两汉武功、两宋颂歌都仍在大、中、小学的历史、语文教材中作为爱国主义教育的光荣内容。但是，可怪的是，稍一检查两汉史籍，就会发现两汉当时人士对其当代武功之所论与宋人及宋以后迄于今者竟是大不相同。时代悬隔，观感自当有异，宋人论汉，或亦犹今人论宋，“代沟”隔膜实为难免，人孰无蔽，原自无足深怪，然吾人治史固必破此“代沟”隔膜，然后乃得与“语通古今之变”，岂不也是责无旁贷的吗？所以还是有必要先对两汉史籍的论述略作调查了解。

《汉书》卷90《匈奴列传》对西汉的匈奴政策之争论与实践有详明记载。《汉书》卷96《西域列传》传末“赞曰”亦评述汉武开边之功过得失。我们发现《汉书》作者不以武帝之追袭匈奴、开通西域的胜利为无可争议的光荣业绩。相反，可以肯定为班彪作的《西域列传》的“赞曰”中，虽然先充分肯定汉武帝之“通西域，以断匈奴右臂，隔绝南羌、月氏，单于失援，由是远遁，而漠南无王庭”，然而，接着就指出“师旅之费，不可胜计，……民力屈，财力竭，……是以末年，遂弃轮台之地，而下哀痛之诏，岂非仁圣之所悔哉”？实际上，班彪根本就认为通西域是多此一举，他援引淮南王、杜钦、扬雄之论云：“皆以为此天地所以界别区域、绝内外也”，用今天语言说，班彪认为沙漠就是中国之天然疆界、无烦逾越的，并且“得之不为益，弃之不为损，盛德在我，无取于彼”。他这种看法是很有代表性的，对后代中国的大陆保守政治传统思想具有深远影响。当然，在当时来说，他这种政见兼有为他的“圣上”东汉光武帝的决策赞扬附会的意义，因为东汉初“西域思汉威德，咸乐内属”，而“圣上远览古今，……辞而未许”。[5]

《汉书·匈奴列传》在详述胡汉关系及朝廷政策变迁过程之后，于“赞曰”中总结汉初政策为两派：“缙绅之士则守和亲，介胄之士则言征伐”，而终西汉一代，则已兼备“和亲”、“克伐”、“卑下”、“威服”等等各种政治经验，“是故其可得而言也”，也就是说可以克服“偏见一时之利害”，做出全面的政策总结了。在这里，我们看到班固貌似公允，振振有辞地批判董仲舒的“约誓”之论，严斥匈奴之未可以“约赞”制之，然而他实更不赞成“攻伐”、“威服”之策，他本人不便直言，就推出王莽时期的大将严尤的论调而推崇之，说“若乃讨伐之功，秦汉行事，严尤论之当矣”。严尤之论中国历代对匈奴的政策，实在颇为严苛，他以为“周得中策，汉得下策，秦无策焉”，批评虽苛刻，而所述对匈奴作战之“五难”，实皆务实之论，其精到更过于晁错当年之论“匈奴之长技三，中国之长技五”了。这自是长期征战的痛苦总结。既如是，则班固当然也是反对征伐的了。那么他的正面意见究何如呢？说出来真令人失望，和他的父亲的空发议论如出一辙，是纯粹的儒家教条主义的高调，对付匈奴只须效法“圣王禽兽畜之，不与约誓，不就攻伐，……外而不内，踈而不戚，政教不及其人，正朔不加其国，来则惩而御之，去则备而守之，其慕义而贡献，则接之以礼让，羁靡不绝，使曲在彼，盖圣王制御蛮夷之常道也”[⑥]，这套堂皇大论和班彪的《西域列传》末“赞曰”完全一致，同样体现着中国传统的大陆保守政治思想的主流。正是在这种思想指导下，班氏父子修《汉书》对汉武帝的武功显然持着批判态度。

及范晔修《后汉书·南匈奴传》时，已值南北朝对立之际，范晔完全不像两宋名臣及词人那样神往于两汉的开边伟业，他仍继承班氏父子的传统观念，对汉武帝持批判态度，以为“寇虽颇折，而汉之疲耗略相当矣”，至于东汉，他固以“铭功封石、侣呼而还，单于震慑屏气，蒙毡走于乌孙之地，而漠北空矣”为伟大胜利；然而，他又十分清醒地认识到这时正是一个大好的历史机会，他以为正确的选择应是乘此时机“还南虏于阴山，归河西于内地”，亦即收河西地区为汉族直属内地而逐出匈奴使还阴山，那么，就可望“上申光武权宜之略，下防戎羯乱华之变”了。但是不然，窦宪竟“专行威惠，遂复更立北虏，反其故庭，并恩两护，以私己福”，这样，使匈奴南北两部皆蒙窦氏恩护，族部得以滋蔓，卒致“坐树大鲠，永言前载，何恨愤之深乎”![⑦]不论范晔这一看法何等片面，他这种“恨愤”的深情当然是真实的。他在著名的《狱中与诸甥侄书》中自诩其所修《后汉书》中“《循吏》以下及六夷诸序论，笔势纵放，实天下之奇作，其中合者，往往不减《过秦论》。尝共比方班氏所作，非但不愧之而已”。“六夷诸序论”当然包括这篇《南匈奴传论》在内，他确是寄托了历史的回顾反省于其中的，一直写到“终于吞噬神乡，丘墟帝宅。呜呼，千里之差，兴自毫端，失得之原，百世不磨矣”，的确充满了历史悲哀感，唐章怀太子李贤注中，对范晔表现了深切的理解，他注云：“既勒燕然之后，若复南虏于漠北，引侍子于京师，混并匈奴之区，使得专为一部，则荒服无忿争之迹，边服息征伐之劲，此之不行，遂为巨蠹。”[8]李贤此注，实在可说是基于大唐帝国安置突厥败亡部落的宫廷争论的决策之上的，反之，也可说唐太宗在御前会议上最后决定采取温彦博的“清淮汉建武故事”的建议[9]，是吸取了范晔总结过的教训的。

为什么从东汉到南朝，由班彪到范晔，都不赞同对匈奴的征战政策呢？并且都反对直接占领和统治匈奴地区及其部众，视之为“中国”的“负担”呢？透过班彪父子的所谓“圣王之常道”云云，透过他们的古典语言“夷狄之人，贪而好利，被发左衽，人面兽心，其与中国殊章服、异习俗，饮食不同，言语不通，辟居北垂塞露之野，逐草随畜，射猎为生，……其地不可耕而食也，其民不可臣而畜也”[10]，等等，我们可以认为这实质上是一个农业民族、农业社会、以农立国的政权的学者对一个游牧民族、游牧社会、游牧部落国家的现象描绘和对策建议，这也表现了两种不同的文化的对立与差异和互相排斥。汉人不愿治胡，无计治胡，又不得不与胡族为邻，且时常不得不与之战斗，在这种情况下，最好的办法实在只能是“不与约誓、不就攻伐”，“来则惩而御之，去则备而守之”了。

但是，“中国”不是天下的中心吗？秦始皇不是早就毫不含糊地在石碑上刻下“人迹所至，莫不臣者”的吗？并且，早在《诗经》时代，不就传诵着“普天之下，莫非王土，率土之滨，莫非王臣”的颂歌吗？所以，虽然实际上“中国”并未统治着“天下”，然而在理论上却必须是“天下”的唯一中心。于是，中国的儒生们制造出了一套一元化多层次的王权统治理论来。最著名的首先是编作年代不明的《禹贡》，作为儒家神圣经典的《禹贡》明确提出了“五服”理论，由王畿的甸服依次向外扩散为“侯服”、“绥服”、“要服”，直至中央政府什么都管不着并且也未必服从中央的所谓“荒服”！“五服”统统是中国君主的辖区：“东渐于海，西被于流沙，朔南暨声教讫于四海”，并且，据说这是夏禹以来便受命如是的。这应该是战国末至秦汉间为统一大帝国的诞生作理论根据的一种精神创造。同时，又有也颇神圣的《礼记·王制》篇，东汉末大儒卢植明确指出这篇《王制》是“文帝令博士诸生作”的。《王制》发挥了《禹贡》

的“九州”思想，却简化“五服”为“千里之内曰甸，千里之外曰采、曰流”。尽管和《禹贡》说法不同给后世儒生留下无穷尽的想象发挥余地，但它和《禹贡》同样从根本上肯定了“千里之外”的“采”和“流”的存在，并且当然是“中国”的辖区。与《禹贡》的另一点不同是，《王制》明确肯定了“五方之民”的各有其“性”，这“五方之民”指的是“中国、夷、蛮、戎、狄”，虽然说“皆有性也，不可推移”，并且“皆有安居、和味、宜服、利用、备器”，但却毫不意味着“民族平等”。“中国”居中，夷蛮戎狄分居东南西北，就注定了他们的从属地位。因而把“五服”和这种“四裔”联系起来，汉朝官僚和学者们，很自然地就把“四裔”给归入“要服”、“荒服”里去了，西汉儒宗萧望之于匈奴呼韩邪单于称臣来朝时，奉宣帝诏，参与讨论接待礼仪，他就引经据典说：“《书》曰‘戎狄荒服’，言其来服荒忽亡常。如使匈奴后嗣卒有鸟窜鼠伏，阙于朝享，不为畔臣，万世之良策也。”⑪看，这有多么巧妙，不管行政效力有无，只要单于受封，便归入“中国”辖区，然而却是“荒服”，以后哪怕背叛了，也不算叛臣，这真是一种圆通自如的足使皇帝满足的理论啊。当然，当时的黄霸、于定国以及东汉末的荀悦都比萧望之要严格一些，如荀悦认为：“要荒之君必奉王贡，若不供职，则有辞让号令加焉，非敌国之谓也！”⑫自然，荀悦有更古老的春秋先例为依据，然而，他们也只是要求“奉王贡”的形式而已。总之，这种自以为有了统治权的“五服”理论实在是满足中国皇帝权力欲望的一种廉价装饰，也是维护“中国”作为天下中心的传统理论的一种巧妙补充和加工。

中国皇帝就轻易地陶醉于这种“天下中心”的理论统一性之中，哪怕它显然是幻想的、不真实的。直到明清，中国皇帝都把来华的所有远方外国商人、传教士、政府使者等等统统视为“万方来朝，重译咸至”的“荒服”，这种幻想中的满足，不仅为皇帝所乐于接受，而且形成顽固的汉民族本位思想、中国为天下中心的思想，在这种思想指导下，中国人视一切“中国”以外的地方、民族、文化为“化外之地”、“夷狄之邦”，这种思想那么久地盘踞在中国人的头脑之中，真是中国政治思想史上一件可悲的事情。

可是这种巧妙编织起来的理论谎言终究抵挡不住胡族铁骑的冲击。范晔在《后汉书》卷120《乌桓鲜卑列传》末叹息道：“四夷之暴，其势强矣！……其陵跨中国、结患生人者，靡世而宁焉。……天之冥数，以至于是乎！”真的，汉族长期困惑于无法治理胡族，胡族却闯入中原来试图统治和管理汉族了。这虽然不是什么“天之冥数”，却真是一场天翻地覆、史无前例的大变局！“神州陆沉”当然是当时汉族士族沉痛之极的感慨；倒退四百年，假如贾谊复活，他恐怕更加无法接受这一变局的现实，因为在他看来中国天子是头，蛮夷是足，“足反居上，首顾居下”，岂非首足易位，人呈倒悬了吗？是的，中国历史上第一次在北中国出现了胡汉易位的现象。游牧民族、游牧部落，过着不同程度游牧社会生活的胡族闯入中原建立了大大小小的国家，他们必须去学习统治、管理汉族的农业社会，这是战国末期中国终于走上统一大帝国道路之后，中国人面临的又一次重大历史变化，中国历史又走到了一个岔道口，这样一个空前的变局给中国人提供了新的历史选择机会，也向胡族和汉族都提出了一系列使他们困惑的新课题。

二、困惑应战的三个阶段

现在，我想研究的是这个空前变局给中国的胡族统治者提出的课题以及他们对这些课题的认识和学习的过程。这些新课题对于胡族领袖来说，首先集中为一个史无前例的“胡人治汉”问题，他们对于进入汉族农业地区承担起统治任务这一点，实际上都缺乏思想准备和政策准备，他们都只是征服、扩张、破坏、复仇，然后就处于一种盲目状态中，面对一大堆从未遇到过的问题显得一筹莫展，大多就此衰亡，像一阵旋风般地消失了，历史为此付出了巨大的代价，这个代价是以数十年、百余年计的。由公元304年刘渊建国到公元484年北魏孝文帝开始改制就恰好是180年。在这大段时间里，我们看到了胡族统治者对新形势的困惑的应战和艰难的学习过程。

我们可以把这个时期分为三个阶段来考察。

第一阶段由刘渊建国到淝水之战，恰好80年，这一时期除前凉、前燕、成汉这三个地区政权还呈现着一些和平景象外，整个中原地区是动荡不安的。由石勒到苻坚，他们都被军事征服的野心支配着。他们的国家根本谈不上是名实相符的中央集权帝国，而只是建立在军事征服基础之上的“暂时的、不巩固的军事行政的联合”。[13]这种“军事行政的联合”最具代表性的就是前秦，淝水之战中其所以一战而溃，溃而即亡，根本原因即在于此，曾有人认为前秦南下的淝水之战是一场旨在统一中国的进步性的战争，这是难以令人同意的，前秦本身尚且谈不到什么“统一”，何有条件更去“统一”东晋？这种所谓统一战争，充其量仍只是粗暴的军事征服，东晋获胜，真是幸而免除了这场灾难。

这一阶段，胡族领袖当然也有过一些礼遇汉族士人的动人事例，汉族士人中当然也不断有人企图施加影响于他们，并取得或多或少的成绩。只是，在按照汉族史学传统修撰的史书里把这些都作了夸大而粉饰性的记述，以致混淆了真相。比如，此期的主流决非“立太学”、“课农桑”、“荐贤良”、“置博士”等，虽然兴奋的汉人史官特别钟爱于大书特书此类诏书；不只石勒、苻坚等被美化了，张宾、王猛的作用也都被夸大了。这一阶段的主要历史现象实在只是晋都洛阳和长安失陷的战火，汉族地主和农民的坞壁自守和举族迁徙，前后赵宫廷中的淫乱、冉闵的尽杀诸胡，氐族苻氏建立各族部落军事联合体之谨慎进行等等。

第二阶段应当是淝水之战后到公元450年北魏太武帝的“饮马长江”。这一时期的基本情况仍是各个暂时的军事联合体在历史舞台上的尽情表演。令人失望的是，前秦崩溃后，北方更加混乱，一些更野蛮、更原始的部落领袖也走上了帝王宝座，如北凉、南凉、西秦、夏等国。

拓跋焘灭掉北凉统一北中国时，情况和前秦苻坚全盛时也并无根本不同，他想一鼓作气统一南朝的征服野心与苻坚毫无二致，所幸的是他不像苻坚那般愚蠢，苻坚因为遣散本部氐族子弟15万户分镇诸方，又轻信心怀异志的羌族姚氏和鲜卑慕容氏而酿成大错，战败之后，把基地关中也丢尽了。拓跋焘则始终保有一支鲜卑本部的强大武装，只驱使降附杂胡去攻城送死，因而虽围盱眙不能破，后方受彭城宋军牵制，进退失据，不得不被迫由长江退兵，却终未一战而溃，即使次年他便被害于宫廷，北魏的统治亦未因而动摇。

第三阶段是拓跋焘长江退兵之后到孝文帝太和改制开始的时期。对这一时期我们下面还要作专门的讨论，现在，我们先研究第一、二阶段的150年间在胡族政权中存在的几个共同现象。

第一，胡族部落原有统治制度（官制、刑法等）仍在本部落中实行，却无法用以治理汉人，因而又不得不沿用汉法以治汉人。这种“胡汉分治”的现象表现着“胡人治汉”初期的特点，也表现出他们此期对统治汉族农业社会的无能。刘渊初建汉国时，匈奴贵族们给他上的尊号就是

"大单于"，"二旬之间，有众五万"，当然都是匈奴部族，其子刘聪则号为"鹿蠡王"，显然纯是匈奴编制。及刘聪继位，占地日广，这种匈奴编制的统治方法当然不能适应，"于是，大定百官"，"置丞相等七公，又置辅汉等十六大将军，各配兵二千，以诸子为之，又置左右司隶，各领户二十余万，万户置一内史；单于左右辅，各主六夷十万落。万落置一都卫；左右选曹尚书，并典选举，自司隶以下六官皆位亚仆射"。[14]这明显是两套班子分治胡、汉，除十六大将军统率匈奴本部子弟兵外，左右司隶是汉人官职，用以治汉，单于左右辅是胡人官职，用以治六夷。这种情况，以此处记载最为明确。[15]实际上，直到淝水之战后，汉化较深的后燕也仍然在实行"胡汉分治"；"燕主（慕容）盛立燕台，统诸部杂夷"，胡三省注云："二赵以来，皆立单于台以统东夷，盛仍此立之。"[16]

这种"胡汉分治"现象不只是十六国时期为然，后世契丹、女真、蒙古、满族亦莫不皆然，这应是胡族进入农业社会汉族区域的必然现象。尤其在初期。

第二，胡族统治者实行"胡汉分治"，汉人则大量地坞壁自守，自搞"宗主督护"，这表明胡族统治者国家权力的有限和虚空，他们无法进行有效的、全面的、制度化的统治以深入社会基层，而只能采取掠夺式的、强迫的、不定期的征伐方式来满足其经济、军事的需求。看来，只有前凉、前燕较有制度，前后赵、前后秦以及后凉、南凉、西秦、夏等则几乎全无章法，史籍例证不胜枚举，如刘曜"发六百万功，营其父及妻二家，……迫督役徒，继以脂烛，百姓嗥哭，盈于道路"（《魏书·匈奴刘聪传》），汉族儒生游子远为此进谏，以"尧舜之轨，舜禹周公之美"说刘曜，当然是对牛弹琴；石虎每战则征发苛重："三、五发卒"，"制征士五人车一乘，牛二头，米各五十斛、绢十匹，调不办者，以斩论"（《晋书·石季龙载记》）。此皆典型的掠夺性征伐，是胡族武夫对农业地区的蹂躏。这种情况一直继续到拓跋焘南下长江，仍然如是。

所谓前燕、前凉较有制度，则因统治者较懂"汉法"，如著名的慕容皝采纳封裕建议的"其依魏晋旧法"一事，虽政府收租更重于昔，终究有章可依了。但是推行多久、范围多大都仍存疑。慕容儁临死前"欲经营秦、晋"，就又"令州郡校实见丁，户留一丁，余悉发为兵"了，虽经刘贵极谏，方得改为"三五发兵"（《资治通鉴》卷100《穆帝升平二年条》、《晋书·慕容皝载记》）。前凉张氏则究系晋室汉族旧臣，又无扩张称帝之野心，战事既少，治国之术高明于诸胡，所以，十六国中最较安定。故而陈寅恪先生特加表彰云："凉州一隅，其秩序较中原为安全，故其所保存者亦较中原为多"，他高度评价"秦凉诸州西北一隅之地，其文化上续汉、魏、西晋之学风，下开（北）魏、（北）齐、隋、唐之制度，承前启后，继绝扶衰，五百年间延绵一脉"，成为"北朝文化系统之中"的"河西遗传"成分，此乃陈氏本人亦感自豪的一大发现。[17]

第三个共同现象是朝仪尽失、礼制荡然。尽管《晋书》极力美化，亦难掩盖此种极令儒士沮丧之事实。我曾指出《晋书》书中有粉饰胡族的特点，今再举一可笑事例证之。《晋书》卷 129《沮渠蒙逊载记》美化这位"英主"，把他打扮得颇像一位皇帝样子了，然而，在他末年，竟有此等事情："其群下上书曰……自皇纲初震，戎马生郊，公私草创，未遑旧式。而朝士多违宪制，不遵典章，或公文御按在家卧署，或事无可否，望空而过；至令黜陟绝于皇朝，驳议寝于圣世，清浊共流，能否相杂，……宜肃振纲维，申修旧则。"虽然蒙逊采纳，即令汉族专家撰《朝堂制》，"行之旬日，百僚振肃"，然而这则报道岂不正暴露了蒙逊一朝实未曾有正常的朝制吗？即或采纳"旬日"，又孰知其果行几时？永嘉以来，胡主听从儒生建议"肃振纲维"的记载不少，盖大多类此，所以，我称之为"野蛮的实际和文明的记载之间的矛盾"。陈寅恪先生曾以为"吕氏、秃发、沮渠之徒俱非汉族，不好读书，然仍能欣赏汉化，擢用士人，故河西区域受制于胡戎，而文化学术亦不因以沦替"[18]，实则不全如此，他们只是偶尔利用汉族文人用儒学、礼仪、文章来点缀一下其野蛮统治而已。刘裕灭后秦时，"门下校郎刘祥言事于蒙逊"，适逢彼怒，"遂杀之"[19]，足见士人生命在蒙逊这位军事酋长看来实如草芥，其所以未至于摧毁河西文化，且有不少儒生得能苟全性命，传习学业于此区域者，实因此诸胡戎其文化之粗鄙尚未达于以汉族文化为必须摧抑的一种力量之缘故，并非出于他们的"欣赏"和爱护。

从刘渊建国到拓跋焘南下长江的 150 年间，虽然不少汉族士人作了艰苦努力（这种努力或许类似欧洲基督教徒之施加影响于蛮族首领），但是，他们的收获并不大。胡族领袖们很难在这样短的时里就懂得汉族"礼仪"的意义和内容，他们宁可只实用主义地偶尔利用这种"玩意儿"，或者他们更欣赏"天命"、"五行"、"祥瑞"、"灾异"这类东西，无论如何，对他们来说，最主要的始终只是军事的成功；何况，这段时期里战事频繁，国祚皆不长久。因此，无论《晋书》载记中如何美化、粉饰，我们只能说此期间的北中国仍处在一种无礼制、无朝仪、无稳定官制、无固定俸禄和赋役、无一切正常规章的部落战争混乱状态之中，中央政府对地方各级的有效管理既未恢复和建立，地方宗族豪强们的坞壁自守、部落大人们的独立自主也没有受到惩治和控制，北中国各个政府对其所辖区域实际上都处于既有矛盾又基本和平共处的局面之下，勉强维持着表面的"统一"，对各种异己力量的唯一的要求只是：你们不能举兵叛乱！

第四个值得注意的现象是在这期间，胡族首领们对于自己面临的"入主中原"统治汉族农业社会这一任务，是否需要学习的问题存在不同态度，换言之，亦即对他们自身的传统文化应否革新存在不同态度，首应指出的是那种拒绝学习和适应的顽固态度。有趣的是，我发现最早启发并指导匈奴首领自觉地采取这种态度的竟是汉文帝时被迫陪伴汉朝宗女远嫁匈奴和亲的使者——宦者中行说，此人立誓叛汉助胡，成为高明的匈奴"智囊"，其见识不唯高于书生贾谊，且不亚于晁错之于汉朝。汉文帝真是埋没了他，以致汉才胡用了。他的主要思想是：（一）匈奴必须保存原有衣食风俗，不能"变俗好汉物"，否则必被汉人同化，"尽归于汉"；（二）匈奴原有传统文化，除衣食外，连同"贱老"，父子同室、"父死妻其后母，兄弟死尽妻其妻"，"无冠带之节、阙庭之礼"等等，统统是好的，不应自卑，此正是匈奴"族粹"，胜于汉朝"礼义之敝"；（三）匈奴之俗食畜肉、饮其汁、衣其皮，畜食草饮水，随时转移，"故其急，则人习骑射，宽则人乐无事"，这是何等简易而快乐的生活；汉族农业社会则"力耕桑以求衣食，筑城郭以自备，故其民急则不习战攻，缓则疲于作业"，这种生活又是多么繁重而拘束！中行说为匈奴人提供的这套"保存族粹"的理论对于单于们该是新鲜而有吸引力的，在中国悠久的历史中，这是一种值得注意的"胡汉文化比较研究"的"匈奴文化优越论"。当时是汉文帝前六年，即公元前 174 年，四五百年之后，胡族进入中原，既不可能以胡法治汉，更未能用汉法化胡，于是只有"胡汉分治"，庶几保存胡族传统；这种"胡汉分治"的办法实则还在证明中行说的理论具有顽强的生命力。这种生命力还表现在有一批胡族领袖在胡汉分治之时，仍以胡俗优越自骄于汉人，拒绝改易传统游牧文化以适应农业占领区的新环境，这种领袖当以秃发利鹿孤和赫连勃勃为代表，南凉利鹿孤即位河西王时议论国策，胡将鍮勿仑的一段发言很精彩："吾国自上世以来，披发左衽，无冠带之饰，逐水草迁徙，无城郭室庐，故能雄视沙漠，抗衡中夏。今举大号，诚顺民心，然建都立邑，难以避患，储蓄仓库，启迪人心，不如处晋民于城郭，劝课农桑以供资储，帅国人以习战射，邻国弱则秉之，强则避之，此久长之策也。”[20]利鹿孤纳之，定为国策。至于汉族儒生史暠向利鹿孤批评道：“今不以绥宁为先。惟以徙户为务，……所以斩将克城，土不加广。今取士拔才，必先弓马，文章学艺为无用之条，非所以来远人垂不朽也”云云[21]，纯粹表现了汉族传统思想与胡人国策的根本分歧，史暠有何能耐骤改胡族传统呢？赫连勃勃亦如利鹿孤，方其大破后秦，诸将请建都高平（今甘肃固原县）以图经营关中时，他却作了如下指示：“卿徒知其一，未知其二，……我若专固一城，彼必并力于我，亡可立待。吾以云骑风驰，出其不意，……使彼疲于奔命，我则游食自若，不及十年，岭北河东尽我有也。”[22]意思和输勿仑是一致的，他虽以略取长安为目标，而本意实不愿背上这种“建都立邑”、“储蓄仓库”、“劝课农桑”的包袱而丧失其胡骑优势，故而他轻取长安后，也只设置“南台”以镇之，决定凯旋新都统万。他和利鹿孤都没有“汉化”的意向，也没有任何学习治理农业社会的计划，他们瞧不起汉族的农业文化，他们以游牧传统自骄，他们既残暴又满足，他们可算得是进入汉族农业社会后胡族顽固派的代表。其原因当在于南凉和夏地处西北，所受农业社会文明的压力较最轻浅之故，前后赵、前后秦、前后燕等国虽情况不同，持此种顽固守旧态度者也是存在的，直到孝文帝改制时期都是存在着的。

另一种态度是意识到“入主中原”之后，形势变异，治国大计亦应变异，然而，直到冯太后和孝文帝，没有任何一位胡族帝王作过系统变革的计划，我们只看到一些就事论事、权宜之计的应付之策，都是经验丰富的汉族官僚儒生提出而为胡族帝王采纳的。这种应付之策由个别、偶然、局部的逐渐发展为普遍的、经常的、大范围的。虽然尚不足以使胡族首领产生全面变革的自觉性和决心，但是，却足以使他们逐渐放下蛮横的优越感，更经常而虚心地向汉族士人请教许多他们没遇到过的问题了。事实上，拓跋焘在灭北凉之后，仍以余勇北袭柔然以图能除后顾之忧，西争仇池、关中以固边锋。胡骑之扩张是不达极限决不休止的，其目标确然是至少以长江为南界，令刘宋“当割江以北输之，摄守南渡”。故元嘉二十七年之“饮马长江”实为中国历史上胡骑南下之新纪录。其所以未能达到划江而治的目标，原因至少是：第一，北边柔然之患未除；第二，南军善于守城，胡骑无法制胜，刘宋著名的盱眙保卫战可为代表；第三，军需后援不继，“不赍粮用，惟以抄掠为资，及过淮，民多窜匿，抄略无所得，人马饥乏”；第四，彭城未拔，河洛潼关战场刘宋又复得胜，敌军孤骑深入江北，态势被动；第五，水土不服，尤不耐湿热，军多疾疫；第六，胡骑残暴，以杀人为戏，更激起南人斗志。在此种种情况下，军情不利，“魏之士勇死伤亦过半，国人皆尤之”。[23]“国人”内部既已泄气，回师自成必然之势。南下之败归，充分暴露了胡族武力之局限性和北魏对于在江淮区域作战之缺乏准备，直到一百年后侯景之乱，南北朝虽多次争战，而北兵南下终以此次为最远纪录。之后，战场便退到淮河一线呈拉锯形势了。

太武帝拓跋焘真像一尊战神，一生所向无敌，及南下不胜，次年即死。此后直到太和改制为止，我列之为第三阶段，在这一阶段的年间，由于拓跋部统治了整个北中国，南下征服又已暂告无望，他们在北中国农业区域的农业经济、农业生活环境中已经遇到一系列问题，由于这是一个胡族政权第一次这样久地统治着半个中国（前秦只统治了七年），因而问题更显得尖锐而庞杂。有些问题对于汉族官僚、士人来说，大多不是什么新鲜事，面对于他们则是十分棘手的“新形势”，这种“新形势”对他们产生了严重的压力，迫使他们不得不想法解决，不管他们是情愿的还是厌恶的，是自觉的还是敷衍的。这里至少有四个问题值得注意考察。

三、艰难学习的四个问题

第一个是北疆边防问题。

不管拓跋政府是否当时就意识到一旦“入主中原”就成了“中国”，事实上，他们一旦成了“中国”也就面临着由三代到秦汉的“老”中国所面临过的北疆边防问题。这是个极为难处的老问题。正因为没解决好，汉族政府落得个“永嘉之乱”、“五胡乱华”、“神州陆沉”、“偏安江左”！现在，不管他们怎么想，他们必须保卫中原国土、必须保卫大片农业生产区，他们必须出发去对付过去的伙伴——游牧部落的袭击，这真令人穷于应付，他们开始只知道用老办法回击。然而，你“渡漠击之”，他便“绝迹北走，何胜其扰”？于是：“和亲”，“以西海公主妻柔然敕连可汗，又纳其妹为夫人”，然而，何尝靠得住，“柔然与魏绝和亲，犯魏边”；倘稍疏忽，“魏主轻山胡”，便遭偷袭，“魏主坠马，几为所擒”；甚至，正当北魏发兵灭北凉之际，柔然“乘虚入寇”，“平城大骇”[24]多么可怕！“中国”的皇帝是好当的吗？这就是往日游牧在草原上的拓跋部所从未体尝过的新挑战。

其实，这种问题，“中国”研究久矣，西汉晁错于公元前169年便详论过“匈奴之长技三，中国之长技五”，提出了“以胡制胡”与汉军“相为表里，各用其长技”的收抚胡夷的战略和“募民徙塞下”、“入粟拜爵”的移民、支边政策。至于胡骑之“时至时去”，“不救，则边民绝望”，“救之，少发则不足。多发……则胡又已去，……聚而不罢，为费甚大，罢之，则胡复入”[25]这种种苦恼、困难，晁错皆已备细论之甚切。拓跋新入“中国”，实在只是在复习着五百年前西汉早已尝味过的痛苦经历。

但是，拓跋部确是一个善于学习且有生气的鲜卑分支。早在明元帝末，他们就发觉筑长城为可取之策了，泰常八年（423年），“二月戊辰筑长城于长川之南，起自赤城，西至五原，延袤二千余里，备置戍卫”，“以备柔然”。这条长城恰好就是依托着燕山和阴山的保卫南方农业区的防御线。但是，修筑长城谈何容易。征发民力、调集物资、施工设计、组织指挥等等，都需要较高的经验积累，当时这条长城一定修得草率，高度、宽度、夯土施工、屯戍配套设施当皆不理想，不然，怎会次年“八月，蠕蠕率六万骑入云中，……攻陷盛乐宫呢”？[27]又过15年，“九月戊子，蠕蠕犯塞，遂至七介山，京师大骇”[28]呢？他们还没有学会筑城，未能发挥长城的防御工事作用。筑城也未被提高到国防战略决策的高度被认识，这时，它还只是一种权宜之计。

最早提出一套“御胡”良策的，应是胡将源贺，他是当时最主要的一名刚直不苟、才识卓越的将军，长期守边，深知其中利害。《北史》和《魏书》的本传对他的“御胡”之计皆有详载；今略引《北史》卷28本传以作说明；他先建议“恕死徙边”，文成帝采纳了，一年见效，帝赞扬之。其实，源贺此议只是秦汉以来的“谪戍”“募民”的翻版，他进一步的规划是在献文帝传位那年（471年）建议把筑城、募兵、屯垦和仓储、运输五者结合起来，措施具体，周密过于晁错之空论。这是他对“中国”古今边防教训加以总结的产物；想不到，在他伯父秃发利鹿孤以“逐水草自豪”、以“储蓄仓库”为负担的70年后，两代人的观念竟发生了如此巨大的变化。这时，正值宫廷斗争复杂，他的建议竟“事寝不报”。但是，柔然、敕勒对“中国”威胁日厉，问题必须有个“长计”去解决才行。

于是，太和八年（484 年），即孝文帝改制开始时，汉族老臣名儒高闾又建议筑城，他详论筑城有五利，提出十分具体的实施方案：筑于六镇之北，用十万人力，一月必就，人力来源可发近州武勇四万、京师二万，合计六万，建征北大将军府，分为三军，整训后开拔北边，与军需物资俱送北镇，若无战事，即以此军散分各地以筑长城，于是，可以夺北狄野战之长，制其攻城之短，必收“永逸之益”。[29]这很像是源贺旧议之再次提出，然而，还是不行。孝文帝只是诏曰：“比当与卿面议”，便无下文，仍旧是“事寝不报”的下场。

大概直到源贺次子源怀手上，筑城计划才告落实贯彻，源怀也是毕生贡献于北边战争的良将，宣武帝正始元年（504 年），他已是 61 岁老翁，亲临云中前线，“至恒代，乃案视诸镇左右要害之地，可筑城置戍之处，皆量其高下，揣其厚薄及储粮积仗之宜，犬牙相攻之势，凡表 58 条，宣武并从之”。[30]这时，距源贺建议时已有 33 年了。历史的惰性有多大，一个民族接受一种背离传统而符合已变化了的新形势的新观念、新政策，该有多么困难。

不过，平心而论，自 423 年到 504 年，拓跋政府只是学会和发展了汉族的传统“御胡”战略，过去汉族既未曾赖以解决北方边防，北魏也难以就此摆脱胡骑威胁。由北魏而北齐、北周，整个北朝始终先后严酷地受制于柔然、敕勒、突厥，他们实际上始终在两到三个战场上同时作战，他们的军事负担真是太繁重了。这是论北朝史者所常忽略于综合考察和体会理解的。

第二个是劝课农桑、仓储救灾的问题。

汉族农业社会一向视粮食生产储备、社会赈济为严重的大事，胡族首领对此毫无经验可言，然而，既已“入主中原”，面对着广阔的农业区域和那些以“粒食”为主粮的农业人口，他们逐步懂得饥荒的灾难对于政府就意味着统治的危机，明元帝神瑞二年（415 年）在拓跋部政治中心地区发生的重灾，就是第一次深刻的教训。这次饥荒，还不是在纯农业区，而是半牧半农区，受灾者兼有汉人、“国人”（鲜卑族）。这是因为征服区域扩大，那种纯以游牧牲畜之皮、毛、乳、酪度日的生活方式业已变为兼食粮谷，并且不断强迫被征服的各族民众（包括汉族）迁居务农，以保障首都军需及民食。比如，在大灾开始时的永兴五年（413 年），大将军奚斤打败“越勤倍泥部落于跋那山西”[31]，就“徙二万余家于大宁，计口授田”，强令耕垦，即为一例。其时，拓跋本部武装已达15万以上。[32]仅此15万职业军人，就决非肉乳可满足，必仰赖于农耕“粒食”而后可。所以，神瑞二年时，“比岁霜旱，云、代之民多饥”。情况当然严重。一则军需困窘；二则鲜卑“国人”之务农者无以为食，无怪乎太史令们要根据谶书，建议迁都南方农业中心邺城去了，因为在那里可望吃饱。然而，他们都没有考虑当时的政治、军事形势。在皇帝主持的研究迁都建议的会议上，崔浩和周澹的发言是实在重要的。据《魏书》和《北史》的《崔浩传》所载，其意见可概括为：（一）迁都虽可救当年之饥，然而政治后果严重，将会造成汉人对拓跋的“轻侮”，会引起柔然内侵，将无以“威制诸夏”；（二）既然还是兼营农牧，那么，粮谷虽歉，而明春“湩酪将出”，乳酪兼以菜果，当可勉支至秋熟，庶几饥荒危机可渡。这两点意见十分高明，尤其第一点，应当肯定为关系拓跋兴亡盛衰的至论。但是，还幼稚的拓跋领袖实在一点仓储也没有。于是，崔浩又提一个权宜之计的意见：“可简穷下之户，诸州就谷，若来秋无年，愿更图也，但不可迁都。”意见被纳，“乃简国人尤贫者诣山东三州就食。……明年，大熟，民遂富安”。[33]这样才得以渡过这次严重的经济、政治危机，教训不可谓不深的了。

然而，当时的军事征服仍是首要任务，一切为了前线自是当然之理，且其辖区最称农业发达的也只是刚占领的后燕国土。因而，虽有神瑞二年的教训，犹尚不足以使拓跋首领真正认识社稷国本的汉族常识。十六国时期的胡族君主们大致都只是采用权宜之计对付灾荒和仓储问题，停留在这个认识水平上，要一个游牧民族从心理上、制度上、政策上认真转变到农业化的轨道上来，谈何容易。

随着军事胜利，北中国的统一、农业占领区的扩大，产生了必须由“马上得天下”转为“下马治之”的形势变化，拓跋首领们也更多地认识到农垦问题的至关重要，汉族士人更是忠心耿耿地把“农为国本”的基本常识向他们说教不已，拓跋焘统一北方那年，问汉族名儒高允“万机之务，何者为先”，这位质朴淳厚的直臣答道：“臣少也贱，所知唯田，请言农事。”他算了一笔农业账：“每亩损益三升”的总领“为粟222万斛”，依此计算，“况天下之广乎若公私有储，虽遇饥年，复何忧哉”。他这段话是有针对性的：“是时多禁封良田，又京师游食者众”，所谓“禁封良田”，即指胡人贵族占田废农以牧猎的现象，这次，太武帝“善之，遂除田禁，悉以授民”。[34]这应是鲜卑皇帝在学习上的进步表现。

值得注意的是，太子晃与高允的关系特别密切。在恐怖的崔浩案中，拓跋晃对高允是百般掩护保全的，反而是高允本人置死生于度外，毫不推卸自己的责任，绝不对崔浩落井下石。我们看到北朝胡将和汉儒中确有一批卓越人才，这该是乱世中给中华民族注入的优质血液。这位太子晃，在太平真君五年（444 年）受命主持国政时，鲜明地打出重农的主张："太子课民稼穑，使无牛者借人牛以耕种，而为人耘田以偿之，凡耕种 22 亩而耘 7 亩，大略以是为率。"[35]这几乎是组织农户"变工合作"的创造了。其重要意义在于胡族政府开始运用政权力量以和平地组织和指导社会农业生产，结果是"垦田大增"。可惜，七年之后，太子死于宫廷斗争。

到献文帝天安年间以讫皇兴三年（466～469 年）又遇到连年旱灾饥荒。这时，胡将已很懂得粮运的重要性了。467 年，魏军大破宋军于淮河前线，得"淮北四州及豫州淮西之地"，这是两汉以来的主要农业发达区域，魏帅尉元主动建议："彭城兵荒之后，公私困竭，请发冀、相、济、兖四州粟，取张永（按：宋将名）所弃船九百艘，沿清运载，以赈新民。魏朝从之。"[36]同年，魏将慕容白曜攻取无盐、肥城之役，他听从郦范意见，不掠民为奴，轻取肥城粮食 30 万斛。[37]结合"天安以来，比岁旱饥"的背景看这些现象，可以说拓跋将军们在适应农业社会方面已有进步，而且在措施上有所改进创造，比如："因民贫富为三等输租之法，等为三品"，"常赋之外，有杂调十五，至是悉罢之"[38]；还有，采纳沙门统昙曜的建议："平齐户及诸民有能岁输谷六十斛入僧曹者，即为僧祇户，粟为僧祇粟，遇凶岁，赈给饥民"[39]，寺院也发挥着社会物资储备和救济的功能了，这更是汉族社会前此无有的新鲜事。

不过，建立仓储制度仍未落实，到太和十一年（487 年），韩麒麟还在为此呼吁。韩曾是太子晃的东曹主书，后任慕容白曜参军，一向重视粮储，在白曜攻东阳时，他上义租 60 万斛，这是一名有经验的管理农业社会的官员。这年，又是"春夏大旱，代地尤甚，加以牛疫，民馁死者多"。他于是陈述灾情之可虑并强调他作为齐州刺史对于仓储赈济的建议："臣所统齐州，租粟才可给俸，略无入仓。虽于民为利而不可长久，脱有戎役，或遭天灾，恐供给之方，无所取济。可减少绢布，增益谷租，年丰多积，岁俭出赈，所谓私民之谷，寄积于官，官有宿积，则民无荒年矣"；至于"今秋京师遇旱，谷价踊贵，实由农人不劝，素无积储故也"。[40]这次旱灾，北魏政府的权宜之计仍类神瑞二年，还是"诏有司开仓赈贷，听民出关就食”，实际上，还是“素无积储”的老问题未解决。

看来，平城地区农牧兼营，农业水平又低，人口复加速集中，政府机构又集中此地，无怪乎不论怎样批评“不田者多，游食之，三分居二”，总是解决不了问题。自公元415年到公元487年，每逢大荒，都只能南下“就食”。这应当是孝文帝南迁洛阳的一个基本经济原因——代地无法支撑一个庞大的官僚军事机构和从属的贵族军人集团。迁洛与公元415年之议迁邺由其对付饥饿压力的性质而言，实相类，只是政治军事形势大异，太和年间已变得可行罢了，虽然仍有严重的内部阻力存在着。

当然，仓储赈济在汉族历代政府也是知其必要而未必做到的，“耕三余一”的古训是古老到难以溯其始源了。秦汉又何尝遵行无误，因而，尽管胡族帝王在学习建立仓储制度上进展缓慢而艰难，也不能就指责他们顽固不化，相反，后来隋朝之特重仓储，成为中国古代储粮最富、粮仓建设管理空前健全的一个朝代，这倒是北朝以来胡族政府学习汉族经验的辉煌成果了，只是，隋文帝父子储而不赈，引起唐太宗的批评和惊讶，反而显得隋朝虽青胜于蓝，却弄巧成拙了。

第三个是制度建设问题。立国建制是关系国家以后发展前途的大事，能否根据形势变化不断调整、改善开国制度，更是一个政权有无生命力和竞争能力的表现。拓跋部由一个游牧部落建立国家，开初实在谈不上什么宏规巨制。登国元年（386年），“拓跋珪大会于牛川，即代王位”时，实在很简单，决策人物即南部大人、北部大人、外朝大人等，再加上两名依附的汉族士人张衮、许谦为左长史、右司马，拓跋珪仍只是一位部落联盟的军事首领[41]，到参合陂大捷，才“始建天子旌旗决策进取中原”，初取并州后，才“建台省，置刺史、太守、尚书郎以下官。悉用儒生为之”。[42]实际上是在形成为本部落贵族和其他部落贵族以及汉族州郡县官制并存的军事征服联合体，真正的权力则掌握在拓跋八部大人及将军手中，比如“吏部尚书崔宏通署三十六曹，如令、仆统事”，实际还是由“八部大人主之”[43]的。到天兴六年（403年），“魏王珪始命有司制冠服，以品秩为差，然法度草创，多不稽古”[44]，“其官名多不用汉魏之旧，仿上古龙官、鸟官”，至有以“凫鸭”、“白鹭”名官者[45]，然而，真正的权力仍在“本族宗室”，由“命宗室置宗师，八国置大师、小师，州郡亦各置师，以辨宗党，举才行”。可知，把这个“举才行”说成“如魏晋中正之职”[46]怕只是附会之词。倒霉的崔浩，“欲大整流品，明辨姓类”是真正要按汉法区别族姓门阀等第，这和拓跋宗室的“辨宗党”根本是两码事，当然要“得罪于众”[47]了。这个“众”当然是拓跋宗室和胡将们。崔浩既不自知其在胡人看来是“非我族类”，又自恃父子两代宠任无比，要“专制朝权”，和已经监国的太子晃也争起权来，这真是忘乎所以了。无怪他的好友高允预言道：“崔公其不免乎。”他终于以国史案被杀，株连僚属、僮吏皆夷五族，更扩大到同宗及姻家卢、郭、柳氏亦“并夷共族”，这是拓跋宗党对敢于自专的汉族高门的一次严惩，也是崔浩“忠而获咎”的悲剧了。

但是，北方已经统一，军事征服的狂热亦趋冷却，国家政权的建设遂愈加迫切，拓跋部的部落贵族政治传统和以军事扩张为活动中心的传统，都显得和治理一个广大农业社会的任务太不适应，安定的农业生产秩序、租赋制度、各级政府的行政建设等等，都是百废待兴。然而，直到和平二年（461年），由《魏书》卷5《高宗本纪》的正月乙酉诏书来看，情况仍然混乱“刺史……每因发调逼民假贷，大商富贾，要射时利，旬日之间，增赢十倍，上下通同，分以润屋……为政之弊，莫过于此，其一切禁绝。犯者十匹以上皆死”。到皇兴四年（470年），我们又看到“魏主诏：吏受所监羊一口、酒一斛者，死，与者以从坐论。有能纠告尚书以下罪状者，随所纠官轻重授之”，情况真是糟糕且可笑，除了说明法制不健全外，也暴露了选官之毫无定制可言。这件事被张白泽谏阻了，理由既简单又充足：官无俸禄，古无此例，如此而求“事简民安，不亦难乎”？他明确地建议“班禄”。[48]这位张白泽，是道武帝近臣张滚的孙子，是献文帝的岳父，他虽驳倒了荒唐的惩贪令，而“班禄”建议却未蒙采纳。

这样，我们看到改善吏治和实行“班禄”已经提上日程，呈势在必行之态了。同时，“选官”只靠荐引、学校培养也显然无法满足治理大片领土的需求。必须大量起用汉族地方豪望（《北史》卷40《韩麒麟传》中韩氏建议：“守宰有缺，宜推用豪望，增置吏员。”），而于“豪望”之间又有必要区别等级以明贵贱，建立门阀等第制度以作为统治支柱。尽管这事在汉族士人中也有严重争论（比如韩麒麟的儿子韩显宗就坚决反对“以贵承贵”），但是当时确实面临这种选择：必须采取一种能供给足够数量和质量的官员的选官办法，必须建立一套由中央到地方到社会基层的行政系统。

在制度建设上，拓跋政权的认识转变实在比“御胡”更为困难，直到太和改制前，一切仍然草率得很，而问题却已尖锐到关系拓跋政权的统治命运了。当然，他们确无经验，自拓跋珪、焘以来也只有一些零星的、权宜的“旧制”，但是，他们必须学习系统地解决这个问题了，这个任务历史性地落在冯太后和孝文帝身上。

第四个是信仰的选择问题。一个统治阶级必须在政权之外选择某种信仰作为统治的理论依据和精神支柱。拓跋部游牧于“乌洛侯国西北”（即今已发现的大兴安岭下呼伦贝尔盟嘎仙洞地区）之时，何尝思虑及此。由《魏书·礼志》看，拓跋建国之初仍崇奉原始巫术，天兴元年他即帝位的仪式及祝文不过是汉族文士的导演和制作，实际上，平时信仰“皆女巫行事”，“女巫执鼓”，“女巫升坛、摇鼓”，然后“帝拜，后肃拜，百官内外尽拜”。[49]这些在儒生看来，皆属“不经”之流，应予戒止的。太延二年（436年）崔宏即奏请除“祀典所宜祀，凡57所”之外，其他神祀不经者皆罢废之，“奏可”。[50]然而无用，到延兴二年（472年），“有司奏天地五郊，社稷以下及诸神，合1075所，岁用牲75500”[51]，远逾“57”之数，拓跋“国人”中弥漫着原始巫术和万物有灵崇拜的习俗，这种低级的信仰实不足以作为一个大国的统治理论和精神力量。拓跋帝王欲谋国祚长久，面临着信仰选择问题。他们最早接触的宗教是佛教。据《魏书·释老志》载沙漠汗“久在洛阳”时，就“备究南夏佛法之事”[52]了。拓跋珪建国后，天兴元年（398年）有诏保护佛法，且始筑塔、殿，赵郡和尚法果向珪宣扬佛法，明元帝对法果也“弥加崇敬”。但是明元帝信仰并不专一，他是“亦好黄老，又崇佛法”的，佛教之盛于北魏，当自太武帝平凉之后始。因为“凉州自张轨后，世信佛教”，普及于村、坞。“凉州平。……沙门佛事皆俱东，像教弥增矣。”这对于佛教之进而占领拓跋宫廷应是一个有利时机。然而此时佛教遇到有力劲敌——道教。道教经寇谦之改造阐扬，又得汉族士族首领崔浩推崇，兼以佛教牵涉与盖吴叛乱通谋之嫌，于是道教地位上升，形势大变，出现了太武帝灭佛崇道的重大事变。幸赖太子晃暗中护法，佛徒们预做准备，未致复没。而“国教”的地位却被道教占夺了。道教一直在与佛教争宠竞胜，自泰常八年（423年）已起天师道场于平城，到太平真君三年（442年）更取得由皇帝到道场授符箓的殊荣，至太平真君七年（446年）太武帝决策灭佛，终于确定了独尊地位。不过，好景不常，二年后，在太子晃的刁难下，寇谦之的筑宫计划未成便死，又二年，崔浩被杀，再二年，太武帝遇害。于是佛教复盛，事实上，崔浩刚死，太子晃就酝酿兴复佛教，只是“未敢言也”。这期间，潜伏的佛徒虽

“不得显行于京都”，“犹窃法服诵习焉”。到文成帝即位，就下诏尊佛，把与盖吴通谋一案说成“夫山海之深，怪物多有”，把太武灭佛说成“有司失旨，一切禁断”，接着宣布“今制诸州郡县，于众居之所，各听建佛图一区，任其财用，不制会限”，出家亦得自由。自是，佛教发展得到国家支持，势力超过道教。到太和元年（477 年），“京城内寺新旧且百所，僧尼2000 余人；四方诸寺6478，僧尼77258 人”。又50 年后，则僧尼200万，寺院3 万多了。佛教之盛，真是“自中国之有佛法，未之有也”的了。道教虽仍传布，而已衰落失宠，太和十五年（491 年），孝文帝即下诏迁道坛于“都南桑乾之阴，岳山之阳，永置其所，给户五十以供斋祀之用，仍名为崇虚寺”，及“迁洛移邺，踵如故事”，道教被显然冷落了。

北朝佛盛道衰其原因可推论者，当有如下诸条。第一，寇谦之改造的道教理论及修行所倡导者为修身炼药、长生之术，此唯饱暖有余者得能孜孜于此；佛教理论及修行所提供者为来世轮回之希望、现实中避役存活之机会，二者相较，无论帝王如何选择，其于黎民百姓之吸引力，自以佛教为胜；第二，道教经寇谦之改造，“除去三张伪法、租米钱税及男女合气之术”等，革除了道教自征财物的政治功能，减除了化为叛乱组织以反抗政府的可能，然而，他假托神仙，自高于佛，且要求拓跋焘“亲至道坛，受符箓”，皇帝还须“备法驾，旗帜尽青，以从道家之色”，又要求“自后诸帝，每即位皆如之”，这简直成为道教对皇帝的加冕典礼了，在中国的皇权与神权的关系上为空前之举，中国皇帝自秦皇汉武以来，何须此事！难怪太子晃不满，文成帝崇佛贬道。反之，佛教倒是始终在皇权庇护下开展教务。自法果应召赴京师，受官“道人统”以“统摄僧众”，到昙曜时，更官名为“沙门统”，在他手上，发展了佛教寺院经济。寺院有“僧衹粟”、“僧衹户”，且吸收罪人及官奴为“佛图户”，这都是奏请皇帝准许的，佛教因而加强了生命力和活动力。在以后的宗教活动中也都接受政府监督，如延兴二年（472 年），有诏限制僧人“不在寺舍……交通奸猾”者，“令民间三五相保，不得容止”；如属正常的“巡民教化者”，则必须有“文移”、“印牒”、“然后听行”。

佛教和皇权在北朝建立了良好的联盟，然而在中国这块传布宗教的处女地上，本有根深蒂固的儒家存在，若以佛教的“三宝”拟之，则孔丘如“佛”，五经类“法”，士人若“僧”，固亦“三宝”俱全，俨然一大宗教。但是，儒家毕竟并非宗教，其所能供给皇权政治之益处更远在佛、道之上，北魏皇帝选择信仰体系时，虽钟爱佛教，凿山筑寺，举国若狂，实未尝轻忽儒家作为统治基础及精神力量之价值。

儒家对北朝胡族皇权的贡献，最现实的当有三端。第一，根据儒家的“皇权天授”思想（注意：此与“神授”大异，中国、欧洲政治思想于此大有区别），为胡族帝王提供一套“恭行天罚”、“受命于天”等等的正统“革命”理论。于是有五行生克之议，天兴元年（398 年）即议定拓跋珪为“继黄帝之后，宜为土德”，珪当时未必理解此事的严重意义，到孝文帝改制高潮时的太和十四年（490 年）时，此事竟成为必须重加研究的重大问题，讨论半年，分为两派，最后才由皇帝裁定改为“水德”。此种事情，唯儒擅长，佛道皆在方外，无能为力；第二，根据儒家的“华夷之辨”、“正统僭伪”思想，给胡族帝王提供以“中国”之正统自居的理论，这种思想以《魏书》表现的最为突出而蛮横，这种理论的价值之真正被理解亦当始于孝文帝；第三，最主要的是儒家有一套治国平天下的道德伦理学和政治经验之积累，这是汉族农业社会长期滋养荣润起来的。胡族要治理汉族农业社会不能不承袭这套儒家遗产。因此，儒家的教育（无论是官方的抑或私人的）能给胡族帝王提供一群适应于治理农业社会的官员。这虽是胡族初入中原就知道的事，但开始只是个别的引用，逐渐才认识到必须大量地培养、擢用，且用以代替那些无法适应农业社会的胡族权贵，这种培养统治农业社会的官僚的职能是儒家的专长，是任何宗教代替不了的。所以，当宗教像洪水般地淹没神州大地时，儒生们仍得能安然据守在官僚教育的岛屿上，等待着“经世致用”的良机。

看来，自永嘉之乱到太和改制的过程中，以佛、儒为主，以道教及巫术为补充的庞杂信仰体系在组成，其中当然有拓跋帝王的选择作用。在这过程中，除太武灭佛外，曲折较小，儒家地位则稳步上升，而进展不快。魏灭凉后，儒学势力一振，固由于凉州儒生及经典之保存之善，更由于北方统一后，儒学的用途、价值才渐更显示出来，然而，重大的转机毕竟有待于太和改制。

太和改制是胡族接受统治北中国的历史任务之挑战以后进行长期艰难学习的一个总结，它又不只是简单的总结，它深化和发展了汉族的古老经验，注入了胡汉融合的新血液。这个总结和发展以它的权威性、制度性在北中国推行，这个巨大的历史作用力给处在前进交叉口上的中国社会以有力的推动，使中国这个庞大的运动体沿着孝文改制所定的道轨方向疾驶而去，尽管还有许多的曲折、回旋，最后，我们看到太和改制的历史方向终究被肯定下来了。

注释：

①《史记·秦始皇本纪》。

②《汉书·贾谊传》。

③苏轼：《贾谊论》。

④《汉书·晁错传》。

⑤《汉书》卷96《西域传》，又见徐松：《汉书西域传补注》。

⑥⑩《汉书》卷94下《匈奴列传》。

⑦⑧《后汉书》卷119《南匈奴列传》。

⑨事见《资治通鉴》卷193《太宗贞观四年》"突厥既亡"条，又见《旧唐书》卷194《突厥传上》，亦见《通典》卷197《边防十三》。

⑪《资治通鉴》卷27《宣帝甘露二年条》，又见⑥⑩，亦见《汉书》卷78《肖望之传》。

⑫见前引⑪《资治通鉴》条附"荀悦论曰"。

⑬斯大林：《论马克思主义在语言学中的问题》，人民出版社1953年版，第9页。

⑭《资治通鉴》卷89《愍帝建兴二年》第2809页，较《晋书》卷102《刘聪载记》为简明。

⑮《晋书》卷103《刘曜载记》亦载刘曜置单于台事较详："置单于台于渭城，拜大单于，置左右贤王以下，皆以胡羯、鲜卑、氐、羌豪杰为之。"《魏书》卷95《匈奴刘聪传》则异于《晋书》，反而以正统华夏观念轻蔑地记载云："（刘曜）立单于台于渭城，置左右贤王以下，皆以杂种为之。"

⑯《资治通鉴》卷111《安帝隆安四年》，第3516页；《晋书》卷124《慕容熙载记》载次年"改北燕台为大单于台"。

⑰⑱陈寅恪：《隋唐制度渊源略论稿》第41页、第27页。

⑲《资治通鉴》卷118《安帝义熙十三年》第3711页，胡注。

⑳《资治通鉴》112《安帝隆安五年》，第3517页；《晋书》卷126《秃发利鹿孤载记》略同而文繁，粉饰过甚，不引。

㉑《晋书·秃发利鹿孤载记》。

㉒《晋书》卷130《赫连勃勃载记》，《资治通鉴》114《安帝义熙三年》，第3602页。

㉓所引分别见于《资治通鉴》卷125、卷126第3938页、第3940页、第3953页、第3959页、第3966页。

㉔分别见于《资治通鉴》卷122第3852页、第3854页；《资治通鉴》卷123第3864页、第3876页。

㉕《资治通鉴》卷15《汉文帝前十一年》，第485～495页。又见于《汉书》卷49《晁错传》；《通鉴》简要，引之。

㉖《魏书》卷3《太宗纪》，《资治通鉴》卷119第3753页。

㉗㉘《魏书》卷4上《世祖纪》始光元年条，太延五年条。

㉙《北史》卷34《高闾传》；《资治通鉴》卷136第4262页。

㉚《北史》卷28《源怀传》。

㉛《魏书》、《北史》之明元帝本纪（永兴五年）皆同，唯《北史》卷20《奚斤传》及《魏书》卷29《奚斤传》皆作“讨越勤部于鹿那山，大破之”。

㉜《魏书》、《北史》的明元帝本纪（永兴五年）皆载春正月庚寅大阅于东郊，“部署将帅以山阳侯奚斤为前军，众三万，阳平王熙等十二将，各一万骑，帝登白登，躬自校览焉”。

㉝这是《资治通鉴》卷117的写法，见第3681页；《魏书》、《北史》的明元帝本纪（神瑞二年）则作“听出山东就食”、“听就食山东”。

㉞《魏书》卷48、《北史》卷31《高允传》。

㉟《魏书》卷4下《恭宗本纪》，此据《资治通鉴》卷124第3903页。

㊱㊲㊳㊴分别见于《资治通鉴》卷132第4132页、第4134页、第4148页、第4149页。

㊵《北史》卷40《韩麒麟传》；《资治通鉴》卷136第4276~4277页。

㊶《魏书》卷113《官氏志》，第2971~2972页；《魏书》卷108《礼志》，第2734页；《资治通鉴》卷106第3358页。

㊷㊸《魏书·官氏志》，第2972页。

㊹㊺《资治通鉴》卷113第3556页、第3575页；《魏书·官氏志》，第2973页。

㊻《魏书·官氏志》第2974页；《资治通鉴》卷113第3576页。

㊼《资治通鉴》卷122第3834~3835页；《魏书》卷47《卢玄传》。

㊽《资治通鉴》卷132第4153~4154页；《魏书》卷24《张衮传附白译传》。

㊾㊿51《魏书·礼志》，第2735~2736页、第2739页、第2740页。

52此下所引皆见《魏书》114《释老志》，不一一注明。

（原载《上海师范大学学报》1994年第2期）

拓跋珪与北魏封建化

王宵燕

北魏道武帝拓跋珪，生于东晋简文帝咸安元年（371 年），卒于东晋安帝义熙五年（409 年）。他最早是以恢复祖辈事业、兴复代国出现在中国历史舞台上的。此后，他更改国号，建立北魏，并为北魏强盛、使之走上封建化道路作出巨大努力。

拓跋珪带领族人兴复代国、建立北魏，南下进攻占据关东，深入到汉族经济发达的黄河下游地区，为北魏封建化创造了条件。

北魏前身为代国，其创建者是拓跋珪祖父什翼犍。拓跋珪 6 岁那年（376 年），前秦皇帝苻坚率兵进攻代国，什翼犍被子实君杀死后，所部众叛亲离，代国灭亡。亡国后的拓跋珪臣属于独孤部，开始流亡生活。公元 383 年淝水之战，前秦苻坚失败，北方政局发生了变化。涌入北方地区的一些少数民族势力纷纷建立政权，北方短暂的统一更为分裂割据所取代。拓跋珪乘势纠集诸部进行恢复代国的斗争，于东晋孝武帝太元十一年（386 年）一月在塞北重建代国，同年改称魏王，建都盛乐（今内蒙古和林格尔县北）。

拓跋珪即位时，整个塞上处在分裂状态，为稳固地位，统领各部，拓跋珪一即位就开始了抵御入侵、展开进攻，巩固势力、扩大地盘的斗争。当时势力强大的有三部：一部是珪之叔父窟咄。他在刘显支持下出兵向北魏南部边境进扰，试图夺取王位。另两部即代国灭亡后被苻坚任命分统旧代国部众的刘库仁和刘卫辰。刘库仁部后由其子刘显统领，“地广兵强，雄于北方”。[①]这三部是拓跋珪建国的三大障碍。拓跋珪依靠前燕慕容垂的支持，于登国年间先后剪灭窟咄、刘显、刘卫辰三大障碍，巩固了对拓跋旧代国原有部众的统治地位，后又击破大漠南北高车、柔然各部，获得大量人力物力，在塞北站稳了脚跟，成为塞外唯一的强大部落。

巩固了对塞北的统治权后，拓跋珪开始向外扩张势力，图谋入主中原以统一中国北方。皇始、天兴年间，拓跋珪大举进兵中原攻后燕，先下并州攻取晋阳，向东出井陉经略幽冀，连克常山、信都、中山、邺等重镇，黄河以北后燕诸州郡尽为魏所有。公元398年，拓跋珪定都平城（今山西大同市），改国号为魏，改号称皇帝。

定都平城后，拓跋珪便将势力扩展到黄河下游地区，后经拓跋焘努力终于使北方重归统一。拓跋珪建北魏，不仅使分裂的北方重新开始统一步伐，推动了中国大一统，更重要的是使鲜卑人插足到封建经济、文化发达的黄河下游地区，按照同一地区内"野蛮的征服者总是被那些他们所征服的民族的较高文明所征服"[②]的规律，拓跋珪把北魏统治势力扩展到封建经济文化发达之区域，便开始了北魏封建化的进程。

拓跋珪一定都平城，开始推行拆散部众、计口授田的政策，把拓跋鲜卑人从早期奴隶制的发展的轨道上脱离出来，迅速引导到封建化发展的道路。

拓跋珪建立北魏前，拓跋鲜卑人的社会还处于早期奴隶制社会。他们的原始居住地在大兴安岭北段的嘎仙洞，这一时期的拓跋鲜卑人还处于原始公社的早中期阶段，经济生活以射猎为主、畜牧为辅，部落酋长为"统国三十六、大姓九十九"的拓跋毛。东汉初年以后，拓跋鲜卑人不断向南迁徙，经过两次南迁，到达了漠南阴山地区，进入一个新的发展时期。当时的漠南还有许多部落，周围地区还有强大的乌孙、勿吉、高车等部，在与周围各部不断的冲突和斗争中，经过力微、郁律、什翼犍几代人的努力，拓跋鲜卑人获得了大发展，经济生活也成为以游牧为主、农耕为辅。随着频繁的、大规模的掠夺战争加剧，掳掠到以百万计的牲畜和人口，什翼犍把这些战利品的一部分按功劳大小赏赐臣下，牲畜成了私产，俘虏成了奴隶，这样部落内贫富分化加剧，"牧敛畜产，富拟国君"[③]的富人出现了，阶级产生了，拓跋鲜卑人开始走上形成国家的道路，建立国家组织。力微时代，主要是改造民族组织形式，形成帝室十姓，这是拓跋部落结合体中的核心集团，从禄官到什翼犍时期，由于有归附汉人的协助，拓跋鲜卑人主要是仿晋官制，建立新的国家部门与制度。如什翼犍时，以代郡汉人燕凤、许谦为要员，"余官杂号，多同于晋朝"。[④]他还制定了关于赎罪、大逆、婚姻、私斗和保护公私财产的法令，规定"当死者，听其家献金马以赎；犯大逆者，亲族男女无少皆斩；男女不以礼交皆死；民相杀者，听与死家马牛49头，及送葬器物以平之，无系讯逮之坐；盗官物，一备五，私则备十”。[⑤]盗私产比盗官物加倍惩罚，这是阶级社会产生的标志。有了官吏、法律，再加上“控弦之士数十万”的军队，从此代国开始具有政府规模，确立起国家体制，这一体制是建立在奴隶制生产方式之上的。关于此点，我们可以从北魏建国初年的一些历史事实中加以证明。《魏书·官氏志》载：“天赐元年（404年）十二月，诏始赐王公侯子国臣吏：大郡王200人，次郡王、上郡公100人，次郡公50人，侯25人，子12人。皆立典师，职比家臣，总统群隶。”此处的“典师”，即是奴隶总管的别名，拓跋珪将大量战争中俘获的俘虏赏赐予其臣下做奴隶，这些奴隶主要用于生产，即放牧成百上千的牛羊，他们是拓跋部中主要的劳动力。这正说明北魏初期的社会基础是奴隶制，它是对北魏建国前社会性质的继承。

定都平城后，为适应新的形势，拓跋珪在代北推行开分土定居、计口授田，使拓跋鲜卑人从游牧经济逐渐转向农耕经济，建立起封建性农业经济体系。什翼犍时代，拓跋鲜卑人的经济以游牧为主。《魏书·序纪》载什翼犍征高车，“获万口，马牛羊百余万头”，征没鹿部“获牛马羊数百万头”，征刘卫辰“俘获生口及马牛羊数十万头”。如此多的马牛羊，需要很多人去放牧，这即典型的游牧经济。适应这一经济需要的社会组织是以部落为单位，同一部落中的成员都有血缘关系。拓跋珪定都平城后开始推行拆散诸部、分土定居。“登国初，太祖散诸部落，始同为编民”[⑥]，《魏书·贺讷传》也称：“太祖平中原，……其后离散诸部，分土定居，不听迁徙，其君长大人，皆同编户。”部落解散后，部落大人、酋长和一般平民都成为单独的国家编户，拓跋部的民族组织彻底消亡。随着军事上的节节胜利，拓跋珪掌握了大量土地，便开始推行“息众课农”、“计口授田”政策，让原属游牧的民族定居下来，弃牧从农，扩大农业生产，增加国库收入，北魏封建性农业生产的经济比重逐步提高，这种情况，随着北魏不断取得的军事胜利而加速发展着。如拓跋珪破晋阳后即“招抚离散，劝课农桑”[⑦]，破燕后又“诏给内徙新民耕牛，计口授田”。[⑧]在畿外实行课田制，派官向农民征收田赋。正如《魏书·食货志》所言：“天兴初，制定京邑，东至代郡，西及善无，南极阴馆，北尽参合，为畿内之田。其外四方四维，置八部帅以监之，劝课农耕，量校收入，以为殿最。”这种计口授田和劝课农耕的课田制，已是封建性的农业经济政策。在此政策下，方维内居住的部落被解散为普通农户，被迁徙来的新民计口授田，不得随意迁徙，成为封建国家的编户齐民，而八部帅的职责也主要是劝课农耕，以农业收成的好坏考核其政绩，这也不同于先前的部落酋长，已成为中央管辖下的封建地方官吏。这一系列的政策使拓跋族的社会结构发生深刻的变化，由处在奴隶社会早期阶段的游牧民族转向了定居的农业生活，并从此走上封建化道路。

“计口授田”不仅使拓跋鲜卑人走上封建化道路，同时在中国封建土地制度发展史上也占有重要地位，成为后来孝文帝推行“均田制”、完成北魏封建化的起源。中国封建社会在战国开始确立，此后两千多年，封建的土地私有制度基本没有变化，历代封建王朝只是在此前提下做一些结构和模式上的调整。曹魏的“屯田制”只适应于战时，司马氏建西晋便废“屯田”改行“占田制”，但由于占田制以一开始是以承认和保护官僚地主占有土地和劳动力的特权为主要方面，故占田制推行不久很快就失去了意义，土地兼并很快扩大。拓跋建北魏，在代北推行计口授田。孝文帝时又推行“均田制”，一家一户的农民分到一部分土地所有权归国家所有的露田，并以此为依据向国家提供租税；另外还分到一部分可以世代传承属于自己的永业田，这种制度是在综合了中原国家管理土地的经验，又吸收了拓跋珪计口分配土地的传统后出台的新的封建土地制度，这一制度后来一直延用到唐中叶，在封建土地制度史上占有重要地位。而随着均田制在北魏的推行，拓跋鲜卑的生产水平与汉族达到同一水准，封建制在北魏占了绝对优势，北魏封建化完成。

与封建制经济相适应的上层建筑是中央集权统治形式。拓跋珪从建立北魏起，就力求按秦汉专制主义中央集权体制建立政权。在官吏任用上，大量任用汉族土族地主，对鲜卑官员实行五等爵制，从政权组织和吏制建设上为封建化保驾；文化上，大力提倡儒家思想，为北魏政权封建化奠定了思想基础。

定都平城后，为适应新的统治需要，首先确立起专制主义中央集权体制。早在取得并州之时，拓跋珪就开始设立中原形式的政治机构，自刺史、太守等以下官员都参用汉族士人。天兴元年（398 年）定都后，又仿照汉制，建宗庙、社稷，将祖宗神元、平文、昭成、献明诸先帝的灵位迁入太庙，并诏令董谧制定一整套封建的祭祖、祭庙、朝拜皇帝及其他方面的礼仪制度；同时又依从汉族土族出身的崔玄伯提议，认为北魏统治得阴阳家终始五德说中的土德，土色黄，故北魏的礼服皆用黄色；由三公郎王德定律令、申科禁。这些措施是北魏政权转向封建化中的重大举措。

拓跋珪还采取措施促使鲜卑贵族封建化。立国之初就推行爵位制，即按等级“班爵叙勋”，令邓渊建立爵品，爵分公、侯、伯、子、男五等，鲜卑贵族按爵位受封邑，享受衣食租税利益。五等爵制的推行，使鲜卑贵族转变为封建士族地主，与汉族士家相高下，打破“华夷有别”观念，造成鲜汉一体的统治局面。

拓跋珪推行“选贤任能”政策，大量任用汉族文人，通过他们治理北魏国家。“帝初拓中原，留心慰纳。诸士大夫诣军门者，无少长皆引入赐见，存问周悉，人得自尽。苟有微能，咸蒙叙用。”⑨这些文人大多为汉人士族，任用他们实即采用了汉族先进的统治方法，这对北魏政权封建化是起有良好促进作用的。

拓跋珪以“察举守宰不法”为宗旨，加强吏治建设。拓跋鲜卑起自落后的游牧民族，原无法律。拓跋珪称帝后，令王德约定科令，严惩违法官吏。北魏前期，官吏无俸禄制，地方官给养完全靠自己筹集，上级听其任意搜刮，不受租调制度限制，地方官直接统治社会，经常性普遍性收刮，激化着阶级矛盾。为解决这一问题，拓跋珪除严惩违法官吏外，还不断派使者到郡县巡察，察举不法官吏，以澄清吏治。

拓跋珪注意文化教育，以儒家文化作为统治工具。自汉武帝推行“罢黜百家，独尊儒术”后，后代帝王都尊崇儒学作为正统思想。出于统治需要，拓跋珪也千方百计扩大儒家思想的影响，培养儒家思想人才。他于称帝的次年就诏令设立五经博士，在平城设太学，增加太学学生三千人。天兴四年（401 年）亲祭周公、孔子，又招集博士、儒生比较各种版本经文，按类编排成四万多字的《众文经》，深入传播儒家思想，为加强中央集权统治服务。

通过以上各项措施，北魏吏治和思想建设也走上封建化轨道，到太和十九年孝文帝发布《后职员令》时，北魏政权机构的封建化最后完成。宣武帝以后，北魏已完全按封建统治方式正常运转了。

注释：

①《资治通鉴》卷107。

②《马克思恩格斯全集》第9卷第247页。

③《魏书》卷28《庾业延传》。

④《魏书》卷113《官氏志》。

⑤《魏书》卷111《刑罚志》。

⑥《魏书》卷113《官氏志》。

⑦《资治通鉴》卷108。

⑧⑨《魏书》卷2《太祖纪》。

（原载《晋阳学刊》1995年第1期）

北都盛乐与拓跋鲜卑的代政权

何天明

在拓跋鲜卑族的历史中，神元皇帝力微率部迁驻盛乐地区是一个大的转折点。从这时开始拓跋鲜卑在与曹魏政权、西晋政权以及北方其他各族建立的割据政权的接触中，显示了其旺盛的发展势头，最后终于建立了雄据北方的北魏皇朝。在拓跋鲜卑成长壮大的过程中，对北都盛乐的利用、建设是一个引人注目的历史问题。本文拟对北魏建国以前[①]与盛乐有关的若干历史问题做些粗浅探讨，希望能对拓跋鲜卑历史和内蒙古古代史的研究有所裨益。

东汉末年至曹魏初年，两汉时期设置在北方地区的郡县级行政建置大多在战乱中废弃。云中、定襄、五原等郡全部乔迁今天山西省境内。盛乐地区被视为“弃之荒外”之地，剩下的只是被东汉末年战乱毁坏的县城旧址。人民流离他乡，县城内外土地荒凉，像内蒙古和林格尔汉墓壁画中所描绘的繁华已荡然无存。此时，拓跋鲜卑在始祖力微的带领下，“迁于定襄之盛乐”[②]，揭开了这一地区历史发展新的一页。

始祖力微，既是一位有远见的政治家，又是一位经验丰富、有经济眼光的统治者。他看到了盛乐地区发展畜牧业的巨大潜力，也察觉到这里有肥沃的土地和方便的水源，可以发展农业，实行农牧并举的可能性。因此，经过认真考虑，把拓跋鲜卑统治中心确定在这里。从地理位置看，以盛乐为中心的地区，北部土地基本平坦，宜于耕作，直抵大青山，如果守住主要山口，其他北方游牧民族很难对拓跋鲜卑造成大的威胁。西部为古云中郡地，直抵黄河，既是天然屏障，又为生产、生活之水源，对畜牧业、农业发展都很有利。东部为岱海，同样有较大的生存空间，而南部、东南部则可以通往今天山西省大同地区。如果与曹魏建立友好关系，加强交往，就能更多了解北方和中原内地的社会情况，促进拓跋鲜卑社会的发展。事实上，力微也的确这样做了。他制止各部对曹魏边地进行抄掠，力主双方和亲友好，接纳汉人到拓跋鲜卑活动地区，派儿子沙漠汗长期留住曹魏。这些推进友好的措施，无疑为拓跋鲜卑赢得了在一定时期内稳定发展的条件。从拓跋力微至拓跋禄官（约258～295年）的不足40年的时间内，其控弦之士由20万增长到40万，有力地证明了其社会发展的速度。

拓跋禄官统治时期，拓跋鲜卑活动的地区已较为广阔。根据拓跋鲜卑生产和生活特点，禄官把拓跋鲜卑按照地区分为三部进行统治。其中之一部，由拓跋猗卢统辖，“居定襄之盛乐故城”。[③]这说明盛乐已是猗卢活动的中心。至此，可以认为从力微“迁于定襄之盛乐”到猗卢“居定襄之盛乐故城”，拓跋鲜卑社会、统治观念、生活生产方式等方面都发生了一定的变化。力微时期，只是举族迁徙到这个地区内，还没有充分利用旧县城。而禄官时总辖西部各部落的猗卢，则居住在旧县城之内，利用这座古城，定居意识更为强烈，而且已见诸行动。这对其社会演变必将起到潜移默化的促进作用。

盛乐城的再建直接涉及到猗卢执政以后的拓跋鲜卑的历史。猗卢是禄官以后拓跋鲜卑的最高统治者，他于公元308年总摄三部。拓跋鲜卑“代”政权也在他统治期间建立。

据《魏书》记载，晋怀帝于公元310年封猗卢为大单于，“封代公”，从当时北方地区的政治形势看，拓跋鲜卑已是一支实力较强的政治势力。铁弗刘虎等都曾败在拓跋鲜卑马下。在拓跋猗卢接受“代公”之封以后，有两件事应当注意。一是猗卢向晋帝提出索求句注、陉北之地，轻而易举地得到了马邑、阴馆、楼烦、繁峙、崞县五个县级行政区，并将至少万余家迁徙到五县境内。[④]拓跋鲜卑的统治区向晋朝境内大大地扩展了。如果从更为深远的意义来讲，则预示着拓跋鲜卑已把进一步向晋朝统治区发展作为目标。另一件事是公元313年，猗卢“城盛乐以为北都，修故平城以为南都”，又“于灅水之阳黄瓜堆筑新平城，晋人谓之小平城，使长子六脩镇之”。[⑤]史实表明，拓跋鲜卑在其能够控制的范围内设置了三个统治中心，其中有两个是“都城”一级的。关于“平城”与“小平城”，因地理范围已超出今天内蒙古地区，本文不予深入探讨。但从总体来看，北都盛乐、南都平城，乃至小平城，可以认为是拓跋鲜卑统治下较早出现的类似于中原封建政权郡县级统治中心的行政建置。从这时起，东汉建安末年以后被封建政权废弃的行政建置，在拓跋鲜卑的统治下得到局部恢复。

我们注意到，史家在记载“北都”与“南都”、“小平城”时，用了“城”、“修”、“筑”三种不同的表达方式。“城”，在此应当理解为筑城之意。猗卢受晋之封而为“代公”，其所占有的地区，即可视为封地，或曰采邑。汉代成乐县，遭战争破坏，难以满足作为统治中心的要求，所以，在原城址上修筑是完全可能的。以“城盛乐”来表达对这座古城较为全面的修建，说明当时工程量之大已近于筑城。这与新建的“小平城”以“筑”字落笔有同样的意思。而对“古平城”则提“修”，可见只是加以整治、修补，没有大规模重建。这当与平城旧城址相对保存较好有关。再建盛乐城乃是拓跋鲜卑的行政统治较以前东、中、西三部统治方式向前有所迈进的一个标志。

在此，有必要对盛乐城命名问题略予辨析。今内蒙古和林格尔县北土城子古城即北魏时期的盛乐城。据已经公布的考古发掘资料可知，城中的出土遗物，涉及西汉、东汉、曹魏、西晋、隋、唐等朝代。如此，此城被认定为汉代的成乐县[⑥]，此县西汉时属定襄郡，为郡治所在地。[⑦]东汉时期，对云中郡、定襄郡下辖县级建置进行了调整，成乐县改属云中郡。[⑧]至曹魏据有北方，将云中等郡先降级为县，归新兴郡管辖。黄初元年（220年）又乔迁至隆岭以南，“自隆岭以北并弃之”。[⑨]两汉时期的云中、定襄两个郡级行政建置以乔迁县的形式存在。因此，从郡、县行政建置沿革的意义上讲，“盛乐”与两汉时期的“成乐县”的关系有一定的间接性。但如果说“成”、“盛”二字音近，在古时两音相通，史家以“盛”代“成”记载拓跋鲜卑进驻这里的历史，应当有一定的道理。然而，在利用县城旧址这一点上，无论是文献记载，还是考古发掘，都已证明成乐与盛乐有清晰的渊源关系。盛乐城这个称谓的出现，应当系于拓跋猗卢定其为“北都”的公元313年。

需要指出，北都盛乐城与北魏的盛乐郡在设置时间上不可混为一谈。据《魏书·序纪》、《北史·魏本纪》记载，在拓跋鲜卑始祖力微统治的第三十九年（258年）率部“迁于定襄之盛乐”。“定襄之盛乐”的提法，是在城址继承关系上与《汉书》的记述相吻合的。除此之外，《魏书》、《北史》、《资治通鉴》等史书中，还有“云中之盛乐”之说。此说则与《后汉书》所载吻合。这两种提法，在拓跋鲜卑来到盛乐以后的历史中多次交替出现。然而，作为郡级行政区，直到北魏孝武帝元修永熙中（约

533 年）才有设置盛乐郡的记载。但这时的盛乐郡为云州辖制下的郡，“寄治并州界”。[⑩]云州置州的时间在永熙中，已近于北魏被西魏替代之际。所以，这里的盛乐郡是否可以确定为代政权时的北都盛乐尚有商讨之必要。笔者认为，云州所辖之盛乐，属乔迁郡，在今天山西省境内。《魏书·地形志》在谈到云州之由来时记载：云州“旧置朔州，后陷，永熙中改，寄治并州”。这说明置云州于朔州旧地为当初设州之本意，因朔州“陷”而改治于并州。考朔州设置时间在太武帝拓跋焘延和二年（433年），曾以“怀朔镇”为名，“孝昌中改为州”（约 526 年）。朔州始置地点，在今天的内蒙古和林格尔，管领范围包括今天的呼和浩特市、包头市的大部分地区以及伊克昭盟、乌兰察布盟部分地区。设置朔州的延和二年（433 年），北魏统治已过渡到“四方顺轨，兵革渐宁”[⑪]的相对稳定时期。拓跋焘又是一位有所作为的皇帝，在健全中央和地方行政统治的过程中设置盛乐郡是完全有可能的。关于北魏设置朔州一事，《资治通鉴》胡注引《括地志》之说颇有参考价值。其说曰：“拓跋魏之盛也，置朔州于盛乐，置恒州于平城，平城，谓之代都。”[⑫]史料中之“盛”，揭示了置州的社会背景，乃是北魏“盛”时，也点明了朔州最早的州治为盛乐。按照这个线索，盛乐设郡命名的时间当在朔州设置前后。古代史家著述拓跋鲜卑早期历史时，执笔者将拓跋力微迁驻的两汉“成乐县”书之为盛乐，正是肯定了盛乐名称源于北魏的事实。

拓跋猗卢接受西晋“代公”之封以后所采取的建城、定都等具有政治意义的举动，表明拓跋鲜卑已经是一个割据政权。对于这样一种历史趋势，晋朝是无力阻挡的。正因如此，晋愍帝不得不在公元 315 年再次下诏“进拓跋猗卢爵为代王，置官属，食代、常山二郡”。[⑬]在晋朝统治者来看，这已是对猗卢的恩遇了。据史载可知，西晋武帝泰始年间，确定“非皇子不得为王”。[⑭]猗卢非皇子而受“代王”之封，充分体现晋朝方面对双方关系的重视。然而，这只是晋帝一方之愿，对于拓跋猗卢来讲，并不把自已看得低于晋帝多少。今天，多数专著、论文将“代”政权正式建立的时间系于这道诏书下达的 315 年，对此，笔者略有异议。我国自古以来就是一个多民族的国家。拓跋鲜卑无疑是我国古代多民族中的成员。晋愍帝封猗卢为“代王”并允许“置官属”的诏书，完全是按照正统封建政权的一套行事，似乎只有晋帝承认，猗卢才能为王，这是很不公平的，那个时代也不可能有公平可言。事实上，封不封王，拓跋鲜卑也有“单于”[⑮]“大人”统领各部落。接受“代王”之封，不过是出于对晋关系的需要，从一定意义上也是为了更有效地统治投归拓跋鲜卑的大批晋朝和其他各族民众。由于接受“代王”之封以前，拓跋鲜卑已经有了北都盛乐和南都平城，其实际管辖的地域也是晋帝无法控制的。拓跋鲜卑完全可以用自己的一套方法或曰制度来管理本族事务。猗卢的权力、地位已远远超出了西晋“王”、“公”，在名义上又有“代公”之称，可以认为是一个割据政权。基于上述，将“代”政权建立时间回推至公元313年比较恰当。

“代”政权建立，是拓跋鲜卑社会发展中一个重要转折点。虽然《魏书》仅简单记述了晋帝同意代王“置官属”这一事实，但我们完全可以认为，拓跋鲜卑在政权机构方面，除仍然推行本族所固有的制度外，会在很大程度上学习封建制度的内容。西晋并州刺史刘琨手下的得力官员莫含，就是猗卢硬向刘琨要来为自己在重大问题上出谋划策的人物。

猗卢担任代政权最高统治者时期，以军法为特征的政治制度变革有一定进展。据《魏书·刑罚志》载，在拓跋鲜卑早期社会里，“礼俗纯朴，刑禁疏简”。这一时期，显然还谈不上法律制度。到宣帝推寅率领拓跋鲜卑南迁以后，“复置四部大人，坐王庭决辞讼，以言语约束，刻契记事，无囹圄考讯之法，诸犯罪者，皆临时决遣”。[16]很明显，推寅时代也无章法可寻。与以前相比，可以看出对行为不轨的族人实行教育和给以处罚的痕迹。此后，拓跋鲜卑不断地迁徙，直至力微时期，在这方面还没有出现引人注目的变革。代政权建立，拓跋猗卢的集权统治较前加强。由于有许多军事活动都是与晋朝军队配合，因此，猗卢很注意加强军令的权威性。《魏书》说他“明刑峻法”，对违抗军令者和未能及时按调遣行动者“举部戮之”，就可以视为一些具体措施，在某种意义上也可以认为是军法。

拓跋猗卢是“代”政权的第一任统治者，他在位期间，盛乐城建设到什么程度，还未见到有力的证据。不过，从公元313年确定北都并开始修建，到猗卢与其子六脩发生矛盾“微服民间”而死，前后约4年时间。此间，盛乐城及其周围地区未见有大的战争与动乱。因此，“北都”建设至少应缓慢进行，或是初具规模了。

猗卢死，拓跋鲜卑内部虽有争权夺利的互相倾轧，但短期内还未伤及元气。在拓跋郁律当政后不久，其控制地区和征战实力都有发展，《魏书》载其为“西兼乌孙故地，东吞勿吉以西，控弦上马将有百万”。[17]这百万之众，或许有某些夸大，可是在另一方面，也说明拓跋鲜卑的经济和军事实力确实增强了。正因如此，代王拓跋郁律才会“治兵讲武，有平南夏之意”。[18]值得指出的是，从这一时期开始到代王拓跋什翼犍执政以前（约317~338年），关于北都盛乐的情况，史书中竟然很少提及。这种情况，是史家的疏漏？还是另有原因？勾稽零散的记载，应与拓跋猗㐌之王后祁氏[19]谋害郁律，“专制国政”有一定关系。郁律被害，在代政权历史中是一重大事件。其对拓跋鲜卑历史发展所带来的直接影响是明显的。由于这次事件，郁律未能实现其“平南夏”之志，数十位鲜卑大人随其命归黄泉。代政权的统治阶层再次遭受了沉重的打击。因此也必然削弱对各部的统治，甚至导致民心涣散。直到拓跋贺傉执政四年（325年），仍然是“诸部人情未悉款顺”。因此，不得不“筑城于东木根山，徙都之”。[20]东木根山，《资治通鉴》卷93晋纪15明帝太宁二年（324年）胡注认为，“河西有木根山，在五原郡东北，此木根山在河东，故曰东木根山”。五原郡，系两汉时期以九原为郡治的五原郡，东与云中郡为邻，即今天的呼和浩特地区。从史料提供的地望分析，东木根山当位于今内蒙古包头市、呼和浩特市偏东北地区内，相当于集宁市左近。这是代政权统治时期拓跋鲜卑统治者设立的第三个都城。东木根山所建都城为何形式，规模如何，仅据文献资料难以论证。而且，拓跋贺傉在建都于此的第二年就死去，很难说这个城是否如期落成。在此所要指出的是这个都城不论建成与否，都标志着此时盛乐城地位的降低。就是说，拓跋鲜卑的统治重心由盛乐向东北方向移动了。这样的历史演变，当与祁后临朝有直接关系。从行政建置沿革的角度看，代政权统治时期的都城至此增加为3个，其中两个建立在今天内蒙古境内。尽管行政建置的数量不能与两汉时期相比，城建的规模、工艺水平也不会有大的提高，然而，这两个都城在拓跋鲜卑的社会发展中却可以说是一个新鲜事物。这种不断建立都城的现象，说明封建传统文化对其社会的影响更为深化，以建都方式实行统治中心的转移已是很自然的事了。都城周围的拓跋鲜卑人的生活习俗正在向定居的农业民族渐渐靠近，社会经济结构转变为以牧为主，兼有一定数量农业的结合型。

拓跋鲜卑代政权的统治中心在代王翳槐执政时期又逐步移回盛乐地区，但史书中又出现了“城新盛乐城，在故城东南十里”之说。[21]在拓跋什翼犍任代王的建国四年（341年），还有“筑盛乐城于故城南八里”的记载。[22]而《资治通鉴》对翳槐所筑之“新盛乐城”则记载为“城盛乐而居之”，未加“新”字。这与什翼犍距故城南八里又筑盛乐城的说法有一致之处。如果依照这些记载，就会出现三个盛乐城。这个问题在目前很难定论。在文献资料中再未出现过前往“新盛乐城”活动的记载。拓跋翳槐在筑“新盛乐城”一年之际死去，这座城显然没有在他执政时真正得到使用。什翼犍所筑之城在《魏书》各帝本纪中再未出现。所以，也是个难解之谜。然而，拓跋猗卢所建北都之盛乐城，在拓跋珪迁都平城（398 年）以前一直作为都城存在。可见这座城的存在是没有疑问的。另外，综合考古界对盛乐城及其周围的发掘与研究，也未能证明盛乐城以南、东南又筑有新城。所以，“新盛乐城”的兴建与否只能存疑。

我们从拓跋鲜卑高层统治者回到盛乐地区并加强对这里的开发可以看到，盛乐城的历史在拓跋什翼犍继代王之后将翻开新的一页。

拓跋什翼犍是一位很有作为的统治者。在他执政期间，代政权在北方地区进一步扩大了影响力。什翼犍即位初年，就把选择都城这一问题放在了首要位置，这是有历史原因的。自从拓跋猗卢定盛乐为北都以后，拓跋鲜卑社会经历了曲折的发展过程。代政权盛衰不定，都城也时有变更。在你争我夺、战事频繁的年代里，拓跋鲜卑无数次的深入甚至在一定时期内屯驻于今天山西省、河北省北部地区。这不仅使得拓跋鲜卑族增加了对封建农业生产方式的了解，与此同时，也在改变着这个民族自身的生产力和文化观。以南下为方向扩大活动区域已能够被相当数量的鲜卑大人和部众接受。正是由于这个原因，在拓跋什翼犍建国二年（339 年）五月讨论定都之事时才出现了“连日不决”[23]的情况。显然，当时在选择都城问题上存在着较大的争议。从大的地理范围讲，主张定都“灅源川”者，是要在长城以南，今山西省、河北省北部“筑城郭，起宫室”。[24]其代表人物就是什翼犍。持相反意见者，以什翼犍母亲太后王氏为代表，其主要理由是“国自上世，迁徙为业。今事难之后，其业未固。若城郭而居，一旦寇来，难卒迁动”。[25]由这条史料分析，很难说太后王氏就是拓跋鲜卑旧势力的代表。因为她所担心的是“基业未固”，“难卒迁动”等。而“城郭而居”会失去鲜卑族的经济和军事优势。争论的结果，以什翼犍顺从太后意见而结束。定都“灅源川”被否决，就在争论结束后的第二年（建国三年，公元 340 年），拓跋鲜卑“移都于云中之盛乐宫”。这说明双方在仍然定统治中心于北都这点上是一致的。

定都盛乐以后，什翼犍以此为中心实行了长达 36 年的统治。从《魏书》记载我们注意到，什翼犍在每年七月七日至八月有一项重要的活动，这就是在参合陂（今内蒙古凉城县岱海一带）集合诸部，“设坛埒，讲武驰射”[26]，而且作为制度确定下来，就连太祖皇帝拓跋珪也是在建国三十四年七月七日诸部毕集于参合陂这天出生于当地的。皇后产期临近都要随行于讲武之地，可见对此事重视的程度，也说明拓跋鲜卑在临产保健方面有一套行之有效的办法。[27]按照拓跋鲜卑习俗，这次集中，也是代王对游牧各部落、诸部大人进行考核、沟通感情的一种方式。就是到了什翼犍统治末年，受到苻坚势力的攻击，率国人避于阴山之北，最终也还是又迁回云中。不难看出，盛乐城的地位，在代王什翼犍统治时期，无论从客观形势和主观选择上都已为拓跋鲜卑族所接受。

拓跋珪登国元年（386 年）即代王位，大会诸部的地点改在“牛川”，盛乐城作为统治中心仍然延续了很长时间。因此，可以这样认为，两汉以后，盛乐城及其周围地区开发与建设的历史有一定的间断性，特别是城镇建设，受到了严重的影响。但是，在拓跋鲜卑代政权的统治和治理时期却留下了不容忽视的一页。

注释：

①拓跋鲜卑与盛乐有关的历史开始于始祖力微三十九年（258 年），止于代王拓跋珪登国元年（386 年）以前，长达 128 年。在此期间，代政权定盛乐为北都是重大的历史事件。所以，本文以此为中心命题，论述这一百余年间与盛乐有关的一些问题。

②《魏书》卷 1《序纪》。

③《魏书》卷 1《序纪》。

④《资治通鉴》卷 87 注引《晋春秋》曰，永嘉四年（310 年）“猗卢率万余家避难，自云中入雁门”；又引刘琨《与丞相笺》曰：“以并遣三万余家，散在五县间”；又，《魏书》卷 1《序纪》载为“帝乃徙十万家以充之”几个数字，悬殊甚大。若以盛乐地区人口估计，将 10 万家迁到五县之地，则该五县将增加人口 40 ~ 50 万，（一户以 4 ~ 5 口估算），可能性不大。1 ~ 3 万家较为可信。

⑤《魏书》卷 1《序纪》。

⑥参考内蒙古自治区文物工作队：《和林格尔县土城子试掘纪要》，《文物》1961 年第 9 期第 26 ~ 29 页。

⑦《汉书》卷 28《地理志》。

⑧《后汉书·郡国志》。

⑨《晋书》卷 14《地理志》。

⑩《魏书》卷 106《地形志上》。

⑪《魏书》卷 4《世祖纪》。

⑫《资治通鉴》卷 88《晋纪》。

⑬《资治通鉴》卷88《晋纪》。

⑭《晋书》卷24《职官志》。

⑮《晋书》卷62《刘琨传》。

⑯《魏书》卷11《刑罚志》。

⑰《资治通鉴》卷90载为“郁律西取乌孙故地，东兼勿吉以西，士马精强，雄于北方”，虽然没有具体数字，但也肯定了拓跋鲜卑在北方的影响力。

⑱《魏书》卷1《序纪》。

⑲《魏书》卷13《皇后列传》。此外，《北史》、《资治通鉴》、《太平御览》载曰“惟氏”。

⑳《魏书》卷1《序纪》。

㉑《魏书》卷1《序纪》。

㉒《魏书》卷1《序纪》。

㉓《魏书》卷1《序纪》。

㉔《魏书》卷13《皇后列传》。

㉕《魏书》卷13《皇后列传》。

㉖《魏书》卷1《序纪》。

㉗1997年春，笔者与内蒙古妇幼保健院的申健先生对和林格尔土城子以及由此前往“参合陂”（即今内蒙古凉城岱海）的路线进行了实地考察。申先生从医疗保健方面对拓跋鲜卑护理临产妇女以及接产水平予以肯定，对笔者很有启发。谨此致以深深的谢意。

（原载《北方文物》1998年第2期）

拓跋鲜卑南迁至复国的实质性变化探究

阿其图

中国自古以来就是一个多民族的国家。一部中国史，就是一幅由所有在这片土地上生息过的各民族共同倾注心血铸就的绚丽画卷。从事民族关系史研究，则是正确诠释和解读这幅历史画卷的一个重要视角。

纵观历史上南方与北方民族，在同中原王朝的关系上，具有明显的差异。南方民族多表现为羁縻关系；北方民族则多表现为主动登台，演出一场场金戈铁马的雄剧，有的竟直接入主中原，站到王朝统治序列中。从入主中原的北方诸民族来看，拓跋鲜卑恐怕是确切意义上的第一位。探究其入主中原的条件和道路，不仅在民族关系史研究中具有一定的典范意义，对进行两汉至隋唐这段中国历史土地制度、政治制度的承接性研究，也不无裨益。

一、拓跋鲜卑来历概述

拓跋鲜卑的早期历史及其整体南迁的路线，得益于考古发现研究。[①]特别是由于1980年大兴安岭北段嘎仙洞石刻祝文的发现[②]，已为学界认定《魏书》所载基本是可信的。摘要如下：

1. 拓跋远祖称毛。毛时（相当于西汉高帝时）拓跋鲜卑已在大兴安岭北段的大鲜卑山过着以狩猎为主的生活，社会形态为原始社会。

2. 下传五世至推寅时，开始率众“南迁大泽”（今呼伦湖）；又下传八世，诘汾遵父邻之命，再度南移，“始居匈奴之故地”（即今河套及大青山一带）。在此阶段，他们与北方诸民族频繁交往，内部贫富分化日趋明显，在经济类型上，已由狩猎转为以游牧为主。

3. 诘汾子力微壮大部众，达到“控弦上马二十万”并将政治中心迁到定襄郡盛乐（今内蒙古和林格尔县北）。从力微开始，拓跋鲜卑与中原国家有了明确的往来。

4. 力微死后，拓跋鲜卑内部出现骚乱和离析。直到公元310年，猗卢再次统一各部，恢复实力，有“控弦骑士四十余万”。因此，西晋欲借助拓跋鲜卑的力量，抗刘聪、石勒，于是封猗卢为代公。其后什翼犍建代王国。

5. 在“五胡十六国”时期，北方连年混战。代国曾一度被前秦所灭。幸而淝水之战后，前秦崩溃，拓跋珪有效地把握了这个机遇，于公元386年正月即代王位，夏四月改称魏王，并灭掉后燕，定都平城（今山西大同）。复国后的拓跋鲜卑又经40年的征战与经营，由拓跋焘最后统一北方，给十六国分裂割据时期画上了句号。拓跋鲜卑所建立的魏政权，在政治格局上与南朝对峙并立。所以，史称北魏或拓跋魏。

二、拓跋鲜卑南迁中的内部社会演进

缕述清楚拓跋鲜卑的迁延过程固然必要，但更为重要的是探究构成该过程的基本原因，以及促其发展的内在条件。这就要求必须从拓跋鲜卑本身的社会经济形态和组织制度入手予以探析。拓跋鲜卑南迁，主要是经济条件使然。迁移本身，又是其内部生产类型渐变的标志。

《魏书》表述拓跋鲜卑举众南迁时，着重标榜了推寅（第一个）、邻、诘汾等杰出首领人物的作用，似乎决定族众发展和命运的仅仅是杰出人物或英主。这就将拓跋鲜卑的存在与发展完全置于偶然性上，进而淹没了族众之所以能存在的社会经济基础和由这一基础所决定的历史发展的必然趋向。

马克思指出，应知道“君主们在任何时候都不得不服从经济条件，并且从来不能向经济条件发号施令”。[③]文献记载，拓跋部众“谋更南徙”的原因是“厥土昏冥沮洳”，指自然环境，主要是土地植被过度湿润、沼泽化，不宜于经营与生活；邻（第二推寅）提出宜复徙居的原因，也是“此土荒遐，未足以建都邑”。与上述自然环境难以适应的生产经济类型究竟是怎样的呢?《魏书·序纪》载：“畜牧迁徙，射猎为业。”

参酌考古材料，笔者认为，《魏书·序纪》的此条记载过于笼统，且在内容顺序上与拓跋鲜卑的实际生活不尽吻合，从嘎仙洞试掘出的石器、骨器看，有石镞、石矛、石叶尖刻器及骨镞、骨锥、角锥等[4]，基本上都是狩猎工具；洞中发现的动物骨骼，也仅是猪、鹿、羊等。因此，可证明此阶段的拓跋鲜卑人的主要生产类型是狩猎经济，间或有少量的饲养业。从内蒙古陈巴尔虎旗完工和扎赉诺尔拓跋鲜卑古墓群发掘出的物件看，虽然石器明显被骨器、铁器所代替，但其种类依然是以镞、刀、矛等为主；此时殉葬物中已有了羊、马、牛、狗等多种家畜。[5]可见，此时虽然狩猎经济仍居显位，但畜牧业也已占相当比例了。再看海拉尔南伊敏河流域及伊敏车站东孟根楚鲁的拓跋鲜卑墓葬，其发掘物件有铁镞、刀、矛及铁甲片，而且出现了铁带钩、铁马衔和众多的铜制品，如饰针、扣、镯等。[6]这表明骑射应战或骑马牧放已为常事，又从其制品的多类及工艺趋同，可推知金属冶炼及其简单的手工业也有可能已在部族内产生。至诘汾再度率众南移，“始居匈奴之故地”后的经济类型，无疑是以“畜牧迁徙”为主的了。

因而可以说，拓跋鲜卑社会内在经济发展类型，是由狩猎业为主渐渐转为畜牧业为主的，其间辅之家庭饲养和简单的冶炼及手工业。这是大多数北方少数民族成长、发展、壮大的常规程式。这一发展过程，主要体现了人与自然界的关系，即人们的社会生产和生活一定要适应自然条件。换言之，自然条件是决定（或允许）人们采用某种生产方式生存的根本因素，而部族间的争夺或政治集团间的较量，在经济类型的确定性上不起决定作用。

另一方面，一个民族或部族内的社会组织或政治组织的构成方式，也会表明其社会发展阶段并影响发展进程。拓跋鲜卑在两度南迁中，不仅完成着经济类型的演进，也在进行着其内部社会组织方式上的转化。据《魏书·官氏志》载，其先祖毛时“统国，诸部有九十九姓”，而到了第二次南迁的倡导者邻时，则“七分国人，使诸兄弟各摄领之”，“凡与帝室为十姓，百世不通婚”，“国之丧葬祠礼，非十族不得与也”。[7]这一以亲兄弟取代异姓部落首领的组织措施，奠定了拓跋部的绝对领导地位，也使其族团的社会组织更紧凑，政治领导趋于宗族集团化。这为其以拓跋鲜卑的名称，角逐于蒙古高原和北半个中国，奠定了明确的族众传承名号和较牢固的组织基础。

三、沙漠汗事件的警示与预示

马克思、恩格斯曾指出："不仅一个民族与其他民族的关系，而且一个民族本身的整个内部结构都取决于它的生产以及内部和外部的交往的发展程度。"[⑧]在"外部交往"这一点上，同一时期的北方各民族，大多处于同一游牧经济占主导的社会生产形态阶段。所以，他们各居领地和睦相处也罢，或刀兵相见互相吞并、争地夺畜也罢，结果只能影响其地盘的盈缩和所领部众的多寡。在社会经济类型上，则难能产生质的变化。从历史上中国的南北经济关系来看，明显地构成了两大不同类型的经济区块。即以蒙古高原为地域的游牧经济区和以黄河中、下游区域为主的农业经济区。这二者在劳动组织和生产方式上截然不同。最明显的一点在于"逐水草迁徙"是游牧业的必要方式，可频繁的迁移恰恰是农业趋于破败的重要现象。农业需要安定，要把生荒地辟为良田需要好几年或更长的时间。

但从社会经济整体应具的良性结构来审视，纯游牧经济与纯农业经济又都不是完整的经济形态，而且二者在大自然面前都有其脆弱的一面。人们的生活及社会的生产发展，客观上需要二者互补、互相联系，即需要"交流"。从民族角度讲，就是需要"外部的交往"。这正是北方民族与中原不断发生种种关系（包括战争方式）的根本原因之一，也是解读整部北方民族关系史的一枚开启键。

拓跋鲜卑在与外部交往方面，力微统治部众时期，是一个值得认真分析的重要阶段。力微"凡飨国五十八年，年一百四岁"。[⑨]在这期间，发生了沙漠汗事件。事件直接反映了拓跋鲜卑统治阶层中的激烈争斗。斗争的焦点，在内是"继统"问题；在外部关系上，则是如何对待中原文化的问题。

力微率部艰难征战、创业多年，终于得控弦士马二十万。迁于定襄盛乐后，他对北方游牧民族间的频繁劫掠性争斗有了深刻的反思。他对诸大人说："我历观前世匈奴、蹋顿之徒，苟贪财利，抄掠边民，虽有所得，而其死伤不足相补，更招寇雠，百姓涂炭，非长计也。"[⑩]于是主动与处于中原的曹魏和亲，并于公元 261 年派长子沙漠汗到魏国"且观（其）风土"。沙漠汗到魏国后，"以国太子留洛阳，为魏宾之冠"。从此拓跋鲜卑与曹魏"聘问交市，往来不绝。魏人奉遣金帛缯絮，岁以万计"。力微与邻国交往，也“笃信推诚，不为倚伏以要一时之利，宽恕任真”。[11]可以说，这在拓跋鲜卑与外部交往方面，开了一个前所未有的好头。晋代魏后，这种关系仍保持了一个时期。

沙漠汗回国后，他万万没有料到会丧命于本族守旧势力代表诸大人的手上。在欢迎他的宴会上，他看到飞鸟掠过，为显技和取悦于众大人，当场“援弹飞丸，（鸟）应弦而落。时国俗无弹，众咸大惊”。由此，他的穿戴“同于南夏”也被议论纷纷，进而众大人敏感地联系到“继统”之大事。他们得出结论：若让异化了的沙漠汗继统，他会“变易旧俗，吾等必不得志，不若在国诸子，习本淳朴”，故而将沙漠汗害死了。

沙漠汗被害后，力微又特别后悔。但一切都难以挽回了。

沙漠汗事件不仅仅是一般意义上的“继统”争斗事件。从力微派沙漠汗入曹魏、留晋的初衷及与中原这两个王朝十余年间的交往来看，它是力微晚年力图了解中原文化、调整拓跋鲜卑与邻国，特别是与中原国家关系的积极实践，但却为此付出了昂贵的代价。它证实了差异性文化间具有强烈的排斥性；它表明了部族、民族内的改革与进步，哪怕是一小步，也要遇到守旧势力最激烈的抵制；它更证实了一个部族、民族的“外部交往的发展程度”，是严格被其“内部交往和发展程度”所制约的。它警示世人，改革与发展，必须首先从内部关系调整开始。这一点在以后复国的拓跋珪时期得到了有力的证实。

沙漠汗的死，给力微倾心了解和接受中原文化的实践画上了句号。但在拓跋鲜卑其后的颇具风采的历史步履中，它仅仅是尝试的开始。从这一点说，事件本身又有着一定的预示性。在群雄角逐的北方雄剧中，之所以会是拓跋鲜卑入主中原，而不是别的部族，这除了一般规律在起作用外，也不排除其间亦有该部族所独有的特性发挥着作用。

其一是拓跋鲜卑进入游牧经济形态后，并不完全像匈奴等北方民族那样，安于逐水草四处游弋的生活。反而“异常”地常提及建都邑、筑城郭之类的要求。如：

邻（第二推寅）立，时有神人言于国曰：“此土荒遐，未足建都邑。”[12]

（什翼犍）昭成初，欲定都于源川，筑城郭，起宫室，议不决。

其二是入主中原之望亦时常被拓跋鲜卑最高首领提及。如：（平文帝）郁律二年，帝闻晋愍帝为曜所害，顾谓大臣曰：“今中原无主，天其资我乎?”刘曜遣使请和，帝不纳。[13]

什翼犍建国十四年，帝曰：“中州纷梗，莫有匡救，吾将亲率六军，廓定四海。”乃敕诸部，各率所统，以俟大期。[14]

以上所引事都发生在拓跋珪复国之前。也就是说，在五胡十六国群雄角逐中，力尚不足以左右大局的拓跋鲜卑政权的首领，竟常有匡世之志、入主中原之望，这是值得注意的。

对于上述第一点“异常”，笔者认为是否与拓跋鲜卑由狩猎经济转为游牧经济，而游牧经济生活的时间尚未十分久稳有关。从居住要求看，狩猎为主的经济类型要求相对稳定的住地。正因为这样，才会有拓跋鲜卑的嘎仙洞之遗存被发现。也就是说，狩猎经济下相对稳定的居住方式，与农耕经济下的定居方式，二者在客观要求上相近。这一点上升到文化需求上，就构成了拓跋鲜卑比其他游牧民族，更主动趋近中原文化的社会历史宿因之一。

对于第二点的“异常”，笔者认为与拓跋鲜卑邻在位时进行的“七分国人”，以本族兄弟取代各异姓酋长、首领的社会政治组织改革相关。这种以兄弟统领之，“国之丧葬祠礼，非十族不得与也”，在方式和要求上更接近于中原王朝的宗法制与礼仪要求。这也使拓跋鲜卑各时期的首领，在心理上可构成自己与中原君主无大异，入主中原仅是个俟机之事的定势。也就是说，在政权组织方式上有雷同感，从而在文化意识上淡化了排斥色彩。以上两点分析若不完全是拟说，则本节所引述的沙漠汗事件就不是偶然的了。在外部交往上，他们主动接触中原文化，这在拓跋鲜卑社会变迁中具有了必然性指向。

四、拓跋珪复国后的又一次重大变革

拓跋鲜卑南迁到塞外草原后，在群雄逐鹿中艰难成长为一方政治势力。其封王建国过程，依史书所载可简列为如下几步：

1. 西晋建兴三年（315 年），愍帝司马业封拓跋猗卢为代王。

2. 东晋咸康四年（338 年），拓跋什翼犍建立代国。

3. 东晋太元元年（376 年），代国为前秦所灭，苻坚听从燕凤建议，将拓跋鲜卑“分诸为二”，由大人刘库仁、卫辰分统之。

4. 东晋太元十一年（386 年），拓跋珪趁前秦衰败之机，恢复代国，称魏王，改国号为魏。

自拓跋珪复国后，史书的记载趋详。以《魏书》观之，复国前的诸帝载记大多仅简单述列其传承，并收载于《序纪》一纪中；而其后从道武帝拓跋珪开始，一帝分编一纪，记史事颇为详细了。虽然如此，由于旧史书多偏重于政治、军事事件的记述，所以，要谈及社会生产及其内部组织结构的演进、变化状况，尚须从漫漫文载中仔细搜寻和勾辑。

从本文所议中心，即拓跋鲜卑发展历程中“决定性内在变化”这一议题角度，得益于前贤学者的启发。[15]笔者认为，在拓跋珪复国初期，对如下三条史料需进一步研讨。(1)《魏书·太祖纪》：登国元年二月，(帝）幸定襄之盛乐，息众课农[16]；（2）《魏书·官氏志》：登国初，太祖散诸部落，始同为编民[17]；（3）《北史·贺讷传》：讷从道武平中原，拜安远将军。其后离散诸部，分土定居，不听迁徙。其君长大人，皆同编户。讷以元舅，甚见尊重，然无统领，以寿终于家。[18]

这三条史料所记，均为拓跋珪登国年间的事务。分析其内容，非同一般，称之为又一次重大变革，是不为过分的。

第一条“息众课农”是在事关拓跋鲜卑的史书中，载记农事的第一笔。也可以说是关于拓跋鲜卑族众经济类型开始再度演进的明确标志。这应是研讨其后在太和年间所颁行的著名“均田令”时，不容忽略的史事源发点。笔者认为，在均田令及均田制研究方面，对这一点的阐释与重视尚不很够（有关内容拟在另文中展开）。第三条中的“分土定居，不听迁徙”则是提出在生产及生活方式上结束游移，明确要求人们定居以务。这所“务”的内容，应与第一条的“课农”最为相关。因而这也可以视作由游牧转为定居务农的又一佐证。

第二、第三条中均提到“散诸部落，同为编民”，这是拓跋鲜卑社会组织结构的再度重大变化。即将由酋长、大人统领下的部众离散，统统转成国家的编户齐民。尤其是酋长、大人本身，也和编户百姓一样，定居且籍入国家之编。这种社会组织结构上的重大变更，可有效地从政治、军事上防止诸大人、贵族们任意号令部众，进而危害统一的政治领导的行为。这是一项国家政权制度化建设的重大措施，是政权体制向中央集权化演进的显著标志。这项组织改革，从第三条所述贺讷的境遇来看，是确实落实了的。贺讷身为拓跋珪的舅舅，在珪尚幼罹难时有过相救之谊。[19]之后，又从珪平中原，官拜安远将军。[20]即便是这种关系和身份，改制以后也只是

“甚见尊重”，“然无统领”了。

由上述讨论可知，于拓跋珪复国之后不久，在拓跋鲜卑内部再度发生了经济与政治两方面的实质性变化。而这一次变化，加快了拓跋鲜卑入主中原的步伐，也为其后北魏的一系列改革的出现打下了历史性基础。

五、论及“拓跋鲜卑内在变化”的意义

综合以上基本内容，可以勾画出拓跋鲜卑部族内的两条演进线索。一条是从以狩猎为主到以游牧为主，又基本走向以农耕为本业的经济类型演进线索；另一条是与前者相适应的，在组织领导上从异姓酋长、首领分别统领到“七分国人”以拓跋鲜卑宗族兄弟分部直接统领，又发展到“散诸部落，同为编民”形成集权国家雏型的演进线索。这两方面的演进，就是拓跋鲜卑从南迁至复国阶段的实质性内部变化。这种实质性变化，奠定了拓跋鲜卑入主中原的政治经济基础，也一定程度上规范了北魏的经济发展趋向和政权建设的模式。

论及并充分认识这种实质性变化，其意义在于：近则对拓跋珪何以会按农耕经济型治国轨道进行统治有所诠解。如一再移民后即行计口授田或屯田；又从速典官制，立爵品，定律令；又主动擢引汉族士大夫，置五经博士，立太学[21]等等。远则对北魏著名的太和年间的改革，可有客观、完整的理解和评述。

笔者认为，在对北魏太和年间改革的研究上，明显存在着过分强调个人作用的倾向。对孝文帝、冯太后的历史作用应予以适度肯定。但若割断了北魏建国初几十年间经济、政治发展过程及总趋势，尤其是无视复国前拓跋鲜卑内部实质性的变化，仅就太和年间范围内谈太和改革，易将改革置于空中阁楼之境，从而就不得不将其产生的原因全归到个人身上了。这是欠妥的、不科学的。这种研究本身也是严重脱离历史唯物主义的观点和方法的。本文的立意，正是欲在拓跋鲜卑入主中原及北魏太和年间改革等重大史实上，从历史发展的必然性上有所探究和申述。这也是北方民族关系史研究中尚待深入开掘的一片园地。

注释：

①⑤内蒙古自治区文物工作队：《内蒙古陈巴尔虎旗完工古墓清理简报》，《考古》，1965 年第 6 期。郑隆：《内蒙古扎赉诺尔古墓群调查记》，科学出版社，1961 年。

②④米文平：《鲜卑石室的发现与初步研究》，《文物》，1981 年第 2 期。

③马克思恩格斯全集（第 4 卷），人民出版社，1992 年。

⑥程道宏：《伊敏河地区的鲜卑墓》，《内蒙古文物考古》，1982 年第 2 期。

⑦⑰⑳《魏书·官氏志》，中华书局标点本，1972 年。

⑧《马克思恩格斯选集》（第 1 卷），人民出版社，1972 年。

⑨⑩⑪⑫⑬⑭《魏书·序纪》，中华书局标点本，1972 年。

⑮韩国磐：《北朝隋唐的均田制》，上海人民出版社，1984 年；高敏：《秦汉魏晋南北朝土地制度研究》，中州古籍出版社，1986 年。

⑯《魏书·太祖纪》，中华书局标点本，1972 年。

⑱⑲《北史·贺讷传》（二十五史标点本第 4 册），中州古籍出版社，1996 年。

（原载《内蒙古师大学报》2000 年第 6 期）

南迁西进后鲜卑诸部的发展及其历史地位

朱亚峰

一

1 世纪末 2 世纪初，在东汉政权的接连打击下，匈奴分裂为南北两部，实力逐渐衰落下去，这就为游牧于东北地区的乌桓和鲜卑族的崛起与兴盛提供了更为广阔的发展契机。东汉政府先是把乌桓族迁徙到了塞外上谷、渔阳、右北平、辽西、辽东五郡，后又大批迁徙到中原内地，紧随乌桓其后，鲜卑族亦开始了不断南迁西进的艰苦历程，塞北的广袤大地就被新兴起的鲜卑人所占据。

考究鲜卑族社会发展历程，使人们认识到了这是一个内涵极其复杂的民族共同体。在鲜卑人不断地迁徙过程中，留下了大量的历史遗迹，现已发现的有完工、扎赉诺尔、南杨家营子、二兰虎沟、哲里木盟舍根文化、辽宁义县保安寺村、内蒙古东南部和山西等地。[①]这些同属于鲜卑族的文化遗存，给我们展现了鲜卑族在其发展历程中的某些特点，从而使我们从中窥测到这个民族在历史上的地位及其影响作用。

由于鲜卑族是一个极其复杂的部落集团，族源亦出现了多元现象。在不断融合和重新组合下，后来就形成了东部鲜卑、北部鲜卑，后又在两者基础上演化出西部鲜卑。这些鲜卑部族互不统属，虽然曾一度出现了檀石槐、轲比能较为强大的军事联盟，可是直到北魏建立前，基本上还处于分散状态。因而，其社会发展也是极不平衡的。东部鲜卑后来发展成为慕容氏、段氏和宇文氏；北部鲜卑主要是拓跋氏；西部鲜卑主要是河西秃发氏、陇右乞伏氏及与羌、氐、匈奴西域胡人和汉人融合而形成的吐谷浑。

东部鲜卑在其部落大人檀石槐的率领下逐渐强大起来，以他的聪明才智，赢得了各部大人的拥戴，在山西阳高县北的弹汗山立了牙帐（统治中心），从而建立了一个强大的鲜卑部落军事联盟。在其强盛时期，“南抄汉边，北拒丁零，东却夫余，西击乌孙”，“尽据匈奴故地”。其辖地“东西万四千余里，南北七千余里”。[②]

在檀石槐军事联盟时期，东部鲜卑对东汉边郡构成了严重的威胁，他时常率领部众寇边，有一年竟达 30 多次。他们“兵利马疾，过于匈奴”，“来如飞鸟，去如绝弦”，杀掠吏民，劫夺财物，给当地人民造成了极大的灾难。面对檀石槐所建立的强大的军事部落联盟，东汉先是遣使持印援封其为王，继而又“欲与和亲”，然而却都未能阻止其对边郡的掠夺和烧杀。后来又勉强组织了三万军队于高柳、云中和雁门分三路出击鲜卑，然却大败而还。鲜卑与东汉政府的关系是时叛时附，汉安帝时（114～119 年），时常入侵边郡，辽西、辽东、渔阳、上谷、太原和朔方等地先后多次被寇。直到汉顺帝时（133 年），鲜卑内实力强大的辽西大人其至鞬死后，汉边郡才暂时安定下来。在檀石槐时期的鲜卑社会，已经开始确立了部落大人的世袭制度，表明了其内部组织发生了较为深刻的变化。檀石槐死后，鲜卑势力日益衰落，继之而起的是轲比能率领的小种鲜卑。东汉政府对其“……招纳安慰。比能众遂强盛，控弦十余万骑”。后来在与曹魏发生利害冲突时被刺杀。

东部的慕容鲜卑在其发展的历史过程中，曾经辉煌一时。在十六国时期，曾先后在塞外和中原地区建立前燕、后燕、北燕、南燕和西燕等政权。慕容氏所建立的这些政权，在当时社会的政治、经济、文化及与其他各民族的关系方面，都产生了极其深刻的影响。特别是慕容鲜卑入主中原后，使原本就已经战火纷飞的中原地区，更加纷乱不堪，彻底打乱了汉族封建统治阶级一统天下的政治格局，在慕容鲜卑内部，也因各部落的发展不平衡而出现了多次的分裂。

公元 289 年，慕容廆徙居于徒河的青山，此后在公元 294 年，又移居到大棘城。早在慕容涉归时，慕容部与宇文部之间已发生过严重的矛盾纠纷。在他要征伐宇文部时，没有得到西晋的允许，转而便开始了对西晋辽西地区的侵掠，后又以武力征服了东面的夫余。公元 307 年，慕容廆自称为鲜卑大单于。此时的西晋王朝正处于连年纷乱动荡之中，很多流亡的百姓纷纷归附了慕容廆集团。慕容廆建立了侨郡县，妥善地安置了流亡汉人，劝课农桑，发展社会生产，很快发展壮大了自己的实力。

慕容氏最早建立政权的是慕容廆的第三子慕容皝。慕容廆死后，在慕容氏统治集团家族内部继吐谷浑离去后，又一次重演了兄弟阋墙之事，慕容皝在排挤了庶兄慕容翰和同母的弟弟慕容仁、慕容昭后，于东晋咸康三年（337 年）称燕王，定都大棘城。咸康七年（341 年）又营建了新都龙城（今辽宁朝阳古城），翌年迁都龙城。

据史载，东晋十六国时期，前燕、后燕、北燕都曾定都龙城。在三燕统治下的辽西地区，从其出土的遗物遗迹得知，鲜卑慕容氏社会经济、文化有了进一步的发展。1960 年在辽宁北票西南房身村发现了慕容鲜卑的遗迹，在一所墓葬中出土了金花冠饰，是为文献所记载的慕容贵族喜事戴的“步摇冠”，其制作技术和工艺都达到了很高的水平。在慕容鲜卑墓葬中所出土的金银器，表明此时金银的制造已经是一个独立的生产部门了。此外，在一些墓葬中还出土了以桦木为原料制作的弓箭及用桦树皮缝制的弓囊和盛装物品用的各种容器、陶器等，证明手工业生产已经成为其社会生活中十分重要的一个方面。

攻灭前燕的前秦也在逐鹿中原的旋流中悄然逝去，随之而起的就是在中原拥有强大实力的慕容垂，自然成了北方的霸主，不久就恢复了前燕的版图。接着，在消灭了河北北部的丁零翟成和翟辽、翟钊父子后，向占据在并州的同宗西燕发起了进攻。都城在晋东南长子的西燕，其主慕容永，虽然有太行山之险可守，但在实力强大的后燕的攻击下，最终于公元 394 年灭亡。

随着慕容鲜卑政权的建立，文化方面也较前有了很大的发展。在这一时期，慕容鲜卑进一步与乌桓、匈奴，特别是与汉族的交往日益密切。在弘扬本民族文化的基础上，也融入和吸收了其他大量先进的外来文化。在所发现的后燕崔遹墓出土的两块墓表，均以汉隶书相刻，在前燕奉国都尉墓、冯素弗墓出土的官印，亦都为汉字篆刻[③]，说明汉字在慕容氏中已被广泛使用。

三燕之地的佛教发展日盛，《晋书·慕容皝载记》：前燕“立龙翔佛寺于山上”（今辽宁朝阳城东凤凰山）。此后的后燕、北燕佛教更是流行，僧徒颇众，以致在晋太元十五年（390 年）出现了沙门法长谋反事件。由鲜卑化汉人高云、冯跋所建立的北燕政权，汤用彤先生曾论述其“北方佛法三宝兴隆之地，当推凉、燕，其时据在幽燕者为冯氏”（史称北燕）。[④]出现了佛教如此兴盛的局面，亦对后来北魏时佛教的发展产生了极为深刻的影响。这一时期慕容鲜卑社会的各个方面，无不渗透着与各民族相互影响的烙印。

二

离开大鲜卑山的另一支鲜卑人——拓跋部，有着传奇经历的部落首领拓跋力微，率领部众很快就与其他鲜卑部落一起西进占据了原来匈奴的属地，遗留下来的约十余万匈奴人也因此融入到各部落中。一个民族的发展历程，曾在历史上留下了深刻的烙印，拓跋鲜卑就是这样。“拓跋”不仅成为汉地的通称，还远传波斯、阿拉伯和拜占廷等西亚中亚地区。在古突厥文的碑铭中，把唐朝称为“拓跋”，虽然那时拓跋魏早已不复存在了，可见拓跋鲜卑在历史上所留下的烙印之深。最初，力微所率领的拓跋部遭到了别部的攻击，率残部归附了鲜卑没鹿回部首领窦宾后，又得到了后来成为龙兴之地的长川。在后来的几十年的时间里，长川成为其政治经济中心，“诸旧部民，咸来归附”。再度复兴起来的拓跋力微，率部众迁徙到了盛乐（内蒙古呼和浩特南）。此后召集臣属的各部，借祭天之机，平定了不愿臣服的白部。

在处理同中原政权的关系上，力微经过深思后对大臣们说：“我历观前世匈奴、蹋顿之徒，苟贪财利，抄掠边民，虽有所得，而其死伤不足相补，更招寇雠，百姓涂炭，非长计也。”于是开始了与中原王朝的友好睦邻关系。并于公元261年将具有汗位资历的长子沙漠汗派到魏国“且观风土”。此后，与曹魏政权“聘问交市，往来不绝”。虽然在交往的过程中经历了中原王朝的更替（晋代魏）和内部因保守势力的发难（沙漠汗的被害），然而，拓跋鲜卑到禄官时，开始进入了一个新的发展时期。在长期与中原进行交往中，仰慕中原先进的文明社会，已在这个部落中有了根深蒂固的社会基础。传至拓跋什翼犍时，其作为质子在后赵长达10年之久，受汉文化影响较深，并于公元338年继代王位，仿晋制设置百官，这也就标志着鲜卑国家的正式形成。直到386年，拓跋珪称魏王建元“登国”，后又迁都平城（今山西大同东），继皇帝位，从此拉开了拓跋鲜卑入主中原独霸北方的序幕。拓跋鲜卑之所以能够在众多的鲜卑部及其他部族中异军突起，最终以十分强劲的实力入主中原，并建立了与南方汉王朝相对立的北魏政权，与这个部族较早地接受中原内地先进的封建文化是分不开的。北魏不只是结束了北方长期分裂割据局面，而且在恢复北方经济方面也建树颇多，以至于对后来隋唐时期的土地制度都产生了较为深刻的影响作用，大大地加速了胡汉民族的融合，促进了社会的进步与发展。

三

西部鲜卑主要指河西鲜卑、陇西鲜卑，还包括源出于慕容鲜卑的吐谷浑。河西鲜卑是指魏晋南北朝时期活动于今甘肃省河西走廊（金城黄河之西）、包括今青海省湟水流域的鲜卑诸部，其中秃发鲜卑最强大。陇西鲜卑专指活动于今甘肃省陇山、六盘山以西和黄河以东一带的鲜卑诸部，其中以乞伏氏为首的部落联盟较为强大。河西鲜卑和陇西鲜卑之名始见于西晋末十六国初，部众大都是曹魏时迁至雍、凉之间，散居于河西、陇右；南凉，西秦盛时统辖之，后归属于北魏，最终多被同化于汉族之中。

秃发鲜卑为拓跋鲜卑的一支，始祖与北魏同源。由于争夺牧场等原因，秃发匹孤时率众于公元219～256年间，由塞北阴山、河套一带，沿黄河两岸、顺贺兰山脉东麓南下，至河西、陇西以北，即今内蒙古自治区额济纳旗至宁夏回族自治区北部游牧。后于公元256～263年间（甘露元年至景元四年间），又迁秃发等部鲜卑数万人至河西陇右雍、凉二州之间，即今陕西省中部及甘肃省一带，最后聚居于河西走廊东部及青海湖以东，与汉、羌等族杂居共处。秃发鲜卑自迁入雍、凉后，曹魏及西晋统治者以其与羌、胡相似，设“护羌校尉”监领之，各部仍自有部帅。但鲜卑等往往被征发为兵，或被掳掠沦为奴婢或佃客，同时还要缴纳赋税，使民族矛盾日益尖锐。西晋初，终于爆发了以秃发树机能为首的西北诸民族反晋斗争。陇右、河西其他诸民族纷纷响应。公元271年，联合北地胡攻金城，击杀凉州刺史牵弘于青山（今甘肃省环县西），后又败凉州刺史苏愉于金山（今甘肃省山丹县南）。及公元275年（泰始末至咸宁元年），秃发鲜卑的势力由凉州金城郡（治榆中县，今甘肃省榆中县西北黄河南岸）西北向西发展。公元279年（咸宁五年），树机能攻破凉州，占据主要城镇，阻断西晋与河西之交通，西晋朝廷大震。在西晋强大军队的围剿下，树机能终因寡不敌众，兵败被杀，秃发部复降于西晋。但秃发鲜卑部落并没有因此而溃散，传至秃发乌孤时，采取养民务农的经济政策，在政治上礼俊贤，修政刑，对外“循结邻好”，不事争战。十余年间，秃发部在后凉东南广武一带势渐盛。

公元396年（太元二十一年），吕光即天王位，改国号为大凉，遣使拜乌孤为征南大将军、益州牧、左贤王。乌孤决意摆脱吕光控制，谢绝封爵。次年，自称大都督、大将军、大单于、西平王，年号太初，建立政权，秃发乌孤及其后人建立了短暂的南凉政权。

南凉亡后，原秃发氏部人大部分为西秦所统治，后西秦为夏所灭，夏又亡于吐谷浑，西秦领域大部分归于吐谷浑，后又为北魏所占据。在陇西、河湟的乞伏、秃发鲜卑最终与北魏拓跋鲜卑一起汉化。

秃发鲜卑的另一部分贵族和部民则投附了河西的北凉，如傉檀弟、南凉湟河太守文支、傉檀兄子樊尼等，而傉檀子保周、破羌（即源贺）等在南凉亡后，亦投奔北凉。后北凉亡于北魏，在河西的秃发氏皆归北魏统治，北魏封保周为张掖王、破羌为西平公等。源氏一族在北魏地位显赫，后裔贺乾曜曾相唐玄宗，已完全汉化，与汉官无别。

《新唐书·吐蕃传上》载秃发樊尼后裔为吐蕃王族来源之一，云："或曰南凉秃发利鹿孤之后，二子，曰樊尼（应为侄），曰傉檀（应为弟）。傉檀嗣，为乞佛（伏）炽盘（磐）所灭。樊尼挈残部臣沮渠蒙逊，以为临松太守。蒙逊灭，樊尼率兵西济河，逾积石，遂抚有群羌云。"秃发樊尼在北凉亡后，率部进入青海、甘南一带羌族聚居地，被同化于羌，形成党项中的拓跋氏。秃发鲜卑及其建立的南凉对河湟地区经济、文化的发展起了积极的促进作用。在利鹿孤和傉檀时，功课农桑，修筑和扩建城镇，使之成为河陇最为繁荣地区，从苑川至乐都、西平经扁都口至张掖的这段河西路的支线，曾招来了许多中外商人和僧人，在维护连接中亚陆路交通上起了一定积极作用。

乞伏鲜卑为陇西鲜卑最重要而又强大的一支，包括乞伏、斯引、出连、叱卢等部，原居于漠北，东汉中后期南迁至大阴山（今内蒙古自治区阴山山脉）。乞伏鲜卑是鲜卑与高车融合后的鲜卑部落。原居于今贝加尔湖一带的丁零（南北朝时称高车），南下与鲜卑融合而成。

乞伏等四部，南出大阴山后，驻牧于河套北。公元265年左右（泰始初），乞伏国仁五世祖祐邻（拓邻）时率5千户，又南迁至夏（或夏缘，今河套南），部众稍盛，约5万。由此向西迁至乞伏山，即今贺兰山东北抵黄河的银川一带。后首领祐邻又率部继续向南迁徙，与居于高平川（今宁夏回族自治区清水河流域）的鲜卑鹿结部（有众7万余落）"迭相攻击”，鹿结败后，南奔略阳（今甘肃省秦安县东南）。于是祐邻等居高平川，势力渐盛。

祐邻曾孙述延在位时，相当于十六国初前赵雄踞中原、张轨初有河西之际，北方群雄割据，使乞伏氏为首的部落联盟得以进一步发展。述延征讨拥有2万余落的鲜卑莫侯部于苑川（今甘肃省兰州市东，城址在榆中县东北），后迁于土地肥沃的苑川，为“龙马之沃土”。乞伏联盟增至10万余落，约50万人马。同时，由于内部游牧经济的发展和受到邻近封建国家的影响，逐渐向国家政权过渡，建立了简单的官制。各部落首领分镇一方，而统主（联盟首领）则一直为乞伏氏世袭。

以乞伏氏为首的部落联盟迁至苑川后，势力增强，据有苑川、勇士川（苑川东，今甘肃省榆中县大营川地区）、牵屯山（今甘肃省平凉市西北）一带。后又传至乞伏国仁。曾在前秦为前将军、领先锋骑的乞伏国仁，听说苻坚淝水大败的消息，于公元385年（二十一年）9月，自称大都督、大将军、大单于，领秦、河二州牧，改元“建义”。公元388年（西秦建义四年），国仁卒，群臣以国仁子公府年幼，推国仁弟乾归为“大都督、大将军、大单于、河南王，大赦，改元太初”。任用陇右的汉族豪强，来发展自己的势力。公元394年（太初七年）12月，乾归改河南王为秦王，史称西秦。西秦先后与后秦、南凉、吐谷浑发生争战，对外纵横捭阖，东征西讨，使西秦进入极盛时期。直到公元431年（永弘四年），夏主赫连定杀乞伏慕末，西秦灭亡。

乞伏鲜卑有一部分与吐谷浑融合在一起，而散处于河陇地区的乞伏鲜卑人为北魏拓跋氏所统治。乞伏氏及出连氏、叱卢氏等，均成为北魏的“内入诸姓”和“四方诸姓”。

乞伏鲜卑及其建立的西秦，无论在对陇西地区经济和文化的发展上，还是在促进各民族之间相互交流、建设和开发陇西区及沟通中西陆路交通方面，均起了十分重要的作用。

吐谷浑族是在慕容鲜卑统治下以鲜卑和羌族为主融合了氐、汉、匈奴、西域胡人等而形成的古代民族。公元4世纪初，在首领吐谷浑的率领下，西迁到甘肃、青海一带，与羌人杂居。后来，吐谷浑的孙子叶延（约329~351年）为首领时，效仿汉族，以父王字为姓氏，取国号吐谷浑，标志吐谷浑政权的建立。由于吐谷浑控地比较贫穷，基本上处在受强邻欺凌的境地。

5世纪初，吐谷浑首领阿豺乘西秦与北凉不断争战之机，将吐谷浑的疆域向西北扩展到甘肃张掖河以南，向南扩展到今四川黑水县一带。这样就把吐谷浑的游牧经济引向贸易流畅区而走上商业化的道路，吐谷浑开始逐步走上了强盛之路。南北朝时，吐谷浑先后臣属宋、齐、北魏等。公元431年，吐谷浑乘夏国赫连定不备之机，将其消灭。这样被夏国所灭的西秦和夏国的领土、财物以及大量人口都归属吐谷浑统治之下。其疆域包括青海东部、陇南地区东部、武威地区东部、敦煌和安西一带，吐谷浑民族政权进入了黄金时代。唐朝建立后，吐谷浑与唐朝的关系比较密切，频频遣使朝贡，在与唐朝的互市与朝贡中，将大量的马匹牲畜输入中原。其民族音乐"马上之音"对唐朝的音乐产生了较为深刻的影响。唐朝皇帝还把宗女弘化公主嫁给吐谷浑首领诺曷钵，民族间的往来交聘更是频繁不绝。

吐谷浑到7世纪50年代才最后消亡，其政权在历史上整整存在了3个世纪。它以一个十分弱小的外族部落入主他乡，不断发展壮大，最终建立了一个土广民众强大的政权，统治鲜卑、氐、羌、匈奴、高车、突厥、西域胡人和境内汉人达300年之久，成为最具民族融合典型的部族，足以显现出这个民族具有较强的地域适应性和宽厚的人文包容性。

总之，鲜卑这支古老的游牧民族，在南迁和西进的过程中，经历了多次的分化与组合，在与其他民族的不断融合中，大大加快了自身发展的进程，因此说，鲜卑族南迁和西进的过程，也就是其自身不断发展和进步的过程。在以汉族为主体的华夏各民族，以其博大精深的悠久文化，将周边各种不同语言、不同生活习俗的种族，紧紧吸附在一起，形成了具有强大凝聚力的中华民族。鲜卑族虽然在波澜壮阔的历史长河中销声匿迹了，然而，在后来的一些民族中，仍然流淌着他们的血液，他们所创造的辉煌灿烂的古老文化，亘古长存。

注释：

①内蒙古自治区文物工作队：《扎赉诺尔古墓群》，《文物》，1961年第6期。

②苏渊雷：《〈三国志〉今注今译》，《三国志·裴注》，湖南师范大学出版社。

③陈大为、李宇锋：《辽宁省朝阳后燕崔遹墓的发现》，《考古》，1982年第3期。

④汤用彤：《汉魏两晋南北朝佛教史》，中华书局，1963年。

（原载《赤峰学院学报》第28卷第6期）

北魏时期的社会变革
——中华传统文化的皈依与融通

钟坤杰

英国历史学家汤因比早在20世纪70年代初期，便曾与日本学者池田大作有过一次著名的对话，在这次对话中，汤因比提出："就中国人来说，几千年来，比世界任何民族都成功地把几亿民众，从政治上文化上团结起来。他们显示出这种在政治、文化上统一的本领，具有无与伦比的成功经验。"[①]中华传统文化所具有的强大生命延续力和非凡的包容汇通精神，在整个古代文明发展的历史长河中充分地显现出来，犹如长江大河，以宽大胸怀接纳无数崇山峻岭之万仞飞瀑和涓涓细流，汇集而成奔腾不息的浩浩荡荡。其间，存在于公元4、5世纪的北魏政权，继五胡十六国分裂局面之后在中国北部地区重建统一的封建王朝，在其前期从魏道武帝（386~409年）建国到冯太后、魏孝文帝（471~499年）实施改革，经历了长达百年的社会变革。拓跋鲜卑从大兴安岭的林海雪原中艰难跋涉，渐次南迁大泽（呼伦贝尔草原）、漠南（蒙古大漠南部，阴山山脉一带）。"阴山常晦雪，荒松无罢风"[②]，在与大自然的搏斗中生存，从狩猎经济进入到游牧经济；经繁畤（山西浑源西南）而后定都平城（山西大同东北），再继续南迁至洛阳，终于完成了这一时期的北方民族大融合的过程，充分地体现了中华民族传统文化的皈依与融通。北魏的统一北方与民族融合，为后来南北归一，隋唐经济的繁荣，文化的昌盛，国力的强大奠定了坚实的基础。

"人们在自己生活的社会生产中发生一定的、必然的、不以他们的意志为转移的关系，即同他们的物质生产力的一定发展阶段相适合的生产关系。这些生产关系的总和构成社会的经济结构，即有法律的和政治的上层建筑竖立其上并有一定的社会意识形式与之相适应的现实基础。物质生活的生产方式制约着整个社会生活、政治生活和精神生活的过程。不是人们的意识决定人们的存在，相反，是人们的社会存在决定人们的意识。社会的物质生产力发展到一定阶段，便同他们一直在其中活动的现存生产关系或财产关系（这只是生产关系的法律用语）发生矛盾，于是这些关系便由生产力的发展形式变成生产力的桎梏。那时社会革命的时代就到来了。随着经济基础的变更，全部庞大的上层建筑也或慢或快地发生变革。”[③]按照专家的指点，我们沿着拓跋鲜卑南移的过程，由上而下渐进的社会变革，考察其在制度文化的层面反映出来的由量到质的皈依与融通。

一

拓跋鲜卑，本族传说起源于大鲜卑山。他们在入主中原之后曾将其关于先辈的传说写进历史。在《魏书·序纪》中追述祖先事迹称：“昔黄帝有子二十五人，或内列诸华，或外分荒服，昌意少子，受封北土，国有大鲜卑山，因以为号。其后世为君长，统幽都之北，广漠之野，畜牧迁徙，射猎为业，淳朴为俗，简易为化，不为文字，刻木纪契而已，世事远近，人相传授，如史官之纪录焉。”“黄帝以土德王，北俗谓土为托，谓后为跋，故以为氏。”“至成皇帝讳毛立，聪明武略，远近所推，统国三十六，大姓九十九，威振北方，莫不率服。”[④]拓跋鲜卑的统治者，认定自己是华夏祖先的后裔，当属正统，传习中原文化亦当属分内之事，“行夏之正”[⑤]，“祀黄帝、唐尧庙”，又“祀孔子于国学”[⑥]，还尊奉道教。此举在客观上为民族融合确立了思想基础。大鲜卑山，即今大兴安岭北段，这是因其在此地之嘎仙洞发现拓跋鲜卑祖先居住的“旧墟石室”而得以确认的。大兴安岭北部的原始森林是拓跋鲜卑的祖先赖以生存之地，取之不尽的动植物资源是大自然的赐予，采集、狩猎即成为其基本的生产方式。在这“广漠之野，畜牧迁徙，射猎为业”，原始的经济形式，维系着简单的再生产；“淳朴为俗，简易为化”，反映出山林中封闭状态下的文化景观；“统国三十六，大姓九十九”，只能说明其时乃是由若干血缘氏族结构而成的部落群体，成皇帝讳毛者，不过是被推选出来的大酋长而已。

公元前1世纪，大酋长推寅首次率部南迁，来到呼伦贝尔大草原上的呼伦湖畔，即所谓的大泽之地。“推寅立，南迁大泽，方千余里，厥土昏冥沮洳。”[⑥]呼伦贝尔，原野广阔，水草丰美，与适宜于狩猎经济的大兴安岭迥异，是发展游牧经济的天堂。生态环境的变化，导致生产方式的变化，有利于经济的发展，社会的进步。过去在森林中生存的封闭状态开始被打破了，快马加鞭，纵横驰骋，催化了社会结构的变迁。与外部世界的交往，特别是受到中原物质文明的刺激，导致社会文化发生了一系列的历史性变革。拓跋鲜卑在广阔无垠的草原上发展游牧经济，促使氏族制度向早期奴隶社会迈进。

到2世纪中叶，大酋长拓跋邻传位其子诘汾，诘汾率部继续南迁，进入匈奴旧地游牧。据《魏书》所载：“圣武皇帝讳诘汾，献帝命南移，山谷高深，九难八阻……历年乃出，始居匈奴故之地。”[⑦]这是拓跋鲜卑的第二次南迁，诘汾也因此成为鲜卑民众心目中的英雄而具有崇高的威望。他的儿子力微继位之后，凭借强大的骑兵不断扩张，在蒙古草原南部的阴山一带，建立政权，充实实力，兼并他国，诸部畏服。力微用强力手段建立起对草原上各个部落的统率关系，并于神元“三十九年（258年），迁于定襄之盛乐（内蒙古和林格尔），夏四月，祭天，诸部君长皆来助祭，唯白部大人观望不至，于是征而戮之，远近肃然，莫不震慑”。[⑧]对白部大人的“征而戮之”，充分显示了拓跋力微的权威。此时的拓跋鲜卑开始进化为初期的国家，世袭制已经形成，财产私有制度确立。从拓跋力微到公元338年什翼犍在繁畤北即代王位，设置百官，分掌众职，正式建立代国，其间约一个半世纪，拓跋鲜卑首领共计14人，维持着一脉相承的王权统治。其军事实力不断扩充，力微时统率骑兵20余万。力微之子禄官分拓跋为东、西、中三部，后猗卢总统三部，拥有骑兵40万，被西晋封为代王，进而占有今河北西北部、山西北部和内蒙古中部一带地区，号称拥有骑兵百万。强大的军事力量，又促使其势力不断扩张，到什翼犍时先后打败漠北的柔然和漠南的匈奴。代国的建立、初具规模的国家形制为后来的北魏社会进步提供了有利条件。

淝水之战以后，什翼犍之孙拓跋珪于公元386年重建代政权，旋即改国号为魏，建元登国，史称北魏。之后，又于天兴元年（398年），拓跋珪即皇帝位，是为道武帝，迁都平城。这是在北魏建立之后的又一次南迁。“秋七月，迁都平城，始营宫室、建宗庙、立社稷。”[⑨]自此平城作为北魏都城共历时96年，直到太和十八年（494年）魏孝文帝再次迁都到洛阳为止。

这次南迁平城，实际上是经历了一次社会变革的过程。凭借其强大的骑兵，北击高车、柔然、库莫奚，在解除后顾之忧的基础上，挥师南下，经参合陂（山西阳高）一役大败后燕军队，进而取并州（山西太原西南）、夺中山（河北定县）、占邺城（河北临漳西南），使太行山以东的中原大地尽归北魏版图。在这个过程中，逐步实现由游牧而农耕，计口授田，分土定居，完成了由血缘关系的氏族形态向地域关系的民族形态的转变，由游牧经济形态向定居农业经济形态的转变。一方面大量地迁徙民众到平城及其周边地区，赐内迁民众以耕牛田地，劝课农耕，推动农业经济的发展，使国力得到进一步增强；另一方面大量擢拔汉族士大夫有才用者，留心慰纳，建台省、置百官、制礼乐、定律令、申科禁，传承封建的典章制度，初步确立封建王朝的行政管理体制。拓跋珪任用张衮、邓渊、崔宏等汉族士人制定官制，创立国家政体，在设立尚书三十六曹的同时，还设立了御史台机构。并于天赐三年（406 年）下令诸州设置三刺史，郡置三太守，县置三令长。“帝初拓中原，留心慰纳。诸士大夫诣军门者，无少长皆引入赐见，存问周悉，人得自尽，苟有微能，咸蒙叙用。”[10]大量任用汉族士人的同时还极力尊崇儒学作为正统思想，采用多种形式传播儒家文化。拓跋珪在他称帝的第二年诏令设置五经博士，立太学于首都平城；同时又令郡县大索书籍，在此前各种版本的儒家经典基础上编辑出版四万多字的《众经文》；在天兴四年（401 年）亲祭周公、孔子，以确立儒家思想的统治地位，推动拓跋鲜卑社会的封建化进程。

天赐六年（409 年），拓跋珪死，其子拓跋嗣即位，是为明元帝。拓跋嗣在位期间继续向南扩张，占有了黄河以南的大片土地。泰常八年（423 年），拓跋嗣死，其子拓跋焘继位，是为太武帝。拓跋焘亲自率领骑兵东征西讨，相继消灭赫连夏、北燕、北凉、西凉，于公元 439 年统一了黄河流域，结束了十六国分裂割据的局面。之后，又多次率兵攻打柔然，使柔然可汗北徙，且收民畜凡百余万；再挥师南下，直抵瓜步（江苏六合东南），使其势力范围达于江淮之间。拓跋焘灭北凉，取得河西之地以后，吸纳大批河西文士到平城做官，促使儒学的进一步兴盛。同时，遣使臣携带金帛，交通西域，招抚西域各国，又进一步促进了与西域各民族的交往与融合。

二

由平城而迁洛阳，是北魏政权最后一次南移的过程。在这个过程中，以迁都洛阳为中心，实行大范围的社会变革，体现为社会制度文化的改造，历经冯太后、孝文帝的整个太和年间。冯太后是北魏文成帝拓跋睿（452~466 年）的皇后，孝文帝的祖母，谥文明，长乐信都（河北冀县）人，汉族。生于长安，长于宫中。和平六年（465 年）献文帝即位，被尊为皇太后，即开始临朝听政。皇兴五年（471 年）献文帝禅位于年仅五岁的太子拓跋宏，冯太后继续临朝称制长达 14 年之久，直到太和十四年（490 年）去世。之后孝文帝亲掌国政，继续推进和深化改革，去故崇新，修文德、行文治，努力实现中原封建地主阶级的传统价值观。

冯太后出生于汉族官僚家庭，祖父和伯父乃北燕王，父亲降于北魏之后，官至秦州、雍州刺史，姑母为魏太武帝拓跋焘之昭仪。冯太后自幼与姑母一起在宫中生活，14 岁即被选为文成帝的贵人，后又被立为皇后。其官宦家世和长期的宫中生活，使之自幼受到汉族传统文化的熏陶，获得封建政治经验的积累，潜移默化之中，奠定了推进社会改革的思想基础，具备了“临朝称制”的权威和“省决万机”的能力。而孝文帝则是在其出生后即由祖母太后“躬亲抚养”，在传统的忠、孝、仁、义之儒家思想文化雨露滋养下成长。他对冯太后至孝，为其建寺祝寿，在冯太后死后还坚持行三年之丧。孝文帝“雅好读书，手不释卷，五经之义，览之便讲，学不师受，探其精奥，史传百家，无不该涉，善谈庄老，尤精释义。才藻富赡，好为文章，诗赋铭颂，任兴而作”。[11]他自幼熟读儒家经典，对《春秋》、《尚书》、《周礼》、《诗经》等更是手不释卷。对于诸子百家都广泛阅读，喜读《史记》、《汉书》等史传，爱好庄老文章，精通佛学，“才藻富赡”，深受中华传统文化的熏陶。写得一手好文章，立马口授，不改一字。太和十年以后的诏书册命，都是他亲自起草，史称“钦明稽古，笃好坟典，坐舆据鞍，不忘讲道”。[12]《魏书》曾载文帝迁洛之时，路经朝歌见殷比干墓，“伤其忠而获戾”，“怆然悼怀”，亲为吊文，行文是用屈原离骚体，长达一千余字，“树碑而刊之”。比干其人，殷商贵族，纣王之叔，因劝谏纣王，被剖心而死。儒家推崇比干，因其忠君思想达于极至，也因此受到文帝的尊崇。这样一位“深慕华风”的帝王，与其祖母一脉相承，以儒家思想为武器，主动冲击来自宗室贵族的阻力，移风易俗，自上而下地推行渐进式的深刻的社会变革。在“变俗迁洛”的过程中，以制度文化的改革为突破口，抓住政治、经济、风俗等关键，推进着封建化的进程。太和七年（483年），冯太后临朝之时，孝文帝颁布诏书：“淳风行于上古，礼化用乎近叶，是以夏殷不嫌一族之婚，周世始终同姓之娶。斯皆教随时设，治因事改者也。皇运初基，中原未混，拨乱经纶，日不暇给，古风遗朴，未遑厘改，后遂因循，迄兹莫变。朕属百年之期，当后仁之政，思易质旧，式昭惟新。自今悉禁绝之，有犯以不道论。”⑬在这里，我们可以明显地看到冯太后、孝文帝确实是在儒家思想的指导下，结合政权南移，北方统一的时代特征，“思易质旧，式昭惟新”，改革旧的制度，适应社会的发展变化。

首先是在政治上整肃吏治，颁行官吏奉禄制度，进而实行官制改革。北魏初始，吏治混乱，“时官无禄利，惟取给于民”，又没有制度约束，官吏巧取豪夺，不断激化社会矛盾，影响了北魏社会稳定。太和八年（484年），冯太后以孝文帝的名义颁布官吏俸禄制度：“置官班禄，行之尚矣。《周礼》有食禄之典，二汉著受俸之秩。逮于魏晋，莫不幸稽往宪，以经纶治道。自中原丧乱，兹制中绝，先朝因循，未遑厘改，朕……故宪章旧典，始班俸禄。”“故变时法，远遵古典，班制俸禄，改更刑书。”⑭规定向民众每户增收调帛三匹、谷二斛九斗，以充百官俸禄，称为“班禄”。实行之后，官吏贪赃满一匹者处以死刑。初行之时，一些官吏不以为然，仍我行我素，“是秋，遣巡使者巡行天下，纠守宰之不法，坐赃死者四十余人。”秦益二州刺史李洪元，是孝文帝的舅公，乃显宦贵戚，也“以赃败”，因贪墨而经孝文帝亲自审理后赐死。严格执法，使“食禄者跼蹐，赇谒之路殆绝”。⑮俸禄制的制定，是对中原王朝传统制度的恢复，宪章旧典，以变时法、改刑书，与之惟新，这是后进民族主动地吸纳先进的制度文化的过程；俸禄制的实施，使官吏们有了稳定合法的收入，实现了自己的经济利益，减少了改革的阻力，增加了对皇朝的支持。由于有了制度的保障，在一定程度上起到了养廉的作用：“君班其俸，垂惠则厚；臣受其禄，感恩则深。于是贪财之心止，竭效之诚笃，兆庶无侵削之烦，百辟备礼容之美。……今给俸禄，则清者足以息其滥窃，贪者足以感而劝善。若不班禄，则贪者肆其奸情，清者不能自保。”⑯

在此基础上，继续改革官制。学习秦、汉、魏、晋以来的封建官僚制度，施行文官政治，明确规定各机构官职之名品职掌，以达到“务必有恒，人守其职”的状态。同时厉行职官考课黜陟之法，使官吏升降有序，有章可循，各得其宜，提高行政效率。对官吏的考课黜陟始于冯太后辅政之时，“自今牧守温仁清俭、克己奉公者，可久于其任；岁积有成，迁位一级；其有贪财非道、侵削黎庶者，虽在官甫尔，必加黜罚”[17]。只是尚未规范化，到了孝文帝亲政之后于太和十八年（494 年）才正式颁行《三等黜陟法》：“三载考绩，自古通经；三考黜陟，以彰能否。今若待三考然后黜陟，可黜者不足为迟，可进者大成赊缓。是以朕今三载一考，考即黜陟，欲令愚滞无防于贤者，才能不壅于下位。各令当曹考其优劣，为三等。六品以下，尚书重问，五品以上，朕将亲与公卿论其善恶。上上者迁之，下下者黜之，中中者守其本任。”[18]至此，北魏职官考课黜陟制度基本确立。与此同时，孝文帝还在其先后制定的两个《职员令》中将御史中尉确定为御史台长官，以加强御史台监察职能，扩大其监察弹劾百官的权力，以保证“肃明纲纪，赏罚必行，肇革旧轨，时多奉法”，使太和时期的吏治较为清正。

其次是经济上创立均田制度，并以此为基础改革户调制度，推行三长制，建立起良性发展的经济社会秩序。拓跋鲜卑南下中原的过程，亦即逐渐封建化的过程，其经济社会状态不断地发生着相应的变化。离散诸部，分土定居，不听迁徙，息众课农，计口授田。至于孝文帝延兴二年（472 年）“诏工商杂伎尽听赴农，诸州郡课民益种菜果”。[19]太和元年（477 年）又下诏：“今牧民者，与朕共治天下也。宜简以徭役，先之劝奖，相其水陆，务尽地利，使农夫外布，桑妇内勤。若轻有征发，致夺民时，以侵擅论。民有不从长教，惰于农桑者，加以罪行。”[20]轻简徭役，劝课农桑，对官吏因征役而误农时和农夫不勤勉劳作者，都要加以处罚。由此可见，小农经济已成为封建国家的经济基础了，为进一步巩固这个基础，太和九年（485 年）下诏“均给天下民田”，开始推行均田制度。规定“诸男夫十五以上，受露田四十亩，妇人二十亩，奴婢依良；丁牛一头，受田三十亩，限四牛。所授之田率倍之，三易之田再倍之，以供耕作及还受之盈缩”。[21]在不触动官僚贵族利益的前提下，均田令的颁行，在一定程度上抑制了豪强兼并土地，增加了自耕农数量，扩大了耕地面积，巩固了国家的经济基础。

均田制的实施，使农民被固着在土地之上，继而推行三长制以取代宗主督护制。“魏初不立三长，故民多荫附，荫附者皆无官役。豪强征敛，倍于官赋。”太和十年（486年），采纳给事中李冲建议，建立三长制，规定“五家立一邻长，五邻立一里长，五里立一党长，长取乡人疆谨者”。[22]三长制与均田制相辅而行，三长职责在于检查户口，征收租调，征发徭役、兵役，直隶州郡，成为中央集权政治制度之下的基层组织，强有力地支撑着中央政府。依靠三长向均田农民征收赋税，也使户调制的改革得以施行。户调是按户征收的赋税；户调制始于东汉末年，成型于西晋前期。北魏开始征收户调则是按照九品混通的原则进行，分民户为三等九品。“品”即户等；九品是指依据民户资产的多少而规定的赋税高低品级。然则实际情况却非如此，一方面民多隐冒，造成贫富莫辨；另方面地方县宰与富户勾结，纵富督贫，避强侵弱，以至富户纳税不多，负担转嫁到贫穷家庭。这样的九品混通，名实难符，流弊严重。在太和九年实行均田制后的第二年推行三长制的同时，改革租调，采取按丁征收赋税的办法。规定“其民调，一夫一妇帛一匹，粟二石。民年十五以上未娶者，四人出一夫一妇之调。奴任耕、婢任织者，八口当未娶者四。耕牛二十头，当奴婢八。其麻布之乡，一夫一妇布一匹，下至牛以此为降。”[23]由均田制而三长制而改革租调制度，形成一个经济社会制度改革的系列，相互依托，共同奠定着北魏在中原统治的基础，并且发挥着承上启下的作用。其特色一是表现为继承性，在其制度文化建设的过程中充分继承了中原文化的优良传统；二是表现为创新性，在继承的基础上根据事易时移、新的社会环境条件而进行着制度创新；三是表现为协调性，在政权南移的过程中逐步进行改革，协调发展，各项制度的改革互为支撑，形成稳步推进的态势，步步为营，稳扎稳打；四是表现为整体性，在改革过程中注意到各个社会层面的群体利益，以求把改革的阻力减少到最低程度，在融合中谋求发展。拓跋鲜卑的南进、统一，改革与发展，推进中华民族传统文化的皈依与融通，为隋唐的大一统奠定了坚实基础，为隋唐经济社会的高度发展，达到封建时代的高峰时期提供了必要条件。

注释：

①汤因比：《历史研究》，上海人民出版社，1986年，第16页。

②魏收：《魏书·祖传》，中华书局，1972年。

③马克思：《政治经济学批判序言》，《马克思恩格斯选集》（2），人民出版社，1972年，第82页。

④⑥⑦⑧魏收:《魏书·序纪》,中华书局,1972年。

⑤⑨⑩魏收:《魏书·太祖纪》,中华书局,1972年。

⑪⑬⑭⑰⑱⑲⑳魏收:《魏书·高祖纪》,中华书局,1972年。

⑫魏收:《魏书·儒林传》,中华书局,1972年。

⑮魏收:《魏书·刑法志》,中华书局,1972年。

⑯魏收:《魏书·高闾传》,中华书局,1972年。

㉑魏收:《魏书·食货志》,中华书局,1972年。

(原载《曲靖师范学院学报》2005年第1期)

浅谈鲜卑族入主中原的意义

管芙蓉

鲜卑族属于古代北方民族之东胡族系。东胡主要分布于内蒙古与东北三省间及河北东北部一带，春秋战国时代相当活跃，初称山戎、北戎，曾建无终国；后因其在匈奴之东，故又称东胡。秦汉之际，东胡势力更加强大，因不断向西扩展而与大漠南北阴山地带的匈奴发生冲突，至汉初，东胡终被匈奴所灭。

被匈奴破灭后的东胡遂流散为三支：其一，即“余类保乌桓山，因以为号焉”[①]的乌桓；其二，即“别依鲜卑山，故因号焉”[②]的鲜卑；其三，即匈奴冒顿单于“大破灭东胡王”后“虏其民人及畜产”[③]而去，由此流落入匈奴之地的东胡余部。

乌桓于汉武帝败匈奴后势力日渐强大，至东汉末复被曹操灭，其余众“悉徙居中国”[④]，从此遂与汉民族融合而在历史上消失。

与此同时，鲜卑族继之而起成为新兴的强大势力。东汉末桓帝时，鲜卑首领檀石槐“尽据匈奴故地，东西万二千余里，南北七千余里，网罗山川、水泽、盐池甚广”，“兵马甚盛”[⑤]，开创了初期鲜卑族的全盛时期；与此相适应，檀石槐仿匈奴旧制，“分其地为中、东、西三部”，各部大人“皆为大帅，而制属檀石槐”[⑥]，由此组成强大的部落联盟。且“自檀石槐死后，诸大人遂世相袭”[⑦]，部落首领遂成为贵族世袭权力，各大部落亦进而演变成鲜卑族的各大支系，如宇文部、慕容部、拓跋部等等。

自檀石槐时代起，日趋强大的鲜卑族各部即不断南下向中原内地推进，十六国时期，先后建立起了六个国家政权。如慕容氏在龙城（今辽宁朝阳）、继而在邺（今河北临漳）建立的前燕；在中山（今河北定县）建立的后燕；在广固（今山东益都）建立的南燕；在长子（今山西长子）

建立的西燕（不计入十六国之列）；以及乞伏氏在苑川（今甘肃榆中）建立的西秦；秃发氏在乐都（今青海乐都）建立的南凉等。

南北朝时期，鲜卑拓跋部异军突起。拓跋部是檀石槐“分其地为东、中、西三部”的西部大人部。东汉桓、灵帝时，拓跋部举行了大规模的第二次南迁，由呼伦湖迁至匈奴故地漠南阴山一带。在这里，被称作拓跋氏“始祖”的力微及其后继者，强力征服了蒙古草原上的众多部落而成为部落联盟的首领，进而建立早期国家，形成以盛乐（今内蒙古和林格尔）为北都、平城（今山西大同）为南都的政治中心。西晋永嘉四年（310年），拓跋首领猗卢受晋封为代公，继为代王，从此有了拓跋氏代国之号。十六国时期，即末代代王什翼犍建国三十九年（376年），代国被前秦所破灭。之后十年（386年），什翼犍之孙拓跋珪重建代国，即位代王，建元登国，同年改称魏王，定都盛乐，史称北魏；北魏天兴元年（398年），拓跋珪改号称皇帝正式建北魏王朝，迁都平城，他就是北魏开国君主道武帝；北魏王朝建立后，历经40余年征战，至第三代国君太武帝拓跋焘终于统一了北方黄河流域，结束了长达一个世纪多的十六国战乱，形成了南北朝对峙的政治局面；至第六代国君孝文帝拓跋宏，通过全方位汉化改制，把北魏王朝推向最盛期，进而通过迁都洛阳之举，成为古代北方民族入主中原的最强大的王朝；北魏分裂为东、西魏后，鲜卑宇文部继而勃兴，篡西魏政权而建立北周王朝，继续推进了鲜卑族入主中原的大业。

南北朝分裂局面结束后，中国历史进入了空前统一的隋唐盛世，鲜卑民族亦随着其长期不断地向中原内地推进并入主中原而逐步与汉民族融合，至隋唐时代，鲜卑作为我国历史上一个独立的民族整体也就基本上消失了。

综上所述，在汉末魏晋十六国南北朝的四五个世纪，鲜卑族各部相继南下入主中原进而同汉民族融合的历史进程，对于中华民族大家庭和中华古文化的形成发展起了伟大的促进作用，意义是深远的。但长期以来，传统史家对之多冠以所谓“五胡乱华”，这是严重违背历史真实的。正如我国已故著名考古学家苏秉琦先生所说：“对于北朝几百年间的历史，传统的观点是‘五胡乱华’，南朝则是相对稳定，承上启下，连接汉唐盛世的过渡时期，这种观点如果不说是错误应该说是十分偏激的。”他进而指出：“‘五胡乱华’是一个贬义词，但它与欧洲人所谓的‘蛮族入侵’不完全是一回事。‘五胡’不是野蛮人，是牧人。他们带来的有战乱，但不只是战乱，还有北方民族的充满活力的气质与气魄。”[⑧]事实上，当时北方各民族相继南下入主中原，必然带来连绵不绝的长期战乱，战乱必然造成广大民众流离失所，死于战火，更给社会经济造成巨大破坏；但，他们带来的绝不只是战乱和破坏，还有那高亢、激越、粗犷、豪放、质朴、刚健的草原游牧民族性格和剽悍、善战、“宁为百夫长，胜做一书生”的尚武精神，也就是苏秉琦先生讲的北方民族那“充满活力的气质与气魄”和“极富生气极其活跃的”文化品格，从而“为中华民族注入了活力与生命”[⑨]；最重要的是，他们南下中原带来的民族大融合对中华民族大家庭和中华古文化的形成发展所作的伟大历史贡献。其中，鲜卑民族尤其拓跋鲜卑长期入主中原的北魏王朝意义最为深远。

当时，伴随着北方各民族的相继南下，鲜卑拓跋部更长驱直入进抵中原，他们先以塞北之平城为国都建立起强大的北魏王朝，统治近百年之后，进而南下迁都中原腹地古都洛阳，迁都之后，连连举行大规模南伐，旨在立足中原腹地，统一中国南北。北魏极盛时，其版图几近覆盖江淮以北之中国半壁江山；北魏政权持续了一个半世纪，也是北方各民族最长的。

以拓跋鲜卑为主的北方各民族大规模南下，很大程度地改变了中华大地的民族分布格局。一方面，中原汉民族被迫背井离乡，流亡迁徙，或是流向江南乃至岭南地区，由此“造就了一个‘客家人’这一由中原人南迁而成的群体”[⑩]；或是流向辽东、陇右、河西、蜀汉等我国东北、西北、西南各少数民族居住区。与此同时，大规模南下的北方各民族也不得不迫于战乱、天灾而在中原、关中地区辗转流徙。这样，当时的中华大地，几乎到处成为中原汉民族与周边各民族的杂居共处区，从而为不同民族间的接触交往和文化交流尤其“胡”汉民族及其文化的大融合开辟了广阔天地。

由此可以说，十六国以来，北方各民族相继南下入主中原的历史进程，是与“胡”汉民族及其文化的大融合同步并行的，拓跋魏王朝的形成发展更把这种大融合推向极盛，谱写下最为光辉的篇章。

这种大融合是全方位的，主要在于以下几个方面：

其一，政治上。入主中原的北方民族统治者，基于维护和巩固自身政权的需要，大多倚重汉族世家豪门，采用中原王朝的封建官吏制度和政权组织形式，由此促进了“胡”汉民族政治上的融合。所以，“十六国以来的北方政权，基本上是‘胡’汉贵族的联合专政”。[11]拓跋魏政权尤其如此。孝文帝迁都洛阳后，既改鲜卑姓为汉姓，以使鲜卑贵族门阀化，又为汉人定姓族，以确立汉族门阀地主的法权地位，并通过改革官爵、刑罚制度，完全采取汉族封建政权的统治方式。所以，“北魏政权实际上是门阀化鲜卑贵族和汉族门阀地主的联合体”。[12]这种政治融合为“胡”汉民族及其文化的全方位大融合提供了政权保证。

其二，经济生活方式。长期处于草原游牧经济区的北方各民族入主中原后，大多积极劝课农桑，制定租赋制度，逐步由漂泊迁徙的游牧型经济向稳定安居的农耕型经济过渡，采取封建制的生产和剥削方式，由此促进了“胡”汉民族经济生活方式的融合，不仅有助于北方社会经济的恢复和社会秩序的稳定，也为加速北方民族政权的封建化进程并进而实现“胡”汉民族及其文化的全方位大融合奠定了物质基础。在这方面，北魏王朝之成就最为显著。从道武帝开国之初的“离散诸部”、“分土定居”和“息众课农”、“计口授田”发展到孝文帝改制时，在对中国古代奴隶制下一夫百亩的“井田制”到汉魏晋封建制下的“占田”、“课田”、“屯田”制综合创新基础上，推行了著称于史的所谓“均给天下之田”[13]的“均田制”和与之相适应的租调赋税制，由此不但使拓跋鲜卑的经济生活方式完全融入中原汉民族的封建生产关系，也在中国土地制度史上产生了划时代的影响。

其三，礼乐教化。入主中原的北方民族统治者，从维护和巩固其政权出发，相继在经济基础和政治上层建筑领域一步步封建化的同时，无不高度重视吸取汉民族先进的封建文化及其统治者的治国方术，由此而提倡尊儒崇经，推行礼乐教化，并积极兴办学校，选拔重用贤能，进而由只重驰骋疆场之“武功”而不断走向封建化的“文治”，促进了思想观念、意识形态领域的“胡”汉民族文化融合。这方面，拓跋魏政权的建立最具说服力，尤其孝文帝迁都前后的汉化改制。当时，北方地区经由西晋“八王之乱”、继而十六国混战之后，“礼乐文章尽以扫地”[14]，文化遭到空前浩劫；孝文帝大力提倡尊儒崇经，推行礼乐教化后，北方地区的文化呈现出勃勃生机的中兴气象，使当时的北魏王朝“斯文郁然，比隆周汉”[15]，开创了“胡”汉民族文化融合的新局面。

其四，生活习俗。北方各民族相继南下而造成中原地区“胡”汉民族的杂居共处，必然直接导致不同民族间语言、服饰、婚姻等生活习俗的趋同融合。

先说语言。语言的沟通，是杂居共处的不同民族间物质和精神文化交流的首要前提。中原是汉民族的集聚地，北方各民族入主中原后，其语言的逐步汉化也就势在必行了。所以，魏晋十六国以来，相继南下的北方各族大多已趋同汉语，中原地区诸族语言的差异一步步消失，至北魏统一后，只以汉语和鲜卑语为通行语；进而孝文帝改制，基于移风易俗，全面汉化之大局，更明令禁鲜卑语而改汉语，即所谓“断诸北语，一从正音”[16]，诏示“不得以北俗之语，言于朝廷，若有违者，免所居官”。[17]孝文帝的语言汉化之举，实为鲜汉民族全方位文化融合架设了桥梁，构筑了通道。

再说服饰。服饰是人类物质文明的重要构成部分。一个民族的服饰是一个民族经济、文化发展水平的标志之一，每一个民族都有适应本民族传统及其经济文化生活需要的服饰；各个时代，各个民族的不同服饰，都是该时代、该民族经济文化构成的一个缩影；千差万别的民族服饰，代表着不同民族各异其趣的习俗风尚，也是各个民族生活观念不断更新的反映。基于此，当北魏社会经济发展到鼎盛，孝文帝迁都后推行全面改制，于明令禁鲜卑语而改汉语的同时，又“诏禁士民胡服”[18]，即禁服鲜卑服而改服汉服，开展了变革服饰的汉化改制。传统的鲜卑“胡服”，以短衣、长裤、衣襟左衽、衣袖紧窄为特点，孝文帝要一改而服宽衣博带、长袍大袖为特色的汉服，显然旨在从语言、服饰诸生活习俗方面完全与汉人融为一体。但有趣的是，战国时代赵武灵工推行“胡服骑射”改革，曾下令全国“易胡服”，即禁服汉（华夏）服而改服胡服。民族服饰文化的这种双向性交融现象再次表明，服饰是适应经济文化生活需要的产物。鲜卑族的“胡服”与其草原游牧型经济文化生活相适应，当他们入主中原，进入定居的农耕型经济文化生活后，改服儒雅大度、穿着方便、活动自如的汉服就是势在必行了；而当年赵武灵王的“易胡服”，则主要是为了组建轻便敏捷、灵活机动的骑兵，以对付北方“三胡”的侵扰，宽袍大袖显然不适应骑战。所以，“赵武灵王之易胡服，本为习骑射计”[19]，“胡服所以使骑射也”。[20]总之，服饰的变革是现实生活的需要。

再说婚姻。互为姻亲是民族文化交流的重要内容，它造成了种族血缘的混合，不但直接引起民族语言和习俗的变化，而且往往深深渗入政治生活领域，对社会历史产生重大影响。魏晋十六国以来，随着北方各民族相继南下，“胡”汉互为姻亲日益增多。一方面，北方民族统治集团出于政治目的，为笼络汉族世家豪门而频频与之联姻，使双方在血统上融为一体，以实现政治上的结合。北魏王朝建立后，“胡”汉互通婚姻进一步发展，自拓跋珪称帝起，“历代19位皇后中汉族世家女共10人”，“公主下适汉世家大族的也为数不少”。[21]魏孝文帝更把“合二姓之好，结他族之亲”的“胡”汉联姻提到“上以事宗庙，下以继后世”的高度，认为是关系祖宗大业继承的大事[22]，基于此，他诏示“殆绝”本族“同姓之娶”[23]而大力提倡“胡”汉联姻，故皇帝与皇室宗亲皆娶汉世家女为妻。另一方面，在上层统治者的倡导下，杂居共处的“胡”汉下层民众间的互通婚姻也日益增多起来。姻亲血统关系的融合，标志着民族融合进入了更深的层次。由此，“胡”汉民族间随着社会经济差别和生活习俗特点的逐渐消失，民族心理素质亦相应发生变化，思想感情日益沟通，所谓“华夷之别”的传统观念日益淡漠，一步步融为一体。

综上所述，以拓跋鲜卑为主体的北方各民族相继南下入主中原和“胡”汉民族文化大融合，对中华民族历史文化的发展产生了深远的影响。一方面，它促使北方各民族从经济、政治到生活习俗乃至心理素质、思想观念等各个方面一步步走向汉化或封建化，这对于社会形态比较落后的北方各民族而言，无疑是伟大的历史飞跃；另一方面，北方各民族也以其游牧型经济文化的优势给中原汉民族的农耕型经济文化以深刻影响，不仅是那“充满活力的气质与气魄”和“极富生气极其活跃”的文化品格“为中华民族注入了活力与生命”，而且，游牧型经济的优势产品和生产技术、生活用品以及北方歌舞、文学艺术等，也给汉民族经济文化增添了新鲜色彩。可以说，正是经由十六国北朝近三个世纪“胡”汉民族及其文化的全方位、双向性大融合，才出现了隋唐盛世那样高度繁荣、空前强大的封建统一帝国，从而为多元一体的中华民族大家庭和博大宽厚的中华民族文化的形成发展奠定了坚实的基础。

注释：

①《后汉书·乌桓鲜卑列传》。

②《后汉书·乌桓鲜卑列传》。

③《汉书·匈奴传上》。

④《后汉书·乌桓鲜卑列传》。

⑤《三国志·魏书·鲜卑》注引王沈《魏书》。

⑥《三国志·魏书·鲜卑》注引王沈《魏书》。

⑦《三国志·魏书·鲜卑》注引王沈《魏书》。

⑧《晋文化与北朝文化研究的新课题》，见《华人·龙的传人·中国人——考古寻根记》，辽宁大学出版社，1994年，第71~72页。

⑨《晋文化与北朝文化研究的新课题》，见《华人·龙的传人·中国人——考古寻根记》，辽宁大学出版社，1994年，第71~72页。

⑩《晋文化与北朝文化研究的新课题》，见《华人·龙的传人·中国人——考古寻根记》，辽宁大学出版社，1994年，第71~72页。

⑪⑫翁独健主编：《中国民族关系史纲要》，中国社会科学出版社，1990年，第278页、第283页。

⑬《魏书·高祖纪上》。

⑭《魏书·儒林列传》。

⑮《魏书·儒林列传》。

⑯《魏书·高祖纪下》。

⑰《魏书·咸阳王禧列传》。

⑱《资治通鉴·齐纪五》。

⑲王国维：《观堂集林·胡服考》。

⑳顾炎武：《日知录》卷29《骑》。

㉑翁独健主编：《中国民族关系史纲要》，中国社会科学出版社，1990年，第285页。

㉒《魏书·咸阳王禧列传》。

㉓《魏书·高祖纪上》。

（原载《北朝散论》山西出版集团·山西经济出版社2007年5月）

鲜卑族与山西

管芙蓉

一、鲜卑族及其各部族

（一）大鲜卑山——鲜卑族的摇篮。

鲜卑山是鲜卑族的起源地。史籍记载的鲜卑山有多处，诸如大鲜卑山、棘城鲜卑山、塞外鲜卑山、阿干鲜卑山等等。那么，鲜卑族的起源地是哪个鲜卑山？

20世纪80年代初，米文平先生在大兴安岭北部嘎仙洞发现的鲜卑石室，为破解这一难题提供了有力证据。由此，确定了大鲜卑山即今大兴安岭，是鲜卑族的摇篮，是鲜卑族的原始栖息地；大鲜卑山之外的诸多鲜卑山，是随着鲜卑族的迁徙历程出现的山名。

嘎仙洞位于大兴安岭北段山巅东侧、嫩江西岸支流甘河上游的一条山谷嘎仙沟中。地理坐标北纬50°38′，东经123°36′，属今内蒙古自治区呼伦贝尔市鄂伦春旗。

大兴安岭一带的相关考古发掘表明，大鲜卑山即拓跋氏“北部鲜卑”的起源地，同时是慕容氏、宇文氏等“东部鲜卑”或称“南部鲜卑”的起源地。拓跋部最早居于今大兴安岭北段。由此进而证实了大兴安岭北段的大鲜卑山是鲜卑族的摇篮，鲜卑族的发源地；拓跋氏的北部鲜卑，慕容氏、宇文氏、乞伏氏等的东部鲜卑，其先祖均系大鲜卑山的原始居民。

大兴安岭是个广阔的苍茫林海，其北段是整个大兴安岭最完整最宽阔的地带，所以，世代生存于大兴安岭北段大鲜卑山的鲜卑族先民属于原始的森林民族。

森林民族，是指自古在森林生态系统中生存的游猎民族，从其民族生态上称之为“森林游猎民族”，简称“森林民族”。“自古以来就生存在原始森林中，以攫取经济猎取森林中天然的野生动物，采集野生植物为生，创造了一种同森林生态环境和谐统一的特有文化。”“森林游猎民族具有游牧民族和农耕民族所不具备的特点和历史作用。”

（二）檀石槐联盟与鲜卑各部族。

鲜卑族于东汉和帝年间北匈奴被迫西迁后，尽据匈奴故地，日益强大。桓帝年间，檀石槐被立为鲜卑大人，这是鲜卑族发展史上的第一个鼎盛阶段。檀石槐是率领鲜卑族勃然崛起于大漠草原的杰出军事首领，他的历史功业主要表现在两方面：

一是加强军事掠夺，扩充势力范围。在今山西阳高县东北300余里的河北尚义县东洋河上建立政治中心王庭。并以强大实力，展开大规模的军事扩张。原匈奴活动的地盘尽归鲜卑，鲜卑由此成为雄踞大漠草原的强大势力，对汉王朝北部边防构成严重威胁。

二是建立权力机构，强化政治统治。鲜卑尽据匈奴故地后，檀石槐屡寇掠汉边而拒绝与汉和亲，同时，仿照匈奴遗制，分其地为中、东、西三部，各部设大人，由此组成强大的军事联盟。檀石槐建立的权力机构，基本上已不是按血缘组合的原始氏族公社，而是按地域划分的国家政权雏形；这个按地域划分的中、东、西三部及其辖属诸邑落，也已具有地方政权的性质；虽然檀石槐死后联盟瓦解，诸部大人世相传袭，但这个权力机构却为世袭王位与世袭贵族奠定了基础。

檀石槐被立为鲜卑大人，是鲜卑族发展史上的第一个鼎盛阶段。檀石槐联盟分裂后，世相传袭的诸部大人便逐步形成了同属鲜卑族而族称不同的各部族。

鲜卑各部族，主要是慕容氏、宇文氏、拓跋氏三大部族，还有乞伏氏、段氏、秃发氏、吐谷浑等部族。据史载，慕容、宇文、拓跋三大部族的首领，分别是檀石槐联盟的中、东、西三部大人之一。慕容部首领是檀石槐联盟的中部大人之一“慕容”；宇文部首领是东部大人之一“槐头”；拓跋部首领是西部大人之一“日律推演”。檀石槐大联盟的中、东、西三部，是分别以“慕容”、“宇文”、“拓跋”为族称的鲜卑三大部族的发源地。

以上诸多部族，按其自汉代以来主要活动地域的不同又有“东部鲜卑”、“南部鲜卑”、“北部鲜卑”、“河西鲜卑”、“陇西鲜卑”、“徒河鲜卑”、“辽东鲜卑”、“辽西鲜卑”等称谓。诸如：活动于辽河流域的慕容氏、宇文氏、段氏被称作“东部鲜卑”。活动于辽西地区的段氏被称为“辽西鲜卑”等。

相对于辽河流域的东部鲜卑，拓跋氏先世由遥远的北方大兴安岭森林地带迁到呼伦贝尔草原，进而迁到漠南匈奴故地，从此始以“拓跋”为氏。于是史家遂称拓跋氏先世为“北部鲜卑”。相对于北部鲜卑，辽河流域的东部鲜卑显然位于遥远的南方。于是史家遂有“两种南、北鲜卑”之称。又称辽河流域的东部鲜卑为“南部鲜卑”。

“河西鲜卑”是活动于黄河河套以西宁夏、甘肃、青海一带的秃发氏。“秃发”即“拓跋”之音转。据史载，秃发氏先祖匹孤为拓跋氏圣武皇帝诘汾长子、神元皇帝力微长兄，当年，匹孤率部从塞北阴山一带迁徙河西，形成河西鲜卑，并于十六国时建南凉政权。

“陇西鲜卑”是活动于陕、甘间陇山之西甘肃一带的乞伏氏，于十六国时建西秦政权。

“徒何鲜卑”源自前秦政权的创建者慕容廆。慕容氏是活动于辽河流域的东部鲜卑（或南部鲜卑）。由于慕容廆及其父祖曾往返迁徙于辽东和辽西，故慕容廆之庶兄、“其先居于徒河之青山”、后曾建吐谷浑政权，鲜卑吐谷浑部首领吐谷浑其人，史籍中或称之为“本辽东鲜卑徒河涉归子也”，“本辽东鲜卑慕容廆之庶兄也”，或又称之“本辽西鲜卑徒河涉归子也”，于是也就有了“辽东鲜卑”和“辽西鲜卑”的不同称谓。

拓跋鲜卑历史上有过两位推寅，宣皇帝推寅和献皇帝邻，均为拓跋鲜卑的兴旺发达立下了不朽功业。宣皇帝推寅率部南迁，来到低洼沼泽湿地呼伦湖畔，拓跋氏先祖的社会生产生活从此走向新的历史阶段。献皇帝邻及其继位者圣武皇帝诘汾时代，即东汉末年桓帝时代，拓跋氏先祖由大泽再度南迁漠南，始居匈奴之故地，建国拓跋，因以为氏，从此始称“拓跋氏”，此前只称“鲜卑”，并无“拓跋”之称。力微之前拓跋氏早期活动的漫漫历史行程，尚属口耳相传留下来的记录而没有确切纪年。

拓跋猗卢时期，拓跋部成为塞上一支强大的力量。公元 310 年猗卢被晋朝封为代公，公元 315 年晋又封代王，拓跋鲜卑再次向南发展，势力更加强盛。代国时期的拓跋部，在北方草原上所向无敌，东自松花江，西至伊犁河流域，都在它的控制之下。公元 376 年代国被前秦攻灭，拓跋鲜卑并没有受到多大损失，除少数宗室成员被迁往长安外，其主体都返回了阴山河套地区或继续留在塞上。公元386年，首领拓跋珪召集拓跋各部在牛川（今内蒙古乌兰察布盟境内塔布河）重建代国，不久改称魏，史称北魏。由于环境的改变和长期与汉族杂居，拓跋鲜卑的生产和社会生活发生了很大的变化，经济生产转向农耕经济，并完成了封建化进程。

二、鲜卑族的迁徙

（一）东部鲜卑的迁徙。

东部鲜卑与北部鲜卑同源而异流，他们共同来源于大兴安岭北部大鲜卑山，只是走出大鲜卑山的年代及其迁徙的方向、路线和历程有异。大体上说，东部鲜卑的迁徙方向为东南向，即由大鲜卑山向东南沿嫩江流域逐步迁徙；北部鲜卑的迁徙方向为西南向，即由大鲜卑山向西南迁往呼伦贝尔草原进而逐步迁徙。

据考证，沿嫩江流域南下后来被称为东部鲜卑的这支，比拓跋鲜卑南迁的年代至少要早几个世纪。北部鲜卑走出大鲜卑山，南迁大泽的年代约在东汉初年，属于同一时期的今内蒙古额尔古纳市的拉布达林墓群，可能是其初出森林的头一个停留之地。那么，东部鲜卑走出大鲜卑山的年代应当在战国至西汉以前。

关于东部鲜卑的起源，只能靠考古发现提供的实物印证。在嫩江流域发现的具有鲜卑文化基本特征的若干遗存，虽已大体勾勒出东部鲜卑走出大鲜卑山后的活动踪迹，但却还不能同嘎仙洞鲜卑石室为中心的大鲜卑山直接相连，这一缺环，有待进一步的考古发现和研究探索。

自西汉初匈奴破东胡，至东晋十六国慕容氏前燕政权建立前东部鲜卑的迁徙历程，已经有较多的考古发现和文献记载可为依据。

根据已有的考古发现和文献记载，并参照米文平《鲜卑史研究》有关东部鲜卑与北部鲜卑“同源而异流”以及“东部鲜卑历史文化的轨迹”等论述，下面分别考察西汉初年之前和西汉初至东晋十六国前燕政权建立前东部鲜卑的迁徙历程。

1. 西汉初年之前东部鲜卑迁徙历程。

有关这方面的考古遗存，现在已经发现的主要是吉林大安市的大安渔场鲜卑墓地。该遗存位于洮儿河与嫩江交汇处的月亮泡南岸。据考古鉴定，其“文化面貌，同扎赉诺尔古墓群等遗存有很多的一致性”。扎赉诺尔位于大兴安岭北部西南侧呼伦贝尔湖北岸，北部鲜卑南迁大泽来到此地留下的遗迹，年代约东汉中晚期，其文化面貌同大安渔场墓地大体一致，说明大安渔场墓地属于鲜卑文化遗存。

鲜卑文化遗存一脉相承的基本特征，比较突出地表现在陶器类型比例和器表纹饰方面。大安渔场墓地当是东部鲜卑走出大鲜卑山，沿嫩江流域东南向迁徙历程中，于战国至西汉初年之前，来到洮儿河与嫩江交汇处一带留下的遗迹。由于考古工作缺环，在大安渔场以北地区尚未发现同类遗址，还不能同嘎仙洞石室为中心的大鲜卑山直接相连，因此，东部鲜卑开始走出大鲜卑山的确切年代，也还有待进一步的考古发现和研究探索。

2. 西汉初至前燕政权建立前东部鲜卑迁徙历程。

西汉初匈奴破东胡，时值秦汉交替，楚汉相争，其年代当在西汉始年的公元前206年左右。从这时起，至十六国前燕政权建立的东晋成帝咸康三年，即公元337年的近五个半世纪，东部鲜卑的迁徙历程大体上分为以下几个时期：

（1）远窜辽东塞外时期。

这是匈奴破东胡后东部鲜卑第一个迁徙地，也就是《三国志》、《后汉书》所载“鲜卑自为冒顿所破，远窜辽东塞外”，“东接辽水，西当西城”，“与乌丸相接”之地。这说明，当东胡被匈奴破灭后，作为“东胡之余”、“东胡之支”的东部鲜卑，可能是由原居住地洮儿河与嫩江汇合处的大安渔场一带逃窜到了辽东塞外。这里所说“别保鲜卑山，因号焉”的鲜卑山，显然不是大兴安岭北部以嘎仙洞为中心的大鲜卑山，并且也不会是辽东塞外古有之山名，而是他们迁来后称此山为鲜卑山罢了，是他们在迁徙历程中遗留下的山名。

匈奴破东胡后，“乌桓分布在以饶乐水（今西拉木伦河）为中心的地区”（即内蒙古赤峰境内西拉木伦河岸一带），“乌桓据以自保的乌桓山，据考证在西拉木伦河以北的赤峰市阿鲁科尔沁附近”。可见，东部鲜卑活动的辽河之西一带同乌桓活动的内蒙古东南部在地理上是相连接的。在这里，东部鲜卑度过了他们迁徙历程的辽东塞外时期。

（2）迁入乌桓故地时期。

乌桓与鲜卑同属东胡族系，匈奴破东胡后，乌桓“余类保乌桓山，因以为号焉”；鲜卑“别保鲜卑山，故因号焉”。从此，乌桓与鲜卑同受匈奴奴役。至汉武帝时，“遣骠骑将军霍去病击破匈奴左地，因徙乌桓于上谷、渔阳、右北平、辽西、辽东五郡塞外，为汉侦察匈奴动静”。乌桓迁出后，东部鲜卑随之迁入乌桓故地。

匈奴破东胡后，乌桓据以自保的乌桓山在今内蒙古赤峰市境内阿鲁科尔沁旗一带，即内蒙古东南部拉木伦河以北、霍林河以南地带，因这里曾一度是乌桓集聚之地，故称乌桓故地。乌桓被迁至五郡塞外后，东部鲜卑随之由辽东塞外大凌河流域来到了这里。

汉武帝破匈奴的战争，从元光二年（前 133 年）起，持续了 15 年之久，其中有三次是大规模的决定性的大战役，这就是卫青、霍去病先后于元朔二年（前 127 年）、元狩二年（前 121 年）和元狩四年（前 119 年）连续三次对匈奴的歼灭性打击。元狩四年，武帝派大将军卫青、骠骑将军霍去病分兵深入，袭击匈奴主力。卫青出定襄郡（今内蒙古和林格尔一带）塞外千余里，击败匈奴单于，霍去病出代郡（今河北蔚县一带）塞外两千余里，大破匈奴左贤王（匈奴左地之兵、东部之兵）。“是后匈奴远遁，漠南无王庭。”同时，为防御匈奴进犯，武帝遂将乌桓由其故地（今阿鲁科尔沁旗一带）迁至上谷等五郡塞外，“为汉侦察匈奴动静”。东部鲜卑便是在这时迁入乌桓故地的。

（3）迁至五郡塞外时期。

东汉初光武帝建武年间，乌桓被汉王朝迁居塞内后，东部鲜卑随之迁入乌桓迁出后的五郡塞外，由此开始了五郡塞外时期。

乌桓被迁居塞内后成为东汉抗击匈奴、鲜卑的边防力量。

乌桓被迁出的五郡塞外，即是与上谷、渔阳、右北平、辽西、辽东等五郡紧邻的外长城以北地带。乌桓迁居塞内后，东部鲜卑随之迁入五郡塞外。

东汉所以使乌桓驻于塞内诸郡以抗击匈奴、鲜卑，是因为在当时，匈奴与鲜卑曾一度大规模入侵，威胁东汉边塞。建武二十一年（45 年），鲜卑与匈奴入辽东，辽东太守祭肜对此次入侵的歼灭性反击，使鲜卑与匈奴大为“震怖”，4 年后，鲜卑便开始与汉交往。祭肜反击战，不但“震怖”了匈奴，归化了鲜卑，解除了“三虏连和，卒为边害”之患，更重要的是使鲜卑、乌桓与汉通好，共抗匈奴。匈奴连遭打击，势力衰败，分裂为南、北两部，南匈奴附汉，继续与汉为敌的北匈奴终于在 40 余年后的东汉和帝永元三年（91 年）被彻底击败后西迁，匈奴政权瓦解。

东部鲜卑迁至五郡塞外时期，是一个具有转折意义的重要时期，这个时期，他们开始与汉“通驿使”，入汉“朝贡”，事实上已开始成为东汉国家的少数民族之一了。汉和帝永元三年（91年），当北匈奴被彻底击败西迁后，鲜卑转徙其地，并收容了留在当地十余万落“匈奴余种”，“皆自号鲜卑，鲜卑由此渐盛”。东部鲜卑迁至五郡塞外时期，又是他们开始获得大发展的时期。到了东汉末桓帝年间（147～167年），终于组成了以檀石槐为“大人”的强大的鲜卑军事大联盟，从而为东晋十六国时期东部鲜卑建立割据政权铺垫了道路。

汉初迁至五郡塞外，至东晋十六国慕容氏建立割据政权之前，东部鲜卑一直活动于西拉木伦河、大凌河流域一带。

（4）加入檀石槐联盟时期。

这是继迁入五郡塞外时期之后，东部鲜卑进一步大发展的时期，也是东晋十六国慕容氏建立割据政权之前，东部鲜卑迁徙历程的最后一个时期，即东汉末桓帝年间加入檀石槐联盟时期。

东部鲜卑迁入五郡塞外后，在东汉辽东太守祭肜的怀柔感召下与汉通驿使，入汉朝贡，助汉击匈奴。后受汉封赏，成为臣服汉王朝的少数民族势力。自和帝永元三年（91年）北匈奴被击败西迁，“鲜卑因此转徙据其地”，并收容十余万落匈奴余种而“由此渐盛”后，其与东汉便处于“或降或叛”状态，对边塞的进犯日益频繁起来。至顺帝年间，鲜卑不仅屡屡入寇右北平、渔阳、上谷诸郡，且进而入寇今山西省境，“寇雁门、定襄，遂攻太原，掠杀百姓”，由此造成严重的边患。

东汉桓帝、灵帝年间的檀石槐联盟，是鲜卑民族发展的第一个鼎盛时期。当时，东部鲜卑已经入据东汉边郡，北部鲜卑已由呼伦贝尔迁来漠南阴山。北匈奴被击败西迁后，匈奴势力瓦解，从而为东部、北部两支鲜卑大联合、大拓展创造了机遇。于是，桓帝年间，檀石槐被推为“大人”后，即以今山西、河北交界处的“弹汗山啜仇水”为统治中心“王庭”，组成了鲜卑部族军事大联盟，把鲜卑势力推向鼎盛。一方面，檀石槐以其“称兵十万”、“兵马甚盛”的强大实力，展开大规模军事扩张，其势力范围，“东西万四千余里，南北七千余里”，“尽据匈奴故地”；在此基础上，组建统治权力机构，仿效匈奴遗制，“分其地为中、东、西三部”，各部设“大人”，在檀石槐统治下，“割地统御，各有分界”。三部的统御地界分别为：“从右北平以东至辽东，接夫余、秽貊为东部，二十余邑”；“从右北平以西至上谷为中部，十余邑”；“从上谷以西至敦煌，西接乌孙为西部，二十余邑”。由此形成强大的鲜卑部族军事大联盟。

檀石槐联盟主要是由已经入据东汉边郡的东部鲜卑和已经迁来漠南阴山的北部鲜卑构成的。据史家考证，中部大人之一的“慕容”，当是东部鲜卑慕容部首领；东部大人之一的“槐头”，当是东部鲜卑宇文氏首领“莫槐”或称“莫那”；西部大人之一的“日律推演”，当是北部鲜卑拓跋部首领，号称“第二推寅”的献皇帝邻。

檀石槐联盟的建立，实现了鲜卑各族的大凝合、大集聚，它把自大鲜卑山以来鲜卑民族发展的历史推向了鼎盛，标志着继东汉初年匈奴势力解体后，又一个强大的游牧民族在中华大地的北疆勃然崛起了。

檀石槐联盟历经东汉末年桓帝、灵帝二世。虽然，灵帝光和年间檀石槐死后，“众遂离散”，联盟解体，但是“自檀石槐后，诸大人遂世相传袭”，表明这个权力机构已经开始由原始的部落联盟集团向着世袭王权与世袭贵族国家机器过渡。因此，联盟的组建与解体，已经为鲜卑各部族的进一步拓展铺垫了道路。

自檀石槐被推为大人，并组建联盟以来，鲜卑对东汉边郡的进犯更加频繁，对东汉王朝的威胁更加严重了。面对鲜卑的频繁进犯，东汉朝廷无奈，遂封檀石槐为王，欲与和亲以求缓解，但檀石槐不肯接受。在日趋衰败的东汉朝廷面前，檀石槐统领的鲜卑，比之曾经不可一世的匈奴还要强大。

檀石槐联盟解体后，东汉王朝亦随之走向了灭亡。曹魏年间，檀石槐的后继者，继续进犯中原王朝边郡。自檀石槐死，诸部大人“世相传袭”后，东部鲜卑历经曹魏、西晋年间的进一步拓展，于东晋十六国时建立了第一个割据政权，即慕容氏前燕政权。从此，东部鲜卑结束了自大鲜卑山以来的漫漫迁徙历程，投入了群雄割据的十六国纷争，并先后建立政权。

（二）北部鲜卑的迁徙。

北部鲜卑拓跋部建立北魏王朝之前在内蒙古大地的迁徙历程分三大时期，即：大兴安岭北部大鲜卑山时期、呼伦贝尔大泽时期、漠南阴山时期。

1. 大兴安岭北部大鲜卑山时期。

大鲜卑山是拓跋鲜卑的发祥地，拓跋氏先祖在大鲜卑山繁衍生息了七十余世，约一千四五百年。这是拓跋鲜卑发展史上年代跨度最长的时期。

大鲜卑山即大兴安岭，意译应为“森林大山”。嘎仙洞位于大兴安岭北段山巅东侧，嫩江支流甘河上游的一条山谷嘎仙沟中，现属内蒙古呼伦贝尔市鄂伦春自治旗。

鄂伦春人至今还流传着许多有关嘎仙洞的神话传说。其中之一则便是关于“嘎仙洞”之名的由来。

据说，从前盘踞这个山洞的是一个长了九个脑袋的恶魔，名叫“满盖”，他无恶不作，害得人们不得安生。于是一位名叫“嘎仙”的英雄射手决心智斗满盖夺回山洞。第一回合是答问题：大兴安岭山峰有多少，河流多少条？满盖答：山峰九百个，河流四百五十条。嘎仙笑道：五岁孩子都知道山峰一百个，河流五十条，两山夹一沟嘛！你的九个脑袋，把一当成九，所以答错了。事前有约定：答错者退出山洞。但满盖仍不服输。于是有了第二回合射箭比武：以西南方山顶的古砬子为靶，三箭连中者便是山洞的主人。满盖箭箭落空；嘎仙箭箭透靶，石砬子被穿出个大窟窿。人们无不笑满盖：脑袋多想得不集中，眼睛多看得不集中，所以箭箭落空。垂头丧气的满盖只得认输，把山洞让给了嘎仙。从此人们便称山洞为“嘎仙洞”，西南方山顶那个被箭穿出个大窟窿的石砬子就叫“窟窿山”了。

嘎仙洞所在的大兴安岭北段山巅东侧，林海苍茫，峰峦层叠，古木参天，松桦蔽日。嘎仙洞即坐落在一道巍然陡立，高达百米，石色斑驳的花岗岩峰壁上。洞口在半山腰，离平地 25 米，略呈三角形，朝西南向。洞内宽敞，有如大厅，南北长 90 余米，东西宽 27 ~ 28 米，穹顶最高处达 20 多米，面积约 2000 平方米，可容纳数千人。

长期生活于大兴安岭森林带的原始森林民族，是以捕猎野生动物，食其肉、衣其皮为主要谋生手段的原始游猎民族。

关于大兴安岭森林带的生态环境，翦伯赞先生的《内蒙访古》把它比喻为“中国历史上的一个幽静的后院”，并以其诗画般的语言形象描述道：

> 重重叠叠的山岭和覆盖着这些山岭的万古长青的丛密的原始森林，构成了天然的障壁，把这里和呼伦贝尔草原分开，使居住在这里的人民与世隔绝，在悠久的历史时期中，保持他们传统的古老的生活方式。

处于深山密林的拓跋先祖，世代以游猎经济为生，生产力低下，加之与世隔绝的封闭状态，社会发展是异常缓慢的。

2. 呼伦贝尔大泽时期。

拓跋先祖在宣皇帝推寅时，开始从大兴安岭北部森林带走出来，南迁大泽。大泽，指大兴安岭西南呼伦贝尔草原的呼伦湖，位于今内蒙古呼伦贝尔市之西南边地，也正是大兴安岭北段之西南，是一片低洼沼泽湿地。

诘汾由大泽再次“南移”至“匈奴之故地”的年代约为公元200年左右的东汉末年。

这是拓跋鲜卑发展史上第一个大转折时期，进入大泽时期的拓跋先祖，其自然生态环境、经济生活方式和社会组织形式都发生了根本性的变化：

> 一是，走出了“重重叠叠的山岭和覆盖着这些山岭的万古长青的丛密的原始森林”，即大兴安岭森林生态环境带，来到了坦荡广阔、一望无垠、水草茂密的呼伦贝尔大草原，来到一个全新的生态环境带，草原生态环境带；二是，逐步摆脱了漫长的森林游猎民族的经济生活方式，摆脱了完全依赖野生动植物为生的长期与世隔绝的封闭型生存状态，开始了以草原生态环境为依托的游牧民族的经济生活方式，进入了驰骋奔放的开放型生存状态；三是，社会组织形式，不再是众多父系氏族和血缘部落构成的松散的原始部落群，而是发展为较具集中性的若干部落联盟，进而组合为与地缘关系相结合的部落联盟，再进而组合为具有军事政治功能的部落军事政治大联盟，一步步向着国家政权形式过渡。

总之，拓跋先祖进入呼伦贝尔大泽时期后，这里广阔无垠的草原生态环境，迁徙游牧的经济生活方式，一步步把他们造就成了英雄的马背民族。就像翦伯赞《内蒙访古》所描述的，呼伦贝尔草原进而成为“他们的武库、粮仓和练兵场”。“他们利用这里优越的自然条件，繁殖自己的民族，武装自己的军队，然后以此为出发点由东而西，征服内蒙中部和西部诸部落或最广大的世界，展开他们的历史性的活动”；当他们“在呼伦贝尔草原打扮好了，或者说在这个草原里装备好了，然后才走出马门”；“当他们走出马门的时候，他们已经不仅是一群牧人，而是有组织的全副武装了的骑手、战士”；“这些牧人、骑手或战士总想把万里长城打破一个缺口，走进黄河流域”，开创他们的历史伟业。

在拓跋鲜卑发展史上，呼伦贝尔大泽时期承前启后。在这个时期，他们不仅摆脱了大鲜卑山时期长期与世隔绝的原始的森林生存环境和生活状态，更重要的是为他们“走出马门”，走向漠南阴山匈奴故地，进而跨长城，越黄河，入主中原，建立国家政权，在中华民族大舞台上演出威武雄壮的历史剧，进行了充分准备。

关于拓跋先祖由大鲜卑山迁往呼伦贝尔大泽的迁徙年代和迁徙路线，今内蒙古呼伦贝尔市境内一系列考古遗存提供了直接的地下实物印证。

3. 漠南阴山时期。

漠南即蒙古大漠南部阴山一带。献皇帝邻在位期间，鉴于荒凉偏远的呼伦贝尔草原不宜建都立国，不利事业的拓展，于是决定再度“南移”，迁徙到漠南阴山一带的匈奴故地。圣武皇帝诘汾继位后，遂率部出发，来到了匈奴祖先的发迹地漠南阴山一带。这次率部南移的实行者为圣武皇帝诘汾，决策者却是其父献皇帝邻。这是拓跋先祖继宣皇帝推寅第一次率部“南迁大泽”后的第二次“南移”，这两次大迁徙，是拓跋鲜卑发展史上的两次大转折，故两次迁徙的决策者宣、献二帝共同受到后人的崇敬，并号曰“推寅”，即“善于钻研的人”或“深谋远虑的人”或“高瞻远瞩的人”的含义。

漠南阴山时期涵盖了从献皇帝邻和圣武皇帝诘汾“始居匈奴故地”，历经八世，直至北魏开国皇帝道武帝拓跋珪“迁都平城，始营宫室，建宗庙，立社稷”这样一个历史阶段。漠南阴山时期的年代跨度约为两个世纪，相当于三国、两晋和十六国的历史阶段。

生活于漠南阴山时期的拓跋鲜卑，其所处自然生态环境依旧是大漠草原，与呼伦贝尔大泽时无根本改变，其人文地理环境和中华文明进程的历史背景却为这个英雄的民族提供了无比广阔的拓展空间。

（1）漠南阴山毗邻古长城沿线。古长城沿线大体上与我国农、牧区自然分界线相吻合。我国历史上北方戎狄民族的游牧文化区和中原华夏民族的农耕文化区，大体上分布于古长城沿线之南北。

古长城沿线历来是北方和中原民族文化碰撞交融的中心地带，是北方各民族南下求发展所必须逾越的边界线；于是，毗邻古长城沿线的漠南阴山一带便成为北方各民族纷至沓来的集散据点，成为他们跨越长城、挺进中原的战略基地。如同翦伯赞《内蒙访古》一文所说，我国历史上的“阴山一带往往出现民族矛盾的高潮”。

(2) 拓跋鲜卑生活的漠南阴山时期，正处于中华文明进程中民族大融合的前夜。著名考古学家苏秉琦先生曾以《从全新的视角认识北朝文化》为题谈到“北朝几百年间的历史”在中华文明进程中的地位。他说：

北朝几百年的历史，传统的观点是：“五胡乱华”，南朝则是相对稳定、承上启下，连接汉唐盛世过渡时期。这种观点即使不说是错误，也应该说是十分偏颇的。

在中国古代文明史上，战国秦汉初是极其重要的时期，是大开拓大发展的时期，南北朝时期是又一个极其重要的时期，是民族大迁徙、大融合、社会大接轨的时期。

陕北、晋北、冀北及内蒙古南部，这个大体东西向的燕山南北长城地带，从史前到三国时代历来是北方畜牧文化与黄河流域农耕文化接壤、过渡地带，它不是一条线，而是一条宽数百公里的带。北朝的北方民族正是通过这一地带的若干口岸南下中原的。[①]

所谓“民族大迁徙、大融合和社会大转轨”，就是说，继春秋战国社会大动荡、大分裂后，秦汉王朝确立了中央集权的封建统一大帝国，即大体以古长城沿线为北界的华夏（汉）民族的统一大帝国；然后，正当秦汉交替、楚汉相争的战乱之际，以冒顿为单于的匈奴势力勃然崛起，统一大漠，建立起强大的国家政权，由此形成了“南有大汉，北有强胡”的两大民族统一体的并峙局面。于是，古长城沿线南北，西汉王朝同匈奴势力展开了长期的争战征讨。至东汉年间，匈奴分裂为南北两部，南匈奴附汉，匈奴政权瓦解，进而北匈奴被迫西迁，南匈奴部众大批移居塞内，与汉人杂居，匈奴势力逐步衰败。

魏晋十六国时期，随着西晋灭亡，东晋远避江南，号称“五胡”的游牧民族相继登上历史舞台，北方黄河流域割据政权林立，战乱空前频仍，中国社会又一度陷入大动荡、大分裂。这便是以往史家所谓“五胡乱华”的十六国战乱。

十六国战乱自西晋帝永安元年（304 年）南匈奴后裔刘渊（元海）称汉王，建立国家（后称前赵）政权始，至北魏太武帝太延五年（439 年）匈奴卢水胡沮渠蒙逊建立的北凉政权灭亡止，历时 136 年。“五胡”各族相继建立割据政权。史称“十六国”的政权中十三国政权为“五胡”各族所建。分别为：

匈奴族三国：刘渊之汉国（前赵），赫连勃勃之大夏，沮渠蒙逊之北凉。

鲜卑族五国：慕容皝之前燕，慕容垂之后燕，慕容德之南燕，乞伏国之西秦，秃发乌孤之南凉。

羯族一国：石勒之后赵。

氐族三国：李雄之成汉，苻洪之前秦，吕光之后凉。

羌族一国：姚苌之后秦。

又，汉族三国：张轨之前凉，冯跋之北燕，李暠之西凉。共十六国。

此外，尚有不计入十六国之列的诸如：鲜卑族慕容之西燕，汉族冉闵之冉魏，鲜卑族拓跋什翼犍之代国等等。

总之，历时136年的十六国时期，以“五胡”为主体的割据政权林立，政权更迭频繁，当时的北方黄河流域，遍地战火弥漫，人民饱受战乱煎熬，社会经济受到严重的破坏。但另一方面，政权更迭的频繁性和争战地域的飘忽性，又有力地促进了不同民族间广泛的接触交往，交错杂住，促进了北方游牧民族不断地向内地迁徙流动。于是，古长城沿线以南，自秦汉以来华夏民族成一统的格局被打破，北方黄河流域广大地区成为匈奴、鲜卑、羯、氐、羌“五胡”各族同汉民族接触交往的大舞台，北方游牧文化同中原农耕文化碰撞交融的大熔炉；不同民族的接触交往和不同民族文化的碰撞交融，给古老的中华民族及其文化注入了鲜活的生命力，生机勃发的北方民族文化融入中原民族文化中，给中国社会带来了巨大变化；于是，中华文明进程中“又一个极其重要的时期”——“民族大迁徙、大融合和社会大转轨的时期”到来了。

漠南阴山时期的拓跋鲜卑，推动了“民族大迁徙、大融合和社会大转轨”的历史车轮。他们跨长城，越黄河，入主中原，建立北魏王朝的一个半世纪，便是中华文明进程中“民族大迁徙、大融合和社会大转轨的时期”达到鼎盛的历史性标志；他们在漠南阴山度过的两个世纪，便是朝这个鼎盛时期拓展前进的两个世纪。

漠南阴山时期，自献皇帝邻至昭成皇帝什翼犍，历经七世。他们一步步奠定了北魏王业的基石。

其一，献皇帝邻加入檀石槐军事联盟，组建拓跋鲜卑统治机构。

东汉末桓帝年间，檀石槐被推为鲜卑大人，“兵马甚盛，南抄汉边，北拒丁令，东却夫余，西击乌孙，尽据匈奴故地”，建立起强大的军事联盟，“乃为庭于高柳北三百余里弹汗山啜仇水上”，在今山西阳高县东北

300余里的河北尚义县东洋河上建立了政治中心王庭。联盟按地域划为东、中、西三部，各部设“大人”。其西部大人之一名“日律推演”，便是拓跋鲜卑史上被尊为“第二推寅”的献皇帝邻。

加入檀石槐军事联盟，使到达漠南阴山的拓跋鲜卑获得了更大的拓展空间。为统一部族管理和军事行动的需要，献皇帝邻组建了拓跋鲜卑的统治机构，形成了以“帝室十姓”为核心的统治集团。

其二，神元皇帝力微建立统治中心，健全统治机构，通好中原王朝，稳定统治秩序。

力微被北魏道武帝拓跋珪“尊为始祖”，表明他对拓跋鲜卑事业有开创之功。自力微时代始，拓跋鲜卑有了确切的历史纪年。《魏书·序纪》载：“力微元年，岁在庚子。”此年系曹魏文帝黄初元年，即公元220年。拓跋氏在部落联盟中确立起大酋长的世袭权。盛乐成为力微建立的统治中心，即拓跋鲜卑的第一个都城。

力微时代，檀石槐的部落军事大联盟已告解体，拓跋鲜卑的势力迅速发展壮大，特别是力微确立部落联盟大酋长地位后，蒙古草原上的各部落或纷纷加入拓跋部或与它建立关系，由此形成了“内入诸姓”和“四方诸姓”两个新的关系圈。

为强化拓跋部的统治权，力微在献皇帝邻建立的“帝室十姓”基础上，进一步健全了统治机构，就是将“内入诸姓”和“四方诸姓”分别纳入“帝室十姓”的外围统治机构。

如果说献皇帝邻的统治机构已经是早期国家工权形态的萌芽，那么，神元皇帝力微的统治机构便已经具备国家王权的雏形。从此直到昭明皇帝什翼犍的一百五六十年间，拓跋首领基本上沿着世袭王制的道路，维持了一脉相承的统治局面。力微对拓跋鲜卑事业的开创之功，尤其突出表现在善于吸取历史教训，通好中原王朝，稳定统治秩序。公元261年，力微即遣太子沙漠汗客居魏都洛阳，成为拓跋部通好中原王朝的第一位使者。

力微通好中原王朝的成功实践，开创了拓跋鲜卑历史的新纪元。沙漠汗前后两次客居魏、晋都城洛阳，深受中原文化熏陶，为通好中原王朝作出了开创性贡献。不幸的是，当他第二次居洛阳后返回盛乐途中，因西晋重臣卫瓘收买拓跋部保守派向力微进谗言，将沙漠汗杀害于塞南。力微年老丧子，悔恨不已，当年病故。此年系神元五十八年，即西晋武帝咸宁三年，公元277年。

力微时代结束了，但是，“自始祖以来，与晋和好”的政治局面依然持续不断向前推进；尽管拓跋鲜卑这时并未屈服于中原王朝，事实上却已形同魏、晋国内的少数民族了。

其三，穆皇帝猗卢建立代国，昭成皇帝什翼犍振兴代国，拓跋鲜卑完成了由氏族社会向阶级社会的过渡。

穆皇帝猗卢系文皇帝沙漠汗之子，于力微卒后31年即公元308年继位，时值西晋怀帝永嘉二年，在位九年卒；昭成皇帝什翼犍系沙漠汗四世孙，于力微死后61年即公元338年继位，时值东晋成帝咸康四年，在位三十九年卒，时值东晋孝武帝太元元年，即公元376年。从猗卢继位到什翼犍卒，即公元308年到376年的六七十年，正值东、西晋交替，十六国战乱纷起的年代，拓跋鲜卑的代国便是伴随这样的动荡年代走过来的。

猗卢即位前，昭皇帝禄官曾效仿冒顿、檀石槐建制，将拓跋领地划分为东、中、西三部，并经征战开拓，拓跋部获得进一步发展，“控弦骑士四十余万”，势力大增。猗卢即位后，首先“总摄三部，以为一统”，即以盛乐为中心，把三部势力集中统一起来。进而沿着力微开创的通好中原王朝的道路前进。

猗卢统一三部后，北方黄河流域面临着因果关联的两大乱势：一是西晋末年“八王之乱”引发的“永嘉之乱”，导致西晋灭亡；二是匈奴族刘渊汉国（后称前赵）灭亡西晋，东晋南渡，掀起了十六国战乱。

猗卢在位期间，坚持通好西晋王朝。当刘渊乘八王之乱起兵反晋，并州地区遭受围攻，西晋王朝岌岌可危之际，猗卢大力援助时任并州刺史的刘琨同反晋势力作战。其援晋之功屡受朝廷晋封，由此为代国的建立奠定了基础。与此同时，西晋王朝却处于风雨飘摇中。此时中原战乱，更为猗卢建立代国提供了机遇。公元315年，晋愍帝晋封猗卢为代王。猗卢仿效晋王朝体制，开设官府，制定刑法，代国政权建立起来了。公元316年，猗卢死于内部变乱。继位的平文皇帝郁律在位五年间，雄踞北方草原，治兵讲武，有平南夏统一中原的战略宏图；但是，继位的惠皇帝贺傉、炀皇帝纥那、烈皇帝翳槐仅能守土自保，在内外动荡变乱之下，帝位频繁更迭，代国走向衰败。直到烈帝翳槐之弟年轻的昭明皇帝什翼犍即位后，代国才一步步振兴起来。

公元339年，什翼犍效仿晋朝官制建立起新的国家机构；又制定法律，形成了具有政府规模的国家体制和稳定的政治中心。经过几年的整顿，代国一步步走向振兴。

什翼犍在位39年。代国由衰败走向振兴。当时，东晋南渡，北方黄河流域十六国战乱愈演愈烈，割据政权走马灯式地频繁更迭，中国南北处于空前的大分裂、大动荡之中。

什翼犍为代国的发展创造了和平的外部环境，集中投身代国的发展。建国14年，什翼犍曾萌生大举进军中原之念，但因时机尚未成熟也就作罢。此后，什翼犍借助有利的外部环境，继续大力推进代国的发展。

首先，为安定国内，巩固政权，什翼犍在十余年间接连出巡各地。接着展开对外征讨。主要是两次远征漠北的高车，两次讨伐朔方的铁弗。这是什翼犍代国最辉煌的时代，代国的军事实力由此达到鼎盛。什翼犍在位最后六年（371～376年），代国由盛转衰。

建国34年，作为拓跋部统治核心“帝室十姓”之一的“长孙斤”谋反，太子与之格斗，受伤而死，后追谥为献明皇帝。他便是创建北魏王朝的道武帝拓跋珪之父。事件的发生表明，代国最高统治层出现无可弥合的矛盾和裂痕。建国39年，代国终于被前秦苻坚所灭。

苻坚率众20万并各路大军攻代，代军大败。当此之时，什翼犍抱病不能出战，逃往漠北高原；在漠北又遭原被征服的高车部反叛，不得已复度漠南，等苻坚军稍退后，什翼犍返回都城盛乐。又遇萧墙之祸。什翼犍及诸皇子被害，拓跋部众离散，国中大乱。随后，代国国土被苻坚分割为河东、河西两部分。代国灭亡，拓跋鲜卑的漠南阴山时期告终。

公元383年前秦苻坚因遭淝水之战大惨败而一蹶不振。北方黄河流域又一度群雄蜂起，各族势力各据一方，激烈逐鹿，十六国战乱进入了白热化。

代国虽亡于前秦，但是，在长达近两个世纪的漠南阴山时期，经历代皇帝的大力开拓，已经为拓跋鲜卑平息十六国战乱，统一北方黄河流域，建立强大的北魏王朝奠定了基业。公元386年，什翼犍之孙拓跋珪遂率部众“大会于牛川”（今内蒙古乌兰察布市境内凉城县一带），即位代王，复建代国，随之改称魏王，“车驾还盛乐”，复以盛乐为都，十二年后“迁都平城，始营宫室，建宗庙，立社稷”，强大的北魏王朝建立起来了。

三、鲜卑族的辉煌

北部鲜卑历尽艰辛走出森林，在大草原纵横驰骋，携带着游牧民族的气息，在农耕文明的边缘山西大同，建立帝都，大展宏图，创建了鲜卑历史上空前绝后的辉煌。本节重点介绍拓跋鲜卑在平城97年的辉煌历程。

（一）定都平城北魏王朝兴盛。

公元386年拓跋珪即代王位后，改年号登国，建立起由鲜卑人为主体并与汉人共同组成上层集团的新代国，不久重新定都盛乐。同时，拓跋珪改称魏王，从此鲜卑拓跋以“魏”为国号，史称北魏。

复国后，新生的北魏内忧外患接踵而至。部落首领叛复无常，心存异志。拓跋珪立国未稳，威胁最大的是原代王什翼犍少子窟咄——拓跋珪的叔父。

拓跋珪以一个政治家沉着冷静的胆略与气度，平定内乱，稳定了代北形势。北魏当时还有两大敌对势力，刘库仁之子刘显和刘卫辰。这两股势力是北魏的劲敌。拓跋珪借助后燕这个强大的盟友，扫除了北魏王朝的两个强敌——刘显和刘卫辰势力。

稍后，对不断侵扰北魏边境的高车、柔然等民族进行了频繁的征战。大破高车，北魏威望大增，各部落争相归附；北征柔然，尽将柔然降众迁徙云中。几年征讨，北魏周围各部大都被拓跋珪击败和征服。北魏由于军事胜利而实力大增，拓拔珪遂将军事矛头转向中原——后燕。

他开始拉拢西燕，以图战略上孤立后燕。登国九年（394年），后燕大军进攻西燕，西燕告急。拓跋珪名为西燕声援，实则坐观成败，以收渔利。西燕灭亡。之后，拓跋珪不断派兵攻击长城内外各游牧民族，从而对后燕构成威胁，参合陂之役，大大提高了北魏军队的士气。皇始元年（396年）七月，拓跋珪使用天子旌旗。八月，征调步骑40万大军征伐后燕，挺进中原。连年攻伐，终使后燕政权瓦解，今河北地区尽归北魏。为统治需要，北魏决定把都城迁往平城。

皇始三年（398年）七月，拓跋珪迁都平城，即今天山西大同市。从盛乐到平城，从草原游牧区走到了农耕区的边缘地带，拓跋鲜卑向文明跨出了一大步。拓跋珪建宗庙，立社稷，确立京城的初步轮廓，大兴宫室。十二月，拓跋珪称皇帝，大赦天下。至此，拓跋鲜卑不再是一个东游西荡、行踪不定的射猎游牧民族。

建都平城后，北魏对北方大草原上的游牧民族继续实行大规模的征伐，迫使那些部落内徙或依附。同时，对新占领中原地区的反抗势力进行镇压和迁徙。天兴三年（400年）十二月，拓跋珪连续颁发了两道诏书，反复强调，皇权天授，臣权帝赐，这是实现封建集权统治，镇压反抗皇权势力的信号。表明拓跋鲜卑统治机器在北魏建国之初就从部落联盟转化成封建集权，拓跋鲜卑开始跨入了封建制的门槛。

天兴三年（400年）以后，虽然大部分部落已臣服北魏，但部落贵族并不甘心失去以往的政治和经济利益，一有机会就进行反叛，长期的部落战争转化成各种形式的反抗与镇压，拓跋珪残忍地杀戮和降黜臣僚，目的是为了巩固集权统治，结果却适得其反。在这种形势下，拓跋珪本应采取有效的措施安定局面，他却急于解决皇位继承问题。

拓跋珪决心以父子相承的皇位继承制，取代兄终弟及的部落首领继承权，把政权纳入封建轨道。同时规定了子贵母死制度，以彻底杜绝母权干政。

拓跋珪尽管死于政变，但他创建的封建集权统治根基并未动摇。拓跋嗣接替皇位，北魏皇权得到延续。

10年来，拓跋嗣注意处理统治阶级内部矛盾，重视农业生产，关心百姓疾苦。有时亲到农田，参加耕种，劝勉百姓勤奋耕织。各民族与统治者的矛盾日趋缓和。

拓跋嗣体弱多病，遂采纳大臣崔浩建议，抓紧确立太子，让太子主持朝政。拓跋嗣活着时，避免了政出多门，他死后，太子拓跋焘顺利继承皇位，政局稳定。

始光元年（424年），拓跋焘正式登基继承皇位。在位（424～452年）时，励精图治，完成北方统一大业。当时，南有刘宋，北有大夏、北燕、柔然等政权。其中，柔然、大夏实力最强。

拓跋焘三征柔然，深入沙漠腹地，柔然部众全部北逃。神䴥二年（429年）四月，拓跋焘大举进攻柔然，直指柔然王庭。柔然可汗逃亡，部众分崩瓦解。经过这次重创，柔然再无力南下。

拓跋焘在击溃柔然的同时，将进攻矛头指向大夏，大夏灭亡。大夏灭亡后，拓跋焘连续5次出兵北燕，攻克龙城（今辽宁朝阳市），北燕灭亡。拓跋焘完成了统一东北边疆的历史使命。

公元439年秋，拓跋焘出兵北凉，这是北方最后一个封建王国。北凉是通往西域要冲，全盛时，控制着整个河西走廊，是影响西域的强大势力。北凉控制的凉州地区，自西晋末年，聚集了大批的汉族士人，从而使那里成为传播汉族传统文化的中心。太延五年（439年），拓跋焘灭了北凉后，对那里的汉族士人给予礼遇，加以重用，不少人到北魏朝廷做官，或者教授儒学。从此，北魏文化教育开始振兴。

拓跋焘以其卓越的武功，完成了北方的统一大业，结束了历时130多年的十六国分裂割据局面。北魏统一北方后，形成了北方与南朝刘宋南北对峙的局面。

拓跋焘重视用战争手段解决问题，即凭借军事实力，制服或消灭敌手，因此特别重视军队建设，认为军队，特别是骑兵，是克敌制胜的重要工具。拓跋焘重视军事，作战勇敢，但不是一介武夫，而是善于审时度势的政治家、军事家。

拓跋焘在执政实践中，认识到文武兼用的为国之道。神䴥四年（431年），在重创柔然、灭掉大夏后，就提出了“偃武修文”的治国方针，把文教提高到重要地位。征聘数百名汉族士人参政，儒学转兴。太延五年（439年），北魏灭了北凉，拓跋焘又礼用了凉州地区的大批汉族士人，从而带来了北方文化教育的复兴。不少汉族士人在北魏朝廷做官，或教授儒学，给北魏带来一股封建地主政治与文化的春风。许多鲜卑贵族子弟认真研究儒家经典，之后再到各级政府为官，这对提高北魏官员的素质，促进北魏政权的汉化，具有积极的意义。

为显示北魏之盛，他命司徒崔浩、侍郎高允撰修国史，崔浩、高允等开始整理撰写国书，将北魏皇帝的事迹如实写入史中，为此惹来杀身灭族的大祸。太平真君十一年（450年），崔浩因国书案被判处死罪，祸及五族。拓跋焘统治时期，佛、道基本并存。拓跋焘本来归宗佛法，敬重沙门，后来由于道士寇谦之和大臣崔浩对道教的赞扬和推荐，逐渐信仰道教，自称“太平真君”，意在表明自己信奉的是汉族神仙，为统治汉族和南征刘宋制造舆论。

太平真君六年（445年），关中大乱，拓跋焘西伐的军队在长安寺庙发现了武器，同时发现这里的和尚生活淫乱，于是下令灭佛。正平元年（451年）三月，太子与皇帝先后死难，太子监国制终结。

北魏政局动荡，宫廷经过一番厮杀较量后，拓跋焘的长孙拓跋濬即皇帝位（文成帝），改年号兴安。北魏进入以政治为主的文治时期，依靠对象也开始倾斜于汉族士人。拓跋濬在位（452～465年）13年，主要功绩是恢复佛教和巩固北魏政权。

佛法复兴，开始凿建云冈石窟，平城很快成为中国北方的佛教中心。

拓跋濬按照皇帝形象造佛，让鲜卑帝王与佛同享秋色，巧妙地化解了佛帝矛盾。著名的昙曜五窟便是按照拓跋鲜卑 5 个帝王逐一对照而造的，因此，庄严神圣的佛所传达出的是帝王的精神和风范。云冈石窟造像风格承袭印度犍陀罗和秣菟罗的雕刻艺术，同时融进了鲜卑人奇迹般的创意。

拓跋濬为了巩固政权，连续 5 次大赦，借以缓和国内的阶级矛盾。同时整顿吏治，但收效甚微。和平六年（465 年）五月，拓跋濬崩于太华殿。长子拓跋弘即皇帝位。

朝中乙浑丞相专权，危及整个拓跋皇室的利益。值此北魏王朝皇权旁落的严峻时刻，拓跋濬的妻子、年仅 24 岁的冯皇后，力挽狂澜。这位杰出的女政治家，使北魏王朝转危为安，而且在以后的生涯中，凭借自己卓越的政治才能，排除一切阻挠，两朝摄政，义无反顾地推行社会改革，使北魏政权无论从政治上还是经济上都有大的飞跃，将北魏王朝推向昌盛的顶峰。

北魏王朝从道武帝拓跋珪起，就立下立太子杀其母的规矩，意在防止母后专权，但却没有防止住不生太子的母后擅政。北魏历史上曾发生过宦官专权乱政的悲剧。冯太后铲除乙浑后，鉴于新君年幼，难以控制政局，遂以皇太后的身份执掌北魏的军国大政。冯太后选贤任能，提拔重用了大批文武官员，形成了新的政治核心。于是形成母子共理朝政的格局。

皇兴元年（467 年）八月，拓跋弘的长子拓跋宏降生，冯太后亲抚长孙，归政拓跋弘。但仍然参与处理军国大事，佐助拓跋弘执掌朝政。拓跋弘大力整顿吏治，严明赏罚，提拔重用廉洁自守的官员，罢黜贪官污吏，并撤销了门房之诛的酷刑，得到冯太后的大力支持。

冯太后盛年新寡，选拔任用官吏时，才貌兼重，以便从中挑选男宠。朝堂上，他们是辅国大臣；宫闱中，他们是太后情人。这种特殊的关系，虽然巩固了冯太后的政治地位，却为以后的政治生涯埋下隐患。

冯太后的情人李奕被拓跋弘诛杀，使母子关系彻底破裂。一场不动声色的权力角逐开始了。朝中许多官员都成了政治斗争的牺牲品，拓跋弘渐渐独木难支，让出皇位，做了太上皇。

拓跋弘暴崩，结束了北魏皇权之争，为冯太后掌权铺平了道路。承明元年（476 年），35 岁的冯太后被尊为太皇太后，再次临朝称制，执掌北魏的军国大政。

为了巩固执掌朝政的地位和权力，冯太后恩威并施。首先对拓跋弘信任的文武官员大加贬黜和杀戮，消除拓跋弘的影响；对朝中的元老重臣，待以优礼，赢得了他们的信任。冯太后宠臣中，有许多才学之士，为其出谋划策，佐助冯太后推行社会改革，参与制定各项政治、经济政策，为北魏的发展进步作出了重大贡献。

对于年幼的孙皇拓跋宏，冯太后尽心加以培养教育。为北魏王朝培养出一代杰出的天子。冯太后再次临朝称制的太和元年，祖孙同心同德，开创了北魏改革的新时期。

太和八年（484 年）六月，冯太后下诏，实施班禄制，同时，制定了严惩贪官的法规。太和九年（485 年），冯太后颁布均田令，天下男女计口授田，整治高门豪族占田掠地的弊端。太和十年（486 年），颁布了三长制，以五家为邻，五邻为里，五里为党，各置其长，奉行朝廷政令，专治隐丁瞒口、侵夺奴婢的大病。这三项重大改革措施，适应了生产力的发展，巩固了北魏的经济基础和政权组织，使北魏政权在封建化的道路上迈进了一大步，经济实力达到了历史上的最高点。

冯太后主政期间，对平城进行了拓跋珪以后的第二次大规模建设，北魏京城的面貌焕然一新，成为当时中国北方第一名城。市井繁荣，人烟稠密，气势恢宏。在今大同火车站一带，是当时的宫城，城内建有大批殿宇，如浑水穿行其中，是当时平城最宏大壮观的建筑群，重楼高耸，殿堂华丽，更有碧波流水、人工园林，将平城点缀得秀丽迷人。北魏皇家的鹿苑，是一座规模宏大、建筑豪华的园林。它西起雷公山，东包采凉山、白登山，方圆百里。苑内殿宇林立，亭榭参差，松柏参天。此时的大同，荟萃了全国各种各样的人才，促进了京城各行各业的发展和北方各民族的迅速融合，同时也促进了拓跋鲜卑的封建化进程。随着京城建设的扩大，农业和手工业也迅速发展起来，从而带动起商业，很快大同成了一座繁华竞逐的贸易城，来自西域和中亚细亚一带的龟兹、乌孙、鄯善、悦般、破洛那和来自东北地区的契丹、高丽、百济等国的使者和商人往来不绝，更增添了这座城市的繁华景象。

太和十四年（490 年）九月十八日，冯太后因长期操持政务，积劳成疾，于平城病逝，终年 49 岁。拓跋宏为其上谥号“文明太皇太后”。十月，冯太后葬于山清水秀的方山永固陵。

冯太后的改革，抓住了北魏政治、经济两大主要杠杆，解决了阻碍社会进步的两个关键问题，一方面解决了吏治腐败的根源问题，杜绝了贪污之风，更重要的是加速了政权向封建化过渡，加强了中央集权的核心领导；另一方面，较为妥善地处理好封建社会农民和土地的关系问题，把农民真正安置在土地上，以便于国家管理。因此，冯太后作为一代政治女杰，是当之无愧的。她成功地完成了历史赋予的重任。一直深受冯太后影响的拓跋宏，继承遗志，继续推行改革措施，巩固和促进其政权向封建地主政权演化。

（二）迁都洛阳汉化再谱新篇。

太和十四年（490 年），冯太后病故。太和十五年（491 年）正月，24 岁的拓跋宏开始处理政务。在此期间，拓跋宏多次前往太后陵祭拜。拓跋宏从痛苦中振作起来，决定承继大业，把改革从政治、经济领域引向更深的思想文化领域，拓跋宏迈出了战略性的一步。由于拓跋鲜卑族没有历史重负，改革又顺应了历史前进的潮流，所以虽然历经坎坷，终于还是一步一个脚印向前迈进。

北魏自拓跋珪建国起，定都平城已近百年。北魏平城，是拓跋鲜卑文明进程的一个驿站。随着国土向南拓展，以及北魏统一黄河流域，拓跋宏毅然决定迁都洛阳。

洛阳地处农业生产发达的中原地区，一直是汉族政治、经济、文化的中心，曾是东汉、曹魏和西晋的京城。而平城地处边塞，气候寒冷，农业条件差，难以满足北魏朝廷和京城居民的要求。经济条件决定政治中心南移势在必行。再者，都城是主权象征，权力中心放在西北一隅的平城，不便于对中原的控制。拓跋宏已不满足做少数民族的君主，他要争取华夏正统地位。为了摆脱平城守旧势力和传统习俗的束缚，让改革事业日新月异，拓跋宏毅然决定迁都洛阳。这是他当政后办的第一件震惊朝野的大事，举措奇伟，中外罕见！

迁都洛阳后，拓跋宏一方面雷厉风行、大刀阔斧地变易风俗，促进民族融合，把改革推向深入；另一方面，大规模对齐用兵，连年征战，希望一统天下，做全中国的皇帝。

拓跋宏关于思想文化和社会习俗的改革内容主要包括：禁穿胡服，改穿汉服；禁说鲜卑语，改说汉语；改鲜卑复姓为汉单姓；改籍贯；尊孔崇儒，兴复礼乐等。

太和十八年（494 年），拓跋宏下令禁穿胡服，改穿汉服。拓跋鲜卑由于长期在广漠的草原上过着游牧生活，气候寒冷，故男子穿左衽紧衣，女子穿小袖短衣，以便骑射和御寒。迁都后，大部分鲜卑人过上了男耕女织的中原生活，过去的服饰与新环境、新生活方式不协调。同时，入居中原后，鲜卑官员仍穿着裤褶胡服入朝，与中原传统礼仪也不相符合。所以拓跋宏把服装改革作为第一项汉化措施，加以实施。

一个民族在历史上一旦产生了具有鲜明特色的民族服装，就会世代相传，要想改变十分困难。但是，拓跋宏态度极为坚决。一次外出巡视回京后，看到街上仍有穿夹领小袖的鲜卑服装者，重责留守官员。拓跋宏借助服装上的改变，减少民族间的差异，缓和民族矛盾，以达到统治汉人的目的，他把衣着改变和民族兴衰联系起来，孜孜以求移风易俗，可谓用心良苦，不折不扣！

太和十九年（495 年），拓跋宏推行禁止讲鲜卑语，改说汉语的措施。规定 30 岁以上的官员，一时难改，不予处罚；30 岁以下的官员，必须讲汉语，违者降职撤官。

拓跋鲜卑原有自己的民族语言，进入中原后，北魏统治下的各民族，语言各不相同。鲜卑语仍作为官方语言，在官府、民间以至于军队中通用。鲜卑语与汉语的差异，极大地限制了拓跋鲜卑与汉族的交往，给社会生活带来诸多不便，汉族士大夫和鲜卑贵族在各级机构做官，也要使用翻译人员，互相转译话语。

鲜卑人不通汉语，无法学习汉族文化典籍。为此拓跋宏曾命人用鲜卑语翻译《孝经》，以供“国人”学习。为了消除语言障碍，进一步消除民族间的差异，拓跋宏禁断鲜卑语，并严令推行，收效显著。由于禁断鲜卑语，迁到洛阳的鲜卑人后来多半都不会说鲜卑话。朝廷命人把鲜卑人的语言记录保存下来，称之为“国语”。

太和二十年（496 年）正月下诏，改变姓氏。皇家改姓元，从代郡南迁的元老功臣，凡是多音节的复姓，一律予以改变。于是北魏初期所统部落的 118 个姓全部改为单姓。其中的达奚氏改为奚氏，丘穆陵氏改为穆氏，步六孤氏改为陆氏，贺赖氏改为贺氏，独孤氏改为刘氏，贺楼氏改为楼氏，勿忸于氏改为于氏，尉迟氏改为尉氏等等。当然拓跋宏自己也改名元宏了。

为了割断迁到洛阳的鲜卑人对平城的依恋，排除旧的传统观念和落后习俗的干扰，元宏下令改籍贯，规定凡是迁到洛阳的鲜卑人，就算是洛阳人，死了不准运回塞北，生为洛阳人，死葬北邙山（在洛阳城北）。就这样，逐渐让鲜卑族汉化，融入华夏民族的血脉中。

元宏主张鲜汉联姻，自己率先纳汉族女子入宫，其他鲜卑人按门第对等联姻。借助婚姻关系，把汉族地主和鲜卑贵族的利益联系起来，使汉族地主更加效忠于北魏。

此外，拟定官制礼仪，设立乐官，修订法律，改革官职名称，废除拓跋鲜卑原有的政治制度。为了选拔有用人才，改变传统的考核制度，积极创办学校，传播文化知识，征集天下书籍，进行研究整理。由于他的大力提倡，衰落已久的北方文学又开始复兴。

元宏对洛阳的营建非常重视，事先也考察了建康和魏晋洛阳的形制，然后开工大修洛阳城。北魏洛阳城西距今洛阳市 15 公里，北负邙山，南临洛水，建于魏晋洛阳的故基上。为了恢复洛阳的繁华，北魏又迁徙了大批人口充实洛阳。洛阳最有名的皇家园林——华林园是人间仙境，园中美景数不胜数。皇族贵胄的私家园林也竞相争胜，飞馆生风，重楼起雾，桃李夏绿，松柏冬青。

元宏改革，不断遭到鲜卑人的反对和不满，太子元恂首当其冲。元宏决不手软，废掉太子。可见元宏改革态度坚决，措施强硬，任何力量无法阻挡！

元宏在位 29 年（471～499 年），北魏文治最盛，各种制度都按封建方式全面建设起来，北魏前期的社会矛盾都得到不同程度的解决。元宏即位前 5 年，军国大政实际仍由父亲拓跋弘掌握。承明元年（476 年）父亲死后，冯太后被尊为太皇太后，再度临朝称制，一直到太和十四年（490 年）病死，中间 15 年事无大小都由冯太后裁定。元宏在冯太后死后才开始亲政，不到 10 年。所以说孝文帝一朝的成就，是祖母、父亲、元宏三代人共同达成的。

迁都洛阳后的一系列改革，一方面使鲜卑族更加汉化，向古代文明大大跃进；另一方面加速本民族的消亡。王爷们待在洛阳，乐不思蜀，一个坚强好战，攻无不克，战无不胜的武装集团，渐渐腐化堕落，军事能量渐渐释放，北魏王朝的立国根基开始动摇，鲜卑内部迁洛和守边部分的矛盾开始激化。元宏去世后，北魏王朝由盛转衰。

元宏亲政的时间虽只有 8 年（491～499 年），但他出于巩固北魏政权的需要，能够抛弃狭隘的民族偏见，实行一系列改革，推行了汉化政策。以先进的封建地主制度代替残暴落后的军事奴隶制度，使北方的阶级矛盾和民族矛盾得以缓和，政治局面稳定。同时，注意发展农业生产，提倡先进的封建文化，积极地推进了北方各民族的大融合，促进和完成了北方各少数民族向封建社会的过渡。

（三）乱世晋阳，社会大转轨。

这里从北魏末年乱世强藩说起，着重叙述山西晋阳在北朝后期的军事地位和重要历史地位。让人了解社会大动乱、大转轨，也是各民族在碰撞中大融合的过程。

北魏末年，天下大乱，各地民族起义不断，拉开了北魏王朝灭亡的序幕。靠镇压起义起家的地方武装尔朱荣部，凭借其强大的军事经济实力，很快成为北魏实际上的军事领袖。建义元年（528 年）尔朱荣发动河阴事变，北魏洛阳朝廷解体，尔朱荣攫取了北魏的军国大政，把北魏的权力中心由河南转到山西，他坐镇晋阳，遥控洛阳。尔朱荣被杀后，其侄子尔朱兆进而盘踞晋阳，皇帝废立皆出尔朱家族之手。尔朱荣部下高欢借匡扶魏室之名，在信都起义，先后消灭尔朱武装集团，在晋阳建立大丞相府，继续遥控洛阳朝廷，成为尔朱荣之后又一位北魏的实际统治者。洛阳和晋阳的矛盾日趋尖锐，皇帝被迫西走，投靠了关中的宇文泰，导致北魏一分为二，高欢控制的政权为东魏，宇文泰控制的政权为西魏。高欢和宇文泰各自挟天子以令诸侯，连续不断的东西军事对抗，难分伯仲，形成对峙局面，东魏的南部边界却得以延伸。东魏政权一开始就操纵在高欢手中，高欢死后，其子高洋逼帝禅位，建立北齐，高氏家族成了名副其实的北齐王朝统治者。原东魏霸府晋阳，一跃而成北齐别都。东魏灭亡不久，西魏政权也被宇文泰儿子宇文觉篡夺了。宇文觉元年（557 年），宇文觉建周，史称北周。北周大力发展生产，巩固军事实力，国势蒸蒸日上，一举扫灭北齐。统一了长江以北，结束了 43 年东西分立的局面。北周统一北方不久，大权落到外戚杨坚手中。大定元年（581 年）二月，杨坚取代北周，建立隋朝，改元开皇元年。开皇九年（589 年）隋军灭陈，南北统一，一个新的历史时期开始了。

北魏统治后期，民族矛盾激化，北方各民族起义此起彼伏。孝明帝正光四年（523 年）开始的六镇起义，引致西北、关中、山西，继而是山东的叛乱，北中国处于战乱中。官府军屡屡败北，靠镇压起义起家的地方武装尔朱荣部，从孝昌元年（525 年）开始，凭借其强大的军事经济实力，很快成为北魏实际上的军事领袖。

豪侠高欢投附尔朱荣后，劝尔朱荣趁天下大乱，以清君侧之名，夺取北魏政权，尔朱荣遂有南下进取洛阳之意。河阴事变，洛阳朝廷解体，尔朱荣攫取了北魏政权。北魏的权力中心由河南转向山西。地主豪强尔朱荣家族掌握了北魏政权，皇帝废立均握其手。

尔朱荣立元子攸为帝，挟君自恃，元子攸虽有心振作，勤政不怠，怎奈主微臣隆。元子攸面对的是一个风雨飘摇的帝国，他只能依靠尔朱荣的势力支撑着魏帝国衰朽的框架。尔朱荣被杀后，尔朱荣的侄儿尔朱兆占据晋阳造反。尔朱兆和他的叔父尔朱世隆在晋阳立太原太守长广王元晔为皇帝，改元建明。以元晔为傀儡皇帝的尔朱氏集团，与洛阳魏孝庄帝元子攸相对抗。元子攸被尔朱兆处死后，尔朱世隆与尔朱天光认为元晔在魏宗室血统中本枝疏远，因而废元晔，改立元恭为帝，史称节闵帝。元恭在孝明帝正光年间，因对元晔专权不满，称病佯哑住在洛阳城外的龙华寺，不参与政事。元恭即位后，元晔被杀。

尔朱兆因没参与废立大事而大怒，欲举兵进攻洛阳，尔朱氏之间产生裂痕。直到后来，尔朱世隆出面卑辞慰喻尔朱兆，并请元恭纳尔朱兆的女儿为皇后，尔朱氏之间的矛盾才得以缓和。尔朱兆把女儿嫁给元恭为后，软硬兼施，内外并力，架空天子，把北魏政权把持在自己手中。

季世气象，权臣迭出，君主迭换，如走马灯。尔朱氏失势后，原尔朱荣部下高欢又日渐强盛，高欢为日后举事编了一些神奇的故事，这样在高欢周围就聚集了一些死心塌地的追随者。尔朱荣被杀后，高欢又赢得了尔朱兆的信任。不久尔朱兆又把六镇降众交给高欢统领。高欢如蛟龙得云雨，率六镇兵士就食山东。高欢掌握了一支流民队伍，后来便依靠这支力量倒戈与尔朱氏相对抗。

高欢在广阿（今河北隆光县东）打败尔朱兆。普泰元年（531 年）二月，高欢趁尔朱世隆在洛阳废立之机，进军河北。北魏统治者为稳住高欢，授高欢东道大行台、第一镇大酋长。高欢遂名正言顺据有冀州（治信都，今河北冀县），具备了同尔朱兆抗衡的兵马、地盘。于是高欢在河北养兵修甲，收抚百姓，扩充队伍，以待一举。高欢在太行山以东河北地区又得到当地豪门大族的支持，便与尔朱氏分裂。

普泰元年（531 年）六月，高欢借匡扶魏室为名在信都起兵讨尔朱氏，为了师出有名匆匆立渤海郡守元朗为皇帝，高欢自任丞相、大将军等职。由于尔朱集团不得人心，高欢起兵后在军事上节节胜利。

中兴二年（532 年）闰三月，尔朱家族四路人马联合起来，号称 20 万之众，攻打邺城。高欢率军迎敌，他的战马不满两千，步兵不满 3 万，在韩陵（今河南安阳东北）列阵，大败尔朱氏军队。这是一次决定性的胜利，高氏霸业遂成。

四月，高欢带着元朗直逼魏都洛阳城，控制了局势。此时高欢觉得元朗非宗室嫡属，不适合再当皇帝，便派人去观察元恭的为人，打算继续尊奉元恭为帝，派去的人见元恭神采奕奕，相当高明，怕日后难以控制，便和其他人商量，一起劝高欢废除元恭，于是高欢将魏帝元恭拥至崇训寺，禁锢起来，一个月后毒死。

高欢击溃尔朱集团，为使自已名正言顺，效法三国时曹操挟天子以令诸侯，以另立新主掩人耳目，专擅朝政。当时北魏宗室诸王，多半逃匿，惟独元宏孙子平阳王元修没逃多远，高欢查知下落，派骑兵仪仗，迎元修入都，接受百官入朝拜谒，又派人到洛阳，胁迫皇上元朗作禅让书。元修登上皇位，成了又一个受人操纵的天子。

元修任高欢为大丞相。同年七月，高欢兵发三路，亲率十万大军杀向晋阳，尔朱兆仓皇舍弃晋阳，退到北秀容。这年岁末，高欢使窦泰掩杀秀容，533 年正月袭破秀容，尔朱兆逃到荒山上自缢而死，尔朱氏彻底灭亡。高欢因晋阳地势险固，在这里建立大丞相府，于是晋阳成了高欢政治军事的中心。对晋阳的营建，也始于高欢设相府之时。高欢掌握了北魏的实际政权，成了尔朱荣之后又一位军阀权臣，他坐镇晋阳，遥控洛阳，成了北魏的实际统治者。

高欢以晋阳为根据地，开始觊觎北魏江山，引起魏帝的不满与对抗，双方较量的一个主要问题就是是否迁都。遭到孝武帝的拒绝后，高欢并不甘心。

魏孝武帝元修纳高欢女为后，高欢权势更大，但君臣猜忌，明争暗斗，嫌怨日深。元修也不甘心做傀儡，开始同晋阳高欢发生冲突，洛阳和晋阳的关系日渐紧张。

当时在朝将领中与高欢实力相当能与其抗衡的是关西大行台贺拔岳。孝武帝与高欢发生冲突后，扶持贺拔岳与高欢抗衡。

高欢拿不到北魏全境，决定解决贺拔氏。永熙三年（534 年），他要调关中的贺拔岳做冀州刺史，贺拔岳不肯离开关中老窝，谢绝任命。从此，东西分裂的苗头已经出现。高欢畏惧贺拔岳势力之强，巧施离间计，杀了贺拔岳。贺拔氏的将士推宇文泰做主将。元修又任命宇文泰做关西大都督，代统岳军，把宇文泰看作可以依靠的对象。

北魏末年，群雄逐鹿，出身武川镇户军人的宇文泰以其过人的胆略和才识，迅速脱颖而出，成为雄踞关陇地区的军人统帅。宇文泰所在的武川镇，系北魏著名的北方“六镇”之一。当宇文泰雄踞关陇时，高欢与孝武帝的矛盾也在激化。

为了实现与高欢集团的分庭抗礼，宇文泰凭借着出色的外交和军事策略，促成了东西魏的分裂。

元修西走，使高欢失去了政治资本，宇文泰出西安城迎接元修。元修任宇文泰为大将军雍州刺史，兼尚书令，总掌军国大事，还将爱妹冯翊长公主嫁给宇文泰为妻，以答谢救驾之恩，又想令宇文泰为他甘效死力。不曾想，元修的性命恰恰为妹夫夺取。

永熙三年（534 年）孟冬，洛阳城中的高欢，拥立魏宗室后裔元善见为帝（孝静帝），第二年（535 年）居于长安城中的宇文泰毒死元修后，另立元宝炬为帝，建元大统。从此北魏一分两半，前者称东魏（534～550 年），后者称西魏（535～557 年）。

孝武帝西迁，宇文泰拥有了政治上的优势，宇文泰利用正统皇权的权威优势，对关陇、河东、关东等地大批士族地主进行笼络招诱，从根本上改变了武川军人的地位，也决定了西魏政权的基本性质。

这时，南有萧梁，东有东魏，与西魏鼎足而立。三者中，萧梁专事衣冠礼乐，经济富足，占有政治、经济上的优势。高欢地半天下，国富兵强，拥有数十万鲜卑精兵，占有军事优势。宇文泰势力最弱，但依靠其过人的军事与政治才能，西魏最终由弱变强，有了统一全国之势。

东魏孝静帝始终是一个傀儡，真正握有实权的是高欢。不久，高欢认为洛阳久经丧乱，王气衰尽，虽然河山险固，但土地褊狭，不如邺城，况且洛阳离西魏太近，随时都可能成为瓮中之鳖，于是挟制孝静帝迁邺。

高欢定居晋阳，而又迁魏帝于邺，是北魏末年政治、军事形势发展的必然趋势。北魏末年，国内形势已不堪收拾。统治者们除了对政权进行激烈争夺外，对外只能实行收缩态势，退保山西河北，控制战略基地，以图生存。天下形胜，关中之外首及山西，而山西的根本在晋阳。

山西、河北自古属同一战略体系。山西地形险要，易守难攻；河北人口稠密，物产丰饶。建都于邺，首先从战略上使山西、河北通过上党（今晋东南）联为一体，进可攻，退可守。其次代替晋阳控制河北、山东，核实崤函以东整个北方的统治。以两地而言，河北有失，山西犹可保，山西若失，则河北必不保，因此高欢坐镇晋阳，遥控邺城，在军事战略上确为胜算。当时人称邺城孝静帝为魏朝，而称晋阳高氏父子为霸朝，相府为霸府。东魏以晋阳为主、邺城为辅的都城格局，表明了高欢的战略远见，也体现了他的政治手腕。这样既有一个傀儡皇帝以堵天下之口，又无妨自己称霸专权。

邺城因连年战事，残破不堪，高欢当然不会因陋就简。东魏天平二年（535 年）高欢发动民众七万六千人修筑邺城，建立宫室。

对晋阳的营建，始于高欢设相府，继而于武定三年（545 年），建成规模宏伟的晋阳宫。从此晋阳初具帝王之都的规模。被郦道元称为晋川之中最为胜处的唐叔虞祠，是晋阳别宫最吸引人的名胜游览之所，达官贵人、文士墨客常流连于此。高欢时即对此大加修葺，并征当时著名文士祖鸿勋作了《晋祠记》，晋祠之名遂称世至今。

东魏立国之初，高欢也想对北魏末年泛滥成灾的腐败吏治予以整肃。但是，随从高欢起家的鲜卑族权贵不顾禁令，依然肆意贪污，高欢无奈。文武官吏贪污成风，军纪败坏，严重地损耗了军队的战斗力。高欢以放纵贪污立国，使东魏的吏治、官风腐败到了极点。这时，原已缓和的民族矛盾又重新尖锐起来。汉族、鲜卑族将领之间常因民族关系紧张而发生火并。为了扩大剥削对象，增加租税赋役收入，高欢在统治区域内多次清查户籍，收括人口。

高欢亲镇晋阳，使长子高澄任尚书令、大行台、并州刺史。天平三年（536 年），高欢又让次子高洋协助治并，让高澄入邺，总揽朝政。由于平素对下属放纵惯了，高欢感到光靠自己的力量很难改变这种局面。他开始采用扶持儿子高澄的办法，试图对不法权贵稍加约束。东魏武定二年（544 年）三月，高欢任高澄做大将军，领中书监；高洋继任左仆射，目的是为把大权集中到高澄的手里。

高澄靠打击别人，树立自己的权威，结果促进统治集团内部分裂。高欢死后，高澄继承他的所有职位，继续垄断东魏朝政，等候时机成熟，弑君篡位。

高澄被杀后，孝静帝以为上天要把皇权归还，岂料，高澄胞弟高洋更是一个不好对付的角色。高洋借故调兵讨贼，返回晋阳后，大会文武大臣。

东西魏分裂后，双方壁垒森严，剑拔弩张，都在秣马厉兵，准备吞并对方，在晋州（今临汾）、洛阳和潼关之间的三角地带，开始了旷日持久的相互攻伐，兵戈相见。从公元536年到549年，双方爆发了一系列战争，主要包括潼关之战、沙苑之战、河桥之战、邙山之战和玉壁之战。

东西魏的几次战役，无论谁先发动，也无论结局如何，其性质都是统一兼并战争。但由于当时历史的局限，东西魏之间势均力敌，无论哪一方都不具备统一中国北方的条件和时机。

东魏灭亡不久，西魏政权也被宇文泰之子宇文觉篡夺了。557年，宇文觉建周，史称北周。

公元550年高洋废东魏帝自立，国号为齐，仍以邺为都，以晋阳为别都。晋阳是北齐创业的基地，北齐历代皇帝几乎每年都来往于晋阳邺城之间，晋阳亦被称为“别都”。

北齐诸帝不避寒暑，长年累月奔波穿梭于晋、邺之间。天子践位，皇帝禅代极隆重的盛典，多在晋阳进行。因此北齐时的晋阳名为别都，实为首都。北齐自550年立国至公元577年为北周所灭的28年间，晋阳始终保持着名为“别都”，实为首都的特殊政治地位和功能。

北齐代魏仅仅是个形式问题，不存在权力转移。高欢奠定的晋阳为主、邺城为辅的战略格局，继续发挥着作用。

武定七年（549年）八月，大丞相高澄被厨奴刺死，高洋继承了父兄的权位，统摄朝政，一心想将东魏取而代之。为了尽量争取当朝大臣的支持，高洋特派人去都城试探大臣们的意向，结果个个顾左右而言他。高洋心急如焚，也等不及回话，径自率领大军从晋阳出发向都城挺进，既然文取不成，只好武力相逼。

东魏武定八年（550年）五月，齐王高洋抵达东魏首都邺城，召集民夫，在城南修筑祭天圆坛。高洋派人去见东魏皇帝元善见，要他遵循天意，仿效尧舜，禅位齐王，然后由杨愔把早已拟好的禅位书递上去，孝静帝元善见在禅位书上含泪签字。辞别六宫时，皇宫哭声震天。

五月初十，高洋在邺城南郊即皇帝位，大赦天下，改年号为天宝，国号为齐，史称北齐，北齐政权取代了东魏。

北齐占据的地域很广阔，今天的河北、山东、山西、河南、苏北和皖北都在它的版图之内，西临西魏，南傍梁朝，北靠契丹、柔然、山胡、库莫奚等少数民族。

天保元年（550 年）十一月，高洋即位的消息传到西魏，宇文泰便亲率大军东进，他想试探一下这位年仅 20 岁的新皇帝是否像他的老对手一样骁勇善战。西魏大军一直推进到建州（今山西绛县东南）。为了显示自己的实力和才能，高洋纠合六州鲜卑，举行了一次规模庞大的军事演习，漫山遍野，刀光林立，鼓声喧天。宇文泰不由感叹万分，“高欢并没有死啊！”说罢急忙班师。宇文泰觉得自己力量不如北齐，所以一直偃兵息武，不敢轻易东向。高洋时期，东西魏基本趋于平安无事，南北之间却时常烽火遍野。

天保六年（555 年），南梁内讧，北齐出兵，结果大败。高洋的戎马生涯中，还没有遇到这样悲惨的战绩。高洋认识到，自己的实力确实难以制服南梁，因此在位期间，再也没有发生过类似的战争。

天保六年（555 年），北齐为了加强北疆防御能力，动用数万民工，在西起恒州（今山西大同市）、东到幽州（今河北居庸关）绵延 900 多里的地方，建筑长城。他嫌宫室太小，征发工匠 30 余万在邺修筑三台，殿高 27 丈，两栋相距 200 余尺。高洋时，大起楼观，穿筑池塘，飞桥跨水，兴修凉亭水榭，命名“难老”、“善利”二泉，使这里成为皇家离宫别苑。晋阳名士王稀有诗咏：“日落应归去，鱼鸟见流连。”

北齐刚立国时，高洋皇帝留心政事，提倡公道为先，依法办事，坦诚待人，群臣乐为效力。每逢亲征，总是冒着矢石纷飞的危险前往，所到之处往往立下战功。

几年之后，高洋自以为建立了大功业，就逐渐放纵起来，贪杯淫暴，随意杀人。文武大臣不知何故就遭到杀身之祸，弄得满朝文武，朝不保夕。他怕兄弟夺取帝位，把三弟高浚、七弟高涣关在地牢的铁笼里，用槊乱刺，最后烧死。

天保十年（559 年）十月，高洋因嗜酒而生病在晋阳宫去世，终年 31 岁。

高洋驾崩，15 岁的太子高殷按遗诏在晋阳宫（今山西太原市）宣德殿登基为帝，大赦天下。高殷是一个儒化很深的少年天子，只做了十个月的皇帝，便被叔父长山王高演夺了位，结束了政治生涯。

乾明元年（560 年）八月，高演在晋阳即皇位，是为北齐孝昭帝。高演当皇帝后，立即大刀阔斧，整顿政治秩序。他下了一系列诏令：官奴婢

60 岁以上的一律免为自由人；廷尉中丞等执法官必须以法量刑，徇私舞弊者处以死刑；国子寺可广招学生，讲习经典，置立官员，进行督课。并在黄河南北进行大面积屯田，结果每年从屯田中可获得十多万石粮食，河北等地粮荒问题终于得到解决。为了解决贡粮运输困难，高演又在河北等地设立粮仓储存粮食，经过高演的整顿，旷日持久的粮食危机终于得到解决。

高演礼贤下士，从善如流。经常自我反省，并要求大臣帮他反省。为了及时了解民情，反省自己，高演特意命令一些大臣可以随时径自进入寝宫，讨论历代礼乐、职官、田市、征税和政治得失。高演执政时，偃兵息武，与四邻处于和平状态。

皇建二年（561 年）九月，高演出于政治利害关系把高殷杀害。没过几天，又愧疚起来，觉得对不住兄长高洋，内疚的心情整夜折磨着他。不久，神经错乱，为了散心，外出打猎，不料摔坏筋骨，病情急剧变化，在晋阳溘然长逝，终年 27 岁。

皇建二年（561 年）十一月，高湛继位于晋阳南宫。高湛不理朝政，把国事都交给大臣掌管。这对朝政没有多少影响，原因是朝中确有人才。武成帝所用这几个人都是高氏几代旧人，所以政事暂时不致混乱。

河清二年（563 年）冬，北周进逼晋阳，突厥也发兵与周配合，三年正月，北齐在晋阳城下大破周军，突厥不敢交锋，出塞而去。经过这场浩劫，北齐许多农民背井离乡，土地荒芜，官府财政日渐拮据。为了拯救危局，高湛于河清三年（564 年），继续推行北魏孝文帝以来的均田制，大量农民又重新得到土地，安居乐业，官府财政收入增加，国力也相对加强。同年十月，周又出兵攻齐洛阳。十二月，邙山之战，齐又大破周军，缴获大量军资器械。这时北齐对北周还占优势。

国家兴亡与否，主要是人才，高长恭被害，段绍病死，斛律光被诛，几个柱国将军一死，国内人心动乱，北周大军压境，高家社稷垂危，这时皇帝虽有省悟，但后悔莫及。北齐由于内部的政权之争，在以后的几年中国势日衰。

河清四年（565 年）四月，后主高纬在晋阳宫即位。列祖列宗昏暴、奢靡的恶习在他身上得到发扬光大。自幼在奸臣弄权、奢侈暴淫环境中长大的高纬，久而久之认为皇帝就该如此。

天保太宁年间（550 ~ 562 年）晋阳代有所建，已与邺城不相上下。

到后主高纬时，都城建设已胜邺城。

北齐到高纬时已是朝纲紊乱、民力凋尽，徭役繁重、国力虚弱。高纬根本不把这一切放在心上，北齐君主的荒淫腐朽，加速了北齐的衰亡。

北齐统治时期的六位皇帝，除高演外，其余皆昏庸残暴，腐化堕落，挥金如土，不讲道义，因而失掉民心。武平七年（576年）十月，北周讨伐北齐，晋州陷落。与此同时，高纬与他的宠妃正在邺下郊外打猎，把国难抛在脑后。十月，北周攻下平阳。十一月攻下晋阳，高纬父子十多人被俘，后全部被杀；高氏其余亲属都被流放到西部沙漠一带，无人生还。高欢创业以来的北齐王朝结束。

北齐自立国（550年）到公元577年为北周所灭的28年间，晋阳依旧保持着名为“别都”、“别宫”，而实为首都的特殊政治地位和功能。这一时期，晋阳城内商业发达，市面繁荣，成为北齐的重要商埠。

北周一举扫灭北齐，统一了长江以北，结束了43年东西分立的局面。北周统一北方不久，大权落到外戚杨坚手中。大定元年（581年）二月，杨坚取代北周，建立隋朝，改元开皇元年。开皇九年（589年）隋军灭陈，南北统一，立国250余年的拓跋鲜卑族，结束了它在历史舞台上的使命，显赫一时的北魏王朝消失了。拓跋鲜卑逐渐融入了中华民族大家庭。

注释：

①《晋文化与北朝文化研究的新课题》，见《华人·龙的传人·中国人——考古寻根记》，辽宁大学出版社，1994年，第7页。

（原载《北朝散论》山西出版集团·山西经济出版社2007年5月）

鲜卑源流名称考篇

鲜卑名考

尹铁超

鲜卑学是我国东北少数民族史上的一个重大学科。经过数代学者的不懈努力，鲜卑学研究成果卓著，但是，这个民族名称的释义问题仍然没有得到很好的解决。尽管此名似乎已经得到“公认”：“古代史家在一些重要问题，如鲜卑族称、拓跋名号等的考证上，甚为贴切，成绩卓然……[1](P72) 被解释成“瑞祥”；但这种解释却存在着重大问题：考证者仅仅从考古发现上及历史档案上记载的鲜卑族古代传说中寻求解释，而没有从语言学的角度去对鲜卑的族名进行考虑。语言是一个民族的最重要的工具之一，是任何一种其他工具所取代不了的。然而，如果仅用某一用具或图腾的图案、器皿作为解释某个族名的依据，而不考查其民族的语言系统和规律，那么，所得到结论就会有失于偏颇。本文拟从对鲜卑语的语言归属、鲜卑族的历史及相关语言中寻找线索，从历史比较语言学的词汇比较以及语音和语义的重构方面入手，为鲜卑之族名的释义提出一个新的观点。

一、现有释义及其问题

对鲜卑族名的解释有以下 5 种：

1. 瑞祥。

方壮猷先生在他的《鲜卑语言考》一文中，对历史文献中记载的鲜卑词语进行了认真的考证，认为：“‘鲜卑’，原为满洲语祥瑞吉兆之义，因鲜卑地方产麒麟等所谓瑞兽，故其服饰所用革带钩头多刻此种瑞兽于其上，于是鲜卑等语遂由祥瑞吉兆之义及瑞兽之义转为代表革带或带钩之名，故后来注家所释稍有异同也。”[2](P1436)

这种观点也基本得到其他研究者的认可，例如，佘吐肯先生认为，“鲜卑”具有“有瑞祥之兆”的意思。[3](P82)

问题：释义不令人信服。将这个民族的名称的释义建立在古人书中的“瑞兽”之“瑞”的解释上，并将满语中的词汇 sabi 和“鲜卑”之音的巧合作为证据的基础，又引用满语中“麒”和“麟”作为其佐证，来说明鲜卑这个名字的意义。这种解释十分牵强，因为：

第一，在古书中，前人对鲜卑的名称的解释是完全以鲜卑族的带钩为基础，根本没有从语言学、民族学、历史学和人类学的角度去追踪其原始的名称。如果以这样的观点来看待问题，并且认为其不可怀疑，那么，研究者就自然会被古人的观点所左右，自然会到相应的语言中去寻找其实不一定存在的语言证据。

第二，在通古斯语族中，例如，鄂伦春语中，sabi 的意义是“鞋”，而非“吉祥”；在通古斯语族的其他语言中，如鄂温克语、赫哲语和锡伯语中，表示“鞋（统称）”的词汇也基本相同（分别是：saxəj、sabə 和 sav）。发音相似的词汇还有：sarbu、sabu、sapki、saq（分别是鄂伦春语、鄂温克语、赫哲语和锡伯语中的“筷子”）；和 sabi 发音接近的词汇还有鄂伦春语的 səbu（教师）、赫哲语的 səpə（教师）。在通古斯语族中，具有“吉祥、幸福”之意义的词汇分别是：pixi（鄂伦春语）、agdənə（赫哲语）、dʑiggalan（鄂温克语）和 siyan（锡伯语）。①另外，在蒙古语族中的达斡尔语中，“鞋”一词的发音也是 sabi。这就说明，如果不考虑语言的分类和归属，而仅仅用语音相似来确定语义并不是科学的方法。

第三，“麒”和“麟”分别是来自汉语的借词，麒麟是汉民族的图腾动物，而在满族等其他通古斯民族中，人们仅仅发现了以鹿、猪或类似狗的动物形象为原型所制作的饰物，因此不能用“麒麟”的谐音来佐以为证。尽管 sabi 在满语中有“吉祥”之意，但是，这并不能说明鲜卑这个名字一定是与此义必然相连的。

第四，虽然学者们都承认鲜卑是个混血民族，但在语系划分上，鲜卑语究竟属于哪个语系并无定论。尽管多数学者认为鲜卑族属于通古斯民族，但是也有人认为它应该属于蒙古民族。②

第五，采用对音的方式能够解决一些单纯词的意义，这固然是历史语言学的比较方法之一，但是，有些词汇，即使是名字，也是可以进行再进一步切分的。而这种工作还没有人进行深入的探讨。

第六，用现代民族的名称来反推古代民族名字是追寻古代民族名字释义的好办法。例如，通过对“锡伯”这一名称的研究来达到对“鲜卑”的解释。但是，到目前为止，“锡伯”这个族名的确切意义也不明晰。

2. 山。

“鲜卑亦东胡之余也，别保鲜卑山，因号焉。”[2](P1431)“鲜卑者，东胡之支也，别依鲜卑山，故因号焉。”[2](P1431) 在很多有关东北民族史方面的书籍中，都有类似的解释。

问题：将鲜卑的名称视为某座山的名字，认为鲜卑族名的来源是山名，这是对民族名称起源的误解。任何事物的名称都是由人类赋予的，不可能出现名先于人之前的现象。况且后来人们又发现，在鲜卑族生活过的地方出现了很多“鲜卑山”，因此难以断定鲜卑山的位置。这足以证明此说的谬误。

当人们说到自己是从哪儿来的时候，往往会用生活的地点来告知他人自己是哪的人，如我是天津人、他们是（北京）门头沟人，等等，而这些名称均由生活在那儿的居民所赋予的。给自己生活的居地命名的习俗在世界各民族中都是普遍的现象，因此，“因山为号”的观点是不正确的。

3. 带钩。

“犀毗，胡带之钩也；亦曰鲜卑，亦谓师比，总一物也，语有轻重耳。”（《汉书·匈奴传》，转引自方壮猷）[2](P1433)

问题：这是古人误将鲜卑族向中原地区所献的礼物当成鲜卑的族名。[4]

4. 瑞兽名。

“鲜卑郭洛带，瑞兽名也，东胡好服之。”（张晏语，转引自方壮猷）[2](P76)“鲜卑，东胡语即祥瑞或神之义，郭洛为兽之意，带盖汉语，合之谓瑞兽带……”[1](P76)

问题：这种观点显然将鲜卑与腰带混为一谈，没有对不同的词汇进行分别对待。

5. 青。

“鲜卑山即青山。”（《读史方舆纪要》，转引自方壮猷）[2](P1432)

问题：此说已经被证明是谬误，因为考证者不能够将局部地区山的形状推广到其他具有相同名字的山之上。

综上所述，我们可以看到，古人对鲜卑族名的释义在很多时候是牵强附会的。虽然很多种解释已经被历史学家所否定，但是，某些观点却对以后的研究者仍然有着比较大的影响，有些解释则先是被后人视为经典，之后又以讹传讹。因此，有些错误的解释不但没有得到澄清，反而对鲜卑族名的释义起到了相当大的误导。无论如何，鲜卑这个名字，由于鲜卑族自己并没有提出过解释而成为一个众说纷纭的疑点。在入主中原后，鲜卑的统治者为了维护自己的统治地位，出于实用主义的需要，将自己说成是中华汉民族的后代，他们显然是想利用修改民族的历史来抹去自己的一切少数民族痕迹。这也说明了鲜卑族为什么对自己的名称不给予解释，而是用改名的方式来记录、美化自己历史的原因。

事实上，很多人，即使是民族成员自己，也很难将自己的民族名字说得清楚。例如，“树产族”到底是什么意思？“汉”的来源，中华民族、华夏民族等名字的来源和意义也是有争议的论题。③我们也可以提出这样的假设：或许鲜卑族自己可能也说不太清楚自己民族的名字的真正意义是什么，也许这就是为什么鲜卑族的统治者不对自己的名字进行解释的原因之一。

二、鲜卑的民族归属问题

研究者一般认为鲜卑是由东胡（西部鲜卑）和拓跋（黑龙江上游，大兴安岭北段）鲜卑两个部分构成。如果如此，那么，鲜卑民族的名称问题就显得更加突出。也就是说，鲜卑族的名字究竟是采用了东胡民族的名称，还是采用了西部民族的名称呢？从历史学家的推论来看，鲜卑族显然是采用了西部一支的名称。否则，后人就不会知晓鲜卑这个名字了，因为，历史学家基本上同意，“鲜卑是我国古代东北一支属于东胡系的少数民族。‘乌丸、鲜卑，即古所谓东胡也’”[1](P71)，而东胡与通古斯并非是同一族系，“东胡是一个大部落联盟，包括了许多族属相同而名号不同的大小部落，乌桓与鲜卑之名号的显现，只能在东胡部落联盟瓦解之后”。[1](P75~90)

由此可见，鲜卑族与东胡有着渊源关系。但在后来的民族融合的过程中，拓跋族的实力显然要大于其所融合的其他民族，因此，不论当时的具体情况如何，鲜卑这个后来出现的民族采用的是“鲜卑”这个名称。

根据历史学家对嘎仙洞祝文的考证和魏书上的记载，鲜卑是从我国东北的大兴安岭一带迁徙到其他地区的，而这一地区曾经是，并且现在依然是，古通古斯族和现代通古斯北部民族后裔生活的主要区域。[1]因此，可以比较肯定地说，鲜卑是通古斯北部民族的一支。

三、从现已经得到的词汇上看鲜卑的民族归属

我们可以将现在得到的鲜卑词汇分成五个部分，人名、姓氏、族名、官名和日常词汇。④那么，在分析这些已经得到的词汇时，我们可以得出什么样的结论呢?

1. 人名。

慕容跋、慕容涉、慕容宝、拓跋焘、拓跋仪、拓跋绍、拓跋佗、拓跋澄、檀石槐、轲比能、邻、诘汾、沙漠汗、猗卢、卫雄、箕澹、什翼犍、穆崇、德吉图、厄尔古图、度步根、多罗吐。

分析:

鲜卑的名字是由姓氏和名两个部分构成的。尽管名字本身在绝大多数的情况下，在各个民族文化中都是具有其自身意义的；然而，从这些名字里面，我们很难找到所有名字的具体语言意义；因为:（1）鲜卑族在成为统治阶层之前，自己并没有文字来记述自己的历史和名字。所以，历史文献中所记载的这些名字均为汉字记音。如果将姓氏排除，那么，很多名字就仅仅剩下了单音。而即便运用历史比较语言学的方法，仅仅通过对比单音就很难确定这些名字的具体意义。在任何语言中都有很多同音词，如果在没有上下文的语言环境中、在没有文献记录的情况下来看待这些名字，它们就变成了孤立的音节，根本无法确定它们的意义。（2）汉化的鲜卑名有可能是鲜卑贵族为了维护自己的地位而美化自己所取的。

然而，在破译鲜卑名字方面，余吐肯先生作出了极有意义的贡献。他通过对音的方式对很多名字进行了意义重构，得出了比较令人信服的结论。例如，他对“檀石槐”、“轲比能”、“厄尔古图”、“度步根”的解释十分贴切。通过他所做出的结论，我们可以看到，鲜卑民族的名字的确是有意义可言的。借助于他的研究，我们可以将其他通古斯语言中的这几个音进行对比核实:

鲜卑名	鄂伦春语	鄂温克语	赫哲语	锡伯语	意义	古形式重构
檀石槐	taʃka	tasugə	tasxə	tasxa	老虎	＊tasga
德吉图	aja	aja	aji	dadʑi	好	＊dadʑa

按照历史音变的弱化规律，及通古斯语中［k］［g］后面的语音环境的音变规律，古通古斯语言中的/＊g/演变成了现代通古斯语中的［x］音。这说明了“老虎”的意义的重构是正确的。根据弱化规律和前音脱落规律，在重构“好”这个词汇中，我们也能够说明通古斯古形态中的/＊d/是如何被失掉的，同时也说明/＊dʑ/为何演变成了现代通古斯语中的［j］音。

结论：所研究的这几个词来源于通古斯语。

2. 姓氏。

穆、贺、陆、刘、于、尉、嵇、慕容、拓跋、鲜卑。

分析：

姓氏往往是有历史可循的，但是，由于鲜卑的历史档案中所记载的只是姓氏，虽然有些姓氏得到后人的考证，如将“慕容”解释成“富”[2](P1467)；或被牵强附会地解释成“慕二仪之德，继三光之容”（《晋书》卷108《慕容廆载记》），我们也很难断定所有姓氏的意义。除此之外，鲜卑的姓氏在其领袖的强制下，部分改成了汉姓（如：穆、贺、陆、刘、于、尉、嵇），而这种改造或以鲜卑姓氏的某个音节为基础（例如，有的姓氏直接采用了原来的音：鲜卑），或出于其他方式，因此，我们便失去了追寻意义的可能。然而，在历史档案中所记载的姓氏中，有些姓氏与族名是统一的，这使得我们能够从分析族名中得到一些有意义的线索。

3. 族名。

鲜卑（祥瑞）、拓跋（鲜卑父胡母）、铁弗（胡父鲜卑母）、秃发。

分析：

通过寻找族名的意义是达到解释族名的最佳途径之一，因为族名的变化是最小的。一般的民族都不会轻易改变自己的名字，而且，原始名字的痕迹总是会留在语言之中。尽管到目前为止，鲜卑族的自称是什么还没有明确的定论，但是，历史学家所提供的证据已经表明“鲜卑”是通古斯族的一个分支。

4. 官名。

可汗（皇帝）、可敦（皇后）、真（官）、乌洛委贞（外官）、比德贞（文书官）、朴大真（担衣人）、胡洛真（带仗人）、乞万真（通事人）、可薄真（守门人）、费竹真（伴随者）、咸真（乘驿人）、契害真（杀人）、折溃真（主出受辞人）、附真（贵人作食者）、羊真（有职责之人）、俟汾、地何（显贵、首长）、文（君）。

分析：

官名是一个民族采用管理体系的代表，所选用的语词比较能够代表这个民族的归属。从目前得到的官名中，可以看到大量的带有“真”的词尾，而这些词尾均是通古斯语汇中表示“人”（后被转为“官”）的后缀。这说明，鲜卑人虽然采用了一些蒙古的名称（例如：“可汗、可敦”），但是，他们所采用更多的语汇是来自通古斯语。“真”的语言痕迹可以从一个方面证明鲜卑的确是“混血”的民族。这就是为什么他们的官名中既有蒙，也有通古斯的名称的迹象。

在通古斯诸语言中（鄂伦春、赫哲、鄂温克、锡伯语），表示“人”的词尾有很多，比较典型并与“真”谐音或语音相近的是“tʃin、tʃiin（真）、ɕian、ɕi（千、仙）、tʃən 和 tʃə（真）”。

这些词尾均可以用来表示“哪的人”、“哪个民族的人”。例如，鄂伦春人自称时，可用“tʃin、tʃiin”或“ɕian”。这些词尾的意义都是“人”。如他们自称是 ɔrɔtʃin（鄂伦春）或 ɔrɔɕian（鄂伦千）。他们称呼玛地区的鄂伦春人为 kumartʃin、kumarian；称别拉尔河流域的鄂伦春人为 biratʃin 或 biraɕian。

鄂温克人在称呼自己或他人的时候，所使用的词尾也是如此。例如，在鄂温克语中，“tʃin”这个附着词素黏着在地点名词之后，可以用来表示“集合”意义。如 uujtʃin（辉河人）；imintʃtin（伊敏地区的人）。

在鄂伦春、鄂温克语中，后缀 tʃin、tʃiin、ɕian 不做区分。所以，ɔrɔtʃin、uujtʃin 与 ɔrɔtʃiin、uujtʃiin 和 ɔrɔɕian、uuɕjian 没有意义差别。

赫哲人在称呼自己或他人的时候，所使用的词尾也是基本相同。例如，虽然他们对居住在不同地区的同族人的称呼和自称具有不同，如，居住在富锦县大屯以上地区的人自称为“nabəi”（那贝）；居住在大屯以下至同江勤得利地区的人自称为“naniɔ”（那尼奥）；居住在八岔以下至乌苏里江流域的人自称为“naniə”（那奈），但是，他们对外族的自称是

“xətʃin”。然而，与鄂伦春语和鄂温克语相比，赫哲语中的“真”的使用要少得多，如：fuətʃin（妃子）、mafəktʃən（老翁）、mamaktʃən（老太太）、uiləktʃə（工人）。

在锡伯语中，“真”这一词缀的使用率是通古斯诸语言中最低的。但是，我们仍然可以看到它的踪迹，如：avələçi（猎人）、bitxəçi（文人）、vəiləçi（工人）、uçiçi（农民）、taitʃinçi（学生）、aŋçi（寡妇）。

从表面上，“tʃin、tʃiin、çian、çi、tʃən 和 tʃə”似乎在形态上有所不同，然而，如果对这些词尾进行比较，它们之间存在的内在关系就显现了出来：

鄂伦春语	鄂温克语	赫哲语	锡伯语	意义	词素形式	古形式重构
tʃiin	tʃiin	tʃən、tʃə	—	人	黏着	* tʃiin
tʃin	tʃin	tʃən、tʃə	—	人	黏着	* tʃin
çian	çian	tʃən、tʃə	çi	人	黏着	* çian

这种词尾的对应性表明古通古斯语诸语言曾经有着相同的词，历史的发展才使得这些语言中的这个词尾形态发生了变化。但是，这些词尾的意义并没有改变。

有的学者认为，在通古斯诸语言中，表示“官”这个意义的词项的发音与“真”相近。然而，在通古斯语中，表示“官”的却是另一个词汇：

鄂伦春语	鄂温克语	赫哲语	锡伯语	意义	词素形式	古形式重构
ədʑin	ədʑin	ətʃən（皇帝）	edʑen	官、主人	自由	* edʑen

这个重构表明，如果将 edʑen 解释成“人”则不贴切，这个词本身就是“官”，而且明显表明是个借词。⑤

在现代的通古斯族的语言中，“真”仍然是后缀。它的用法是附着在某个名字的后面，表示“人、民族”。而表示“官、主人”等领导阶层的词汇与“真”并非是同一个词汇，因此，不能将“官”解释成古通古斯语中的“人”或“民族”。

5. 日常词汇。

慕容（富）、吐谷浑（土河）、乞伏（子）、檀石槐（奇异）、托铎（奇异）、阿干（兄）、处（尔）、宇（天）、莫贺（父、伯、叔）、磨敦（母）、推寅（钻研）、莫何（小）、宥连（云）、是楼（高）、拨列（梁）、叱奴（狼）、素和（白）、出连（毕）、壹斗眷（明）、吐奚（古）、秃发（被）、破多罗（破）、尸突（屈）、渴烛浑（味）、屋引（房）、屈孑（卑下）、木闾骨（秃头）、俟尼于（征兆）、豆卢（归义）、饶乐水、作乐水、若洛廆（黄水）、乌侯秦、祁连山（天山）、恪尊（皇后）、屈海（青海）、赀（奴腗）、弹汗山（白山）、郭落（兽）、苏合（斧子）、木陈（锅）、银魂（狗）、乌辽（山）。

分析：

日常词汇是一个民族最基础的民族语言构成。因为官名可以用，而基础词汇，同民族名称一样，一般不会出现较大的变异。纵观其他语言的历史，如汉语、英语发展的历史，我们可以清楚地看到这个规律。因此，从基础词汇的分析入手，结合其他的学科的研究成果和历史记载，才是解释、确定民族归属和这些民族语言语汇意义的正确方法。

在目前所收集到的鲜卑词汇中，有些词汇是难以证实的，但从已经被研究的词汇中，我们可以看到，通古斯语汇仍然占多数。现仅举几例说明。

鲜卑语	鄂伦春语	鄂温克语	赫哲语	锡伯语	意义	古形式重构
苏哈	ʃukə	ʃuxə	ʃukə	ʃuxɔ	斧头	＊ʃukə
木陈	ixə：	ixə：	xatʃixɔŋ	məʃn	锅	＊matʃən
银魂	ŋanakin	ninixin	inakin	dʐɔnxun	狗	＊inaxin
木闾骨	tɔŋgɔrin	muxali	muxəlin	mugulu	秃头	＊mugalin
阿干	axin	axin	akin	agə	兄	＊agin
乌辽	urə	urə	urkən	ɛlin	山	＊urəkən
莫贺	amaha	amixan	amaxa	ambaxə	伯父	＊ambaha
阿干	axin	axin	agə	axun	哥哥	＊agin

从鲜卑的词汇（如上面所列出的）来看，它们中既有蒙古又有通古斯语词汇。而从其名称上来看，则可以完全认为鲜卑是与通古斯族具有相同的发源地；或鲜卑与通古斯族有着同源关系。这种结论从语言的角度说明了鲜卑族的归属问题。同时也证明，鲜卑的确是混种，所以，前人说的“鲜卑父，胡母”是正确的。

我们的结论同方壮猷先生的结论相一致。方壮猷先生对十八个鲜卑词汇进行考证，得出结论说：“按：上述十八语中，可以蒙古语比拟者得十五语⑥，可以通古斯语比拟者得十一语，而可以土尔其语比拟者则仅七语，故白鸟库吉遂据此以为鲜卑民族属今蒙古种及通古斯种之混合种之证也。”[2](P1467)余吐肯先生的探讨也证明了这一点。根据这种推论，从通古斯语言入手是解释鲜卑这一名字的最佳途径。

从上面的探讨中，我们可以推断出，鲜卑族借用部分蒙古语但没有失去自己族名的原因在于鲜卑民族走出大兴安岭与蒙古民族相互融合的时候，蒙古民族从各个方面（如政治体制、语言、生活习惯等）对鲜卑族都有着巨大的影响。然而，由于鲜卑部落的相对强大，在通婚的时候，鲜卑民族的父系社会形态仍然占据了主导地位。因此，鲜卑民族不仅没有采用蒙古族的族名，而是在很大程度上保留了父系氏族的姓氏和通古斯语——鲜卑族自己的语言。所以，我们可以得出这样的结论：鲜卑民族的归属是通古斯族。

根据对通古斯语支的诸语言的对比分析，与历史学家的划分相同，语言学家也认为[5]，通古斯语支的诸语言可以进一步被分为两个分支：南通古斯语支和北通古斯语支。从语言亲近程度上、地域上划分，赫哲语与锡伯语属于南通古斯语支，而鄂伦春语和鄂温克语属于北通古斯语言。按照这种划分，同时参照鲜卑人曾经生活过、并且自认为的祖地——大兴安岭，我们能够看出，鲜卑人曾经是北通古斯的一个部落。据此，鲜卑人的语言应该为北通古斯语。因此，我们就有比较充分的理由以通古斯语中的鄂伦春语和鄂温克语为主要语言资源来对“鲜卑”进行释义。

四、鲜卑名考

从上面的论述中，可以看到，用“瑞祥”之义来解释“鲜卑”是不正确的。那么，“鲜卑”的意义究竟应该是什么？我们应该从什么方面入手来进行解释呢？很显然，既然“鲜卑”是一个民族名字，那么，从分析“民族”或“人”的意义角度入手是合乎逻辑的。

首先，我们来考察一下通古斯语言形态构成的共同特征，并用此来说明：通过对现代通古斯的对比研究和对某些关键词和语音的重构，我们有可能说明“鲜卑”这个名字的意义，并且说明这种解释是合乎语言学规律的。

通古斯诸语言构词的一个特点是：词汇意义是由词根和丰富的附加语

素两种不同的形式来体现的；即，除了由词根代表的自由词素的相互搭配外，各种语言中均具有大量的黏着性后缀。

1. 表示“哪的人”、“哪个民族的人”语言形态（词干+尾缀）：tʃin、tʃiin、çian、çi、tʃən 和 tʃə。[⑦]

2. 在通古斯语支的诸语言中，bəjə、bəi、nan、niɔ 是自由词素。它可以与其他词素结合在一起，表示“人”、“哪的人”、“什么人”、“哪个民族的人”。如：

鄂伦春语：ɔrɔtʃin bəjə（鄂伦春人）、əri bəjə（这人）、nixan bəjə（汉族人）、mantʃu bəjə（满族人）、ewinki bəjə（鄂温克人）；

鄂温克语：əri bəjə（这个人）、muriʃi bəjə（骑马人）əwəŋxi bəjə（鄂温克人）、nixan bəjə（汉族人）；

赫哲语：əi niɔ（这个人）、nikan niɔ（汉族人）、mantʃu niɔ（满族人）、kilən niɔ（奇楞）、ɔrɔtʃən niɔ（鄂伦春人）；

锡伯语：əi nan（这个人）、dʑu nan（两个人）、iqan nan（汉族人）、mantʃu nan（满族人）。

根据上述词素的位置和意义，我们可以对它们进行比较：

鄂伦春语	鄂温克语	赫哲语	锡伯语	意义	古形式重构	重构意义
bəjə	bəjə	niɔ	niɔ	人、哪的人	* –	人、哪的人

从四种语言的形态上看，我们没有办法对 bəjə 或 niɔ 和 nan 进行重构，因为按照语言历史音变规律，/ * b/虽然有可能变成/ * n/，但是这种变化必须在比较严格的语音环境中才能出现，例如：双唇音一般可以变成唇齿或唇化鼻音，而不能变成齿龈鼻音；或，当/b/与/n/处于线性相邻的位置时，/b/才有可能变成/n/。同时，逆同化或语音增强（fortification）的条件在此四种语言中并不存在，因此，/ * n/变成/ * b/的情况也不存在。

我们也不能对四种语言中的元音/ə/、/ɔ/和/a/所呈现出来的不同做出音变方面的解释；因为在通古斯语中，元音变化的一般特征是低元音高化，而非相反。

然而，这样分析的结果恰恰与将通古斯诸语言划分成南、北两支的观点相吻合：锡伯语的亲近关系更靠近满语；赫哲语处在通古斯语族北语支中偏南的部位；而鄂伦春和鄂温克则是完全的北支。

重构的困难可以在进一步的对比中得到解决，因为我们可以看到这样的语言事实：

鄂伦春语	鄂温克语	赫哲语	锡伯语	意义	古形式重构	重构意义
bəjə	bəjə	bəi	bəi	身体	＊bəjə	身体
ʃii	ʃii	bəi	bəi	你、您（反身代词第二人称）	＊－	你、您

这一组对比表明通古斯语＊bəjə这个词在其历史发展过程中，在赫哲语和锡伯语中产生了意义变异，分别变成“身体”和“表示反身意义的单数第二人称代词”。按照这个事实，我们便有可能对＊bəjə进行更加肯定的描述：

鄂伦春语	鄂温克语	赫哲语	锡伯语	意义	古形式重构	重构意义
bəjə	bəjə	bəi	bəi	人、身体	＊bəjə	人、身体

这一重构的结果表明，在通古斯语支的诸语言中，＊bəjə仍然是表示“人”的自由词素。

3. 在通古斯诸语言中，表示民族的词素是自由词素。它用来表示“大的民族团体”。

鄂伦春语	鄂温克语	赫哲语	锡伯语	意义	古形式重构	重构意义
kurun	kurun	kuruŋ	uxsurw	民族	＊kurun	民族

由此可见，在通古斯语言中，表示“民族”的词素并不体现在“鲜卑”这个名字中。这意味着鲜卑族在成为入主中原之前、在离开大兴安岭之时并非是一个有着统一名称的巨大的民族团体，而仅仅不过是通古斯族的一个分支。因此，他们的名称“鲜卑”就这样被保留了下来。

从以上的结构分析中可以看出，通古斯语中与“人”相关的词素中，仅有＊bəjə与“鲜卑”的“卑”音相近。[⑧]因为“鲜卑”是个通古斯民族名称，而＊bəjə在通古斯语的意义是“人”、“小民族、部落”；所以，我们有理由推测“鲜卑”这个名字一定是由“鲜”和“卑”两个部分构成，其意义一定是“鲜”＋“人”，即“鲜人”。

同时，我们也可以推出，古书上记载的“因山为号”、“以山命人”是主观的臆断；将“鲜卑”解释成“瑞祥”、“山”、“带钩”、“瑞兽名”、“青”都是错误的，都没有令人信服的、科学的根据。

根据这种结论，我们除了可以对“鲜卑”这一名称做出解释，还可以对“拓跋”和“铁弗”做出释义。即，“拓跋”是由“拓”和“跋”两个部分构成，其意义是：“拓” + “人”；“铁弗”是由“铁”和“弗”构成，其意义是：“铁” + “人”。[9]按照同样的推理，我们也可以对“锡伯”及“室韦”的名字做出同样的解释。

五、鲜卑族中是否有“鲜”姓氏族

根据魏书中的记载，鲜卑人曾有过庞大的社会、军事组织，有“大姓九十九”（《魏书·序记》）。然而，鲜卑人到底有多少姓氏，究竟哪个姓氏在鲜卑族的团体中占据着最大的地位，是否有“鲜”姓氏族，我们目前还无法断定。而这个民族的名字“鲜”称究竟从何而来，我们也不得而知，这还有待于更长期的工作和细致的研究来证实。

注释：

①在语言划分中，满语与通古斯语言是有区别的。虽然目前还没有人将满语与通古斯诸语言进行定量分析来证明其具体的差异程度，尽管人们提出“满——通古斯”语族的分类，但是，通古斯语与满语的确属于不同的语支。

②朱学渊：《鲜卑民族及其语言》，《满语研究》，2000 年第 1 期、第 2 期；孙进已：《东北民族源流》，黑龙江人民出版社，1989 年，第 75 页，哈尔滨。

③李一氓：《试释汉族》，《中国古代民族志》，文史知识编辑部编，中华书局，1993 年，第 23 页；贾敬颜：《略论汉民族的形成》，同书第 12 ~ 21 页。

④这些词汇的来源参见：干志耿、孙秀仁、范文澜、方壮猷、佘吐肯。

⑤见佘吐肯。另：出于研究的方便和统一性，本文使用了［dʑ］来代替了佘吐肯所使用的［j］。

⑥多半是官名。

⑦例子和分析，请参见本文第三部分。

⑧由于“鲜卑”是一个名词，在没有语境的情况下，其性、数、格、体、态等语法范畴均无法体现，所以，我们没有必要将其其他变位形态一一列出。

⑨关于“弗”的读音问题，参见方壮猷。

参考文献

[1] 干志耿、孙秀仁：《黑龙江古代民族史纲》，黑龙江省文物出版编辑室，1982年。

[2] 方壮猷：《鲜卑语言考》，燕京学报，第8期。

[3] 佘吐肯：《论锡伯语的源流问题》，《满语研究》，1996第2期。

[4] 杜承武：《古代北方游牧民族的腰带》，《北方文化研究》，黑龙江教育出版社，1989年。

[5] 朝克：《满——通古斯诸语比较研究》，民族出版社，1997年。

[6] Xi，Zhang：Some Aspects of the VoWel Phonology of the Manchu-Tungus Lunguages of China [D]. Univereity of Toronto，1997.

（原载《满语研究》2001年2期总第33期）

"鲜卑"族名与山名关系初探

慕容浩

鲜卑族是我国历史上一个重要的北方民族，在魏晋南北朝时期进入中原，并建立起强大的政权，对中国历史的发展产生了深远的影响，然而遗憾的是由于历史资料的奇缺，我们对这一民族的早期历史知之甚少，"鲜卑"族名与山名的关系便是其中的一个问题。

一、对历史上几种观点的辨析

鲜卑曾是东胡部落联盟的一部分，但西汉初年，东胡被匈奴攻破后整个东胡部落联盟瓦解，据《后汉书·乌桓鲜卑列传》记载："鲜卑者……远窜辽东塞外，与乌桓相接。"

《后汉书》载："鲜卑者，别依鲜卑山，故因号焉。"《三国志》载："鲜卑亦东胡之余也，别保鲜卑山，因号焉。"其他相关史书的记载也基本大同小异。因此可以看出，鲜卑族的族名来源于鲜卑山的山名这一观点在古代是具有一定共识性的，后世的史书基本采取了一种承袭的态度。近现代，我国的学者也大多接受了这一观点。如清代民国之交的学者丁谦在《蓬莱轩舆地学丛书》卷4《鲜卑转地理考证》中提到"考《魏书·本纪》卷1，言魏之先出曰皇帝子昌意。昌意少子受封北国，有大鲜卑山，因以为号，此鲜卑种类所由来也"。马长寿在其著作《乌桓与鲜卑》中提到："一个部落集团从东胡分化出来，最初分布的地点在鲜卑山，此部落集团遂以鲜卑为名。"田继周在其著作《秦汉民族史》中指出："他们出自东胡和因居鲜卑山为号，则是一致的说法。"

近年来随着学界对鲜卑族研究的深入，许多学者对鲜卑族山名决定族名一说提出了质疑，并不断有新的论据提出，以论证鲜卑族族名是先于山名产生的。但在研究过程中由于角度、方法的巨大差异，许多学者立论的依据也差异较大，其中的某些论据甚至存在着谬误，其结论当然难以让人认同。为了更好地研究清楚鲜卑族历史上山名与族名关系的问题，有必要在此占用一些篇幅将一些观点加以辨析。

以美籍学者朱学渊（参见《中国北方诸族的源流》）为代表的部分学者认为鲜卑人的祖先可以追溯到先秦时期，因为《国语晋语》中有这样的记载："昔成王盟诸侯于岐阳，楚为荆蛮，置茅，设望表，与鲜卑守燎，故不为盟。"有学者据此进一步推论出楚与鲜卑族似有亲缘关系存在。本人实难苟同，首先鲜卑作为东北的少数民族世居辽东塞外，《左传》中记载："周大夫詹桓伯云：'武王克商，肃慎、燕亳，吾北土也。'"未见鲜卑，那么，鲜卑至中原与诸侯会盟一说就不能成立。其次，若《国语》中的记载属实，则鲜卑族应与中原较早建立了联系（西周时期），中原各国也应较早地了解到了鲜卑人的存在，但可疑的是自《国语》之后，数百年中竟无一部史书再提及鲜卑，直至《后汉书・乌桓鲜卑列传》，这是极不正常的。民国时期所刊印的《四部丛刊》系明代金李刻本的影印本，其中《国语》中关于这一段历史的记载"鲜卑"作"鲜牟"，则照以上论述推测，《国语》中的"鲜卑"极可能系"鲜牟"之误。

有些学者试图从语言学的角度来研究这一问题，以期找到突破口。如张思勉指出："鲜卑，此族似即古所谓析支。""鲜卑，即《禹贡》之析支。"有的学者以此为基础进一步推论，鲜卑即郲娄。依据是"析"上古又与"訾"通，"支"则通"郲"为"郲"转。而"訾郲"正是"郲娄"的异称。由此鲜卑应属于东夷的一支——郲娄，后又迁徙到了辽东。这一观点的成立需建立在一条很长的音转链条之上，其本身是具有风险性的，因为音转链条之中任何一个环节不成立都会导致结论无法得出。事实上，这个链条中确有几点疑问。第一个疑点在于"鲜卑"是否便是"析支"。《尚书・禹贡》载："织皮昆仑、析支、渠搜、西戎即舒。"《旧唐书・西戎传》亦有"党项羌，在古析支地，汉西羌之别种也"的记载。昆仑山在南疆，党项人的活动范围在甘陕，湟水谷地，可见，析支的活动范围应在中国的西北地区。而鲜卑在东北，史书中并无鲜卑族曾有过大规模迁徙的记载，鲜卑人自己的记述中，也没有祖先曾大规模迁徙的蛛丝马迹。第二个疑点在于"析支"是否就是"訾郲"。从古汉语语音的研究中可分别得出"析"与"訾"通、"支"与"郲"通，但二者并用是否能从族名的角度讲得通，即由语音的角度推出"析支"即为"訾郲"是值得商榷的。李德山在他的《东北古民族与东夷渊源关系考论》一书中提到："上古记事用字无定。"并认为这可以作为"析支"即"訾郲"的依据，然而事实上中国古代在民族称谓方面，虽然对于同一民族的称谓文字有变，但并不是无原则的，如"丁零"亦作"丁灵"、"丁令"，并不见有更多写法。同样的"析支"虽与"訾郲"音近或音同，并不意味着"析支"便可随意写为"訾郲"，即"析支"与"訾郲"未必为同族。第三个疑点在于"鲜卑"若为"郲娄"，则其必须依赖"析支"这一环节，从音转的角度似是可以讲得通，但知果从民族的角度讲，由"郲娄"到"析支"再到"鲜卑"的转变本质上是由东夷到西戎再到东胡的转变，其实现的可能性不大。如果从历史地理的角度讲，由"郲娄"到"析支"再到"鲜卑"的转变则意味着鲜卑的先祖曾从华东迁至西北，后又迁至东北，这就更无从谈起了。由以上三点断定"鲜卑"即"郲娄"的观点并不可取。

在先秦的个别文献中，"鲜卑"一词作为某种物品的名称出现，有些学者以此为依据，提出上古华夏族素有"地物中国，名从主人"的称呼习惯，所以可得出上古时期的器物名与族名也应是同一关系。由此，进一步可推出"鲜卑"一词作为族名于先秦时期便已经出现，而不是由鲜卑山得来。先秦文献中"鲜卑"一词确实作为物品名出现过，如《楚辞大招篇》有"小腰秀颈，若鲜卑支"。王逸注："鲜卑，衮带头也。"可见此处"鲜卑"是指一种带钩。《汉书·匈奴传》曾提到"犀毗"，颜师古注："犀毗"，胡带之"钩"也。亦曰"鲜卑"，亦曰"师比"，总一物也。《战国策》载赵武灵王以黄金师比赐给周绍，《楚辞·招魂篇》也有"晋制犀比"的记载，其中所指应为一物。以上的几处记载中，"鲜卑"表示的是一种带钩，单从字面上讲与后世的鲜卑族无任何联系。进一步分析，以上的几处关于"鲜卑"的记载中"鲜卑"一词的用字是不确定的，若鲜卑带与鲜卑族确是同一关系，则鲜卑族的名称也应有诸多写法，并在文献中有所体现。而在文献中鲜卑族的族名用字是惟一的，只见"鲜卑"从未见"师比"、"犀毗"、"犀比"。另外，从现代语言学的角度来讲，语言是音义结合的符号，具有任意性，作为族名的则具有专一性、延续性。就此我认为先秦时的"鲜卑"仅指物品，与后世鲜卑族有联系的可能性不大。

二、以族名命名山名应是历史真面目

史书中关于鲜卑的族名源于山名的记载真实性是值得怀疑的。《后汉书·乌桓鲜卑列传》载：鲜卑“汉初（前206年），亦为冒顿所破，远窜辽东塞外，与乌桓相接，未常通中国焉……建武二十五年（49年），鲜卑始通驿使”。通过这段记载可以看出从东胡部落联盟解散（西汉初年）到东汉初期这一段较长的时间段中鲜卑与中原并无直接的联系。其后东汉王朝为了打击、孤立北匈奴，开始封鲜卑大人为王侯，鲜卑与中原王朝的接触才开始密切起来。而这个时期距鲜卑退保鲜卑山已经有近二百年的历史，东汉人了解的只是鲜卑兴起于鲜卑山表象，鲜卑山名与族名孰先孰后却已然难辨，鲜卑最早期并没有自己的文字，《后汉书》中关于鲜卑族的族名源于山名的记载事实上并没有确凿的史料依据。同时，后世史书编纂的年代距西汉初年更为遥远，其记载的依据更少，可信度更低。

鲜卑从东胡解体之前就应该已经有独立的族名。“胡”在先秦时期并不泛指北方的少数民族，而是特指匈奴。匈奴以东的诸多少数民族则被称之为“东胡”。由于“东胡”的性质是部落联盟，因此，东胡中的各个部落拥有自己的名称，且相对独立性较大。比如尽管乌桓是东胡的一个组成部分，但在东胡没有瓦解之前，乌桓的名称就独立出现在史册之中。《史记·货殖列传》在记载战国时期状况时，有这样一段记述：“上谷至辽东，地逴远，人民希，数被寇，大与赵、代俗相类，而民剽悍少虑，有鱼盐枣栗之饶。北邻乌桓、夫余，东绾秽貊、朝鲜、真番之利。”而这一时期乌桓是东胡的一部分。鲜卑作为东胡部落联盟的成员，同样也应拥有自己的名称，但由于鲜卑的势力范围并不与汉地接壤，因此，族名在东胡存在时期并不见于中原王朝的史册。但从一些史书中仍能看出一些蛛丝马迹。《十六国·春秋》载：“秦西汉之际，为西匈奴所败，分保鲜卑山，因复以为号。”这里，所谓的“复以为号”是指重新以鲜卑为号，也就是说“鲜卑”这个族名在东胡时期就已经存在，但在部落联盟之中一般只使用“东胡”这个部落联盟的名称，东胡溃散后，才独立使用“鲜卑”这一族名。

鲜卑与乌桓皆出自东胡，二者地域相接，《后汉书·乌桓鲜卑东夷列传》载：鲜卑“其言语习俗与乌桓同”。从西汉贾谊的《新书匈奴》篇，

《史记·匈奴列传》中都可以看出乌桓在西汉以前就已经存在。换而言之，以上著作为我们提供了一个线索，“乌桓”这个名称在冒顿单于攻破东胡之前就已经存在，且作为族名存在。那么，《后汉书·乌桓鲜卑东夷列传》关于匈奴灭东胡，乌桓“退保乌桓山，因以为号焉”以及乌桓的族名来源于山名的说法也就站不住脚了。相应的，史册中关于鲜卑族名来源的部分不免令人生疑，毕竟中原对与其接壤的乌桓的了解远多于鲜卑，甚至鲜卑的很多情况需要通过乌桓来了解，史书中对乌桓的记载产生了错误，对与乌桓极其近似的鲜卑的记载，产生错误的可能性相当大。

要考察鲜卑山名与族名的关系，地名与族名的命名规律也应被充分考虑。李德山先生在其《试论先辈是研究中的几个问题》一文中认为山名命名族名的观点“既不符合我国古民族的称名（命名）规律，又有悖于族名与地名的因果关系”。笔者认为，鲜卑与鲜卑山的关系应是“以族名山，而不是以山名族”。鲜卑族是游牧民族，频频迁徙，每至新的驻牧地，便“以族名山”，中国北方存在着多处鲜卑山便是一个力证。早在《十六国·春秋》的记载中鲜卑山已经有二，一在棘城（今辽宁锦县，一说义县西北），一在辽西。《隋图经》载：“鲜卑山在柳城县（今辽宁朝阳）东南。《读史方舆纪要》卷18，据旧制称在‘柳城东二百里有鲜卑山，东胡因以为号。或曰鲜卑山即青山’。”《太平寰宇记》云：“鲜卑山在河北道营州柳城县（州治）东南二百里。”又云：“棘城东塞外又有鲜卑山在辽西西北一百里。”《蒙古游牧记》卷1《科尔沁部右翼中旗》提到“旗西三十里有鲜卑山”。《水经注》引《释氏西域记》记载敦煌东南也有一鲜卑山。不难看出以鲜卑为名的山岳广泛分布东至辽东、西至陇西广大区域内，而这些区域都是鲜卑人驰骋过的地域。如果鲜卑族的族名是晚于鲜卑山的山名出现的，那么中国北方出现如此多的毫无联系的鲜卑山更难于解释。因此，鲜卑族的族名应早于山名出现，随着鲜卑族势力范围的扩大，不断以族名命名山名，最终形成了北方存在多处鲜卑山的格局。

（原载《北方经济》2005年9期）

“鲜卑山”考源

桑吉仁谦

一、关于“鲜卑山”的几个问题

众所周知，20世纪80年代，考古学家米文平先生经过长期查访和研究，终于找到了鲜卑拓跋氏在《魏书》中记载的旧墟石室“嘎仙洞”，用他自己的话说：“石室的发现，结束了史学界长期以来对拓跋鲜卑发源地和大鲜卑山方位的争论，解决了北方民族史上多年未决的一桩学术公案。”[①]陈连开先生也评价道：“鲜卑嘎仙洞的发现，解答了史学上一个千古之谜，是鲜卑史研究的一座丰碑。”[②]的确如此，鲜卑“旧墟石室”的发现不仅为鲜卑史研究提供了一个历史性坐标，同时为古代北方民族史研究提供了一个重要参照。

但是，这一考古成果的出现并未解决所有问题，至少以下几个问题尚需进一步研究和讨论：1.“旧墟石室”“嘎仙洞”的发现，仅仅解答了鲜卑拓跋氏的起源地问题，它并不能代表东部鲜卑及其发源地。那么，东部的鲜卑慕容氏起源于何处？它与鲜卑山有什么关系？2.《魏书·序纪》中说：“国有大鲜卑山，因以为号。”这个记载的矛盾在于：是先有鲜卑山才有国的？还是先有国再以鲜卑山命名国的？这个绕口令似的问题需要明辨。3.“嘎仙洞”的发现表明，史称的“大鲜卑山”在大兴安岭北段。那么，它与东部的鲜卑山和西北的鲜卑山是什么关系？孰先孰后？为何流动不止？

很显然，这几个问题至今还没有一个明确的说法。鲜卑史研究的学者和专家们并不想保留这些问题，而是苦于找不到更有说服力的证据，本文不揣冒昧，从今天土族历史文化的角度，试图对以上几个问题进行一番讨论，诚望专家们批评指正。

二、土族人歌颂的"鲜卑山"

与鲜卑"旧墟石室"的发现相呼应，土族学者吕建福在青海民和三川土族（以鲜卑之一支吐谷浑为主体，融合其他民族而形成）地区"发现"了一首歌颂鲜卑山的古歌，名叫《鲜卑山之歌》:[3]

哎，鲜卑之山哟，
鲜卑山头上顶的是什么？
哎，鲜卑之山哟，
鲜卑山头上顶的是蓝蓝的天帝。
哎，鲜卑之山哟，
鲜卑山额上捧的是什么？
哎，鲜卑之山哟，
鲜卑山额上捧的是众多的神灵。
哎，鲜卑之山哟，
鲜卑山眼里见的是什么？
哎，鲜卑之山哟，
鲜卑山眼里见的是阳世的光明。
哎，鲜卑之山哟，
鲜卑山鼻中嗅的是什么？
哎，鲜卑之山哟，
鲜卑山鼻中嗅的是五谷的味道。
哎，鲜卑之山哟，
鲜卑山嘴里嚼的是什么？
哎，鲜卑之山哟，
鲜卑山嘴里嚼的是十二样的五谷。
哎，鲜卑之山哟，
鲜卑山耳中听的是什么？
哎，鲜卑之山哟，
鲜卑山耳中听的是宇宙的声息。

哎，鲜卑之山哟，
鲜卑山颈上戴的是什么？
哎，鲜卑之山哟，
鲜卑山颈上戴的是藏布汗的数珠。
哎，鲜卑之山哟，
鲜卑山左肩扛的是什么？
哎，鲜卑之山哟，
鲜卑山左肩扛的是北斗七星。
哎，鲜卑之山哟，
鲜卑山右肩上扛的是什么？
哎，鲜卑之山哟，
鲜卑山右肩扛的是南斗六郎。
哎，鲜卑之山哟，
鲜卑山左手拿的是什么？
哎，鲜卑之山哟，
鲜卑山左手拿的是角骨的弯弓。
哎，鲜卑之山哟，
鲜卑山右手拿的是什么？
哎，鲜卑之山哟，
鲜卑山右手拿的是锋利的箭。
哎，鲜卑之山哟，
鲜卑山背上背的是什么？
哎，鲜卑之山哟，
鲜卑山背上背的是温暖的太阳。
哎，鲜卑之山哟，
鲜卑山怀里揣的是什么？
哎，鲜卑之山哟，
鲜卑山怀里揣的是皎洁的月亮。
哎，鲜卑之山哟，
鲜卑山膝上镶的是什么？
哎，鲜卑之山哟，
鲜卑山膝上镶的是银子的盖骨。

哎，鲜卑之山哟，
鲜卑山脚下踩的是什么？
哎，鲜卑之山哟，
鲜卑山脚下踩的是藏布汗的土地。

土族学者马光星对《鲜卑山之歌》（又名《思不吾拉》）这样介绍道："土族妇女们至今在婚礼期间演唱的《思不吾拉》，又是一则土族神话，共八十多行，它以一问一答的形式和纯粹的土语演唱；《思不吾拉》是土族神话中的一座山，这座山被人格化，成为屹立于宇宙间的巨人，他头顶蓝天，脚踩大地，在他身上集中了人类赖以生存的主要物质财富和精神财富，如他的眼睛是亮明星，他左手拿着弓箭，右手拿着笔砚，嘴里衔着玉石，前胸是银，背后是金等等。它象征土族人民富于创造的精神。"④

另外，马光星先生在《土族文学史》⑤中称这座山是"苏贝尔吾拉"，实际上这是准确的音译。马先生说："苏贝尔是'塔'之意，其实，苏贝尔不是指'塔'而是'鲜卑尔'（即青稞），也就是鲜卑。"

从以上的歌词内容和神话传说中我们可以看出《鲜卑山之歌》（《思不吾拉》）的总体特点是纯朴、古拙，而且它离我们的时代非常遥远。那么，这首歌缘起何时？表现的是鲜卑哪个历史阶段的生活？要回答这个问题，我们只能从它的具体内容中去寻。

首先，从它的内容判断，它所反映的对象中有神灵、有宇宙中的一些星球要素，有土地、五谷，还有弓箭和可汗统治的社会。很显然，这是一个在"天帝"和"众神灵"佑护下生活在远古时代的一个农业社会的存在形态。在这个古代农业社会中，他们在藏布汗的土地上不仅能种出五种乃至"十二样"的五谷来，而且也熟练地使用着弓箭。可以说，是鲜卑远祖在史前时代生活状态的真实写照。这就说明一个非常重要的问题，史前的鲜卑族是一个以农业为主的民族，并非是一个"开化迟缓"的狩猎和游牧的民族。这一点，在嘎仙洞祝文中也有反映，该祝文的第一句话即是："皇天之神，辟启之初，祐我皇祖于彼土田"，祝文的第一句中就有"于彼土田"，但未见狩猎、游牧之类词语。说明，嘎仙洞祝文和鲜卑山之歌中反映的内容是一致的。

其次，依笔者拙见，悬挂在"藏布汗"脖颈上的"数珠"就是某种权力的象征。数珠上的珠子的个数，正是他拥有的氏族或部落数。藏布汗这串“数珠”前后的象征意义，那就是由这位“藏布汗”统领的古代鲜卑社会，是一个由众多氏族或部落组成的庞大的部落集团。古歌中将这个集团的首领称之为“藏布汗”，嘎仙洞石刻祝文的祷告词中也称：“皇祖先可寒配，皇妣先可敦配”。“可寒”和“可敦”就是鲜卑语，在之后的鲜卑语国家中，乃至其他一些北方民族建立起来的古国中，都沿用这一称谓。从这一点看《鲜卑山之歌》中的“藏布汗”已经是一个古国领袖，他与嘎仙洞祝文中的“皇祖先可寒”是相吻合的历史真实。也就是说《鲜卑山之歌》提供给我们的远古鲜卑人的社会生活状态是这样的：在天帝和众神的佑护下，鲜卑人已经能种出“五谷”和“十二样的五谷”，也已熟练地掌握着弓箭的用法。而统领着鲜卑这个庞大部落集团和已具农业古国社会形态的“藏布汗”，脖颈里挂着象征权力的“数珠”，他正领导着他的先进的族人，他的伟大的形象就像鲜卑山一样雄伟。我想，这就是我们从嘎仙洞祝文和鲜卑山之歌中看到的古代鲜卑社会的生活情景。

再次，《鲜卑山之歌》的表现手法，主要以拟人化的方式完成。整个鲜卑山就是一个横空出世的巨人，他踩着“藏布汗”的土地，头顶“蓝蓝的天帝”和“众多的神灵”，看着“阳世的光明”，听着“宇宙的声息”，鼻子嗅着“五谷的味道”，嘴里咀嚼着“十二样的五谷”；这是他的“首部”所包含的生活内涵。他的胸背肢体部分也没“闲着”，左肩扛“北斗七星”，右肩扛“南斗六郎”，左手拿“角骨的弯弓”，右手拿“锋利的箭”，背负“温暖的太阳”，怀揣“皎洁的月亮”，膝上镶的是“银子的盖骨”，脚下“踩着藏布汗的土地”。你仔细瞧瞧鲜卑山的确是一位超凡脱俗的巨人。这位拟人化了的“巨人”，实际正是对远古的鲜卑族自身形象的生动描绘。鲜卑山是一位超凡脱俗的“巨人”，这位“巨人”是谁呢？不是别人，正是鲜卑族自己，或者说，鲜卑山就是远古鲜卑人的一片巨大的投影。

三、鲜卑族敬仰的鲜卑山

我们已经知道，《后汉书》[6]开始已有了“鲜卑山”之称，之后的数千年中，既对鲜卑山进行了全面的考证，又有一些重要的考古发现，然而事情还不能彻底解决，鲜卑山究竟确指哪一段和哪一山，未有定论，也无法定论。比如《魏书·序纪》[7]中记载：“国有大鲜卑山”，考古发现的鲜卑拓跋氏“旧墟石室”在大兴安岭北段，说明，《魏书》中所言“大鲜卑”，在大兴安岭北段；可是大兴安岭中，南段也有鲜卑山，除大兴安岭之外的西北地区也有鲜卑山，这些问题仅凭“旧墟石室”的发现还不能解决。再比如，《鲜卑山之歌》只是以文学的手法虚拟一个人格化了的大山形象，它的作用是既歌颂鲜卑山，又刻画英雄而伟大的鲜卑人形象，偏偏就不能确定具体的鲜卑山，也没有确指具体的山。

那么，这一些鲜卑山是怎么产生的呢？真正的鲜卑山在哪里呢？这个问题的解决，单凭文献、考证和考古发现还不够，还需要其他一些重要因素的参与。我所说的“其他一些重要因素的参与”，实际还是指解读古代鲜卑语“化石”来彻底解决这一问题。

我在《鲜卑人名族名揭秘》[8]一文中已经破译了“鲜卑”和“鲜卑郭勒带”这样一些“古语化石”。“鲜卑”即土族语“sibir”，即青稞。我认为是先有“鲜卑”这个族称，然后有鲜卑山这个山名，而且，鲜卑族自己并不称其为“鲜卑山”，那么，鲜卑族自己称这座山是什么呢？

经过长期的寻找和仔细的研究，我认为是“屠何”。

“屠何”一词的确定，得益于《逸周书》王氏补注：“子曰：恒公败胡貉，破屠何。注：屠何，东胡之先也。”[9]“屠何”也写作“徒何”。有人认为“屠何”（徒何）是东北洮儿河的谐音或对音，有学者还认为“屠何”是鲜卑慕容氏吐谷浑名的译者讹其音所致[10]，这些解释都不正确。“屠何，东胡之先也”，意思是说，东胡族在有“东胡”这个族名之前叫“屠何”，这就把东胡的历史又往它的源头方向推进了一大步。因为在汉文史籍中在“东胡”之前有山戎、北狄、狄、貉、犬戎等，都与某种动物名相联系，并非具体的族名。而“屠何”既然为“东胡之先”，它不是动物名，是个古鲜卑语，也可以认为它与东胡有着某种内在的联系，否则为什么能和“东胡”联系在一起？为什么又能成为“东胡之先”的名字呢？所以，《逸周书》中的这个“王氏补注”直接引起了我对这个鲜卑古语的深思。

与此同时，我还查到了与“屠何”相关的两个东胡系族名。一个名字源自《北史·吐谷浑传》：“吐谷浑，本辽东鲜卑徒何涉归子也”，就是说，吐谷浑的父亲叫“徒何涉归”，这个名字中的“徒何”就是之前的“屠何”。“徒何涉归”属鲜卑慕容部的领袖，说明慕容氏就是东胡和“东胡之先”的“屠何”的嫡系，这是一个很有说服力的证据。另一个名字也源自《北史·屠何段就六眷传》:“屠何段就六眷,出于辽西。”一般史书都认为,鲜卑段氏是东部鲜卑的主要组成部分之一,有些史书中说,段氏与匈奴在血缘上有着密切关系。其实,从《北史》的这个解释中我们不难看出,段氏和慕容氏一样,都属于“屠何”的嫡系,它与匈奴并无密切的血缘关系。慕容涉归史称“徒何涉归”,段氏就六眷也称“徒何段”,这就说明“徒何”是他们的总根源,而“慕容”和“段”是他们的部落名和姓氏,“徒何段”又是一个很有力的证据。“徒何涉归”和“徒何段”共同证明的是他们的部族都源自“徒何”(或“屠何”),“徒何”应该就是东部鲜卑的根本所在。至于在名字前加“徒何”这个古鲜卑语,意图很清楚,他们都想说明他们是“屠何”(或“徙何”)那个地方的人,或是根在那里。“徒何涉归”和“徒何段”应该就是“徒何”这个地方的鲜卑人,或是从“徒何”出来的鲜卑人。

进一步的问题,“屠何”(徒何)这个古鲜卑语究竟是什么意思?是个族名还是物名?陈寄生说:“考徒何之居地,正为今热河,吉林、辽宁之洮河,其地自古至今为东胡人民之故居。然则洮河之名乃为古之屠何及徒河之今语。”[11]陈文的意思是,洮河即屠何,甚至“徒何”即是“吐谷浑”名的音讹而成。李德山、栾凡著:《中国东北古民族发展史》中却说:“‘徒何段’其实是一个族名加另一个族名的称呼,‘徒何’即‘段’,‘段’也是‘徒何’。”[12]后一种解释中把“段”和“徒何”当作族名解释。其实这两种解释都不正确,“屠何”(徒何)按今天土族语解,就是tuligha,即“柱子”和“擎天柱”的意思。“屠何”之居地在洮河,因为这里是慕容氏起源的地域;而“屠何”亦非“洮河”的对音,“屠何”确指大兴安岭中段洮河发源地的山脉,鲜卑慕容氏将其称之为“擎天柱”。“擎天柱”者,既高大又雄伟,顶天立地。从这个角度说,“徒何涉归”、“徒何段”相提并论也不妥当。“徒何”属慕容氏,慕容氏是鲜卑(即青稞)的早期种植者,是北方早期的农业文明的创造者,也是鲜卑民族的始祖,他称之为“徒何涉归”那就说明是“徒何”的始祖;而“徒何段”不是慕容,所以它只能是慕容中分离出来的一部落,因为发展久了,势力渐大,但它的根本仍在慕容和慕容起源的“屠何”,所以仍以“徒何”自称。

“屠何”既然是古鲜卑语“擎天柱”的意思,那么,它与鲜卑山又有什么关系呢?有关系。不仅有关系,而且关系重大。我在《鲜卑人名族名揭秘》一文中已经论述过了：“鲜卑”并非自称，而是他称。鲜卑的发明创造者是慕容氏，慕容是这个部族的族征，以后变成了国姓；慕容氏也不自称为慕容，而是自称为“蒙格”。慕容氏因发明和发展了北方早期的农耕文明，其代表性的农作物叫“鲜卑”（师比、犀毗、锡伯等），这个音译的鲜卑古语出现在汉籍中就成了固定的族名“鲜卑”。“鲜卑”即是一种农作物，汉名叫“青稞”。古代的北方民族，就称发明了青稞的这个部族为“鲜卑”，“鲜卑”是他称，而非自称。鲜卑族长期生活的这个地方的山就称之为“鲜卑山”，也是他称。那么，鲜卑人把“鲜卑山”称之为什么呢？即是前面说的“屠何”，即像“擎天柱”一样雄伟的山。

至此，我们就把这个古老的关系搞清楚了：“鲜卑山”不是自称而是他称，鲜卑族把“鲜卑山”自称为“屠何”，即“擎天柱”一样雄伟的山。同时，我们也进一步地明确了《鲜卑山之歌》为什么用拟人化的手法来歌颂一座大山，其根本原因就在于它是鲜卑慕容氏起源的地方。

四、基本结论

通过以上分析，我们可以得出如下结论：

1. 自《后汉书》开始一直流传至今的“鲜卑山”名是对古代北方农业文明做出贡献的鲜卑慕容氏而叫起的一个山名。“鲜卑”是一种“他称”的族名。“鲜卑山”同样是对这个古代北方民族起源和生活地域山脉的称谓，也属于“他称”。这座山脉有人指是洮儿河附近的一座具体的山，也有人说是指整个大兴安岭。根据鲜卑族的起源和活动分布情况看，“鲜卑山”确指大兴安岭。而生活在“鲜卑山”上的鲜卑族，并不把大兴安岭称之为“鲜卑山”，而是称之为“屠何”。“屠何”是“擎天柱”的意思，形容鲜卑人也像“屠何”一样顶天立地。

2. 因为“鲜卑山”不是鲜卑族的自称，而是他称，所以鲜卑族迁徙到哪里，哪里的高大山脉就称之为“鲜卑山”。比如鲜卑慕容氏起源的地方的山脉就称之为“鲜卑山”（据史家考证，在今科尔沁右中旗）；吐谷浑西迁后所依偎的祁连山称之为“阿布干鲜卑山”（“阿布干”即鲜卑语哥哥的意思，亦即鲜卑慕容氏若洛廆的兄长居住的山脉）；甚至青海民和县官亭镇附近的拉脊山也称为“鲜卑山”，山上原来设祖庙，还有祭山用的敖包。而鲜卑拓跋氏生活的大兴安岭北段及外兴安岭，称之为“大鲜卑山”（拓跋氏原也是鲜卑的一支，一个部落，后因建立北魏，就自然地称起“大”来了，“大鲜卑山”跟它的强盛直接相关）。总之，随着鲜卑族的迁徙和流动，“鲜卑山”的地名也随之流动，所不同者只是鲜卑山前面的一些限定词，以区别原始的鲜卑山；而原始的鲜卑山在洮儿河附近，实际确指大兴安岭。所以，龙华先生在《对鲜卑源流关系的文化考察》一文中说：“从上面的情况看，众多的鲜卑山分布于今大兴安岭北段及辽宁、河北、内蒙古及西北地区。除大兴安岭北段的大鲜卑山与西北地区的阿布干鲜卑山分别归属于拓跋部和吐谷浑外，其他鲜卑山从地域分布看，似与东部鲜卑有关。在北部中国鲜卑各部活动过的广大地域内存在众多的鲜卑山的现象，似乎暗示着各部鲜卑之间存在着某种神秘的联系。”⑬龙华先生所谓的这种“神秘的联系”实际就是鲜卑嫡系部族之间的源与流的关系，因为这种亲密的源流关系，鲜卑部族迁徙到哪里，“鲜卑山”也就跟随到哪里。

注释：

①米文平：《鲜卑石室的发现与初步研究》，载《文物》1982年第2期。

②陈连开：《鲜卑史研究的一座丰碑》，载《民族史论文选》（1951~1983年上册），中央民族学院出版社。

③吕建福：《土族史》，中国社会科学出版社，2002年。

④马光星：《略论土族的神话史诗〈混沌周末〉》，载《神话新探》，中国少数民族文学学会编，贵州人民出版社，1986年。

⑤马光星：《土族文学史》，青海人民出版社，1999年。

⑥《后汉书》，（宋）范晔撰。

⑦《魏书》，（北齐）魏收著。

⑧《中国土族》，2005年春季号。

⑨冯家升：《东北史中诸称之解释》。

⑩⑪陈寄生：《青海土人为吐谷浑后裔考》，载《土族族源讨论集》1982年。

⑫李德山、栾凡：《中国东北古民族发展史》，中国社会科学出版社，2003年。

⑬龙华：《对鲜卑源流关系的文化考察》，载《贵州师范大学学报》1990年第2期。

（原载《中国土族》2005年秋季号）

论拓跋鲜卑之得名

罗　新

由于缺乏直接的语言及其他历史资料，要研究古代北族纷歧错杂的部族名称与制度名号，常常会陷入“文献不足征”的困境，或竟不免穿凿附会、强立异说。[①]可是，随着学术研究的积累和推进，如果我们能够深入广泛地参考各相关学科的成绩，即使原始史料并未增加，对原始史料的认识却可以越来越丰富。对于研究北族名号来说，我认为近代以来国际阿尔泰学（Altaic Studies）的研究成果，特别是阿尔泰语言研究的成果是必须重视和参考的，甚至也应把其中有关内亚民族语言的探索视作中国史研究的重要积累。在这一前提下，探寻北族部族称号与制度名号的发生与发展就是可能的和理应尝试的。本文以考察鲜卑拓跋部的得名为题，意在通过这一个案研究，揭示魏晋时期鲜卑诸部得名的一般情况，从而扩展对中古时期北方民族部族传统的认识。本文还将使用基于北族政治文化传统而总结出来的“名号分化——官号与官称”的分析方法[②]，加强对北族各种专有名（proper names）的分类和定性，希望有助于从北族名号的乱麻中理出头绪，为整理中古民族史的纷乱史料提供一条新的途径。

一、拓跋语源的检讨

对于“拓跋”语源，《魏书》开篇就有解释“黄帝以土德王，北俗谓土为托，谓后为跋，故以为氏”[③]，《资治通鉴》载北魏孝文帝改姓诏书，亦称“北人谓土为拓，后为跋；魏之先出于黄帝，以土德王，故为拓跋氏”。[④]这种说法后世或偶有信从者，如清人吴广成辑《西夏书事》，犹称“北魏孝文取拓跋为土之义，改元氏”。[⑤]然而北魏官方对于“拓跋”语源的这一解释，深为现代史家所怀疑，或斥为“假托”、“附会”[6]，或看成“造作先世事实以欺人”。[7]《宋书》虽然说“索头虏姓托跋氏，其先汉将李陵后也”[8]，但并没有解释“托跋”词义。《广韵》记录“或说自云拓天而生，拔地而长，遂以氏焉”[9]，显系望文生义。《南齐书》云：“初，匈奴女名托跋，妻李陵，胡俗以母名为姓，故虏为李陵之后，虏甚讳之，有言其是陵后者，辄见杀，至是乃改姓焉。”[10]这又不过是《宋书》说法的变种。拓跋，或写作托拔、托跋、拓拔等等，应该都是同一个代北名号的中文音译。

如果没有新的历史资料及历史比较语言学方法的介入，这个问题只会是死水一潭。19 世纪末发现于蒙古高原鄂尔浑河与土拉河流域的鲁尼字母古突厥文碑铭，给拓跋一词的研究提供了新资料。阙特勤碑、毗伽可汗碑及稍晚发现的暾欲谷碑，都有一个专门的名词𐱃𐰉𐰍𐰲，指代唐朝，其罗马字母转写形式为 t（a）bg（a）ç[11]，或作 tabγačč[12]，也写作 tabgatch 等形式，都是古突厥文的西文转写。这个指代唐朝的名词，本义究竟是什么，经历过长久的争论。夏德（F. Hirth）提出 tabγač是“唐家”一词的突厥文对音转写（后来桑原骘藏在此基础上提出“唐家子”一说[13]），他还指出 tabγač与拜占庭历史学家 Theophylacte Simocatta 所提到的 Taugast[14]，以及《长春真人西游记》里用来称呼汉人的“桃花石”一词[15]，应有共同的语源（etymology）[16]，这就把突厥碑铭资料与传世的文献史料结合了起来。问题是，Theophylacte Simocatta 所讲述 Taugast 国内对立的两个政权之一渡过大河实现统一的战争，一般认为就是隋平陈的战争，时间早于唐。而据卜弼德研究，那个故事描述的本是北周灭北齐并统一北方的历史，时间就更早了。[17]因此，可以肯定与唐无关。自从伯希和与白鸟库吉分别提出 tabγač是指拓跋以后[18]，这种从历史和语言两方面都能获得圆满解释的说法，已经成为国际突厥学界的通行观点。

《长春真人西游记》里中亚人称呼汉人的“桃花石”一词，也由于 1917 年在土耳其发现麻赫穆德·喀什噶里的《突厥语大辞典》而找到原型。《突厥语大辞典》收有 tawγāč一词，义为马秦（Māsin），马秦加上秦（sin）和契丹（Khitāy）的范围，也可以统称 tawγāč。[19]可见 tawγāč就是指中国，“桃花石”乃是 tawγāč的中文译写。因此，突厥碑铭的 tabγač，拜占庭史料里的 taugast，与 11 世纪流行于中亚突厥诸族中的 tawγāč，都是指中国（至少是指北部中国）。这几个词汇有同源关系，而突厥碑铭里的 tabγač是其中最为原始的形态，它是北魏统治集团的核心部族“拓跋”部名称的突厥文音译。[20]克劳森《十三世纪以前突厥语语源辞典》收有 tav ğ aç 一词即(tabγa č)，解释为“一突厥部落名，其中文转写作‘拓跋’”。[21]

关于拓跋是否突厥语部族的问题，拟另外讨论，这里笔者只注意突厥人以拓跋部名当作中国北方政权称谓的问题。依据白鸟库吉和克劳森的意见，突厥是在拓跋统治中国北方的时代与中国发生联系的，因而以其部族名称代指华北政权及其统治区域。[22]可是，突厥与西魏第一次进行正式官方联系，是在西魏文帝大统十一年（545 年）[23]，非正式往来更在三年之前或更早[24]，而宇文泰复鲜卑旧姓在西魏恭帝元年（554 年）。[25]也就是说，突厥与西魏发生军事、政治接触的十多年之后，西魏皇室才复姓拓跋，而且不出三年即被宇文氏取代，为时短暂。在恭帝元年之前的六十年间，皇室姓元，国号为魏（亦偶有称代者），经历了几代人之久。这个时候突厥人所了解的西魏，哪里会有拓跋的名号呢?

漠北部族以拓跋名号称呼北魏及其统治区域，要远远早于突厥人与西魏的初次接触，而且这一传统很可能是由敌视北魏的漠北政权即柔然建立的。柔然几乎是在北魏道武帝率领拓跋联盟创建政权的同时，开始其争霸草原的长期战争，而柔然的游牧政权也是在与拓跋部落联盟的对抗中渐渐形成的。[26]柔然并未认可北魏对于大漠南北草原地区的统治权，自然也不会接受北魏的国号及其历任皇帝的年号，可以想象的情况是，柔然仍以拓跋部的本来部族称号来称呼北魏国家。这种在名称上做文章以显示敌对政治态度的做法，也反映在北魏太武帝改“柔然”之名为“蠕蠕上”。[27]随着北魏逐步统一北方，柔然及其统领下的漠北草原诸部所称呼的拓跋，也渐渐扩大其内涵，终于变成了指称北部中国的一个固定名词。作为柔然部落联盟的成员，突厥是从柔然政权接受了 tabγa č一词的。这就意味着，从柔然与拓跋为敌算起，一个半世纪以后突厥人使用的 tabγa č一词，很可能早已完全失去了拓跋部族名称的原本词义了。

既然如此，经过柔然而传递到突厥部族中的 tabγa č，无论概念内涵还是构词形式或发音方式，都会发生或多或少的变异。因此，简单地把 tabγa č解释为部族名称，很可能是不符合事实的。这也可以帮助解释，为什么学者难以从语源学上解读 tabγa č一词。因此，尽管具有语言上的亲缘优势，但突厥人的 tabγa č一词，未必会比中文音译的“拓跋”一词更接近拓跋名号的原本音、义。要解释“拓跋”名号的词义，不应该完全放弃北魏统治者自己提供的信息。根据孝文帝的改姓诏书，“北人谓土为拓，后为跋”这个说法即使有自美姓氏来历的一面（特别是与黄帝的土德联系起来，明显是一种攀附[28]），也可能有包含真实历史线索的一面。[29]白鸟库吉是最早利用这一线索的学者，即使他只是部分地相信这一线索的价值。根据《魏书》和孝文帝诏书对于“拓跋”二字的解释，“拓跋”是一个复合词，是由表示土地的“拓”与表示君主的“跋”两个单词复合而成的。白鸟库吉在蒙古语里找到表示泥土的 tôhon 和 toghosun，推测即是拓跋之“拓”；又在通古斯语中找到表示君长的 boghin，推测即拓跋之“跋”的对音。然而尽管作了这一研究，白鸟库吉自己并不满意，他相信所谓“北人谓土为拓，后为跋”的解说，仍然是拓跋氏为了自我夸耀，取其音近而进行的一种附会，因此拓跋本义“仍属不明也”。[30]

著名的蒙古学家李盖提在他那篇研究拓跋语言属性的文章里，证明北魏统治者自己的这一解释是可信的。李盖提考证《三国志》所记的“讫纥臣水”与《新唐书》所记的“土护真水”是同一条河流，而“讫纥臣”与“土护真”就是蒙古语词 tarušin 或 tɑru šin，意思是“土，泥土”，而这个词与拓跋之“拓”是同一个词。[31]因此，“拓跋”的确是一个复合词组，是由“拓”与“跋”两个不同词义的北族词汇联合构成的。既然拓跋之“拓”恰如北魏统治者自己解释的那样是“土”的意思，那么拓跋之“跋”是否的确是“后（君主）”呢？

近年林安庆发表的有关中国北方地带突厥语成分的几篇文章[32]，对于这个研究的推进有很大帮助。他在一篇研究拓跋语源的文章里，和白鸟库吉一样，抓住“北人谓土为拓，后为跋”的历史线索，首先建立“拓跋”二字的中古读音，然后在阿尔泰语系各语言中寻找音义相应的词汇。[33]根据林安庆的研究，与“拓”对应的词汇是［to:ğ］，与“跋”对应的是［be:g］，两者都是突厥语词汇。克劳森解释 to:ğ为“尘土、泥土”，[34]be:g 为“氏族和部落首领”，并怀疑可能最早是借自中文表数量的“百”字（这个说法源自很多突厥学者的猜测，恐怕是不能成立的）。[35]林安庆还发现，今天厦门方言中的“拓跋”发音，与突厥语这两个对应词汇几乎没有分别。他得出结论说，汉字“拓跋”二字并不是古突厥文 tabgatch（即 tabγač）的对音转写，而是古突厥文［to:g beg］这一复合词组的对音转写，其词义正是“土地之主人”，完全证实了北魏官方自己的解释。这一研究确认了本文前面对 tabγač一词经柔然传递至突厥过程中音义发生变异的猜测。从 tabγač本身，无法分解出［to:g beg］，也就是无法探究其语源。

从李盖提和林安庆的研究出发，我们还可以分析“拓跋”这一词组的性质。

根据笔者对内亚政治文化传统中可汗号、官号的观察，以及对内亚诸族政治制度的制度形式及其名号演化的认识[36]，可以知道“拓跋”是一个由官号与官称相结合的复合词。“拓”是官号，“跋”是官称，“拓”是修饰“跋”的，“拓跋”结合在一起就成为政治实践中某一固定的名号。关于“拓”（即 to:č）作为官号的应用，还可以举出突厥时代的一个例证。据《旧唐书》：“阿史那社尒，突厥处罗可汗子也。年十一，以智勇称于本蕃，拜为拓设，建牙于碛北。”[37]拓设，即［to:g šad］，“拓”是“设”的官号。对于 beg（跋）作为官称的使用，还有古突厥文碑铭的证据。阙特勤碑东面第 20 行有 b（a）rsb（e）g[38]，或转写作 bars bäg。[39]Talât Tekin 解释 bäg 为“主人、首领、统治者的一种称号”。[40]有的中文译本把 bars bäg 音译为“拔塞伯克”[41]，这种处理也基本可以反映官号与官称相结合的性质。不过，《旧唐书》里记有一个突厥首领为“拔塞匐”[42]，蒲立本（Pulleybiank）认为这个名号对应的就是阙特勤碑铭里的 bars bäg，唐代以汉字“匐”对译 bäg 的例证很多。[43]岑仲勉径译 bars bäg 作“拔塞匐”[44]，是比较可取的。这里，bars（拔塞）是 beg（匐）的官号。当然 bars 也可以用作其他官称的官号。《旧唐书》还记录西突厥弩失毕五俟斤之一曰“拔塞幹暾沙钵俟斤”[45]，“拔塞”是“俟斤”的官号，犹如阙特勤碑铭中 bars 是 beg 的官号。拓（to:g）意为“土地”，可引申为“国土、领土”。突厥语中以“国土”作为美称和官号的辞汇，还有 el，中文或译作“伊利”。突厥有伊利可汗，学者认为即 EL Qaγan，其可汗号 el 意为“土地”。[46]古突厥碑铭中的 ellig 的词根就是 el，回鹘九姓可汗的可汗号里有“颉”字，是这个词的异译。[47]西晋时期拓跋部的首领有个猗㐌，“猗㐌”也可能是 el 一词的异译。以“土地”为美称，与土地、土壤所代表的国土、领土有关。春秋时晋公子重耳避难于卫，乞食于野人，野人“与之块”，子犯却说“天赐也”，杜预的解释是“得土，有国之祥，故以为天赐”[48]。高句丽第十八代王伊连“号为故国壤王”，亦以“壤”为王号。[49]

“拓跋”一词中的“跋”在魏晋鲜卑诸部的部族名号中发挥了极为突出的作用。显然这个词在突厥时代及突厥语诸民族的历史中相当常见，但它是不是一个突厥语词呢？虽然林安庆认为这是一个突厥语词，但是克劳森却无法在突厥语中找到它的语源。巴赞和博文为《伊斯兰百科全书》所写的“beg orbeγ”条，列举了中亚突厥语诸民族使用 beg 一词的情况[50]，很显然他们也不能找到这个词的突厥语语源，可是他们在明确指出突厥语的 beg 是借词之后，却又猜测很可能是从伊朗语借入的，其原型是萨珊王朝王号中的 bag，viz，意为“神圣”（巴格达 Bag-däd 即由此得名）。Karl Menges 认为，bäg 是从 baγa 演变而来的。[51]巴赞一再强调的 bäg 源头在伊朗语之中。[52]然而，baγa 与 bäg 很早就出现在说古蒙古语的蒙古高原东部的族群中间了，它们同时并存，甚至一起组合成新的、较为稳定的名号（莫贺弗）。因此不能得出 bäg 源于 baγa 的结论。而且，如果认为 bäg 是从萨珊波斯时代的王号借入阿尔泰民族中，那么，蒙古高原上出现 bäg 的时间，绝不能早于萨珊波斯的鼎盛时期。伊朗学家一般认为萨珊的兴起不得早于3世纪，3世纪后期萨珊政权的影响力开始深入到阿姆河以北的草原地带。[53]可是正如下面就要论证的，这恰恰是蒙古高原上鲜卑诸部的政治发育进入全新时期，即从部落向酋邦（chiefdom）或原始国家（premitive state）跃进的时期，也正是各部首领的官号中包含有 bäg 名号的时期。这说明，鲜卑诸部采用 bäg 称号，并不晚于萨珊波斯，自然也谈不上从萨珊波斯借入这一称号。因此，对于 bäg 或 beg 一词的语源，现有的解释还是不够的，新的突破很可能仰赖我们对中国北族名号制度的进一步研究。

可以肯定，拓跋这个长期作为部族名称并进而成为部族核心家庭姓氏的名词，原本不过是作为官号与官称相结合的一组复合词，即很可能本来只是该部落某一首领所担任的职务的名号（这种名号包含官号与官称两个部分），后来竟然凝固而成为部族名称和家族姓氏。这种以官为氏的例证，在华夏与北族中都很容易找到。与拓跋同时的北族的例子，最明显的是建立了北凉政权的卢水胡沮渠氏，正是号称“其先世为匈奴左沮渠，遂以官为氏”。[54]“沮渠”的语源早已无迹可寻，但幸好“拓跋”一词还可以获得以上所述的分析。以此分析为基础，笔者将尝试对中古早期的北方民族问题，进行更深入的考察。

二、魏晋时期鲜卑各部的部族名号

以上对拓跋语源的讨论，说明拓跋得名于一组由官号（拓，即 to:g）与官称（跋，即 beg）相结合的名号。但是应当说明的是，中文史料所记录的北族职官体系里，前于拓跋的匈奴[55]，后于拓跋的突厥[56]，以及与拓跋同时的柔然[57]，bäg 都没有作为一个独立的官职出现。要解决这个问题，必须求助于中文以外的、史料价值更为重要的史料。在古突厥碑铭里，bäg 显然是常规的政治职务，代表着某种政治地位。暾欲谷碑第二碑西面第 1 行和第 7 行记突厥军队与十箭（OnOq）的战争，称突厥部族首领和十箭部众首领时，表示“首领”的词是 bägläri，正是 bäg（即 beg）的复数形式。[58]由于暾欲谷碑此处所说到的 bäg 是一种泛称，并不是指某一位具体的 bäg，所以只有官称而没有官号。Tekin 解释复数形式的 bägläri 为“突厥贵族、上层社会、大人、武士”。[59]在古突厥碑铭里，bägläri 与 buyruq 常常作为贵族和官员阶层的代称，意为“大臣、高官”[60]，唐人译作“梅录”。[61]克劳森把 buyruq 解释为可汗之下负责军、政事务高级官员的通称（generic term）。[62]古突厥碑文里 bäglärl 与 buyruq 同样起着通称的作用。中文里这种通称有“官”、“大臣”等等，并不是具体官职。bäg 与 buyruq 是不是并不作为具体官称使用呢？前面提到 bars bäg，证明 bäg 也许同时还是一种具体官称。中文史料里，回纥时期“梅录”常常用作官号（梅录啜、梅录将军），也用作具体官称（大、小梅录）。

笔者在研究官号与官称起源演化的问题时，已经指出官称与官号有着共同的名号起源，名号分化为官称与官号，“官号与官职都是从名号中发展出来的，一部分名号凝固成为官职，一部分名号成为官号，某些名号在凝固为官职的同时，其‘美名’、‘美称’的属性并未消失，仍然可以被当作修饰词使用，也就是说，同时保留了官号的形式”。[63]可以肯定的是，与“可汗”、“设”、“特勤”、“达干”等等为人熟知的突厥官称一样，“匐”（bäg）和“梅录”（buyruq）也是从美称、美名的名号发展而凝固成为某种官称的，但它们又都保留了官号的形式，可以用于修饰其他官称，或仅仅作为美称、美名使用。这种官称、官号、美名与美称的纷繁重叠，是内亚社会政治制度发育历史的重要特征之一。从这个意义上说，即使已经知道“拓跋”是一组官号与官称相结合的名号，也很难确认拓跋之“跋”是否某一具体官称，更无从了解它是从哪一个政治组织内获得的。

值得注意的是，魏晋时期各鲜卑部族的部族名称，有很多与“拓跋”一样是由官号与官称相结合的一组名号，而且其官称部分与“拓跋”一样也是 bäg，虽然中文翻译时用字不同，但经过研究可以肯定都是 bäg 一词不同的中文音译（transliteration）。

最明显的是“秃发”。钱大昕早就说过，秃发与拓跋，本同音异译。[64]《隋书》卷33《经籍志二》史部，有《托跋凉录》十卷[65]，《旧唐书》卷46《经籍志上》写作《拓跋凉录》[66]，这部南凉史书，应当是北魏迁洛以前的作品，那时南凉国姓与北魏相同，故称“拓跋凉”。孝文区别南凉国姓曰“秃发”，改为源氏，而以北魏皇室独专“拓跋”，改为元氏。[67]此后有关南凉诸史，遂尽用“秃发”一姓。[68]尽管史书中有关秃发与拓跋同源异流的证据很多，但笔者怀疑都是北魏太武帝接纳源贺（贺豆跋）成为拓跋宗室以后伪造的。秃发鲜卑同样得名于［to:g beg］，但被译成含有贬义的“秃发”，很可能是由于这一部族从未与江左的东晋和刘宋建立官方联系，并且对于仇池等地构成威胁。[69]太武帝接纳源贺，赐予同姓，就是否定了江左的译名，允许源贺一家使用“拓跋”姓氏。然而《宋书》记元嘉二十九年有北魏“长社戍主永平公秃发幡乃同”[70]，《资治通鉴》作“秃髡幡”。[71]如果作秃发是，那么存在两种可能：（1）源贺以外的南凉宗室未必得到了改姓的许可；（2）这个秃发幡尽管已经改姓，但刘宋人知道他来自南凉的背景，因此仍然译其姓氏为秃发。到孝文帝改革姓氏，别“秃发”、“拓跋”为源、元二氏，其实就是要澄清二者同音不同源、同名不同实的事实。《魏书》还特地解释了“秃发”得名之由来：“初母孕寿阗，因寝产于被中，乃名秃发，其俗为被覆之义。”[72]这个解释应当是北魏人所给出的，目的正是为了区别“秃发”与“拓跋”，掩盖“拓跋”与“秃发”同音异译的事实。无论秃发与拓跋部之间是否存在着某种遥远而难以确认的亲缘关系，秃发与拓跋一样得名于［to:g beg］，则是一个值得思考的问题。

十六国时期建立了西秦政权的陇西鲜卑乞伏部，其部族名称“乞伏”，或作乞扶、乞佛、乞步。[73]据蒲立本构拟的早期中古音，“伏”音buwk，与“匐”完全一样。[74]又据李珍华、周长揖《汉字古今音表》，“伏”、“匐”的中古音拟音都是bǐuk，两字完全同音。[75]可见“乞伏”之“伏”，与“匐”一样是beg的又一种翻译。“乞伏”是由官号（乞，其语源有待研究）与官称（伏，即beg）相结合而构成的一组名号，结构形式与“拓跋”、“秃发”一样，甚至官称也一样（beg），不同的仅仅是官号。《晋书》记陇西鲜卑“自漠北南出大阴山”时，先只有“如弗斯、出连、叱卢三部”，然而当叙及“一小儿”出现时，却说“时又有乞伏部有老父无子者，请养为子”，似乎三部之外别有乞伏部。[76]可是这种说法是有问题的，很可能是后人不理解乞伏名号起源而给收养了小儿的老人妄加“乞伏部”的说明。实际上“乞伏”作为部族名称是后来出现的，是在那个小儿成长起来以后才获得的。这个后来号称“乞伏可汗托铎莫何”的人，在传说中无父无母，正是为了强调他是乞伏部的始祖，“乞伏”的名号应当是在他获得“乞伏可汗托铎莫何”称号之后才出现的。

这个“乞伏可汗托铎莫何”称号，也是一组官号与官称相结合的名号。《晋书》解释托铎为“非神非人之称”，卜弼德在其《胡天汉月方诸》系列札记里讨论及此，认为即是突厥语中的taγdaqï，意为“山居者”，与突厥人的高山崇拜传统颇有关系。[77]“莫何”即古突厥碑文里的baγa，夏德早就把Baga Tarkhan与唐代史料中的“莫贺达干”对应起来。[78]“莫贺”即“莫何”，陈三平认为“莫何”来自古伊朗语的bagapuhr，原意指“神之子”，这个名号后来经历了贬值（devaluation）过程，被北方诸族用于指称部落酋长。[79]Tekin解释baγa是低级官员[80]，这恐怕是不够的，baγa既是部落酋长一级的官称，也是用途广泛的美称与官号，比如在“莫贺达干”这一词组当中，“莫贺”就是“达干”的官号。[81]在“乞伏可汗托铎莫何”里，“乞伏可汗托铎”应该都是官号，这组官号由乞伏、可汗、托铎三个美称构成。[82]“乞伏”作为一种美称的语源虽已无从考证，但如前所述，它本身是由“乞”（美称，官号）与“伏”（beg，官称）两个部分组合而成的词组，而这个词组作为一个整体又演化为官号与美称。获得了“乞伏可汗托铎莫何”称号的人，通常会从这一组官号中选取一部分作为简称，“乞伏”就是被用作简称从而成为那位莫何的通用代号，这样的英雄人物的出现，会给部族的identity注入新资源，引起新变化。这也就是乞伏部族名称的来历。部族名称来源于部族某一重要酋首官号的显著例证，还有贺兰氏。据《周书》，“其先与魏俱起，有纥伏者，为贺兰莫何弗，因以为氏”。[83]纥伏得到贺兰莫何弗的称号，贺兰是官号，莫何弗是官称。[84]贺兰部族名即得自于纥伏的官号。可见部族名称源于该部族历史上某一重要酋首的名号正如以前所讨论过的，当这位酋首获得某一官称时，他也同时获得一个或一组官号，官号与官称共同构成他的名号，这一名号立即成为他的新身份，旧的名字或名号即被弃置，不复使用，而且主要来自名号中的官号而不是官称，很可能在中古北族中并不是孤立的现象。

笔者还可以举出另一个例证。关于慕容鲜卑的得名，《晋书》有关莫护跋效法燕代风俗习戴步摇冠，从而被其他鲜卑称为步摇，其后音讹变成慕容的说法，显然是一种附会；此外，《晋书》还提供了一个更离奇的解释，“或云慕二仪之德，继三光之容，遂以慕容为氏”[85]。胡三省斥之为诞，一概不予采信。[86]《三国志》注引《魏书》，记檀石槐之中部大人有慕容。[87]胡三省说“是则慕容部之始也”。[88]马长寿据此推论，“若然，则‘慕容’原为大人之名，后世始演变为氏族之名”。[89]虽然否定了步摇冠的附会，但把慕容鲜卑看成檀石槐中部某大人之后，在空间上存在严重的困难。如果把慕容理解成北族使用很广的某种美称、某种名号，就不会一见到它便与后来的慕容鲜卑联想到一起，正如不必把唐代的慕容氏与十六国的五燕联系到一起一样。我认为，《晋书》所记关于慕容得名于步摇冠的传说，很可能也含有非常重要的价值。这就是标示了时间，把慕容名号与莫护跋时期的历史联系起来。莫护跋是慕容廆的曾祖，“魏初率其诸部人居辽西”，开始与中原政权发生密切联系，并慕习华夏，“敛发袭冠”，是慕容鲜卑发展史上划时代的人物。吕思勉早就注意到莫护跋对于慕容部历史的重要性，指出慕容部的名字即来自莫护跋之名，并且强调“慕容二字，固明明莫护转音也”。[90]白鸟库吉考证，“莫”、“慕”二字，中古译名时常可互用，“慕容”可能就是阿尔泰语系 bayan 一词，意为“富”，是一种美称。[91]据此可以推论，“慕容”并不是“步摇”的音讹，而是“莫护”音讹的结果。无论“莫护”的语源是什么，莫护跋与拓跋、乞伏一样，也是由一个官号（莫护）加一个官称（跋，即 beg）组合而成的一组名号。这组名号的性质是官号而不是官称。莫护跋当时的官称，很可能是可汗。《宋书》记慕容鲜卑乙那娄与吐谷浑对话，称吐谷浑为“可寒”。[92]由此知道吐谷浑当时的官称是可寒，“可寒”即“可汗”（khan）。[93]《旧唐书》记北魏乐府所传北歌，有《慕容可汗》、《吐谷浑》等篇。[94]《慕容可汗》当是歌咏慕容廆事迹的，而《吐谷浑》很可能就是慕容廆思念其兄的所谓《阿干之歌》。慕容廆称可汗，吐谷浑亦称可汗。而二人的父亲名“亦洛韩”，而“韩”字当是“可汗”的省译，而“亦洛”很可能是 el 的音译（亦洛韩即 el khan）。可见慕容鲜卑的君长父子皆称可汗，这是因为当时可汗一职尚未演化为高级政体（supratribal polities）的首脑（supreme ruler）的称谓。[95]由此可知，慕容廆的可汗号是亦洛廆，吐谷浑的可汗号就是吐谷浑，亦洛廆和吐谷浑都是可汗号。可汗号加上可汗的官称，构成慕容廆和吐谷浑各自的政治名号。有趣的是这个名号中的官号，而不是其官称或名号的全部最终演化成为本部族的名称。这与乞伏、贺兰两个部族得名的模式完全一致。

那么，拓跋这个同样由官号加官称组合而成的词组，到底是拓跋先世某位酋首的全部名号呢，还是如贺兰、乞伏、慕容一样仅仅是他的官号或官号的一部分？这当然是一个难以确认的问题。拓跋部的酋首似乎早在南迁之前就获得了可汗的称呼，嘎仙洞石壁祝文有“皇祖先可寒”、“皇妣先可敦”[96]，而在《魏书》里写作“皇祖先妣”。[97]北魏奚智墓志称奚氏（即达奚氏）“始与大魏同先，仆脍可汗之后裔”[98]，罗振玉认为“仆脍可汗”即《魏书》所记献帝邻之父威皇帝侩。[99]《资治通鉴》屡以可汗称拓跋先世君长，必有所据。[100]如果我们相信这些证据，那么拓跋部至迟是从威皇帝侩就称可汗的。当然，这时的可汗称号还不是专属于部族酋首的，部族君长的父子兄弟很可能都称可汗。力微长子名沙漠汗，这个“汗”应即“可汗”的省译，“沙漠”是可汗号。[101]可见拓跋鲜卑与慕容鲜卑一样，其君长大人皆以“可汗”为官称。而据《魏书》，在迁至漠南的重要事件前后，献帝邻对本部落进行了一次大分割，“至献帝时，七分国人，使诸兄弟各摄领之，乃分其氏。自后兼并他国，各有本部，部中别族，为内姓焉”。[102]这段话说明，在献帝这次部族整合重组之后，八部的结构才稳定下来，此前还没有拓跋部名，所以诸兄弟之部后来各自得姓，“拓跋”一名应当是在八部架构确定以后才获得的。那么，拓跋部到底是什么时候获得“拓跋”称号的呢？

如果此时拓跋君长皆称可汗，那么拓跋就只能是某位可汗的可汗号，或是其可汗号的一部分。《魏书》记两位先后领导了南迁伟业的宣帝、献帝，都号曰推寅[103]，也就是说，这两位功业相当的可汗的可汗号都是“推寅”。蒙古可汗号有“达延”、“塔阳”，其语源很可能是突厥语的 tayan，克劳森解释说“明显是一种官职名”。[104]檀石槐西部大人有名日律推演者，学者多认为此日律推演即拓跋之推寅[105]，但在排比年代上存在着矛盾。[106]其实，明了推演或推寅不过是一种常常作为北族官号使用的美称[107]，就不必一定要在檀石槐的日律推演与拓跋历史上的两个推寅之间寻找相关性。[108]拓跋不是献帝邻的可汗号。献帝之子诘汾，在位不久，事业无闻，他对于拓跋部的历史影响较弱。“诘汾”音近“去汾”，“去汾”在柔然职官体系里相当重要[109]，也是北族常用的官号与官称，因此诘汾应当是圣武帝的可汗号而不是他的名字。[110]既然献帝与圣武帝的可汗号中都没有拓跋，那么可以肯定拓跋部名不是从他们的可汗号中得来的。在南迁后的拓跋部的历史上，只有力微具有无比的重要性。[111]孝文帝太和十四年（490年）八月，李彪、崔光等议五行历运时，说“然此帝业，神元为首”。[112]神元帝力微的突出功业与漫长统治，极有可能使他本人的名字，即他的官号（可汗号）或官号的一部分，变成草原上其他部落对他的酋邦或其本部的代称，并且使这种代称稳定和凝固下来。当然史料中找不到任何直接的证据说明“拓跋”曾经是力微的可汗号或可汗号的一部分（显然“力微”也应当是可汗号的一部分），但作如此推想的理由确实也是存在的。力微领导的拓跋部与中原政权发生正式交往，在魏元帝景元二年（261年），自后往来频数，而《晋书》等史料中皆以“鲜卑力微”相称，不见拓跋之号。甚至到西晋末年，刘琨上表提到猗卢，亦只称“鲜卑猗卢”。[113]即使此时拓跋部名已经行用于代北，其时间必不甚久。我怀疑，作为力微可汗号一部分的“拓跋”，是在力微时期成为整个部族的他称，而到力微死后才逐渐作为自称而成为拓跋部族正式名称的。这种情况与慕容、贺兰、乞伏的得名模式也完全一致。

如果以上论证成立，那么，有关秃发、拓跋同源的说法，就明显是站不住的。河西鲜卑秃发部之得名，一定与自己部族历史上某位君长的名号有关，而与阴山地区的力微无关。这种名号恰巧重合以至部族名称重合，但汉字译写时以不同汉字以加区别的情况，在中古早期的北族社会里应当比较普遍。比如，《魏书》卷113《官氏志》记代人改姓，有叱罗氏、叱利氏、叱吕氏、叱卢氏，分别改汉姓为罗氏、利氏、吕氏、祝氏。[114]汉字译写成叱罗、叱利、叱吕、叱卢的时候，已经分明区别为四个名号，而进一步改成罗、利、吕、祝四姓，就完全看不出它们本来的同音同名关系了。其实，叱罗、叱利、叱吕、叱卢，极有可能是同一个突厥语词汇 kül（唐人常译作“阙”）的不同译写。毗伽可汗碑里记有 kül č or（唐人译作“阙啜”）、kül Irkin（唐人译作“阙俟斤”）[115]，更著名的例子是阙特勤碑里的阙特勤（kül Tigin）。在这三个用例中，kül 都是作为官号，分别与三个不同的官称（啜、俟斤、特勤）结合而成为三组专门名号。Tekin 解释 kül 的意思是“人名”[116]，恐怕是不确切的，kül 作为美称[117]，首先是官号，当然可能也演化成一级官称。叱罗、叱利、叱吕、叱卢作为四个部族的名称，其得名模式，很可能与前文讨论过的乞伏、贺兰等等一样，都来自官号 kül，当然各自所修饰的官称已无从考知。这种重复在北族社会里本来并不奇怪，但若是译成同样的汉字，则容易使人误会为同部同族，这应该是译成不同汉字的主要原因。这种有意识的纷歧，恰恰能够准确反映北族社会部族结构的实际面貌。秃发与拓跋的关系，当作如是观。其实“拓跋”作为美称或官号，在后来的突厥政治体中，也还可以找到用例。比如他钵可汗的可汗号“他钵”[118]，其实就是的［toːg beg］异译。西突厥有“他匐十姓”[119]，“他匐”，也是［toːg beg］的异译。

魏晋时期鲜卑诸部的部族名，明显是以某个官号加［beg］官称构成一组名号的，除了拓跋、秃发、乞伏以外，还有游牧于青海湖地区的乙弗部。蒲立本构拟“弗”的早期中古音是put，与伏、匐相近。[120]据李珍华、周长揖，“弗”的中古音是bǐuət，亦与“伏”、“匐”相近。[121]“乙弗”很可能与刘卫辰所居住的悦跋城之“悦跋”是同一个词，因为这个时期汉字“悦”和“伊”在翻译外族名氏时可以互用，如北魏的伊力氏，又作悦力氏。[122]北魏宣武帝时立伊匐为高车王[123]，伊匐与乙弗、悦跋是同一个词。在青海的乙弗部之外，拓跋鲜卑的代北集团中，也有一个以乙弗为名的部落。《北史》卷49《乙弗朗传》：“其先东部人也。世为部落大人，与魏徙代，后因家上乐焉。”[124]《魏书》记载北魏初年有“乙弗部帅代题”[125]，北魏有乙瑰、乙浑等，皆出于其部。这两支乙弗各自为部、各自得名的过程，大概类似于拓跋与秃发。姚薇元把他们放在同一个姓氏里考索[126]，似乎认定二者是同源异流，其实他们并不相干。《魏书》另列羽弗氏，陈连庆怀疑“羽弗”即“乙弗”异译。[127]根据我们前面对部族得名偶然重合问题的讨论，即使“羽弗”与“乙弗”是同一个北族词汇的不同翻译，它们各自所指代的部族也未必相同。

北朝内入北族的姓氏，通常都是其所属部族的名称。号称鲜卑的姓氏中，还有拔拔氏（长孙氏）、他骆拔氏（骆氏）、俟力伐氏（鲍氏）、柯拔氏（柯氏）等等；高车诸部，有黜弗氏、斛拔氏（贺拔氏）等等，其部族名称明显带有［beg］一词，其构词形式与拓跋相类，其得名方式，很可能也相去不远。特别显著的例子是俟力伐氏（鲍氏）[128]，“俟力”（俟利）是一种普遍见于中古北族的官称[129]，必为美称无疑，亦必具有官号功能，而俟力（俟利）与伐（beg）结合，既构成新的官称，也可以作为官号使用。突厥语［beg］一词在魏晋时期的北族，特别是鲜卑诸部政治文化中的重要意义，于此可见一斑。至于以［beg］为美称而取作名字的（中文译名的最后一个字是跋、拔、发、弗、馥、伏、伐等等），就更加普遍，不胜枚举了。[130]

三、部族得名与部族政治体的发育

卜弼德总结游牧组织及个人得名的七个来源，其第三项即是，特别是部落首领在游牧国家组织（如单于庭、可汗庭等等）里的政治职位。[131] Lindnor 在他那篇讨论游牧部落定义的著名论文中，明确指出游牧部落的identity来自其政治首领。[132] Golden 也说，当游牧部落组织发生政治重组的时候，其军事领袖在决定整个集团的方面变得至关重要，尤其表现在部落名称上面，比如奥托曼（Ottoman）得名于部落首领源于 Osman（Ottoman 源于 Osmanl，而 Osmanl 是首领名 Osmân 加上一个后缀，意思是“Osmân 的民众”）。[133]可见许多研究者早就注意到游牧部族的政治体名称，很大程度上决定于该政治体的政治领袖。

问题在于，游牧政治体政治领袖的名称又是如何获得的呢？根据对内亚民族政治名号分化问题的研究，游牧政治体的政治领袖，在获得某一新的政治职位时，他的称号也应发生相应的变化，新称号中，既包含了他所担任的新职务（官称），也包含了专属于该政治领袖个人的新美称（官号）。新的官称与官号，共同构成了该政治领袖 identity，然而其中最重要的成分是官号而不是官称。本文前面对拓跋及其他魏晋时期鲜卑诸部得名由来的研究，也显示了部族首领的官号转化成为部族名称的普遍情况。由此，我们可以知道中古时期北族部族得名的一种机制：部族首领的官号，成为人们称呼该首领的主要名称，官号转化为该首领实际行用的名称；该部族首领的名称，又成为外部世界（与该部族相对应的其他游牧部族及农耕社会组织）称呼该部族的主要名称，经过一段时间，起于他称的这一名称最终为该部族内部所接受和认同，从而凝固成为该部族的正式名称。

举一个例子，吐谷浑正式成为部族名称在吐谷浑之孙叶延时。据《宋书》“（叶延）自谓曾祖弈洛韩始封昌黎公，曰：‘吾为公孙之子，案礼，公孙之子，得氏王父字。’命姓为吐谷浑氏”[134]，这显然是以华夏传统附会吐谷浑部族之得名。根据笔者的研究，吐谷浑与暾欲谷是同一个词，即 Tonuquq，而 Tonuquq 作为北族的一组官号，是由暾（即吐，ton）和欲谷（即谷浑，juquq）两个官号联合构成的。[135]吐谷浑在世时，其部落由其名称（即官号）已暂时获得吐谷浑之名，不过这很可能仅仅是他称，而不是自称。吐谷浑去世后，也许周围诸部对吐谷浑部的称谓并没有改变，原来的他称由此得以强化，促使吐谷浑部族内部开始接受这一称谓，并使之变成自称，到叶延时才正式予以确认。与此相应，拓跋、秃发、慕容、乞伏、乙弗、贺兰诸部的得名，也大致走了同一路径。

然而值得注意的是，从3世纪后期吐谷浑率领他的部落远徙青海，到8世纪中期慕容兆即位，近五个世纪的时间内，吐谷浑共传十九代二十六主。[136]然而，经历了这么多的政治首领，内部结构及构成必已发生众多变化的吐谷浑政治体，却始终保持了“吐谷浑”的国族名号。也就是说，吐谷浑之后的二十五任首领，都没有能够把自己的Identity（无论是个人的名字、官称还是官号）作用到其政治组织的Identity之上。中古时期其他北族的政治体也有类似的情况，看不到一个已经以某一名号为世所知的部族，会因为新的政治首领而改换其部族名号。这说明，部族名号既有随部族政治首领的改变而改变、富于变化和不稳定的一面，又有在某一政治体内长期延续、相当稳定的一面。这种相互对立、却明显共存于北族政治传统之内的两面性，又当如何理解呢?

我认为，北方部族政治传统中的这种两面性，并非同时共存的，它们分别是部族政治体的政治发育处于不同阶段时所表现出来的不同特征。

研究国家形成理论的学者，特别是其中的文化人类学家，都同意早期社会政治体演化过程中，从较低级别如氏族（clan）或群队（或译作游团，band），经部落（tribe）阶段，向部落联盟（trbalconfederacy）或酋邦（chiefdom）演进，最后上升到原始国家阶段，并不单单是数量的累积和规模的扩大。每一阶段的演进，都涉及社会内部构造与政治权力关系的重组。Krader指出，群队阶段社会统一的宗教表达方式，明显不同于国家阶段社会统一的表达方式；国家阶段的区域统一也不同于群队阶段的区域统一；比起简单社会来，国家阶段社会控制的技术，在功能和意义上都有显著的变化。[137]Krader还举出成吉思汗大札萨对于牧民家庭事务的干预，说明国家阶段，政府增大了权力和责任，家庭相应地减少了自治权，因而可汗统治的后果便是家庭不再是帝国中的帝国（an empire within the empire）。[138]

文化人类学家把酋邦或原始国家之前的社会阶段（群队和部落阶段），看作平等社会（Egal-itarian society）。[139]平等社会同时也是分散社会（Seg mentary society）。[140]而分散社会的政治结构是不稳定的。Service指出，平等社会在血缘系统上维持较久的联系，氏族结构相对稳定，但是氏族与氏族之间的关系却十分不稳定，几个氏族为了某种共同的目标（仪式、节日和战争）

会暂时联合起来，但第二天就可能分崩离析，回归分散状态。[141]即使同为分散社会，在部落和群队两个阶段，社会内部的构造又有不同；比如，“氏族在部落社会中的地位就不如世系群那么重要”。[142]只是在这两个阶段，都不存在真正有权的政治职位，首领仅仅是个人的、为某一具体缘由而设的、charismatic 型的，首领仅仅是某种个人影响，某种顾问。[143]东汉乌桓“有勇健能理决斗讼者，推为大人，无世业相继”[144]，“大人”是凭借个人才干推选出来的，其政治权力不能世袭，主要功能对外是作战，对内则是调解利益纷争。显然这里只有平等社会的特征，还没有进入酋邦阶段。[145]在平等和分散社会里，政治权力是不稳定的。用的 Service 话来说“权威与平等必不相容，因为真正的权威依赖于等级制度”。[146]只有进入酋邦和原始国家阶段以后，等级制度和永久性的社会分层才得以形成，政治权力的分配方式也才趋于稳定。

前面所讨论的部族名号的两面性，既有富于变化和不稳定的一面，又有在某一政治体内长期延续、相当稳定的一面，所反映的恰恰是平等社会向酋邦和原始国家过渡时期，在不同阶段所呈现出来的不同特征，其相互对立的不稳定性与稳定性，所对应的正是不同社会阶段政治构造的基本特征。部族名号的迁改无常，是因为部族首领的政治权力没有制度性的保障，而且部族政治体本身也常在聚散生灭之间。东汉乌桓“氏姓无常，以大人健者名字为姓”[147]，就是这样一种情况。较为稳定的部族名号，反映的是较为高级的政治体发育阶段，这个时候，世袭权力和等级制度保证了单一政治体的内在凝聚，社会分化使政治结构的稳定能够超越个体的生命周期，制度化的权力交接方式（继承制度）保证了政治体的连续和统一。[148]从这个意义上说，越发达、越高级的政治体，其内在结构的稳定就越持久。魏晋时期鲜卑诸部在名号上所反映出来的稳定的一面，说明这正是鲜卑诸部的政治发育达到较高阶段、发生转折的时期，因而对于北方各部族的社会进步和政治发展来说也是十分重要的时期。

从本文前面的研究可以知道，魏晋鲜卑诸部得名所自的那些部族领袖，都可能处在该部族政治发展史上某个特定的时刻。“乞伏可汗托铎莫何”时期，陇西鲜卑的政治发育还远远不能与后来的西秦国家相比，但是他统一了陇西鲜卑各部，率领陇西鲜卑在陇山前后立足，因此他才是领导了陇西鲜卑走出部落阶段，进入酋邦时代的部族英雄。莫护跋当然比不上后来慕容廆的功业显赫，他那个时期辽东鲜卑的政治发育也无法与前燕建国时期的慕容部相提并论，但是，很可能正是莫护跋开创了慕容部的酋邦时代。如果上文有关拓跋得名于拓跋力微可汗号的猜想是有道理的，那么与乞伏、慕容的例子就非常契合。正是力微在位期间，拓跋部走出了部落阶段，从而揭开了拓跋部酋邦时代的新篇章，对北魏直勤制度的考察已经提供了这方面的证据。[149]这给我们一个启示：是不是本人的 identity（主要是官号或官号的一部分）竟然发展成为部族名称的那些人物，基本上也都是把本部族带出部落阶段并开启酋邦时代的英雄呢？给本部族的 identity 打上最鲜明印迹的人，是酋邦时代的第一批英雄，而不是后来那些以各部族为主体的国家的创立者，这是我们应当特别留意的。

现在已知的魏晋鲜卑诸部，其得名差不多都在魏晋之际。这是不是说明，魏晋之际才是鲜卑各部的政治发育发生重大飞跃的时刻？我认为，有两种历史因素对于鲜卑诸部的政治发育影响最深。首先是檀石槐的军事大联盟。史籍所见第一个鲜卑高级政治体，是汉末檀石槐所建立的规模巨大的军事联盟。[150]但这个联盟随着檀石槐的死去而解散，说明这个政治体的性质显然还不是较发展的酋邦或原始国家。但是，檀石槐死后他的儿子曾经短暂继位，说明世袭制度的存在，这已经不再是部落阶段的特征。而且，史书所谓“自檀石槐死后，诸大人遂世相袭也”[151]，又证明檀石槐的政治遗产对于草原部族政治发育的影响，是何等深刻而持久。我们看到草原上鲜卑诸部久已积蓄的政治能量，正在转化为鲜卑部族政治体发育和演化的强大动力。檀石槐当然不是这一历史进程的启动者，但他和他的大联盟的出现，无疑大大加速了这一进程。在檀石槐之后，深刻影响了鲜卑各部政治发育的另外一个历史因素，就是田余庆先生在《拓跋史探》中重点关注的乌桓。幽州长城地带的乌桓早在东汉末年已经形成几个重要的政治集团，据《三国志》载：“辽西乌丸大人丘力居，众五千余落，上谷乌丸大人难楼，众九千余落，各称王而辽东属国乌丸大人苏仆延，众千余落，自称峭王；右北平乌丸大人乌延，众八百余落，自称汗鲁王。”[152]这时的幽州乌桓政治体已经处在发达的酋邦阶段，很快就要进入原始国家了。虽然幽州东三郡乌桓遭受曹操的毁灭性打击而中止了政治发育进程，但从这些高级政治体流散出去的种种政治和文化因素，帮助了社会及政治发展相对落后的鲜卑，其中最突出的例子就是田余庆先生所揭示的拓跋鲜卑与乌桓在代北地区的长期共生。[153]

从十六国北朝鲜卑诸部的发展概貌推测，魏晋时期鲜卑诸部的政治发育，不是个别部落、个别地区的偶发现象。部落与部落之间，酋邦与酋邦之间，原始国家与原始国家之间，以及鲜卑与乌桓之间，鲜卑与其他北族之间，重组、融合的历史浪潮席卷了一切，改造了一切。等到拓跋珪建立北魏时，在拓跋鲜卑统一的旗帜下，已经整齐地排列着此前二百多年间为各自部族的前途而奋力打拼的鲜卑各部的人民。曾经的部族结构已不复存在，只剩下一些正在变色的历史印记，偶尔让他们回忆起祖先的光荣。为数不多的印记中，来自早先部族名称的姓氏，是他们赖以记忆各自部族历史的重要凭借。可是，这些多音节的、不符合华夏传统的姓氏，在不久以后也将会被放弃，而代之以华夏式的姓氏，并附以崭新的、与炎黄血统相联系的谱系。草原部族的后代与草原历史的联系，至此已几近于无。而那些即将被放弃的姓氏，即以前草原上各个部族的名称，与魏晋鲜卑诸部那些开创了大时代的马背上的英雄之间的联系，慢慢地也被时间的烟尘所遮盖。

*本文系教育部人文社会科学重点研究基地北京大学古代史研究中心“中古国家体制与内亚民族传统互动研究”课题成果之一。

注释：

①Denis Sinor，“Central Eurasia,” in Denis Sinor（ed.），Orientalism and History，Bloomington: Indiana University Press，1970，pp. 109～110.

②罗新：《可汗号研究》，《中国社会科学》2005年第2期，第177～188页。

③《魏书》卷1《序纪》，中华书局，1974年，第1页。

④《资治通鉴》卷140，齐明帝建武三年，中华书局，1956年，第4393页。

⑤龚世俊等：《西夏书事校证》，甘肃文化出版社，1995年，第132页。

⑥白鸟库吉：《东胡民族考》，方壮猷译，商务印书馆，1934年，第120～123页。

⑦吕思勉：《两晋南北朝史》，上海古籍出版社，1983年，第90页。

⑧《宋书》卷95《索虏传》，中华书局，1974年，第2321页。

⑨陈彭年：《钜宋广韵》卷5，上海古籍出版社影印南宋闽中刻本，1983年，第410页。

⑩《南齐书》卷57《魏虏传》，中华书局，1972年，第993页。

⑪M. Springling，“Tonyukuk’s Epitaph,” The American Journal of Semitic Languages and Literatures，vol. 56，no. 4，1939，p. 365；Talât Tekin，Orhon Ya I itlar I，Ankara: Türk Tar I h Kurumu Basinm Ev I，1988，p. 2；Talât Tekin，Tunyukuk Yaz I t I，Ankara: S I murg，1994，p. 3.

⑫Talât Tekin，A Grammer ofOrkhon Turkic，Bloomington: Indiana University，1968，p. 231；Volker Ry-batzki，Die Tonuquq-Inschrift，Szeged: the Department of Altaic Studies（University of Szeged），1997，p. 43.

⑬桑原骘藏:《蒲寿庚考》,陈裕菁译,中华书局,1954年,第103~109页。

⑭Theophylacte Simocatta 的原著为希腊文,法文译本参看:George Coedès(戈岱司),Testimonia of Greek and Latin Writerson the Lands and Peoples of the Far East,4th c. B. C. to14th c. A. D.,Chi-cago: Ares Publishers Inc.,1979,pp. 138~141. 该书有中译本,即《希腊拉丁作家远东文献辑录》,耿昇译,北京:中华书局,1987年,第104~106页。英文译本请参看:Henry Yule(裕尔),Cathay and the Way Thither,new edition,New Delhi: Munshiram Manoharlal Publishers Pvt. Ltd.,1998,vol. I,pp. 29~33. 中译本见《东域纪程录丛》,张绪山译,云南人民出版社,2002年,第17~18页。

⑮李志常:《长春真人西游记》,党宝海译注本,河北人民出版社,2001年,第51页。

⑯Friedrich Hirth,"Nachworte zur Inschrift des Tonjukuk," in W. Radloff,Die Alttürkischen Inschriften der Mongolei,Zweite Folge,St. Petersburg: 1899,p. 35. Reprinted in two volumes,Osnabrük: Otto Zeller Verlag,1987.

⑰Peter A. Boodberg,"Marginalia to Histories of the Northern Dynasties," Harvard Journal of Asiatic Studies,vol. 3,no. 3/4(1938),pp. 223~253. 后收入 Selected Works of Peter A. Boodberg,com-piled by Alvin P. Cohen,Berkeley: University of California Press,1979,pp. 265~349.

⑱伯希和:《支那名称之起源》,载冯承钧译:《西域南海史地考证译丛》第1编,商务印书馆,1962年,第40~41页;白鸟库吉:《东胡民族考》上编,第131~132页。

⑲Mahmūd al-Kāšgari,Compendium of the Turkic Dialects(Diwā Luγāt at-Turk),edited and translated with introduction and indices by Robert Dankoff,in collaboration with James Kelly,Cambridge,MA: Harvard University,1982,part I,p. 341.

⑳张广达:《关于马合木·喀什噶里的〈突厥语词汇〉与见于此书的圆形地图》,收入《西域史地丛稿初编》,上海古籍出版社,1995年,第57~82页。

㉑Sir Gerard Clauson,An Etymological Dictionary of Pre-Thirteenth-Century Turkish,Oxford: the Clar-endon Press,1972,P. 438.

㉒白鸟库吉:《东胡民族考》上编,第131~132页;Sir Gerard Clauson,An Etymological Dictionary of Pre-Thirteenth-Century Turkish,p. 438.

㉓《周书》卷50《异域传下》,中华书局,1971年,第908页。

㉔岑仲勉:《突厥集史》,中华书局,1958年,第15页。

㉕《周书》卷2《文帝纪下》,第36页;《资治通鉴》卷77,梁元帝承圣三年,第5111页。

㉖内田吟風:《北アジア史研究·鲜卑柔然突厥篇》,京都:同朋舍,1975年,第280~283页。

㉗周伟洲:《敕勒与柔然》,上海人民出版社,1983年,第81~85页。

㉘有关民族融合、社会整合中普遍存在的攀附问题,请参看王鸣坷:《论攀附:近代炎黄子孙国族建构的古代基础》,《中央研究院历史语言研究所集刊》第73本第3分,2002年,第583~624页。

㉙内田吟風:《北アジア史研究·鲜卑柔然突厥篇》,第96页。

㉚白鸟库吉:《东胡民族考》上编,第128~129页。

㉛Louis Ligeti,"Le Tabghatch,un dialecte de la langue Sien-pi," in Louis Ligeti(ed.),Mongolian Stud-ies, Budapest: 1970, pp. 265 ~ 308.

㉜除本文重点介绍的此篇，还值得推荐他在韩国杂志上发表的"Old Turkic Elements in Certain Apel-latives of Ancient Han Frontier History," International Journal of Central Asian Studies, vol. 4, 1999.

㉝An-King Lim, "On the Etymology of T' o-Pa," Central Asiatic Journal, vol. 44/1 (2000), pp. 30 ~ 44.

㉞Sir Gerard Clauson, An Etymological Dictionary of Pre-Thirteenth-Century Turkish, p. 463.

㉟Sir Gerard Clauson, An Etymological Dictionary of Pre-Thirteenth-Century Turkish, p. 322.

㊱罗新：《可汗号研究》，第 177 ~ 188 页。

㊲《旧唐书》卷 109《阿史那社尒传》，中华书局，1975 年，第 3288 页。

㊳Talât Tekin, Orhon Ya | itlar | , p. 12.

㊴Talât Tekin, A Grammer of Orkhon Turkic, p. 234.

㊵Talât Tekin, A Grammer of Orkhon Turkic, p. 311.

㊶丙传民：《古突厥碑铭研究》，第 222 页。该书注释解释了如此翻译的理由，见第 251 ~ 252 页。

㊷《旧唐书》卷 194 上《突厥传上》，第 5165 页。

㊸Edwin G. Pulleyblank, "The Chinese Name for the Turks," Journal of the American Oriental Society, vol. 85, no. 2 (1965), pp. 121 ~ 125. 这种把 bäg 对译为"匐"字的情况，还得到古吐蕃文史料的证实。请参看 Christopher I. Beckwith, The Tibetan Empire in Central Asia, Princeton NJ: Princeton Uni-versity Press, 1987, p. 58, note 23. 除了把 beg 译作"匐"以外，唐代史料也把 beg 译作"辈"。如《新唐书》叙坚昆国曰："其酋长三人，曰讫悉辈，曰居沙波辈，曰阿米辈，共治其国。"见《新唐书》卷 217 下《回鹘传下》，中华书局，1975 年，第 6149 页。

㊹岑仲勉：《突厥集史》，第 882 页。

㊺《旧唐书》卷 194 下：《突厥传下》，第 5186 页。

㊻Omeljan Pritsak, "Old Turkic Regnal Names in the Chinese Sources," Journal of Turkish Studies, vol. 9 (1985), pp. 205 ~ 211.

㊼Volker Rybatzki, "Titles of Türk anb Uigur Rulers in the Old Turkic Inscriptions," Central Asiatic Journal, vol. 44/2 (2000), p. 207.

㊽杜预：《春秋经传集释》卷 6，上海古籍出版社，1988 年，第 335 页。

㊾金富轼：《三国史记》卷 18，见郑求福等：《译注三国史记》第 1 册，韩国精神文化研究院，1996 年，第 182 ~ 183 页。

㊿The Encyclopaedia of Islam, vol. I, 1159a, CD-Rom edition, Leiden: Brill Academic Publishers, 2003.

(51)Karl H. Menges, "Titles and Organizational Terms of the Qytan (Liao) and Qara-Qytaj (S. Â. i-Li-ao)," Rocznik Orientalistyczny, Tomo XVⅡ (1951 ~ 1952), pp. 68 ~ 79.

(52)Louis Bazin, "Pre-Islamic Turkic Borrowings in Upper Asia: Some Crucial Semantic Fields," Diogenes, vol. XLⅢ (1995), pp. 35 ~ 44.

(53)Richard N. Frye, The History of Ancient Iran, München: C. H. Beck, 1984, pp. 291 ~ 292.

(54)《太平御览》卷124引崔鸿《十六国春秋·北凉录》，中华书局影印本，1960年，第602页。

(55)谢剑：《匈奴政治制度的研究》，《中央研究院历史语言研究所集刊》第41本第2分，1969年，第231～272页。

(56)杜佑：《通典》卷197《北狄·突厥上》，中华书局，1988年，第5402页。

(57)周伟洲：《敕勒与柔然》，第165～173页。

(58)Volker Rybatzki，Die Tonuquq-Inschrift，pp. 65～67；Talât Tekin，Tunyukuk Yaz丨t丨，pp. 17～19.

(59)Talât Tekin，A Grammer of Orkhon Turkic，p. 311.

(60)Talât Tekin，A Grammer of Orkhon Turkic，p. 322.

(61)岑仲勉：《跋突厥文阙特勤碑》，《辅仁学志》第6卷第1、2合期，1936年。

(62)Sir Gerard Clauson An Etymological Dictionary of Pre-Thirteenth-Century Turkish，p. 387.

(63)罗新：《可汗号研究》，第184页。

(64)钱大昕：《廿二史考异》卷22，商务印书馆，1958年，第446页。

(65)《隋书》卷33《经籍志二》，中华书局，1973年，第963页。

(66)《旧唐书》卷46《经籍志上》，第1993页。

(67)罗新：《北魏直勤考》，《历史研究》2004年第5期，第27页。

(68)姚薇元认为秃发是魏收所改（《北朝胡姓考》，中华书局，1962年，第239页）。其实改南凉拓跋为秃发，要早得多。崔鸿《十六国春秋》有《南凉录》，已经改为秃发（《太平御览》卷126，南凉三主各条，第609页）。亦请参见白鸟库吉《东胡民族考》，第128～133页。

(69)由于政治关系不同而有不同译名以见褒贬之义的情况，既发生在部族名称上，也发生在个人名字上。前者如南朝译柔然为芮芮，北魏译作蠕蠕；后者如北凉的第二任君主，南朝译作沮渠茂虔，北魏译作沮渠牧犍。

(70)《宋书》卷74《鲁爽传》，第1924页。

(71)《资治通鉴》卷126，第3978页。

(72)《魏书》卷99《鲜卑秃发乌孤传》，第2200页。

(73)陈连庆：《中国古代少数民族姓氏研究》，吉林文史出版社，1993年，第178～180页。陈连庆把"乞步落坚"说成姓乞步、名落坚，我以为是错误的。"步落坚"为一突厥语词，卜弼德对此有非常好的研究，见Peter A. Boodberg，"Two Notes on the History of the Chinese Frontier，" Harvard Journal of Asiatic Studies，vol. I，no. 3/4（1936），pp. 301～304. 此文后收入Se lected Works of Peter A. Bood-berg，pp. 240～264.

(74)Edwin G. Pulleyblank，Lexicon of Reconstructed Pronunciation in Early Middle Chinese，Late Middle Chinese，and Early Mandarin，Vancouver: University of British Columbia Press，1991，p. 98.

(75)李珍华、周长揖：《汉字古今音表》，中华书局，1999年，第22页。

(76)《晋书》卷125《乞伏国仁载记》，中华书局，1974年，第3113页。

(77)Peter A. Boodberg，Selected Works of Peter A. Boodberg，p. 103.

(78)Friedrich Hirth，"Nachworte zur Inschrift des Tonjukuk，" p. 56.

(79)Sanping Chen，"Son of Heaven and Son of God: Interactions among Ancient Asiatic Cultures regarding Sacral Kingship and Theophoric Names，" Journal of the Royal Asiatic Society，Series 3，12-3，

2002, pp. 289 ~ 325.

⑳Talât Tekin, A Grammer of Orkhon Turkic, p. 307.

㉑关于达干,请参见韩儒林:《蒙古答剌罕考》,载《穹庐集》,上海人民出版社,1982年,第18~46页。

㉒这就意味着,后来成为内亚民族高级政治体元首称号的可汗,也曾经仅仅是一种美称,被用作莫何等官称的官号,这符合笔者对内亚政治组织制度形式演化的基本看法。

㉓《周书》卷20《贺兰祥传》,第335页。案《北史》卷61《贺兰祥传》,"纥伏"作"乞伏",中华书局,1974年,第2179页。如果《北史》不误,那么用作人名的"乞伏"这一词组,作为美称而成为北族传统的一部分,更得到了新的证据。

㉔莫何弗,或作莫贺弗,或省称莫弗,是由"莫何"与"弗"组合而成的一种官称,即[baγa beg],有关弗的论证详见后文。

㉕《晋书》卷108《慕容廆载记》,第2803页。

㉖《资治通鉴》卷81,第2576~2577页。

㉗《三国志》卷30《魏书乌丸鲜卑东夷传》裴注引《魏书》,中华书局,1959年,第838页。

㉘《资治通鉴》卷81,第2576页。

㉙马长寿:《乌桓与鲜卑》,上海人民出版社,1962年,第185页。

㉚吕思勉:《吕思勉读史札记》,上海古籍出版社,1982年,第808页。

㉛白鸟库吉:《东胡民族考》上编,第60~64页。

㉜《宋书》卷96《鲜卑吐谷浑传》,第2369页。

㉝《北史》卷96《吐谷浑传》载此事与《宋书》略同,可寒即作可汗,见第3178页。

㉞《旧唐书》卷29《音乐志二》,第1071~1072页。

㉟罗新:《可汗号研究》,第178页。

㊱米文平:《鲜卑石室寻访记》,山东画报出版社,1997年,第185~186页。

㊲《魏书》卷108《礼志一》,第2738页。

㊳赵万里:《汉魏南北朝墓志集释》,科学出版社,1956年,图版第207号。

㊴罗振玉:《丙寅稿》,《罗雪堂先生全集续编》第1册,台北:文华出版公司,1969年,第185~186页。

⑩⓪罗新:《可汗号研究》,第177~178页。但是,必须注意的是,所有关于拓跋早期君长称可汗的证据都来自北魏建国之后,存在追称可汗的可能。

⑩①东汉末年幽州东部塞外鲜卑有部落大人厥机,其子名"沙末汗",与拓跋部沙漠汗的官号、官称都一样。见《三国志》卷30《魏书·乌丸鲜卑东夷传》,第840页。

⑩②《魏书》卷113《官氏志》,第3005页。

⑩③《魏书》卷1《序纪》,第2页。

⑩④Sir Gerard Clauson, An Etymological Dictionary of Pre-Thirteenth-Century Turkish, p. 569.

⑩⑤最早提出这种联系的是胡三省,见《资治通鉴》卷77胡注,第2459页;白鸟库吉据此论证第一推寅即推演,见白鸟氏著:《东胡民族考》上编,第123页;中国学者中有代表性的,见马长寿《乌桓与鲜卑》,第185~186页。

⑩⑥黄烈:《中国古代民族史研究》，人民出版社，1987年，第278页。

⑩⑦吐谷浑的长子名吐延，吐延很可能就是推演的另一种译写。

⑩⑧这种把檀石槐时期的西部大人日律推演（我认为日律是一种官号，与猗卢同源，亦即突厥时代之伊利，el是也）与拓跋先世的两个推寅联系起来的观点，在中外学者中影响很大。见K. H. J. Gardiner and R. R. C. de Crespigny，“T' an-shih-huai and the Hsien-pi Tribes of the Second Century A. D.，” Pa-pers on Far Eastern History，Canberra: Australian National University，1977，pp. 1～44. 与Gardiner和de Crespigny同校的Jennifer Holmgren，还根据这种相关性，提出两个推寅其实是根据同一个推演制造出来的，她还由此编制了全新的拓跋先世谱系。参看Jennifer Holmgren，Annals of Tai，Early To-pa History According to the First Chapter of the Wei-shu，Canberra: Australian National University Press，1982，pp. 19～20.

⑩⑨周伟洲:《敕勒与柔然》，第169页。

⑪⓪高车十二姓有俟分氏，见《北史》卷98《高车传》，第3273页；俟分，很可能与诘汾是同一个词汇。据《新唐书》，宇文氏本姓俟汾，音讹而为宇文。见《新唐书》卷71下《宰相世系表一下》，中华书局，1975年，第2403页。

⑪①姚大力:《论拓跋鲜卑部的早期历史》，《复旦学报》2005年第2期。

⑪②《魏书》卷108之1《礼志一》，第2746页。

⑪③《晋书》卷62《刘琨传》，第1684页。

⑪④《魏书》卷113《官氏志》，第3007～3013页。

⑪⑤Talât Tekin，A Grammer of Orkhon Turkic，p. 246.

⑪⑥Talât Tekin，A Grammer of Orkhon Turkic，p. 353.

⑪⑦突厥早期的乙息记可汗，继可汗位之前称科罗，我疑科罗即kül的又一种翻译。科罗，见《周书》卷50《异域传》，第909页。

⑪⑧《周书》卷50《异域传》，第911页。

⑪⑨《旧唐书》卷97《郭元振传》，第3046页。

⑫⓪Edwin G. Pulleyblank，Lexicon of Reconstructed Pronunciation in Early Middle Chinese，Late Middle Chinese，and Early Mandarin，p. 99.

⑫①李珍华、周长揖:《汉字古今音表》，第192页。

⑫②陈连庆:《中国古代少数民族姓氏研究》，第81页。

⑫③《北史》卷98《高车传》，第3275页。

⑫④《北史》卷49《乙弗朗传》，第1810页。

⑫⑤《魏书》卷2《太祖纪》，第20页。

⑫⑥姚薇元:《北朝胡姓考》，第160～165页。

⑫⑦陈连庆:《中国古代少数民族姓氏研究》，第86页。

⑫⑧隋代《郁久闾伏仁墓志》中，提到伏仁的曾祖“俟利弗”，俟利弗即俟利发的异译；见赵万里:《汉魏南北朝墓志集释》，科学出版社，1956年，图版第599号。

⑫⑨俟利发，很多突厥学家认为即eltäbir，但是蒲立本（Pulleyblank）认为这个对译“在语音上不严格”，因而持怀疑态度。见氏著:《上古汉语的辅音系统》（The Consonantal System of Old Chinese，Asia Ma-jor，new series，IX，1962），潘悟云、徐文堪译，中华书局，1999年，第10页

~第11页。我认为，俟力（俟利）很可能与突厥时期也很常见的伊利是同一个词，即突厥语之el，意为“国土”。

⑬⓪我怀疑汉晋之际北方部族较低级别的政治体首领，被记作“大人”、“酋大”、“帅”等等称谓的，其原型很可能就是beg之类的词汇。

⑬①Peter A. Boodberg, “Two Notes on the History of the Chinese Frontier”, P. 306.

⑬②Rudi Paul Lindner, “What Was a Nomadic Tribe?” Comparative Studies in Society and History, vol. 24, issue 4, 1982, p. 701.

⑬③Peter B. Golden, An Introduction to the History of the Turkic Peoples, Wiesbaden: Otto Harrassowitz, 1992, p. 5.

⑬④《宋书》卷96《鲜卑吐谷浑传》，第2371页。

⑬⑤罗新：《再说暾欲谷其人》，《文史》2006年第3期。

⑬⑥周伟洲：《吐谷浑史》，宁夏人民出版社，1985年，附录1、2。

⑬⑦Lawrence Krader, Formation of the State, Englewood Cliffs, NJ: Prentice-Hall, Inc., 1968, pp. 108~110.

⑬⑧Lawrence Krader, Formation of the State, p. 92.

⑬⑨Elman R. Service, Profiles in Ethnology, New York: HarperCollins Publishers, 1978, pp. 4~6.

⑭⓪关于分散社会的研究和表述，除本文列举的Service论著以外，还请参见Paul Dresch, “The Signifi-cance of the Course Events Take in Segmentary Systems,” American Ethnologist, vol. 13, no. 2, 1986, pp. 309~324.

⑭①Elman R. Service, Origins of the State and Civilization: The Process of Cultural Evolution, New York: W. W. Norton & Company, Inc., 1975, p. 65.

⑭②易建平：《部落联盟与酋邦——民主·专制·国家：起源问题比较研究》，社会科学文献出版社，2004年，第166页。

⑭③Elman R. Service, Primitive Social Organization: An Evolutionary Perspective, second edition, New York: Random House, Inc., 1962, p. 103.

⑭④《后汉书》卷90《乌桓鲜卑列传》，中华书局，1965年，第2979页。

⑭⑤谢维扬认为这些记载所反映的东汉乌桓已经处于较发展的酋邦阶段，见《中国早期社会》，浙江人民出版社，1955年，第508~509页。

⑭⑥Elman R. Service, Origins of the State and Civilization: The Process of Cultural Evolution, p. 53. 这里借用了易建平对这句话的翻译，见前引易建平书，第168页。

⑭⑦《后汉书》卷90《乌桓鲜卑列传》，第2979页。

⑭⑧Elman R. Service, Primitive Social Organization: An Evolutionary Perspective, p. 146.

⑭⑨罗新：《北魏直勤考》，第35页。

⑮⓪马长寿：《乌桓与鲜卑》，第179~188页。

⑮①《三国志》卷30《魏书·乌丸鲜卑东夷传》裴注引《魏书》，第838页。

⑮②《三国志》卷30《魏书·乌丸鲜卑东夷传》，第834页。

⑮③田余庆：《拓跋史探》，第108~203页。

（原载《历史研究》2006年6期）

鲜卑源流考

孙进己

鲜卑的起源是很复杂的，人们一向认为鲜卑起源于东胡，实际上鲜卑仅一半起源于东胡，另一半却起源于匈奴。有些过去公认为鲜卑部落的，实际上却是匈奴或其他族，试分析于下：

一、鲜卑的主源——东胡

东胡远在周代就活动在我国东北境。《逸周书·王会解》载："北方台正东……高夷……孤竹……不令支……不屠何……东胡黄罴……山戎戎菽。"

《战国策》卷19赵二："今吾国东有燕，东胡之境。"《史记·匈奴传》："（东胡）……与匈奴中间有弃地莫居千余里，各居其边为瓯脱。"《史记·匈奴传》："燕北有东胡山戎。"综合以上资料，可以确定东胡在匈奴和赵之东，在燕之北，和山戎邻。而山戎尝越燕伐齐及伐燕。又据《管子·小匡编》："（齐桓公）北伐山戎、刜令支、斩孤竹……"孤竹今卢龙西，令支今迁安西。山戎与孤竹、令支相邻，而在其北，应为今大凌河上游地。东胡更在山戎之北，约在今西拉木伦河流域。《山海经·海内西经》第11卷载："东胡在大泽东，夷人在东胡东"，这一带的大泽只能是扎赉诺尔，正在西拉木伦河上游之西。东夷族是活动在辽东的，也正为西拉木伦河东。这个大泽不可能是呼伦湖或贝加尔湖，两者都太北了。

战国时期山戎不见于史，而东胡向南扩展和燕相接。因而《史记·匈奴传》载："燕将秦开为质于胡，胡甚信之。归而袭破东胡，东胡却千里。燕亦筑长城，自造阳至襄平。"近年在赤峰围场、奈曼旗等地发现了燕长城遗址。[①]说明赤峰南之地，正是燕取自东胡之地。这地区本为山戎所居住，而此时燕却取之于东胡。表明春秋时，山戎一度为东胡所并，至战国晚期燕又逐走东胡，取山戎故地。东胡北都千里还要过燕长城（赤峰等地）往北一些，中间还有个空隙地带。东胡活动区当仍在西拉木伦河流域。

历年在这一带发现了两种考古文化：一个是农业氏族的文化系统，但带有畜牧文化因素。又分为两个阶段：细石器文化和夏家店下层文化。另一个是畜牧氏族的文化系统，也分为两个阶段：细石器文化和夏家店上层文化。红山文化主要分布在大凌河到老哈河间，时期相当于仰韶文化和龙山文化时。夏家店下层文化分布区与红山文化略同，但时期较晚，相当于南周。细石器文化分布在西拉木伦河流域，时期也相当于仰韶文化、龙山文化时期。夏家店上层文化分布区在西拉木伦河到大凌河间，时期相当于战国时。[②]从上述几种文化的内涵、分布范围、石器等方面分析：细石器文化和夏家店上层文化应是东胡的早期和晚期文化，红山文化和夏家店下层文化是山戎的早期和晚期文化。夏家店上层文化较细石器文化分布更向南，占有夏家店下层文化的分布区，表明了东胡的一度并吞山戎。

最近在宁城南山根又发现一处属于夏家店上层文化的墓葬，有刻髡发人像的骨片。[③]表明这些文物是东胡的遗存。更可证明过去关于宁城南山根遗址是东胡文化的看法是正确的。[④]

上面所说的细石器文化，主要是指林西地区的文化。安志敏先生把细石器文化分成四个地区：（1）东北——昂昂溪；（2）内蒙——林西；（3）内蒙和甘肃；（4）新疆。林西地区属于畜牧兼农业类型，和内蒙、甘肃、新疆属畜牧狩猎类型不同，也和昂昂溪渔猎型不同。[⑤]这几个地区的不同经济类型，反映了不同民族集团的活动。林西地区是东胡祖先的活动区，其北的昂昂溪是室韦祖先的活动区，其东的内蒙、甘肃是匈奴祖先的活动区。有人把细石器文化分成扎赉、龙江、林西、赤峰四期。[⑥]四个地区细石器文化发展的进步程度是不同，但它不是表明人们在不同时期迁徙不同地区，而是表明各地区不同民族集团经济发展的不平衡。较原始的地区只说明发展的缓慢停滞。不可能扎赉、龙江只是早期有人，晚期就无人居住了，而林西、赤峰却只是晚期有人，早期就无人居住。近年考古发现也证明，各地区都有自己的早期文化和晚期文化。

确定了夏家店上层文化是东胡文化，就可通过夏家店上层文化的分布范围，确定东胡盛时的活动地域。它的四至大约是：东到辽河，南到大凌河，西到滦河，北到乌力吉牧仁河。

东胡人口，据《晋书·慕容载记》："东胡……控弦之士二十余万。"以每五人出一控弦之士计，东汉盛时总人口约为一百万人。燕袭破东胡后东胡北却千余里，退到老哈河以北，人口缩减不少，但至少也有数十万人，表明当时东胡已是一个相当大的部落联盟。

二、乌桓、鲜卑的形成

秦汉之际，匈奴袭破东胡，虏其民众畜产以其地属匈奴左地。故"匈奴诸左方王将居东方直上各以东、接秽貊鲜卑"（《史记·匈奴传》）。

东胡的一部分人留居故地，臣属于匈奴，形成了乌桓。有人认为乌桓也逃离东胡故地，另保乌桓山以居。但据《后汉书·乌桓传》："乌桓为冒顿所破，众遂孤弱。常臣伏匈奴。岁时牛马羊皮，过时不具辙其妻子"，表明当时乌桓并未能远走，摆脱匈奴统治。又据《后汉书·乌桓传》载："霍去病击破匈奴左地，因徙乌桓于上谷、渔阳、右北平、辽西、辽东五郡塞外。"也说明乌桓仍在匈奴左地，所以霍去病才能破匈奴左地后，即将乌桓南徙。既然乌桓仍居住在东胡故地，乌桓山也应于此处求之。张穆著《蒙古游牧记》卷3载："阿鲁科尔沁旗西北四十里有乌辽山即乌桓山。"这个乌桓山正在西拉木伦北侧。《后汉书·乌桓传》载："使属累犬，使护死者神灵归乎赤山。赤山在辽西北数千里。"有人认为这个赤山就是最初的乌桓山，这是正确的。乌桓有"红"的意思。阿鲁科尔沁旗之乌桓山，正在辽东（今辽阳）西北千里。"数千里"当为约略之词。若为实数，已到贝加尔湖南一带，这已是匈奴丁零的活动区，乌桓山不可能在该处。

乌桓的人口，据《三国志·乌桓传》："汉末辽西乌丸大人丘力居众五万余落，上谷乌丸大人难楼九千余落各称王，而辽东属国乌丸大人苏仆延众千余落自称峭王，右北平乌丸大人乌延众九百余落，自称汉鲁王……"总计为一万六千余落。当时乌桓的部落应是有几个部落组成的家庭公社。马长寿以每落二十人是正确的。[⑦]这样推算乌桓在汉末有三十多万人，汉初当少于此数。

在匈奴破东胡时，有相当一部分东胡人"远窜辽东塞外"，"别依鲜卑山，故因号焉”（《后汉书·鲜卑传》）。这个辽东塞外，大约在今沈阳铁岭以北。但《三国志·鲜卑传》引《魏书》称：“未有名通于汉，而自与乌丸向接。”可见鲜卑并不直接和辽东塞相邻，中间还隔着一个乌桓。因此，鲜卑不可能在辽西河以南，但它既“与乌丸相接”，则不可能远至西伯利亚，大约在西辽河北至霍林河一带。张柏忠同志所发现的舍根文化，集中分布在西辽河与霍林河之间[⑧]，如果时期无误，很可能是早期鲜卑文化。

张穆《蒙古游牧记》：“科尔沁右翼中旗西三十里有鲜卑山，土人名蒙格。”这个鲜卑山的位置和上述对鲜卑所在的考证是相吻合的。至于有的记载提到柳城东南二百里及辽西西北一百里之鲜卑山，应是曹魏时鲜卑南徙后的鲜卑山。汉初这些地方属辽西郡，不可能是鲜卑居住处。丁谦认为鲜卑山在西伯利亚[⑧]并无任何根据，且失之过远，越过了丁零活动区。至于据《魏书·帝纪一》：“（拓跋）国有大鲜卑山，因以为号”，认为大鲜卑山是今兴安岭北端。此说很可能是拓跋自号鲜卑后的附会之辞，和“昌意少子，受封北土”的记载同样不可靠。没有史料可证明，西汉时鲜卑曾迁徙到兴安岭北端。在龙江、扎赉一带也没有发现和林西地区相同的考古文化，都比林西落后得多，鲜卑如迁徙到龙江、扎赉等地，应在当地考古文化上有所反映。霍去病迁乌桓于五郡塞外后，东胡故地空了出来，鲜卑也随之而南徙，还居东胡故地（西拉木伦河流域），逐步和汉发生了直接关系。

鲜卑人口，据《三国志·鲜卑传》：“（顺帝时）鲜卑三万余落诣辽东降”，以每落二十人计，鲜卑总人数约六十万人。又《后汉书·鲜卑传》载鲜卑“称兵十万”，以五口出一兵计，也当有五六十万人。

三、汉晋鲜卑诸部落联盟的形成

东汉和帝永元中（1世纪末）“大将军窦宪遣右校尉耿夔击破匈奴，北单于逃走，鲜卑因转徙据其地”（《后汉书·鲜卑传》），鲜卑居住地达到今阴山以东。

由于匈奴北单于逃走，“匈奴余种留者尚有十余万落，皆自号鲜卑”（《后汉书·鲜卑传》），这时的匈奴已进入一夫一妻制小家庭，这十余万落也有六十万人。原有的鲜卑六十万加上匈奴自号鲜卑的六十万人，共计达到一百二十万人。其中一半是起源于东胡的鲜卑，一半是匈奴自号鲜卑者，鲜卑的成分就相当复杂了。

东汉桓帝初（147～155 年）鲜卑檀石槐被推为大人，立庭于弹汗山歠仇水上，去高柳（今山西高阳）北三百余里。"兵马甚盛，东西部大人皆归焉。因南抄缘边，北拒丁零，东却夫余，西击乌孙，尽据匈奴故地，东西万四千余里，南北七千余里，网罗山川水泽盐池。"（《后汉书·鲜卑传》）这时鲜卑达到极盛。

"东却夫余"东面逼走夫余，取有夫余故地的一部分，东界达到今吉林省西部。因此，吉林省西部有鲜卑遗存是可能的。

"北拒丁零"说明北面到达今贝加尔湖一带，今大兴安岭两侧，黑龙江两岸这时都属鲜卑。这一地区的各部落（室韦的祖先），也附属于鲜卑。鲜卑人这时也可能有少量徙居大兴安岭一带。有人主张扎赉诺尔古墓群是鲜卑的[10]，有这可能。因为扎赉诺尔古墓群据说是东汉末的，当时这一带确属鲜卑，鲜卑人也可能徙居这一带。但有人以为扎赉诺尔墓葬是拓跋部的遗葬[11]，却与墓葬年代矛盾，东汉末拓跋部早已迁到阴山，成为鲜卑之一了。除非这批墓是东汉初，才有可能是拓跋部的。

檀石槐统治这一广阔地区后，"乃分其地为中、东、西三部。从右北平以东至辽东，接夫余秽貊为东部，二十余邑，其大人曰弥加、阙机、素利、槐头。从右北平以西至上谷为中部，十余邑，其大人曰柯最、阙居、慕容等为大帅。从上谷以西至敦煌，西接乌孙为西部，二十余邑，其大人曰置鞬落罗、日律、推寅、宴荔游为大帅。而制属檀石槐"（《三国志·鲜卑传》引《魏书》）。

以上中东西三区共计六十邑左右，以总人口一百二十万人平均，每邑约为二万人。每邑数百至千落，平均每落正为二十人。这六十邑据《三国志·鲜卑传》又分为二十部，《后汉书》作一百二十部是错误的，部数不可能多于邑。部是部落，每部分二到四邑部（胞族），每邑分为若干氏族，每个氏族又分为若干个落（父系家庭社会），就是氏族称什么，没有记载。可能如摩尔根所说："对一个陌生的外来人来说，只能看到他们的部落，看不到他们的氏族。"[12]

檀石槐死，"诸大人遂世相传袭"并互相兼并。三国时檀石槐之后步度根及小种鲜卑轲比能为最强，但到晋代这两部已逐渐衰弱，另一些部落强盛起来。东汉末的二十部鲜卑，经过百余年的分合迁徙，到晋代逐渐形成几个新的部落联盟：如拓跋、宇文、慕容、段等。它们的成分都有一定差异，分别讨论其源流于下：

四、拓跋联盟的源流

过去人们大都认为拓跋属鲜卑，因为它既自称为鲜卑，且称其祖先起源于大鲜卑山。《三国志·鲜卑传》又记载了西部大人中有推寅，正与北魏祖先名推寅者相合。最近在嫩江上游发现了拓跋祖先石室，就都认为找到了鲜卑的发源地。[13]

但实际上，还有很多疑问。因为东汉时匈奴有十余万落自号鲜卑，占鲜卑人的一半。拓跋部究竟是起源于东胡系的鲜卑呢？还是匈奴自号鲜卑者呢？拓跋自称鲜卑及认为祖先起源于大鲜卑山，也很可能是自号鲜卑后的假托之辞。推寅属于西部大人，本来似乎是拓跋部鲜卑的铁证，相反恰好成为它是匈奴自号鲜卑者的证据。因为起源于东胡的鲜卑，主要居住于东部，还没有资料证明它已西迁到西部，而匈奴本居于西，自号鲜卑后正应居于西部。

好些文献也记载拓跋部起源于匈奴。如《宋书·索虏传》："匈奴有数百千种，各立名号，索头亦其一也。"《南齐书·魏虏传》："魏虏匈奴种也。"如果拓跋真起源于鲜卑，就不应产生这一说法。既能称为匈奴种，又能称为鲜卑的，只能是匈奴自号鲜卑者。

又从发式看，《后汉书》、《三国志》都记载鲜卑发式为髡发，但拓跋部却不是髡发，而是被发或称索发。如《南齐书·魏虏传》："被发左衽故呼索头。"《资治通鉴》卷17成帝咸安二年注："以其辫发故谓之索头。"可见拓跋的发式是留发于脑后，成辫于索系之，显然和鲜卑的髡发不同，而和室韦发式正好一致。《北史·室韦传》："室韦……丈夫索发……南室韦其俗丈夫皆被发。"又《北史·乌洛侯传》："其俗绳发皮服。"这和拓跋部起源于大兴安岭北段之说相证，可以认为拓跋部和以后的室韦属同族。

有人认为室韦是东胡的后裔。[14]如果确实拓跋既和室韦同族，也可间接推证拓跋是东胡鲜卑之后，但室韦是东胡鲜卑之后说并无确切根据。有人认为，室韦"为契丹之类"，契丹属鲜卑之后，室韦也应同属鲜卑之后。两者语言风俗又有相同处。但认为室韦"为契丹之类"的仅是《隋书》、

《北史》抄袭而已。而《旧唐书》就认为室韦是“契丹之别类”，《新唐书》更认为室韦族是“契丹别种，东胡之北边，丁零苗裔也”。表明时期越晚，和室韦接触越频繁，对室韦了解越多，越认为室韦和契丹有别。不仅是别类，而且是别种；不仅不是东胡之后，而且明确指出是“东胡之北边”，虽不是“丁零之后裔”，但也决不是“东胡之后裔”。语言相同的族很多，豆莫娄、靺鞨语言都和室韦相同，但并不能把他们看作同族。

室韦和契丹风俗也并不全同，《北史》仅称室韦“衣服与契丹同”，而发式却截然不同，室韦是索发被发，和契丹、鲜卑是髡发不同。《魏书》虽说室韦“颇有粟、麦及穄”，但又说：“唯有猪鱼、养牛马，俗又无羊……亦多貂皮。”这和契丹专事畜牧牛羊马不同。因此，室韦和契丹显然是两个族，室韦并不是东胡的后裔，室韦的祖先早在新石器时代就和东胡分别形成了两个共同体，只是在跟早时起源于同一族同一语族而已。室韦和东胡既是两个族，而拓跋和室韦同族，正好说明拓跋不是东胡之后。

拓跋的祖先毛，约当汉武帝时曾居住在大兴安岭北段，当时是室韦祖先的一部分，毛之后五代的推寅，约当西汉的末年“南迁大泽方千余里”，此大泽即今扎赉诺尔，遂成为匈奴千百种之一。

公元1世纪末，汉击破匈奴，匈奴余种皆自号鲜卑，拓跋部也随之而自号鲜卑。公元2世纪中叶，推寅后七代的邻，亦称第二推寅及其子诘汾，复迁居匈奴故地，成为檀石槐鲜卑部落大联盟西部中的一部。3世纪末，禄官分国为三部，自以一部居东，在上谷北濡源之西，东接宇文部；以猗㐌统一部，居代郡之参合陂。以猗卢统一部居定襄之盛乐。以上均据《魏书·帝纪》，所占地区东到今滦河上游，西到今呼和浩特附近。

拓跋部在其扩展中，吸收了各族的许多成员，达到“控弦骑士四十万”。《魏书》卷1共计约二百万人。这二百万人成分相当复杂。据马长寿统计，有属于匈奴族的姓六个，丁零族的姓六个，柔然族的姓六个。[15]这些来自不同族的成员，经过一个时期都融合为一了。拓跋族以后入居中原，建立了北魏，推行汉化政策，到隋代已基本上都加入汉族了。

五、宇文部的源流

宇文部虽然也称作鲜卑，但实际上它的主体部分源出匈奴，过去就有人论述过。[16]《北史·匈奴宇文莫槐传》有明确记载：“出辽东塞外，其先南单于之远属也，世为东部大人，其语与鲜卑颇异。人皆翦发而留其顶上，以为首饰，长过数寸则截短之。”这里记载了：第一，宇文莫槐是匈奴；第二，是匈奴南单于之远属；第三，语言与鲜卑颇异，应属匈奴语；第四，发式是翦发与鲜卑髡发不同。因此，宇文是匈奴自号鲜卑者。

有人怀疑宇文所统十二部是鲜卑人。因《北史》卷9载：“有葛乌兔者雄武多算略，鲜卑奉以为主，遂总十二部落，世为大人。”但同书下面还有“及其裔孙曰普回……普回子莫那，自阴山南徙，始居辽西”。宇文所率十二部既从阴山南迁而来，阴山本匈奴居住地，因此，这十二部仍应是匈奴自号鲜卑者。不过宇文部所统总人口远远超过十二部的人口（约三十万）。据《晋书·载记》：“宇文莫圭遣弟屈云寇边城，云别大帅素延攻掠诸部，廆亲击败之。素延怒，率众十万围棘城。”仅素延所率兵就有十万，总兵数当更多。人口以兵士的五倍计，宇文部至少有七十万人。因此，还应有大约四十万人是宇文部东迁辽西后加入的鲜卑部落，如以后从宇文部中分出的契丹部就是。

宇文莫那从阴山南徙，9世至候豆归为慕容晃所灭，时为公元344年，上推9世，南徙时大约公元2世纪中叶。《北史》卷9记：“莫那至阴山南徙始居辽西”，而卷98则记：“宇文莫槐出辽东塞外。”马长寿认为，这个辽东和辽西塞外，应在今朝阳等地，但自西汉以来，这一代一直居住的是乌桓。《三国志·乌桓传》载：“建安十一年（207年）太祖自征蹋顿于柳城。”表明当时柳城（今朝阳一带）居住的还是乌桓。宇文氏于太康之世（280~289年）据有黄龙（今柳城）。《热河志》卷79《周上柱国齐王宪碑文》正是在曹操破乌桓，悉徙其族后，宇文氏始徙居朝阳一带。此前宇文所徙之辽西，当更在其北。又据《魏书》卷1：“昭帝自以一部居东，在上谷北濡源之西，东接宇文部。”则宇文部3世纪末当西至濡源（今滦河上游）。又《北史》卷98载“乞得龟屯浇水”，这个浇水即饶乐水，今西拉木伦河。宇文末朝北至西拉木伦河，东界不明确，大约在辽河一带。这地区本为鲜卑故地，公元1世纪破匈奴西徙，宇文遂乘虚而入，结合鲜卑余众，于3世纪形成了以宇文部为主的大联盟。

宇文部的遗民可分为两大部，一部分是被慕容所虏去的。据《北史》卷98：“惠帝三年（325年）廆又攻乞得龟，克之……悉虏其众，乘胜长驱入其国城，收资财亿计，徙部人数万户以归。”又据《晋书·载记》9：“（344年）皝开地千余里，徙其部（宇文）人五万余落于昌黎。”两次所徙共计越四十万人，这些人以后随慕容氏入居中原，建立北周，最后都加入了汉族。余部远遁漠北，即以后之契丹、悉。契丹八部约二十万人，悉五部约十余万人，加上南徙的四十万正好是七十万人。契丹和悉经过辽金元三朝，最后也都融入了汉族。

六、慕容部的源流

慕容鲜卑，人们一向认为属东部鲜卑，是东胡之后，无可置疑，但实际上也有疑问。据《三国志·鲜卑传》引《魏书》慕容是檀石槐鲜卑大联盟中部的大人，因此它并不是东部鲜卑。“莫护跋魏初率其诸部入居辽西”（《晋书·载记》8），此时才迁到东部，此前属于东部鲜卑，当然中部鲜卑也可能是出之东胡的，因为匈奴北走后，鲜卑转徙据其地。中部鲜卑应包括转徙后的鲜卑族，但其中无疑也杂有匈奴余种自号鲜卑者。若据《晋书·载记》8：“慕容廆……其先号曰东胡。”则应属东胡之后。但值得怀疑的是慕容的发式是被发，也和鲜卑髡发不同。如《晋书·载记》8：“时燕代多冠步摇冠，莫护跋起而好之，乃敛发袭冠。”又《晋书·载记》9载：“皝上书晋自称：‘臣被发殊俗。’”同卷：“惹容翰奔于宇文归……乃阳狂恣酒，被发歌呼。”这种发式上的差异不能不令人怀疑慕容部也是匈奴自号鲜卑者，并不出之东胡。

慕容部从中部东迁辽西后，当陆续并同了一些鲜卑部落。这些部落很可能是原先的东部鲜卑。如《晋书·载记》8：“永嘉初，辽东太守庞本以私憾杀东夷校尉李臻，附塞鲜卑素连、木津等托为臻报仇，实欲因而为乱。……率骑讨连津，大败斩之。二部悉降，徙至棘城。”

慕容部最后也入居中原，先后建立了前燕、后燕等，遗人都加入了汉族，至今汉族中尚有慕容姓。

七、段部的源流

段部的形成与以上各部不同，它不是在原有部落基础上逐步扩大形成，而是“招诱亡叛遂至疆盛”。据《北史》卷98：“日陆眷因乱被卖为渔阳乌丸子大库辱官家奴。”已经脱离了本部。“其后渔阳大饥，库辱官以日陆眷为健。使将人诣辽西逐食，招诱亡叛，遂至疆盛。”他所招诱的亡叛，也就不固定某一部族。其中有鲜卑人，也一定杂有大量乌桓、汉人、匈奴人。据《晋书》卷33："自务勿尘以后，值晋丧乱，自称位号。据有辽西之地，而臣御晋人。其地西尽幽州，东界辽水。然所统胡、晋可三万余家。控弦可四五万骑。"指出了他所统治的10余万人中，杂有胡人和晋人。只因为段氏本身是"东郡鲜卑人"，因此，一般也就称段部为鲜卑。

段部后自乱，分为匹磾、末波两支。匹磾为石季龙所破，后降于石勒，为石勒所杀。末波屯辽西，死后，国人推护辽为主。建国元年（337年）石季龙征护辽于辽西，护辽奔于平冈遂投慕容晃，晃杀之。弟郁兰奔石季龙，石以所徙五千人配之，使屯令支，兰死子龛代之，后率众南移遂据齐地。被慕容隽所灭。段部大都在战乱中被杀，余人也是入居中原加入汉族。

八、小结

鲜卑本来起源于东胡，东汉初匈奴十余万落自号鲜卑后，使鲜卑增加了半数别的成分，两者长期间互相融合。由于匈奴在经济文化上比鲜卑先进，因此在融合过程中，匈奴成分逐渐在鲜卑族中占有优势。或是由匈奴人形成了新联盟的核心，或是鲜卑人在不同程度上匈奴化了。例如发式就是个明显的例子。鲜卑的发式是髡发，但拓跋、宇文、慕容却都不是髡发了；只有居住偏东匈奴化较少的契丹，还保留了髡发，其他风俗也大都如此。在语言上也有融合的趋势，但究竟东胡语和匈奴语哪种成分占优势还不清楚。

晋代形成的拓跋、宇文、慕容等联盟，由于包含的成分有差异，在各方面也有相当区别，如宇文部，连语言也颇异。本来在后期发展中，有可能形成不同民族，但由于都先后入住中原，接受了汉族的强烈影响，最后都加入了汉族。慕容、宇文、拓跋汉化要早些，吐谷浑、契丹等汉化要晚些。前后将近一千年，才完成了这一汉化过程。

因此，鲜卑的源很复杂，流却较单纯，主要是流入了汉族。

注释：

①佟柱臣：《考古学上汉代及汉代以前的东北疆域》，《考古学报》1956年1期；李文信：《中国北部长城沿革考》（下），《社会科学辑刊》1979年1期。

②佟柱臣：《东北原始文化的分布与分期》，《考古》1961年10期。

③安志敏、郑乃武：《内蒙古宁城县南山根102号石椁墓》，《考古》1981年4期。

④李逸友：《内蒙古昭乌达盟出土的铜器调查》，《考古》1959年6期；中国科学院考古研究所内蒙古工作队：《宁城南山根遗址发掘报告》，《考古学报》1975年1期；昭盟文物站、考古所东北队：《宁城县南山根的石椁墓》，《考古学报》1973年2期。

⑤安志敏：《细石器文化》，《考古通讯》1957年2期。

⑥裴文中：《中国石器时代的文化》。

⑦马长寿：《乌桓与鲜卑》第139页。

⑧张柏忠：《哲里木盟发现的鲜卑遗存》，《文物》1981年2期。

⑨丁谦：《后汉书乌桓鲜卑传考证》。

⑩郑隆：《内蒙古扎赉诺尔古墓群发掘简报》，《考古》1961年10月。

⑪宿白：《东北内蒙古地区的鲜卑遗迹》，《文物》1977年第5期。

⑫摩尔根：《古代社会》。

⑬米文平：《鲜卑石室的发现与初步研究》，《文物》1981年2期。

⑭金毓黻：《东北通史》。

⑮《乌桓与鲜卑》。

⑯周一良：《论宇文氏之种族》，《历史语言研究所集刊》第7本第4分册。

（原载《北方文物》1982年第3期）

《楚辞》中的鲜卑与幽都考

曹 熙

屈原在《楚辞·大招》中曾写过“小腰秀颈，若鲜卑只”句，在《招魂》中写过“晋制师比，费白日些”句，颜师古注“犀比，胡带钩也，亦曰师比，亦曰鲜卑，总一物也”，这是《楚辞》中两次提到“鲜卑”的字样。在《招魂》中诗人又写出“君无下此幽都些”的诗句。关于鲜卑，作为博学多才的屈原，他是很明确的：前者鲜卑是指部族名，后者师比是指鲜卑族所制的带钩物也。可是这却被历代注释家各种不同的解释弄得混淆不清，如汉王逸注：“鲜卑衮（绲）带头也，言好文之状，腰肢细小，颈锐秀长，若以鲜卑之带而束之也。”这样一来鲜卑族不见了，使该族在东汉时才正式出现在历史上，晚了几百年。至于“幽都”的注释更奇特，如马茂元注则称“幽都为地下的城府，因地下不见天日，所以称之为幽”。[①]把土伯注成地下魔怪之王。如此望文生义把一个客观存在的鲜卑石室旧墟“幽都”说成是神话中的魔窟。所以有重新考证的必要。把历史文献与考古新发现结合起来研究，我认为最近1980年在大兴安岭发现的“嘎仙洞”就是《楚辞》中所指的“幽都”。现将我的研究公布于众，请批评指正。

一

“幽都”最早出现在我国古籍中有《山海经·海内经》载：“北海之内，有山名幽都之山黑水出焉。其上玄鸟、玄蛇、玄豹、玄虎、玄狐落尾。有大玄之山，有玄丘之民，有大幽之国，有赤胫之民。”按《山海经》虽非禹、益所作，也绝非后世伪作的古书，西汉司马迁曾经见过，而班固、刘欲都曾校订过，从夏禹以来传说出这册古地理书，使中原人知道在北海（今贝加尔湖）之内有幽都之山（今大兴安岭）的存在，黑水即（今黑龙江）从此流出。这个地区，有丰富的特产。首先提到的是玄鸟，说的不是燕，而应理解为是鹤的故乡，现在国家还把齐齐哈尔市扎龙地区定为鹤的自然保护区，说明自古以来这里就是仙鹤最多的地方。其次谈的玄狐等珍贵毛皮的出产地。这里有大幽之国存在：按这次嘎仙洞出土的太平真君四年（公元443年）拓跋焘祝文刻石中提到“幽人忘遐，稽首来王”句理解，自古以来住在大兴安岭和嫩江流域的乌洛侯人，北魏称其为幽人，拓跋焘称其始祖为先可寒（汗），证明了大幽之国就是鲜卑国之古称，《魏书》又称魏之先居幽都也，《序纪》称：“昌意少子，受封北土，国有大鲜卑山，因以为号，其后世为君长，统幽都之北，广漠之野……”两种资料对照，可以理解北人自称住在大鲜卑山的为鲜卑之国，中原人称之住在幽都之山的为大幽之国，皆由嘎仙洞的发现得到统一认识。“嘎仙”这个词，满语叫“嘎山”或称“噶珊”，蒙古语叫“嘎查”，鄂伦春语叫“嘎辛”，亦即锡伯语之“嘎善”，皆谓“乡村”之意。锡伯语还具有“亲生故乡”的意思，所以说它原为古鲜卑语，“故乡”之意。从刻石所载“启辟之初，佑我皇祖，于彼土田”[②]句来看，它确是鲜卑人的故乡发源地，当时叫作幽都。人虽离去几千载，但留在史书上称鲜卑。石室旧墟发现后当地人称嘎仙洞，其名曰“嘎仙”一直留传至现在。有了这个新发现，对《楚辞·招魂》中幽都的解释就可迎刃而解了。

《楚辞·招魂》的原句是“魂兮归来，君无下此幽都些！土伯九约，其角觺觺些。敦脄血拇，逐人駓駓些。参目虎首，其身若牛些。此皆甘人。归来归来！恐自遗灾些”。清蒋骥山带阁注《楚辞》载：“幽都，地下后土所治也。土伯，后土之伯。约，尾也”。《吕氏春秋》：“肉之美者，有旄象之约，觺觺，角锐状。敦，厚也。脄，背也。拇，足大指，以利爪攫人，常多血也。駓駓，走貌。参，三也。甘人，以食人为甘美也。”古人的注释受条件的限制，不可能不曲解原作者之本意，有人也想找到幽都的所在地，如曹廷杰就把山名定为肯特山，这样幽都就跑到西伯利亚去了。现在已知嘎仙洞在大兴安岭北坡东麓甘河流域的嘎仙沟中。则对上述诗词的新注应改为：“幽都”，系指拓跋鲜卑的先祖石室故居治所，在今内蒙鄂伦春自治旗首府阿里河镇西北10公里的嘎仙洞处。“土伯”按蒙古语Tob为“中心、中央、中枢、核心”之义，拓跋是Tob的变音，土伯即拓跋也，系鲜卑王室之姓，并非后土之义。“九约”的“九”字楚语是“纠集多数”的意思，不仅仅指“九”，“约”字指驯鹿而言，《诗经》“呦呦鹿鸣，食野之萍”。“呦”与“约”同声，乃因驯鹿之声“呦呦”而起名曰“约”。按驯鹿又称“四不像”，其奶可饮，其肉可食，皮可制衣服靴子，产于大兴安岭中。所以“土伯九约”的简化注解应是：拓跋鲜卑王室养了一群驯鹿。“其角觺觺”指驯鹿雌雄皆有角，多又且颇锐利。“敦脄血拇”是指驯鹿的背肉很厚，它的脚趾瓣很大且为赤色。“逐人駓駓”指驯鹿体轻善于穿行森林沼泽，且能负重百斤，平时散放，性情温顺，使用时只需召唤并喂以盐粒即来，人驱逐之，走得很快。现代住在大兴安岭西部的鄂温克人和住在岭东的鄂伦春人，把它看作“林海之舟”，十分关心和爱护它们，除了饮用一些鹿乳，一般不轻易宰杀。了解这些真实情况，就不会曲解为鹿有害人和逐人的地方。当地猎人驯养鹿类的习惯是从新石器时代起，一直流传至今，所以说拓跋鲜卑的可汗们有养鹿的风俗是不足为奇的。“此皆甘人”句指的是这些都是甘河流域的人们常见的事。“甘人”应解释为甘河人，嘎仙洞就在甘河上流嘎仙沟中的一座石壁中。甘河发源于甘河大山（海拔 1121 米），山峰丛峻，又称连峰，可能是古时鲜卑命名大鲜卑山的象征。甘河为嫩江一大支流，幽都就在它的流域中，所以诗人就以“此皆甘人”为此段的结束语。这说明当时屈原是了解这里的情况的，不是目睹亦应是耳闻。否则一位南方楚国诗人，怎么能把万里外的北国风情特色描写得这样真实呢？查一下屈原的历史，他有两次出使齐国的记载，再远就找不到了，所以说目睹之事不可能，那么只能说他是博学的人。表现在《楚辞·两招》中对鲜卑与幽都的精辟描述，不但他同时代人比不了，就是两千年来的注释家，也没有一个人真正理解，所以我们的研究工作更应深入下去，从荆楚及鲜卑的族源关系上去找根据。

二

荆楚与鲜卑两国的族源关系，可以上溯到我国公认的传说的黄帝和颛顼时代。《楚辞·离骚》中提到“帝高阳之苗裔兮，朕皇考曰伯庸”。高阳，古帝颛顼的姓氏，苗裔，指远末的后代子孙，楚国的始封君熊绎（周成王时受封），据说是颛顼的后代，屈原这支的祖先屈瑕是楚武王熊通的儿子，受封于屈，因以屈为氏，追本溯源，高阳氏当然是屈原的远祖。据何光岳同志《荆楚的来源及其迁移》[3]的考证：荆楚的族系出于黄帝颛顼系，是祝融氏的子孙，应属于黄帝族的华夏集团。高阳氏所住地方在最东面，据《左传·昭公十七年》："卫颛顼之虚也，故为帝丘。"杜预注："卫（今河南省）濮阳县。"《世纪》："颛顼氏自穷桑徙帝丘，于周为卫。"祝融八姓中的芈姓为荆楚之始祖，芈姓季连自西而东迁徙至黄河以北的楚丘，今河南滑县东。在夏代时，则位于黄河以东。从此姓芈部族改称荆楚，其居住和迁移地点可考的有七处，后依附同族周国，联合抗商，最后灭商。周朝建立后，荆楚首领鬻熊被封为楚子。后又为周所征伐胁迫，向南迁徙，据险抗周，国势渐强。荆楚曾四次迁都后，至楚文王熊赀时定都于郢。其鼎盛时期，疆土东尽于海；北至山东胶南、河南太康；西抵陕西商县、四川奉节；南达南海、广西桂林，并曾远征至云南滇池一带，后相继为吴、秦所侵。国势渐衰，最后为秦所灭。屈原就生活在被秦所侵的楚末时代（前 340 ~ 前 278 年），因此他对源远流长、丰富多彩的楚文化是深切了解的。先秦时代南北文化交流融合的过程，使他的"智弥盛，才益多，言益博，识益远矣"。尤其他对鲜卑的了解使《楚辞》的内容益加丰富。

拓跋鲜卑的族源，由于其后裔统一了北中国，建立北魏王朝，而纳入正史流传下来了。《魏书·序纪》载："昔黄帝有子二十五人，或内列诸华，或外分荒服，昌意少子，受封北土，国有大鲜卑山，因以为号。其后世为君长，统幽都之北，广漠之野，畜牧迁徙，射猎为业，淳朴为俗，简易为化，不为文字，刻木纪契而已，世事远近，人相传授，如史官之纪录焉。黄帝以土德王，北俗谓土为托（拓），谓后为跋，故以为氏。其裔始均，入仕尧世，逐女魃于弱水之北，民赖其勤，帝舜嘉之，命为田祖……积六十七世至成帝讳毛立，聪明武略，远近所推，统国三十六，大姓九十九，威振北方，莫不率服。"以上这段记载了长达两千多年的早期鲜卑史，阐述了拓跋鲜卑由部族到立国的经过，都是在幽都治所时实现的，不同于荆楚部族的屡屡迁移，知者多；而拓跋部族，知者少，是地理位置不同所造成的。对其族源并无影响，同是黄帝子孙，同属华夏集团。按上古传说，昌意是黄帝妻嫘祖所生，居若水，娶蜀山氏之女昌仆，生高阳氏即颛顼。北魏拓跋氏皇祖是昌意少子，也就是高阳氏（颛顼）之少弟，当颛顼战胜共工氏为帝后，封其少弟于北国，国有大鲜卑山，因此为号。从此传说中可知楚与鲜卑是同源共祖的亲族关系，同是以所居地的山而得名，居楚山的称楚，居鲜卑山的称鲜卑，虽身居两地，地分南北，但其后裔们是不会忘记他们两部族是亲族，是兄弟关系的。所以诗人在《大招》中写出“小腰秀颈若鲜卑只”的诗句，就不足为奇了。用现代话解释腰肢细小苗条，颈锐细长，跟鲜卑美女一样。她们共同束着“鲜卑郭落带”。张晏注称：“鲜卑郭落带，瑞兽也，东胡好服之。”这说明来源于鲜卑饰以瑞兽标记的带钩丝带，在当时楚国也颇流行。因而产生有“楚王好细腰，宫娥多饿死”的故事留传下来。这证明楚与鲜卑两国在人员和物质上皆有交流，诗人可能见到鲜卑好女才歌颂之。楚与鲜卑的亲密关系还可上溯到周初。《国语·晋语》：“（周）成王盟诸侯于岐阳，楚为荆蛮，置茅蕝，设望表，与鲜卑守燎，故不予盟。”[④]注：“置”，立也；“蕝”，谓束茅而立之，所以缩酒；“望表”，谓（记）望山川，立木为表，表其位也；鲜卑东夷国，“燎”，庭燎也。当时他们皆系周人的属国，但因其地位逊于其他诸侯，只能当小伙伴，分配其守燎，即是看守火堆，而不予盟。说明周初时两国的文明程度尚不及中原各国，受到轻视冷遇。但为什么偏偏把他们两国分配在一起守燎，可以理解为，周人知道他们两国是亲族关系；晋人记其事，使这两个兄弟国会见的情况留传于后世。但《魏书·序记》却没有记其事，也像楚国一样，对此次的冷遇非常生气。待到春秋战国时期，楚向祖国大西南发展，鲜卑向祖国极东北发展，各成大国。楚自称王，曾向周问鼎轻重；鲜卑自后南迁，曾统一北中国建立了王朝，都源于争志气。其结果使祖国的疆域扩大，国土开发，为多民族融合成为中华民族做出了很大贡献。如果我们相信“周初岐阳盟会”是真实的历史，则可使鲜卑部族在中国历史上的出现提早了一千多年，亦可使拓跋鲜卑是黄帝的后裔一事，得到了旁证。过去的历代史学家，除了《北史》对《魏书·序纪》全部承认外，很多人持怀疑态度，所以还有举出一些例证的必要。

《晋书·载记（八）·后燕》：“鲜卑莫护跋，入居辽西，建国于棘城之北……太康十年，廆又迁于徒河之青山，廆以大棘城即颛顼之墟也，元康四年乃移居之。”据金毓黻考证，棘城亦名大棘城，似在今辽宁锦州市附近。[⑤]《帝王世纪》称：“颛顼氏自穷桑，徙帝丘，于周为卫。”《吕氏春秋》说：“帝颛顼生自若水，实处空桑。”穷桑也好，空桑也好，总是颛顼未为帝以前的旧墟，有的说在今曲阜县北，有的说大棘城在今锦州附近。我推测是在今锦州为宜。曲阜在山东，既不会穷桑也不会空桑，锦州地方才会空桑的，也合高阳氏所住地方最东的说法，且为此说出于鲜卑族人，更为可信。如果大棘城的说法能成立，则昌意少子即拓跋鲜卑的皇祖先可汗，在未受封之前，可能同颛顼一起住在辽西，受封北土，从此出发经营州（今辽宁朝阳）北上至今吉林省西部，寻嫩江流域继续北上到今嫩江城，再寻甘河上溯即可达幽都（今嘎仙洞）一带住下来。嫩江流域和大兴安岭地区，正适合畜牧迁徙、射猎为业的生活。这样便可验证昌意少子受封北土一事是可能的。也可证明，楚与鲜卑是亲族而同由辽西出发奔向南北，并且在战国时代屈原尚能忆及这些往事，而写在他的“两招”作品中。

对于两个亲族立国后有否物质交流一事也有深究的必要。在楚国出现的鲜卑特产，除了“犀比带钩”外，还有在《离骚》中诗人所写的“索胡绳绳缅缅”。我认为这是用鲜卑输入的“皮条绳”索起发来，成为辫子，缅缅可爱。索发束带皆是鲜卑族人服饰的特征，诗人见到过，而向之学习，这些就是物证。在早期鲜卑的墓葬中也发现了许多南方的产品，那就是1963年在内蒙陈巴尔虎旗完工（蒙语陵墓之意）的1号墓中出土了许多随葬品：有石器、骨器、陶器、铜器和铁器等；此外还有绢、麻衣物及漆器、珊瑚、海螺、海贝等南方的产品。尤其是珊瑚、海螺等特产，在完工年代较晚的鲜卑墓葬中，从没有发现过，这说明是从楚国输入的，而时间不迟于楚亡国（前223年）之后。秦汉统一中国后，鲜卑与南方的关系中断了几百年，所以在后来发掘的墓葬中没有发现珊瑚等物，而且在完工墓中出土一件兽面纹带扣，鉴定者认为是公元前3世纪以前的产品，所以肯定了完工墓葬时间应在公元前3世纪。这正是屈原时代楚未亡时，证明两国间那时还是有交往的。因有这些物证，所以不能因其相距遥远而否定其亲密关系的存在。可是“楚鲜关系史”毕竟过去没有人提过，我这样立论靠得住吗？为此我于去年8月去嘎仙洞作一次调查，便加深了对这个新发现的认识。

三

嘎仙洞僻处祖国的大东北，位于北纬50°38′、东经123°35′的高寒山区和苍茫林海之中，虽在盛夏8月，却是风和日丽，到处是生机勃勃的景象。至今铁路已修到这里，不论从西道海拉尔，或者从东道齐齐哈尔都可以达到此地。再不会有人把“幽都”形容为地下魔王之窟了。

在嘎仙沟东侧，有一道巍然陡立高约100米，长约1000米裸露的花岗岩石崖，嘎仙洞口就在石崖的半腰，离平地25米，略呈三角形，宽19米，高约20米。纵观石崖像一面城墙，洞口就如敞开的城门。洞内宽阔，石壁平整，长满青苔。大厅南北长92米，东西宽27～28米，穹顶最高处可达20米。这样一个大厅其空间所占体积约为50000立方米，面积约为2500平方米，容纳2000～3000人集会是没问题的。在大厅的地面当中，有一块不规则的巨大天然板石，长3.5米，宽3米，重约5吨。板石下用大石垫起，俗称石桌。在洞内西侧石壁上距洞口15米处，有一长4米、宽2米，经过修整的平面上有北魏的石刻祝文，全文共19行，201个字；汉文隶书，字迹清楚可辨，现已用铁板镶框加以保护。洞内地面平整，光亮充足，进入洞尾渐觉黑暗。大厅的西北角有一斜洞。斜洞宽9米，高6～7米，长22米，直达顶端。顶上部东西各有一壁龛状小耳室，这可能是《魏书·礼志》中所载“凿石为祖宗庙”的遗迹。又在东壁上部11米的高处，有一个人不易攀登的小耳室，室内宽约5米，深10多米，下面墙壁上有人工凿的两排小孔，可能是当初凿小耳室时绑脚手架子用过的遗留。这个大厅东上方的小耳室，可能是供奉皇天后土之神龛。洞口有一块不长草的花岗岩平台，俗称点将台。站此眺望远方山岭，中间为一大片开阔平地，长满桦木丛，缅想古来鲜卑可汗站在此处，接受其臣民的参拜，也可检阅其所属的千军万马，也可放养其驯鹿群，多么威严神圣啊！洞内有相当的文化遗存，只是未正式发掘，但发现者们为保护山洞和刻石，在洞口挖排水沟时，从地表以下20～80厘米处的黑色粘砂土中，挖出了很多石器、陶片、骨器，还出土了铜饰件、小铁刀和木炭等文物。这块木炭经考古研究所用放射性碳14侧定，年龄为2450±120年，证明此地区在公元前6世纪至4世纪时期已进入铜器、铁器时代。细石器、骨器和陶片应是新石器时代的遗物。在地下130厘米的黄砂土中挖出了一个刮削器，推测可能在更早的中石器时代，就有猎人到这个洞内住过。黑龙江省冶金研究所对这批铜饰件和铁刀做了化验分析，证明铜饰件是含铜93.6%、含锡1.36%、含铅2.90%的青铜器。而铁刀为含铁98.5%、碳0.41%、硫0.06%、锰0.4%的铸铁，经加工锻打而成的。这批出土金属年代相当于春秋末战国初期，与中原早期铁器时代相仿。

通过这次考察，使我对古籍考据上出现的一些疑难问题，在某种程度上得到了澄清和解决。

（一）确凿无疑地证实了此洞就是鲜卑族祖先居住过的旧墟、石室。系建立北魏王朝的拓跋鲜卑族的发祥地，也证明了他们的皇祖先可寒（汗），就是《魏书·序记》中提到的“昌意少子”，受封北土来到此山洞住下，被史学家记下称“魏之先居幽都也”，所以说古籍中的幽都就是现在的嘎仙洞了。屈原在2300年前在《招魂》中歌咏的幽都也确有所指，并非虚构。

（二）按《太平寰宇记》称晋地道记载，舜以冀州南北广大，分燕地为幽州，夏殷省幽并冀，又称冀州之域，周复置幽州。幽州因幽都以为名，《山海经》有幽都之山，今列为北荒矣。这说明幽都出现之早在虞舜以前。《帝王世纪》云：“九州颛顼所建。尧遭洪水，增幽、并营为十二州，禹平水土，还为九州。”屈原在《天问》中曾提出“九州安错”的质疑，说明诗人对历史地理是很有研究的。幽州以幽都为名，早在尧时得到公认，说明是在中国版图之内。颛顼帝封其少弟于北土的推测，也是可能的，经过先可汗及其后裔的开发，至尧时幽都之名已为中原帝王所知，乃置州建制，由于当地尚无文字记载，传说下来为山海经所记，称其山为幽都之山，命其国为大幽之国。鲜卑之名显于周初岐阳盟会，荆楚与鲜卑齐名，则其为亲族关系亦为当时诸侯所知，所以晋人记其事。今观洞内遗物，细石器等纯属4000多年前鲜卑族启辟之初的遗物。又观洞内的石桌，我认为是用来供庭燎用的，即在其上堆置木柴木炭，点燃火堆，借以照明取暖和烧烤兽肉与煮熟食品等用。所以“盟会”上令楚与鲜卑守燎，是确知鲜卑有守燎的经验。可想而知，这个洞内夏季凉爽宜人，但冬季洞外气温可降至零下40度，要保持人类生存必需的条件，保持洞内温度不低于零上十几度，不搞好庭燎怎么能过得去呢？因此命鲜卑守燎则可，而楚在南方恐无看守火堆的经验，但周王确是命其两国共守又是何故？除了讽刺两国外，也道出两国是共祖同源的亲族关系，哥哥与弟弟一样只配守燎，不会干其他大事，故不予盟。洞内遗存有石桌，是否可做守燎的物证，请专家们多提意见。

四

《楚辞·两招》的作者是谁？并为谁招魂？历代文史学家议论颇多，但归根结底是屈原所作，为楚怀王招魂是没问题的。我考证“两招”中所举的鲜卑与幽都的史实，更是赞成这两篇作品的著作权属于屈原，谁也争不出去其中的一篇。屈子深痛怀王之客死，也听说中间怀王曾从秦出逃而未脱，所以向上下四方为之招魂，意在不忍直言其死，寄希望找回他的魂魄，使其复活归来。所以运用了他的智慧和丰富的想象力，写出这美好的诗篇，为我们后代人保存了宝贵的历史资料。简言之，我的结论是：

（一）《楚辞·大招》中提到的“小腰秀颈若鲜卑只”说明诗人曾亲自看见过鲜卑的好女子，才会用“若”字来形容楚国的“小腰秀颈”女子跟鲜卑好女相若。这个鲜卑就是指周初岐阳盟上与楚共同守燎的鲜卑。追溯历史到高阳氏（颛顼），楚的始祖和鲜卑皇祖同是黄帝子昌意的后裔，楚、鲜两族是亲族、是兄弟。屈原深知这段历史，所以没有混淆，“鲜卑”是族名、国名，“犀比”是鲜卑所产的带钩。可见屈原的历史知识多么丰富。

（二）《楚辞·招魂》中提到的“君无下此幽都些，土伯九约……”，这个幽都确指鲜卑的王都，在今内蒙鄂伦春自治旗阿里河镇西北十公里的嘎仙洞。因有魏太武帝拓跋焘的刻石祝文证明，它就是“魏之先居幽都也”。屈原在两千多年前就知幽都的存在，并为土伯（拓跋氏）之所居驻地。因此他能写出土伯放养驯鹿的真实情况。他所以能想到这里是为怀王招魂，因为在顷襄王二年，楚怀王逃归，秦觉之，遮楚道。怀王恐，乃从间道走赵以求归，赵不敢纳楚王。这段事在《史记·楚世家》中有记载，或许屈原当时得知，由赵去幽都有一条大道可通楚（后鲜卑南迁至晋北就走此道），所以写出下此幽都的诗句，决非幻想。由此可见屈原的地理知识多么渊博，楚、鲜两地相距万里却了如指掌，非有族源关系，恐不及此。幽都的发现，使我们后代人得以探讨、解释“两招”中提出的问题，否则是不可能的。一代新学问的兴起，有赖于新发现，诚我斯言也。考诸幽都存在之早，保存程度的完好，实有深入发掘与科学研究的必要。这对研究我国古代文明的起源以及中华民族的形成与发展都有裨益。

但是本文的考证，直接的文献资料较少，虽有调查，尚不够深入，所有立论之点证据可能不足，仅提出资料供专家同志们参考。

注释：

①马茂元选注：《楚辞选》，人民文学出版社1980年版。

②米文平：《大兴安岭鲜卑石室是怎样发现的》，《黑龙江省文物丛刊》创刊号。

③何光岳：《荆楚的来源及其迁移》，《求索》1981年第4期。

④《国语·晋语》。

⑤金毓黻：《东北通史》，第163页。

（原载《齐齐哈尔师范学院学报》1983年第4期）

早期鲜卑史初探

曹 熙

一、幽州、幽都与嘎仙洞的关系

《太平寰宇记》称《晋地道记》载：舜以冀州南北广大，分燕地北为幽州，夏殷省幽并冀，又为冀州之域。周夏置幽州。幽州因幽都以为名。《山海经》有幽都之山，今指晋时列为北荒矣。

从以上资料看幽都是早于幽州而存在于祖国的北方，即虞舜以前就有幽都存在。《魏书·序纪》载："昔黄帝有子二十五人，或内列诸华，或外分荒服，昌意少子，受封北土，国有大鲜卑山因以为号。世为君长，统幽都之北，广漠之野，畜牧迁徙，射猎为业，淳朴为俗，简易为化，不为文字，刻木纪契而已，世事远近，人相传授，如史官之纪录焉。黄帝以土德王，北俗谓土为托，谓后为跋，故以为氏。其裔始均，入仕尧时，逐女魃于弱水，北人赖其勤，舜命为田祖。"这一段拓跋鲜卑先人的传说，也是在虞舜以前的传说；再对照《山海经·海内经》载："北海之内，有山名幽都之山，黑水出焉。其上玄鸟、玄蛇、玄豹、玄虎、玄狐、落尾，有大玄之山，有玄丘之戈，有大幽之国，有赤胫之民。"

《山海经》是古籍中神话材料丰富的一部书，司马迁作史记时对于《山海经》加以怀疑，这是一种审慎的态度，可是《山海经》虽不是禹、益所做，却绝非后世伪作的古书，自从王国维发现《山海经》中有殷代先王帝俊之后，《山海经》的地位遽行提高。所以今后应当整理其中的错简，用谨严的态度，尽可能恢复它的本来面目。这样，《山海经》在古史、古地理资料上的价值仍然是高的。

那么，我们结合拓跋鲜卑的历史民族区对照海内经所指的山名、水名、族名、国名，就会发现非常符合。所谓北海，就是现代的贝加尔湖，这是人们公认的。也就是北魏时的于巳尼大水，即所谓北海也。距乌洛侯所在地向西北行二十日程，今天嫩江流域距贝加尔湖近二千里，日行百里二十日是可到的。在夏禹以前，这段路程还是属于中国版图内的，所以称为海内。也可证明昌意少子受封北土一事，应属事实[①]，当时内外兴安岭、西伯利亚全境是为黄帝版图，史书有载，并非臆测。

至于山名幽都之山句，即《魏书·序纪》所载的国有大鲜卑山的汉名词。黑水出焉句，即指黑龙江发源于此。古来的黑水指的是额尔古纳河与石勒喀河合流后开始到会合松花江后这一段水路而言的。在此地区的山上水滨所产的珍禽异兽，不但古来有，就是现在仍然有；如前面所举的玄鸟，不是指燕而是指鹤，仙鹤的故乡在嫩江流域，现在齐齐哈尔市郊的乌裕尔河沼泽地带“扎龙”已定为丹顶鹤的国家自然保护区，可想古来人烟稀少时仙鹤的繁荣情况。其次，所谓玄蛇可能指的是黑熊，大兴安岭上此兽最多。至于玄豹、玄虎、玄孤等更是自古以来就是鲜卑输往中原的名贵柔毛裘皮而著名。

《海内经》还谈到，有大玄之山，有玄丘之民。这个山是别于大鲜卑山，亦是别于大兴安岭，可能指的是嫩江发源地的伊勒呼里即古之胡布山而言。郭璞注《山海经》谓：“玄丘之民，是言丘上人物尽黑也，赤胫之民是膝以下正赤色。”又据《九夷考》载九夷中有玄夷、赤夷，赤居海山岩，玄居黑水滨。可以互证玄夷就是玄丘之民，他们居住在伊勒呼里山的北坡和黑龙江两岸，在北魏时正是乌丸遗人所居的地方，乌丸就是乌桓，这时早就迁往燕北西拉木伦河一带，剩下的称为乌丸遗人，这别于鲜卑人，但他们同是东胡民族。《魏书·乌洛侯传》载：“其国西北有国家先帝旧虚石室。”发现者就是根据这个方位，经过努力在今鄂伦春自治旗的嘎仙洞，发现了北魏世祖拓跋焘于公元443年（太平真君四年）的刻石祝文的。又谈其国西北有完水，东北流合于难，其地小水皆注入难。我此前把完水当作今之甘河[②]，看来是错了，因为它不是东北流，而是东南流入嫩江的。但也不是前人考证的额尔古纳河，而是黑龙江。同样也可证明在北魏以前是把嫩江合于东流松花江最后与黑龙江会合，当作一条水看待，称作难水，这样就解决了完水东北流合于难的记法是正确的。完水由乌丸人所居的水道而得名，也就是《山海经》的黑水，现在的黑龙江上中流。另外可考的“大玄之山，玄丘之民”这块地方，隋唐时称北室韦，清朝以前为达斡尔地区。即今黑龙江省黑河地区及对岸的苏联阿穆省。

《海内经》中的“有大幽之国，有赤胫之民”考，大幽之国应指的是拓跋鲜卑皇祖——昌意少子受封北土所立的国。这个国家是在夏以前就存在于祖国的东北方，是诸侯之国居于中央，才有拓跋始均，仕于尧封于舜的活动。才有像《山海经》这样最古传下来的历史地理书上的记载。至于有赤胫之民的记法可能指的是住在这里的人们，经常穿着带毛的鹿皮靴这个特征而言，就是现在住在大兴安岭中的猎人，少数民族也还是穿此种皮靴，又轻便又暖和。以上的考证如果没有“刻石”的发现，还是令人难以置信。现在有了“刻石”中 201 个字的实物记载，始知它的内容与魏书所记出入不大，而其补充文献记载的几处，史料价值更大，如称皇祖先可寒（汗），皇妣先可敦。这就证明了鲜卑的始封君：黄帝子昌意少子的名字叫可寒（汗），其妻叫可敦。这是个很大发现，过去史家有人说过北魏的先君也称过可汗，从草原走出的少数民族称王时如柔然、突厥、回纥等都叫可汗，但不知它的最早的由来，现在经“刻石”的证明，可汗出于鲜卑语，是由北魏拓跋鲜卑皇祖于四千五百年前开始称呼起来的。它不同于匈奴王朝，称单于，称阏氏。按我国的传说时代的记法：昌意是黄帝妻嫘祖所生，居若水，娶蜀山氏之女昌仆，生高阳氏（颛顼），北魏皇祖是昌意少子，也就是颛顼帝之少弟。当颛顼战胜共工氏为帝后，封其少弟于北国，也有监视共工氏的作用，《史记五帝本记》称“共工于幽陵以燮北伙”。可寒到了北上，因国有大鲜卑山因以为号，这说明鲜卑国名是以山而起的。但是在夏、殷两代时他这个国名没有得到承认，《山海经》上称之为大幽之国。只有到了周朝成王盟诸侯于岐阳，记有楚与鲜卑守燎故不予盟。这是《国语·晋语》所载“鲜卑”之名。

根据“刻石”所记“启辟之初，祐我皇祖，于彼土田，历载亿年，……幽人忘遐，稽首来王，始闻旧墟，爰在彼方，悠悠之怀，希仰余光，王业之兴，起自皇祖”，说明鲜卑皇祖来到北土就开辟了这个山洞，并住在这里，称之为幽都，当时与中原是通消息的，所以《山海经》上称其所在地为幽都之山。其所以称幽，是因为古之幽人住在那里，“刻石”有幽人忘遐句证明了它，幽人就是北魏时的乌洛侯人，乌洛侯有赤的意思，故称赤胫之民，他们是拓跋南迁后留下来的同族人。所以不怕路程遥远，前来拜见皇帝，并告诉先帝旧墟很完整地存在那里。拓跋焘当即派李敞等前来致祭，并刻石留念。这就是 1980 年呼盟文物站米文平等同志所发现的刻石。著者曾亲去嘎仙洞考查过。这个洞地处祖国的最东北，在北纬50°38′、东经123°35′的高寒山区，苍茫林海之中，属于嫩江支流甘河水系，大兴安岭北坡东麓的嘎仙沟中。

拓跋可寒是从哪条路线来到此地的？按晋书载记（八后燕）、鲜卑莫护跋，入居辽西建国于棘城之北……太康十年，庙又迁入徒河之青山，庙以大棘城即颛顼之墟也。元康四年乃移居之。[3]这个资料使我们知道颛顼帝早期是住在辽西大棘城（今锦州市附近）。他的少弟未受封前也可能住在辽西一带，受封以后带着家族和牲畜，从和龙（今辽宁朝阳市）向北，经广漠之野达嫩江流域上溯到今嫩江县，再顺甘河向西北行到了今鄂伦春自治旗的嘎仙沟，发现了这个大山，可以居留，就辟为其根据地。这条经由大兴安岭东麓，嫩江西岸的线路，也是北魏时乌洛侯人、室韦人等向北朝进贡的路线，需要经过和龙。所以和龙（柳城）舜时就建制了。只因始均之裔从夏商周三代，以及秦汉，不交南夏，是以载籍无闻。

关于“嘎仙”这个词的释意，今还没有满意的解释，在满语叫“嘎山”或称“噶珊”，“乡村”的意思。在蒙古语叫“嘎查”也是“村”的意思，相当于乡一级。鄂伦春语“嘎辛”，亦即锡伯语之“嘎善”也是“乡村”的意思，锡伯语还具有“亲生故乡”之意。我说它应是古鲜卑语，“故乡”之意，从《刻石》所载“启辟之初，祐我皇祖，于彼土田”句看，它是鲜卑人的故乡根据地。所以人虽离去千载，其名“嘎仙”却仍留传到现在。

关于“拓跋”一词的含意，《魏书·序纪》说是“后土”之意，也是拓跋氏自称是黄帝之裔，黄帝以土德王，北俗谓土为托，谓后为跋，以示不忘本也。但是后史家往往不承认这是事实，说鲜卑父胡母的氏族叫拓跋氏，按蒙古语是为Tob的变音，Tob有中央、中枢、中心、核心之意，并非后土之意，《辽史》所书之阻卜，原本拓跋之意“卜”读Ba音，今天呼市土旗之姓氏仍读“卜”为跋。契丹乃东部鲜卑的后裔，属阿尔泰语系蒙古语族，他们分得出蒙古语族不同语支方言的差别，更分得出蒙古语与非蒙古语的不同，因此他们不会将室韦系蒙古语游牧部落与非蒙古语族游牧部落混淆起来，所以他们不会产生汉族那样错误。金史上之“阻𨁿”则接近了核心的原音Tob。辽金史上的阻卜或阻𨁿[4]，是10世纪至13世纪初在大漠南北分布甚广、人数众多、活动频繁的部落，阻卜就是鞑靼。这些历史上有名的部族，皆来源于拓跋鲜卑，说明拓跋氏的威信远而且广，是核心氏族。在汉语对拓跋的释意有：《楚辞·招魂》“君无下此幽都些，土伯九约……此皆甘人”，清蒋骥的三带阁注楚辞称：幽都，地下后土所治也，土伯后土之伯；甘人：以食人为甘美也。而今嘎仙洞的发现使人们了解到幽都是拓跋鲜卑的首都，不是在地下而是在一个山洞里。后土就是拓跋，土伯汉文释意后土之伯，伯侯国也。这与蒙古语 Tob，不但音同而意也一致，指的是鲜卑王家拓跋氏。《楚辞·招魂》乃伟大诗人屈原于公元前 3 世纪时所做。这就证明了在战国时期楚国就知道幽都和鲜卑拓跋氏的存在，从而否定了后世史家有关鲜卑父胡母称拓跋的说法是没根据的。从此也证明《魏书·序纪》所记载的北魏先人早期的历史是可靠的。蒋骥对“甘人”的注解是错误的，甘人就是甘河人，因嘎仙洞在甘河流域的嘎仙沟内。北魏以后不为人所知，所以后世注家只能望文生义不得其端也。

通过前面资料的分析、互证，我们可以归纳出《山海经》是汉族由虞舜夏禹时代传下来的，而《魏书·序纪》是有鲜卑族远祖先始均传下来的有关早期鲜卑的事迹。《山海经》成书较晚，可能是战国末或汉初，而《序纪》成书更晚于北齐。证明夏禹以前都没有文字记载，只有口头人相传授，两者对照是起到史官纪录的作用。幽州是因幽都而命名，幽都是由黄帝孙封于北土统治幽人的治所而得名，所以当时称其地为大幽之国。鲜卑人自称为鲜卑国，都是以山命名的。幽都之山即大鲜卑山，即今之大兴安岭，它不同于汉时的鲜卑山（即令吉林哲盟科右中旗西边）。后者是东部鲜卑人被匈奴所逼退保的鲜卑山。而大鲜卑山是北部鲜卑即拓跋鲜卑的根据地。这是比较明确的。被匈奴冒顿单于击破的东胡联盟，应不包括拓跋鲜卑在内，因匈奴极盛时的边界也没有到达大鲜卑山。就是东汉末檀石槐组成的鲜卑部落军事联盟的东部边界至辽东与夫余秽貊两族接壤，也应不包括拓跋鲜卑在内。这个军事联盟仅仅由东部鲜卑为主组成的。所以《魏书·序纪》没有记载这件大事，就是唐初李延寿著《北史》也未提此。《序纪》倒是记了“历三代至秦汉，獯鬻、猃狁、山戎、匈奴之属，累世作害中州，而始均之裔不交南夏，是以载籍无闻”。这些史实应当得到尊重，理由是从夏殷开始放弃幽州建置，始均以后的可汗们又不交南夏，当然联系就中断了。周初虽恢复了幽州，鲜卑与楚一道去参加岐阳大会，不幸受到卑视，把他们看作荆蛮北狄小国，不予盟，令其看守火堆。因此两国都很生气，本来楚自称是高阳氏苗裔，鲜自称昌意少子之后，算来邻是黄帝的直系子孙，兄弟之国，因周朝这样无理，而发愤图强，后来楚国成为南方大国，竟自称王，不再尊崇周室了。鲜卑到了战国后期拓跋毛时代在北方建立了一个包括三十六国、九十九大姓在内的大部落联盟，威震北方无不率服，只因后来匈奴兴起，为其所阻，不得闻于汉朝，到了东汉末，北匈奴西遁，公元1世纪中业，乃由拓跋诘汾带人南迁，尽占匈奴故地。这以上才是早期鲜卑活动的历史。要想搞清以拓跋氏为核心的北部鲜卑长达二千五百多年的通史，必须排出中原人心目中的东胡联盟及东部鲜卑联盟的历史，才能使早期鲜卑史实不模模糊糊，才能使中国古代北方各族的源流得到澄清。因为拓跋鲜卑立国最早文明程度较高，又不曾遭到外族入侵。虽少文字记载，但地下资料是丰富的。

二、鲜卑古代文明初探

鲜卑是一个以畜牧射猎为主的民族，他们为了寻找好的牧地和猎物，经常迁移，居无定处，逐步向安定生活方式转变，开始有农耕，过着氏族生活，他们住在名为“穹庐”的牧帐中，山地之人夏逐水草，冬则穴居，衣服还是很原始的“以毛毳为衣”。逐步发展为一种具有特色的民族服装，所谓胡服易于骑射。食物以牛乳、乳酪、兽肉为主，青穄煮成的饭，东墙酿成的白酒，他们还不知种稻，米是由中原输入的。他们在很早以前就知道开采矿产，并知锻冶为兵器和用具；他们的手工业也很发达，自己能制造弓矢和马鞍，有名的角端弓就出在鲜卑；他们经常把羊毛制成毡鞋，珍贵毛皮制成轻裘输往中原。他们制成的金属带钩束在皮带上称“鲜卑郭落带”，在春秋战国之际输往中原各国，竟被中原人误解为带钩即鲜卑，或称犀毗、师比、胥纰和私钍总一物也。可见鲜卑的冶金业是很发达的。

世界考古学界一直把工具和器物的质变和革新，看成是历史发展的主要依据。建国35年来，我国文物考古工作者在本地区做了大量的考古调查、发掘工作，出土了大量珍贵文物。可以说是鲜卑族的文化遗产，首推嘎仙洞的发现。该洞虽未正式发掘，仅就已经出土的文物就有“石器、细石器、骨器、青铜饰件、铁刀、桦树皮、木炭及大量兽骨等”。细石器中石料多为石英石，制作工艺水平很高，有刮削器、尖刻器、石矛、石镞，还有石核、石叶等。陶片不多，均为夹砂褐陶，火候较低，手制，多为素面，器形简单。可以辨认出的器形有缶、盆、鬲等。特别值得注意的是石器和陶器片共同存于同一文化层中。[5]这些出土物是发现者为保护山洞和石刻，在洞口挖排水沟时，于地表以下 20 至 80 公分处的黑色粘沙土中挖出来的。可以证明是先可汗启辟之后各代的遗留物。还在地表以下 1.3 米的黄色粘砂土中出土了一件打制刮削器，按土质没被炭质污染，而打制刮削器乃是中石器时代的典型工具代表，表明这里可能有更早的（中石器时期）原始人类曾经居住过。而在洞中更为重要的发现，却为北魏太平真君四年（443 年）年的石刻，证实了它是鲜卑先祖旧墟石室。仅就这些珍贵遗物断代就可分为从细石器、青铜、铁器到封建四个不同的时代。时间从公元前 25 世纪到公元后 5 世纪，约经过了三千年。从北魏王朝的世系看，从拓跋可寒受封北土到拓跋焘统一北中国经历了一百代，平均每代三十年，用这个数字来计算可以找出各代可汗的纪年；即拓跋始均仕于尧封于舜的时代约在公元前 23 世纪，到拓跋毛组成三十六国联盟时，是过了六十六代二千年则达公元前 3 世纪。到拓跋推寅南迁大泽时已是公元前 2 世纪末，约相当于西汉武帝时代。又经过了八代到了拓跋诘汾时约在公元 2 世纪初，相当于东汉击败北匈奴后，才带本部人马离开根据地南迁到晋北草原的。

最近两年对嘎仙洞所做的有关科学研究结果归纳如下：这批出土的木炭，经考古研究所用放射性碳测定年代为 2450 ± 120 年，同期出土的青铜饰件和铁刀经黑龙江省冶金研究所化验，其结果铜饰件含铜 93.60%、含锡为 1.63%、含铅为 2.90%，铁刀含铁 98.56%、含碳 0.41%、含硫 0.03%、含锰 0.04%。按出土先后：铁刀在地表下 40 公分，铁刀残在 50 公分（手作化验），铜饰件在 80 公分。总之这批出土文物约产生于公元前 4 ~ 7 世纪。相当于中原春秋战国时代，也是中原铁器开始年代，都比鲜卑成帝毛统一三十六国的时间早 1 至 300 年，证明《魏书·序纪》所记的积六十七世的说法是有根据的，而不是空白，有实物存在。嘎仙洞幽都的凿建规模宏大，所谓“鬼斧天工”，这是鲜卑人所独创，时间之早，规模之大，真是“历载亿年”而弗毁的建筑珍品，世界上鲜与其匹。

建国后出土的宝贵地下资料，能证明早期鲜卑是确实存在的。关于先可汗时代，精美的硬质石料加工的狩猎工具石镞和粗陶并列，大量兽骨堆积，能证明拓跋鲜卑奠基时畜牧、射猎的发达情况。关于始均时代史书上载的逐女魃、兴田耕两件大事还需考证：《山海经·大荒北经》称系昆山之人，衣青衣名曰黄帝女魃，黄帝攻蚩尤冀州，蚩尤请风伯雨师纵大风雨，黄帝乃下。天女曰魃，雨止，遂杀蚩尤，魃不得上，所居不雨。这个美丽的传说，最先提到女魃，用现代语言解释，女魃是北荒中一个母系氏族的首领，她曾是黄帝争天下的同盟军，后因不事生产在人间作祟，帝尧命始均把她们赶到弱水一带。前苏联在1961～1963年发掘那乃人的康当村（在苏远东共青城地区）时，发现一个最精彩的独一无二的雕像，它以极大的真实性描绘了蒙古人种部落的妇女；这个雕像很生动：面部的颧骨很高，小嘴，唇向前突出，有一双向外斜视的小眼睛，使人想起现在的那乃姑娘和妇女的形象。这个雕像很可能就是中国传说中的女魃的肖像，出土的地点也正是在黑龙江与松花江会合后流向东海的水道旁，那乃人就是赫哲人，通古斯族的一支，古肃慎族在北方的代表，与鲜卑人为近邻。这段历史发生在帝舜时代，息慎即肃慎，舜二十五年来宾（《竹书记年》），可能就是始均当时代表中央把称女魃的部落安置好在弱水之北，并带她们面见帝舜。这个历史事件，可能是真实的。至于“北人赖其勤，帝舜命为田祖”一句，最近考古工作者在依安县乌裕尔河大桥新石器时代遗址调查中发现大批石器，未发现铜器，其中有大型犁，这是黑龙江地区的初次发现[⑦]，从出土压制石器石镞、石叶、雕刻器和磨制石磅的形制来看，与昂昂溪遗址的同类器物相同而年代较晚，这些古鲜卑地区的遗物，可以推测是属于始均时代，进行农耕时的见证。因鲜卑人最初由嫩江上行，后来乌洛侯人就在嫩江流域进行半耕半牧的。

关于成帝拓跋毛时代，《魏书·序纪》称其聪明武略，为远近所推，成为统国三十六、大姓九十九的大部落联盟领袖，文治武功极盛，成为北方之大国。关于武略一事倒有所考，除了前面介绍的嘎仙洞出土的铜铁器是在他以前二三百年就有了金属外，最近在大兴安岭大子羊山出土了一把青铜短剑[⑧]，曲刃四节长67公分剑，报道说是春秋时的产品。今年呼盟文物站又在伊河煤矿城建中得到一把青铜短剑，推测也是春秋战国时的产品，关于短基式曲刃剑在辽宁、吉林都有很多发现，一般论者认为是“东胡族”所创。东胡鲜卑是一家，在北方发现的只能说是在成帝毛以前，鲜卑人能用青铜造兵器，武装自己，战胜周围比其文化落后的部族，并把他们按氏族制度组织起来，形成鲜卑人特殊的军事制度，兵民结合，最后发展为隋唐时的府兵制。与均田制结合起来，是隋唐王朝强盛的基础，这也是鲜卑族对祖国古代文明做贡献的地方。远在成帝毛到圣武帝南迁前长达四百年间，在拓跋氏为核心的鲜卑之国内各族人民互相吸取创造了阿尔泰语系，包括突厥、蒙古、满洲——通古斯三个语族。阿尔泰比较语言学创始人蓝司铁在他的比较语言学中说，阿尔泰诸语的发源地可能在满洲的大兴安岭一带，岭西曾居住过蒙古人和突厥人的祖先，岭东曾是满洲——通古斯人和朝鲜人的定居地。这几种语言既有亲缘上的关系，也有接触的结果，总之是通过拓跋毛所建的早期鲜卑国——或称索国，互相联系起来的。这个国家公元前3世纪末到公元后2世纪初，约经四个世纪的融合，使不同种族的语言趋于一致，创出阿尔泰语系。阿尔泰、阿尔哈、阿尔坦是一语音，汉语"金"也。其语出于古鲜卑语。现在这种语系主要分布在中国、土耳其、蒙古、苏联、伊朗、阿富汗等国有关操阿尔泰语族中。鲜卑人这一伟大贡献，对世界史的意义也是很大的。

早期鲜卑文明另一个突出点就是金属开采，冶炼、加工的冶金业是比较发达的。这也标志它进入文明时代比国内其他各兄弟民族为早，在金属文物出土中除了前所指出者外，还有呼盟陈旗完工（蒙语：陵墓之意）墓葬中出土有镞、刀、带扣、环等铜铁器，证明是西汉时期。还有扎赉诺尔墓葬出土的生产工具和生活用具是用金属制成的。铜器种类增多，特别是铁器的数量增加和种类多样化，已成重要的狩猎和游牧工具，如镞、矛、环首刀、马衔等，陶缶中残存的谷子是呼伦池畔较早的农作物。论者说这是东汉时期，不早于公元1世纪的鲜卑遗物。鲜卑南迁后，留在当地的遗民，如室韦、契丹等，都愿意以金属名称命名其种族，如室韦系中落坦部就是金部落，蒙兀部就是银部落，其后裔发展为蒙古族，蒙古汉译指银，契丹则为槟铁，女真完颜部发展为金，这些都不是偶然产生的，因为古鲜卑地区地下矿产资源十分丰富，冶金事业发展得早，各族各部由于其地出产金银铜铁，以之命名是可以理解的。金属的开发是标志社会的进步，研究历史者不能不重视它，否则一个民族的兴起，就找不到它真正的原因。用《辽史·食货志坑冶》载："辽自太祖始并室韦，其地产铜、铁、金、银，其人善作铜铁器。"就可概括为鲜卑人冶金事业发展，遗泽于后世，而为契丹国史所证实。

以上所举早期鲜卑长达二千多年间所创造的文明史，是祖国文化遗产的重要组成部分，应当整理使其明朗化并发扬之。

注释：

①苏日巴达拉哈：《蒙古源之新探》，《内蒙古社会科学》1982年，第1期。

②曹熙：《鲜卑南迁前的社会经济形态探讨》，《求是学刊》1981年第3期。

③金毓黻：《东北通史》第182页。

④金大钧:《阻卜与鞑靼》,《历史研究》1981年6期。

⑤《鲜卑早期珍贵文物》,《内蒙社会科学》1980年,第4期。

⑥于风阁:《黑龙江文物丛刊》1982年2期,第56~59页。

⑦《大兴安岭日报》1982年6月27日报道。

⑧黑龙江考古队编:《黑龙江古代文物》,1979年版。

(原载《齐齐哈尔师范学院学报》1985年第1期)

鲜卑诸部与北方民族的融合

王金铲

鲜卑族，在我国历史上贡献大，影响深远，占有极其重要的地位。探索、研究鲜卑去向、融合，无疑也是个极度复杂的问题。

鲜卑族生活以放牧狩猎为主，早期活动于大兴安岭南部地区。南迄西拉木伦河与老哈河中上游，北至额尔古纳河以东地区，东抵嫩江与东、西辽河交汇处，即四平与长春以西，西与匈奴相毗连。[①]其先出自东胡，后移鲜卑山，故称鲜卑。[②]鲜卑山在何地？至今学者没有统一认识。今依《后汉书·乌桓传》载："鲜卑者……以季春月大会于饶乐水上，饮宴毕，然后配合。"[③]查饶乐水，亦称作乐水，即今西拉木伦河。既然"大会于饶乐水上"，如若鲜卑山去饶乐水不远，无疑鲜卑山在饶乐水两岸流域。笔者认为：其山应在内蒙翁牛特旗，或在阿鲁科尔沁旗一带，由于鲜卑族居住在山区或丘陵地区，过着游牧生活，不可能在一地久留，这是客观所决定的。正因如此，《史记·匈奴列传》曾载："……其后燕有贤将秦开，为质于胡，胡甚信之。归而袭破走东胡，东胡却千余里……"[④]"却千余里"去向何方？笔者认为：东胡族显然进一步深入大兴安岭腹部地区。即现在的呼伦贝尔盟鄂伦春自治旗阿里河附近的"嘎仙洞"地区。这一带由于有着茂密的原始森林，水草丰盛，不仅可以放牧，而且还可以狩猎。

那么，不妨要问，东胡族来此，为何说是后来的"拓跋鲜卑"呢？原因是：鲜卑族来自东胡，拓跋鲜卑为鲜卑支系，由此来说，拓跋鲜卑亦来自东胡。不同的是："拓跋"二字，《魏书·序纪》载："黄帝以土德王，北俗谓土为托（拓），谓后为跋，故以为氏。"[⑤]因此，史书载为"拓跋鲜卑"。关于民族迁徙的问题，恩格斯曾说："……差不多每一个大的民族都同自己机体的某些末梢部分分离，这些部分脱离了本民族的民族生活，多半参加了其他某一民族（people）的民族生活，已经不想再和本民族的主体合并了。"[⑥]按照恩格斯的论断分析，鲜卑族出现"拓跋氏"后，无疑不会与原来活动在鲜卑山的鲜卑族重新再回到一起了。下面，本着"树大分枝"的规律，将后来出现的幕容、宇文、段氏、拓跋，以及乞伏国仁建立的"西秦"，秃发乌孤建立的"南凉"等部作一粗浅的探索。

慕容鲜卑：最早的记述见于《晋书·慕容廆》，如"秦汉之际为匈奴所败，分保鲜卑山，因以为号"。又载："曾祖莫护跋，魏初率其诸部入居辽西……时燕代多冠步摇冠，莫护跋见而好之，乃敛发袭冠，诸部因呼之为步摇，其后音讹，遂为慕容焉。"[⑦]不难看出：自鲜卑族产生以来，慕容鲜卑早期活动在东迄辽河流域，西越辽西、河北北部一带。对此，《三国志·乌丸鲜卑东夷传》注释："从右北平以西至上谷为中部，十余邑，其大人柯最、阙居、慕容等，为大帅。"[⑧]大人中有"幕容大人"，初步可知，慕容鲜卑确系活动在这一地区。后来随着本部不断发展，曾扩展到江苏、安徽、河南北部地区。现在，对慕容部建立的"几个燕国"的去向及与其他民族的融合，可有较为清楚的了解，慕容氏先后建立五个国家，即前燕、后燕、南燕、北燕、西燕。其疆域：南迄淮水流域，西达黄河以东，北抵老哈河中上游以南，东至辽河中下游左右。[⑨]这个地区，诚然不能说全为汉族，但是，绝大部分是汉族居住地区。如此可知，慕容鲜卑绝大部分融合汉旅之中，少部融合于宇文鲜卑、段氏鲜卑。如出身氐族苻坚建的秦（史称前秦），势力最强盛时，南达淮水至四川中部，西至甘肃西部、新疆东部，北抵大漠与后来兴起的柔然，东至辽东，濒临黄海、渤海。[⑩]后来建立的"五燕"，均在前秦版图之内。慕容垂、慕容暐、慕容庄、慕容评、慕容冲、慕容永等人，初期联合苻坚攻晋（东晋），后来又对苻氏又时战时合，时而对苻氏"颂扬，称道"，时而"恶言，贬低"（《晋书》卷112～115）。可见慕容鲜卑与氐族苻氏密切往来的一面。不难看出二族互为融合的踪迹。至于鲜卑慕容氏融合于汉族，除表现"联合苻氏攻晋"外，突出的是，慕容廆、皝重用汉族出身的知识分子，诸如"裴嶷、鲁昌、阳耽、逢羡、游邃、封抽、韩寿、裴开、王寓等人"。值得提出的是慕容皝以汉族段氏为王后，说明慕容鲜卑不仅与汉族融合，而且其程度越来越深，有关这方面资料，不再赘述。[⑪]慕容鲜卑与宇文鲜卑之融合，下面谈及"宇文鲜卑"再作叙述。

宇文鲜卑：《魏书·宇文莫槐》载："匈奴宇文莫槐，出于辽东塞外，其先南单于远属也，……”[12]看来该部早期有匈奴成分。又《辽史·表第一》载：“盖炎帝之裔曰葛乌菟者，世雄朔陲，后为冒顿可汗所袭。保鲜卑山以居，号鲜卑氏。既而慕容燕破之。析其部曰宇文，曰库莫奚，曰契丹。”[13]后来势力强盛时，其活动大致以今日河北省沽源为中心。东部南起滦平、丰宁，向北抵多伦东北；北部东起多伦东北，向西达内蒙镶黄、镶白旗以北；西部北起镶黄、镶白以西，向南至张家口以西；南部西起张家口，东至赤城、滦平。[14]不久势力日趋衰落，据《资治通鉴》晋康帝建元二年（344 年）载：“燕王皝与左司马高诩谋伐宇文逸豆归，……宇文士卒见涉夜干（亦称涉列干）死，不战而溃……逸豆归走死漠北，宇文氏由此散亡。”[15]通过这一记述可见，由于燕王皝与左司马高诩谋伐宇文逸豆归，宇文氏战败。显然，宇文鲜卑一部没于慕容鲜卑之中。不仅这样，“后燕慕容垂燕元元年（384 年），慕容农引兵会垂于邺（河北临漳西南），垂因其所称之官而授之。立世子宝为太子，封从弟拨等十七人及甥宇文输、舅子兰审皆为王；其余宗族及功臣封公者三十七人，侯、伯、子、男者八十九人”。[16]由此看到：鲜卑宇文部触合于鲜卑慕容部。拓跋鲜卑进入中国北方后，宇文鲜卑为数甚少，一部分没于拓跋鲜卑之中，如“魏主太和十八年（495 年）敕后军将军宇文福行牧地。福表石济以西，河内以东，距河凡十里。魏主自代（河北蔚县）徙杂畜置其地，使福掌之；畜无耗失，以为司卫监”。[17]可见宇文鲜卑后裔与拓跋鲜卑有一定往来关系。从中或多或少地看到宇文鲜卑融合于拓跋鲜卑之中。除此之外，宇文鲜卑融合于兴起阿尔泰山北麓的突厥，亦曾有之。如北周“武帝阿史那皇后。突厥木杆可汗俟斤之女”。“高祖即位，前后累迁使要结，乃许归后于我……”“天和三年（568 年）三月，后至，高祖行亲迎之礼”[18]。上层皇室与突厥国王有联姻，两族庶民联姻者，更会有之。宇文氏鲜卑融合于突厥，可窥其一斑，他如宇文氏融合于汉族者，为数更多。如“太祖，德皇帝之少子也。母曰王氏”，“世宗明皇帝讳毓，小名统万突，太祖长子也，母曰姚夫人”，“……宣皇帝讳赟，字乾伯，高祖长子也。母曰李太后”，“静皇帝……宣帝长子也，母曰朱皇后”。[19]王、姚、李、朱，显然是汉姓，通过皇后姓氏分析，此时鲜卑宇文氏与汉族之关系，是何等密切！可见融合程度是很深的。

段氏鲜卑：最初的组成与慕容鲜卑有相同之处。按恩格斯所讲“差不多每一个大的民族都同自己机体的某些末梢部分分离”。笔者认为，它的机体部分是来到大兴安岭嘎仙洞地区的“拓跋鲜卑”，其末梢部分，除后来的慕容鲜卑外，便是段氏鲜卑；二者不同的是，慕容鲜卑在段氏鲜卑的东北，即今辽西六部，段氏活动地区为今山海关南北；其地区东起山海关附近，向北达辽宁建昌、凌源一带，再向西逶迤，经原河北承德地区，继续西行抵滦平以北，由此向西南蜿蜒，经古北口附近，越北京以东，达天津入海。[20]在鲜卑诸部中，段氏鲜卑为最小一部。该部之所以称为“段氏鲜卑”，原因由“徒何段就六眷”而来。就六眷弟匹石磾，曾名耀“段氏鲜卑”，后势蹙，一部被迫降于石勒。[21]石勒出自山西羯族，因此，可知段氏鲜卑一部融合于羯族，但大部融合汉族，如“……国人立日陆眷弟护辽为主，烈帝时，假护辽骠骑大将军，……弟郁兰抚军将军，……郁兰死，子龛代之，及冉闵之乱，龛率众南移，遂据齐地”。[22]齐地，今山东，多为汉人居住。这便是有力的明证。

拓跋鲜卑在历史上的贡献，不仅段氏、宇文氏鲜卑无法与之相比，就是慕容鲜卑也相形见绌。在北方长达148年的统治当中，出于受到佛教艺术影响，在推动鲜卑族与汉族文化艺术向前发展上，起了重要作用，给后世留下了极其宝贵的财富。如山西大同云冈及河南洛阳龙门石窟，便是有力的说明。该部在成长发展中，屡罹经磨难、艰险，所谓“山谷高深，九难八阻”。[23]与周围民族接触、融合之广泛，较之其他各部更为深远。拓跋鲜卑是如何进入华北地区的？有二说：佟柱臣先生主张：自嘎仙洞出发，经呼伦湖向南来到内蒙锡盟西乌珠穆沁旗以东，自此向西进入巴盟乌拉特中旗，最后再向东南蜿蜒、抵和林格尔（盛乐）。[24]马长寿先生谈道：“呼伦贝尔湖区在蒙古的东部，科布多在蒙古西部，由东而西相距数千里，其间又有匈奴、丁零、高车诸族的牧地，鲜卑部落集团这段迁徙过程是最辽远而最艰巨的。”“经过许多高山深谷，九难八阻，始到达漠南头曼、冒顿的发迹之处。所谓匈奴之故地。”[25]

上述二说，马长寿主张较为正确。原因何在？拓跋鲜卑走出大兴安岭原始森林，来到草原，由于过着游牧生活，首先遇到的是人与牲畜饮水的问题，因此，他们沿着克鲁伦河两岸西去，来到杭爱山，即科布多以东地，因为拓跋鲜卑多年生活在大兴安岭北麓，来到草原，再进到山区，似乎有些不肯，所以，由杭爱山南来，辗转至和林格尔（盛乐）。在迁徙之中，先后与蠕蠕（柔然）、高车、突厥有过往来。据《魏书》载：“……延和三年（434年）二月，以吴提（蠕蠕首领大檀之子）尚西海公主，又遣使人纳吴提妹为夫人，又进为左昭仪。吴提遣其兄秃鹿傀及左右数百人来朝，献马二千匹"[26]，虽说这仅是联姻一例。后来有时叛亡，但不难看出，拓跋鲜卑与蠕蠕往来密切。上层统治阶级联姻，庶民两族成婚者，显然皆有之。如此可看到拓跋鲜卑与蠕蠕融合之一面。对高车的关系（该族擅制高轮车，故南方称"高车"，实为铁勒族。铁勒由而敕勒来，敕勒来自丁零）据《魏书》载："初，太祖时，有吐突邻部，在女水上（《水经注》载：'水出东安平县之蛇头山。'），常与解如部相为唇齿……登国三年，太祖亲西征，渡弱洛水，复西行趣其国，至女水上，讨解如部落破之。明年春，尽略徙其部落畜产而还。"[27]"又有侯吕邻部，众万余口，常依险畜牧。登国中，其大人叱伐为寇于苦水河。八年夏，太祖大破之，并禽其别帅焉古延等。"[28]通过记述，虽然看不出拓跋鲜卑与高车族有联姻的表现，可是由于高车族多次犯边，被太祖击破，虏掠大量高车人口。无疑拓跋鲜卑杂有大人量高车人口。由此可看到拓跋鲜卑融合了高车族的一个侧面。由于高车出自丁零，由此可知，拓跋鲜卑族又吸收了丁零族的成分。

拓跋鲜卑占据中原后，除与汉族融合外，就其活动而言：与"匈奴、羯、羌、氐"亦曾有过不同程度的融合。通过疆域，可窥测其一斑。其范围：南起淮水流域，向西经汉江上游，越汉中地区，沿祁连山西北行，达新疆鄯善、焉耆。北部自此起，经伊吾戍北，向东穿越大漠一带，直抵西辽河上游，再经营州至渤海湾。[29]这一地区，首先有匈奴族出身的刘曜，在陕南建立的赵（史称前赵）；羯族出身的石勒，在山西建立的赵（史称后赵）；氐族出身的苻坚在陕西建立的秦（史称前秦）；羌族出身姚苌在陕西建立的秦（史称后秦）。四个民族建立的国家，就其范围而言，后来均在拓跋鲜卑建立的"北魏的疆域"之内。[30]依此观之，拓跋鲜卑族部分融于匈奴、羯、羌、氐之中，除匈奴之外，羌、氐族较多。[31]但大部融合于汉族，唐代著名诗人元稹、元结，自称先世出自元魏之后，即是一例。

南凉秃发乌孤：这部鲜卑人数甚少，有人主张为"胡父鲜卑母"的铁弗或铁伐匈奴和"鲜卑父胡母"的拓跋或秃发鲜卑。[32]对比《晋书》载："母胡掖氏因寝而产于被中，鲜卑谓被为'秃发'，因而氏焉。"[33]其实秃发与拓跋，译音不同，如蒙古译成"蒙兀"，括页译成"苦夷"，便是一例。此部鲜卑离开大兴安岭北部原始森林，辗转来到今兰州、武威、西宁地区，秃发乌孤建国号称"凉"（史称后凉），其血缘成分便可想而知，特别是汉“和帝永元中（89～105年）大将军窦宪遣右校尉耿夔击破匈奴。北单于逃走，鲜卑因此转徙，匈奴余种留者尚有十余万落，皆自号鲜卑，鲜卑由此渐盛”。[34]无疑，鲜卑族有大量匈奴族，匈奴族有大量鲜卑族。《魏书》载：“蠕蠕（柔然），东胡之苗裔也，姓郁久闾氏。”拓跋鲜卑出自东胡，蠕蠕为东胡支系，曾在大漠活动甚久，在此前后，秃发鲜卑又经过大漠地区来此，显然，秃发鲜卑有蠕蠕成分。又因汉时匈奴与活动在贝加尔湖左右的丁零相毗连，关系十分密切。我国西汉出使匈奴的苏武，曾被匈奴放逐于北海（贝加尔湖）[35]，即丁零故地。由于匈奴与丁零常有往来，可见匈奴有丁零成分。今蠕蠕有匈奴成分，无疑蠕蠕亦有丁零成分，高车出自铁勒，铁勒来自丁零，于公元3世纪前后曾活动在大漠和大漠以北地区，由于在此前后蠕蠕曾转辗于大漠南北，因此，蠕蠕有高车成分。《魏书》载：“蠕蠕社仑破败之后，收拾部落，转徙广漠之北，侵入高车之地……”[36]便是一例。

西秦乞伏国仁：该部多为拓跋鲜卑小支，由于在大漠南北活动时，该地区民族不时杂居融合，因之，此部鲜卑在与北方各族融合之时，与南凉秃发乌孤融合略同。[37]为此，不再赘述。

综上所述，出自东胡族鲜卑诸部，除与鲜卑本部互为融合外，也融合于匈奴、丁零、高车、蠕蠕、羯、羌（包括后来的党项大部）、氐。至于融合汉族之中，更为世人所知。不难看出，鲜卑活动范围，虽说后来未能超出匈奴范围，但可与匈奴活动范围相比，即南部由淮水起，向西北延伸达祁连山南北，西抵帕米尔高原、天山以北。北迄阿尔泰山以北，贝加尔湖左右，东至嫩江与松花江交汇处，辽河两岸，在这个范围之内，均有鲜卑人足迹。[38]

注释：

①⑨⑩⑭⑳㉙㉚《中国历史地图集》秦时全图，南北朝时期全图。

②参阅《后汉书》卷90。

③㉞《后汉书》卷90。

④《史记》卷110。

⑤⑫㉓㉖㉗㉘㊱《魏书》卷1；卷103；卷1；卷103。

⑥马、恩、列、斯：《论民族问题》，中国社会科学出版社出版。

⑦㉝㊲参阅《晋书·慕容廆》卷108；《晋书·秃发乌孤》卷126；《晋书·乞伏国仁》卷126。

⑧《三国志》卷30。

⑪参阅《晋书》109。

⑬《辽史》卷63。

⑮⑯⑰《资治通鉴》卷97；卷105；卷139。

⑱⑲《周书》卷9；卷1~8。

㉑㉒参阅《魏书·段就六眷》卷103。

㉔佟柱臣:《新发现的两份石刻在东北民族史研究上的学术价值》，辽宁省考古、博物馆学会成立大会:《会刊》第28页。

㉕㉜马长寿:《乌桓与鲜卑》第4章，拓跋鲜卑；第1章，总叙。

㉛杨铭:《汉魏时期氐族的分布、迁徙及其社会状况》,《民族研究》1991年2期。

㉟内蒙古蒙古语言文学历史研究所历史研究室、内蒙古大学蒙古史研究室:《中国古代北方各族简史》第一章《战国秦汉时期的北方各族》第四节《丁零、月氏与乌孙》。

㊳参阅拙著《匈奴去向踪迹考》,《沈阳师范学院学报》1992年2期。

（原载《松辽学刊》1993年第2期）

论拓跋鲜卑民族的融合

王万盈

本文通过对拓跋鲜卑民族融合过程的个案考察，提出对民旅融合的一点认识，以就教于学界。

一

在拓跋鲜卑民族的融合过程中，文化上的转变是完成融合的重要一步。

宗教信仰是文化的重要组成部分。鲜卑早期信仰萨满教，但自力微以后，鲜卑贵族对佛教有了认识，拓跋什翼犍时，“乃备究南夏佛法之事”[1]（卷114《释老志》）。拓跋鲜卑的宗教信仰开始发生变化，北魏政府也开始扶植和提倡佛教。如天兴元年（398年）拓跋珪下令在京城为佛教僧徒修建寺院，以便其“有所居止”[1]，开始了佛像的塑造和寺院的建筑工作。到拓跋嗣时，拓跋鲜卑“又崇佛法”，在京城周围“建立图像，仍令沙门敷导民俗”[1]，使得佛法、佛寺、佛徒在北魏一代大盛。

在接受佛教的同时，鲜卑贵族逐渐摒弃萨满教。太平真君五年（444年），拓跋焘下令禁止民间“私养师巫”[1]（卷4《世祖记》），彻底动摇了萨满教的地位。孝文帝太和九年（485年），干脆借口萨满巫师“假称鬼神，妄说吉凶”，下令对其“严加禁断”[1]（卷108《礼志》），进一步清除萨满教的影响。此后，鲜卑人只是在政治生活的某些方面还遗留有一些萨满教的痕迹，佛教已成为占主导地位的宗教，杨衒之的《洛阳伽蓝记》及《魏书·释老志》对其记载甚详，此不赘。而拓跋鲜卑信仰的佛教，与汉族信仰的佛教在经文、仪式、造像等方面已基本相同。

拓跋鲜卑的葬俗较为独特，葬时以歌舞相送，焚烧死者服用器物，虚设棺柩等旧俗，一直延续到魏高宗拓跋濬时，特别是送葬时伴以哀乐挽歌，与儒家孝道所讲究的临丧不歌更是背道而驰。如果这些葬俗继续存在，就不利于汉族对鲜卑的认同。高允因此建议，对包括葬俗在内的一些鲜卑习俗进行改革，主张“禁诸婚娶不得作乐，及葬送之日歌谣、鼓舞、杀牲、烧葬，一切禁断”[1]（卷48《高允传》）。这说明，在拓跋濬前后，北魏政府根据周礼来规范鲜卑人的社会生活。而葬俗依照汉族之制，也就等于使鲜卑人在意识上树立名教观念，与汉族表现出更多的趋同性。

发式与服饰的汉化也是拓跋鲜卑文化转变的重要内容。

拓跋鲜卑族人最初发式究竟是何样，史无明载。《后汉书·乌桓鲜卑列传》中谓鲜卑“唯婚姻先髡头”，这是说东部鲜卑。至于拓跋鲜卑，在南迁大泽前因处在原始阶段，一般是“披发”。如晋隆安五年（401年）秃发利鹿孤将称帝时，其将军鍮勿峇曰：“吾国自上世以来，被发左衽，无冠带之饰，逐水草迁徙。”[2]（卷112《晋纪》34）又《魏书·咸阳王禧传》记载了孝文帝虽颁布了改革鲜卑旧俗的法令，但洛阳城中仍有不少鲜卑妇女穿着胡服，孝文帝认为，这种现象如不严加禁止，“若仍旧俗，恐数世之后，伊洛之下复成被发之人”。这两条材料都可说明拓跋鲜卑早期是披发的。

进入匈奴故地后拓跋鲜卑因受匈奴习俗的影响，发式上有了变化。由原来的披发变为辫发，即“索头”，实际上就是梳发成辫，这一点在考古学上得到了证实。1960年，考古工作者清理呼伦贝尔盟扎赉诺尔古墓群时，在一妇人墓中发现残存的发辫一节。[3](第120页)正因拓跋鲜卑有索发之俗，南朝汉人就将其称为“索虏”。

随着步步南迁，拓跋鲜卑逐渐接触到中原文明，发式再度出现变化，由辫发，变为束发。有学者认为这与中原政权有关，他们认为，公元4世纪时，“汉王朝的创始人才给拓跋下了命令，在都城和都城以外的地方要把头发束起来”。[4]这位学者虽没有讲清是谁下的这道命令，但至少说明此时鲜卑的发式已发生了变化，到天兴元年（398年），拓跋珪即皇帝位，“命朝野皆束发加帽”[2]（卷110《晋纪》32），显然这是入主中原后拓拔鲜卑通过发式的改变表示自己统治“诸华”的决心。这同样也反映出鲜卑人作为征服民族反过来被先进民族的先进文明所征服这一事实。发式作为文化内容的一个方面，它的变化表现着文化心理的变化，说明了拓跋鲜卑作为北方草原民族的意识已很模糊。故而在元恪时，张彝上书赞孝文之功时有“海东杂种之渠，衡南异种之帅，沙西毡头之戎，漠北辫发之虏，重译纳贡，诸吏称藩”[1]（卷64《张彝传》）一番话，而其中的“辫发之虏”不再引起拓跋统治者的嫌隙，张彝也不至于成为第二个崔浩。历史按此逻辑发展，到隋初虽在庙堂之上可见代北之子孙，却很难再见到索头之人了。

服饰与发式的改革同出一辙，原始时期的拓跋鲜卑“被发左衽”。在发式变化的过程中，服饰当然也有所变化，但直到太和之前，政府并无统一服饰的政令。当时妇女通常的衣着是“夹领小袖”[1]（卷64《张彝传》），“冠帽而著小襦袄”[1]（卷21《咸阳王禧传》）。太和以后，孝文改革，开始颁令禁止鲜卑群臣朝贺时“服裤褶行事”[2]（卷137《齐纪》3），禁止胡服在洛阳城中出现。颁令后，虽洛阳城中仍不时有鲜卑妇女穿胡服，但总体上言服饰趋于汉化。拓跋鲜卑能逐步接受汉人服饰，表明由生活方式、政治地位等的变化所带来的民族心理的变化。

拓跋鲜卑皇帝如何进行即位大典《魏书·礼志》没有记载。《资治通鉴》记载北魏末年孝武帝元修即位时的仪式云：“孝武帝即位于东郭之外，用代都旧制，以黑毡蒙七人，欢居其一，帝于毡上西向拜天毕，人御太极殿，群臣相贺。”[1]（卷155《梁纪》11）从这则史料中我们可以大略知道古代拓跋部是如何推选盟主和举行皇帝即位大典的。除皇帝外，有七人以黑毡蒙头，此七人象征着拓跋邻时统摄“七分国人”的七个宗室姓氏。这一点，马长寿先生在其《乌桓与鲜卑》一书中早有叙述，此不赘言；至于为什么皇帝即位要蒙黑毡，史无从考。对此事件，胡三省注曰：“魏自孝文帝用夏变夷，宣武、孝明即位皆用汉、魏之制，今复用夷礼。”[2]从胡三省的论述中可知北魏直武帝元恪、孝明帝元诩即位大典就用汉、魏之制，实际上，从天兴元年拓跋珪在平城即皇帝位时就“依仿古制”[2]（卷110《晋纪》32）行即位仪式。至于高欢大力推行鲜卑化，使旧有的、逐渐淡化的鲜卑习俗曾一度恢复，毕竟是昙花一现，汉化仍是主流。

拓跋鲜卑的婚俗也颇具特色。在鲜卑人的婚姻中，最有名的莫过“戏女婿法”。这与汉族婚俗中戏弄新娘的习俗恰好相反。《北史·后妃传》云：“段昭仪，韶妹也。婚夕，韶妻元氏为俗弄女婿法戏文宣，文宣衔之。后因发怒，谓翻曰：‘我会杀尔妇！’元氏惧，匿娄太后家，终文宣世不敢出。”这种妇家之人以杖打女婿令其狼狈不堪以为乐之法，在唐人段成式的《酉阳杂俎·礼异》中也有记载：北朝婚礼，“婿拜阁日，妇家亲宾妇女毕集，各以杖打婿为戏乐，至有大委顿者”。同书续集卷4《贬误》篇又云：“北方婚礼……以竹杖打婿为戏乐，乃有大委顿者……南朗无此礼”，这种戏女婿法无疑是鲜卑妇女地位较高的表现，但何以在北朝还能流行，与高欢大力推行鲜卑化有关，唐人段成式在自己的著作中将其列入“礼异”条，足证这种风俗在隋唐时已销声匿迹，发生彻底变化了。

拓跋鲜卑婚制较为独特，早期的王公贵势均实行一夫一妻制，直到拓跋珪入主中原，仍是“将相多尚公主，王侯亦娶后族，故无妾媵，习以为常。妇人多幸，生逢今世，举朝略是无妾，天下殆皆一妻”（卷18《太武五王列传》）。如果哪个王公贵族纳妾，则被人们“共相嗤笑”。这种现象，遭到汉化较深的临淮王元谭曾孙元孝友的激烈抨击，认为它是导致妇女多妒和人们断嗣的根源。而妇女一旦产生忌妒之心，就会使“妻妾之礼废”，“奸淫之兆兴”[1]（卷18《太武五王列传》）。因此，元孝友上书孝静帝，主张依据《晋令》、《官品令》以及《周礼》的有关规定，让官员士人娶妾，以“广继嗣”、“修阴教”。元孝友的主张，代表了一部分汉化较深的鲜卑人的观点，说明在他们的意识中，本民族的旧习已渐淡化。到元魏后期，鲜卑一夫一妻制的情况终于有所改变，娶妻之后又纳妾则成为一种时尚。

拓跋鲜卑在融合过程中的文化转变，有的出于政令，有的出于自然。但无论出于什么，其基本趋向是一致的，那就是向汉文化靠拢，并进而完全接受周礼，运用周礼设计其礼乐官制等上层建筑。

二

从拓跋珪开始，随着鲜卑入主中原步伐的加快，在逐渐放弃本民族信仰的同时，推崇《周礼》，并将其作为政治生活的指导思想，是强化其汉化政策的重要举措，这种做法，几乎与北魏政权相绐终。对《周礼》的推崇及运用反映在各个方面。

以祭祀为例，拓跋鲜卑立国之前，祭天时为“西向设祭”[1]（卷108《礼志》），并行助祭等仪式。建国后，西向设祭的仪式也就变为西郊祭天了。祭天时，有踏坛、绕天等诸多仪式。这些仪式与中原汉族祭天的方式相距甚远。随着在中原统治地位的确立以及对《周礼》的推崇，拓跋鲜卑的祭祀仪式开始发生变化。天兴二年，拓跋珪“祀上帝于南郊，以始祖神元皇帝配”。[1]天兴三年，“郊天，……以神元窦皇后配”。[1]儒家经典认为，作法祀皇天时要以先祖、先妣配，谓之“配天”；《周易》豫卦：“殷荐之上帝，以配祖考。”疏曰：“以配祖考，谓以祖考配上帝。”为此崔浩作赞说：“太祖因漠北醇朴之人，南入中地，变化易俗，化洽四海”[1]（卷32《崔浩传》），充分肯定了拓跋鲜卑祭天习俗的改变。

另外，太平真君四年（443年），李敞到嘎仙洞祭祀祖庙，在祭“皇天”、“后土”时，也以“皇祖’、“皇妣”配。太和六年（482年）十一月，孝文帝拟祭七庙，下令“依礼具仪”[1]（卷108《礼志》）。这是孝文帝为改变以前“七庙之祭”皇帝多不亲往现象而采取的一项改革举措。一些汉化较深的鲜卑贵族和汉族官员盛赞这个举措是“稽合古王礼之常典”。[1]

祭祀时间在孝文帝时也发生了变化。孝文帝前，拓跋鲜卑四时祭庙时间“皆月中节”。而自汉代以来，中原汉族的宗庙祭祀是一年五次，即孟春、孟夏、孟秋、孟冬以及腊月。鲜卑的祭祀时间明显与《周礼》上的规定不合，故而在太和十六年（492年）孝文帝下令四时祭庙“用孟月”[2]（卷137《齐纪》3），并在太和十八年“罢西郊祭天”[1]（卷108《礼志》）。这样拓跋鲜卑迁都洛阳以前，在祭祀方式、祭祀时间上等已完全依礼行事，并显示出了相当的熟练性。

再如官制上的改革，这也是拓跋鲜卑接受《周礼》的一个较大举措。在拓跋珪建国初期，拓跋鲜卑制定官号时，“多不依周、汉旧名，或取诸身、或取旧物、或以民事，皆拟远古云鸟之义”[1]（卷113《官氏志》）。这种现象一直持续到孝文帝时。太和十七年六月，北魏政权下诏：“六职备于《周经》，九列炳于汉、晋，务必有恒，人守其职。”[1]（卷7《高祖纪》）孝文帝命王肃等人以《周礼》为依据，制定官制，建六官，置公、卿、大夫、士。后周因之，继续法《周礼》，最终在官制上完成了对周礼的吸收工作。

魏初百官无俸禄，这也是北魏与前代最大不同之处。《周礼》规定，官员是有食禄之典的。因此，孝文帝太和八年（484年）六月，下令“置官班禄”[1]（卷7《高祖纪》），并说明实行此法的根本原因就是“《周礼》有食禄之典”[1]（卷7《高祖纪》）。这是北魏官制俸禄仿依《周礼》之始，以后就成为制度。

另外，在祭祀用品、音乐制度、学校教育、婚姻制度诸多方面都逐步依《周礼》行事，特别是对皇帝大祭圜丘及合祭先祖的“禘”与“祫”的异同的认识，更是超过了前代，显示了运用周礼的熟练性。

总之，拓跋鲜卑入主中原以后，从接触到汉文化，到吸收《周礼》，以《周礼》治国，这构成其融合的政治思想内容。而许多习俗向汉族的靠拢，则构成其融合的社会生活内容，使得这个原本处于落后状态的民族迅速地走向文明，在实现自身发展的同时，也为中华民族大家庭的发展作出了本民族的贡献。

三

民族意识的转变是考察民族融合的关键，笔者曾提出，民族意识的形成，标志着民族的形成。[5]同理，一个民族与另一个民族具有了相同的民族意识，就表明他们已经相互融合。而拓跋鲜卑民族所经历的各个发展阶段与同时期北方其他一些少数民族有着相同之处，那就是一步步地参与北方社会生活，一步步地向汉民族靠拢，最终相互认同，这个认同就是在逐步汉化的基础上，通过对汉文化的不断“内化”，使本民族的民族意识逐渐弱化，直至消失，最终完全融入到汉族大家庭中。

孝文帝以法令的形式禁胡服，断北语，改姓汉姓，采用汉族统治制度，“其志固欲移风易俗”。这种激进的改革，使入主中原的鲜卑人逐渐丧失本民族的尚武精神而趋于汉化。更重要的是，鲜卑人已失去了往日的优越感，自卑心理逐渐显露。如魏尚书裴植曾言：“华夷异类，不应在百世衣冠之上”[2]（卷148《梁纪》4），引起拓跋贵族于忠、元昭的忌恨。招致杀身之祸。于忠等谗杀裴植，固然是由于争权夺利，但更多的还是因其言论深深地触及到鲜卑贵族的自卑心理。

随着汉、鲜民族之间认同性的逐渐增多和鲜卑在中原统治时间的延长，鲜卑人到中原生活者越来越多，因而孝文帝迁都时对拓跋鲜卑采取强制迁徙的办法也就不再沿用。到孝明帝时，北魏政府下令：“北京士民未迁者，悉听留居为永业。”[2]（卷152《梁纪》8）孝文帝时期那些“秋朝洛阳，春还部落”的“雁臣”也就不复存在了。这个变化，实质是鲜卑民族意识上的又一转折点，说明鲜卑人已由以前对在洛阳定居持排斥心理而转为认同，认同了洛阳是他们可以生存的地方这个事实，在心理上缩短了与汉族的距离。

虽然从孝文帝迁都洛阳后，鲜卑人的民族意识随着汉化程度的加深逐渐弱化，但鲜卑民族意识在不断弱化的主流下，于六镇兵变之后，民族意识又出现了较长时间的回流。

六镇起义爆发后，契胡尔朱荣带兵进入洛阳，发动河阴之变，戮杀元魏王公卿士二千多人，使得汉化较深的元魏士族遭到毁灭性打击。本就极少接受汉文化熏染的尔朱荣和进入洛阳的一些六镇鲜卑人在洛阳城中“戏上下马”，“唱虏歌”[2]（卷152《梁纪》8）。使得部分鲜卑旧俗复燃。此是北朝鲜卑文化回流的第一个时期。

北朝鲜卑文化回流的第二个时期是北齐、北周时，以高欢等人大力推行鲜卑化为王。

高欢是鲜卑化的汉人，立国以后，因大力推行鲜卑化，使北齐一朝鲜卑“共轻华人”，甚至把汉人生死视为儿戏，称汉人为“一钱汉”[2]（卷157《梁纪》13），胡汉界限极为明显。就是侯景投奔北齐后，也立誓“不能与鲜卑小儿共事”[6]（卷6《齐本纪》）。高欢大力推行鲜卑化的结果，使得已渐消泯的鲜卑文化重新抬头。

这种文化回流现象，实质上正是鲜卑民族意识消亡的前兆。黑格尔有言：“一个本身完整的圆圈，但它的完成同样又是向另一个圆圈的过渡，——这是漩涡，它向自己的中心折回，而这中心又直接在另一个把它吞没了的更高的圆圈的边沿上。”[7]（第297页）黑格尔之语正说明了魏晋南北朝民族融合中鲜卑化的再起这种现象。而此漩涡，亦正是鲜卑民族向更高一级迈进的前兆。因此，在拓跋鲜卑民族融合的主流中，鲜卑民族意识的回流仅仅是这个主流中的表面现象，而拓跋鲜卑民族逐渐融合则是本质，是深流。

正由于北朝时期鲜卑民族意识呈现出不稳定性，导致了汉鲜矛盾的进一步激化和北齐的迅速灭亡。北周虽也在表面上恢复鲜卑旧俗，但因继续法《周礼》，“行《周礼》，建六官”[6]（卷19《周本纪》），汉化在深入，民族矛盾相对平稳，终于国势渐强，灭掉北齐。

北周灭齐，使得表面一度勃发的鲜卑民族意识迅速消退。大成元年（579年），北周开始革胡服，“服汉魏衣冠”[2]（卷173《陈纪》7）。到大定元年（581年），周静帝又下令“以前赐姓，皆复其旧”（卷10《周本纪》），同年，杨坚夺得北周政权，崔仲方劝杨坚“除周六官，依汉、魏之旧……置三师、三公及尚书、门下、内史、秘书、内侍五省”[2]（卷175《陈纪》9）。对周礼的吸收和运用伴随着北魏、北周政权始终，到此结束。汉化的鲜卑人此时也以汉人自居了。

当拓跋鲜卑旧有的民族意识在不断弱化的趋势下逐渐消亡时，一种崭新的民族意识也正在形成，并反映在拓跋鲜卑人的社会心理和社会行为上，这正是汉鲜民族融合的最终结果。

首先，被融合的鲜卑人在心理上俨然以华夏正统自居，而汉族和其他民族也认同了鲜卑已变成“汉人”的事实。如源贺之后源师，因受汉文化影响，到高齐时，已完全没有了鲜卑后裔的痕迹。当源师请高阿那肱“依礼当雩祭郊坛”时，高阿那肱斥责源师为“汉儿多事”[6]（卷28《源师传》）。同时，鲜卑对汉文化的进一步“内化”，也使南方汉族士大夫对鲜卑人的看法有了改变，如南朝陈庆之曾对朱异讲：“自晋以来，号洛阳为荒土，此中谓长江以北，尽是夷狄。昨至洛阳，始知衣冠上族，并在中原。礼仪富盛，人物殷阜，耳目所不识，口不能传。”[8]（卷2）正光三年（552年），魏直阁将军冯邕妻元氏死后，她的家人为其所撰墓志铭中认为其先祖是“轩皇之流派，仓精之别裔”[9]（《元氏墓志》）。冯邕是汉人，元氏是鲜卑族，从中可以看出汉族在心理上已认同了汉鲜为一家。从源师被鲜卑化的汉人称为“汉儿”和洛阳鲜卑人被陈庆之视为“衣冠士族”就可以看出，在其他民族的心理上，拓跋鲜卑已经与汉人无异了。

不仅其他民族把已融合的鲜卑人当汉人看待，就是鲜卑人自己，也没有了最初的自卑感，以华夏正统自居，这主要表现在对待其他民族的态度上。如熙平三年（518年），“魏主引见柔然使者，让之以蕃礼不备，议依汉待匈奴故事，遣使报之”[2]（卷148《梁纪》4）。在对外关系上以汉与匈奴为例处理同柔然的关系，俨然表现出中华正主的心态。而且张伦在为此事所上奏章中这种心态也有反映：“太祖经略帝图，日有不暇，遂令竖子游魂一方，亦由中国多虞，急诸华而缓夷狄也”，“今虏虽慕德而来，亦欲观我强弱，若使王人衔命虏庭，与为昆弟，恐非祖宗之意也”[2]（卷148《梁纪》4）。再如，正光三年（522年），柔然可汗婆罗门帅部落叛魏，亡归呎哒，魏派费穆率兵讨之，在讨伐柔然的过程中，已完全汉化的鲜卑后裔费穆的一段话，颇有意趣，“戎狄之，见敌即走，乘虚复出，若不使之破胆，终恐疲于奔命”[2]（卷149《梁纪》5）。费穆为代人，此时亦称柔然为“戎狄”，在心理上俨然以华夏正统之后自居。这种汉鲜民族在意识上的相互认同，就说明在南北朝行将结束时，拓跋鲜卑民族已经融入到汉族之中去了。

其次，鲜卑民族的自我意识上已形成了自己是汉族的意识，这在北朝后期的墓志中表现得尤为明显，兹举数例说明之。

据笔者所查，在太和廿年以后所撰的鲜卑族人墓志中，在追溯其籍贯和先世时，绝大多数将其籍贯写为“河南洛阳人”，而且他们所追溯的先世都与汉族的先祖特别是黄帝、尧、舜、禹扯上关系，如正始元年（504年）元详死后，其墓志上写道：“纂乾度圣，启源轩皇”[2]（《元详墓志》）神龟二年（519年），元晖墓志上写着“厥初迈生于商，本支茂于绵瓞”[9]（《元晖墓志》）；正光元年（520年），叔孙协墓志上写道：“君讳协，字地力勤，河南洛阳人也，其先轩辕皇帝之裔胄”[9]（《叔孙协墓志》）；而元宁墓志写得更为肯定，“元宁，字阿安，河南洛阳人也”，“其先唐尧之苗裔，汉高之胤胄，孝章帝之后”[9]（《元宁墓志》），元宁是在正光五年（524年）死去的，年61岁，在此不仅将自己的先世和唐尧联系在一起，更和汉高祖刘邦扯上关系。可见他们已完全丧失了原有的民族意识。

再次，在新的民族意识形成的基础上，被融合的拓跋鲜卑民族成员在社会行为上也表现出与新的民族意识的一致性。“昔晋人失驭，群书南徙，魏因沙乡，文风北缺”[9]（《李壁墓志》）的现象已不复存在。如元鸾生前，在行为上已是“少标奇□，长而弥笃，虚心玄宗，妙贯佛理”。[9]（《元鸾墓志》）魏燕州刺史元飏生前，对武功一道已“并非其好”，而是“高枕华轩之下，安情琴书之室，命贤友，赋篇章，引渌酒，奏清弦。追阮籍以为俦，望异氏而同侣”[9]（《元飏墓志》），显然已是一个风流士大夫了。元举也不再像其族先一样是个跃马弯弓的武士，而是一个“洞兼释氏，备练五明，六书八体，画妙超神，章句小术，研精出俗，山水其情、尤右琴诗”[9]（《元举墓志》）的精通儒、佛、书法、绘画、历数、琴诗的士大夫了。这些都说明深染汉文化的鲜卑人与汉人已无甚区别。故我们在隋唐庙堂之上以姓氏可判别代北之子孙，但却再也见不到自称为鲜卑的人了，入主中原的拓跋鲜卑已完全与汉族相互认同，相互融合了。

参考文献

[1]《魏书》，中华书局，1974年。

[2] 司马光：《资治通鉴》，中华书局，1956年。

［3］《内蒙古文物资料选辑》，内蒙古人民出版社，1964 年。

［4］C. N. 鲁登科：《信仰和祭仪——匈奴人的文化和诺颜多拉墓葬》，《西北历史资料》，1983 年第 1 期。

［5］王万盈：《试论民族意识》，《西北师范大学学报》，1998 年第 4 期。

［6］李延寿：《北史》，中华书局，1974 年。

［7］列宁：《哲学笔记》，人民出版社，1956 年。

［8］杨衒之：《洛阳伽蓝记》，上海古籍出版社，1993 年。

［9］赵超：《汉魏南北朝墓志汇编》，天津古籍出版社，1992 年。

（原载《西北师范大学学报》2001 年 11 月第 6 期）

鲜卑探源

傅义汉

鲜卑，古族名，东胡族的一支。使用东胡语，属阿尔泰语系，是蒙古等民族语言的祖源。鲜卑部落集团，先秦时已活动于大兴安岭山脉中部与北部，其名始显于东汉初年，语言习俗与乌桓同。乌桓兴盛的时候，鲜卑和中原的接触较少。后来西拉木伦河流域的乌桓人南迁，鲜卑人乘机占据了这块地方。这时的鲜卑人处在匈奴人的控制之下，匈奴分裂为南北二部，南匈奴归附汉朝，鲜卑也属意于汉朝，同汉朝、南匈奴、丁零及西域各族一起共同出兵攻击北匈奴。鲜卑骑兵在多次战争中都发挥了重大作用。在东汉和南匈奴的共同进击下，北匈奴逃离漠北，向西迁徙。鲜卑占据了广大的漠北地区。

东汉后期，鲜卑首领檀石槐建庭于高柳（今山西阳高县）北弹汗山（今内蒙古商都县），组成诸部军事行政联合体，分东、中、西三部，各置大人率领。这个联盟控制的地域辽阔，东西12000余里，南北7000余里，东部辖地包括今西拉木伦河、老哈河流域、科尔沁草原和呼伦贝尔草原，由弥加、阙机、槐头等鲜卑大人统领，共20多个邑；中部包括今锡林郭勒草原，由慕容、柯最等鲜卑大人统领，共有10余邑；西部包括今阴山以北的乌兰察布高原、巴彦淖尔高原、阿拉善盟境内的沙漠地区和额济纳河流域等地，由日律、推寅等鲜卑大人统领，共20多个邑。檀石槐领导的强大的军事联盟，是继匈奴消亡后建立的又一个北方游牧民族政权。不仅包括宇文鲜卑、慕容鲜卑，而且还有拓跋鲜卑等数10余邑。檀石槐死后，诸部联盟瓦解。后“小种鲜卑”的轲比能集团兴起，这个联盟较檀石槐的联盟小，存在的时间较短。轲比能被刺死后，联盟瓦解。鲜卑南迁与西迁后，复与匈奴、丁零、乌桓、汉人等混血而形成许多新的部落。东部主要有宇文、慕容部；西部主要有拓跋、秃发部和乞伏部。

鲜卑是我国历史上建立政权最多的一个少数民族。晋与十六国时期，慕容鲜卑、宇文鲜卑、乞伏鲜卑和拓跋鲜卑，都曾与汉人及其他民族中的统治阶级结成雄据一方的政治势力。而慕容鲜卑曾建立前燕、后燕、西燕、南燕。乞伏鲜卑曾建立西秦。秃发鲜卑曾建立南凉等割据政权。拓跋鲜卑先建立代国和强大的中原王朝北朝，包括北魏、东魏、西魏，鲜卑化的汉人高氏与宇文鲜卑分别建立北齐、北周。另有出自慕容鲜卑的吐谷浑。

乞伏鲜卑。乞伏鲜卑部建立的政权，史称西秦（385～431 年）。乞伏鲜卑又称陇西鲜卑。大约从公元 3 世纪中期开始“自漠北南出”[①]，逐渐由北方经宁夏迁到甘肃靖远、陇西一带。十六国时曾臣属于前秦苻坚。淝水之战后，乞伏鲜卑以其首领乞伏国仁为首，于公元 385 年在陇西建立了西秦。到乞伏炽磐时期，西秦达到鼎盛。公元 414 年炽磐灭南凉，后又从北凉手中夺得河湟地区。屡次击败吐谷浑，控制了沙洲地区。炽磐死后，西秦被大夏赫连氏所灭。

段部为东部鲜卑之一支。东汉中叶由辽东西迁辽西一带，世袭部落大人。曹魏末、晋初，势力逐渐强大，公元 4 世纪初，成为东部鲜卑最强盛的部族之一，管辖范围西接渔阳（今北京市密云县西南），东界辽水。段部祖先的社会地位很低下，自日陆眷兴起于辽西，至龛为前燕所灭，共历 4 世 11 主，大约经历一个世纪。其后裔在诸燕和北朝任官职者为数不少。

秃发鲜卑，鲜卑拓跋部的一支。公元 3 世纪始祖匹孤率部“自塞北迁于河西”[②]，建立南凉政权。公元 397 年秃发鲜卑乌孤在广武（今甘肃永登）自立为西平王，并攻陷金城。后迁都于西平（今西宁）。南凉疆域最大时，除西宁一带外，还占据过凉州。公元 414 年被西秦所灭，历时 17 年。北魏时一部分改姓源氏。

慕容鲜卑，“莫护跋，魏初率诸部落入居辽西”。[③]公元 337 年慕容皝在平州一带建立前燕政权，后迁都龙城（今辽宁省朝阳县）。慕容皝的第二子慕容俊即位后，进兵中原，灭掉冉魏，定都于邺（今河北临漳县）。其辖地占有今中原地区的河北、河南、山西、山东等地，与关中的前秦政权平分了黄河流域。公元 370 年被前秦所灭。淝水之战后，鲜卑贵族慕容冲称帝，一度占有长安，史称西燕，公元 386 年迁都长子（今山西长治长子县），公元 394 年被后燕所灭。公元 383 年慕容皝的第五子慕容垂脱离前秦，在荥阳自称燕王，定都中山，史称后燕，其疆域“尽有幽、冀、平州之地”。[④]后为北魏所败，内部纷争，其残余力量退到辽河流域，公元407年为北燕所灭。公元398年慕容皝的幼子慕容德在黄河南岸的滑台称帝，史称南燕。占据今山东、河南一部分。公元410年为东晋刘裕所灭。

吐谷浑，其成分以鲜卑和羌为主，融合了氐、汉、匈奴、西域胡人等。吐谷浑的先民游牧于今辽宁锦县一带，公元4世纪初，在首领吐谷浑率领下，西迁甘肃、青海，与羌人杂居。吐谷浑的孙子叶延（约329～351年）当首领时，模仿汉族，“以王父字为姓氏，遂以吐谷浑为氏焉”[⑤]，取国号吐谷浑，从此有了吐谷浑族之名。控制了西北到甘肃张掖河以南，南到今四川黑水县的广大地区。公元431年吐谷浑乘夏国赫连定不备之机，消灭之，其疆域扩大到青海东部、陇南地区东部、武威地区东部、敦煌和安西一带。吐谷浑到公元7世纪50年代才被灭亡。以后各部散居在朔方、河东一带，逐渐与汉族融合。

拓跋鲜卑，拓跋鲜卑以前居住在今内蒙古鄂伦春自治旗阿里河镇嘎仙洞附近的大鲜卑山（此时还不能称拓跋鲜卑，应称北部鲜卑），后经过两次大规模的迁徙。第一次从嘎仙洞南迁大泽（今内蒙古呼伦贝尔湖），居住了近百年。第二次迁徙到匈奴故地河套及大青山一带并和匈奴故地遗留未迁的十万余落匈奴人在血缘上发生了混杂和迁染，形成了鲜卑父胡母的特殊种落，即拓跋鲜卑。经过两次迁徙，北部鲜卑完成了从胞族大家庭到个体家庭、由母系向父系社会的过渡，部族迅速壮大，并开始析部，形成了以拔拔氏、纥骨氏、普氏、拓跋氏、达奚氏、伊娄氏、丘敦氏、侯氏等为主体的鲜卑八部。这八部再加上乙旃氏、车焜氏，形成所谓的“帝室十姓”。“帝室十姓”之间百世不通婚，从而使部落外婚制得以广泛流行。血缘关系的渐次复杂化，使地域性纽带作用逐渐上升，为魏晋时期拓跋鲜卑的进一步迁徙奠定了基础。公元259年，拓跋力微率部落迁徙到今内蒙古和林格尔县附近，组成了一个成分复杂的部落联盟。部落联盟首领的职位已突破了传统选举模式而向世袭制转化，国家萌芽开始出现。公元315年，拓跋猗卢称代王，建立政权，存在了60多年，后被前秦所灭。公元386年，前秦政权灭亡，拓跋珪乘机复国称王，不久改称魏王，公元398年迁都平城（今山西大同市）即皇帝位。拓跋焘时统一了北方，北魏政权发展成一个强大的封建王朝。公元534年，北魏分裂为东魏和西魏，后被北齐、北周取代，最终走向隋的统一。

晋与十六国以及南北朝时期，各民族在互相交往与斗争中自然同化。隋唐以来，鲜卑已不再作为政治实体和民族实体存在，但他们的后裔却在这两个朝代居于重要地位。隋唐的建国者杨、李二家即是鲜卑化的汉人，而他们的母、妻又是汉化的鲜卑人。至于两朝的达官显宦有很多鲜卑人，位至宰相的就有20余人，其他如尚书、侍郎，地方上的都督、刺史，更不胜枚举。这不仅表明了这时北方与中原的民族融合的深化，也显示了鲜卑人在当时社会诸方面的重要性，如隋代筑造学家宇文恺、《切韵》作者陆法言、唐初权相长孙无忌、中唐诗人元稹，直至金末元初文学家元好问等，都是中国历史上的著名人物。

注释：

①《魏书·鲜卑乞伏国仁传》。

②《魏书·秃发乌孤传》。

③《魏书·徒何慕容传》。

⑤《魏书·吐谷浑传》。

（原载《雁北师范学院学报》2002年8月第4期）

论拓跋鲜卑部的早期历史
——读《魏书·序纪》

姚大力

一

与突厥、蒙古等族的祖先传说相比《魏书·序纪》所记载的拓跋鲜卑人对远古的记忆，显然受到当时中原文化更强烈得多的影响。今人在研读《魏书·序纪》时，往往会发现诸多颇费思酌而又未易析解之处。这便在很大程度上与上述因素有关。本文即拟遵循着中原文化是如何影响了拓跋鲜卑对远古史迹的重构这样一条线索，去解读《序纪》所遗留的若干谜团。

所谓中原文化的影响，至少包含两层不同的意思。首先《魏书》是由汉人用汉文来书写的一部纪传体断代史书，因此它当然会受到中原汉地历史编撰学传统的影响。霍尔姆格兰在分析《序纪》有关拓跋早期史的资料来源时曾写道："在这里，魏收所能拥有的，无非是走了样的口头传说和他本人的汉文化的遗产。"[1]魏收"本人的汉文化的遗产"，即指上面这一层意思而言。其次，所谓"走了样的口头传说"，则是魏收从事史学写作的素材。那中间虽然也渗入了中原文化的深刻影响，但它所反映的，基本上还应看作是北魏官方乃至拓跋鲜卑统治集团对自身根源性的解说，而不能将它视为只是汉人对那段历史的阐释。以紧接着就要讨论的拓跋氏出自黄帝后裔的见解为例：它不仅以"祖黄制朔"、"国家以继黄帝之后，宜为土德"等等言辞常挂在北魏汉人大臣的嘴边，而且也以"魏之先出于黄帝"之类的标榜出现在很可能是由皇帝自己起草的诏制之中。①

《序纪》记录的拓跋先世史，按它所给出信息的详略差异，可以分为三段。这个谱系远溯自黄帝之子昌意“受封北土”，其后一支世为鲜卑部“君长”；至名为“始均”者，“入仕尧世”，又受帝舜之命为“田祖”；始君之裔，“积六十七世，至成皇帝讳毛立”。这是第一段。从昌意到始君，《序纪》未明言其间世次；由始均而下，“爰历三代”，直到成皇帝毛之前，总共积六十六世。②北魏时人承认，他们对这一段历史几乎一无所知：“自始均以后，至于成帝，其间世数久远，是以史弗能传。”③

第二段从毛皇帝开始，历节皇帝贷、庄皇帝观、明皇帝楼、安皇帝越，总共五帝。与之前的六十六世不同，关于毛和毛以后的这几个人，史文虽然仍没有留下多少具体事迹，但至少都举出了他们的名讳。过去曾有人提出，拓跋先祖多单名，不太符合北族习俗；尤其是此后有献帝名邻，以 r－或 L－作为词首辅音，更与蒙古、突厥及通古斯诸语的语音规则相左（按这一分析也适用于明皇帝的单名楼）。因此他们认为，这个祖先谱系，很可能出于相当晚近的假托。不过正如内田吟风指出的，《通志·氏族略》将献帝的名讳写作拓跋与邻；考虑到拓跋珪原名拓跋涉珪，“与邻”应当是偶然被《通志》保留下来的献帝原名。上述诸帝的单名多为深受中原文化影响的拓跋后人所改；但是以此而推断整个系谱都属于后来人的虚拟，其根据仍然是不充分的。④

拓跋先世史的第三段，从安皇帝之后的宣帝推寅，下至诘汾共九世。拓跋鲜卑部的两次重大迁徙，就发生在这期间。诘汾之后的力微，被认为是真正创建北魏“帝业”的人。⑤如果说《序纪》对这第三段的记载依然因仍按第二阶段记载的“口述史”性质，那么从拓跋力微时期（至少是从力微的后期）开始，北魏历史便进入它的“实录”阶段了。

二

既然自始均至毛“世数久远”、“史弗能传”，则所谓始均之裔积六十七世而至毛的说法，究竟是从哪里来的?

最早认真地提出并试图解答这个问题的人，似为卜弼德。他指出，既然始均与舜同时，则他的活动年代，按照“标准年代学”，就应当是在纪元前大约 2210 年上下；而“成皇帝毛”，在他看来是比照战国末的匈奴单于冒顿而虚构出来的，也就是说，毛的年代应当是公元前 200 年。这样，在始均和毛之间就应相隔 2010 年。按三十年为一世计，正好六十七世。[2]

卜弼德的上述见解确实极有想象力。但它也存在两个不可谓不重要的未周之处。首先，对于舜的“标准年代学”定位究竟是如何产生的，是魏晋之际人们的认识吗？其次，说毛是后来的拓跋鲜卑人比拟冒顿而虚拟出来的祖先，究竟有什么根据？想来正是为着算术的需要，卜弼德才会在他的论证里安排这两个未经坐实的预设。

因此，且让我们放弃以毛比拟冒顿的假定，而改用拓跋鲜卑史上最早的确定纪年，即力微的生年（174 年，尽管这个年代本身仍然是很可疑的，下详说）作计算下限。其次，还应当尽量采用南北朝时关于远古纪年的一般知识来确定舜的年代。当时流行的远古“标准年代学”数据，比较完整地保留到今天的至少有两组。其中之一见于西晋发掘的“汲冢”《竹书纪年》。据此，则西周共 257 年；商从灭夏算起共有岁 496 年；夏自禹至桀亡总 471 年，三者凡 1224 年。[3]至于从东周开始到力微生年之间的所历年岁，则是一个常数，是为 944 年。两项相加，遂知舜的活动年代当在力微出生之前 2168 年。另一组数据可由《汉书·律历志》求得。自“上元”至秦亡（公元前 206 年）凡 143，025 年；而“上元”至武王伐纣为 142，109 年。两者相减，得西周至秦亡之间凡 916 年。这个数字，加上商（凡 629 年）、夏（凡 432 年）、舜（凡 50 年）的历年，再加从秦亡后至力微出生之间的 379 年，总共有 2406 年。按古意一世为三十年计，则 2168 年合七十二三世次，亦即舜的时代距力微之世为七十三四世。但这与拓跋人自己对其先世的推算不太合辙，这里不去说它。而 2406 年则共合八十世。从力微之前的诘汾往前数，追溯到毛之后的节皇帝贷共十三世。二者相减，从舜时代的始均直到毛为止，恰好还剩下六十七世代！由此可知，北魏在追溯远古世系时所依据的，就是被记载在《汉书·律历志》中的那个“标准年代学”的版本。

应当指出，上面的演算完全不是试图建立拓跋古史的“确切”纪年，而是为了说明，北魏时人们在重构拓跋先世史时，为什么会把那一段“史弗能传”的蒙昧时期不多不少地说成有“六十七世”。由此又可以产生出另外三点认识。

一是，上述推演过程按三十年为一世来计算，从贷到拓跋诘汾之间的诸“皇帝”在位的总年数。但这样做却完全忽略了以下事实，即由拓跋贷至拓跋诘汾的十三代统治，其年限长短本来因人而异，没有固定的时间幅度，更何况拓跋前期传递部族统治权的原则是兄终弟及，因而按三十年一替换来计算十三代统治的时间长度是没有多少道理的。但为了估算一段原本无纪年依据的过去，究竟历时几何，除此之外，古代拓跋人还能有别的什么可行的处理办法？

其二，这一重构带有明显的汉化色彩，因为它显示将拓跋部的先世史“嫁接”到中原古史的言说框架内的强烈倾向。从此种视角去分析“序纪”记载的拓跋先世史，就很容易发现，它的第一段只能是在后来依托着中原古史重新构拟出来的。因而所谓“始均”，很可能就是把汉语“始君”的鲜卑语译音再度回译到汉语文献时所采取的音写形式。《魏书·礼志一》说，太祖时“群臣奏以国家继黄帝之后”，建议尊土德而尚黄色。唯据《资治通鉴》，拓跋自谓黄帝之后，是采纳中原名士崔宏（即崔玄伯）之议的结果。⑥“通鉴”的这个说法，其依据今已不可查考。但是从上文对这段叙事之来历的发掘看，我们也许只能赞叹司马光的目光如炬。

最后，从毛开始的拓跋先世史的第二段和第三段，才是被保留下来的属于拓跋文化传统的口传史。然而这部口传史一开头就从势力已壮大到“统国三十六，大姓九十九”的“成皇帝毛”讲起，似乎已经不太完整了。在毛的事迹之前，本来大概还有一段属于拓跋部自己的祖先起源的故事。但在采纳了现在为我们所知的那第一段叙事后，原先包括在口传史开头部分的起源传说，反而从拓跋人自己的记忆中消失了。

三

早期拓跋史的另一个谜团，是决定了该部历史命运的两次重大迁徙的决策者，即先后拥有“推寅”称号的宣帝和献帝邻，与檀石槐部落联盟里的西部大人推寅之间，究竟有没有关系？按照胡三省的看法，檀石槐联盟中的西部大人推寅，当即拓跋部的第一推寅，也就是宣帝。⑦而依马长寿之见，檀石槐时代的推寅乃是拓跋部第二推寅，即献帝。[4]黄烈认为，在拓跋两推寅之中的无论哪一个，与檀石槐时的西部大人“在年代上均不相当”。[5]田余庆则分别在他的两处研究中，先后将拓跋部的第二和第一推寅与檀石槐时期的西部推寅相勘同。[6—p149,p219~220]拓跋部的两个推寅究竟能否与檀石槐的西部推寅相勘同，涉及到我们对拓跋部是否参加了檀石槐的军事联盟，以及他们的迁徙路线和迁徙时间表等重大问题的认识，所以非常值得作进一步的讨论。

据拓跋部的口传史，拓跋部族从它所居的“石室”（即今内蒙古鄂伦春自治旗境内的嘎仙洞）所在地第一次向外迁徙，发生在以“推寅”为名号的人作部落君长的时代，这个推寅后来被北魏政权追尊为“宣帝”。对于拓跋部在宣帝领导下的迁徙所达到的地点，学术界的看法大体是一致的。文献与考古两方面的证据表明，史文所谓“南迁大泽，方千余里，厥土昏冥沮洳”，其所在应当是扎赉诺尔（又名呼伦池）附近的草原地区。[8]那么，这次迁徙发生在什么时候呢？

诸家对这次迁徙的发生时间多有推测，大多数人以为它应当是在公元第一世纪之内。但因为缺乏比较明确的证据，所以这个问题至今难有确论。其实，关于宣帝的年代，《魏书·官氏志》里有一则非常珍贵的讯息，值得我们细加玩味。在述及“东方宇文、慕容”两姓氏时，《官氏志》写道：“即宣帝时东部。此二部最为强盛。”

按宇文、慕容部之“强盛”于东部，绝对不会早于公元3世纪初。慕容部的入居东部，事在曹魏之初。[9]关于宇文氏，史文虽有“南单于之远属，世居东部”之说[10]，但他们从中部往东迁的历史也不太久远。据《周书·文帝纪》，“宇文”作为国姓，始于该部祖先普回获得三纽玉玺之后。普回传国于莫那，乃“自阴山南徙，始居辽西，是曰‘献侯’，为魏舅生之国。九世至俟豆归，为慕容晃所灭”。普回、莫那之后的七世，均可于《北史·宇文莫槐传》考见，不过在那里，第九代传人的姓名被写作“逸豆归”而已。莫那子即为莫槐；莫槐子普拔；普拔子丘不勤，尚力微之子拓跋绰的女儿，所以他应该是3世纪下半叶的人。[11]也就是说，普拔当与力微同时，而宇文部东迁与普拔之世仅相隔一代。所以这件事至多也只会稍早于拓跋部的第二次迁徙。

那么，上述位居东部而正处于“最为强盛”状态的宇文、慕容部，是否可能与宣帝同时呢？回答只能是否定的。因为宇文、慕容两氏之徙居东部，都开始于3世纪初，而拓跋力微的活动之连续见于记载，最晚从力微二十九年（248年）也已经开始了。两者相距至多不过三十来年。如果宣帝与强盛时期的宇文、慕容同时代，哪怕是两部只有东徙之初与宣帝末期稍相衔接，从景帝至诘汾共八帝的在位时间，包括统治年限相当长的献帝邻时期在内[12]，也只能被压缩到总共二三十年的时间段之中。这是不合理的。尽管《官氏志》把“宣帝时东部”指为宇文、慕容称强时的东部乃是一个错误，但它还是向我们传达了一个十分重要的消息：宣帝之统治拓跋部，实在是与鲜卑划分为东、中、西三部，也就是檀石槐联盟（约150～181年）的存在大略同时。胡三省对两推寅的勘同虽有所未安，但隐伏在这个断制之后的他，对历史过程那一种感觉，即宣帝推寅应与檀石槐同时，仍然是相当地切中事理的。姚薇元认为，《官氏志》的“即宣帝时东部”之语后面应加补“中部”一词，方为完整。[7]他的意思是，慕容氏在檀石槐联盟中应属中部大人。可见他也把“宣帝时东部”理解为檀石槐时代的三部之一。田余庆推定宣帝率领的拓跋南迁发生在东汉桓帝时期（147～167年），从时间的判断上无疑也把握了实情。[8—p24]

设若宣帝的年代果真与檀石槐联盟同时，那么拓跋部的两个推寅就全都与檀石槐联盟中的西部大人推寅没有关系可言了。拓跋第一推寅（即宣帝）虽然与西部大人推寅同时，但前者这时远在呼伦池之地，所以还不可能被檀石槐编入西部。第二推寅则在时间上与宣帝异，因而也与西部大人推寅相隔颇为久远，所以也无法将他与后者相勘同。换言之，当檀石槐在弹汗山创造震动中夏的业绩时，拓跋部很可能是在后方的草原上学习游牧。他们还来不及参加到更南面的檀石槐部落联盟中来。

四

以上讨论或许可以证明，拓跋鲜卑从大兴安岭迁至呼伦池，比一般接受的推测还要更晚一些，亦即发生在公元2世纪的中叶。这样，它第二次南迁的年代，自然也要向后顺延了。

拓跋部第二次南迁的路线，大概最先是由呼伦池沿大兴安岭西麓朝西南行进。田余庆概括拓跋部先后两次南迁所遵循的路径说：“拓跋先人由大兴安岭地带辗转至于西辽河一带之时，前路已被阻滞，所以从那里西折，循漠南草原路线至于阴山，越阴山到达五原、云中、定襄地区。”[8—p47]《周书》记贺拔胜说：“其先与魏氏同出阴山。”⑬可证拓跋部确实是南渡阴山而来到“匈奴故地”的。

诘汾率领的这次迁徙，所经地区“山谷高深，九难八阻”，历时年余。或者正如宿白推想，他们一度从今大兴安岭的西麓东折，进入山岭之中。[9]陷入迷途的拓跋人因为获得一个“其形似马，其声类牛”的“神兽”引领，方能走出险境。内蒙古扎赉诺尔和吉林榆树都出土有“头带尖角，背树双翼”的鎏金飞马铜牌，学者们认为此种飞马形象就是拓跋传说中的神兽。[10]神兽形象发现在扎赉诺尔，表明它在第二度南迁之前的拓跋部内已为人所熟知。有人甚而主张，它的造型受到经斯基泰文化东传的鸟首兽身式“格里芬”形象的影响。⑭那么，拓跋部的第二次迁徙又应当是什么时候的事情？

我们知道，阴山之南的五原、云中、定襄之地，在檀石槐乃至以轲比能为首要人物的“后檀石槐时代”，向来是藉以制约三部鲜卑的战略腹心地区。难以想象，拓跋部会在上述时段里成功地南越阴山，而不留下与原先就占据着该地的其他鲜卑势力作生死之搏的任何痕迹。所以结论只能是：拓跋部的第二次南迁，必定发生在后檀石槐势力在230年被曹魏摧毁，漠南草原形成一时间的权力真空的时候。这时离拓跋部最初从大兴安岭出行到今呼伦贝尔草原，大约有七八十年的时间。

但是，这样安排拓跋部南迁的时间表，会遇到另一个不容回避的困难。按《序纪》所说，“神元皇帝”力微执掌拓跋部的权力，开始于220年。如果拓跋部的第二次南迁发生在力微父亲诘汾的时代，它就应该在220年之前，而不可能晚至230年代。于是我们的问题就演变为：《序纪》关于拓跋力微的记载究竟是否完全可靠？

《序纪》所述力微事迹，至少存在两点疑处。一是从力微元年（220年）之后，记事中断长达28年，直到力微二十九年（248年）起，我们才开始读到有关此公活动的连续记载。在《序纪》以外的其他历史材料里，也找不到力微在248年之前的活动踪迹。其次，力微的寿命和他的统治年代都出奇地漫长。《序纪》告诉我们，他活了104岁（174~277年），在位有58年之久！将以上两点联系在一起看，我们有理由相信，力微的在位年限，似乎是在后来被人为地拉长了，而一旦将他的在位时代提前，他的出生年代也就必须跟着往前推。所以就有了他在位前期那完全空白的28年，以及超过百岁的长寿记录。可是问题仍然存在：为什么非要把拓跋力微的统治年代提前到220年？

就汉地社会的政治史而言，220年所发生的最重大的事件，非曹魏代汉莫属。乾嘉考据学家早已注意到“神元元年”与汉亡魏兴正好属同一年的巧合⑮，不过这两件事之间实在没有什么联系可言。正如内田说过的：“由于全然看不出有谁故意把曹魏受命与力微部落的独立这两件事结合在一起的迹象，这不外乎完全地属于偶然的一致吧。”[11]

话虽如此说，在汉人看来以曹魏代汉为最显著象征的220年，对鲜卑人也可能具有另一种更重要的意义。就在这一年，曹丕封后檀石槐时期的轲比能为附义王，又封东部大人素利弥加为归义王。⑯对北魏时候的人而言，它完全可以被看作是自檀石槐以来鲜卑人共同体与中原王朝相互关系的一个历史转折点。

当然，在曹操当政的年代，后檀石槐鲜卑部落已与中原王朝“通贡献”，或曰“上贡献、通市”，其部落大人中也已有人被曹操“表宠以为王”。⑰另外，轲比能本属“小种鲜卑”，而檀石槐的直系后人被曹魏封王，则在黄初二年之后。这些事实，似乎都不利于以220年作为鲜卑与中原王朝之间关系转折的标志性年代。

汉文记载中的“贡献”，反映了中原王朝从“朝贡——回赐”关系所看到的由藩属对其宗主履行义务的那一面。但对“上贡献”的那一方说来，它也可能只是一种贸易往来的关系。曹操执政时代受封为王的，只是鲜卑的西部大人，他们在后檀石槐鲜卑中并不占支配的地位。因此他们的受封与轲比能受封的意义也不一样。后者虽然非檀石槐嫡系，其势力却在黄初末叶以后达到“控弦十余万骑，……得众死力，余部大人皆敬惮之”的地步。因此，轲比能的受封，完全可能被后来的拓跋人认作后檀石槐势力的历史性倾衰，即后者已完全跌落到中原王朝附庸的地位。在此之后，应当有另一股鲜卑势力出现，继续作为据有塞北而与中原王朝相对等的一种最高政治支配力量而存在。正是拓跋部承担了这一历史使命。这个使命是在谁的手里完成的呢？答案当然只能够是拓跋力微，因为他是领导拓跋部走出阴山的诘汾的直接继承者。

种种迹象表明，道武帝拓跋珪一期，是北魏政权重构拓跋先世史的关键时期。天兴元年，拓跋定都平城，在依照汉制“营宫室，建宗庙，立社稷”的同时，“追尊成帝（按：即成皇帝毛）已下及后号谥”，总共有二十八帝。⑱力微被视为北魏“始祖”，因称神元皇帝。⑲也是在此前后，邓渊受诏“以代歌所涉为主要资料”来修撰《代记》。[8—p220]拓跋先世史与中原古史言说系统的“嫁接”，应当就基本完成于此时。⑳在这时候人们的眼睛里，道武帝之前对北魏的直接贡献最大的先祖有两个。一是“总御幽都，控制遐国，虽践王位，未定九州”的“远祖”。此人无疑是指“始祖”力微。另一人是平文帝拓跋郁律，从他的庙号被追尊为“太祖”一事即可推知。㉑这两个人，代表了道武帝时代对北魏政治合法性的两重论证。力微被塑造成与曹魏并立对等而“总御幽都”的塞北君主。随后，在力微势力渗入中原政治的过程中，他的后人一度受西晋封授。而拓跋鲜卑由接受晋政权的封授，到把南移的东晋王朝称为“僭晋”，与他们断绝关系，同时“治兵讲武，有平南复夏之意”，这一转变正是发生在平文帝（317 年至 321 年在位）的末年。从这时起，拓跋鲜卑就正式以一支完全独立的政治势力，参与中原逐鹿。这样说起来，将北魏立国的最近渊源上溯到郁律，并尊之为“太祖”，不是再合情合理不过了吗？[22]

现在再让我们回到道武帝追忆拓跋力微事迹的情景中来。那时离开力微的时代已有一百多年。对一般拓跋人来说，力微的生年以及他就任拓跋君主的真实年代已经是相当渺远的事情了。或许就是在这样的背景下，“神元元年”在拓跋鲜卑重构自己的先世史时，被附会为具有象征意义的 220 年。力微的生年因此也需要推到 220 年之前的某个适当年代。

资料的缺乏，不允许我们深究当时人把力微的寿命确定为 104 年的缘由。要是更大胆一点，我们不妨推测，拓跋部统治者中其实还有人记得力微的出生年份，尤其是他的属相，即他生于虎年（寅年）。[23]一个人如果出生于虎年，而在 220 年又正当成年，那么这个虎年就最应该是 198 年。但倘若力微出生于 198 年，就没有必要人为地把他的生年再往前推了。因此，他真正的生年最有可能是比 198 年再晚一轮的那个虎年，也就是说，力微很可能生于 210 年。而《序纪》载录的“神元元年”事迹，即“西部内侵，国民离散”，力微被迫依附他后来的岳丈没鹿回部落大人窦宾等事，也许离开他真正控制拓跋部落的“神元二十九年”并不十分久远。那时候力微已有三十多岁，他死时的年龄则为六十八岁。他本来已届高寿，但北魏后来的编史者需要他在 220 年时即已“总御幽都”，不得不将他的出生提早。但他们未免粗率，一口气将他出生所系的虎年提前三轮，遂为后人留下发覆的线索。

说力微“最有可能”生于 210 年，因为它比较符合从另一角度所进行的推算。我们知道，建立南凉的鲜卑秃发部，“其先与后魏同出”，在秃发匹孤时由塞北迁往河西。匹孤子寿阗；寿阗孙树机能，在西晋泰始（265～275 年）中率部反晋。此时正值力微后期。由树机能在 270 年前后业已成人，可知其曾祖父匹孤的出生应当是在 200 年之前。又据《元和姓纂》，匹孤为力微长兄。[24]两人未必出自同母。另外，早期拓跋鲜卑实行“搜婚”之制，匹孤也可能是因诘汾续娶寡嫂，遂由诘汾侄儿转变为他的继子。[25]无论实际情形如何，力微的年龄与匹孤相比，差距不应太大。这一事实，基本上排除了力微出生于比210年更晚的某个虎年（即222年乃至234年）的可能性。

五

在道武帝时代重构的拓跋先世史中，力微的地位非同寻常。但这并不出于邓渊及其资料提供者的凭空编造。从现在可以见到的文献来判断，力微应当是拓跋部内最早拥有“可汗”称号的人。关于拓跋首领的称号，罗新写道：“《资治通鉴》叙拓跋鲜卑先世，从可汗毛到可汗力微之间，还提到可汗推寅、可汗邻，显然以可汗为拓跋鲜卑酋首之称号，……然而魏收《魏书》中，全然没有这方面的痕迹。这可能是因为孝文帝改革以后，北魏前期的历史资料曾被大幅度地修订过，故有关史实不得见于《魏书》，《资治通鉴》别有所本。”[12]《通鉴》所本的资料虽将“可汗”的称号追溯到毛的时代，这不等于说拓跋部以“可汗”作为最高君长的通称也必定始于毛的时期。在这里，胡三省对《通鉴》的一条注文可以给我们极大的启发。他在《通鉴》记乌桓王库贤对诸部大人声言“可汗恨汝曹谗杀太子”之下注曰：“此时鲜卑君长已有‘可汗’之称。”㉖所谓“此时”者，力微之时也。是则力微以前的可汗称号，或为后来的叙事资料（很可能就是《代记》或其依据的口传史）所追加。

说游牧君长以“可汗”为号始于力微，同样也不等于说，力微之前这个称号根本就不存在。在作为游牧君主的通称之前，它很可能已经被当作专属于个别君长的尊号来使用了。关于这一点虽然缺乏直接证据，但是我们至少可以举出两项类似的情况权作佐证。

一个是“汗”的称号。它与“可汗”同样，最先见于有关鲜卑部落的记载。拓跋力微的长子便号“沙漠汗”。同一称号也为后檀石槐鲜卑的西部大人所使用。我们知道，东汉末叶的厥机之子即名为“沙末汗”。此两例中的“汗”都不像是一种通称，而是构成专名的一部分。“可汗”和“汗”这两个词后来都从原蒙古语传入突厥语。㉗虽然亦邻真以为“汗”在突厥语里的原意为“父主”，其词义由“父主”而转指强大的部落首领正反映了“父权贵族发迹的脉络”，而“可汗”则指君主。[13]但对二者在突厥语中的词义其实很难作出明显的区别。克劳森说，在突厥语里，无法将这两个词从构词法的角度相互联系，“但在将它们输入突厥语的那些语言中间，这两种形式或许已经可以互相置换了”。[14]从现在掌握的资料来看，如果在它们进入突厥语之前“汗”已经转义为能与“可汗”互换的通称，那么这也要远远晚于“可汗”一词由某种专属尊号转变为通称。

另一个由专称转义通称的例证，是这两个语辞从突厥语里面再度作为借词传入中期蒙古语的情状。尽管“汗”大概从最初起就是作为通称传入蒙古语的，“合罕”（按：即“可汗”的异写）一词起先却是窝阔台汗的专称。它被当作通称使用，最早大概是在蒙哥或忽必烈朝的时期。㉘“合罕”在突厥语重返蒙古语族时所经历的由专称演变为通称的过程，也许可以对我们推想它在鲜卑语中的词义变化有一定的帮助。

为什么从力微开始，在拓跋鲜卑人中间会产生一个用指游牧最高君主的通称？朴汉济回答说，“可汗”一称是当匈奴“单于”名号的权威在后汉末叶迅速式微之时，被创造出来替代“单于”，指称塞北游牧社会的最高君长的。[15]朴汉济论述该问题的时空范围都很大，并不专限于力微前后。所以他提到刘渊称帝之后又下设单于，以致“大单于的称号，已经降到根本不能与皇帝匹敌的王位的水平”。黄烈以此断言单于地位的跌落远在拓跋使用“可汗”称号之后，所以自谓对上引见解“颇觉可疑”。他并且猜测，“檀石槐可能为鲜卑可汗之始”。[16]只要看一看后汉末在乌桓中就同时封授三个单于，便知道朴氏有关这个名号早已严重“贬值”的判断不误。拓跋力微的自称“可汗”，就是在此种背景下发生的。力微这样做，表明他对自己“总御幽都”的崇高地位，在当时就已经有所认识了。

六

现在再将本文讨论所获的若干结论简要复述如下。

一、《序纪》所谓拓跋部远古“六十七世”，系据中原古史传说推算而来。《通鉴》将拓跋祖黄帝之说同“魏”的国号的发明权一起归于崔宏其人，或许是有所依据的。

二、引入“六十七世”之说，导致拓跋部对属于其自身的那一段起源故事发生失忆现象。

三、拓跋部没有加入过檀石槐的军事部落联盟。拓跋两推寅与檀石槐联盟中名为推寅的西部大人无涉。

四、拓跋部在第一推寅（宣帝）引领下走出大鲜卑山，至于今呼伦池，其时约在2世纪中叶。

五、第二推寅（献帝邻）带领拓跋部南越阴山至匈奴故地，应当在230年代。

六、自力微时代起，在拓跋鲜卑人中产生出对最高游牧君长的通称，亦即“可汗”。力微不但是拓跋鲜卑，而且也是整个北族历史上第一个可汗。

七、力微的政治活动，始于240年代后期。他不大可能如《序纪》所说寿至104岁、在位长达半个多世纪。他真正的生卒年或许是210年至277年，死于68岁时。

八、皇始、天兴年间对拓跋先世史的重构深受汉文化观念的影响。初入平城的道武帝居然能接受如此形态的一部远古史，证明他那时业已具备了坚定地统治北中国的意志。

注释：

①《魏书》卷108之1，《礼志一》；《资治通鉴》卷140，《齐纪六》，“建武三年”（496年）引孝文帝诏。

②《魏书》卷1，《序纪》。以下凡征引《序纪》，不再出注。按《序纪》文意，始均之裔“积六十七世”，应当包括成皇帝毛的一代在内。本文把毛的世次计入下一个阶段，所以这里只有六十六世。

③《魏书》卷57，《高珪传》。成帝即成皇帝毛。

④内田吟风：《〈魏书·序纪〉及其世系记事考》，载同氏：《北亚史研究·鲜卑柔然突厥篇》，京都：同朋舍，1975年，第97页。按：相同的例证，还有《魏书》中的叔孙建，其名讳在《宋书》里被记为涉珪幡能健。见霍尔姆格兰前揭书第12页至第13页。又按：自毛以后诸“皇帝”的谥号，为道武帝时所追尊，详下文。

⑤《魏书》卷108之1，《礼志一》引李彪、崔光等议。

⑥《资治通鉴》卷110，“晋纪三二·安帝隆安二年”。按《魏书》卷22《卫操传》，拓跋猗㐌死后，卫操“立碑于大邗城南，以颂功德”。此碑在孝文帝初掘出，碑文因得传世。据《卫操本传》，碑文以“魏轩辕之苗裔”起首，是则拓跋为黄帝后裔之说远早于崔宏即已流行。钱大昕曾指出，这块碑中“魏”的国号及“桓穆二帝”之谥号都出于后世追改，他因此怀疑开头第一字“魏”原应写作“拓跋鲜卑”。《魏书》所录既然已非此碑原始文本，则其追改未必仅限一处而已。“轩辕之苗裔”一句极有可能也是经世人改动过的文字。司马光不采此碑证据，仍以拓跋氏接受黄帝之裔说是出自崔宏的建议，似乎是经过斟酌的。

⑦《资治通鉴》卷77，“魏纪九”，景元二年（261年）胡注。

⑧宿白：《东北、内蒙古地区的鲜卑遗迹》，《文物》1977年第5期；黄烈前揭书第277～278页；亦邻真等：《内蒙古历史地理》，内蒙古大学出版社，1994年，第39～40页。最后一种文献

对古代呼伦池周围“沮洳”的地貌有简明的描写，尤可参阅。惟关于拓跋部迁到这个地区的年代问题，黄烈以为“约在东汉前期”，这是他轻信《序纪》关于拓跋力微生于170年代的结果。亦邻真书更将这个年代上推到“西汉时”。本文接下来就要讨论这一点。

⑨《魏书》卷95，《徒何慕容廆传》：“曾祖莫护跋，魏初率部落入居辽西。”

⑩《魏书》卷81，《宇文忠之传》。按：类似的说法不止见于这一处。

⑪《北史》卷88，《宇文莫槐传》。

⑫献帝邻因体力衰退而不克亲自指导拓跋部的第二次迁徙。由此可以推知他在位的年代一定很漫长。

⑬《周书》卷14，《贺拔胜传》。

⑭李零：《论中国的有翼神兽》，《中国学术》2001年第1辑。该论文第127页载有两幅神兽图像，可参看。唯格里芬经常被表现在袭击偶蹄类动物的母题中。因此凡带有兽身的格里芬，其身体部位多带猛兽特征。拓跋鲜卑的神兽形象却是属于偶蹄类的马。它也许仅仅是一匹飞马，而与格里芬造型没有什么联系。另按：拓跋氏后来将自己附会为黄帝之裔，据此，北魏“宜为土德”。所以，原先“其形似马”的说法，这时候按“牛土畜”的观念被改作“神兽如牛”，如《魏书》卷108之1，《礼志一》。又按：关于被归属于迁徙途中之拓跋鲜卑的扎赉诺尔、巴林左旗南杨家营子等处遗址的年代，目前尚无法确切地予以判定。前者曾被推定为“东汉末”，而后面这个“遗址中唯一可以断代的器物”，乃是“东汉中晚期的五铢钱”。这些见解与本文的分析颇相契合。吉林榆树县老河深遗址也有飞马铜牌出土。该遗址被认为与扎赉诺尔遗址“有密切关系”，而遗址主人的文化及社会状况则比后者“发达一些”。发掘者将遗址的年代确定为“东汉初或略晚”，在时间上或许有过早之嫌。这个远至松花江之滨的遗址究竟是否属于南迁路上的拓跋部，也很难确定。见内蒙古自治区文物工作队：《内蒙古扎赉诺尔古墓群发掘简报》，《考古》1961年第12期；宿白：《东北、内蒙古地区的鲜卑遗址》；吉林省文物工作队等：《吉林榆树县老河深鲜卑墓群部分墓葬发掘简报》，《文物》1985年第2期。

⑮王鸣盛：《十七史商榷》卷66，“追尊二十八帝”条；钱大昕：《二十二史考异》卷28，《序纪》条。

⑯《三国志》卷30，《魏书·轲比能传》。附义、归义两王之封，事在“延康初”。按：曹丕于220年继丞相魏王位，因改汉“建安二十五年”为“延康元年”；延康元年冬十一月，又以受汉禅位改当年为“黄初元年”。

⑰《三国志》卷30，《魏书·轲比能传》。同卷《鲜卑传》亦谓轲比能与步度根系“上贡献”。

⑱《资治通鉴》卷110，“晋纪三二·安帝隆安二年（398年）”谓：“追赠毛以下二十七人，皆为皇帝。”不知道“通鉴”少算的是其中哪一个人。

⑲《魏书》卷2，《太祖本记》。

⑳如前所述，若依《资治通鉴》之见，此种嫁接的始作俑者当为崔宏。则邓渊所作，不过是把这一点写进籍册而已。

㉑道武帝以拓跋郁律为太祖。到孝文帝时，又将太祖的庙号改赠给道武帝。这表明孝文帝为全面推行汉化政策，需要借助于一个比拓跋郁律更加汉化的先祖来论证自己的政治合法性。关于这方面的讨论，见川本芳昭：《五胡十六国及北魏时代“正统”王朝考》，载同氏：《魏晋南北朝

时代的民族问题》，日本：汲古书院，1998年。

㉒称平文帝为太祖的缘由，在孝文帝时，因受“王德终始说”的影响而变得含混不清。当时人试图按西晋、赵、燕、秦、北魏的继统顺序来解释平文帝被追尊为太祖的原因，于是推论说：“秦氏既灭，大魏称制玄朔。故平文之庙，始称太祖。”（《魏书·礼志一》）前秦之灭，事在394年，此时北魏已在道武帝治下。这与平文之称太祖，到底有什么关系？北魏文人忙于为主子文饰，连基本的逻辑也顾不得了。

㉓关于鲜卑人以十二相属纪年的习俗，见韩儒林：《中国西北民族纪年杂谈》，《元史及北方民族史研究集刊》第6期（南京大学历史系元史研究室，1982年）。

㉔《魏书》卷99，《秃发乌孤传》；《晋书》卷126，《秃发乌孤载记》。匹孤与力微的关系，见田余庆前揭书第16页。按：《晋书》所谓“后魏”，乃指北魏而言。

㉕《魏书》将秃发鲜卑纳入类似边裔的部落来记载，曲折地反映出北魏皇室并不将匹孤后人看作自己的近亲同胞。匹孤不属于诘汾直系，也许就是导致他率部西走和北魏皇室一向疏离秃发部的原因所在。又按：匹孤也不可能是因诘汾收庶母为妻，故而由诘汾的异母弟而成为他的继子。因为献帝邻在230年代拓跋第二次西迁前还活着；而在190年代就为他生育匹孤的妃子，当时已将近五十岁。诘汾不大会在此之后再娶这位年老的庶母。

㉖《资治通鉴》卷80，“晋纪二·武帝咸宁三年（277年）”。

㉗从目前掌握的史料判断，“可汗”和“汗”的称号都最先出现在鲜卑语里。关于鲜卑语属于何种语言分支的问题，曾长期未有定论。李盖提追溯有关它的研究史说，伯希和对此没有前后一致地坚持他的见解，但他也没有否认拓跋人的词汇中有相当数量的蒙古语成分；卜弼德以及随后的巴津则主张他们说的是一种突厥语或者“前突厥语”；李盖提本人也赞同过这样的看法。但经过后来的详细研究，他确认拓跋人的语言具有蒙古语诸特征，而与突厥语的那些特点不相符合。亦邻真的研究也支持这样的看法。拓跋鲜卑语系属原蒙古语族，应当是没有疑问了。见李盖提（L. Ligeti）：《拓跋鲜卑方言考》，载同氏主编：《蒙古研究》，阿姆斯特丹，1970年；亦邻真：《中国北方民族与蒙古族族源》，《亦邻真蒙古学文集》，内蒙古人民出版社，2001年。

㉘现存属于贵由及贵由之前诸汗时期的少量证据，如“移相哥碑”、贵由致教皇国书所用蒙古文印章等表明，当时对窝阔台以外的其他蒙古君王都只称“汗”。说见伯希和（P. Pclliot）：《马可波罗注》，巴黎，1973年，卷1，“成吉思汗”条。因手头没有原书，页码不克具引。《世界征服者史》称蒙哥为“合汗”。该书主要撰写于1250年代，但也有可能拖到1260年代初才最后完稿。因此书中称蒙哥为合罕，或许是据实而书，但也不能完全排除作者将忽必烈时候的新制倒溯到乃兄时代的可能性。这个问题需要另外讨论，此不赘。

参考文献

［1］霍尔姆格兰（JenniferHolmgren）：《代国编年纪：〈魏书〉卷1对早期拓跋史的记载》，国立澳大利亚大学出版社，1982年，第18页。

［2］卜弼德（P. A. Boodberg）：《拓跋魏的语言》，载柯文（AlvinP. Cohen）编、《卜弼德著述选》，美国：加州大学出版社，1979年，第233页。霍尔姆格兰前揭书18页已引述此说。

［3］王国维：《古本竹书纪年辑证・今本竹书纪年疏证》，黄永年校点本，辽宁教育出版社，1997 年。

［4］马长寿：《乌桓与鲜卑》，上海人民出版社，1962 年，第 185 ~ 186 页。

［5］黄烈：《中国古代民族史研究》，人民出版社，1987 年，第 277 ~ 278 页。

［6］田余庆：《代北地区拓跋与乌桓的共生关系》、《〈魏书・序纪〉有关史实解析》、《〈代歌〉、〈代记〉与北魏国史》，俱载同氏：《拓跋史探》，三联书店，2003 年，第 147 页，第 219 ~ 220 页。

［7］姚薇元：《北朝胡姓考》，科学出版社，1958 年，第 170 页。

［8］田余庆：《北魏后宫子贵母死之制的形成和演变》，《拓跋史探》。

［9］宿白：《东北、内蒙古地区的鲜卑遗迹》，《文物》1977 年第 5 期。

［10］宿白：《盛乐、平城一带的拓跋鲜卑——北魏遗迹》，《文物》1977 年第 11 期。

［11］内田吟风：《魏书序记及其世系记事考》，载同氏：《北亚史研究・鲜卑柔然突厥篇》，京都：同朋舍，1975 年，第 97 页。

［12］罗新：《可汗号之性质》，提交给"多元视野中的中国历史：第二届中国史学国际会议"（清华大学，2004 年 8 月 22 日至 24 日）的论文。

［13］亦邻真：《成吉思汗与蒙古民族共同体的形成》，读 1276 年龙门禹王庙八思巴字令旨碑，《亦邻真蒙古学文集》，第 406 页、第 438 页。

［14］克劳森（SirG. Clauson）：《十三世纪前的突厥语辞源学字典》，英国：克莱莲顿出版社，1972，第 611 页。

［15］朴汉济：《北魏王权与胡汉体制》，（韩国）东洋史学会编：《中国史研究的成果与展望》，中国社会科学出版社，1991 年，第 100 页。按：这篇文章里有专节讨论"北魏帝王的可汗意识"，可参阅。

［16］黄烈：《对朴汉济论文的评议》，《中国史研究的成果与展望》，第 110 ~ 111 页。

（原载《复旦学报》2005 年第 2 期）

拓跋鲜卑“七分国人”述论

宋艳梅

北魏是拓跋鲜卑建立的中国历史上第一个入主中原的游牧民族政权，在其由部落联盟向国家迈进的进程中，自身经历了一次非常重要的部落结构调整，即“七分国人”。这次部落结构调整不仅是巩固部落联盟组织的非常手段，而且由此形成的八部制长期影响北魏政权体制。因其在凝结部众、增强统治力量方面所具有的优势，又为西魏、北周建立府兵制时沿用。本文即就其具体内容、措施和意义作一探讨。

一

拓跋鲜卑兴起于大鲜卑山，在宣帝第一推寅时南迁至呼伦湖一带。自宣帝下传七世，至第二推寅献帝邻时“七分国人”，以自己的兄弟分领各部，“分其氏”为：纥骨氏、普氏、拓跋氏、达奚氏、伊娄氏、丘敦氏、侯氏，史称“七族”；后又分出乙旃、车焜两氏，分别属叔父之胤和疏属之下，与帝室合为十姓[1]，他们是组成拓跋联盟之核心。

按以往的研究，“七分国人”仅是改换这七个部落的首领，并不涉及对部落组织结构的调整[2][3](P. 284)；马长寿先生并且认为在这之前拓跋鲜卑已经形成八部或八国。[3](P. 284)但细揣史料，“七分国人”并非如此简单，当有其“分国人”的内涵所在。

由帝室十姓的构成可知，十姓包括了拓跋君长兄弟、叔父、疏属以及君长本部的全部宗室。如果这次七分仅仅是更换部落首领，也就存在部落数目与兄弟个数的匹配问题，除非两者数目恰好吻合，不然如果部落数多于七（除君长所领本部外），那就需要对部落进行整合，如果兄弟数多于七，十姓必然无法把宗室全部包括在内，七分之后的“又命”就不应只是叔父之胤和疏属，而应该首先包括逐渐长大的兄弟。马长寿先生推测在这之前鲜卑八部或八国已经形成，或许是已经意识到了这个问题，但“七族之兴，自此始也”[1]（卷113,《官氏志》P.3006），是说鲜卑八部或八国当奠定于此而非之前。这样，如果部落数目恰好与兄弟个数吻合，则仅仅更换部落首领是可能的。但既然名为“分国人”，那么，“七分国人”就应当是在按兄弟数目对部落结构进行拆合调整后再以诸兄弟各自统领的。

所谓国人，并非拘泥于自然血缘的因素，拓跋鲜卑在游牧迁徙的经济生活中，不断与新的部落、部族接触，为争取生活资源，他们之间或合作或争夺，如同在后期发展中融入内入诸姓和四方诸部一样，这时的拓跋鲜卑共同体内也已包括非血缘关系的其他部族，如上引纥骨氏和乙旃氏本为高车部落，普氏与匈奴卜氏颇有渊源。[2]在这个共同体内，部可能不止七个（除拓跋本部外）。为了加强管理或者控制，拓跋邻以他的七个兄弟来摄领部众；这七个部族的划分应该是以原先与拓跋本部关系紧密或者势力较大者为中心，而同时又整合其他较小部落、部族的结果。从后来又命两氏也可以看出，乙旃、车焜两支原先附属于七族之下，在分命叔父和疏属时，两部划归其下，成为帝室十姓的重要组成部分。

拓跋鲜卑在呼伦湖附近活动时已进入原始社会部落联盟晚期。[4]拓跋邻能够实现以自己兄弟摄领联盟各部，充分表明拓跋本部具有超于相邻其他部落之上的权势，而足以统属其下的“国人”。但这一举动除了增强扩张拓跋本部势力之外，对整个联盟的发展及国家建立还具有深远的意义。

二

拓跋邻“七分国人”，诸兄弟被冠以原部落之部落名统领各部[2]，使原先可能毫无血缘关系的异族部落与拓跋本部结成了宗法关系，增强了部落联盟的凝聚力，极大地削弱了部落组织的独立性和分散性。

拓跋鲜卑与乌桓、东部鲜卑一样，经历了长期的邑落公社阶[3]（P.5），其基本的社会结构“部”是自发形成的，所谓“数百千落自为一部”。[5]（卷30,《乌丸鲜卑传》注引王沈《魏书》）由于游牧民族是迁徙不定的，所以这种组织结构在形成过程中就决定了其独立性和分散性的特点。在东部鲜卑的历史发展中这种特点体现得最为明显，为更加明确“七分国人”的意义，下面来做一比较。

在东部鲜卑早期与东汉政权建立关系的过程中，首先有鲜卑大人偏何与辽东太守祭肜商讨出击北匈奴事，并因屡次击匈奴而立功受赏。接着，建武三十年（54 年）有鲜卑大人於仇贲、满头等到洛阳朝贺，表示愿意内属，东汉政府封於仇贲为王，满头等为侯。之后，由于北方草原地区局面的进一步变化及东汉政府对鲜卑的招抚和利诱，又有“鲜卑大人皆来归附，并诣辽东受赏”。[6]（卷 90，《乌桓鲜卑传》）在上述鲜卑同东汉朝廷建立关系的过程中，各个大人分别行动，特别是在一部分大人内属之后，其他鲜卑大人“皆来归附”等事实，充分说明各大人是以部为单位独立进行活动的。同样，东汉政府也并不把鲜卑作为一个整体，而以部落为单位分别予以对待。

部的这种分散性和独立性还导致了檀石槐军事大联盟的解体。公元 2 世纪中叶，鲜卑出现了短暂的统一，这就是檀石槐所建立的军事大联盟。檀石槐以勇健、智略被推为大人，先是接受东、西部大人的归附，而后通过军事兼并，“南抄汉边，北拒丁零，东却夫余，西击乌孙”[5]（卷 30，《乌丸鲜卑传》注引王沈《魏书》），完全占据匈奴故地，实现了鲜卑民族共同体的统一和高级的大部落联盟的建立。[3](P. 14) 联盟建立后，檀石槐以地域为基础，分联盟为中、东、西三部，“从右北平以东至辽，（辽）[东] 接夫余、秽貊为东部，二十余邑，其大人曰弥加、阙机、素利、槐头。从右北平以西至上谷为中部，十余邑，其大人曰柯最、阙居、慕容等，为大帅。从上谷以西至敦煌，西接乌孙为西部，二十余邑，其大人曰置鞬落罗、日律推演、宴荔游等，皆为大帅，而制属檀石槐”。[5]（卷 30，《乌丸鲜卑传》注引王沈《魏书》）

每部的数位大人应是他们各自所领部或部落集团的首领，在归服檀石槐后因原有的较大权势成为经过相对整合后的东、中、西部的大人。尽管“制属檀石槐”，但这种联盟是一种部落或部落集团的联合组织，它以占有单独地域的各独立部落之存在为前提。组成联盟的各部落之间的关系只是一种以解决他们各自生计问题为目的的联合体，具有明显的分散性和独立性。檀石槐死后，这个松散的大联盟随即结束。曹魏初年，另一小种鲜卑大人轲比能再作尝试，结合了一个范围不大的部落联盟，但仅仅几年，仍以轲比能之死而告夭折。从此，鲜卑诸部落又回复“种落离散，互相侵伐，强者远遁，弱者请服”[5]（卷 30，《乌丸鲜卑传》）的局面。

与此相反，拓跋鲜卑通过“七分国人”，联盟内部结成了以帝室十姓为核心的宗法关系，避免了檀石槐极其松散的部落联盟格局的弱点，不仅改变了联盟以君长的死亡而结束的局面，而且维持了长期稳定发展并最终建立了北魏政权。

“七分国人”后形成的鲜卑八族即八个大的部落，构成了此后拓跋部的核心力量，成为后世“鲜卑八国”的起源。[3](P.246)“太和之前，国之丧葬祠礼，非十族不得与也”[1]（卷113，《官氏志》），帝室十姓具有极高地位，鲜卑八族具有助祭和推选盟主的特殊资格。[3]在北魏建国后，这支核心力量对拓跋魏政权体制建设有深远影响。

三

拓跋鲜卑“七分国人”时形成八族，发展到北魏建国后，称之为“八部”或“八国”。八部或八国民众独立于州郡之外。史载：道武帝天赐三年（406年）六月，“发八部五百里内男丁筑南宫”[1]（卷2，《太祖纪》）；天赐元年（404年）曾“以八国姓族难分，故国立大师、小师，令辩其宗党，品举人才。自八国以外，郡各自立师，职分如八国，比今之中正也。宗室立宗师，亦如州郡八国之仪”[1]（卷113，《官氏志》）。这些史料都很能说明问题。

与之相联系的还有八部大夫和八部帅的设置。道武帝拓跋珪天兴元年（398年）十二月，置八部大夫，“其八部大夫于皇城四方四维面置一人，以拟八座，谓之八国。常侍、待诏侍值左右，出入王命”[1]（卷113，《官氏志》）。又于天兴初“制定京邑，东至代郡，西及善无，南极阴馆，北尽参合，为畿内之田；其外四方四维置八部帅以监之，劝课农耕，量校收入，以为殿最。又躬耕籍田，率先百姓”。[1]（卷110，《食货志》）

论者曾针对八部大夫和八部帅的关系、八国的分布范围等进行过许多讨论，歧见很多。持八部大夫即八部帅观点的学者认为，八部大夫或八部帅一身兼二职——“拟八座”的中央政事和“劝课农耕”的地方民政；其中又有分歧的是有学者认为八部帅“劝课农耕”的地区只在京畿[7](P.88)[9]，而有学者认为天下编户兼归其管辖。[8](P.257)另有认为八部大夫不等于八部帅者，则将八部大夫的中央行政权和八部帅监督生产的地方民政及军事统帅职权严格区分[3](P.286)，或以畿内畿外为限区分。[9](P.59)

八国的分布范围和社会形态问题也模糊不清。严耕望先生认为，八国是以变相之部族制度治畿内亲族，而与以州郡制度治东南汉人区与以部落酋长、护军、大人之制治西北非汉人区不同。[10]另有日本学者洼添庆文也认为八国是指不同于一般郡县的特殊地区。[11]还有一些其他看法，所见各异。

笔者认为，上述问题应与北魏道武帝初年离散诸部联系起来考虑，八部大夫和八部帅的设置是拓跋鲜卑在离散诸部过程中对“八国”这一核心群体所采取的特殊政策。

道武帝拓跋珪建国平中原后，“离散诸部，分土定居，不听迁徙，其君长大人皆同编户”。[1]（卷83，《贺讷传》）欲将游牧部落民众离散，统统转成国家的编户齐民。尤其是酋长、大人本身，也和编户百姓一样，定居且籍入国家之编。关于部落离散的时间，田余庆、李凭、日本的古贺昭岑等先生各有说法①，但都早于或相当于道武帝拓跋珪天兴元年（398年）。而定京畿和设置八部大夫、八部帅也都在天兴初年。

据李凭先生和古贺昭岑先生考证，北魏离散诸部的对象主要是四方诸部和内入诸姓，拓跋本部则成为北魏政治军事统治的骨干。帝室八族即八部或八国在拓跋鲜卑贵族中地位尊贵，其君长大人是不可能降至编民地位的。考虑到八部大夫、八部帅的设置与离散部落时间上的联系，笔者推测这是北魏统治者在离散部落的过程中，对“八国”采取的特殊政策。保存八族后裔这一群体，并通过设置八部大夫和八部帅，一方面对这个享有尊崇地位的特殊群体进行笼络，另一方面实现对八国民众的直接管理和控制。

八部或八国，当是对当时未参与部落离散的八族后裔的一种称谓，并不是一个具体的行政区划。也就是说，八国是对人而言并非因地而设。拓跋珪置侍官，就以“八国良家，代郡、上谷、广宁、雁门四郡民中年长有器望者”[1]（卷113，《官氏志》）为选拔对象。显然，八国良家不同于代郡等地的郡民，如果认为八国是指皇城周围之畿内，代郡也就包括在畿内，因为如上所引《食货志》，畿内的南面境界是阴馆城。八国既与同属畿内的代郡有别，则不能认为畿内即是八国所在。而且，八部帅设于“其外”（畿内以外），与八部大夫明显有地域的差别。最好的解释是八国对人而非对地，畿内畿外皆有八国民众的存在，八部大夫、八部帅的设置皆源于“八国”，但并不重复。

八部大夫“以拟八座”，是比拟汉魏尚书八座之义。据《通典》卷22

《职官》，可知东汉已经以六曹尚书并令仆二人称为“八座”，曹魏以五曹尚书、二仆射、一令为“八座”。虽然史籍不存任职八部大夫者，无法确知八部大夫的具体职权，但八部大夫设置后第二年，即天兴二年（399年）三月分尚书为三十六曹时，“令大夫主之”[1]（卷113，《官氏志》）。《资治通鉴》卷111晋安帝隆安三年（399年）同记其事，在“大夫”前增“八部”二字，很有道理。八部大夫主尚书曹，与“以拟八座”相合并真正掌握职权，成为参议国政的中央行政首脑。

不过，作为鲜卑贵族，八部大夫对中原封建国家典章文物制度知之甚少，并不能胜任八座之职，因此在安置八部大夫之后，还令吏部尚书崔宏通署三十六曹[1]（卷24，《崔玄伯传》），代办八部大夫的行政工作。

八部帅驻扎在畿外的郊甸之内，拱卫京畿，监督部民从事农耕，以帅为名号，带有明显的军事职能色彩。其职掌“劝课农耕”是拓跋鲜卑对离散诸部政策的补充，因为八国尽管为帝室八族之后裔，但在拓跋鲜卑辗转南下、建国又失国、而后重建的整个过程中，八国的部民成分已很混杂，可能有一部分已在从事农耕。八部帅的监督生产并且任军事统帅的职能，是传统部落首脑职责的延续和演变，其劝课农耕与离散诸部政策相合，以使八国民众分土定居。

四

随着北魏的封建化、汉化措施的推行，拓跋鲜卑核心集团的生产生活方式也在向农耕社会转化，而且北魏前期不断向京畿周围内徙新民，促使八国部民成分和经济特点更加复杂。在明元帝拓跋嗣的时候，八部或八国为六部所取代。拓跋嗣泰常二年（417年），中央置六部大人官[1]（卷113，《官氏志》）；泰常六年（421年），又“制六部民，羊满百口，输戎马一匹”[1]（卷3，《太宗纪》）；进而太武帝拓跋焘时变为四部[1]（卷26，《尉古真附眷传》）。与八部缩减为六部一脉相承，四部是六部缩减的结果。不同的是，四部之称只存在于中央官制中，而不见四部民的记载，大概原八部、六部民众至此已经逐渐与郡民融为一体了。并且太武帝之后，中央也不再见有大人官的设置，鲜卑八族在中央官制中的影响随着北魏政权的汉化、封建化进程逐渐结束了。

但作为一种长期存在的部族制度，其于拓跋鲜卑后世政权中仍有影响。如马长寿先生认为，孝文帝定姓族中的"勋臣八姓正是模仿八部、八姓而建立起来的一种新的'八部'姓族"[3](P.292)；而且西魏北周整合关陇集团和关中地区的府兵制度[12](P.10)，其核心八柱国仍是对八部制的模仿。[13](P.127)盖因拓跋邻"七分国人"开创之八部制在凝结部众、增强统治力量方面于政权创设中独具优势，拓跋氏势力能在民族复杂的环境中绵延二百年之久与鲜卑八族核心集团的组成紧密相关。[12](P.4)

注释：

①古贺昭岑：《论北魏部族的解散》（《民族译丛》1991年第5期），认为开始于皇始之后（396～398年）；李凭：《北魏离散诸部问题考实》（《历史研究》1990年第2期），认为登国二年（387年）已经开始，到天兴元年（398年）已经是第三次；田余庆：《贺兰部落离散问题》（《历史研究》1977年第2期）考证对贺兰部的离散，时间最早也为登国二年（387年）。

参考文献

[1]《魏书》，中华书局，1974年。

[2] 曹永年：《早期拓跋鲜卑的社会状况和国家的建立》，《历史研究》，1987年第5期。

[3] 马长寿：《乌桓与鲜卑》，上海人民出版社，1962年。

[4] 宿白：《东北、内蒙古地区的鲜卑遗迹——鲜卑遗迹辑录之一》，《文物》1977年第5期。

[5]《三国志》，中华书局，1982年。

[6]《后汉书》，中华书局，1965年。

[7] 俞鹿年：《北魏前期的大人官与三部大官》，《法律史论丛》，法律出版社，2002年。

[8] 万绳楠：《魏晋南北朝史论稿》，安徽教育出版社，1983年。

[9] 李凭：《北魏平城时代》，社会科学文献出版社，2000年。

[10] 严耕望：《魏晋南北朝地方行政制度》，历史语言研究所专刊《北朝地方行政制度史》（下）（45），台北，1963年。

[11] 窪添庆文：《关于北魏前期的尚书省》，《日本青年学者论中国史·六朝隋唐卷》，上海古籍出版社，1995年。

[12] 毛汉光：《中国中古政治史论》，世纪出版集团，上海书店出版社，2002年。

[13] 陈寅恪：《隋唐制度渊源略论稿·兵制》，中华书局，1963年。

（原载《内蒙古社会科学》2006年9月第5期）

鲜卑族源考

额尔德木图

“鲜卑”这个名称最早出现在春秋末年左丘明所著的《国语·晋语》卷8上：“昔（周）成王盟于岐阳，楚为荆蛮，与鲜卑守燎。”对此记载，有的学者持怀疑态度：“岐阳即岐山之阳，岐山在今陕西岐山县东北，周成王（约前1115～前1079年在位）时，活动在今蒙古高原东北角的鲜卑，何能往西远至今陕西省为周守燎？”因此，将在这里出现的“鲜卑”判决为“鲜牟”之讹而予以否定。这位先生把“逐水草而游牧”的鲜卑人看成“定居务农的农民”而作出了错误的判断。[1]

据《后汉书》卷90《鲜卑传》称：“鲜卑者，亦东胡之支也，别依鲜卑山，故因号焉。……汉初，为冒顿所破，远窜辽东塞外，与乌桓相接，未常通中国焉。……（光武帝）建武……二十五年（49年），鲜卑始通驿使。”《三国志·魏志》卷30《鲜卑传》斐注引王沈《魏书》亦称：“鲜卑亦东胡之余也，别保鲜卑山，因号焉。……鲜卑自为冒顿所破，远窜辽东塞外，不与余国争衡，未有名通于汉，而自与乌桓相接。至光武时，南北单于更相攻伐，匈奴损耗，而鲜卑遂盛。”这些记载证明了鲜卑的族源，即“东胡之支”。

那么，“东胡”的族源是什么呢？我们可以去请教诸史籍之记载。《史记·匈奴列传》载，匈奴单于致汉朝皇帝的文书中，总称自己为“匈奴大单于”。而称自己的国家时，却往往以“胡”称呼。《汉书·匈奴传》狐鹿姑单于致汉武帝的文书称：“南有大汉，北有强胡。胡者，天之骄子也。”本传又载：匈奴丁灵王卫律为铲除从汉投降的汉贰师将军李广利，故意叫胡巫言先单于发怒，说：“胡故时祠兵，常言得二师以社。”正因为匈奴人自称为“胡”，并为临近各部族所周知。因此，各部族对匈奴也常称为“胡”。据《汉书·西域传》载：鄯善、蔬勒、龟兹、尉犁、危须、焉嗜、车师等部族均设有“却胡侯”、“击胡侯”、“却胡君”、“击胡君”、“却胡都尉”、“击胡都尉”等官。与匈奴近邻的汉族更十分明确地知道匈奴人自称为“胡”，故对于活动在匈奴东部的部族通称为“东胡”。《史记·匈奴列传》“索引”引服虔曰：“东胡，乌丸之先，后为鲜卑；在匈奴东，故曰东胡。”这些史料足以证明“匈奴和东胡本属同源”。司马迁在《史记》中，把“匈奴”与“胡”随便换着用，这又可以说明“东胡”是“匈奴”的一部分。

关于这个论点的正确与否，我们再去请教有关学者前辈。苏日巴达拉哈先生在其《蒙古族族源新考》一文中称：“鲜卑和匈奴都是来自蒙古高原大内海的蒙古语人群。匈奴是从蒙古高原南下山、陕北部的一支，由于匈奴在祖国的历史舞台上最先崭露头角，建立了以匈奴为核心的民族联盟的国家形式。在历史上就把匈奴当作‘北狄’的惟一代表。匈奴的语言与蒙古的语言基本相同，其所不同者，由于史官的方言作祟，注音并不准确，无法对照，因而失真。匈奴的风俗习惯与蒙古人的风俗习惯完全一样。蒙古的军事组织、战略战术、社会制度、政治法律亦皆承袭匈奴而又有所发展。其原因是同出一源，语出一系。”[2]苏先生又称：“鲜卑是从蒙古高原沿黑龙江东徙的一支。东徙辽东半岛之东北，与北徙渤海北岸之殷族混种，成为东夷的祖先。乌桓与鲜卑为同族，是沿黑龙江东徙的蒙古高原系人种之一分支。”日本学者白鸟库吉先生称：“中国史籍（《史记》、《汉书》等）中，单称‘胡’的地方是专指匈奴而言，从来没有包括其他民族实例。从‘东胡’来看，即意味着东方的匈奴之一派，是专指一个特定的民族。”[3]黄静涛先生在其《毡乡春秋·柔然篇》中称：“认真说，‘鲜卑’并不是一个什么独特的民族概念。就语言看，鲜与猃、俨一致，与‘匈’亦声同。‘卑’即‘婢’，它与匈奴的‘奴’恰成对照。‘匈奴’与‘鲜卑’这种词法实在怕是汉族史家的弄笔。可以设想，鲜卑云云，应当是猃（俨）狁、匈奴的同种而异名。”[4]陈永龄主编的《民族词典》对“胡”解释称：“中国古代对北方和西方各族的泛称，如称匈奴为胡，其东之乌桓、鲜卑先世为东胡，西域各族为西胡。其主称胡王，器物称胡服、胡琴、胡桃、胡椒等。胡亦为匈奴的自称。”[5]宋原放主编《简明社会科学词典》称“胡”为：“中国古代中原多用为对北方和西方各族的泛称。”如春秋末，把林胡、东胡、楼烦称为北方三胡；又如西汉时，把匈奴称为胡或北胡；把乌桓、鲜卑称为东胡；把匈奴以西、葱岭以东各族称为西胡。对从这些民族地区传入中原的物品，常在名称前加一‘胡’字，如胡琴、胡桃、胡葱、胡椒等。”[6]道·苏达那木在《中国历代部族简明词典》里也采纳了同样的解释。[7]

对于“鲜卑”本词的解释，《后汉书》卷90《鲜卑传》载：“鲜卑者，亦东胡之支也，别依鲜卑山，故因号焉。”这是因地而命名族称之说的依据。后世很多学者同意这种说法而否定《国语·晋语》卷8所载的“鲜卑”为族名。《三国志·乌桓鲜卑传》、《魏书》等均持此观点。屈原《楚辞·大招篇》中有“小腰秀颈，若鲜卑只”之句。后人注释其为“犀比”或“师比”等。意即喻美人的细腰如受腰带约束之小。

“鲜卑”与“匈奴”这些名称，黄静涛先生的分析是切合实际的。即古代蒙古语“乞颜”之下接“奴隶”的“奴”，成了“匈奴”。这是“乞颜”——“鲜”受到“奴”的连接而出现了谐音变化的结果。“鲜卑”是生活在“匈奴”东部的“乞颜”的人。汉籍有将此“乞颜”分别音写成“羌”、“奇渥温”、“契丹”、“夏”、“鲜”的习惯。“鲜卑”这个名词，是“匈奴”一词的变体。其结构应该是“乞颜”与“奴婢”的“婢”字相连接的产物。后人把“婢”字改换成“卑”字。[8]

“乞颜”是古代通古斯蒙古语，意为“白海青”，是一种凶猛的猎鹰之名称。也就是《蒙古秘史》上出现的“白海青”，“乞牙惕氏的速勋迭儿”。[9]依此，可以断定，“鲜卑”一词不是某一座山名，而是一个部落的古老名称；是因鲜卑人居住而某座山被称为鲜卑山，这是合乎历史事实的解释。

在兴安岭南段内蒙古鄂伦春自治旗有一座鲜卑山。《水经注》称：“敦煌之东南有鲜卑山。”《通鉴》称：“鲜卑山属柳城君辖。”清末地理学家丁谦《后汉书之鲜卑传》中称：“大鲜卑山在俄罗斯境内伊尔库茨科省北小通古斯河南的贝加尔湖附近。”这些“鲜卑山”，是寻找鲜卑历史足迹的好证据。《希腊罗马古史》载：“里海以西、黑海之北，古代即有辛卑尔族居之。又拓跋先世，出于西伯利亚，而史亦云‘国有大鲜卑山’，足知鲜卑种人占地甚广，不仅匈奴之东，山岭崎岖之地矣。汉时之乌桓、鲜卑，盖皆山以部族名，而非部族以山名。”[10]

对鲜卑的起源，孙进己先生称：“鲜卑族在我国北方民族史上曾占有显赫地位，我国两晋南北朝时期，北方的许多政权如燕、魏、齐、周、凉、柔然等都是由鲜卑族所建。鲜卑在盛时（东汉后期）曾‘南抄汉边，北拒丁零，东却夫余，西击乌孙，尽据匈奴故地；东西万四千余里，南北七千余里’，这一广阔地区的人群在当时都称谓鲜卑。他们显然不是一个种族，一个民族所组成，他们的起源不可能是单一的，应当包括许多来源。正像匈奴有十余万落自号鲜卑一样，其他许多种族也因鲜卑人的强大而自号鲜卑了。”[11]

在“东胡”这个联合体中，除了以上所述鲜卑之外，还有一个主要群体，史称其为“乌桓”。《史记·索引》引服虔曰：“东胡，乌桓之先，后为鲜卑。在匈奴东，故曰东胡。”又引“续汉书”曰：“桓以之名，乌号为姓。”吕思勉先生称：“乌桓者，彼族大人健者之名姓。乃分部之传称，非全族之通号。惟鲜卑实本名，故乌桓后来，亦以之自号也。”[10]

当冒顿杀父自立为匈奴单于时，其左屠耆王当然兴师问罪。冒顿率兵袭击左屠耆王所部“东胡”。“东胡初轻冒顿，不为备。及冒顿以兵至，击，大破灭东胡王，而虏其民人及畜产。”“匈奴冒顿灭其国，余类保乌桓山，因以为号焉。”[12]这里暗示了“乌桓”一词的来源，即“以山名族”的观点。《后汉书》卷90《乌桓传》又载：“乌桓人死后，其家属肥养一犬，以彩缨牵，并取死者所乘马、衣物，皆烧而送之，言以属类犬，使护死者神灵归赤山。赤山在辽东西北数千里。如中国人死者魂归岱山也。”[13]清末人丁谦将以上出现的“乌桓山”与“赤山”说成是同一座山。他在《后汉书·乌桓鲜卑传考证》一文中称：“乌桓因山得名。乌桓者，乌兰之转音也。蒙古语‘红’曰乌兰，故《传》中又称为赤山。考《游牧记》（按：指张穆《蒙古游牧记》）阿鲁科尔沁旗北有乌兰峰，与乌珠穆沁旗接界。又云西北有乌辽山即乌丸山。知乌桓、乌兰、乌辽、乌丸名虽小异，实即一山。此山高大，为内兴安岭南行之干，所以部人（乌桓部人）东走时，得据此山以自保，用是尊之为神，故有‘人死，灵归是山’之语。”[14]

其次，马长寿先生在其《乌桓与鲜卑》一书中称：“赤山虽不能确指为何地，但在辽东（今辽宁省辽阳市）西北千里以外。可知乌桓祖先是从辽东西北很远的地方来的。”东汉初有“渔阳赤山乌桓，此渔阳赤山在今内蒙古赤峰市，当非辽东西北数千里之赤山。但此二山互有关系，以意度之，该乌桓自赤山迁出之后，辗转迁徙，迁到老哈河领域以后，为了回溯其部落的起源地赤山，故于老哈河南岸别立一赤山以为纪念。”马长寿先生根据《辽史》卷37《地理志》“乌州静安军刺史乌丸之地，东胡之种也，……有辽河，……乌丸川、乌丸山”的记载，考订“乌州既有乌丸川和乌丸山，山川皆以乌丸为名，可知古代的乌桓人即分布于此地”。这里出现的“乌州”今在何处？马长寿先生称：“乌州在松花江下游以西，洮儿河以下，西拉木伦河以北之地。”《辽志》中之辽河指西辽河即今西拉木伦河。乌丸川即归喇里河，今名归流河（古名完水）。[15]同时又引清末人曹廷杰在《东三省地图说录》中关于乌桓分布的考证，附和曹氏论点称：“乌桓本属今西拉木伦河两岸及归流河西南地区”的结论。马先生认为这就是乌桓人在东胡被匈奴击破以后汉武帝元狩四年迁徙于上谷等五郡塞外以前，即公元前206～前119年之间这一段时间内所居住的地区。

丁谦将“乌桓、乌兰、乌辽、乌丸”说成“蒙古语红曰乌兰”的不同音译，是因他不懂蒙古语音变化的规律而出现的错误看法。而马长寿先生的考证基本上合乎事实。张穆《蒙古游牧记》在《科尔沁右翼前旗》条中称：“归喇里河，自西北合诸水，东留来会。归喇里河亦作圭勒尔河（今称归流河），上源曰乌兰古衣河；其源有二，一出索岳尔济山之东南麓。两源东北流而合，曰乌兰灰河，一出其东乌喀那山之北麓，二涧溪西流而合，曰乌喀那河，北流稍东数十里扣肯河自西来会，又东北分为二渠，曰乌兰古衣河，东北流百里复合，有榆河，蒙古名海拉苏台，自西北山东南流经呼思台山麓，又会西北来之诺门台河，而南来会，又东北经魁勒库山之北，茶蒲乞拉库哈达之南，曲折三百里，与驼拉河（今之洮儿河）既会归喇里河。”[16]《哲里木盟志》称：“清初，哲里木盟位于东经119°30′至126°20′，北纬40°40′至47°20′；北起苏岳尔济山以南的洮儿河流域和嫩江流域，南至乌哈那山以北的东、西辽河流域和养息牧河中游，西起乌哈那山，东至松花江、伊顿河与东辽河上游的阿拉坦额莫勒山。”[17]以上两处出现的“乌哈那”和“乌喀那”名的山与水，就是马长寿先生所引《辽史》卷37《地理志》一所记的“乌丸川”和“乌丸山”。其准确位置在北纬120°与东经46°交叉以南，锡林郭勒盟东南、通辽市北头、赤峰市东北、兴安盟西南角。包括科尔沁右翼前旗的桃和木苏木、勿布尔苏木、树木沟乡和科尔沁右翼中旗的和日木扎拉嘎、麻木套、吐列毛杜镇及东乌珠木沁旗东南角。《蒙古游牧记》所称“乌兰古衣”是今科尔沁右翼前旗归流河上南源乌兰河。历史上的“乌桓”、“乌丸”以及“乌喀那”和“乌哈那”都是蒙古语“乌干”或“乌汗”的谐音，意为“长子”。而如今赤峰市敖汗旗的“敖汗”，也是本词的音译之一。

乌桓部自驻牧于乌哈那之后，在两汉时期，曾先后两次南迁。第一次在汉武帝元狩四年（前119年），南迁至五郡塞外。即如今内蒙古赤峰市敖汗旗为中心的地区，“敖汗”之名形成于该时。第二次在东汉光武帝建武二十五年（49年），入踞缘边十郡内，皆在汉外长城中段和东段以南。乌桓部第一次南迁与汉朝对匈奴采取积极防御的战争政策有关。西汉初期，由于匈奴的游牧文化得不到中原农垦文化应有的补充，匈奴统治者鼓励自己的军民不断打入塞内，不时地进行侵扰。因此，汉武帝将自己的国力充实之后，对匈奴实行武装反击。经过漠南之战、河西之战和漠北之战等数次大战之后，匈奴势力受到巨大的损耗，主力不得不退出河套及其以西地区。这就是“后匈奴远遁，而漠南无王庭”。[18]在政治上，汉武帝派遣张骞出使西域联络月氏、大宛，把公主嫁给乌孙王，拆散匈奴在西方的同盟，以砍断匈奴“右臂”的同时，还在匈奴东部地区，向所谓的“东胡”进军，迫降左贤王直辖的“乌桓”部，把他们从乌哈那山（即今西拉木伦河流域）南迁至上谷、渔阳、右北平、辽西、辽东五郡塞外（今敖汗旗为中心的地面），叫他们帮助侦察匈奴的动静，防止匈奴余部再度南下。并置“护乌桓校尉”一官监领他们，以防止乌桓部恢复与匈奴的关系。这样便砍断了匈奴的“左臂”。[19]为了更有力地笼络乌桓人，汉廷还准许乌桓大人们每年入汉都长安城朝觐，以示优待。这是对匈奴左地的防范。

对于匈奴右地，汉武帝在河西设置酒泉、武威、张掖、敦煌四郡，以隔绝匈奴与西部各族之间交通，并与河西及上郡、朔方、西河等郡实行屯田。同时加强了边防设备，把烽燧亭障从酒泉伸展到玉门，又从玉门扩展到盐泽，即今新疆的罗布泊地区。[20]汉武帝所采取的这一系列军事、政治、边防和经济上的措施，使匈奴南进势力的威胁基本停止。可见乌桓人这次的南迁，成了汉廷积极防御政策的一个组成部分。而乌桓人之所以乐于南迁，是因通过与汉朝和睦关系，可以得到农垦文化对游牧文化的必需之补充，这是其生产生活的驱使。

匈奴和汉及乌桓、鲜卑间关系的变化。乌桓、鲜卑与汉廷之间的经济文化和政治关系日益加强，他们受农垦文化的影响也日益加深，从而他们的生活发展也加快了速度。乌桓由于迁居汉朝北边诸郡，受汉朝的影响较早也较深，不断受汉朝的封爵。乌桓人徙居五郡塞外之后，生活安定，畜牧业发达，部族逐渐强盛起来。就以强大的汉朝做后盾，为报被冒顿击破之仇，挖掉匈奴单于的“冢墓”（祖坟）。匈奴壶衍堤单于（前85~前68年在位）大怒，遣兵二万进击乌桓。同时派三千余骑进人汉的五原，并出动数万骑在汉朝北边诸塞狩猎，沿途进攻塞外亭障，掳掠兵民。于是，汉廷以左联机、中郎将范明友为度辽将军，将二万骑出辽东迎击匈奴。匈奴闻汉兵至，早已退去。当范明友领兵出征之际，汉大将军霍光明示范明友：“兵不空出，即后匈奴，随击乌桓。”于是，范明友转击乌桓。乌桓刚遭受匈奴大军的挫伤，部众疲惫，而又遭到范明友汉军的再击，遂大败，被斩首六千余级，其中三王被斩。乌桓人在这种情况下，于汉昭帝元凤三年（前78年）冬反汉。[21]元凤六年（前75年），乌桓举兵进袭汉朝边塞，但仍被范明友击败。之后，乌桓人自知难以与汉朝作对，故于汉宣帝（前73~前49年在位）时乃复修好。[22]从此，汉与乌桓相安五十余年。直至王莽执政期间，因对边疆少数民族采取欺压政策，这种友好关系遭到破坏。

初，匈奴自呼韩邪单于于汉宣帝甘露二年（前52年）附汉以来，汉朝与匈奴之间一直友好相处。直至汉平帝元始二年（2年），由于王莽违反原先汉宣帝与匈奴呼韩邪单于的协约，另行规定四条，即“中国人亡入匈奴者、乌孙亡降匈奴者、西域诸国佩中国印绶降匈奴者、乌桓降匈奴者，皆不得受”，颁给匈奴，强令接受。因而使汉朝与匈奴关系趋于紧张。同时，王莽又命改护乌桓校尉为护乌桓使者，并命其告知乌桓人，以后不得向匈奴缴纳皮布税。当匈奴单于依照往常惯例，派遣使者前往乌桓收税时，乌桓人拒绝缴税。匈奴使者大怒，收捕乌桓首领，并把他们捆绑倒挂起来。乌桓首领的兄弟亦怒，共同杀死了匈奴使者及其随从人员，还抢去了同使者前来的“贾贩”之匈奴妇女。匈奴乌珠留单于（前8~13年在位）闻报，乃派左贤王兵进入乌桓地区，袭击乌桓人，杀死部分乌桓人，并驱掠乌桓妇女及弱小千余人，置于左贤王领地之后，派使者对乌桓首领说：“持马畜、皮布来赎。”乌桓人拿财物牲畜往赎，但匈奴统治者收下了财物和牲畜，却不肯把人口放回。新朝始建国二年（10年），王莽的将帅王骏等出使匈奴归途上路过左犁污王咸的驻牧地，见拘留着众多乌桓人，因问咸，咸具言实告，将帅道：“前封四条，不得受乌桓降者，亟还之。”咸向单于申报，单于命咸问将帅：“当从塞内还之耶？从塞外还之耶？”将帅不敢专决，乃示王莽，王莽命：“从塞外还之。”[23]为此，匈奴单于痛恨王莽，乃派右大且渠蒲呼卢訾等将兵万骑，以护送乌桓人为名，勒兵朔方（朔方县，今内蒙古乌拉特前旗黄河南岸）塞下，伺机进攻新朝。王莽也为了进攻匈奴，调动12部军，并使东城将严尤领乌桓兵和丁零兵屯于代郡（治在代县，今河北省蔚县）。为了防止乌桓兵和丁零兵逃亡，还扣押他们的家属于郡县作为人质。乌桓兵水土不服，并长期出征在外，屡屡请求归乡，而遭到王莽的拒绝。遂乌桓兵私下亡叛，沿途抄盗。王莽派人将他们的家属杀头。从此，乌桓人与王莽也结下了仇怨。匈奴得知此情况，就派人对乌桓“诱其豪帅以为吏，余者皆羁縻属之”。从此，乌桓人重新回到匈奴属辖，与匈奴共同进攻中原边境。

匈奴呼都而尸道皋单于（18～46年在位）以比为右奥鞬日逐王（比为人名，鞬念jian，日念mi，奥鞬日逐为部称，应该是今内蒙古锡林郭勒盟东西两个乌珠穆沁旗的祖先）管领南边八部及乌桓之人众。

东汉初，乌桓与割据五原、朔方、云中、定襄、雁门五郡（今内蒙古河套及晋北一带）的地方势力卢芳相约，匈奴卢芳连兵，进袭汉朝边境。东汉政府遂派遣骠骑将军杜茂等将兵镇守北边，缮治飞狐道、筑亭障、修烽燧，自代（今河北省蔚县）至平城（今山西省大同市东北）三百余里，凡与匈奴大小数百战，终不能克。每战均有乌桓人打先锋。[24]

其时，原为乌桓东北邻的同族鲜卑人也已南下移驻于饶乐水（今西拉木伦河）上。因此，匈奴势力大振，并与卢芳共同进袭东汉边境。乌桓人对此地形地貌较熟悉，总为前锋引路，早晨从穹卢出发，傍晚即可抵达边城。故代郡、山谷、渔阳、右北平、辽西、辽东五郡“至于郡县损坏，百姓流亡，边陲萧条，无复人迹”。[25]

东汉光武帝建武二十一年（45年）八月，汉廷遣伏波将军马援等分别修筑堡塞，以资防御，并逐渐兴立郡县，或空置太守、县令，以招还人民。其时，乌桓居于山谷（郡治沮阳，今河北省怀来县东南）塞外白山的部分最为富强。马援将三千骑出高柳（今山西省阳高县）进击而被乌桓打败，无功而还。

汉光武帝建武二十二年（46年），匈奴境内连年发生旱、蝗之灾，赤地数千里，人畜饥疫，死耗大半。因而匈奴最高统治集团内乱。汉廷乘机以币、帛贿赂乌桓大人，招其归附。而以其为先锋，发兵进击匈奴。匈奴无力抵抗，北徙数千里。

建武二十四年（48年）匈奴分裂为南北二部，南匈奴附汉，入居塞内。而鲜卑亦因建武二十一年（45 年）在袭击辽东之役，被汉太守祭彤打败，损失惨重，“投水死者过半，……斩首三千余级，获马数千匹。自是后鲜卑震怖，畏彤，不敢复窥塞”。[26]随后，汉廷采取拉拢鲜卑，孤立和打击北匈奴的政策。于是祭彤又以财利抚纳鲜卑大人偏何，使其率部进击北匈奴。北匈奴因受天灾人祸的双重打击，锐气大减。汉境无寇警数十年。

不久，辽西乌桓大人郝旦为首的各郡乌桓九百人，乃于建武二十五年（49 年）附汉，诣阙朝贡，献奴婢、牛马、弓箭、虎豹貂皮。光武帝诏封乌桓渠帅 81 人为侯、王、君长，使他们率众入居塞内，分布缘边辽东、辽西、右北平、渔阳、广阳、上谷、代、雁门、太原、朔方 10 郡，并令招徕众人，给其衣食。因此，这些内服的乌桓人遂助汉侦候边境，以防北匈奴和鲜卑的南下袭击。[27]

上述 10 郡，除辽东、辽西、渔阳、上谷 4 郡的治所和辖境均已见前文外，其余右北平郡，西汉治所原在平刚，东汉移至土垠（今河北省丰润县东），辖境如旧；广阳郡辖相当于今北京市东南及霸县北部地区，治所在蓟县（今北京市西南郊）；代郡辖境相当于今河北省怀安、蔚县以西，山西阳高、浑源以东的内外长城间地区和外长城的南阳河流域，治所在代县（今蔚县）；雁门郡辖境相当于今山西省恒山以西，河曲、勾注山以北，内蒙古卢浑海、岱海以南地区，治所在阴馆（今山西省代县西北）；太原郡辖境相当于今山西省阳曲、交城、平遥、和顺间的晋中地区，治所在晋阳（今山西省太原市西南）；朔方郡辖境相当于今内蒙古河套西北部及后套地区，治所在临城（今内蒙古磴口县北）。[28]

这是乌桓人第二次南迁。这次南迁比第一次南迁更为深入中原地区，不仅外长城东段以北，甚至外长城中段以北的乌桓人也都进入长城以南，而且分布的地区愈益向西扩展到今内蒙古河套一带。看此情形，司徒掾班彪上言：“乌桓天性轻黠，好为‘寇贼’，放纵而无总领之者，必复侵略居人，但委主降掾吏，恐非所能制。愚臣以为宜复置护乌桓校尉，诚有益于招集，省国家之边虑。”光武帝从之，复置护乌桓校尉一官，开营府，府置在山谷郡的宁城县（今河北省万全县）。并领鲜卑，赏赐、质子、岁使互市。[29]

终光武帝之世，乌桓各部基本上“保塞无事”。惟有赤山（今内蒙古赤峰市）乌桓仍不时袭击山谷，数为边患，州郡无法抵挡。辽东太守祭彤采取早年所用的“拉拢鲜卑，打击北匈奴”之策略，利用鲜卑去打击赤山乌桓。东汉明帝永平元年（58 年）秋，祭肜命鲜卑大都护偏何领兵出击，大破赤山乌桓，斩其渠帅，塞外震撼。从此，西自武威，东尽玄菟（今辽宁省沈阳市东）边疆各族皆去归附，野无风尘，汉乃悉罢缘边屯兵。[26]

乌桓人自东汉初入居缘边各郡之后，就受汉护乌桓校尉管领。中期以后，经常被征调助汉军去打北匈奴、鲜卑及其他敌对势力。如汉明帝永平十六年（73 年）春，汉廷派 4 路大军出击北匈奴，其都尉来苗及护乌桓校尉文穆，共将太原、雁门、代、上谷、渔阳、右北平、定襄各郡兵马及乌桓、鲜卑之众，计 11000 骑出平城塞（今山西省大同市东北），文穆所率的乌桓等骑追击北匈奴至漠北匈奴河。汉章帝建初元年（76 年），南单于为了攻打还居涿邪山的北匈奴皋林温禺犊王，乃会同汉边军及乌桓兵出塞。汉和帝永元六年（94 年）冬，新归附的 15 部北匈奴人复反，欲逃回漠北。汉遣车骑将军邓鸿等率缘边兵马及护乌桓校尉任尚率乌桓、鲜卑等共 4000 人进讨。汉元兴元年（105 年）春，辽东貊人反，抄掠六县。汉发上谷、渔阳、右北平、辽西 4 郡乌桓兵讨伐。[30]汉安帝永初三年（109 年）六月，渔阳乌桓曾一度反叛进攻代郡、上谷。当时，南单于檀（人名）亦反汉，并策动其他乌桓、鲜卑等联合行动。于是，九月雁门乌桓率众王无何允参与南单于的行动，与鲜卑大人丘伦等合 7000 骑攻打五原（今包头市），与汉太守战于高渠谷，汉兵失利。翌年春，汉车骑将军何熙及度辽将军梁谨率大军打败乌桓等。鲜卑逃回塞外；乌桓与南匈奴请降称臣[31]，汉廷封乌桓大人戎朱槐为“亲汉都尉”。

汉元初四年（117 年）四月，鲜卑连休等袭击辽西，辽西郡与乌桓合兵出击，大破鲜卑兵。[32]汉廷光元年（122 年）七月，虔人羌与上郡胡反，攻打毂罗城（属西河郡），度辽将军耿夔将诸郡兵及乌桓骑击退之。汉顺帝永建二年（127 年）二月，鲜卑进袭辽东、玄菟，护乌桓校尉耿边郡兵及乌桓率众王出塞击退之。[33]汉永建六年（131 年）冬，耿晔又遣乌桓兵击退进入渔阳的鲜卑。当时乌桓有一个叫漱官的人，作战非常勇敢，每次与鲜卑战，是他冲锋陷阵打胜仗。[34]汉阳嘉元年（132 年）冬，耿晔复遣乌桓亲汉都尉戎珠槐及咄归、去廷等出塞抄击鲜卑，大获而还。汉赐咄归等以下为率众王、侯、长，并各赐采帛。[35]

长期征兵出战，使乌桓的社会生产力受到严重损耗。因此，至东汉后期，乌桓人举行了多次反汉之举。如汉阳嘉四年（135 年）十月，乌桓进袭云中（今内蒙古托克托县东北），围度辽将军耿晔于兰地。汉救兵赶到后，乌桓才退兵。汉永元五年（140年）春，南匈奴句龙王吾斯等反汉，攻西河（今内蒙古东胜县），围美稷（今内蒙古准噶尔旗西北）。秋，立车扭为单于，东收乌桓阿坚、羌渠等部，西收羌胡，杀上郡都尉及司马，遂侵略并、凉、幽、冀四州。冬，汉廷遣“使匈奴中郎将”张耽将幽州乌桓诸部营兵征讨，战于马邑（故址在今山西省朔县），车扭乞降，而吾斯犹率其部众与乌桓寇掠。翌年夏，张耽与度辽将军马续率鲜卑兵至縠城（即河西郡縠罗县城），大破乌桓通天山（及今山西省石楼县的石楼山），尽斩其渠帅。[36]但是，他们的余部并没有投降。至汉安二年（143年）冬，“使匈奴中郎将”马实使人刺杀句龙王吾斯，并击破其余党，反汉势力才被消除。参与反汉之举的乌桓人及羌胡等部完全失去依靠和首领，只得投降。汉建康元年（144年）四月，乌桓人及羌胡等共70000多人向马实投降。[37]

汉桓帝延喜元年（158年）十二月，南匈奴诸部及朔方乌桓联合反汉，烧度辽将军衙门，进而与鲜卑连兵，进袭缘边九郡。汉廷拜张奂为北中郎将，督幽、兵、凉三州及度辽、乌桓等兵迎击。张奂“潜诱乌桓，阴与和通”，使乌桓斩匈奴及屠各渠帅，进而击败余种。南匈奴联军及人民共20万全部向张奂投降。[37]汉廷从他们中精选出一部分人组成一个特别部队，归州郡统领，并号其为“乌桓突骑”。

据史籍，这支乌桓突骑是“能起冲锋、突击和摧旋陷敌阵作用”的骑兵队伍。边缘各郡均有这种突骑，其人数三五千不等，大概每军有两千至五千之间。归附汉廷的乌桓人中，还有一部分被挑选为宫廷卫士，担任保卫王宫的警戒任务。他们的人数不多，通常只有数百人，归长水校尉管营，由胡骑司马协助统领。长水，是地名，在今山西省蓝田县西北。据《汉书·百官公卿表》载，长水校尉为执掌胡骑之官，不仅掌管乌桓胡骑，同时也掌管匈奴胡骑。自东汉中期以来，各地乌桓不仅各自为政、各自为战，而且在历史前进的路上，因无自已统一的核心，逐渐形成了分道扬镳各自发展的趋势。到汉灵帝（168～189年在位）之后，“乌桓便形成了几个明显的中心。如上谷难楼有9000余落，辽西丘力居有5000余落，辽东苏仆延有1000余落，右北平乌桓有5000余落，皆自称王。而且这些王已转变为明显的世袭制”。

以上四郡乌桓加上渔阳乌桓，即所谓“幽州乌桓”。他们当中，以辽西乌桓最强，对汉朝的危害亦最大。辽东和右北平二郡乌桓常奉之为盟主。所以，辽西乌桓的驻地被以族名地，至今被称为“敖汉”，即内蒙古自治区赤峰市敖汉旗地界。上谷乌桓余落（又作邑落）虽多，但对汉朝的危害不大。另外有的部分，则因被汉朝征兵过多，人众不断丧失，力量逐渐削弱了。

其时，汉王朝也已经衰落。自灵帝中平元年（184 年），中原地区爆发黄巾农民大起义，地方势力也乘机并起，朝廷中央大权开始旁落。中平四年（187 年）夏，车骑将军张文征发幽州乌桓突骑 3000 人，以讨伐韩遂，故中山相张纯请将之。张文不从，而使涿县领公孙瓒将之。军队开到蓟（今北京市南郊）中，“乌桓以牢廪逋悬，多叛还本国”。[37] 张纯愤恨不得将，就鼓动泰山太守张举共同反汉。并与辽西乌桓大人丘力居结盟，劫掠蓟中，杀乌桓校尉公綦稠、右北平太守刘政、辽东太守阳终等，聚众十余万，屯驻肥如（今河北省卢龙县北）。张举自称天子，张纯称弥天大将军安定王。这次丘力居之所以参加张纯等人的叛乱，是与各地乌桓频年屡被征伐有关。正如张纯在鼓动张举等人时所说：“乌桓数被征伐，死亡略尽，今不堪命，皆愿作乱。”[38] 当曹操战败袁绍，平定幽并二州，袁绍的残余势力投奔蹋顿，并企图利用乌桓的势力以恢复袁家的统治。于是，曹操便于建安十二年（207 年）亲征乌桓，大破蹋顿于柳城，斩之，首虏 20 余万人，并徙万余落于内郡。

以上事实说明，乌桓是匈奴东部的一部胡人，他们与匈奴是同族同源。由于历史的原因，他们不属于匈奴，就属于汉。当匈奴成为汉朝的藩邦和汉朝统治下的少数民族的时候，乌桓也成了居于汉朝北边诸郡的少数民族之一。“乌桓与汉朝的关系，虽然是统治和被统治的关系，但大部分时间是和平相处的。他们之间也发生矛盾和战争，其原因虽然乌桓也负有责任，但主要的是汉朝的民族压迫政策造成的。”[37]

参考文献

[1] 林幹：《东胡史》，内蒙古人民出版社，1989 年。

[2] 苏日巴达松哈：《蒙古族族源新考》，民族出版社，1986 年。

[3] [日本] 白鸟库吉：《东胡民族考》方壮猷译本，商务印书馆，1934 年。

[4] 陶克涛：《毡乡春秋·柔然篇》，内蒙古人民出版社，1997 年。

[5] 陈永龄主编：《民族词典》，上海辞书出版社，1987 年。

[6] 宋原放主编：《简明社会科学词典》，上海辞书出版社，1984 年。

［7］道·苏达那木：《中国历代部族词典》，内蒙古人民出版社，1987 年（蒙文版）。

［8］额尔德木图：《蒙古简史》，辽宁民族出版社，2006 年。

［9］巴雅尔：《蒙古秘史》，内蒙古人民出版社，1980 年。

［10］吕思勉：《中国民族史》，东方出版社，民国学术经典文库，1995 年。

［11］孙进己：《东北民族源流》，黑龙江人民出版社，1987 年。

［12］司马迁：《史记》（卷 112）《匈奴列传》。

［13］《后汉书》（卷 90）《乌桓传》。

［14］张穆：《蒙古游牧记》（卷之 2）阿鲁科尔沁条。

［15］马长寿：《乌桓与鲜卑》，上海人民出版社，1962 年。

［16］张穆：《蒙古游牧记》（卷之 1）科右前旗条。

［17］《哲里木盟志》，方志出版社，2000 年。

［18］《史记》（卷 123）《大宛列传》。

［19］《汉书》（卷 96）《西域传》（序）；《后汉书》（卷 87）《西羌传》。

［20］《汉书》（卷 7）《昭帝纪》。

［21］《汉书》（卷 7）《昭帝纪》；《汉书》（卷 94）《匈奴传》（上）。

［22］《汉书·匈奴传》（下）。

［23］《后汉书·匈奴传》。

［24］《后汉书》（卷 1）《光武帝纪》（下）。

［25］《后汉书·乌桓鲜卑传》光武帝纪（下）。

［26］《后汉书·祭彤传》。

［27］《后汉书·乌桓传》光武帝纪（下）。

［28］《后汉书·郡国志》（五）。

［29］《后汉书·乌桓传》。

［30］《后汉书》（卷 23）《窦固传》。

［31］《后汉书·南匈奴传》。

［32］《后汉书》（卷 4）《和帝纪》。

［33］《后汉书》（卷 6）《顺帝纪》。

［34］《后汉书·鲜卑传》。

［35］《后汉书·鲜卑传及南匈奴传》。

［36］《后汉书》（卷 7）《桓帝纪》。

［37］翁独健：《中国民族关系史纲要》，中国社会科学出版社，第 134 ~ 141 页。

［38］《后汉书》（卷 90）《乌桓传》。

（原载《内蒙古民族大学学报》2007 年 3 月第 5 期）

鲜卑后裔今在何方

马连军

一、问题的提出

随着1980年7月30日米文平先生一行，在位于鄂伦春自治旗境内阿里河镇西北约九公里处的嘎仙洞右侧石壁上，发现了公元443年北魏王朝世祖太武帝拓跋焘祭祖的石刻祝文之后，一个千古之谜在一个偶然的机会中被必然地发现了。这一伟大的发现，立刻在史学界引起了轩然大波，形成了轰动效应。因为当时中苏双方正为大兴安岭的领土归属问题争得不可开交。所以，它的发现不仅为研究中华民族北方民族史、民族起源具有重要学术价值和政治意义，更为平息疆域之争的闹剧画上了句号，产生了重大的现时影响和深远的历史意义。当时史学界评价这一考古新发现，不亚于秦兵马俑的学术价值。

1988年1月13日，中华人民共和国国务院办公厅公布了第三批国家重点文物保护单位共258处，米先生发现的“嘎仙洞遗址”被列为第214号。从此，正式确立了这一考古成果的科学性和权威性。这是鄂伦春自治旗，也是呼伦贝尔市（当时称呼伦贝尔盟）境内被发现和认定的第一个国家级重点文物保护单位。

尽管嘎仙洞遗址的发现解决了两大历史悬案，即确定了在中国封建社会历史阶段，第一个入主中原并建立了强极一时的北魏王朝的拓跋鲜卑民族的发祥地和居住地；确认了大兴安岭广大地区自古以来就是中华人民共和国的神圣领土。然而，新的问题也随之出现，那就是：这个曾在中华民族五千年文明史中第一个逐鹿中原的北方少数民族，有过长达171年统治，共历17位帝王的鲜卑民族的后裔今在何方？鄂伦春民族是否是鲜卑人的后裔？鲜卑民族与鄂伦春人有无传承关系？诸如此类的问题，不仅是居住在这里的以鄂伦春民族为主体的各族人民群众关心的问题，也成为了专家学者和观光旅游人士普遍关注的焦点。自嘎仙洞遗址（事实上应称为鲜卑旧墟石室遗址）被发现以来，寻宗祭祖者便络绎不绝：居住在新疆的锡伯族兄弟，慕名寻宗而来；香港的罗氏家族，专程焚香祭祖；席慕蓉、叶嘉莹、刘学铫等一大批颇有名气的画家、诗人、教授和历史、民族研究工作者们，接踵而至，虔诚拜谒并撰文祭奠。破译这一疑难，不仅可以为人民群众释疑解惑，而且能够有效促进以自然、人文、历史为旅游资源的民族区域经济的飞速发展。

因兴趣爱好所致，笔者在认真浏览阅读一些史籍资料和名家专著时，着重留意了一点关于鄂伦春民族起源等相关记载，并自以为悟到点滴牵强附会的感受。因此，不揣冒昧地付诸笔端，以达抛砖引玉之效。

二、关于鄂伦春民族的族名出处及意义

1. 族名出处。

鄂伦春人的来源没有具体的文字记载，因此，给这一研究和认定造成了很大的困难和障碍。据本人现在可以查阅和涉猎得到的有限资料，粗略可以归纳为如下几个方面加以说明。据《圣武记》载："天命九年（1616年），清朝招抚黑龙江南岸诺罗路。""诺罗路"即"鄂伦春"的谐音。这恐怕是有关鄂伦春族名的最早文字记载。如若说，这是谐音不足为据，那么清崇德五年，即公元 1641 年的"俄尔吞"就较"诺罗路"明白得多了。

清初，一般都把鄂伦春与索伦部混称，统编为布特哈八旗，或称布特哈打牲部。并把鄂伦春人分为"雅发罕"鄂伦春和"摩楞阿"鄂伦春。即"步行"的鄂伦春和"骑马"的鄂伦春。其"摩楞阿"鄂伦春即"骑马"的鄂伦春归八旗所属，而"雅发罕"即"步行"的鄂伦春则"向不当差，亦不食饷"。在康熙年间上谕和奏折中出现的"俄罗春"、"俄乐春"、"俄伦春"等，均为同音异写的族名，在较后的文献资料中逐渐统一为鄂伦春。

2. 关于族名的几种解释。

第一种解释为：山岭上的人。鄂伦春语称山岭为"乌热"。满语称山

岭为“阿林”。两种语音都与“鄂伦”相近。所以把鄂伦春人称为“山岭上的人”。

第二种解释源于《朔方备乘》：“今黑龙江所属东北部族，有鄂伦春者，亦使鹿，盖俄伦即鹿名也。”又称：“俄罗斯伊聂柏兴，有一种人乘鹿者，呼曰俄伦。”同时，清代图理琛所撰《异域录》中也有文字叙述：“俄伦春役驯鹿，恰驭牛马，驱似驴，足似牛，头似马，角似鹿，故称四不像，但土人称鄂伦。”以上记述，均可以说明，鄂伦春亦为“使用驯鹿的人”。

第三种说法是“归顺的人”。满语称归顺的人为“奥伦千”，所以演变成了鄂伦春。很显然，持此种说法者多为满族或当时的统治阶级。在鄂伦春民族中，普遍认可的为前两种。

较早对鄂伦春民族的称呼还有“栖林”、“林木中百姓”、“树中人”及“北山野人”等。公元1207年，成吉思汗派拙赤去征“林木中百姓”；明永乐七年（1409年），黑龙江、乌苏里江流域有过北山野人“乘鹿出入”云云。从生活地域和生活方式上看，上文所述应为鄂伦春先民。

三、关于鄂伦春族源

关于鄂伦春族源，较为普遍认同的有三种说法：

第一种认为，鄂伦春应为肃慎后裔。依据是：肃慎居不咸山（今长白山）之北，东滨大海，北至黑龙江中下游，从事狩猎。这与鄂伦春在生活地域和“从事狩猎”方面都极其接近。但在1985年民族出版社发行的《民族理论和民族政策》一书中则这样写道：“早在三千多年以前，满族的远祖肃慎人，就劳动生息在松花江上游一带。后来历经各朝，东汉时称挹娄，南北朝时称为靺鞨，辽时称女真。公元1125年女真建立金朝。公元1234年金朝被蒙古族灭亡之后，女真人仍在黑龙江、松花江流域一带生息繁衍。”

如此说来，尽管肃慎与鄂伦春民族在“共同语言，共同地域，共同经济生活以及表现于共同的民族文化特点上的共同心理素质”的民族构成要素上有很多的相同和接近，但毕竟不是一个民族。否则，在满清时代绝不会将其划为布特哈打牲部。

第二种认为与室韦族接近。室韦也译作失韦。居住在黑龙江上游两岸及额尔古纳河一带，以狩猎为生活主要来源的我国历史上北方古老的游猎民族。他们分为南室韦、北室韦、钵室韦、深末怛室韦和大室韦五部。自北朝以来和中原既有臣属关系，后为契丹所灭。契丹人遂与汉人、蒙古人和女真人融合。唯耶律大石率残部西迁建立了西辽。因而鄂伦春民族也不可能是室韦人的后裔。赵复兴先生在所著《鄂伦春族游猎文化》一书中，从活动的地理位置、经济类型和物资文化上分析，认为北室韦部更接近鄂伦春人。尽管室韦人属蒙古语族，但也包括一部分通古斯语族的民族。这一认定和看法，在鄂伦春民族族源的定位上是占主导地位的。

第三种认为，鄂伦春民族应为鲜卑遗裔。其主要依据在于上文所介绍的米文平先生的伟大发现和国家第三批重点文物保护单位公布的“嘎仙洞遗址”，不仅是鲜卑祖庙，拓跋氏族的发祥地，更是鄂伦春民族世代居住的家园。遗憾的是，这个古老伟大的民族像一颗耀眼的流星一样，闪过之后，便过早地消失在了中华民族的历史长河之中。正如马克思所说：“依据历史的永恒定律，野蛮的征服者总是被他们征服了的民族的较高文明所征服的。”

不难看出，无论鄂伦春民族源于上述哪个民族，都缺少有说服力的和值得信赖的文字依据和实物佐证，都仅限于民族认定的四大特征的推测和判断。

联合国世界卫生组织曾在 1989 年至 1991 年间，把地球划分为 73 个人类学的调查点，其中我国黑龙江省的逊克县被划为鄂伦春族第 55 号点。该组织委托我国专家对其进行了白细胞抗原调查，结果意外发现，鄂伦春人至少在旧石器时代晚期，同北美洲的印第安人和夏威夷的土著人同属一个共同体的来源。这是迄今为止，可以用来说明鄂伦春人早期来源的唯一根据。

四、鄂伦春民族与古鲜卑民族渊源关系之管见

其一，《魏书》列传中有如下记述：“乌洛侯国，在地豆于之北，……世祖真君四年来朝。称其国西北有国家先帝旧墟，石室南北九十步，东西四十步，高七十尺，室有神灵，民多祈请。世祖遣中书侍郎李敞等告祭焉，刊祝文于石之壁而还。”对于这段文字大家都不陌生，并非常清楚所指之地，所述之事，即世祖——拓跋焘，派李敞等官吏到先帝旧墟——嘎仙洞

遗址，隆重祭祀。这在已发现的嘎仙洞遗址石刻祝文和《魏书》所载基本一致。太武帝拓跋焘之所以千里迢迢来此祭祖的初始，是因为“幽人忘遐，稽首来王。始闻旧墟，爰在彼方”。于是产生了“悠悠之怀，希仰余光”的思乡念祖之情，派大员“归以谢施”，祭祀天地和祖先。这里所说的“幽人”就是指乌洛侯国的使者。但是，这段文字还给我们提供了另一个主要信息，那就是“室有神灵，民多祈请”，明白无误地告诉我们，鲜卑南迁以后，“先帝旧墟”仍有人居住，并且常来这里“祈请”，而且香火很盛，很灵验。我们可以暂且不论这“民”是谁？是否在此居住？让我们再来分析一下另外一段文字。

其二，《魏书》第 8 卷礼志中又载：“乌洛侯国遣使朝献，云石庙如故，民常祈请，有神验焉。”“敞等既祭，斩桦木立之，以置牲体而还。后所立桦木生长成林，其民益神奉之，咸谓魏国感灵祇之应也。”

这里不仅再一次证实了有“民”居住这一事实，而且进一步向我们展示了该居民的习俗及其与桦木的亲密程度。他们不仅把生长成林的桦木当神灵一样供奉崇拜，而且众口一词地对先祖们的神灵赐福感恩戴德。字里行间流露出统治者们高高在上、沾沾自喜的王者之风，“咸谓魏国感灵祇之应也”。

且不说祭祀者们当时溢于言表的优越感和自豪感，也不论被斩桦木是否可以成长成活，生长成林。只从“益神奉之”便可想见，著述者一定看到或感受到了，这里的居民逐渐地把桦木当作神圣的化身而崇爱有加。由此，我们可以很自然地想象到，时至今日，鄂伦春民族仍然保留和继续着使用和制作桦皮制品的生活习惯。无论大到生产生活用具的摇篮、桦皮船、仙柱、枪架子、鹿哨，还是小到桦皮碗、狍哨、飞龙哨等生产生活必需品。从古到今，与桦木有着如此亲近感情的民族唯有鄂伦春。可以毫不夸张地说，那个年代的鄂伦春先民们的衣食住行须臾离不开桦木及其制品。因此让该段文字的著者由衷地发出了“其民益神奉之”的感慨。直至 20 世纪 50 年代，鄂伦春民族实施了民族区域自治，下山定居前，依然居住在用桦皮覆盖的、古老原始的“仙仁柱”中。截至目前，鄂伦春的民居虽然已经更换了三四代，而我们仍然可以看到古老的“仙仁柱”——益神奉之的桦木作品，和现代化水暖电器住宅和平共处的场面。鄂伦春民族与桦木的情结可窥一斑。

其三，《魏书》开篇序记中说：“昔黄帝有子二十五人，或内列诸华，或外分荒服，昌意少子，受封北土，国有大鲜卑山，因以为号。其后世为君长，统幽都之北，广漠之野，畜牧迁徙，射猎为业，淳朴为俗，简易为化，不为文字，刻木纪契而已，世事远近，人相传授，如史官之记录焉。”明确指出了黄帝的老儿子昌意，统辖北方的大鲜卑山（即今大兴安岭）一带。由于嘎仙洞遗址的发现，则确切地标出，当年昌意的指挥中心、大本营就在鄂伦春自治旗境内的嘎仙洞无疑。这一点在前文“云石庙如故”已做交代。只是嘎仙洞内的石刻祝文与书中所载祭文稍有不同，前述“幽人忘遐，稽首来王；始闻旧墟，爰在彼方”为洞内石刻祝文。而《魏书》记载则为“岂谓幽遐，稽首来王。具知旧庙，弗毁弗亡”。从字面上分析，所表述的内容是基本相符和吻合的，就是说，在朝觐者的口述中知道了祖庙旧墟的准确方位，并且完好无损。同时，这段文字也给我们提供了鲜卑民族与鄂伦春民族的另外两点相同之处，即“射猎为业”的生产方式和“不为文字”的文化习俗。尤其在“淳朴为俗，简易为化”的生活习惯方面，鄂伦春人在现今的生活中依然留有强烈的印记，无论在日常交往，还是接人待物中，他们绝无过多的繁文缛节，更无多余的应酬含暄。

另外，在《魏书》乐志篇中，讲艺人们的师承关系时有一句名言：“知之者欲教而无从，心达者体知而无师”，印证了“世事远近，人相传授”的真实性。无论世事还是歌舞，全靠口耳相传，耳濡目染。“无从”与“无师”的关键，就在于没有文字教材，无章可循，无序可守，无凭可留。

综上所述，我们似乎可以这样来做一小结：肃慎与室韦民族尽管在生活地域、地理位置和生活习俗上都从事狩猎，居住在北方，但毕竟是泛指，没有像鲜卑民族的生活地域那么准确无误。鲜卑民族则是在长期的历史发展中与各民族互相交往，互相学习，共同的东西日益增多，自身的特征越来越少，而导致消失和迅速的融合。因同化而消失的民族必将归并到现存的其他民族之中。而鄂伦春民族仍然是独立的民族。融合了的民族就意味着消亡和永远的消失。这样说来，鄂伦春民族岂不也被排斥在外，与鲜卑毫不相干了吗？

回答是否定的。因为鄂伦春民族与鲜卑民族同源于大兴安岭，共同守候和敬奉着嘎仙洞。这一点是生活的真实。周恩来先生有一句名言：“只有忠于事实，才能忠于真理。”至于鄂伦春民族为什么没有随“统国三十六，大姓九十九，威振北方，莫不率服”的成皇帝讳毛南迁大泽，是因为守旧，故土难离，不愿离开这“室有神灵”的福地？还是为了躲避灾祸及战乱？抑或是联络有误滞留在了这里？或是受命祭守祖庙？都已不得而知，尚待博学之士研究论证。但是鄂伦春民族世代生活居住在大兴安岭却是不争的事实。到目前为止，尚无任何实物或文字资料能够证明他们是由何民族进化，由何地迁徙而来的记录。并且从民族学和人类学的角度分析，无论人类或其他生物种群，都是从低级向高级进化，由落后向先进演变，而绝不会反其道而行之。鄂伦春民族假如一旦走出了森林，接触了先进的生产生活方式和温暖的气候，就绝无重返故地的可能。一是不可以重复单一狩猎的生存方式；二是难以适应和抵御严寒冷酷的恶劣气候。由此可见，鄂伦春民族既是始终生活在大兴安岭的最古老、最原始的土著民族之一，也是与已经消亡了的鲜卑民族亲缘关系最近的族系之一。

五、需要说明的几个问题

1. 敝人既非专业考古人员，又无任何资质经历，只是因为一时的兴趣和冲动，班门弄斧陈述一己之见，绝无厚此薄彼，标新立异，与专家学者一论短长的非分之想。如文中立论、观点与大师们相悖，恳请海涵并教正。

2. 撰写此文，又一次体验到了书到用时方恨少的真谛。一是指平时疏于积累，学识浅薄，不求甚解，疏漏寡闻；二是指书籍少，资料少，缺乏现代化搜索素材和创作的手段。可以说，写作此文的过程，也是自我学习充电的过程。文中所引资料，除工具书外，大量借阅和引用了《清代鄂伦春民族满汉文档案》、《鄂伦春旗志》、《鄂伦春族游猎文化》、《鄂伦春风情录》、《金色的森林》、《鄂伦春游猎、定居、发展》等著作，所获颇多，受益匪浅。在此向著述者们表示真挚的敬意和由衷的感谢。

3. 大文豪巴尔扎克曾说：“伟大到可笑，相差只有一步。”谁都渴望成为伟大，但我却更愿意用我的可笑去成就伟大。

文中讹误，疏漏之处，敬请读者、专家、前辈、同仁赐教斧正。

石室祝文篇

拓跋鲜卑先祖石室考

米文平

大兴安岭北段丛山密林中有一个巨大山洞，在今呼伦贝尔盟鄂伦春自治旗境内，当地称为嘎仙洞，可能就是历史文献上所记拓跋鲜卑先世的祖庙石室。考定这一石室，对研究拓跋鲜卑的早期史，具有非常重要的意义。

拓跋鲜卑先民在呼伦贝尔的遗迹

拓跋鲜卑属东胡的一支[①]，是中华民族历史上第一个在黄河流域建立统一王朝的少数民族。这个古老的北方游牧民族，于公元 386 ~ 534 年，建立了北魏，和中原地区的汉族互相融合，为当时中国北方民族大融合作出了重大贡献。他们在大同留下的云冈石窟和在洛阳留下的龙门石窟等文化遗迹，以其辉煌灿烂的艺术成就照耀着历史，长久以来吸引着多少中外历史家，怀着惊异的心情叹赏他们的雄伟气魄，探寻其先民的来龙去脉。可惜对这个曾经开出绚烂历史花朵的英雄民族早期历史的文字记录不多，考古资料也极少，故今天很难寻找其踪迹。一般史家所据的唯一的一条史料，几乎就是《魏书》中一段根据口耳相传留下来的记录。在《魏书·序纪》中记载，拓跋鲜卑的祖先最初居住在北方，"……国有大鲜卑山，因以为号……统幽都之北。广漠之野，畜牧迁徙，射猎为业……至成皇帝讳毛立，聪明武略，远近所推，统国三十六，大姓九十九，威振北方，莫不率服"。又传五世，"宣皇帝讳推寅立，南迁大泽，方千余里，厥土昏冥沮洳。谋更南徙，未行而崩"。

《魏书》是北齐时期著名文人魏收所编，书成于公元 554 年，是现存叙述北魏历史的较早而又较为完备的资料。[②]上面所引的一段有关拓跋鲜卑先民活动的记载，在一定程度上反映了拓跋鲜卑的早期社会面貌。其中所谓“统国三十六”的“国”，当指氏族集团或部落。所谓“大姓九十九”的“大姓”，当指氏族或比氏族稍小的家支。可以看出，这时的鲜卑刚刚由氏族部落进入部落联盟。[③]这里所说的“大泽”，从其方位与地势来看，当为呼伦湖。我们知道，在呼伦湖东南的乌兰泡一带，至今还是一片沼泽，即所谓“沮洳”。1959 年以来发掘的扎赉诺尔和完工古墓群，大约就是推寅酋长“南迁大泽”前后的遗迹。从两处墓群出土的文物证实，都是“畜牧迁徙，射猎为业”的狩猎和畜牧部落，处于原始社会末期的部落联盟阶段。[④]完工墓群的时代略早于扎赉诺尔。可以看出，拓跋鲜卑祖先的迁徙路线是自东北向西南，从森林到草原，先到完工附近居住一个时期，后来又从完工向南走，到呼伦湖北岸的扎赉诺尔附近。[⑤]从这条迁徙路线推断，推寅酋长往上五世的远祖毛及其所统之 36 个部落和 99 个氏族，应是在完工更往北的大兴安岭北段一带。因之许多历史家都推断《魏书》所记的“大鲜卑山”当在额尔古纳河或大兴安岭北段。[⑥]可是，对这个大鲜卑山的准确地点，因别无文献可征，学术界长期以来诸说不一，至今也没有一个公认的确切说法。[⑦]（按：大兴安岭北段一带，山高林密，人迹罕至，在考古上几乎是空白状态）现在考定这个石室，对确认大鲜卑山的地理位置，是一个绝好的依据。

关于这个石室的最早记载，见《魏书・礼志》：“魏先之居幽都也，凿石为祖宗之庙于乌洛侯国西北。自后南迁，其地隔远。真君中，乌洛侯国遣使朝献，云石庙如故，民常祈请，有神验焉。其岁，遣中书侍郎李敞诣石室，告祭天地，以皇祖先妣配。祝曰：‘天子焘谨遣敞等用骏足、一元大武敢昭告于皇天之灵。自启辟之初，佑我皇祖，于彼土田。历载亿年，聿来南迁。惟祖惟父，光宅中原。克翦凶丑，拓定四边。冲人纂业，德声弗彰。岂谓幽遐，稽首来王。具知旧庙，弗毁弗亡。悠悠之怀，希仰余光。王业之兴，起自皇祖。绵绵瓜瓞，时惟多祜。敢以丕功，配飨于天。子子孙孙，福禄永延。’敞等既祭，斩桦木立之，以置牲醴而还。后所立桦木生长成林，其民益神奉之。咸谓魏国感灵祇之应也。石室南距代京可四千余里。”

这里告诉我们，拓跋鲜卑的祖先在北方（幽都即北方）居住的时候，曾经“凿石为祖宗之庙”。真君，是北魏第三代世祖皇帝太武帝拓跋焘的年号“太平真君”的简称。这期间，乌洛侯国来使说“石庙如故”，于是派李敞去祭祖。代京，指当时北魏的京城，在今山西大同附近。该祖庙石室在大同以北 4000 余里。

拓跋鲜卑的祖庙石室既然在乌洛侯国西北，故弄清乌洛侯国的方位，便可求得石室的所在。关于乌洛侯国，在《魏书·乌洛侯传》中记载如下：

> 乌洛侯国，在地豆于之北，去代都 4500 余里。其土下湿，多雾气而寒，民冬则穿地为室，夏则随原阜畜牧。多豕，有谷麦。无大君长，部落莫弗皆世为之。……其国西北有完水，东北流合于难水，其地小水皆注于难，东入于海。又西北二十日行有于巳尼大水，所谓北海也。世祖真君四年来朝，称其国西北有国家先帝旧墟，石室南北 90 步，东西 40 步，高 70 尺，室有神灵，民多祈请。世祖遣中书侍郎李敞告祭焉，刊祝文于室之壁而还。

这一段描述则更为具体了。这里既指出了乌洛侯国的地理、气候、民俗，也描绘了石室的宏大规模。石室“南北 90 步，东西 40 步，高 70 尺”，按当时的技术条件，似不大有可能砌成如此大跨度的石头建筑物。考虑前引“凿石为祖宗之庙”一语，说“凿”而不说“砌”，很可能这个“石室”是凿出来的山洞之类，而不是石头砌成的房屋。古代把山洞称为“石室”者不乏先例——江苏省宜兴县的善卷洞，在三国时就称做“石室”。拓跋鲜卑先祖的“石室”，若果然是个山洞，则不会轻易圮毁，必然能够保留下来。这在考古学上，应该说是有可能找到，而且对研究鲜卑早期史又是一个具有关键意义的课题。因为这个石室是有关拓跋鲜卑先民活动的唯一有据可查的遗物，以其自身存在的事实足以能够确认，易于考证，不似一座山、一条河那样渺无凭据，只能从地望上找个旁证，往往无法最终确认。若找到这个石室，则对确认大鲜卑山的所在，乃至弄清 36 个部落与 99 个氏族的活动地域，都有重要意义。

北魏时期的乌洛侯应在嫩江流域

寻找“石室”的前提条件是必须首先弄清乌洛侯国的确切位置（而乌洛侯国的位置，史料记载过于简略，史学界的研究又从来没有定论，众说纷纭，因之这里不免要在文献考据方面费些文字）。

《魏书》说：乌洛侯国“去代都4500余里”。人们从这个距离上推求，有的认为乌洛侯在海拉尔附近。如近代历史地理学家丁谦就认为乌洛侯“当为今呼伦贝尔城境”。《呼伦贝尔志略》一书认为应在额尔古纳河流域。[8]马长寿教授的《乌桓与鲜卑》一书则认为“乌洛侯国在今黑龙江省之嫩江流域”。日本白鸟库吉也认为乌洛侯在嫩江流域。我觉得，根据《乌洛侯传》所提供的情况，应注意其中三点：一是在地理气候上，“其土下湿，多雾气而寒”；二是有农业，“多豕，有谷麦”；三是穴居，“民冬则穿地为室”。这些都是大兴安岭以东嫩江平原农业地区靺鞨人的情景。而大兴安岭以西是干旱草原地带。虽也有时“多雾气而寒”，但雨量稀少，并不“下湿”。这是因为东部的海洋潮湿气流受大兴安岭山地阻隔，如同一道屏障使岭东、岭西形成两个截然不同的自然区域。岭西高原平均年降雨量只有300毫米，不到岭东嫩江流域降雨量（齐齐哈尔平均年降雨量470毫米）的2/3。岭西高原由于常年干旱，且无霜期短，一年中无霜期只有100天（嫩江流域则为150天），故很少有农业。而辽阔干旱的草原上，天苍苍野茫茫，却适于繁殖成千上万的牛马骆驼羊等食草类牲畜。这是生态环境所决定的。按一般规律，人类愈是在幼年时期，生产力愈低，人改造环境的能动作用愈小，也就愈是更多地依附于自然。在草原上“畜牧迁徙”，“倏忽百里”，逐水草而居，得天独厚，也就没有养猪的必要性和必然性。因为养猪的前提必须有农业，而发展农业就必须定居，定居则无法在辽阔的草原上“畜牧迁徙”。所以岭西高原上处于原始状态的游牧部落，不能像农人那样被天然的脐带束缚于土地上定居从事农耕，也就没有养猪的习惯。至于穴居，则纯属大兴安岭以东勿吉人的特有习俗。穴居、养猪、种植谷麦，这些景象正是岭东勿吉人的生活特征。正如《后汉书》上对靺鞨先民挹娄人所描写的那样：“处于山林之间，土气极寒，常为穴居，以深为贵，大家至接九梯；好养豕，食其肉，衣其皮。冬以豕膏涂身，厚数分，以御风寒。”[9]汉代的挹娄，南北朝称勿吉，隋唐称靺鞨，属通古斯语族。《旧唐书·乌罗浑传》载：“乌罗浑，盖后魏之乌洛侯也，今亦谓之乌罗护。其国在京师东北6300里。东与靺鞨，西与突厥，南与契丹，北与乌丸接。风俗与靺鞨同。”乌洛侯既“风俗与靺鞨同”，那就也当属通古斯语族，其地域与居于嫩江以东的勿吉人不会相距太远，所以北魏时期的乌洛侯地域应东达嫩江，即今绰尔河一带。

再从山川地望上看，《魏书》说乌洛侯国“西北有完水，东北流合于难水”。这里的完水即额尔古纳河。有些人以这一点作根据，认为完水东南的乌洛侯就应在额尔古纳河流域。其实不然，乌洛侯“西北有完水”这点也并不排除乌洛侯领域东达嫩江这一结论。

据丁谦考证，《魏书》中的完水即望建河。《新唐书·室韦传》载：“山外曰大室韦。濒于望建河。河出俱伦，迤而东，河南有蒙瓦部。其北落坦部；水东合那河、忽汗河，又东贯黑水靺鞨，故靺鞨跨水有南北部，而东注于海。”

这一段文字在《旧唐书》中原为“……大山之北，有大室韦部落；其部落傍望建河居。其河源出突厥东北界俱伦泊，屈曲东流，经东室韦界，又东经大室韦界，又东经蒙兀室韦之北，落俎室韦之南，又东流与那河忽汗河合，又东经南黑水靺鞨之北、北黑水靺鞨之南，东流注于海”。

从这里，我们找到一个最好的地理坐标，就是其中提到的俱伦泊。《新唐书》中的“俱伦”或《旧唐书》中的“俱伦泊”，其他书中也称作呼伦池、枯伦湖、阔连海子，这就是我们当地通称的达赉湖。有了这一坐标，许多地名便可据以推知了，从达赉湖流出的唯一的一条泄水河流，即额尔古纳河。可知，《旧唐书》中所说的“源出俱伦泊”的望建河，只能是额尔古纳河。《旧唐书》说望建河“又东流与那河忽汗河合……东流注于海”，这与《魏书》说的“完水，东北流合于难水……东入于海”是同一情况。故《旧唐书》所说的那河，同《魏书》所说的难水是一回事，即今之嫩江。张穆的《蒙古游牧记》中对此有所考证：“嫩江……又名诺尼江。古名难水，亦曰那河，明人谓之脑温江。”蒙语称嫩江为“努文木仁”，“努文”意为碧，“木仁”即江。“木仁”或译为“木伦”、“穆楞”、“没里”等。实际上“嫩”、“努文”、“脑温”、“那兀”、“诺尼”，不过都是一音之转。难水、那河都是对同一河名在不同时期的不同汉字记法，只是当时所谓难水与今之嫩江还不完全相同。从“其地小水皆注于难，东入于海”一语来看，《魏书》是把嫩江连同其下游直到入海（即今松花江及其下游的那一段黑龙江）都作为一条河流称之为难水。所以，这里所说的“完水，东北流合于难水”不是合于今嫩江，而是合于（嫩江下游松花江注入以后的那一段）黑龙江。

我们再看《魏书·勿吉传》，对于难水即嫩江这一点会更明确。勿吉使者乙力支叙述他赴魏都朝献时的路线称：“初发其国，乘船溯难河西上，至太沵水。”同书也称太鲁水，《新唐书》称他漏河，辽史称他鲁河、达鲁河，金史称滔尔河或陶尔河，元代称塔兀儿或托吾儿，即今洮儿河。试看这一路线：“溯难河西上，至太沵河。”正是溯松花江上行向西经一段嫩江再进入洮儿河，再溯洮儿河向南拐到河曲最南端，而后弃舟登陆。渡洛孤水，即渡过今之西辽河上游之西拉木伦河，到达和龙（即今朝阳）。可见这里说的难河正是指今之嫩江及其下游之松花江。如果说，难水不包括今嫩江和松花江，那么由黑龙江是无法上溯直接进入洮儿河的。故《魏书》所说的难水，不仅是指嫩江也包括了嫩江下游的松花江，连同松花江口以下直至入海的那段黑龙江，都称之为难水。而与松花江汇合以前的黑龙江中游连同上游的额尔古纳河则称之为完水。

综上所述，简而言之：1. 难水即那河；2. 会合于难水的完水，即汇合于那河的望建河；3. 源出俱伦泊的望建河，就是达赉湖泄出的额尔古纳河。但完水又不完全等于今之额尔古纳河，还包括了其下游直到汇合松花江为止的一段中游黑龙江，都称为完水。

完水既然不只等于今之额尔古纳河，那么在完水东南的乌洛侯，也就不一定只是在额尔古纳河附近。北魏时期的乌洛侯东界应与唐朝时期的乌罗护大体一致。《旧唐书·乌洛浑传》：“乌洛浑国，盖后魏之乌洛侯也，今亦谓之乌罗护，其国在京师东北六千三百里。东与靺鞨，西与突厥，南与契丹，北与乌丸接。风俗与靺鞨同。”

《旧唐书·室韦传》中也曾经以达赉湖为坐标作过具体交待。“今室韦最西与回纥接界者，乌素固部落，当俱伦泊之西南。次东有移塞没部落。次东又有塞曷支部落，此部落有良马，人户亦多，居啜河之南，其河彼俗谓之燕支河。次又有和解部落，次东又有乌罗护部落，又有那礼部落。”我们从这一段来看，由达赉湖西南的乌素固部落，依次往东，经过移塞没，又经过啜河之南的塞曷支，又经过和解部落往东才到达乌洛侯。可见乌洛侯不会是在达赉湖附近，而是从达赉湖往东很远的地方，应该是在大兴安岭以东的嫩江流域了。

我们再看《魏书·乌洛侯传》“其地小水皆注于难”一语，就更为明确。难水即嫩江，注入嫩江的“小水”只能是嫩江的支流。额尔古纳河流域的“小水”无论如何也不可能“皆注于难”。故乌洛侯“其地”在嫩江流域当无疑。因而，乌洛侯西北的“石室”自应在嫩江西北之大兴安岭北段一带。

验证这一推论是否正确，最后的标准只有看事实。事实上，我现在考证的嘎仙洞，就在嫩江上游支流的甘河源头，靠近大兴安岭顶巅的东麓。这个位置，正是在乌洛侯（按前述结论——指乌洛侯在嫩江中游一带）之西北。从地望上看，正与《魏书》的记述相符。这是我确认嘎仙洞即为北魏祖庙石室的根据之一。当然，这只能是一个旁证，单凭位置相合这点，还不能完全证明嘎仙洞就是该“石室”。因为在乌洛侯西北的山洞，不止嘎仙洞一处，何以唯有嘎仙洞才是该“石室”呢？这就要求我们必须进一步考察嘎仙洞，从事实本身来找证明。

嘎仙洞当即拓跋鲜卑的“祖庙石室”

1979 年 9 月和 1980 年 1 月，我们先后两次到鄂伦春自治旗实地调查嘎仙洞，在自治旗文化科的大力协助下，进行了全面探测。

嘎仙洞，是当地俗称，系鄂伦春语“嘎先”一词的音译。当地鄂伦春族中间流传着很多有关嘎仙洞的神话传说。[10]此洞在大兴安岭东麓靠近顶巅的丛山密林中。因这里地处分水岭以东，水向东流入嫩江，属嫩江水系。嫩江上游西岸有一条支流甘河，甘河上源有一条自北向南的小支流阿里河。阿里河汇入甘河的河口处即阿里河镇，现为鄂伦春自治旗人民政府所在地。在阿里河镇以西 6 公里有一条与阿里河平行自西北向东南流入甘河的小河沟叫嘎仙沟，即嘎仙洞所在的地方。嘎仙洞在阿里河镇西北 10 公里处。进入嘎仙沟可望见沟谷东侧巍然壁立着一条陡峭石崖，高达 100 来米，长约 1 公里，雄伟壮观。石崖前有小溪从浓密的松桦林间穿过，曲折南流。透过林隙远远就能看见高大的花岗岩峭壁中部有一个巨大的山洞，那就是嘎仙洞。洞口在半山腰离平地 25 米。洞前为 50°左右的斜坡，杂草丛生，巨石嶙峋，顺着乱石间的陡径攀援可达洞口，洞口朝向西南，略呈三角形，宽约 20 米，高 12 米。进入巨大的洞口，里面宽敞宏阔有如大厅，可容数千人。洞内地面平坦，往里走 50 米以后逐渐上坡，缓坡不到 20°。这一段洞宽约 27 米，高 10 多米。再往里，坡渐陡，距洞口 70 米处空间最大，宽约 27 米，高约 20 米。为了便于描述，我们暂把这里名为“大厅”。如果有古人在此生活，这里该是最宽敞的地方。从洞口算起，连同这个大厅，我们暂称为“主洞”。主洞南北长约 90 米。由大厅顺着 30 多度的斜坡拐向左前方，空间窄小，为一斜洞，洞宽仅 9 米，高约 6 米，越往里越窄，再走22米到尽头。这一段我们暂名为“斜洞”。这段斜洞，不但空间窄小，且地上堆满巨石，显然是洞内塌落所致，地面的斜坡则是岩石风化成的沙粒堆摊而成的。这段斜洞可能是后来岩石塌落才出现的。斜洞尽头，有一片平坦地面，宽7米，长8米，如同一个舞台，便于活动。在尽头处石壁左上方（西北角），距地面5米高处，有一壁龛状小洞，宽3米，高1米，深2.7米。在尽头处石壁右上方（东北角）距地面6米高处，也有一个小洞，宽5米，高1.5米，深3米。这两个洞中之洞，均不见人工痕迹，似为天然生成。

在主洞中，距洞口35米处的平坦地面中央有一块大板石，长3.5米，宽3米，近似平行四边形，下面垫起离地面约半米高，虽不太平整但也宛如一个天然“石桌”。

在“大厅”的右侧（东南角）石壁上部距地面11米高处，还有一个洞中之洞，此洞口宽约5米，高约6米，深约10米。在此洞口下边，即“大厅”右侧石壁上距地面1.3米高的水平线上，有3个约4厘米大的小孔，深20到25厘米不等。由南往北，第1、第2孔间距离3.5米，第2、第3孔间距离2.4米。这3个小孔，大小一样，并均在同一水平线上，似为人工所凿，可能是为了往石壁上插木桩而凿的孔。

整个洞内，石壁平整，穹顶浑然，“大厅”宏伟空阔，斜洞曲径幽邃，鬼斧天工，神秘莫测。大自然的这些奇迹，对处于远古时期的原始人类来说，具有一种不可捉摸的神秘的宗教气氛，不期然地使这种地方成为后世神庙的所在。难怪拓跋鲜卑南迁以后，同样地选择大同云冈和洛阳龙门这些背山面水的雄伟天然石崖“凿山开石，因岩结构”，雕刻成千上万的巨大佛像，作为宗教圣地。大自然的神奇加上宗教艺术的强烈效果，使人们在神灵面前益发自惭渺小，造成一种恐怖意识，只有服从天神、皇帝的统治。

试观嘎仙洞主洞的规模，恰与文献所记的“石室”相符。《魏书》说石室“南北90步，东西40步，高70尺”。古1步合6尺，当时1尺合今约7寸。经我们实测，嘎仙洞主洞南北长90米，东西最宽的地方约27米，洞顶最高处约20米，这与《魏书》的记述相差无几。考虑从北魏至今1500多年，悠久岁月的自然风化和其他因素影响也不免使山洞内部有所变化，些许差距，自然难免。

山洞的规模、方向、位置与文献所记，基本一致，这为我们的考证提供了一个重要根据，在嫩江西北直到额尔古纳河流域甚至更远到贝加尔湖之间这个广大的地域之内，还有没有这样规模的山洞呢？可以答复：起码未见于报道。据我所知，天然山洞倒不止此一处，但规模远不能与此相比。何况，洞内如果没有足够大的平整石壁也就无法“刊祝文于石之壁”，且祝文又长达190字之多。所以，没有哪一个山洞是与文献记载如此吻合了。

如上所述，根据嘎仙洞所在的地理位置与洞内实际规模和方向，可以推断，这个洞应该就是《魏书》中所记载的拓跋鲜卑先祖石室。《魏书》说“刊祝文于室之壁”，如果能在嘎仙洞内找到祝文字迹，那就有了绝对的证据，我之所以不惮繁琐地考证和推论，正是期于达到这一目的。按说，嘎仙洞石壁平整高大，洞内没有雨水冲刷，如果“刊祝文于室之壁”应会留下文字痕迹。但经千百年悠久岁月的风化，复有苍苔斑驳，又加现代人的乱写乱刻，就更难以辨认了。所以我们需要采取一定的措施，创造条件，逐段逐片地搜索觅寻，亦可进行清理发掘，相信定能找出更为有力的实物证据，那么，这篇考证也就完成了自己的使命。

注释：

①《三国志·魏志》：“乌丸、鲜卑，即古所谓东胡也。”

②见《魏书》出版说明。

③参见马长寿：《乌桓与鲜卑》第239页。

④见《考古》1961年第9期、第12期郑隆《扎来诺尔古墓群发掘简报》：“墓中以大量牛、马、羊骨殉葬，显然这一部落以游牧为生。镞、矛、弓等武器较多，说明其善于骑射。”根据这一民族活动范围和对遗物之初步分析研究，认为他们应属于东汉末鲜卑族之一支。又见马长寿《乌桓与鲜卑》第26页：“这些墓葬的特点，多是木棺有盖无底，由没有去掉树皮的木板制成，男女皆以牛、马、羊殉葬；……最奇特者为妇女的发辫，虽不甚长，但有辫有结，与匈奴之拖发而只有一结者不同。考察上述墓葬的情形，很容易使我们想到《宋书·索虏传》所记：‘死则潜埋，无坟垄处所。至于葬送，皆虚设棺柩，立冢椁，生时车马器用，皆烧之以送亡者。’所以把这些墓葬初步判断为拓跋鲜卑匈奴化以前的墓葬是有依据的。”

⑤参见宿白：《东北、内蒙古地区的鲜卑遗迹》一文。

⑥参见马长寿：《乌桓与鲜卑》第239页。

⑦《呼伦贝尔志略》第25页《方舆沿革》说：“近世舆地家谓鲜卑山即外兴安岭”；《黑龙江古代文物》等书则认为大鲜卑山即大兴安岭。

⑧见《呼伦贝尔志略》第25页。

⑨见《后汉书·挹娄传》。

⑩见秋浦：《鄂伦春社会的发展》第137页。

（原载《鲜卑石室寻访记》山东画报出版社1997年12月）

鲜卑石室的发现与初步研究

米文平

拓跋鲜卑旧墟石室，很早见于我国古代文献。但石室位置究在何处，多少年来，中外学者屡有考证，诸说纷纭，迄无定论。近年来，我们呼伦贝尔盟文物管理站，对大兴安岭北部丛山密林中的嘎仙洞，经过多次调查，反复考证，终于在1980年7月30日，于洞内石壁上找到了北魏太平真君四年（443年）石刻。内容为北魏第三代皇帝拓跋焘派遣中书侍郎李敞来这里致祭时所刻之祝文。经拓印，大部清晰可辨。可以确证，嘎仙洞即北魏拓跋鲜卑祖先居住的旧墟石室。这是在大兴安岭北部边疆地区，迄今已知最早的有确切纪年并见于文献记载的少数民族遗迹。它无可争辩地证实，我国古代民族鲜卑人自古以来就住在这里。石室的发现，结束了历史学界长期以来对拓跋鲜卑发源地和大鲜卑山方位的争论，解决了北方民族史上多年未决的一桩学术公案，为研究东胡系诸部族的地理、历史等问题，提供了一个准确的地理坐标和科学的依据。

石室规模和地理位置

这个“石室”，当地群众称为嘎仙洞。“嘎仙”一词系鄂伦春语，词义未详。[①]嘎仙洞本为天然山洞，位于内蒙古自治区呼伦贝尔盟鄂伦春自治旗阿里河镇西北十公里。地当大兴安岭北段顶巅之东麓，属嫩江西岸支流甘河上源。地理坐标为北纬50°38′，东经123°36′。海拔高度520米左右。这一带林海苍茫，峰峦层迭，古木参天，松桦蔽日。嘎仙洞在一道高达百米，巍然陡立的花岗岩峭壁上，离平地25米。洞口略呈三角形，高12米、宽19米，方向朝南偏西30°。洞内宽阔，南北长92米、东西宽27～

28 米，穹顶最高处达 20 多米。宏伟有如大厅，面积约 2000 平方米，可容纳数千人。这个“大厅”西北角上为一斜洞，顺 20 多度斜坡拐向左上方。斜洞宽 9 米、高 6 ~ 7 米、长 22 米到顶端。顶端上部东、西各有一壁龛状小耳室。在“大厅”东壁上部 11 米高处有一小洞，洞口宽约 5 米、深 10 多米。“大厅”地面当中，有一块不规则天然石板，长 3.5 米、宽 8 米，下面有大石块托起约 0.5 米高，群众称之为“石桌”。

整个洞内，石壁平整，穹顶浑然。“大厅”气势雄伟，斜洞曲径幽邃，充满一种威严的宗教气氛。难怪后世把它称之为祖庙。

石刻祝文与释读

石刻祝文在嘎仙洞内。距洞口 15 米的西侧石壁，有一处经过修琢，较为平整，祝文就刻在这块平整的花岗岩石壁上，高与视平线相齐。刻辞为竖行，通高 70 厘米，通宽 120 厘米，共 19 行，每行 12 至 16 字不等。字大小不一，约 3 至 6 厘米。全文 201 字，汉字魏书，隶意犹重，古朴苍然，清晰可辨。因石壁表面原为苔藓等所覆盖，字迹很难为人们发现。后经洗刷清除石壁上的苔藓，才现出了原文。这里将原文（为方便计，按今体书写）抄录于下：

维太平真君四年癸未岁七月廿五日
天子臣焘使谒者仆射库六官
中书侍郎李敞傅㝹用骏足一元大武
柔毛之牲敢昭告于
皇天之神启辟之初祐我皇祖于彼土田
历载亿年聿来南迁应受多福
光宅中原惟祖惟父拓定四边庆流
后胤延及冲人阐扬玄风增构崇堂剋
揃凶丑威暨四荒幽人忘遐稽首来王始
闻旧墟爰在彼方悠悠之怀希仰余光王
业之兴起自皇祖绵绵瓜瓞时惟多祜
归以谢施推以配天子子孙孙福禄永
延荐于

皇皇帝天

皇皇后土

皇祖先可寒配

皇妣先可敦配

尚飨

东作帅使念鐾

首行，第一字不清，从行文看，当为“维”字。《魏书·礼志》中所载的祝文，无此首行。

“太平真君”：北魏第三代皇帝拓跋焘的第五个年号，其“四年”为公元443年。

“天子臣焘”：焘即拓跋焘，北魏皇帝姓拓跋氏，后改汉姓为元。北魏第三代太武皇帝名焘。这里的“臣”字，是他对祖先的谦称。

“谒者仆射”：北魏官名，职掌引见臣下，传达使命。

“库六官”：《魏书·官氏志》有库褥官氏；同书《太祖纪》有“渔阳乌丸库傉官韬”。同书《列传》有“渔阳乌丸大库辱官”。清代陈毅忻编《二十五史补编·魏书官氏志疏证》认为“褥与傉、辱并通”。库六官当即库褥官氏。

“中书侍郎”：北魏官名，为中央总机构中书省长官中书监、中书令之副。

《魏书·礼志》所载之祝文无“使谒者……李敞傅㝹”，于此处作“谨遣敞等”。

“骏足”：即骏马。《南史·郑鲜之传》有“燕昭市骨而骏足至”。

“一元大武”：指祭祀用的牛。《礼记·曲礼下》：“凡祭宗庙之礼，牛曰一元大武。”

“柔毛之牲”：指祭司用的羊。《礼记·曲礼下》：“凡祭宗庙之礼……羊曰柔毛。”

“启辟之初祐我皇祖于彼土田历载亿年”：启，开始。亿，在此喻数目很大。指最初时，祖先在那个地方（即旧墟石室——嘎仙洞一带）经历了很久很久的年代。可见，此处是拓跋鲜卑祖先长期居住的发源地。

“聿来南迁”：聿，语气词，无义，用在句首或句中。《诗·大雅·绵》有“聿来胥宇”。

"光宅中原"：光即广，宅即安，"光宅"犹言普遍安定。《书·尧典序》："聪明之思，光宅天下。"

"拓定四边"："拓"字漫泐太甚，据《魏书·礼志》勘对为"拓"。

"庆流后胤"：庆，即福。"后胤"即后代。

"延及冲人"："冲人"，皇帝自称之谦辞，有小子之义。《魏书》此句为"冲人纂业"。

"阐扬玄风"：考拓跋焘太延四年（438年）下诏"罢沙门年五十以下者"。太平真君七年（446年）又下"灭佛法诏"，"诸州坑沙门，毁诸佛像"。这时他采取了灭佛崇道的措施，提倡道教，崇尚玄学，故有"阐扬玄风"之语。后来《魏书》此句改作"德声弗彰"。

"增构崇堂"：在此当指增建庙堂。

"剋揃凶丑"：剋，制胜；揃，消灭。

"威暨四荒"：后三字漫漶不清。暨，到。荒，远方。

"幽人忘遐"：《魏书》此句作"岂谓幽遐"。

"稽首来王"：稽首，古时的一种跪拜礼，叩头到地。此处之"王"读第四声重（wàng），君临天下曰王天下。

"始闻旧墟爰在彼方"：《魏书》此二句作"具知旧庙弗毁弗亡"。

"绵绵瓜瓞"：语出《诗经·大雅·绵》。瓞是小瓜。谓像瓜瓞的岁岁相继一样，祝颂子孙昌盛之辞。

"归以谢施推以配天"：《魏书》此二句作"敢以丕功配飨于天"。

"荐"：献，进献祭品。

"皇祖先可寒"：可寒即可汗，鲜卑语，皇帝之义。《魏书·蠕蠕传》载："社崙远遁漠北……于是自号丘豆伐可汗。'丘豆伐'犹魏言驾驭开张也，'可汗'犹魏言皇帝也。"此所谓魏言，即鲜卑语。可汗，可寒乃同音异写。

"皇妣先可敦"：可敦也作可孙、恪尊，鲜卑语，皇后之义。

有关文献和前人考证

鲜卑，是我国古代北方民族，属东胡的一支。[②]鲜卑族的拓跋部，曾经在公元389年至534年建立过北魏封建政权，统一了黄河流域，为当时我国北方民族大融合，促进统一的多民族国家的发展，作出了历史贡献。可惜，对这个民族的早期历史，人们所知不多。只有在古代历史文献《魏书·序纪》中为我们透露了一点信息。那里记述拓跋鲜卑的祖先“国有大鲜卑山，因以为号。其后，世为君长，统幽都之北，广漠之野，畜牧迁徙，射猎为业”。又积六十七代，至“毛立，聪明武略，远近所推，统国三十六，大姓九十九，威振北方，莫不率服”。这位叫做“毛”的，当是一个部落集团的酋长。他所统的“三十六国”，实即三十六个部落。所谓“大姓九十九”，实即九十九个氏族。[③]这些部落和氏族的活动地域，便是所谓的“大鲜卑山”一带。

历史学界根据这唯一的一点线索，为寻找这个大鲜卑山的所在，长期以来不断探索，多方考证，诸说纷纭。有的说，大鲜卑山就是大兴安岭[④]；也有的说，大鲜卑山是外兴安岭[⑤]；还有的说，大鲜卑山在贝加尔湖附近伊尔库斯克[⑥]一带，等等。究竟哪里是鲜卑人原始居住地大鲜卑山的所在呢？至今没有取得公认的结论。原因是他们别无文献可证，单凭这一点线索来推测，渺无凭据，最多只能从地望上找个旁证，而无法取得最终的证明。

《魏书·礼志》中提到的拓跋鲜卑先祖旧墟石室，却是一个可资参考的依据。原文是：

> 魏先之居幽都也，凿石为祖宗之庙于乌洛侯国西北。自后南迁，其地隔远。真君中，乌洛侯国遣使朝献，云石庙如故，民常祈请，有神验焉。其岁，遣中书侍郎李敞诣石室，告祭天地，以皇祖先妣配。祝曰：“天子焘谨遣敞等用骏足、一元大武敢昭告于皇天之灵。自启辟之初，佑我皇祖，于彼土田。历载亿年，聿来南迁。惟祖惟父，光宅中原。克翦凶丑，拓定四边。冲人纂业，德声弗彰。岂谓幽遐，稽首来王。具知旧庙，弗毁弗亡。悠悠之怀，希仰余光。王业之兴，起自皇祖。绵绵瓜瓞，时惟多祜。敢以丕功，配飨于天。子子孙孙，福禄永延。”敞等既祭，斩桦木立之，以置牲体而还。后所立桦木生长成林，其民益神奉之。咸谓魏国感灵祇之应也。石室南距代京可四千余里。

这里指出的“石室”，是有关拓跋鲜卑祖先活动的唯一有据可查的遗物，对确认大鲜卑山的所在，是一个很好的实物依据。既然《魏书》指出石室位置“于乌洛侯国西北”，那么，弄清乌洛侯国的位置便可求得石室的所在。

在《魏书·乌洛侯传》中记载：“乌洛侯国，在地豆于之北，去代都四千五百余里。其土下湿，多雾气而寒，民冬则穿地为室，夏则随原阜畜牧。多豕，有谷麦。……其国西北有完水，东北流合于难水，其地小水皆注于难，东入于海。又西北二十日行有于巳尼大水，所谓北海也。世祖真君四年来朝，称其国西北有国家先帝旧墟，石室南北九十步，东西四十步，高七十尺。室有神灵，民多祈请。世祖遣中书侍郎李敞告祭焉，刊祝文于室之壁而还。”

其他历史文献中，也有关于这个“石室”的记载，如《北史》、《通典》和《册府元龟》等书。不过，它们都较《魏书》晚出，内容也基本相同。

过去，中外历史学界有很多人曾注意寻找这个“石室”，多半首先从确定乌洛侯的方位着手。但他们对乌洛侯位置的推论，却存在很大的分歧。

把他们的考证概括起来，大致有以下几种说法。

一、多数认为“石室”在额尔古纳河流域。如《呼伦贝尔志略》一书说：“呼伦贝尔迤西北一带之地实为当日元魏故墟。”并认为“魏先帝石室”“在乌洛侯国西北当尼布楚城西”。[⑦]

此说与清末舆地家丁谦同出一辙。丁谦在其《魏书外国传地理考证》中说：“乌洛侯，《唐书·白霫传》作乌罗浑，《室韦传》作乌罗护，所部在地豆于北，当为今呼伦贝尔城境。”呼伦贝尔城，即今海拉尔。比丁谦更早的，还有清代何秋涛，在其《朔方备乘》一书中，则把乌洛侯划在额尔古纳河流域。一些历史地图也往往沿袭此说，把乌洛侯划在大兴安岭以西的海拉尔一带。

二、认为“石室”在贝加尔湖附近。所持论据，与前一说类似，只是把“石室”位置估计得更偏西，这就相差更远了。

三、认为“石室在嫩江和额尔古纳河之间的大兴安岭山脉之内”。马长寿同志认为：“乌洛侯国在今黑龙江省之嫩江流域甚明。嫩江流域的西北为额尔古纳河，魏之祖先的石室当在二河之间的大兴安岭山脉之内。”[⑧]马长寿教授对乌洛侯的位置说得正确。但对“石室”位置，所指范围过于广泛，仍未完全脱离开额尔古纳河流域。

四、认为“石室”在嫩江流域而靠近大兴安岭。日本人白鸟库吉曾提出过这种推测。他指出：“乌洛侯之地，必在今嫩江流域，而其北部达于黑龙江之南，不难察知。乌洛侯国之所在地，既在今嫩江流域，则在乌洛侯国西北部之拓跋氏祖先之石室，亦必在嫩江流域之中，而当在兴安岭之近旁。”[9]翦伯赞主编的《中国史纲要》也说：“鲜卑拓跋部先世居于嫩江西北的大兴安岭地区。”[10]

我分析古代文献，对前人的考证，加以综合、扬弃，得出两点认识。

一、“石室”不可能是石砌建筑物。根据《魏书》的描述“石室南北九十步，东西四十步，高七十尺”，规模之大几乎比现在一座剧院还要大。以当时的技术条件，无论如何没有可能会砌成如此高如此大跨度的石砌建筑物。《魏书》有“凿石为祖宗之庙”一语，说“凿”而不说“砌”，可见这个“石室”当是一个山洞。放眼大兴安岭，茫茫数千里，山洞不知几多，究竟哪个可能是呢？这就不能不经过一番“筛选”了。经过广泛地了解、调查、筛选，最后唯有嘎仙洞论其规模与所谓石室最为相似。《龙沙纪略》一书中，曾经有过记述：

“兴安岭一曰新安岭，或曰葱岭之支络也。盘旋境内数千里，襟带三江之左右，为众流发源。由卜魁（今齐齐哈尔）至墨尔根（今嫩江）艾浑（今爱辉）置驿。岭上巡边者渡诺尼（即嫩江）西北数百里，则陟降取道。松柞数十围，高穷目力，穿林而行，午不见日，石色斑驳，若赵千里画幅间物。有石洞，洞内几榻天然如琢，行者辟草得之，籍少憩焉。”[11]

这里有“洞内几榻天然如琢”语，显然就是指嘎仙洞内的“石桌”而言。方式济作为一个清代流人，未必能够亲历其境。他的记述，很可能是根据当时的巡边将士或当地少数民族群众的传闻。但不知为何，历史家们对齐齐哈尔西北这个山洞，没有注意，也许他们并没有把“石室”理解为山洞。

二、“石室”不可能在额尔古纳河流域。根据有二：（一）《魏书》说，乌洛侯“其地小水皆注于难”，难即嫩江。额尔古纳河流域的小水不可能注于嫩江。这就排除了乌洛侯位于额尔古纳河流域的可能性；（二）《魏书》描述乌洛侯的习俗是，穴居、养猪、有农业。这些都不同于岭西干旱草原地带的游牧部族，而却与嫩江以东的勿吉人风俗相同。乌洛侯如果是在嫩江流域，那么在其西北的嘎仙洞，从地望上看也就有了更大的可能性。我曾就此看法并根据嘎仙洞的洞内规模和地理位置，提出嘎仙洞可能就是拓跋鲜卑先祖旧墟石室，得到一些历史与考古工作同志们的支持。他们都希望能够尽早了此公案。

调查发现与初步研究

一年多来，我们先后四次对嘎仙洞进行了实地勘察。第一次，1979年9月1日，我与程道宏、王永祥等同志，在鄂伦春自治旗领导和同志们的大力协助下，踏查嘎仙洞，就山洞的方向、规模和地理位置等进行了考定。从这几点看，都使我们有了希望。

第二次，1980年1月18日，我和王成同志再次调查嘎仙洞。趁严寒的三九，阳光斜射照进洞内较深，光线较好的条件下，全面勘测洞内，绘制了山洞平面图。遍查洞内祝文字迹，没有发现。这就使我们在希望的曙光面前又陷入朦胧之中，我们的考证仍然缺乏坚实的内证。

第三次，1980年6月4日，我与汪宇平同志去调查嘎仙洞，在洞内堆积土层中发现了陶片和打制石器，增加了进一步挖掘和彻底调查的决心。

第四次，1980年7月30日，我与王成同志又去嘎仙洞，准备住在那里挖开石壁下积土，在石壁下部查找祝文字迹。同行的有孟广辉、曹永年二位同志。当天下午四时，阳光由西照进洞内，视度很好，我们沿洞内西侧石壁往里走不到一分钟，突然发现眼前石壁上隐约有个“四”字。我简直不敢相信自己的眼睛，大家仔细看确为刻石文字，下面并有“年”字，上面又看出“太平真君”等。在第二行又看出“天子臣焘”，第三行看出“中书侍郎李敞”等字。几个人反复辨认，确为《魏书·礼志》上所记之祝文。由是，这个学术界争论多少年、我们调查了一年的悬案，终于得到了最后的解决。其后，我们又邀请了史象逵、马辉圻、吉发习等同志进一步核实并采取措施进行保护。又蒙张明善等同志专程来嘎仙洞将洞壁石刻祝文进行了拓印。

石壁上镌刻之祝文，与《魏书》记载的内容基本相符，只是字句稍有出入。石刻起到了证史和补史的作用。对于石刻祝文与石室遗址的学术价值，有待深入研究。现在，只就几个有关问题，初步研究如下。

一、石刻祝文的发现，确凿地证实了嘎仙洞即拓跋鲜卑祖先居住的旧墟石室。因而我们有足够的理由可以做出结论：历史学界长期没有解决的大鲜卑山的所在，不言而喻，当然就在这一带。而包括九十九个氏族的三十六个部落，自然也不会离这里太远。可以说，嘎仙洞一带地方，就是鲜卑族的发源地。他们自古以来就生息繁衍在这深山老林里，以“射猎为业”。根据《魏书·序纪》的记载，拓跋鲜卑的远祖“毛”，约为拓跋焘（408~452年）以前三十代，相当于公元前1、2世纪。毛以前又在这一带居住“积六十七代”。[12]据《魏书·太祖纪》载，拓跋珪说：“昔朕远祖，总御幽都，控制遐国，虽践王位，未定九州。逮于朕躬，处百代之季……”一代以二十五年计，则可上溯至公元前一千七八百年，相当于夏末商初时代。可以肯定，他们那时尚处于原始的狩猎经济时期。这一带无边无际的原始密林，到处生长着獐狍野鹿，是原始人狩猎的天然王国。按一般规律，人类的童年，只能是靠取得现成的天然产物为生，所以最初的经济生活只能是狩猎和采集。大兴安岭北部的原始森林，正是为鲜卑先民提供了这样一个对原始部落来说是不由选择的生态环境。因而，当时在这里居住的鲜卑人，只能是“射猎为业”。人类进一步发展，改造自然的能动作用提高了，学会驯养动物，靠人的活动能够增加天然产物，牲畜的肉、乳、皮毛可以使人们有更丰富和可靠的生活资料，于是畜牧经济就必然地取代狩猎经济。这时，丛密的森林，就显得狭窄、潮湿而不适应畜牧业发展的要求了。紧连着大兴安岭森林边缘西南部的呼伦贝尔大草原，广阔无垠，水草丰美，就必然成为鲜卑牧人们向往的理想天然牧场。到了“毛”以后第五代的“推寅”时，便“南迁大泽，方千余里，厥土昏冥沮洳”。[13]历史学家早已指出，这个所谓的“大泽”就是今日的呼伦湖。我们试看这条路线——从嘎仙洞到呼伦湖，即从东北向西南，从森林到草原，从狩猎到游牧，这正体现了鲜卑人经济发展的必然历程。

鲜卑人走过的这个历程，十多个世纪以后，同样地又为蒙古族所经历。蒙古族先民，《旧唐书》称为“蒙兀室韦”。蒙兀室韦最初也是住在大兴安岭北部靠近额尔古纳河的森林地带。“室韦”即森林之义。这种在森林地带居住的部落，也只能是以狩猎为生。后来发展到成吉思汗的祖先孛儿帖赤那的时候“渡腾汲思而来”[14]，到鄂嫩河上游的大肯特山一带游牧。从大兴安岭北部的额尔古纳一带，来到大肯特山这条路线，同样也是从东北向西南，从森林到草原，从狩猎到游牧。蒙古先民经历了和鲜卑人同样的一个必然的发展历程。

二、嘎仙洞这样的天然山洞，是原始人类居住的好地方。这一带严冬季节气温降到摄氏零下四十度以下，而嘎仙洞内不过零下十七八度，适于原始人类过冬居住。后来到拓跋焘的时代把此洞称为“祖宗之庙”，实际上不过是其先民长期居住的山洞罢了。我们在嘎仙洞内发现有相当厚的文化堆积。为保护石壁祝文，我们在石壁前挖了一条1米宽的保护沟，于地表以下0.4米深处，发现有许多花岗岩碎片，显然是李敞来此祝祭刻石时修琢石壁所剥落的。这一层可以断定绝对年代即为公元443年。在洞口处，也挖了一条1米宽、20米长的排水沟。挖沟时我们注意观察了地层情况。在表土以下，到0.8米深为黑色粘沙土。其中出土了很多手制夹砂灰褐陶片，还有骨镞、石镞等。从陶器的形制、加工工艺来看，与完工、扎赉诺尔墓地出土的陶器有着相似的文化特征，但更具原始性。在地表以下1.3米的黄色粘沙土中，还出土有打制石器，表明这里可能有更早的人类曾经居住过。在辽阔的内蒙古草原上古代的游猎和游牧部族畜牧迁徙，倏来忽往，很少留下定居的遗迹，像嘎仙洞这样有人类长期居住的洞穴遗址是不可多得的。全国解放以来，在扎赉诺尔和完工等地相继发现了属于鲜卑的早期墓葬，从而为鲜卑早期考古掀开了新的篇章。但在其族属断定上，仍未得以最后证明。可以说，嘎仙洞鲜卑石室遗址的发现，并进一步发掘这个洞穴遗址，对于探讨鲜卑等东胡民族的文化渊源，将会提供极有价值的考古资料。

三、北魏先祖石室既已得到确认，也就证明了其东南的乌洛侯的地理位置。《魏书》说这个石室“于乌洛侯国西北”。今已知“石室”即嘎仙洞，位于嫩江西岸支流甘河上源，那么，其东南的乌洛侯，自当在嫩江中游，即今齐齐哈尔西部一带。考乌洛侯在唐代称乌罗护或乌罗浑。蒙语“乌拉”为山，“浑”为人，故有可能乌罗浑即“山里人”之义。按此词义，乌洛侯当系居于山地之部落。则其地域当分布在今齐齐哈尔西部迄于大兴安岭山地一带。这与唐代乌罗浑的位置也是接近的。乌洛侯既在齐齐哈尔西部一带，则《魏书·乌洛侯传》所说“其地小水皆注于难”一语，也就完全可以理解了。齐齐哈尔一带的小水，只能注于嫩江。故此处所说的难水，只能是指嫩江而言。这也就证明了舆地学界另一个长期犹疑未定的问题——难水即今嫩江（并连同其下游松花江直到入海）。难水，在《魏书·失韦传》中也叫捺水，即《唐书》中之那河。张穆的《蒙古游牧记》说，嫩江“又名诺尼江，古名难水，亦曰那河，明人谓之脑温江”。蒙语今称嫩江为“努文木仁”。“努文”即嫩，“木仁”即江，实际上“嫩”、“努文”、“脑温”、“诺尼”，不过都是一音之转，与“难水”、“那河”指的都为同一条河。乌洛侯在齐齐哈尔西部这点既已得到证明，由此必然还可导出另外几点，即与乌洛侯相关的地豆于、失韦等部之地理位置。在此无需详述。

注释：

①在鄂伦春族群众中，流传着很多关于嘎仙高格德山的神话传说。参见秋浦著《鄂伦春社会的发展》，第137页。

②《三国志·魏书》：“乌丸、鲜卑，即古所谓东胡也。”

③⑧参看《乌桓与鲜卑》第239页、230页。

④《黑龙江古代文物》。

⑤《呼伦贝尔志略》第25页：“近世舆地家谓鲜卑山即外兴安岭。”

⑥丁谦：《后汉书·鲜卑传地理考证》：“大鲜卑山在俄属伊尔古斯克省北，通古斯河南。”

⑦《呼伦贝尔志略·方舆沿革》。

⑨《东胡民族考》第127页。

⑩《中国史纲要》第2册第31页。

⑪方式济：《龙沙纪略》，见《小方壶斋丛钞》。

⑫《北史·魏本纪》：“积六十七代，至成皇帝讳毛立。”

⑬《魏书·序纪》。

⑭见《蒙古秘史》。

（原载《文物》1981第2期）

嘎仙洞拓跋焘祝文石刻考

佟柱臣

1980年在内蒙古自治区呼伦贝尔盟鄂伦春自治旗阿里河镇西北二十里大兴安岭顶巅东麓嘎仙洞发现的太平真君四年（443年）拓跋焘祝文石刻[①]，是东北西部地区所发现的石刻中年代最早者。这份石刻不仅为拓跋鲜卑的起源地提出了准确的地理坐标，也为阐明东胡族系的分布，提供了新的证据。

石刻共201字，分19行，每行12字至16字不等。书体遒劲，犹存隶风。祝文是：

> 维太平真君四年癸未岁七月廿五日，天子臣焘使谒者仆射库六官、中书侍郎李敞、傅鲞，用骏足一元大武柔毛之牲，敢昭告于皇天之神。启辟之初，祐我皇祖，于彼土田。历载亿年，聿来南迁，应受多福，光宅中原。惟祖惟父，拓定四边，庆流后胤，延及冲人。阐扬玄风，增构崇堂。剋揃凶丑，威暨四荒。幽人忘遐，稽首来王，始闻旧墟，爰在彼方。悠悠之怀，希（?）仰余光。王业之兴，起自皇祖，绵绵瓜瓞，时惟多祜。归以谢施，推以配天，子子孙孙，福禄永（?）延。荐于皇皇帝天，皇皇后土。皇祖先可寒，皇妣先可敦配，尚飨！东作帅使念鑿。

以上便是北魏太武帝拓跋焘，派遣中书侍郎李敞等，从南都平城（今山西省大同市）远道来嘎仙洞祭其祖庙——旧墟石室的祝文。这篇祝文，亦见于《魏书·礼志一》，并记有致祭始末云："魏先之居幽都也，凿石为祖宗之庙于乌洛侯国西北。自后南迁，其地隔远。真君中，乌洛侯国遣使朝献，云石庙如故，民常祈请，有神验焉。其岁，遣中书侍郎李敞诣石室，告祭天地，以皇祖先妣配。祝曰：……敞等既祭，斩桦木立之，以置牲体而还。后所立桦木生长成林，其民益神奉之。咸谓魏国感灵祇之应也。石室南距代京可四千余里。”石刻与《礼志一》所载祝文内容，基本相同。文献祝文比石刻多了“具知旧庙，弗毁弗亡”等句，石刻比文献多了“皇皇帝天，皇皇后土，皇祖先可寒配，皇妣先可敦配，尚飨”等句，可以相互印证，相互补充。以其颇有益于史事，因考述如次：

一、从石刻上“启辟之初，祐我皇祖，于彼土田，历载亿年”，论证大鲜卑山、鲜卑山和乌桓山。

东胡族系有拓跋鲜卑、东部鲜卑和乌桓，这些族开始多山居，然后转向草原。[①]拓跋鲜卑是鲜卑父匈奴母混血种的族称，时间约当东汉，而东汉以前仍称鲜卑。拓跋鲜卑的起源地，石刻上有“启辟之初，于彼土田”的解释，但究竟在何处呢？应在石刻上所谓“旧墟”，《魏书·礼志一》上所谓“石庙”、“旧庙”、“石室”之所，也就是“凿石为祖宗之庙”处。即今日鄂伦春自治旗嘎仙洞这个地方。《魏书·序纪》记述拓跋鲜卑的先祖时：“国有大鲜卑山，因以为号。其后，世为君长，统幽都之北，广漠之野，畜牧迁徙，射猎为业，淳朴为俗，简易为化，不为文字，刻木纪契而已，世事远近，人相传授，如史官之纪录焉。”完全处于已有刻号的口耳相传阶段，其中正是在大鲜卑山。关于大鲜卑山，史家多有考证，丁谦说：“大鲜卑山在俄属伊尔库斯克省北，通古斯河南，今外蒙古以北之地。”[②]马长寿指出：“拓跋鲜卑起源于蒙古草原东北角，额尔古纳河东南的大鲜卑山内。”“此大鲜卑山当在今之大兴安岭的北段。”[③]前说以推断过远，似不足证；后说推断近是，但未确指。由于嘎仙洞拓跋鲜卑祖庙和拓跋焘祝文石刻的发现，证实了拓跋鲜卑祖庙所在之山地应是大鲜卑山。亦即北纬50°38′、东经123°36′、大兴安岭顶巅东麓海拔520米的山地（也可以说阿里河镇西北二十里的山地），为大鲜卑山之所在。《魏书·礼志一》：“魏先之居幽都也。”《序纪》：“统幽都之北。”《太祖纪》：“昔朕远祖，统御幽都。”这里的“幽都”，应为密境之意，系指大鲜卑山原始林海的自然景观。所以这份石刻的发现，为确定大鲜卑山的位置，为探讨拓跋鲜卑的起源地，提供了准确可信的地理坐标。

拓跋鲜卑先祖的大鲜卑山位置既然明确了，文献记载中尚有所谓鲜卑山，那么鲜卑山在哪里呢？也应该作些考辨，因为历史文献中鲜卑山常与东部鲜卑联系在一起，所以鲜卑山和大鲜卑山是两座山。《后汉书·鲜卑传》：鲜卑者“别依鲜卑山，故因号焉”。可知鲜卑山是东部鲜卑居住的中心。关于鲜卑山的位置，丁谦认为盖辽东塞外，别无鲜卑之山，应属臆说。《十六国春秋》、《隋图经》、《通典》、《太平寰宇记》、《读史方舆纪要》诸书虽均有所记，但所指不一。唯《后汉书·鲜卑传》记：“汉初，亦为冒顿所破，远窜辽东塞外，与乌桓相接，未尝通中国焉。”这段文献很重要，首先它说明汉初的东部鲜卑在辽东郡的塞外之地，其次东部鲜卑与乌桓相接，应在乌桓以北，所以鲜卑山应于乌桓以北的地域求之。《蒙古游牧记》卷1科尔沁、西至塔勒布拉克注：“旗西三十里有鲜卑山，土人名蒙格。”可证蒙格即鲜卑山，当今科尔沁旗西哈古勒河附近。即鲜卑山在大鲜卑山西南千余里处，为东部鲜卑的起源地。

东部鲜卑的南邻是乌桓，《三国志·魏书·乌丸传》引王沈《魏书》：乌丸者，“汉初，匈奴冒顿灭其国，余类保乌丸山，因以为号焉”。乌丸即乌桓，乌丸山即乌桓山[④]，关于乌桓山，历来史家很少怀疑。《辽史·地理志一》上京道乌州条：“乌州，……本乌丸之地，东胡之邦也。辽北大王拨剌占为牧，建城，后官收，隶兴圣宫。有辽河、夜河、乌丸川、乌丸山。”辽河指西辽河，上源为西拉木伦河，乌丸川即今归流河，乌丸山应在乌丸川一带。《蒙古游牧记》卷3阿鲁科尔沁部西北至巴音和硕注：旗西北“百四十里有乌辽山，即乌丸山”。所以乌桓山在今阿鲁科尔沁旗西北一百四十里的地方。因此从阿鲁科尔沁旗至西拉木伦河流域，则是乌桓人散居的地方。在这个地区的东邻，发现了西丰西岔沟文化[⑤]，这个文化比推断的匈奴文化、鲜卑文化都高，而与文献上所记的乌桓人水平相当。[⑥]因而我们推断它可能属于乌桓的遗存。就生产上说，乌桓有穄和东墙等农业，而西岔沟也出土了铁镬、铁锄等农具。乌桓人能做弓矢鞍勒，锻铜铁为兵器，而西岔沟也出了许多长铁剑、马具和铜饰具。还出土有日光镜、星云镜、五铢钱、丝织品，这表明乌桓人吸收了相当多的汉文化。当然它也吸收一些斯基泰文化，如鹰虎搏斗铜饰板等便是代表。

综上所述，汉初，拓跋鲜卑先祖所在的大鲜卑山，在今内蒙古自治区鄂伦春自治旗；东部鲜卑所在的鲜卑山，在今科尔沁右中旗。乌桓所在的乌桓山，在今阿鲁科尔沁旗。乌桓分布在北纬42°至50°之间的南北狭长约二千多里的地段内。

二、从石刻上“聿来南迁”、“光宅中原”，讨论拓跋鲜卑的南迁过程，兼论证乌桓、东部鲜卑的南迁过程。

石刻上已经说明拓跋鲜卑先祖有过“南迁”的史实，而《魏书·礼志一》也有“自后南迁，其地隔远”，“石室南距代京可四千余里”的记载，那么拓跋鲜卑的先祖，是怎样从大鲜卑山，远途跋涉，至拓跋焘都于平城、“光宅中原”，迁徙了“四千余里”的呢？

大鲜卑山，当时是个山峦起伏、桦木丛生的“幽都”密境，在这样自然条件下从事山居的拓跋鲜卑先祖，则以射猎为业，兼事畜牧。《魏书·序纪》：“积六十七世，至成皇帝讳毛立。聪明武略，远近所推，统国三十六，大姓九十九，威振北方，莫不率服。”说明毛立在大鲜卑山时，已经成了北方诸部落联盟的首领。但是《序纪》又记，到了“宣皇帝讳推寅立。南迁大泽，方千余里，厥土昏冥沮洳。谋更南徙，未行而崩”。因此从宣帝推寅开始，便从大兴安岭东麓越过大兴安岭，再从大兴安岭西麓进入了“方千余里”的呼伦贝尔草原。“大泽”应为呼伦池。“沮洳”应为沼泽地带，这是推寅率领族人的第一次迁徙。以其善于“迁徙策略”，因而族人称其为推寅，“推寅”于鲜卑语为“钻研”之义。以后又经六代，《序纪》记：“献皇帝讳邻立。时有神人言于国曰：‘此土荒遐，未足以建都邑，宜复徙居。’帝时年衰老，乃以位授子。圣武皇帝讳诘汾。献帝命南移，山谷高深，九难八阻，……历年乃出。始居匈奴之故地。”如此由于邻的谋划和诘汾的施行，几经险阻，才到了匈奴故地。《汉书·匈奴传》：“臣闻北边塞至辽东，外有阴山，东西千余里，草木茂盛，多禽兽，本冒顿单于依阻其中，治作弓矢，来出为寇，是其苑囿也。”这便是匈奴故地的写实，在今河套北部固阳阴山之地。此为推寅率领族人的第二次迁徙。东汉檀石槐统辖的西部大人中的推寅，亦即此人。从呼伦贝尔草原进入匈奴境后，遂出现了鲜卑人与匈奴人的混血。至力微神元三十九年（258 年）从河套北部迁至汉定襄郡之盛乐，略当和林格尔县境，这应是第三次迁徙。至官禄时分国为三部，官禄自以一部居东，在上谷以北，濡源以西，猗㐌居代郡之参合陂北，猗卢居盛乐故城，这时拓跋鲜卑完全进入了汉族的农业地区。至穆皇帝六年（309 年）又以盛乐为北都，以平城为南都。而李敞就是拓跋焘从平城派往嘎仙洞致祭其祖庙的。以上是拓跋鲜卑先后迁徙的全过程。在拓跋鲜卑先祖迁徙所经过的地方，留下了不少考古材料。如陈巴尔虎旗完工古墓内出有马、牛头骨和石镞、骨镞，表明这时期鲜卑人的经济特点是以狩猎和畜牧为主。而手制的陶鬲，则显示了一定的原始性。这些应系拓跋鲜卑先祖开始迁徙阶段的遗物。而西部的扎赉诺尔墓群，相当于东汉时期，出有铜镜、桦皮弓囊、木弓、桦皮盒和飞马奔鹿铜牌，富于草原民族风格。规矩纹镜、“如意”锦，则带有浓厚的汉文化影响。⑦当拓跋鲜卑从匈奴故地迁移到晋北以后，各地也遗留不少文物，如凉城小坝子滩发现的四兽金饰件，背面錾刻“猗㐌金”三字，猗㐌即猗㐌，亦即是桓皇帝，为始祖神元皇帝力微之孙，文帝之长子，因猗㐌曾居于代郡之参合陂北，参合陂正相当今凉城县境，所以这件刻铭的金饰件，为拓跋鲜卑迁徙到凉城提供了证据。一起发现的还有驼钮篆书阴文“晋鲜卑归义侯”金印，驼钮篆书阴文“晋鲜卑率善中郎将”银印，也是有关西晋西部鲜卑大人的重要文物。⑧散居在乌桓山的乌桓人，据《后汉书·乌桓传》记：“及武帝遣骠骑将军霍去病击破匈奴左地，因徙乌桓于上谷、渔阳、右北平、辽西、辽东五郡塞外，为汉侦察匈奴动静。”这是乌桓第一次迁徙，大概从西拉木伦河流域，迁到了沽源、翁牛特旗，至昌图一线以北之地，南迁并不太远。到了东汉，王沈《魏书》记：“建武二十五年，乌丸大人郝旦等九千余人率众诣阙，封其渠帅为侯王者八十余人，使居塞内，布列辽东属国、辽西、右北平、渔阳、广阳、上谷、代郡、雁门、太原、朔方诸郡界，招来种人，给其衣食，置校尉以领护之，遂为汉侦备，击匈奴、鲜卑。”这是乌桓第二次迁徙，从辽东、辽西等五郡塞外，迁到了五郡塞内，并西向远及代郡、雁门、太原、朔方等郡界，亦即包括今天的河套东部、晋北、冀北和辽南等地，迁徙地面很广。因此东汉末乌桓人在辽西有五千余落，上谷有九千余落，辽东有千余落，右北平有八百余落，有时远略到青、徐、幽、冀四州，开始进入黄河流域的腹地。由于乌桓人内迁很多，所以《后汉书·乌桓传》又记：光武帝时“始复置校尉于上谷宁城，开营府，并领鲜卑，赏赐质子，岁时互市焉”。

东部鲜卑是沿着乌桓人的足迹迁徙的。王沈《魏书》记“其地东接辽水，西当西城。常以季春大会作乐水上”。作乐水即饶乐水，今西拉木伦河。所以东部鲜卑从鲜卑山迁到作乐水，这是第一次迁徙。建武三十年（54 年）汉破渔阳、赤山乌桓以后，东部鲜卑遂移居其地，又从西拉木伦河迁到赤峰、密云一带，这是第二次迁徙。永元中以北匈奴西迁，“鲜卑因此转徙据其地”。又到了内蒙古草原的北部，这是第三次迁徙。永初中，鲜卑大人燕荔阳来朝，《后汉书·鲜卑传》记：“令止乌桓校尉所居宁城下，通胡市，因筑南北两部质馆。”这个时候，在一些地方，东部鲜卑已与汉人、乌桓人杂处，因而遂有辽东鲜卑、辽西鲜卑、代郡鲜卑之名。汉桓帝时东部鲜卑首领檀石槐，建庭于高柳北三百里歠仇水上，高柳当今阳高，弹汗山当今大青山。《后汉书》记其盛时，“因南抄缘边，北拒丁零，东御扶余，西击乌孙，尽据匈奴故地。东西万四千余里，南北七千余里，网罗山川水泽盐池”。其后，“乃自分其地为三部。从右北平以东至辽东，接扶余、秽貊二十余邑为东部，从右北平以西至上谷十余邑为中部，从上谷以西至敦煌、乌孙二十余邑为西部。各置大人主领之，皆属檀石槐”。其辖境已经东至今天的吉林，北至贝加尔湖，南至河套西至新疆，地域广大。由于鲜卑在各地延续年代较长，所以各地也发现了不少东汉以后有关东部鲜卑的考古材料，如民丰尼雅发现略当魏晋时期的324号佉卢文书记：“兹于伟大国王、上天之子迈利陛下在位之四年三月十三日，鲜卑人到达且末，劫掠王国，抢走居民。鲜卑人曾抢走Vasu瑜纽（yonu）之名为僧罗必那（Samrpina）之男奴一名，并将彼作为礼物送给支那色伽尸（Cinasgasi即汉人色伽尸）。”⑨这是鲜卑人到达且末后所留下的考古材料。其次由辽东鲜卑西走的吐谷浑，在南北朝时，据《魏书·吐谷浑传》记：至夸吕“居伏俟城，在青海西十五里，虽有城郭而不居，恒处穹庐，随水草畜牧。其地东西三千里，南北千余里。……地兼鄯善、且末”。说明到这个时期，吐谷浑还统辖着且末和鄯善。其郡邑在青海共和县黑马河公社向科先大队南，史家考订即伏俟城。⑩而甘肃武威青咀喇嘛湾发现的慕容忠、慕容宜昌、慕容宣彻、慕容明、慕容曦光等墓志，也是唐代有关吐谷浑的重要石刻史料。⑪

综上所述，比较三条路线如下：

1. 拓跋鲜卑的迁徙路线是：大兴安岭北段西麓→呼伦贝尔草原→阴山→晋北。

2. 乌桓的迁徙路线是：西拉木伦河→沽源、翁牛特旗、昌图一线以北→河套东部、晋北、冀北、辽南。

3. 东部鲜卑迁徙路线是：科尔沁右中旗→西拉木伦河→赤峰至密云一带及内蒙古草原广大地区。

这三条路线，第1条和第2条、第3条完全不同。第2条和第3条有一部分相同，有一部分不同。这个史实说明他们原来各居住的地域不同，因而大鲜卑山和鲜卑山也自是不同的。

三、从石刻上“幽人忘遐，稽首来王，始闻旧墟，爰在彼方”，论证乌洛侯、乌人、东室韦、地豆于、霫的地理位置。

北魏太武帝之所以知道其祖庙之所在，正如石刻所记“幽人忘遐”，“始闻旧墟”，是从乌洛侯使者那里听来的。《魏书·乌洛侯传》：“世祖真君四年来朝，称其国西北有国家先帝旧墟，石室南北九十步，东西四十步，高七十尺，室有神灵，民多祈请。世祖遣中书侍郎李敞告祭焉，刊祝文于室之壁而还。”《北史·乌洛侯传》也有相似的记载，这些文献与石刻一样都证明是乌洛侯使者告诉的。那么乌洛侯使者是什么时候到达平城的呢？《魏书·世祖纪》：太平真君四年三月“壬戌，乌洛侯国遣使朝贡”。即公元443年3月到的，经过四个月之后，拓跋焘便派遣李敞远道来致祭，这已为嘎仙洞拓跋焘祝文石刻所证实。乌洛侯国西北既有旧墟石室，那么证明乌洛侯是在旧墟石室的东南，亦即在嘎仙洞的东南，其位置相当嫩江流域，约在今齐齐哈尔附近之地。从《北史·乌洛侯》得知：“其国西北有完水，东北流合于难水，其小水，皆注于难，东入海。”按照这个水系的情况，完水或系甘河，而难水也称捺水、那河，应是嫩江。有的学者定完水为额尔古纳河，难水为黑龙江，与文献上所记这里水系不符，是有问题的。

乌洛侯的南边有地豆于，《魏书·乌洛侯》说：“乌洛侯国，在地豆于之北，去代郡四千五百里。”同书《地豆于国传》：“地豆于国，在失韦西千余里。”所以地豆于是在乌洛侯之南、室韦之西。《北史·契丹传》：“太和三年，高句丽窃与蠕蠕谋，欲取地豆于以分之。”又可知地豆于介于蠕蠕与高句丽之间，而在契丹之北，其位置应在洮儿河与西拉木伦河之间。[12]

乌洛侯于《旧唐书》作乌罗浑或乌罗护，同书《室韦传》载：“乌罗护之东北二百余里，那河之北有古乌丸之遗人，今亦自称乌丸国。”可证今天嫩江流域以北在唐代仍有乌桓人存在，这在研究东胡族系的历史上是个非常值得注意的历史现象。同传又记：“乌丸东南三百里，又有东室韦部落，在猛越河之北。”猛越河应为结雅河，为东室韦之地。

乌洛侯之南还有霫，《旧唐书·霫传》：“霫，匈奴之别种也，居于潢水北，亦鲜卑之故地，其国在京师东北五千里，东接靺鞨，西至突厥，南至契丹，北与乌罗浑接。”可知霫在潢水以北，乌洛侯之南，即当今洮儿河与西拉木伦河之间偏西之地。

以上由于嘎仙洞拓跋焘祝文石刻的所在，证实了乌洛侯的方位，而乌洛侯的位置一经确定，其相邻的地豆于、乌丸人、东室韦、霫诸族的位置，也相应得到确定，因此这份石刻的史料价值，是毋庸讳言的。

四、结语。

嘎仙洞拓跋焘祝文石刻，发现在东北那么遥远的北方，而年代又那么早，深深引起了学术界的重视。由于这份石刻的史料价值，使模模糊糊的东胡族系的历史得到了一定程度的明确。

首先，它证实了大鲜卑山应在鄂伦春自治旗，而在科尔沁右翼中旗的鲜卑山，自应是另一座山，这就订正了把大鲜卑山、鲜卑山混而为一的看法。

其次，它证实了拓跋鲜卑的先祖是从大兴安岭东麓越过大兴安岭经大兴安岭西麓进入呼伦贝尔草原的，使《魏书·序纪》所载拓跋鲜卑的迁徙史实，得到了石刻的旁证，并看出这些记载的可靠性。

最后，乌洛侯在嫩江流域的地理位置既然得到了确定，那么北魏时在其南的地豆于，唐时在其北的乌丸人、东室韦及在其南的霫，也相应得到了明确。总之，因为这一石刻的发现，对于东胡族系历史的研究是大有裨益的。

注释：

①米文平：《鲜卑石室的发现与初步研究》，《文物》1981 年第 2 期。

②内田吟风：《乌桓鲜卑の源流と初期社会构成—古代北アツア游牧民族の生活—》，《北アツア史研究鲜卑柔然突厥篇》，1975 年版，第 8 页。

③丁谦：《后汉书乌桓鲜卑传地理考证》，《后汉书各外国传地理考证》中收，《浙江图书馆丛书》第 1 集。

④马长寿：《乌桓与鲜卑》第 29 页，第 239 页。

⑤冯家升：《述东胡系之民族》，《禹贡》3 卷 8 期。

⑥孙守道：《“匈奴西岔沟文化”古墓群的发现》，《文物》1960 年第 8、9 期。

⑦曾庸：《辽宁西丰西岔沟古墓群为乌桓文化遗迹论》，《考古》1961 年第 6 期。

⑧宿白：《东北、内蒙古地区的鲜卑遗迹——鲜卑遗迹辑录之一》，《文物》1977 年第 5 期第 49 页。

⑨内蒙古自治区文物工作队：《内蒙古出土文物选集》图版第 93 页、91 页、92 页（1963 年）。

⑩王广智译：《新疆出土佉卢文残卷译文集》初稿，第 78 页。

⑪黄盛璋：《吐谷浑故都——伏俟城发现记》，《考古》1962 年第 8 期。

⑫夏鼐：《武威唐代吐谷浑慕容氏墓志》，《考古学论文集》。

（原载《历史研究》1981 年第 6 期）

鲜卑先祖石室的发现及其史学价值

尚志迈

鲜卑族是我国北方的一个古老的民族。远在公元前二千年左右鲜卑族就生活在我国东北大兴安岭与嫩江流域一带。在魏晋南北朝时期，鲜卑族各部曾建立过前燕、西燕、后燕、南燕、代、西秦、南凉、宇文、辽西及北魏、北齐、北周等政权。其中，前燕曾一度雄踞黄河流域，与前秦、东晋鼎立；北魏进一步完成了统一中国北方的大业。历北齐、北周，鲜卑族对当时北方社会经济和文化的恢复与发展、为练造统一的中华民族而作出了不可磨灭的贡献。但是，过去对于鲜卑族的早期历史知道甚少。虽然东汉以后对鲜卑族的早期历史有些记载，如《后汉书》、《三国志》等史籍，但内容十分简略。直到北齐时，魏收编撰《魏书》，才对北魏远祖鲜卑族的发源及迁徙进化过程有了一个比较系统的记载。虽然如此，但由于《魏书》素有"秽史"之称，所以对《魏书·序纪》中关于鲜卑先祖世系等记载历来不为史学界所重视。1980 年 7 月 30 日呼盟文物站米文平等同志发现了鲜卑先祖石室——嘎仙洞后，鲜卑早期历史的秘密才被揭开，它为研究鲜卑早期历史找到了可信的答案，提供了考古依据。

拓跋焘祝文石刻的发现及考释

1980 年 7 月 30 日米文平等同志在内蒙古呼盟鄂伦春自治旗阿里河镇西北十公里的大兴安岭北段顶巅之东麓，属嫩江西岸甘河上游的嘎山洞内石壁上发现了北魏太武帝拓跋焘于太平真君四年（443 年）派中书侍郎李敞等人来此祭祖并凿刻于洞内石壁上的祝文。嘎仙洞是一个天然石洞，位于百步高的花岗岩陡壁上，洞口朝南，背山面水，洞内南北长一百多米，东西宽30来米，宽敞宏伟，犹如一座巨大的客厅。嘎仙洞是当地鄂伦春群众的称呼，其语义不详。在鄂伦春人中间，流传着许多关于嘎仙洞的美妙的传说，但一直未引起考古与史学界的注目。粉碎“四人帮”后，呼盟文物站米文平等同志经过多方推测，决定对嘎仙洞进行探查。他们从1979年9月1日到1980年7月30日，在近一年的时间内，曾先后四次深入嘎仙洞进行实地考查，终于在1980年7月30日下午4时许，在洞内15米处的西边石壁上发现了1500多年前的北魏第三位皇帝拓跋焘的祭祖石刻祝文。石刻祝文虽然年代久远，但由于很少受到风雨的严重侵蚀，故基本上清晰可辨认，只是由于祝文凿刻在粗糙的石壁上，因而字体显得古拙，且大小不一，字迹肥瘦亦不同。石刻祝文共19行，201字。其全文为：

> 维太平真君四年癸未岁七月廿五日，天子臣焘使谒者仆射库六官、中书侍郎李敞、傅㝹，用骏足、一元大武、柔毛之牲，敢昭告于皇天之神启辟之初，祐我皇祖，于彼土田，历载亿年，聿来南迁。应受多福，光宅中原，惟祖惟父，拓定四边。庆流后胤，延及冲人。阐扬玄风，增构崇堂，剋揃凶丑，威暨四荒。幽人忘遐，稽首来王，始闻旧墟，爰在彼方，悠悠之怀，希仰余光。王业之兴，起自皇祖，绵绵瓜瓞，时惟多祜。归以谢施，推以配天；子子孙孙，福禄永延。荐于皇皇帝天、皇皇后土。以皇祖先可寒配、皇妣先可敦配。尚飨！东作帅使念凿。

李敞代拓跋焘来嘎仙洞祭祖时所刻祝文在《魏书》中有记载。《魏书·礼志》载：“魏先之居幽都也，凿石为祖宗之庙于乌洛侯国西北。自后南迁，其地隔远。真君中，乌洛侯国遣使朝献，云：‘石庙如故，民常祈请，有神验焉。’其岁，遣中书侍郎李敞诣石室，告祭天地，以皇祖先妣配。祝曰：‘天子焘谨遣敞等用骏足、一元大武敢昭告于皇天之灵：自启辟之初，佑我皇祖，于彼土田，历载亿年，聿来南迁。惟祖惟父，光宅中原，克翦凶丑，拓定四边。冲人纂业，德声弗彰。岂谓幽遐，稽首来王。具知旧庙，弗毁弗亡。悠悠之怀，希仰余光。王业之兴，起自皇祖，绵绵瓜瓞，时惟多祜。敢以丕功，配飨于天；子子孙孙，福禄永延。’敞等既祭，斩桦木立之，以置牲体而还。”鲜卑先祖石室在同书《乌洛侯传》中亦有记载，并较详细地描述了旧墟石室的方位与规模，其文曰：

“乌洛侯国，在地豆于之北，去代都四千五百余里。……世祖（太武帝拓跋焘）真君四年来朝，称其国西北有国家先帝旧墟，石室南北九十步，东西四十步，高七十尺，室有神灵，民多祈请。世祖遣中书侍郎李敞告祭焉，刊祝文于室之壁而还。”

这里所记石室规模与今嘎仙洞规模基本吻合，石刻祝文与《魏书·礼志一》所载祝文内容也基本一致，只在辞句方面有所增减，个别地方也有改动。下面，对照《魏书·礼志一》所载拓跋焘祝文，对嘎仙洞石刻祝文的主要内容略作考述。

（一）“启辟之初，祐我皇祖，于彼土田，历载亿年，聿来南迁。”

此段前半部分是论证大鲜卑山，是说拓跋鲜卑的先祖一直聚居生活在大鲜卑山一带。但在拓跋焘以前北魏诸帝是不知道其祖先之石庙究竟在何处；直到太平真君四年乌洛侯国遣使来朝时告诉其国西北有鲜卑先祖石庙时，拓跋焘才“始闻旧墟、爰在彼方”，即今嘎仙洞。《魏书·序纪》记述拓跋鲜卑的先祖时说“国有大鲜卑山，因以为号。其后，世为君长，统幽都之北，广漠之野，畜牧迁徙，射猎为业，淳朴为俗，简易为化，不为文字，刻木纪契而已，世事远近，人相传授，如史官之纪录焉”。显然，这是原始社会的生活写照。拓跋鲜卑先祖在大鲜卑山生长繁息了六十七代，到毛时，才“统国三十六”，进入部落联盟时期。石刻祝文中所称的“旧墟”，即为《魏书·序纪》中“凿石为祖宗之庙”的石室（或石庙、旧庙）。至于《魏书·礼志一》中所言“庙”是“凿石”而成，这一方面说明此“庙”实际上为一山洞，因此，《魏书》中不说砌，而言“凿”。另一方面说明以拓跋焘为首的拓跋鲜卑族对其祖先所居之地的崇拜，同时，也反映了南北朝时期佛窟的盛行，北魏统治者对其祖先所居石窟的佛化。此段后半部分是说拓跋鲜卑先祖在大鲜卑山，即今嘎仙洞一带整整度过了数千年，到宣帝推寅时，才“南迁大泽”，即今呼伦贝尔湖所在的大草原，后经八代传到诘汾时，经过“九难八阻”（《魏书·序纪》），在其形似马、其声类牛的神兽的引导下，经过一年的时间，才穿越高山深谷，到达了匈奴故地，即蒙古大草原。诘汾子力微又进一步迁徙到盛乐（今内蒙和林格尔）一带。

（二）“应受多福，光宅中原，……威暨四荒。”

这一段是拓跋焘追述其祖父拓跋珪和父亲拓跋嗣的功德。公元398年拓跋珪迁都平城，“光宅中原”，营宫室、建宗庙，立社稷，招贤纳才，开创了北魏政权的基业。拓跋嗣即位后，四处征战，消灭了北方不少割据势力，扩大了疆域，为拓跋焘完成统一北方大业奠定了基础，所以拓跋焘在祝文中说其祖父“拓定四边”的功德“庆流后胤，延及冲人”。拓跋焘继承父志，翦灭群雄，统一了黄河流域，威震四方。

此段中值得讨论的“阐扬玄风，增构崇堂”句。米文平及其他论者皆将此句解释为拓跋焘灭佛崇道的宗教政策的实录，他们认为，《魏书·礼志一》将此二句改为“冲人纂业，德声弗彰”是魏收为适应当时北齐宣帝高洋的灭道兴佛的形势而有意篡改的。我认为这与史实有出入，值得商榷。无论是《序纪》还是石刻祝文都说明不了“阐扬玄风”是拓跋焘灭佛兴道的宗教政策。《序纪》中是将“惟祖惟父”置于此段之首，接下去讲了拓跋焘祖父之“光宅中原，克翦凶丑，拓定四边”的丰功伟绩。而传到他时，却“德声弗彰”，远逊父祖，这是拓跋焘在祖先神位面前的谦称，根本不是什么北齐高洋的灭道兴佛政策的反映。对照石刻祝文的时间，也不难理解“阐扬玄风”的本意。《魏书·释老志》载拓跋焘灭佛事件是在太平真君七年三月，这是在嘎仙洞石室镌刻祝文后的第四年的事。同传称：“世祖初即位，亦遵太祖、太宗之业，每引高德沙门，与共谈论。”礼敬佛像。又说，后来司徒崔浩经常在拓跋焘面前“非毁”佛教，认为佛教虚诞、为世费害。帝（拓跋焘）以其（浩）辨博，颇信之。尽管如此，但还未到灭佛的地步，直到太平真君七年（446 年）盖吴反于杏城（陕西黄陵），拓跋焘率兵前去镇压，在长安城中沙门的便室内发现大量“弓矢矛盾”及淫乱的地下室、酿酒器具等，才决定灭佛。因为以上这些是沙门的禁律，所以当拓跋焘在沙门寺院内发现了这些东西后，便怒曰：“此非沙门所用，当与盖吴通谋，规害人耳！”这才下令诛杀长安城内沙门。从上面《释老志》记载来看，拓跋焘诛沙门主要原因有三：一是沙门违反戒律；二是拓跋焘认为长安沙门私通盖吴起义；三是崔浩的纵容。该传说：当时“帝既忿沙门非法，浩时从行，因进其说”。于是，拓跋焘便“诏诛长安沙门，焚破佛像”。从以上分析很难看出在太平真君七年灭佛前，拓跋焘就已把灭佛崇道当作国家的宗教政策的迹象。因此《魏书·礼志一》将“阐杨玄风，增构崇堂”改为“冲人纂业，德声弗彰”根本不是因为北齐文宣帝高洋崇佛之故。

米文平等同志将“阐扬玄风”解释为拓跋焘的灭佛兴道的宗教政策，主要是对“玄”字的理解脱离了当时的历史事实。“玄”字，不一定特指玄学道教，它还有“元”、“幽远”等义，如《魏书·官氏志》说：“魏氏世君玄朔”，这里的“玄朔”，即指幽远的北方。我认为石刻祝文中的“玄”当指“玄朔”讲，“玄风”是玄朔之风气，即拓跋鲜卑族的尚武、勇悍、质朴之风气。其次，如果把“玄风”作道教政策来讲，那么，这“阐扬玄风”者是谁呢？是拓跋焘的祖、父吗？但拓跋珪和拓跋嗣不信道教。是拓跋焘自己吗？也不像是，因为与史实不符。我们所以说在太平真君四年前，拓跋焘没有把灭佛兴道当作国家的宗教政策，还有一些例证。如太平真君七年三月拓跋焘下了诛沙门之诏，当时，太子恭宗拓跋晃极力谏止，但拓跋焘不采纳太子的建议。即使如此，诛沙门的诏令也没有立即宣布。史载：拓跋焘对“恭宗言虽不用，然犹缓宣诏书，远近皆豫闻知，得各为计。”“四方沙门，多亡匿获免，在京邑者，亦蒙全济。”（《魏书·释老志》）可见，拓跋焘在一怒之下的灭佛也不是坚决彻底的，直到太平真君七年仍看不出拓跋焘将道教作为国家宗教的表现。再如太延中（435～439年），拓跋焘对佛徒惠始“甚重之，每加礼敬”。惠始死后，葬于首都平城内的佛寺中。“至真君六年，制城内不得留瘗，乃葬于南郊之外。”（《魏书·释老志》）迁葬之日，有送葬者六千多人，拓跋焘还派中书监高允为惠始作传“颂其德迹”，在惠始冢上“立石精舍，图其形象”（《魏书·释老吉》）。假若在太平真君四年时拓跋焘就已确立了灭佛兴道的宗教政策的话，在真君六年时是断然不会做出如此敬重沙门的举动的。因此，我们可以肯定，起码在太平真君六年以前拓跋焘不是完全仇佛兴道的，持太平真君四年拓跋焘就将灭佛兴道作为国家宗教政策论者，是缺乏有力的证据的。

另外，引起对石刻祝文中“玄风”的误解与拓跋焘的年号“太平真君”的来源有关。史学界基本上把拓跋焘的“太平真君”年号说成是因为拓跋焘信奉寇谦之天师道而得名。查《魏书·世祖纪》，我觉得有点牵强。《世祖纪》载：早在其父太宗拓跋嗣泰常七年（422年）四月时，拓跋焘就被封为“泰平王”，第二年十一月即皇帝位。拓跋焘即位后，南征北战，开拓疆域。太延二年（436年）灭北燕，三年后（439年9月），平定北凉，消灭了“十六国”中北方的最后一个割据政权，完成了统一北方的大业。是岁，高丽及西域十多国“遣使朝贡”。至此，北方的寇逆消除，国内宴安，拓跋焘便“宗治化”、“班宣恩惠、绥理百揆”（《魏书·世祖纪》）。他欲使天下国泰民安，他自己也想做君临中原的真正帝王。因此，在平定北凉的第二年（440 年）六月便改太延年号为“太（泰）平真君”。实际上太平真君年号与道教是无关的。也不能认为由于道教徒寇谦之说过他要辅助北方“太平真君”的话而将“太平真君”年号赋予道教色彩。

根据以上分析，石刻文里的“阐扬玄风，增构崇堂”之义就不难理解了。其本意是指拓跋焘虽然远离玄朔，但仍发扬光大鲜卑族的勇武、质朴的“玄朔”时期的强悍精神，“克翦凶丑，威暨四荒”。并大建明堂辟雍、宗庙祭坛，四时享祭，以表示对其列祖列宗的尊敬。据《魏书·礼志一》所载，拓跋珪和拓跋嗣时，在云中、盛乐等地分别修建了平文、昭成等帝庙及天神庙，岁岁享祭。拓跋焘即位后，又增建了不少。如神廳二年“立密皇太后庙于邺”岁五祭。“太延元年，立庙于恒岳、华岳、嵩岳上”等（《魏书·礼志一》）。因为拓跋焘增建宗庙多，故司徒浩奏请精减庙宇。“增构崇堂”就是拓跋焘在其祖宗神位面前宣称自己没有忘掉列祖列宗的功绩，没有忘记祭祀“启辟之初，祐我皇祖”的上天，因而大建庙堂，四时祭祀。

鲜卑先祖石室发现的史学价值

拓跋鲜卑的祖庙嘎仙洞石室的发现，是我国近年来最重要的考古发现之一。这一重要发现，无论是对鲜卑史的研究，还是对古代东北各少数民族史的研究，无疑是具有极重要的史学价值。因此，这一发现受到国内外考古界与史学界的普遍重视。

鲜卑先祖石室的发现解开了史学上在研究鲜卑史中的一个千古之谜，明确了大鲜卑山的方位。鲜卑族是我国北方的古老民族之一，据史籍记载拓跋鲜卑的先祖居住在大鲜卑山一带，但大鲜卑山究竟在何处？石室究竟在何处？千百年来，凡搞北魏史鲜卑史和东北民族史的同志，无不努力地去探索这一重要史迹。但是，自清代以来，一般是从乌洛侯地理入手。或曰：“魏之先祖石室……当在尼布楚城正西之地。”（何秋涛《朔方备乘》）或曰：乌洛侯在呼伦贝尔城境内，故“魏先帝石室在贝加尔湖南滨”（丁谦《魏书外国传地理考证》）。日本东胡民族专家白鸟库吉则认为“乌洛侯国必在嫩江流域，……拓跋氏祖先之石室，亦必在嫩江流域中，而当在兴安岭之近旁”（《东胡民族考》）。马长寿先生则认为北魏之先祖石室当在二河额尔古纳河与嫩江之间大兴安岭山脉之内，而大鲜卑山当在今大兴安岭的北段（《乌桓与鲜卑》）。以上这些研究成果使鲜卑先祖石室方位的论断逐渐接近石室的真实所在之处，这对后人进一步弄清拓跋鲜卑族的族源及鲜卑的迁徙发展，对正确估计《魏书》的史学价值均有着极其重要的启示作用。米文平等同志发现的嘎仙洞遗迹，以确凿的“原始档案”史料宣布了嘎仙洞就是千百年来为考古界和史学界所以孜孜寻求的鲜卑“旧墟”石室遗址！

由于嘎仙洞拓跋焘祝文石刻的发现，而使《魏书·礼志一》中所载拓跋焘派李敞等人去拓跋鲜卑先祖石庙祭祖祝文得到了证实，这就肯定了《魏书》的史学价值。自唐代以来，治史者几乎都在不同程度地怀疑《魏书·序纪》的真实性。唐代刘知几在《史通·称谓》篇，对魏收在《魏书·序纪》中称北魏拓跋珪以前祖宗二十多人为皇帝大为不满，刘知几认为道武帝拓跋珪追崇的二十八君是“虚号”，是“沐猴而冠，腐鼠称璞者矣”。白鸟库吉则认为《魏书·序纪》记载拓跋鲜卑世系是子虚无有的传说，它是魏室“欲以夸旭其门阀之古，示家系之悠远，而故意造作者也”（《东胡民族考》）。

关于鲜卑族族源问题，文献记载纷乱或假托为炎帝之子，或曰为秦始皇修长城时，外逃出塞的囚徒之后代，或曰为李陵之后，或曰为东胡之一支，等等，莫衷一是。近现代史学界，一般认为是东胡之属。现在嘎仙洞鲜卑石室遗址的发现，不仅证明了《魏书·礼志一》中所记石庙（石室、旧庙）确实存在，而且从洞内地下初步出土的石镞、骨器、陶片等文物来看，也有力地证明了鲜卑族毛以前六十七世的传说是有根据的。随着以后的进一步地下发掘，鲜卑族世系和族源这桩历史疑案定会得到公正的裁决。同时，石室的发现，对拓跋族南迁路线也可得以考证，这也已为沿路出土的地下文物所证明，如陈巴尔虎旗完工北魏古墓和扎赉诺尔北魏墓群中出土文物都证实了鲜卑族从大兴安岭北端出发向南迁徙的这一过程。这也证明了《魏书·序纪》的记载是无可怀疑的。

鲜卑先祖石室的发现又为研究拓跋鲜卑族的汉化过程提供了佐证。拓跋族是鲜卑族中汉化较晚的一部。众所周知，北魏自孝文帝拓跋宏行汉化改革措施后，拓跋族的汉化（即封建化）过程才完成。但魏孝文帝之前拓跋族的汉化程度只凭文献资料的记载。今拓跋焘石刻祝文的发现，对于这一问题又有了进一步的认识。从石刻祝文中可以看出，拓跋焘时，虽然吸收了一定的汉文化，如石刻祝文中引用《诗经·大雅》的“绵绵瓜瓞”之语，来祝颂拓跋鲜卑后代的繁盛。再从石刻“福禄永延，荐于皇皇帝天，皇皇后土”等句来看，拓跋焘这时已采用中原汉族祭上天、祖宗等封建礼仪，但拓跋鲜卑部落联盟的旧俗仍保留着，石刻祝文中称其先王和王后为“先可寒”、“先可敦”。同时，石刻祝文也表露出拓跋焘的民族偏见比较大，如身为中书侍郎的李敞在祝文中被排在仅为谒者仆射的库六官氏之后，这说明当时汉族人士在拓跋焘政权机构中仍不被信任，民族隔阂仍比较深，说明在北魏统治集团中，拓跋氏统治者与汉族士族仍未完全联合起来。这一史实，不仅有助于我们正确理解魏孝文帝元宏改革时的阻力所以那么大的历史和社会原因，而且也有助于我们正确认识魏孝文帝元宏的雄才大略及其在中国古代史上的卓越贡献。

此外，嘎仙洞石刻祝文的发现，又订正了《魏书·礼志一》中所载拓跋焘派李敞等祭石室所刻祝文中的一些错误。如根据《魏书·礼志一》所载，拓跋焘及其祖、父在祭祖宗时，一般用太牢，即马、牛、羊各一。石刻祝文中是全的，为太牢；而《礼志》所载祝文则只有“骏足（马）、一元大武（牛）”缺“柔毛之牲（羊）”。这就弥补了《礼志》的不足。总之，嘎仙洞鲜卑先祖石室的发现，为我们今后进一步探索鲜卑族早期历史的奥秘开辟了广阔的天地。我们相信，我国考古和史学工作者以史学前辈的研究成果为出发点，以鲜卑族的摇篮——呼伦贝尔为基地，以现有的古文献为资料，在马克思主义唯物史观的指导下，必然能使鲜卑学成为一门完整的独立学科，在鲜卑学这块研究领域中建树一块新的里程碑。

（原载《包头师专学报》1986 年第 1 期）

印证少数民族历史的石刻档案
——嘎仙洞祝文解析

毕玉琦

鲜卑拓跋氏的祖先，“总御幽都”、“世王玄朔”，是我国古代北方的一支少数民族。鲜卑，原属于东胡族的一支，西汉时期，东胡族被匈奴击败，其中的一支退居鲜卑山，故称鲜卑。多年来，学术界认为，鲜卑族拓跋部原住大鲜卑山，该山在嫩江流域兴安岭附近。西晋末年拓跋部在酋长猗卢率领下，移居平城（今山西大同）一带。十六国时期，猗卢的九世孙拓跋珪，乘战乱之机建立魏国，都平城，史称北魏。

关于鲜卑拓跋氏早期的历史、文献资料记载的甚少，仅在《魏书》、《序纪》、《太祖纪》、《世祖纪》、《礼志》以及《魏书·乌洛侯传》等，略有记述。《乌洛侯传》中说乌洛侯国，离代都（平城）有4500余里。世祖真君四年（443年）遣使来朝，称其国西北有国家先帝旧墟，石室南北90步，东西40步，高70尺。世祖得知先祖故居，即遣中书侍郎李敞告祭焉，刊祝文于室之壁而还。《礼志》也有类似记载。《礼志》除了记述乌洛侯国遣使朝魏，说拓跋氏祖先的“石庙”在他们的国境外，还载有李敞等远祭“石庙”的祝文，全文如下：

天子焘谨遣敞等用骏足、一元大武，敢昭告于皇天之灵，自启辟之初，佑我皇祖于彼土田。历载亿年，聿来南迁。惟祖惟父，光宅中原。克翦凶丑，拓定四边。冲人纂业，德声弗彰。岂谓幽遐，稽首来王。具知旧庙，弗毁弗亡。悠悠之怀，希仰余光。王业之兴，起自皇祖。绵绵爪瓞，时惟多祜。敢以丕功，配飨于天。子子孙孙、福禄永延（见漆泽邦《从〈魏书·礼志〉第一卷看拓跋鲜卑的汉化》）。

从《礼志》所载石刻祝文可知，乌洛侯国使臣来朝之前，拓跋统治集团自己也不知道其祖先最早的发源地在哪里，当乌洛侯国使臣谈到祖先旧墟在他们国境西北，世祖拓跋焘才“具知旧庙”，惊喜不已，立即派中书侍郎李敞等前去祭祀。从以上文献内容看，仅仅记载了拓跋焘从乌洛侯国使臣那里了解到自己祖先发源地在乌洛侯国境内，特派人前去祭奠并石刻祝文，并没有说明鲜卑拓跋氏祖居的“石庙”、“旧墟”、“石室”究竟在什么地方。因此，学术界曾长期不断地进行探索，终因文献不足，未能取得一致意见。

1980年7月30日，内蒙古自治区呼伦贝尔盟文物管理站米文平等人，在鄂伦春自治旗阿里河镇西北10公里大兴安岭北段东麓的嘎仙洞，发现了太平真君四年拓跋焘派李敞去祭祀祖先的石刻祝文。

嘎仙洞，居半山之腰，南北长92米，东西宽27米有余，高20多米，洞口呈三角形。入洞之初，宛如一大厅堂，中央有一磐石，磐石下有洞孔，可烧火温暖磐石。此磐石可能是供部落头人坐用。祝文刻写在洞口里侧的石壁上，全文如下：

> 维太平真君四年，癸未岁七月廿五日，天子臣焘使谒者仆射库六官，中书侍郎李敞、傅㝹用骏足，一元大武，柔毛之牲，敢昭告于皇天之神：启辟之初，祐我皇祖，于彼土田，历载亿年。聿来南迁，应受多福。光宅中原，惟祖惟父。拓定四边、庆流后胤。延及冲人，阐扬玄风。增构崇堂、剋揃凶丑，威暨四荒，幽人忘遐。稽首来王，始闻旧墟，爰在彼方。悠悠之怀，希仰余光。王业之兴，起自皇祖。绵绵瓜瓞，时惟多祐。归以谢施，推以配天，子子孙孙，福禄永延。荐于：皇皇帝天、皇皇后土。以皇祖先可寒配，皇妣先可敦配。尚飨！

嘎仙洞祝文与《魏书·礼志》所载的祝文，内容和主旨基本相符。只是《礼志》祝文有不实、不详之处，嘎仙洞祝文则更为详尽，更为真实可靠。

鲜卑石室、石刻祝文档案的发现，确凿地证实了嘎仙洞，即鲜卑族祖先居住的旧墟石室，这一带地方，就是鲜卑族的发源地大鲜卑山。鲜卑人自古以来就生息繁衍在这丛山密林之中，以“射猎为业”。它的发现，不仅解决了学术界多年的争论，而且对补典籍之缺，订史传之非，进一步研究我国北方少数民族的历史、文化、地理等，具有重大的历史价值。

为了便于了解嘎仙洞鲜卑石刻祝文档案所展现的历史史实及其价值，兹浅译如下：

太平真君四年岁次癸未（443年）七月二十五日，天子拓跋焘指派谒者仆射库六官、中书侍郎李敞、傅䨌，用骏马、硕牛、肥羊作为牲礼，敬告于皇天之神：蒙天神于开辟之初，在彼方土地上，佑护我朝的祖先。经历亿万年后，我朝又徙都南迁，蒙受多方福佑，使之光明普照中原。追念我先祖开拓抚定四方，福祉流传并延及子孙后世。使其发扬先王的教化，增建高堂大殿，克服剪除凶敌丑顽，声威及于四方荒远之地。隐居的贤者都不远千里，稽首来投奔。如今听到祖先的归庐乃在彼土，悠悠追怀之情，仰希先祖的余光，深感王业的兴盛，始自先祖，绵绵子孙后世，时刻都蒙福佑。追远以谢恩施，推本以崇上天。子孙万代，福禄绵延永长。仅以此牲礼奉献于伟大光明的皇天后土，先祖可汗、先祖妣可敦配享。

（原载《档案工作》1991年第3期）

关于嘎仙洞东侧背北石壁新发现文字的初步分析

王立民

1980年7月30日，呼伦贝尔盟文物管理站米文平先生等人，在大兴安岭北部的嘎仙洞内西侧的石壁上，找到了北魏太平真君四年（443年）的刻石文字，证明了嘎仙洞即是北魏拓跋鲜卑皇族自己认定的其祖先居住的旧墟石室。

这一考古发现，得到国内外考古界的广泛关注。“令人无可置疑地确信，《魏书》所记的那篇祝文被我们找到了！”[①]米文平先生在鲜卑学的研究上取得了很大的成就，成为著名的鲜卑学专家；佟柱臣先生称嘎仙洞石刻“是东北西部地区所发现的石刻中年代最早者”。[②]可以说，嘎仙洞西壁刻石发现后的22年中，很多问题都已有定论，而且得到学术界的认可。

2002年9月25日上午，我们在嘎仙洞洞口北壁上发现的北魏石刻文字，有可能改写22年以来对嘎仙洞内西侧石壁刻石研究的结论。最起码有这样的几个疑问：第一，嘎仙洞内西侧石壁刻石是否是《魏书》上的那篇祝文？第二，嘎仙洞内西侧石壁刻石是否是东北西部地区所发现的石刻中年代最早者？第三，唐代杜佑《通典》改《魏书》原文“刊祝文于室壁而还”为“刻祝文于室之北而还”，是否有根据？第四，当年李敞等人致祭的形式是怎样的？以上问题的提出，是在肯定米文平先生等人找到的嘎仙洞内西侧刻石而证明了它为北魏先祖拓跋鲜卑祖居石室的基础上提出的。

1997年，我第一次来嘎仙洞。嘎仙洞的神奇的确给我很大的震撼。归来后，曾写一篇随笔在《黑龙江日报》和《黑龙江通讯》上发表。

那一次，除亲眼看到了洞内西侧石壁上的石刻外，给我留下深刻印象的是，在西侧石壁刻石斜对面东侧背北的洞口石壁上，也有一处与洞内西侧石壁（刻字处）同样大小、经过人工凿平的半圆形石面，但在上面没有发现文字。上面为什么没有文字，一直是留在我脑海中的一个疑问。1999年我曾在一篇研究嘎仙洞摩崖石刻书法的文章中写道："更值得一提者，嘎仙洞摩崖祝文章法竖有列而横无行，字与字间紧密。如为节省空间，其东侧所凿平的半圆石壁未刊字之因，就可得结论了。"当时认为古人在东、西两侧各凿平一个半圆形石壁，但祝文在西侧石壁上刻完后，东面的石壁就没有用了。

近几年，我曾去云冈、龙门石窟及云峰山观北魏刻石，见古人每凿平一面石壁，必刻有文字。况且从大同不远数千里来到大兴安岭嘎仙洞祭祀祖先，却茫无目的和计划地在东西侧各凿平一半圆形石壁，但只在西面刻上文字？这不能使人信服。我逐渐地推翻了我上一个结论，并坚信东侧石壁上应有文字。

2002年9月25日上午10点30分，我们来到嘎仙洞，先看了西侧的刻石，我用一张名片测量了刻石中"真"、"四"字的大小，并用一张餐巾纸勾勒下"四"字。接着我们来到东侧洞门口，在背朝北方的半圆形石壁面前，我用手拍着石壁说："古人凿平这面石壁，肯定是为了刻字，我要是在这上面能发现文字就好了。"

也许是天人感应，我触摸石壁的右手突然感觉到有笔画的痕迹。我心里一惊，这时王天利和鲁智勇正在洞内拍照留影，我高声向王天利喊："天利，快过来，这里好像有字。"王天利和鲁智勇跑过来，大家细心地在石壁上寻找，我们突然看到石壁上边有一个很像"四"字的图形，王天利用树枝指着它说："王处长，你看这是不是个字？"我说："这是个'四'字。"王天利想用手去摸一下，但没够着，鲁智勇个子高，有1.83米，他说："我来。"他站直身体，手正好能摸到这个"四"字，鲁智勇用手拂去上面的浮土和青苔，这个字很明显地展现在大家面前。鲁智勇搬来一块大石头，我站在上面用餐巾纸将"四"字勾下来，大家一看，和我刚才在西侧刻石上勾下来的"四"字几乎一样。我看了一下表，正好是11点10分。大家都非常兴奋，司机王继良下山从车里拿来一把笤帚、抹布和一瓶水，清理石壁上的尘土。突然，闫翠翠指着"四"字右下方对我说："王老师，这里好像也是个字。"我赶紧细心地清理石面："唉呀，这是个'皇'字。下面还有，像个'王'字。"我又用餐巾纸将"皇"字清楚地勾下，“皇”下面的字剥蚀得很严重，好像一个“王”字。这时王艳梅指着“皇”字右上方对我说：“王老师，这里也像有字。”我又过来仔细用手触摸，像是一个“大”字，便又用餐巾纸勾勒下来，这个字的上半部分剥蚀得更严重。这时大家兴奋得不得了，每个人都在石壁前摄影留念，然后大家又合影。因为下午1点钟我和王天利还要去齐齐哈尔，火车票都买好了，所以我们抓紧时间又看了洞中最里面的两个小洞，匆匆离开嘎仙洞，便往车站赶。

在从嘎仙洞返回加格达奇的途中（11时55分），我向国家文物局值班室刘薇同志和省文化厅文物处处长孙长庆同志报告了此事。孙长庆嘱我马上找到《魏书》，查一下书上的文字能否和找到的文字对上。

我在《魏书·礼志》中找到了这段记载，“魏先之居幽都也，凿石为祖宗之庙于乌洛侯国西北。自后南迁，其地隔远。真君中，乌洛侯国遣使朝献，云石庙如故，民常祈请，有神验焉。其岁，遣中书侍郎李敞诣石室，告祭天地，以皇祖先妣配。祝曰：‘天子焘谨遣敞等用骏足、一元大武敢昭告于皇天之灵。自启辟之初，佑我皇祖，于彼土田。历载亿年，聿来南迁。惟祖惟父，光宅中原。克翦凶丑，拓定四边。冲人纂业，德声弗彰。岂谓幽遐，稽首来王。具知旧庙，弗毁弗亡。悠悠之怀，希仰余光。王业之兴，起自皇祖。绵绵瓜瓞，时惟多祜。敢以丕功，配飨于天。子子孙孙，福禄永延。’敞等既祭，斩桦木立之，以置牲体而还。后所立桦木生长成林，其民益神奉之。咸谓魏国感灵祇之应也。石室南距代京可四千余里。”我拿出当时在嘎仙洞中画的新发现文字方位图，虽然没有准确的测量，但根据字与字之间位置关系，行距与字距的距离，所发现的“大”字，很可能是祝文“天子焘”中“天”字的下部分，也可能是“一元大武”中的“大”字，所发现相连接的“皇王”两字，很可能是“皇天之灵”中的“皇天”，或“佑我皇祖”中的“皇祖”，因“王”字剥蚀过甚，故不能确定；所发现的“四”字，应为“拓定四边”中的“四”字。其中“四”字高约2.5厘米，宽约5厘米，“皇”字高约6厘米，宽约5.5厘米，与西侧刻石文字大小和风格基本一致，为北魏早期书体。

由嘎仙洞东侧背北石壁新发现的文字，可以做出以下的推测，嘎仙洞东侧背北石壁的文字，可能是与《魏书·礼志》中记载相一致的正本，而西侧刻石是与《魏书·礼志》中记载不一致的副本。

第一，目前我们还不能证明这个推论的前半部分，即东侧背北文字与

《魏书·礼志》中记载相一致；但西侧刻石与《魏书·礼志》中记载的不一致，却是客观事实。《魏书·礼志》中记载的祝文 123 字，西侧刻石为 201 字，两者相差 78 个字之多。西侧刻石为：

> 维太平真君四年癸未岁七月廿五日，天子臣焘，使谒者仆射库六官、中书侍郎李敞、傅㝹，用骏足、一元大武、柔毛之牲，敢昭告于皇天之神：启辟之初，祐我皇祖，于彼土田。历载亿年，聿来南迁。应受多福，光宅中原。惟祖惟父，拓定四边。庆流后胤，延及冲人。阐扬玄风，增构崇堂。剋揃凶丑，威暨四荒。幽人忘遐，稽首来王。始闻旧墟，爰在彼方。悠悠之怀，希仰余光。王业之兴，起自皇祖。绵绵瓜瓞，时惟多祜。归以谢施，推以配天。子子孙孙，福禄永延。荐于皇皇天帝，皇皇后土。以皇祖先可寒配，皇妣先可敦配。尚飨！东作帅使念凿。

西壁石刻比《魏书》中所载祝文多以下句子：

“维太平真君四年癸未岁七月廿五日”、“谒者仆射库六官”、“傅㝹”、“柔毛之牲”、“应受多福”、“增构崇堂”、“威暨四荒”、“荐于皇皇天帝，皇皇后土。以皇祖先可寒配，皇妣先可敦配。尚飨!”、“东作帅使念凿”。

由以上可见，嘎仙洞西壁上的刻石，所表达的信息要比《魏书》上所载祝文多很多，尤其是在最前面用时间加以说明和最后边带有感叹性的语言，应是对《魏书》上所载祝文的附注。可能是嘎仙洞东侧背北石壁上刻好祝文祭祀完毕后，恐后人不能记住此事，又在嘎仙洞内西侧的石壁上刻上带有时间的文字。

第二，《魏书》是承袭前人的文字资料而成。在东侧背北石壁文字发现之前，西壁文字成为与《魏书》相互印证的惟一资料，因《魏书》成书晚于李敞到鲜卑石室祭祖刻石之后 100 多年。表面上看是刻石在先，《魏书》记载在后；刻石为原物，《魏书》所录祝文为第二手材料。其实我们不应当轻意否定《魏书》上记载的祝文为正本。因为北魏的统治者历史上十分重视修史，早在拓跋珪建立北魏政权时，就曾由邓渊编写《代记》十余卷，以后崔浩、高允等继续编写魏史。太和十一年（487 年），李彪参加修史，改编年体为纪传体，大概编写到拓跋弘统治时代。以后，邢峦、崔鸿等先后编写了高祖（元宏）、世宗（元恪）、肃宗（元诩）三朝的起居注。北齐天保二年（551 年），高洋命中书令兼著作郎魏收编魏书。而魏收本人在北魏末年就参加《国史》和起居注的编写。所以魏收在《魏书》中收录的祝文应是有所依据的。太平真君四年拓跋魏祭祖，目的在于使国人知道自己的祖先是强大的鲜卑人，这样重大的事件，统治者必然要认真地将它记录在《国史》中而不能有误。

第三，按照北方民族太阳崇拜的宗教习俗，拓跋魏祭祖时应面朝东方太阳升起的方向，嘎仙洞洞口是向南偏西 30°，而嘎仙洞口石壁上的文字正好为东侧背北。中国北方少数民族生活的环境为大漠或森林。这些地方夏日温暖而暂短，春、秋时也比较寒冷，尤其是冬季，更是要面对严寒和冰雪。由于生产力低下，这些民族无法抗拒寒冷的袭击，他们畏惧寒冷的自然界。在这种天气里，只有太阳能给他们温暖和生命，所以在北方少数民族的自然崇拜中，有一个重要的崇拜就是太阳崇拜。《史记·匈奴列传》中记匈奴“单于朝出营，拜日之始生”。《北史·突厥传》中说：“牙帐东开，盖敬日之所出也。”阴山一带是古代北方民族匈奴、突厥、回鹘、党项、蒙古等族及其祖先曾经生活过的地方，阴山岩画是古代北方民族原始宗教的形象记录。在岩画中大多的人面像头上都布满芒刺状物，象征着对太阳神的崇拜。鲜卑族本身就是一个融合匈奴、乌桓、氐、羌等不同民族的少数民族，拓跋鲜卑又是北方的鲜卑人南迁后与匈奴余种混血融合，即所说的“鲜卑父胡母”（马长寿：《乌桓与鲜卑》）。拓跋鲜卑继承了北方民族太阳崇拜的习俗，所以在嘎仙洞前祭祀时，应面朝东方朝拜，祝文应是刻在嘎仙洞洞口东侧背北的石壁上；而朝拜者不能面朝西部朝拜，祝文也不能刻在洞内的西侧石壁上。

第四，我们看一下古人的两条记载，来分析祝文是刻在哪一侧石壁上的。

首先，唐代杜佑的《通典》中明确地记载着“刻祝文于室之北而还”。如果杜佑《通典》中记载是事实的话，那祝文就应是刊于东侧背北的文字，而不是洞内西侧的那篇文字。那么杜佑是根据什么将《魏书》上的“室之壁”改成“室之北”呢？我们应能想到，“壁”与“北”繁简字形差距太大，不容易搞错，很难将“壁”误写成“北”。杜佑的根据可能有两条：一、唐代曾有乌洛侯国向唐帝国朝贡，杜佑可能从乌洛侯的来使口中听到“刻祝文于室之北”的。二、从其他文献中得来的。“魏收以前和同时代人曾经编写过魏史和其他资料，隋、唐时期也有人另写过几种

《魏书》，这些书都没有传下来。”（《魏书》出版说明）但杜佑所处唐朝，这些书应是有所流传。有可能当时这些书的记载就是“刻祝文于室之北”，杜佑承袭了这些书的记载。

其次，从校勘学的角度看，很可能原来是刻“祝文于室之北壁”，《魏书》在流传中丢掉一个“北”字，《通典》在流传中丢掉一个“壁”字（为了证明新发现刻石的方位，我请大兴安岭行署接待办王继良为我重新勘测一下。2002 年 10 月 23 日下午 2 点 30 分，王继良与朱玉勇、张雅君三位同志用指南针测定新发现的刻石为背对正北）。

再次，我们看一下《魏书・礼志》上对这次祭祀活动是怎样描述的：“敞等既祭，斩桦木立之，以置牲体而还。后所立桦木生长成林，其民益神奉之。”“后所立桦木生长成林”是指嘎仙洞下面的桦树林，李敞等祭祀时在嘎仙洞洞口和洞下面平地上“斩桦木立之，以置牲体”。而领祭者应在洞口面朝东方朗诵祝文，山下是其随员。如果面对着洞内西侧的刻石，祭祖活动就应在洞内，而不可能有“后所立桦木生长成林”的现象。所以祭祀形式应为前者，而祝文也应是洞口东侧背北石壁上的文字。不然，就解释不通了。如果祝文是这块文字，那这个文字应刻在先，而西壁上的文字应刻在后。

东侧背北的这块文字因在嘎仙洞洞口，剥蚀和损坏得非常厉害，希望有关部门尽快地进行保护、整理，及时拓成拓片，以供学者进一步研究。以上的初步认识也还需要通过这些工作来不断深化，但在嘎仙洞西侧刻石发现 22 年后，在嘎仙洞东侧北壁人工打凿的半圆形石面上又发现了文字，这应是具有历史意义的。

注释：

①米文平：《鲜卑石室寻访记》，山东画报出版社，1997 年。

②佟柱臣：《嘎仙洞拓跋焘祝文石刻考》，《历史研究》1981 年第 6 期。

（原载《北方文物》2003 年第 1 期）

论嘎仙洞刻石

陶克涛

嘎仙洞石刻具有明显的地方性文献学价值。论到这块刻石的文章，几年来，国内诸种书刊上已经有所发表。这当然是可喜的。不过，在我的印象中，它们大都倾向于牵合史籍，以私臆推演想象，而于刻文本身却嫌着力无多，甚至每有贻误者，因而对这处遗迹的历史价值，还须作进一步的探索。

科学地考察嘎仙洞及其刻文，不光涉及它的历史意义，也涉及一种治学的方法。宋人陈耆卿曾说："意有未解者，恃故老；故老所不能言者，恃碑刻；碑刻所不能判者，恃载籍；载籍之内有漫漶不白者，则断之以理，而折之于人情，询得著书之体而可为后代法者矣。"[①]我看这段话有助于嘎仙洞石刻的研究。至少它是讲究实事求是，而戒人先入为主的吧！

一

嘎仙洞是一个位置在内蒙古鄂伦春自治旗境内密林深处、横裂山腰的天然巨窟。其所以形成，至今无考。它最初被谁发现并予以利用，亦不见载籍。《魏书》说：公元443年3月，乌洛侯人至北魏首都平城朝献，声称他们国之西北方向有石室（当指山洞）"室有神灵，民多祈请"[②]云云。但是所指石洞并不确切。"西北"云云，只是一个汗漫之词，实无从指实。《魏书·乌洛侯传》就报道了几个"西北"，甚至须行二十日才能到达的"北海"，也在国的"西北"，而且"石室"也未必只有一处吧。究何所指？乌洛侯人为什么并如何提起"石室"的事？不得而知。但是原其初意，不过是说山洞具有神秘与迷信色彩，并不一定意识到如《魏书》所说是异国人（北魏）的什么“故墟”或“祖宗之庙”，而拓跋统治者却借机把一个并不指实的岩洞拟为他们的“先帝旧墟”，洞内的“神灵”似乎就是这些“先祖”的显应，并立即派人前往致祭进而刊祝文于他们选定的山洞的石壁之上，试图以为验证，从而使这个洞穴陡然间被上了一层政治外衣。这大概是这个山洞被人利用而见诸书面的最初记录。但是，此后一千二三百年间，诸书再不见关于它的消息。

18世纪初，流人方式济氏亲历今黑龙江省各地。记其所经，说“兴安岭盘踞境内，为众流发源。由卜魁（今齐齐哈尔）至墨尔根（今嫩江城）、艾浑（今爱浑），置驿岭上。巡边者渡诺尼（即嫩江）西北数百里，则陟降取道。穿林而行，有石洞。洞中几榻天然如琢。行者辟草得之，藉少憩焉”。[③]石洞多大？有无刻壁？均无着笔。但是，揆诸地望，他说的这个石洞，或者就是今日的嘎仙洞，而据当今考查者说，洞中确有“一块巨石，较为平整，下有三片石头承托，中空，当系人工所致”。[④]这与方氏所记并不全同，但是，大致不差。果然如此，则失载一千几百年的那个曾经刻有拓跋祝文的“石室”，又出现于记录了。应当说，方氏的发现为后人的勘查提供了线索，其功不宜抹煞，只是他没有称名。在他之后，这个石洞依然默默无闻，不见记录。

嘎仙洞之引起重视，主要是导因于洞内的刻石。1980年8月，中央人民广播电台宣告：人们经过踏勘，发现这个洞壁刻有北魏统治者的祭祀祝文（汉字）。这可真是石破天惊！在那样一个所在而竟刻有这样一种祝文，这就不能不激发人们探索的兴趣。从此，一穴本来习见的普通岩嵌，逐渐升华远播而赢得学术界的交口荐誉。

我之着意于这处发现，为时较晚，而且带有很大的偶然性。“嘎仙”二字初入眼帘，颇疑传说中的神仙洞府之类。当然，它的确有着神奇的传说。[⑤]但是，这与历史的真实并不相近。那么，嘎仙洞是什么意思呢？应当说，“嘎仙洞”三字乃是鄂伦春语的音译。“嘎仙”一词，吉发习先生以为“系鄂伦春语 Ga—xing 之讹。语意不详”。[⑥]对“洞”的解释，则无一字涉笔。视“嘎仙”为非汉语，很是。而以“嘎仙”为“Ga—xing”，则确有讹误。我不通鄂伦春语，无从直接解释。但是，据说鄂伦春语属阿尔泰语系满洲——通古斯语族一支。此说迄今不见异议。遵此，则不妨以满语况之。按：满语音近“嘎仙”一词者有二：一为 Gasan，义为禽兽食剩的野物骨肉；二为 Gasanmbi，义为举哀、悼念等。而与“嘎仙”声韵完全吻合者，则为Ga—xian，义为里社、村庄、乡党、村居等。“洞”亦为满语Dung或Dunggu的音译，亦与汉语孔穴、山窟的含义差同。《清文汇书》说，“地下掘洞，人可住处的亦云洞”。据此，释“嘎仙洞”为食剩的野兽骨肉之洞，可以。考古者也说，嘎仙洞内的确“有大量的动物骸骨”，“而且以野猪、鹿类、羊类为主”[⑦]。称之为悼念、祈祷之洞亦可。乌洛侯人说洞内“民多祈请”云云，就透露了消息。如此说来，“嘎仙洞”实在应当是“嘎珊洞”，才算音义与实际相符。

当然，译作“嘎仙洞”即里社之“洞”也不是一定不可以的。问题是当年鄂伦春地区有村社、有定居点吗？有的。清末宋小濂说：“鄂伦春人以旁乌河（亦名平果河、盘古河，在鄂旗境北）两岸为最多。烟火相望，宛成村落。”[⑧]这村落以鄂伦春语称之，应当就是“嘎仙”。这个“嘎仙”亦被译为“噶珊”。《吉林通志》载：“鄂伦春等部旧设噶珊、额里野等噶珊。谨按：旧设噶珊，即今屯也。而今之屯相同者无几。唯鄂伦春等部居址，间有符合。”[⑨]这里所说鄂伦春人有“居址”、有“屯”，并名之为“噶珊”。毫无疑问，“噶珊”就是“嘎仙”的音讹。译“嘎仙”为“屯”也略当。“屯”即屯落，义同聚居。清人徐宗亮说：“黑龙江省旗、屯之设，始于康熙二十五年，诏令出征罗刹官兵，同汉军披甲在墨尔根（今鄂旗，当时即属墨尔根副都统辖区）、黑龙江等地，资为驻防。”[⑩]西清又记述说：“旗下八部落外，来自内地编入军籍者，营、站、屯三项也。……屯，官地也。屯官治之。……屯丁请还籍，听之。”[⑪]正是地方上出现了里社、屯落或“宛成村落”，才在语言上有了反映，否则“嘎仙”一词就不可能出现。但是，“嘎仙”的出现于记录绝不始于康熙及其以后时代。从乌洛侯人说“石室”在他们国之西北方这点设想，可以推见他们当时显然已经居有定点，《魏书》也说他们“冬则穿地为室，多豕，有谷麦”。[⑫]这当然不是纯粹游猎的迹象。这个定点或者就是他们的“王庭”所在，并以此为基准而分辨八方。这个基准应当就称作“嘎仙”。如此说可允，则“嘎仙”云云，早在公元4、5世纪已经出现，至今已有一千五六百年之久，可谓古邈有加了。

更为重要的是石刻。蒙古高原、大漠的南北东西，据记录与踏访，多有刻石。从后汉班孟坚登燕然山“泐石铭功”以迄明清时代的两千余年间，其数恐难擢举。清人纪昀就曾浩叹“今人喜收金石书画，而不知沦在绝域、为耳目所不经见及者，尚如此之多也”。[⑬]这话是他赴戍新疆，访古之余而说的。西域如此，其他各地盖可类推。即以北魏而论，拓跋统治者在其巡行北徼或攻击柔然时，就往往师承其前代而刻石自颂。这在《魏书》太祖、太宗诸纪中就迭有记录。然而所有这些及类而推之的各代石刻，大多埋没不闻，冒其本泽。所以尽管前代有人百般寻访，而其所得却往往不厌人望，致令引领翘望者，至今犹处空谷。在这种时候，嘎仙洞的石墨镌华耀然从青苔拂拭中复现，岂不是足音跫然吗？

刻石之有裨史事考订，前人已多有述及。而边疆地区的石刻尤曾令人瞩目。罗振玉在他的《〈西陲石刻录〉序》中就说："古刻之裨益史事，以边疆石刻为尤宏。"梁启超也说过："大抵碑版之在四裔者，其有助于考史最宏。何则？边裔之事，关于我族与他族之交涉者甚巨，然而旧史语焉不详，非借助石刻，而此种史料遂湮也。"不光"语焉不详"，甚且是载笔失真，钱大昕以"契苾明碑"为例，说："外国语言，华人鲜通其义。史文转写，或失其真。唯石刻出于当时真迹，况'契苾碑宰相娄师得所撰，公权亦奉敕书，断无伪舛'。当据碑以订史之误，未可轻訾议也。"⑭此话当然也未必尽实，碑刻的伪饰所在皆有，不宜一味迷信。这种事例前人已迭有指出。但是尽管如此，石刻之"订史"的作用，仍然不宜忽视。嘎仙洞石刻较之其后的突厥诸碑，其学术价值当然远为逊色，而其于参证史书的意义，则也未始没有它的历史功用吧。

二

据史书，拓跋征服者师行大漠南北，泐文契划以记其行迹，大多承袭两汉遗风，惯用"刻石"，罕用碑碣。这自然是兵锋所至，无暇树碑立碣，只就现成崖石条件，就便利用所致。但是也难说，他们一定不是从碑碣的原始意义去理解，以致不便轻意碑碣从事。

嘎仙洞刻石是就洞壁而凿的，实际上仍是《金石索》所谓"摩崖"一类。蒙古高原的摩崖史应当很久，东西各地发现的多种岩画，无疑是它的原始开篇。嘎仙洞刻壁则不妨看作是它在文字时代的另一形式的继迹。对于这一遗迹及其文字，已经有考察者作了介绍，这里毋庸赘述。此外，这处刻石尚有以下几点值得提出：1. 全部刻字均为阴文，篇幅很小。规格草率，既无题额，也无撰人与刻者姓名。这与后来，特别是唐代之以后所习见者很不相同。是否有什么深意，不得而知。但是，它不是"当时绝自矜重之作”，则是可以肯定的；2. 古人刻字临文，往往以“字或数音，观义点发”，因而每有借字。此处刻文没有这个现象，足见拓跋人驾驭文字的能力；3. 通篇刻文没有“大魏”、“皇魏”等字样，刻在异国而不自称国号，殊觉跷蹊。假如去其年号而遽以文字观之，几乎是可以适用于不同朝代的；4. 石刻不褐衣露袒在光天化日之下，而是幽闾隐辟于山洞深处。这使它难为人知，而免遭所谓“碑厄”之憾，易于保存；5. 其所凿目的不是造像、写经或怀古诗文，乃在刊布皇帝的祭天（不是祭祖）祝文。这使它格调官样，浮词充斥。嘎仙洞石刻较孝昌石窟所刻早了八十余年并显出它自已的特点，而其所刻内容又溢出了龚瑟人所谓“刻石之事有九”的范围，这就不免显示了它的文物价值。

北魏刻石，向为书家所重视，康有为尤为推许，然多为时人指为谬说。嘎仙洞壁刻字迹，虽有漫漶，但是大致可辨，不为残泐。其字体书法，不像东魏大觉寺碑所示，明录“银青光禄大夫臣韩毅隶书”，甚且连撰书人名也没有。因此，其所刻字体，论者说法略见微异。或说“字体古朴，汉字隶书”；或说“刻法古朴，浑厚苍劲，近似隶书”；或说“承袭汉隶八分书风格”；或说“风格与其他北魏早期石刻相仿”；或说“文字间于隶楷之间”。但是，不论如何，多重在一个“隶”字。这自然不必视为非是。不过，在我看来，还很难执一其说。“八分”云云，历来聚讼。庄缓甲以为“八分与楷，异名实同”。焦竑则以为“自唐以前，皆谓楷字为隶。欧公《集古录》误以八分为隶书”。《宣和书谱》甚至说“至唐始有八分书”。所以混“八分”为“隶”体的说法还不便确认。假如以“汉隶”为规范，那么，至北魏时，已多沦易，北魏的著名书法家江式就承认：“皇魏承百王之季，文字改变，篆形谬错，隶体失真，俗学鄙习，复加虚巧。”[15]清人汪日秀也说：“隶体往往奇古谲怪，中杂篆籀。”即使康有为也指出：“七碑当魏世，隶楷错变，无体不有。”此足见魏人书体实在杂驳，难以“隶”字属之。嘎仙洞刻石，隶体容亦有之，但并不纯正，很多隶书点、划、撇、捺特点，多不明显。更多的倒是楷体相间，自成特色。纵观通篇文体，结构宽疏，波磔丰实，起转点划，笔少苟且。虽非俊逸雄秀，且嫌匠拙，但是敦厚浑成，亦不无别致。欧阳修跋东魏《鲁孔子庙碑》说：“后魏北齐时，书多如此。笔画不甚佳，然亦不俗，而往往相类疑其一时所尚，当自有法。”这话我看于此处刻石或亦近似。那么，刻字可能出于谁手呢？一时无从稽核。但是可以估计。这有两种可能：1. 书工。当时社会上出现一种为人撰写的“工书人”。他们以此为职业，受人佣雇。《颜氏家训》报道说：“此艺（指书法）不须过精。巧者劳而智者忧，常为人所役使，更觉为累。王褒地胄清华，才学优敏，后虽入关，亦被礼遇，犹以书工。崎岖于碑碣之间，辛苦笔研之役。尝悔恨曰：‘使吾不知书，可不至今日。’”《魏书》载有蒋少游者，亦“以佣书为业”。这种人既以“佣书为业”，辛苦于碑碣之间，则“为人所役使”，远涉边僻，刻石写字，不无可能；2. 书中阁僚。《魏书》说：邓颖初为太学生，后迁中书侍郎。世祖拓跋焘“驾幸漠南。诏颖为文，铭于漠南”。[16]这是说皇帝的“诏”文，是中书侍郎代笔的。既然有此一例，那么，也就可以因此而联想。这里有二人，一是蒋少游。此人原籍乐安博昌（今山东省博兴县），颇能刻画书法。留居平城（北魏首都），以佣书为业。后被北魏统治者诏为中书写书生。依高允，补为中书博士，“以规矩刻缋为务”。[17]嘎仙洞刻文岂或此人手笔如是，则亦名家书迹了。二是崔浩。此人亦工书。为当时名家。《周书》载：黎景熙“当从司徒崔浩学楷篆”。[18]清人刘熙载也说：后魏《孝文吊比干墓文》，“体杂篆隶，相传为崔浩书”。[19]据此，则崔浩书体亦非隶迹。他喜欢为人写字，“人多托其手书《急就章》，从少至老，初不惮劳，所写盖以百数。浩书体及其先人，而巧妙不如也”。[20]《急就章》乃儿童启蒙读物。写这种字，他都“初不惮劳”，诏书祝文岂便不写？而他当时正得宠世祖，名倾朝野，援邓颖先例，拓跋焘诏命他写，未始没有可能。如是，则他并不“巧妙”的手迹，于此亦可见一斑，应称珍贵。可惜，当时选崖未当，字不施挂，无摩窠可依，洞内幽暗，刻工欠精，兼以摩崖不能坐书，笔须横持，难度甚于碑刻，致字体欲其原姿，示人以拙。但是，不论如何，其为一方魏刻的胜迹，堪补“魏碑”于万一，则是应当许之的，更何况正是这处刻文真迹能保存千年以上，始揭示了乌洛侯国的“龙祠”所在，其历史价值岂非远逸于书体特色之外嘛！

颜之推曾就北魏的别字说过：“北朝丧乱之余，书迹鄙陋，加以专辄造字，猥拙甚于江南。”[21]清末名家叶昌炽也说：“碑文别体，北朝作俑。”[22]当然，刻石中的别字，不限于北魏，但北魏时最为典型。这种状况的出现实在也是当时社会风气所尚的反映。很多别字大概就是当时社会中所流行的。就是在今天，人们不是也私自“创造”了不少别字吗？但是，可贵的是嘎仙洞石刻并没有如此大弊。其中“告”字本应作“祰”，但是“古字不拘偏旁，多借同声字用之”（程大昌语），所以可以不作别字看。“剋”

与“克”、“揃”与“翦”类同。刻文少别字，能避时弊，一则当系皇帝祝文，又或出中书之手，不致涉误；二则书家或出名手，足以免俗。不过，也不是毫无憾缺。不易辨识的字仍然存在，除了模糊不清者外，最显眼的是刻文最后两个字忩、鑿。《尔雅》、《说文》均不载。其字本来音训，反覆琢磨，终愧难确认。前人所谓“释碑之难，又视校书为倍蓰”，真有同感。初想，这或者就是别字吧，而检阅前人所编别字典册，并都失载；又想，或者是古人所谓奇字吧，“奇字”即“古文而异者”，乃书学“六体之一”。[23]明人杨升庵有《奇字韵》二卷，田艺蘅《留青日札》亦载有“古奇文”，然而检索二书，亦不见此二字。至此，始悟这可能竟是北魏朝廷专辄私造，或者急切，为刻石者所臆造。《魏书》不就说拓跋焘于始光二年（425年），“造新字千余”，诏告全境：“今制定文字。世所用者，颁下远近，永为楷式”[24]吗？叶昌炽断定：“始光之所造者，时俗之所行，而众文经之所不及收者也。”这千余字是个什么样子，是否有此二字，后人并不曾见及。所以叶氏云云，还未必确信。重要的是始光二年正是太平真君四年的前十八年，则嘎仙洞的这二字或者正是这“新”字的新用而又是它的实证吧！颜子推说，拓跋人造字是“以百念为忧；不用为罢；更生为苏；先人为老”。[25]依此规律，我已怀此二字或者竟是“恭凿”二字的伪体。“忩”字由“仝”上“心”下构成。“仝”即同，为道家书法。“仝”与共字义近，上“共”下“心”结为“恭”，以此拟“忩”为“恭”，非尽臆测。拓跋焘崇道，秉其意向而构字，亦属自然。“鑿”当是“凿”或“鏨”的新字。当否待查。

鉴别刻石者历来亦倾心其语句文采。王弇州甚至以“文之美恶”而评骘刻石，这当然也未始不可，《文选》就收有石刻文字。但是，对于史学家来说，刻文不光显示其一代文风，并亦可依此而鉴定其时代的真实性；更主要的是借以“与史书相证明，阐幽表微，补阙正误”。[26]据我看，嘎仙洞刻文实无文采之可言。全篇文字，不但没有北朝文章风格，没有拓跋一族的气息，甚至在语句章法上也还有令人不及措手者。当然，“祝文”这种体裁本身也限制了它。至于证史，则无妨文笔之技拙了。

《魏书》将洞内的壁刻称作“祝文”。所谓“刊祝文于石室之壁”即指此。什么是“祝”？《玉篇》：“祝，祭词也。”而“祭”则与“祀”同义。《孝经》疏说：“祭者，际也。人神相接，故曰际。”据此，则“祝”与“祭”义同，都是以神鬼为对象的。古人所谓“祝文者，飨神之词也”，实在概括得当。《魏书》说拓跋焘派人去乌洛侯国“告祭天地”；“祝曰：皇天之灵。”[27]嘎仙洞刻文也说的是“告于皇天之神”。通观洞刻“祝文”主旨，亦如《魏书》所载，的确乃在“祝”飘渺的“帝天”与“后土”，而其同样飘渺的“皇祖”与“皇妣”则在“配享”。所以视这次“告祭”是祭“祖宗之庙”者，或者是熟视无睹；或是望文曲解。据我看，“祝文”是飨天地之神，不是“祝”什么“先帝旧墟”；是异地“郊祀”或“郊祭”的延远，根本不是什么认洞为“庙”的行径。可以确信，拓跋焘原来也并没有把这个洞穴真的当作“先祖之庙”的微意，原其初意，不过借端而已。

既然是祭天祝神，所以“祝文”的立言命意，仍是因循成例，依样葫芦。刻文之“天子臣焘……用……昭告……以配”就可以看作天兴元年（398 年）太祖拓跋珪的祭天“祝文”所云：“皇帝珪……用……昭告……”的翻版，而这却又可以看作《论语》所引《汤誓》所谓“予小子履（商汤名）……用……昭告……”的因袭。不但格式墨守前例，即内容铺排亦学步先人。这是细检刻文及比较前此的类似文字就可发现。至于“结言于四字之句，盘桓于和韵之辞”（刘勰语）的章法，更不过是《诗》式的脱胎或模仿。

三

《魏书》向来被讥为“秽史”，刘攽等说它“言词质俚，取舍失衷，其文不直，其事不核”。[28]因此，魏收所记实在不足以凭信。马衡先生就曾以魏人碑刻验证了《魏书》的阙误。当然，刻石所载也还不可一味迷信。

嘎仙洞的壁刻颇能证实《魏书》所载拓跋焘派人去乌洛侯国致祭并刊祝文的事实。但是就通篇“祝文”而论，亦有与《魏书》、《北史》不尽相同的说法。对此，《嘎仙洞调查补记》一文已经大致揭出。[29]这是不应当忽视的。它表明：既不能一般地肯定《魏书》的“真实性”，也不宜夸大洞刻的补证价值。下面不妨试举几例。

（一）“祝文”的对象嘎仙洞刻文可以说是一篇内容十分朦胧而又无所不可适用的东西。是“放之四海而皆能用”的。如说：“祐我皇祖于彼土田”，“始闻旧墟，爰在彼方”云云。“彼土”、“彼方”就是它土、它方，或者说是异土、异方。那么，究指何土何方？说在乌洛侯国可以，说在别的什么地方不是也一样可以吗？又如“王业之兴，起自皇祖”，“皇祖配、皇妣配”云云，究竟指谁？指神元力微以前？还是指始祖力微本人？“高闾曰：“大魏称制河朔，故平文之庙，始称大祀，以明受命之证，如周在岐之阳。”[30]据此则“王业之兴”或“受命”之始乃在力微之后。而据李彪等说，则谓“魏虽祖朔，绵迹有因，然此帝业，神元为首。司马祚终于郏鄏（今河南洛阳）而元氏受命于云、代”。[31]这种说法在其他纪、传中也迭有所见：“国家万世相承，启基云代。”[32]“有魏始基代朔。”[33]“皇家握历受图，年将二百。”[34]总括诸说，均指始祖神元力微一代，绝非别有所指。这就表明嘎仙洞的“祝”与“祭”即使是魏的“先祖”，那么其一，神元以前的历代“祖”先绝不是它的主旨。所谓“祐我皇祖”、“王业之兴”云云，指的都是力微本人；祭以“配天”的也是只指神元，这与天兴二年（339年）太祖拓跋珪亲祀上帝于南郊，以“始祖神元皇帝配”是一样的。其二，始祖“启基云、代”，其“庙”或“墟”自然原在西方的云、代，不会偏在东北的一隅——乌洛侯国；自在其此方的本国，不能在“彼土”的异国，这不是很明白的吗？既然如此，那么，这篇“祝文”本应刊在云、代，那里正是“神元旧都”。刻在乌洛侯国的一个山洞，岂非怪事？如果说刻文所云“皇祖”乃指“启辟之初”或“南迁”以前的传说人物，那么，当时还谈不到什么“光宅中原”与“王业之兴”，而刻文的大半内容也不称颂那些很可能是臆造的名字。所以前文指出这次祝祭，乃是北魏统治者的“郊祀”，不是“庙祭”，因此它是可以选在任何地方行之的。那种因“祝文”并刊在嘎仙洞，就贸然作出拓跋人的源地在此的推论，是未便成立的。原来《魏书》与洞刻所说，都不足凭信。

（二）关于职官与人名。洞刻首先列出几种官衔与人名。其中除中书侍郎李敞而外，余如谒者仆射库六官、傅䇅、东作帅等，都非《魏书》所有。摩崖可补史书的疏略。

中书侍郎始置于晋，隶中书监。专“主省内事”，草诏通事均属之，因亦曾有“通事郎”之称。谒者归谒者台，其长官称仆射。专主“观觌宾狼”及“奉诏出使拜假，朝会摈赞”。[35]刻文列“谒者仆射”于“中书侍郎”前，论者以为官阶低的反居官阶高的前面，“大概因为他是鲜卑人”。[36]有什么根据？

考《魏书·官氏志》：中书侍郎为正四品上，谒者仆射为从四品以上。

较诸前者，后者显然官低一级，其说不误。但是，这种官阶等次是孝文帝元宏于太和中（477～499 年）始诏群臣议定而著于令的。在此以前（包括拓跋焘时），“设官命职，何常之有”？那时是无所谓官阶高低的，所凭的只是皇帝的宠任。太祖拓跋珪就于天兴三年（400 年）下诏说：“夫此职司，在人主之所任耳。用之则重，舍之则轻。然则官无常名，而任有定分。是则所贵者至矣，何取于鼎司之虚称也。”[37]基于这个立论，天赐元年（404 年）所设职司，就有“六谒官，准古六卿”。[38]表明他对“谒者”的重视。拓跋焘（世祖）承其先制，准“谒官”前列，使他居于主祭的地位，恭读“祝文”，十分自然。且这里尚有其特殊场合，即祭天事不在其国内，不在其京郊，而在国外——乌洛侯国，而谒者仆射的职司就正是“奉诏出使”及“朝会摈赞”，他不首列谁列？他实际上充当“太祝令”的角色。至于中书侍郎，在这里恐怕主要起“通事”的作用。居于次位，亦属允当。刻文所列诸人次第，正证明《魏书》“官无常名，任有定分”的记述有据。

库六官是否鲜卑人？这很难说。李敞未必就是汉人。高车族之南下附魏者中亦有李姓，如叱李氏就改姓李氏。因此，李敞之属于高车族，未必绝无可能。库六官当是名“六官”而“库”姓者。《魏书》有“库褥官氏，后改为库氏”[39]之说。那么，库六官或者就是这种人。但是，《魏书》所谓“后改库氏”云云，其“后”字乃指孝文迁洛之后而说的，在拓跋焘时是否已“改”，还未便肯定，因此说库六官一定就是库褥官（亦作库傉官、库辱官），还未必。且库辱官就必定是鲜卑人吗？据《魏书》库褥官氏属“四方诸部”之一，“岁时朝贡”。[40]所谓“四方”，并不限于鲜卑。《北史》有“徒何段就六眷……出于辽西，其伯祖被卖为渔阳乌丸大人库辱官家奴”[41]的记载。《魏书》也说：“徒何部落库褥官斌先锋，后叛归冯跋，讨之，斩（库傉官）斌及渔阳公库褥官昌、吴内侯库傉官提，生擒库傉官生女。”[42]这里的“徒何部落”，实际上应当是乌丸部落。所谓“乌丸大人”云云，有时也写作“王”。同书就有“乌丸王库贤”。[43]这个库贤应当是库傉官贤的略称。据此，则可以确定库褥官实在应是乌丸人，不是鲜卑人。乌丸（或乌桓）南下近塞，然其故地也还仍有在北方者。《旧唐书》说：“乌罗浑东北二百余里，那河之北，有古乌丸人之遗人，今亦自称乌丸国。”[44]“乌罗浑”即乌洛侯，它们与乌丸人接壤。应当说，二种是互相了解的。拓跋焘派一个充任“谒者仆射”的乌丸人去乌洛侯，应当怀有深意，假如李敞是高车人，那么，所派这二人均属“北族”，他们身负朝命，去现身说法，实在也有利于对乌洛侯的诱降吧！但是，库姓亦如李姓一样，在汉族中也有，这在《通志·氏族略》中就载了的。姚薇元断定“库褥官氏为鲜卑徒何种”[45]，当是忽视了前引《北史》、《魏书·官氏志》及同书《序纪》的载笔所致。

傅瓮，显系人名。其所领职衔，刻文不载。《魏书·礼志》说，拓跋人祭祀，“皆女巫行事”。但是，远方郊祀，女巫跋涉或有不便，因以男觋代之，亦当可能，历来规定“男巫掌望祀、望衍、授号，旁招以茅”。[46]据此，则以觋代之，亦其职责所当，如是则瓮，岂竟是一“觋”字？揣刻文走势也似乎近似。但这仍须重勘。

“东作帅使”，字迹不清，此权依拓本。这四字笔法不类正文，含义亦欠明确。按“东作”云云，本指农官，职司春耕。“帅”或是“师”的笔伪？《魏书》说“国立太师、小师，郡国各自立师。职比八国，比今之中正也。”“皆立典师，职比家丞，总统群隶。”[47]这里的“师”均可作司、曹解。“使”或者指所派出者。然《魏书》不载“东作”师。按《晋书》有“将作大匠。有事则置，无事则罢”。[48]岂“东作帅”或乃“将作”师的别称？魏碑惯有别字，此处不知是否又在弄笔？待考。

（三）关于祭品。洞刻所列诸牲有“一元大武”（牛）、“柔毛之牲”（羊）及“骏足”（马）。这是对《魏书·礼志》所载的补证。“神尊者以马、次以牛，小以羊。”刻文所述正是表明所祭天地之神的尊次，而不是尊卑其“先祖”。祝文将“骏足”列为首位，绝不能看作是拓跋人尚有游牧尚武的民族特点。那实际上是在适应当地的生产特点。《礼记》说：“礼者，合于天时，设于地财，顺于鬼神，合于人心，理万物者也。是故天时有生也，地理有宜也，人官有能也，物曲有利也。故天不生、地不养，君子不以为礼，鬼神不飨也。”[49]这是说，祭品要根据当地风俗及生产条件而定。乌洛侯国以畜产著称，以马、牛、羊为祭礼，乃自然之势。使当地不产马，无重视“骏足”的习惯，李敞等岂能讲什么拓跋人的特点。

（四）关于“延及冲人，阐扬玄风，增构崇堂”句。有人以为“《魏书》改为‘冲人纂业，德声弗彰’。拓跋焘在位时，以崇道灭佛为国家宗教政策。故碑文（按：洞内无碑）把‘阐扬玄风，增构崇堂’作为一种政策颂扬。魏收修史在北齐文宣帝高洋时，高洋以灭道崇佛作为改朝换代的一种手段，所以魏收改这两句，不是一般文饰，而是当时政治需要对历史文献所作的篡改”。[50]这种指责无助于对刻文的正确理解。1.《魏书》十志乃匆促而成。魏收三月奏上纪、传，十一月即续奏上十志（约三十余万字），且是他秋天临上任梁州刺史前草成，其诸本原有成稿、综合前人所辑资料而不及大力修改，是可以想见的。《魏书》传至宋时，已阙失29卷，今所传本，多有后人订补者，即其《礼志》四卷，也还不无缺页，今存《礼志》每有脱文讹字，间经后人改补者（清人就有一《魏书·礼志》校补），他们的订补当然未始没有别据，但是何者为魏收所修原文，遽难断定。所谓“政治”性“篡改”，无据；2. 论者对“阐扬玄风，增构崇堂”二句理解也显然有误。这里与“崇道灭佛”毫无瓜葛。史实是拓跋焘当时是佛道并崇的。《魏书》说：“太宗践位，遵太祖遗业，亦好黄老，又崇佛法。”“世祖即位，亦遵太祖、太宗之业，每引高德沙门，与共谈论。”[51]此证明其时所谓“灭佛”云云之无稽。拓跋寿以“真君”称号，即使从纯粹宗教角度说，它也是佛、道两家均引以自称的，难以成为“崇道”的证据。至于毁佛事件，乃在洞刻之后（发其端的是太平真君七年三月）岂能以后事挪前而又加以臧否？3. 总观二句文意，亦不如论者所见。所谓“玄风”，虽可一般地解为“道教”，然而在这里，指的却是玄天、帝天，演而释之可为魏家皇帝。“风”即风化、教化。“阐扬玄风”即宣扬与推行拓跋朝廷的“风教”，而其内容则是汉地“风教”。从武力方面说，也可以理解为发扬其皇家威风。“增构崇堂”乃由“肯构肯堂”一语而来，其含义是父创子继，足能成其功业。所谓“增构崇堂”，其本义也是更能承继先人基业，即“剋揃凶丑，威暨四方”。这是颂词，也是对拓跋焘横暴的刻画。《魏书》的“冲人纂业，德声弗彰”，说的是拓跋焘践位，没有什么德政。既不承认他“阐扬玄风”，也不明指他“增构崇堂”。虽与刻文旨意略同，却又词意含蓄。其义当在为拓跋焘示谦。《四库总目提要》称“魏收著书，务为魏讳国恶”。于此尤为允当。何“适应”高洋“减道崇佛”之有？

（五）关于“庙”与“墟”。《魏书》一则说“祖宗之庙”，再则说“先帝旧墟”。“墟”、“庙”混为一谈，然而二者是不能混称的。刻文明确地说“旧墟”这是对史书的驳正。史书说“具知旧庙，弗毁弗亡”，语气是肯定原来有“旧庙”，而且明白无误地在乌洛侯国境，甚至就坐落在该国的“龙庭”之侧。刻文的“始闻旧墟，爰在彼方”，其语气却直然否定有“庙”说，只承认有“墟”，并且原来也并不了解有什么“旧墟”及这个“旧墟”的所在，直到太平真君四年才开始听说它原来竟在别国（“彼土”、“彼方”）。不言而喻，刻文所示应当更接近于历史真实。但是据《宋书》说，拓跋人“死则潜埋，无坟垄处所”。[52]如此说来，他们是连“墟”也没有的。刻文也在伪造。

（六）关于“拓定四边”。《魏书》所载祝文说“克翦凶丑，拓定四边”。洞刻祝文则说“剋揃凶丑，威暨四荒”。前者在夸大虚张，为魏矫饰。就当时而论，“四边”并没有“拓”而“定”之，而后者则只言“威暨”。这显然是对《魏书》的纠正。

（七）关于“幽人忘遐，稽首来王”。这是洞刻祝文，与《魏书》“岂谓幽遐，稽首来王”虽有小异，而说乌洛侯“稽首来王”则无二致。“稽首”，即行跪拜礼；“来王”，即朝见天子。这与《魏书》所谓乌洛侯人“来朝”或“遣使朝献”的意思是一样的。在语气上都是视它为魏人诸侯、“属国”。

乌洛侯地处东北隅（不在魏的北方），远距拓跋。史书载契丹、库莫奚等历次“朝贡”北魏王朝，而于乌洛侯则无一字之及。唯一的“朝”见只太平真君四年这一次。而这次的“朝”也还不无蹊跷。清人钱大昕曾说：“是时，拓跋犹臣属于燕，乃以燕使至‘为朝贡’，何颜之厚乎？”[53]陈遇夫也指出：“魏收之作《魏书》也。宋魏通好，而书刘义隆遣使‘朝贡’，自欺以欺人，徒为后世笑。”[54]说乌洛侯国“来王”、“朝献”，亦应作如是观。在这里，刻文之自欺欺人，较之史书，“殆尤甚焉”。乌洛侯国果何事而必欲“来王”？

（八）关于“可汗”与“可敦”。刻文有“皇祖先可寒配，皇妣先可敦配”字句。论者以为“用可寒（可汗）、可敦等鲜卑名号，说明拓跋焘时，虽已采用中原礼仪，仍保留鲜卑旧俗。魏收盖以不雅，通通删略”。[55]《魏书》各本纪（包括序纪）的确均称帝、后、祖宗，而不言“可寒”、“可敦”。但是，这未必就是魏收所删。

据史书，拓跋人即使在其所臆造的“统国三十六”时，也无称“可寒”、“可敦”号者。力微是始祖，不自称“可寒”。甚至到了太祖五世（力微孙）猗㐌时，犹被呼作“单于”。[56]不独没有“可寒”、“可敦”这种最高级名号，即其相应的下属各级职司也没有任何所谓“鲜卑旧俗”的特有称号。司马迁的黄帝传说：“文不雅训”而删节论次，“可寒”、“可敦”徒一名称，何涉“不雅”而必欲删略？因此，有此二号未必就是“鲜卑旧俗”的表现。洞文所刻，不无可疑。

鲜卑人是否用“可寒”、“可敦”号？史书不载。《后汉书》、《三国志》所载各鲜卑传略，其首领均书之为“大人”、“单于”。可以设想：拓跋人在力微被尊为始祖以前，尚踯躅在原始阶段，甚至力微本人也还朦胧在神话的迷雾之中而不知其父。他们那时还不可能拥有称“汗”的条件与能力，即使拓跋语中果真有“可寒”、“可敦”这种词汇，也只能理解为一部之长而已，何得谓之“皇帝”？《通鉴》一反《魏书》所述，从拓跋人名“毛”者开始，三见“可汗”名号，而不言其有何依据。[57]胡三省注谓“可汗，北方之尊称，犹汉时之单于也。宗白曰：‘虏俗呼天为汗’”。[58]这虽是约摸言之，但是终不拟之为“皇帝”。至于“可敦”之称，《魏书》失载。《南齐书》说：“佛狸（即拓跋焘）所居，在西，皇后可孙恒出此厨求食。”[59]这个“可孙”是否就是“可敦”的音讹？然此系汉族的称谓，不是魏人的自称。洞文刻此，亦难说是魏人口气。

揆诸旧例，祭天以祖“配享”，可“称御名”，而刻文却竟浑然以“先可寒”、“先可敦”代替，这不能不使人设想：拓跋焘大概除了本来就不相信其远祖传说（如《魏书·序纪》）的真实性之外，也不相信始祖力微的“旧墟”是在乌洛侯国，所以只好这么“糊弄”。

（九）关于壁刻。李敞等以什么方式致祭这个“彼土”的“皇天之神”，无具体记述。《魏书》只说：“敞等既祭，斩桦木立之，以置牲体而还。”[60]在别国领土竟能恣意郊祀，为所欲为，这么威风体面的、罕见的大事，何以在《世祖纪》中，竟无特笔？这本身不光兆示了他们这次告祭的草率与空洞，而且不啻宣布了所谓“先帝旧墟”云云，无非伪饰而已。事实上，人们在今天的嘎仙洞即被指为“祖宗之庙”的门前，并没有发现庙碑的遗址，在洞内也没有发现他们祖先的“木主”及其石涵，唯一的痕迹就是这处面积才及七尺见方的祝文壁刻。值得玩味的是，这篇祝文恰恰位置在石洞的西壁。而那正是木主“祏室”的应有所在。许慎说：“藏主于庙西壁中，备水火之灾。必在西者，长老之处，地道尊右鬼神幽阴也。”[61]拓跋人汉化很深，他们应当完全懂得这个的，然而事实上却完全违反了这个习惯，这就不免使人相信，拓跋人显然是藐视这个“祖宗之庙”的，其视此洞为何物，不是可以不言而喻之的吗？不过，祝文刻于西壁，倒也提供了一个证据，它证明《通典》所云：“刻祝文于石室之北而还”[62]尚值得研究。如“石室之壁”云云系指洞外，则显然与今见者不合，《通典》或误？如在室内，则尚须进一步考察，以究明“藏主祏幽”的所在。

嘎仙洞及其刻石之需要深究，尚有多端。为免行文过长，兹不累述。然而即使如此，也足以证明对待任何刻石文字都要切记不可轻信。清人钱大昕曾以为“石刻出于当时真迹，当据碑以订史之误，未可轻訾议也”。[63]“当时真迹”就没有假话吗？明人郑晓就指出：石刻文字即使“儒臣大制作，尚尔舛误，金石之刻岂足尽信”？[64]这话不禁令人击节。与拓跋焘同时的史家裴松之曾批评立碑之滥，说“勒铭寡取信之实，刊石成虚伪之常”。[65]这虽然说的是南朝刘宋地区，但是我看也适用于北魏，在限定的意义上，也甚至可以依之视嘎仙洞石刻的史学价值。

四

嘎仙洞是真的，刊刻在洞内的“祝文”也是真的，而所谓“祖宗之庙”，并因此而推定这里就是拓跋人的源地，却是可疑的。然而即使如此，这处文物仍然具有意义。首先是它的补缺价值。在内蒙古高原，北纬50°以上地区的石刻文字，其遗存者极少。北魏的文物真迹，虽迭有发现，但主要在内蒙古西部地区，而且不见摩崖。嘎仙洞刻文历尽沧桑，至今不朽，其弥足珍贵，堪补金石载目之阙。其次，刻文又不光提供了实证，使人得以鉴赏一千五百年前的汉文字体、语法、书法、刻工的技艺，而且对史书的参证也不无意义，或者证实，或者补充，或者订误，或者启疑，从而使人们对北朝各书面记录更作新的理解。再次，洞刻显示了汉文化早在一千五年前就继两汉步伐而达于蒙古的东部。这种形诸文字的汉文化，在当时、当地究竟实际上发生过怎样的作用，史无载录，但是从李敞等的祭祀及刻壁行动中，乌洛侯以及与之毗邻的别族人必然会惊奇地领略到一种异样文明的深湛系统，这种文明具有这样巨大的感染力，以致像拓跋焘这种一贯“志雄群虏”的桀骜人物，也不得不遵循万史规律而行汉法。这对乌洛侯人来说，恐怕也是一种新的、直观的体验。乌洛侯视北魏当如寇仇，始终绝交，然北魏覆亡，至唐，即南下献万物，盖亦慕向汉文化，而其发端，未始不可以说嘎仙洞石刻文化有以启之。复次，洞刻“祝文”及拓跋人祭神活动也向世人证明：只要必需，任何一个普通的山洞也可能被罩上例如“先祖旧庙”之类的伪装而愚弄一时乃至后世。

我自己并不专于碑刻之学。这里“详人之所略，异人之所同，重人之所轻，而忽人之所谨”，不是如前人所说，要“成一家之言”，不过试唱一声“异曲”，权供有兴治此刻石者的参考。

注释：

①《赤城志》序。

②《魏书·乌洛侯传》卷102。

③《龙沙纪略·山川》。

④《鄂伦春自治旗概况》，1981年，第8页。

⑤《内蒙古师大学报》（哲学社会科学版），1985年第1期，第72页。

⑥《内蒙古师范大学学报》（哲学社会科学版），1985年第1期，第77页。

⑦《北徼纪游》第54页。

⑧《吉林通志》卷17。

⑨《黑龙江述略》卷4，《贡赋》。

⑩《黑龙江外纪》卷3。

⑪《魏书·乌洛侯传》卷100。

⑫《阅微草堂笔记》。

⑬《中国历史研究法》第4章，《说史料》。

⑭《十驾斋养新录》卷6，《特勤当从石刻》。

⑮《魏书·江式传》卷91。

⑯《魏书·邓渊传》卷24。

⑰《魏书·蒋少游传》卷91。

⑱《周书·黎景熙传》卷47。

⑲《艺概》卷5。

⑳《魏书·崔浩传》卷35。

㉑㉕《颜氏家训·杂艺》卷7。

㉒《语石》。

㉓《汉书·艺文志》卷30。

㉔《魏书·世祖纪》卷4上。

㉖《亭林文集》卷2。

㉗《魏书·礼志一》卷108之一。

㉘《魏书·目录序》。

㉙《内蒙古师范大学学报》（哲社版），1985年第1期。

㉚㉛《魏书·礼志一》卷108之一。

㉜㊲《魏书·太祖纪》卷2。

㉝《魏书·高祖纪》卷7下。

㉞《魏书·肃宗纪》卷9。

㉟《隋书·百官志》卷26。

㊱《文史知识》，1982年第7期，第123页。
㊳㊴㊵㊼《魏书·官氏志》卷113。
㊶《北史·徒何段就六眷传》卷98。
㊷《魏书·太宗纪》卷3。
㊸《魏书·序纪》。
㊹《旧唐书·室韦传》。
㊺《北朝胡姓考》第230页。
㊻《周礼·春官》。
㊽《晋书·职官》卷24。
㊾《礼记·礼器》卷5。
㊿《文史知识》，1982年第7期，第123页。
51《魏书·释老传》卷114。
52 56《宋书·索虏传》卷95。
53《二十二史考异》卷18，《北史》条。
54《史见》卷1。
55《文史知识》，1982年第7期，第123页。
57 58《资治通鉴·魏纪九》景元2年。
59《南齐书·魏虏传》卷57。
60《魏书·礼志一》卷108之一。
61《王堂嘉话》卷6引《五经异议》语。
62《通典·边防·乌洛侯》卷200。
63《十驾斋养新录》卷6。
64《今言》卷2。
65《宋书·裴松之传》卷64。

（原载《民族研究》1991年第6期）

嘎仙洞刻石与对拓跋鲜卑史源的研究

张博全

在嘎仙洞刻石发现后，提出鲜卑史源被发现的问题。史源这个词所包含的内容很广泛，如名称的起源、族属的起源和住地的起源等等。这里以《嘎仙洞石刻与对鲜卑史源的研究》为题，着重讲与拓跋鲜卑起源地相关的一些问题。

一、问题的提出

对拓跋鲜卑起源地的研究，可以以马长寿《乌桓与鲜卑》一书划界。在1962年此书尚未出版以前，对拓跋鲜卑起源地的研究还很简略，但也提出了不同的见解，有贝加尔湖说、外兴安岭说、鄂嫩河说等。马长寿在1962年出版的《乌桓与鲜卑》一书，是系统地研究鲜卑的开创著作。他在书中依据《魏书》“祖庙”、“石室”的记载，提出拓跋鲜卑的起源地在今大兴安岭北段的见解。这个见解提出后，在国内的学术界影响很大，为不少研究者所赞同。

1980年7月30日，米文平同志在嘎仙洞发现北魏太平真君四年的刻石祝文，这是一次重要的发现，为马长寿的研究找到了实证，也推动了对拓跋鲜卑起源地的研究。1981年和1982年连续发表文章，多是从嘎仙洞是拓跋鲜卑的“祖庙”、“石室”和起源地而进行研究的。认为：嘎仙洞是北魏皇室“祖庙”、“石室”所在地；大鲜卑山即今大兴安岭北段；嘎仙洞是拓跋鲜卑起源地；第一推寅南迁是从这里迁到呼伦贝尔湖等。存疑释疑是史学研究的一个重要方法，以我之所见，嘎仙洞石刻被发现，只能说明北魏的石刻所在地，而不能准确证实乌洛侯使者所说“祖宗之庙”或

"石室"是真，更不能证实拓跋鲜卑的起源地就在这里。北魏石刻所在地是一回事，乌洛侯使者所说"祖庙"、"石室"到底是真是假，又是一回事，这两回事不能等量齐观。马长寿对《魏书》记载的"祖庙"、"石室"，没有产生一点怀疑，这是他在研究这个问题时欠思考的地方。因此，他的研究没有能和《魏书・帝纪・序纪》的记载吻合起来，如果说是吻合，那也是对史事的不正确理解而吻合在一起的。对"祖庙"、"石室"的研究，应当发现真假的疑问，真的理由是什么？假的理由是什么？如果把本不真实的"祖庙"、"石室"完全当作真的研究，就可能导致对问题研究的更大差误。我对《民族研究》1991 年第 6 期发表的陶克涛的《论嘎仙洞刻石》一文很表示赞同，他把对嘎仙洞刻石的研究与对鲜卑史源研究的关系提出了颇令人思考的新见解。这里还应进一步把我所要表达的意见说清：不是说嘎仙洞刻石发现错了，而且是次重要发现；我是说以此为拓跋鲜卑的"祖庙"、"石室"和起源地的发现，到底是对还是不对？这就是我提出问题和要讲这个问题的出发点。

二、对与拓跋鲜卑起源地相关诸问题的看法

我对拓跋鲜卑起源于今大兴安岭北段，持不同的看法。过去对此已讲过，现在着重讲以下一些问题：

（一）有北魏刻石祝文的嘎仙洞，不是拓跋鲜卑的"祖庙"、"石室"，也不是拓跋鲜卑的起源地。

1.《魏书》的记载，是乌洛侯使者朝贡于北魏时，讲在他们国家的西北有"凿石为祖宗之庙"，"石庙如故"。现在发现的有北魏刻石的嘎仙洞，是个自然形成的大石洞，不是"凿石为祖宗之庙"，也没什么"石庙如故"的迹证。北魏没有对此经过实地考察和核实，完全是听来的，并结合其先世传下来的口碑资料，在派人还没有前往之前就写好了一份祝文。

2. 既然认为是"祖宗之庙"，奇怪的是为什么不去"祭祖"，而是祭祀天地，并以不知名的祖先配享。可见北魏派李敞等人去，根本不是认"祖庙"的行迹。拓跋焘本人大概也心不落到实处，因为依据"其闻"认祖庙，颇不严肃，所以才这样行事。

3. 乌洛侯使者所讲的情况有虚假，其实乌洛侯也不确知其地。在《魏书・乌洛侯传》中记载其国西北有完水，又西北二十日行有于巳尼大

水，即所谓北海。这应是乌洛侯使者讲的。乌洛侯使者为什么讲这个问题，很可能与当地民族传闻的拓跋鲜卑的起源地有关。但实际发现的嘎仙洞却不在这个地理空间之内，而把在其“彼方”的一个自然形成的大石洞说成是“凿石”的“庙”或“石室”，这是有意向北魏虚报。在李敞等人去以前写好的祝文中说：“具知旧庙，弗毁弗亡。”而李敞去后刻在石壁上的祝文，却改为“始闻旧墟，爰在彼方”，把“旧庙”改为“旧墟”，实际已否认了是“庙”。“庙”既不是，所谓“旧墟”也不是，因为没有发现确凿证据说明是拓跋鲜卑祖先起源留下的“旧墟”。

4. 就北魏皇室来说，不管是在哪一个皇帝时，发现“祖庙”和本民族的起源地是件特大的事，但在《魏书》拓跋焘的本纪中却只字不提此事，只见载于《乌洛侯传》和《礼志》中，恐怕事后也没有承认此事为真。但乌洛侯使者所讲和事先写好的祝文却保留下来，被《魏书》作者得到也没有经过核实便录入《魏书》中。

既然“祖庙”可疑，便说已发现的嘎仙洞是拓跋鲜卑的起源地并不真实。

（二）今大兴安岭北段不是大鲜卑山。判断大鲜卑山在哪里，不应根据可疑的乌洛侯使者所说的“祖庙”、“石室”而定，也不能根据北魏石刻在哪里而定，应当根据《魏书·帝纪·序纪》中所提供的资料而定。因为它是世代口碑传授的记录。

1.《通典·边防典》12 记载拓跋为“别部鲜卑”。“别部”之本义，在《通典·边防典》12“宇文莫槐条”有诠释云：《晋书》谓之鲜卑。《后汉书》云其先匈奴南单于之远属。又《后汉书》云：“出自炎帝子孙，逃漠北，鲜卑奉以为主。今考诸家所说，其鲜卑之别部?”据此“别部”谓种族不同的另外的部。“别”字的本义为“另”，从《魏书·官氏志》中亦可知：“自后兼并他国，各有本部，部中别族为内姓焉。”“别族”系指本族兼并而来的外姓族，变成“内入诸姓”的“内姓”，原非同族的另外的族。石勒属羯人，绝非匈奴，《魏书·石勒传》则云：“其先匈奴别部，分散居于上党武乡羯室。”宇文鲜卑之先为匈奴南单于之远属，《隋书》谓系“东胡之种也”。因其先曾附于宇文，谓为“东部宇文之别种”。史书载某为某之“别部”、“别种”者，谓种族不同，曾有过附属关系而又从中另出的，则称之为“别部”、“别种”。东部鲜卑与拓跋鲜卑不同种同部，一个出自“紫蒙之野”的东胡，一个出自“广漠之野”的北狄。

据学者研究，东部鲜卑由山戎而东胡，东胡分布北到黑龙江、额尔古纳河，不同处的拓跋鲜卑不得起源于原东胡分布的区域内。

2.《魏书·帝纪·序纪》记载：拓跋鲜卑之先“爰历三代以及秦汉，獯鬻、猃狁、山戎、匈奴之属，累代残暴，作害中州”，而自托是“始均之裔”的拓跋鲜卑先世“不交南夏”。依据此“人相传授”的口碑材料，抛却其附托的成分在外，知拓跋鲜卑先世的原住地在山戎、匈奴之北。山戎后为东胡，也即在东胡之北，因南有山戎、匈奴阻隔，所以到秦汉时“不交南夏”。山戎、东胡是交南夏的。拓跋鲜卑先世之起源地应在山戎、东胡、匈奴之北。

3.《魏书·帝纪·序纪》记载：“其后世为君长，统幽都之北，广莫之野。畜牧迁徙，射猎为业。”马长寿认为幽都即今北京市；或为幽都之山即今大兴安岭，都与古书所载不合。《山海经·海内经》：“北海之内有山，名幽都之山，黑水出焉。……有丁零之国。”据研究幽都山即今肯特山，黑水即今黑龙江。广漠即北方的大漠，“广漠之野”即大漠北之平野，其地在北海（今贝加尔湖）南，幽都之山（今肯特山）之北。其地有丁零之国。这里是北狄活动区，不属山戎、东胡活动范围，拓跋之先世多与其地丁零之属的部族发生关系，当与拓跋鲜卑先世活动地理空间有关。

4.《魏书·帝纪·序纪》记载：“逐女魃于弱水之北。”弱水，指今结雅河及其流入黑龙江后统称弱水。石泽发审《东洋历史地理》以今黑龙江为弱水；诺维柯夫·达斡尔斯基《古代的黑龙江沿岸》谓弱水是“黑龙江故称”；谭其骧《中国历史地图集》亦以黑龙江为弱水。《后汉书·夫余传》：“北有弱水”，即指此弱水。马长寿以今嫩江为弱水，不确。

5.《魏书·帝纪·序纪》记载：“国有大鲜卑山，因以为号。”大鲜卑山当在北海之南，幽都之山北，其以大鲜卑山为号，其族称之初当是大鲜卑。这个名称与后来的大室韦有关。方壮猷《室韦考》：“室韦与鲜卑及其同名异译之师比、私钍、胥纰、犀比、犀毗、西卑皆相近似。……室韦殆亦 sabi 之转讹者也。”室韦其种类非一，大室韦在今结雅河居住的深末怛室韦西北数千里，“言语不通”。其地即拓跋鲜卑之先大鲜卑的住地。《新唐书·室韦传》：“室韦，契丹别种，东胡之北边，丁零之苗裔。”这里说的室韦是指原在“东胡之北边”的“别种”的室韦，亦即与室韦“言语不通”的大室韦。他们在东胡之北，不属东胡，属出自丁零（狄）的民族。大室韦疑即原大鲜卑的名称异译。大鲜卑山当在山戎（后为东胡）之北，即今外兴安岭西麓及大兴安岭山（即雅布洛诺夫山）。

（三）从大鲜卑山的起源地南迁问题的争议。

《魏书·帝纪·序纪》记载，拓跋鲜卑先世从大鲜卑山南迁，先后共两次。第一次是第一推寅由原住地大鲜卑山南迁大泽，一直到第二推寅（邻）仍在大泽，中间没有再迁。第二次是由诘汾率领由大泽南迁到“匈奴之故地”。对拓跋鲜卑南迁，现在的研究多从马长寿之说，而迁徙的路线有所不同。基本有两说：

一说是从大兴安岭北段迁到大泽（今呼伦贝尔湖），然后又西迁到蒙古草原的西部的偏西——科布多地方。最后又出科布多南迁到“匈奴之故地”，即河套北旧日头曼、冒顿发迹之地，亦即汉之五原境内。在两次迁徙中间穿插着一段漫长的西迁，这是《魏书》记载中所没有的。

另一说认为是从大兴安岭北段或嘎仙洞迁大泽（今呼伦贝尔湖），后又继续南迁并西南折到“匈奴之故地”，即云中一带，亦即今内蒙古河套东部以托克托为中心的地区。依此，拓跋鲜卑先世南迁路线与东部鲜卑南迁之路线相同。

这两种见解的共同点，都是以今大兴安岭北段为拓跋鲜卑起源地，南迁大泽就是迁到今呼伦贝尔湖一带。不同点是从大泽南迁的路线在看法上还有很大的不同。对以上两种见解尚有若干疑点：

1. 拓跋鲜卑的起源地和大鲜卑山，在山戎、东胡、匈奴之北，也就是幽都山北、北海南，与今大兴安岭北段所在的地理位置不合。

2. 第一推寅南迁大泽，再没有迁徙；第二推寅（邻）仍在大泽。

3. 第一推寅南迁大泽地方也就是第二推寅（邻）的部落所在地方。第二推寅（邻）为檀石槐军事部落联盟的西部大人之一，其地在蒙古草原偏西科布多地方，而不应在蒙古草原东北的呼伦贝尔湖一带。

4. 史书记载东部鲜卑是从鲜卑山南迁，又西南折。此乃东部鲜卑南迁之所经，作为东部鲜卑的“别部鲜卑”不见记载在东胡活动区域内并与东部鲜卑发生错居的关系，有何理由说在东部鲜卑与乌桓中有拓跋鲜卑？东汉安帝永初中，始见载“鲜卑大人燕荔阳诣阙朝贺”，据考证此即西部大人的宴协游，西部大人推寅（邻）在记檀石槐军事部落联盟时有记载，在其以前第一推寅从大鲜卑山迁此，其子诘汾又从蒙古草原西部南迁，为何其南迁与东部鲜卑走同一路线？

在研究中为解决以上所提出的疑点，我认为对拓跋鲜卑先世从大鲜卑山南迁的历史，应以《魏书·帝纪·序纪》记载为据，只有两迁，第一迁是从北海之南、幽都山之北的大鲜卑山迁到后来第二推寅为鲜卑大人地区即今蒙古草原西部的偏西科布多一带，那里湖泊、河流最多。在科布多有大小湖泊十余个，有的是孤泊，有的是两泊相连，有的是泊与泊之间河流贯通，星罗棋布，水道稠密，是蒙古草原湖泊最多地方，堪与“方千余里”的大泽比拟。第二次是诘汾南迁“匈奴之故地”。拓跋鲜卑与东部鲜卑南迁的起点不同，所走的路线也不同，不得相混。

（四）关于内蒙古完工、扎赉诺尔，吉林老河深、通榆及辽宁西丰西岔沟发现的同类型的考古文化，是属于哪一族的遗存问题。

拓跋鲜卑的文化发展程序与东部鲜卑不同，在他们的发展中所接触的主要民族也不同。有的提出嘎仙洞和北魏刻石是真的，说是拓跋鲜卑的起源是不真实的；也有的提出在东部鲜卑人活动的地方不应有拓跋鲜卑先世文化插入其间。这些看法我是同意的，并提出以下问题共研究之参考：

1. 拓跋鲜卑与东部鲜卑是同种族、同部的两个鲜卑？还是不同种族、不同部的两个鲜卑？

2. 拓跋鲜卑的发展及其文化变化，经历了几个过程：开始时以本族文化为主，后来走与匈奴交融和融合的道路，也就是史书记载的“胡父鲜卑母”的铁弗或铁伐与“鲜卑父胡母”的拓跋或秃发，作为东部鲜卑檀石槐军事部落联盟西部大人之一的拓跋鲜卑，也曾受东部鲜卑的影响。最后南迁中原地区，受中原文化的影响。东部鲜卑文化的重要特点是：其一，东部鲜卑出自山戎，在山戎、东胡时就与中原接触，受中原文化影响并传入中原文化；其二，东部鲜卑与乌桓都是从东胡部落联盟中分出，其文化基本与乌桓同，小有差异，虽一度因南有乌桓，不与中原交通，但没断绝与中原文化的联系，其文化的特征之一即杂有中原文物；其三，东部鲜卑虽已与匈奴接触，受其影响，但没有像拓跋鲜卑那样“胡父鲜卑母”和“鲜卑父胡母”的发展道路。这都是东部鲜卑不同于拓跋鲜卑的地方。

3. 拓跋鲜卑先世在发展迁徙中，多与北方的丁零、高车等族发生接触，而东部鲜卑多与乌桓及东北高句丽等发生接触。民族的接触不同，影响文化的不同，研究拓跋鲜卑与东部鲜卑应当考虑和研究这个民族文化的因素。

4. 东胡联盟被匈奴击破后，民族的分布格局发生很大变化。乌桓保乌桓山，完水这个名称与乌桓山的名称有关。完水及乌丸水指今克鲁伦河及额尔古纳河，乌丸亦作乌延，望建河当是乌延的同名异音，与完水为同一条水。望建河当指今黑龙江上源的石勒喀河，《金史》称石里罕河，其流入黑龙江后仍称室建河。鲜卑远窜辽东塞外，不是长城外，塞外即秦汉长城以外的障塞以外，此亦称“外徼”。障塞还在长城以外，在障塞外称“远”的鲜卑山，疑是今大兴安岭之北段。《后汉书》记载东部鲜卑之东为夫余，南为乌桓。乌桓从乌桓被南迁五郡塞外后，在东部鲜卑之南。夫余在今呼嫩平原，其南在乌桓入塞内后为东部鲜卑，因之《晋书》谓夫余南接鲜卑。在吉林老河深及辽宁西岔沟之鲜卑墓葬当即此在夫余南的东部鲜卑。乌桓山与东部鲜卑之鲜卑山西东相距，大鲜卑山更在乌桓、东部鲜卑之北，也即秦汉以前的山戎、东胡和匈奴之北的地方。民族分布的区域对研究民族文化有重要意义。

5. 在今内蒙及东北西、中部发现的鲜卑遗存被认为是鲜卑文化的差异，是东部鲜卑内部的差异，还是东部鲜卑与乌桓的差异，还是拓跋鲜卑与东部鲜卑的差异？马长寿在《乌桓与鲜卑》一书中举出两个实例，证明拓跋鲜卑起源于今大兴安岭和南迁今呼伦贝尔湖一带。其一是 1960 年在扎赉诺尔木图雅那河的东岸发掘了 31 座墓葬，多是木棺，有盖无底，并以《宋书·索虏传》“至于送葬，皆虚设棺柩”为证，认为是拓跋鲜卑的墓葬。其实在吉林老河深鲜卑墓葬中也有发现。二是墓中发现妇女的有辫有结的发辫，认为与匈奴之拖发而只有一结者不同。此发辫应与同时发现的发饰结合认定。具体的情况是：在一女性墓的主人头裹一圈黄绫，前额分缀连珠形铜饰，前项前部戴圆形铜饰，插以鱼脊椎骨制成的串珠，在头右侧有一用皮结扎的发辫，发辫不甚长，有辫有结。据《后汉书·乌桓传》的记载：“妇人至嫁时乃养发，分为髻，著句决，饰以金碧，犹中国有簂步摇。”东部鲜卑的“言语习俗与乌桓同”，此被发现的妇女发式，应当理解为东部鲜卑的发式习俗。这点已为研究者注意到。至于在扎赉诺尔出土的飞马铜牌饰，在吉林老河深墓葬中都有发现，已提供了较完整的实物资料来研究东胡系统的民族所好服的“鲜卑郭落带”的全部和它的名称，也是研究东胡和东部鲜卑的最好的物证之一。鲜卑之本意为兽名，而“瑞”、“神”是这种兽被东胡人“神”之才有这个称呼，不是鲜卑的本名和原义。《楚辞·大招》王逸注：“鲜卑，兖带头也。”《后汉书·匈奴列传》称“黄金犀毗”，班固《与窦宪笺》称：“犀比黄头。”即带头，也即带扣。“郭落”之义为“大”，而“带”亦称贝带或绲带。因带头或带扣上饰有鲜卑兽的头像，也称之为私钍头。颜师古注《汉书·匈奴列传》谓“犀比，胡带之钩也”。误，现在已发现的带钩上没有鲜卑的图像。鲜卑郭落带，亦称鲜卑大带、鲜卑大贝饰带、黄金饰贝带。发现这种文物的墓葬地区，与其说是拓跋鲜卑的遗存，则不如说是从东胡部落联盟分出的东部鲜卑的遗存更接近历史的事实。

三、余论

对与拓跋鲜卑起源地相关的诸问题的看法已如上述。因为这是一个有争议的学术性的探讨问题，还需要作更多的研究工作才能解决，而且对发现和研究的领域也需要放宽思考。最后再讲几点补充的看法。

（一）研究拓跋鲜卑史源是一个难度较大的问题。要研究这个问题还有不少问题没有解决，而且一时也难以解决，因为研究问题的成熟条件还不够。其一，研究拓跋鲜卑和研究其他民族一样，不能孤立地进行，要研究与之相关的民族中的相关问题，方能从民族格局的整体中把握对单个民族的相关问题的解决。由于对秦汉时郡县的区域和郡县的北部所至还不清楚，对长城外障塞所至还不清楚，所谓“塞外”就是个摸不清的问题。有的认为秦汉辽东郡县的北边不超过铁岭。在铁岭以北不会有秦汉时的城址等遗址发现，现在，在东辽河原赫尔苏驿地方发现了战国城址，这就不能不重新考虑郡县外的民族南界和格局问题。史载东部鲜卑是从东胡联盟被击破后，北窜辽东塞外“远”的地方，从哪里是塞外，远到什么地方，就是个尚说不清的难题；其二，东部鲜卑在夫余西，《后汉书》为夫余写传的夫余在哪？有辽宁之西丰说，有吉林的农安和吉林市说，还有在今黑龙江说，南北相距很大，以何为是？一时不能在认识上统一；其三，乌桓山即赤山，史载乌桓的起源地赤山在辽东西北数千里，它同《魏书》在乌洛侯西北完水有何关系？这也是尚未深入研究的问题。

从民族文化来看，也有实际未能解决的问题，这里摆在研究者面前的实际问题不少。其一，据从事考古的同志讲，鲜卑与乌桓的文化还分不清；拓跋鲜卑的文化的源还不清，是从东部鲜卑地区迁徙而去，还是从漠北而来？其文化之源是东胡同属文化发展变化，还是北方狄的同属文化发展变化？其二，民族文化的差异也有不同的性质，在不同属文化中存在差异，在同属文化中也因地域、时间、发展不平衡等原因而有差异；其三，东部鲜卑文化史书有记载，而拓跋鲜卑早期文化记载极缺，比较就很困难。

从研究的实际来看，分歧也很大，在对嘎仙洞是拓跋鲜卑“祖庙”和起源地的问题上，是真是假尚需探讨，一时难以结论。

这些存在着的诸种困难，是对鲜卑史源研究的不利因素，但应发现问题，利用其有利的因素，把对鲜卑史的研究开创一个再研究的新局面，是不可忽视的一个任务。现在尚不能说发现嘎仙洞就发现了鲜卑的史源，更不能把嘎仙洞视为研究鲜卑史的坐标。

（二）对拓跋鲜卑的起源地、迁徙和文化历史的研究，依据《魏书·帝纪·序纪》所提供的资料和他书记载的有关资料，应注意对贝加尔湖以南，肯特山以北，东到今黑龙江上源以北地区的发现和研究。应当注意从上述地区到科布多的发现和研究以及从科布多到内蒙河套的以北地区的发现和研究，把这些地区文化的研究与后来拓跋鲜卑文化结合起来，寻求其文化的源与流的发展变化。对鲜卑的研究已成为国际研究的课题，鲜卑曾活动的地区，与今天的国家是有关的，如果都加强这种研究，互通信息，交流成果，会促进和有利于对鲜卑的研究的。

（三）关于文献资料与考古资料的结合问题。研究民族史源和历史，文献资料和考古资料都很重要，但不能认为考古发现的实物都是绝对正确的，也有真假的问题，要对其源尾进行真伪的考辨工作。作为拓跋鲜卑的《魏书·帝纪·序纪》的嘎仙洞的发现，视洞为“庙”视洞为拓跋鲜卑的起源地，视洞所在之山为大鲜卑山，考之“祖宗之庙”的记载，就有是与假的问题。任何一种考古遗迹和文物的发现和研究都离不开文献的记载，文献记载的资料真伪和对问题研究的不确实，都影响对问题研究的准确性，乃至出现错误。以发现的嘎仙洞中的北魏刻石为据，断定为拓跋鲜卑的“祖宗之庙”和起源地，依我看就是在文献与考古结合上，忽视了对文献记载的真伪考证，以误为真而得出的看法，至少这种看法是值得商榷的。所以说，文献记载的事物，虽有考古实物可以结合研究，也不能保证完全不误。

我近几年想对鲜卑史中若干问题作点研究，趁此在沈阳召开东亚文化国际学术研讨会之机，向与会的诸位先生请教。

（原载《黑龙江民族丛刊》1993 年第 1 期）

《走出石窟的北魏王朝》编辑委员会

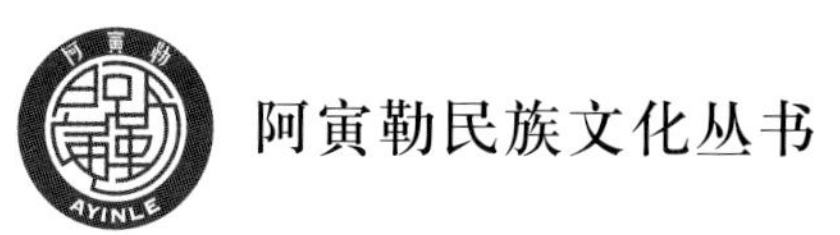

下卷

走出石窟的北魏王朝

金昭　阿勒得尔图　主编

文化艺术出版社
Culture and Art Publishing House

考古探索篇

东北、内蒙古地区的鲜卑遗迹

——鲜卑遗迹辑录之一

宿 白

中华民族是由多数民族结合而成的。中华民族的各族人民都有悠久的历史。在历史发展的过程中，许多边远地区的少数民族进入中原，和中原地区各族主要是汉族相互融合。这些已经和中原地区民族相互融合的少数民族，有不少没有留下自己的文字记录，因此，他们的历史，除了参考其他民族的记录，特别是汉族的文字记录外，主要还需要依据考古发掘和调查的各种遗迹来探索。

鲜卑是我国古代东北的一支东胡系的少数民族。公元1世纪末，我国北方匈奴民族的统治集团南北分裂，鲜卑乘势南下，“转移据其地，匈奴余种留者尚有十余万落，皆自号鲜卑。鲜卑由此渐盛”（《后汉书·鲜卑传》）。自魏晋以来，鲜卑遂成北方地区的主要少数民族。十六国中，鲜卑建立的政权有前燕、后燕、南燕、西秦、南凉，此外还有西燕、吐谷浑和代（北魏）。继十六国后，整个北朝的主要统治集团也都是鲜卑。这些鲜卑大体上可分两个大的分支，即南迁较早的包括慕容鲜卑在内的东部鲜卑和较晚南下的拓跋鲜卑。鲜卑事迹，较早的汉文记载极为零散，鲜卑自己则没有文字，由他们自己主持使用汉文系统地记录的历史，时间已经很晚。慕容鲜卑大约开始在4世纪后半，拓跋鲜卑更迟到5世纪。而且这些记录，唐以后又逐渐佚亡，今天可以看到的，最早不过6世纪中叶的魏收《魏书》（已不完整，北宋时即佚亡了近四分之一）。此外，自《后汉书》、《三国志》、《宋书》、《南齐书》以迄唐人修订的《晋书》、《北齐书》、《北周书》以及《北史》等，也都记录了鲜卑事迹。以上这些现存的间接的或是较晚的记录，对鲜卑不是语焉不详，就是忌讳繁多，因此，不仅鲜卑早期的资料极感缺乏，即使北魏迁洛以后的事迹也不完备，所以，较全面地了解鲜卑历史的面貌，就需要发掘、整理和探讨鲜卑和与鲜卑关系密切的考古遗迹。

各地鲜卑遗迹和与鲜卑有关的遗迹的发现，是解放以来考古工作的重要收获之一。这些遗迹，目前可以大致推定的：有辽宁和青海的慕容鲜卑的遗迹；有从黑龙江上游的额尔古纳河畔以迄内蒙古河套东部的拓跋鲜卑的遗迹；还有拓跋鲜卑更向南迁的属于代魏时期、分布在山西大同和河南洛阳两地的遗迹。以上遗迹虽然只能描绘出鲜卑的个别部分的情况，但前两类遗迹，在一定程度上，还可以补充文献记载，进一步证实鲜卑诸部在南迁过程中的阶级矛盾和汉族先进社会的影响是他们从部落联盟迅速进入封建制的重要原因。后一类即以拓跋贵族为中心的大同、洛阳的城址和墓群资料，也多少表明了北魏封建制虽然逐步深化，但依然残存着较为原始的风习，其中某些较原始的风习甚至还影响到以后的隋、唐。

下面按照上述三类遗迹的顺序，将大体比定的资料，结合有关文献记载，初步辑录如下，其目有：北票发现的慕容鲜卑墓葬、北燕冯素弗夫妇墓，义县发现的石墩墓，吐谷浑伏俟城遗址，黑龙江发现的拓跋鲜卑早期墓葬，辽宁巴林左旗的遗迹，乌兰察布盟的墓群；盛乐城遗址，凉城发现的猗㐌部遗物，呼和浩特美岱村发现的北魏初期墓葬、北魏平城及其附近遗迹、平城附近的墓葬、北魏边镇遗址；北魏洛阳城址及其复原、洛阳北魏陵墓的布局。

北票发现的慕容鲜卑墓葬

辽宁北票西南房身村发现的 3 ~ 4 世纪的石板墓群，大约既是 3 世纪中叶以后南迁到大凌河中下游的慕容鲜卑的遗迹。[①]墓葬分布在房身村西山坡，都在深 1 米左右的土圹中，用大小石板、石块拼砌成长方形的平顶墓室，墓室大小和随葬品多少成正比，墓室大的还另备使用了铁钉的木棺，并填充木炭。(表略)

墓室、墓具和随葬品的质量、数量，表明了第二号墓主人地位的特殊。该墓惹人注目的随葬品是前所未见的金花冠饰，这种冠饰上悬缀着金环和圆形、桃形的金叶，稍动，环、叶即摇摆不止，可能它就是文献所记慕容部上层喜戴的“步摇冠”（《晋书・慕容廆载记》）上的步摇。上述情况，不仅说明慕容鲜卑贫富差距已很显著；等级制度分明已经出现。很清楚，慕容鲜卑这时期已经存在着明显的阶级对立，这个发展是和慕容鲜卑进入辽西后大量吸收汉族流民，开始经营农桑并逐步定居分不开的。三座墓中已经看不到明显的畜牧经济的遗迹。日用器物主要是轮制陶器和漆器，这些，有的是在汉族影响下制造的；有的是汉族地区的输入品，随葬五铢和货泉、綖环等铜钱，不但表明和汉族关系密切，而且反映了汉族瘗钱的葬俗也流传到这里。豪华的金饰品的随葬，也有可能是仿效西晋上层统治阶级的陋习。这些金饰品除了有汉以来流行的龙和朱雀的纹样外，还出现了匈奴文化中常见的嵌镶饰物的指环。匈奴统治集团分裂后，其人民一部分东移“诣辽东杂处”（《三国志·魏志·鲜卑传》注引王沈《魏书》），慕容部当时的西北邻即为以匈奴族为酋长的宇文部。匈奴文化远比慕容为高，慕容输入匈奴器物或汲取匈奴技艺，是可以理解的。

北燕冯素弗夫妇墓

分布在北票西北将军山东麓台地的石墩墓群，是徙居慕容鲜卑境内，“遂同夷俗”（《魏书·海夷冯跋传》），后来又建立北燕的信都（今河北冀县）冯氏墓葬“长谷陵”。[②]从已发掘的北燕统治者冯跋弟冯素弗夫妇俩墓（冯素弗死于公元415年），既可以看到较多的鲜卑习俗，又可以看到传统的汉文化，还可以看到在汉族影响下，5世纪初，慕容鲜卑居住区域经济发展的概况。

冯素弗夫妇墓两圹并列，相距最近处只20厘米，可知原埋在同一墓冢下。这种同冢异穴的葬式，与当时中原地区汉族葬俗不同。圹内围叠石块，砌东西向的长方形墩室，更是这一带的古老传统。墩圹之间填土夯实，墩内壁墁石灰，绘壁画，墩顶画天象，具日、月、星座，四壁画墓主人家居、出行等内容。棺位墩内东侧，首西向，棺外涂朱漆，前绘羽人，后绘云气，两侧绘墓主人生活图像。壁画、漆棺是当时汉族上层统治阶级墓葬所必备，但棺的形制前高、宽，后低、窄，为以前所未见。壁画内多绘狗，素弗妻墓殉犬二只，应是“肥养一犬……使护死者神灵归赤山”（《后汉书·乌桓传》）的东胡旧俗。此外，素弗墩外圹西壁设小龛，置陶罐、牛股、牛肋、鱼，素弗棺内祔葬儿童等，也是前所未闻的葬俗。随葬品似有两类。各种仪仗用的鎏金铜具和铁车具、各种透雕的金饰，还有可以确定墓主人姓名的几颗印章（龟纽“范阳公章”金印和龟纽“车骑大将军章”、“大司马章”鎏金铜印等），这些都是当时汉族上层统治阶级显示官阶的器物，一套铜、漆食具和用器，有樽、魁、碗、洗、铜、镳斗和漆案、漆方盒等，是汉族相当高的官吏才能使用的；许多鎏金铜器、错金铁器、金银装的刀、剑和玉器，也都是汉族高级士族的豪华用品；此外，还有文具石砚和墨等。另外一类，则是具有北方游牧民族风格的器物，如一套铜铸的带有提梁的罐、壶、镂孔高圈足镀等直接接触火的容器和马具，如马镫、金银带卡等。墓中出有大批锻或铸的铁器，特别引人注目。（表略）

铁器的种类、数量和质量，证实了文献记载和乌桓同俗的鲜卑有“作弓矢、鞍勒，锻金铁为兵器”（《后汉书·乌桓传》）的悠久传统，反映了北方民族对我国铁器制造，特别是铁兵器的发展作出了贡献。大量的形制复杂的铁刀、铁镞，这次发现都是空前的。多样式的锻铁工具、各种细致的铁器和各种质料的、完善的马具以及精巧的金银工艺品，都表明了这时期这里的鲜卑地区金属制造已达到相当高的水平。鲜卑地区金属工艺的发展，与大批汉族的北迁有着密切的关系，其中冶铁手工业的兴盛，对鲜卑地区封建制度的不断加强起着巨大作用。北燕冯氏统治时期，以都城龙城（今辽宁朝阳）为中心的凌河流域，经过了前、后燕各族人民约百余年间的辛勤劳动，早已进入以农业为主的封建社会，但鲜卑旧有的以“田畜射猎”（《后汉书·鲜卑传》）经济为背景的部分风习，仍然相沿不衰，甚至强烈地影响了迁来这里的汉族统治集团。冯素弗夫妇墓的情况，给我们提供了这一时期汉族和少数民族相互影响的具体例证。

冯素弗墓中的一件金饰上，锤鍱出附有火焰身光的坐佛像，两侧还有捧持供养物的人像，这是这个地区发现的最早的佛像。十六国时期各族统治集团混战，人民生活极端困苦，东汉传来的佛教乘势蔓延，4 世纪中叶已盛行河北，5 世纪北燕成为北方佛教传播的重要地区之一，这件锤鍱金饰给上述的文献记录提供了重要的物证。③

冯素弗墓的出土物中值得注意的，还有五件质薄透明、闪淡绿色或深绿色的玻璃器，侈口凹底杯、圜底小钵、残高足器，造型都不类我国器物，特别是长 21 厘米、腹径 5. 2 厘米的鸭形水注，和阿富汗喀布尔北约 70 公里的伯古拉姆（Begram）大约属于贵霜帝国时期的遗址中出土的罗马制造的长 20. 2 厘米的海豚形玻璃水注极为相似④，这批玻璃器很可能是西方的输入品。5 世纪初，北燕冯氏与柔然交婚，当时柔然“部众殷强”，西域“东道诸国并役属之”（《宋书·索虏传》），冯氏这批玻璃器或许是经由柔然辗转传来的。

义县发现的石墩墓

辽宁义县西北保安寺村南傍河处发现石墩墓一座。[⑤]石墩由大小石板拼成，砌在南北长 3.6 米、东西长 4.2 米的土圹中。墩本身南北长 1.9 米、东宽 0.6 米、西宽 0.5 米、残高 0.78 米。石墩中原置使用了铁钉的木棺。墓内随葬遗物多陶器和装饰品。（表略）

此墓形制与慕容鲜卑墓葬相似。它的随葬品兼具慕容鲜卑和拓跋鲜卑器物的特点。金饰品多与慕容相类；陶器和各种珠饰则与拓跋相近。特别是鹿纹饰牌，牌中锤锞出三头并列的“昂颈回首形象生动”的鹿，这样的内容和形象，与下面叙述的扎赉诺尔、二兰虎沟拓跋遗迹中所出的三鹿纹铜饰牌完全相同；这件金牌饰“周用连珠圆点纹作边饰”的做法，也和二兰虎沟所用的短促的条纹边饰相仿佛。看来，这座墓葬在时间上可能比北票房身村的慕容鲜卑墓为早，而介于扎赉诺尔、二兰虎沟两处拓跋遗迹之间。拓跋、慕容同属鲜卑族，拓跋南迁盛乐附近以后，和慕容经常联姻，《魏书·帝纪·序纪》记载什翼犍（昭成帝）兄弟与前燕慕容氏相互通婚即是一例。义县地区出现了上述情况的墓葬，就是可以解释的了。

吐谷浑伏俟城遗址

慕容鲜卑的吐谷浑部，3 世纪末西迁，4 世纪即据青海，是鲜卑伸向黄河上游的一支。青海共和县铁卜卡古城是吐谷浑于 6 世纪修建的都城——伏俟城的遗址。[⑥]城南依石乃亥北山，北临切吉河，东距青海湖约 7 公里。城有砾石叠砌的长方形外郭，东西宽约 1400 米，北壁被河水冲毁，长度不详。郭内偏东有南北内墙一道。西部有边长约 200 米的方形夯筑内城。内城一门，开在东壁。城内就西壁建边长 70 米的方形基址，大约是宫殿的所在。基址向东有街道直通城门。城门和宫殿都东向，大概是沿袭了“以穹庐为舍，东开向日”（《后汉书·乌桓传》）的旧俗。文献记载吐谷浑“虽有城郭而不居”，“人民犹以毡庐百子帐为行屋”（《晋书·吐谷浑传》)，这既说明了古城地面遗迹稀少的原因，也反映了西徙青海的慕容鲜卑的经济生活一直是以“随水草畜牧”为主的。

伏俟城西通鄯善（今新疆婼羌），东连西宁、金城（今甘肃兰州），自4世纪末通新疆的西路被阻，5、6世纪吐谷浑又西据今新疆境内“丝路”的南道，这条祁连山南的中西交通线曾兴盛一时，西宁市旧城内曾发现盛贮金属货币的陶罐一件，其中银币约在百枚以上，据后来搜集到的76枚都是波斯萨珊朝（Sassanian D）卑路斯（Peroz，公元459年至484年在位）时所铸这一点[⑦]，可以认为这是5、6世纪经过伏俟附近的中西交通线上往还频繁的证物。吐谷浑选择这里建都城，控制这条重要的贸易通道，大约是他的主要目的之一。

黑龙江发现的拓跋鲜卑早期墓群

拓跋鲜卑是鲜卑最东北的一部，也是鲜卑诸部中较后进的一支。他们的原始游牧地区在黑龙江上游额尔古纳河和大兴安岭北段之间。黑龙江呼伦贝尔盟陈巴尔虎旗完工[⑧]和新巴尔虎右旗扎赉诺尔发现的墓群[⑨]，大约是拓跋祖先推寅（宣帝）“南迁大泽，方千余里，厥土昏冥沮洳”（《魏书·帝纪·序纪》）前后的遗迹。完工在呼伦池之东，扎赉诺尔在池之北，“南迁大泽，方千余里”的大泽，应是呼伦池，池东南一带迄今尚有面积广阔的沼泽（沮洳）区域。拓跋祖先自东北向西南迁移，先抵完工附近，遏阻沼泽而西及扎赉诺尔，可知完工墓群时代早于扎赉诺尔墓群。两墓群所提供的情况，都可判定拓跋鲜卑在呼伦池周围之时，正如文献所记：“畜牧迁徙，射猎为业”（《魏书·帝纪·序纪》），处于原始社会末期的部落联盟阶段。(表略)

完工还保存着家族丛葬的古老制度，也还有埋殉完整马匹的风俗。随葬工具主要是骨器；陶器手制，数量种类都较少；铜器只有装饰用的铜环，说明这个游牧部落可能在一定程度上还维持着大家族组织。1963年发掘的一座分为上下层的丛葬墓（第一号墓），情况较为清楚。墓内有一个显著的主体，即置于下层墓底北部的一具仰身直肢的骨架。该骨架左侧置有石镞、骨镞，西部排列着陶器，头部附近还出有一件极为特殊的牛角状器。特别布置的尸体和随葬品，反映了他生前在家族中的特殊地位——应当是家族的长老。其余的二十五具不同性别的骨架，姿势不同地置于他的四周和上面，应当都是这个家族的成员。这么多的家族成员不可能同时死亡，估计其中的绝大部分肢体分离的骨架，是为了和长老同埋一起而进行的“二次葬”。埋在上层较零乱的四具骸骨架，大约也是“二次葬”，但这四具骸骨架为什么单独处置在上层，倒是别无他例的值得注意的新情况。

完工墓群的随葬品中发现不少和其他民族有联系，甚至是从较远的外地输入的器物。首先应指出的是具有三个袋形足的陶鬲，陶鬲是黄河流域文化的标志之一，类似这种形制的鬲，即使在华北平原的最北部，它的时间也不会迟于公元前3世纪，可以推测这里和汉族发生联系的历史是非常悠久的。许多骨架附近出有绢或麻布制成的衣物残片，绢、麻都来源于汉族地区。完工第一号墓中还出有汉族所特有的漆器的残片。至于作为装饰用的绿松石、玛瑙、珊瑚和海贝、海螺，大约也都是来自南方的汉族区域。此外，从一些铜制的小型饰具如各种式样的环、扣上，可以看到他的西邻——匈奴的影响。

扎赉诺尔墓地东距完工墓地约40公里，从葬俗到随葬品，不仅可以看出它们属于同一文化，还可以看到它们的先后关系。扎赉诺尔的桦木棺不再是简单的围铺桦板，而是既作出框架，又作出前宽后窄的棺式，整体殉牲不见了，除了用头之外，还流行了使用蹄子这种更简化的象征办法；陶器种类增多了，发现了精致的轮制陶器，一些夹砂大口罐中还残存腐烂的谷壳，表明这里可能出现了少量的农业；铜器的种类也增多了，出现了作为炊器的高足铜镀；骨器的使用范围扩大了；更重要的是铁器复杂化，多种形制的镞、环首刀、矛和马衔，都是完工时期所不见或罕见的。看来，在这个部落里，铁器作为主要的猎牧工具是在扎赉诺尔时期登上历史舞台的。以上情况，清楚地反映了拓跋鲜卑的游猎畜牧经济在这阶段有了显著的发展。生产的发展推动着生产关系的变化，扎赉诺尔墓地较普遍的单人葬取代了完工的丛葬，形象地反映出当时大家族组织走向解体，个体家庭出现了，贫富现象鲜明了。（表略）

从墓葬中可看出女人墓与男人墓在墓室形制和随葬品方面并没有显著区别这一重要情况。女人墓同样随葬环首铁刀、骨镞、铁镞、弓弭和马衔，证明她们还和男人一样进行着猎牧。正是由于当时妇女还未完全脱离主要生产，所以她们还保有一定的地位。从扎赉诺尔墓地男女墓葬的分布，可以发现母子合葬墓和男女合葬墓都被围绕在较多的单身男人墓的中间，这种现象大约是一种母权制残余的表现。一座女人墓中保存有一束完整的发辫，这应是拓跋鲜卑区别于其他鲜卑的一种习俗，当时江南人就因为拓跋“索头”这个特征，而呼之为“索虏”（《宋书·索虏传》）。

扎赉诺尔墓群所反映的拓跋社会的前进，其自身生产的发展当然是主要的，但不少迹象表明这时他们接受邻近的较先进的文化的影响远比完工时期更为显著。轮制的双耳陶罐和角器上刻划的龙形纹饰，都标示了鲜明的汉文化的影响。值得注意的是，还发现了几件标准的中原地区的输入品——规矩镜、“如意”锦片和木胎漆奁。这几件器物的年代较为明确，可以证明扎赉诺尔墓群的年代不会早于公元1世纪。匈奴的影响这个时期也最突出，双耳铜鍑和各种动物形铜饰都具有明显的匈奴器物的风格，较多的铁器，其原料可能来自汉族地区，但锻制的马具和武器，其形制却表明它和匈奴同类器物相接近。1世纪中叶以后，匈奴统治集团分裂，一部分匈奴人民从大漠南北向东北流亡，与迁向西南的拓跋鲜卑相混合，文献记载谓“匈奴有数百千种，各立名号，索头（拓跋）亦其一也”（《宋书·索虏传》），甚至“拓跋”一辞，有可能更寓有“鲜卑父胡（即匈奴）母”的含义[10]，拓跋鲜卑与匈奴的关系既如此亲密，扎赉诺尔墓群出现的上述情况，就是很自然的了。

辽宁巴林左旗的遗迹

《魏书·帝纪·序纪》记拓跋祖先迁移大泽之后，历七世，至诘汾（圣武帝）时，又“南移，山谷高深，九难八阻，于是欲止”。自呼伦池向南是广阔的内蒙古高原并“山谷”，也不必经历“九难八阻”，只有略转东南，进出大兴安岭中段以南，才与记载相符，恰好在大兴安岭南段东侧辽河支流乌尔吉木伦河流域发现了和扎赉诺尔墓群极为相似的遗迹。

遗迹位于辽宁巴林左旗（林东）南杨家营子东的一道东西延长的土岭的向阳南坡，有居住址和墓葬。居住址在坡上，墓葬偏坡下。居住址出有被烧过的马、牛骨和鸟类的骨骼及手制的夹砂陶壶、罐和轮制的泥质灰陶小罐，同样陶器也出现在墓葬中。

墓葬竖圹，头向西北，仰身直肢，都与扎赉诺尔同，部分墓葬存有木棺痕迹，木棺使用了铁钉，殉牲用马、羊、狗头和马蹄，也和扎赉诺尔相同，不过数量大大减少，出现了改用羊肩和羊前后肢的新做法；随葬陶器仍以手制的壶、罐类为主，常见的大口罐、小陶杯和扎赉诺尔极似，扎赉诺尔陶器中的盘状口，这里仍在使用；陶器上部用指甲压捺的点纹，这里改用工具做出，其纹饰趋向复杂。骨器种类减少了，主要是镞的弓弭，但镞、弭的制作，显著地趋向精细；出现了骨制的纺轮；和扎赉诺尔相同出有用途不明的羊矩骨。铜制器物仍然多属装饰品，出土了一枚东汉中晚期的五铢钱，它是这处遗迹中唯一可以断代的器物。铁器使用的范围更扩大了，除马具、武器外，还出现了类乎铲斧形式的铁工具。从总的数量上比较，南杨家营子墓群的随葬品不如扎赉诺尔丰富，但从它的制作（如陶器、骨器）和所反映的问题（如骨纺轮、铁工具），可以看出拓跋部这时期的经济生活比扎赉诺尔墓群时期又有了发展。这个发展，反映在墓葬制度上，不仅贫富差距明显，男女分工的情况也逐渐清楚了。(表略)

骨镞、铁镞只见于男人墓，铜饰、方形珠饰和铁工具只见于女人墓，这表明当时女人主要的劳动只是处理家内的杂务了。因此，她们的地位下降了，这时，女人棺木好像已成了奢侈品，这里女人墓用棺的只占五分之一；殉牲也和男人有了区别，女人只能用羊腿。男人墓用棺的比例高达五比三；殉牲不仅用羊腿，还可用羊股、羊肩，甚至羊头、马头。更值得注意的是扎赉诺尔墓群中的母子合葬，这里改变成小孩祔葬到男人墓，很明显，南杨家营子时期母系权势已大大被削弱，父系的权威树立起来了。尽管如此，这里还发现了少数的丛葬墓，墓中尸骨大部分是四具，最多的不超过十具，这种丛葬墓大部分都具有木棺，随葬品也较丰富，看来，这种古老的风俗，在当时还受到一定的重视。南杨家营子墓群所反映的拓跋部落的较大变化，是与匈奴混合和日益邻近汉族地区以后发生的，这是拓跋部落进入较高级的部落联盟阶段逐渐发展的新情况。

前引《魏书·帝纪·序纪》记诘汾“南移……于是欲止”。紧接着记了一段神话：“有神兽其形似马，其声类牛，先行导引，历年乃出，始居匈奴之故地。”“欲止”，大约是说在巴林左旗一带停留了一段，没有长期居住，这和此处遗迹并不丰富的情况相符合。然后，又“历年乃出，始居匈奴之故地”。匈奴之故地，应是漠南匈奴始祖头曼、冒顿发迹之所，即今内蒙古河套东部一带。

乌兰察布盟的墓群

内蒙古河套以东的乌兰察布盟曾发现两处较大的墓群，一处位于集宁北土木尔台车站西南的二兰虎沟[12]，一处位于达尔罕茂明安联合旗（百灵庙）的东北方。[13]两墓群都分布在沟谷左侧山坡和坡上。

二兰虎沟墓的形式，“一般均为土坑单室墓，深者2米，浅者1米左右，长约2米余，宽约1米。尸体多为东西向，仰式单人葬”，无葬具，“随葬之陶壶、陶罐均置于尸体头部之后，铜饰等多在尸身上”。陶壶、罐大部分是红或褐色夹砂手制的，也有少量灰色细泥轮制的。铜饰有鹿纹、网纹饰牌和鎏金的指环、伞盖形饰物，有日光镜、长宜子孙镜、四乳镜和铸出“大吉”铭文的铜铃。还出有双耳铜镀、铁剑、铁镞和外包铅皮的铁弹丸。不少墓中散布有各种珠饰，珠饰以浅绿和翠绿色的玻璃质的料珠为最多，也有用玛瑙和燧石制作的。

达尔罕茂明安联合旗的墓群，也是坑，无葬具，东西向的仰身单人葬，陶器置于头部两侧。土坑距现地表比二兰虎沟为浅，随葬器物较少。（表略）

两墓群的墓式、头向与完工、扎赉诺尔、南杨家营子墓群相同，随葬器物也多相似，甚至相同，这些情况似可表明二兰虎沟和达尔罕茂明安联合旗的墓群是拓跋西迁，进入内蒙古草原初期的遗迹。所出剪轮五铢表明它们的时代已到了东汉晚期。建安二十年（215年）曹操罢省五原、云中、定襄等四郡，显然给拓跋部迅速向西南扩充提供了方便。和完工、扎赉诺尔、南杨家营子墓群相比，陶器的形制和用工具在肩部压刻出点纹带的装饰、珠饰形制和质料以及铜钏、指环、铜铃、三鹿纹铜饰牌和铜镀等的随葬，都标志着这两墓群更接近于扎赉诺尔和南杨家营子墓群。完工、扎赉诺尔都用葬具，南杨家营子葬具已渐稀少，这里更取消了葬具，看来，徙居草原，缺少木料，应是葬具消失的重要原因。殉牲迹象没有了，骨角器更少见了，达尔罕茂明安联合旗第三号墓头部所出的陶壶中存有较多的稗粒，或许反映农业因素正在增长。二兰虎沟出土的铜镜和铸出了汉字“大吉”铭文的铜铃，达尔罕茂明安联合旗第三号墓所出陶壶肩部刻划出类似汉字的文字和第五号墓出土的剪轮五铢等都显示了汉族影响的日益加深。玻璃质饰珠的增多和涂釉陶珠的出现，有可能是汉族的影响，但更大的可能是表明他们和中亚一带的某种联系也增加了。达尔罕茂明安联合旗一墓群毫无例外地都是单人葬，而且出现了可以区分为两个墓区的迹象，即坡下的第一、第四、第五、第六号墓的随葬品即使是未成年的儿童墓，也比坡上的第二、第三号墓为丰富，这不仅表明拓跋古老的丛葬习俗已完全废除，也不仅单纯地显示贫富差别，更重要的是，这个分区迹象，也许是一种新的生产关系已在该鲜卑部落中出现了的反映。

这两处遗迹，从年代和分布的方位等方面观察，也有可能是《后汉书·鲜卑传》和《三国志·魏志·鲜卑传》所记檀石槐迄轲比能时期东部鲜卑的遗迹。[14]这个推测，如果能够进一步得到证实，它们就可以成为较重要的实证，来说明拓跋鲜卑与东部鲜卑的密切关系，因为它们和完工、扎赉诺尔、南杨家营子遗迹具有较多的相似甚至相同点。如果再向前推测，南杨家营子东北距张穆《蒙古游牧记》卷所记“（科尔沁部右翼中旗）西三十里有鲜卑山”的鲜卑山不远。这个鲜卑山，可能是东部鲜卑早期居住地，因此，南杨家营子遗迹或许也和东部鲜卑有关。这样，东部鲜卑与拓跋鲜卑就不是关系密切的问题了。当然，这只是推论，问题的澄清还需要更多的考古工作。

注释：

①陈大为：《辽宁北票房身村晋墓发掘简报》，《考古》1960年第1期。

②黎瑶渤：《辽宁北票县西官营子北燕冯素弗墓》，《文物》1973年第3期。

③参看冯用彤：《汉魏两晋南北朝佛教史》下册第十四章《佛教之北统》，中华书局，1955年。

④伯古拉姆遗址于1937年、1939年曾进行两次考古发掘。发现了大批罗马玻璃器、西亚青铜铸像和印度象牙雕刻饰件等珍贵文物。1939年的发掘，还发现了我国汉代的漆奁、漆盘和漆耳杯。这些文物，表明了这处遗址所在的地点，在中西文化交流史上的重要地位。据考证定该遗址即玄奘《大唐西域记》卷一所记“异方奇货多聚此国”的迦毕试国都城外的一处重要伽兰遗迹，看来是可信的。参看 Hackin，J. &Mme Hackin：《ReCherches archéologiques à Begram》（Mémoires de 1a Délégationarchéologique francaiSe en Afghanistan IX，Paris，1939）. Hackin，J. & J. Carl：《Nouvel les recherches archéologiques à Begram（1939—1940）》（MDAFA. X1，Paris；1954）. 海豚形水注见前书图版XⅧ图41。

⑤刘谦：《辽宁义县保安寺发现的古代墓葬》，《考古》1963年第1期。

⑥黄盛璋：《吐谷浑故都——伏俟城发现记》，《考古》1962年第8期。

⑦王丕考：《青海西宁波斯萨珊朝银币出土情况》，《考古》1962年第9期；夏鼐：《青海西宁出土的波斯萨珊朝银币》，《考古学报》1958年第1期。

⑧潘行荣：《内蒙古陈巴尔虎旗完工索木发现古墓葬》，《考古》1962年11期；内蒙古自治区文物工作队：《内蒙古陈巴尔虎旗完工古墓清理简报》，《考古》1965年第6期。

⑨郑隆：《扎赉诺尔古墓群》，《内蒙古文物资料选辑》，内蒙古人民出版，1964年。

⑩参看马长寿：《乌桓与鲜卑》之一章《总叙》，上海人民出版社，1962年。

⑪中国科学院考古研究所内蒙古工作队：《内蒙古巴林左旗南杨家营子的遗址和墓葬》，《考古》1964年第1期。

⑫郑隆等:《察右后旗二兰虎沟的古墓群》,《内蒙古文物资料选辑》。

⑬江上波夫:《内蒙古百灵庙砂凹地の古坟》,《アゾア文化史研究·论考篇》,东京大学东洋文化研究所,1967年。

⑭参看《乌桓与鲜卑》第三章《东部鲜卑》。

(原载《文物》1977年第5期)

盛乐、平城一带的拓跋鲜卑——北魏遗迹

——鲜卑遗迹辑录之二

宿　白

3 世纪中叶，向西南迁移的拓跋鲜卑，游牧在河套东部。4 世纪初，他们活动的范围大体上逐渐集中到今内蒙古和林格尔、凉城和山西大同一带。4 世纪中叶，农业生产在拓跋经济中的比重日益增加，拓跋第一个政治中心盛乐（今和林格尔北）开始稳定下来，前此的部落联盟组织遂为初期的国家所代替。4 世纪末，拓跋珪称帝，建代、魏（以下统一称北魏），是拓跋鲜卑明确地建立了国家组织的标志。接着，拓跋珪迁都平城（今大同）。北魏都平城，差不多长达一个世纪。在这近一个世纪的前半，拓跋统治集团到处掳掠人口，仅据现存文献记录，估计当时至少有一百万人（主要是汉族人民）被强迁到平城及其附近，徙民"以充京师"（《魏书·太祖纪》）。这样大规模"徙民"，最主要的目的，是为了解决北魏的经济问题，也就是屯垦农田以解决日益严重的粮食问题。因此，农业生产在北魏的经济生活中，很快地占了压倒性的优势。在这种情况下，刚出现不久的北魏国家组织，不可避免地受到被统治民族和人民原有的生产方式和各种制度的更加强烈的冲击和巨大影响。这就迫使它不能不迅速地向封建制过渡。这样的历史背景，反映在盛乐、平城一带的拓跋鲜卑——北魏的考古资料中，我们既看到了某些前国家阶段即原始社会的遗迹，也看到了奴隶制和向封建制过渡的一些迹象。

盛乐城遗址

《魏书·帝纪·序纪》记诘汾子力微（始祖）之"三十九年（258

年）迁于定襄之盛乐”。盛乐城址位于内蒙古和林格尔北十公里[①]，其地北通呼和浩特，南通清水河，是汉定襄郡成乐县旧址。城址东阻小丘，南傍宝贝河。有郭城，东西窄（1550 米），南北宽（2250 米），形状不规整，略作五边形。郭内东南隅有南、北两内城。北内城为唐以来所建。南内城为汉魏遗迹，该城东西残长 670 米，南北 655 米，城内文化层堆积较厚，试掘发现大量汉代建筑瓦件、生活用具和铁制农具、兵器，同出有牛、马、羊、猪骨和骨器，还有较多的北魏晚期的黑色厚瓦。发掘的资料和文献对照，大概可说明：

一、3 世纪力微选择的迁居点，是一处较长时期农业经济占重要地位的地点，当时拓跋部落有可能更多地注意了农耕。

二、但拓跋部落并未大幅度地改变其游牧经济，所以仍东西迁徙，居无定所。公元 313 年力微子猗㐌又“城盛乐，以为北都”（《魏书·帝纪·序纪》）。公元 346 年力微重孙什翼犍（昭成）再一次“移都于云中之盛乐宫”（《魏书·帝纪·序纪》）。次年，又南迁新盛乐城。因此盛乐的考古发现，除一部分牲畜骨骼和骨器有可能是拓跋遗迹外，其他可以肯定的 5 世纪以前的拓跋遗物极为稀少，估计当时在这里经营农业的应是拓跋部控制下的汉族人民。

三、尽管如此，盛乐作为拓跋都城在什翼犍时期已开始稳定。与此相应，拓跋皇室才开始兴建固定的陵墓，什翼犍母“平文（郁律）皇后王氏……（建国）十八年（355 年）崩，葬云中金陵”（《魏书·皇后·平文皇后王氏传》）。云中金陵“在古盛乐城西北”（《乾隆九年大清一统志》归化城土默特），其遗迹虽迄今未发现，但据文献记载知道这里是拓跋都盛乐、平城两地时的帝陵所在。

四、大量的厚重的黑瓦，表明 5、6 世纪之际即北魏迁洛前后，盛乐成为北魏军事要地的时期，才出现了一些规模较大的建筑物。这种情况，在郭城的试掘中也得到了反映。郭城内文化堆积薄，可以肯定的拓跋北魏遗物，只有少量的如上所述的黑瓦。看来，汉以后，盛乐较大的修建工程并不在拓跋初迁之时。有的同志认为盛乐郭城的增建在 5 世纪以后，这是有道理的。

凉城发现的猗㐌部遗物

呼和浩特东南凉城县小坝子滩发现一批“居代郡之参合陂（今内蒙古

丰镇北）北”（《魏书·帝纪·序纪》）的力微子猗㐌（桓帝）部的遗物。有兽纹金饰牌、镶嵌宝石的兽形金饰、饰以兽首的金指环、金耳坠和驼纽“晋乌丸归义侯”金印、驼纽“晋鲜卑归义侯”金印、驼纽“晋鲜卑率善中郎将”银印。其中一件兽纹金饰牌的背面刻出“猗㐌金”三字，猗㐌即猗㐌，明确了这批遗物的所属。猗㐌于西晋末助并州刺史司马腾击刘渊有功，晋假以金印。上述三印铸、雕皆草率，大约即是这时的赠品。金饰牌的纹样是用锤锞的技法制出的，这种锤锞的金牌是匈奴贵族喜用的饰具，金指环做出动物装饰和金饰镶嵌宝石的风习也是匈奴文物的特征。匈奴贵族的风习虽然在拓跋上层中日益深入，但在这批金饰的具体的装饰纹样上，似乎还发展着拓跋自己的特色，与匈奴异趣。匈奴金饰习惯饰以鹿纹、狩猎纹、野兽搏斗和禽兽搏斗纹，而凉城的发现都以狼、狐和它们成群的形象为主，还有奔驰的骏马。后者大约还可以和扎赉诺尔墓群所出的飞马纹铜带饰以及《魏书·帝纪·序纪》所记引导拓跋部迁移“其形似马”的“神兽”联系起来。狼、狐也是邻近农耕地区的草原边缘所常见的兽类。

呼和浩特美岱村发现的北魏初期墓葬

呼和浩特市东南美岱村南宝贝梁山沟中发现的北魏墓，可能是4世纪末拓跋珪建魏国前后不久的遗迹。[③]一墓中出有“皇帝与河内太守铜虎符”。证明这是拓跋贵族的墓葬。前述几处拓跋鲜卑早期墓葬的特点，在这里已经极少了，不仅殉牲没有了，弓、镞的随葬也没有了，骨角器也没有了。这里最突出的随葬品是当时汉族墓葬中常见的大量的细泥陶器（一座墓中出有三十多件陶罐、陶壶），这表明他们已经定居，他们的经济生活中，农业开始占了优势。文献记载北魏初期驱使各族人民在河套地区大规模屯田，屯田河套对北魏初期的拓跋的社会发展显然起了重要的作用。前设墓道的砖室墓，附有铁环的木棺，一些铜制用具如镳斗勺、灯和金饰品、漆耳杯、漆鞘长型铁刀以及较多的货币（一墓出有二十枚“大泉五十”）随葬等，都已和当时汉族上层的墓葬没有太大的区别。特别是拓跋铸造的虎符，除上述河内太守虎符之外，过去在山西大同东郊发现有同样形制，应属同一时期铸造的博陵、上党、辽西太守虎符和离石、吐京、阳曲护军虎符[④]，表明拓跋族正在加强国家政权的建设。

在美岱村墓中还可看到一些旧的因素：木棺还保存了前宽后窄的形制；陶器在器形和摩擦、弦纹等加工技艺上，还保留了一定的乌兰察布和南家营子乃至扎赉诺尔的特点；铜羊矩骨应是以前常见的羊矩骨的仿制品；乌兰察布和南杨家营子饰物中喜用铃饰的风俗也保存下来。此外，还有不少带有匈奴风格的器物，以动物作装饰的金指环和禽兽搏斗纹样的铜饰牌等。

北魏平城及其附近遗迹

天兴元年（398 年），拓跋珪称帝，“天兴二年（399 年）迁都”（《水经注·㶟水》）于汉平城。天赐三年（406 年），“发八部人自五百里内，缮修都城，魏于是始有邑居之制度”（《魏书·天象志》）。北魏平城遗址在今山西大同城区及其附近。其地北阻方山，东西皆傍如浑水。历年来，在大同城北的小北城内外以及迤北的大同车站附近，发现了不少北魏波纹、连珠纹、忍冬纹的灰黑色陶片、布纹大瓦和莲纹、“富贵万岁”隶书体铭的瓦当，大同车站东北方还出有排列整齐、间距 5 米的覆盆础石，础石厚 20 厘米，70 厘米见方，石面承柱部分的直径达 45 ~ 50 厘米。[5]这些重要遗迹表明这个区域应是北魏宫城和宫城前衙署的范围，而大同车站北方现存的一段夯土残垣，或许即是宫殿北壁的遗迹。文献记载宫城北、西两面设苑，东建太子宫。宫苑不仅占据了整个平城的北面，且扩张到城东、城西。当时江南人记录平城的情况：“妃妾住皆土屋，婢使千余人织绫锦贩卖、酤酒、养猪羊、牧牛马、种菜逐利。”宫城中“又有悬食瓦屋数十间，置尚方，作铁及木”（《南齐书·魏虏传》）。这些，都充分说明平城时期北魏宫苑之所以占地广大，主要的并不是为了皇室游猎，而是由于宫廷经济还带有一定的原始性质，北魏皇帝还直接役使着奴婢进行包括畜牧在内的各种生产的缘故。[6]

修建宫苑的同时，还“规立外城，方二十里，分置市里，经涂洞达”（《魏书·太祖纪》）。拓跋嗣（明元）泰常元年（422 年）又“筑平城外郭，周回三十二里”（《魏书·太宗纪》）。平城地势北高南低，其外城和外郭主要在宫城南面。《魏书·莫含传附孙题传》云：“太祖欲广宫室，规度平城四方数十里，将模邺、洛、长安之制。”可知拓跋珪规划的外城，是以中原都邑为蓝本的，而模拟的对象首举邺城，邺城正是宫苑在北，市里位南。平城外城多驻卫军，所以《南齐书·魏虏传》说："宫城三里内，民户籍不属诸军戍者，悉属之。"《魏虏传》又记："其郭城绕宫城南，悉筑为坊，坊开巷，坊大者容四五百家，小者六七十家。"悉筑为坊，说明郭城布局和外城相似。平城发展很快，到拓跋宏（孝文）太和十五年（491年）时，即已"里宅栉比"（《魏书·释老志》）。文化大革命期间，在相当于平城南郭外的大同南郊工农路北侧，清理了两处北魏居住址，其一出土雕刻精致的石砚，另一出土具有浓厚西亚风格的银碗和鎏金高足铜杯，附近还散布有方形石础。[7]估计郭城内的坊里和附郭近郊绝大部分是安置拓跋皇室、亲密的帝族、勋旧诸姓、各族官僚以及各地大商贾的所在。[8]至于拓跋多次从各地强迫迁来平城的汉族和各部落的人民，则被置于"东至代郡（今河北蔚县），西及善无（今山西右玉），南极阴馆（今山西代县），北尽参合（今山西阳高）"（《魏书·食货志》）的畿内之地和如《元和郡县图志》河东道所记的千里"甸服"之区。使各部落人民"散诸部，分土定居，不听迁徙"（《北史·外戚·贺讷传》），并"劝课农耕，量校收入"（《魏书·食货志》）。这样安排，既将许多部落人民与旧日的酋长分离，使"君长大人皆同编户"（《北史·外戚·贺讷传》），又迫使居住帐幕的游牧生涯改为定居的农业生产，显然这是北魏统治者加速国家建设的重要措施。

5世纪以来，北魏境内各族人民和统治阶级间的矛盾日益激化，以拓跋皇帝为首的统治集团为求"国祚永康"、"长辞八难"（云冈石窟11窟太和七年［483年］《五十四人铭》），提倡佛教，在平城内外大事兴建佛教建筑，原存山西朔县崇福寺的一件高约五尺雕造精细并有"天安元年岁次鹑火（466年）……平城造"铭的石塔[9]，是现知北魏有明确纪年的最早的佛教遗物之一。塔方形，九层，第一层四面都雕出双阙，这应是当时平城城内"椠跱相望"的"神图妙塔"（《水经注·㶟水》）的仿制品。位于平城西约十五公里的武州川旁的云冈石窟，"凿石开山，因岩结构，山堂水殿，烟寺相望"（《水经注·㶟水》），"石龛之大者，举高二十余丈，可受三千余人，面别镌像，穷诸巧丽，龛别异状，骇动人神，栉比相连三十余里"（《续高僧传·昙曜传》）。云冈开始雕凿约在和平初（460年）以后不久，全部停工应是"终乎正光"（520~524年）（《大金西京武州山重修大石窟寺碑》），其间主要工程完成在太和十八年（494年）迁洛之前。时间这样短促，工程又这样艰巨，再加上同时平城城郊还有数不清的兴建项目，可以估计当时工役，不能不带有奴隶劳动的性质，如以隋唐时代开凿石窟的规模远远不及云冈来比较，就更加清楚地看出北魏开凿云冈的工程是如何既残酷而又野蛮地奴役各族人民了。

平城附近的墓葬

差不多整个5世纪，平城一直是拓跋的政治、经济中心，因此附近应分布有较多的墓葬，但目前发现的仅有方山和大同东南郊两处统治集团上层的陵墓。

方山今名梁山，在大同北，其地两川夹流，俯瞰平城。拓跋宏（孝文）于太和十四年（490年）葬其祖母文明太皇太后冯氏于此。墓在方山上，俗呼祁皇坟。墓地系冯氏生前所自选，墓园自“太和五年（481年）起作，八年（484年）而成”（《北史·后妃·魏文成文明皇后冯氏传》），其大体布局，现尚可识辨。

墓园最南有围绕回廊的塔院遗迹，回廊基宽近十米。塔基方形，长40米、宽30米。塔院遗迹北约200米的高坡上，为一长方形建筑遗迹，遗址散布础石、残瓦，残瓦中有“传祚无穷”、“富贵万岁”隶书铭瓦当和莲花、化生等纹饰的瓦当；还分布有黄色石灰岩的“文石”断片和一件原来树碑其上的石龟趺。此遗址北约600米处，即高大的冯氏墓冢（永固陵），冢基底方形，南北长117米、东西宽124米，上部作圆形，自基底至冢顶现存高度为22.87米。冯氏墓冢东北约800米，有约60米见方，现存高度约13米的另一大冢，即拓跋宏豫营的虚宫“万年堂”。[⑩]以上墓园情况，与《水经注·㶟水》所记“（方山）岭上有文明太皇太后陵，陵之东北有高祖陵，二陵之南有永固堂……庙前镌石为碑兽……有思远灵图”相符。拓跋宏虚宫之北，尚有较小的墓冢两处，准北魏金陵制度，约是永固陵的陪陵墓。近年在墓园附近发现石窟残迹，这约是《魏书·高祖纪》上所记太和“八年（484年）秋七月乙未行幸”的“方山石窟寺”的遗迹。

冯氏墓（永固陵）墓室早年被破坏，1976年进行了清理。[⑪]墓室砖建，位于墓冢的中心，南向，由甬道、前室、过道和主室组成，全长23.5米。过道前后设石门两重，门框浮雕下具龛柱的莲瓣形券面，龛柱上部浮雕孔雀和捧蕾童子各一。主室弧方形，南北长6.4米，东西宽6.8米，四角攒尖顶，高7.3米。室内残存石俑、陶罐、铜镞、铁矛头和铜簪、骨笄以及玻璃小环、丝织品残片等。

冯氏墓和墓园工程浩大，拓跋宏（孝文）太和十四年（490 年）诏："今以陵万世所仰，复广为六十步"（《北史·后妃·魏文成文明皇后冯氏传》），制度逾恒，这既和冯氏生前两度"临朝专政"，前后长达十余年相适应；也反映了北魏一朝礼制的特殊性。拓跋自原始社会末期，迅速地进入阶级社会，原始残迹的保存较为严重，母系家族特殊权势长期存在，太后摄国事极为习见。4 世纪中，猗㐌（桓帝）死后，其妻惟氏临朝，"时人谓之曰女国"（《北史·后妃·魏桓皇后惟氏传》）；什翼犍（昭成）幼冲，"国祚殆危，兴复大业，(太）后之力也"（《北史·后妃·魏平文皇后王氏传》）；拓跋珪（道武）初立，也因母后规策"而免难"（《北史·后妃·魏献明皇后贺氏传》）。拓跋珪建国之后，旧风犹存，文献记载拓跋宏时，太皇太后冯氏一家炫赫一世；即使到了 6 世纪，北魏末年，拓跋恪（宣武）后胡氏尚得拓跋上层支持，"亲览万机"（《北史·后妃·魏宣武灵皇后胡氏传》）。由此可知，"万世所仰"规模宏巨的冯氏墓及其墓园的出现，和一般的历代后戚擅政，墓葬僭制者不同。其实女系权重，贯穿在整个北朝的鲜卑民族中，所以直到东魏元善见（孝静）时，临淮王孝友奏："（上下）无妾媵，习以为常……举朝略是无妾，天下殆皆一妻。"(《北史·魏太武五王·临淮王谭传附曾孙孝友传》）北齐颜子推记"邺下风俗专以妇持门户……此乃恒代之遗风乎"（《颜氏家训·治家)》)，此恒代遗风，即是原始制度的残迹。

墓地和佛寺接合起来，是冯氏墓园的布局特点。冯氏系北燕冯弘孙女，北燕提倡佛教，5 世纪后半，冯氏及其兄熙佞佛，广建佛寺，方山墓地既为冯氏所自择，墓园兴建又正当冯氏听政时期，因此估计富有佛教色彩的墓园布局很有可能出自冯氏本意。由于冯氏在北魏的特殊地位和当时"今以陵万世所仰"的有意安排，所以这种墓寺结合的做法，影响到北朝晚期统治集团的陵墓，甚至影响到北朝以后。

大同东南郊，约是平城的墓葬区域。[12]北魏延兴四年——太和八年(474～484 年）司马金龙夫妇墓，即发现在大同市东南石家寨村。[13]墓砖建，具前、后、耳室。前室方形，后室、耳室皆弧方形。前、后室间设过道。墓室全长约 14 米，甬道长约 4 米，斜坡墓道长 28 米。后室右侧设石棺床，床上除残棺木外，有石砚一方，床前原设漆画屏风。后室前部和过道后部置日用器物如陶壶、青瓷唾盂、漆多子盒和铁剪、铁马镫等。过道前部东侧置司马金龙夫妇石铭表。过道入口正中立石灯座。后室和过道部分的布置和同时的南方地区以及魏晋时期中原地区较高的统治阶级的墓葬基本一致。前室后部扼过道口处置大型武士俑和镇墓兽，其西侧有陶犬、马、牛、羊、驼、猪、鸡一群。前室前部满布陶俑，位置已扰乱，计有着甲骑俑、武士俑、男女立俑和木俑共三百二十余件。此外还有大型陶马、驮粮马、木马等三十件。耳室出女乐坐俑三。全部俑群数量较多，内容也和同时的中原地区的类似墓葬相近。其不同处：牲畜成群存在，并未见有与庖厨有关的其他明器，推测这有可能是平城时期北魏上层统治集团还保存一部分畜牧经济的反映，大部陶俑的面貌既不类汉族，也不像中原地区常见的胡俑，大概是拓跋人民的形象。司马金龙是投降北魏的晋皇室的后代，文献记载他们父子兄弟开府云中，历数十年，或尚主，或封王，金龙父楚之死后还受到北魏皇室的特殊优遇，“陪葬金陵”（《魏书・司马楚之传》）。他们生前死后都和拓跋贵族同样奴役剥削各族人民，“民族斗争，说到底，是一个阶级斗争问题”（《支持美国黑人反对美帝国主义种族歧视的正义斗争的声明》）。司马金龙夫妇墓给我们提供了明确的实物例证。前后室附耳室全长 14 米的墓室形制和包括骑俑、女乐俑等在内的三百六十件以上的随葬明器，大约也是根据汉族除皇室以外的最高等级的葬制，这一点，不仅可以补充中原地区这段时间这一类型墓的空白；更重要的是它形象地说明了 5 世纪中叶以后，平城地区汉族的上层人物，几乎完全恢复了他们旧日的奢侈生活，并强烈地谋求恢复封建的等级制度。即使他们的代表崔浩刚被灭族（450 年），这种倾向也未稍减。拓跋治下的汉族地主阶级之所以敢于抗衡，很显然是利用了日益增长的汉族人民的反抗实力。此后不久，拓跋宏进一步加强国家组织的封建化，正是在这种形势下，为了镇压包括汉族人民在内的各族人民的反抗，以巩固拓跋贵族和汉族地主的联合统治而出现的。

北魏北部军镇遗址

5 世纪初，我国北部的柔然族已成北魏的强敌，北魏为了保卫平城，在平城北、西两面，修建了不少军事性的城镇，其遗址在内蒙古乌兰察布、伊克昭两盟都有发现。

土城梁古城，位乌兰察布盟武川县西南二十余公里[14]，有的同志推测即是六镇中“景明中（550～553年）筑，以御北狄”（《水经注·河水》）的武川镇城址。该城扼南入大青山“白道中溪”的西侧，城南、东南和西南皆为大青山主脉所环绕。城分南北两城。南城小，其南北壁长（约130米），东西壁短（东壁约百米，西壁90余米），南壁正中开门。城内中部偏北存有长35米、宽30米、高7米的建筑台基，附近分布北魏时代的布纹瓦、筒瓦和兽面瓦当、“富贵万岁”隶书铭瓦当，还出有铜镞、铁镞和铁犁等物。城外东、西、北三面也散布着和城内相同的瓦片、瓦当。北城面积大，南北长约400余米，东西宽约300余米，位于南城正北，相距约50米，城内遗物略与南城同。

石子湾古城位于伊克昭盟准格尔旗石子湾村东。[15]城北阻小河，东西为起伏的山岭。城南北长约240米，东西宽约160米。城内多基台遗址，除遍布与土城梁古城相同的瓦片、瓦当等外，还有绳纹砖和简化的晚期卷云纹瓦当，城外东、西、北三面都有较厚的包含各种建筑材料的北魏文化层。

两处城镇遗址大体可以表明当时北魏北部军事城镇布局的特点：存有建筑台基的主要防区设在遗址的南部，即背向后方的方位，主要防区的前面阻有河流，并在前方和左右设有与主要防区相呼应的外围据点，形成在军事上的有利局面。两处城镇遗址的全部面积较大，证明当时军镇拥有大量的官兵“府户”。文献记载其中有很大数量原是拓跋贵族“国之肺腑”（《北齐书·魏兰根传》）。遗址所示镇城内外原多建有砖砌铺瓦的木构建筑和有农具出土等现象，说明这些居住北方的拓跋上层，至少到北魏晚期，也改变了居住条件并经营了农业，所以出现了如文献所记六镇高级军官“专擅腴美”，戍兵百姓“因此困敝，日月滋甚”（《魏书·源贺传附子怀传》）的情况。

坝口子村土城，位于呼和浩特市西北五公里坝口子村南。[16]北傍大青山，扼北通武川的大道。城东西宽360米，北壁地面上已无痕迹，故全城长度不详。城内南距南壁约170米至190米处筑东西向土墙一道，分城内为南北两城。南城内西距西壁约150米处又有南北向土墙一道，分南城为东西两部分。北城中部以北，压在坝口子村民居下，中部偏南似有子城。有河，现从城北入城，穿北城、子城的西部和南城的西部的中间而南。有的同志根据此城的位置和形势，对照《水经注·河水》：“芒干水又西南径白道南谷口，有城在右，萦带长城，背山面泽”，“城北有高坂，谓之白道岭”的记载，认为和北魏时代的白道城相似。白道城是大青山北诸镇城的后方据点，应是更高一级镇将的驻所。北城中部的子城，大约是这高级镇将的衙署住宅区。城内地面遗迹以北城西南隅比较显著，分布有板瓦、筒瓦、绳纹砖和各种陶片。在河经北城中部靠近子城附近的东岸，发现典型的北魏晚期石刻佛像背光的残片。距背光残石出土地不远的地方，还意外地发现了四枚波斯萨珊朝银币，其中年代较迟的是库思老一世（ChoS-roes I，531～579年在位）时所铸。这个发现，证明北朝晚期北方的边镇也和遥远的西亚存在着交通贸易关系。其经由路线，有可能自平城北上；但也不能排除自河套地区向西经“北虏往来之冲要”的西海郡（即“汉晋旧郭”居延，《魏书·袁翻传》），抵伊吾、高昌，再西去的路线。

呼和浩特市发现的北魏墓

1975年在呼和浩特市内蒙古大学南侧发现的北魏砖室墓[17]，平面弧方形，棺床设在墓室右侧，除武士俑外，男女陶俑的面貌服饰以及陶猪陶羊前后肢不分左右的做法等，都和司马金龙墓的情况相同或相似。这些相同或相似，有力地说明它们时代的接近。可是类乎辽宁巴林左旗拓跋族墓葬中出现的用工具压捺出点纹装饰的陶器，在这里出现了。陶罐也“与呼和浩特美岱村北魏初期（拓跋贵族）墓中出的陶罐完全一致”。这些迹象进一步表明这座墓可能比司马金龙墓略早而墓主人可能是拓跋族。至于该墓漆棺的使用，一套中原流行的陶仓、井、碓、磨、灶等庖厨明器的出现和象征墓主人外出乘坐的陶牛车的随葬等，反映了墓主人生活习俗的浓重汉化。司马金龙墓出现的女坐乐俑，这里发现的更为齐备，并布置了翩翩起舞的舞俑，汉族大族追求生活享受的风习，看来也影响到这里。呼和浩特一带，原是“分土定居”之区，墓葬所在又位于北部重镇白道城的近郊（东北距坝口子村土城不过五六公里），太和以前，北魏“盛简亲贤，拥麾作镇”（《北史·魏太武五王·广阳王建传附孙琛传》），屯戍北部的各级将士乃至戍卒，绝大部分也都选自拓跋贵胄或强宗子弟，因此，这座墓墓主人的身份，可以肯定属于北魏的统治阶层。在距都城平城北一百五六十公里的大青山下的北魏统治阶层的墓葬，出现了这样汉化程度甚深的现象，可以估计当时平城附近汉化的程度当然更深。生活习俗的汉化，反映了这个地区经济生活的变革，平城附近及其以北，自5世纪中期以来，尽管畜牧经济还占有一定的比重，却终究阻止不了定居的农业经济的迅速发展。5世纪末，拓跋宏锐意推行全面汉化政策，以加速北魏社会的封建化，虽然遭到顽固保守势力的反对，但呼和浩特市的这处发现，似乎可以说明，即使在拓跋统治阶层内部，也早就出现了赞同改革的力量。

注释：

①张郁：《和林格尔县土城子试掘纪要》，《内蒙古文物资料选辑》。

②李逸友：《内蒙古出土文物概述》，《内蒙古出土文物选集》，文物出版社，1963年。

③内蒙古自治区文物工作队：《内蒙古呼和浩特美岱村北魏墓》，《文物》1962年第2期。

④马衡：《北魏虎符跋》，《考古通讯》1965年第4期。

⑤驹井和爱：《东亚考古学·北朝と佛迹》，东京弘文堂，1952年；水野清一：《大同近旁调查记·平城遗迹》，《云冈石窟》第16卷，京都大学人文科学研究所，1956年。

⑥当时北魏太子也有自己经营的田畜贩酤，《魏书·高允传》记拓跋晃为太子时"营立田园，以取其利。允谏曰……今殿下国之储贰，四海属心，言行举动万方所则，而营立私田，畜养鸡犬，乃至贩酤私鄽，与民争利……（愿殿下）所在田园，分给贫下，畜产贩卖，以时收敛……恭宗不纳"。

⑦《无产阶级文化大革命期间出土文物展览简介》，《文物》1972年1期。

⑧《魏书·韩麒麟传附孙显宗传》记平城里坊居民的变化情况："太祖道武帝创基拨乱，日不暇给，然犹分别土庶，不令杂居，伎作屠沽，各有攸处。但不设科禁，买卖任情，贩贵易贱，错居混杂。"

⑨莫宗江：《应县朔县及太原晋祠之古代建筑》，《雁北文物勘察团报告》，中央人民政府文化部文物局，1951年。此石塔抗战期间被日本军国主义窃去留东京帝室博物馆，战后又被他们私运去台湾。

⑩A. E. Wenley《The Grand Empress Do-wager Wen Ming and The Northern Wei Necropolcs at Fang Shan》（Frees Cllery of Art，Occasional papers，l. l。Washington，1948）。水野清一：《大同近旁调查记·平城遗迹》，《云冈石窟》第16卷。

⑪大同市博物馆：《我市出土一批珍贵的石雕艺术品》，《大同报》1976年7月20日。

⑫北魏皇室、帝族、勋旧、余部之外的墓区，据文献记载知在平城东南桑乾河两岸。《魏书·王慧龙传》："王慧龙自云太原晋阳人……真君元年（440年）……卒。……时制：南人入国者，皆葬桑乾。"为文明太后冯氏所宠追赠王爵的晋阳人王桥、王睿"父子并葬（平城）城东，相去里余"（《魏书·恩倖·王睿传》）。拓跋焘（太武）保姆窦太自选的墓地和"自魏兴贵臣恩宠无以为比"（《北史·卢贵元传》）追赠襄城王的昌黎徒河人卢鲁元的墓地，都在平城东南桑乾河南岸的崞山。

⑬大同市博物馆：《山西大同石家寨北魏司马金龙墓》，《文物》1972年第3期。

⑭张郁：《内蒙古大青山后东汉北魏古城遗址调查记》，《考古通讯》1958年第3期。

⑮盖山林：《内蒙古伊盟准格尔旗石子湾古城调查》，《考古》1965年第8期。

⑯《内蒙古呼和浩特市坝口子村土城调查记》（未刊）。

⑰郭素新：《内蒙古呼和浩特北魏墓》，《文物》1977年第5期。

（原载《文物》1977年第11期）

北魏洛阳城和北邙陵墓

——鲜卑遗迹辑录之三

宿　白

公元5世纪末，拓跋统治集团为了进一步与汉族地主阶级相勾结，以保持其对黄河南北广大领域的继续统治，决定自平城南迁洛阳。洛阳自古以来即是汉文化的中心地区。迁都洛阳，必然引起北方鲜卑各族和中原地区以汉族为主的各民族间的迅速融合，也必然加速北魏政权的彻底封建化。《洛阳伽蓝记》卷2记永安二年（529年），南朝梁人陈庆之自洛阳归来后，“钦重北人，特异于常”，并说：“自晋宋以来，号洛阳为荒土，此中谓长江以北尽是夷狄。昨至洛阳，始知衣冠士族并在中原，礼仪富盛，人物殷阜……”反映了北魏迁洛以后不过三十多年“汉化”的程度，已达到使南朝人“特异”的深度。这个“汉化”，并不是简单地恢复或模拟汉魏制度，而是加入了新因素后的一次发展，这一点我们从洛阳考古资料，主要是从北魏洛阳郭城的设计和洛阳北邙北魏陵墓的布局的初步探讨中，得到某些认识。

北魏洛阳城遗址

《魏书·天象志》4：“（拓跋宏［孝文］太和十七年［493年］）冬十月诏司空穆亮、将作董迩缮洛阳宫室。明年（494年）而徙都之。”《魏书·高祖纪》下：“（太和十九年［495年］）九月庚午，六宫及文武尽迁洛阳。”宏子恪（宣武）景明二年（501年）“九月丁酉发畿内夫五万人，筑京师三百二十二坊①，四旬而罢”（《魏书·世宗纪》）。此北魏兴建的洛阳，在今洛阳老城东北②，经过对遗迹的勘察并与文献对比，已大致可以作出初步的复原示意图。

北魏兴建洛阳和以前兴建平城相似，都是把地势较高的汉以来的旧城，置于中部偏北，然后在其低平的外围，主要在东、西、南三面兴建郭城。北魏对汉以来的旧城，首先继承了魏晋时期在西北隅兴建的防御措施——金墉城，并在城西壁北端开辟承明门以通金墉；“自广莫门以西，至于大夏门，宫观相连，被诸城上”（《洛阳伽蓝记序》），说明北魏在曹魏时加厚的北城垣内侧，兴建了不少高层建筑，这些高层建筑和北魏兴建的宫城连成一片。

其次，集中全部宫廷建筑于旧城中部偏西的北侧兴建的宫城之中，这就彻底地改变了汉魏洛阳南北宫的分散设计，显然这是沿袭了平城的布局。北魏兴建的宫城，南北长（约1398米），东西窄（约660米），北为苑区，南为宫殿区，和平城宫城相同。宫殿区夯土台基密集，最集中的地点在今金村南，以俗呼“金銮殿”的南北60米、东西约100米的高地为中心，围绕成组的基址，这里应是北魏主要殿堂的所在。“金銮殿”南约500米，正当宫城南垣阙口处的“午门台”附近，夯土基平面复杂，其前还有相对的双阙遗迹，应是宫城南门阊阖门的遗址。

第三，根据文献记载，宫城外东侧置太仓、洛阳地方官署和经营苑囿籍田的机构和“拟作东宫”的空地（《洛阳伽蓝记》卷1）。西侧原为晋大市所在，北魏废为佛寺。大市“名曰金市”（《文选·潘岳闲居赋李善注》引《陆机洛阳记》），是晋“面郊后市”（《文选·潘岳闲居赋》）的后市。废了后市，是我国都城布局史上的一项重要改革，这一点也和平城不设后市的情况相同。

第四，在宫城和上述太仓、衙寺等的南面，横隔了一条宽约40米的东西大街。这条街是洛阳最宽的横街，大体上是在海拔125米等高线附近设计的。它东通东阳门，西通西阳门，笔直地把洛阳城划为南北两半。地势较高的北半，到北魏晚期几乎全部为北魏皇室所征用。地势在120～125米之间的南半部，即上述横街之南，正中偏西有北对阊阖门的南出大街——铜驼街，是北魏洛阳最宽的街道，宽达41～42米。街道两侧探明不少大面积的夯基，这大约是参考了南朝都城建筑的设计③，在铜驼街左右布置中央衙署和庙、社的遗址。熙平元年（516年）皇室修建的永宁寺，位于铜驼街北端西侧遗址的西面，遗迹保存较完整，南北长约298米，东西宽约210米，西南隅尚存角楼台基，遗址中部有底层约100米见方的塔基。横街之南的广大地区，分布有大小不同的夯基，即使已近南城垣的东侧以迄东南城隅一带，近年来也不断发现涂有朱红色的残墙，并同出有大量刻划或捺印出文字的残瓦、莲花或兽面纹瓦当和大型兽面纹砖等标准的北魏官府建筑遗物。④以上情况，清楚地说明汉以来洛阳旧城的范围，从北到南已逐步为宫城、衙署、寺院和高官宅第所占据，成为北魏都城中最核心的部分。

北魏创建的洛阳郭城，北依芒山，南通伊洛，“东西二十里，南北十五里”（《洛阳伽蓝记》卷5），近年曾勘得其部分遗迹。洛阳旧城西今象庄、分金沟间的古渠道和南入搭河故道的西石桥、东新庄间的古渠道，南北约略在一条直线上。这两条古渠，东距汉以来洛阳城适为七里，应是“出阊阖门，城外七里有长分桥，谷水浚急，注于城下，多坏民家……长（涨）则分流入洛”的“张方沟”（《洛阳伽蓝记》卷4）的遗迹。张方沟临洛阳西郭，洛阳城郭西垣当在该沟东侧。东新庄之东牛王庄的北侧传有夯墙残迹，牛王庄南正临一故河道，这条故河道东经西大郊，与今洛河一小支流相接，约是北魏时洛河位置。因此，牛王庄北的残夯墙，有可能是“南临洛水”的洛阳南郭墙的遗迹。从上述大致可以比定的西、南郭墙的方位，根据前引文献记录的郭城里数，即可初步推定东北两郭墙的所在。

《洛阳伽蓝记》卷3又记：“宣阳门外四里⑤至洛水上作浮桥，所谓永桥也……永桥以南，圜丘以北，伊洛之间，夹御路东有四夷馆……道西有四夷里……别立市于洛水南，号曰四通市，民间称为永桥市……永桥南，道东有白象、狮子二坊。白象者，永平二年（509年）乾陀罗国胡王献，……（胡）太后遂徙象于此坊。”由此可知，洛阳南郭的中部，夹御路的两侧，有向南突出的部分，向南突出的尽端，是位“于伊水之阳”（《魏书·礼志》2）北魏皇帝祭天的圜丘。在上述西大郊的洛河故道直北正对铜驼街处，应是“城南五里，洛水浮桥”（《文选·闲居赋李善注》引《河南郡县境界簿》），即所谓永桥的所在。从此一直向南约五里有南傍伊水河堤的王疙挡村，王疙挡村的东北有相公庄。王疙挡村和相公庄这两个地点，或许就是圜丘和白象坊的位置。从王疙挡村北到西大郊，其间既夹北魏御路，又适可东西列置四里，洛阳南郭向南突出部分，大约就在这个区域。如果这个推测无大误，北魏郭城南北的长度，说不定还有和东西同长二十里的延展拟议。看来，北魏洛阳规模之大，在我国历史上不仅是空前的，而且也超过了过去认为我国封建时期最大的都城——隋唐长安（《唐六典》7：“今京城……东西十八里一百一十五步，南北十五里一百七十五步”)。

《洛阳伽蓝记》卷5记:“京师……户十万九千余。庙社宫室府曹以外,方三百步为一里,里开四门……合有二百二十里。”《北史·魏太武五王·广阳王建附子嘉传》记:“嘉表请(宣武)于京四面筑坊三百二十,各周一千二百步。”[⑥]由上记载,可知洛阳郭城内的规划,排满了规整的一里见方、四面开门、内设十字街的里坊。根据上面拟定的郭城方位,按一里见方的规划,我们粗略地试在今天的地形图上,描绘北魏洛阳里坊示意图(图略)。在这个示意图纸中,竟然意外地看到了以下两种情况:一、和文献记有明确里数的已知遗址,如汉魏以来的灵台(《文选·闲居赋李善注》引《陆机洛阳记》:“灵台在洛阳南,去城三里”)、辟雍(《洛阳伽蓝记》卷3:“灵台东辟雍”)和白马寺(《洛阳伽蓝记》卷4:“[白马]寺在西阳门外三里,御道南”)等完全符合;二、有不少现存的大道、小路与试拟的里坊间的纵横界线和试拟的连续的各里坊内十字街大致相重合的情况,其较清楚的实例,列如下表:

与拟定的里坊纵界相重的	平乐村向南的大、小道,枣园、牛王庄间的大道,王疙挡、西大郊间的大道,寨后、大石桥间的小路
与拟定的里坊横界相重的	翟泉向西的小路,寺里碑向西的大道,东阳门址向东的大、小道,佃庄向东的大、小道
与拟定的连续的十字街纵街相重的	南赵村向南的大道,东赵村向东的小路,枣庄向北的小路,义井、小湾间的小路
与拟定的连续的十字街横街相重的	保驾庄向东的大道,小湾向东的小路,关庄向西的大道,相公庄向西的大道

这两种意外的情况,使我们进一步大胆估计我们试绘的示意复原,有可能比较接近北魏洛阳原来的里坊设计。因此,我们一方面根据文献记载,一方面参考这份试绘的复原图纸,初步考虑北魏洛阳郭城布局的若干特点。

第一,里坊制度和里坊分配与管理的问题。规整的一里见方的里坊,最为突出。《洛阳伽蓝记》卷5记:“方三百步为一里,里开四门,门置里正二人,吏四人,门士八人。”里坊的划分,是中原城乡旧制,但这样大面积整齐统一的部署和对里坊这样严格的管理,则为以前所未见。《北史·魏太武五王·广阳建附子嘉传》："嘉表请于京四面筑坊……乞发三正复丁以充兹役，虽有暂劳，奸盗永止。诏从之。"可见洛阳兴建众多的规整的里坊，目的在于便于控制坊内的居民。

"后魏迁洛有八氏十姓，咸出帝族，又有三十六族，则诸国之从魏者。九十二姓，世为部落大人者，并为河南洛阳人。"（《隋书·经籍志·史部谱系篇后序》）《魏书·高祖纪》下又说："以代迁之士，皆为羽林、虎贲。"因知北魏大规模迁洛，在组织上还有相当一部分保留着旧日的部落性质的军事编制。这部分既属羽林虎贲卫宿亲军，又都携带家口。如何既便于管理，又可以安排适当这样有组织的大批迁来者，恐怕也是洛阳郭城为数众多的规整的里坊出现的主要原因之一。

对洛阳里坊的分配，《洛阳伽蓝记》卷4曾记有："自延酤（里）以西，张方沟以东，南临洛水，北达芒山，其间东西二里，南北十五里，名为寿丘里，皇宗所居也（《元河南志》作'皆宗室所居也'）。"皇宗所居如此集中，估计对于和皇宗亲近的其他迁洛族姓，以及其他族姓以外包括大批汉族官僚在内的各级官僚，也都有一定的规划。《魏书·韩麒麟传附孙显宗传》记："显宗又上言曰……伏见洛京之制，居民以官位相从，不依族类，然官位非常，有朝荣而夕悴，则衣冠沦于厮竖之邑，臧获腾于膏腴之里，物之颠倒，或至于斯，古之圣王必令四民异居者，欲其业定而志专……今稽古建极，光宅中区，凡所徙居，皆是公地，分别伎作，在于一言，有何为疑，而阙盛美。……高祖（孝文）善之。"可见洛阳里坊的安排，既照顾了族姓，也强调了官品。但无论族姓与官品，都只是里坊的编户。里坊的管理权，最初明确地属于北魏都城地方官，拓跋宏（孝文）内戚冯俊"恃势恣挝所部里正，（洛阳令元）志令主史收系，处刑除官"（《北史·魏诸宗室·河间公齐附孙志传》），可以为证。不久，治安大权又由皇室系统的武官过问，《魏书·甄琛传》记拓跋恪（宣武）时，"琛表曰：京邑诸坊，大者千户、五百户，其中皆三公卿尹，贵势姻戚，豪猾仆隶，荫养奸徒，高门邃宇，不可干问……请取武官中八品将军已下幹用贞济者，以本官俸恤，领里尉之任……琛又奏：以羽林为游军，于诸坊巷司察盗贼"。由此可知，北魏洛阳的里坊，形式上可以适应迁来的有组织的各族姓和各级官僚，管理上则已是封建制下的行政组织，而这个行政组织又辅有由中央直接统率的军管性质。后一点从《魏书·甄琛传》所记："国家居代，悉多盗窃，世祖太武皇帝（拓跋焘）亲自发愤，广置主司，里宰，皆以下代令长及五等散男有经略者，乃得为之。又多置吏士，为其羽翼，崇而重之，始得禁止”，可以推测大约是参考了以前平城的经验的。

第二，工商业区的安排。把工商业区有计划地安排在坊里密集的西、东、南三郭的中部，这也是以前都城布局所未见的。东、西两郭的市，都设在距洛阳旧城三里外的地方。西郭的市“周回八里”（《洛阳伽蓝记》卷4），名大市，在白马寺东。在大市范围内，近年在正骨学院附近勘察时，曾发现大面积的瓦片堆积层，有的地方厚达2米以上，有力地证明了当初大市的繁荣。东郭的市面积较小，名小市。南郭的市名四通市，在旧城南门宣阳门外，“商胡贩客日奔塞下……天下难得之货，咸悉在焉”（《洛阳伽蓝记》卷3），其地位于伊洛两水之间，拓跋宏（孝文）迁洛时敕：“今移都伊洛，欲道运四方”（《魏书·成淹传》），看来，这里扼洛阳水路要道，是当时洛阳最繁盛的所在，可能是北魏洛阳最初规划的市。洛阳工商区域的规模和布局，远比以前都城市场为宏大、合宜。这表明北魏自太和八年（484年）以降，实行班俸禄、立三长、行均田等有利于加速封建制的改革以来，中原地区经济已有较大的恢复和发展；还表明迁洛前后北魏统治集团极力提倡的汉化，正在迅速深化。反映在皇室和各部族的上层人物间突出的是羽仪服式仿效南朝，追求生活上的享受，“骄侈成俗”（《北齐书·慕容绍宗传》），“（河间王元）琛常会宗室，陈诸宝器。金瓶银瓮百余口，瓯檠盘盒称是。自余酒器有水晶钵、玛瑙琉璃碗、赤玉卮数十枚。作工奇妙，中土所无，皆从西域而来”（《洛阳伽蓝记》卷4），以至皇宗居住区附近的大市，虽然面积已很不小，但还不断扩大，使周围大市的十个里，都逐渐“多诸工商货殖之民”。

第三，城内外遍布佛寺。神龟元年（518年）“任城王澄奏：昔高祖（孝文）迁都，制城内唯听置僧尼寺各一，余置城外……正始三年（506年）沙门统惠深始违前禁，自是卷诏不行，私谒弥众，都城之中，寺逾五百，占夺民居三分且一……臣谓都城内寺未成可徒者，宜悉徙于郭外……然卒不能行”（《通鉴·梁纪》5）。这段文献表明了：一、北魏迁洛即安排了佛寺，开都城设计未有的前例；二、孝文以后，由北魏政府任命管理佛教事务的沙门统带头破坏禁令，于是洛阳佛寺急剧发展，之后即使像任城王澄那样的重臣，想遏止一下也“卒不能行”。按北魏迁洛前后的佛教，极力提倡观像禅定的宗教活动，以诱使广大人民脱离现实斗争。观像禅定离不开佛像佛寺，而造像修寺又是统治阶级妄图消祸追福的“善举”，所以，在北魏晚期阶级斗争日趋激化的情况下，修寺造像风靡洛阳，洛阳佛寺之多大大超过了旧都平城，因而成为北魏洛阳有别于以前都城的另一特点。前述已经发掘的旧城中的永宁寺和位于西郭地址大致可以确定的汉以来的白马寺，是当时两处著名的佛寺。此外，在旧城中的韩旗屯，西郭的白马寺以西和东南，南郭的大郊村西，北郊的翟泉村南，东郭的寺里碑和义井铺等地，过去都曾有北魏和东魏的佛教石刻出土。这些地点，大约也都是当时佛寺的所在。另外，京南关口的伊阙，现尚保存不少北魏开凿的佛窟、佛筑，其中最大的是北魏皇室驱使八十万以上民工，历时二十四年（景明元年至正光四年［500 年～523 年］）还未完工的“宾阳三洞”。这样多的佛寺遗迹，实际上还不过是当时一小部分的残存，《洛阳伽蓝记》卷 5 记北魏晚期洛阳寺院的数字，竟高达“一千三百六十七所”，有的里坊如东郭的建阳里，居然兴建了十座佛寺，北魏统治集团利用佛教毒害人民的情况，确实达到了惊人的地步。但是，宗教的泛滥，正反映了社会的极度黑暗，北魏的彻底覆亡，也就相去不远了。

北魏北邙陵墓的布局

20 世纪 10 年代末到 40 年代，帝国主义勾结奸商大肆盗掘北魏洛阳郭城西北北邙坡上的北魏墓葬。当时有人根据出土墓志，对盗掘的各墓摘要作了一些记录。[⑦]解放后，河南考古工作者曾对其中较重要的墓葬，进行了调查、清理和研究。

解放后，关于洛阳北魏墓葬的研究工作中，对拓跋宏（孝文）长陵和其后高氏墓（文昭皇后陵）位置的确定，是一个重要收获。[⑨]由于这个问题的解决，使我们拟定北魏几个帝陵的大致范围，有了可靠的根据。关于长陵的范围，从十件墓志的记录，可以大体比定其东、南、北三面。

许多墓志提到了拓跋宏子恪（宣武）的景陵，其中九件墓志的记录可以比定景陵位置和范围。

对照长陵的范围，至少东、南两面，两陵极为相近，这两陵有可能就是同一范围。至于景陵冢的具体地点，从孝昌二年（526 年）元则墓志知现在的安驾沟位于“景陵之东北”，是当在长陵冢之南。东陡沟西出土的冯邕妻元氏墓志记其地为“景陵之南岗”，知当在东陡沟之北。因此，今冢头村西所谓的汉冲帝冢，或许就是景陵的所在。另外有的墓志还提到了拓跋恪（宣武）子诩墓，即“孝明皇帝陵”或定陵。可知定陵在上述两陵之东，位于北魏洛阳郭城西北隅之北。景、长、定三陵左右毗连，北魏皇室这样安排帝陵，大约还是承袭了盛乐、平城时期金陵的制度，即各代帝陵实际都在一处，洛阳北魏墓志常见的“西陵”，（如延昌三年［514年］元飏墓志、熙平二年［517年］元遥墓志等）可能就是他们的共名。因此，熙平元年（516年）元彦墓志和孝昌元年（525年）元显魏墓志干脆也叫这个范围作“金陵”，正光六年（525年）元茂墓志叫这里作“都西金山”，就都可以理解了。

北魏帝陵的位置大致拟定，即可进一步分析其布局情况。为了弄清陵区诸墓的关系，按照北邙地理形势，以长陵为中心，面对洛河，并考察了已知墓葬的宗系族姓，可以清楚地看到：

第一，瀍河两侧的北邙山域，是北魏统治集团的一个大墓区。这个大墓区，既包括了帝陵，又包括了元氏皇室、“九姓帝族”、“勋旧八姓”和其他内入的“余部诸姓”以及此外的一些重要降臣的墓葬。它们在这大墓区内的分布，看来是有一定的规划和安排的：

1. 拓跋宏（孝文）“迁洛阳，乃自表瀍西以为山园之所”（《北史·后妃·魏文成文明皇后冯氏传》）。迁洛后的北魏帝陵虽不尽在瀍西，但瀍西的中心部位，确实在拓跋宏入葬之后，很少兴建帝陵以外的其他墓葬（长陵东、瀍河西分布的元桢、元彬、元偃和元简等墓，皆建于孝文生前；元祐墓应是元简的祔葬墓）。

2. 大批墓葬分布在瀍河以东。瀍东最重要的墓区，是位于长陵左前方的海拔250米至300米等高线之间的那块高地。这块高地，与长陵相连，孝昌元年（525年）元华光墓志谓之曰“龙冈”，神龟二年（519年）元腾墓志中谓为“皇宗之兆”。这里埋葬了自拓跋宏七世祖拓跋珪（道武）子孙以迄拓跋宏自己的一支子孙。拓跋珪以上的什翼犍（昭成）、郁律（平文）后裔的墓地，则远离了这块高地，或分散到下方200米等高线附近的方位，或分散到接近大墓区北部边缘的地带。[11]拓跋珪（道武）、晃（景穆）、弘（献文）子孙也有个别的安排在高地外围的，估计当另有缘故。

3. 上述长陵左前方那块高地的前沿和坡下一带，原为妃嫔葬地，拓跋恪（宣武）母文昭贵人高氏终宁陵即在该处。神龟二年（519年）迁文昭墓于长陵西北之后，这个地区除埋葬妃嫔外，扩大到付姆、大监、内司等内职。

4. 瀍河以东，长陵左侧的外围，还绕置着“九姓帝族”、“勋旧八姓”和其他内入的“余部诸姓”以及此外的重要降臣的墓地。属于九姓帝族的有西山岭头和后沟的长孙氏墓地、西吕庙的丘氏墓地。属于勋旧八姓的有营庄北的穆氏墓地、马沟的陆氏墓地、刘坡的于氏墓地。属于其他内入的余部诸姓的有拦驾沟的冦氏墓地、侯氏墓地。属于此外的重要降臣的有后沟的乐浪王氏、弘农杨氏和左沟的乐陵石氏墓地等。这类非皇室元氏基地，也有少数分布在250米高地的边缘地区的，如属勋旧的于氏墓地（伯乐凹），属重要降臣的辽东公孙氏（小梁北）和瑯琊王氏（北陈庄和南石山）等的墓地。

5. 瀍河以西，长陵右侧的外围，有拓跋晃（景穆）子任城王世子澄一支的墓地（柿园北）和拓跋弘（献文）子赵郡王世子谧的墓葬（东陡沟东）。另外，在这个区域内发现的还有勋旧穆氏（水泉西）和其他内入的余部诸姓的笱氏墓地（东陡沟西南）等。

第二，在这处有规划安排的大墓区里，每组墓葬的排列，虽然由于资料不完备，目前还归纳不出完整的次第，但从下面的四种情况，可以推测它们都应是井然有序的。

1. 北魏洛阳帝陵的开创者是拓跋宏（孝文），他的长陵应是祖坟，其子恪（宣武）景陵在它的右前方，恪子诩（孝明）定陵在距长陵较远的左前方。此外，拓跋宏子怿墓位于瀍西，宏孙宝月墓位于瀍东，两墓离渡河相距不远，但前者在长陵直前的右侧，而后者则在长陵直前较远的左侧。

2. 上述接近长陵，位于瀍东的那块高地上的墓地，其布局是以拓跋宏（孝文）七世祖拓跋珪（道武）子孙的墓地为中心，宏六世祖嗣（明元）、四世祖晃（景穆）、二世祖弘（献文）的子孙的墓地位在右侧，宏五世祖焘（太武）、三世祖睿（文成）子孙和宏子怀一支的墓地位在左侧。

3. 拓跋宏（孝文）及其诸世祖子孙墓地中父子（女）墓葬的排列，有以下四种方式：

1	父为祖坟，子墓位于祖坟的左前方	珍（父）－天穆（子）	平文子孙
		晖（父）－信（子）俳（侄）	昭成子孙
		腾（父）－华光（女）	明光子孙
		鸾（父）－徽（子）	太武子孙
		澄（父）－彝（子）顺（子）	景穆子孙
		详（父）－颢（子）	献文子孙
2	父为祖坟，子墓位于祖坟的左后方	鸾（父）－恭（子）	太武子孙
		简（父）－祐（子）	文成子孙
3	父为祖坟，子墓位于祖坟的右前方	勰（父）－子直（子）	献文子孙
4	父为祖坟，子墓位于祖坟的右后方	绪（父）－悦（子）	明元子孙
		鸾（父）－显魏（子）显儁（子）	景穆子孙
		怀（父）－悌（子）诲（子）	孝文子孙

这四种墓例，方式虽异，但左右次第为序是和1、2相同的。外围的帝族、勋旧等墓地的排列，大约也不出此四种方式：伯乐凹于氏墓地中，父景墓在右前，子纂墓在左后，与此四式中的2同；西山岭头穆氏墓地中，父亮墓在左后，子绍墓在右前，与此四式中的3同。

4. 拓跋宏（孝文）及其诸世祖子孙墓地中兄弟墓葬的排列，皆自左而右，其例如：

信、俳（叔伯兄弟）	昭成子孙
澄（兄）、嵩（澄弟）、赡（嵩弟）	景穆子孙
华光、均之（叔伯姊弟?）	明元子孙
勰（兄）、详（弟）	献文子孙

上述接近长陵，位于瀍东那块高地上的景穆子孙墓地中，自左向右分布着阳平王、汝阴王、南安王，阳城王子孙墓群，这也是按景穆子辈的长幼顺序排列的。

以上墓区布局所示的第一各项，表明了北魏洛阳北邙这处大墓区，集中了以前不久还是同属于一个氏族（皇室元氏）、一个大氏族（九姓帝族）的死者，同属于一个联盟而又类乎兄弟氏族（勋旧八姓）的死者；还有同为一个联盟的其他部落的死者（其他内入的余部诸姓），另外还集中了其他鲜卑诸部的降臣（如慕容诸燕和北燕冯氏）；甚至还把来投的中原和南方的降臣（如弘农杨氏、琅琊王氏）也集中起来，这无疑的是原始社会族葬的遗风。所示的第二各项，表明了这个大族葬群内部的次第，大约是以父子（女）辈左右夹处，兄弟行并排成列为其特点的。这个特点实际是母系半部族制在墓葬制度上的反映的残迹。

族葬和族葬中反映母系半部族制的残迹，在中原地区大约即如《周礼·春官·冢人》所记的“公墓”。公墓者，“先王之葬居中，以昭穆为左右，凡诸侯居左右以前，卿大夫士居后，各以其族”。其遗迹现知以河南浚县辛村卫国墓地[12]、三门峡市上村岭虢国墓地[13]最为典型。其后，约自战国末期西汉初期以来，即随封建制的巩固、发展和家族葬的兴起而逐渐消失、改变。因此，洛阳这样北魏墓地的出现，自然与中原旧制无关，而是渊源于原始残余较重的代北旧习。

《魏书·高允传》记拓跋濬（文成）时：“允以高宗纂承平之业，而风俗仍旧……乃谏曰……今陛下当百王之末，踵晋乱之弊，而不矫然厘改，以厉颓俗，臣恐天下苍生，永不闻见礼教矣。”高允这番议论，当时只换得“高宗从容听之”。所以到了太和七年（483年）拓跋宏（孝文）因禁氏族社会“同姓之娶”的制度，颇有感慨地说：“皇运初基，中原未混，拨乱经纶，日不暇给，古风遗朴，未遑厘改，后遂因循，迄兹莫变。”（《魏书·高祖纪》上）[14]迁洛之前拓跋旧俗之重，于此可见。因此，洛阳北邙墓葬制度自当沿袭盛乐平城时期的金陵。金陵现下虽尚无实际资料可凭，但从《魏书》、《北史》的记载，可以推测它的规模和内容是和洛阳的情况近似的。当然，洛阳时期已与盛乐平城时期大不相同。盛乐平城的金陵，主要是拓跋皇室和帝族诸姓的葬地，勋旧和其他的内入余部诸姓以及各地降臣入葬的为数极少[15]，一些宫中内职的随葬也未见记录，洛阳墓地中出现的佛教僧人墓葬（如盘龙冢西曾出有永熙三年［534年］昭玄沙门大统僧令［杜］法师墓志）更未前闻。很清楚，金陵时期血缘纽带的原则比洛阳时期更严格，这如实地反映出：由于北魏南迁后，封建制的迅速发展，洛阳时期北魏原始族葬的形式虽尚存在，但其内部却已发生了比盛乐平城时期更多的变化。[16]北魏在墓葬制度上多存原始残迹，还可从当时皇室对陵墓的特殊重视来了解。太和十四年（490年）九月太皇太后冯氏卒，拓跋宏（孝文）亲政，“自九月至岁终，凡四谒陵”（《魏书·天象志》4）。次年又四谒（永固）陵。十七年（493年）迁洛前又谒永固陵。十八年（494年）由洛北还谒金陵、永固陵。二十年（496年）废太子恂后，又来谒两陵。拓跋恪（宣武）改元谒长陵，亲政又谒长陵。皇帝每临大事这样频繁地去祖先墓地，无疑是古风犹存的明显旁证。[17]

北魏原始葬制不仅保存在以皇室为中心的上层，文献记载迁洛以后的诸部人民似乎也存此制。神龟元年（518 年）“十有二月辛未，诏曰：民生有终，不归兆域，京邑隐赈，口盈亿万，贵贱攸凭，未有定所，为民父母尤宜存恤，今制乾脯山以西，拟为九原”[18]（《魏书·肃宗纪》），这应是北魏统治集团为一般南迁的人民指定的公共墓地。它大约和《周礼·春官·墓大夫》所记的“邦墓”或《周礼·地官·大司徒》所记的“族坟墓”相似。所谓邦墓，“墓大夫掌凡邦墓之地域为之图，令国民族葬而掌其禁令，正其位，掌其度数，使皆有私地域”。所谓族坟墓，“五间为族（《郑玄注》：‘间二十五家，族百家’），使之相葬”，族师掌之，“族师各掌其族之戒令政事……以相葬埋”（《周礼·地官·族师》）。其在中原地区的实例，较早的如陕西长安沣西张家坡第一地点的西周春秋墓地[19]，较晚的如河南郑州二里冈东北和岗杜的战国汉初墓地。[20]汉初以后，这种邦墓或族坟墓也和公墓同样，随着社会的发展，而改变或消失了。因此，北魏乾脯山西墓地制度，也和北邙墓地同样来源于代北。《魏书·王慧龙传》：“（拓跋焘［太武］）时制：南人入国者皆葬桑乾。”拓跋焘既为南人规定葬地，可以估计当时“北人”也必有集中的墓地，不过文献失载，遗迹又未发现，目前无法进行更多的推断罢了。

魏晋以来，原住边远地区的少数民族陆续内迁。十六国以后迄整个北朝时期达到了高潮。这个高潮前后连续将近三个世纪。在这样漫长的年代里，各族人民在共同的阶级斗争和生产斗争中，相互影响、融合，较为曲折地发展了汉魏时期的封建制，出现了不少和以前不甚相同的新的制度和习俗。这些新的制度和习俗，从考古遗迹方面观察，以汉族为主的各民族和逐步南迁的鲜卑民族在相互影响、融合的过程中所形成的内容，应是其中的重要来源之一。这个来源，至少在形式上还影响了其后的我国封建社会盛世——隋唐的某些制度和习俗。北魏设计的洛阳郭城显然是隋创建大兴、洛阳两城的主要根据[21]；北魏洛阳的里坊制度，甚至为隋唐新建的许多重要的地方城市所参考。残存原始葬制的北魏洛阳北邙陵墓的布局，看来也影响了唐代陵墓。李渊（高祖）献陵、李治（高宗）乾陵，特别是李世民（太宗）昭陵突出地集中了较多的陪陵墓[22]，大约即渊源于此。[23]至于洛阳北魏墓葬的形制、棺椁制度、以牛车为中心的武装俑群以及陶俑和壁画中所反映的各种衣冠服饰等，都为北魏以后迄初唐所沿袭，更是一般所习知。伟大领袖和导师毛主席早已阐明："各个少数民族对中国的历史都作过贡献。汉族人口多，也是长时期内许多民族混血形成的。"（《论十大关系》）因此，继续进行鲜卑遗迹的考古工作和进一步分析整理鲜卑遗迹，可以使我们从考古与文献相结合来加深认识关于我国历史这一特征的重要论断。这不仅是研究鲜卑民族历史所必需，也是研究魏晋南北朝隋唐时期中华民族历史的一个重要方面。

注释：

①北魏洛阳里坊数字，文献有三种记录。《洛阳伽蓝记》记二百二十里；上引《魏书·世宗纪》记三百二十二坊；《北史·魏太武五王·广阳王建附子嘉传》记三百二十里。按洛阳郭城东西二十里，南北十五里（内城即汉以来的洛阳旧城，在郭城之内），全部计算里坊数字也仅三百，加上南郭中部夹御路向南突出的部分，大约也不会超过三百一十，况且在这个满数中还要除去占地广大的"庙社宫室府曹"。因此可知，后两记录的里坊数字，显然有讹误。"庙社宫室府曹"大部在内城，但内城四面的郭城内，不属里坊的建制也很多，在专门记载洛阳佛寺的《洛阳伽蓝记》中，即附带著录了不少，如东郭有"天下贡赋所聚蓄"的租场；西郭有"周延八里"的大市，南部有汉灵台、魏辟雍和北魏正光中所建的明堂等巨大建筑群，北郭有"岁终农隙，甲士习武，千乘万骑常在"的阅武场和广种饲料苜蓿的风光园等。由此我们认为北魏洛阳里坊数字，《洛阳伽蓝记》的记录可能是接近实际的。

②中国科学院考古研究所洛阳工作队：《汉魏洛阳城初步勘察》，《考古》1973年第4期。

③参看《南齐书·魏虏传》，《魏书·术艺·蒋少游传》、《魏书·成淹传》、《北史·王肃传》。

④中国科学院考古研究所洛阳工作队：《汉魏洛阳城一号房址和出土的瓦文》，《考古》1973年第4期。

⑤下文引《文选·潘岳闲居赋李善注》引《河南郡县境界簿》作五里，疑《洛阳伽蓝记》所记有误。

⑥参看①。

⑦郭玉堂：《洛阳出土石刻时地记》，洛阳大华书报供应社，1941年。

⑧已发表的有洛阳博物馆《洛阳元邵墓》，《考古》1973年第4期；《河南洛阳北魏元乂墓调查》，《文物》1974年第12期。

⑨郭建邦：《洛阳北魏长陵遗址调查》，《考古》1966年第3期。

⑩录自赵万里：《汉魏南北朝墓志集释》，科学出版社，1954年。

⑪《北史·魏诸宗室·高凉王孤传》记"孝文时，诸王非道武子孙者，例降爵为公"的措施，是与墓地的安排相应的。

⑫郭宝钧：《浚县辛村》，科学出版社，1964年。

⑬中国科学院考古研究所：《上村岭虢国墓地》，科学出版社，1959年。

⑭参看李亚农：《周族的氏族制与拓跋族的前封建制》后编第9章《转型期的婚姻制度》，华东人民出版社，1954年。

⑮据《魏书》、《北史》等文献初步统计，从郁律（平文）后王氏葬金陵后，入葬金陵的除

自什翼犍（昭成）迄拓跋弘（献文）和拓跋宏（孝文）后林氏各代帝、后外，有自拓跋珪族弟、什翼犍子弟迄拓跋晃（景穆）子孙。此外，帝族九姓中有长孙氏、奚氏、叔孙氏、车氏等陪葬。属勋旧陪葬的只有穆氏。属其他内入余部诸姓陪葬的只有罗氏。属各地降臣陪葬的只有郁律后王氏侄王建、后秦姚兴子黄眉、南凉秃发傉檀子源贺和晋宗室司马楚之。

⑯母系半部族制曾在许多民族的原始社会中流行。西周的昭穆制度即是源于周人的原始残迹。战国秦汉以来把西周这种制度进一步规整化，成为统治阶级某些礼制的根据。北魏建国后，中原旧族能够据汉魏经学影响改进拓跋旧礼者，正是由于它们之间有这样一个原始的共同点，《魏书·礼志》1记，自拓跋珪（道武）以来兴建的三庙、五庙、七庙和拓跋濬（文成）时，高允进言祭祀"序其昭穆"（《魏书·高允传》），以及拓跋宏（孝文）和他的儿子恪（宣武）都优迁汉族世家，使之"参定礼仪"（《北史·崔逞传附玄孙休传》），并不是没有内在的原因的。《魏书·刘芳传》记："刘芳，彭城人也。六世祖讷，晋司隶校尉。……慕容白曜南讨青齐……芳北徙为平齐民……芳才思深敏，特精经义……于是（孝文）礼迁日隆……高祖崩于行宫，及世宗即位，芳手加衮冕。高祖自袭敛暨于启祖山陵练除始末丧事，皆芳修正。于是朝廷吉凶大事皆就谘访焉。"因此长陵布置的某些细节，甚至长陵的整体布局，都有可能采纳了刘芳的某些建议，也是因为有上述那样一个共同的内在原因。如果把拓跋皇室采纳某些汉族世家所主张的礼仪，完全解释作由于锐意汉化而模仿中原旧制，那就可能过于简单了。

⑰西周春秋时期中原地区的族葬和重视墓地问题，参看杨宽：《试论西周春秋间的宗法制度和贵族组织》，《古史探源》，中华书局，1965年。

⑱乾脯山位置不详。但据《魏书·出帝平阳王纪》（太昌元年［532年］四月）壬辰，"齐献武王（高欢）还邺，车驾饯别于乾脯山"，知位北魏洛阳城东，当在今河南偃师县境。《隋书·地理志》中记：河南郡偃师县有乾脯山。《太平寰宇记》卷5河南府偃师县记："乾脯山，《九州要记云》周敬王于此曝乾脯，因以为名。"

⑲中国科学院考古研究所：《沣西发掘报告》，文物出版社，1962年。

⑳河南文物工作队第一队：《郑州岗社附近古基葬发掘简报》，《文物参考资料》1955年第10期；河南省文化局文物工作队：《郑州二里冈》，科学出版社，1959年。

㉑隋创大兴城，参考了东魏、北齐邺南城的规划，但邺南城又系"上则宪章前代，下则模写洛京"（《魏书·儒林·李业兴传》）。近年河北邯郸地区临漳文化馆的同志正在进行邺南城遗迹的勘察工作。北魏洛阳、东魏北齐邺南城和隋大兴城一脉相承的关系大致清楚。此将别有论述，兹不赘。

㉒参看《唐会要》卷21《陪陵名位》条、昭陵文物管理所：《昭陵陪葬墓调查记》，《文物》1977年第10期。

㉓唐代陵墓制度导源于北魏，但其直接承袭则多自东魏北齐。邺城西古冢累累（包括俗传今河北磁县境内的所谓曹操七十二疑冢），据所出基志，知有以东魏元善见（孝静）父元亶墓（"文宣王陵"）和以北齐高洋（文宣）父高欢墓（"义平陵"）为中心的两组墓群。这两组墓群的安排，大体与北魏洛阳北邙陵墓布局相似，只是规模略小，详细情况不易考定而已。关于邺城魏齐陵墓问题，容另文论述。

（原载《文物》1978年第7期）

北魏幽州光林寺考

史树青

光林寺是幽州早期的佛寺之一，建于北魏。其名初见于唐释道宣《续高僧传》卷36《宝岩传》："释宝岩幽州人。……住京下仁觉寺。守道自娱，无事交厚。仁寿下敕，召送舍利于本州宏业寺，即元魏孝文之所造也。旧号光林，依峰带涧，面势高敞，多挟征异，事遵清肃，故使行僻之徒，必致惊悚，由斯此众，滥迹过。自开皇将末，舍利到前，山恒倾摇，未曾休止，及安塔竟，山动自息。"另据道宣《广弘明集》卷17载《庆舍利感应表》，记此事在仁寿二年三月二十六日。我们从上述记载看，隋仁寿间，幽州弘（宏）业寺建立的佛塔是贮藏长安送来的舍利，其地"依峰带涧，面势高敞"。虽然有些异征，近于怪诞，但其地依峰带涧，应是真实可靠的。

清康熙间，励宗万撰《京城古迹考》，根据明代刘侗、于奕正《帝京景物略》的记载，认为"天宁寺建于元魏，旧号光林，隋仁寿间名弘业寺，唐开元中改额天王寺，金大定二十一年改为大万安禅寺。元末兵火荡尽，明文皇（宣德）潜邸时重修，宣德间敕更今名"。从这些记载看，元魏之光林寺即隋之弘业寺、亦即今之天宁寺。其后《日下旧闻考》卷91《郊坰》、《宸垣识略》卷13《郊坰》、《畿辅通志》卷179《古迹类·寺观》皆从此说。直至1979年北京市文物工作队编辑、出版的《北京名胜古迹》，论述天宁寺沿革亦相沿未改。不过《北京名胜古迹》根据梁思成、林徽因《由天宁寺谈到建筑年代之鉴别问题》（《中国营造学社汇刊》五卷四期），论述天宁寺塔时说："到了辽代，在寺的后院添建了这座高塔。元末，寺院毁于兵火，高塔独存。"可见，天宁寺塔是辽代添建，既非隋建，亦非在隋塔旧基上所重建。历来相传天宁寺尊胜陀罗尼经幢为隋开皇年物，孙星衍《京畿金石考》卷上已辨其误，并考为辽重熙十七年所立。

那么，励宗万所说的天王寺又是何时所建呢？《永乐大典》卷 4650“天”字引《元一统志》“天王寺在旧城延庆坊内，始建于唐，殿宇碑刻皆毁于火”。这与励宗万所说的唐开元中弘业寺改额天王寺出现了矛盾。

根据目前所见的一些文献，天王寺确在辽、金旧城的延庆坊，而弘业寺则在别处。

1974 年山西应县佛宫寺木塔发现的辽咸雍七年（1071 年）刻本《释摩诃演论通赞疏》和《释摩诃演论通赞疏科》题记，其中有天王寺的位置。题记的全文是：“咸雍七年十月日，燕京弘法寺奉宣校勘雕印流通。殿主讲经觉慧大德臣沙门行安、勾当都勾当讲经诠法大德臣门方矩校勘。右街天王寺讲经论文英大德赐紫沙门志廷校勘。印经院判官朝散郎太子中舍骁骑尉赐绯鱼袋臣韩资睦提点。”题记中说明了天王寺在辽燕京的右街，延庆坊当为右街一坊。而宏业寺据《续高僧传》所说则是“依峰带涧”之地。由此可知唐代始建的天王寺，与元魏的光林寺即隋之弘业寺无关。

这里再提出一点证明，在木塔内，与《释摩诃演论通赞疏》同时发现的统和二十一年（1003 年）刻本《称赞大乘功德经》题记中有弘业寺之名。题记称：“燕台圣寿寺慈氏殿主讲法华经传菩萨戒忏悔沙门道撰，曾阅前经，备闻故事。……道撰遭逢圣代，幸偶遗风，敢雕无上之经，溥示有缘之众。所愿见闻随喜者，舍小根而趣大机，读诵归依者，得清凉而除热恼。时统和二十一祀癸卯岁季春月蓂生五叶记。弘业寺释迸佛舍利塔主沙门智云书。彭咸宁、赵守俊、李存让、樊遵四人同雕。”从这段题记中，可见弘业寺在辽时尚存，并且释巡佛舍利塔尚在，故有塔主之名。这位塔主志云是一位书法家，所写的经字体很端正，与欧阳询相近，可以说他是一个有学问的僧人。

我们结合咸雍七年刻本《释摩诃演论通赞疏》题记、统和二十一年刻本《称赞大乘功德经》题记，天王寺、弘业寺之名同见于辽代，知两寺同为幽州名刹。关于这个问题，《日下旧闻考》曾露出一点消息。该书卷 91 引《析津日记》称：“盖此寺（天宁寺）本名弘业，而王元美（世贞）谓幽州无弘业寺，刘同人（侗）谓天宁之先不为弘业，皆考之不审。”王世贞所谓幽州无弘业寺，只是提出一个疑问，而刘侗所说天宁寺之先不为弘业寺，应是正确的。

中国历史博物馆旧藏北齐天统四年光林寺尼静妃石造像一件（出土时地不明，1925年收购），残高10.4厘米、宽36厘米、厚15.6厘米。虽然主像已缺，仅存像座，但座前所刻摩尼宝珠、双狮及金刚力士二人尚存。座之两侧，各有浮雕供养人二，前一人皆手执长柄香炉作行香状，后一人皆作献花状。座背刻题记九行，每行四字，末行二字，共三十四字。文曰："天统四年三月一日，光林寺尼静妃为亡姊造玉像一区，皇帝陛下，一切众生，居同成佛。"这里特别提出一点，就是北魏、北齐时的光林寺是一处尼寺，可能到了隋朝才改名弘业寺。为什么改名弘业寺呢？就是因宝岩自长安来幽州建造舍利塔而改名，并由尼寺改为僧寺。至于弘业寺所在地，则有待在"依峰带涧"之地来考察。

北京现存最早的佛教石刻，传为海淀区车儿营（旧属昌平县）北魏太和二十三年（499年）阎氏造像。据陆增祥《八琼室金石补正》卷14记载"造像在昌平西南五十里石佛寺。光绪庚辰，潞河张翼所访得者。石颇漫漶，异体字如式录之，字用分隶法閻即阎，即爰，当即仆，即严，不可识，疑即字衜，毗邱即比邱"。我对这件造像抱有两点怀疑：一、此造像是原地旧物，还是后世从外地移来？二、造像题记真伪问题，需进一步研究。问题的提出是京郊所存如此巨大石雕造像何以未见前人著录？偏于光绪间为张翼访得。车儿营是进妙峰山通道北路必经之地，如果造像在此已久，必然为众人所知。张翼字燕谋，通县人，家赀殷富，收集金石书画，不惜重金，是否有人对他蒙骗，而有意作伪？尤其造像题记中有"毗邱"二字，其中邱字显系清代雍正二年以后为避孔子讳，丘字改写作邱（详见陈垣《史讳举例》卷1），故疑造像题记为清代雍正以后所伪刻，如果这种推断不误，则天统四年光林寺尼静妃石造像就是目前所见到的幽州早期的佛教造像了。

附记：《文物》1984年9期，萧村《辽朝别有一五台山》，指出弘业寺在蔚州境内。由于拙稿已定，未及征引，希参阅。

一九八四年十月七日史树青校后记。

（原载《中国历史文物》1984年）

拓跋力微卒后“诸部叛离，国内纷扰”考

曹永年

《魏书·序纪》曰：力微崩后章皇帝讳悉鹿立，始祖之子也。诸部叛离，国内纷扰。飨国九年而崩。

平皇帝讳绰立，章帝之少弟也。雄武有智略，威德复举。

悉鹿278年至286年在位，绰286年至293年在位。《序纪》所记寥寥数语，但明确地透露出大约278年至290年这十余年间，拓跋鲜卑汗国内部，曾经有一个“诸部叛离，国内纷扰”的大动乱时期。

但是，这次长达十余年的内乱的具体情形，《魏书》除了这八个字，再没有任何记述。

本文拟从同一个历史时期其他有关方面的记载里钩沉考订，以增添新的史料，扩大我们对这一段历史的认识。是否得当，尚请教正。

下面是《晋书》的几条史料。

史料一《晋书·北狄匈奴传》载

武帝践祚后，塞外匈奴大水，塞泥、黑难等二万余落归化，帝复纳之，使居河西故宜阳城下。后复与晋人杂居，由是平阳、西河、太原、新兴、上党、乐平诸郡（匈奴）靡不有焉。

晋武帝司马炎代魏践祚称帝在公元265年。此塞泥等二万余落降晋当在此后数年内。这是自2世纪前期以来，北匈奴人第一次见于文献记载。

史料二《晋书·武帝纪》咸宁三年条

是岁，西北杂虏及鲜卑、匈奴、五溪蛮夷、东夷三国前后十余辈，各

率种人部落内附。

这十余辈率种人部落内附事件中，包括西北杂虏、鲜卑、匈奴，时间是公元 277 年。

史料三《晋书·扶风王骏传》

扶风王骏命文淑督诸军进屯威胁树机能，事以后接叙安定、北地、金城诸胡吉轲罗、侯金多及北虏热周等二十万口又来降。

又云，其年骏入朝，徙封扶风王。按《晋书·武帝纪》，文淑讨树机能，骏徙封扶风王，均系于咸宁三年，公元 277 年。

史料四、五《晋书武帝纪》咸宁五年

三月，匈奴都督拔奕虚率部落归化。

冬十月戊寅，匈奴余渠都督独雍等率部落归化。

时公元 279 年，前后两起，均为匈奴。

史料六《晋书·北狄匈奴传》

至太康五年，复有匈奴胡太阿厚率其部落二万九千三百人归化。

《通鉴》亦记此事，业谓帝处之塞内西河。

史料七《晋书·北狄匈奴传》太康

七年，又有匈奴胡都大博及萎莎胡等各率种类大小几十万余口，指雍州刺史扶风王骏降附。

《通鉴》记此事，胡三省注云：

据《晋书》，萎莎胡，北狄种，盖亦匈奴类也。时为公元 286 年。

史料八《晋书·北狄匈奴传》

明年，匈奴都杆大豆得一育鞠等复率种落大小万一千五百口，牛二万二千头，羊十五万口，车庐什物不可胜纪，来降，并贡其方物，帝并抚纳之。

此为武帝太康八年，即公元287年事。《通鉴》此条胡注谓：

魏既分塞内匈奴为五部矣，自去年来，匈奴率种落来降者十有余万口，史不言所以处之之地，此必自塞外来，北匈奴之种落也。必须指出，《晋书》记塞外匈奴、鲜卑部落降附事，史料一是第一起，史料八是最后一批，此后再没有见到这方面的记载。

现在让我们来分析这八起匈奴、鲜卑人降晋事件。

除史料一略早数年，其余都发生在晋武帝咸宁三年至太康八年，即公元277年至287年之间。按《晋书·武帝纪》咸宁三年（277年）春，“使征北大将军卫瓘讨鲜卑力微”。同书《卫瓘传》云：“于是幽并东有务桓，西有力微，并为边害。瓘离间二虏，遂致嫌隙，于是务桓降而力微以忧死。朝廷嘉其功，赐一子亭侯。”《魏书》也遥相呼应，《序纪》曰：“其年（277年）始祖不豫。乌丸王库贤，亲近任势，先受卫瓘之货，故欲沮动诸部，因在庭中砺钺斧，诸大人问欲何为，答曰：‘上恨汝曹谗杀太子，今欲尽收诸大人长子杀之。’大人皆信，各各散走。”外遭西晋征讨颠覆，内有乌丸背叛构难，277年力微死时拓跋鲜卑汗国内部的动乱可想而知。《序纪》云章帝悉鹿在位九年“诸部离叛，国内纷扰”，这与277年至287年七批匈奴、鲜卑之降晋，在时间上恰好吻合；288年以后晋史再未见北方民族投降的记载，也与《序记》平帝绰时“威德复举”一致。此其一。

这八件史料均见西北杂虏、匈奴、鲜卑等塞外北方民族。其中史料一，晋“使居西河故宜阳城下”；史料二明指为“西北”杂虏及鲜卑、匈奴；史料六“帝处之塞内西河”；史料七，“诣雍州刺史扶风骏王降附”它们大体都来自并雍诸州塞外。按《宋书·索虏传》：“晋初，索头……在云中。”又《晋书·卫瓘传》幽并二州“西有力微”。当时拓跋鲜卑的根据地大致在今内蒙西部和山西北部地区。那么，从地理上看，公元277至287年之间降晋的西北杂虏、匈奴、鲜卑人，大多来自拓跋鲜卑的根据地区。此其二。

但是，这里存在一个问题。上述八件史料所指出的来自北方降附者，除一处提到鲜卑而外，都是匈奴胡、西北杂虏。从拓跋鲜卑汗国的根据地内，怎么会走出这么多匈奴、杂虏来？这一点涉及2至4世纪蒙古草原各民族分解重组的大问题，容当另文详论。这里只想指出，《后汉书・鲜卑传》所谓匈奴“北单于逃走，鲜卑因此转徙据其地。匈奴余众留者尚有十余万落，皆自号鲜卑”云云，只是反映了檀石槐时期的客观事实。这数十万匈奴遗民，从“自号鲜卑”到真正地鲜卑化，其实经历了一个相当长的历史时期，并且还出现过反复。3世纪中叶，在力微的拓跋鲜卑汗国所控制的并雍诸州边外，确有许多被统治的匈奴人群。他们尽管是鲜卑汗国的臣民，而且已在杂胡化，《宋书・索虏传》云，“晋初，索头种有部落数万家在云中”，亦把他们视为索头种；但在事实上他们仍保持着自己的民族特点。即使是拓跋本族，在呼伦贝尔时期就已在血缘、文化诸方面渗入了大量匈奴因素，迁至阴山北麓，匈奴的影响更加强烈。同时代，或略晚一些的南方史学家，往往把拓跋鲜卑也称为匈奴种。《南齐书・魏虏传》“魏虏，匈奴种也，姓拓跋氏。晋永嘉六年并州刺史刘琨为屠各胡刘聪所攻，索头猗卢遣子曰利孙将兵救琨于太原，猗卢入居代郡，亦谓鲜卑。被发左衽，故呼为索头。猗卢孙什翼犍，字郁律旃，后还阴山为单于，领匈奴诸部”，在某种意义上，这是相当准确的表述。

拓跋鲜卑后人的回忆，也证实了这一点。《魏书・官氏志》云：“至献帝时，七分国人，使诸兄弟各摄领之，乃分其氏。自后兼并他国，各有本部，部中别族，为内姓焉。年世稍久，互以改易，兴衰存灭，间有之矣。今举其可知者。”该《志》列举了“兼并他国”所得之内入诸姓七十五姓。据姚薇元先生考订，其中的贺兰氏、独孤氏、拔列氏、出大汗氏、须卜氏、丘林氏、宿六斤氏等七姓为匈奴。实际上七十五姓的多数，已经无法考见其族源，匈奴人一定是很不少的。

力微汗国鼎盛时期，这些匈奴人是鲜卑；一当力微死去，西晋征讨颠覆，诸大人复又作乱叛离，这些匈奴人便挣脱拓跋贵族的羁绊，重新恢复匈奴人的原来称号。公元277~287年之间来自力微汗国根据地的降晋者，大多自称匈奴，原因就在这里。

《晋书》关于公元277~287年之间的七起匈奴、鲜卑降晋的记载（来自其他地区的除外），正是力微去世以后“诸部叛离，国内纷扰”的具体表现。

阴山地区，包括阴山以北的大漠两侧的大动荡，大量的人南下，腾出了肥沃的牧场，势必吸引周邻一些部落迁来这里。但是在文献上留下踪迹的仅有吐谷浑部。《宋书・吐谷浑》云：

阿柴虏吐谷浑，辽东鲜卑也。父奕洛韩，有二子，长曰吐谷浑，少曰若洛廆。若洛廆别为慕容氏，浑庶长，廆正嫡。父在时，分七百户浑，浑与廆二部俱牧马，马斗相伤，廆怒，遣信谓浑曰：“先公处分，与兄异部，牧马何不相远，而致斗争相伤！”浑曰：“马是畜生，食草饮水，春气发动，所以致斗。斗在于马，而怒及人邪。乖别甚易，今当去汝万里。”于是拥马西行，……遂西附阴山。遭晋乱，遂得上陇。

后出之《北史·吐谷浑传》、《晋书·西戎吐谷浑传》所记大体相同。

若洛廆即慕容廆。慕容廆与庶兄吐谷浑结怨在其父奕洛韩（涉归）死，慕容廆继位以后。《通鉴》太康二年，《考异》引范亨《燕书·武宣纪》云：“廆，泰始五年生，年十五，父单于涉归卒。”是年泰康四年，公元283年。但，慕容廆并未立即继位。《晋书·慕容廆》载记：“涉归死，其弟耐篡位，将谋杀廆，廆亡潜以避祸。后国人杀耐，迎廆立之。”《通鉴》书慕容廆立在武帝泰康六年，公元285年。因此，吐谷浑率七百户西迁附阴山，当在公元285年以后不久，这正是平帝绰在位（287～293年）初年。史称平帝绰“政崇宽简，百姓怀服”。吐谷浑在这个时候“西附阴山”，与拓跋绰建立起松散的隶属关系，兄弟间的矛盾固然是重要原因，但从漠南的总局势来看，力微死后，拓跋鲜卑汗国内乱，大批匈奴、鲜卑部众南下，或向其他方向迁徙，形成了某种真空状态，拓跋绰又“政崇宽简”，于是吸引着吐谷浑部迁来。

这样，我们对于拓跋力微死后十余年间漠南蒙古草原上的政治局势，有了远比原来八个字更多的了解。至于是什么原因造成了这场动乱，我们将在另一篇文章里进行探讨。

附带说一说，王希恩同志《宇文部东迁时间及隶属檀石槐鲜卑问题略辨》（载《中国史研究》1986年第4期）考莫那即莫愧，其率领宇文部东迁在3世纪中后期，所论甚是。联系这一时期漠南的局势看，也应该是在公元278～290年之间，与力微死后的大动乱有关。只是，东迁前宇文部与拓跋鲜卑的关系如何，《魏书·官氏志》何以称它为东部等等，我们一时还无法作出合理的解释。

（原载《内蒙古师范大学学报》1988年第2期）

关于鲜卑早期历史及其考古遗存的几个问题

干志耿　孙秀仁

鲜卑学发展至今，已有进一步引申和求索之必要。我国古代文献，诸如《后汉书》、《三国志》、《晋书》、《魏书》、《宋书》、《南齐书》、《北齐书》以及《北史》等有关鲜卑史的记载，仍然是我们今天研究鲜卑学的基础。古代史学家在一些关键问题，如鲜卑族称、拓跋名号的考证上，十分精当，至今仍使后学者信服。至于近代鲜卑学的形成与发展，至目前，大致经历了四个阶段。

第一阶段，可以日本近世满蒙学派骨干白鸟库吉的《东胡民族考》为第一个标志。日本的满蒙学派在政治上是为日本帝国主义侵略我国的反动的“大陆政策”服务的。伴随这一政治目的，白鸟库吉系统地对我国东北和内蒙古东部的古代民族进行了研究，指出东胡与通古斯并非同一族系，进而遍考东胡诸族之部别、地名、姓氏、语言等等，使鲜卑之学初具雏形。这是白鸟氏踵于“大陆政策”进行“学术研究”的客观结果之一。以后的三个发展阶段，均在新中国成立之后。

第二阶段，可以马长寿同志的《乌桓与鲜卑》为其里程碑。这一阶段的特点，是以马克思主义的历史唯物论为指导，研究鲜卑史诸问题，解决鲜卑历史发展的各个阶段和同汉族的融合等问题，对鲜卑族诸部在形成中华民族过程中的巨大作用给予了充分的评价，由此把鲜卑史的研究从空间上扩大了范围，推向黄河流域。《乌桓与鲜卑》是一部较有系统的马克思主义的鲜卑学佳著。

第三阶段的特点是，伴随新中国考古工作的开展，各地鲜卑遗迹和与鲜卑有关遗迹的发现，使鲜卑学不只是依靠文献，而且拥有坚实的物质基础。这个阶段可以各地关于鲜卑遗迹的考古报告和宿白同志的《鲜卑遗迹辑录》为其标志。他们推定了拓跋鲜卑、北魏、东部鲜卑、慕容鲜卑和吐谷浑的若干历史遗迹，为鲜卑学开拓了新的广阔领域。

第四阶段的里程碑，当是米文平同志等于1980年在大兴安岭北段阿里河附近嘎仙洞发现的北魏太平真君四年的刻石祝文了。[①]由此，确定了大鲜卑山即为今大兴安岭，鲜卑石室即今嘎仙洞，鲜卑发源地即在此地区，确定无疑地证实了《魏书》记载的真实性，在鲜卑学的文献与考古相结合的历程中又飞跃了一大步。不言而喻，今后鲜卑学的长足发展，仍应以考古学为其坚实支柱，舍此断难取得突破性的成就。

本文拟在近人工作的基础上，试图对鲜卑早期历史的几个重要问题，即东胡与鲜卑的关系、北部鲜卑和东部鲜卑的关系、早期鲜卑的物质文化特征、考古学上的鲜卑郭落带等四个问题，作进一步的引申和求索，以就教于同志们。

一、东胡和鲜卑的关系

鲜卑是我国古代东北的属于东胡系的民族。《三国志·魏志》载："乌丸、鲜卑，即古所谓东胡也。"其所以称鲜卑而不称东胡，是因为东胡部落联盟为匈奴所破后，东胡中的一部在鲜卑山一带活动的结果。如史载："鲜卑者，亦东胡之支也，别依鲜卑山，故因号焉。"[②]"鲜卑亦东胡之余也，别保鲜卑山，因号焉。"[③]马长寿同志认为"这些说法虽不能说谬误，但把乌桓说成正裔，鲜卑说成别种或'余'、'支'，至少在措辞上是有问题的"。[④]我们认为，以上几种说法应该说是没有问题的。有问题的是"别依鲜卑山"或"别保鲜卑山"，"因以为号"的说法。鲜卑族，大概经历了初始"因山为号"，继而又以族名山的过程。先是，"国有大鲜卑山，因以为号"，后因鲜卑族的频频迁徙，到了新的驻牧地，复因族名山，所以有众多的鲜卑山，此一问题，下文还要讲到，在此不多论列。"支"，脉也，从东胡部落联盟的母体内分化出来，为其中之一部；"余"，东胡部落联盟被匈奴击破后之余部也。总之，是东胡的一部分，而不是东胡的整体。

鲜卑，即古之东胡，又是东胡的"支"或"余"，都是对的。唯其云东胡之后，没有"支"、"余"说法，不能说明东胡被匈奴击破后，为什么会改称乌桓、鲜卑，而不仍称东胡。但族称的变化，是必有其历史内容的。史载："东胡，乌桓之先也，后为鲜卑。"又云："山戎，盖今鲜卑。"[⑤]前一段话，反映了一种历史情况，即乌桓之名起于西汉，而鲜卑之名，东汉始出，是因乌桓夹介于汉与鲜卑之间，汉人先知乌桓而后知鲜卑。"鲜卑自为冒顿所破，远窜辽东塞外，不与余国争衡，未有通于汉，而自与乌桓相接。"[⑥]

乌桓、鲜卑即同为东胡，西汉时只知有乌桓，因中间隔有乌桓，鲜卑未通于汉。至东汉，乌桓渐衰，鲜卑强盛，自然与东汉发生关系，因而才有"东胡，乌桓之先也，后为鲜卑"之说。至于"山戎，盖今鲜卑"，这并非断然错谬，而是一种独创的见解。东汉时，服虔当能知晓乌桓与鲜卑是并存的。他认为鲜卑是山戎之后，这是循东胡上溯，其先当为山戎，而后融于东胡。《逸周书·王会解》云："东胡黄罴，山戎戍菽。"东胡、山戎为邻部。东胡盛时，山戎或为其部众，即去山戎号而入于东胡部落联盟而统称东胡。现在知道，鲜卑族起源于大兴安岭北段，而大兴安岭地区的一部分细石器遗存又与山戎、东胡的历史发展相联系[⑦]，故可以认为山戎、东胡曾是相并立的，而后东胡强盛，山戎名号即行消失，而其部众融于东胡之中。

山戎、东胡—乌桓、鲜卑的序列可能存在渊源关系。又"鲜卑，东胡别种"。[⑦]东胡部落联盟当不只乌桓、鲜卑两部。匈奴冒顿单于"大破东胡王，而虏其民人及畜产"[⑨]，此"民人"当为东胡王所在本部，而非后来的乌桓、鲜卑。乌桓、鲜卑都是东胡之后，也均应是东胡之别种，而非东胡王所在之本部民人，这是不言而喻的。据《山海经》载，大泽（今达赉湖）之东有东胡，东胡之东有东夷，东胡和山戎是紧密相邻之部，上述记载不见山戎，说明山戎名号已经隐匿，正是东胡之种。鲜卑不仅是东胡之后、支、余和别种，亦复是山戎之后、支、余及别种。战国时代的文献中就已出现"鲜卑"字样，颜师古解释为胡带钩，张宴考证为"鲜卑郭落带，……东胡好服之"，可见已把"东胡"和"鲜卑"联系起来了。尽管那时系指带而非族名，但已与东胡的习俗联系起来了。

我们认为在东胡和山戎时期，鲜卑之族称当已存在，只是东胡力量能与燕及匈奴争锋而声名大著，而其余诸族则名号不显。一旦东胡瓦解，则其遗人名号便不扬自显。东胡是一个较大的部落联盟，它包括了许多族属相同而名号不一的大小部落，乌桓与鲜卑之名号显现，只能在东胡部落联盟瓦解之后，这同样是不言而喻的。

根据《魏书》，拓跋鲜卑积六十七世至毛，又五世至推寅，又七世至邻，邻传子诘汾，凡八十世，以每世二十至二十五年计，相当于一千六百年至二千年之久。自诘汾上溯可至夏中叶，或至周初。在毛时，相当于一千三百年至一千六百年，正是周初，共统国三十六，大姓九十九，焉知其无鲜卑乎？从《魏书·帝纪·序纪》的记载来看，在毛的时候形成部落联盟，以“鲜卑”为其族称是无疑的。在其部落联盟形成之前，至少也当存在过以“鲜卑”为族称的氏族部落，而毛所在的部落以“鲜卑”自称当是可能的。

二、北部鲜卑和东部鲜卑的关系

北部鲜卑是指后来的拓跋鲜卑，东部鲜卑是指活动于西拉木伦河和老哈河流域的鲜卑诸部。这两部分鲜卑虽然相去甚远，但是同源。两部鲜卑与乌桓在地域上、语言上、文化上及社会习俗方面是互相接近的。《后汉书·鲜卑传》和王沈《魏书》中均说：“其语言习俗与乌桓同。”

乌桓与鲜卑原来都属东胡部落联盟，东部鲜卑与北部鲜卑同以鲜卑为族名，均因山为号。“别依鲜卑山，故因号焉”，这是东部鲜卑。“国有大鲜卑山，因以为号”，这是北部鲜卑。马长寿同志指出，“东部鲜卑和拓跋鲜卑最初的起源可能是相同的，但越到后来，分别越大”[⑩]，我们认为这个判断是正确的，并在考古学上得到了某种程度的证明。乌兰察布盟察右后旗二兰虎沟和达茂联合旗古墓群[⑪]，可能为檀石槐至轲比能时期东部鲜卑的遗迹。这两处墓群的葬式、头向，同属于北部鲜卑，即与拓跋鲜卑的完工、扎赉诺尔、南杨家营子墓群相同，随葬器物也多类同。宿白同志还认为南杨家营子离鲜卑山不远，或许与东部鲜卑有关。[⑫]至于哲里木盟的舍根文化，正是东部鲜卑文化遗存，然其与完工、扎赉诺尔文化亦有许多相同。其中陶器，如科左旗茂道吐公社舍根大队出土的2042号、2044号等陶罐[⑬]，与完工、扎赉诺尔出土的悉同。这种文化上的同一性，证明两部鲜卑是同源的。

鲜卑南下或西进，每到一处定居驻牧之山区，往往称为鲜卑山，而其最初的来源只有一个，即“大鲜卑山”。北魏时崔鸿撰《十六国春秋》记，鲜卑山有二，一在棘城，即今辽宁锦县之东，一在辽西之西北一百里，郡治阳乐，即今河北抚宁卢龙之间西北一百里。[⑭]《隋图经》载：“鲜卑山在柳城县（今辽宁朝阳县东南）。”《方舆纪要》卷8据旧志称，在柳城东二百里，又一鲜卑山。《水经注》引《释氏西域记》，在敦煌东南也有鲜卑山。马长寿指出，“鲜卑山如此之多，与汉、魏时鲜卑人的到处迁徙有关。在辽东、辽西二郡内之鲜卑山，应当都是后起的，非鲜卑原始分布之所在”，认为东部鲜卑原始所居地在今科尔沁左中旗西勒古哈河附近之鲜卑山，即辽东塞外之鲜卑山。[15]其实，此鲜卑山固属东部鲜卑最北面的一个鲜卑山，也是东胡被匈奴击破后鲜卑所据之鲜卑山。更此而前，鲜卑之原始居住地在哪里？我们认为应当在有特定含义的“大鲜卑山”。所有鲜卑山，只有最北的一处冠以“大”，就有特定含义。除“大鲜卑山”而外，其他鲜卑山，均因鲜卑族迁徙而得名。他们迁到哪里，哪里的山就称为鲜卑山，系因族名山，而非因山名族。

大鲜卑山已确证为大兴安岭，鲜卑活动中心在大兴安岭北段，鄂伦春自治旗阿里河嘎仙洞为拓跋鲜卑先祖石室，在洞中又出土了旧石器和早于完工、扎赉诺尔而并与之属于同一类型的石镞、骨镞和陶片，又在附近地区发现了战国时代的曲刃青铜剑。这些均可证明在该地区人类活动的根是扎得很深的，大大早于北部和东部鲜卑。成皇帝毛时，鲜卑祖先已积六十七世。故可设想，在毛以前，即东胡时期，鲜卑一部已经南迁。自大兴安岭北段至西勒古哈河虽相去邈远，但并非没有沿大兴安岭南迁的可能。在北魏时期，勿吉朝贡北魏和乌洛侯朝贡北魏，走的是两条道路。这两条路都在大兴安岭以东，但是勿吉走的道路偏东，乌落侯走的道路偏西。在后一条道路上应当还能找到鲜卑文化遗迹。南下的一支为东部鲜卑，西进的一支为拓跋鲜卑。其祖源应是共同的。在毛以前的六十七世中，既是北部鲜卑祖先，也包括了东部鲜卑的祖先，只是后来拓跋魏自称正统，而不把东部鲜卑称作鲜卑罢了。

既然北部鲜卑和东部鲜卑同族称、同语言、同习俗、同经济生活，唯地域不同，在考古学上也证明其有相同文化面貌，根源在大鲜卑山，因而我们设想在毛以前可能有一支鲜卑循大兴安岭东麓和嫩江流域南下。有否可能鲜卑的一支在推寅或邻以前曾沿伊敏河上溯越岭，再折而南下呢？不能排斥这种可能性。

三、早期鲜卑的物质文化特征

鲜卑早期历史，是指鲜卑族进入阶级社会、建立国家政权以前的发展阶段。属于这一阶段的鲜卑遗迹有完工、扎赉诺尔南杨家营子、二兰虎沟、百灵庙东北、哲里木盟舍根文化，以及义县保安寺村等地的鲜卑物质文化遗存。完工、扎赉诺尔、南杨家营子、二兰虎沟、百灵庙等地的遗存，属于拓跋鲜卑遗迹。完工、扎赉诺尔遗存，相当于拓跋先祖南迁大泽经历七世时的遗留，而完工又早于扎赉诺尔。杨家营子遗存，可能是诘汾南迁欲止的印记。二兰虎沟、百灵庙遗存，可以认为是拓跋西迁，进入内蒙古草原的遗迹，也可能是檀石槐时期东部鲜卑的遗迹。哲里木盟鲜卑遗存则同属东部鲜卑物质文化遗存。义县保安寺村则是东部鲜卑中慕容鲜卑遗存。这些遗存，有时间、地点和部别的区分，各自的特征是比较清楚的。它们又都是早期鲜卑遗迹，除有各自特点外，还存在着鲜卑文化的共性。早期鲜卑文化的特征是什么呢？经过比较、分析，兹条列数则于下。

1. 鲜卑墓葬的墓式，为竖圹，头向多数偏向西北，也有少数向西的。

2. 鲜卑墓葬中的殉牲种类较多，从完工、扎赉诺尔的殉牲来看，有牛、马、羊、狗等。这是一个重要特征，与汉代夫余、挹娄墓葬殉牲有所区别。夫余墓葬往往出土马骨、马牙，说明主要以马为殉牲，当与夫余产名马有关；挹娄主要以猪为殉牲，以后勿吉、靺鞨，也以猪为殉牲，兼以马为殉牲；鲜卑墓葬的殉牲，绝对无猪；挹娄则不见用牛殉葬，夫余墓葬仍多用马殉。这种墓葬殉牲的某些差异，反映了它们在不同地域形成的不同经济生活和心理观念。

3. 早期鲜卑文化遗存中，普遍存在着两种不同陶系，即手制夹砂红褐陶和轮制泥质灰陶。前者器形较大，陶罐一般均为大口；后者器形较小，并富于纹饰。同时，鲜卑文化的陶器的颈部一般均施以竖向磨光暗条纹装饰，陶器口径一般较大，较早的陶罐甚至口径大于腹径，以后也有腹径大于口径的，但同夫余文化中的小口鼓腹陶罐相比较，仍然有大口的特征。陶壶器形逐渐增大，颈部由短变长，出现了长颈壶。口沿由圆唇变为舌状唇，又转变为重沿或圆唇。肩部由不明显变为较明显的圆肩。纹饰有几何纹、篦点纹的印纹图案，或动物图案等。这些与匈奴文化中的黄褐陶，夫余文化中的红衣陶都有明显区别。其印纹陶则是以后契丹人印纹陶的直接源头，或可说后来契丹人的印纹陶是鲜卑文化中印纹陶特征的直接继承者。

4. 早期鲜卑文化在青铜时代之后还经历了早期铁器时代到铁器时代的阶段。完工遗存，骨器种类、数量已是不少；铁器有铁刀、铁镞、铁带、铁扣环等。到扎赉诺尔遗存，骨器使用更为广泛，而铁器也更加复杂化，有多种形式的镞、环首刀、矛、马衔，说明拓跋鲜卑此时已以铁器作为主要猎牧工具而登上历史舞台。以后更是进入普遍用铁的、发达的铁器时代了。铜器在早期鲜卑文化中，主要用来做生活用具和各种装饰品，如铜鍑以及铜饰牌、带饰、带扣、铜铃、铜钏等，唯独不见用于生产工具。这里向我们揭示出早期鲜卑文化的一个非常重要的事实，就是其镞类有骨镞、细石镞与各种铁镞共存，主要是铁镞，但看不到铜镞。在早期夫余或秽貊文化遗存中，常可见到铜镞、铜泡，而在鲜卑文化中则难以见到，铁制工具代替了铜制工具。在秽貊和较早的夫余遗存中，已可见到铜镞、铜镞范、铜剑柄范共生或在相同地层中出土，说明秽貊——夫余系是经过了青铜工具到铁制工具的发展阶段的，而鲜卑文化，有可能是一下子跨入铁制工具阶段的。鲜卑和夫余，都经过了青铜时代、早期铁器时代和铁器时代，其细微差别在于一个有铜制工具，一个只有铜制生活用具而没有铜制工具。

5. 在早期鲜卑墓葬中，已发现有小件金银饰件，这在其他民族如肃慎、夫余系诸族早期墓葬中极为少见，而在早期鲜卑墓葬中却屡见不鲜，鲜卑文化中的青铜牌饰往往以鹿纹、马纹为图案，这也是早期鲜卑文化的特征之一。匈奴文化中的铜饰牌多以鹿饰，夫余以马饰、羊饰等，唯鲜卑鹿饰、马饰兼有。

6. 早期鲜卑遗迹，通常可发现可作为断代标志的中原文化遗物，如陶鬲，汉规矩镜、日光镜、长宜子孙镜、四乳镜、东汉中晚期的五铢钱、东汉末剪轮五铢，铸有“大吉”铭文的铜铃，如意纹锦、木胎漆奁、麻和绢织物、东汉式陶壶和陶器上的汉字纹饰，以及角器上的龙形纹饰等；还有来自汉族地区的绿松石、珊瑚、海贝、海螺等。这些不仅说明早期鲜卑和中原地区有着密切联系，而且构成了它的文化的一个显著特征。同时，这往往成为断代的“模式”文物，一如近代植物分类学上之“模式标本”。

大致规定早期鲜卑族的物质文化特征，不仅是识别古代民族的文化面貌及其分布范围的物证，同时，也为恢复其社会历史的真实面貌奠定了基础。如上所述，以大兴安岭北段为基点，自此向西南至伊敏河、海拉尔河间，应有鲜卑遗迹的条状分布；同样，自此向南至哲里木盟间，亦应有鲜卑遗迹的断续遗留。充分研究已知的鲜卑文化特征及各个遗址、遗迹的异同，将有助于寻找其间空缺的环节。

四、考古学上的鲜卑郭落带

《史记·匈奴列传》注中的司马贞《索隐》引张宴语云："鲜卑郭落带，瑞兽名也，东胡好服之。""鲜卑"，东胡语或鲜卑语，即"祥瑞"或"神"之义，"郭落"为兽之意，"带"是汉语。合之谓瑞兽带，即带上的装饰图案为瑞兽的形象。以瑞兽名带，以祥瑞名山，复以山名族，转了好几个弯子。在战国乃至西汉，东胡已有"鲜卑"之名，"鲜卑"之物，东胡好服之，并已传入中原。

瑞兽或神兽的形象，据《魏书·帝纪·序纪》献帝邻命诘汾南徙，"有神兽，其形似马，其声类牛，先行导引，历年乃出，始居匈奴之故地"。这种类马、类牛，而又非马、非牛的动物即是"鲜卑郭落"。以这种动物的形象作为带饰图案的带便叫"鲜卑郭落带"。现在，已经发现了一批鲜卑文化遗存，其中有否鲜卑郭落带呢？这是一个值得深入探索以求其究竟的问题。关于"鲜卑"一词，古人有过"衮带钩"、"胡带钩"的释义。从出土的带钩考察，未发现有兽纹带钩。考之鲜卑饰牌，则有鹿纹图案，如义县慕容鲜卑石椒墓出土的三鹿纹金饰牌，扎赉诺尔、二兰虎沟出土的三鹿纹青铜饰牌，新巴尔虎左旗吉布胡郎图出土的鹿纹青铜饰；此外，还有奈曼旗清河公社公益大队出土的双鹿纹陶壶。上述种种，对于从考古学上认定"鲜卑郭落带"，或能有所启迪。义县出土的三鹿纹金饰牌，牌中锤锞出三头并列的"昂头回首形象生动"的鹿。这种内容和形象，与扎赉诺尔、二兰虎沟拓跋鲜卑遗存中的三鹿纹铜饰牌完全相同。这件金饰牌周围用连珠圆点纹作边饰，与二兰虎沟饰牌所用短促的条纹边饰相仿，其时间介于扎赉诺尔和二兰虎沟两处拓跋遗迹之间。[16]吉布胡郎图出土的鹿纹青铜牌饰，曾被称作"马狼相斗"青铜牌饰。[17]经过观察鉴定，我们发现动物为偶蹄，头顶有两支网络状的角，当为鹿而非马；其上的另一小兽则作亲昵状，似为鹿崽。清河出土的双鹿纹殉壶，系在腹部以篦点纹用滚轮绘画法印出双鹿图案，鹿立于草地之上，头部扬起，咀前吻，角托于背后。[18]因此把鲜卑鹿纹饰牌仅仅看作受匈奴文化中鹿纹铜饰牌的影响，不外是蒙古草原地区的"斯基泰文化"中的鹿纹图案及鹿形饰件的风格的变种是不妥的。因它不只是上述文化的特征，而且复是鲜卑文化的重要特征。东胡文化中的“鹿石”事实上早于鲜卑鹿纹饰牌而存在。在东胡墓葬之前竖有墓碑，有的墓碑上刻有鹿纹图案，故称“鹿石”。鲜卑饰牌以及其他器物的纹饰中鹿纹图案亦非偶见。从东胡到鲜卑，自石刻而铜镂，从铜镂而金锤，可谓源远流长，应是本地本族文化，不宜完全归诸匈奴或“斯基泰文化”的影响。

鹿纹图案普遍施于墓碑、饰牌、器皿，可见已有祥瑞或神之意味。在鲜卑墓中有牛、马、羊等殉牲，唯不见鹿为殉牲，而只见于饰牌中，亦可见鲜卑人绝不轻易宰鹿，因在鲜卑人观念形态中鹿是祥瑞或神之象征。在鲜卑活动的大兴安岭地区的野生动物群中有不少鹿类动物，如驯鹿、马鹿、驼鹿等，而摄入图案之鹿类，当以驯鹿的可能性为最大。清河出土陶壶鹿饰，其角托于背后，是典型的驯鹿形象。从文献记载看，唐代活动在黑龙江上游地区，今赤塔一带的鞠部落（或称裓部落）就有养鹿的习惯，“其国，有树无草，但有苔地。无羊马，家畜鹿如牛马。使鹿牵车，可乘三、四人。人衣鹿被、食地苔。其俗聚木为屋”。[19]

明清时期，贝加尔湖以东地区居住着使鹿部，即使鹿鄂温克，鲜卑以后活动在大兴安岭地区的原始部落中，其有饲养驯鹿称呼驯鹿为“鲜卑郭落”者，其与鲜卑能无一定之渊源关系吗？鞠部落豢养驯鹿，但其如何称呼驯鹿，无从考证。然鄂伦春称驯鹿为“鄂伦”。何秋涛在《朔方备乘》中说：“俄伦即中国驯鹿。”《黑龙江外记》载：“四不像，亦鹿类，俄伦春役之如牛马，有事哨之则来，舐以盐则去。部人赖之，不杀也。国语谓之俄伦布呼，而异域称之为角鹿。”尝见《清文汇书》云：“四不像牝牡皆有角，食苔，则称角鹿不为无本。土人饲以石花，即苔也。”又赵春芳在呼伦贝尔任珠尔干总卡官时，于光绪三十四年五月至呼伦贝尔北部大兴安岭地区调查鄂伦春族情况，从鄂伦春人的撮罗子里出来，见“外有四不像子三四，据该鄂伦春人云，此件名‘沃列恩’即鹿类，凡使用时，以木棒敲树，闻声皆来。不用则放之去，自觅石苔而食之。查四不像子牛头、牛蹄、驴口、驴身、鹿角、小尾，灰色短毛，遂像其原形，用铅笔绘图，以备查考”。[20]此“四不像子”即是驯鹿，鄂伦春称之“沃列恩”。有人主张鄂温克、鄂伦春族的族称导源于“奥伦”，汉译为“山上”或“岭上”之意。我们认为与其将“奥伦”理解为“山上”，不如将其理解为“驯鹿”。“奥伦”即鄂伦春呼驯鹿之“沃列思”。鄂伦春，显然是“使用驯鹿的人”之意。“春”或许与蒙语称人为“浑”（hun）有关。青铜饰牌为三鹿纹，赵春芳所见亦为三鹿，时间相距何止千年，然而所见略同，难道是偶合吗？“郭落”、“鄂伦”“沃列恩”，从语音学上来看，亦虽相距千余年而相去无几。蒙语称兽为“郭落斯”，但蒙族并无饲养驯鹿的习俗，而豢养驯鹿的古老传统风俗却在鄂温克和鄂伦春族中间保存下来了。狩猎的鄂温克和鄂伦春人，为了在深山密林里追逐出没无常的野兽，必须到处游动，过着动荡不定的生活。他们在迁徙的时候，需要有一种用于驮运生活用具和老人、小孩的交通工具。“驯鹿是一种蹄瓣大、体轻、善于穿行森林和沼泽地区的牲畜，能负重百斤”[21]，成了鄂温克和鄂伦春的“林中之舟”，“为他们提供了广泛的运输力，扩大了从一个猎区向另一个猎区游动的次数和范围”[22]，其巨大功用并不亚于驼类之于沙漠民族，加之鹿能自行觅食地苔，猎人只要提供盐粒，不需付出更多的劳力，所以鄂温克和鄂伦春对于驯鹿是十分关心和爱护的。他们除了饮用一些鹿乳外，一般都不轻易宰杀。驯鹿给猎人们带来了福音，成了他们生产、生活中不能离开的工具。驯鹿以它特有的形态、功能、驯顺和特殊的用途，及其所谓“四不像”的形象，成为奇异的益兽。这种益兽，古代人极易将其崇拜为“瑞兽”或“神兽”。诘汾率部南迁，经历了“山谷高深，九难八阻”之险，幸“有神兽，其形似马，其声类牛，先行导引，历年乃出”，为鲜卑南迁找到了一条出路，鲜卑人能不视之为“神”吗？此神兽，鲜卑语即“鲜卑郭落”。

所谓“神兽”，只是驯鹿的形态、功能，加上神话色彩的产物。驯鹿，“角似鹿非鹿，身似马非马，头似驴非驴，蹄似牛非牛”，善于穿行林海、沼泽，又能驮载。据此我们认为“鲜卑郭落”正是驯鹿，至鄂温克、鄂伦春时，去其瑞或神，而剩下的是兽，即“鄂伦”或“沃列恩”。最初的鲜卑山或因栖息有此类动物而得名，鲜卑族或因崇拜驯鹿图腾而以此自称。大家知道，鹿是人类历史上最早驯养的家畜之一。大约公元前一万八千年人类便开始驯养狗和鹿，前八千年绵羊成为家畜，前六千五百年已经驯养山羊和猪，前五千年牛成为了家畜。[23]我们不知道是否还有比鞠部落饲养驯鹿更早的文献记载，但从考古学和上述考证看，至少可以上溯到东胡或鲜卑。他们是畜养和普遍使用驯鹿的古代民族。

如果上面考证有可取之处，是否可以提出以下几点设想：

1. 鲜卑文化遗存中的鹿纹饰牌或装饰图案，并不只是匈奴文化或“斯基泰文化”影响的产物，而是源于其自身生产、生活的固有文化艺术的表征之一，至少可上溯至东胡时期。

2.“鲜卑郭落”，为瑞兽或神兽之意，即系驯鹿三鹿纹金、铜饰牌和双鹿纹陶壶中的图像亦应是驯鹿。

3. 鲜卑族，属东胡系；鄂温克、鄂伦春属通古斯系。其族属语言虽然不同，但在相同的自然环境下，都会豢养驯鹿，而且有相同的称谓。又鲜卑在大鲜卑山时代有远祖毛。毛当然在嘎仙洞周近地区。恰恰鄂伦春人关于嘎仙洞的传说中有英雄毛考代汗战胜了满盖，在大兴安岭居住下来，成为大兴安岭主人的传说。两者都有“毛”。因此，鲜卑与鄂伦春、鄂温克间，前一个是约一千六百年前的古代民族，后两个则是近代民族，但同居于一个地域，有对驯鹿的相同称谓和相似的经济生活习俗，很难说没有族源关系。“毛”或“毛考”，我们认为就是索伦语中的“莫昆”，即氏族。“代”即“达”，为长之意。“毛考代”即“莫昆达”，为氏族长之意。“汗”即是皇帝之意。但在原始社会时期，传说中的帝尧、帝舜的“帝”，不是后来封建君主称帝的意思，而是大部落联盟的首领。因此，“毛考代汗”就是氏族长的头。“汗”在蒙语和满语中都是一个意思。

4. 三鹿纹饰牌的不断出土，使我们考虑为什么在饰牌上总出现三只鹿。汉民族的习惯，“三”是多数，以“三”为大，有诸多关于“三”字的成语，如“三思而后行”、“吾日三省吾身”、“一而再，再而三”、“事不过三”等等。也可以认为一家猎户必有三匹驯鹿方能赖以游猎生存。但是，我们感到鲜卑在毛时，如果“统国三十六，大姓九十九”亦与“三鹿纹”有关的话，这可能与鲜卑早期婚姻制度有关。一般原始社会的氏族部落，由两个胞族组成，其总数往往成偶数。而鲜卑氏族部落可能有三个胞族组成，在三个氏族内循环式地联姻。在此地区的古代少数民族中，有三个胞族间联姻的，就不能不和鲜卑族有族源关系。

最后一个问题，是所谓“带”的问题。根据黑龙江地区的考古发现，这类青铜饰牌，往往是带饰，以数个或十数个不等的金属饰件系于皮带或织成的带上作为装饰。在扎赉诺尔、完工等地的鲜卑墓葬中，出土了不少带钩，但不是鹿纹。《楚辞·大昭篇》注“鲜卑”，为衮带头，颜师古注为胡带钩，均属不确。按实物应为带饰而非为带钩。由此，从考古学上证明，三鹿纹饰牌即为贴附于“鲜卑郭落带”上的饰件，缀有此类饰牌的腰带，即是“鲜卑郭落带”。文献记载中“鲜卑郭落带”可于此具见其真面目了。

在古代东北亚地区驯养鹿的民族不少，若以“鲜卑郭落”为驯鹿，则“西伯利亚”一词，“西伯”当为“鲜卑”之俄语转译，“利亚”当为俄语“方域”之意。这一合成词的语义，即为有驯鹿的地方。这在语义的阐释上，就比西伯利亚为鲜卑之音转的说法，又增添了历史语源的涵义。

以上论考，说明鲜卑学的发展，其根基在于发现更多的鲜卑遗存，并进行仔细的比较和分析。鲜卑学的每一突破都在证明，它的长足进展实有赖于同文献记载以及民族志相结合的鲜卑考古。

呼伦贝尔是鲜卑族的摇篮。就目前言之，嘎仙洞的发掘，嘎仙洞至完工间的考古工作的加强，大兴安岭东麓的呼伦贝尔东部诸旗以及嫩江流域的考古工作的开展，将能解决早期鲜卑历史的许多问题。鲜卑早期历史是鲜卑学的薄弱环节，亦复是不可或缺的重要链条。上述工作的开展，将是深入解决鲜卑起源，东、北两部鲜卑关系，各自迁徙路线以及本文考论的其他诸种问题的必由之路。我们殷切祝愿鲜卑学上第五个发展阶段尽早到来，并为此呈献我们的绵薄之力。

注释：

①米文平：《鲜卑石室的发现与初步研究》，《文物》1981 年第 2 期。

②《翰苑集》注所引。

③《三国志·魏志·鲜卑传》。

④马长寿：《乌桓与鲜卑》，第 174 页。

⑤《史记·匈奴列传》注《索隐》引服虔语。

⑥《三国志·魏志·鲜卑传》裴注。

⑦孙秀仁：《黑龙江历史考古述论》，《社会科学战线》1979 年第 1 期。

⑧《史记·匈奴列传》注《史记索隐》所引胡广语。

⑨《史记匈奴列传》。

⑩《乌桓与鲜卑》，第 13 页。

⑪郑隆：《察右后旗二兰虎沟墓群》，《内蒙古文物资料选辑》；江上波夫：《内蒙古百灵庙矿凹地的古坟》，《亚细亚文化史研究·考论篇》，东京大学东洋文化研究所，1967 年。

⑫宿白：《东北、内蒙古地区的鲜卑遗迹》，《文物》1977 年第 5 期。

⑬张柏忠：《哲里木盟发现的鲜卑遗存》，《文物》1981 年第 2 期。

⑭《太平御览》卷 45，“地部”鲜卑山条。

⑮《乌桓与鲜卑》，第 175 页。

⑯《东北、内蒙古地区的鲜卑遗迹》。

⑰《黑龙江古代文物》，第 34 页。

⑱《哲里木盟发现的鲜卑遗存》，《文物》1981 年第 2 期。

⑲马端临:《文献通考》卷455、第226页。

⑳赵春芳:《珠尔干总卡伦边务报告书》。

㉑㉒秋浦:《鄂伦春社会的发展》,第23页。

㉓前苏联《知识》丛书,1978年第11期。

(原载《民族研究》1982年第1期)

从考古发现看拓跋鲜卑的发展壮大

白劲松

一、拓跋鲜卑的起源与南迁

秦汉之际，匈奴的势力日益强盛，开始对东胡部落联盟发动大规模战争，征服了东胡部落联盟。剩下的东胡人分聚于乌桓、鲜卑两部。“鲜卑自为冒顿单于所破，远窜辽东塞外，不与余国争衡，未有名通于汉，而自与乌丸（桓）相接。”所以文献上一直未见其和西汉发生什么关系，所以关于鲜卑的活动，东汉时才见于史籍。汉文史籍所叙述的鲜卑都是从鲜卑迁徙到饶乐水（西拉木伦河）流域开始的。

那么，鲜卑迁到饶乐水前居住在何地呢？史称鲜卑以山为号，然鲜卑山却有两个，《后汉书·乌桓鲜卑列传》云“鲜卑者，亦东胡之支也”，别依鲜卑山，故因号焉。鲜卑山在今内蒙古自治区哲里木盟科尔沁左翼中旗。张穆《蒙古游牧记》说：“旗西三十里有鲜卑山。”这里的鲜卑山乃是人们所说的东部鲜卑。然鲜卑依地理位置分为东部鲜卑与西部鲜卑（北部鲜卑），拓跋鲜卑即属于后者。《魏书·帝纪·序纪》在记载拓跋鲜卑的源流时说：“昔黄帝有子二十五人……昌意少子，受封北土，国有大鲜卑山，因以为号。”1980年7月30日在内蒙古自治区呼伦贝尔盟鄂伦春旗阿里河镇附近的嘎仙洞内石壁上发现了公元443年北魏石刻祝文，确凿地证实了大兴安岭北段东麓就是古时的大鲜卑山。[①]由此可知，拓跋鲜卑就起源于此。

当时的大兴安岭为浓密的原始森林所覆盖，野生动物、植物资源丰富。所以，当时他们是处于原始的游猎经济阶段。《魏书·帝纪·序纪》

记载至“成皇帝讳毛立”时，已积六十七世。毛所立时，相当于我国公元前179~141年，早期鲜卑这种遥远的历史，已被嘎仙洞鲜卑石室的地下文化层出土之器物所证实。嘎仙洞探沟出土的遗物有陶器、石器、骨器、角器等。陶器碎片均为手制夹砂陶，未见轮制细泥陶，有的夹粗砂，有的夹细砂，烧制火候低，陶色不均，仅见一完整的敞口罐，通体有竖向压光暗条纹，另有个别陶鬲残片。石器有石镞、石矛、刮削器等，石镞有三角形、桃形、柳叶形三式。骨器有骨镞、骨锥、钻孔骨板和劈裂为两半的狗类胫骨等。还有狍角器、野猪牙饰和大量狍、獐、犴、野猪等兽骨。由此可知，嘎仙洞出土的陶器器类单纯，且出土的只有石镞、骨镞等狩猎工具，没有农业和牧业生产工具。再者，兽骨皆为野生，未见家畜骨骼，因此，当时活动在这里的古人只能以狩猎经济业为主，且年代尚早。

当人类进一步发展，学会驯养动物，畜牧经济就必然要取代游猎经济，这时丛密的森林就显得狭窄潮湿而不适应畜牧业发展的要求了。随着鲜卑原始狩猎民人口增殖，活动区域扩大，他们必然要开辟新的地域。与兴安岭森林地带毗邻的呼伦贝尔草原广阔无垠，水草丰美，必然成为鲜卑人向往的天然牧场，社会生产力和经济发展的这种必然性是鲜卑人走出森林南迁草原的根本原因。当时占据蒙古草原的匈奴，由于衰败而逃，使蒙古草原出现了空隙，这是拓跋鲜卑南迁的又一原因。

《魏书·序纪》记载拓跋鲜卑的祖先“世为君长，统幽都之北，广莫之野，畜牧迁徙，狩猎为业，淳朴为俗，简易为化，不为文字，刻木纪契而已。世事远近，人相传授……”“积六十七世，至成皇帝讳毛立，聪明武略，远近所推，统国三十六，大姓九十九，威振北方，莫不率服。”又传五代，“推寅立，南迁大泽（今呼伦湖）”。由此实现了由游猎经济向畜牧经济发展的历史飞跃。

呼伦贝尔草原北枕林海浩渺的大兴安岭，西面向坦荡的蒙古大草原敞开，拓跋鲜卑一旦走出大兴安岭的密林，来到这块水草丰美的草原，随即摆脱了闭塞状态，开始了与其他民族的频繁交往。[②]从鲜卑南迁到呼伦贝尔草原留下的完工墓群、扎赉诺尔墓群、伊敏河墓群和拉布达林墓群出土的器物中可以看出其除带有游牧民族的特点外，同时也受中原文化和其他民族的影响。

完工墓群随葬品中有不少器物非当地生产，如墓中出土的三个袋形足的陶鬲，乃是黄河流域文化的标志之一。类似这种形制的鬲，即使在华北平原的最北部，它的时间也不迟于公元前3世纪，可以推测这里和汉族发生联系的历史是非常悠久的。墓葬中出土的海贝、丝绸、珊瑚枝等也非当地所产。扎赉诺尔墓葬中出土的轮制灰陶罐、织锦、漆器及规矩镜等，均为汉代中原遗物，它接受邻近的较先进的文化影响，远比完工时期所显著，轮制的双耳陶罐和角器上刻划的龙形纹饰，都具有鲜明的汉文化影响。出土的双耳铜镀和多种动物形铜饰又具有明显的匈奴器物的风格。关于扎赉诺尔墓群的文化内涵（伊敏河墓群和拉布达林墓群与扎赉诺尔墓群有较大的一致性），早年许多学者认为属于鲜卑，也有学者认为或许是较典型的匈奴文化，然而不同意见的本身就意味着多种文化因素的存在。目前一般认为扎赉诺尔、完工墓群属于鲜卑的一支即拓跋鲜卑的遗存，但也深受匈奴的影响。

匈奴的强烈影响，从人类学上考察可以看得比较分明。潘其风、韩康信在《东汉北方游牧民族人骨的研究》中“将完工、扎赉诺尔两地古墓葬及昭乌达盟巴林左旗南杨家营子古墓葬与贝加尔湖西部地区的匈奴墓（因为这三处墓葬时代大致都相当于东汉时期，但年代上略有早晚之分。从遗物分析都是以游牧为主的古代民族遗迹，在文化内涵上也反映出互相间存在着一定的联系）在比较研究中，我们选用了贝加尔湖西部地区匈奴墓的颅骨平均数（以下简称匈奴组）和时代略早，但地域比较邻近的南山根组、西团山组一同进行比较，结果使我们看到一个很值得注意的现象，就是完工、扎赉诺尔和南杨家营子与匈奴文化之间的组差一般都比较小，反应了他们之间的相互关系较为密切”。

这一人类学上的发现与考古文化上的匈奴文化相呼应，表明早在呼伦贝尔时期，拓跋鲜卑已经在血缘和文化上就与匈奴相融合，由此可见，公元前1世纪以后，挟持铁器文化进入阶级社会的匈奴与滞留石器时代、过着原始氏族制生活的拓跋鲜卑部落，杂居于呼伦贝尔草原。他们之间相互交往、渗透，使草原各地的经济文化呈现出绚丽缤纷的风貌。拓跋部南迁先抵呼伦池东完工附近，遇阻沼泽而西及扎赉诺尔。时间的早晚形成了同一文化的不同特点。

南迁后的几个墓群的埋葬习俗及出土的随葬品较南迁前嘎仙洞内出土之器物有明显的进步。从墓中殉葬的大量牛、马、羊骨的数量来看，不仅说明了该民族是以游牧为主的，而且也反映了贫富分化。随葬的陶器种类多，一些夹砂大口罐中还存有腐烂的谷壳，表明这里可能出现了少量的农业。铜器的种类增多，骨器的使用范围也扩大了，更主要的是扎赉诺尔出土的铁器更趋复杂化。多种形制的镞、环首刀、矛和马衔，都是前期所罕见的。“铁器作为主要的猎牧工具是在扎赉诺尔时期登上历史舞台的，这清楚地说明了此时的拓跋鲜卑的游牧畜牧经济有了显著的发展，从此，鲜卑日益走向繁荣。”

拓跋鲜卑的第二次南迁是圣武皇帝诘汾率部南迁匈奴故地，即拓跋鲜卑由呼伦湖南迁到阴山山脉的长川和盛乐一带的过程。经过“山谷高深，九难八阻，于是欲止。有神兽，其形似马、其声类牛，先行导引，历年乃出，始居匈奴之故地”，这次南迁路线，当是沿着伊敏河向南穿越大兴安岭，经过一些高山密林和河谷沼泽进行的，因而遇到了九难八阻，只有用驯鹿（四不像）这一“林海之舟”作为交通工具才终于战胜了这艰险的旅程。近几年在大兴安岭南部巴林左旗南杨家营子、乌兰察布盟二兰虎沟等地发现的鲜卑墓群，其文化面貌同扎赉诺尔鲜卑墓群都具有极为相似的特点，宿白先生认为这些遗存当于拓跋鲜卑有关[③]，即为南迁到这一带的遗迹。

二、拓跋鲜卑的发展壮大

公元119年“武帝遣骠骑将军霍去病击破匈奴左地，因徙乌桓与上谷、渔阳、右北平、辽西、辽东五郡塞外，为汉侦查匈奴动静”。[④]鲜卑随之南迁到乌桓过去居住的西辽河上游的西拉木伦河流域，匈奴在蒙古草原的优势逐渐被鲜卑取代了。

东汉政权为了打击匈奴，对鲜卑采取了亲善友好的政策，东汉在南匈奴降汉之后，采取了联络鲜卑，孤立和打击北匈奴的政策。东汉王朝遣使鲜卑，以示财力。建武三十年（54年）鲜卑大人仇贲、满头要求归附汉朝，帝封仇贲为王、满头为侯，于是鲜卑大人皆来归附。东汉对鲜卑在经济上也给予支持，每年赏赐的钱币多达二亿七千万。东汉给予鲜卑政治经济上的支持，促进了鲜卑政治力量的加强，经济实力的提高。东汉光武帝初期，鲜卑追随匈奴扰汉边，而光武帝后期，鲜卑则开始与匈奴激烈争夺蒙古大草原，至汉章帝元和二年（85年）匈奴衰耗，党众离叛，南部攻其前，丁零寇其后，鲜卑击其左，西域侵其右，不复自立，乃远引而去。[⑤]章和元年（87年）鲜卑又再次攻入匈奴左地，大破北匈奴，斩优留单于，北庭大乱，屈兰、储卑、胡部须等五十八部，人口二十万，胜兵八千人，诣云中，五原、朔方、北地降。加以饥荒，降者前后而至。[⑥]在此情况下，东汉大将军窦宪率南匈奴伐北匈奴，迫使北匈奴逃离漠北，鲜卑因此转徙其居地。“匈奴余种留者尚有十余万落，皆自号鲜卑，鲜卑由此渐盛。”[⑦]鲜卑走向全盛是从2世纪中叶开始的，此时鲜卑出现了一位杰出人物檀石槐。他“南抄缘边，北拒丁零，东却夫余，西击乌孙，尽据匈奴故地，东西万四千余里，南北七千余里，网罗山川水泽盐地”[⑧]，在这广阔的土地上建起了一个强大的鲜卑部落军事大联盟，并将属地划为东、中、西三部，各置大人统领，总归檀石槐统辖，后来的宇文、慕容、拓跋皆属这个大联盟。

注释：

①米文平：《鲜卑石室的发现与初步研究》，《文物》1981年第2期。

②曹永年：《早期拓跋鲜卑的社会状况和国家的建立》，《历史研究》1987年第5期。

③宿白：《东北、内蒙古地区的鲜卑遗迹》，《文物》1977年第5期。

④⑦⑧《后汉书·乌桓鲜卑列传》。

⑤⑥《后汉书·南匈奴列传》。

（原载《内蒙古社会科学》1993年第2期）

从最新考古学成就看鲜卑族的渊流与发展

张泰湘　范忠泽　王世杰

黑龙江流域一支原始居民是古老的鲜卑族，他们属于阿尔泰语系东胡语族（有的文献称蒙古语族）。先秦以前称东胡，汉代居住在大兴安岭、嫩江平原的称拓跋鲜卑；居住在西辽河上游一带的称乌桓，后来的契丹族即源于乌桓。东汉以后，拓跋鲜卑南迁，公元4世纪迁至山西平城（今山西省大同市）附近建立了著名的北魏王朝（386～534年），以后又分裂成东魏、西魏、北齐、北周。南北朝时，鲜卑族还建立前燕、后燕、西燕、西秦、南燕、南凉等少数民族政权，他们为南北朝时期民族大融合作出了卓越的贡献。

拓跋鲜卑南迁后，留在呼伦贝尔草原、大兴安岭、黑龙江上游，直至石勒喀河流域的民族改称室韦，隋唐时蒙兀室韦兴起，至辽金时以蒙兀室韦为核心形成了蒙古民族。公元13世纪成吉思汗统一蒙古各部后建立了大蒙古国，其子孙又在欧亚大陆建立了各蒙古汗国，同时忽必烈在中国建立了元朝。元明以后留在呼伦贝尔草原、嫩江、绰尔河流域的始称锡伯。明代中期，锡伯族又顺绰尔河南迁至东北三省。乾隆年间，为了平定准噶尔叛乱，维护祖国统一，他们的一支充军又西迁至新疆，子孙繁衍于察布查尔大草原。

由于1980年在嫩江上游右岸支流甘河左岸发现了拓跋鲜卑的祖庙石室——嘎仙洞刻石祝文，可以确认嫩江流域、大兴安岭应是拓跋鲜卑族的文化摇篮。目前在这一地区已发现了距今1万余年前的旧石器时代晚期遗址，它证明了早在1万余年以前古人类已经生活在嫩江流域与大兴安岭的丛林中。

该地区已发现的旧石器时代晚期遗址有齐齐哈尔昂昂溪的大兴屯，讷河县清河门遗址，呼玛县呼玛河大桥和呼玛县黑龙江右岸的老卡和湖通镇，塔河十八站以及大兴安岭的大子杨山等遗址。

昂昂溪的大兴屯遗址是1982年发掘的。根据对晚更新世地层中出土的动物化石进行^{14}C测定，了解到它的绝对年代为距今11800±150年，属于旧石器时代晚期，该遗址出土了第四纪晚期动物化石9种（野兔、达斡尔鼠兔、蒙古黄鼠、灰食鼠、上头田鼠、普氏野马、野驴、东北野牛、原始牛）和部分石器（砍砸器、刮削器、雕刻器、尖状器、石叶、石核等）。它们和以后广泛流行于嫩江流域新石器时代文化昂昂溪文化中的细石器有着明显的渊源关系。

1989年，在黑龙江上游进行文物普查时，在嫩江上游支流那都里河左岸的二级台地上（其东南侧即大子杨山主峰）也发现了旧石器时代晚期遗址。该遗址采集到的石制品与昂昂溪大兴屯出土的石器非常类似。它说明了它的年代也应距今12000年左右。属于有着共同生活方式的早期人群。

比它们略晚一点的遗址是塔河十八站遗址。1975年、1976年由我国著名的旧石器时代考古学家贾兰坡教授带队调查和发掘了该遗址。十八站遗址位于呼玛河右岸大兴安岭北部的山坡上，海拔约800米，出土石器1070件。十八站的石器已经普遍细化，石器制作技术已比大子杨山略有进步，说明年代更晚一些，大约距今1万年左右。

应该指出，十八站的石器与我国华北地区的下川遗址、虎头梁遗址出土的石器有许多相似之处，如具有细石器传统的楔形石核、圆头刮削器、石叶、雕刻器等，它说明了十八站的主人有可能在旧石器时代晚期由华北平原进一步迁居到大兴安岭、黑龙江流域的，他们在这一带逐渐形成了鲜卑族及其先人。

黑龙江流域并不是远古人类迁居的终点站，而是中转站，另一支古人类为了追逐野兽，扩大生存空间，又进一步迁居到俄国远东，进而通过白令陆桥（今日白令海峡是1万年以后由于地球气候转暖，海水上涨形成了今日的白令海峡，因而1万年以前亚美大陆是连在一起，古人类很容易越过白令陆桥）由堪察加半岛迁居到北美洲去。能够说明这一点的还有以下论据：

1. 在俄国远东，美洲大陆都发现过类似我国东北地区发现的旧石器时代晚期的“船底形石核”，因为它发现于亚美大陆，因此，学术界又称它们为“洲际石核”，它的发现不仅说明这种石器制造技术在旧石器时代晚期由白令陆桥传入美洲大陆，而且也说明制作这种石器的古人类也迁入美洲大陆。

2. 在美洲大陆也常发现类似我国东北地区出土的第四纪晚期的披毛犀——猛玛象动物群化石，这些动物也是在第四纪晚期由亚洲大陆迁徙到美洲的。

3. 美洲大陆原始居民印第安人无论在体质特征上，或遗传基因上都类似蒙古人种，这说明几万年以前他们本是同一人种。

新石器时代是人类历史上的一个重要时期。1 万年以后地球上气候普遍转暖，人类发明了农业、畜牧业、陶器、磨制石器，生产力得到迅速的提高，不同的民族在这一时期形成了。人类社会进入繁荣的母系氏族社会。在旧石器时代发展的基础上，从新石器时代起，鲜卑先世东胡在大兴安岭、松嫩平原和呼伦贝尔草原上逐渐形成了。由于近几年来嫩江流域田野考古工作大规模的开展，可以根据地层学、^{14}C 年代的测定、谱系类型学的方法，可以把嫩江流域原始文化从新石器时代到青铜时代、早期铁器时代，即从距今 8000 年到 2000 年的考古学文化发展系列勾画出一个大致的轮廓。即对汉代鲜卑族先世演变的过程有了一个初步的认识。

1980 年，黑龙江省文物考古队对齐齐哈尔昂昂溪的滕家岗子遗址进行了发掘，根据^{14}C 测定，这是一处从距今 8000 年到 5000 年的原始聚落。从清理出来的半地穴房址来看，当时人类已开始定居，过着以渔猎经济为主的原始生活。采集到的大量细石器压制的刮削器、楔形石核、石叶、雕刻器等和塔河十八站出土的细石器有着密切的继承关系。它证明了嫩江流域的新石器时代居民是由当地旧石器时代晚期原始居民演变来的。滕家岗子的一号房址应该属于新石器时代早期。

广泛分布在嫩江流域的昂昂溪文化早已闻名于世。20 世纪 20 年代，俄人 A·路卡什金在昂昂溪五福一带就采集了不少的细石器，以英文发表后引起了当时刚刚从美国留学归来的梁思永先生的注意，并引起了他极大的兴趣，当时任职于国民党中央研究院史语所的年轻学者冒着匪患与疾病的威胁，只身来到遥远的东北边疆，发掘了昂昂溪附近的五福三座墓葬，出土了一批石器、陶器、骨器，奠定了嫩江流域新石器时代考古学研究的基础。但是，由于当时种种条件的限制，所以对它的绝对年代、族属、文化源流等一系列重大问题都搞不清楚。今天，已经过去了近 70 年，科学技术的不断进步，尤其是^{14}C·热释光的运用，可以科学地判断遗址的绝对年代；区系类型学的运用可以辨别出它的族属与文化源流。

根据目前新的考古学材料可以初步判定以五福墓葬为代表的昂昂溪文化为距今五六千年，相对年代为新石器时代中、晚期，如果昂昂溪附近的滕家岗子也算作昂昂溪文化的范畴，那么它的上限可能推到距今8000年以前。以往，学术界普遍认为昂昂溪文化应属于北夫余族先世的文化遗留。[1]

根据近几年来的工作，我们了解到昂昂溪文化就是黑龙江上游、嫩江流域旧石器时代晚期文化演变来的；即大兴屯——十八站——滕家岗子——小拉哈一期甲组——昂昂溪五福——白金堡（白金堡又可分成10期）。这样一来就可以从距今12000年至2000年的考古学文化发展序列勾画出一个大致轮廓。

解决这一系列发展的关键是肇源县小拉哈的发掘，小拉哈是连接昂昂溪文化和白金堡文化的中间环节。

小拉哈位于肇源县西北部，隶属于义顺蒙古族乡义顺村，西距嫩江30公里。1992年，黑龙江省文物考古研究所与吉林大学考古系联合对该遗址进行了发掘，发掘面1100平方米，出土文物450余件。

根据发掘的地层可以把小拉哈分为三期。第一期甲组距今6500年左右，乙组对H3062出土的陶片经热释光检测为距今4000±360年；G3002出土的动物骨骼经测定为距今3688±104年。[2]它应属于新石器时代最晚一期。

因此，可以看出小拉哈遗址是一处从新石器时代早期（距今6500年）到4000年左右的一处新石器时代遗址，以后又发展了青铜器时代（从距今3820±340年至2000余年前）。

下一个重要环节是白金堡遗址了。白金堡遗址位于黑龙江省肇源县民意乡白金堡村，它东距肇源县城50公里，南距嫩江干流仅0.5公里，东距松花江、嫩江汇合处约15公里。该遗址规模很大，东西宽400米，南北长450米，面积达18万平方米。它是嫩江流域规模最大，保存最好，最有代表性的从新石器时代晚期，经青铜时代到早期铁器时代（绝对年代从距今4000~2000年）的一处大型原始聚落遗址。

从70年代末期我们对该遗址进行了3次科学的发掘。1974年首次发掘，1980年、1986年又进行了两次发掘，尤其1986年的一次发掘规模最大，发掘面积1200平方米，发现半地穴式房址54座，各类灰坑350个，可复原陶器400余件。可以看出这是一处人类活动频繁、生活时间长的古代聚落。根据第三次发掘材料，严格按照地层学和年代学手段进行分类排队，了解到白金堡遗址一共延续了近2000年，即从距今4000年到2000年前人类一直在此生活、繁衍。这2000年又分为10期，大约每200年一期。最早一期为距今4000～3800年，相当于昂昂溪文化的晚期，文化面貌也非常接近。最晚一期距今2200～2000年，即我国历史上的西汉，因为发现了铁器，可见它的相对年代已经到了早期铁器时代。

以往学术界大都认为白金堡文化属于北夫余族的文化遗留。但是根据近年吉、黑两省大规模田野考古的开展，可以初步认定白金堡文化属于汉代鲜卑及其先世的遗留。

为什么断定白金堡文化属于鲜卑族的文化遗留呢？

1. 目前学术界普遍认为内蒙古呼伦贝尔盟陈巴尔虎左旗完工和满洲里市的扎赉诺尔古墓群属于汉代拓跋鲜卑族的文化遗留（扎赉诺尔墓群属于东汉早期，正是拓跋鲜卑南迁大泽时的文化遗留。完工略早，属于西汉）。其中完工出土的篦纹高领陶壶、红衣陶壶都类似白金堡晚期的同类遗物。陶器是鉴别一个民族的重要标志，相同的文化内涵表明了它们是同一民族的文化遗留。

2. 目前学术界把鸭形壶作为鲜卑文物的重要标志。嫩江流域近年来有以下几个点出土了鸭形壶（或兽形），齐齐哈尔三家子、富拉尔基发电厂扩建工地，泰来县平洋墓地、讷河二克浅，吉林通榆等。当然，它们本身还可以分期。至于它们的用途（盛水器或图腾崇拜）目前尚没有定论。

3. 青铜牌饰也是鉴别鲜卑文化的重要手段。鲜卑一词何义也？据《汉书·匈奴传》记载："犀比，胡带之钩也，亦曰鲜卑，亦谓师比。""鲜卑郭洛带，瑞兽名也，东胡好服之。"[3]"鲜卑，东胡语即祥瑞或神之义，郭落为兽之意，带盖汉语，合之谓瑞兽带。"[4]其实这种郭洛带就是广泛流传于北方草原地带的青铜牌饰，常见于先秦、两汉、南北朝时代北方草原青铜文化中。西方学术界称之为"斯基泰文化"，日本学术界称之为"鄂尔多斯青铜器"。它应是匈奴文化的重要文物。先秦时代，这种青铜牌饰由匈奴地区传入东胡，所以史书记载拓跋鲜卑是"鲜卑父胡母"，可见拓跋鲜卑是一个混血民族，当然文物也有混合现象，青铜牌饰就是这一历史史实的见证。

青铜牌饰一般都是青铜质，透雕，但也有金，包金（2001 年秋在讷河二克浅墓葬就出土了一件包金的鹿纹青铜牌饰）。嫩江流域、呼伦贝尔草原出土的青铜牌饰时间上从春秋到两汉，图案有鹿、马、虎、狼等。

4. 1980 年，内蒙古鄂伦春自治旗阿里河镇嘎仙洞的发现是鲜卑史研究的一个里程碑。它证明了嘎仙洞就是《魏书》记载的拓跋鲜卑的“祖庙石室”，大兴安岭即大鲜卑山，连同嫩江上游都是拓跋鲜卑族的活动中心，当然，嫩江流域也是鲜卑族的活动范围。

5. 以往学术界大多数认为白金堡文化应属于北夫余族的文化遗存。而广泛分布在吉林省吉长地区的西团山文化属于秽貊文化。文献记载北夫余来自先秦时代的秽貊。但是白金堡文化和西团山文化在文化面貌上存在着很大的差异。如西团山文化的陶器大都是素陶，陶质为黄褐或黑灰，火候较低，有发达的石器，而白金堡文化的陶器火候较高，红褐陶或黄褐陶，陶器上由篦点纹组成的繁褥图案是这一考古学文化的显著特点。它们在文化面貌上大相径庭，它们根本不是同一民族的文化遗留。

目前学术界一般认为西团山文化是秽貂——北夫余的文化遗留，吉林市东团山山城应是夫余王城。根据目前掌握的资料了解到西团山文化也越过拉林河进入今日黑龙江省境内，往北可到东流松花江南岸。

据《后汉书·东夷传·夫余条》记载：“夫余国在玄菟北千里，南与高句丽，东与挹娄，西与鲜卑接，北有弱水，地方二千里，本秽地也。”

汉代玄菟郡一般考证在今辽宁省抚顺一带，高句丽在以吉林省辑安市为中心的鸭绿江流域；挹娄分布在以黑龙江三江平原为中心东到日本海的广大地区，夫余西边为鲜卑，其西与西北直到大兴安岭、呼伦贝尔草原、松嫩平原西部都是鲜卑族生活的区域。“弱水”以前学术界有多种解释：（1）黑龙江说；（2）嫩江说；（3）松花江说。现在结合考古学材料可以判定，汉代“弱水”应是今日嫩江与东流松花江，古代把这两条江当作一条江了，其实嫩江长于第二松花江，即地理学上称之为“支大于干”。南北朝至隋唐把这条河称为“难水”、“那河”、“捺水”，降至清代，称“诺尼水”。其实“难”、“那”、“捺”、“诺尼”均为东胡语（蒙古语）“碧绿”之意，只是不同的汉字注音罢了。同时还说明了另一个史实，即从两汉（其实还要早，只是没有文献记载）至明清嫩江流域一直居住的都是操东胡语的各民族（鲜卑、室韦、乌洛侯、蒙古、达斡尔、锡伯等），“弱”并不是汉文“水势弱”之意，嫩江东流松花江水面宽阔，这么大的一条江河并不水弱。其实“弱”就是“那”、“难”、“捺”、“诺尼”之意。这样一来就可以界定东流松花江和嫩江都是汉代的弱水。因为夫余文化（西团山文化）一直分布到了东流松花江南岸，这和文献中记载“北至弱水”相吻合。

从以上分析可以看出汉以前鲜卑族的先世主要生活在大兴安岭、嫩江流域、呼伦贝尔草原。从考古材料上看早在旧石器时代晚期就有人类活动。新石器时代民族逐渐形成，以昂昂溪文化为代表的早期居民在嫩江流域过着以渔猎经济为主的母系氏族生活，以后逐渐演变成了白金堡文化。白金堡文化发达时期属于商周时期，这时白金堡文化也进入了青铜时代，但青铜器并不发达，仅限于小型器物，如刀、链、牌饰、扣、泡等。这时和中原地区的联系逐渐加强，如陶鬲的传入，陶器上商周青铜器的纹饰（如蝉纹、雷纹等）。社会经济除了传统的渔猎经济外，原始农业也有了一定的发展，如属于收割工具的蚌镰、蚌刀的大量使用；聚落大而延续时间长。除此之外，畜牧业也有一定发展，如在有些陶器上饰有以篦点纹组成的草纹图案，有的还组成草地、圈栏一类的图案。在有的陶器上还以三角形篦点纹为母题组成了羊、鹿、四不像、蛙等图案，它们刻画得形象而生动，是嫩江流域鲜卑先民创造出的优秀的原始艺术品，同时又是反映当时社会生活的实物资料。

在白金堡还出土了仿桦皮器的陶罐，它证明了早在三四千年以前，鲜卑先民就创立了桦皮文化，在扎赉诺尔汉代鲜卑族墓葬中也出土过桦皮器。直到今日居住在今日大兴安岭深处的鄂温克、鄂伦春、达斡尔族还保持使用桦皮器的传统，可见，鲜卑民族有着悠久的使用桦皮器的传统。

关于拓跋鲜卑的先世，《魏书·序纪》根据人相传授的口碑资料做了详尽的追述：拓跋鲜卑世世代代居于“幽都之北，广漠之野，畜收迁徙，射猎为业，淳朴为俗，简易为化，不为文字，刻木纪契而已”。到了67世，鲜卑族出现一个著名的领袖，这就是“聪明武略，远近所推，统国三十六，大姓九十九，威振北方”的“毛”（成帝），又过了14世到了始祖力微，这段记载很多属于传说成分。只是到了公元1世纪初，即东汉初年，拓跋鲜卑在其部落酋长推寅（鲜卑语“钻研”之意）第一率领下走出丛林，“南迁大泽，方千余里，厥土昏冥沮洳”。大泽就是今日呼伦贝尔盟的达赉湖。他们在大泽周围生活了大约7代时间，到第8代首领推寅第二时，已迁到了“匈奴之故地”，以后继续南迁至山西平城。公元4世纪初，拓跋猗㐌建都平城，国号为“代”。公元386年，道武帝拓跋珪登极，建国为北魏。

北魏建国后对其祖先的历史已是模糊不清了，只知道在“幽都之北，广漠之野”，只是到了太武帝拓跋焘时，居住嫩江中下游的乌洛侯人千里迢迢于太平真君四年（443年）年来到平城进贡时，才“称其国西北有国家先帝旧墟石室，南北九十步，东西四十步，高七十尺。室有神灵，民多祈请。世祖遣中书侍郎李敞告祭焉。刊祝文于室之壁而还”。[5]《魏书·礼志》中也有一段更详细的记载：“魏先之居幽都也，凿石为祖宗之庙于乌洛侯国西北。自后南迁，其地隔远。真君中（443年）乌洛侯国遣使朝献，云石庙如故，民常祈请，有神验焉。其岁遣中书侍郎李敞诣石室，告祭天地，以皇祖先妣配。祝曰……自启辟之初，祐我皇祖，于彼土田。历载亿年，聿来南迁。”

这个乌洛侯国在祖庙石室嘎仙洞东南。“其地下湿，多雾气而寒”，今日嫩江流域，尤其是乌裕尔河下游（今齐齐哈尔杜尔伯特以北的扎龙保护区一带）更合这些地理特征。经我考证，“乌洛”系东胡语“山”之意，“侯（护）”为“人”之意，说明原来他们也是居住在大兴安岭的山中，后迁到嫩江流域[6]，“民常祈请”指的是乌洛侯之民常去祖庙祈祷，说明乌洛侯和拓跋鲜卑本是同一民族，供奉的是同一祖庙。近年来在齐齐哈尔三家子、富拉尔基发电厂发现的有青铜牌饰和鸭形壶的墓葬有可能是东汉——魏晋时代乌洛侯人的文化遗留。

拓跋南迁后，留在大兴安岭、呼伦贝尔草原和嫩江流域的民族，南北朝时改称室韦，有人认为室韦就是鲜卑的音转。根据《魏书·室韦传》的记载：其地“在勿吉北千里，去洛六千里，路出和龙北千余里，入契丹国。又北行十日至啜水，又北行三日有盖水，又北行三日有犊了山，其山高大，周回三百余里，又北行三日有大水名屈利，又北行三日至刃水，又北行五日到其国。有大水从北而来，广四里余，名捺水。国土下湿”。经考证，和龙是今日辽宁省朝阳市，啜水为今日绰儿河，盖水为雅鲁河，犊了山为萨起大山，屈利水为诺敏河，刃水为多布库尔河，捺水当为嫩江。可见室韦的中心应在今嫩江流域及大小兴安岭的接合部。

关于室韦的族源一般认为他们来自拓跋鲜卑，他们除了在生产、生活方式上大同小异外，在风俗习惯上却大体一致。如室韦人“丈夫索发”（披发于脑后，以绳系之），拓跋鲜卑人也“披发左衽，故呼索头”。[7]男子发式完全一样；室韦妇女“束发作叉手髻”[8]也与乌桓妇女“至嫁时乃养发，分为髻”[9]相类似。

魏晋南北朝时室韦人以“射猎为务，食肉衣皮，凿冰没水中而网射鱼鳖”。[10]看来畜牧狩猎业仍为传统的经济，但原始农业也出现了，“颇有粟，麦及穄”[11]，“多貂皮”“逐水草”而“养牛马”。[12]他们生活在高寒地区“地多积雪”，“雪深没马”[13]乃“骑木而行”[14]这是一种类似滑雪板的交通工具。

室韦人的社会生活也比汉代鲜卑人大大迈进了一步，据《北史·室韦传》记载：“婚嫁之法，二家相许，辄盗妇将去，然后送牛马为聘，更将妇归家，待有孕，乃相许随还舍。”[15]这说明室韦人当时已从母系氏族社会过渡到一夫一妻制，并且要送牛马做彩礼，私有制已经产生。“盗一征三，杀人者责马三百匹。”[16]其丧俗是“父母死，男女众哭三年，尸则置于林树之上”。[17]这种树葬习惯还流行于近代鄂温克、鄂伦春人中，它反映了鄂温克、鄂伦春和古代的室韦人存在着一定的渊源关系。

隋代，室韦分为五部，即南室韦、北室韦、钵室韦、深末但室韦、大室韦。

到了唐代，对室韦各个部落的记载就更详细了，见于文献记载的有岭西、山北、大如者、小如者、黄头、婆莴、讷北、骆丹、乌素固、移塞没、塞易支、和解黑车子、那礼、蒙兀、大室韦、西室韦、东室韦、达垢、深末但、钵室韦、俞折等部。其中居住在黑龙江上游以及额尔古纳河下游的蒙兀室韦就是形成蒙古民族的主体部分。

考古学上何谓室韦文化，目前学术界尚未得到圆满的解决，即什么是古代室韦民族的文化遗存和遗物，考古学界还辨认不清。但从近一二十年来的工作中找到了一些蛛丝马迹。1986 年，在望奎县戚家围子的发掘中发现一些线索。戚家围子遗存可分三层：下层为白金堡晚期文物，有红衣陶和高领壶，篦点纹已经退化，基本为素面陶，时间上相当汉代，即距今 2000 年左右；中层墓葬中出土一种三角形的三连铜铃（马身上的装饰品），它是魏晋时期我国北方草原地带直到日本本州岛上常见到的马饰，另外还有金耳环也是南北朝时期流行的式样；上层有辽代典型的轮制的带梳齿纹的陶罐。从相对年代上来看，中层有可能是魏晋南北朝时代室韦人的文化遗留。但戚家围子的正式考古报告尚未发表，如果该推论得到学术界的认可，那么对室韦文化的确认就为期不远了。

明清时代的锡伯族应该是古代历史上鲜卑族和室韦族的后裔，他们到底是哪一支室韦人的后裔现在还很难说清楚。明末清初，锡伯主要居住在嫩江支流绰尔河流域，因此，位于绰儿河中游的塔子城（辽代泰州、今泰来县塔子城）也称锡伯绰尔城。如果详细推算，南北朝时绰尔河称为啜河；隋代，啜河一带属于南室韦分布区域；[18]唐代，这一带仍属于“南室韦诸部，其中最著名的是乌罗护部（即乌洛侯），在今大兴安岭东侧及嫩江中下游西岸地区”。[19]

如果锡伯族世居嫩江绰尔河流域，那么他和历史上的南室韦、乌洛侯人有着密切的渊源关系。

总而言之，鲜卑族有着极其悠久的历史。从旧石器时代晚期就有古人类生活在嫩江上游、黑龙江上游、大兴安岭林区（大子杨山、大兴屯、清河门、老卡、湖通镇、十八站）。1 万年以后的新石器时代嫩江流域广泛地分布着以昂昂溪文化为代表的新石器时代考古学文化。目前根据地层学、年代学、区系类型学的方法把它划分成滕家岗子（距今约 8000 年）——小拉哈甲组一期（距今 6500 年左右）——昂昂溪五福墓地（6000 年左右）——小拉哈乙组一期（4000 年）——白金堡文化（4000 年～2000 年，又可分为 10 期）——汉代鲜卑文化——魏晋南北朝、隋唐时代的室韦文化。这样一来就可以把嫩江流域、大兴安岭古代民族发展的序列勾画出一个大致的轮廓。

参考文献

[1] 吴文衔、张泰湘、魏国忠：《黑龙江古代简史》，哈尔滨北方文物杂志社，1987 年。

[2] 黑龙江文物考古研究所、吉林大学考古系：《黑龙江省肇源小拉哈遗址发掘简报》，《北方文物》，1997 年第 1 期。

[3] 张晏语，转引方壮猷《鲜卑语方言考》，燕京学报。

[4] 李一氓：《中国民族志》，中华书局，1993 年。

[5] 魏收：《魏书》，中华书局，1974 年。

[6] 张泰湘：《从北魏祖庙石室看乌洛侯的位置》，《求是学刊》，1981 年第 3 期。

[7]、[11]、[12] 魏收：《魏书·室韦传》，中华书局，1974 年，第 2221～2222 页。

[8] 肖子显《南齐书·魏虏法》，中华书局，1972 年，第 983 页。

[9] 范晔：《后汉书·乌桓鲜卑传》。

［10］、［14］李延寿：《北史·室韦传》。

［13］颜师古：《隋书·北狄传》。

［15］李延寿：《北史·室韦传》。

［16］、［17］魏收：《魏书·室韦传》。中华书局，1974年，第2221页。

［18］、［19］吴文衔、张泰湘、魏国忠：《黑龙江古代简史》，北方文物杂志社，1987年。

（原载于《黑龙江民族丛刊》2003年第2期）

早期拓跋鲜卑遗存试析

乔梁　杨晶

大兴安岭深处嘎仙洞北魏祭祖祝文的发现，为拓跋鲜卑起源于大兴安岭北段说提供了一个有力的证据，表明至少在北魏时期拓跋鲜卑所能追溯的发源地就在这一区域，因而呼伦贝尔地区的有关发现，在早期拓跋鲜卑的研究中也就有着特别重要的意义。

一

早在嘎仙洞发现之前，研究者就已推定在满洲里附近发现的扎赉诺尔墓群等遗存当属拓跋鲜卑的遗迹。而历年来的发现表明，类似扎赉诺尔古墓群的遗存在呼伦贝尔并非孤立的存在。目前被确定为早期拓跋鲜卑的遗存，主要有以下发现。

满洲里扎赉诺尔墓群　位于木图那雅河东岸坡地上，在大约500米长的范围内分布着约300余座墓葬，经多次工作，共清理、发掘53座。均土坑竖穴，墓穴一般呈前宽后窄的梯形，个别有二层台。绝大多数为单人葬，成人和儿童均有，还有男女或母子合葬。葬式为仰身直肢，头向偏西北或东北。一般都有木质葬具，可分为棺、椁两类，部分木棺有盖无底。殉牲比较普遍，多殉以牛、马、羊的蹄骨，也有用头骨者。随葬品一般比较简单，除随身的装饰品外，有陶器、骨器、铜器、铁器、木器、漆器、桦树皮器等，还发现用羊距骨和蚌壳的现象，随葬的器类主要是大口罐、束颈罐、双耳罐或壶、铜鍑、铜带扣、铜饰牌、铜耳饰、铜镜、铁矛、铁刀、铁剑、铁镞、骨弓弭、骨镞、玉串珠等。其中在随葬的夹砂罐内多发现有类似谷壳的痕迹。①

额尔古纳右旗拉布达林墓群 位于根河南岸拉布达林镇小西山的东南坡上，前后清理、发掘了27座墓葬。均土坑竖穴，一般呈前宽后窄的梯形，部分有二层台。绝大多数为单人葬，儿童采取和成人相同的葬法，偶有成人合葬或成人与儿童的合葬。葬式多为仰身直肢，仅见一例屈肢者，头向北或略偏西北或东北。一般都有葬具，为木棺或桦树皮棺，部分木棺有盖无底，也有在二层台下铺木棚盖或盖石板者。殉牲比较普遍，其中有10座殉以牛、马、羊以及野猪的头骨和蹄骨，一般牛是必备的，其他则或有或无，其他墓葬虽未见动物头骨，但往往发现蹄骨。除牛、马、羊、野猪以外还有狍、鹿等野生动物的蹄骨。随葬品一般比较简单，除随身的装饰品外，主要有陶器、桦树皮器、骨器、铜器、铁器和石镞等。陶器器形有罐、壶、尊、碗，除一件敞口壶为轮制泥质陶外，均为手制夹砂陶，其中又以大口罐占绝大多数。骨器中以骨镞、弓弭为主，也有钻孔骨片和一种顶端钻孔的喇叭状角饰。铜器除铃、泡、环镯等饰物外，还发现了2件残铜镜和5枚“大泉五十”铜钱。铁器以甲片为大宗，其他还有棺钉、环、镞、刀等。金器均为耳饰，用金丝盘成环形或螺旋形。石器有压制的石镞等。[②]

新巴尔虎左旗伊和乌拉墓群 位于海拉尔河北岸台地上，清理了两座已遭破坏的墓葬。均土坑竖穴，墓圹前宽后窄，单人仰身直肢葬，头向西北，用牛或马的头蹄为殉牲，出土有陶罐、陶壶、铁刀、铁马衔和弓形金饰。其中陶器中有件为手制夹砂大口罐，1件轮制泥质束颈壶。[③]

额尔古纳右旗七卡墓群 位于额尔古纳河西岸，前后清理了5座墓葬。均土坑竖穴，单人仰身直肢葬，头向西，未发现葬具。能看出墓圹形制的M3，系前宽后窄，并有用马蹄骨殉葬的现象。随葬品有陶器、骨器、铁器、铜器和桦树皮器等。陶器均手制夹砂陶，有罐、杯等，罐为大口，口沿外侧多有按压纹。骨器有骨镞、鸣镝、骨扣等。铁器有马衔、带扣和刀等。铜器仅发现1件耳环。[④]

鄂温克自治旗孟根楚鲁孟北一号墓 位于伊敏河右岸。为土坑竖穴，墓穴前宽后窄，方向北偏西，单人仰身直肢葬，有桦树皮葬具，有殉牲，为牛、马的头和蹄。出土有大口罐、小口罐、金耳饰、弓形金饰以及铁甲、铁予、环首铁刀、铁链、骨链等。[⑤]

鄂温克自治旗孟根楚鲁白云乌拉墓群 位于伊敏河右岸，共清理了5座墓葬。均为土坑墓，墓穴前宽后窄，有些有木棺，均为单人葬，多仰身直肢葬，只有一例屈肢葬。头向西北，有殉牲，为牛、马或羊的头蹄。出土有大口罐、金耳饰、铁甲片、铁镞、串珠等。⑥

鄂伦春自治旗嘎仙洞遗址 兴安岭北段东侧、甘河上源，系天然形成的洞穴。洞内堆积不尽相同，GPT32 第 2 层含大量陶片、兽骨及细石器等；GKT2（保护沟）第 2 层为凿石刻铭时形成的堆积，第 3 层含陶片、骨器、细石器和兽骨等，第 3 层出土木炭标本的^{14}C 年代为距今 2480 ± 80 年。洞内出土遗物主要有陶器、细石器、骨器等，也见有北魏时期的铁刀和更晚一些的铜饰。陶器主要出自探沟第 2 层，均为手制夹砂陶，多为黑褐色，少数为红褐色，以侈口罐为主，还有筒形罐等，口沿外侧多施以戳印纹的附加堆纹，流行假圈足，另有由内向外戳印乳钉纹的器口和可能为陶鬲的残片。细石器主要为石叶和石镞，骨器有骨镞和钻孔骨片等。⑦

以上几处发现除嘎仙洞外均为墓葬遗存，从发现的情况分析，可以看到虽然墓群的规模不等，遗存保存的状况也有所差异，但它们仍具有很多的共性。即按照一定规则将死者埋葬在公共墓地中，成人与儿童往往采取相同的葬制，均采用土坑竖穴的墓葬形制，墓圹或葬具往往呈前宽后窄的梯形，以单人葬为主流形式，也有成人合葬或成人与儿童的合葬，比较流行木棺或桦树皮葬具，偶有以铺木或盖石形成椁室的现象，葬式一般为仰身直肢，偶见屈肢葬者，头多向西北，少数偏向东北，殉牲十分普遍，多以头蹄象征整畜，以牛为主，马、羊为辅，偶见野猪、鹿等野生动物，随葬品不十分丰富，多是随身的饰品和日常用具，有陶器、铜器、铁器、骨器、石器、金器和桦树皮器等，陶器绝大多数为手制夹砂，以大口的罐为主，流行假圈足和在口沿下按压或戳印纹饰的作风，铜器除铜鍑外，基本都是装饰品，值得注意的是来自中原的铜镜和货币，铁器主要是武器和马具，骨器中以镞和弓弭数量最多，另外钻孔骨片也较有特点，石器除各种珠饰外，主要是细石器系统的石镞，金器均为饰品，其中金丝盘成的耳饰和弓形的项饰较具特色，桦树皮器主要为容器，由出土的情况分析，其在一定时期曾是日常生活中最主要的器皿。通过体质人类学研究，扎赉诺尔墓群的死者在人种学上可分为两组：其中占主体的 A 组系西伯利亚蒙古人种，数量较少的 B 组则系西伯利亚蒙古人种和北极蒙古人种的混血类型。⑧上述内容就应是早期拓跋鲜卑的基本特征，从遗存所表现的情况分析，当时拓跋鲜卑以狩猎和畜牧为主要经济，牛、羊是他们畜养的主要对象，马已被驯服和使役。可能也有采集或小规模的种植。弓箭是最主要的武器。制陶工艺还比较粗糙，金属冶炼技术虽已得到应用，但工艺和规模尚在比较初级的阶段。社会分工已经形成，男女社会地位有所差异。集团内部产生分化，财富占有虽然不均但尚未形成严重的对立。同外界的交往或贸易成为获取精美物品的主要途径。

二

在呼伦贝尔地区，以往发现在完工等地的墓葬，也多被研究者视为早期拓跋鲜卑的遗存。但按照前面分析与归纳的早期拓跋鲜卑的文化特征，似乎同完工等遗存尚存在一定的距离。

完工墓群位于海拉尔河南岸，距河约4公里，距扎赉诺尔约40公里。受取土影响屡有墓葬被破坏，先后记录了6座墓葬的资料。均为土坑竖穴墓，南北或北偏西向，有木椁或在墓底铺板和桦树皮，多人丛葬，分一次和二次葬，有殉牲，以牛、马为主，还有较少的犬，随葬品较丰富，有陶器、铜器、铁器、骨器、石器、蚌器及金银器等。[⑨]

与完工墓群性质相近的遗存可能还有分布在伊敏河西岸的伊敏车站西北墓群中的M4，该墓出土的夹砂红陶横耳壶不见于扎赉诺尔等遗存，而同完工MIB：72的红衣横耳壶作风接近。[⑩]

同扎赉诺尔遗存做一下对比。可以看到两者间确有较多的共性，如流行土坑竖穴墓，殉牲，骨器发达且多是骨镞和弓弭，石器中多细石器，流行以各种珠饰为装饰等。但更应看到，两者在一些基本特征上表现出很大区别，多人丛葬和单人葬，流行棺还是椁，殉牲中有无犬，器以罐还是壶为主等，都反映出两者在文化特征上存在着相当的差异，特别是表现葬俗的观念和反映文化特质的陶器等因素，更为可能暗示着两者在文化属性方面的不同。

根据已有发现，海拉尔附近地区在汉代之前可能曾是汉书二期文化系统的分布范围，海拉尔西山发现的陶鬲已经提供了明确的线索[⑪]，而完工等遗存与属于汉书二期文化系统的平洋墓群的联系则可能提供更详实的证据。

在平洋发现了多座多人丛葬墓，人数最多者达45人，而且也有分层埋葬的现象；平洋墓群殉牲习俗相当普通，又以狗和牛的数量最多；平洋墓群陶器以壶为主，基本不见罐，陶器多有红陶衣，也有鸭形壶和陶鬲。[⑫]

如果考虑到平洋墓群与完工一类遗存间还存在着一定的年代距离，则这种相同或相似的因素更显示出两者之间不同寻常的关系。体质人类学的研究也支持着关于文化关系的判断，根据分析“在北方草原地区各古代组群中，平洋组与完工组最接近……反映了两者可能来源于一个共同的祖先类型”。[13]

汉书二期系统文化的年代要早于扎赉诺尔墓群等早期拓跋鲜卑遗存，虽然目前所见其多分布在海拉尔以东偏南的区域，但通过在俄罗斯外贝加尔小乌里斯塔河口发现的陶鬲[14]，以及嘎仙洞堆积层中出土的由内向外戳印乳钉纹的器口和可能为陶鬲的残片，表明该文化或文化的影响曾达到更北的区域。

虽然完工一类遗存不应属于早期拓跋鲜卑，但在早期拓跋鲜卑的遗存中确实能看到来自完工一类遗存的影响。表明拓跋鲜卑在呼伦贝尔最初的南向扩展中，不可避免地要同当地的原住民发生联系，有可能还吸纳了部分属于完工一类遗存所代表的人群，扎赉诺尔墓群可以划分为体质特征不同的两组人群可能就同这种联系或融合有关。早期拓跋鲜卑在呼伦贝尔取代完工一类遗存所代表的集团后，更进一步将影响扩展到大兴安岭东侧的嫩江沿岸，以往在讷河二克浅出土的双耳陶罐很可能就是在早期拓跋鲜卑影响下的产物。[15]

三

早期拓跋鲜卑的遗存是拓跋鲜卑在大兴安岭北段和呼伦贝尔草原活动的产物，而按照文献的追述，拓跋鲜卑在这一区域的活动经历了相当长的过程，因此遗存的年代也当有所区别。

扎赉诺尔墓群出土的由中原传入的规矩镜、如意锦和漆器等，年代比较明确，一般认为不会早于公元 1 世纪，即东汉前期。而 1959 年、1982 年征集和 1996 年发掘的 M3002 出土的透雕三鹿纹青铜饰牌则有可能年代稍晚，类似的饰牌以往在察右后旗二兰虎沟墓地[16]、三道湾墓地[17]、山西右玉善家堡墓地等地均有发现[18]，而在这些地点三鹿纹饰牌的年代大多在东汉晚期至魏晋阶段[19]，因此扎赉诺尔墓群的年代当有一定跨度，可能至少经历了百余年的历程。而按照文献的记述，拓跋鲜卑在南迁大泽后，历七世才进一步南迁。这应当同墓地分布范围很大，可能划分为若干墓区，墓位可能有标志并据以定位并穴叠葬的现象相吻合。

嘎仙洞的发掘，利用在 GKT2 第 3 层出土的木炭标本测得的^{14}C年代为距今 2450±80 年，但依据发表的资料，并不能确认哪些遗存同这个年代相关。[20]因此仍只能利用陶器等遗存的分析对比来探讨。据介绍嘎仙洞的陶片主要出自探沟第 2 层中，在这些陶片中包含着由内向外戳印乳钉纹的器口和可能为陶鬲的残片，而根据其他地区的发现，这两种因素，前者最晚见于春秋——战国阶段的平洋墓群，后者的年代下限则不会晚于西汉。因此，如果嘎仙洞陶片的共存关系可以确定，则表明嘎仙洞早期拓跋鲜卑遗存的年代当早于扎赉诺尔墓群。

拉布达林墓群的 M24 出土了“大泉五十”铜钱，年代当不早于新莽，M5 出土的“重圈铭文镜”是主要流行于西汉的因素，而 M6 出土的“规矩镜”则多见于东汉。中原传入物品提供了遗存年代的上限，而陶器形态变化则可能更准确地指示遗存的相对年代。参照嘎仙洞与扎赉诺尔的年代关系，对比拉布达林墓群的资料，可以发现该地出土陶器的形态往往居于前述两地同类陶器形态变化的中间环节，将三地相关陶器做一对比则可对已知早期拓跋鲜卑的遗存排定相对顺序，由排定的年代序列来看，早期拓跋鲜卑的陶器大体存在着鼓腹的程度由不明显向明显的转变。

拓跋鲜卑是以游牧为主体经济的草原民族，但由他们认同的起源地——大兴安岭北段来看，显然并不适合放牧而更宜于射猎。嘎仙洞文化层出土的大量兽骨均为野生动物，也说明当时确实以狩猎为主要经济活动。在拉布达林墓群虽然以牛为主要殉牲，但野猪也占一定的比例，而且可能还有狗、鹿等野生动物，表明射猎活动仍居比较重要的地位。到了扎赉诺尔墓群阶段，殉牲全部使用家畜，野生动物已难觅其踪了。从野生动物所占比例变化，反映了早期拓跋鲜卑的经济生产由狩猎向游牧转化的轨迹，同时也从一个侧面证明了陶器形态变化所揭示的遗存间的相对年代序列。

按照三处遗存的相对年代关系，可以了解到早期拓跋鲜卑由北向南分布的大致趋势，这也同文献记述的早期拓跋鲜卑的迁徙过程相符。但并不能机械地理解为分布在北侧的遗存就一定比南部的早，因为从现有发现分析，早期拓跋鲜卑的分布更可能是一种扩张，而并非单线条的迁徙，俄罗斯一侧的发现也许有助于说明这一点。

在俄罗斯外贝加尔地区，分布着一种被奥克拉德尼科夫命名为“布尔霍图伊文化”的遗存，据俄罗斯学者研究，该文化的绝对年代为公元 1 世纪。[21]虽然就目前所见到资料分析，该文化可能包含了若干个不同的文化群体，内涵复杂、年代跨度过大，但由陶器所表现的情况看，该文化的主体显然应同中国一侧的早期拓跋鲜卑遗存密切相关。

四

按照文献记载，鲜卑本是东胡的一支。西汉初，东胡被匈奴冒顿单于所破，退保鲜卑山的一支被称为鲜卑。鲜卑山今已不能确指，一般以为在今科尔沁草原一带。通过前面的分析，在战国至西汉较早阶段，呼伦贝尔草原主要属于汉书二期系统文化的分布区域。空间的距离和文化的阻隔似乎都表明退保鲜卑山的东胡难以和最初活动在大兴安岭北段的早期拓跋鲜卑联系起来，也就是说拓跋鲜卑在起源之初同退保鲜卑山的鲜卑可能并无联系。

关于东胡，按照文献的记述，大体活跃在战国时期，分布在胡（匈奴）和赵国之东，燕国之北，以游牧为主要经济生产方式。史载“燕有贤将秦开为质于胡，胡甚信之，归而袭破走东胡，东胡却千余里”。[22]在击败东胡后，燕筑长城，置五郡，大大扩张了在东北地区的疆土。秦开破东胡一事，《史记》明确记载在赵武灵王“胡服骑射”之后，同时又说与荆轲同去刺秦王的秦舞阳为秦开的孙子，故大致可知事件发生在战国后期。文献记载的时空框架为探索东胡的遗存提供了线索，因此在秦开破东胡之前的燕境之北、战国燕长城之内或附近，年代在战国中后期、含有游牧色彩的土著文化无疑是最值得关注的对象。

虽然有研究者将夏家店上层文化视作东胡的遗存，但就年代下限而言，夏家店上层文化显然无法与秦开大破的东胡相联系。从考古发现来看符合文献记载时空范围内的考古学文化，至少有如下几类，即以敖汉旗乌兰宝拉格战国墓群所代表的遗存[23]；以敖汉水泉墓地北区墓葬所代表的遗存[24]；以凌源五道河子墓群所代表的遗存等。[25]在这几种遗存中，乌兰宝拉格战国墓群属主要分布在大、小凌河流域及含有曲刃青铜短剑的所谓凌河类型的晚期遗存[26]；水泉北区墓群一类遗存则主要分布在老哈河和西拉木伦河流域，已有研究者命名为水泉文化；五道河子墓群所代表的遗存主要分布在热河山地，由出土的直刃短剑来看可能与被视作“山戎”或“白狄（代）”的北辛堡文化联系密切。[27]从各遗存的年代看，具有一定的共性，即上限多在夏家店上层文化结束之后，而下限又均在燕文化进入之前，同时不同文化之间也表现着一定的联系。虽然还不能确指上述遗存的哪一支属于东胡，抑或东胡本来就是包含着不同考古学文化集团的集合体，但从多年的工作来看，属于东胡的遗存很可能就已包括在上述文化类型之中。

综观上述几种有可能属于东胡的遗存，不难发现它们同早期拓跋鲜卑遗存均有很大的差别。当然两者间还有一定的年代距离，但由埋葬制度、器用习俗等所表现的情况分析，两者区别的形式，年代距离当不是主要因素，而文化谱系的变化才是决定性的，即早期拓跋鲜卑并非战国后期被燕将秦开所破东胡的后裔。

科尔沁一带，战国后期至西汉较早阶段的文化面貌尚不清楚，到了稍晚阶段，这里分布着舍根文化。舍根文化的墓葬多东向，流行饰暗纹的夹砂罐和所谓舌状唇的大口束颈陶壶，同时还流行压印纹饰。[28]由于其同发现于朝阳地区以慕容鲜卑为主体的“三燕文化”表现出一定的联系，所以一般认为其应是东部鲜卑的一支。从文化面貌看，早期拓跋鲜卑遗存同舍根文化区别明显，表明两者在谱系上可能有所不同。但拓跋鲜卑尚在呼伦贝尔草原之时便已同舍根文化发生了联系，伊和乌拉 M2 出土的侈口舌状唇壶就是舍根文化的典型因素，而扎赉诺尔等地所见到的三鹿纹饰牌、金丝扭成的耳饰等也多见于东部鲜卑的相关遗存。

按照文献记载拓跋鲜卑为鲜卑父胡母，虽然这可能有中原史家的贬损成分，但也说明拓跋鲜卑与匈奴的关系十分密切。而马长寿先生更指出，只有从大泽西迁与匈奴相融合后，拓跋鲜卑才能称得上是真正意义的拓跋鲜卑。[29]

从考古发现分析，除去铜鍑等有可能来自匈奴的因素外，在早期拓跋鲜卑遗存中很少能看到匈奴的影响。进入漠南后拓跋鲜卑的面貌虽然发生了较大变化，但仍较少匈奴文化的踪影。已知属于立国后的拓跋鲜卑遗存，就陶器而言，口沿下戳印或刻划纹饰的大口罐仍在流行，而新出现了一种小口长颈的壶或瓶。在此后，这两种因素作为主要陶器几乎贯穿于北朝始终。[30]然而这种小口长颈的壶或瓶也并非匈奴文化的因素，在大漠南北的匈奴遗存中都难觅到踪迹。在北方草原地带，与这种小口长颈壶有关的器形，年代最早的见于科右中旗的北玛尼吐墓群，在这里小口长颈的壶同颈部戳印纹饰的大口罐共存[31]，后者又见于内蒙古中部的东汉至曹魏阶段的鲜卑遗存和巴林左旗的南杨家营子墓群。[32]尽管北玛尼吐墓群的发掘者认为该墓群年代的上限可能在东汉初期，但由陶器所表现的特征以及同相关遗存的对比来看应该不会早于东汉晚期。北玛尼吐墓群在舍根文化分区的西北，从文化分布的趋势分析，这类遗存有可能以大兴安岭南麓的西坡为分布重心，而拓跋鲜卑在南迁过程中很可能就吸纳了部分以北玛尼吐墓群所代表集团的因素。北玛尼吐墓群从文化面貌上看，同已知的东部鲜卑有较多共性，因此应当属于鲜卑而并非匈奴。如此则拓跋鲜卑真正成规模地同匈奴的结合，大概应当在其西迁至匈奴故地之后，但即使在那一阶段之后，我们仍难于由拓跋鲜卑的遗存中找到更多的匈奴文化因素。

注释：

①a. 郑隆：《内蒙古扎赉诺尔古墓群调查记》，《文物》1961 年第 9 期；b. 内蒙古自治区文物工作队：《内蒙古扎赉诺尔古墓发掘简报》，《考古》1961 年第 12 期；c. 王成：《扎赉诺尔圈河古墓清理简报》，《北方文物》1987 年第 3 期；d. 内蒙古文物考古研究所：《扎赉诺尔古墓群 1986 年清理发掘报告》，《内蒙古文物考古文集》第一辑，中国大百科全书出版社，1994 年。

②a. 赵越：《内蒙古额右旗拉布达林发现鲜卑墓》，《考古》1990 年第 10 期；b. 内蒙古文物考古研究所等：《额尔古纳右旗拉布达林鲜卑墓发掘简报》，《内蒙古文物考古文集》第一辑，中国大百科出版社，1994 年。

③呼伦贝尔盟文物管理站：《新巴尔虎左旗伊和乌拉鲜卑墓》，《内蒙古文物考古文集》第二辑，中国大百科出版社，1997 年。

④呼伦贝尔盟文物管理站等：《额尔古纳右旗七卡鲜卑墓清理简报》，《内蒙古文物考古文集》第二辑，中国大百科出版社，1997 年。

⑤⑥⑩程道宏：《伊敏河地区的鲜卑墓》，《内蒙古文物考古》第 2 期。

⑦呼伦贝尔盟文物管理站：《鄂伦春自治旗嘎仙洞遗址 1980 年清理简报》，《内蒙古文物考古文集》第二辑，中国大百科出版社，1997 年。

⑧朱泓：《人种学上的匈奴、鲜卑与契丹》，《北方文物》1994 年第 2 期。

⑨a. 潘行荣：《内蒙古陈巴尔虎旗完工索木发现古墓葬》，《考古》1962 年第 11 期；b. 内蒙古文物工作队：《内蒙古陈巴尔虎旗完工古墓清理简报》，《考古》1965 年第 6 期。

⑪王成：《内蒙古海拉尔西山发现大型陶鬲》，《北方文物》1998 年第 2 期。

⑫黑龙江省文物考古研究所：《平洋墓葬》，文物出版社，1990 年。

⑬潘其风：《平洋墓葬人骨的研究》，《平洋墓葬》附录一，文物出版社，1990 年。

⑭冯恩学：《青铜时代到早期铁器时代长城地带对外贝加尔地区的文化影响》，中国北方长城地带青铜时代考古国际学术研讨会提交论文，长春，2001 年。

⑮安路等：《黑龙江讷河二克浅墓地及其问题探讨》，《北方文物》1986 年第 2 期。

⑯郑隆等：《察右后旗二兰虎沟的古墓群》，《内蒙古文物资料选辑》，内蒙古人民出版社，1964 年。

⑰乌兰察布博物馆:《察右后旗三道湾墓地》,《内蒙古文物考古文集》第一辑,中国大百科出版社,1994年。

⑱大克林等:《山西省右玉县善家堡墓地》,《文物季刊》1992年第4期。

⑲乔梁:《内蒙古中部的早期鲜卑遗存》,《青果集——吉林大学考古系建系十周年纪念文集》,知识出版社,1998年。

⑳据介绍嘎仙洞的陶片主要出自探沟第2层中,但在介绍层位情况时也提到在GKT2(保护沟)第3层内含陶片等,而发表的器物又均无标本号,所以很难明确遗物间的关系;目前只能姑且以多数陶片均属于探沟2层为是。

㉑N·B·阿谢耶夫等著、王德厚等译:《中世纪外贝加尔的游牧民族》,《东北亚考古资料译文集—俄罗斯专号》,北方文物杂志社编辑出版,1996年。

㉒《史记·匈奴列传》,中华书局标点本。

㉓邵国田:《敖汉旗乌兰宝拉格战国地调查》,《内蒙古文物考古》1996年,第1、2期合刊。

㉔郭治中:《水泉墓地及相关问题之探索》,《中国考古学跨世纪的回顾与前瞻——1999年西陵国际学术研讨会文集》,科学出版社,2000年。

㉕辽宁省文物考古研究所:《辽宁凌源县五道河子战国墓发掘简报》,《文物》1989年第2期。

㉖朱永刚:《大、小凌河流域含曲刃短剑遗存的考古学文化及相关问题》,《内蒙古文物考古文集》第二辑,中国大百科出版社,1997年。

㉗河北省文化局文物工作队:《河北怀来北辛堡战国墓》,《考古》1966年第5期。

㉘张柏忠:《哲里木盟发现的鲜卑遗存》,《文物》1981年第2期。

㉙马长寿:《乌桓与鲜卑》,上海人民出版社,1962年第2期。

㉚乔梁:《北朝墓葬研究》,《纪念宿白先生八秩华诞论文集》,科学出版社,2002年。

㉛钱玉成等:《科右中旗北玛尼吐鲜卑墓群》,《内蒙古文物考古文集》第一辑,中国大百科出版社,1994年。

㉜a. 同⑲;b. 中国社会科学院考古研究所内蒙古工作队:《内蒙古巴林左旗南杨家营子的遗址和墓葬》,《考古》1964年第1期。

(原载《内蒙古文物考古》2003年第2期)

拓跋鲜卑早期历史辨误

杨 军

近年来，对拓跋鲜卑早期历史的研究取得了长足进展，但是，在下述几个问题上，学术界目前通行的观点是错误的。因为这些问题都是研究拓跋鲜卑早期历史时所无法回避的，所以本文不惮鄙陋，试陈一得之愚，以期引起学者们的注意，起到抛砖引玉的作用。

一、《魏书·序纪》的纪年

《魏书》卷1《序纪》将拓跋鲜卑的始祖上溯至始均，自始均“积六十七世”至成帝毛，又历14世，至神元帝力微时才出现明确纪年。拓跋鲜卑早期历史，包括两次大迁徙，史书中都没有明确纪年，我们只能通过《序纪》所载世次作大体的估算，因此，对《序纪》世次积年的理解就显得非常重要。这在某种程度上决定着我们对拓跋鲜卑早期历史许多方面的理解，概言之，这是拓跋鲜卑早期历史的时间坐标。

《序纪》中最早的纪年是神元帝力微元年，“岁在庚子”，钱大昕与王鸣盛都认为，此庚子年为公元220年。[①]目前学术界通常的做法是，由此上推，以估算始均、成帝毛、“始迁大泽”以及迁居“匈奴之故地”的时间。又受《序纪》始均“入仕尧世”记载的影响，要将始均定在夏代以前，自然就要采用白鸟库吉最早提出的30年为一世的偏长说法[②]，得出始均在公元前世纪仕于尧、封于舜，成帝毛在公元前3世纪组成36国联盟，推寅于公元前2世纪南迁大泽，诘汾于2世纪率部南迁的结论。[③]这种估算似乎可以证明《序纪》所载都是正确的，但实际上，以30年为一世的说法本身就是有问题的。

有关鲜卑各部每世平均时间的数字，我们在史书中至少可以找到以下6种：

鲜卑各部每世平均年限统计表

北魏建国前④	北魏建国后⑤	慕容鲜卑⑥	吐谷浑⑦	秃发鲜卑⑧	宇文鲜卑⑨	平均
24.5	17	25	26.8	22.4	17	22.1

从上述6组数字来看，《序纪》所载拓跋鲜卑建国前诸帝的平均在位时间是相对较长的，近25年。而6组数字的平均值仅为22.1年，与白鸟库吉的30年一世说相差近8年。如果我们取6组数字的平均值与拓跋鲜卑建国前诸帝的平均值，认为拓跋鲜卑一世约在22～25年，大体是不错的。以此为准，以力微即位年为220年，按《序纪》所载世次上推，我们对始均、毛、推寅、邻四帝的在位时间就有了两组数字。

《魏书·序纪》所载四帝在位时间估算表

	即位时间		卒年	
帝号	大约时间	最早时间	大约时间	最早时间
始均	公元前1540年	公元前1780年	公元前1518年	公元前1755年
成帝毛	公元前88年	公元前130年	公元前66年	公元前105年
宣帝推寅	22年	公元前5年	44年	20年
献帝邻	176年	170年	198年	195年

如果上表的推算不误，则始均生活的年代——假如真有过始均这个历史人物的话——大约应在公元前1780～1518年之间，相当于夏末商初⑩，而不会是《魏书·序纪》所说的尧舜之时。拓跋鲜卑“统国三十六，大姓九十九”，约在公元前1、2世纪；在宣帝推寅率领下南迁呼伦贝尔地区⑪，约在公元1世纪上半叶⑫；在诘汾率领下南迁匈奴故地，约在170～198年之间。自宣帝推寅至献帝邻，即公元前1世纪上半叶至公元2世纪下半叶，拓跋鲜卑在呼伦贝尔地区居住了8世，近200年。

上述纪年与考古资料反映出的时间也是吻合的。呼伦湖附近的完工、扎赉诺尔两处遗址是拓跋鲜卑居住大泽时期的遗存。宿白认为“扎赉诺尔墓群的年代不会早于公元1世纪”。[1]关于完工，内蒙古自治区文物工作队的《清理简报》怀疑当地有不同时代的墓葬，因出土的骨器与陶器与扎赉诺尔相近，故认为“年代大致与扎赉诺尔相近，也可能略早于扎赉诺尔”[2]，宿白也认为完工早于扎赉诺尔，但没有具体的断代。孙危将完工遗址归入其分期的第一期，即公元前1世纪末至公元1世纪末。[3]虽然考古学界尚存在不同的认识⑬，但上述观点是主流意见。这与我们上述对宣帝推寅与献帝邻的时代的估算基本是吻合的。

此外，我们还可以参考^{14}C数据。拉布达林遗址的年代，“根据社会科学院考古研究所实验室对葬具朽木的^{14}C测定结果，距今为1770±50年(树轮校正年代为1715±65年)”[4]，从公布^{14}C测定结果的1988年算起，应为公元218±50年，树轮校正年代为273±65年，上限是公元168年，正在我们估算的时间段之内。

上述对拓跋鲜卑世次积年的分析说明，《序纪》有关黄帝少子昌意受封北土、始均入仕尧世等说法，都是后人的附会，并不具有史料价值。现在学术界在研究拓跋鲜卑早期历史的时候，往往从黄帝少子昌意、幽都、广漠、始均仕于尧封于舜等谈起，是受了伪史料的误导。

需要说明的是，自成帝毛至献帝邻计13帝，相互之间的关系史书无载。固然，此后的献帝邻、圣武帝诘汾、神元帝力微、章帝悉鹿等4代都是父子相传，但力微以下尚存在兄终弟及和叔侄间的继承，不是绝对的父死子继；力微以下11帝，实际只是5代人，因此，不能仅依据献帝至章帝4代的父子相承，就得出献帝以前诸帝也是父子相承的结论。如果认为力微以前诸帝的在位情况与力微以下11帝相似，那么，自成帝毛至圣武帝诘汾14帝很可能只有6~7世，始均至力微也不过40多世；所以，本文所计算的《序纪》诸帝的积年，已是最大值了，采用比这再大的数字估算，恐怕是与事实不符的。

综上，拓跋鲜卑一世应按22~25年计算，这是我们分析拓跋鲜卑早期历史问题的时间坐标。

二、拓跋鲜卑信史始于成帝毛

罗泌《路史》卷40早已明确指出，《魏书》卷1《序纪》中有关黄帝少子昌意、其裔始均的记载皆出自后人编造：

《魏书·序纪》则因《山海经》始均生北狄，而妄谓为拓跋之先。又误以始均为叔均，而遂以为稷后。其言始均事尧，则是以为叔均矣。俱妄也。

宋人叶适《习学记言》卷34也对《魏书·序纪》上述记载持怀疑态度：

魏收为拓跋序世次，自始均爵于舜，六十七世至毛，而后威服北方。又十三世而至诘汾，以天女之子为子，是为力微。力微立四十二年，始遣子朝于魏，魏景元二年也。自诘汾以前，既皆荒忽诞漫，而力微生于天女，推其年当是汉桓灵之岁，盖亦近尔，乃复有此异事！昔玄鸟生商，后稷野字，皆在上古，或者犹以为远而诬，不知收何所考信而云然也。崔浩实录魏事，旧人皆怒，遂致族诛，然则收之不足凭也审矣！

我们从《山海经》的记载中还可以找到《序纪》相关记事的原型⑭，证明罗泌与叶适的说法是有道理的。北魏道武帝追尊祖先28代，即上溯至成帝毛，证明拓跋鲜卑人对自己民族历史的追溯，是到成帝毛为止。也就是说，在北魏时，无论中原史家，还是拓跋鲜卑人自己，对其历史的追忆只能上溯到成帝毛时期。因此，吕思勉认为始均以下世应出于后人的编造⑮，是有道理的。拓跋鲜卑的信史始于成帝毛，而不是更早。

需要说明的是，罗泌、叶适指出，《魏书》卷1《序纪》上述记载出于后人的编造是正确的，但他们认为编造者就是《魏书》的作者魏收，却是不正确的。

公元305年，桓帝去世，次年⑯，卫操树碑于大邗城，碑文中已称拓跋鲜卑是"轩辕之苗裔"。[5](卷23)这是称拓跋鲜卑出于黄帝的最早记载。公元386年，拓跋珪"用崔宏议，自谓黄帝之后，以土德王。"[6](卷110)与卫操立碑时隔整整80年之后，拓跋珪才接受崔宏的建议，自称黄帝之后；说明卫操刻碑称拓跋鲜卑出于黄帝，只是臣事拓跋鲜卑的汉族文人的比附，并未得到拓跋鲜卑统治者的认同。由此看来，卫操当是这则神话的始作俑者。拓跋珪"自谓黄帝之后，以土德王"，神话中"黄帝以土德王，北俗谓土为托，谓后为跋，故以为氏"这部分内容已经出现了。结合拓跋珪建国后大力发展农业的史实来看，神话中始均为田祖的内容可能也是在此时编入的。由于女魃的事迹与始均为田祖的记载出现在《山海经》的同一段记事中，所以，始均逐女魃的故事也应在此时附入。因此可以认定，拓跋珪时，这则神话已基本定型。公元431年，世祖拓跋焘册沮渠蒙逊文中说"昔我皇祖，胄自黄轩"[5](卷99)，这说明，在拓跋珪接受崔宏的建议自称黄帝后裔之后45年，这种观念已成为北魏王朝的正统观念。正始元年（504年），元详死后，其墓志称他的家世是"启源轩皇"[7](P393)，可见，在北魏皇帝提倡下，早在魏收作《魏书》之前，这种观念就已经成为拓跋鲜卑全民的共同认识了。并不是魏收编造了这则神话，他只不过是把当时已成为北魏正统观念的神话堂而皇之地写入正史罢了。

三、嘎仙洞与拓跋鲜卑起源地

马长寿1962年出版《乌桓与鲜卑》一书，最早提出拓跋鲜卑起源于大兴安岭北段。[8](P239)虽然拓跋鲜卑的起源地有额尔古纳河流域、贝加尔湖附近、嫩江与额尔古纳河之间的大兴安岭山脉之内、在嫩江流域而靠近大兴安岭等说法[9]，但在学术界影响最大的当属马长寿的大兴安岭北段说。1980年在嘎仙洞发现北魏太平真君四年（443年）的刻石祝文后，虽然仍有部分学者持不同看法，但总体上说，马长寿首倡的大兴安岭北段说渐成定论。嘎仙洞成为研究拓跋鲜卑迁徙的公认起点，成为研究拓跋鲜卑早期历史的重要地理坐标。

笔者虽然支持拓跋鲜卑源于大兴安岭北段说，但认为，将嘎仙洞一带视为拓跋鲜卑起源地是不合适的。这方面的论据学者们已提出不少⑰，除前人提到的之外，这里再从文献与考古两个方面补充一点证据。

《魏书》卷108《礼志一》："魏先之居幽都也，凿石为祖宗之庙于乌洛侯国西北。自后南迁，其地隔远。真君中，乌洛侯国遣使朝献，云石庙如故，民常祈请，有神验焉。"《魏书》卷100《乌洛侯传》："世祖真君四年来朝，称其国西北有国家先帝旧墟。"对比两条史料，虽然尚不能直接认定拓跋先世石室的传说始于乌洛侯人，但可以定，嘎仙洞正是乌洛侯人所说的拓跋先世的"旧墟"。问题是，乌洛侯人对拓跋鲜卑早期历史的了解是否准确。

关于乌洛侯人，最早为之立传的就是《魏书》，却对其起源没有任何交代。《旧唐书》卷212《乌罗浑国》称："乌罗浑国，盖后魏之乌洛侯也，今亦谓之乌罗护。"《新唐书》卷217下《回鹘传》："太宗时，北狄能自通者，又有乌罗浑，或曰乌洛侯，曰乌罗护。"可证《魏书》之乌洛侯即两唐书中的室韦乌罗护部。但是，《新唐书》卷217下《回鹘传》记载，乌罗浑"大抵风俗皆靺鞨也"，《旧唐书》卷212《乌罗浑传》："风俗与靺鞨同。"《唐会要》卷99亦言乌洛浑国"风土与靺鞨同"，说明乌罗浑本是靺鞨人的部落，后来西迁加入室韦之中。《新唐书》卷75下

《宰相世系表》乌氏条:“乌氏出自姬姓,黄帝之后,少昊氏以乌鸟名官,以世功命氏。齐有乌之余,裔孙世居北方,号乌洛侯,后徙张掖。”韩愈《乌氏庙碑铭》:“乌氏之处北者,家张掖,或入夷狄为君长”[10](P396),二条史料显然同出一源。居于东北亚东部的秽貊系、肃慎系各族的始祖起源传说往往与鸟或卵有关[11](P151~153),而居于西部的东胡族系绝不见类似传说,这也证明乌洛侯应出自秽貊系或肃慎系,而不是东胡系。乌洛侯人既不出自东胡族系,又是后迁来此地的,其所报告的拓跋鲜卑的“旧墟”显然可信度并不高。

嘎仙洞发现以后,考古工作者发现,这里存在旧石器文化到新石器文化的完整发展系列。陶器的形制、加工工艺与完工和扎赉诺尔鲜卑墓出土的陶器具有文化上的相似特征,更具原始性。因而,学术界不仅坚信这里是拓跋鲜卑的发源地,还推导出拓跋鲜卑在这里活动了2000年左右的结论,由此“印证”了我们前面批驳过的《魏书》卷1《序纪》记载的黄帝少子昌意、始均等“史料”。

但是,在我们证明上述史料出于后人编造,不具有任何价值之后,嘎仙洞的考古资料与文献资料之间就出现了脱节。如前所述,拓跋鲜卑的信史始于成帝毛,自成帝毛至宣帝推寅南迁大泽以前,他们一直活动在大鲜卑山附近。按我们的推算,这应是公元前2世纪~1世纪的事。而目前我们掌握的与嘎仙洞有关的^{14}C数据是距今2450±80年、2380±80年[12](P65),远在我们所推算的成帝毛的时代以前。如果我们相信《魏书》卷1《序纪》对成帝毛“统国三十六,大姓九十九”的记载,就应该承认,拓跋鲜卑势力已比较强大,其遗迹不可能仅局限于嘎仙洞一隅。[13]在没有发现相应的考古学文化之前,就盲目相信乌洛侯人的传闻,断定这里就是大鲜卑山附近的拓跋鲜卑原居住地,显然是粗率的。当然,嘎仙洞附近的遗存,也许真的可以证明拓跋鲜卑远在公元前6世纪就生活在这里,从而为我们提供可以补文献之不足的信史,但这是需要进一步研究后才能做出结论的。

综上,完全相信乌洛侯人的报告,认定嘎仙洞就是拓跋鲜卑的起源地,从研究方法上说,并不是没有问题的。抛开这种研究方法,我们仅能从拓跋鲜卑的族属渊源上对其原居住地作一些推测。

对于室韦人的族源,学术界虽然有肃慎说,豖韦说,丁零说,自成一系说,东胡、勿吉—靺鞨说,突厥语族民族综合体说等诸种说法⑱,但通常的认识是，室韦人源自鲜卑，室韦是对鲜卑的不同音译。⑲因此，室韦人的旧居，就是鲜卑人的发源地。[14]北朝时的室韦生活在嫩江流域。隋代的室韦五部中，虽然也有的学者认为北室韦才是北朝时的室韦人，但多数学者认为，南室韦才是北朝时的室韦。[15](P45)而南室韦的居住地“包括今黑龙江省西部与内蒙古自治区兴安盟、呼伦贝尔盟一带”[16]，嘎仙洞也正在此地理范围之内。我们认为，大鲜卑山当在此地理范围之内，笼统地说，就是大兴安岭北段；马长寿的见解是正确的。但现在的研究还不足以具体指出哪座山才是大鲜卑山，对这个问题的研究有待于深入。

四、推寅与推演非一人

王沈《魏书》中提到，檀石槐三部中的西部大人有置鞬落罗、日律、推演、宴荔游⑳，胡三省在注《资治通鉴》时认为，檀石槐的西部大人推演，就是拓跋鲜卑首领宣帝推寅。[6](卷77)马长寿认为“这种见解是有卓识的”，同时做了一点修正，认为檀石槐的西部大人推演不是拓跋鲜卑的宣帝推寅，而是第二推寅献帝邻。[8](P241~242)此后，这种观点渐成为学术界的通说。

正如有的学者已经指出的那样，这种观点的优势在于，“在《魏书·序纪》和王沈《魏书》之间架起了一座桥梁”[17]，使学者们在研究拓跋鲜卑的早期历史时，不仅可以利用《魏书·序纪》，还可以利用王沈《魏书》。这在史料非常有限的情况下，对学者是十分有吸引力的，因而，很多学者未加深究，即对这种观点表示赞同，并以此为前提展开自己的研究。但是，不论是第一推寅还是第二推寅，与檀石槐西部大人推演都不存在任何关系，以此为桥梁将《魏书·序纪》的记载与王沈《魏书》的相关记载相比附，只能在研究中造成混乱。

赞同第二推寅就是檀石槐西部大人推演的学者多认为，二者名号相同、活动地域一致、时间吻合、重大事件合拍，因而应是同一个人。[17]因古史中不乏同名的例子，特别是少数民族，甚至多人同名，因而，名号相同这一证据不足辩，下面主要对另外三条证据加以分析。

首先，认为第二推寅与檀石槐西部大人推演活动地域一致的说法是不能成立的。王沈《魏书》并没有提到檀石槐西部大人推演的活动地域，我们只能根据“从上谷以西至敦煌，西接乌孙为西部”㉑的区域划分，笼统地说，其驻牧地在上谷至敦煌的广大范围内。而拓跋鲜卑在第二推寅南迁以后，是进入“匈奴故地”，即阴山北麓，是上述广大范围内的一个具体的、相对比较狭小的地域，二者是点与面的关系。拓跋鲜卑的居住地包括在推演所活动的范围之内，只能证明，二者的活动区域都在上谷至敦煌的范围里，却并不能得出二者居住地区一致的结论。原因很简单，在此范围内，与推演所部并存的部落很多，见于王沈《魏书》的就还有置鞬落罗、日律、宴荔游等部，我们当然不能因此认为这些部都与推寅所部活动地域一致，并由此得出二者是同部的结论。

其次，关于重大事件合拍，说者也仅举出“自檀石槐后，诸大人遂世相传袭”[18](卷90)一事，认为第二推寅邻传位给子诘汾，与上述记载吻合。如前所述，力微以后拓跋鲜卑人的继承制尚不是绝对的父死子继，力微以下11帝，实际上只是5代人，因此，不能仅依据献帝至章帝4代的父子相承，就得出邻以后拓跋鲜卑的“大人”已“世相传袭”的结论。

最后，赞同此说的学者们认为，最有力的证据是，拓跋鲜卑南迁匈奴故地是在公元163～166年，或再扩大一些，在公元160年或170年[19](P91)，即檀石槐征服各部也是在163年～166年，第二推寅与推演活动的时间相吻合。但是，这种时间的吻合，却是从30年为一世出发进行推算所得出的结论，如前所述，以30年为一世的计算方法是错误的。按我们的推算，献帝邻即位的时间不会早于公元170年，在其年迈以后才责令儿子诘汾率部南迁并传位于诘汾，因而，拓跋鲜卑南迁匈奴故地的时间绝不会早于公元190年，而檀石槐在公元166年就已经将属地划分为三部，已出现西部大人推演，二者在时间上是不吻合的。

有的学者认为，力微是在南迁匈奴故地之后出生的，并将诘汾遇仙女的地点定在匈奴故地，由此，从力微的卒年、享年推断力微生于公元174年，诘汾与仙女相遇在公元173年，因而得出拓跋鲜卑在公元173年以前已进入匈奴故地的结论。[20]但《魏书》卷1《序纪》原文是：

> 始匈奴之故地，其迁徙策略，多出宣、献二帝，故人并号曰“推寅”，盖俗云“钻研”之义。初，圣武帝尝率数万骑田于山泽，见缁軿自天而下。既至，见美妇人侍卫甚盛。

在叙述迁徙匈奴故地之事后，有“初”字，表明以下的内容在时间上与前述迁徙匈奴故地并不衔接，是对此前事件的追述，诘汾遇仙女与力微的出生，都是在南迁匈奴故地以前，上述结论显然出自对史料的误解。

还有一种说法是从《新唐书》卷71下《宰相世系表》“窦氏”条，窦统在窦武之难后逃入拓跋鲜卑的记载出发，因窦武之难发生于东汉灵帝建宁元年（168年），所以，认为拓跋鲜卑在168年以前已迁入匈奴故地了。[20]但考之《新唐书》卷71下《宰相世系表》，原文是：

> 窦统、字敬道，雁门太守，以窦武之难，亡入鲜卑拓跋部，使居南境代郡平城，以间窥中国，号没鹿回部落大人。后得匈奴旧境，又徙居之。

显然，这也是迁居匈奴故地以前的事情，并不能证明在168年以前拓跋鲜卑已进入匈奴故地。更何况《新唐书》的上述记载也是有问题的。据《魏书》卷113《官氏志》：“纥豆陵氏，后改为窦氏。”鲜卑窦氏原姓纥豆陵，根本不姓窦，将先祖追述至汉代的窦氏，是孝文帝改汉姓、定姓族之后，鲜卑窦氏的依托之词。㉒因此，《新唐书》上述故事出自后人编造，是不能据此证史的。

综上可见，说拓跋部的第二推寅就是檀石槐西部大人推演的说法是不能成立的。黄烈认为，无论是第一推寅还是第二推寅，与檀石槐西部大人推演在年代上均不相符，二者不宜混同[21](P73~74)，显然是正确的。

五、“落”与家

现在学者多认为，史书所载包括鲜卑在内的北方各族的——“落”，或者——“帐”，就是——“家”。[22]一家平均5人左右，共居一个毡房，也就是“落”。[23](P33)这种说法将作为居住单位的“落”或“帐”，与作为社会单位的家庭相等同，恐怕是有问题的。

自匈奴人开始，史书中就明确记载，北方民族盛行接续婚与多妻制。匈奴人“父死，妻其后母；兄弟死，皆取其妻妻之”[24](卷110)，乌桓人与鲜卑人都继承了这种风俗，“父兄死，妻后母执嫂”㉓，如果我们考虑到，在鲜卑人的家庭中，不仅包括作为户主的父家长、他的一个以上的妻子及其子女，还包括非自由人，那么可以肯定，一个家庭包含的所有人口是不可能全部居住在同一毡房中的。即使户主人与一个以上的妻子及其子女连同家内奴隶能够同居一帐，则一帐的平均人口数也绝不会是5人，也就是说，这种结构的鲜卑人家，其人口的平均数不可能是5人。《后汉书》卷89《南匈奴传》记载，南匈奴“领户三万四千，口二十三万七千三百”，平均每户7人，也是一种旁证。

唐太宗的太子承乾仿效突厥人，“选貌类胡者，被以羊裘，辫发，五人建一落，张毡舍”[25](卷80)，证明一“落”就是一“帐”，指一个毡房；一般来讲，一个毡房里居住的人数在5人左右。将此与匈奴人每户平均7人的数字相对照可以证明，有一些家庭是拥有一个以上毡房的，同一家庭成员分居不同的毡房。有些可能是主人与奴隶分居不同的毡房，有的可能是家长的不同妻子及其子女分居不同的毡房㉔，作为居住单位的“落”、“帐”与作为社会单位的“家”不是一回事。当然，也有一些家庭人口较少又无奴隶，是全家居于同一毡房，也只有在这种情况下，“落”、“帐”与“家”才是相吻合的。

《蒙古秘史》记载，脱罗豁罗真的长子都蛙锁豁儿有四个儿子，其次子朵奔蔑儿干有两个儿子，但在都蛙锁豁儿去世以前，他们一直生活在一起，他们显然不可能居于同一毡房中。在阿阑豁阿去世之后，他的5个儿子才“分其马群家资”[26](P6~13)，证明在此之前，兄弟们一直在一起生活，家中还有仆人马阿里黑伯牙兀歹，显然也不可能居于同一毡房中。在通常的情况下，已婚的儿子虽然另立毡房，但与父亲的毡房相邻而居，并一起迁徙畜牧；生产、消费都以大家庭为单位，而不是以小家庭为单位，财产也归大家庭所有。对于这种另立毡房的已婚子女来说，虽然居住形式发生了变化，但并未形成独立的家庭，而仍旧是大家庭的组成部分。中原史家不了解鲜卑等北方民族的家庭制度，很难判断哪几个毡房才是一“家”，因此，才使用“落”、“帐”等居住单位描述其人口规模，而不是按中原汉族的习惯以户为单位进行计算。也有的史书虽然在描述游牧民族的人口时以家为计算单位，但也因不能准确地把握游牧民族的“家”的内涵，而受以“落”为单位的计算方法的影响，把“落”等同于家。

综上，在计算鲜卑族及其他北方民族的人口数字时，按平均一“落”人计算当然是正确的，但由此认为鲜卑人的“家”等同于“落”或“帐”，每家人口平均5人左右，则是错误的。

注释：

①钱大昕：《廿二史考异》卷28："神元皇帝元年，岁在庚子。是岁，魏文帝受汉禅，改元皇初。"王鸣盛：《十七史商榷》卷66"追尊二十八帝"："神元元年，岁在庚子，系魏黄初元年，即汉献帝在位之三十一年。"都以神元帝元年为曹魏黄初元年，即公元220年。吕思勉已指出，《魏书》此记载不可信（吕思勉：《吕思勉读史札记》，上海古籍出版社1982年版，第813页）。

②中国古人很早就有30年为一世的认识。《史记》卷10《孝文本纪》《集解》引孔安国说："三十年曰世"，就可以证明这一点。白鸟库吉显然是受到这种说法的影响提出30年为一世的算法，并不是通过对北方少数民族世次积年实例进行计算得出的结果。但30年一世的说法或许适用于中原汉族，但却绝对不适合北方少数民族的实际。

③曹熙：《早期鲜卑史初探》，《齐齐哈尔师范学院学报》，1985年第1期。另外，曹永年：《拓跋鲜卑南迁匈奴故地时间和契机考》也是按30年一世计算（《内蒙古社会科学》，1987年第4期）。林干：《东胡史》依年25~30年计算，虽然已认识到30年世的说法太长，但其修正后的时间仍然过长（内蒙古人民出版社1989年版，第88~第89页）。干志耿、孙秀仁提出以20~25年为一世，相对比较准确。但其具体计算有误。将始均与毛相混，因而得出毛"统国三十六，大姓九十九"是周初史事的错误结论（《关于鲜卑早期历史及其考古遗存的几个问题》，《民族研究》1982年第1期）。

④据《魏书》卷1《序纪》，北魏建国前的明确纪年始于神元帝力微，下至昭成帝什翼犍共11帝（炀帝、烈帝先后两次在位，只以1次计算）5世，总计156年，平均一世31年。但力微在位58年、享年104岁，这使得5代人的平均值大为提高。吕思勉早已指出"拓跋氏事有年可考者，当始文帝人质之岁，实曹魏景元二年。《魏书》以是年为神元四十二年者，上推神元元年为庚子，取与曹魏建国同时也，亦不足信。"（吕思勉：《吕思勉读史札记》，上海古籍出版社1982年版，第813页）。因此，本表数据是从章帝即位的278年算起，计4世98年，一世平均24.5年。

⑤北魏与东、西魏合计，自386年至556年，170年中共传10世，每世平均17年。见杜士铎主编《北魏史》附录（二）《北魏世系表》，山西高校联合出版社1992年版，第588页。

⑥据《晋书》卷108《慕容廆载记》，慕容廆死于咸和八年（333年），享年65岁，应生于269年。下及前燕灭亡（370年）共传4世99年，平均每世不足25年。

⑦吐谷浑自始祖吐谷浑即位（283年）至曦皓去世（738年），共计24王17世，曦皓以下世次与在位时间不详。见周伟洲《吐谷浑史》附录（一）《吐谷浑大事年表》，宁夏人民出版社1985年版，第255页。

⑧秃发鲜卑自诘汾去世（220年）至秃发乌孤去世（399年）计8世179年。曹永年认为秃发鲜卑一世30年，是从树机能死于279年，乌孤死于399年出发，推定秃发鲜卑4世120年，平均一世30年（曹永年：《拓跋鲜卑南迁匈奴故地时间和契机考》，《内蒙古社会科学》，1987年第4期）。但这种算法包括世次较少，而且，在此4世中，树机能是务丸从兄，树机能之死与乌孤之死都非自然死亡，这必然会加大平均积年的误差。最重要的是，《十六国春秋》卷88与《古今姓氏书辨证》卷35都称推斤享年110岁，4代中有一代特别长寿，自然使4世的平均年限偏长。因此，本文不取其说。

⑨宇文部的世系，据《魏书》卷103《匈奴宇文莫槐传》，莫槐死后，其弟普拔继位，以下

为丘不勤、莫槐、逊昵延、乞得龟，接连5世都是父子相承。《魏书》卷1《序纪》称宇文莫槐死于平帝七年（293年）。《资治通鉴》卷97《晋纪》19系宇文部“由是散亡”于晋建元二年(334年)。则宇文氏最后5世仅51年。即使考虑到普拔生年不详，乞得龟死于非命，二者不计，依三世51年计，每世也仅17年。

⑩杜士铎：《北魏史》（也认为拓跋先世可以上溯到夏末商初，但其仍从米文平说，以25年为一世，因而认为拓跋鲜卑最早在嘎仙洞一带活动的时间为公元前1700~1800年，而这个时代已与其夏末商初说不相符了），山西高校联合出版社1992年版，第46页。

⑪这是学术界目前通行的说法，但是，张博泉认为，宣帝推寅时拓跋鲜卑南迁大泽，是迁到内蒙古西部科布多地带（《鲜卑新论》，吉林文史出版社1993年版，第71~第72页）；靳维柏认为，拓跋鲜卑迁徙的大泽不是呼伦湖，而是嫩江流域某处（《关于鲜卑早期文化的再认识》，《北方文物》1988年，第3期）；李志敏认为，南迁大泽是迁往河套一带（《嘎仙洞的发现与拓跋魏发祥地问题》，《中国史研究》2002年，第1期）。

⑫黄烈也认为以30年为一世的算法是不可取的，但其认为，第一推寅“约当东汉前期”，比本文推算的时间略晚（参见黄烈：《拓跋鲜卑早期国家的形成》，《魏晋隋唐史论集》第二辑，中国社会科学出版社1983年版，第66页）。

⑬靳维柏认为，完工遗址的年代较早，甚至早于鲜卑人第一次南迁，当是为匈奴所破退保鲜卑山时的遗迹。但其对完工遗址的断代恐怕是有问题的（见《关于鲜卑早期文化的再认识》，《北方文物》1988年第3期）。

⑭《山海经》卷16《大荒西经》：“有北狄之国，黄帝之孙曰始均，始均生北狄。”卷17《大荒北经》：“蚩尤作兵伐黄帝，黄帝乃令应龙攻之冀州之野。应龙畜水，蚩尤请风伯雨师纵大风雨，黄帝乃下天女曰魃，雨止，遂杀蚩尤。魃不得复上，所居不雨。叔均言之帝，后置之赤水之北。叔均乃为田祖。”这两段显然是《魏书·序纪》“其裔始均，入仕尧世，逐女魃于弱水之北，民赖其勤，帝舜嘉之，命为田祖”的原型。神话的编造者显然认为，叔均就是始均。由于史书中没有始均的资料，神话的编造者就开始寻找有关叔均的资料。于是发现了下面这条。《山海经》卷16《大荒西经》：“帝俊生后稷，稷降以百谷，稷之弟曰台玺生叔均。叔均是代其父及稷播百谷，始作耕。”在这条资料中，叔均代其父及稷播百谷，始作耕；与前文“乃为田祖”的记载正相吻合。但问题是，这条资料中称叔均是帝俊之孙、后被之侄，与始均是黄帝之孙不吻合。但《山海经》卷18《海内经》还称“稷之孙曰叔均，是始作牛耕”，也与此条资料相矛盾。将始均算为帝俊的后裔，一则世代不好确定；二则身世也不如算作黄帝之孙显赫。因此，神话的编造者将黄帝之子昌意拉来，编造出黄帝——昌意——始均的世系。因为编造者也知道这种世系存在问题，昌意在中国古史传说中被认为是颛顼之父，十分出名，这种编造的世系很容易受到质疑，所以，编造者才没有直言始均是昌意之子，而是在昌意之后加入大段不相干的叙述，而后说“其裔始均”，含混带过。

⑮吕思勉即认为，之所以称67世，是为与以后各代相合，凑足81世。“自受封至成帝六十七世，又五世至宣帝，又七世至献帝，又二世至神元，其数凡八十一。八十一者，九九之积也。”（吕思勉：《吕思勉读史札记》，上海古籍出版社1982年版，第809页）

⑯《魏书》卷23《卫操传》称此事“时晋光熙元年秋也”，即公元306年。卷1《序纪》虽系此事于桓帝去世之后，但称“后定襄侯卫操，树碑于大邗城，以颂功德”，说明卫操立碑距桓

帝去世有一段时间，故应以《卫操传》为准。

⑰反对将嘎仙洞看成拓跋鲜卑起源地的观点主要见于下列文章：陶克涛：《论嘎仙洞刻石》，《民族研究》1991年，第6期；张博泉：《嘎仙洞刻石与对拓跋鲜卑史源的研究》，《黑龙江民族丛刊》1993年，第1期；周向永：《“鲜卑”涵义考纲》，《博物馆研究》2000年，第3期；李志敏：《嘎仙洞的发现与拓跋魏发祥地问题》，《中国史研究》2002年第1期。另见张博泉：《鲜卑新论》，吉林文史出版社1993年版，第61~86页。

⑱参见孙进己：《东北民族源流》，黑龙江人民出版社1987年版，第79~93页；张久和：《原蒙古人的历史：室韦—达但研究》，高等教育出版社1998年版，第36~41页。

⑲法国学者伯希和与中国学者方壮猷都曾论述过此问题。参见张久和：《原蒙古人的历史：室韦—达但研究》，高等教育出版社1998年版，第24页注①、第28页。

⑳《三国志》卷30《乌丸鲜卑传》裴松之注引王沈《魏书》。

㉑《三国志》卷30《乌丸鲜卑传》裴松之注引王沈《魏书》。

㉒陈连庆认为“魏晋南北朝时，氐、羌、鲜卑皆有窦氏，且并为大家，往往喜将祖先依托于汉族窦氏”。见陈连庆：《中国古代少数民族姓氏研究》，吉林文史出版社1993年版，第192页。

㉓《三国志》卷30《乌丸鲜卑传》裴松之注引王沈《魏书》。

㉔〔苏〕A. 伯恩什达姆从对突厥碑文的研究中发现，“艾列格什碑文提到死者离开了自己的几个住所。这直接表明他的帐不是一个，而是几个。这种情形一般存在于一夫多妻制婚姻下”，证明突厥人的一夫多妻制家庭就是分居几个帐，而不是共居一帐的。“13世纪到过蒙古的普兰迦宾详细描述了蒙古人的家庭结构”，“如果一个鞑靼男子有许多妻子，那么每个妻子便都有自己的帐房和自己的家；丈夫吃喝睡是今天同这个妻子在一起，明天同那个妻子在一起”。证明13世纪蒙古人的家庭也是分处不同的帐房的。这些都可以作为我们对该问题观点的旁证（参见〔苏〕A. 伯恩什达姆《6至8世纪鄂尔浑叶尼塞突厥社会经济制度》，新疆人民出版社1997年版，第130页）。

参考文献

［1］宿白：《东北、内蒙古地区的鲜卑遗迹——鲜卑遗迹辑录之一》，《文物》，1977年第5期。

［2］内蒙古自治区文物工作队：《内蒙古陈巴尔虎旗完工古墓清理简报》，《考古》，1965年第6期。

［3］孙危：《内蒙古地区鲜卑墓葬的初步研究》，《内蒙古文物考古》，2001年第1期。

［4］赵越：《内蒙古额右旗拉布达林发现鲜卑墓》，《考古》，1990年第10期。

［5］魏收：《魏书》，中华书局，1974年。

［6］司马光：《资治通鉴》，中华书局，1956年。

［7］元详墓志：《先秦秦汉魏晋南北朝石刻文献全编（一）》，北京图书馆出版社，2003年。

［8］马长寿：《乌桓与鲜卑》，上海人民出版社，1962年。

[9] 米文平：《鲜卑石室的发现与初步研究》，《文物》，1981 年第 2 期。

[10]《马其昶、韩昌黎文集校注》，上海古籍出版社，1986 年。

[11] 杨军：《诗经》（婚恋诗与婚恋风俗研究），吉林人民出版社，2001 年。

[12] 中国社会科学院考古研究所编：《中国考古学中碳十四年代数据集（1965～1991）》，文物出版社，1992 年。

[13] 靳维柏：《关于鲜卑早期文化的再认识》，北方文物，1988 年第 3 期。

[14] 王颋：《室韦的族源》，《内蒙古社会科学》，1984 年第 3 期。

[15] 张久和：《原蒙古人的历史：室韦—达但研究》，高等教育出版社，1998 年。

[16] 郑英德：《室韦地理新探》，《社会科学辑刊》，1983 年第 4 期。

[17] 曹永年：《拓跋鲜卑南迁匈奴故地时间和契机考》，《内蒙古社会科学》，1987 年第 4 期。

[18] 范晔：《后汉书》，中华书局，1965 年。

[19] 林干：《东胡史》，内蒙古人民出版社，1989 年。

[20] 陈启汉：《论拓跋鲜卑南迁及其氏族制度解体》，《广东社会科学》，1985 年第 1 期。

[21] 黄烈：《拓跋鲜卑早期国家的形成》，《魏晋隋唐史论集》（第 2 辑），中国社会科学出版社，1983 年。

[22] 莫任南：《匈奴、乌桓的"落"究竟指什么?》，《民族研究》，1994 年第 1 期。

[23] 林干：《中国古代北方民族通论》，内蒙古人民出版社，1989 年。

[24] 司马迁：《史记》，中华书局，1959 年。

[25] 欧阳修：《新唐书》，中华书局，1975 年。

[26] 道润梯步：新译简注《蒙古秘史》，内蒙古人民出版社，1978 年。

（原载《史学集刊》2006 年 7 月第 4 期）

社会经济篇

北魏文明太皇太后

——中国历史上一位女政治家

何兹全

北魏孝文帝是中国历史上出名的皇帝。他在中国历史发展中，起过一定的好作用。

北魏孝文帝作过两件大事，一是均田，一是促进汉化。均田制的实行，对于抑制豪强大地主的土地兼并，减轻人民的租调负担，恢复五胡十六国时期以来遭受破坏的农业生产，都起了好作用。汉化政策的实行对于促进鲜卑族的文化发展，促进鲜卑、汉族间的友好关系，以及改变已经落后于时代的狭隘的民族界限，都起了好作用。这两件事对当时的人民都是有好处的，对中国历史发展起过进步作用，因而孝文帝在历史评价上，就占有一定的地位。

在评价北魏孝文帝的历史地位时，有一个重要人物是不应当忽略的，这就是文成帝的皇后、孝文帝时的太皇太后冯氏。因为在实行均田时，孝文帝还没有实际掌握大权。掌政的是这位临朝专政的太皇太后；孝文帝从襁褓之时就由这位太皇太后抚养，这位太皇太后是汉人，孝文帝实行汉化政策虽在这位太皇太后的死后，但他的汉化教育却来自这位汉人“祖母”。

冯氏是文成帝的皇后。公元465年，文成帝死，太子弘即位，是为献文帝，尊皇后冯氏为皇太后。

丞相太原王乙浑乘机专政，诛杀异己，阴谋不利于帝室。这时皇太后冯氏年24岁，皇帝只有12岁。可谓欺人孤儿寡妇。但在这次生命、政权斗争中，冯太后就表现出了政治才能。她杀死了丞相乙浑，掌握了政治大权，临朝称制。

冯太后临朝称制只有一年就把政权交还给献文帝。这个小皇帝也是很能干的。但他亲政后不过四年就又倦勤了。《北史》卷2《献文帝纪》说：

帝幼而神武，聪睿机悟，有济人之规，仁孝纯至，礼敬师友。及即位，雅薄时务，常有遗世之心。

他初欲禅位于他的叔父京兆王子推，以群臣固谏，乃止。但终于在公元471年，即他在位的第六年，禅位于他的刚满四周岁的皇太子宏，即孝文帝。自己做个18岁的太上皇。

这位“勤于治事”“聪睿机悟，有济人之规”的皇帝，为什么在即位不久，忽而又“雅薄时务，常有遗世之心”了呢？《魏书》卷105《天象志》说是：“上迫于太后，传位太子。”《通鉴》不同意这种说法而归之于他“好黄老浮屠之学”（卷133）“考异”且驳《天象志》说：

后魏天象志云：上迫于太后，传位于太子。按冯太后若迫显祖传位，当夺其大政，安得犹总万机！今从本纪。（见《通鉴》卷133注引）

考查一下当时的情况前后的事故以及献文帝的活动，我看把献文禅位的原因归之于和冯太后的矛盾，恐怕比归之于他的“好黄老浮屠之学”更合乎历史真实些。献文帝似乎并不是一个雅薄时务、有遗世之心的人。就在他禅位以后，仍是以太上皇的身份南征北战。另一方面，他和冯太后之间是存在着矛盾的，这种矛盾逐步在扩大着。据史书记载，凡得幸于冯太后的人，献文帝多厌恶而疏远之。李奕有宠于冯太后，献文帝深恶之，乃借故把李奕杀掉。凡冯太后所不喜的人，献文却常常重用。如枋头镇将薛虎子，先为冯太后所黜，为门士，献文却又起用为镇将。最后献文也是为冯太后所鸩死。把前前后后的事故归纳起来看，说献文帝之禅位是“迫于太后”，大概是更近事实的。

献文帝死，孝文帝即位，冯太后被尊为太皇太后（以下简称“文明太后”），复临朝称制。这时候孝文帝还不满9岁。受到上次还政的经验教训，文明太后，这次便不还政了。她把政权抓得死死的，一直临朝称制到太和十四年（490年）她死的时候。在太和十四年以前，孝文帝只是名义上的皇帝，实际上，一切国家大事都是由文明太后作出决定。《北史》

卷1《文成文明皇后冯氏传》说：

> 自太后临朝专政，孝文雅性孝谨，不欲参决，事无巨细，一禀于太后。太后多智猜忍，能行大事，杀戮赏罚，决之俄顷，多有不关帝者，是以威福兼作，震动内外。

魏收在《魏书》卷7下“高祖纪史臣曰”一段里也说：

> 高祖幼承洪绪，早著睿圣之风。时以文明摄事，优游恭已。玄览独得，著自不言。神契所标，固以符于冥化。及躬总大政，一日万机，十许年间，曾不暇给。

所谓“孝文雅性孝谨，不欲参决。事无巨细，一禀于太后”，“多有不关帝者”，“以文明摄事”，孝文“优游恭已”，都说明太和十四年文明太后死前，孝文帝是不掌握政权的。事无大小，皆由太后决定。只是在文明太后死后，从太和十四年到太和二十三年这十许年间，孝文帝才“躬总大政，一日万机”。

均田制是太和九年实行的，这时候正是文明太后临朝称制的时候，正是孝文帝对事情不敢参决，优游恭已的时候；正是事无巨细，一禀于太后，常常事情办了连告诉孝文帝一声都不告诉的时候。我们如果说文明太后才是实行均田制的人也绝不为过。

史书的记载也看出文明太后和均田制的关系。和均田制相辅而行的三长制，就是在她面前讨论，经她的裁决而施行的。《魏书》卷53《李冲传》说：

> 高祖初，（冲）以例迁秘书中散，典禁中文事。从修整敏惠，渐见宠待，迁内秘书令，南部给事中。旧无三长，惟立宗主督护，所以民多隐冒，五十、三十家方为一户。冲以三正治民，所由来远。于是创三长之制而上之。文明太后览而称善，引见公卿议之。中书令郑羲、秘书令高祐等曰：“冲求立三长者，乃欲混天下一法，言似可用，事实难行。”羲又曰：“不信臣言，但试行之，事败之后，当知愚言之不谬。”太尉元丕曰：“臣谓此法若行，于公私有益。咸称方今有事之

> 月，校比民户，新旧未分，民必劳怨。请过今秋，至冬闲月，徐乃遣使，于事为宜。”冲曰：“民者，冥也；可使由之，不可使知之。若不因调时，百姓徒知立长校户之勤，未见均徭省赋之益，心必生怨。宜及课调之月，令知赋税之均。既识其事，又得其利。因民之欲，为之易行。”著作郎傅思益进曰：“民俗既异，险易不同。九品差调，为日已久，一旦改法，恐成扰乱。”太后曰：“立三长则课有常准，赋有恒分。苞荫之户可出，侥幸之人可止，何为而不可？”群议虽有乖异，然惟以变法为难，更无异议。遂立三长公私便之。

这段材料透露三长制是在文明太后主持下经过讨论，最后并在她的决定下实行的。我们可以想象，均田制的实行，也必然有过同样的过程只是史缺明文记载而已。

北魏制度：子被立为太子，生母即赐死。孝文帝公元467年（献文帝皇兴元年）生，469年（皇兴三年）立为太子，其母献文李夫人（后谥为思皇后）即依旧制赐死。孝文帝生下来就由文明太后“躬亲抚养”（《北史》卷15《文成文明皇后氏传》），一直到太和十四年文明太后死，“孝文不知所生”（同上）。冯氏对于孝文帝的管教是非常严苛的。《魏书》卷7下《高祖纪下》曾记有这样一段故事：“宦者先有谮帝于太后，太后大怒，杖帝数十，帝默然而受，不自申明。”甚至有一时期，文明太后还会有意废孝文而另立咸阳王禧，以元丕、穆泰、李冲等固谏才止（《魏书》卷7下《高祖纪下》）。但孝文帝对于文明太后却一直是非常孝敬的。她死后，孝文曾“酌饮不入口五日，毁恭过礼”，“毁瘠绝酒肉不御者三年”（《北史》卷15《文成文明皇后冯氏传》）。就是在后来孝文帝知道他的生母以后，他对待他母舅李家还不比冯家。《北史》卷8《外戚传李惠传》载：“高祖奉冯氏过厚，于李氏过薄，舅家了无叙用，朝野人士，所以窃议。”

这不能单从孝文的孝心上解释，如果单是由于孝文帝存心孝顺的话，他对于他的母家李氏也应该厚，而不应该薄。孝文虽曾受文明太后的严苛教管，而仍对之孝敬无改的原因，必然是她有使孝文从内心仰慕敬佩的地方。从政治上说，孝文帝和文明太后可以说是一个人，或者说孝文帝是文明太后的忠实的继承者。均田制的实行，虽然是出于文明太后的决定也可以说是出于孝文帝的决定。因为可以看得出，孝文帝对于均田制也是完完全全的同意的。太和十四年以前，文明太后掌握政权时期的政治和太和十四年以后孝文亲政时期的政治，是一条线的发展，没有任何改变。孝文帝和文明太后有如一个人。

孝文太和后期的汉化政策，也和文明太后有密切关系。这和文明太后对孝文帝的教育和影响是分不开的。

文明太后，长乐信都人。她的祖父冯弘和伯父冯跋是北燕王国的国王。文明太后父朗降魏，官至秦雍二州刺史。后坐事诛。文明太后生于长安，她的姑母是魏太武帝的昭仪。父朗被诛后，她即入宫，受她姑母的教育。她14岁的时候，文成帝即位，被选为贵人，后立为皇后。

文明太后所受的教育，主要的是从她的姑母那里来的，是汉族的传统文化教育。太和七年（483年），在文明太后的主持下，即曾下诏禁止拓跋族的同姓婚。《北史》卷3《高祖纪》载：

（太和七年十二月）诏曰：夏殷不嫌一族之婚，周世始绝同姓之娶。斯皆教随时设，政因事改者也。皇运初基，日不暇给，古风遗朴，未遑厘改。自今悉禁绝之。有犯者，以不道论。

这可以说是孝文帝后来汉化政策的先声，汉化政策是这次禁拓跋同姓为婚的继续。这次禁同姓为婚是在文明太后临朝称制时期诏行的。从这里可以看出孝文帝汉化政策和文明太后的关系。

我没有意思降低孝文帝在中国历史上的地位，或者用文明太后来代替孝文帝的地位。我只是要说明：由于实行均田时孝文帝还没有亲政，当时是文明太后临朝称制，孝文帝是从小在文明太后的教养下成长起来的，他的汉化思想教育主要是由文明太后得来，因之我们不应该忽略文明太后这位女政治家；我们应该把因均田、汉化而给予孝文帝的评价，同样给予文明太后；把因均田、汉化而给孝文帝的历史地位，同样给予文明太后。

文明太后的个人生活，在宫廷贵族中是比较朴素的，对待"下人"是比较宽厚的。《北史》卷15《文成文明皇后冯氏传》曾有这样一段记载：

（太后）性俭素，不好华饰，躬御缦缯而已。宰人上膳，案裁径尺。羞膳滋味，减于故事十之八。太后尝以体不安，服庵闾子。宰人昏而进粥，有蝘蜓在焉。后举匕得之。帝时侍侧，大怒，将加极罚。太后笑而释之。

死后的丧葬山陵，也预作遗命，一切从俭。孝文帝的诏书说：

> 尊旨从俭，不申罔极之痛；称情允礼，仰损俭训之德。进退思惟，倍用崩感。又山陵之节，亦有成命：内则方丈，外裁奄坎，脱于孝子之心有所不尽者，室中可二丈，坟不过三十步。今以陵万世所仰，复广为六十步。孤负遗旨，益以痛绝。其幽房大小，棺椁质约，不设明器。至于素帐缦茵瓷瓦之物，亦皆不置。此则遵先志，从册令，俱奉遗事。而有从有违，未达者，或以致怪。梓宫之里，玄堂之内，圣灵所长，已一一奉遵，仰昭俭德；其余外事，有所不从，以尽痛慕之情。其宣示远近，著告群司，上明俭诲之美，下彰违命之失（《北史》卷15《文成文明皇后冯氏传》）。

史书记载，说文明太后“性严明”，“多智猜忍，能行大事，杀戮赏罚，决之俄顷”（《北史》卷15《文成文明皇后冯氏传》）。对于左右宠幸的人“亦无所纵”（同上）。在中国历史上，特别是封建时代的历史上，对于在政治上有权力的女人，都少不了两种评论，一是“狠”，二是“淫”。对汉之吕后，晋之贾后，唐之武则天，无不如此。对于北魏文明太后，自也不能例外。我们不能笼统地给中国历史上所有的政治上有地位的女人的“狠”“淫”翻案，具体问题要具体分析，各个人的情况是不一样的。但一般的说，在男权的封建社会，女的要掌握政权是不简单的。她的政治必然是严的。问题在是对谁严。是对人民，还是对官吏；是对好官，还是对坏官；是对进步些的，还是对顽固守旧分子。至于“淫”，我看连和最正派的男皇帝也是无法比的。唐太宗放宫女数百，历史上传为美谈。但他总要有数百宫女来放。就是被封建史家记为“淫”的厉害的武则天，也绝没有数百宫男可放。

文明太后被认为严酷的，是她曾鸩死献文帝，杀李䜣、李惠等，《北史》卷15《文成文明皇后冯氏传》说：

> 自以过失，惧人议己，小有疑忌，便见诛戮。至如李䜣、李惠之徒猜嫌复灭者十余家，死者数百人，率多枉滥，天下冤之。

李惠是孝文帝的生母献文思皇后的父亲。献文、李惠的被害，这是封建时代政权争夺下的牺牲品，是可悲的。至于李䜣，则当别论。李䜣曾于献文时因贪污，“受纳人财物，胡商珍宝”被下狱。他利用献文和文明太后间的矛盾，诬害文明太后所宠、献文帝所恶、对他自己大有恩德的李敷、李奕兄弟，而保全了自己的生命。不久又恢复了政治上的地位，而且有“宠于献文”，“权倾内外。”在他任太仓尚书摄南部事的时候，他的运送租粮的办法，曾给人民带来很大不便，使“远近大为困弊”，使得“内外疾之”。李䜣之被杀，还不能完全算在文明太后的忍酷账上（引句皆见《北史》卷27《李䜣传》）。

文明太后在政治上的用人，一般都是有才能有人望而又是有些进步倾向的。她所尊礼的有元丕、游明根，她所宠幸的有李冲。元丕曾赞助改革，投立三长制。游明根是北魏一代学宗、人望。李冲是北魏有数的政治家，孝文一代的政治措施，制度兴革，其中多有李冲的辟划。

武则天是中国历史上唯一的女皇帝，在旧史上，她遭受很多诬蔑。今天看来，武则天是中国历史上一位女政治家，应该给她应有的地位。我觉得北魏文明太后也是中国历史上少有的女政治家，也应该被提出来，给她一个应有的评价和应有的历史地位。她和均田制度以及孝文帝汉化政策的关系不应该被忽略。

（原载《北京师范大学学报》1961年第4期）

北朝时代鲜卑族的诗人和诗作

祝注先

一

从公元420年东晋灭亡到589年隋文帝杨坚统一全国的170年间，我国历史上形成南北对峙的政治局面，称南北朝。所谓北朝，包括北魏和禅代更替的北齐、北周以及南北统一以前的隋。

整个北朝政权，差不多是鲜卑族贵族的天下。鲜卑，是我国古代北方的一个民族，属东胡的一支，有慕容、乞伏、秃发、宇文、拓跋等部。《魏书·序纪》记述拓跋鲜卑的祖先，说最初“国有大鲜卑山，因以为号……统幽都之北，广漠之野，畜牧迁徙，射猎为业”。据考证，这个民族原来居住在大兴安岭北部的丛山密林中。他们的社会组织是以拓跋部为核心并包括若干异姓部落的联盟。拓跋珪是北魏王朝的开国君主，公元386年称王，398年建都平城，旋即称帝，宣布君临天下，抚绥中土。439年，拓跋焘继承父祖开辟的遗业，统一了北部中国，从而结束了十六国时代100多年来割据分裂、争战不已的混乱局面。

据《魏书·乐志》说拓跋珪“凡乐者乐其所自生，礼不忘其本，掖庭中歌《真人代歌》，上叙祖宗开基之由，下及君臣兴废之迹，凡150章，昏晨歌之，时与丝竹合奏”。这里说的《真人代歌》，无疑是鲜卑诗歌，已不见流传。又《隋书·经籍志》载有《国语真歌》十卷、《国语御歌》十一卷，与《鲜卑语》、《国语物名》、《国语号令》等并列。所谓“国语”，当指鲜卑语。这些书，惜乎徒存虚名。《隋书·音乐志》提到《簸逻回歌》，郭茂倩《乐府诗集·横吹曲辞序》说：“后魏之世，有《簸逻回歌》，其曲多可汗之辞，皆燕、魏之际鲜卑歌。歌辞虏音，不可晓解。”这“不可晓解”的“虏音”之歌，也已湮没无闻。

因此，说到古代鲜卑族的诗作，只能以汉文典籍为据。

北魏初，鲜卑人的汉文水平不高，这是可以想见得到的。《宋书·索虏传》载魏太武帝拓跋焘给宋文帝刘义隆的两封信，通俗浅近之外，还显得有些夹生。如：“取彼亦须我兵刃？此有能祝婆罗门，使鬼缚彼送来也!”看来令人可笑。文章可能出于口授，既是圣旨，未敢妄改。公元471年，孝文帝拓跋宏即位，大力推行一系列汉化政策。这样做的结果：提高了皇室宗族的文化水准，加速了拓跋鲜卑的封建化进程，扩大了王朝政权的统治基础；同时，使本已一片荒芜的文学事业，开始复苏且渐见起色迄至大有成效。明人王世贞说：“北朝戎马纵横，未暇篇什，孝文始一倡之，屯而未畅。”[①]在北朝文脉处于奄奄微息的瞬间，孝文帝确有转机开创之卓异功绩。元宏的改革是成功的。日本僧人空海在《文镜秘府论·四声论》中说及当时北部中国的文坛，赞曰“才子比肩，声韵抑扬，文情婉丽；洛阳之下，吟讽成群”。

经过元宏发轫的断然改革，鲜卑族多有运用汉文登上文坛者。他们仅局限在皇室贵族阶层，这也是历史发展的必然。

《北史·文苑传》评论其时南北文风的差异时，说“暨永明、天监之际，太和、天保之间，洛阳、江左，文雅尤盛，彼此好尚，互有异同：江左宫商发越，贵于清绮；河朔词义贞刚，重于气质。气质则理胜其辞，清绮则文过其意”。这段话概要地指明了一个时期南北文学的风格特性。鲜卑族诗人地处河朔，其作品自在囊括衡比论列的范围之内。

鲜卑族诗人既都是皇室贵族，就都有着优越的政治地位，所以他们更能施影响于一代诗风。这原因是：“统治阶级的思想在每一个时代都是占统治地位的思想。这就是说，一个阶级是社会上占统治地位的物质力量，同时也是社会上占统治地位的精神力量。”[②]从这个命题出发，或者可以这么认定：北朝文坛贞刚质朴特色的形成，与其居于统治地位的鲜卑民族性格直接相关。

二

1. 元宏和元勰及其作品。

元宏不仅是一位具有远见卓识的政治家，为当时北方各民族的大融合作出了杰出的历史贡献，而且还是一位才情超拔、锐意文学的诗人。其功力和造诣，史书曾赞不绝口，推崇备至，说他："雅好诗书，手不释卷，《五经》之义，览之便讲，学不师受，探其精奥；才情富赡，好为文章，诗赋铭颂，任兴而作，有大文笔，马上口授，及其成也，不改一字"[③]；又说其作品"气韵高远，艳藻独构"，以致"衣冠仰止，咸慕新风"，其成就可以"颉颃汉彻，跨蹑曹丕"。[④]明人王世贞纵观两千年历史，把元宏看作是"自三代而后，人主之文章之美"者的29位之一[⑤]；而胡应麟更直谓"元魏文人，无能及者"。[⑥]

元宏的诗作，现仅存《悬瓠方丈竹堂飨侍臣联句诗》中的四句。首联是：白日光天兮无曜，江左一隅独未照！另一联作：遵彼汝坟兮昔化贞，未若今日道风明。

诗人运用楚辞格调，比譬形象，造语典雅，热烈夸赞了他的皇统天下阳光普照，王道风化圣明。作品无疑是具有政治攻势意义的艺术夸张，却生动地表现出了诗人希望统一祖国的博大气概和殷切心愿。本来嘛，天下为公，惟有德者是居。据史载，太和二十一年（497年）年以来，元宏曾对南齐连年攻伐。作品正是诗人伟大抱负的心声。

元勰是元宏的异母弟。其人"敏而好学，不舍昼夜，博综经史，雅好属文"。元宏即位，辅相左右，清正俭素，封彭城王。

一次，元勰随元宏巡幸代都，中途停驻于上党的铜鞮山。元宏见路旁有大松树十数棵，边行边赋，诗成示勰，说"吾始作此诗，虽不七步，亦不言远。汝可作之，比至吾所，令就之也"。元勰且行且吟，未十步诗成。诗曰：

问松林，松林经几冬？山川何如昔？风云与古同！

元宏读诗大笑，说"汝此诗亦调责吾耳"！[⑦]元宏的话，既是自我揶揄，也是对诗作寄寓的确评。据传魏文帝曹丕登极以后，骨肉相残，逼令弟曹植七步成诗。元勰咏松，即景抒情，优美隽永，蕴含比附，耐人吟味，而元宏又不愧知音，于典实暗寓心领神会，却豁豁大度，不摆君威，唯是陶醉于其艺术。这是诗人间的气质、情韵与雅量。

2. 三首乐府名篇。

产生于北魏的三首乐府名篇《咸阳王歌》、《高阳乐人歌》和《杨白花》，曾经传唱江南，影响深广。清人乔亿《剑溪说诗》说："《杨白华》、《咸阳王歌》事真情真，词调亦委婉逼真。"

《咸阳王歌》歌词是：

可怜咸阳王，奈何作事误？金床玉几不能眠，夜踏霜与露。洛水湛湛弥岸长，行人那得渡！

作品首见于《魏书·咸阳王禧传》，宋人郭茂倩收入《乐府诗集》卷86《杂歌谣辞》。

元禧是元宏异母弟。此人"性骄奢，贪淫财色，姬妾数十，而意尚不已"，"昧求货贿，奴婢千数，田业盐铁遍于远近"。元宏死后，元恪临政，禧意不安。因谋反事泄，偷渡洛水，被擒赐死。这首歌词据传是他的宫女所作。作品"流至江表，北人在南者，虽富贵，弦管奏之，莫不洒泣"。沈德潜《古诗源》说这首诗"深情出于婉节，自然动人。一时文人诗，浅率无味，愧宫中女子多矣"，评价特高。哀惋诚挚的脉脉情意，使这首诗获得了撼动人心的艺术力量。

《高阳王乐人歌》有两首：

可怜白鼻䯄，相将入酒家。无钱但共饮，画地作交赊。

何处礧觞来？面颊色如火。自有桃花容，莫言人劝我。

作品见于《乐府诗集》卷25《梁鼓角横吹曲》。郭茂倩引陈释智匠《古今乐录》解题曰："魏高阳王乐人所作也。又有《白鼻䯄》，盖出于此。"按高阳王元雍，也是元宏异母弟。《魏书》有传，说他"延昌已后，多幸妓侍近百许人"。孝庄初（525 年），被尔朱荣以谋逆罪杀害。据此，可知歌词作于延昌和孝庄之间（512～525 年）。

作品描写下层兵士生活，具有浓郁的民歌风味。第一首状述一个兵士无钱饮酒却能酩酊大醉的生活情节，意趣盎然。陈胤倩说此诗反映的情调“犹有结绳之风，北俗故朴”。[8]这种故朴淳厚的民俗，正是向着封建化过渡的少数民族风习的遗留。第二首如同续篇，诗人运用民歌惯常的问答形式，记叙那位喝得醉醺醺的兵士和妻子的对话，特饶风韵。这是一则精悍的小品，生活气息很浓。

再看《杨白花》歌词：

> 阳春二三月，杨柳齐作花。春风一夜入闺闼，杨花飘落入南家。含情出户脚无力，拾得杨花泪沾臆。秋去春还双燕子，愿衔杨花入窠里！

作品见于《乐府诗集》卷 73《杂曲歌辞》。诗前解题曰：“《梁书》曰：‘杨华，武都仇池人也。少有勇力，容貌雄伟，魏胡太后逼通之。华惧及祸，乃率其部曲来降。胡太后追思之不能已，为作《杨白华》歌辞，使宫人昼夜连臂踏足歌之，声甚凄惋。’故《南史》曰：‘杨华本名白花，奔梁后名华，魏名将杨大眼之子也。’”

这位胡太后，是北魏肃宗孝明帝元诩的母亲，曾临朝听政。史书说她“性聪悟，多才艺”，曾赋七言诗。胡太后死于武泰元年（528 年）尔朱荣之乱，歌词约作于 516 年至 528 年之间。

《乐府诗集》标作品为“无名氏”作，但时人莫不认为出于胡太后之手。诗人明咏杨花，暗喻杨华，以一语双关隐切姓名的手法，巧妙地寓托情思，抒述怀念故人而又追索不及的复杂心曲，旖旎缠绵，真挚率直；其如泣如诉之情，淋漓尽致。作品要数北魏一代最富有代表意义的抒情佳篇，沈德潜《古诗源》说它“音韵缠绵，令读者忘其秽亵”。“秽亵”云云，出于道学家的封建礼教，不足为训；但论者认为作品能引人着迷，竟致可以置礼教大节于不顾的评价，倒是由此能窥见其艺术感染力最之浓烈程度。

3. 北魏宗室的哀歌。

元宏死后不久，北魏政权的各种矛盾日趋尖锐，到孝明帝正光四年（523 年），防守北疆的鲜卑六镇官兵爆发了声势浩大的起义。自此以后，衅起四方，祸延畿甸，拓跋鲜卑的政权业已国无宁日，面临着覆灭的厄运。由于元宏开创的汉化运动，宗室子弟大都受到了较为良好的教育。在其遭逢变乱、身临危难的关头，抒怀述感，倒能留下一曲曲悲怆凄惋的哀歌。《毛诗序》曰“乱世之音怨以怒”，“亡国之音哀以思”，信然如此。

孝庄帝元子攸是在大军阀尔朱荣残杀帝后及文武百官两千余人之后被拥上皇座的。永安三年（530 年），元子攸杀尔朱荣于殿前。尔朱兆随即起兵，在晋阳（今山西太原）抓了元子攸，并把他吊死在城内的三级佛寺，时年 24 岁。临刑，元子攸写了一首诗：

权去生道促，忧来死路长。怀恨出国门，含悲入鬼乡。隧门一时闭，幽庭岂复光。思鸟吟青松，哀风吹白杨。昔来闻死苦，何言身自当！

据北魏杨炫之《洛阳伽蓝记》载，太昌元年（532 年）迁元子攸灵枢到京师时，就是用这首诗充作挽歌，说“朝野闻之，莫不悲恸；百姓观者，悉皆掩涕而已”。诗人的不幸遭际，使他能“托诗以怨”，而和那些“风流自赏”的无病呻吟迥然有别。诗作讲究对仗，很接近后来的律体。

北魏末年，皇室无力控制政柄，一任军人专权，以致废立不息，国势倾危。元子攸被杀以后，东海王元晔登上皇座，仅一年，废黜。这时，称病绝言十年的元恭即位，也只一年，高欢把他赶了下台，不久遭杀。失位以后，元恭写了一首诗述怀：

朱门久可患，紫极非情玩。颠覆立可待，一年三易换。时运正如此，唯有修真观。

元熙要算是北魏宗室的一位俊爽才士。史书说他“好奇爱异，交结伟俊，风气甚高，名美当世，先达后进，多造其门”，是一时的文坛盟主。

孝明帝元诩正光元年（520 年），元叉擅权，矫诏杀害了太傅元怿，元熙激于义愤，抗表举兵，俘而被杀。诗人临刑从容，写了两首《绝命诗》：

一、《示僚吏》

义实动君子，主辱死忠臣。何以明是节，将解七尺身。

二、《别知友》

平生方寸心，殷勤属知己。从今一销化，悲伤无极已！

元熙被俘后，与故知有书，说："……太傅清河王横遭屠酷，主上幼年，独在前殿。君亲如此，无以自安，故率兵民建大义于天下。但智力浅短，旋见囚执，上惭朝廷，下愧相知。本以名义于心，不得不尔，流肠碎首，复何言哉？昔李斯忆上蔡黄犬，陆机想华亭鹤唳，岂不以恍惚无际，一去不还者乎？今欲对秋月、临春风、藉芳草、荫花树，广召名胜，赋诗洛滨，其可得乎？凡百君子，各敬尔宜，为国为身，善勖名节，立功立事，为身而已！吾何言哉？"⑨

书信写得大义凛然，情真意切。两首《绝命诗》可以说是书信思想的艺术表现。作品寓满腔义愤于冷峻质朴的风格之中，情兼雅怨，慷慨苍凉。《示僚吏》是从政治大节着笔。诗人饱读经籍，信奉儒家主辱臣死的箴言，敢赴死难，申明大义。《别知友》则从艺术爱好抒怀。面临杀身之祸，犹以不能再和文朋诗友临风对月赋诗洛滨为憾，由此足见诗人对于诗歌艺术的忠贞。

元晖业也是一位颇具才情的诗人。《魏书·文苑传》说他盛赞温子升的作品"江左文人，宋有颜延之、谢灵运，梁有沈约、任昉，我子升足以陵颜轹谢，含任吐沈"。这说法或有偏颇，但是却反映出元晖业于南北文坛视野广阔，能于密切关注中权衡比较。并且，对于南朝文人昧求声律、热衷华艳的风气，也透露出了不予首肯的否定态度。

元晖业在北魏末年曾位至司空、太尉，目睹元氏王业凋敝，大权旁落，预感时运将谢，且又独力难挽。于是，"唯事饮酒，一日三羊，三日一犊"，好像浑浑噩噩一样地打发日子。一次，高欢的儿子、后追尊为北齐文襄帝的高澄问他："比何所披览？"他说："数寻伊、霍之传，不读曹、马之书。"语含讥刺。这样，到北齐建国，元晖业也就难逃杀身之祸了。

元晖业仅存一首《感遇诗》：

昔居王道泰，济济富群英；今逢世路阻，狐兔郁纵横。

三

公元534年，在大军阀高欢的操纵下，北魏政权开始分裂而为东魏、西魏；北周是由鲜卑族宇文氏继西魏绪统建立的政权。

早在西魏末年宇文泰执掌政柄之际，既能够继续奉行北魏元宏所制定的汉化政策，并不断吸收汉族知识分子参与朝政，推行一系列重大改革措施。宇文邕即位以后，在接受汉族先进文明这一点上，其积极程度还要超过其父。《北史·文苑传》赞扬北周的文化功绩，说“周氏创业，运属陵夷，纂遗文于既丧，聘奇士于弗及”。王褒北来，宇文泰和他攀结亲戚，说“吾即王氏甥也，卿等并吾之舅氏，当以亲戚为情，勿以去乡介念”。娓娓动人，令人心折。实际上也确是优礼待士，庾信出使长安，强留不遣，封赠侯爵，诸王周旋款至，有若布衣之交。北方文坛有了王、庾，一时间，也颇为热闹。也许就是经过王、庾酬唱传授，北周皇室鲜卑宇文氏在诗歌创作方面获得了颇为可观的成就。“世宗雅词云委，滕、赵二王雕章间发”[10]，诚为确评。

1. 宇文毓和他的诗作。

宇文毓小名统万突，宇文泰长子，公元557年即位，是为明帝。宇文毓在位四年，武成二年（560年）被宇文护杀害，年仅24岁。

宇文毓“幼而好学，博览群书，善属文，词彩温丽。及即位，集公卿已下有文学者八十余人于麟趾殿，刊校经史；又捃采众书，自羲皇以来，讫于魏末，叙为《世谱》，凡五百卷云。所著文章十卷”。[11]看来宇文毓是一位才情特异、少年有成的帝王诗人。现存诗三首，先看《赠韦居士诗》：

> 六爻贞遁世，三辰光少微。颍阳去犹远，沧州遂不归。风动秋兰佩，香飘莲叶衣。坐石窥仙洞，乘槎下钓矶。岭松千仞直，岩泉百丈飞。脚登平乐观，遥想首阳薇。讵能同回隐，来参余万机。

这首诗是宇文毓即位后写给隐士韦夐的，意在劝说韦夐出仕辅佐。早在宇文泰执掌西魏政柄的时候，曾对韦夐表示慕名敬重，却屡聘不果。宇文毓给他赠了这首诗，韦夐即表示愿意时常朝谒“以文会友”，足见这首诗作产生了某种权威所不及的效用。

宇文毓出生于夏州（今陕西横山县西）。即位次年九月，巡幸同州（今陕西大荔县）时，途经故宅，写了一首《过旧宫诗》：

玉烛调秋气，金舆历旧宫。还如过白水，更似入新丰。霜潭渍晚菊，寒井落疏桐。举杯延故老，令闻歌《大风》。

诗人抒情咏怀，借典比譬，洋溢出衣锦还乡的满心愉悦和骄矜气概；作品描写故宅秋景，洗练清丽，蕴蓄着依恋的情思。

这首诗除了个别字词音韵不协外，从其对仗工整、造语典雅来看，很像一首五言律诗。和《玉台新咏》所收梁代中叶以后若干形式相类的汉人诗作相比，其抒情用事，远为爽朗清雅。胡应麟说这首诗“整齐工密，俨似唐初诸人五言诗”。[12]

宇文毓还有一首《和王褒咏摘花》：

玉碗承花落，花落碗中芳。酒浮花不没，花含酒更香。

王褒的原作已佚。宇文毓的这一首，每句都含“花”，突出咏题，回环复沓，富有民歌的风味和意趣。

2. 宇文招和他的《从军行》。

宇文招，字豆卢突，宇文泰第七子，封赵僭王。周静帝大象二年（581年）被杨坚杀害，著有文集十卷。

宇文招笃好文学，博涉群书。王褒、庾信北来，与之过从甚密，又筑宫虚馆，互相酬唱，时与赓和。从王、庾的作品看，可知宇文招诗作颇多。比如：王褒、庾信都有《奉和赵王〈隐士诗〉》说明宇文招写过此题；又，《奉和赵王〈途中五韵诗〉》，《艺文类聚》说是王褒作，《庾开府诗集》却收有此篇，不管怎么说，宇文招作有《途中五韵诗》没有疑义，再另检庾信诗集，与赵王和诗竟有十多首。宇文招的这些作品，可惜都已散佚。

关于宇文招的诗歌风格，《周书》本传说他“学庾信体，词多轻艳”。庾信对宇文招却是击节夸赞：“风流盛儒雅，泉涌富文词”（《上益州上柱国赵王诗二首》之一）；又在《谢赵王示新诗启》中，说其“新诗八体六文，足惊毫翰；四始之义，实动性灵；落落词高，飘飘意远；文异水而泉涌，笔非秋而垂露；藏之山崖，可使云雾郁起；济之江浦，必当蛟龙绕船”。这些话，明显失之过谀，难以信从确评，但是，断乎也不能斥为纯属子虚，全是信口雌黄。

宇文招仅存一首《从军行》诗，且看：

辽东烽火照甘泉，蓟北亭障接燕然。水冻菖榆未生节，关寒荚苑不成钱。

作品见于《文苑英华》。《乐府诗集》卷32引《乐府解题》曰：“《从军行》皆军旅苦行之辞。”宇文招有过几次征战，军旅之事具有切身体验。作品描写边塞烽烟漫天、堡垒林立的场面，状叙气候苦寒、生意凋零的景象，似非缺乏真情实感者的向壁虚构。

3. 宇文逌和他的《至渭源诗》。

宇文逌，字尔固突，宇文泰第十三子，封滕闻王，周静帝大象二年（581年）被杨坚杀害。《周书》本传说他“少好经史，解属文”；又说“所著文章，颇行于世”。可惜的是，文章多未流传至今。宇文逌敬重文才，和庾信交情甚密，有若布衣。他还曾为《庾子山集》作序，极力赞扬其文学成就。庾信在《谢滕王集序启》里，称颂宇文逌“雄才盖代，逸气横出。济北颜渊，关西孔子。譬其毫翰，则风雨争飞，论其文采，则鱼龙百变”。这些话，虽然有些言过其实，但也不能说是纯属瞎吹。

宇文逌也只存诗一首——《至渭源诗》：

渭源奔禹穴，轻澜起客亭。浅浅满涧响，荡荡竟川鸣。潘生称运石，冯子听波声。斜去临天半，横来对始平。合流应不杂，方知性本清。

作品描写渭何源头的水势，奔突湍急，轰响竟鸣，横来斜去，跌宕激越，格调雄浑遒劲；而结语似在写实，却寄寓着深沉感慨——歌赞合流不污、操守自洁的高尚品格。

四

北朝时代还有一个短命的王朝北齐，只存在了二十七年（550～577

年)。它是高洋在乃父分裂北魏后收东魏政权而代之所建立的。

北齐始祖高欢，字贺六浑，在姐夫鲜卑族尉景家中长大，妻子是鲜卑族娄内干的女儿。其语言习俗，一如鲜卑。高欢也确认自己是鲜卑人，他的政权，始终歧视、压制汉人，排斥汉族文化。早在北魏孝文帝元宏时期就已禁绝的鲜卑语，到高齐王朝却又重新盛行；高欢对军队讲话，总爱用鲜卑语；进攻西魏玉壁时，兵败优愤，令斛律金唱起《敕勒歌》亲自和之，歌唱时就是用的鲜卑语；《颜氏家训·教子篇》记载，说北齐有一士大夫，教他的儿子讲鲜卑语，以为“状事公卿”的进身之阶。高欢之后，子孙踵武先志，对待汉人之暴戾，甚有过之。如高洋问汉族士大夫杜弼说：“治国当用何人?”杜弼说鲜卑人大都只会骑马驱车，治国该用汉族人。高洋听了以为是在讥刺自己，便怀恨在心，伺机报复，终于将杜弼杀了。在民族大融台的历史潮流中，高齐政权倒行逆施，维护愚昧落后，必然促使它迅速走向灭亡。

当时和北齐对峙的政权是宇文氏的北周。比较起来，北齐地方大、人口多，经济和文化也都要发达一些，但是最终被北周吞灭。这就是高齐政权排斥汉族先进文明的恶果。

高齐政权既然执行排斥汉族文明的政策，皇室中间就很难看到什么文翰墨迹了。高延宗《经墓兴感诗》要算是独一无二的篇章，诗曰：

> 夜台长自寂，泉门无复明。独有鱼山树，郁郁向西倾。睹物令人感，目极使魂惊。望碑遥堕泪，轼墓转伤情。轩丘终见毁，千秋空建名。

作品见于《揭本高肃碑》[13]，大约镌于北齐后主高纬武平六年（575年)。考《北齐书·兰陵王孝瓘传》，高长恭亦名孝瓘，是高澄的第四子，武平四年（573年）被后主高纬鸩死。高延宗是高澄的第五子，封安德王，当周武帝大军进击，北齐全面崩溃之际，曾即皇帝位，旋即被俘。《北齐书》本传说其人“骄纵多不法”，放荡不羁，品格卑下，略未道及文才学识。据此，这首仅见于碑题的诗作，也许假手于幕僚，因而或难遽信。

综观整个北朝诗坛，鲜卑族诗人的成就虽然并非首屈一指，但是如果联系这一民族的历史发展进程来进行评论，对于他们所已经达到的水准自会赞服不迭。肇始开来，昌盛其后。由元魏发端，步武继踵，在中国文学史上不是连续产生了杰出诗人元结、元稹和元好问吗？《北史·文苑传》说到北朝初期的文坛，谓“体物缘情，则寂寥于世，非其才有优劣，时运然也”；可是，在隋代，较有成就的诗人却大抵出身于北方。这情况说明，到了南北朝后期，北朝文学已经发展起来。追溯原因，离开居于统治地位的鲜卑贵族对文学事业所施予的影响和创作实践的建树，似乎也不好作出圆满的解答。

因此，研究北朝时代鲜卑族的文学活动和劳绩，不仅在民族关系史上具有意义，而且也当是阐述中国文学史有关篇章时所不应忽视的重要课题。

注释：

①⑤《艺苑卮言》卷3。

②《德意志意识形态》，《马克思恩格斯全集》第3卷第52页。

③《魏书·本纪下》。

④《魏书·文苑传》。

⑥⑫《诗薮》杂编卷3。

⑦事均见《魏书·彭城王传》。

⑧转引自萧涤非《汉魏六朝乐府文学史》第281页。

⑨《魏书·中山王熙传》。

⑩《周书·王褒、庾信》。

⑪《周书·明帝纪》。

⑬转引自逯钦立辑校《先秦汉魏南北朝诗》第2274页。

（原载《广西民族学院学报》1986年第3期）

谈拓跋什翼犍

高蕴华

鲜卑拓跋部本是生活在大兴安岭北段崇山峻岭中的原始部落，在鲜卑各部中，长期处于落后状态。后经南迁，到达阴山河套一带及晋北地区。从此，开始了由部落联盟向国家的转变。在拓跋什翼犍统治的 39 年中，拓跋部的发展水平显著提高，已初具国家规模。

一

拓跋什翼犍，字郁律旃，拓跋部平文帝郁律次子，烈帝翳槐次弟，拓跋珪复国称帝时谥曰昭成皇帝，庙号高祖。郁律四年（东晋太兴三年，320 年），平文后王氏生什翼犍。这时，正是拓跋部经历重大社会变革的时期。前此四年，即公元 316 年，代王猗卢被长子六修杀死。猗卢在拓跋部由部落联盟发展为国家的过程中，曾起过重要作用。他统一了拓跋三部，进一步加强了与西晋的联系，被晋政府封为代王，并开始设立简单的官属。猗卢的被杀，主要是由于“新旧猜嫌”，即猗卢的革新活动，使拓跋部内部新旧势力之间的矛盾进一步激化，而导致的一场激烈斗争。这时拓跋部的人口，李亚农先生估计约 60 万左右[①]，已成为塞上一支强大的力量。什翼犍父郁律即代王位以后，拓跋部的实力更为强大，郁律甚至已有问鼎中原之心。但这以后，拓跋部内部新旧矛盾愈演愈烈，又发生了两次大规模的争位斗争。公元 321 年郁律被害时，尚在襁褓中的什翼犍也差一点成了牺牲品，所幸其母“匿帝于袴中”，什翼犍又“良久不啼”，才得免于难。[②]生活在代王之家，这些斗争不能不在什翼犍幼小的心灵中留下难以忘怀的印象并产生相当深远的影响。

就在以贺兰部酋长为首的诸部大人共同拥立拓跋翳槐为代王这年(329年)，翳槐遣其十岁的弟弟什翼犍为质于后赵以请和[③]，随同什翼犍到达后赵首都襄国（今河北邢台）的拓跋部民据说还有五千余家。[④]自此起，什翼犍在中原生活了近十年时间。虽然他在这十年中的具体活动未被史籍记载下来，但什翼犍生活在远比塞上繁荣富强的中原，广泛接触中原封建文化，亲身体察汉族和先入主中原各族的政治、经济生活及典章文物制度，逐渐熟悉中原各族交流、融合的情况，则是可以想见的。什翼犍在全新的环境中，耳濡目染，扩大了见识，增长了“雄勇有智略”的才干。加上“宽仁大度，喜怒不形于色”的性格，为他以后治理拓跋部近39年而且多有作为打下了坚实的基础。

翳槐死前，拓跋部内部争夺代王的斗争异常激烈，加上后赵统治者的插手，局势更加复杂和动荡。混乱的局面，需要强有力的统治者来收拾。按拓跋力微以来所行兄终弟及的继承法，翳槐之后应是次弟什翼犍继位，翳槐也认为只有什翼犍可以安邦定国。公元338年10月，拓跋翳槐临终留下遗言：“必迎立什翼犍，社稷可安。”[⑤]然而翳槐卒后，诸部大人却以“新有大敌”，什翼犍在远，“来未可果，比至之间，恐生变诈”为由，又以翳槐三弟拓跋屈“刚猛多变”为由杀屈而立屈弟拓跋孤。但“宽和柔顺”的拓跋孤却直奔后赵首都邺（今河北临漳西南）迎请拓跋什翼犍，而请自为质于赵。[⑥]在石虎的支持下，是年11月，19岁的什翼犍终于回到塞上，在内部争权、外敌环伺的形势下，即代王位于繁畤（今山西浑源西北），并马上效仿中原政权，建年号为建国，开始了近39年治理代国的历程。从力微到什翼犍的12代首领中，什翼犍一人在位时间即占四分之一，仅次于力微。仅此也可以说明什翼犍在拓跋部发展史上的重要地位。

在什翼犍称代王前61年（277年），被派到曹魏（晋）都城洛阳当质子近10年的力微长子、什翼犍曾祖沙漠汗，因其崇尚中原文化，言谈风采，服饰打扮，已与中原汉族差不多，且又学到了晋人的“奇术”，在宴会上引弓发弹，打落飞鸟，使拓跋诸部大人“大惊”，害怕沙漠汗回去继父为部落联盟首长，会“变易旧俗”，对他们不利，因而煽动其父力微杀害了沙漠汗。至于西晋征北将军卫瓘的离间，原因则是由于沙漠汗“为人雄异”，如令其回去为王会对西晋控制拓跋部不利。[⑦]现在，什翼犍也在中原为质近10年，却终于返回本部被立为代王。这既反映拓跋部的逐渐强大，使内地政权亦欲争取为与国，以使自己在统治中原和控制周边各族时处于更有利的地位，也证明时代的变迁，历史的发展，拓跋部本身的迅速进步，更需要中原汉族及各族较先进文化的启发和示范，需要吸收各族政治、经济、文化生活的长处。

二

拓跋什翼犍登上代王位以后，立即任用汉族士人燕凤、许谦，效仿中原政治体制，并融进拓跋部自身的传统，在拓跋部内部实行革新，迈出了比前代更快的步伐，采取了比前代更积极的措施，促进了拓跋部的发展，在由部落联盟向国家的转变中，取得了超迈前人的成就。在对内的文治上，什翼犍主要做了三个方面的工作。

一是“始置百官，分掌众职”。[8]南迁之初，拓跋部还基本上是“置四部大人，座王庭决辞讼”。力微时仍“因循，亡所革易”。[9]但由于私有财产的出现及与中原的接触，实际上也开始有所“改创”，不过主要是对原有氏族管理机构的改造，可惜史籍对当时官制的内容只记有“掌事立司，各有号秩”数字，具体设置已无从考证。[10]到拓跋猗㐌、特别是拓跋猗卢时期，在晋的影响和帮助下，开始仿晋制置官。但更具重要意义的是拓跋什翼犍建国二年（339 年）的“始置百官，分掌众职”，代国终于出现了初具规模的政治机构。《魏书·官氏志》云：“昭成之即王位，已命燕凤为右长史，许谦为郎中令矣。余官杂号，多同于晋朝。建国二年，初置左右近侍之职，无常员，或至百数，侍直禁中，传宣诏命。皆取诸部大人及豪族良家子弟仪貌端严，机辩才干者应选。又置内侍长四人，主顾问，拾遗应对，若今之侍中、散骑常侍也。”这是代王周围的官僚机构。左右近侍是王的亲信，近侍长则参预军国大事。虽然主要还是直接听命于代王的侍从官，除个别外，还不可能有明确的职掌范围。但已比过去复杂得多，也完备得多了。随着王权的集中和扩大，侍从的地位和作用也愈益显得重要。直接治民的官吏则是：“其诸方杂人来附者，总谓之‘乌丸’，各以多少称酋、庶长，分为南北部，复置二部大人以统摄之。时帝弟孤临北部，子寔君临南部，分民而治，若古之二伯焉。”这是在原来部落基础上实行的行政机构，但南北部大人已全由代王任命及更换，且从史籍记载看，二部大人也不世袭，其性质已不同于原来的部落首领。同时，二部大人所统部民族属混杂，除拓跋本部外还有被征服的和依附来的各族和部落

（被统称为“乌丸”）及内地来的汉人（即“晋人”），已非原来的部落。所设职官，除南北二部大人外，史籍中还出现过中部大人、东部大人等。[11]总起来看，什翼犍的设官任职是适应变化了的游牧部落的基本情况而采取的积极措施。代的官僚机构已向完备的国家官僚机构迈进了一大步。

二是“始制反逆，杀人、奸盗之法”。[12]力微时期只是“四部大人坐王庭决辞讼”，“无囹圄考讯之法，诸犯罪者，皆临时决遣”。[13]30年后的猗卢时期，则是以军令从事，实行“明刑峻法”[14]，已经鲜明地显示出维护拓跋统治者统治的严酷工具的性质。再过30年，到什翼犍即位的第二年，在拓跋部成员贫富分化更加明显、阶级对立已相当尖锐的形势下，什翼犍及时制定了内容更加充实的法律：“当死者，听其家献金马以赎；犯大逆者，亲族男女无少长皆斩；男女不以礼交皆死；民相杀者，听其死家马牛49头，及送葬器物以平之；无系讯连逮之坐；盗官物，一备五，私则备十。”[15]明确规定，对所谓“大逆”即犯上作乱之罪处刑极重，这已分明是拓跋贵族特别是代王意志的体现，而且表现出要以强制力来保证执行的行为准则的倾向。这已不再是原始氏族社会调解的传统习惯，其功能已与阶级专政的重要工具切近。它规定可以用金马赎罪及盗窃私有财产比盗窃公有财产的惩罚要加重一倍，则表明随着经济的发展和阶级分化的加深，私有财产和私有观念的存在已经普遍，阶级的对立已经成为当时公认的社会现实，已经进入须用法律手段来维护私有财产、保障统治阶级既得利益的历史时期。于是什翼犍末年出现“富拟国君”的暴发户就不是偶然的了。[16]而“男女不以礼交皆死”的规定，又分明透露出向中原传统儒家的伦理道德观念靠拢的势头。当然，我们也看到，它在保障私有财产上仅规定加以十倍赔偿而不是利用刑罚，且“死者赎，盗者备，此法之简易也”[17]，此外还没有明确的连坐之法等，所以还不能说是很完备的法律。但这毕竟是拓跋国家最早的法律。正是由于什翼犍适应拓跋部的进步制定了适宜的法律，而且“法令明白”，造成了“百姓晏然”的良好局面。[18]

三是尽管拓跋部的国家机器仍很不健全，比如作为国家主要组成部分的常备军还没有正式形成，拓跋部的军队仍然是部中所有成年男子，但已完全不是氏族部落的原始武装了。拓跋什翼犍从建国五年（342年）起，“秋七月七日，请部毕集，设坛埒，讲武驰射，因以为常”。这既证明代王对所属各部落的军队已有完全的指挥权力，又说明军队已纳入正规训练，军事结构也已向常备军迈进了一大步。结合什翼犍曾欲“亲率六军，廓定四海”，“乃敕诸部，各率所统，以俟大期”的记载，表明军队已确实成为平定内部反抗和向外扩张势力的工具了。[19]

四是建立相对稳定的政治中心。鲜卑拓跋部迁到阴山、代北以后，随着经济、政治发展，一个相对稳定的统治中心的确立已经提到日程上来。拓跋力微以来，盛乐（今内蒙古和林格尔北）和平城（今山西大同东北）即已成为拓跋部活动比较固定的中心。什翼犍即位的第二年夏，就曾召集诸部大人，商议模仿中原政权在灅源川（桑乾河上游）建立都城，但因拓跋部久以“迁徙为业”，还不习定居生活，而且到现在其势力也还不足以在固定的城堡里防御敌人的进攻，同时在灅源川新建规模宏大的都城又实非易事，于是在什翼犍母亲的劝阻下作罢。[20]然而翌年（340 年）春，什翼犍毅然在力微以来的活动中心、猗卢时曾筑过城的盛乐建都。明年秋，更在盛乐城南八里筑盛乐新城。从此盛乐作为都城即已稳定，直到为前秦攻灭未曾迁移，拓跋珪复国后还以此为都十余年。筑城定居使拓跋部民加速了从游牧向定居生活的过渡，促进了拓跋部的进步。相对稳定的政治中心的出现，亦是国家开始形成的又一标志。盛乐城遗址已被考古工作者发现，虽然目前可以肯定为 5 世纪以前的拓跋遗物还很少，但这里是拓跋部都城盛乐则已无疑问。[21]

此外，自力微以来的兄终弟及的继承法，到什翼犍以后，也正式转变为父子相承的继承法。从兄终弟及到父子相承，正反映了拓跋部私有财产的发展和国家产生的过程。而什翼犍模仿中原汉族政权建立年号，也是由部落联盟的酋长转化为阶级国家的皇帝的标志之一。拓跋部发展到什翼犍时，确已正式具有了国家的规模。

三

一个民族或部落进步的快慢与否，对周围民族先进文化吸收的态度与程度及对各族各类人才的任用都是重要原因。鲜卑拓跋部所以能够迅速从一个原来较小并相当落后的部落，发展壮大起来，后来又统治中国北部达一个世纪，其直接影响至少可达于唐朝，极为重要的因素，就在于它刚从大兴安岭的深山密林中迁徙出来，即积极主动地吸取周围各族，特别是汉族文化的营养，在发展中不断改造自己，成为一个“开放”型民族。什翼犍所以能较快取得较大成就，促进拓跋部的迅速发展，首要因素，就是他顺乎历史潮流，适应民族发展需要，任用一批有才干的汉族士人，并注意吸收和消化中原较先进的文化。

什翼犍在中原居住近十年，熟悉汉族士大夫，广泛接触了汉文化，而又“常有并吞天下之志”，深知要巩固自己的统治，并在与其他各族的争夺中立于不败之地，必须注意吸取中原统治者的统治经验，取得汉族士大夫的支持和帮助。于是，他同当时许多少数民族统治者一样，直接吸收和任用汉族士人参与自己的统治。其中最著名的如前面所提有两个人。

一位是燕凤，字子章，其家乡代郡（今河北蔚县东北）自古以来即与北方少数民族接触频繁，各族间常在这里展开经济、文化交流，也历来是各族交错杂居之地，因此各族间比较了解。燕凤在这样的环境里，对各族情况接触较早、较多，加上他“好学，博综经史”，在当地颇有名气。什翼犍“素闻其名”，先“使人以礼迎致之。凤不应聘”，于是下令用军队包围代城，并威胁城中人们说：“燕凤不来，吾将屠汝。”代人惧，只好把燕凤送来。什翼犍与燕凤谈话之后，很是满意。不久就拜凤为左长史，“参决国事”。又令其以儒家经典教授自己的儿子拓跋寔。燕凤如何为什翼犍出谋划策，具体情况已不得而知，但从以上简略记载已可大致想见其地位。此外，从前秦皇帝苻坚对燕凤的重视和拓跋珪复国后燕凤仍一直受到信用，几朝皆“甚见礼重”，“入讲经传，出议朝政”，直至北魏太武帝拓跋焘神䴥元年（428 年）寿终[22]，都可见其才能出众，在代国乃至北魏初年政治生活中的作用和影响是不小的。

另一位是许谦，字元逊，也是代人，“少有文才，善天文图谶之学”。他率全家投靠什翼犍而颇受信用，“擢为代王郎中令，兼掌文记”，且“与燕凤俱授献明帝（寔）经”。[23]甚至许谦曾盗绢二匹，因当时代国内缣帛尚为珍稀之物，如此行为是要受重罚的，而什翼犍却将此事悄悄压下，并对燕凤说：“吾不忍视谦之面，卿勿泄言，谦或惭而自杀，为财辱士，非也。”[24]一般仅以为此事是什翼犍“雅性宽厚”的表现，实际上，更主要的原因恐怕还是什翼犍爱惜许谦这位难得的人才。因此，许谦也是始终得到信用，拓跋珪复国时还曾“参赞初基”，发挥过不小的作用。此外，什翼犍任用过的汉族士人还有莫显等。

什翼犍在吸收人才、安定人心方面还有可称道的地方，比如在一次讨叛战斗中，什翼犍被流矢射中眼睛，当俘获射箭者时，群臣“各持锥刀欲屠割之”，他却说：“彼各为其主，何罪也。”竟下令释放了射箭者。[25]这也似乎是什翼犍宽厚性格的独特表演，其实在当时拓跋部内部斗争复杂、人心常常不稳的情势下，这样做还可能收到某些安定人心、维系部下的效果。

由于拓跋什翼犍时期数十年相对稳定的统治，促进了代国经济的发展。拓跋部兴起于大兴安岭原始森林中时，应是以狩猎经济为主的，迁到蒙古高原以后，转以游牧经济为主。到什翼犍时期，畜牧业已相当发达，这从燕凤对苻坚所言中可以概见。他说："云中川自东山至西河二百里，北山至南山百有余里，每岁孟秋，马常大集，略为满川。"其马数以谷量，又称有"马百万匹"。[26]按估计的当时人口数，拓跋部仅马即可人均一匹，可见其畜牧业发展的程度。同时，迁到盛乐以后，与中原汉族的接触日增，许多中原士人又前来避难或投附，使拓跋部开始接触到一些农业。拓跋猗卢时从晋并州刺史刘琨那里索到的陉岭（即句注山，在今山西代县北）以北的马邑、阴馆等五县之地（在今山西北部）原来即是农业地区。曾投依拓跋部的姬澹回到并州，对刘琨说过"今内收鲜卑之余谷，外抄残胡之牛羊"的话[27]，可见彼时拓跋部已有一些农业。什翼犍在中原生活多年，对于农业在经济发展、生活进步中的作用，应是有较深刻认识的，所以在盛乐附近也注意发展农业生产。这从建国三十年（367 年）前燕军队经过盛乐附近，曾损坏过穄（糜子）田而引起什翼犍发怒的记载中可窥知一斑。[28]农业促进各族人民走向彻底定居，由此带来的中原封建文化也在向各族人民渗透。农业又促使拓跋部发展更为迅速，即从人口说，几十年中，就从约六十万发展到百万。[29]什翼犍在塞外发展农业，成为北魏初大规模发展农业的先河，对祖国边疆的开发和各民族的融合进步作出了贡献。

四

随着拓跋部力量的不断壮大，"常有并吞天下之志"的什翼犍，一方面加强和巩固对本部及依附各部的领导权，同时对周围的各族政权采取交好强者，伺机并吞弱者的策略，使代国的疆域逐渐稳定和扩大，为最终建立起强大的北魏政权并统一北方奠定了基础。

什翼犍为代王时，中国北方正处于十六国时期，各族建立的或大或小的政权都在争夺北方的统治权。当时还相当落后和弱小的代要在争夺中站住脚，并不断取得新进展，在对外方面也需要有较正确适时的策略。什翼犍对紧邻自己、力量又相当强大的前燕、后赵和前秦，都主动采取过象派使臣通好、联姻乃至朝贡的策略。建国二年，什翼犍就求婚于前燕，并立燕王慕容皝妹为后。不久皝妹死，什翼犍复求婚于前燕，皝再以女儿妻之，又被立为后。[30]同时，又与前燕经常互派使臣。前秦建国后，发展迅速，并逐渐统一北方。什翼犍几次派亲信重臣燕凤出使入贡于苻秦，与之和睦相处。至于后赵，什翼犍曾长期在其都城邺居住过，关系更为密切，即代王位后也互相有使臣往来。而当建国十四年（351 年）后赵衰亡时，什翼犍马上提出，应乘此中原混乱之机，大举进军内地，争取“廓定四海”，经诸部大人谏阻，才未成行。[31]

对于周围其他和自己差不多的游牧民族，什翼犍则不失时机发动掠夺征服战争，扩大自己的势力范围。拓跋部自力微以来的十二世中，要数什翼犍时期进行的征服战争最为频繁。从现有文献记载看，这些战争主要集中在什翼犍统治的后半期。仅据《魏书·序纪》所载，从建国二十六年至三十七年（363～374 年）的十二年中，什翼犍曾两次大规模征伐高车部。第一次“大破之，获万口，马牛羊百余万头”，第二次也是“大破之”。一次征伐没歌部，“获牛马羊数百万头”。又三次征伐背叛自己的匈奴刘卫辰部。

一系列的征服战争，一方面扩大了代的势力范围，一些较弱小的部落逐渐归入拓跋部中，什翼犍成功地控制了“北有沙漠，南据阴山”的广大地区。另一方面，战争的掳获物大都是以“班赏各有差”的形式，在统治集团内部进行差额分配，其中包括战俘“生口”及“童隶”等相当于奴隶的人。这既扩大了部落贵族、功臣的权利和财富，也扩大了被剥削被压迫者的队伍。拓跋社会确已迈入文明时代的门槛，已经属于国家的范畴了。从已见到的史料分析，什翼犍的代国应是以奴隶制占主导地位，但又不能不带有一些封建统治形式并保留部分原始部落制的国家。同时，什翼犍的举措，还为拓跋部复国后建立强大政权并统一北方奠定了必要的基础，创造了必备的条件。

然而，毕竟拓跋部原始的起点较低，汉化程度较差，毕竟代控制下的人口还很稀少，以游牧为主的经济力量还是如此薄弱，尽管在什翼犍时期进步的节奏加快，发展明显。但是，当它的实力还远不能与中原各强大势力相抗衡的时候，早就基本封建化的前秦已经具备了统一北方的政治、经济和军事的强大力量。建国三十九年（376 年），遭什翼犍屡次打击而走投无路的匈奴刘卫辰部求救于前秦，苻坚刚刚击降前凉，便乘机派出二十万大军攻代。什翼犍几次与秦军交锋不利，自己又染病不能麾师，只好率部退避阴山之北。这时，曾被征服的高车等部纷纷叛代，四面寇抄，什翼犍不能刍牧，不得已又返回漠南，代遂灭。

什翼犍的结局，《魏书·序纪》谓在苻秦来攻之年即建国三十九年十二月死于云中（位于盛乐西北，今内蒙古和林格尔西北），时年57岁。具体死因，《魏书·寔君传》言“暴崩”，似为其庶长子寔君所害。《北史·昭成帝纪》径作“皇子寔君作乱，帝暴崩”。一般亦作如是论。然《晋书·苻坚载记上》则认为“坚既平凉州，……讨代王涉（什）翼犍。……翼犍战败，……退还阴山。其子（应为孙）翼圭（拓跋珪）缚父请降，……坚以翼犍荒俗，未参仁义，令入太学习礼。以翼圭执父不孝，迁之于蜀。散其部落于汉鄣边故地，……”后来苻坚还曾亲至太学，召问过什翼犍，从“中国以学养性而人寿考，漠北啖牛羊而人不寿，何也”，问到他“好学否”，并对什翼犍的回答表示满意。《宋书》、《南齐书》皆作如是记载，唯稍略。《宋书·索虏传》云，代亡，什翼鞬（犍）被“执还长安，后听北归”。《南齐书·魏虏传》云：“……禽犍还长安，为立宅，教犍书学。分其部党居云中等四郡，诸部主帅岁终入朝，并得见犍，差税诸部以给之。”细加推勘，《晋书苻坚载记》及其所本之崔鸿《十六国春秋》的记载应是可信的。由于这段历史恰恰被拓跋氏视为屈辱可耻之记录，故《魏书》前半部所本之北魏旧史皆不免讳饰，抹去什翼犍被擒入长安等事。对此周一良先生已有精详考证。[32]而此事无疑应是对拓跋部发展和进步有影响的一件大事，可惜什翼犍以后的活动史无记载，使我们无法做出进一步的解释。

诚然，前秦的征服，暂时中断了拓跋部形成完备国家的过程。但是，什翼犍进行的革新已为拓跋部的进一步发展提供了他所能做到的必要前提和条件。加之前秦主要以中原的方式统治被征服的拓跋部，封建文化逐渐渗透到拓跋部之中。当前秦覆亡之后，建立新型完备国家的时机立即到来了，什翼犍嫡孙拓跋珪顺乎潮流，不失时机地把这个可能变成了现实。然而，也不应该忽视拓跋什翼犍的积极作用。

注释：

①㉙《周族的氏族制与拓跋族的前封建制》后编第七章，载《李亚农史论集》。

②⑳《魏书·平文皇后王氏传》。

③《资治通鉴》卷94,《魏书·序纪》。

④⑤⑦⑧⑭⑲㉔㉕㉛《魏书·序纪》。

⑥《魏书·高凉王孤传》。

⑨⑬⑮⑱《魏书·刑罚志》。

⑩《魏书·官氏志》

⑪见《魏书·庾业延传》;《资治通鉴》卷103。

⑫《资治通鉴》卷96。

⑯《魏书·庾业延传》

⑰沈家本:《历代刑法考·律令三》。

㉑张郁:《和林格尔县土城子试掘纪要》,载《内蒙古文物资料选辑》;宿白:《盛乐、平城一带拓跋鲜卑——北魏遗迹——鲜卑遗迹辑录之二》,《文物》1977年第11期。

㉒㉖《魏书·燕凤传》。

㉓《魏书·许谦传》。

㉗《晋书·刘琨传》。

㉘《资治通鉴》卷101。

㉚《魏书·昭成皇后慕容氏传》;《资治通鉴》卷96、卷97。

㉜参见《魏晋南北朝史札记·〈魏书〉札记》。

(原载《内蒙古民族大学学报》1988年第3期)

关于鲜卑早期文化的再认识

靳维柏

鲜卑族是我国北方的一个古老民族，在中华民族的发展史上创造过灿烂的古代文化。他们曾先后建立过前燕、后燕、南燕等地方割据政权，并建立了统一中国北方地区的北魏政权。北魏孝文帝的改革是中国封建社会发展史上重要的一页，而大同的云冈石窟和洛阳的龙门石窟，则是他们高度智慧的结晶。正因为鲜卑族在历史发展过程中起过如此重要的作用，关于鲜卑历史，特别是早期历史的研究，一直是引人注目、争论颇多的课题，历代史家多有研究著述。本文拟依据近年考古发掘的新成果，在他人研究的基础上，对鲜卑的起源、迁徙、拓跋鲜卑与东部鲜卑的关系等进行探讨，以就教于师长、同事。

在鲜卑的早期历史阶段，没有自己的文字，及至《魏书》成书已是北齐时了。虽然与鲜卑各历史时期相当的汉文史书对鲜卑事迹也有一些记载，但多只言片语，零星散碎，无法窥其历史全貌。在相当长的时期内，关于鲜卑的研究一直依赖于文献记载。20 世纪 30 年代，日本人白鸟库吉所著《东胡民族考》是第一部系统研究东胡及鲜卑起源的著作；近代对鲜卑研究成果最卓著者，为马长寿先生所著《乌桓与鲜卑》；金毓黻先生在《东北通史》上编中对鲜卑历史的论述也甚为精辟。随着新中国考古事业的发展，一批被认为可能是鲜卑的或与鲜卑有关的遗存相继发现，为鲜卑历史的研究开拓了新的领域。宿白先生在《东北、内蒙古地区的鲜卑遗迹》一组文章中，第一次利用考古资料对鲜卑史进行了系统研究，干志耿、孙秀仁先生在《黑龙江古代民族史纲》中，孙进己先生在《鲜卑源流考》中也提出了许多新的独到见解。

一、鲜卑的起源

鲜卑源于东胡，《三国志·乌丸鲜卑东夷传》记载："乌丸、鲜卑，即古所谓东胡也。"匈奴在秦汉时期称为"胡"，东胡因在匈奴东，故名东胡。史学界长期以来有一种观点认为，山戎即后来的鲜卑。《左传·庄公三十年》记载："当是之时，秦晋为疆国。……燕北有东胡、山戎。""齐人伐山戎。"《史记·匈奴列传》又载："当是之时，秦襄公伐戎至岐，始列为诸侯。是后六十有五年，而山戎越燕而伐齐，齐釐公与战于齐郊。其后四十四年，而山戎伐燕。燕告急于齐，齐桓公北伐山戎，山戎走。"（鲁庄公三十年为公元前664年；秦襄公在位时间为公元前777～前766年）根据上述史料，可以看出山戎与东胡是同一时期、而活动在不同地域的两个民族，也不存在承袭关系。当时匈奴势力已相当强大，活动于阴山以北的广大地区，山戎在燕之北，与燕相接，而东胡则更在山戎之北、匈奴之东，史料中尚未见到东胡与山戎征伐的记载，说明这两个民族之间有较为广阔的中间地带。据此推断，战国时期的东胡大致位于今黑龙江省西部地区。

在黑龙江省嫩江上、中游地区，广泛存在着以"昂昂溪类型"为代表的细石器考古文化，这类遗存的时代约当新石器时代晚期。这类遗存在此地区数量非常多，在某些地区其分布的密度达到惊人的程度，其文化内涵尤以各种质料的、数量众多的、加工技艺高超的石镞最具代表性，反映出这里曾经活动着一个人口众多以射猎为业的古代民族。

至青铜时代，在嫩江流域存在着齐齐哈尔市三家子、泰来的平洋、肇东的东八里等青铜时代的考古文化，这些文化类型在内涵上有一定差别，但在主流上是相当接近的。其墓葬均为土坑竖穴墓；多为仰身直肢葬，个别为侧身曲肢葬，葬式有单人葬、多人葬和二次葬，头向多为西北；随葬陶器、青铜器、铁器、骨器、石器、玉器等生活用品多，而生产工具相对较少，只有刀、锒及细石器。马纹铜牌饰、器表施红衣的高领圆腹壶、鸭形陶器极具特色。这些遗存的年代约为战国时期。限于这些考古材料尚未正式发表，故只能以一般的直观而论。

根据战国时期东胡族所处的地理位置和嫩江流域考古文化的面貌，可以认为这里就是东胡即后世鲜卑起源之地。"其后燕有贤将秦开，为质于胡，胡甚信之。归而袭破走东胡，东胡却千余里。”[①]汉高帝元年（前206年）匈奴冒顿单于“大破灭东胡王，而虏其人民及畜产”。[②]经过这次打击，东胡分裂为乌桓和鲜卑两部分，鲜卑北移，居于大兴安岭北段。

二、早期鲜卑的社会经济

1980年，在内蒙古自治区呼伦贝尔盟鄂伦春自治旗阿里河镇西北10公里，甘河上源附近，当地称为“嘎仙洞”的洞中，发现了北魏太平真君四年的石刻祝文，从而确定了鲜卑起源坐标，这无疑是近年考古学研究中重要收获之一。东胡最强盛时，号称有百万之众，因内部分裂及战争原因人口减少后，鲜卑的人口仍可达数十万之众，其活动地域应是相当广大的，绝不会仅局限于嘎仙洞附近的狭小地带。恩格斯在分析美洲印第安人部落特征时认为“每一个部落除自己实际居住的地方以外，还占有广大的地区供打猎和捕鱼之用。在这个地区之外，还有一块广阔的中立地带，一直延伸到邻近部落的地区边上”。[③]早期鲜卑“世为君长，统幽都之北，广漠之野，畜牧迁徙，射猎为业，淳朴为俗，简易为化，不为文字，刻木纪契而已，世事远近，人相传授。统国三十六，大姓九十九”，处于氏族部落联盟时期。各部落虽是一个有共同利益的同一体，部落之间又是相对独立的，作为主要以狩猎经济来满足生活需要的各个部落，都有一个一定的控制区域，因此，早期鲜卑的活动地域已是相当广大了。

宗教作为一种历史现象，一种意识形态，在人类发展史上产生过重大影响。《魏书·礼志》曰：“魏先之居幽都也，凿石为祖宗之庙于乌洛侯国西北。……真君中，乌洛侯国遣使朝献，云石庙如故，民常祈请，有神验焉。其岁，遣中书侍郎李敞诣石室，告祭天地，以皇祖先妣配。”嘎仙洞的发现，证明宗教在早期鲜卑人中已经产生。马克思说过：“要知道，宗教本身是没有内容的，它的根源不是在天上，而是在人间。”[④]随着人类社会生产力的发展，生产方式也逐渐地发生了变化。自进入原始父系氏族社会以后，人类的活动区域因生产工具的改进而有所扩大，氏族部落间的斗争也因此而激烈起来。为了应付当时社会发展的需要，由若干氏族联合的部落联盟相继形成，这就使原有各个氏族的保护神，只能屈居于整个部落联盟共同信奉的神之下。嘎仙洞此时的作用，主要是作为宗教活动的场所，是“祖宗之庙”，而不是主要用于居住。宗教已经是维系鲜卑部落联盟的纽带之一。北魏统治阶层对宗教的推崇、佛教的盛行及寺院经济的高度发展，与其不无关系。

三

据《魏书》记载："宣皇帝讳推寅立。南迁大泽，方千余里，厥土昏冥沮洳。谋更南徙，未行而崩。……献皇帝讳邻立。时有神人言于国曰：'此土荒遐，未足以建都邑，宜复徙居。'帝时年衰老，乃以位授子。圣武皇帝讳诘汾。献帝命南移，山谷高深，九难八阻，于是欲止。有神兽，其形似马，其声类牛，先行导引，历年乃出。始居匈奴之故地。"鲜卑南迁史有其事，但是南迁何处，史学界有许多不同看法。现在学术界较为通行的看法是，鲜卑先自东北向西南迁移，先抵完工附近，遇阻沼泽而西及扎赉诺尔，大泽即今呼伦池，是鲜卑南迁后的"沮洳"之地，依据是在内蒙古自治区呼伦贝尔盟发现的两处古墓葬群。关于这两处古墓群的族属及是否为鲜卑南迁大泽时的遗迹，大泽所指何处，笔者认为尚有商榷之处。

1. 关于完工与扎赉诺尔墓群。

（1）从文化内涵上看。以扎赉诺尔墓群[⑤]与完工1963年发掘的墓群[⑥]比较，如下表：

墓况／地点	墓葬形制	墓式葬俗	随葬陶器	
			器形	质地制法
完工	土坑竖穴墓，近似正方形；M_1A墓壁四周无椁板，木板之上平铺一层桦树皮；M_1B为长方形，墓穴四壁残存有椁板灰痕迹。	不分性别、年龄的多丛墓；除一人为仰身直肢葬外，均为无规律的乱葬，绝大多数肢骨分离，坑内有马、牛、狗骨，人骨与兽骨杂乱相间。	鬲、壶、三耳器、罐	均为手制，除一白陶罐残片外，均为夹砂陶；多素面，一些器表磨光，施红色陶衣；陶质疏松，火候低，器形较大。

墓况＼地点	墓葬形制	墓式葬俗	随葬陶器	
			器形	质地制法
扎赉诺尔	土坑竖穴墓；有木棺，甚多木棺有盖无底，在底部铺一层薄白灰。	多为单人葬，仅男女合葬，母女合葬各一座。均仰身直肢葬；墓中以大量牛、马、羊随葬。	罐、钵	分手制、轮制两种。手制为粗砂褐陶，轮制的为细泥灰陶；口沿下多以指甲纹等加以装饰，环形器较多，器表附加堆纹发达，环形器多有竖耳。

从上述比较可以看出，完工与扎赉诺尔两墓群在文化面貌上，异远大于同。许多学者在研究中认为，以桦木为棺、在墓中随葬桦皮制品的习俗及扎赉诺尔墓中出土的双耳铜锼，是拓跋鲜卑遗迹的代表性物证，实际上前者可能主要与当地生长桦树有关；双耳铜锼由于有用途广泛、不易损坏的特点，则是整个汉魏时期北方游牧民族遗物中常见的器物，远至黑龙江省东部的松花江下游地区，也曾发现同类器物。完工墓群的出土文物中，器表施红色陶衣的陶壶、三耳陶器等，具有明显的鲜卑文化特征，但从其遗物中见不到森林居民痕迹。

（2）从时间上看。鲜卑南迁共两次，一次为宣帝时，另一次为圣武帝诘汾时。宣帝为何时人，史无明载，《资治通鉴·晋纪二》武帝三年记载："力微以忧卒，时年一百四。"晋咸宁三年为公元277年，此为力微皇帝卒年，其生年当为公元173年，力微皇帝距宣帝相隔九世，以每世20年～25年计，宣帝约为西汉末、东汉初年时人，圣武帝诘汾，为力微皇帝之父，故鲜卑第二次南移约在公元100～200年间。据宿白先生研究认为："完工墓群的随葬品中发现不少和其他民族有联系，甚至是从较远的外地输入的器物。首先应指出的是具有三个袋形足的陶鬲，即使在华北平原的最北部，它的时间也不会迟于公元前3世纪。"[⑦]考虑到这种陶器传入和使用的时间，完工墓群的时代至少晚于公元前2世纪，而鲜卑第一次南迁不早于西汉末年，两者相差甚远。

从上述分析，我们可以看出，完工墓群的时代较鲜卑第一次南迁的时间要早很多，所以不是鲜卑南迁大泽后的遗存，而可能是鲜卑"为冒顿所破，远窜辽东塞外"[⑧]时的遗存，扎赉诺尔墓群以及后来在伊敏河流域发现的与其文化面貌相同的墓群，与完工墓群在文化面貌上差异很大，当属另一文化系统。

2. 与鲜卑南迁相关的考古文化。

鲜卑族在其形成和发展的过程中，始终在经济、军事、文化各方面与中原地区发生着一定的关系，自西汉以后，鲜卑不断袭扰汉边，表明处于部落联盟阶段的鲜卑族，用战争方式获得中原地区的生产、生活资料，仍是他们经济主要的来源之一。中原地区先进的经济、文化对其有着强烈的吸引力。随着鲜卑社会经济的发展，这种要求也越来越强烈。早期鲜卑过着以狩猎为主的经济生活，西汉末至东汉初年，鲜卑的原始畜牧业经济得到相当程度的发展，需要适宜畜牧的地理环境来发展生产，另一方面，此时鲜卑已开始进入阶级社会，认为大兴安岭北段“此土荒遐，未足以建都邑”。[9]基于这些经济的、政治的原因，鲜卑进行了大规模的向南迁徙。

关于鲜卑南迁的路线，许多学者认为是沿大兴安岭西侧南下的，依据是完工与扎赉诺尔包括伊敏河流域的墓群是鲜卑“南迁大泽”时的遗迹。关于这些墓葬的时代及族属，本文前面已有论述。我们知道，北魏关于鲜卑旧居“石室”位于何处，是从乌洛侯国“遣使朝贡”的人那里知道的，即所谓“凿石为祖宗之庙，于乌洛侯国西北”。乌洛侯国位于何处，尚有许多争论，但其在“嘎仙洞”之东南、大兴安岭的东侧是没有问题的。鲜卑“祖宗之庙”的地理坐标，以乌洛侯国的相对位置来确定，从侧面说明鲜卑在大兴安岭东侧有过广泛的活动，与这个地区的其他民族有着广泛的联系。“大泽”之名，史无明载，东汉成书的《说文解字》中没有提及“泽”与“湖”有何联系，“泽”光润也；“湖”大陂也，从水胡声。呼伦池在几十万年前就已存在了，鲜卑南迁的“大泽”，即呼伦池，文献中应当出现有关湖泊的记载，况且呼伦池虽时大时小，但最小时也是有数十万公顷这样一个大湖，而《魏书》中关于“大泽”只提到“方千余里，厥土昏冥沮洳”。“沮洳”自东汉以来的文献中，均注释为“低湿之地”，与湖泊不是一回事。从地理环境上看，据专家介绍，大兴安岭的树种，以落叶松、白桦为主，樟子松较少，属典型的森林地带，岭西的呼伦池一带，气候干燥，为砾砖土壤区，植被为大针茅、克氏针茅，不宜畜牧，除个别沙丘上有樟子松、局部高地或水边有个别桦木外，整个地区基本无乔木，因此，也没有悍达悍、驯鹿、驼鹿、熊等森林动物。这种情况，一直没有大的变化。这对于“畜牧迁徙，射猎为业”的鲜卑族来说，是不适宜的，更不会在此居住1~2个世纪之久。前已述及，大兴安岭东侧的嫩江流域是鲜卑族的发祥地，他们向原住地方迁徙，是符合情理的。这里的乌裕尔河下游，至今仍是大面积的沼泽地带，嫩江中游又有连环泡、月亮泡等泡沼，这一地区在未开发前为“含丰富杂草类”或“含贝加尔针茅”的“羊草草原”；其间有小面积的森林地带，是极宜畜牧狩猎的经济区，也是现今东北地区的主要农业区之一；因此，鲜卑南迁的“大泽”，应为嫩江中、下游地区的低湿沼泽地带，并在此居住1~2个世纪之后再次南迁。近年的一些新的考古发现，使我们更清楚地看到了鲜卑族的流向。

1978年，在吉林省通榆县兴隆山乡发现一座可以认为是鲜卑族的墓葬。[10]这处墓葬为长方形的土坑竖穴墓，墓内有并排排列着的4架人骨，死者皆为成年人，仰身直肢葬，头向西北，并发现有马、牛、羊等动物碎骨。这种多人葬的葬俗和葬式，与完工古墓是完全一致的。兴隆山墓葬的随葬陶器有两种，其一，为手制素面磨光红褐陶的三耳器，这与完工所出土的手制夹砂褐陶的三耳器的器形几乎完全一样，只是陶质略有差别。原简报认为“它在造型上与河南偃师二里头商代遗址出土的鸭形鼎很是相近，是值得注意的迹象”。这种认识似乎不妥，在二里头遗址中[11]，占陶器比例最大的是酒器，其次是炊器和盛器、食器之类，在全部陶器中，三足器比例很大。三足鸭形鼎，在商代及龙山文化中是常见的器形，而在鲜卑遗址中却是少见的，二里头的鸭形鼎饰有绳纹，而完工、兴隆山墓葬所出的三足器，皆为素面或施有红色陶衣。在这两个地点中不见二里头普遍采用的绳纹、篮纹的器物。二里头的鸭形鼎上按有与同一地点所出的酒器相同的竖直的耳。这与完工、三家子、兴隆山所出的同类器上的三横耳是完全不同的，二里头的器耳上缘接近口部，兴隆山等地的则位于腹部。所以，这种器形应是鲜卑文化的代表性器物之一，它在黄河流域及新疆等地的文化中是绝无仅有的。其二，为手制素面细泥磨光的红褐陶壶。多为素面，大部分器表粗略磨光，个别器物施有红色陶衣，均为手制。这种陶壶与完工等地所出的陶壶的特征，完全相同，但最大腹径有下移的趋势。兴隆山墓葬的随葬品中，有一件小铜鬲，反映了鲜卑文化在发展过程中受到中原地区的影响，这里还出土了四面镂孔的铜铃、海贝、金串珠耳饰，其特征与完工等地所出完全相同。

1980~1981年间，在吉林省榆树县老河深村，发现了一处面积相当大的古墓群，其中128座属汉代鲜卑墓葬。[12]对于这些墓葬的族属尚有不同看法，但其葬式、葬俗与通榆兴隆山墓葬、西丰西岔沟墓群相同；出土的双耳陶壶、柄穿有铜环的铁剑、串珠钮环耳饰、金耳饰等极具特色，应属鲜卑文化。其整个文化面貌，原简报已有详细论述，故不再述及。

1956年，在辽宁省西丰县乐善乡执中村附近的西岔沟，发现了一处规模很大的墓群，原报告将其定名为“匈奴西岔沟文化”。[13]从其考古文化的面貌和匈奴在历史上的地理位置来看，这处遗址同完工、兴隆山、老河深的遗存有密切关系，应属鲜卑系统。西岔沟发掘的63座墓，都是长方形单人土坑墓，头向均为西北。墓中随葬品非常丰富。出土的篦纹磨光涂朱长颈红陶壶，与兴隆山等地出土的陶壶相比，最大腹径进一步下移，接近底部处变成明显的曲线，通体器形更加流畅；富有特点的双横耳器，与兴隆山等地所出土的三横耳器整体器形是一致的，“金银丝穿珠钮环饰品”与兴隆山、完工、老河深所出土的完全一样，“马形铜饰”与兴隆山出土的金马，均为卧姿低首，这两种出土物极具特点。关于西岔沟遗存的族属，有多种看法，原发掘者根据墓中出土的遗物，认为是匈奴的遗存，由于墓中出土有西汉初期到中期的铜镜和五铢钱，判断其年代为西汉初中期。故认为“汉初匈奴诸左王将居东方，直上谷以东，接秽貊、朝鲜”，西丰一地无疑被包括在内。至宣帝本始二年（前73年）遣五将军领兵十余万骑出塞，匈奴远遁，自是“匈奴逐衰耗”，西岔沟墓地的下限及其被弃置，也约当此时。原简报所断年代偏早，故导致对其族属的误解。近有学者经过对西岔沟所出土的动物饰牌的研究，认为这处墓群的年代为西汉末年。[14]笔者认为这一认识是较为准确的。西岔沟出土有3种形式的剑，形体均较长，其中，柄首作柱形，穿连七八个铜环的钢柄铁剑，与老河深墓群所出完全相同。铜牌上的武士像，腰间也佩有这种剑，可见这是他们经常、普遍使用的武器之一。匈奴人的主要武器是刀铤和弓矢。据韦昭、颜师古等人解释，铤是一种铁柄小矛。《史记》、《汉书》等文献中，未记载匈奴人使用过长剑，在已发现的可以断定为匈奴的遗物中，也未发现过长剑，而西岔沟却出土大量的长剑和安装木柄的矛。武帝元狩四年“匈奴远遁，漠南无王庭”。元封六年（前105年）之后不久，“单于益西北，左方兵直云中，右方兵直酒泉、敦煌”。汉云中郡位于今呼和浩特一带地方，而原来的单于庭在云中郡之北。这时，由于匈奴各部大规模向西远迁，原来在今河北以北地区的匈奴左部，大致迁到了原来单于庭所在的地方。那么，内蒙东部原来属于匈奴左部的地方及辽东一带，势必被匈奴放弃了。如果匈奴强盛时确曾到过今辽宁之东北部、吉林西部、西北部地区，但到元封六年之后，也不会有匈奴的活动了。西汉末至东汉初，在这一地区的民族只有匈奴和鲜卑两个系统，排除了匈奴，那么这处遗存就应属鲜卑了。

四、结语

鲜卑先世起源于嫩江上、中游地区，后向南发展，频繁与中原王朝、匈奴等发生关系。至战国、秦汉时期，经燕、匈奴的数次打击，退至大兴安岭北段，形成了鲜卑族。西汉末年至东汉初年，鲜卑沿嫩江流域南下，到达东北平原中、北部。从地理位置上看，如以小兴安岭、张广才岭、老爷岭、吉林哈达岭为第一级地势，以第一级地势面向东北平原一侧的低缓山地或丘陵为第二级地势，那么，在西汉末年及此后的一二个世纪之内，鲜卑大致活动于第二级地势面向东北平原一侧的边缘地区。此后，大部分鲜卑沿长城塞外西迁，在西迁过程中融合了匈奴文化，形成了拓跋鲜卑，居于匈奴故地，定都盛乐，逐步统一了中国北方地区，另一小部分在与2、3世纪由阴山东迁辽西的宇文部等融合后，形成了后来的东部鲜卑，这两部分鲜卑最终都融合于中华民族的大家庭之中。

注释：

①②《史记·匈奴列传》卷110。

③恩格斯：《家庭、私有制和国家的起源》，《马恩选集》第4卷第87页。

④《马克思致阿·卢格》，《马恩全集》第27卷第436页。

⑤《内蒙古文物资料选辑》，内蒙古人民出版社，1964年版。

⑥《内蒙古陈巴尔虎旗完工古墓清理简报》，《考古》1965年第6期。

⑦宿白：《东北、内蒙古地区的鲜卑遗迹——鲜卑遗迹辑录之一》，《文物》1977年第5期。

⑧《三国志·魏志·鲜卑传》裴松之注。

⑨《魏书》卷1《序纪》。

⑩《通榆县兴隆山鲜卑墓清理简报》，《黑龙江文物从刊》1981年第3期。

⑪《河南堰师二里头遗址发掘简报》，《考古》1965年第5期。

⑫《吉林榆树县老河深鲜卑墓群部分墓葬挖掘简报》，《文物》1985年第2期。

⑬孙守道：《“匈奴西岔沟文化”古墓群的发现》，《文物》1960年8、9期合刊。

⑭乌恩：《我国北方古代动物纹饰》，《考古学报》1981年第1期。

（原载《北方文物》1988年第3期）

对鲜卑源流关系的文化考察

龙　华

考察鲜卑的早期历史，首先要弄清的问题是诸部鲜卑的源流关系。魏晋南北朝时期，在广袤无垠的北部中国，名号各异的鲜卑星罗棋布，诸部鲜卑或称王建号，雄杰一时，或附庸强主，仰人鼻息。时有兴替，代有消长，各自都在转瞬即逝的历史长河中升降浮沉，在北方历史舞台上扮演一个或大或小的角色。然而，这些角色各异的鲜卑间的源流关系究竟如何呢？为论述问题方便，先将史籍所见这一时期之各部鲜卑胪列于后：

东部鲜卑，主要活动于东北地区，由慕容氏、段氏、宇文氏等几个大的集团构成。

北部鲜卑即鲜卑拓跋部，其主要活动于北部中国，故治鲜卑史者以“北部鲜卑”相称，西部鲜卑，主要活动于中国西部的青海、甘肃一带。此部落繁多，名号杂驳，很难对该地区的鲜卑诸部做出比较精确的统计。只能将较明确的列出：乞伏鲜卑，诸史皆谓其为陇西鲜卑；河西鲜卑，因居河西而得名，是该地域内各鲜卑的总称，各部皆有名号：己弗鲜卑、折屈鲜卑、意云鲜卑、车盖鲜卑、北山鲜卑、鲜卑思盘部、鲜卑吐赖部、鲜卑鹿结部、鲜卑莫侯部及秃发鲜卑。河西鲜卑除秃发氏外，其余皆零星见于各史。此既说明河西鲜卑种落甚众，也反映出当时汉人对该地区还缺乏了解。柔然（即蠕蠕），亦为鲜卑之一支。据《魏书·蠕蠕传》，柔然首领阿那瑰曾告北魏肃宗曰：“臣先世原由，出于大魏。”肃宗首肯道：“朕已具之。”可见柔然于拓跋源同，皆为鲜卑。吐谷浑，诸史皆谓吐谷浑为辽东鲜卑慕容廆之庶长兄弟，后因二部马斗，吐谷浑遂西走甘肃、青海间，其后裔“遂以吐谷浑为国氏焉”。[①]以此观之，吐谷浑与慕容氏同出，为鲜卑无疑。

从上述的情况来看，所谓诸部鲜卑的关系可以归结为拓跋鲜卑系统与东部鲜卑系统的关系，明确了拓跋部与东部鲜卑源流关系，也就解决了诸部鲜卑的源流问题。关于拓跋鲜卑系统与东部鲜卑系统的源流关系，是治鲜卑史者孜孜以求而又未得到彻底解决的课题。为此，本文拟据两部一些文化现象，就这一问题作一尝试性的考释与论证。

首先讨论拓跋鲜卑与东部鲜卑的语言异同问题。

最早记载鲜卑事迹的是西晋陈寿的《三国志》与刘宋范晔的《后汉书》。《三国志·乌丸鲜卑东夷传》裴注引王沈《魏书》云：鲜卑“语言，习俗与乌丸同”。《后汉书·乌桓鲜卑列传》也称：“其语言、习俗与乌桓同。”从二书记载来看，鲜卑语言与乌桓（丸）同理当无惑。然而，这又涉及到一个关键问题，即二书所言之“鲜卑”究竟是指整个鲜卑，还是仅指鲜卑中的某一部分。如指前者，则鲜卑无论如何都皆操同种语言；如指后者，则又当别论。因而二书之“鲜卑”语义须得加以澄清。众所周知，《后汉书》成于南朝，范晔所在的晋宋之际，拓跋、慕容、段氏、秃发、乞伏、柔然、吐谷浑等部与江左汉人政权或兵戎相见，或使节往来，有着种种直接或间接的联系。应该说当时的江左政权对他们是较为了解的。作为朝中显宦和一代史家的范晔不可能不谙悉这些事实，不可能对当时的鲜卑各部的情况无所知晓。《后汉书》在叙及鲜卑早期历史时提到若干鲜卑部落，也记载了2世纪中叶出现的檀石槐军事联盟，这个联盟几乎包括了蒙古草原上的所有鲜卑，由此观之，范晔所言之“鲜卑”当指对所有鲜卑的一个泛称。若是，其所谓鲜卑“语言、习俗与乌桓同”则隐含着诸鲜卑语言、习俗相同的前提。再看王沈《魏书》“鲜卑”一词的涵义。王沈曹魏时曾为曹爽掾属，晋武受禅，以佐命之勋而致高位。从其祖父以来，多在鲜卑人生活地区为官，一门数代都通晓乌桓、鲜卑情况。王沈之子浚还“结好夷狄，以女妻鲜卑务勿尘”[②]，据此看来王沈对北方众鲜卑是颇为了解的；其所著《魏书》称檀石槐联盟分东、中、西三部，与范书所载不谋而合。尤为可贵的是王沈之书还列举了部分部落大人的名姓。慕容氏就是中部几位部落大人中的一个[③]，慕容氏集团是魏晋时期鲜卑中较大的一支，而在此前的檀石槐联盟中，仅为中部的一个部落，可见该联盟中鲜卑部落至众。因而，王沈所言之“鲜卑”亦不可能仅指某部，而是有着比较广泛的内涵。

稽考史籍，拓跋氏是操鲜卑语的。《隋书·经籍志》云：“后魏初定中原，军容号令，皆以夷语。”“后染华俗，多不能通，故录其本言以相教习，谓之‘国语’。”这类“录其本言”之书有十数种。《经籍志》又云：“魏氏迁洛未达华语，孝文帝命侯伏侯可悉陵，以夷语译《孝经》之旨，教于国人，谓之《国语孝经》。”据隋志所言，“夷语”、“国语”皆为鲜卑语，是拓跋氏操鲜卑语之明证。

然东部鲜卑与拓跋氏操同种语言否，则史无明载。加之鲜卑语湮没已久，难以考索，因而，今天要去考察这一问题，无疑是有一定难度的。然而，值得庆幸的是古代汉文史志中还零星地保留了部分汉字音译的鲜卑词语。笔者认为，或许能从中发掘出一些两部鲜卑语言相同的证据。于兹，试对其中几条词语作些分析考证。

阿干。“阿干”一词，检诸史书籍，东部慕容氏及由慕容氏分出去的西部吐谷浑氏都曾用过。据诸史载，慕容廆长兄吐谷浑与廆相争，远走西北，后慕容廆对其兄不胜思念，遂作《阿干之歌》以寄托思恋之情。“阿干”诸史释为“兄”[4]，按此，在东部鲜卑的语言中，“阿干”一词具有“兄长”之义。又《水经注·河水》引《释氏西域记》云：“牢兰海东伏流龙沙堆，在屯皇东南四百里阿步干鲜卑山。”清人赵一清所著《水经注刊误》，引全祖望语曰：“阿步干，鲜卑语也。”“阿干”者，“阿步干之省也”，按全氏之语，阿步干鲜卑山即阿干鲜卑山，而此山正在吐谷浑的活动区域内，显然为吐谷浑部所名之鲜卑山。吐谷浑出于慕容氏，自然其语之“阿干”当与慕容义同。在拓跋氏的语言中，亦可见到“阿干”一词，《魏书·常山王遵传》曰遵孙可悉陵曾“拜内外阿干”，此间“阿干”究系何义，据缪钺先生考订，其义为“长”、“长者”，并以为“以长者之义与兄极相近。似一义之引申”。[5]笔者以为缪钺先生的这一推论是正确的。由是而论，拓跋氏所操之鲜卑语中的“阿干”与东部慕容氏语言中之“阿干”系同一词义。

处。《宋书·吐谷浑传》谓吐谷浑负气西走，不久慕容廆感到后悔，急遣长史乙那楼追之，乙那楼苦劝吐谷浑回马，与廆重归于好，吐谷浑无奈，只得说：“诸君试拥马令东，马若还东，我当相随而去。”乙那楼拜曰：“处，可寒。”《宋书》谓“处，可寒”为“虏言”，译为汉语就是“尔，官家”，在此“处”为汉语“尔”之对译。缪钺先生又训“尔”为“答应唯诺之词”。《魏书·蠕蠕传》谓柔然吐贺真号“处可汗”，译“处”为“唯”字，缪钺先生以为：“蠕蠕语亦谓‘唯诺’曰‘处’。”[6]按此，慕容、吐谷浑、柔然三部所言“处”字语义完全相同。既然柔然与拓跋同源，其所操语言亦当为鲜卑语无疑。

可寒、可敦。“可寒”，又译“可汗”；“可敦”又译“可贺敦”、“格尊”、“合敦”。稽验于史，在诸部鲜卑的语言中也可寻觅到二词。鲜卑石室石刻祝文曰：“皇祖先可寒配、皇妣先可敦配。”⑦既称“皇祖”、“皇妣”，可知在拓跋语言即鲜卑语言中“可寒”、“可敦”作皇帝、皇后解。被北魏呼为“蠕蠕”的柔然，与拓跋同源，其语言当与拓跋同。公元402年，柔然首领社仑称“丘豆伐可汗”，据《魏书·蠕蠕传》解释，“丘豆伐”义为开张，“可汗”义为皇帝，显然“丘豆伐可汗”就是开国皇帝。《蠕蠕传》又云：“丑奴立后，忽亡一子，字祖惠，求慕不能得。有屋引副升牟妻是豆浑地万，年二十余，为医巫，假托神鬼，先为丑奴所信，出入去来。乃言此儿今在天上，我能呼得。丑奴母子欣悦，后岁在中秋，在大泽中施帐屋，斋洁七日，祈请天上。经一宿，祖惠忽在帐中。自云恒在天上。丑奴母子抱子悲喜，大会国人，号地万为圣女，纳为贺敦。”文中“可贺敦”与拓跋“可敦”同，亦义为皇帝之妻。拓跋、柔然二部语汇中皆有“可寒（可汗）”、“可敦（可贺敦）”，且语义完全相同，故更可断定“可寒”、“可敦”为鲜卑语，义为皇帝、皇后。东部鲜卑是否也以“可寒”、“可敦”称呼最高统治者及妻子呢？从文献上看，段氏以“单于呼王者”，慕容先称“单于”，后以“王”或“帝”相称。“单于”，据林干先生考证为匈奴语，是匈奴最高统治者之称号。毫无疑问，东部鲜卑称“单于”，是受匈奴影响。而慕容称“王”或“帝”，则是受汉文化影响的结果。就如拓跋氏后来也称“王”、“帝”一样。笔者认为，东部鲜卑在称“单于”、“帝”之先，仍是以“可寒”来呼最高统治者，以“可敦”来称呼其妻的。《魏书·吐谷浑传》云：“伏连筹死，子夸吕立，始自号可汗（在是之先，吐谷浑先后臣属于宋、齐、梁、北魏），居伏俟城，在青海西十五里，……号其妻为‘格尊’。”据此知与东部鲜卑同源的吐谷浑是以“可汗”、“格尊”称呼最高统治者及其妻子。而且这一称呼并非是吐谷浑西迁之后取之于其他民族，而是在西迁前就已有之的本族语汇。

综合上述对范晔《后汉书》，王沈《魏书》“鲜卑”一词之内涵所作分析和对“阿干”、“处”、“可寒”、“可敦”几条词汇的考释，可知拓跋鲜卑与东部鲜卑使用的是同一种语言——鲜卑语。

其次，我们要讨论拓跋鲜卑与东部鲜卑在习俗与心理意识上所体现的共性。

拓跋鲜卑与东部鲜卑在习俗与心理意识是否存在共性？这是解决其是否同源的一个关键性问题。《后汉书》、《三国志》裴注引王沈《魏书》皆谓鲜卑与乌桓语言、习俗相同。如前所述，二书之“鲜卑”概念是对北方鲜卑的泛称。因此，从逻辑推论上讲，鲜卑与乌桓的习俗是相同的，自然这个相同又隐含着诸鲜卑习俗相同的前提。为了更深入地说明问题，我们将颇能说明鲜卑习俗这一文化现象的一个问题进行实际的考察。这个问题就是曾经一度扑朔迷离的鲜卑山问题。《魏书·序纪》云：“昔黄帝有子二十五人，或内列诸华，或外分荒服，昌意少子，受封北土，国有大鲜卑山，因以为号。”从这段文字来看，拓跋鲜卑以为他们的起源之地是大鲜卑山。今实地调查及考古发掘业已证实，拓跋氏的起源地大鲜卑山在今大兴安岭北段的嘎仙洞鲜卑石室所在地。除正史《魏书》所载拓跋氏的大鲜卑山而外，还有不少关于其他鲜卑山的记载。《后汉书·乌丸鲜卑列传》曰：“鲜卑者，亦东胡之支也，别依鲜卑山，故因号焉。”二书所云鲜卑山究系何处，于史无证。为了弄清二书所载鲜卑之所在，古往今来，人们探幽访微，多方搜求，结果考察出的鲜卑山越来越多。崔鸿《十六国春秋》谓鲜卑山有二，一在城之东（今辽宁锦州市）；一在辽西（郡治阳乐，今河北搁宁与卢龙二县之间）。《隋图经》则认为：“鲜卑山在柳城县（今辽宁朝阳市东南）。”清代地理学家张穆所著《蒙古游牧记》则记载鲜卑山在今内蒙古东部科尔沁旗西哈古勒河附近。《水经注》所引《释氏西域记》又云在屯皇（敦煌）东南四百里有阿步干鲜卑山。

从上面的情况来看，众多的鲜卑山分布于今大兴安岭北段及辽宁、河北、内蒙古及西北地区。除位于大兴安岭北段的大鲜卑山与西北地区的阿布干鲜卑山归属拓跋部与吐谷浑外，其他鲜卑山从地域分布看，似与东部鲜卑有关。在北部中国鲜卑各部活动的广大地域内存在众多的鲜卑山的现象，似乎暗示着各部鲜卑之间存在着某种神秘的联系。对这一现象，比较流行的解释是各部鲜卑有着一个共同的习俗，就是在所到之处，往往以本民族之名来给山命名。即所谓的以族名山。毋庸置疑，是为诸部鲜卑习俗相同的典型例证。它也从一个侧面反映出拓跋鲜卑与其他鲜卑在文化上具有共性。然而，这种解释还仅仅停留于问题的表面，只是对现象本身的探讨，并未能真正说明问题的实质。为什么拓跋鲜卑与其他各部鲜卑都会有着以该名名山的共同习俗呢？这才是问题的关键所在。笔者认为，只是深掘潜藏于这一共同习俗表象背后的深层意识本源，才能寻觅到问题的底蕴，从而更深入地说明问题。要对这一问题展开讨论，首先必须探以“鲜卑”一词之本义。据马长寿先生考证，“鲜卑”之原意为“瑞兽”或“神兽”。《魏书·灵征志》称：献帝命诘汾率部南迁，“山谷阻绝，乃欲止焉。复有神兽，其形似马，其声类牛，先行导引，历年乃出”。马长寿先生以为，此神兽即为“鲜卑”。[⑧]鲜卑石室的发现者米文平则进一步认为“鲜卑”为“祥瑞的鹿类动物四不像”。[⑨]干志耿等人又确认“四不像”即为“驯鹿”，并认为《魏书》所言“其形似马、其声类牛、先行导引”的神兽是驯鹿的形态、功能加上神话的产物。[⑩]上述考证是有意义的，给人以豁然开朗的启迪。结论也是基本可信的。我们还可为此补充一点旁证。从考古发掘中寻觅到鲜卑人与鹿的联系，在已发掘的鲜卑文化遗存中，鹿纹饰物比比皆是，义县出土有鹿纹金饰牌，扎赉诺尔出土有三鹿纹铜饰牌，二兰虎沟出土有三鹿纹铜饰牌，吉布胡郎出土有青铜鹿纹饰牌，属“舍根文化”的陶壶中也有用滚轮压印出的双鹿图案。总之，考古学的成果也证明鹿与鲜卑之间存在密切的联系，这亦为释“鲜卑”为鹿提供了新的佐证。

鲜卑人与鹿结有不解之缘，目“鹿”为“神兽”，表明鹿在鲜卑人心目中有着神圣的地位。如果从民俗学的观点来审视这一现象，它显然就是原始人类的图腾观念。在原始人的信仰里，认为本氏族的人都源于某一特定的物种，大多数情况下被认为是某种动物的亲缘，用图腾观念来解释鲜卑人与鹿的关系，问题就变得清晰明白起来。“鲜卑”一词本义为“鹿”，原始的鲜卑人认为自己的氏族是起源于“鲜卑”（鹿）的，自然而然“鲜卑”（鹿）就成了鲜卑人的图腾，久而久之“鲜卑”就由鲜卑语中“鹿”的名称演变为族的称号。于是，鲜卑人所居之山也就被称为鲜卑山。鲜卑山问题，不仅反映出鲜卑人有着共同的习俗，而且，还折射出拓跋鲜卑与东部鲜卑有着共同的支配这一习俗的深层意识——图腾观念及神灵信仰。甚至可以说拓跋氏与其他鲜卑所保持的以族名山的习俗，正是其在散居四方后，于潜在意识上表现出的寻根与认同。总之，各部鲜卑有着共同的习俗及支配这一习俗的共同心理意识，说明他们在文化上及文化所体现出的深层心理意识上是存在共性的。

下面我们讨论已发掘出土的早期鲜卑文化遗存。从这些遗存所展示的文化特征上考察早期拓跋鲜卑与东部鲜卑的联系。

考古发现从公元前3世纪至魏晋南北朝，在我国北方和西方均有鲜卑文化遗存，主要有：内蒙古呼伦贝尔盟陈巴尔虎旗完工墓群；内蒙古呼伦贝尔盟新巴尔虎右旗扎赉诺尔墓群；内蒙古昭乌达盟巴林左旗南杨家营子居住遗址与墓葬；内蒙古乌兰察布盟察右后旗土木尔台车站西南二兰虎沟墓群；内蒙古乌兰察布盟达尔罕茂明安联合旗（百灵庙）东北方墓群；辽宁义县西北保安寺村石椒墓；辽宁北票房身村石板墓群；内蒙古哲里木盟的“舍根文化”；青海共和县铁卜卡古城；吐谷浑5世纪所建伏俟城遗址。

详悉考察拓跋鲜卑与东部鲜卑文化遗存，可以发现下列共同之点。

一、葬式。拓跋鲜卑与东部鲜卑墓葬的墓式为竖圹；尸体的头大多向北。[11]说明鲜卑在葬式上存在一致性。头朝北向意义不明，或许与其起源于北方有关。

二、三鹿纹饰牌。在族属为拓跋鲜卑的扎赉诺尔墓群、二兰虎沟墓群与族属为东部慕容鲜卑的义县石椒墓，皆出土有三鹿纹饰牌。义县出土的金饰牌，其与扎赉诺尔、二兰虎沟拓跋墓中出土的三鹿纹铜饰牌的图案完全相同。这件金饰牌还用连珠圈点纹作边饰。与二兰虎沟铜牌所用短促的条纹边饰相仿。[12]这三件纹饰相同的饰牌如一条纽带，将时间不同、地域各异的拓跋鲜卑与东部鲜卑联系起来。

三、制作工艺。考古研究认为“舍根文化”的陶器，主要包含两个系统，即夹砂手制陶与细泥轮制陶。从形制上看，罐的口径一般较大，口沿由圆唇变为舌状唇，又转为重沿或圆唇；肩部由不明显变为较明显的圆肩。[13]两相对照，拓跋鲜卑与东部鲜卑的陶器在制作工艺与风格上极为相似。

四、“竖向磨光暗条纹”。东部鲜卑“舍根文化”的陶器，颈部普遍施以竖向磨光暗条纹装饰，而内蒙古地区的拓跋文化遗存中出土的陶器也有这种“颈部施以竖向暗条纹”[14]的装饰特点。这种纹饰雷同亦为我们考虑二者的联系提供了参照。

上述两部鲜卑文化遗存上反映出来的四个共同之点，表明二者在物质文化上存在着深刻的联系。而这种联系是我们判断鲜卑同源的重要依据。无须讳言，拓跋鲜卑与东部鲜卑在物质文化上除去上述共同点外，也还呈现出各自的特点与相互间的反差。对这种现象应如何看待呢？笔者认为，共同之点是在拓跋与诸部分流之前的鲜卑族本身固有的传统文化的保留，而不同的特点与相互间的反差则是在其分流后，由于各自的历史经历与环境的不同而逐渐形成的。

综上所述，拓跋鲜卑与东部其他鲜卑在语言、习俗、物质文化、心理素质等方面表现出的共性，都表明他们有着共同的历史渊源，起源于一个共同的祖先，在汉魏以前就是一个统一的民族，只是在后来，由于种种原因，才分道扬镳，散居各地，形成了一个个独立的部落或集团。由于分流之后，各自的经历与际遇的不同，地理条件的不同及与之发生联系与融合的民族的不同，而造成了各部之间的差异和各不相同的特点。加之汉文史志对早期鲜卑的活动缺乏详尽的记载，没有明确地描述出各部之间的历史关系，致使其共同的历史渊源为各部的特点和各部间的差别所湮没与掩盖，同源的本来面目遂晦而不明。为后世窥清鲜卑源流关系的本来面目，增加了许多难度。然而，披沙拣金，去芜存真，从芜杂的历史事象中，是可以寻觅到说明诸部鲜卑同源的史实依据的。

注释：

①④《魏书·吐谷浑传》、《晋书·吐谷浑传》、《隋书·吐谷浑传》。

②《魏书·王沈传》。

③《三国志·乌丸鲜卑东夷传》裴注引王沈《魏书》云："从右北平以西至上谷为中部，十余邑，其大人曰轲最、阙居、慕容等，为大帅。"

⑤⑥缪钺：《北朝之鲜卑语》，载其所著《读史存稿》，三联书店1963年版。

⑦米文平：《鲜卑石室的发现与初步研究》，载《文物》1981年第2期。

⑧马长寿：《乌桓与鲜卑》，上海人民出版社1962年版。

⑨米文平：《鲜卑源流及族名初探》，载《社会科学战线》1982年前3期。

⑩⑪⑬干志耿、孙秀仁：《关于鲜卑早期历史及其考古遗存的几个问题》，载《民族研究》1982年第1期。

⑫宿白：《东北、内蒙古地区的鲜卑遗迹》，载《文物》1977年第5期。

⑭张柏忠：《哲里木盟发现的鲜卑遗存》，载《文物》1981年第2期。

（原载《贵州师范大学学报》1990年第6期）

鲜卑文化渊源考略

张碧波

随着考古学文化的发展，近几年关于鲜卑族史、鲜卑族文化史研究，已取得很大进展，但关于鲜卑族的文化的渊源问题，尚待深入，本文拟就此问题提出管见，以期有益于鲜卑史的研究。

族源神话

据《魏书·序纪》拓跋鲜卑族源神话有下列三个方面的记载：

昔黄帝有子二十五人，或内列诸华，或外分荒服，昌意少子，受封北土，国有大鲜卑山，因以为号。其后，世为君长，统幽都之北，广漠之野，畜牧迁徙，射猎为业，淳朴为俗，简易为化，不为文字，刻木纪契而已，世事远近，人相传授，如史官之纪录焉。黄帝以土德王，北俗谓土为托，谓后为跋，故以为氏，其裔始均，入仕尧世，逐女魃于弱水之北，民赖其勤，帝舜嘉之，一命为田祖。爰历三代，以及秦汉，獯鬻、猃狁、山戎、匈奴之属，累代残暴，作害中州，而始均之裔，不交南夏，是以载籍无闻焉。

献皇帝讳邻立。时有神人言于国曰："此土荒遐，未足以建都邑，宜复徙居。"帝时年衰老，乃以位授子。圣武皇帝讳诘汾。献帝命南移，山谷高深，九难八阻，于是欲止。有神兽，其形似马，其声类牛，先行导引，历年乃出。始居匈奴之故地。其迁徙策略，多出宣、献二帝，故人并号曰"推寅"，盖俗云"钻研"之义。

初，圣武帝尝率数万骑田于山泽，欻见辎軿自天而下。既至，见美妇人，侍卫甚盛。帝异而问之，对曰："我，天女也，受命相偶。"遂同寝宿。旦，请还，曰："明年周时，复会此处。"言终而别，去如风雨。及期，帝至先所田处，果复相见。天女以所生男授帝曰："此君之子也，善养视之。子孙相承，当世为帝王。"语讫而去。子即始祖也。

这三则记载，正是拓跋鲜卑族的三则族源神话。

第一则以历史与神话相结合的方式记述了鲜卑族为黄帝之后裔。

据查"黄帝二十五子，……黄帝居轩辕之丘，……生二子，……其二曰昌意，降居若水。昌意娶蜀山氏女，曰昌仆，生高阳，……是为帝颛顼也"。[①]

则《魏书》所记"昌意少子"，乃指颛顼高阳氏。

昔高辛氏游于海滨，留少子厌越以居北夷，邑于紫蒙之野，世居辽左，号曰东胡。其后雄昌，与匈奴争盛，控弦之士二十余万，风俗官号与匈奴略同，秦、西汉之际为西匈奴所败，分保鲜卑山，因复以山为号也。[②]

这是说除了颛顼高阳氏族团（按：颛顼不属于黄帝族系而出于神农炎帝族系，可参见骆宾基《金文新考》，山西人民出版社1987年）之外，还有帝喾高辛氏族团与东胡族系有密切关系（据《史记·五帝本纪》："高辛于颛顼为族子。"司马迁以高辛为黄帝之孙）。颛顼高阳氏族团与帝喾高辛氏族团（或者是他们的一支）曾活动在"紫蒙之野"——大凌河——老哈河——辽河流域。他们与当地土著民族融合，并在文化上发生影响。"慕容廆昌黎棘城鲜卑人也。其先有熊氏之苗裔（'黄帝，号曰有熊氏'），世居北夷，邑于紫蒙之野，号曰东胡。……秦汉之际为匈奴所败，分保鲜卑山，因此为号。"[③]东胡族是由黄帝、炎帝的分支（苗裔）与北夷土著融合而成，鲜卑族是从东胡族系中分化出来的。这第一则族源神话应指活动于"紫蒙之野"的与中原黄炎文化有密切关系的东胡——鲜卑族团，属于鲜卑族早期神话，到了拓跋鲜卑北魏政权之后，又被移植过来（或保留下来），并加进了拓跋鲜卑文化因素——即所谓"黄帝以土德王，北俗谓土为托，谓后为跋"等文字情节，我国古代典籍记有北方族与中原华夏文化的渊源关系，如“匈奴，其先夏后氏之苗裔”[④]“苻洪，……其先盖有扈氏之苗裔”[⑤]，“姚弋仲，……羌人也，……其先有虞氏之苗裔”[⑥]，“宇文泰……其先出自炎帝神农氏[⑦]，建武二十五年（49年）……抚纳鲜卑大都护偏何”。胡三省注：“偏氏，高辛后。”[⑧]对此，前人多目之为伪托。据查，中原华夏各古族团均有支系迁徙北方草原地区，并与北方古族发生密切关系。考古学家苏秉琦先生曾指出：“源于关中盆地的仰韶文化的一个支系，即以成熟形玫瑰花图案彩陶盆为主要特征的庙底沟类型，与源于辽西走廊遍及燕山以北西辽河和大凌河流域的红山文化的一个支系，即以龙形（包括鳞纹）图案彩陶和刻画纹陶的瓮罐为主要特征的红山后类型，这两个出自母体文化而比其他支系有更强生命力的优生支系，一南一北，各自向外延伸到更广、更远的扩散面。它们终于在河北省的西北部相遇，然后在辽西大凌河上游重合，产生了以龙纹与花结合的图案彩陶为主要特征的新的文化群体。”[⑨]“这就在中原的仰韶文化与北方红山文化之间，联成一条西南——东北向的通道，使典型的仰韶文化（庙底沟类型）的这种彩陶图案到达北方。”[⑩]考古学文化有力地证明了中原华夏文化与东北古文化的密切关系，中原华夏文化通过这条西南——东北的通道与北方古族融合，这些中原华夏文化因素，在北方古族中留下痕迹或远古的记忆，则是十分必然的事情。东北古族与西北古族正是通过这条通道促进了双方之间的民族交流，有利于双方的文化融合。

鲜卑考古学文化中有龙纹饰牌：扎赉诺尔墓地出土羊角龙纹残角饰牌一件[⑪]，二兰虎沟墓地出土绞龙纹饰牌一件。[⑫]龙是黄帝轩辕族团的图腾。

匈奴族有三龙祠，崇祭龙神。鲜卑族继承匈奴族的龙神崇拜传统。可知，鲜卑族源文化自有渊源可寻。

第二则“神兽”族源神话是一则萨满文化的神话，在鲜卑族南迁历程中出现的神兽——“其形似马，其声类牛”，这个非马非牛、又马又牛的“神兽”，把鲜卑族从“山谷高深，九难八阻”以及怀疑观望、欲行又止的困境中“先行导引，历年乃出”，使鲜卑族摆脱困境，得以发展壮大。所谓“先行导引”，即引路者。我们认为这个引路的“神兽”是萨满沟通天地的使者。据美籍华裔文化人类学家张光直教授论断：“中国古代巫师沟通天地时所用的工具与全世界萨满式文化使用的工具大致相同，……在萨满文化里，通天地的最主要的助手就是动物，……这种动物实际上是古代的宗教人物（巫师）通天地时的助手。……在先秦的考古资料中也可以看出先秦器物，无论是铜器、木器、漆器、玉器、骨角器等，都充满了各种动物纹样，这些动物纹样很显然是巫师通天地时的助手，是非常重要的工具。”[13]这个“先行导引”的神兽显然是“宣、献二帝”和圣武皇帝诘汾作为王者兼巫者（萨满）沟通天地的使者、助手，具有神格，是神兽。

> 乞伏国仁，陇西鲜卑人也。在昔有如沸斯、出连、叱卢三部，自漠北南出大阴山；遇一巨虫于路，状若神龟，大如陵阜，……俄而不见，乃有一小儿在焉。……四部服其雄武，推为统主，号之曰乞伏可汗托铎莫何。托铎者，言非神非人之称也。[14]

这是继《魏书》之后西部鲜卑族的又一族源神话。这个由“巨虫”——“神龟”变化的“小儿”，被族团视为“非神非人”又神又人的具有半神半人的特殊身份——实为大萨满的民族领袖。

内蒙达茂旗西河子乡出土一套五件动物形金器；金龙形项饰一件，金牛头鹿角形冠饰两件，金马头鹿角形冠饰两件。它们均为鲜卑族遗物。[15]

“这两对冠饰，配上金龙形项饰，是当时王者的遗物”，“神兽纹金饰牌，……总四个神兽，分作上下两层，每层各两个神兽，作相向奔走状。头部似鹿非鹿，似马非马，长吻，微张嘴露齿，无犬牙，……马身、马腿、虎爪、犬尾，……此饰牌的背部錾凿有‘猗㐌金’三字，是《魏书》所载猗㐌的所有物。”[16]

拓跋鲜卑的神兽形象，陇西鲜卑的神龟形象，龙神（包括龟龙）、鹿神、马神、牛神均为鲜卑族的宗教大神——巫者（王者）通天地的使者。

据考：在中华文化史上，“绝地天通”——断绝天地交通，把宇宙分成天、地、人、神不同层次和确定巫、觋在层次之间的沟通关系，则创始于颛顼高阳氏。[17]从半人半兽、半人半神、亦人亦神的野蛮世界，进入到人与兽、人与神分开——分成天、地、人、神的不同层次，社会进入文明层次，这是惊天动地的大变革。在这一变革过程中，颛顼高阳氏构筑了中华古代文化的基本框架，创造了萨满宗教文化。这种萨满文化普遍延续在阿尔泰语系诸族中，并成为古代东北亚诸族（诸如东胡族系、秽貊族系、肃慎族系）的最重要最基本的历史、宗教文化观念。这则鲜卑族源神话正集中地反映了萨满文化的特点。

第三则族源神话为人、神恋爱、“受命相偶”，生子即“始神”——

民族始祖诞生神话。这是典型的人、神恋爱与人王天授的神话传说。

人王天授观念是中华文化的传统观念。北方民族也接受了这种观念，创造了众多的始祖创生神话。东胡族系多受这种观念影响，鲜卑族帝王集团多用这种方式神化自己的出生（详后）。契丹族的灰牛白马的族源神话亦记为神人、天女相遇相配，生子“迭长其部”；蒙古族系布里雅特族是由从天降下的两个异性孩子成为这个民族的祖先的。[18]

鲜卑族的天女是这个民族的高祖、先妣。《墨子·明鬼篇》：“燕之有祖，当齐之社稷，宋之桑林，楚之云梦也。此男女之所属而观也。”这是说祖是燕的高祖，社稷为齐的高祖，桑林为宋的高祖，云梦乃高唐神女之所在，知云梦即楚之高祖。夏人的高祖为涂山氏，商人的高祖为简狄氏，周人的高祖为姜原氏。鲜卑人的高祖是天女，却未留下名字，或已佚名。嘎仙洞《鲜卑石室祝辞》记：“皇祖先可寒配，皇妣先可敦配”，但《魏书》只记皇祖世系，未记皇妣世系，高禖？——先妣天女佚名，正表明鲜卑族在此时期已由母系社会过渡到父系社会了，“说明后世的皇帝们回避自己的母系继承”，“这又说明拓跋鲜卑南迁开始时，由母系社会急速地向父系社会变化”。[19]这是从这则族源神话中所显示出的文化内涵。

创生神话

中国古代社会帝王集团多有神异的创生神话，北方民族也不例外。鲜卑族帝王群体的创生神话具有典型性。

> 桓帝时，鲜卑檀石槐者，其父投鹿侯，初从匈奴军三年，其妻在家生子。投鹿侯归，怪欲杀之，妻言尝昼行闻雷震，仰天视而雹入其口，因吞之，遂妊身，十月而产，此子必有奇异，且宜长视。投鹿侯不听，遂弃之。妻私语家令收养焉，名檀石槐。……遂推以为大人。[20]

闻雷震吞（冰）雹生子，这与吞燕卵而生商的卵生神话相类而又别具有一格。卵生神话——这里专指吞燕卵、“大气如鸡子”、吞朱果等类型，吞雹生子也应属这一类型（以之与人生卵型相区别），人吞卵生子或人生卵均属团蛋生人、团蛋创造宇宙的宇宙意识。

天地混沌如鸡子，盘古生其中……[21]

（禹）父鲧练妻修已，见流星贯昴，梦接意感，又吞神珠薏苡，胸坼而生禹。[22]

殷契，母曰简狄，有氏之女，……三人行浴，见玄鸟堕其卵，简狄取吞之，因孕生契。[23]

秦之先，帝颛顼之苗裔，孙曰女修。女修织，玄鸟陨卵，女修吞之，生子大业。[24]

北夷橐离国王侍婢有娠，王欲杀之。婢对曰："有气大如鸡子，从天而下我，故有娠。"后产子。[25]

初，天降三仙女浴于泊，……有神鹊衔一朱果置佛库伦衣上，色甚鲜妍，佛库伦……遂衔口中，甫著衣其果入腹中，既感而成孕。[26]

以上均属于吞卵（或为薏苡、或为燕卵、或为气团［鸡子］、或为朱果、或为冰雹）生子类型，而与人生蛋类型不同。人所吞的卵，作为男性化了的象征物、阳性生殖力的象征物而出现。这类男性化了的象征物在北方民族中还有多种表现形式：

（刘）豹妻呼延氏，……其夜梦旦所见鱼变为人，左手把一物，大如半鸡子，光景非常，授呼延氏，曰："此是日精，服之生贵子。"……自是十三月而生元海。[27]

初，（刘）聪之在孕也，张氏梦日入怀，…十五月而生聪焉，夜有白光之异。[28]

（石）勒生时赤光满室，白气自天属于中庭。[29]

初，（苻健）母姜氏梦大罴而孕之。[30]

母罗氏，梦双虹自门升天，一虹中断，既而生（李）荡。后罗氏因汲水，忽然如寐，又梦大蛇绕其身，遂有孕，十四月而生（李）雄。[31]

（吕）光生于枋头，夜有神光之异，故以光为名。[32]

母公孙氏梦日于脐中，昼寝而生德。[33]

太祖道武皇帝讳珪，……母曰献明贺皇后，初因迁徙，游于云泽，既而寝息，梦日出室内，寤而见光自牖属天，欻然有感，……生太祖于参合陂北，其夜复有光明。[34]

高祖……讳宏……生于平城紫宫，神光照于室内，天地氤氲，和气充塞。[35]

（拓跋）恪，……母曰高夫人，初，梦为日所逐，避于床下，日化为龙，绕己数匝，寤而惊悸，既而有娠。……生帝于平城宫。[36]

（拓跋）诩，…生于宣光殿之东北，有光照于庭中。[37]

其他还有“抱子升天”[38]、“神光照室”[39]、“赤光紫气之异”[40]、“赤光照室”[41]、“梦日入裙下”[42]等诞生异迹。这些日、虹、大气、赤光、紫气、神光、大熊等均具有阳性生殖力的功能，“风以及与风相联系的其他自然现象如雷、电、雨、云等都可以充当天父的阳性生殖力的象征物，或者作为这类生殖力的传播媒介、载体。……光及发光物体为阳性生殖力的象征，本具有世界性的普遍意义”。闻雷震而吞雹生子，也与此为同一性质或为同一模式。

夏人有“见流星贯昂，梦接意感”而生禹的神话，秦人也有“流星、陨石”神话[44]，出土于翁牛特旗解放营子乡石棚山墓地一件大口深腹陶罐上刻有六个原始刻划文字图形，是“远古时代一次流星或陨石雨的记录，……找到了‘天命玄鸟，降而生商’的原始记录”。考古学家陆思贤解释说：

天穹突然爆炸，打了一个大雷，光芒普照，隆隆之声回旋不绝，掉下了一块莫大的山石，由燕子（玄鸟）背负安置在这片田野上，这是天神（帝）命令燕子飞到地面上留下的神物。[45]

流星、陨石、雷雹，均被男性化了。

元康七年（297 年），霹雳破城南高祖石。高祖，宫中求子祠也。[46]

雷击高祖石，高祖为女性、阴性，雷为男性、阳性。

（高车人）喜致震霆，每震则叫呼射天而弃之移去。至来岁秋，马肥，复相率候于震所，埋羖羊，燃火，拔刀，女巫祝说，似如中国祓除，而群队驰马旋绕，百匝乃止。人持一束柳枝，回竖之，以乳酪灌焉。[47]

雷霆为阳刚之物，象征力量，象征生命，高车人欢迎它，喜爱它，为之“叫呼射天”，并在震所施行萨满祈祷仪式，竖植象征女性的柳枝，以求阴阳和谐，民族兴旺。

闻雷霆吞雹生子，雷霆具有宇宙的生命能量，雷雹富有生命的力量，这个创生神话正反映了鲜卑人的极富阳刚之气的民族文化精神与民族性格。

柳树崇拜

我国北方民族均有一种生命树、图腾树的崇拜文化习俗。史籍没有明文记载鲜卑族的柳树崇拜，而是在匈奴族的习俗文化中找到了这个问题的根据。

岁正月，诸长小会单于庭，祠。五月，大会龙城，祭其先、天地、鬼神。秋、马肥，大会蹛林，课校人畜计。

《史记集解》引《汉书音义》曰：“匈奴秋社八月中皆会祭处。”《史记正义》颜师古云：“蹛者，绕林木而祭也。鲜卑之俗，自古相传，秋祭无林木者，尚竖柳枝，众骑驰绕三周乃止，此其遗法也。”[48]

这是说匈奴人的“大会蹛林”乃是匈奴族秋季的社祭。社祭必有主（《说文》作宝），主是神的象征。“社”原形为示，甲骨文示为巨石，即社主为石。《说文》：“祏，宗庙主也。周礼有郊宗石室。一曰大夫以石为主，从示石，石亦声。”《说文》：“社，地主也，从示土。……《周礼》：‘二十五家为社，各树其所宜木。’”查《周礼·大司徒》：“设其社稷之壝而树之田主，各以其野之所宜木。”社主由巨石转由用木（树），以木主代替石主，对巨（灵）石崇拜转为对树木崇拜。对森林树木的崇拜是人类最古老的文化习俗。“在欧洲雅利安人的宗教史上，对树神的崇拜占有重要位置。”[49]中国有自己的森林（树神）崇拜的文化习俗，有自己民族生命之树的崇拜观念。夏商周三代有社祭礼制，“哀公问社于宰我。宰我对曰：

‘夏后氏以松，殷人以柏，周人以栗，曰使民战栗。’”对这段话，《墨子·明鬼》加以阐释：“昔者虞夏商周，三代之圣王，其始建国营都日，必择国之正坛，置以为宗庙，必择木之修茂者产以为菆社。”这是说夏商周三代均择树立社。《庄子·人间世》：“匠石之齐，至于曲辕，见栎社树。其大蔽数千牛，絜之百围，其高临山，十仞而后有枝，其可以为舟者旁十数。”这是以栎树为社。陈鼓应在《庄子今注今译》中引朱桂曜语“古时恒择木之大者为社而祀之”。可知“必择木之修茂者立以为社”的大树即目之为神树，它是生命力的象征，“置以为宗庙”，成为国家社稷的象征。到了汉代，《白虎通·社稷》作了更为明确的说明：“社稷所以有树，何也？尊而识之也，使民望即见敬之，又所以表功也。”社树，就是神树，就是国家的象征，生命的象征，并且“各以土地所生”——根据各自土地上生长繁茂的大树立以为社，尊敬它，崇拜它，它又是民族功德的标志。这是中国以及世界各古老民族共同具有的文化习俗。我国北方民族也不例外。

匈奴人的社祭就是：“大会蹛林”。据前人考证蹛林即蒙古人民共和国境内和林西部的塔米尔河之台鲁尔倭赫池，为匈奴以及蒙古族之圣地。[50]所以为民族圣地就因为它是“大会蹛林”——隆重的社祭之地。其（社祭）具体内容与仪式如何，不得而知。从唐人颜师古的解释“蹛者，绕林木而祭。即无林木者，尚竖柳枝，众骑驰绕三周乃止”；如果有林木当“择木之修茂者”立以为社，众骑驰绕以祭之了。这是匈奴族的也是鲜卑族的秋社以柳的古老习俗（按：汉和帝永元五年（93 年）“耿夔之破北匈奴也，鲜卑因此转徙据其地。拓跋氏自北荒南徙，盖此时也。匈奴余种留者尚有十余万落，皆自号鲜卑，鲜卑由此渐盛”）。[51]汉末，匈奴文化与鲜卑文化急剧融合，他们有相同的秋社崇柳的习俗文化，就找到了历史文化的根源。

鲜卑族建立北魏政权之后，经孝文帝的改革，迅速汉化，其民族旧有风习多已遗忘，到北魏宣武帝元恪时代，只经历一百多年，鲜卑统治者已不知社祭用树了。为此，当时名儒刘芳上书专论历代社祭用树的历史：疏中论证秋社祭用树的“七证”之后，最后说：“愚以为宜植以松。何以言之？《逸书》云‘太社惟松’，今者植松，不虑失礼。惟稷无成证，乃社之细，盖亦不离松也。世宗从之。”[52]这篇奏文是一篇古代社祭用树的简史，前者说“必择木之修茂者立以为社”，这里说“有木者土，主生万物，万物莫善于木，故树木也”，选择枝繁叶茂的大树立为神树（社），这里因为树破土而出——生长万物，树木在这里具有生命之树的意义了，其中积淀着浓厚的远古文化的遗响。刘芳建议北魏立社以松，一方面是对鲜卑族充满野性的不规范的秋社崇柳的旧有习俗的否定；一方面根据儒家传统礼俗立论，把北魏的社祭纳入儒家规范。

前引高车人的雷震处竖植柳枝，灌以乳酪，催其生长，成为这个民族的崇柳祭祀仪式。突厥人与树有着神秘的关系：“讷都六有十妻，所生子皆以母族为姓，阿史那是其小妻之子也。讷都六死，十母子内欲择立一人，乃相率于大树下，共为约曰，向树跳跃，能最高者，即推立之。阿史那子年幼而跳最高者，诸子遂奉以为主，号阿贤设。”[53]（按：突厥族形成历程中的共同体的核心种姓为阿史那氏，阿史那氏与铁勒——高车族系有密切关系；阿史那氏团受到高车人的崇柳文化习俗的影响，自在情理之中。阿贤 Aka、Akang，突厥语为兄长、大哥之意：设 Sad，为突厥之“别部领兵者”[54]，阿贤设为突厥族早期君长之名号。）在这个民族传说中，“大树”成为突厥人择主立君的最高裁判者。樊圃先生认为“突厥的‘向树跳跃’就是萨满教爬树仪式的另一种表现，大约是萨满教原始的宗教仪式”。[55]

高句丽始祖朱蒙的母亲名柳花[56]，柳树成为高句丽民族始祖之母，为生育之神。

辽金契丹人、女真人有“拜天射柳”的文化习俗。[57]拜天射柳是拜天祭柳的文化变异，拜天祭柳是天神崇拜与自然诸神崇拜的统一的祭礼仪式，而拜天射柳则只有拜天仪式，射柳的目的是祈雨——树神崇拜习俗通过体育竞技形式来达到弓箭是男性象征，柳枝是女性象征，以象征性的射柳表示天地交会，通过交感巫术原逻辑思维达到天降大雨、风调雨顺的宗教目的。契丹人、女真人已把古老的崇拜柳树的宗教习俗文化目的单一化、实用化了。

满族把柳树看作生命之神。满族始祖传说佛朵妈妈，又叫柳枝娘娘，“佛朵”的满语意为“祈福祭祀时竖的柳枝”，肃慎族系仍保存着崇拜柳树——生命之神、氏族之树的古老文化习俗。

在上古时期，杨柳是北方地区北方民族心目中的神树，《山海经·海外北经》：“平丘在三桑东，爰有遗玉、青鸟、视肉、杨柳、甘柤、甘华，百果所生，有两山夹上谷，二大丘居中，名曰平丘。”[58]这一条在“务隅之山，帝颛顼葬于阳”条之次，属于务隅山——马盂山——七老图山范围[59]，属于以杨柳为神树的颛顼高阳文化圈中。

“在北方民族中，以自然林木或竖立树枝作为祭场，供献牲畜，绕之而走，以祭天地神灵的风习，是普遍的，而且这是萨满教普遍的祭祀形式。”[60]鲜卑族的“绕林木而祭”、“竖柳枝、众骑驰绕”，是把柳树神化，柳树是生命之树、民族之树的自然崇拜观念的反映。

鲜卑族的族源神话、创生神话和柳树崇拜，集中地揭示出鲜卑族的文化渊源，鲜明地显示出这个民族的文化特色与文化个性，同时我们也从中看到了鲜卑族与中原华夏以及北方各族之间的文化联系与文化交流。这为我们深入一步地探求鲜卑文化及其文化内涵提供了基础，也为探求鲜卑文化在北方文化史与中华文化史上的地位提供了基础。

注释：

①《史记·五帝本纪》。

②《十六国春秋·前燕录》。

③《晋书·慕容载记》。

④㊽《史记·匈奴传》。

⑤《晋书·苻洪载记》。

⑥《晋书·姚弋仲载记》。

⑦《周书·文帝纪》。

⑧《资治通鉴》卷44，《汉纪》36。

⑨苏秉琦：《象征中华的辽宁重大文化史迹》，转引自《辽宁重大的文化史迹》，辽宁美术出版社，1990年。

⑩苏秉琦：《关于编写田野考古发掘报告问题》，《辽海文物学刊》1987年第1期。

⑪郑隆：《扎赉诺尔古墓群》，《内蒙古文物资料选辑》。

⑫《察右后旗二兰虎沟的古墓群》，《内蒙古文物资料选辑》。

⑬张光直：《考古学专题六讲》，文物出版社，1986年。

⑭《晋书·乞伏国仁载记》。

⑮陆思贤、陈棠栋：《达茂旗出土的古代北方民族金饰件》，《文物》1984年第1期。

⑯⑲陈棠栋、陆思贤：《鲜卑动物形装饰中反映的拓跋氏族源与祖源神话的创作》，《辽海文物学刊》1993年第2期。

⑰参见《国语·楚语下》楚昭王与观射父的对话。

⑱〔日〕蒲田大作：《释契丹古传说——萨满教研究之一》，引马克：《黑龙江旅行记》著录的一则族源神话“有两个异性的孩子，自天降至贝加尔湖中，在水中住了三年。后来，有一位也是自天而降的老妪把他们叫到湖岸，捞出来养育成人。这一对男女生了八个儿子，其子孙就是布里雅特的八个种族”。转引自《辽金契丹女真史译文集》，吉林文史出版社，1990年。

⑳《后汉书·鲜卑传》。

㉑徐整:《三五历记》。

㉒《史记·夏本纪正义》引《帝王世纪》。

㉓《史记·殷本纪》。

㉔《史记·秦本纪》。

㉕《论衡·吉验篇》。

㉖《清太祖武皇帝实录》。

㉗《晋书·刘元海载记》。

㉘《晋书·刘聪载记》。

㉙《晋书·石勒载记》。

㉚《晋书·苻建载记》。

㉛《晋书·李雄载记》。

㉜《晋书·吕光载记》。

㉝《晋书·慕容德载记》。

㉞《魏书·太祖纪》。

㉟《魏书·高祖纪》。

㊱《魏书·世宗纪》。

㊲《周书·肃宗纪》。

㊳《周书·文帝纪》。

㊴《周书·武帝纪》。

㊵《北齐书·神武帝纪》。

㊶《北齐书·文宣帝纪》。

㊷《北齐书·后主纪》。

㊸叶舒宪:《诗经的文化阐释》,湖北人民出版社,1994年,第589页、第595页。

㊹苏秉琦先生认为《史记·封禅书》所记秦文公"获若石"事即为流星、陨石神话,原文:"文公获若石云,于陈仓北阪城祠之。其神或岁不至,或数岁来,来也常以夜,光辉若流星,从东南来,集于祠城,则若雄鸡,其声殷云。野鸡夜雊,以一牢祠,命曰陈宝。"引自《苏秉琦考古学论述选集》,文物出版社,1984年,第6~7页。

㊺张碧波、董国尧主编:《中国古代北方民族文化史·专题文化卷》,黑龙江人民出版社,1995年,第50~53页。

㊻干宝:《搜神记》卷7。

㊼《魏书·高车传》。

㊾〔英〕弗雷泽著,徐育新译:《金枝》,中国民间文艺出版社,1987年,第166页。

㊿岑伴勉:《跋突厥文阙特勤碑》,转引自林干编:《突厥与回纥历史论文选集》上册,第557~560页,中华书局,1987年。

51《资治通鉴》卷48,《汉纪》40;《后汉书·鲜卑传》。

52《魏书·刘芳传》。

5354《周书·突厥传》。

⑤⑥⑥⓪樊圃：《六到八世纪突厥人的宗教信仰》，《文史》第19辑。

⑤⑥《三国遗事》卷1。

⑤⑦《辽史·礼志一》，《金史·礼志八》。

⑤⑧《山海经·海外北经》。

⑤⑨参见喻权中：《中国上古文化的新大陆——〈山海经·海外经〉考》，黑龙江人民出版社，1992年，第411~413页。

（原载《黑龙江社会科学》1998第3期）

鲜卑民族及其语言

［美］朱学渊

一、引言

一般认为，“鲜卑”之名，始出于东汉；至于关于“鲜卑”的更早的信息，多半是一些无法连贯的片断线索，非信史也。“鲜卑”一字的音值可能是 si-be 或 xi－be，故而它的异译有“师比”或“犀毗”等等。它的直系后裔，今天的“锡伯”族还自称“锡韦”，那是因为锡伯语中两个元音间的 b，与 w 或 v 相通，Sibe 也读成 Siwe。据此，隋唐年间的“室韦”，显然就是两汉魏晋时代的“鲜卑”。

各种史籍都说汉代的“鲜卑”与“乌桓”，都是“东胡”的后代。[1]后世的契丹语、蒙古语都是基于东胡——鲜卑——乌桓语发展出来的。由于中国北方诸族在长期的迁徙的过程中，不断地析离和融合，因此在各个时代和各个地区，这些“东胡语”的后裔语言的内涵，也不会都是完全一样的，在现代蒙古语中就融含了大量的突厥语和通古斯语成分。因此，将早期鲜卑语称为“蒙古原语”（proto－Mongolian），或许是较为贴切的。东胡—鲜卑人的后裔，拓跋鲜卑人、契丹人、蒙古人在过去的两千年中曾数度入据中原或统一中国，因此鲜卑——契丹——蒙古族人的活动，是中国历史不可或缺的部分，他们的血缘也是现代汉语民族的重要的组成部分之一。

西方历史也有关于一支来自东方的 Sabir 人的记载。在成吉思汗的蒙古骑兵横扫欧亚大陆的六七百年前，这支 Sabir 人就生活在里海西岸的北高加索地区，他们是 5 世纪时入侵欧洲的 Huns 人的后方倚托，因此也被人们称作“高加索 Huns 人”。由希腊文转写成的 Sabir，也作 Savir 或 Sawir，因为希腊字母β既可作b，也可作v或w。事实上，Sabir在阿拉伯文献中就被记为Suwar，在亚美尼亚文献中被记为Savirk。[2]这些语音转换，与汉文记载中的“鲜卑——室韦”或“锡伯——锡韦”的转换，也都是一致的。

公元558年，阿瓦尔人（Avars）和西突厥人相继追杀来到南俄草原，Sabir人和它的孪生部落Bulgar人不堪其扰，纷纷从草原地带退避到僻静的北方森林地区去了。据10世纪时的阿拉伯地理著作记载，在伏尔加河流域的Bulgar汗国里，Suwar城和Bulgar城是它的两个最大的冬季“聚居点”。Bulgar一字，很可能就是中国北方族名“仆骨”。

俄罗斯欧洲部分的现代“楚瓦什人”，被公认是Huns人和Bulgar汗国古代居民的后裔。楚瓦什族的学者则认为，他们的族名Chuwa是从Savir、Suvar、Suwar等字变来的[3]，当然也应该就是“室韦”或“鲜卑”的变音；西方很早就有历史地名学家认为，“西伯利亚”（Siberia）的字根就是Sabir；[4]而它在楚瓦什语中为Saipair。因此，西伯利亚的确就是人们眼中的“鲜卑地方”。

“鲜卑——蒙古”系民族，曾经强烈地冲击东西方文明，多次写下了世界人类历史上的令人震颤的篇章。“东胡——鲜卑”系语言不仅是“现代蒙古语”的祖语，也是遍布欧亚大陆的“现代突厥语”的重要组分。然而长期以来，由于史料与方法上的局限和“阿尔泰语系”理论的偏执与误导，兼之于对“高车”、“回纥”、“仆骨”、“拔野古”等部落的早期族属和语属的长期误判，因此关于北方诸族的血缘和语言的研究，一直面临着很多的困难。故而，如能发掘东西方史料中关于“鲜卑语言”的深层信息，重新辨析东胡—鲜卑民族的裔流，无疑将会是对于人类语言和历史的一个重要认识，而中国史学则应承担其不可推卸的重任。

二、鲜卑族的早期历史

关于鲜卑人的先祖，可以追溯到先秦时代，《国语·晋语篇》有说：

昔成王盟诸侯于岐阳，楚为荆蛮，置茅蕝，设望表，与鲜卑（亦作“牟”—笔者注）守燎，故不为盟。

这段楚人“置茅蕝，设望表，与鲜卑守燎”的记载，后世的学者常以“礼”或“仪”来予以解释[①]；其实，这不过是双方以放烽火互通信息，来抗拒周人统一中原的武力活动。根据这一记载，猜测古鲜卑人是出自中原，并曾与长江流域的楚人结盟，也未必是一个很离谱的想法。因为从地缘上来说，鲜卑人的祖先既不可能源自北极或者美洲，也不像是出自欧洲，南方的中原地区应该是他们唯一的来路。现代人类学告诉我们，东部非洲人类的基因最为复杂，现代人类的祖先可能都是出自那里的；而中国北方人的血缘又远较南方人单纯，北方人则应是出自南方的。鲜卑人可能就是在汉语民族势力扩张的过程中，撤出中原地区，播迁到北方去的。

鲜卑族所建立的北魏王朝（386～534 年），是北方少数民族统一中原地区的第一个政权，《魏书·序纪》说北魏王族“拓跋鲜卑”的早期历史是：

> 国有大鲜卑山，因以为号。其后，世为君长，统幽都之北，广漠之野，畜牧迁徙，射猎为业，淳朴为俗，简易为化，不为文字，刻木记契而已，世事远近，人相传授，……北俗谓土为拓，谓后为跋，故以为氏。

《魏书·礼志》有关于北魏真君四年（443 年），中书郎李敞去“石庙”刻文祭祖事迹，该文说：

> 魏先之居幽都也，凿石为祖宗之庙于乌洛侯国西北。自后南迁，其地隔远。真君中，乌洛侯国遣使朝献，云石庙如故，民常祈请，有神验焉。其岁，遣中书侍郎李敞诣石室，告祭天地，以皇祖先妣配。祝曰天子焘谨遣敞等……石室南距代京四千余里。

1980 年，中国学者米文平在大兴安岭北段“嘎仙洞”的石壁上，发现了这篇石刻祝文。从此，“嘎仙洞”就是“鲜卑石室”，“大兴安岭”就是“大鲜卑山”已是确证无疑了。

据《魏书·序纪》记载，拓跋鲜卑传说中重要的先世酋长，有“毛”、“推寅”、“诘汾”和“力微”等人。毛“统国三十六，大姓九十九”。推寅率领部众“南迁大泽，方千余里，厥土昏冥沮洳”。诘汾的父亲“献帝命南移，山谷高深，九难八阻，于是欲止。有神兽，其形似马，其声类牛，先行导引，历年乃出。始居匈奴之地”。在这些口口相授的传说中，时序可能会发生一些颠倒，然而它们的确是鲜卑人的一段重要的历史。

“推寅”，是史籍中对古鲜卑语词不多的记载中的一例，《魏书·序纪》说：推寅，盖俗云钻研之意。

现代蒙古语中似乎已不用此字。但是“达延”或Tayang一字，却是不少后世蒙古酋汗的尊号和氏族的名称。现代学者多将它译作“太阳”，以为源自汉语。其实不然，它是鲜卑语里“聪明人”的雅称。

“大泽”，乃是今日的“呼伦湖”，湖边的湿地“厥土昏冥沮洳”。

“神兽”，就是在大兴安岭西侧多见的健硕而耐寒的鹿。

这段传说的诠释或许应该是古鲜卑人在“聪明人”的带领下，西出大兴安岭以后，使“鹿”作运载工具，南下水草丰盛的呼伦——贝尔草原，然后进据当时的“匈奴之地”，即今日的蒙古高原。

在波斯著作《史集》中有类似的关于蒙古民族先人的记载：[5]

当这个民族在这些山里和森林里生息繁衍，地域显得日益狭窄不够时，他们就互相商量，有什么好办法和不难的办法，可使他们走出这个严寒的峡谷和狭窄的山道。于是，他们找到了一处从前经常在那里熔铁的铁矿产地。他们全体聚集在一起，在森林中整堆整堆地准备了许多的木柴和煤，宰杀了七十头牛马，从它们身上剥下了整张的皮，做成了风箱。在那山坡下堆起了木柴和煤，安置就绪，使这七十个风箱一齐煽起，直到［山］壁熔化。从那里获得了无数的铁，通道也被开辟出来了。他们全体一起迁徙，从那山隘里走出到原野上。

较之于中国记载来说，波斯记载更具有一些故事性和夸张性。但是我们可以看出它与《魏书》中的传说是如出一辙的。

很难设想，那个令中原王朝终日惶惶的北匈奴汗庭，竟不堪这些刚刚出山的鲜卑人的一击，而西迁中亚。这次逃亡事件，算起来应该是发生在1世纪中后期。[②]此后，鲜卑人便取代了匈奴族在蒙古高原上的统治地位，曾经不可一世的“匈奴”之名，便开始逐步消失了。

在成吉思汗出世以前，“匈奴”、“鲜卑”、“柔然”、“高车”、“突厥”、“回纥”、“鞑靼”等强势部落，在蒙古高原轮流坐庄。而北方诸族民众的血缘和语言，也在这片苦旱的“匈奴地”上不断地融合。严格实行

“外族婚”的一些匈奴部落的男性成员，可能总是在外来的鲜卑部落中择妻，而鲜卑族的某些部落则一定在本地的匈奴族中选择女性配偶。像史载所说的“胡父鲜卑母”的“铁弗匈奴”③，和马长寿教授所论断的“鲜卑父胡母”的“拓跋鲜卑”[6]，可能都是这样形成的混血氏族。

滞留在蒙古高原上的鲜卑族，长期浸淫在匈奴民族之中。一种以匈奴语为基本，掺杂了鲜卑语成分的混合语言，即后世的“突厥语”，就在那里逐渐地形成了。2至6世纪，南迁到阴山——河套地区的拓跋鲜卑部落，由于他们较早就脱离了蒙古地区，因此在他们使用的语言中，或许还保留了较多的“蒙古原语”的特征。然而，无论是作为“突厥原语”的匈奴语，还是作为“蒙古原语”的鲜卑语，也都是基于更早的民族——语言融合的一个历史断层。追溯一种纯之又纯的语言，和追溯一种纯之又纯的民族，一样都是不可能实现的。

三、鲜卑民族的族名特征

历代中国北方诸族族名，许多是以gu音字结尾的，如“蒙古”、“汪古”、“仆骨”、“拔野古”、“纥骨”、“乌古”、“护骨”、“纥升骨”、“多滥葛”、“兀的哥”、“术不姑”等，西北地区还有一个现代“裕固”民族。愕化了的gu音又作ghu或ghur，即“纥”、“兀”、“侯”、“羽”等，相应的族名则有“蒙兀”、“回纥”、“乌洛侯”、“契苾羽”等，东北地区还有个现代“达斡尔”族。这些以“古”和“纥”或其谐音作其部名尾音的部落，可能多与东胡——鲜卑系民族有某种渊缘。

西方历史关于南俄地区Huns人余族的记载[7]，除Sabir外，还有Bulgar、Kurtrighur、Oghur、Saraghur、Utrighur、Urog等。这些部名也多以g、gar、ghar、ghur等结尾，它们的对音想必就是汉文的“仆骨”、“高车骨”、“纥骨”、“撒拉纥”、“兀的哥”、“乌洛侯”等，其中不少一定是鲜卑系的部落。

“纥骨”氏出自鲜卑，是上述论断的一个最直接的例证。据《魏书·百官志》记载，它是“与帝室为十姓，百世不通婚”的“内族”第一姓。因此“纥骨”氏之初，必是一个与“拓跋”氏近缘的鲜卑氏族。学界普遍认为，中西文族名“护骨”、“乌古”、“回纥”、Oghur、Uighur等，皆与“纥骨”互为谐音或异字。后世的“回纥民族”，竟会从一个“鲜卑部落”，演变成为世界历史上最重要的“突厥民族”，那是因为它在蒙古地区，与“匈奴余种”长期同化融合的结果。

达斡尔族的语言、族名和姓氏内涵，也可以证明这一现象。达斡尔族的语言属于蒙古族，其先可能是契丹部落“大贺”氏，或室韦部落“达姤”氏。“贺”、“姤”、“斡尔”都是gur或ghur的谐音。达斡尔族姓氏“敖拉”或“倭勒”，显然就是鲜卑族中的“斛律”或“乌洛侯”氏，它们与huns人中的urog氏，或现代匈牙利人中的Olah氏，必同出一源。这个具有各种鲜明的鲜卑特征的现代蒙语系民族，其祖先源自于东胡——鲜卑系是理所当然的。

“仆骨”，可能就是隋唐年间的室韦“婆莴部”。[8]“莴”同“骨”即“氏族”。《北史》将其简记为“钵室韦”[9]，兴许就是因为明白了这个“骨”字的词义，而将其略去了。西文记载中的Bulgar，应该就是“仆骨”，它可被拆解成Bul和gar两部分，“仆”与Bul对应，“骨”与gar对应。在现代文献中Bulgar通常被译作“保加尔”；然而《秘史》中却译作“不里·阿耳”或“孛剌儿”。那是因为元蒙年间，蒙古人将Bul读成了Buli或Bula，又将gar软化成了ar的缘故。今世有人将“孛剌儿”当作是“波兰”，真是大错而特错了。

“布里雅惕”，是贝加尔湖以东地区的一个现代蒙古部落，其名Buryat也可被拆解成Bury和at两部分，“布里”或“不里”即Bury或Buli，“雅惕”则是蒙语中的复数后缀at，通常也是部落名的尾音。因此从族名或地望上来看，“布里雅惕”的先祖就是“仆骨”，而“楚瓦什”则一定与它同宗。许多学者认为“仆骨”是个突厥部落，但基于“布里雅惕语”是典型的蒙古语，“楚瓦什语”又与突厥语大相径庭的诸多相悖事实，我们不难判定它们祖先“仆骨”部所使用的语言，是蒙古语的祖语——鲜卑语。

“拔野古”，是唐代蒙古东部地区的一个著名部落，宋、辽、金、元各代却又遗失了其踪迹。然而，根据“古”和“吾”两音相通的实质，则不难识得后世散居于欧亚草原各地的“伯岳吾”、“伯牙吾台”、“巴牙兀惕”诸氏，皆为“拔野古”的裔族。中西史学名家高手，为研究元朝名臣土土哈氏④的身世，都曾考察过其所出之“钦察伯岳吾部”的祖源，韩儒林先生曾将结论归纳如下：[10~12]

此支钦察部人源出热河中部，本蒙古种，追移居西北，雄长其地之后，始改名钦察，人民亦逐渐突厥化，屠寄于此早有详细考证，伯希和氏亦有所论列。

这个“伯岳吾”或“拔野古”是“本蒙古种”的结论，无疑是我们关于“古”和“骨”为鲜卑族名特征论断的又一力证。

当然，这一特征的归纳也有例外。辽代族名“术不姑”就是其一，该部的先世可能是匈奴贵姓“须卜”。《罗斯编年史》中也有关于这个部落名的记载：[13]

1183年~1184年，博戈留伯斯基之弟，Suzdal城的符西窝洛德（Vsevolod），向伏尔加—保加尔人发动了一次重要的进攻。Sobekul、Chal mat（a）和Tetuz等城的保加尔人都严阵以待。

其中的Sobekul，显然就是混迹于Bulgar人中的“术不姑”部。尽管这个部名也后缀有一个鲜卑式族名的“姑”字，但我们确知它是祖源于匈奴民族的。另一例外是Utrighur，它的汉译应该是“兀的改”或“兀的哥”，这明显是一个与“兀者”或“斡拙”相关的通古斯部落名。像“术不姑”或“兀的哥”这样一些有着非鲜卑祖源，却又有鲜卑部落名称特征的原因，可能是因为它们长期与鲜卑——室韦系部落融合的结果。

《魏书·百官志》记载的姓氏“拨略”、“步六孤”、“破六韩”，与《辽史》中的“勃鲁恩”⑤，或匈牙利的Boros氏，可能都是同出。其中“孤”、“韩”、“恩”、“s”等，皆为可省略或可替换之添缀，而“拨略”或Boro才是其本音。再如《旧唐书》所记载，“回纥”本部是由九个氏族组成，其中三个就是：“药罗葛”、“胡咄葛”、“药勿葛”。这里的“葛”和上面的“孤”，显然即是“氏族”一字。裕固语中，“部落”叫作“鄂托克”（同蒙语之otog），而“氏族”就叫作“骨”（gu）。[14]它很可能就是一个沉淀于裕固语中的古鲜卑字。

在唐山、昌黎、蓟县、宝坻等地，及京、津郊区，多有地名如“张各庄”、“李各庄”者，其意“张家庄”、“李家庄”也。著名的有唐山“胥各庄”，蓟县“尤古庄”[15]，宝坻“耶律各庄”[16]等。历史上，这一地区恰是魏晋年间“徒河鲜卑”、“慕容鲜卑”、“宇文鲜卑”，和辽金年间的“契丹”民族的聚居地。显然，“尤古”即“乌古”，它和“耶律”都是鲜卑、契丹姓氏之遗存，而作为“家族”一意的“各”、“古”等字，也必是传自东胡——鲜卑——契丹语言的。

四、鲜卑族的语言

入主中原的“拓跋鲜卑”所使用语言的究属，是一个极为重要的历史语言学课题。尽管关于它的语言记载很少，但它与后世的蒙古语较为相近，却已被中西学者注意到了。《南齐书·魏虏传》中记录了一些北魏官吏和公务人员的职称：

国中呼内左右为“直真”，外左右为“乌矮真”，曹局文书吏为“比德真”，檐衣人为“朴大真”，带杖人为“胡洛直”，通事人为“乞万真”，守门人为“可薄真”，伪台乘驿贱人为“拂竹真”，诸州乘驿人为“咸真”，杀人者为“契害真”，为主出受辞人为“折溃真”，贵人作食人为“附真”，三公贵人，通谓之“羊真”。

其中“比德真”、“乞万真”和“羊真”，都可以在现代蒙古语中找到切近的对应：bichgiin（秘书）、khelmerch（译员）和 jiazguurtan（贵族）。这些都是“拓跋鲜卑”使用“蒙古原语”的证明。

然而，“拓跋鲜卑”语含有突厥原语的成分也不容否认。《魏书·序纪》在解释“拓跋”氏名之由来时说：

北俗谓土为拓，谓后为跋，故以为氏。

我们注意到，在现代蒙古语中“泥土”一字是 shaʋar，在现代土族语中为 chaʋar[17]（“土族”是鲜卑“土谷浑”部的后裔），在契丹语中为“耨斡”⑥；在通古斯语中为 na；而在各种突厥语则才是 toprak。根据这些比较，我们不难确认《魏书》是用匈奴语中的“泥土”一字，来解释“拓跋”这个姓氏的。可以推见，拓跋语言是一种掺杂了不少匈奴语成分的鲜卑语。

在语言资料不足的情况下，通过对姓名的比较研究，也能提供许多确定鲜卑人裔流的依据。从早期鲜卑强人“檀石槐”和“轲比能”的名字，或许就可以看出鲜卑人与蒙古族间的血缘联系。

“檀石槐”是2世纪中叶，鲜卑族的一个杰出领袖。幼时他便勇健而有智略。及长，他有“施法禁，平曲直，无敢犯者”的领袖才干，而被拥为大人，并在弹汗山附近（今山西省阳高县北）建立了牙帐，东部和西部鲜卑的大人都逐渐地归附于他。东汉桓帝时（147～167年在位），他建立了一个草原部落军事大联盟。据《后汉书》记载[1]它：

南抄缘边，北拒丁零，东却夫余，西击乌孙，尽据匈奴故地。东西万四千余里，南北七千余里，网罗山川水泽盐池。

从满洲到中亚，“檀石槐”统辖下的鲜卑族，已经取代了匈奴人的统治地位。

从语音上来看，“檀石槐”很可能就是“成吉思汗”一字的异译。

在亚洲人的语言中，辅音t、d与ch间的转换，是一个颇常见的现象。如“天”一字，汉语作tian，匈奴语作“撑犁”，蒙古语作“腾格里”，朝鲜语作chon，它们都反映了这一变换。又如汉语中，“单”字有两音dan或chan，“陈”字在闽粤地区却又被读成tan或dan。故“檀”字也可读作“成”。

在北方诸族的语言中，ai-an-al间，也经常互换。如“金”字可作“爱新”（aisin），也作“按春”（anchun），又作“阿尔泰”（altan）。因此“槐”（huai）字，当然也可转读huan，其音近“汗”（khan）。看来，“檀石槐”（Chans-huan）可能就是“成吉思汗”（Chin-gi-z Khan）的一个转音。事实上，“檀石槐”是《后汉书》记载的一个鲜卑名号，而“可汗”或“可寒”这样一些较为准确的译音，是后来在北魏年间才被启用的。

汉灵帝光和年间（178~183年），檀石槐逝去。他的草原部落军事联盟迅速瓦解，西部鲜卑相率叛去。漠南的鲜卑族自云中郡（今内蒙古托克托和山西大同之间地区）以东，分裂成三个部分。[18]檀石槐的后裔“步度根”系，据有云中、雁门及代郡部分地区；“轲比能”系据有高柳以东的代郡、上谷一带；居于辽西、右北平、渔阳的“弥加”、“素利”、“阙机”等大人所率之部，可能是一些通古斯部落。“弥加”大概就是“靺鞨”，“素利”可能就是后来的渤海王姓“舍利”。⑦

上述诸集团的领袖中，又以“轲比能”最为干练。他经过几十年的努力，终于在被曹魏当局设计谋杀之前，统一了中部和东部鲜卑各部。《三国志·魏志·乌桓鲜卑列传》记载：

后鲜卑大人轲比能复制御群狄，尽收匈奴故地。自云中、五原以东抵辽水，皆为鲜卑庭。数犯塞寇边，幽、并苦之。

轲比能是继檀石槐之后，又一个鲜卑族的杰出领袖。

确认“轲比能”即“忽必来”，则不是一件难事。循k-h；l-n；ai-an

之间的经常的互换现象，“忽必来”（Hu－bi－lai）—这个名字，可以顺理成章地转化成“轲比能”（Ku－bi－nan）。看来，蒙古民族的领袖“成吉思汗”和“忽必来”的名号，早在一千多年前，就被两个鲜卑强人使用过了。

在轲比能时代的鲜卑、乌桓及周边部落的酋长名字，有不少被历史记载了下来，如：和连、魁头、骞曼、扶罗韩、步度根、泄归泥、无臣氏、成律归……等等[18]、[6]对于其中“成律归”和“泄归泥”两个名字，我们则有颇充分的根据，将它们的语义和渊源作一番较细致的探讨。

从东汉、魏晋及至隋唐各代，在关于北方诸族的记载中，与“成律归”相关的名字，几乎无处不在。如《后汉书·乌桓传》的记载中，有“丘力居”者：

灵帝初，乌桓大人上谷有难楼者，众九千余落，辽西有丘力居者，众五千余落，皆自称王；又辽东苏仆延……右北平乌延……并勇健而多计策。

在《晋书·慕容廆载记》有说：

慕容廆字弈洛瑰（亦作：若洛瑰。⑧——笔者注），昌黎棘城鲜卑人也，……曾祖莫护跋，……祖延，……父涉归，以全柳城之功，进拜鲜卑单于，迁邑于辽东北，于是渐慕诸夏之风矣。

《魏书·蠕蠕传》则记有“车鹿会”者和“乞列归”者：

木骨闾死，子车鹿会雄健，始有部众，自号柔然……

乞列归与北镇诸军相守，[拓跋] 嵇敬、[拓跋] 崇等破乞列归于阴山之北，获之。

4世纪初时的“段部鲜卑”，有酋长“就六眷”者，及其伯祖名“旧陆眷”者[19]。又据《新唐书·安禄山传》记载，8世纪时安禄山曾：

养同罗、降奚、契丹曳落河八千人为假子……

不难看出，“丘力居”、“弈（若）洛瑰”、“车鹿会”、“就六眷”、“旧陆眷”、“曳落河”与“成律归”等，就是现代蒙古语中的cheregh，即“健壮”一字，不过在东胡——鲜卑语中，它似乎还兼有“勇士”和“英雄”的意思。

“英雄”本应是尚武的游牧民族语言中的一个重要词汇，然而《秘史》中的“英雄”——“把阿秃儿”或“拔都”，在《魏书》和《北史》中却是找不到的。我以为通古斯、蒙古、突厥诸族现代所通用的“英雄”——baator一字，是7、8世纪靺鞨人大规模西迁时，才传入蒙古地区的一个通古斯语词。现代蒙古语仅保留了cheregh的“健壮”意思，而其兼有的“英雄”一义，却被baator所取代了。

另一个令人感到兴趣的鲜卑名字是“泄归泥”。此人是檀石槐的曾孙。《三国志·魏志·鲜卑传》载：

> 至青龙元年［柯］比能诱步度根深结和亲，于是步度根将泄归泥及部众悉保［柯］比能。

再如慕容廆之父名“涉归”[20]，土谷浑人名“拾归”[19]，乞伏部酋长“乾归”[20]等，可能都是“泄归泥”的变音或缩音。

鲜卑语字“泄归泥”的词义是“穷人”。其依据颇多，《金国语解》中有词条“什古乃，瘠人”；匈牙利语中该字是szeguny；回纥语的n－方言、y－方言和代表方言中，它分别又是chighan、chighay（“乾归”）和chighany；而哈萨克语中则是shighay（“涉归”）。当然，我们也面临了一个问题：鲜卑、女真、匈牙利、回纥这四种语言，究竟谁是此字之源？

答案不难通过分析而求得。其一，金代女真语中有此字，而后世的满语中又无此字，看来它应非是个通古斯语族的泛用语词。其二，回纥方言虽有此字，土耳其语中的“穷人”一义却又无此字，看来它也不像是源于匈奴语的突厥语通用词汇。其三，匈牙利语中含有大量的，有如szeguny这样的东方词汇，正是其祖先来自远东的一个证据，而不是相反。唯一比较合理的答案应是“什古乃”或“泄归泥”本是一个鲜卑语词。

金代女真人和他们的先世——嫩江流域的靺鞨人所使用的语言，可能就是一种通古斯——室韦（鲜卑）混合语言。[21]当这些通古斯部落在融入鲜卑——室韦人的血缘时，也同时吸纳了大量的鲜卑——室韦语的成分。

这个以女真语被记载下来的鲜卑字“什古乃”，未能保留在后世的蒙古语中，却奇迹般地被靺鞨——Magyar人带去欧洲，成了一个匈牙利语言中的词汇。

在古代回纥语和现代哈萨克语中，有“泄归泥”之类的鲜卑语词汇，绝非怪事。其实在各种突厥语言中，均含有不同数量和内容的鲜卑语词汇。例如大部分突厥语中的“花”字都作gul；而土耳其语中却偏偏是个chichig（同蒙古语之“其其格”）。10世纪时就离开中亚的土耳其人的祖先乌古斯人，也就是9世纪时离开蒙古高原的回鹘人；他们与13世纪时才一举成名的成吉思汗的蒙古部，没有发生过直接的相互作用。事实上，理清了回纥之先出自鲜卑，尔后才融于匈奴的渊源，其语言中有鲜卑基因也势属必然。像“泄归泥”和“其其格”等鲜卑——蒙古语词，出现在回纥语的后裔语言中，也是完全合理的历史现象。

参考文献

[1] 范晔：《后汉书·乌桓·鲜卑列传》，中华书局，1965年，卷90。

[2] P. Golden, Khazar Studies, Badapest, Akademiai Kiado, 1980, p. 35.

[3] V. Shnirelman, Who Gets the Past?, Washinton D. C., Woodrow Wilson, 1996, p. 32.

[4] Gy. Nemeth, A honfoglalo magyarsag kialakulasa, Budapest, 1930, pp. 183 ~186.

[5] 拉施特：《史集》第1卷第1分册，北京商务印书馆，1986年。

[6] 马长寿：《乌桓与鲜卑》，上海人民出版社，1962年。

[7] O. Maenchen - Helfen, The World of The Huns, Berkeley, 1973年, p. 54, 128, 166, 274, 298.

[8] 欧阳修、宋祁：《新唐书·室韦传》，中华书局，1974年。

[9] 李延寿：《北史·室韦传》，中华书局，1974年。

[10] 韩儒林：《穹庐集》，上海人民出版社，1982年。

[11] 屠寄：《蒙兀儿史记》，卷三，26。

[12] Pelliot, “A propos des Comans ”, Journal Asiatique, 1920, p. 25.

[13] P. Golden : “The People of the Forest Belt ”, in Denis Sinor ed, The Cambridge History of Early Inner Asia Cambridge, Cambridge University Press, 1990, p. 241.

[14] 佐口透：《撒里维吾尔族源考》；林干：《突厥与回纥历史论文集》，中华书局，1987年，第791~801。

[15] 张文生：《中国地图集》，高等教育出版社，1990年。

[16] 冯继钦、孟广耀、黄凤岐：《契丹族文化史》，黑龙江人民出版社，1994年。

[17] 照那斯图：《土族语简志》，民族出版社，1985年。

[18] 陈寿：《三国志·魏志·乌桓鲜卑东夷传》，中华书局，1959年，卷30。

[19] 魏收：《魏书·徒河段就六眷传》，中华书局，1974年，卷103。

[20] 房玄龄、褚遂良、许敬宗：《晋书·四夷·西戎·土谷浑》，中华书局，1974年，卷97。

[21] [美] 朱学渊：《论 Magyar 人的远东祖源》，《世界民族》1993年。

注释：

①《国语》卷14，《晋语八》："置，立也。蕝，谓束茅而立之，所以缩酒。望表，谓望祭山川，立木以为表，表其位也。"标点重印本，上海古籍出版社，下册，第467页。

②《后汉书》卷90，《乌桓·鲜卑列传》："和帝永元中，大将军窦宪遣右校尉耿夔击破匈奴，北单于逃走，鲜卑因此徙据其地。"标点重印本，中华书局。

③《魏书》卷95，《铁弗刘虎传》："北人谓胡父鲜卑母为铁弗，因以为号。"标点重印本，中华书局。

④《元史》卷128，《土土哈传》："土土哈，其先本武平折川按答罕山部族，自曲出徙居西北玉里伯里山，因以为氏，号其国曰钦察。其地去中国三万余里，夏日极短，日暂没即出。曲出生唆末纳，唆末纳生亦纳思，世为钦察国主。"标点重印本，中华书局。

⑤《辽史》卷2，《太祖纪下》："天显元年，以奚部长勃鲁恩，王郁自回鹘、新罗、吐蕃……等从征有功，优加赏赉。"标点重印本，中华书局。

⑥《辽史》卷116，《国语解》："耨斡麽麽，亦作改。耨斡，后土称。麽，母称。"标点重印本，中华书局。

⑦《新唐书》卷219，《渤海传》："万岁通天中……，有舍利乞乞仲象者，与靺鞨酋乞四比羽及高丽余种东走，度辽水，保太白山之东北，阻奥娄河，树壁自固。武后封乞四比羽为许国公，乞乞仲象为震国公，赦其罪。"标点重印本，中华书局。

⑧《魏书》卷110，《土谷浑传》："土谷浑，本辽东鲜卑徒河涉归子也。涉归一名奕洛韩，有二子，庶长曰土谷浑，少曰若洛廆。"标点重印本，中华书局。

（原载《满语研究》2000年第1期）

鲜卑民族与中华文明

管芙蓉

鲜卑民族是影响中华文明进程最为持久的游牧民族，主要活跃于十六国北朝时期的政治舞台，是铸造中华文明的主体民族之一。

一、鲜卑民族：影响中华文明进程最为持久的游牧民族

“鲜卑”作为民族族称，最早见于西晋陈寿《三国志·乌丸鲜卑东夷传》和南朝宋范晔《后汉书·乌桓鲜卑列传》。两书皆据西晋王沈《魏书》记述了西汉至曹魏年间鲜卑族的活动。皆称鲜卑为“东胡之余”或“东胡之支”。是说秦汉之际，东胡被匈奴冒顿单于破灭后，其余部“别保鲜卑山”或“别依鲜卑山”，遂以“鲜卑”为其族号，由此称作鲜卑族。

东汉和帝年间，北匈奴被击败西迁后，鲜卑“尽据匈奴故地”，组成了以檀石槐为首领的军事联盟，王庭即建在今山西省阳高县东北300余里的河北省尚义县东洋河上，并“分其地为中、东、西三部”，各部设“大人”，统归檀石槐制御：右北平以东至辽东为东部；右北平以西至上谷为中部；上谷以西至敦煌为西部。其势力范围“南抄汉边，北拒丁令，东却夫余，西击乌孙”，“东西万二千（或四千）余里，南北七千余里，网罗山川、水泽、盐池甚广”。当时的鲜卑，“称兵十万”，“兵马甚盛”，“兵利马疾，过于匈奴”，是继匈奴之后崛起的最强大的北方游牧民族。

檀石槐联盟在鲜卑历史上具有里程碑意义。据考证，鲜卑三大主要部族慕容氏、宇文氏、拓跋氏即形成于联盟时期。其中，慕容氏首领即中部大人之一“慕容”；宇文氏首领即东部大人之一“槐头”；拓跋氏首领即

西部大人之一“日律推演”。此外还有乞伏氏、段氏等部族。三大主要部族又有其支裔或“别种”：如秃发氏和党项羌八部中实力最强的拓跋部皆属于拓跋氏支裔；吐谷浑属于慕容氏支裔；契丹和库莫奚属于宇文氏“别种”等。

秦汉以来，鲜卑民族是影响中华文明进程最为持久的北方游牧民族。自十六国时起，各游牧民族或南下挺进，或西向拓展，纷纷建立起各自的国家政权，其中，鲜卑各部族政权为数最多，持续最久。首先是十六国北朝，号称“五胡”的各族政权共21个，其中8个分别为十六国时匈奴族汉国（前赵）、夏国和北凉，羯族后赵，氐族成汉、前秦和后凉及羌族后秦，先后持续一个多世纪；其余13个皆为十六国至北朝鲜卑各部族所建，分别为慕容氏前燕、后燕、西燕和南燕，乞伏氏西秦，秃发氏南凉，吐谷浑氏吐谷浑国，拓跋氏代国、北魏、东魏和西魏，宇文氏北周以及鲜卑化的高氏北齐，先后持续近三个世纪。至唐末，突厥族沙陀部后唐、后晋、后汉和北汉四个小朝廷，仅持续半个多世纪即飘忽而逝；宇文鲜卑“别种”契丹族辽国持续近两个世纪亡于女真族金国后，进而西迁建立西辽国，直至被蒙古汗国所灭又持续近一个世纪。北宋至清，先后有拓跋鲜卑支裔党项羌拓跋部西夏国，持续近两个世纪；女真族金国，持续一个世纪多；蒙古族元帝国，持续近一个世纪；满族清帝国，持续近三个世纪，中国封建时代告终。综上所述，自十六国以来，先后有“五胡”以及突厥、女真、蒙古、满族等游牧民族政权共30个，其中半数为鲜卑各部族所建，直至西夏国灭亡，影响中华文明进程约千年之久。

二、铸造中华文明的两大主体民族——两大主源文化

中华民族是多元一体的民族大家庭，中华文化是多民族文化的共同体，上下五千年的中华文明是中华大地上的各民族文化共同铸造的。

中华文明的发祥地在哪里？中国考古学的成就充分表明，古老的中华文明并非起源于一时一地，亦非由一个地区向外扩散的篝火，而是星星点点形成燎原之势，通过各个地区、各个民族文化自身的发展序列共同进入文明时代，由此汇聚为统一的中华文明历史长河。就是说，中华文化是“多元”的而不是“一元”的；中华文明是“多源”的而不是“一源”的；中国之大，很难说什么地方有文明起源，什么地方没有。文明的发祥

地恰似满天星斗一样分布在我国九百六十万平方公里的土地上。[①]

20世纪80年代，我国考古界基于对中华文化之“多元”、中华文明之“多源”的考察探索，提出了中华文明发祥地“四大区域”[②]说：一是黄河流域文化区；二是长江流域文化区；三是珠江流域文化区；四是辽河流域文化区。这四个文化区，事实上涵盖了三大类型的古文化：中原古文化、南方古文化和北方古文化。四大区域说的提出，从根本上冲破了长期以来以中原黄河流域为唯一文明发祥地的所谓中华文明“一源”说。地下考古实物表明，在中华大地上，从北方到中原，从中原到南方，遍布着文明发祥地。

但是，就孕育中华文明的生态环境即中国古人类生存发展的自然地理环境和社会经济环境而言，大体可以古长城为界划分两种基本类型：长城以北的西北、北方和东北地区，主要是以草原大漠为依托的游牧型经济；长城以南的中原和南方地区，主要是以黄河、长江、珠江等流域为依托的农耕型经济，其中中原黄河流域为旱作或粟作农耕，南方长江、珠江等流域为水作或稻作农耕。《辽史·营卫志》描述了长城南北两类生态环境的迥异风貌：“长城以南，多雨多暑，其人耕稼以食，桑麻以衣，宫室以居，城郭以治，大漠之间，多寒多风，畜牧畋渔以食，皮毛以衣，转徙随时，车马为家。此天时地利所以限南北也。”元李志常《长春真人西游记》记述丘处机登上长城第一隘口张家口西北野狐岭感慨道：“登高南望，俯视太行诸山，晴岚可爱；北顾但寒沙枯草，中原之风自此隔绝矣。”来自农耕区的丘处机对游牧区的生态环境作了生动的描述：“地无木植唯荒草，天产丘陵没大山；五谷不成资乳酪，皮裘毡帐亦开颜。”进而感慨地发问道：“如何造物开天地，到此令人放马牛？”说明古长城沿线大体上与农耕、游牧区的分界线相吻合。

不同的生态环境是形成不同民族的物质基础。中国古代民族形成于新石器时代中晚期。最初号称五大民族集团：分布于中原黄河流域的称华夏族，华夏四周的东夷、南蛮、西戎、北狄称“四夷”；东夷分布于东部沿海，南蛮分布于南方长江、珠江等流域，西戎、北狄统称“戎狄”，泛指西北、北方和东北各民族。就中国古代民族形成的生态环境而言，五大民族集团基本上属于两大类型：华夏、东夷、南蛮各民族主要是在黄河、长江、珠江等流域的农耕型经济（旱作和水作农耕）基础上形成的，称农耕民族；西戎、北狄民族主要是在草原大漠的游牧型经济基础上形成的，称游牧民族。这里是说，农耕民族与游牧民族大体上是以长城沿线为南、北分界的。从这个意义上讲，农耕民族和游牧民族便是构成中华民族大家庭的两大主体民族；他们创造的农耕文化和游牧文化便是构成中华文化共同体的两大主源文化。正是在这个意义上，如果说上下五千年的中华文明是中华大地上的各民族和各民族文化共同铸造的，那么，农耕民族和游牧民族——农耕文化和游牧文化，便是铸造中华文明的两大主体民族——两大主源文化。

三、鲜卑民族与中华文明

鲜卑民族主要活跃于十六国北朝时期的政治舞台。

绵延四个世纪又20余年（前206年~220年）的两汉王朝终结后，历经魏、蜀、吴三国鼎立和西晋统一的近一个世纪（220~315年）短暂的政权更迭，中国历史进入了长达两个半世纪多（316~581年）的东晋十六国和南北朝时期。这期间，两汉王朝集权式的政治一元化、经济一元化、精神价值一元化的僵硬稳固格局破碎了，呈现出来的是一个政治分裂，战争频繁，经济遭破坏，民众遭苦难的社会大动荡局面，同时却是一个“精神上极自由、极解放，最富于智慧、最浓于热情”[③]的文化多元化局面。在中华文明的历史进程中，这是继战国、秦汉“大开拓大发展的时期”后，“又一极其重要的时期，是民族大迁徙、大融合、社会大转轨的时期”。[④]在这个时期，中华文明所赖以植根的生态环境发生了新的质的变化。如果说，秦汉王朝的大一统标志着中华文化共同体的基本形成，那么，魏晋南北朝尤其十六国北朝的历史，便是多元一体的中华民族和中华文化基本定格成型的历史，即农耕和游牧两大主体民族——两大主源文化共同铸造中华文明的历史。

“民族大迁徙、大融合、社会大转轨”是魏晋南北朝历史的主旋律。

历经三国至西晋长期军阀混战，继而晋室南迁后北方各民族割据政权激烈争战，不仅带来民众流离失所的空前苦难，更直接导致空前规模的民族大迁徙：长期的军阀混战使中原人口锐减，从而为北方民族内迁创造了条件；各民族割据政权为掠取兵源和劳动力而强制民户大规模迁往其统治中心和军事重镇，又随着政权的频繁更迭和统治中心的不断转移，被强迁民户再度大规模迁徙流离。于是，一向为汉人居住的广大地区形成胡汉民族杂居的局面，或同一地区居住着不同民族，或同一民族分居于不同地区，各政权所属军队的民族成分也相应的复杂化，由此改变了中原黄河流域的民族分布格局。

民族大迁徙直接导致民族大融合。北方民族大规模内迁形成的不同民族杂居局面，为民族间接触交往和沟通提供了条件，于是掀起了胡人“汉化”与汉人“胡化”双向互动的民族大融合。一方面，北方游牧民族从经济、政治、军事到观念形态、风情习俗等社会生活的各个领域一步步全面融入中原农耕民族，呈现出胡人“汉化、封建化的主流趋势，由此推动了北方民族社会的发展进步；同时，北方民族生机勃发的气质与气魄又为农耕民族注入了鲜活的生命力，由此促使汉人社会一步步趋于胡化”。于是，胡、汉民族的共同性日渐增多，差别性日渐减少，一步步水乳交融般地融为一体了。

民族大融合直接导致了社会大转轨。魏晋南北朝的胡汉民族大融合标志着西汉以来的一元化格局为多元化走向所取代。孕育中华文明的生态环境由此发生了新的质的变化：铸造中华文明的两大主体民族之一——北方游牧民族全面登上了中华帝国的历史舞台；多元一体的中华民族和中华文化由此基本定格成型。多元化走向所呈现的中华帝国的大分裂、大动荡，事实上是在新的更高层次上重建大一统的过渡和前奏，为着大一统的重建铺垫了基石。被西方史家喻为“泰山压顶的巨龙”或称作“世界性的大帝国”[⑤]的隋、唐王朝尤其是唐王朝，便是植根这个基石，巍巍矗立于中华大地的。

魏晋南北朝的胡人“汉化”，首先从揭开十六国战幕的南匈奴后裔刘渊汉国（前赵）迈出步伐，继而羯族石勒的后赵、氐族苻坚的前秦等，都是汉化很深的北方民族政权。政治上，他们采用汉族封建官制礼仪，倚重汉族世家，重用汉族士人，制定封建典章制度，建立起基本上属于胡汉贵族联合专政的封建割据政权；经济上，劝课农桑，推行封建制生产方式和租赋制度，逐步由游牧半游牧向农业定居过渡；文化上，尊儒崇经，提倡礼乐，兴办教育，设立学校，用儒家传统选拔官吏，培养人才；同时，宗教信仰、语言文字、生活习俗、婚姻关系诸方面的胡汉差异也随之日益淡漠消失，民族情感日益沟通，民族心理日益趋同。于是，北方各民族普遍产生了对汉民族的根祖认同，普遍以华夏子孙自称而崇奉华夏先祖。如匈奴族称“其先夏后氏之苗裔”[⑥]，是夏禹的后代；建立大夏国匈奴铁弗氏赫连勃勃宣称“我皇祖大禹”，“朕大禹之后”，故“国称大夏”[7]；南匈奴后裔刘渊则由汉高祖与匈奴冒顿和亲，“约为兄弟”，“其子孙遂冒姓刘氏”而以“汉氏之甥”自称，故其国号“且可称汉”，以“成汉高之业”。[8]氐族苻氏称“其先盖有扈氏之苗裔”[9]，是夏禹的后裔。建立后秦国的羌族姚氏称“其先有扈氏之苗裔”[10]，是虞舜的后裔。鲜卑族三大主要部族：慕容氏称“其先有熊氏之苗裔”[11]，是黄帝的后裔；宇文氏称“其先出自炎帝神农氏”[12]；拓跋氏称其为黄帝少子昌意的后裔，且“黄帝以土德王，北俗谓土为托（拓），谓后为跋，故以为氏”[13]，由此称作“拓跋氏”；又有称拓跋氏为西汉名将李陵后裔，即“匈奴女名托（拓）跋，妻李陵，胡俗以母名为姓”，故“虏为李陵之后”。[14]……对汉民族的根祖认同，为北方各民族趋同于汉民族文化而走向汉化提供了历史根由。于是，在当时社会现实的驱动下，北方各民族相继步入了汉民族的封建化道路。

在这方面，鲜卑民族最具典型意义，尤其鲜卑拓跋氏。就是说，如果把魏晋南北朝的“民族大迁徙，大融合，社会大转轨”比做农耕和游牧两大主体民族共同铸造中华文明的首场“重头戏”，那么，开创北朝历史的鲜卑拓跋氏无疑是游牧民族的主演者。他们把胡人的“汉化”推向了极致，并有力促进了汉人的“胡化”，从而在经济生活、政治生活、精神生活等社会生活的各个领域实现了全方位的胡汉民族大融合；他们为中华大一统的重建，为多元一体的中华民族和中华文化定格成型，为古老的中华文明焕发新生直接铺垫了基石。这集中体现在北魏太和年间冯太后、孝文帝的“汉化改制”，其不朽功业在于把胡人的汉化进程纳入国家政治体制，使之法制化、定型化、常规化、普及化，从而把胡汉民族的大融合推向了全新的历史阶段。

汉化改制可以太和十八年（494 年）迁都洛阳为标志分为前后两期：前期是在孝文帝祖母、实际执掌朝政的冯太后主持下进行的；后期是冯太后死、孝文帝亲政并迁都洛阳后全面展开的。

孝文帝继位后，北魏定都平城已近百年，中原黄河流域已经统一，国家的发展进入了鼎盛期，同时又面临着矛盾重重的政治危机：上层集团中皇权与贵族守旧势力的矛盾日益激化，由此引发接二连三的宫廷内讧事件；地方政权中汉族豪强“宗主”把持的“坞壁”林立，同国家的中央集权统治相抗衡；守旧贵族日益同中原汉族的封建体制格格不入，对汉族和各族民众采取歧视和高压政策，由此激起民众的强烈反抗；文武百官在所属辖区内任意截获官物和搜刮民财，中饱私囊，官吏腐败成风；贵族地主愈演愈烈的土地兼并造成大量自耕农破产，流离失所。这一切，严重影响着北魏王朝的统治和北魏社会的发展。因此，孝文帝继位后，全面革除旧弊端，革新旧体制，建立一套既适应汉民族传统的封建社会制度，又符合本民族需要的政治统治方式，便成为巩固北魏政权，推动北魏社会前进的必由之路。于是，在冯太后主持下，经过充分酝酿，于太和八年（484年）正式投入前期汉化改制，旨在革除阻碍北魏社会进步的政治经济体制弊端。主要采取三大举措：

其一，以整顿吏治，肃贪倡廉为宗旨，颁行班禄制。太和八年，朝廷下诏“置官班禄”，革除各级官吏“爵而无禄”，靠截获官物和搜刮民财获取酬劳的旧体制，采取中原官吏的俸禄形式，按期按等级发给俸禄；同时严令：“禄行之后，赃满一匹者死！”今后凡有贪赃绢一匹以上者，处以死刑。[15]

其二，以“劝课农桑，兴富民之本”为宗旨，推行均田制。太和九年（485年）颁布均田令，规定凡州郡官吏、农户以及奴婢、耕牛，一律“均给天下之田”。[16]均田制把土地分为未植树的“露田”、已植树的“桑田”、不宜植树的“麻田”、宅旁院落的“宅田”和地方官吏经营的“公田”等不同类型。露田、公田属国有，受田者有使用权无所有权；桑、麻、宅田为世业，可买卖。此外，地少人稠的“狭乡”可有计划地迁往地广人稀的“宽乡”从事农耕定居。[17]同时，为“均徭省赋”，减轻自耕农负担，规范了与均田制相配套的租调制，即土地赋税制。[18]

其三，以取代宗主督护制，强化中央集权制为宗旨，确立三长制。北魏统一中原后，各州郡的汉族豪族以“宗主”身份把持着地方权力，形成一个个独立王国式的“坞壁”。北魏政权既然暂时无力摧毁众多坞壁，于是，为笼络汉族地主，削弱地方反抗势力，便在地方上实行宗主督护制，行使地方政权。但是，坞壁林立的局面大大减损了国家对地方赋税劳役的征发，严重阻碍了中央政令的畅通，成为北魏社会进步的绊脚石。于是，太和十年（486年）朝廷颁行三长制诏令，确立“五家立一邻长，五邻立一里长，五里立一党长”的地方基层行政体制，取代了旧有的宗主督护制。[19]

以上三大举措的成功实践分别从吏治、土地制度和地方政权建设等最根本的政治经济体制中清除了北魏社会前进的障碍，从而为北魏王朝的繁荣昌盛和加快封建化进程，提供了强有力的政治、经济保障。

太和十四年（490 年），冯太后死，孝文帝亲政，从此，汉化改制开始由前期向后期过渡。前、后期过渡的转折点是太和十八年（494 年）的孝文帝迁都洛阳之举。为什么迁都洛阳？当然，无论从经济上、政治上、军事上都可以提出平城不利于北魏发展而洛阳有利于北魏发展的充分缘由：经济上，平城地处边塞，气候寒冷干旱，远不及洛阳有利于发展农业，确保京城供应；政治上，位置偏远、交通不畅的平城，远不及洛阳有利于对中原广大地区的统治；军事上，面对漠北柔然南下骚扰和南朝政权北上攻伐的威胁，尤其来自南朝的严重威胁，平城极不利于挥军南下作战，只有迁都洛阳，立足中原，才能扭转军事被动局面。总之，无论经济上、政治上、军事上显然以迁都洛阳最为有利。但孝文帝的迁都之举基于更高的战略目标，那就是为进一步全面展开汉化改制，实现一统中华的宏伟大业铺平道路，奠定基础。所以，当他冲破重重阻力于太和十八年（494 年）正式迁都洛阳后，立即因势乘便，把汉化改制进一步引向更为广泛、深入的领域：

一是，社会习俗领域。即在服饰、语言、姓氏、婚姻习俗诸方面展开移风易俗的社会大变革，促使鲜卑民族的生活方式全面融入汉民族。

在服饰方面：禁鲜卑服，改服汉服。太和十八年十一月孝文帝初驾临洛阳，十二月即诏令“变易旧风”，“禁士民胡服”[20]，并要求从“营国之本，礼教为先”的封建礼教高度对待服饰汉化。[21]就是说，只有同汉民族服饰文化融为一体，才可以全面适应封建礼教的服饰等级制度；否则，“若仍旧俗，恐数世之后，伊洛之下复成披发之人”[22]，鲜卑民族将重新回到原始野蛮的“披发之人”状态，北魏王朝的命运将不堪设想。

在语言方面：禁鲜卑语，改说汉语。太和十九年（495 年）六月诏令“不得以北俗之语言于朝廷，若有违者，免所居官”[23]，并把语言汉化作为推行封建礼教的先决条件。他以孔子“为政必先正名”和“名正而言顺、而事成、而礼乐兴、而刑罚”中的言论为经典依据指出：“焉有不先正名，而德行礼乎！”[24]于是决意“断诸北语，一从正音”[25]，以汉语为国家通行语言。

在姓氏方面：取消鲜卑姓氏，改姓汉族姓氏。太和二十年（497 年）正月，诏令“改姓为元氏”[26]，即北魏皇室由鲜卑拓跋氏改为汉姓元氏，进而凡鲜卑贵族一律改姓：“改拓跋氏为长孙氏，达奚氏为窦氏，乙旃氏为叔孙氏，丘穆陵氏为穆氏，步六孤氏为陆氏，贺赖氏为贺氏，独孤氏为刘氏。贺楼氏为楼氏，勿忸于氏为于氏，尉迟氏为尉氏等等。”[27]

在婚姻方面：“绝同姓之娶”，“结他族之亲”。早在迁都之前的太和八年（483 年），孝文帝即诏令“绝同姓之娶”[28]，禁绝鲜卑同姓结亲，进而大力推行鲜卑贵族与汉族高门联姻，叫作“合二姓之好，结他族之亲”，把这看作是“上以事宗庙，下以继后世”[29]的攸关祖宗大业传承的大事。如孝文帝的六位弟弟即“献文六王”中，除河南王翰娶鲜卑贵族女外，其余皆为汉族高门。

以上，服饰、语言、姓氏、婚姻等社会习俗领域的汉化改制，有力地促进了鲜卑民族与汉民族生活方式的全面融合或趋同。

二是，政权建设领域。主要是定姓族，建门阀，进一步加强与汉族士族的政治联合，促使北魏政权全面封建化。太和十九年（495 年），孝文帝诏令“定姓族”，要求厘定士、庶界限，提高士族地位，重用士族人物，建立门阀制度，由此确立“公门有公，卿门有卿”[30]，公卿士族世袭垄断统治的政治格局。一方面，厘定了鲜卑贵族的姓族：一等贵族分甲、乙、丙、丁“四姓”，即四个级差的“郡姓”[31]；四姓以下贵族亦入姓族。[32]这样就从法制上确立了鲜卑贵族的封建士族身份。与此同时，厘定了汉族大族的姓族：范阳卢氏，清河崔氏，荥阳郑氏，太原王氏，河东薛氏，柳氏以及赵郡、陇西李氏，京兆韦氏，杜氏，弘农杨氏等，皆为著名郡姓。[33]于是，鲜卑贵族与汉族大族的世袭门阀统治格局确立了，北魏政权事实上已成为门阀化的鲜卑贵族与汉族门阀地主的联合体，从而为北魏王朝的汉化、封建化进程提供了强有力的政治保证。

三是，思想文化领域。即以统一“文轨”、实行“文治”为宗旨，以尊儒崇经为核心，大力提倡礼乐教化，积极兴办学校，选拔重用贤能，在思想文化领域与汉民族封建体制全面融为一体。当时，历经西晋“永嘉之乱”和十六国长期混战，中原地区文化遭受空前浩劫，“礼乐文章，扫地将尽”。[34]北魏建国后，疲于争战武功，无暇顾及文治；太武帝统一北方后，“方将偃武修文”[35]，逐步向“文治”过渡；至孝文帝统一“文轨”，实行“文治”的汉化改制全面推行，长期遭受战乱摧残的中原地区文化才得以重新振兴。当时的北魏社会，思想文化领域一派繁荣，“斯文郁然，比隆周汉”[36]，呈现出如同周、汉王朝那样的盛况。

综上所述，孝文帝前、后期汉化改制的成功实践，促使鲜卑族游牧文化全面融入了汉民族农耕文化，北魏王朝全面融入了封建王朝体制，从而把胡、汉民族大融合推向了极致，在社会生活的各个领域全面促进了北魏国家的发展。

迁都洛阳后，孝文帝着力后期汉化改制的同时，接连展开了军事南伐，兵锋所向，在于吞灭南齐，统一中国。用他的话说，叫作“南荡瓯吴，复礼万国”。[37]瓯，今浙江温州古称；吴，古吴越大地。南荡瓯吴，就是“制御华夏，辑平九服”[38]，统一中国南北，如同他在南伐途中感慨道：“白日光天无不曜，江左一隅独未照。”[39]他志在白日光天普照江左，实现中华一统的宏伟大业。

虽然，孝文帝“壮志未酬身先死”，统一中华的宏愿未及实现便英年早逝于第三次南伐途中，但是，鲜卑民族汉化改制促成的胡汉民族大融合，已经为隋唐王朝的崛起和中华大一统的重建直接铺垫了基石。

隋唐时期的汉民族便是在胡汉民族大融合的基础上，尤其是胡汉通婚造成民族血统混合的基础上经过重构而变更面貌的新汉族。据民族史学家王桐龄《中国民族史》考证：隋唐时期的汉民族主要是以汉族为父系，鲜卑为母系的新汉族。如他考证隋唐皇室胡汉混杂的血统：隋炀帝杨广、唐高祖李渊的母亲，都出自拓跋鲜卑的独孤氏；唐太宗李世民生母出自鲜卑族纥豆陵氏；唐太宗长孙皇后父系、母系皆鲜卑人，故唐高宗李治，承袭鲜卑血统近四分之三，承继汉族血统者仅四分之一。[40]隋唐皇室便是以胡汉混杂的血统而统一中华的。并且，胡汉血统混合更大量地在于下层民众。所以，隋唐时期的汉人或号为“唐人”的汉人，已不是魏晋以前汉人血统的简单延续，而是胡汉血统混合的民族共同体。这个民族共同体构成的隋唐社会，冲破了僵硬的一元化格局，呈现出生动的多元化局面。隋唐王朝那朝气蓬勃、活力迸发的磅礴气度，隋唐文化那海纳百川、兼容并包的开放态势，在中华文明史上谱写了光彩夺目的篇章。

注释：

①②《我国考古界根据新发现探索：中国文明发祥地有四大区城》，1986年9月23日《光明日报》。

③宗白华：《论〈世说新语〉和晋人的美》，见《美学散步》，上海人民出版社，1981年，第177页。

④苏秉琦：《晋文化与北朝文化研究的新课题》，见《华人·龙的传人·中国人——考古寻根记》，辽宁大学出版社，1994年，第71页。

⑤参见冯天瑜等：《中国文化史》，上海人民出版社，1990年，第559页；樊树志：《国史十六讲》，中华书局，2006年，第97页。

⑥《史记·匈奴列传》;《汉书·匈奴传上》。

⑦《晋书·赫连勃勃载记》。

⑧《晋书·刘元海载记》。

⑨《晋书·苻洪、苻健、苻生载记》。

⑩《晋书·姚弋仲、姚襄，姚苌载记》。

⑪《晋书·慕容廆载记》。

⑫《周书·文帝纪上》。

⑬《魏书·序纪》。

⑭《南齐书·魏虏传》。

⑮《魏书·高祖纪上》。

⑯《魏书·高祖纪上》。

⑰《魏书·食货志》。

⑱《魏书·李冲列传》。

⑲《魏书·食货志》。

⑳《资治通鉴·齐纪五》。

㉑《魏书·景穆十二王列传中·任城王澄》。

㉒《魏书·献文六王列传上·咸阳王禧》。

㉓《魏书·高祖纪下》。

㉔《魏书·献文六王列传上·咸阳王禧》。

㉕《魏书·献文六王列传上·咸阳王禧》。

㉖《魏书·高祖纪下》。

㉗《资治通鉴·齐纪六》。

㉘《魏书·高祖纪上》。

㉙《魏书·献文六王列传上·咸阳王禧》。

㉚《资治通鉴·齐纪六》。

㉛《新唐书·儒学列传中·柳冲》。

㉜《魏书·官氏志》。

㉝《资治通鉴·齐纪六》。

㉞《魏书·儒林列传》。

㉟《魏书·世祖纪上》。

㊱《魏书·儒林列传》。

㊲《魏书·高祖纪下》。

㊳《魏书·郑羲列传·郑道昭》。

㊴《魏书·景穆十二王列传中·任城王澄》。

㊵参见冯天瑜等:《中国文化史》，上海人民出版社，1990 年，第 575 页。

（原载《北朝散论》 山西出版集团·山西经济出版社 2007 年 5 月）

鲜卑南迁前的社会经济形态探讨

曹 熙

拓跋鲜卑见于汉文史志较晚，其先世与汉族的关系亦较少，这与其民族居住区距中原较远和不交南夏的政策有关。由于他们后来建立了北魏王朝，才在中国史志上留名。《魏书·序纪》记载其先世："昔黄帝有子二十五人，或内列诸华，或外分荒服；昌意少子，受封北土，国有大鲜卑山，因以为号。其后，世为君长，统幽都之北，广漠之野，畜牧迁徙，射猎为业，淳朴为俗，简易为化，不为文字，刻木纪契而已；世事远近，人相传授，如史官之记录焉，黄帝以土德王，北俗谓土为托，谓后为跋，故以为氏。"

对以上说法历代史家都有争论。究竟这个部落居住在大鲜卑山一带的地理位置在哪里？过去一直无法查清。《光明日报》1980 年 11 月 25 日登载米文平所写《大兴安岭北部发现鲜卑石室遗址》的报道，证明了大兴安岭就是古时的大鲜卑山。这就解决了我国北方民族历史上多年未定的一大公案，为探讨东胡系诸部族的源流和鲜卑人南迁之前社会的政治、经济情况创造了有利条件。下面就鲜卑人的社会经济形态，提出个人粗浅看法，与史学界的同志们商讨。

一、鲜卑人历史民族区

鲜卑是我国古代北方民族，属东胡的一支。东胡在匈奴之东，故曰东胡。这是华夏人对内蒙古东部地区族属相同或相近的各部落的总称。据西汉时的历史地图划分，大体上是在蒙古东部，从昭乌达松漠到额尔古纳河流域。其西接匈奴，东与挹娄、夫余相交，南以乌桓与汉的幽州及辽西、辽东两郡相接。在此区域内是以东胡人和他们的后裔——鲜卑人，后来的契丹人、室韦——鞑靼人为主题的语言相同或相近，地域相连，风俗习惯也相似的各部落的居住地，可以称作东胡人及其后裔的历史民族区。东胡人属于蒙古人种，他的语言属于古老的阿尔泰语系。根据历史文献记载，鲜卑人和室韦人、契丹人、蒙古人的语言有一脉相承的遗传联系。拓跋鲜卑祖先的居留地，在蒙古草原的东北角，今天的大兴安岭东北部，额尔古纳河与黑论江两岸和呼伦贝尔盟境内。在这块巍巍的兴安岭和丰美的大草原所在的地域内，有鲜卑国的兴起也绝不是偶然的。考古工作者在20世纪初于扎赉诺尔煤矿发现的三件蒙古人种的头骨化石及遗物，属于中石器时期，证明距今一万多年前，在此地区就有人类祖先居住。[①]后又在呼盟陈巴尔虎旗完工（蒙语陵墓之意）两地发现的东汉墓群，应是拓跋部先人自大鲜卑山南迁到大泽时的遗存。同期鲜卑墓葬广泛分布于呼伦池边、海拉尔河、伊敏河畔等地。这次呼盟文物管理站发现的“鲜卑石室遗址”内石刻的时间是为太平真君四年（443年）距今已1537年，才第一次被后人所发现。这是中原文化普及到边疆有确切年代可考、且与文献有明确记载的历史遗迹。

此石室位于今鄂伦春自治旗阿里河镇西北10公里嘎仙沟中。当地群众称石室叫嘎仙洞，地当大兴安岭北段顶巅东麓，地理坐标北纬50°38′，东经123°35′，海拔高度600米。在嫩江西岸甘河上游的嘎仙沟东侧，有一道巍然陡立、高约百米，长约一公里裸露的花岗岩石崖，嘎仙洞口在石崖的半山腰，离平地25米，略呈三角形，宽约十几米，高约12米。洞内宽阔，南北长90多米，东西宽处27～28米，穹顶最高处达20多米，宏伟如同大厅，面积2000多平方米，可容纳数千人。在大厅的地面当中，有一块不规则的巨大的天然板石，长3.5米、宽3米，重约5吨。石板下用大石头垫起，俗称“石桌”。在洞内西侧西壁上距洞口15米处，有一长4米、宽2米，经过修正的平面。平面上有北魏石刻祝文，共19行，全文201字，汉字隶书。石刻与《魏书·礼志》所及稍有出入，主要可补史书不足之处的有第2行“天子焘使谒者仆射库六官”和最后2行“皇祖先可寒，皇妣先可敦，尚飨”。前句拓跋焘对其皇祖自称臣焘，以示其对祖宗的敬慕心情，并说他派来的使者是谒者仆射库六官氏、中书侍郎李敞来主祭的。后两句表明拓跋先王称可寒、王后称可敦，而别于匈奴王称单于，后称阏氏。此称可寒（汗）见于石刻还是国内第一次。

洞内还有相当的文化堆积。发掘者在地下 20～80 厘米处的黑色粘砂土中，掘出了很多陶片，还有骨器、铜器和石器。陶片与扎赉诺尔和伊敏河墓葬出土的陶器有相似的文化特征，证明这些遗物是属于当地当时民族的产物。在地表以下 1. 3 米的黄色粘砂土中出土了一件刮削器，表明在这里很可能在更早时期就有原始人类居住过。所谓穴居野处时代，这个山洞就是人类的天然避风港和避野兽袭击的好地方。但发展成使几千人集会的大厅，恐怕是皇帝迁出后，建为祖庙时以人工修饰过的。这里凿石必用的金属凿子、铲子等可能是自产的。从这次祭祀与石刻的举动看，当年三月乌洛侯遣使朝献，拓跋焘才知道石庙如故，马上派人来祭祀。此地距代都 4000 余里，如果人每天走 60 里尚需 70 天才能到达，7 月 25 日就刻石完了，也表明魏太武帝敬祖心切。当时魏帝虽已统一了中原北方，仍念念不忘皇天皇祖对他的保佑。以上考古工作的一系列发现，都能加深我们对鲜卑人历史民族区的认识。

可是我国历代史学家，包括北魏建国初始的史官在内，都对北魏先世的世系有所怀疑，只有波斯史学家剌失笃丁说："蒙古人都有一个可以查问出来的清楚明白的系谱，因为蒙古人有一种记住自己祖先的来源的习惯。"这种习惯可能是从鲜卑人一直传下来的。各种不同的认识是基于对"不为文字，刻木纪契而已，世事远近，人相传授，如史官之记录焉"的理解不同所致。历代史学家认为只有文字记载才算真实可靠，而我认为"刻木纪契"也起一种文字的功能。当时鲜卑人把重大的事情刻在硬质材料——木头、石头、骨头和金属上，做出如契约一样的记号，人相传授。这在他们本民族内，不但能够理解，而且具有契约法律的效果。所以说，这种"刻木"亦可称得起是鲜卑人自己创造的一种文字，只是外族史家不懂罢了。所以，历代史家的怀疑是没有根据的。这次石室的发现，是我们对《魏书·序纪》所载拓跋部的早期活动，由氏族、部落到国家的发展，可以按其时代进行推算：

从始祖以来积 67 世至成帝毛，每世按 25 年计，约经过 1700 年左右，拓跋部即由原始氏族到形成部落联盟的国家。再有成帝到太武帝拓跋焘时又经过了约 600 年，才统一北中国而成北魏王朝（439 年）。合计起来，距今已有 3800 年了，这与中国传说中的夏代相当。而成帝毛时代距今约有 2200 年左右，恰在中国秦汉之际，这也是东胡部落联盟第一次出现时期。稍后，出现了匈奴部落联盟。二者之间有瓯脱地（无人居住的地方）

一千余里。[2]当时东胡强盛掠中原地区，燕国筑长城以拒之。之汉初，匈奴冒顿单于（前209年~前174年）势力强盛，东灭东胡，虏其人民及畜群。从此东胡受控于匈奴，担负过重的赋役及征调，一切被匈奴所遮，鲜卑从此不闻于中国。直到东汉初，匈奴势衰分裂为南北后，乌桓与鲜卑始渐强大。建国三十年（54年），鲜卑大人於仇贲率种人诣阙朝贡，汉封於仇贲为王。这时正是拓跋推寅宣帝在位时期。不久，第一推寅开始下山，“南迁大泽，方千余里，厥土昏冥沮洳，谋更南迁，未行而崩”，《魏书·序纪》是这样记载的。其迁徙策略多出于宣献二帝，故而人并号“推寅”，盖俗云“钻研”之意。献帝邻即第二推寅，参加了檀石槐（141~181年）的鲜卑部落联盟。据马长寿著的《乌桓与鲜卑》所叙，这个军事联盟有东部鲜卑，也有拓跋鲜卑。拓跋邻此时驻牧于蒙古草原西北部，成为檀石槐军事联盟西部一个著名的邑落大人。不久部落联盟破裂，拓跋邻的儿子诘汾，由草原北部南迁到大漠南的匈奴故地。这些史实与拓跋鲜卑的世系对照，基本相符。

二、鲜卑族社会的政治与经济基础

拓跋鲜卑人在南迁之前的社会制度是属于原始公社制度，大致可分为早期、中期和晚期三个阶段。

原始公社早期：成帝毛以前的传说中的六十七代至扎赉诺尔原人中石器时代。由那时开始，原始人类已经在此地区出现，后来拓跋氏的祖先分封来此只算一部落，是以狩猎为主，所用工具以石器为主。埋藏在“石室”下1.3米处的刮削器可能是那时的产品。刮削器是用燧石打制而成的，中间有脊梁，四周薄而锐利，精琢成锯齿，适用于刮削切割用。当时的生产力很低，穴居野处，所获猎物共同享用。经过漫长的渔猎生活，人们的智慧高了，部落之间有了接触，拓跋部的文化可能走到前面，才出现拓跋毛这样的人物。

原始公社中期：成帝毛统国三十六到宣帝推寅南迁大泽之前，中隔五代，约150年左右。由于成帝毛的“聪明武略，远近所推，统国三十六，大姓九十九，威振北方，莫不率服”。经过部落联盟的选举，他当上了大酋长，从他以后废除选举制过渡到世袭制，初步形成一个国家的雏形，社会经济由狩猎发展到畜牧业和简单的农业，开始有铜的采冶，形成金石并用时代。从“石室”的发掘中见到，在地下20~80厘米黑色粘砂土中出土了很多的陶片，还有骨器、铜器和石器，证明原始公社的文化、经济都在进步，业已脱离蒙昧时代，畜牧业有了很大发展。所以，才产生拓跋推寅这样有钻研精神的大酋长，带队下山到大泽这千里草原安了家。

原始公社晚期：由宣帝到献帝邻，中间又经过了七代，约200年。在陈旗完工墓中出土的工具主要是骨器，如箭头、鸣镝、匕、锥等，铁器仅见少量镞、刀、带扣、环等。在埋葬方法上，还保持着家族丛葬的古老习俗。1963年发掘的1号墓四壁和基底周围铺木板，家族长老仰身直肢葬于墓穴北部，身旁随葬石镞、骨镞、陶器和牛角状骨器等，其余25具男女老幼的骨架，绝大部分肢体分离，显然是为了把死者的家庭成员与长老葬在一起，而把尸骨迁来的，这叫做二次葬。“完工”蒙古语是“陵墓”的意思，从此可以推测这1号墓的主人可能是宣帝推寅。他带队迁到大泽，更想南徙，未行而崩，就葬于此地，并把先死的家庭成员的尸骨由山上迁葬与此。这完全证实《魏书·序纪》所载宣帝时的情况。在这里发现的陶鬲、绢麻衣服和漆器等，显然是来自汉族地区；珊瑚、海贝、海螺也应来自南方。由此，可以看出与中原地区发生了物质文化交流的现象。铁器的出现，标志着社会又向前迈了一大步。

在扎赉诺尔墓葬出土的生产工具和生活用具，铜器类多了。铁器的数量增加和多样化，表明铁器已成为重要的狩猎和游牧工具。其中的镞、矛、环首刀、马衔等，都是完工墓葬所没有或很少有的。在出土的陶罐中残存的谷子是呼伦池畔当时的农作物之一，表明农耕时代也已开始。这个时候可能在东汉末年桓灵时代（168~189年），亦即鲜卑献帝邻时代。

这时，中原正在动荡，特别是灵帝中平元年（184年），中原各地爆发了黄巾农民大起义，以后各郡的士大夫纷纷向冀州北部迁移。青徐二州士庶逃往幽州各郡，所以汉族的文化知识和生产技术，从此更广播到乌桓鲜卑之间。《魏书·鲜卑传》称，自袁绍据河北，中国人多往叛归之，教作兵器铠楯，颇学文字。故轲比能勒御部众，拟则中国，出入弋猎，建立旌麾，以鼓节为进退。在檀石槐时，东汉议郎蔡邕已谓“关塞不严，禁网多露，精金良铁，皆为贼有，汉人逋逃为之谋主”。这时汉族的物质文化和人力对鲜卑的影响是很明显的。聪明英武的献帝邻就利用这大好时机，整顿和建设自己的国家，并为南迁做准备。其做法主要有以下一些：

首先是在政治组织上进行改革。据《魏书·官氏志》载：“初，安帝统国，诸部有九十九姓。至献帝时，七分国人，使诸兄弟各摄领之，乃分其氏。……年世稍久，互以改易，兴衰存灭，间有之矣，今举可知者。献帝以兄为纥骨氏，后改为胡氏。次弟为伊娄氏，后改为伊氏。次弟丘敦氏，后改为丘氏。次弟侯氏，后改为亥氏。七族之兴，自此始也。又命叔父之胤曰乙旃氏，后改为叔孙氏。又命疏属曰车焜氏，后改为车氏。凡与帝室为十姓，百世不通婚。太和以前，国之丧葬祠礼，非十族不得与也。高祖革之，各以职司从事。”这次改组，异姓的酋长被取消了，献帝派自己的兄弟做了七个部落的酋长，以便于统治七个部落。拓跋邻以此加强部落联盟的统治，使联盟统一化，而且使原来不是鲜卑的部落，逐渐融合于拓跋鲜卑。按照一般规律，原始公社晚期，公社制逐渐解体而向奴隶制过度，但拓跋鲜卑的政治体没有向这方面发展的迹象，反而在南迁后，就直接向封建制过渡了。从扎赉诺尔等地的墓葬中看到，当时普遍实行单人葬木棺。这正是大家族解体，个体家庭开始出现的生动反映。继之，是贫富分化的产生。男人墓和女人墓各有大小，随葬品多少也有不同了，有的随葬品有较多的牛马或羊头。但妇女墓葬中也随葬猎牧用的环首刀、铁刀、铁镞、弓弭和马衔，说明妇女当时参加主要生产，在社会上也有一定地位。所有墓葬都没有发现殉葬制度，更没有人殉出现，说明鲜卑社会当时没有走向奴隶制度，但其生产还是飞跃发展，可见其政治的优越性。

二是积极发展生产。由于金属工具的大量使用，是传统的狩猎、畜牧业得到新的发展，连妇女也能参加生产了。用整牛整马殉葬的出现，表明其畜牧业之盛。这时农业也有所发展，《魏书·序纪》载：献帝邻命他的儿子诘汾偿率数万骑，田于山泽。这个“田”字，应当理解为种田、屯田。数万骑这样大的屯田，也一定会使用金属农具的。国家屯田，老百姓也一定有种田的，社会分工已经开始。

三是金属冶炼业开始发展。这个冶金史上的问题，现在还不能完全确定，因为史书上没有明确记载。根据现代的地质矿产资料知道，在鲜卑历史民族区内，即大兴安岭西部和呼盟地区的地下资源是很丰富的，如多宝山、三矿沟、八大关的铜矿，大神山、梨子山、锡尔达拉、塔河等地的铁矿，三河的铅锌矿，以及黑龙江边从漠河、呼玛到罕达气一带大小几十处的砂金矿。尤其三矿沟距“石室”仅100公里，这种矽卡岩型铜矿石中常有孔雀石，更易为古人发现而将其当作冶铜原料。“红铜是人类在长期生产劳动中逐渐认识到的。早在原始社会晚期我们的祖先在不断改进石制农具和工具的过程中，不断寻求各种石料，就导致发现在自然界天然存在着的红铜，它具有金属光泽和良好的展性，很容易引起人们的注意，也较容易为人们加工使用。”[③]鲜卑人在西汉时受匈奴人统治期间，很可能从创造“克拉苏可文化”的丁零人那里学到铜铸技术，因而发展了自己的铜冶。在“石室”的黑色粘砂土层发现的铜器，应是那时（公元前1、2世纪）的产物。到东汉末（2世纪），这种技术更得到进一步发展。扎赉诺尔墓葬中出土的铜铁器很多，而且各有特色，如铸造的飞鸟、奔马等铜牌，就是具有本民族特色和受匈奴文化的一定影响而发展起来的。当然，也不排除由汉地输入一些铜铁原料，但当时关塞严禁，输入不会太多。只可惜尚未发现古时的大规模冶炼遗迹，所以不能下结论。相信日后考古工作会有所发现的。

鲜卑社会当时没有什么法制制度。《魏书·刑罚志》载：“魏初，礼俗淳朴，刑禁疏简。宣帝南迁，复置四部大人，坐王庭决辞讼，以言语约束，刻契记事，无囹圄考讯之法，诸犯罪者，皆临时决遣。神元因循，亡所革易。”这就说明南迁前有关法制方面的概况。但深入研究鲜卑人及其后裔——室韦、蒙古人具有特殊的军队结构和独特的生活习惯等，之所以能长期存在，运用自如，绝不能忽视“以言语约束，刻契记事”的重大作用。“刻契”这种鲜卑人特有的文字，可能在成帝毛时代（即公元前3世纪）就存在了。这点值得提出探讨。

鲜卑社会当时只有对祖先和自然神的崇拜，没有什么外来的宗教输入。《魏书·释老志》曾记载：“魏先建国于玄朔，风俗淳一，无为以自守，与西域殊绝，莫能往来。故浮图之教，未之得问，或闻之而未信也。”所以现在除了这石室祖庙外，尚未发现任何有关宗教信仰的遗址遗迹存在。畏天敬神就是当时鲜卑人的唯一信仰，并且也影响着他们的后代。石庙之久经不毁，与其原始信仰有关。随着祭天祭祖的礼仪出现，诗歌、舞蹈也随之产生，可惜我们还不能清楚地了解鲜卑当时的歌舞创造情况。《魏书·乐志》载：“天兴元年冬，诏尚书吏部郎邓渊定律吕，协音乐。及追尊皇曾祖、皇祖、皇考诸帝，乐用八佾，舞皇始之舞。皇始舞，太祖所作也，以明开大始祖之业。”这表明拓跋鲜卑在原居住地时是有歌有舞的。“北朝民歌相当发达。现在在文献记载中还能见到民歌有70余首。其中大部分是当时少数民族的作品。”[④]总之，鲜卑族当时的文化也是比较发达的。

三、科学研究“石室”的意义

石室石刻刻于公元443年，记录了中原的汉文化于1500多年前就来到了大兴安岭北部高寒山区鲜卑人的故乡。这说明大兴安岭、额尔古纳河与黑龙江两岸自古以来就是我国的固有领土。在中原建立有名的北魏王朝的鲜卑族的祖先，距今4000年前就在这一带居住和开发了。这是任何人也不能否定的。

通过“石室”这个地理坐标，对我国史书上所列东西方各民族活动地的国名、山川、河流等的考证，都有了一个可靠的依据。如《魏书》所举的乌洛侯国去代都4500里，其国西北有完水，东北流会于难水，其地小水皆注入难。难水即今嫩江。石室在该国的西北，今甘河上游，所以说甘河就是古之完水。则乌洛侯国当在今嫩江的中下游。另外，鲜卑的国号，来源于大鲜卑山，广义地说，现在的大兴安岭就是古时的大鲜卑山；狭义地讲，石室旁的大兴安岭北段最高峰“甘河大山”，应是古之大鲜卑山命名的象征。

鲜卑南迁后留在当地的移民，自北魏迄隋唐以来号称室韦。按《魏书·室韦国传》，室韦在勿吉北1000里，去洛6000里，其行程路线是：路出和龙（今辽宁朝阳）北1000里入契丹国，北行10日至啜水（今绰尔河）又北行3日有盖水（今毕拉河注入诺敏河），又行3日有犊了山，其山高大周回300里（应是今古鲁契那山，高1295米，是大兴安岭的最高峰）。又北行3日有大水名屈利（今诺敏河）。又北行3日有刃水（今奎勒河）。又北行5日到其国（其国都应在今大兴安岭特区首府加格达奇的附近）。这是沿大兴安岭东坡的一条古时交通道。如果没有“石室”的发现，就很难把这条路所经的山名和水名考证出来。

如果能采取科学方法进一步挖掘“石室”，并鉴定其出土文物，相信会有更多的收获。当前国际上采用放射性碳素（^{14}C）进行年代的测定，这个方法是准确的、成功的。如果我们今天也能用此方法来测定“石室”文化层的出土物和扎赉诺尔等地的墓葬出土文物，就会得出比较可靠的年代，则我前面所写的材料将会得到证实和更正的机会。另一方面，对出土的金属器物亦应做些化学分析和金相鉴定。对铜器里的微量元素进行分析，能更好地了解该器是否用本地矿石冶炼的，这对编写古代冶金史很有好处。

注释：

①黑龙江省文物工作队：《〈黑龙江古代文物〉前言》。

②《内蒙古历史概要》第1页。

③《中国冶金简史》第9页。

④刘俊田、白崇人、禹克坤：《少数民族文学在中国文学发展中的地位》，《新华月报（文摘版）》1980年第12期，第138页。

（原载《求是学刊》1981年第3期）

鲜卑族与中国封建法制建设

王宵燕

鲜卑族是一个古老的民族，最初为“北部鲜卑”和“东部鲜卑”两支。经过两次迁徙，至东汉末年占据了匈奴故地（即今阴山一带），组建起一个军事大联盟。联盟解体后，鲜卑族分裂为慕容、宇文、段、拓跋、秃发、乞伏等部。西晋八王之乱后，受中原地区先进文化吸引，各部先后内迁中原并逐渐占地为主，建立政权。古代王朝中的前燕、后燕、西燕、南燕、北魏、东魏、西魏及北齐、北周均为鲜卑人所建政权。建立政权后的鲜卑族，从多方面丰富和发展了中原的封建文化，并有多项独创。在法制建设方面，他们创造出新的土地立法和新的法典形式，并最终将封建的律典体例结构和刑罚体系定型，为中国封建法制作出了重大贡献。法史专家程树德先生曾言，“今之言旧律者，率溯源于唐律。顾唐本于隋，隋本于北齐”，再寻流溯源，“又当以元魏之律为北系诸律之嚆矢”。[①]可见鲜卑族在中国封建法制建设上的重要地位。本文拟就这一问题进行探讨，以就教于学术界同仁。

一、拓跋鲜卑推行的均田律开创了中国封建土地法的新内容

调整土地所有权和土地占有方式是封建土地立法之根本。汉族前期封建政权的土地立法经历了两个发展阶段。第一阶段是战国秦汉。这一时期土地立法精神是承认农民土地所有权，鼓励农民多开垦土地，大力发展封建经济。从商鞅废井田，“开阡陌封疆”[②]，到秦始皇“使黔首自实田”[③]，其基本立法精神贯穿如一。第二阶段是三国两晋时期。曹操鉴于北方军阀混战，“土业无主，皆为公田”[④]而推行屯田法。这一土地法的核心是招集

流亡农民，由国家提供土地、生产工具，使农民与土地结合。随着和平环境的出现，只适用于战争环境的屯田法丧失了存在的意义。西晋占田法重在强调“占”，既允许农民占田，更强调士族地主按官品高低占田。地主与农民的矛盾暂时得以均衡，导致“天下无事，赋税平均，人咸安其业而乐其事”。[⑤]但占田法因强调士族地主占田而导致大量农民离开土地变为流民。流民连续不断的起义，加之内迁少数民族的起义和统治阶级内部争权夺利的“八王之乱”，导致西晋政权覆亡，占田法随之破坏。汉族政权的土地立法，因其缺陷而丧失活力，封建的土地立法陷入困境。摆脱封建土地立法困境的是来自北方的少数民族——鲜卑族。

鲜卑族的土地立法立足于解决十六国以来北方地区由于土地占有造成的社会矛盾。西晋灭亡后，北方地区由于少数民族的入主中原，建立政权，在土地占有问题上存在错综复杂的矛盾：留在北方的汉族地主大量占有晋王室南迁后留下的空闲地，并适应战乱社会的需要，招集流亡农民形成“坞堡式”大土地所有制。而内迁的少数民族为适应中原生产力发展要求，需要占有土地实现封建化，这便与当地的汉族居民在土地占有问题上发生冲突，这既体现为土地纷争，又反映着民族矛盾。此后，随着胡汉地主阶级的联合，共同压榨各族人民，阶级矛盾也日益突出。而“坞堡式”的大土地所有制的存在，妨碍了各个政权的统一与税收。这样，土地占有问题就成为北方政权解决民族矛盾、阶级矛盾、地主阶级内部矛盾的焦点。

鲜卑族建立北魏政权，总结鲜汉民族土地立法的经验教训，创立了新的土地立法“均田律”，以实现在土地所有权问题上的民族间的均衡、阶级间的均衡、地主与国家间的均衡。于是，孝文帝太和九年（485 年）便下诏推行“均田律”。“诸男夫十五以上，受露田四十亩，妇人二十亩，奴婢依良，丁牛一头受田三十亩，限四牛。所授之田率倍之，三易之田再倍之，以供耕作及还受之盈缩。诸民年及课则受田，老免及身没则还田。奴婢、牛随有无以还受。诸桑田不在还受之限，但通入倍田分。于分虽盈，没则还田，不得以充露田之数。不足者以露田充倍。诸初受田者，男夫一人给田二十亩……诸桑田皆为世业，身终不还，恒从见口。有盈者无受无还，不足者受种如法。盈者得卖其盈，不足者得买所不足。不得卖其分，亦不得买过所足。诸麻布之土，男夫及课，别给麻田十亩，妇人五亩，奴婢依良。皆从还受之法。……诸宰民之官，各随地给公田，刺史十五顷，太守十顷，治中别驾各八顷，县令、郡丞六顷。更代相付。卖者坐如律。”[⑥]

均田律是拓跋鲜卑在吸收鲜汉民族土地立法经验的基础上开创的新的中国封建土地法制度。均田律中来自鲜卑族的根据是，拓跋部在代北时代推行的“离散诸部，分土定居”，“计口授田”[⑦]的土地分配办法。公元398年，拓跋珪定都平城（今大同）后，便将拓跋部众拆散，按地域定居下来，“计口授田”，成为国家的编户齐民。拓跋珪“计口授田”之田具有国有性，拓跋部众在分配给自己的土地上生产耕作，向国家提供一定数量的租税力役。均田律中来自汉族的根据是，商周推行的井田制和西晋王朝的占田制。西周立国推行土地等级占有的井田制，但井田制下各级贵族对受封的土地只有使用权，而无所有权，体现了西周“溥天之下莫非王土”的土地国有制和“田里不鬻”的限制土地流转精神。西晋的占田制在认可土地封建私有的基础上，使国家对土地在臣民间的分配数量具有一定控制力。以上控制土地的精神在拓跋鲜卑的均田律中均有吸收。

在吸收鲜汉民族土地立法经验的基础上，拓跋鲜卑创立的均田律为封建土地立法加入的新内容有以下几方面：

第一，均田律新在其明确将土地按性质划分为所有权在国家的露田和所有权在个人的桑田。此前汉族政权的土地法无论井田制还是占田制，都有其自身的缺陷。关键在于其规定的土地所有权的单一性。西周井田制下的土地所有权全归国有，具有使用权的诸侯、卿大夫失去了生产的积极性，便在公田外大量开垦所有权属自己的私田而导致井田制衰亡，西周政权由此失去统治基础而没落。西晋的占田制承认农民、贵族所占土地的私有性，但土地私有的性质带来土地兼并而出现大土地所有制，西晋政府失去税源而衰亡。拓跋鲜卑接受教训，将土地划分为两类，一类为国家所有，一类为私人所有，国有的露田数量大，私人所有的桑田数量小，便于实现国家对土地的控制，减少由于土地兼并而带来的农民流失土地问题，也保证了国家的正常赋税收入。明确将土地所有权划分为国有与私有，克服了土地所有权规定单一性带来的社会矛盾，这是拓跋鲜卑对中国土地法的新发展。

第二，将所有权不同的土地按一定数量授予纳税农民，使农民既有地可耕，又具有生产积极性，这也是拓跋鲜卑均田律的创新之处。拓跋鲜卑的均田法将土地划分为国有与私有两种，规定授予农民所有权属国家的露田四十亩，但要求国有的露田不许买卖。拓跋鲜卑用国有的露田保证个体农民不致因土地兼并而沦为大土地所有制下的奴婢、佃客，由此避免因大土地所有制的膨胀，而危及拓跋魏政权的稳定。少量桑田的分配，因所有权在个人并允许买卖而适应了封建土地经济流转的要求，调动了农民生产积极性，使封建经济保持了活力，最终促进了生产力的发展和国家经济的繁荣，阶级矛盾和地主阶级内部矛盾由此得以缓和。特别是大量鲜卑族普通民众由于均田律的推行而获得一定数量的土地，从游牧民转化为封建自耕农，加速了与汉族融合的步伐。到孝文帝迁洛改革后，迁洛鲜卑族已逐步融入汉族中，成为封建政权统治下汉族的一员。

第三，拓跋鲜卑均田律新在其规定拥有奴婢和耕牛的人，可以额外获得土地。在汉族政权统治中原时期，随着东汉光武帝的释奴令，奴婢已不再是社会的基本问题，故土地法中不涉及奴婢受田。鲜卑族建立政权之前，社会还处于早期奴隶制阶段，奴婢数量大，属于社会生产的主力军。忽略奴婢问题是不现实的。况且，大量奴婢是掌握在鲜卑贵族手中，为照顾鲜卑族利益，拓跋鲜卑均田律便规定奴婢依良人受田，鲜卑贵族因拥有奴婢而获得这部分土地。奴婢因受田而提高了社会地位。鲜卑贵族因奴婢、耕牛受田而获得大量耕地变为封建大土地所有者，贵族奴隶主身份逐渐消失，鲜汉民族矛盾由于均田律而得以缓和。

第四，拓跋鲜卑均田律还新在其规定露田实行加倍或加两倍授予，即“所授之田率倍之，三易之田再倍之”。加倍授予农民国家法律承认的土地，这在此前汉族政权的土地法中是不存在的。均田律如此规定，既满足了无地农民对土地的要求，更推动了北方地区荒地的开垦。十六国以来衰退的北方经济开始复苏。拓跋鲜卑通过推行均田律使北方地区的阶级矛盾、民族矛盾、地主阶级内部矛盾得以缓和，鲜卑贵族因获得土地转变为封建大地主，一般鲜卑人因得到土地而转化为封建农民，鲜卑民族在经济上完成了封建化。一个新生的少数民族封建政权便在中原汉族地区稳固地存在下来，为此后鲜卑族最终完成汉化奠定了基础。

拓跋鲜卑创立的均田律为中国封建土地立法开出一条新路，为后来的北齐、北周、隋、唐所继承，影响了中国封建土地制度三百余年。公元534年，拓跋魏政权在北镇起义的打击下分裂为东魏、西魏。不久，东魏、西魏又分别为各自政权中掌权的北镇鲜卑大臣推翻，代之以北齐、北周。处于对立状态的两大鲜卑政权，为在争霸中获胜，都不约而同地继承了拓跋鲜卑创立的均田制，以壮大国力。北齐帝河清三年下诏规定“十八受田输租调”、“六十六退田免租调”。“人一夫受露田八十亩，妇四十亩，奴婢依良人限数，与在京百官同。丁牛一头受田六十亩，限止四牛。又每丁给永业二十亩，为桑田，……不在还受之限，……土不宜桑者，给麻田，如桑田法。”⑧北齐的均田令与拓跋魏的均田令相较，无论是土地名称、土地性质，还是授予土地的数量，均无多大差别。北齐之外，北周也奉行均田制，但因资料缺乏，只能从《隋书·食货志》看出大概“有室者田百四十亩，丁者田百亩”，即一夫一妇之家可得露田一百四十亩，丁男一百亩。桑田亩数不详，但肯定有授，因同书下言“其非桑土有室者，布一疋，麻十斤，丁者又半之”。既是非桑乡应交麻，那么桑乡即应纳锦、绢。同书又言“有室者岁不过绢一疋、绵八两、粟五斛”。可见，北周在露田之外，也授桑田、麻田。总之，到北镇鲜卑统领的北齐、北周时期，由拓跋鲜卑创立之均田制仍在继续沿用。北镇鲜卑由于获得土地而转向稳定的自耕农，此后就逐渐融入汉族，到隋唐后，两大民族融为一体。

隋代周并统一全国，将北齐、北周的均田制推行到全国。唐代隋立国不久就颁布了均田令。该令规定，十八岁以上的中男和丁男，每人受口分田八十亩，永业田二十亩，老男、笃疾、废疾受口分田四十亩，寡妻妾受口分田三十亩，但一般妇女和奴婢不受田。隋唐均田制与拓跋魏均田制从土地性质、土地授受，到土地买卖的规定基本相同，所不同者是土地授予数量的缩减和品官占田数的扩大。但因隋末大乱，人口锐减，一般农民都能获得相当数量的土地。故随着均田令的推行，到唐玄宗开元年间近百年的发展，唐朝的社会经济达到空前的繁荣。

从拓跋魏到唐，均田制发展了三百余年，证明了其持久的生命力。这是拓跋鲜卑对中国封建土地立法的重大贡献。

二、北镇鲜卑将格、式上升为独立的法典，使封建法律形式日渐规范

早期中国封建社会法律的主要表现形式是律。律的法律形式始于商鞅在秦国推行的《秦律》。商鞅希图以地主阶级意志的“律”来调整人们的行为规范，治理秦国。经过反复曲折的斗争，“律”最终确立起中国封建法律体系中基本法律形式的地位。从秦王朝开始，中国封建法律的表现形

式开始多样化，逐渐形成律、令、科、比的新法律体系。秦始皇统一中国，为适应建立以皇帝为中心的专制主义的集权政治统治的需要，对法律形式做了重大的调整，在律之外，承认封建皇帝针对某时、某事、某人随时发布的令具有法律效力。这样，中国封建的法律形式开始打破以律独尊的局面，形成律令为主、其他法律形式为辅的多样化表现形式。

汉代秦后，以律令为中心的法律表现形式也得以延用，并新创科、比，使封建法律形式得以扩充，形成律、令、科、比新法律体系。“科”创于汉初，主要包含一些封建社会基本法的律及皇帝发布的令，少有涉及的具体法令条文。它既弥补了律令漏洞，又丰富了法律形式。“比”又称决事比，即律无正条者，比附以往已决判例进行断案。这样，由于以成例作依据，使比与律、令、科相较有更大灵活性与针对性，从而成为汉代法律体系中的重要表现形式。

在律、令、科、比的法律体系中，律是基本法，令、科、比起补充作用。这一体系在魏晋以后受到挑战。战争使常律散失，无以推行，新的律又往往与令发生矛盾，法律的威严受到挑战。

拓跋鲜卑为应对汉族法律中的律令矛盾大胆改革法制，新创“格”作为基本法的表现形式。“格”作为独立的法典出现于拓跋魏政权末年。《魏书·出帝纪》记载：“法启二门，则吏多威福。前主为律，后主为令，历世永久，实用滋章。”律令的繁杂矛盾，为官吏假手法律为非作歹提供了方便，使法律的严肃性受到挑战，也无法实现预防犯罪的目的。北魏出帝便“令执事之官四品以上，集于都省，取诸条格，议定一途，其不可施用者，当局停记。新定之格，勿与旧制相连”⑨。经立法程序使司法实践中已适用的条格上升为正式法律，这是拓跋鲜卑解决律、令矛盾的权宜之计，但使中国封建社会基本法律形式中新增一族——格。出帝定格已是魏末，随后的大乱使新定之格根本无法实现其统一法制之目的。到东魏立国，社会得以局部安定后，掌权的高澄才召集大臣，承出帝统一之格，制定法律，名为《麟趾格》。“格”由此成为独立的正式法典形式。需要指出的是，东魏尽管从形式上颁布了法典，但执行过程中由于优待鲜卑人，使它没有真正走上法制建设之路，随后的北齐政权更沿执法不严之路走下去，终为北周所灭。

“式”上升为正式法律是鲜卑族发展汉族司法规则而来。秦王朝时已有属于审理案件的司法规则、文书程式。当时的式属于程序法范畴，不属实体法。秦以后历代王朝也有式的法律形式，如汉代有品式章程、两晋有户调之式等。这些式都属于单行法规，并未上升到国家正式法典的地位。北魏分裂，北镇鲜卑军人立西魏，西魏文帝为强化统治命苏绰修订法律。苏绰在宇文泰制定的三十六条新制基础上，有所增损而成《大统式》五卷。这样，式便从程序法规、单行法规首次上升为独立的法典。式的地位提高是北镇鲜卑加强西魏法制建设的思想体现。西魏地理环境恶劣，经济实力不敌高欢掌权的东魏，只有加强法制统治才可强大国力与东魏对抗。事实上，在三十六条和《大统式》推行后，西魏逐渐走上法制化道路，为日后北周灭齐建隋奠定了基础。

格、式上升为独立法典是鲜卑族对中国封建法制的重大贡献，它使秦汉以律、令、科、比为主的中国封建法律表现形式日渐规范，它引导北镇鲜卑军人建立的政权从动乱逐渐走上法制化和向汉族先进文化学习的道路，并最终与汉族融为一体。同时，它也对隋唐封建法律的表现形式产生了深远的影响，为隋唐法制走向封建法制的高峰创立了良好的条件。

唐代立法，承接汉族与鲜卑族法律传统，建立起律、令、格、式四种形式构成的严密完善的法律体系。《唐六典》明确规定了四种法律形式的关系："凡律以正刑定罪，令以设范立制，格以禁违止邪，式以轨物程式"；《新唐书·刑法志》做了类似的解释："令者，尊卑贵贱之等数，国家之制度也；格者，百官有司之所常行之事也；式者，其所常守之法也。凡邦国之政，必从事于此三者。其有所违及人之为恶而入于罪戾者，一断以律。"[10]

由上可知，律是刑事镇压方面的法律，体现出封建法制的本质；令是国家组织制度方面的规定，用以强化国家统治职能；格是皇帝临时颁布的国家机关必须遵行的各种单行敕令、指示的汇集；式是国家机关的公文程式和活动细则，具有行政法规的性质。这样，律、令、格、式四种法律形式相配合，形成一个系统化和周密化的法律体系，标志着唐王朝法律调整作用的加强。

从汉王朝的律、令、科、比，到唐王朝的律、令、格、式，封建法律对社会的调整作用在逐渐强化。在这一过程中，鲜卑民族起了重要作用。从东、西魏到唐，格、式的法律形式存在了四百多年，证明了鲜卑人所创格、式法律形式的生命力。

三、十二篇目律典结构定型了中国封建律典体例

中国封建律典的体例结构始于六篇。战国李悝定《法经》，其体例结构为《盗法》、《贼法》、《囚法》、《捕法》、《杂法》、《具法》六篇。其中，前两篇强调对盗贼犯罪的惩治；《囚法》、《捕法》两篇规定了对盗贼的追捕查办；《杂法》规定了惩治盗贼罪以外的其他犯罪；《具法》以《晋书·刑罚志》的解释是“具其加减”，即根据不同情节给予加刑或减刑的规定，类似近现代刑法的总则部分。《法经》的这种结构体例表现为先实体、再程序、原则殿后。这种结构不符合科学的律典结构体例，且法律调整对象过窄，只集中于盗贼现象。国家制度和经济、社会关系没有涉及。到汉代，这种结构体例并未发生多大改观。萧何修订汉律，只是在《法经》六篇的基础上发展为九篇，增加了对畜牧、军队征调、赋税征发的法律规定，法律调整的对象适当扩大。曹魏制定《新律》，将篇目增扩到十八篇，再次扩大法律调整对象。如此，中国封建律典的体例结构，几经变革，篇目愈来愈多，调整对象不断扩大，但体例始终未能定型，表现出立法水平的滞后。

中国封建律典十二篇目体例定型于北镇鲜卑人高氏建的北齐。北镇鲜卑在经济和文化上都落后于平城的拓跋鲜卑，更落后于迁洛鲜卑。他们靠武力立国，统治手段上残暴无道，治国政策上抑汉扬鲜。不过，在立国初定之后，为稳定政权，还是推行了一些积极的治国之策：文化上开设学校讲授儒学；政治上鼓励大臣进谏，要求地方官吏勤于政事，发展生产；法制建设上提出各级官吏要深入探究法律，并明确了“适治之方，先尽要切，引纲理目，必使无遗”[11]的立法指导思想。这就是要求立法者在认识上首先明确：适合国情的法律必须是集中调整主要社会关系的法律，同时也是兼顾社会关系的其他方面而不致有所缺失的法律，为此而立的法应是“引纲理目”、条理清晰的法。这种对法律的认识既避免了前期中国封建法律篇目扩大的弊端，又为法律体例的合理编排确立了基础。在这样的立法思想指导下，高氏又重用擅长律学的渤海封氏家族成员修律。封氏费尽十余年时间，借鉴前代篇目庞杂的教训，一方面满足以法律调整主要社会关系的基本要求，同时务求篇幅适中，体例恰当，最终撰成《北齐律》。

《北齐律》将其篇章体例确定在十二篇。其第一篇称《名例》，规定

了法定刑的种类及适用原则，体现出《北齐律》的立法精神和立法原则，相当于现代的刑法总则。《名例》之后是其法律主体的实体法部分，分别有：关于保卫皇帝人身安全、维护皇帝权威的《禁卫》；维护封建民事关系的《婚户》，体现出婚姻是家庭先导的立法理念；关于军事方面的《擅兴》；关于国家机构设置和官吏选拔考核的《违制》；关于伪造印信、诈取官爵的《诈伪》；关于斗殴、告诉的《斗讼》；关于侵犯封建政权、人身和财产方面的《贼盗》；关于畜牧管理的《厩牧》；还有拾遗补阙的《杂律》。第九篇是涉及到程序法的《捕断》。此外，还有《毁损》篇，内容已不可考。十二篇目比较完整地涉及到社会生活的各个方面，体现出《北齐律》的高度概括性。不足之处是排列的系统性上有欠缺，程序法混于实体法之中，没有严格地将实体法排列完之后，再排程序法；《违制》靠后，没有体现出国家机关和官员在管理社会中的重要作用，等等。尽管有欠缺，但《北齐律》的十二篇体例结构是汉族前期封建社会律典编纂经验的总结，它尽管出自汉人之手，但能通过北齐鲜卑政权的公布而确立起自己的地位，这也是鲜卑族对中国封建法制的贡献。

《北齐律》十二篇的结构体例，奠定了中国封建律典编纂体例结构的基础。中国封建律典编纂水平的最高代表是《唐律》。《唐律》共十二个篇目，与《北齐律》篇目完全相同的有六个，即：《名例》、《擅兴》、《诈伪》、《斗讼》、《贼盗》、《杂律》；有六个篇目只不过是《北齐律》五个篇目的略加修正：《卫禁》源于《北齐律》之《禁卫》，《户婚》源于《婚户》，《职制》源于《违制》，《捕亡》和《断狱》实即《北齐律》之《捕断》之一分为二。《北齐律》中的《毁损》篇在《唐律》中已消失。由此我们可以得出这样的结论：《北齐律》的十二篇结构体例就是《唐律》结构体例的基础。鉴于《唐律》的历史地位，可以说《北齐律》十二篇目的结构定型了中国封建律典体例。

四、创设“重罪十条”，完善以礼入法

以礼入法，礼渗透到封建法律中，成为法律的主要内容，是一个渐进的过程。汉代是以礼入法的开始，集中体现在宗法等级名分的法律化。

从立法方面看，汉律以儒家提倡的维护和加强封建君主专制皇权为核心，制定了相应的罪名如不道罪、不敬罪、大不敬罪、诽谤妖言罪等[12]；

规定了体现“夫为妻纲”的“七弃三不去”离婚原则；在刑罚适用中规定了保护官僚贵族等级特权的上请原则、体现“父为子纲”的亲亲得相首匿的相隐原则等等。东汉时，由于儒家学说的谶纬化，以礼入法受到了阻碍。三国时期，进入以礼入法的扩充阶段，集中体现在封建特权制度的法律化。《魏律》将体现封建等级特权制度的“八议之法”入律。[13]这是儒家礼治思想中“贵贱有等”的法律化。两晋时期，以礼入法再次受挫，使以礼入法仅扩充到罪刑确立标准的儒家化上。《泰始律》明确规定了“准五服以制罪”[14]的量刑定罪原则。它体现了儒家所倡导的三纲五常的伦理道德观念，反映了“父为子纲”、“夫为妻纲”的父权、夫权思想，强调了上下、尊卑、贵贱、亲疏的封建等级秩序。进入北朝以后，以礼入法得以完善，完善之功应归于鲜卑人。经济、文化上远落后于汉族的鲜卑民族在依靠武力建立政权之后，为维护政权的长治久安，总结吸收汉族的治国经验，提出一些新的治国理念。他们主要吸收了汉族以礼入法的统治方式，恢复魏晋以来受到挑战的儒家思想的正统地位，以儒家思想治国，使中国封建法制建设中的以礼入法走向完善。

鲜卑族完善以礼入法的集中体现是《北齐律》创立“重罪十条”。所谓“重罪十条”是指被封建统治者认为直接危害封建国家根本利益的十种最严重的犯罪，即：谋反、篡权的反逆罪；毁坏皇家宗庙、山陵、宫殿的大逆罪；背叛国家、勾结敌国的叛罪；投敌的降罪；谋杀或殴打尊亲属的恶逆罪；残酷杀人的不道罪；偷盗皇家器物或祭礼用品，过失危及皇帝安全的不敬罪；不侍养尊亲属，不依礼服丧的不孝罪；逆杀本属官长的不义罪；亲属间乱伦的内乱罪。对犯有“重罪十条”之一者，《北齐律》规定“不在八议论赎之限”。[15]

《北齐律》之所以将“重罪十条”列为最严重的犯罪，就在于鲜卑统治者认识到它直接危及了封建国家的统治基础和政治制度，尤其是触犯了封建的纲常名教，颠倒了贵贱尊卑的关系。

以北镇鲜卑为主的北齐统治集团，尽管在施政时极力维护鲜卑贵族的利益，放纵鲜卑人的专横，但这一政权是建在封建经济文化早已存在的中原地区，它要想在中原立足，就要适应中原文化的要求，继承中原政治统治传统，实行礼法结合。况且，对北镇鲜卑集团来讲，维护以君权为核心的等级制度正是其维护新政权等级秩序的有力武器，以礼入法适应了鲜卑人统治的需要。另外，北齐政权中的部分行政管理职能由汉族地主掌管。

这些汉族地主无法从军事上与鲜卑人相抗衡，便希图通过实际掌有的立法权，来保证封建统治的长久，进而保护自己的根本利益，以与鲜卑人抗衡。加之，这些汉族地主多为儒士出身，通过参与立法，将礼法结合的治国观念融入法律之中，以实现自己的政治理想。鲜卑高氏为保证北齐长久统治，军事上要靠鲜卑人，但又不能完全排斥汉人的参政。这样，北齐的民族矛盾通过鲜卑高氏将汉人制定的法律予以公布而有了相对的缓和。“重罪十条”是魏晋以来以礼入法的重大发展，也是鲜卑人对中国封建法制的一大贡献。隋朝统一南北朝，制定《开皇律》时，对北齐“重罪十条”略加增删，创立了“十恶之条”。此后唐、宋、明、清历代法典都规定了“十恶重罪”。《唐律疏议》更是标注“五刑之中，十恶尤切。亏损名教，毁裂冠冕，特标篇首，以为明诫”。最终完成了封建法制的礼法结合。

五、确立五刑新刑罚体系，奠定封建五刑基础

中国封建社会初期的刑罚体系基本沿袭奴隶制时代的五刑制度，又改造增加了一些新的刑罚。这套刑罚体系的突出特点是庞杂。如秦王朝的刑罚体系就包括死刑、身体刑（即肉刑和变相肉刑）、劳役刑、耻辱刑、财产刑、身份刑、流放刑七等刑罚。这个刑罚体系除庞杂外，重刑较多也是一个特点，这显然与发展封建生产力不相吻合。故到汉文帝时期，便进行了中国刑法史上重要的改革，废除奴隶制的肉刑，初步建立起适应封建生产力发展要求的新的六等刑罚体系：死刑、笞刑、劳役刑、徙边、禁锢、赎刑。这一刑罚体系与秦刑罚体系相较，突出的变化在于体系逐渐规范，体现了刑罚从重逐渐减轻的趋势。进入三国，中国封建刑罚体系继续向规范和轻刑化发展。《魏律》就将刑罚体系确定为七等：死刑、髡刑、完刑、作刑、赎刑、罚金、杂抵罪。[16]在这七种刑名中，髡、完、作三种刑名均属劳役刑，故其刑名实际可合为五种，封建五刑新刑罚体系开始萌芽。西晋修《泰始律》，在魏七等刑罚制基础上简化，计有：死刑、髡刑、赎刑、罚金、杂抵罪[17]，使五刑制更名符其实。鲜卑族建立的北朝各政权先后进行过刑罚制度改革，使封建的五刑制度基本形成，并逐渐趋于系统、规范。封建五刑之制始明确于拓跋魏。据《九朝律考》的作者程树德先生考证，“后魏刑名，以流徒次死刑之下，又以鞭杖次流徒之下”。

五刑最重为死刑，死刑执行方式有四等：轘、枭首、斩、绞。死刑次一等为流刑，但流刑无等级。流刑之下为徒刑，分五岁刑、四岁刑、三岁刑、二岁刑、一岁刑五等。徒刑之下为鞭刑，鞭刑之下为杖刑，但鞭、杖之刑无明确的等级区分。[18]这样，死、流、徒、鞭、杖的封建五刑体制在拓跋魏时期就基本形成。在这一刑制中，以肉刑为主的奴隶制五刑残余已不见，代之而来的是以劳役刑和身体刑为主的封建制五刑，只是缺少系统化。北齐、北周编定法律，沿袭了北魏的五刑之制并将其系统化。北齐将五刑定为死刑四等：轘、枭首、斩、绞；流刑一等；耐刑五等：五岁、四岁、三岁、二岁、一岁，每等加鞭加笞；鞭刑五等：一百、八十、六十、五十、四十；杖刑三等：三十、二十、十。[19]北齐五刑制虽然较北魏系统，但鞭刑五等之间、耐刑名称缺乏科学性。北周修律改五刑为死、流、徒、鞭、杖。其中变化最大的是流刑，以远离皇畿的道里远近分为五等，即二千五百里、三千里、三千五百里、四千里、四千五百里，同时要加鞭加笞，充分体现出死刑减等刑的地位。鞭刑、杖刑更系统，鞭刑分六十、七十、八十、九十、一百诸等，每增一等加十鞭；杖刑由三等增为五等：十、二十、三十、四十、五十，每增一等加十杖。[20]流刑、鞭刑、杖刑的五个等级的建立使五刑制更加完善。

鲜卑族进行的刑罚制度改革，使中国的封建五刑制度基本形成。这一方面反映出刑罚制度的基本要求，即系统、规范；更重要的是鲜卑族能够适应社会和时代发展的要求，通过法制实践推进刑罚制度的发展变化，显示出这个民族的智慧和勇气。他们从嘎仙洞走出后，每向南推进一次，本民族就进步一次；每接近汉族一步，本民族汉化程度就加深一次。到北镇鲜卑建立政权后，其政权的封建性已明确无疑。随着其政权封建化的加深，鲜卑民族的民族特性逐渐淡化。至唐朝，鲜卑族已完全融入汉族，为中华民族注入了新鲜血液。

此外，鲜卑族明确的五刑制度为隋以后笞、杖、徒、流、死封建五刑制的完善奠定了基础。隋代修《开皇律》时以北朝五刑为基础，删除一切酷刑，建立起典型的封建五刑制度。《开皇律》规定：死刑分斩、绞二等；流刑分为一千里、一千五百里、二千里三等，同时分别居作两年、两年半、三年；徒刑一至三年，每等加半年，共五等；杖刑六十至一百，每等加十杖，共五等；笞刑十至五十，每等加十，共五等。[21]清朝的五等刑制较之北朝五刑制，一是体现轻刑化，死刑、流刑、杖刑都较北例为轻，反映出比较人道的原则；二是规范化，流刑三等之间、徒刑五等之间都有严格的差别，既体现等级，也反映出刑罚制的规范。故此后的历代封建王朝虽有多次修律，但法定正刑基本没有超出《开皇律》所确定的五刑范畴。

综上所述，中国封建法制能以其鲜明的特色独立于世界法制之林而成"中华法系"，与中国境内以汉族为主体的多民族文化的结晶密不可分。而鲜卑族对中国封建法制的贡献尤为突出。其中，鲜卑族创设的均田律开创了中国封建社会土地法的新内容；他们将格、式上升为独立的法典，使封建的法律形式日渐规范；十二篇目的律典结构，定型了中国封建律典体例；创设"重罪十条"，完善了以礼入法；确立五刑新刑罚体系，奠定了封建五刑基础。鲜卑族的这些法制成就奠定了中国封建法制在隋唐时期走向成熟的基础。

注释：

①程树德：《九朝律考》，中华书局1988年版，第339页、第407页。

②《史记》卷68《商君列传》。

③《史记》卷6《秦始皇本纪》。

④《三国志》卷15《司马朗传》。

⑤《晋书》卷26《食货志》。

⑥《魏书》卷110《食货志》。

⑦《魏书》卷110《食货志》。

⑧程树德：《九朝律考》，第399页。

⑨《魏书》卷11《出帝纪》。

⑩《新唐书》卷56《刑法志》。

⑪《北齐书》卷4《文帝纪》

⑫⑬参见程树德：《九朝律考》，第93页、第207页。

⑭《晋书》卷30《刑法志》。

⑮《隋书》卷56《刑法志》。

⑯参见《晋书》卷30《刑法志》。

⑰⑱参见程树德：《九朝律考》，第246页、第361页。

⑲⑳㉑参见程树德：《九朝律考》，第400页、第417页、第431页。

（原载《民族研究》2001年第6期）

鲜卑族的经济

色音匆力吉

乌桓与鲜卑是同一个民族的两种称呼，因他们是匈奴单于的长子——左屠耆王的属民。长子，蒙古语称 AOGAN，或称 AOHAN，汉族史学家音写成“乌桓”。鲜卑是匈奴中的一个古老的部落，匈奴左贤王的属民主体是鲜卑部落的民众，因此，出现了“乌桓”、“鲜卑”并称的现象。拓跋鲜卑也是鲜卑的一个分支，他们的社会发展比较快。他们进驻中原北部地区，建立了北魏政权。拓跋是蒙古语 TOB 的音译。

乌桓鲜卑是游牧部族。他们的经济生活主要是依靠畜牧业，但是后来入主中原建立北魏之后，农业经济迅速兴起和发展，并且早期的手工业也得到长足发展。

史载其“俗善骑射，弋猎禽兽为事。随水草放牧，居无常处。以穹庐为舍，东开向日。食肉饮酪，以毛毳为衣”。[1] 乌桓鲜卑的畜牧业很发达，马牛羊特别多。所以，他们婚宴嫁娶时以马牛羊为“聘币”；人死亦取死者生前所乘之马殉葬。如果是互相仇杀，也可以出马牛羊以赎死。祭祀天地、鬼神和祖先也用牛马羊。在向匈奴单于每年交纳的贡赋中，主要也是牛马羊。东汉光武帝建武二十五年（49 年），辽西乌桓大人郝旦等 900 余人到汉朝首都洛阳朝贡，贡物中大多都是牛马、虎豹貂皮之类。[1] 可见乌桓鲜卑人拥有畜群的数量之巨大。在内蒙古呼伦贝尔盟完工和扎赉诺尔的墓葬中发现有殉羊、殉马、殉牛和殉狗的习俗，说明这些动物已作为家畜驯养。有的墓葬，殉牲的数量很大，这说明牲畜被饲养的数量也很大。然而在嘎仙洞发现的动物骨骼，却是以野猪、野鹿和野羊为主的。从这里可以看出拓跋鲜卑在南迁以前是以狩猎为主；南迁至“大泽”之后，他们的畜牧业得到了很大发展。同时说明他们当时的经济是以畜牧业为主。拓跋鲜卑的游牧生活，持续到他们建立北魏王朝。公元 345 年，代王什翼犍曾议迁都、筑城郭、起宫室。他母亲平文皇后反对说：我部自先世以来，以迁徙为业，今若建城郭而居，一旦寇至，将无法躲避。[2]《晋书·苻坚载记》上记什翼犍的话，说他自己的部民只能部六畜、善骑射、逐水草。公元376年，什翼犍兵败逃至阴山以北，不久被迫返回漠南。其主要原因就是阴山以北难以适应“刍牧”。公元395年，拓跋珪为了躲避后燕对他的进攻，乃仅徙部落和牲畜西渡黄河千余里。[3]可见拓跋鲜卑从远祖直至北魏建国初期，始终是过着游牧生活。

乌桓鲜卑人也有农业。史载其“俗识鸟兽孕乳，时以四节，耕种常用布谷鸟为候。地宜青穄、东墙。东墙似蓬草，实如葵子，至十月熟。能作白酒，而不知作曲蘖。米常仰中国”[4]。从1956年考古学者在辽宁省西丰县西岔沟的乌桓墓葬[5]发现的众多农具看，证明乌桓鲜卑人确实从事过农业。而这些农具的大多数都有汉字，这又说明乌桓鲜卑人的农业是从中原汉族人那里学到的。尤其是拓跋鲜卑入主中原以后，就愈来愈多地受到中原农垦文化的影响，因而农业在拓跋部内，首先在拓跋部的统治地区发展起来。远在公元4世纪初期，拓跋猗卢在陉岭以北经营农业。[6]公元386年，拓拔珪在都城盛乐附近“息众课农”，不久又在河北、五原至棝阳塞（今内蒙古五原县至包头市北）进行屯田，并把全部收获按一定比例分给屯田的人们，“大得人心”[7]，因而解决了当时所面临的困难。

随着农业地区的不断扩大，农业经济在社会经济中所占的比重迅速增加，很快成为北魏的社会经济基础。《魏书·太祖纪》载，自拓跋珪攻占后燕都城中山及叶城等地后，天兴元年（398年）春，徙山东六州（太行山以东地区）吏民及徙何（属东部鲜卑的一种）等部人民36万、百工伎巧10万余口，充实京师；下诏发给这些内徙的新民以耕牛，“计口授田”，使他们从事农垦。当时东至代郡（今河北蔚县），西极善无（今山西右玉县），南极阴馆（今山西代县西北），北极参合（今山西阳高县北），都被划为“畿内”之田。王畿之外，即所谓“四方四维”的地方，也仍然是辽阔的农垦区域。北魏在这畿外地区设置了“八部帅”，对垦田户实行监督，劝课农耕，计算收入，评比优劣。[7]永兴五年（413年），魏将奚斤攻破越勤倍泥部于跋那山西之后，又徙二万余家于大宁川（在今河北宣化市境内），对这些新民仍是发给农具，“计口授田”。[8]

当时在平城畿内居住着乌桓鲜卑和汉人数十万户，加上山东六州新移入的36万各族农民，这样农业人口一下猛增到100万以上。而这时畿外的农业人口尚未计入其内。农业地区如此辽阔，农业人口如此众多，自然不能不增加农业在北魏社会经济中的比重，农业逐渐成为北魏社会的经济基础。在这里，游牧文化又一次被农垦文化所代替。

从早期的文字记载和出土文物中都可以看出，乌桓鲜卑人的农业，在其社会经济中并不居于重要地位，更不能占据主要地位。马长寿先生在其《乌桓与鲜卑》一书中曾经说过："乌桓人自然而然养成一种能够经营农、牧、猎三种经济的活动，但三种之内以农业为主。"[9]这是乌桓人南迁到辽西地区之后的文化变化。

乌桓鲜卑人的手工业是以铸铜和冶铁为主。

铸铜业具有悠久的历史，早在匈奴大联盟尚未分裂以前，即公元前3世纪末，铸铜业已经形成一个独立而发达的部门。从西岔沟出土的大量安装在铁剑上的铜柄和铜镡、铜镞、铜"鸣镝"、铜斧、铜当卢、铜铃、铜泡、铜扣、铜卡具、铜铰具、铜饰牌等青铜作的兵器和用具、饰具来看，种类繁多，造型优美而复杂。如剑柄柄首左右曲环，形似鸟回首，或作柱形，穿连七八个铜环，震之发响；箭镞有翼式、棱式、矛式和扁平式；饰具不仅绘有各种各样的美丽图案，工艺精巧，而且有的饰牌上还铸造出了兽类温静相处或相互搏斗撕咬的种种形状，甚至有的铸出了"骑士出猎和骑马战士捕捉俘虏"的场面。这些是在说明，乌桓鲜卑的铸铜业，是在匈奴大联盟时期已经形成的基础上，继续发展到新的水平。

乌桓鲜卑的冶铁业是一个新兴的部门。当匈奴大联盟分裂后，匈奴主体西迁而乌桓鲜卑南进到接近中原地区，受到农垦文化影响的结果。西岔沟出土了不少铁刀、铁剑、铁矛、铁镞、铁马衔、铁锥、铁镬、铁斧、铁锛、铁锄及铁釜残片，其中铁剑为最多，共有71件。这些铁器仿造汉式的居多数，也有中原地区制造的。这就说明，乌桓鲜卑时期中原汉族与蒙古高原的关系还是非常密切的。这里值得注意的是，西岔沟出土的约1000枚箭镞中，以铜镞占最多数，铁镞次之，还有极少数的骨镞和石镞。可见乌桓鲜卑人掌握铜器文化和铁器文化之后，骨制和石制的箭镞已逐渐被淘汰了。一个游牧民族，他们的冶铁业是否发达及其在手工业各部门中居于何等地位，用箭镞的金属性质来衡量，具有重要的意义。因为游牧民族的主要武器之一是弓箭，引弓发射是他们日常生活中狩猎和战斗的惯技和长技。因此，箭镞的消耗量特别巨大。箭镞一旦射出，则无法收回。所以，如果铁矿来源不充足，冶铁成本不低廉就很难承受如此巨大的压力。从西岔沟出土的文物分析，乌桓鲜卑人的冶铁业不如他们的铸铜业那样发达。

手工业中，除铸铜和冶铁以外，金银制造业也应成为一个独立的部门。从西岔沟已发掘的63座墓中，每墓都有出土的金银丝穿珠纽环饰品来看，造型如此复杂、精美，非能工巧匠不能制成。故可以推断专门匠必已出现，金银制造业必成为一个专业。史载乌桓鲜卑“妇人至嫁时乃养发，分为髻，着句决，饰以金碧，犹中国有‘帼步摇’”。[1]这种风俗，在一定程度上，当会推动金银业的发展。此外还应指出，上述那种金银丝穿珠扭环饰品是最富有特征的乌桓鲜卑文化遗物之一，它可与匈奴东部早期的双虺纠结形铜饰具和人面铜饰牌媲美。从其中可以看出金银饰品与双虺纠结饰具之间，在造型设计和构思上的一致或近似。

陶器业在乌桓鲜卑早期已成为一个独立的手工业部门。到两汉时代，得到了更进一步的发展。这一点可以从西岔沟出土的900余件陶器加以认定。陶器的形制主要可以分为壶、罐、碗、杯四类。虽大部分都是夹砂粗陶，但中心墓区却普遍出土了一种质地较佳的篦纹磨光、涂朱、长颈的红陶壶珍品。

纺织手工业是否已经形成为一个独立的部门，这个问题在文献和考古中都难于获得明确的答案。虽史书记载乌桓鲜卑“妇人能刺韦作文绣，织楼葛”[1]；又载乌桓鲜卑曾与西汉元始二年（2年）拿皮、布向匈奴赎回被掳掠的妇女弱小。[10]西岔沟也有布片出土。但妇女能纺织，只能说明纺织手工业的出现和存在，还不能说明它在社会经济中业已成为一个独立的部门。

参考文献

[1]《后汉书》卷90《乌桓传》。
[2]《三国志·魏志》卷30《乌丸传》。裴注引王沈：《魏书》。
[3] 孙守道：《“匈奴·西岔沟文化”古墓群的发现》，《文物》1960年8、9合期。
[4]《魏书》卷13《平文皇后传》。
[5]《资治通鉴》卷108晋太元二十年条。
[6]《魏书·序纪》。
[7]《魏书·太祖纪》卷110《食货志》。
[8]《魏书·太宗纪》。
[9] 马长寿：《乌桓与鲜卑》，上海人民出版社，1962年，第117页。
[10]《汉书·匈奴传》（下）。

（原载《内蒙古民族大学学报》2007年第10期）

试论早期鲜卑族的原始萨满崇拜

韩 香

萨满教是我国古代北方少数民族曾普遍信仰过的一种宗教。它以万物有灵观念为基础，宣扬灵魂主宰世界。万物有灵的信仰和对自然、图腾、祖先的崇拜，都囊括在它的宗教活动之中，所信奉的神灵也极为广泛，有人类、动植物及无生命的自然现象。这种宗教信仰曾长期影响着古代北方少数民族的经济、政治、社会思想及风俗习惯等。

作为古代北方少数民族之一的鲜卑，在其早期历史上，也长期信仰过这种宗教，但它更多地保持着其原始的性质，对鲜卑社会各方面都产生重要影响。因而，我们在研究鲜卑历史的过程中，也有必要探讨一下它的宗教情况。

《后汉书》卷90《鲜卑传》载：“鲜卑者，亦东胡之支也，别依鲜卑山，故因号焉……”它分北部鲜卑与东部鲜卑两支，分别发源于大兴安岭的北、南两段。自两汉至魏晋，他们不断南迁与西迁。东部鲜卑是随乌桓内迁的路线南迁而后部分西迁；北部鲜卑即拓跋鲜卑则是受东部鲜卑的南迁与北匈奴的西迁而向南向西迁徙。他们先迁至大泽（呼伦贝尔）地区，再南迁阴山、河套一带的“匈奴故地”，然后再有一部分西迁河西。大体而言，鲜卑是从大兴安岭出发，向南向西成扇形展开迁徙。当然这两部鲜卑人可能是两个氏族集团，然而语言相通、族属相同，出土文物亦大同小异，可以说是同源。①

由于历史、地理上的原因，鲜卑长期保存着他们处在向阶级社会过渡的形态。尽管他们在政治上时与汉魏通好，在军事上曾参加过汉魏政府军队的联合作战，在经济上也有“通胡市”的要求，但直至汉魏，始终没有同汉族的社会经济发生更深的内在结合，一直保留着自己的民族特点。因而，他们早期的原始萨满信仰保存了很长时间。下面我们从以下几个方面对早期鲜卑的原始萨满崇拜作一探讨。

万物有灵与自然崇拜

萨满教宗教观念的基础是万物有灵论。在原始社会时期，由于生产力的低下，人们不能解释天体、气象与人们物质生活的联系。当人类把自己的智慧、力量作用于大自然，大自然又反过来把自己的力量作用于人类，这就在原始人不发达的头脑里，造成了最初的幻想和感觉，把整个自然界生动的实体看成同自己一样，有感觉、意愿和情绪，并对大自然的事物赋予了人的品格或人的形象，认为他们是有“灵”性的东西，进而又将自然界神化，产生于敬畏、感谢、依赖等情绪，也就产生了最初的原始的宗教观念——“灵”，形成了最早的崇拜——自然崇拜。

自然是宗教最初的，原始的对象[②]，反映了人和自然之间的矛盾。我国北方地区气候寒冷，采集业带有季节性，而狩猎业与游牧业很早以来就成为古代一些民族获取生活资料的主要手段。大兴安岭北部的原始森林，正是为鲜卑先民们提供了这样一个对原始部落来说不由选择的生态环境。

1980年，考古工作者在鄂伦春自治旗阿里河镇西北的嘎仙洞的石壁上，发现了北魏李敞祭祀时所刊刻的祝文。这个发现不仅解答了鲜卑祖先的“石室”及大鲜卑山所在的千古之谜，而且也确定了嘎仙洞是人类居住过的古老的洞穴遗址。从嘎仙洞采集的遗物来看，以狩猎的工具为最多，并有大量的动物骨骼，说明狩猎经济占据着主要地位。而后当人类进一步发展，改造自然的能力提高了，靠人的活动能够增加天然产物，学会了驯养动物。这时，丛密的森林，就显得狭窄，紧连着大兴安岭森林边缘西南部的呼伦贝尔大草原，广阔无垠，水草丰美，就必然成为鲜卑牧人向往的天然牧场。

史载，拓跋鲜卑（北部鲜卑）到“毛”以后第五代“推寅”时，便“南迁大泽，方千余里，厥土昏冥沮洳”。[③]此大泽，即今日呼伦湖。考古工作者在其附近的完工、扎赉诺尔等地发现许多鲜卑墓葬，它们在文化面貌上有很大的一致性，又有不同的特征。其中射猎用的石镞、石矛等逐渐为骨镞、骨矛所代替。而且，在这些池区的墓葬中，有殉羊、马、牛、狗头的习俗，游牧业开始出现。这两种遗址反映了鲜卑在不同历史阶段的物质文化，与史书所载“畜牧迁徙、射猎为业”有很大的一致性。鲜卑早期的自然崇拜也就由此产生。其主要表现为：

森林崇拜：早期居住在大兴安岭的鲜卑先民们，过着狩猎兼采集的生活。他们的活动区域离不开这片古老的原始森林。不管是弋猎禽兽，或是采集果实，都取给于森林。因而，他们常常视其为生命之源，定期进行祭林活动。《史记·匈奴传》中关于匈奴习俗的记载云："秋，马肥，大会蹛林，课校人畜记。"《史记正义》中颜师古对此注云："蹛者，绕林木而祭也。鲜卑之俗，自古相传。秋天祭林者，尚竖柳枝，众骑驰绕三周乃止，此其遗传也。"祭蹛林之俗究竟来源于鲜卑还是匈奴仍难确定。但早期鲜卑存在此习俗则是肯定的，以后渐成传统。此祭祀活动安置在秋天，因为秋天果实成熟，且牲畜肥壮，鸟兽活跃，是狩猎采集的黄金时节。因而，鲜卑先民们举行祭林活动。祈求神灵保佑他们能获得丰收，度过寒冬。这也反映了当时生产力低下，原始鲜卑先民们还处于依赖自然力阶段的事实。

一般来说，这种林木崇拜指的是桦木崇拜。大兴安岭地区以桦树为主，据考证，它已有三千年的历史。鲜卑之后的契丹、女真人都有使用过桦树皮器具的历史。在完工、扎赉诺尔等地发现的早期鲜卑墓葬中，也出土有桦树皮工具。特别是在扎赉诺尔，出土有桦木弓、弓囊、勺、桦树皮盒盖等，内容丰富，反映出桦木在鲜卑先民的生产和生活中的作用。[④]后来，这种桦林祭祀不仅遗传成俗，而且被附会带有"灵"性。《魏书·礼志》载，拓跋焘派中书侍郎李敞等前往鲜卑石室告祭祖先时，"敞等既祭，以置牲体而还，后所立桦木生长成林，其民益神奉之，咸谓魏国感神祇之应也"。由此可见一斑。

天地日月星辰崇拜。《后汉书·乌桓传》载："祠天、地、日、月、星、辰、山川。"而《鲜卑传》又云：鲜卑"其言语、习俗与乌桓同"。可见鲜卑与乌桓同俗，同样崇拜天地日月星辰。这同他们低下的生产力与特殊的自然条件有密切的关系。当时活动在大兴安岭地区的鲜卑原始先民们，还处在与大自然进行搏斗，从自然中获取一切的阶段。在很大程度上，他们是依赖顺从自然力而不是支配它，因而，他们往往习惯于把人与自然看成一体。在他们眼里，天空浩渺无穷，而又变幻莫测。不仅日月星辰出没其间，而且时而风雨闪电，乌云滚滚，时而一碧千里，白云悠悠！即使在土地上，也常常避免不了地震和火山。这种瞬息万变的情况，引起了原始人的恐惧。在这种情感支配下，他们赋予天地日月星辰以人格化的想象。认为他们具有灵性，能主宰人的命运。在这种自然崇拜中，尤是日崇拜——太阳崇拜为主。史载鲜卑"以穹庐为舍，东开向日"。[⑤]即鲜卑先民安装穹庐，要找准方位，面向太阳升起的地方。且“穹庐寝息，资拜日以训恭”[⑥]，这是有道理的，因为天穹中太阳可以带来光明和温暖，能晒于万物，同时也可以带来生命的繁衍。在当时的生产力与生产条件下，夏季短、冬季长，太阳在人们心目中的地位是很高的。古代北方的其他少数民族，如匈奴、突厥等皆有东向拜日之俗。

由于太阳的缘故，也产生了鲜卑先民们对颜色——红色的崇拜。太阳为赤，代表着热烈、活力、奔放。尚赤之风由此盛行。人死之后，往往护送其魂灵归赤山。东汉应劭的《风俗通义》亦载，鲜卑“皆秃头而衣赭”，都为鲜卑红色崇拜的具体表现。

山川崇拜。鲜卑先民不管是游弋射猎于大兴安岭，还是南下逐水草而居，都依赖仰给于山川河流，因而也逐渐形成对山川河流的崇拜。如“赤山”为死者灵魂所归之处，也是鲜卑先民们生息繁衍的地方；而水草丰美之处则往往是游猎的最佳位置。《后汉书·鲜卑传》载：“其言语、习俗与乌桓同。唯婚姻先于髡头，以季春月大会于饶乐水上，饮宴毕，然后配合。”饶乐水为今西拉木伦河，大会饶乐水据考证为祭水神，祈求来年有个好收成。此外，在大祭之后，处于昂奋状态下的不同氏族的男女可以配合，交媾生育，视为神的旨意，其宗旨在于人口的繁育。[⑦]

灵魂不死与灵魂崇拜

鲜卑先民在对大自然现象进行膜拜的同时，也往往求助于鬼神。自然崇拜是基于万物有灵论的基础上而产生的，同时也基于这种思想，早期鲜卑先民也相信“人有灵魂”、“灵魂不死”。这常常是他们受梦中景象影响，认为他的思维和感觉不是他们身体的活动，而是一种独特的、寓于人的身体之中，而在人死之时就离开身体的灵魂的活动……既然灵魂在人死时离开肉体而继续活动，那么就没有理由设想它本身还会死亡。[⑧]早期鲜卑先民们习俗中就有敬鬼神一项，“敬鬼神，祠天地日月星辰山川”[⑨]，认为在人死后，其灵魂还在，如常人一般生活。因而，在葬俗上，他们常常“敛尸以棺，有哭泣之哀，至葬则歌舞相送。肥养一犬，以彩绳缨索，并取死者所乘马衣物，皆烧而送之，言以属累犬，使护死者神灵归赤山”。[⑩]这种习俗一直相延很久。在今辽宁北票西北将军山东麓发现的北燕冯素弗夫妇墓中，素弗墓殉犬二只，这应是“肥养一犬……使护死者神灵归赤山”的东胡旧俗。[11]

动物与图腾崇拜

萨满教是原始狩猎生活的产物。狩猎生活的一切方面都离不开动物，在萨满教起源当中，动物占有相当地位。它一方面表现出原始的游牧部落对动物的依赖关系，另一方面则源于图腾崇拜的影响。不管是弋猎于兴安岭原始森林，还是南迁游牧于呼伦湖及以后的阴山等地，鲜卑民族都离不开动物。因而，在长期的生产与生活中，与动物结下了不解之缘。他们“俗善骑射，弋猎禽兽为业”，且“见鸟兽孕乳，以别四时”。[12]他们对不同动物的脾性的了解胜于周围的人的认识。因而，往往把动物人格化，赋予他们人的感情，并常常作为神灵加以崇拜。

正如匈奴、突厥等族对狼崇拜一样。鲜卑对马、鹿的感情颇深。因为这些动物曾经对人们的生产与生活产生过重大的影响。

对游牧民族来说，马是一项有战略价值和交易价值的重要商品。鲜卑是以畜牧、狩猎为主的民族。养马、畜马之风甚盛。他们“兵利马疾，过于匈奴”[13]，常常“乃共要誓，皆不得以马与中国市”。[14]因而，在他们的生产、生活与习俗当中，常常将马奉为很高的地位。在完工、扎赉诺尔南杨家营子、二兰虎沟、百灵庙东北、哲里木盟的舍根以及义县保安等地，均发现早期鲜卑的物质文化遗存。其中完工、扎赉诺尔的遗存，相当于拓跋先祖南迁大泽经历七世时的遗留。在扎赉诺尔所清理的两座墓葬中，其中出土的有铜牌两件，铸成长形，上面做凸起的飞马，两翅上展，作用力奔跑姿态。此外，还出土有马纹铜牌一件。[15]因而在属东部鲜卑的舍根文化遗存，所出土的陶器纹饰中，除大量几何纹外，还有一些马的图案。在发现的马纹装饰中有六种不同姿态的马纹图案，或万马奔腾，或漫步草地，或人马并行，或以马为主的复合图案。马的体态也或肥或瘦。[16]此外，在呼伦湖畔甘珠尔花征集到的两件动物纹青铜牌饰的鲜卑遗物，又有集中体现：这两件牌饰相互对称，画面上一只恶狼和一匹骏马战斗，狼显然处于劣势，最后逃脱不了失败的命运。它象征着勇敢战胜邪恶，象征着正义的力量必将获胜。[17]马以其英武、矫健及正义的化身而受到景仰和膜拜。

但鲜卑的动物崇拜中最主要的还是鹿，以后逐渐转化为一种图腾崇拜。它似乎成为代表鲜卑历史传统象征，从鲜卑先民定居在大兴安岭山中就有了。

在嘎仙洞出土的动物骨骼中，除牛、羊甚至马外，还有野鹿骨骼。它不但能够为鲜卑先民们提供食物及做驮运之具，而且皮还能制作衣料。在当时那种简陋的生存条件下，猎鹿无疑成为一种生命之源。在原始鲜卑先民的眼里，鹿以其特有的形态、功能和用途而被认为是一种瑞兽，是吉祥和幸福的象征。当鲜卑南迁大泽后，虽然狩猎业已不占主导地位，但鹿仍在人们的生活中占很高的地位。在扎赉诺尔、完工等地出土的鲜卑墓葬中，已不用鹿殉牲，但在出土的遗物中，却有许多鹿形牌饰与器皿。1960年，在扎赉诺尔古墓中，就出土了鹿纹铜牌饰四件。其牌原为长方形，压成凸起的梅花鹿纹饰。[18]在赤峰市兴隆洼文化遗存中出土鹿纹尊形器，其图形为一卧鹿，雌性，网格刻线均匀流畅，突出地反映了鹿形体态，皮毛质感和温驯的性质，真实地渲染了鹿与自然的关系。[19]因而，鹿逐渐成为鲜卑的一种图腾或族的象征。

最能体现这一点的是《魏书·序纪》所载：献帝邻因“大泽”地区土地荒遐，“未足以建都邑，宜复徙居”。乃命诘汾继续南迁，诘汾在南迁过程中，由于“山高谷深，九难八阻，于是欲止。有神兽，其形似马，其声类牛，先行导引，历年乃出。始居匈奴之故地”。据专家考证，此神兽为鹿。[20]此传说虽有些附会，但也反映出鲜卑先民以为这与他们的氏族有着血缘联系，认为它们曾拯救和保护过自己的氏族，从而可以看出，鹿已成为一种图腾象征，成为一种祥瑞之兽，它为鲜卑的生存找到一条出路，因而被奉为神灵。至少对拓跋鲜卑来说，它既是一种图腾，也是一种族徽之象征。自东汉后期到北魏，这种鹿图腾崇拜的影响一直很大。如清河出土的双鹿纹陶壶，二兰虎沟、百灵庙出土的三鹿纹青铜饰牌，此外，在义县慕容鲜卑石墩墓中还出土有“昂首回头形象生动”的三鹿纹金饰牌[21]——从陶刻到铜镂，从铜镂而金锤，可谓源远流长。[22]

此后，随着拓跋鲜卑统一北方各部，入主中原与佛教的传入，导致鹿的形象进一步升华。佩戴与鹿有关的麒麟、天禄、辟邪、赤鹿、驯鹿等动物为造型的饰件，成为统治集团内等级、族性差别的某种标志，并移用于年号，象征王权与王室的标志。[23]

祭天与祖先崇拜

鲜卑南迁匈奴故地后，生产有了进一步的发展，社会组织也趋于成熟。早期的自然崇拜逐渐为祭天之仪所代替。如果说，早期的自然崇拜特别是天崇拜初义在于对自然力的依赖和恐惧，与某些民族的东向拜日相同，那么此时，祭天之俗则更多的是服务于政治。天命论的思想占据了主导地位。它把天视为慈祥的主宰万物的长生天，相信长生天能够安排一切，决定一切。《后汉书·祭肜传》载，建武二十五年（49 年），鲜卑大都护偏何率诸豪归义，当时的辽东太守祭肜要他们去攻击匈奴，“斩送头首乃信耳”。偏何皆仰天指心曰：“必自效。”又 2 世纪关于建立鲜卑大联盟的檀石槐的出生，史云，檀石槐的父亲投鹿侯，在匈奴从军三年后回家，发现其妻在家有子，投鹿侯大为震怒。其妻解释说：“尝昼行闯雷震，仰天视而电入其口，因吞之，遂妊身。十月而产，此子必有异，且长之。”[24]虽然投鹿侯并未听信这话，但至少反映出当时人们对长生天的崇拜，相信天的意志决定一切。因而往往将此事附会于政治，认为王位嬗递乃天意所为。鲜卑拓跋始祖力微亦被附会为其父与草原天女所生之子。

又史获，拓跋鲜卑始祖神元皇帝力微三十九年（258 年）迁于定襄之盛乐（内蒙古和林格尔）。“夏四月，祭天，诸部君长皆来助祭。唯白部大人观望不至，于是征而戮之，远近肃然，莫不震慑”。[25]可见此时祭天已代表着传统习俗与权力象征的结合。并渐成定制。如道武帝拓跋珪登国元年继代王位，“郊天，建元”。登国六年，“夏四月，祠天”。[26]

不过，随着社会的进一步发展，及北魏政权的建立，这种古老的风俗开始逐步让位于祖先崇拜。鲜卑很早就有“祭大人健名者”[27]的习俗，这种大人制可能为部落的首领，或许与祖先崇拜有一定联系。但毕竟与处于氏族社会时期的鲜卑不同，此时的鲜卑已进一步与汉族融合，社会组织进一步完善，世系观念也进一步加强，汉人祭祖的活动与仪式逐渐为鲜卑所吸收，祭祖活动开始兴盛，逐渐取代了传统祭天仪式。北魏太祖拓跋珪天兴二年春，“初祠上帝于南郊，以始祖神元皇帝配，降坛视燎，成礼而反”。“冬十月，太庙成，迁神元、平文、昭成、献明皇帝神主于太庙。”[28]此后，这种祭祖活动变得更加频繁，与汉族的祭祖活动更趋于一致。但这属于鲜卑后期的历史，这里就不再详述了。

最后，还值得一提的是，鲜卑先民们既然创造了上述崇拜的对象，也逐渐形成了祈求神灵的各种祭祀活动，似乎也应产生交往于人和神灵之间的使者——萨满。不同于突厥、蒙古的是，鲜卑史料对此很少提及。只是在《三国志》的《魏书·乌丸传》中载：“至葬日……牵犬马历位，或歌哭者，掷肉与之，使二人口颂咒文，使死者魂神径至，历险阻，勿令横鬼遮护，达其赤山。”另，《魏书·序纪》亦云：“献帝邻立。时有神人言于国曰：‘此土荒遐，未足以建都邑。’”此所提的“神人”及“口颂咒文”之人很可能是指萨满巫师，当然，具体情况仍有待于史料的进一步发掘。

总之，早期鲜卑的原始萨满崇拜基本上包括自然与鬼神崇拜、图腾崇拜、祭天与祖先崇拜等，大致经历过一种循序渐进的发展过程，也基本上具备了萨满教的一些原始的基本特征。因而，将鲜卑早期宗教崇拜定为原始萨满崇拜也是不为过的。

注释：

①陈连开：《鲜卑史研究的一座丰碑》，载《民族史学术论文集》1982年，中央民族学院民族史研究科研处编。

②《宗教的本质》，《费尔巴哈哲学著作选集》下卷，三联书店1962年版，第442页。

③⑤㉕《魏书》卷1《序纪》。

④⑪见宿白：《东北、内蒙古地区的鲜卑遗迹——鲜卑遗迹辑录之一》，《文物》1977年第5期。

⑨⑫㉗《后汉书》卷90《乌桓传》。

⑥《翰宛·蕃夷部·乌桓》。

⑦郭淑云：《满族萨满教雪祭探析——兼论原始萨满教的社会功能》，《内蒙古社会科学》1992年第5期。

⑧恩格斯：《费尔巴哈与德国古典哲学的终结》人民出版社，1972年版，第14～15页。

⑩《三国志》卷30《魏书·乌丸鲜卑传》。

⑬㉔《后汉书》卷90《鲜卑传》。

⑭《三国志》卷26《魏书·田豫传》。

⑮⑱郑隆：《内蒙古扎赉诺尔古墓群调查记》，《文物》1961年第9期。

⑯张柏忠：《哲里木盟的鲜卑遗存》，《文物》1981年第2期。

⑰张太湘、郝恩德：《呼伦贝尔草原考古的新收获》，《北方论丛》1979年第6期。

⑲㉓郭殿勇：《历史上北方民族器物装饰中的动物纹样》，《内蒙古社会科学》1992年第6期。

⑳㉑㉒干志耿、孙秀仁：《关于鲜卑早期历史及考古遗存的几个问题》，《民族研究》1982年第1期。

㉖《魏书》卷2《太祖纪》。

㉘《魏书》卷2《太祖纪》。

（原载《黑龙江民族丛刊》1995年第1期）

北魏国家宗庙祭祀制度考述

王柏中　史　颖　董春龙

宗庙祭祀是中国古代进入阶级社会之后，经过统治阶级规范了的一种祖先崇拜的表现形式。国家宗庙的设置及祭祀，历来都是中国古代政权礼制建设的重要内容。入主中原的少数民族政权，由于受华夏文化的影响，均接受了宗庙祭祀的崇拜方式，建立起各自的宗庙祭祀制度。拓跋鲜卑在创立北魏国家政权后，也建立、完善起了宗庙祭祀制度。20 世纪 70 年代，日本学者金子修一曾在《关于魏晋到隋唐的郊祀、宗庙制度》一文中论及北魏国家宗庙祭祀制度，但是仅着眼于孝文帝改革后北魏国家宗庙禘祫祭祀的实施情况。[①]金子修一之后，关于北魏国家宗庙祭祀制度的研究并没有实质性的进展。[②]有鉴于此，本文拟在金子修一研究的基础上，从宗庙设置和祭祀礼仪两方面，对北魏国家宗庙祭祀制度做一简要考述。

一、北魏国家宗庙的设置

考察北魏国家的宗庙祭祀制度，主要的史料来源是北齐人魏收所著的《魏书》，尤其是集中在《礼志》部分，“初自皇始（396～398 年，是北魏道武帝拓跋珪的年号），迄于武定（543～550 年，是东魏孝静帝元善见的年号），朝廷典礼之迹，故总而录之”[③]，较为系统地记述了北魏、包括东魏在内的礼仪制度。但是魏收修《礼志》的最大缺陷，是对北魏以前的鲜卑礼俗没有溯源。致使后人对包括什翼犍代国（338～376 年）在内的北魏先人的祭祖活动仅知一二，即拓跋鲜卑早期存在石室祭祖的崇拜方式[④]，以及什翼犍的代国时期，曾告祭过祖宗。[⑤]因此，对于金子修一在下面所指出的北朝祭祀制度“与北族原来保持的民族宗教的关系”的问题，就无从深入考察。

金子修一在《关于魏晋到隋唐的郊祀、宗庙制度》一文中指出："探讨北朝的祭祀制度时出现的问题是，与北族原来保持的民族宗教的关系。在北朝，最先采用真正的中国式的祭祀（与南朝不同）的是北魏，在记述其过程的重要史料《魏书·礼仪志》中，经著者魏收之手作了相当多的文饰，有的地方连拓跋族固有的祭祀也作了中国式的记述。"金子修一的这一看法有些是正确的，如把鲜卑先人祭祖的石室称为"石庙"，这的确是经过魏收文饰过了的语言。但是，金子修一对魏收《礼志》关于孝文帝以前的北魏礼制记述的准确性怀疑过头，进而在研究北魏郊庙制度时全不采纳，仅从孝文帝改革之后论起。金子修一后来也知道自己当时的看法有失偏颇，于是在《日本战后对汉唐皇帝制度的研究》一文中检讨道："笔者曾经怀疑《魏书》关于孝文帝之前北魏郊庙制度的记载，经过了编者魏收的润色。然而同书卷108之《礼志一》，说北魏祖先在乌洛侯国西北之地凿石作祖宗之庙，到太平真君时当地人还在祈请，并记载说太武帝（讳焘）遣使者在石室用以'天子焘'为开头的祝文告祀天地。这一石室，1980年在内蒙古呼伦贝尔盟鄂伦春自治旗的嘎仙洞被发现了。祝文在洞的西壁，刻有'维太平真君四年癸未岁七月廿五日，天子臣焘'等字样。这个太平真君四年（443年）的年号和天子臣焘的'臣'字，是《魏书》中脱落的文字。据此可知，北魏从孝文帝以前就已正确使用'天子臣某'告天了。看来，对《魏书·礼仪志》有关孝文帝以前的记载，不能简单地加以怀疑。"金子修一的这个检讨，对于我们正确认识《魏书》关于北魏前期礼仪制度的记述，还是颇有益处的。

淝水之战后，利用前秦衰败之机，登国元年（386年），什翼犍的孙子拓跋珪重建了政权，天兴元年（398年）六月定国号为"魏"，史称"北魏"。并于"秋七月，迁都平城，始营宫室，建宗庙，立社稷"。[⑥]北魏定都平城以后，同年"十有一月辛亥，诏尚书吏部郎中邓渊典官制，立爵品，定律吕，协音乐；仪曹郎中董谧撰郊庙、社稷、朝觐、飨宴之仪；三公郎中王德定律令，申科禁；太史令晁崇造浑仪，考天象；吏部尚书崔玄伯总而裁之"。[⑦]这里所提到的帮助拓跋珪草创国家各项制度的崔玄伯、董谧、邓渊、王德、晁崇，都是学有所长的汉人。[⑧]因此，他们所订立的制度一定有很浓厚的华夏色彩。但是，从孝文帝之前的国家宗庙设置来看，并没有严格遵行传统的庙制。

《魏书》卷108《礼志一》载：天兴（399年）二年“冬十月，平文（什翼犍之父郁律）、昭成（什翼犍）、献明（拓跋珪之父）庙成。岁五祭，用二至、二分、腊，牲用太牢，常遣宗正兼太尉率祀官侍祀。置太社、太稷、帝社于宗庙之右，为方坛四陛。……又立神元（始祖力微）、思帝（平文帝之父弗）、平文、昭成、献明五帝庙于宫中，岁四祭，用正、冬、腊、九月，牲用马、牛各一，太祖亲祀宫中”。“太祖初，……又于云中及盛乐神元旧都祀神元以下七帝，岁三祭，正、冬、腊，用马、牛各一，祀官侍祀。”由此看出，第一，道武帝拓跋珪所设立的平城宗庙，在布局上也遵行了“左祖右社”的传统礼制建筑格局；而且采取的是“都宫别殿庙制”，平文、昭成、献明每帝各自一庙。[9]第二，在皇宫和祖先旧都还另设有祖宗庙，即在皇宫之中设立神元、思帝、平文、昭成、献明五帝庙；在云中、盛乐设神元以下七帝庙。上述诸帝中，神元是始祖，思帝、平文、昭成、献明是道武帝的高、曾、祖、祢四世亲祖，所以得以在宫中享祀；从世系上分析，云中及盛乐所祀的七帝，是四世以上的远祖，即神元、文帝、章帝、平帝、昭帝、桓帝、穆帝。

又据《魏书·礼志一》载：明元帝拓跋嗣于永兴四年（412年）“立太祖庙于白登山。岁一祭，具太牢，帝亲之，亦无常月。兼祀皇天上帝，以山神配，旱则祷之，多有效。是岁，诏郡国于太祖巡幸行宫之所，各立坛，祭以太牢，岁一祭，皆牧守侍祀。又立太祖别庙于宫中，岁四祭，用马、牛、羊各一……后二年（415年，即神瑞二年），于白登西，太祖旧游之处，立昭成、献明、太祖庙，常于九月、十月之交，帝亲祭，牲用马、牛、羊，及亲行貙刘之礼。[10]……华阴公主，帝姊也，元绍之为逆，有保护功，故别立其庙于太祖庙垣后，因祭荐焉，又于云中、盛乐、金陵三所，各立太庙，四时祀官侍祀”。太武帝拓跋焘神二年（429年）“九月，立密皇太后庙于邺，后之旧乡也。置祀官太常博士、斋郎三十余人，侍祀，岁五祭”。即明元帝即位后，为道武帝于白登山设宗庙，并在皇宫中、白登西（同时亦为昭成、献明帝立庙）、云中、盛乐、金陵数处另立别庙，而且在其住过的郡国行宫中设立祭坛。明元帝和太武帝又先后在平城和邺为自己的姐姐和母亲分别立庙。

不难看出，北魏前期的宗庙设置上是相当混乱的。既有道武帝定都平城之初，依照“左祖右社”的礼制格局设置的“都宫别殿制”宗庙；又有为了飨亲尽孝方便，而在宫中设置的亲庙；还有为了昭示孝意、彰显祖宗，设于他处的女祖庙、别庙。考察历代宗庙设置的历史，为同一个皇帝多处设庙的做法始自西汉。[11]汉初一帝多庙的设置，与汉初的政治背景有密切的关系，更多的是出于强化“刘氏天下”这种统治意识的政治需要，“尊亲敬祖”的宗教意义相对次要。而北魏统治者虽然按照中原华夏的礼制确立起了宗庙祭祖的制度，但是拓跋鲜卑作为相对落后的民族，在祖先崇拜上宗教意识反而会更为浓厚，这种看似混乱的宗庙设置，恰恰是其质朴的宗教情感的反映，与其部族文明程度发展的水平有不可分割的联系。北魏前期在宗庙设置上的这种混乱的局面，一直维持到孝文帝改革之前。

孝文帝迁都洛阳之前，就在平城开始按照儒家经说进行礼制建设。太和十五年（491年）“四月，经始明堂，改营太庙”，重新规范了北魏的宗庙设置。新的宗庙摒弃了“都宫别殿制”，而采取了“同堂异室制”。[12]因新的庙制创行于太和年间，为了有别前制，而称“太和庙”。十一月丁卯，将神主迁入新庙，完成了宗庙设置的一个重大改革。[13]又据《魏书·礼志一》载：太和十九年（495年）“二月癸亥，诏曰：‘知太和庙已就，神仪灵主，宜时奉宁。可剋三月三日己巳，内奉迁于正庙。其出金墉之仪，一准出代都太和之式。入新庙之典，可依近至金墉之轨。其威仪卤簿，如出代庙。百官奉迁，宜可省之。但令朝官四品以上，侍官五品以上及宗室奉迎。’”可见迁都后，孝文帝又在洛阳按照新的庙制，即“同堂异室制”营建新都的宗庙。

对于以前的诸庙都不再亲祀，多依礼废省。如：《魏书·礼志一》载：太和十五年八月“戊午诏曰：‘国家自先朝以来，飨祀诸神，几有一千二百余处，今欲减省群祀，务从简约。昔汉高之初，所祀众神及寝庙不少今日。至于元、成之际，匡衡执论，乃得减省。后至光武之世，礼仪始备，飨祀有序。凡祭不欲数，数则黩，黩则不敬。神聪明正直，不待烦祀也。’又诏曰：‘明堂、太庙，并祀祖宗，配祭配享，于斯备矣。白登、崞山、鸡鸣山庙唯遗有司行事。冯宣王诞生先后，复因在官长安，立庙宜异常等。可敕雍州，以时供祭。’”太和十六年（492年）“十月己亥，诏曰：‘夫先王制礼，所以经纶万代，贻法后昆。至乃郊天享祖，莫不配祭，然而有节。白登庙者，有为而兴，昭穆不次。故太祖有三层之宇，以降无方丈之室。又常用季秋，躬驾展虔，祀礼或有亵慢之失，嘉乐颇涉野合之讥。今授衣之旦，享祭明堂；玄冬之始，奉烝太庙。若复致斋白登，便为一月再驾，事成亵渎。回详二理，谓宜省一。白登之高，未若九室之美；

帏次之华，未如清庙之盛。将欲废彼东山之祀，成此二享之敬。可具敕有司，但令内典神者，摄行祭事。献明、道武各有庙称，可具依旧式。’自太宗诸帝，昔无殿宇，因停之”。又太和十九年“六月，相州刺史高闾表言：‘伏惟太武皇帝发孝思之深诚，同渭阳之远感，以邺土舅氏之故乡，有归魂之旧宅，故为密皇后立庙于城内，岁时祭祀，置庙户十家，斋宫三十人。春秋烝尝，冠服从事，刺史具威仪，亲行荐酌，升降揖让，与七庙同仪，礼毕，撤会而罢。今庙殿亏漏，门墙倾毁，簠簋故败，行礼有阙。臣备职司，目所亲睹。若以七庙惟新，明堂初制，配飨之仪，各于京邑者，便应罢坏，辍其常祭。如以功高特立，宜应新其灵宇。敢陈所见，伏请恩裁。’诏罢之”。这显示出：孝文帝对北魏庙制的改革，当时并未做到旧制尽除。原有的宗庙并没有都废弃不祭，只是废止了对旧庙如白登庙的亲祭礼，降低了其祭祀规格。另据《魏书·礼志二》载：清河王元怿在孝明帝神龟初时曾说：“比来诸王立庙者，自任私造，不依公令，或五或一，参差无准。要须议行新令，然后定其法制。”表明孝文帝时尽管在“庙祀堂令”中规定了宗庙应当采用的形制，但是直到孝明帝时北魏诸王宗庙也不尽规范，“同堂异室”制仍没被完全采纳，旧有的祖先奉祀习惯一时还难以彻底扭转，足证北魏礼制变革的艰难。

二、北魏国家宗庙的祭祀礼仪

宗庙的设置，目的是进行对祖先的祭祀。在宗庙祭祀方式中，五年为一个周期的禘祫祭祀，在礼仪规格上最高；以一年为周期的岁时祭祀，列在其次；告谒祭祀虽然事由均大，但因其祭祀方式的临时性而排位最低。在孝文帝以前，北魏宗庙是以岁时的常祭为主，间以因事而行的告谒祭；从孝文帝时期开始，效法东汉、魏晋以来的宗庙礼制，增设了禘祫祭祀礼仪，并且对先前的祭祀方式也进一步加以规范。

1. 禘祫。

孝文帝改革礼仪制度以前，在北魏宗庙祭祀方式中没有禘祫。禘与祫，根据文献中记述，都是源于先秦的祭祀名称，其中金文中还有禘祭名称的记载。[14]然而，关于禘祭的初始含义，则众说纷纭，郊以祖配称“禘”，宗庙夏祭亦称“禘”，难定一辞，终成“千古聚讼”的一大难题。祫祭的含义在文献上是明确的。《公羊传》文公元年：“八月丁卯，大事于太庙，跻僖公。大事者何？大祫也。大祫者何？合祭也。其合祭奈何？毁庙之祖陈于太祖，未毁庙之祖皆升，合食于太祖。”可见祫祭就是在太祖庙中所举行的，包括毁庙与未毁庙的所有祖先在内的大合祭。禘祫祭祀实行的一个必要前提，就是祧迁毁庙之礼的存在。也就是说，宗庙中常奉的祖先要有定数，例如周代宗庙制度是天子七庙、诸侯五庙，亲尽则毁，迁主于祧，以次递迁，禘祫祭祀的主要意义，在于能以固定的亲世为限，来控制宗庙祭祀的规模，避免过度的耗费。同时，这种有所节制的祭祀方式，也还符合“祭不欲数，以数则黩”的儒家礼仪精神。正因为如此，禘祫之祭成为备受儒家推崇的一种祭祀方式。西汉以降，禘祫祭祀的实行与否，一直是检验宗庙礼制是否完备的重要标志。

孝文帝确立北魏宗庙禘祫祭祀的举措始于太和十三年（489 年）五月，《魏书·礼志一》载：“壬戌，高祖临皇信堂，引见群臣。诏曰：‘《礼记·祭法》称：……禘、祫……礼文大略，诸儒之说，尽具于此。卿等便可议其是非。’尚书游明根、左丞郭祚、中书侍郎封琳、著作郎崔光等对曰：‘……’帝曰：‘尚书、中书等，据二家之义，论禘祫详矣。然于行事取衷，犹有未允。……王以禘祫为一祭，王义为长。郑以圆丘为禘，与宗庙大祭同名，义亦为当。今互取郑王二义。禘祫并为一名，从王；禘是祭圆丘大祭之命，上下同用，从郑。若以数则黩，五年一禘，改祫从禘。五年一禘，则四时尽禘，以称今情。禘则依礼文，先禘而后时祭。便即施行，著之于令，永为世法。’”由此可见，孝文帝参和郑玄和王肃的礼说，确定了北魏宗庙殷祭的礼仪原则，即禘祫并为一名，统称为禘，五年一行祭。金子修一的《关于魏晋到隋唐的郊祀、宗庙制度》在阐释完这段史料的含义之后，又谈道：“如上述引用文的内容是如此意思的话，太和十三年时，就存在着禘祭和四时祭，禘祭五年举行一次，这是很明确的。”北魏的禘祫与“五年再殷”的传统方式相比，显然是别有特点。这种祭祀方式的初步确定是在太和十三年，如果金子认为太和十三年存在禘祭指的就是这个含义，那是没有问题的。因为如前所述，太和十五年孝文帝亲政之后，才营建新庙，为禘祭的实施准备了相应的物质条件。《魏书》卷 7《高祖纪下》载：孝文帝于是年八月“乙巳，亲定禘祫之礼”。可见，禘祫祭祀的最终方案直到这个时候才敲定下来，真正付诸实施，绝不会早于这一年十一月迁神主于新庙之前。

太和十五年，在营建新太庙的同时，孝文帝也开始议行宗庙祧迁之礼，为禘祫祭祀的实施做准备。《魏书·礼志一》载："四月，经始明堂，改营太庙。诏曰：'祖有功，宗有德，自非功德厚者，不得擅祖宗之名，据二祧之庙。仰惟先朝旧事，舛驳不同，难以取准。今将述尊先志，具详礼典，宜制祖宗之号，定将来之法。烈祖有创基之功，世祖有开拓之德，宜为祖宗，百世不迁。而远祖平文功未多于昭成，然庙号为太祖；道武建业之勋，高于平文，庙号为烈祖。比功较德，以为未允。朕今奉尊道武为太祖，与显祖为二祧，余者以次而迁。平文既迁，庙惟有六，始今七庙，一则无主。惟当朕躬此事，亦臣子所难言。夫生必有终，人之常理。朕以不德，忝承洪绪，若宗庙之灵，获全首领以殁于地，为昭穆之次，心愿毕矣。必不可豫，设可垂之文，示后必令迁之。'司空公、长乐王穆亮等奏言：'升平之会，事在于今。推功考德，实如明旨。但七庙之祀，备行日久，无宜阙一，虚有所待。臣等愚谓，依先尊祀，可垂文示后。理衷如此，不敢不言。'诏曰：'理或如此，比有间隙，当为文相示。'"由于庙号问题涉及祖先在宗庙中的地位，也与祧迁之礼密切相关，因此孝文帝根据其各自功业的高低，更定了平文帝与道武帝的庙号。

在此之前，北魏不仅宗庙设置混乱，祭祀礼仪也很不完善，如宗庙祭祀的对象仅及始祖力微以下，从拓跋毛到拓跋诘汾等远祖都没有得以奉祀。道武帝时，以神元帝为始祖，平文帝为太祖。[15]明元帝时，先议定拓跋珪谥号为"宣武帝"，庙号为"烈祖"；泰常五年（420年），又更谥"宣"为"道"，即谥号为"道武帝"。[16]众所周知，拓跋氏在北魏建国前就有了相当长的发展历史，但是直到道武帝时，才始称帝号。天兴元年（398年），道武帝在加尊帝号后"追尊成帝以下及后号谥"[17]，也把自己的祖先都追尊为皇帝：成皇帝毛、节皇帝贷、庄皇帝观、明皇帝楼、安皇帝越、宣皇帝推寅、景皇帝利、元皇帝俟、和皇帝肆、定皇帝机、僖皇帝盖、威皇帝侩、献皇帝邻、圣武皇帝诘汾、始祖神元皇帝力微、文皇帝沙漠汗、章皇帝悉鹿、平皇帝绰、思皇帝弗、昭皇帝禄官、穆皇帝猗卢、平文皇帝郁律、惠皇帝贺傉、炀皇帝纥那、烈皇帝翳槐、昭成皇帝什翼犍、献明皇帝。尽管其他祖先也都对国家的发展做出过功绩，但是毕竟道武帝是国家的建立者，功劳最大。因此，孝文帝才把道武帝定为太祖，使其居于百世不迁之位。

禘祫祭祀确立之后，在孝文帝以后，仍有所调整与完善。《魏书·礼志二》载："延昌四年（515年）正月，世宗崩，肃宗（孝明帝元诩）即位。三月甲子，尚书令、任城王澄奏，太常卿崔亮上言：‘秋七月应袷祭于太祖，今世宗宣武皇帝主虽入庙，然烝尝时祭，犹别寝室，至于殷袷，宜存古典。案《礼》，三年丧毕，袷于太祖，明年春禘于群庙。又案杜预亦云，卒哭而除，三年丧毕而禘。魏武宣后以太和四年六月崩，其月既葬，除服即吉。故特时祭。至于禘袷，宜存古礼。高堂隆亦如肃议，于是停不殷祭。仰寻太和二十三年（499 年）四月一日，高祖孝文皇帝崩，其年十月祭庙，景明二年（501 年）秋七月袷于太祖，三年春禘于群庙。亦三年乃袷。谨准古礼及晋魏之议，并景明故事，愚谓来秋七月，袷祭应停，宜待三年终乃后禘袷。’诏曰：‘太常援引古今，并有证据，可依请。’”由此可知，第一，孝文帝所确立的禘袷祭时，是在五年之中的第三年七月。第二，尽管孝文帝时定殷祭名为“禘”。但是出于祭祀的方式是太祖庙的合祭，因此也称之为“袷”，而且这种称呼方式似乎更为流行。第三，景明“三年（502 年）春禘于群庙”。疑“群庙”当是指太庙以外的其他宗庙，因为孝文帝营建新太庙后，原有的宗庙也并未全废，只是祭祀方式与规范化的太庙有别；因此，把在这些分散的宗庙中所行的丧毕三年的告吉祭称为禘，也未尝不可，并不说明在太庙中又实行了“五年再殷”的禘袷方式。另外，假设禘祭是在太庙的别室，那也应该是在景明四年，即五年头上举行，这也恰恰反证了景明三年春行于群庙的禘祭，是对于别庙的告吉祭。

2. 时祭。

在北魏国家宗庙中，仅次于禘袷的祭祀方式是时祭。孝文帝之前，北魏宗庙祭祀也和宗庙设置方式一样，并不统一。据前述《魏书·礼志一》的记载，道武帝时期所确立的祭祀方式是：平城城内平文、昭成、献明三帝正庙，“岁五祭，用二至、二分、腊，牲用太牢，常遣宗正兼太尉率祀官侍祀”。宫中设立的神元、思帝、平文、昭成、献明五帝庙，“岁四祭，用正、冬、腊、九月，牲用马、牛各一，太祖亲祀宫中”。云中、盛乐神元旧都所设的神元以下七帝庙，“岁三祭，正、冬、腊，用马牛各一，祀官侍祀”。明元帝时期，又为道武帝等增设了多所宗庙，其中白登山庙又称东庙，是为道武帝所设的正庙，“岁一祭，具太牢，帝亲之，亦无常月。兼祀皇天上帝，以山神配，旱则祷之，多有效”。[18]立于白登西的太祖庙，还有昭成、献明庙，又称西庙，“常于九月、十月之交，帝亲祭，牲用马、牛、羊，及亲行貙刘之礼”。云中、盛乐、金陵三地的道武帝庙，“四时祀官侍祀”。华阴公主庙，在祭道武帝庙时“因祭荐焉”。太武帝在邺为生母明密皇后所立之庙，“置祀官太常博士、斋郎三十余人，侍室，岁五祭”。孝文帝之前，北魏宗庙祭祀方式上的不统一，由此可窥见一斑。

北魏前期举行宗庙时祭的时候，皇帝只是有选择的亲祭。道武帝时，仅亲祀宫中别庙；明元帝时，白登庙与白登西庙也都亲祭；除此以外的其他宗庙时祭，都由大臣、祀官侍祀。这种做法，作为惯例一直被延续到太和六年（482 年）。孝文帝完善宗庙制度的举措，就是在这一年首先从确立皇帝亲祭仪开始的。据《魏书·礼志一》载：太和“六年（482 年）十一月，将亲祀七庙，诏有司依礼具仪。于是群祀言官议曰：‘大魏七庙之祭，依先朝旧事，多不亲谒。今陛下孝诚发中，思亲祀事，稽合古王礼之常典。臣等谨案旧章，并采汉魏故事，撰祭服冠屦牲牢之具，罍洗簠簋俎豆之器，百官助祭位次，乐官节奏之引，升降进退之法，别集为亲拜之仪。’制可。于是上乃亲祭。其后四时常祀，皆亲之”。即孝文帝命礼官参择本朝和汉魏旧典，制定出皇帝亲拜的仪节，从此每当宗庙时祭，皇帝都亲往祭祀。

孝文帝在宗庙时祭方面的另一项改革，是对祭祀时间的规范。“太和十六年正月戊午，诏曰：‘夫四时享祭，人子常道。然祭荐之礼，贵贱不同。故有邑之君，祭以首时，无田之士，荐以仲月。况七庙之重，而用中节者哉！自顷蒸尝之礼，颇违旧义。今将仰尊远式，以此孟月，犆礿于太庙。但朝典初改，众务殷凑，无遑斋洁，遂及于今。又接神飨祖，必须择日。今礼律未宣，有司或不知此。可敕太常剋日以闻。’”《魏书》卷 7《高祖纪下》也载：“丙子，始以孟月祭庙。”正式把宗庙时祭的时间定在四个孟月，即一月、四月、七月、十月举行。

另据《魏书·礼志二》载：宣武帝景明二年（501 年）夏六月，秘书丞孙惠蔚上言：“当祫之月，宜减时祭，以从要省。”宣武帝付臣下集议。七月，侍中、录尚书事、北海王详等言：“奉旨集议，佥以为禘祫之设，前代彝典，惠蔚所陈，有允旧义。请依前剋敬享清宫，其求省时祭，理实宜而。但求之解注，下逼列国，兼时奠之敬，事难辄省。请移仲月，择吉重闻。”这里是说，由于禘祫的时间定在三年的孟秋七月，而这也正是时祭的月份，一月再祭未免重复，于是在祭前的一个月，即景明二年六月，秘书丞孙惠蔚奏请“当祫之月，宜减时祭，以从要省”。集议的结果是把时祭移至仲秋八月，日期另择。

此外，《魏书·礼志一》载：太和十五年“八月壬辰，诏郡国有时果可荐者，并送京师以供庙飨”。这个诏令颁于新庙落成、启用之前，当为宗庙时享荐新而颁。

3. 告谒祭祀。

告谒祭祀，顾名思义，就是因事要禀告祖宗而行的祭祀。如前所述，这种祭祀方式早在代国时期就已存在。北魏建立以后，也常常因皇家及军国大事而举行，《魏书》中有多处记载。如：明元帝泰常五年（420年）五月乙酉，将拓跋珪的谥号“改‘宣’为‘道’，更上尊谥曰道武帝，以彰灵命之先启，盛德之玄同。告祀郊庙，宣于八表”。[19]太武帝“神䴥二年(429年)，帝将征蠕蠕，……大捷而还，归格于祖祢，遍告群神”。[20]“延和元年（432年）春正月丙午，尊保太后为皇太后，立皇后赫连氏，立皇子晃为皇太子，谒于太庙，大赦，改年。”又太延五年（439年）“十有二月壬午，车驾至自西伐，饮至策勋，告于宗庙”。[21]正平元年（451年）“三月己亥，车驾至自南伐，饮至策勋，告于宗庙”。[22]孝文帝延兴三年(473年）二月“戊午，太上皇帝（献文帝）至自北讨，饮至策勋，告于宗庙”。[23]太和二十年（496年）十二月“丙寅，废皇太子恂为庶人；丁卯，告太庙”。太和二十三年（499年）正月“萧宝卷遣太尉陈显达寇荆州。癸未，诏前将军元英讨之。乙酉，车驾发邺，戊戌，至自邺。庚子告于庙社。癸卯，行饮至策勋之礼”。[24]

《魏书》卷8《世宗纪》载：正始元年（504年）六月“甲午，帝以旱亲荐享于太庙”。这种祭祀也属于因事而行的非常祭，目的是祈求祖先的福佑以消除旱灾。《魏书》卷4《世祖纪上》载：太延元年（435年）十一月“丙子，行幸邺，祀密太后庙”。这是太武帝前往邺城巡幸，以祭母庙。可见，从文献记载来看，北魏宗庙除告谒祭祀外，还有其他类型的不定期祭祀。

三、结　语

中国历代的宗庙祭祀制度，特别是东汉以降经过儒家思想规范了的宗庙祭祀制度，在宗庙设置和祭祀礼仪上都形成了较为固定的模式。尽管如此，在整个制度建设和具体仪节施行的过程当中，不同政权的宗庙祭祀制度还是能够体现出各自的一些特点来。加强这方面的考察，不仅可以从特定的角度增进对这一王朝历史的了解，而且也有助于从整体上加深对中国古代礼制的认识。有鉴于此，笔者在前人研究成果的基础上，近年来围绕古代宗庙祭祀制度这一课题，做了一些尝试性的研究工作。本文对北魏国家宗庙祭祀制度的考察，便是其中的一个部分。通过如上的考察，可见北魏早期的宗庙设置及祭祀方式都很不规范；孝文帝时，随着汉化政策的推行，确立了“同堂异室”的七庙制、宗庙禘祭、孟月时祭和皇帝亲祭等内容，促使宗庙祭祀制度不断完善；孝文帝后，宗庙祭祀制度虽没有较大的变革，但在祭时选择及宗室与祭等祭祀礼仪方面，仍有进一步的调整和补充。

需要指出的是：宗庙祭祀仅仅是北魏祖先祭祀的主要方式之一，在圆丘、方泽，上帝、地祇，雩祭，南郊和明堂等祭祀活动中，也还有各种形式的祖先配祭。[25]虽然这些并不属于宗庙祭祀范畴，但是在很多方面都与其有密切的联系。此外，尽管由于史料缺乏的原因，难以深入考察拓跋鲜卑原有的祖先祭祀习俗与北魏宗庙祭祀的历史联系；但是与大致处在同一历史时段内的东晋南朝宗庙祭祀制度相比较，一定程度上仍可以探究出北魏宗庙祭祀制度的自身特点。这些问题，拟待另文探讨，此不赘述。

注释：

①此文原载1979年出版的《史学杂志》第88编第十号。汉译版见刘俊文主编《日本中青年学者论中国史》六朝隋唐卷，上海古籍出版社，1995年12月版，第337～386页。

②金子修一在《日本战后对汉唐皇帝制度的研究》中说：“实际上，包括笔者在内，研究者们对北朝郊庙祭祀的研究做的很少。”见《中国史研究动态》1998年第1期。金子修一这一说法指的是日本学界的研究状态，实际上中国学界的研究状况也是如此，陈戍国先生在其所著的魏晋南北朝礼学专著中，对北魏的宗庙祭祀也是所述无多，没做深入的探讨（参见陈戍国：《魏晋南北朝礼制研究》，湖南教育出版社1995年7月版，第四章“北朝礼仪”第三节“北朝诸祭”，第388～392页）。

③《魏书》卷108《礼志一》。以下凡未注明出处的引文，皆属此篇。

④《魏书》卷108《礼志一》载：“魏先之居幽都也，凿石为祖宗之庙于乌洛侯国西北。自后南迁，其地隔远。真君中，乌洛侯国遣使朝献，云石庙如故，民常祈请，有神验焉。其岁，遣中书侍郎李敞谒石室，告祭天地，以皇祖先妣配。祝曰：‘天子焘谨遣敞等用骏足（马）、一元大武（牛）敢昭告于皇天之灵。……王业之兴，起自皇祖。……敢以丕功，配飨于天，子子孙孙，福禄永延。’……石室南居代京可四千余里。”拓跋鲜卑祭祖的石室，即位于内蒙古呼伦贝尔盟鄂伦春自治旗阿里河镇西北十公里大兴安岭北部东麓的嘎仙洞，1980年7月被发现。见米文平：《大兴安岭北部发现鲜卑石室遗址》，《光明日报》1980年11月25日。鲜卑石室仅是一个拓跋鲜卑氏族时期简陋原始的祭祖场所，虽称其为“石庙”，但与经过规范了的国家宗庙还有明显的不

同。又《魏书》卷3《太宗纪》载：永兴五年（413年）“秋七月己巳，还幸薄山，帝登观太祖游幸刻石颂德之处，乃于其旁起石坛而荐飨焉”。明元帝这种石坛祭祖的方式，大概与其本民族的祭祀传统有关。

⑤据《魏书》卷2《太祖纪》载：建国三十四年（371年）七月七日，道武帝降生。“昭成大悦，群臣称庆，大赦，告于祖宗。”

⑥《魏书》卷2《太祖纪》

⑦同上。

⑧除王德外《魏书》皆有传。崔玄伯，名宏，因犯孝文帝名讳而以字行。清河东武城人，出身名门。《魏书》卷24《崔玄伯传》载：“玄伯少有俊才，号曰冀州神童。”太祖征慕容宝，次于常山，玄伯弃郡，东走海滨。太祖索闻其名，遣骑追求。执送于军门，引见与语，悦之，以为黄门侍郎，与张衮对总机要，草创制度。”后“迁吏部尚书，命有司制官爵，撰朝仪、协音律、定律令、申科禁，玄伯总而裁之，以为永式”。深得道武帝的宠信。董谧，与崔玄伯同郡，《魏书》卷24《董谧传》称：“谧父京，与同郡崔康时、广阳霍原等，俱以硕学播名辽海。谧好学，传父业。中山平，入朝，拜议曹郎，撰朝觐飨宴郊庙社稷之仪。”邓渊，字彦海，是安定人。《魏书》卷24《邓渊传》载：“渊性贞索，言行可复，博览经书，长于《易》筮。”“渊明解制度，多识旧事，与尚书崔玄伯参定朝仪、律令、音乐、及军国文记诏策，多渊所为。”晁崇，字子业，辽东襄平人。出身于史官世家。《魏书》卷91《术艺传》载：“崇善天文数术，知名于时。”

⑨西周以降，历代宗庙的形制主要有“都宫别殿庙制”和“同堂异室庙制”两种，前者是多个宗庙按昭穆规则排列的宗庙建筑群落，后者是只有一个主体殿堂、内分多室的单一宗庙。参见拙作《明嘉靖年间庙制变革问题试探》，《社会科学战线》2001年第2期。

⑩《魏书》卷3《太宗纪》：神瑞二年（415年）二月“甲辰，立太祖庙于白登之西”。

⑪参见拙作《论汉代皇帝宗庙的设置》，《辽宁大学学报》2001年第2期。

⑫《魏书》卷108《礼志二》载：孝明帝神龟（518～519年）初，君臣议庙制之礼时，清河王元怿说道：“古者七庙，庙堂皆别。光武已来，异室同堂。故先朝庙祀堂令云：‘庙皆四栿五架，北厢设座，东昭西穆。’”清河王元怿说得很对，东汉以降，确实是“同堂异室制”的宗庙居多，即所谓的“太庙制”。从北魏前期的宗庙设置情况来看，这里所提到的“先朝庙祀堂令”当是制定于孝文帝时。又据《魏书·礼志二》：东魏孝静帝元善见“武定六年（548年）二月，将营齐献武王庙，议定室数、形制。兼度支尚书崔昂……等议：‘案《礼》，诸侯五庙，太祖及亲庙四。今献武王始封之君，便是太祖，既通亲庙，不容立五室。且帝王亲庙，亦不过四。今宜四室二间，两头各一颊室，夏头徘徊鸱尾。又按《礼图》，诸侯只开南门，而《二王后祔祭仪法》，执事列于庙东门之外。既有东门，明非一门。献武礼数既隆，备物殊等。准据今庙，宜开四门。内院南面开三门，余面及外院，四面皆一门。其内院墙，四面皆架为步廊。南出夹门，各置一屋，以置礼器及祭服。内外门墙，并用赭垩。庙东门道南置斋坊；道北置二坊，西为典祠廨并厨宰，东为庙长廨并置车辂；其北为养牺牲之所。’诏从之”。这里所述，是东魏为议定高欢庙制的经过。最后决定，按照诸侯太祖的规格为高欢立庙。根据崔昂奏议，高欢庙恰为“同堂异室制”；而且从其对高欢庙的述说中，也可以推想出北魏国家宗庙的大致结构。

⑬太和十五年（491年）“十一月己未朔，帝释禫祭于太和庙。帝衮冕，与祭者朝服。既而帝冠黑介帻，索纱深衣，拜山陵而还宫。庚申，帝亲省斋宫冠服及郊祀俎豆。癸亥冬至，将祭圆

丘，帝衮冕剑舄，侍臣朝服。辞太和庙，之圆丘，升祭柴燎。遂祀明堂，大合。既而还之太和庙，乃入。甲子，帝衮冕辞太和庙，临太华殿，朝群官。既而帝冠通天，绛纱袍，临飨礼。帝感慕，乐悬而不作。丁卯，迁庙，陈列冕服，帝躬省之。既而帝衮冕，辞太和庙，之太庙，百官陪从。奉神主于斋车，至新庙。有司升神主于太庙，诸王侯守牧，四海蕃附，各以其职来祭"。

⑭参见董莲池：《殷周禘祭探真》，《人文杂志》1994年第5期。

⑮太和十四年（490年）八月，议定魏之德色时，中书监高闾议中提到："秦之未灭，皇魏未克神州，秦氏既亡，大魏称制玄朔。故平文之庙，始称'太祖'，以明受命之证，如周在岐之阳。"秘书丞李彪、著作郎崔光等在议中也提到："平文、太祖，抗衡苻石，终平燕氏。大造中区。……晋氏之沦，平文始大，庙号太祖，抑亦有由。"

⑯《魏书》卷3《太宗纪》。

⑰同上。

⑱《魏书》卷3《太宗纪》：泰常四年（419年）"夏四月庚辰，车驾有事于东庙，远藩助祭者数百国"。据《魏书·礼志一》，泰常四年八月又行尝祭。显然，这一年是两祭，且前者比后者仪式隆重，当为一年中的常祭；而仲秋八月的尝祭，则应是秋熟之时，临时设荐。同志又载：孝文帝太和十六年（492年）已亥诏称"常用季秋"，这固然表明白登庙确实是祭"无常月"，同时也说明，到此时白登庙的祭期已相对固定，秋熟尝新当为祭祀的主要内容。

⑲《魏书》卷3《太宗纪》。

⑳《魏书》卷108《礼志一》。

㉑《魏书》卷4上《世祖纪上》。

㉒《魏书》卷4下《世祖纪下》。

㉓《魏书》卷7上《高祖纪上》。

㉔《魏书》卷7下《高祖纪下》。

㉕《魏书·礼志二》载：孝明帝熙平二年（517年）三月癸未，太常少卿元端上言配祭之事，说："……《礼》，喾虽无庙，配食禘祭。谨详圣朝以太祖道武皇帝配圆丘，道穆皇后刘氏配方泽；太宗明元皇帝配上帝，明密皇后杜氏配地祇；又以显祖献文皇帝配雩祀。太宗明元皇帝之庙既毁，上帝地祇配祭有式。国之大事，唯祀与戎，庙配事重，不敢专决，请诏群官集议以闻。"于是，灵太后下诸王大臣议，以世祖太武皇帝配南郊，高祖孝文皇帝配明堂。

（原载《中国魏晋南北朝史国际学术研讨会》2004年）

论拓跋鲜卑的动物崇拜遗存

杨永俊

一、序言

人类在跨入农耕时代前曾经过漫长的狩猎与畜牧阶段。在这漫长的原始狩猎与畜牧时期，捕获野兽、宰杀牲畜是原始人类赖以生存的物质基础。在这种对动物的绝对依赖基础上产生了原始的动物崇拜。恩格斯说："人在自己的发展中得到其他实体的支持，但这些实体不是高级的实体，不是天使，而是低级的实体，是动物，因此就产生了动物崇拜。"[1]

拓跋鲜卑尽管在什翼犍就已经初步接触了农耕经济，但其真正进入农耕社会时代应从北魏建立后算起。在此之前则处于原始狩猎与畜牧时代，茫茫的大兴安岭丛林就是他们栖息与谋生的家园，狩猎与畜牧是他们的主要生产手段。《魏书》在这方面有确切的记载，拓跋先民"统幽都之北，广漠之野，畜牧迁徙，射猎为业"（《魏书》卷1，《序纪》，第1页）。有大量的考古资料说明鲜卑部落曾经有过比较发达的狩猎与畜牧经济。①对丛林动物皮肉奶酪的长期依赖及在射猎过程中无数次与猛兽搏斗的恐惧，在拓跋先民心中播下了动物崇拜的种子。北魏建国前发生过多次灵物引路故事及对灵物的崇拜故事，甚至代国的立官设职都取动物官名。这都是狩猎游牧民族拓跋鲜卑曾经流行直到建国初都还保留原始动物崇拜遗存的不争事实。

然而，随着拓跋鲜卑离开丛林后的南迁，随着拓跋鲜卑国家建立后汉族农耕文化的不断浸染，拓跋鲜卑的狩猎经济在农耕经济的有力冲击下渐渐丧失经济的主导地位，其动物崇拜也在逐渐消亡。到北魏中后期，拓跋鲜卑的原始动物崇拜已不存在了。著名学者朱天顺在《原始宗教》中指出："动植物崇拜在原始社会尚处于狩猎和畜牧时代最为盛行，到了农耕时代就不那么兴盛了。到了农耕时代，崇拜的主要对象就转移到了家畜和耕畜的保护神，一般地不再把野兽本身当作崇拜对象（图腾崇拜除外）。"[2]拓跋部落动物崇拜的消失大体符合上述论述。不过，由于拓跋部落南徙后较长时期停留在非农业区，由于在拓跋政权直接控制下的代、并地区的汉族士人势力相对弱小，狩猎游牧经济社会传统在拓跋部落的特权统治阶级中得到一定程度的保留，这种传统转化为一种难以割舍的动物情结，并具体表现为对灵物动物的普遍崇信与对鹿马苑囿规划的过分热衷。北魏建立前拓跋鲜卑的动物崇拜遗存与北魏建国后统治阶级中弥漫的动物情结，这二者之间存在着某些内在的联系，都是拓跋游牧经济社会传统文化的惯性结果。动物崇拜遗存与动物情结不仅成为拓跋鲜卑区别于其他鲜卑的明显标志，而且对北魏鲜卑社会的发展产生过一定的消极影响。

二、拓跋鲜卑动物崇拜遗存

作为原始崇拜的一种，动物崇拜主要行于原始社会。从大兴安岭南迁前的拓跋鲜卑就依然处于原始社会的晚期。由于从事狩猎经济，所以包括图腾崇拜在内的动物崇拜是当时拓跋鲜卑社会精神文化生活的重要内容，因为没有文字记载，我们对拓跋原始的动物崇拜知之甚少。从史料中读到的记叙拓跋鲜卑动物崇拜事例其实是原始动物崇拜的遗存形式，而且是经过汉族文人加工过的，其真实性得打上个大大的问号。尽管如此，笔者每当读到拓跋帝王与大臣本纪或列传上的神兽引路故事，读到桓帝与太祖时代发生的灵异故事时，还是为刚脱去原始部落社会野蛮披风的拓跋鲜卑的原始精神所吸引。作为狩猎民族，拓跋鲜卑世世代代与动物打交道，出于生活需要，他们感恩动物；同时，他们也从动物身上看到自己诸多的天生不足。他们把自己的精神之光投射到动物身上，让周围的动物充满着灵异。

1. 神兽引路。

关于拓跋鲜卑的动物崇拜，可以追溯到始祖力微时期。《魏书》载："圣武皇帝讳诘汾，献帝命南移，山谷高深，九难八阻，于是欲止。有神兽，其形似马，其声类牛，先行道引，历年乃出。始居匈奴之故地。"（《魏书》卷1，《序纪》，第2页）

拓跋部落是鲜卑部落联盟的一支，最早居于大兴安岭北部的嘎仙洞附近。[3]南匈奴的内徙与北匈奴的西迁，为鲜卑各部创造了南迁的绝好机会，拓跋族也加入了迁徙行列。拓跋鲜卑第一次南迁大泽不很理想②，《魏书》载："此土（即大泽）荒遐，未足以建都邑，宜复徙居。"（《魏书》卷1，《序纪》，第2页）。返回故地是不可能的，因祖居之地已为乌洛侯所据。③生存危机迫使诘汾率领族人进行第二次南迁。这次南迁，将决定着日后拓跋鲜卑兴起的命运。而要完成这一迁徙壮举，拓跋部落必须经历"九难八阻"，这里既有自然的障碍，也有匈奴余部的抵抗及其他鲜卑部落抢占地盘所造成的人为阻力。为了完成这一壮举，拓跋部落首领利用拓跋民众动物崇拜的普遍心理，制造"神兽"引路的假象。"神兽"是"马形牛声"的特殊结合物，研究者多认为"神兽"是活动于东北森林中的驯鹿④，这一结论似值得商榷，因为驯鹿与马二者形状相距甚远，而习惯于丛林生活的驯鹿能否在朔漠高原长途跋涉也是一个问题。黎虎先生以为"神兽"是离开大鲜卑山的拓跋先人在漠北遇到的"原先未见的不熟悉的野兽"[4]，至于是什么野兽，黎先生也未进一步具体指出。笔者以为"神兽"其实只是一头野黄牛，野黄牛犄角不突出，其形体与马相当，远看与"其形似马"的描述并不矛盾。更主要的是，史书明言"牛声"引路，只有牛才能发出牛的叫声，马、驯鹿或是其他动物都不能发出牛叫声来。太祖拓跋与群臣在议立国之德时，以为"国家继黄帝之后，宜为土德，故神兽如牛，牛土畜，又黄星显耀，其符也"（《魏书》卷181，《礼志一》，第2734页），已明确指出"神兽如牛"。当然，仅有"牛声"还不够，还必须有巫师作法。巫师是原始崇拜的主持者，拓跋部落原始崇拜时期存在着巫师，有学者称之为萨满。诘汾南迁就是在"神人"指导下进行的⑤，这个"神人"即是巫师，北魏建国前后巫师活动还十分活跃。在拓跋民众对南徙心怀恐惧与忧虑之时，诘汾支使巫师略施小计，利用野黄牛制造"神兽"引路来增强拓跋民众对南徙的信心。不论"神兽"是何物，其引路假象的形成得以拓跋族民众对灵物的崇拜为前提条件。

另一则神兽引路故事，发生在太祖避难时期。史载："初，太祖避窟咄之难，遣（穆）崇还察人心。崇夜至民中，留马与从者，乃微服入其营。会有火光，为舂妾所识，贼皆惊起。崇求从者不得，用匿于坑中，徐乃窃马奔走，宿于大泽，有白狼向崇而号，崇乃觉悟，驰马随狼而走。适去，贼党追者已至，遂得免难。太祖异之，命崇立祀，子孙世奉焉。"

（《魏书》，卷27，《穆崇传》，第662页）

穆崇是代人，穆姓是拓跋八国姓之一[⑥]，“其先世效节于神元、桓、穆之时”（《穆崇传》，第661页）。穆崇听白狼之号叫，觉悟为对他的暗示，是基于动物崇拜的心理。穆崇选择狼前进的方向，其实是情急之下的别无选择，因为不论是回头还是迟疑都可能被捕，而向别的方向可能人烟较多，唯有狼行之处较偏僻方是出路。可是穆崇把这种急中生智的选择归功于神狼的暗示。不仅穆崇如此，太祖拓跋珪也惊异不已，故“命崇立祀”，永世奉祀。穆崇的“觉悟”与太祖的惊异，都是基于对神狼迷信与崇拜的心理。

上述两例神牛与白狼引路故事所发生时代尽管不同，前者发生于诘汾时代，当时拓跋族在诘汾与力微父子统帅下正由东北的茫茫丛林向漠北草原迁徙，大约为曹魏末年，即公元3世纪中期；后者白狼引路故事发生于太祖拓跋珪时代，相当于公元4世纪末期。从诘汾到太祖之间相隔了六代约一个半世纪，这一个世纪是拓跋鲜卑原始游牧社会向定居农牧并重社会急剧转变的重要历史时期。相对于社会的巨变，拓跋民众的原始观念要相对滞后，神兽引路正是拓跋民众原始动物崇拜的依然保留着的例证。

2. 神虫与胎盘。

作为原始崇拜之一的动物崇拜，其崇拜的动物本身并没有大小的分别，只要有灵异附体就都值得崇拜。所以大到牛马之类的走兽，小到微不足道的蜾蠃之虫，都可能成为动物崇拜的对象。万物有灵观念是动物崇拜的思想基础，动物崇拜不是崇拜动物本身，而是崇拜附着在动物身上的灵魂。在拓跋鲜卑历史上，其动物崇拜对象就曾经出现过人体内的寄生虫与胎儿附着体胎盘。《魏书》中郑重其事地记载了这两则神异故事：

> （桓）帝曾中虫，呕吐之地仍生榆木。参合陂土无榆树，故世人异之，至今传记。（卷1，《序纪》，第7页）
>
> （献明皇后）生帝（太祖）于参合陂北，其夜复有光明。保者以帝体重倍于常儿，窃独奇怪。明年有榆生于藏胞之坎，后遂成林。（卷2，《太祖纪》第19页）

两则记载的故事发生的时间也比较早，前者为桓帝时代，大约界于诘汾到太祖时代之间，即五胡十六国早期，约公元4世纪初，因为桓帝曾助西晋司马腾在公元305年击败过刘渊，而桓帝在位仅十年，其击败刘渊离去世只两年时间；后者发生在太祖拓跋珪出生年代，即昭成皇帝建国三十四年，相当于公元371年。两则故事发生的时代跨度约为一个花甲年轮。与前节神兽引路时代大体属于同一时代范围，即北魏建国前时期。

两则故事皆发生于参合陂，讲述的是参合陂的榆树如何从无到有、从稀少到成林的神异。参合陂是拓跋部落立国初期的福地，始立国的什翼犍于此多次“朝诸大人”、“设坛埒，讲武驰射”（《魏书》卷1，《序纪》，第12页）；太祖拓跋珪不仅诞生于此，而且于此彻底击败了后燕慕容宝的进攻，奠定了北魏统一中原的坚实基础；北魏的平城时代，也曾把宫殿建立于此。参合陂在阴山的东南，有山有水，草木茂盛，来自漠北的拓跋鲜卑对此地的珍爱自不必说。然宝地原先竟无榆树，却有点美中不足，榆树是北方较普遍的树木，饥荒时可食其叶来将就疗饥。把榆树的来历与神虫及胎盘的神奇作用联系起来，是为了突出桓帝与太祖的非同一般，唯有从桓帝口中呕吐出的灵虫方能让榆树无中生有。榆树尽管对生存环境不太挑剔，但也不能无根无种、仅靠虫儿就能生长出来，故而定然少不了于吐虫之处预埋树根或种子的巫术伎俩。同样，埋胎盘处树木成林，也同样不排除巫术掩人耳目的可能。拓跋族统治者这种政治化巫术尽管出于神化帝王的政治目的，但其运用屡试不爽的条件是拓跋民众的动物崇拜心理。故拓跋统治者依然利用了拓跋民众动物崇拜的意识。

围绕历史上杰出帝王的诞生而虚构神奇故事，是正史帝王纪传的写作的模块化形式。在北魏历史上，有三个帝王的诞生虚构了神异故事，即始祖力微、太祖拓跋珪、高祖孝文帝拓跋宏。始祖力微是诘汾与天女结合的产物，高祖孝文帝则出生时神光照室，这两种神奇都是史家撰写帝王传记最常见的手法，可见这两则帝王诞生神奇故事已经完全是拓跋族汉化后的历史文化产物。而唯有太祖出生的神奇，在于其胎盘的神异功效，这多少保留了拓跋族比较原始的动物崇拜的特色。

三、拓跋难以割舍的动物情结

作为传统的狩猎民族，拓跋鲜卑对与其日常生活息息相关的动物的特别偏爱，为一般农业民族居民难以理解。尽管随着历史的发展与社会的进步，拓跋族走出森林后，逐渐习惯了划分地域的游牧生活，在其黄河流域广大农业地区，建立北魏政权后，又进一步适应了中原地区的农业经济社会的生活习惯。拓跋鲜卑的农业定居社会生活大概始于太祖拓跋珪之祖父代国君主什翼犍定都云中盛乐之后，约相当于4世纪中叶，如果从诘汾时代的狩猎经济晚期算起，拓跋鲜卑由狩猎游牧社会经济到最初接触农业社会经济，这期间仅仅用了不到一个世纪的时间，即使再延续到北魏建国初，这种转化时间也只有一个半世纪。要在短短一个半世纪里改变一个民族的精神信仰，而且这个民族在当时还属于统治民族，这种转变要说有多么的彻底，几乎是不太可能的。出于对拓跋传统狩猎游牧经济与文化习俗的惯性，北魏拓跋统治者对传统狩猎的对象——动物怀有特别的感情，这种感情甚至于可以说有些难以割舍，具体表现在以下三个方面：以动物名名官、对灵物动物的特别偏好与其对鹿马苑囿规划的过分热衷。

1. 以动物名官。

以动物名官，在后世并不多见。而拓跋族建立北魏初，就曾出现动物名官现象。“其官名多不用汉、魏之旧，仿上古龙官、鸟官，谓诸曹之使为凫鸭，取其飞之迅疾也；谓候官伺察者为白鹭，取其延颈远望也，余皆类此。”[5]《魏书·官氏志》的记载与《通鉴》记载大同小异，“初，帝欲法古纯质，每于制定官号，多不依周、汉旧名，或取诸身，或取诸物，或以民事，皆拟远古云鸟之义。诸曹走使谓之凫鸭，取飞之迅疾；以伺察者为侯官，谓之白鹭，取其延颈远望。自余之官，义皆类此，咸有比况”（《魏书·官氏志》卷113，第2973～2974页）。

根据上述史料，拓跋族以龙、鸟名官是在北魏建立之初，即太祖拓跋珪时代。对于以动物名官的原因，《魏书》以为是太祖想效法古时代的质朴取名，似乎纯粹出自太祖自己的个人偏好。到底是否为太祖个人的偏好，还是对原始社会建立在动物崇拜习惯基础上动物职官旧制度的遵从，有必要进一步说明。按原文，太祖所法之“古”，很显然是与周、汉二朝相对，当远指“三皇五帝”时代。而“三皇五帝”的上古时代，部落管理者以动物名职似乎比较普遍，《史记》中有不少关于上古以动物名称名职官的记载：“伏羲氏以龙纪，故为龙师名官”[6]，“少昊挚之立也，凤鸟适至，故鸟纪，为鸟师而鸟名。凤凰氏，历正也。玄鸟氏，司分也。伯赵氏，司至也。丹鸟氏，司闭也。祝鸠氏，司徒也……”[6]伏羲氏时期是我国历史上的畜牧时期，以蛇为图腾，故以龙名官；少昊氏是东方部落，崇尚鸟类，以鸟为图腾，故多以鸟名官。这种因动物崇拜而以动物名名官的情况到商周之际还有所保留，《周礼》的职官中有很多与具体事相关的官名，如“犬人掌犬牲”[7]（《秋官司寇》第五，第68页）、“射鸟氏掌射鸟”[7]（《夏官司马》第四，第55页）、“羊人掌羊牲”[7]（《夏官司马》第四，第53页）、“蝈氏掌蛙黾”[7]（《秋官司寇》第五，第71页）。

职官的设置是建立于一定时期的经济基础之上。原始时代的社会结构比较简单，人与人之间的社会关系也不太复杂，社会的重要关系是经济关系，具体表现为人与自然的关系，而相对于游牧狩猎民族，这种人与自然关系具体化为人与动物的关系，谁专司某种动物的狩猎或圈养，谁就可能取与其动物相关的职责名称。如此的职官名称多是比较具体、形象，远不像后世的过于抽象综合的官名。由于大多数民族都经历了原始社会狩猎、游牧经济发展时期，所以刚刚从原始社会晚期脱胎的早期国家，其职官设置总保留了一部分反映传统游牧经济的职官名称，以动物名官似乎有一定的普遍性。传说中三皇五帝时代如此，与鲜卑同出于东胡系列的汉晋时“西与鲜卑接”[8]的夫余国，也曾经“以六畜名官，有马加、牛加、狗加，其邑落皆主属诸加”。[8]由此看来，西迁南下前处于狩猎游牧阶段的拓跋鲜卑在建立北魏后出现以动物名名官现象，绝非太祖拓跋珪个人的复古偏好所使，而应该结合拓跋社会的发展状况来求解。以动物名名官，部分折射出北魏统治集团对汉化的民族抵触情绪，也与北魏拓跋统治阶级对狩猎动物的特别爱好有密切关系。

2. 吉祥动物。

拓跋统治者难以割舍的动物情结也表现为对吉祥动物的特别偏爱。对吉祥动物的偏爱与迷信其实就是原始动物崇拜的一种曲折的表现形式。前代史书中记载了大量有关吉祥动物出现的事例，然专门开辟一“志”、用大量篇幅来记载吉祥动物的出现却是从《魏书·灵征志》开始，在二十四史中也唯有《魏书》才有专门记载灵物怪异出现与呈献的志目，这种安排尽管不排除魏收对拓跋统治者的歌功颂德的心理，但仍然得以北魏统治者拓跋氏对灵物的高度重视与特别喜爱的真实情形为依据，正如《释老志》真实反映了北魏社会佞佛的现实一样，《灵征志》也较真实地反映了北魏统治者对动物的迷信与崇拜。《魏书·灵征志》有上下两章，上章是对自司马迁、班固以来《五行志》中关于怪物怪现象兆不祥等内容的继承，下章则专门记载有关兆祥动物出现及献呈朝廷的事件。每位帝王在位，不论其政绩好坏，都有兆祥动物出现的记录。此志记载的兆祥动物仅出现一次的有麟、巨象、白龟、毛龟、白鹿、白狼、白麞；两次的有大龟、五色狗、一角鹿；三次的有黑狐、一角兽、赤乌；赤雀出现四次，白麞五次，九尾狐六次，白鹊与黑兔皆九次；白鸠、苍乌与白燕分别为十二、十三、十四次；白狐十八次，白鹿二十次，白乌二十六次，赤乌三十五次，白雉五十二次，白兔六十次，白雀八十一次。这些吉祥的动物总共出现了三百八十七次。

《魏书》以前的史书关于动物兆祥事件多附载于本纪部分，如曹魏时期的兆祥动物出现过六次。一次为鹈鹕，其余全是各色龙。[7]《晋书》中西晋的兆祥动物出现也有十来次，全是龙、凤、鹿。[8]我国自周秦以来就有"四灵"崇拜的传统，《礼记·礼运》以为"麟凤龟龙，谓之四灵"[9]，两汉魏晋时期的兆祥动物多是这些"四灵"之物，这些"四灵"之物多属传说中的动物，现实中找不到实体。北魏的兆祥动物尽管也不乏"四灵"之物，如灵龟与麟共出现过五次，但在北魏多达三百八十七次的兆祥动物中，"四灵"所占比例甚少，绝大多数是拓跋部落日常生活中的常见动物，如狼、鹿、狐、雀、燕、鸠、雉、兔皆是东北丛林地带司空见惯之物，只是其形状或毛色比较特别罢了。魏晋的龙凤灵物，多出现在有德政之前，正所谓"四灵本非可以豢养者，今皆为圣世而出，如驯畜然。皆圣人道化所感耳"，史家虚构的嫌疑很大；而北魏的兆祥动物既然多是常见动物，故出现很频繁，不论君主有德无德，政绩是好是坏，政治是否清明，皆频频出现。汉晋以灵物比德，北魏的吉祥动物尽管也渐渐有比德的意思，但更多的还是与拓跋族动物崇拜息息相关。何星亮以为"所有图腾物像都是群体成员所熟悉的，人们未见过的图腾物像一般是不存在的"。[10]图腾崇拜只是动物崇拜的特殊形式，即把动物与本族的祖先联系起来，既然图腾动物都只是些常见之物，动物崇拜的对象更应是日常生活中经常接触到的动物。北魏拓跋统治者把大量的常见鸟兽当作灵征动物，正是其动物崇拜的遗存。

拓跋统治者对吉祥动物的出现十分重视。君主因吉祥动物呈献而郑重其事地召臣子议论则有多次。《魏书》载："太祖登国六年十二月，上猎，亲获鹿一角。召问群臣，皆曰：'鹿当二角，今一，是诸国将并之应也。'"（《灵征志》下，第2931页）"高宗太安二年三月，有白狼一，见于太平郡。议者曰：'古今瑞应多矣，然白狼见于成汤之世，故殷道用兴，太平嘉名也。又先帝本封之国而白狼见焉，无穷之征也'"。（《灵征志》

下，第2932页）“高宗末，兖州东郡吏获一异兽，献之京师，时人咸无识者。诏以问（高）祐，祐曰：‘此是三吴所出，厥名鲮鲤，余域率无，今我获之，吴楚之地，其有归国者乎？……显祖初，刘义隆子义阳王昶奔、薛安都等以五州降附，时谓祐言有验。”（《高祐传》，第1259～1260页）百官穿凿附会，胡乱类比，为的是歌功颂德；拓跋皇帝则欣然有得，真以为瑞物兆祥。前代史书也有关于吉祥动物出现的记载，然前代君主对此并不怎么看重，很少因之召朝臣进行议论，倒是朝臣动辄以怪异警戒君主。北魏的君主与朝臣对兆祥动物态度迥异于前代，也应从拓跋统治者对吉祥动物的迷信上找原因。上述对灵物的议论全发生在北魏前期，那时拓跋部落的原始动物崇拜还未完全消亡，百官正是抓住了拓跋统治者动物崇拜的心理来讨好的。随着动物崇拜的渐渐消失，以灵物颂扬太平渐渐失去了市场。如肃宗正始元年夏有人献四足四翼鸡，正光元年八月有秃鹫飞入宫内被捕获，肃宗两次召问崔光，崔光都以为是不祥之兆，肃宗当即放了灵物。

3. 鹿马苑囿。

随着拓跋部落对外用兵的节节胜利，北魏疆域向汉族农耕区域的不断南移，农耕经济逐渐成为北魏经济的支柱。然而，经济结构的转型并没有让拓跋统治者放弃狩猎。在适合禽兽栖息与繁衍的被占土地上，拓跋统治者圈围出一个个的苑囿来。

关于拓跋统治者广置苑囿的原因，黎虎先生从功能角度总结了五点[⑨]，可归纳为经济实用与娱乐两方面。黎先生的分析不能说不深刻。不过，拓跋统治者并不全是从功能角度出发。在笔者看来，苑囿的设置更主要是出于拓跋鲜卑对动物的过分偏爱与从祖先流传下来的动物崇拜意识。首先，苑囿里圈养的动物大多是拓跋部落所熟悉与喜爱的，如鹿、马、虎、麋鹿等。其次，拓跋统治者频频光临苑囿，或狩猎，或观赏，重于娱乐。最后，拓跋鲜卑因对动物的偏爱转而特别看重“猎郎”一职（胡三省比之于汉朝时的期门、羽林）[⑩]，多以拓跋贵族有勇力的年轻子弟为之，汉人是很难侧身其中的。由于经济的转型，政治中心的南移，拓跋统治者不得不告别狩猎与畜牧经济，把主要精力放在征服与治国上，而对传统狩猎生活的留恋与对动物偏爱的习惯，却不是短期就能改变的。故苑囿的设置，其实是对拓跋传统经济方式被抛弃的一种弥补，是拓跋民众动物崇拜意识作用的结果。

四、后　论

对动物的特别喜爱乃至崇拜，是拓跋鲜卑民族特点的重要表征。与拓跋氏同出于东胡的慕容氏、段氏、宇文氏及乌桓则没有这种特点，其原因或许是这些部落南迁时间较早，且南迁于农耕之地，与汉族农耕文化接触时间较久，其原始的动物崇拜本不太突出，在接触汉文化后又很快走上了汉化之路，故动物崇拜的遗存在长期汉化之后早已荡然无存。唯有拓跋部落，南迁较晚，南迁后又长期生活于大漠南北的畜牧区域，狩猎与畜牧经济的主导地位在北魏建立前一直未变，故其动物崇拜得以保存。拓跋部落于十六国时期开始建立代国，初步接触汉族农耕文化，走上缓慢的汉化之路，作为原始崇拜之一的动物崇拜才逐渐退出历史舞台。然而，由于拓跋氏对动物的特别偏爱与对狩猎生活的过于迷恋，使得狩猎经济得以顽固地坚守着自己的阵地，并在一定程度上影响了拓跋鲜卑的汉化进程。

参考文献

［1］恩格斯：《恩格斯致马克思》，《马克思恩格斯全集》卷 27，人民出版社，1972 年 6 月第 1 版。

［2］朱天顺：《原始宗教》，上海人民出版社，1964 年 8 月第 1 版。

［3］王仲荦：《魏晋南北朝史》，上海人民出版社，1980 年 12 月第 1 版。

［4］黎虎：《北魏前期的狩猎经济》，《魏晋南北朝史论》，学苑出版社，1999 年 7 月北京第 1 版。

［5］司马光：《资治通鉴》卷 113，《晋纪》，中华书局点校本。

［6］杜佑：《通典》，中华书局 1988 年 12 月第 1 版。

［7］《周礼·仪礼》，崔高维校点，辽宁教育出版社，1997 年 3 月第 1 版。

［8］范晔：《后汉书》卷 85，《东夷列传》，中华书局点校本。

［9］《礼纪·礼运篇》，上海古籍出版社，1987 年 3 月第 1 版。

［10］何星亮：《中国图腾文化》，中国社会科学出版社，1992 年 11 月第 1 版。

注释：

①宿白：《东北、内蒙古地区的鲜卑遗迹》，《文物》1977 年第 5 期。

②王仲荦：《魏晋南北朝史》，下册，第 7 章，第 510 页，推测“这个大泽，可能是今天内蒙古呼伦贝尔湖”，上海人民出版社，1980 年 12 月第 1 版。

③《魏书》卷 181，《礼志》1，载：“魏先之居幽都也，凿石为祖宗之庙于乌洛侯国西北。

自后南迁，……真君中，乌洛侯国遣使朝贡，云石庙如故。”

④刘小萌、定宜庄：《萨满教与东北民族》第11页，以为“这种瑞兽究系何物，众说不一，大多认为指的是兴安岭的驯鹿”，吉林教育出版社，1990年3月第1版。

⑤《魏书》卷1，第2页载“献皇帝讳邻立。时有神人言于国曰：‘此土荒遐，未足以建都邑，宜复徙居。’”

⑥《魏书》卷113，《官氏志》记载：“其穆、陆、贺、刘、楼、于、嵇、尉八姓，皆太祖已降，勋著当世，位尽王公。”

⑦见陈寿：《三国志·文帝纪》第58页、第83页，《明帝纪》第99页、第108页，高贵乡公与陈刘王时各1次。

⑧见房玄龄：《晋书·武帝纪》第53页、第55页、第58页、第59页、第66页、第67页、第70页、第72页、第73页、第75页、第76页。

⑨黎虎：《魏晋南北朝史论》“北魏前期的狩猎经济”第154～156页，归纳的五点是：供帝王狩猎之用、定期捕取贡献帝室、赏赐臣下、军事用处、游幸场所。学苑出版社，1999年7月北京第1版。

⑩司马光：《资治通鉴》卷115，《晋纪》37，安帝义熙五年注“拓跋氏起于代北，俗尚猎，故置猎郎，以豪望子弟有材勇者为之，亦汉期门郎、羽林郎之类也”。

（原载《求索》2007第1期）

试论鲜卑早期的宗教信仰及其转变

邵正坤

一、鲜卑早期的宗教信仰

早期的鲜卑，乃是东胡的支属。西汉初年，东胡人被匈奴冒顿单于击溃以后逃入大兴安岭和西伯利亚地区，在漫长的岁月里，逐渐形成北部鲜卑和东部鲜卑两个支系，内蒙古鄂伦春自治旗阿里河镇嘎仙洞的鲜卑石室和完工、扎赉诺尔的鲜卑墓葬，以及西伯利亚地区发现的鲜卑文化遗存，都证明了这一点。这两部分鲜卑人，虽然可能属于不同的氏族集团，然而他们长期在共同的地域上生活，语言相类，经济类型相同，族属一致，墓葬里面出土的文物也极为相似，可以说是同族同源。自西汉迄至魏晋，他们在外部军事压力和内在发展要求的驱迫下，不断超越原来的居住地域，向西向南迁移。由于风俗习惯、经济活动和地理环境等原因，鲜卑长期保持着一种原始的朴野状态。当中原地区佛、道二教广为流播，信仰之人趋之若鹜时，尚处于游牧、狩猎阶段的鲜卑，因隔于地域，风俗淳一，还未染佛道。当时，与古代欧亚大陆北部的其他游牧民族一样，在其家庭生活、社会生活和政治生活当中，萨满崇拜的气息比较浓厚。萨满教是我国北方阿尔泰语系民族信奉的一种原始宗教，从根本上说，这是一种建立在万物有灵论基础上的原始多神信仰，在这种崇拜之下，对于自然、图腾、和祖先、鬼神的信奉都能够涵纳在它的宗教活动当中。由于生产力水平的低下和各种知识的极端匮乏，人们几乎完全处于自然力量的支配之下，自然界中的各种自然物和自然现象，如山川、河流、日、月、星辰、风、雨、雷、电等，都能够对人的生活造成影响，也容易使人产生敬畏感和神秘感。《后汉书》卷 89《南匈奴传》称：“匈奴法，岁正月诸长小会单于庭祠，五月大会龙城，祭其先天地鬼神。”匈奴人拜天地日月，祭祀祖先，敬畏鬼神。信奉对象较为庞杂。与此相类，《三国志》卷30《乌丸传》亦称：“（乌丸）敬鬼神，祠天地日月星辰山川，及先大人有健名者，亦同祠以牛羊。祠毕皆烧之。饮食必先祭。”如果有人患病，或以艾灸，或烧石自熨，或以刀刺病痛处，令其出血并向天地山川之神祝祷，并无针药。而且，他们认为人死之后灵魂不灭，因而对于灵魂的崇拜也甚为风行，表现在葬俗上，即歌谣、鼓舞、杀牲、烧葬的盛行。而鲜卑，“其言语、习俗与乌丸同”。[①]则鲜卑的原始宗教信仰也有类似的特点。显而易见，鲜卑早期的萨满崇拜集社会功能、祭祀功能和医病功能于一身，并对当时的葬俗产生了深刻的影响。

就祭天而言，它属于部落联盟时代部落大人的祭祀对象，普通小民还不能染指。匈奴人认为，上天掌控人类的命运，只有畏服于天，才能获得福佑，消灾灭祸。因此，据《后汉书·南匈奴传》载，单于定期祭天，他们“岁有三龙祠，常以正月、五月、九月戊日祭天神”。除常规祭祀以外，也有不时之祭，匈奴人中甚至有将族中好女奉献给天神的举动。《魏书》卷103《高车传》：“俗云匈奴单于生二女，姿容甚美，国人皆以为神。单于曰：‘吾有此二女，安可配人，将以与天。’乃于国北无人之地，筑高台，置二女其上，曰：‘请天自迎之。’”其对天的敬畏可一目了然。鲜卑人也常有祭天之举，拓跋鲜卑的始祖力微曾在魏晋之际召集诸部大人举行祭天大典。即《魏书》卷1《序纪》所载，三十九年夏四月，“祭天，诸部君长皆来助祭，唯白部大人观望不至，于是征而戮之，远近肃然，莫不震慑”。很明显，在这种情况下，对于天的祭祀，同时也是假借神意，巩固各部落联盟的一种手段。白部大人观望不至，表明这个部落联盟的酋长尚存首鼠之意。这对于部落联盟来说，无疑是一种分裂和破坏的因素。力微对其进行征伐，既是消除联盟的离心倾向，同时，也是对别的部落进行恐吓和威慑。

相对于祭天而言，对于日月星辰的崇拜，则可以纳入普通民众家庭信仰的范畴。其中，尤以对太阳的崇拜最为引人注目。太阳普照万物，给人以光明、温暖和希望，《汉书·匈奴传》载：“单于朝出营，拜日之始升。”对于日神的拜迎不仅限于单于，同时也是全体匈奴人每天早晨必须经历的仪式。鲜卑早期亦有此类风习。《后汉书》卷90《乌桓传》载，鲜卑“以穹庐为舍，东开向日”。即鲜卑每到达一个新的驻牧地，在架设帐落时，其出口的位置十分讲究，要面向东方，以日升之处为准，忙碌了一天之后，“穹庐寝息，资拜日出训恭”。以西向拜日作为一天的结束。

山川崇拜，也是鲜卑家庭宗教信仰的重要内容之一。作为东胡的支裔，鲜卑长期在大兴安岭地区游牧、射猎，逐水草而居。这里群山峰峦起伏，密林遮天蔽日，河流奔腾不息，是他们的生息繁衍之地。巍峨的山峰雄伟壮丽，容易使人产生神秘感，早期的人类常将高山视为通天之路，认为经由山峰，灵魂可上达天国。与此同时，兴安岭的原始密林养育了他们，也提供了最基本的庇护。这种特殊的自然环境，使鲜卑对于山川的崇拜根深蒂固，直到他们走出原始森林，逐渐远离原来的居住地后，对于从前的神山仍念念不忘。《三国志》卷30《魏书·乌丸鲜卑传》载，乌桓、鲜卑人死后，“敛尸以棺，有哭泣之哀，至葬则歌舞相送。肥养一犬，以彩绳缨索，并取死者所乘马衣物，皆烧而送之，言以属累犬，使护死者神灵归赤山。赤山在辽东西北数千里，如中国人以死之魂神归泰山也。至葬日，夜聚亲旧员坐，牵犬马历位，或歌哭者，掷肉与之，使二人口诵咒文，使死者魂神径至，历险阻，勿令横鬼遮护，达其赤山，然后杀犬马、衣物烧之”。赤山的具体位置不甚清楚，有学者认为，从它在辽东西北数千里的距离分析，大概指今天的大兴安岭。匈奴击破东胡以后，大兴安岭成了匈奴与乌桓、鲜卑的分水岭。乌桓在鲜卑之南，赤山在乌桓西北，对鲜卑来说，赤山应在其西。赤山高耸入云与天相接，神魂西归即是归天，从此，祖先的神灵与天神同在。[②]这种习俗相沿甚久，1965年在辽宁省北票西官营子发掘的北燕冯素弗墓，墓葬中出土了殉葬的犬骨两架，宿白先生认为，这应是“肥养一犬……使护死者神灵归赤山的东胡旧俗”。[③]而对于川源的崇拜，于《后汉书·鲜卑传》中则有相关记载：“（鲜卑）其言语、习俗与乌桓同。唯婚姻先髡头，以季春月大会于饶乐水上，饮宴毕，然后配合。”饶乐水，即西拉木伦河流域，大会于饶乐水即祭祀水神，祭毕之后，氏族男女可自行婚偶，以繁育人口，他们将此视为神意之下的配合，其视水为生命之源的意图甚明。

对于林木的崇拜在鲜卑早期的宗教信仰中也占有一席之地。大兴安岭是早期鲜卑的发祥地，这里林木茂密，榛莽丛生，物广丰富，果实累累，野兽成群，飞鸟翔集，鲜卑人无论衣食住行，都需仰赖于森林的出产，因此，他们对于森林和树木抱有极深厚的感情，每年要定期进行祭林活动。《史记》卷110《匈奴传》中对匈奴习俗有如下记载：“秋、马肥。大会蹛林，课校人畜。”颜师古注云：“蹛者，绕林木而祭也。鲜卑之俗，自古相传，秋祭无林木者，尚竖柳枝，众骑驰绕三周乃止，此其遗法也。”对于匈奴绕林祭天之俗究竟是来源于东胡旧俗，还是鲜卑先民南徙匈奴故地后，由于匈奴余部的加入，而将蹛林之俗引入鲜卑部众的，学界尚存争议。不过，这种习俗在鲜卑中风行之后，便一直延续下来。《魏书》卷108《礼志》载，拓跋魏的先祖曾于乌洛侯国西北凿石为祖宗之庙，世祖时，派中书侍郎李敞率人诣石室祭拜，“敞等既祭，斩桦木立之，以置牲体而还。后所立桦木生长成林，其民益神奉之。咸谓魏国感神祇之应也”。此外，北魏立国以前和立国之初的首领身上所发生的神异之事，也常与树木发生联系。《魏书·序纪》载：“（桓）帝英杰魁岸，马不能胜。常乘安车，驾大牛，牛角容一石。帝曾中虫，呕吐之地仍生榆木。参合陂土无榆树，故世人异之，至今传记。”

同书《道武帝纪》则云，太祖拓跋珪以建国三十四年七月七日，生于参合陂北。“其夜复有光明。昭成大悦，群臣称庆，大赦，告于祖宗。保者以帝体重倍于常儿，窃独奇怪。明年，有榆生于埋胞之坎，后遂成林。”同传亦载，昭成皇帝死后葬于金陵，“营梓宫，木梯尽生成林”。以上三件史事都与榆树有关，榆树是北方较为常见的树种，枝干可制作鞍鞯、弓矢和其他一些生产、生活工具，叶子和果实则有助于度过凶荒，在汉魏以来北方人民的日常生活中发挥着极其重要的作用。上述几段引文既暗示鲜卑统治者通于神明，也说明树木崇拜影响之深远。

对于动物的崇拜也在鲜卑的原始宗教信仰中占有重要地位。它的产生和形成与当时人们的物质生活条件息息相关，在依靠猎取野生动物生存的狩猎时代，动物资源是鲜卑人生息繁衍的重要条件。随着时间的推移，人们赖以生存的对象逐渐被神化，成为崇拜及信仰的对象。中国北方的游牧民族向有骑马民族之称，在各种动物当中，马也最受鲜卑人重视，无论游牧射猎，还是与敌对的部落作战，都离不开马，他们“兵疾马利，过于匈奴”。直到北魏建国以后，道武帝拓跋焘在与南人书中还称：“我鲜卑常马背中领上生活。”[④]马与鲜卑人的生活须臾不可分离。也成为他们崇拜的神物，这在出土的墓葬中得到了较为直观的体现。1983年在内蒙古新开河上游南岸的开鲁县建华乡福兴地东汉晚期鲜卑墓出土重叠双纹马金饰牌1件。次年，在新开河中游南岸科左中旗六家子东汉晚期至西晋的鲜卑人墓群中，出土纯黄金锻造的双头金饰牌1件，卧马纹带链金饰牌1件。[⑤]以上种种。皆表明游牧民族对于马的喜爱和崇敬。

除了动物崇拜以外，我国古代的少数民族还有以神话传说中的神灵作为图腾而加以崇拜的现象，这些神灵形象往往集诸种动物于一体，成为人们臆想的神物，早期的鲜卑人当中也存在这种情形。《魏书》卷1《序纪》载，拓跋鲜卑从大鲜卑山南迁至大泽以后，经历七世到献帝邻时，由于“此土荒遐，未足以建都邑，宜复徙居”。献帝命南移，“山高谷深，九难八阻，于是欲止。有神兽，其形似马，其声类牛，先行引导，历年乃出，始居匈奴故地”。引导鲜卑走出深山大泽的神兽，有可能是鲜卑此前未曾见过的某种兽类，当然，更有可能是鲜卑人为了神话这一段迁徙历史，而臆造出来的形象。但是，从此以后，神兽却被视为神明，成为鲜卑虔诚信仰和供奉的对象。部落大人及族中的富有者，甚至以黄金铸成神兽的形象，悬挂于颈间，以求得荫庇与护持。1956 年，乌兰察布盟凉城县小坝子滩出土背面刻有“猗㐌金”的神兽纹金饰牌。1984 年，科左中旗希伯花苏木六家子鲜卑墓群出土神兽纹金饰牌两件。造型奇特，似狮非狮，似马非马，鬃鬣直竖，吻部生角，细腰卷尾，四蹄爪状，与文献中记载的鲜卑神兽极为类似。[⑥]对于神兽的铭记和感怀代代相传，直到解放初，自称为鲜卑后裔的锡伯族人还在供奉号称“四不像”的怪兽画像，并将其呼为鲜卑神兽。[⑦]

总体看来，在萨满崇拜的背景之下，鲜卑信仰的对象有自然神、社会神，也有生物神。信仰对象是极为庞杂的，对于这些崇奉对象祭祀的仪规也不尽相同，但是，有一点却是共同的，在鲜卑人的祭祀仪式当中，一般都有神巫参与其中。鲜卑人认为神巫上达天庭，得神之佑，是沟通天人的媒介。在祭神和下神的过程中，巫者敲鼓击钹，手舞足蹈，念念有词，进入一种癫狂状态。通常人们认为，当有神灵附体时，巫者的表现，就不再代表他本人，而是那个神灵意旨的传达者，因此，人们要唯神巫之命是从。神巫在鲜卑人的历史上曾经起过非常重要的作用，拓跋鲜卑的祖先推寅率众南迁大泽若干年之后，因土不宜居，其后代献皇帝时，有神人言于国曰：“此土荒遐，未足以建都邑，宜复徙居。”献皇帝听信了神人之言，以位传子，并命其南移。此次南迁对于拓跋鲜卑的历史发展进程具有重大的影响，这个建言的神人，也就是鲜卑当中的巫者，由于他们以神的代言人出现，对于他们的话，连部落中的首领都要言听计从。出土的鲜卑墓葬中，也不乏雕成神巫形象的器饰。1990 年，内蒙古科左中旗的牧民向通辽市博物馆上缴3件鲜卑金饰牌，其中有纯黄金锻造的长方形人兽纹金饰牌1件，图案中间为一女性半身像，头戴尖顶帽，鼻梁高挺，高眉深目。又有人面纹金饰牌两件，形象为圆脸、凸额、高颧骨。饰牌中所刻画的，可能就是巫师的形象。北方的游牧、狩猎民族活动范围广阔，经常往来迁徙，生活方式中的这种特点，使这个区域内的不同民族之间交往也较为频繁，他们在文化上也拥有许多共性，与鲜卑关系密切的漠北诸族大多有笃信神巫的风习。如柔然国主丑奴之妻豆浑地万，“年二十许，为医巫，假托鬼神。先常为丑奴所信，出入去来……大会国人。号地万为圣女，纳为可贺敦”[⑧]。高车则“喜至雷霆，每震则叫呼射天而弃之移去，至来岁秋，马肥，复相率候于震所，埋羖羊，然火，拔刀，女巫祝说，似如中国祓除，而群队驰马旋绕，百匝乃止”。[⑨]这都是神巫发挥作用的重要表征。

二、鲜卑宗教信仰的转变

毋庸置疑，鲜卑早期的萨满崇拜，与其低下的生产力发展水平，特殊的自然环境，以及对自然界的模糊认知息息相关。但是，当其在生存压力的驱迫下，不断脱离原来的居住地，步步南迁，并且日益深入中原腹地之后，随着与中原汉族的杂居和交流，加之高僧大德不遗余力的弘传，以及统治者的推动，在宗教信仰方面，也逐渐与中原地区的汉族和其他的少数民族趋同。换句话说，鲜卑对于佛教和道教的崇奉日益成为宗教信仰的主流，与此相应，萨满崇拜的影响则逐渐退出了历史舞台。

慕容鲜卑何时接触佛教，于相关史籍中并无明确记载，但元康年间慕容廆迁入大棘城后，开始吸纳流亡士庶，广泛习染汉文化，这些流亡人士当中，就有很多佛教的信徒，他们进入慕容鲜卑占领的区域之后，与当地人不断进行交流与融合，也把自己所执的信仰传递给他们。与此同时，鲜卑人因战争、灾荒、掠卖等原因流入中原汉地。在崇法礼佛的氛围中，也不能不受佛教熏染。除此以外，淄林高僧对于佛教的弘传，也是促使佛法迅速普及的原因。高僧佛图澄就曾随石赵军队进入辽西，由于佛图澄深味经典，善于宣说佛法，影响很大，所到之处，“百姓因澄故多奉佛，皆营造寺庙，相竞出家”。[⑩]慕容鲜卑接触佛教之后，便开始在政权所辖的区域内建塔立寺。咸康八年（342年），慕容皝迁都于龙城，永和元年，有瑞兆出现，“时有黑龙白龙各一，见于龙山，皝亲率群僚观之，去龙二百余步，祭以太牢。二龙交首嬉翔，解角而去。皝大悦，还宫，赦其境内，号新宫曰和龙，立龙翔佛寺于山上”。[11]龙山位于龙城之东，即今辽宁朝阳城东凤凰山。龙翔寺是辽东地区见之于载籍的最早的佛寺，也是慕容燕倾心向佛的明证。自此，佛教开始在慕容燕内广泛传播，佛教信仰渗入社会各个阶层。对于慕容鲜卑的政治、经济、军事事务产生了极为广泛的影响。

相对于佛教而言，拓跋鲜卑对于道教的接触更早，早在代国的拓跋沙漠汗时期就有了奉道的迹象。北魏的创建者道武帝拓跋珪对于道教也颇为热衷，天兴中，仪曹郎董谧献服食仙经数十篇。“于是置仙人博士，立仙坊，煮炼百药，封西山以供其薪蒸。”而太武帝时，因为出身于奉道世家的司徒崔浩大力推举，道教更是极受统治者青睐，拓跋焘亲至道坛，“受符箓，备法驾，旗帜尽青，以从道家之色也”。是后，又立天师道场，月设厨会，遴选“大家弟子有德业者一百二十人为道士”。[12]并供给道士衣食，为道教自上而下的传播奠定了良好的基础。

与对道教的崇奉相类，当鲜卑尚在漠北游牧时，佛教对他们来说还是一种遥远而无法企及的信仰，有学者认为，“到道武帝平中山以后，河北地区的大量佛教存在才反映到拓跋族人的意识中来，他们方有较多的了解”。[13]事实上也是如此，道武帝进入中原之初，便下诏倡行佛法。明元帝时，更于“京邑四方，建立图像”，并“令沙门敷导民俗”。[14]建寺立庙和职业僧侣的出现，使佛教也开始向民间渗透，拓跋鲜卑的宗教信仰开始发生转变。当然，其演变发展，并不像刀割斧截一样整齐绝断，且不说所有信徒都有一个从接触、染化到最终信纳的过程，而且年龄、性别、此前的信仰状态、文化水平以及与传教中心区距离的远近，都会影响其人对该信仰采取的态度，接受与否，以及接受的快慢。从有关史书的记载来看，道武、明元之际的佛教无疑是由京城向周边地区扩散的。在这个辐射区域范围以内的鲜卑，相对于其他地区来说，更容易受到宗教的熏染，从而也就更有可能成为佛教的信徒。从有关史实来看，北魏前期的佛道二教，在统治者的提倡和翼护之下，发展得较为顺利，其对于广大鲜卑和其他胡族家庭所产生的影响亦可想而知。然而就总体趋势而言，我们同样不能无视于这样一个事实，即北魏前期，统治者虽然习染佛、道日深，但在其社会生活当中，并没有全面根除萨满崇拜的影响。

首先，当时的重大政治、军事事务决策，仍有神巫参与其中。据《宋书·索虏传》载：“先是，有神巫诫开（拓跋珪）当有暴祸，唯诛清河杀万民，乃可以免。开乃灭清河一郡，常手自杀人，欲令其数满万。”拓跋珪晚年嗜杀成性，诛灭清河郡人，并且酷虐群下，动辄致人于死地，与听信神巫之言有直接关系。而这正是在鲜卑早期萨满崇拜的氛围之下，巫师进行占卜预言，参与重大事务决策，并假托天神的名义对部落首领进行指导这种传统的延续。

其次，在鲜卑的祭祀系统当中，仍然保持着原始社会时期的拓跋特色，现以天赐二年（405 年）的一次祭天为例加以说明。《魏书·礼志》：“天赐二年夏四月，复祀天于西郊，为方坛一，置木主七于上。……女巫执鼓，立于陛之东、西面。选帝之十族子弟七人执酒，在巫南、西面北上。女巫升坛，摇鼓。帝拜，若肃拜，百官内外尽拜。祀讫，复拜；拜讫，乃杀牲。执酒七人西向，以酒洒天神主，复拜，如此者七。礼毕而返。自是之后，岁一祭。”祈祷祝颂时，载歌载舞、敲鼓击钹。并且设有专门的神职人员女巫专司其事，作为沟通人神的媒介，正是拓跋鲜卑早期萨满崇拜的一大特色。天赐二年的祭祀活动中仍有女巫出现，证明鲜卑在业已步入文明社会以后，还保留有萨满崇拜的遗迹。

再次，在社会生活的基本细胞——家庭当中，也可以找到萨满崇拜的线索。北魏太武帝废佛时曾亲下诏令，禁止民间“私养师巫”，私养沙门、巫师于其家者，皆遣诣官曹，“过期不出，师巫、沙门身死，主人门诛”。[15]太和九年（485 年），孝文帝再次下诏对“诸巫觋假称神鬼，妄说吉凶”者加以禁断。“私养师巫”之家，必是怀有萨满崇拜或者至少对于此类的崇拜抱有亲近态度。统治者屡颁严旨，充分说明传统习惯势力一时之间无法根除，从太武帝初悬厉禁，至孝文帝再次重申，历时 41 年之久，萨满巫师“假称鬼神，妄说吉凶”的现象仍很严重。在统治者的后宫当中，就不乏萨满崇拜的遗迹，孝文幽后失宠，“与母常氏求托女巫。祷厌无所不至，愿高祖疾不起，一旦得如文明太后辅少主称命者，赏报不资”。

总体看来，在走向封建化的过程中，为主动迎合汉化潮流，鲜卑统治者一直试图颁布法令清除萨满崇拜的影响，但是，只要北魏国家仍然坚持定都平城的立场，且在经济生活中一直保持一个游牧民族的特色，这种具有原始特点的信仰就不会退出历史舞台。事实上，北魏前期的意识形态领域中，一直保持着多种宗教信仰杂糅的状态。鲜卑家庭的原始萨满崇拜，是在迁洛以后随着文明程度的加深，才逐渐衰落乃至于消失的，而这无疑是一个颇为漫长的过程，以致在社会的主流宗教信仰发生转变时，局部地区仍有其遗迹。我们发现，直到东魏时，茹茹公主墓葬随葬的彩绘陶俑中还有“萨满巫师俑”，这充分说明萨满崇拜烙印之深刻。而萨满崇拜渐衰以后，代之而起的才是佛法的炽盛和道教的繁兴。正如《洛阳伽蓝记·序》所言：“逮皇魏受图，光宅嵩洛，笃信弥繁，法教愈盛。”

三、鲜卑对于佛、道二教的崇奉及其特点

北魏前期的意识形态领域存在多种信仰并行的现象，即在佛、道以外，还有萨满崇拜的遗存。虽然如此，从充斥于史籍和碑刻中的各种写经、造像、求福田饶益的活动中，我们仍不难窥见这样一个事实，即相对于其他形式的信仰而言，佛、道二教，仍是北魏前期，乃至于整个北朝时期社会上各个阶层鲜卑家庭的主流宗教信仰。

鲜卑宗教信仰具有明显的功利性。北朝时期，由于战乱较多，广大鲜卑对于宗教的接受和崇奉，其根本目的主要是祈求信徒本人和其家庭成员的幸福和安宁，希望远离灾难和祸患。正是在这个意义上说，这种信仰具有强烈的功利主义和实用主义色彩。鲜卑人无论参与哪种宗教活动，动机主要是希望通过自己的兴作，种下善因，或为亡故的亲属追福，或使无子者子孙满堂，或满足疾病痊愈之类的眼前愿望，或在乱世远离兵燹，求得现世安稳，或在将来乃至来世，使己身和家人获得福佑。其中的某些祈愿不乏急来抱佛脚之紧迫，也正因为如此，其功利心态表现得极为显豁。道教的信仰也有类似特点。作为传播宗教的手段，道教不仅以符水为生人祛病除灾，还为死者求取冥福，并且宣扬修道可获至长生，甚至羽化登仙，这无疑迎合了广大信众多方面的需要，也是鲜卑人对于道教趋之若鹜的根本原因之一。

注释：

①《三国志》卷30《乌丸传》。

②杨永俊：《论拓跋鲜卑的原始祭天》，《西北民族学院学报》2000年第6期。

③宿白：《东北、内蒙古地区的鲜卑遗迹——鲜卑遗迹辑录之一》，《文物》1977年第5期。

④《宋书》卷95《索虏传》。

⑤⑥塔娜：《内蒙古通辽地区出土的鲜卑金饰牌及其历史文化蕴涵》，《中央民族大学学报》2006年第2期。

⑦白友寒：《锡伯族源流史纲》，辽宁民族出版社，1986年版，第120页。

⑧《魏书》卷130《蠕蠕传》。

⑨《魏书》卷91《高车传》。

⑩《晋书·佛图澄传》。

⑪《晋书·慕容皝载记》。

⑫《魏书·释老志》。

⑬严耀中:《北魏前期的宗教特色与政治》,《上海师范大学学报》,1983年,第3期。

⑭《魏书·高祖纪》。

⑮《魏书》卷4下《世祖纪下》。

(原载《东北史地》2007年第2期)

石窟论述篇

云冈石窟的开创和题材的分析

阎文儒

一、云冈石窟的名称和开创的历史

1. 云冈石窟的名称。

云冈石窟位于山西省大同市西十六公里武州川峡谷的北岸，云冈堡的北山上。东西长约一公里，凿有大小不同的各样窟龛。

云冈石窟很早以前就有文献记载。不过不叫云冈而称为“武州塞”或“武周山”。因为武州川经两山之间流出，为古代汉族与匈奴必经之路，从汉代起就是汉族北方边防要塞。自北魏迁都平城，明元帝（拓跋嗣）即位，武周山成为北魏皇帝祈福的神山，因而开凿石窟时就选在这里。《魏书·释老志》中说：

昙曜白帝于京城西武州塞。凿山石壁，开窟五所。镌建佛像各一。高者七十尺，次六十尺。雕饰雄伟，冠于一世。

《魏书》显祖纪中，曾有六次到武州山石窟的记载，其中有一次是到武州山祈雨。[①]可见武州山从明元帝（拓跋嗣）起时，已成为拓跋氏统治集团公认的灵山，所以在这里开石窟，造佛像，成为都城附近的名胜。郦道元《水经注》“漯水条”（明刻本作湿水）云：

武州川水又东南流。水侧有石祇洹并诸窟室。比丘尼所居也。其水又东转径灵岩南。凿石开山，因岩结构，真容巨壮，法世所希。山堂水殿，烟寺相望，林渊锦镜，缀目新眺。

以上文献记载，都把云冈称作武州山。直到辽、金时代曹衍撰碑时，仍称为武州山大石窟寺。[②]元代无文献可稽。云冈名称最早开始于明代。云冈石窟第七窟前室保存有：

嘉靖四十三年七月《重修云冈堡碑记》。

清初的碑记有：

顺治二年（1645 年）八月十五日《重修云冈堡昊天庙碑记》（云冈玉皇阁）。

顺治八年（1651 年）四月《重修云冈大石佛阁碑记》（第 5 号窟大佛阁前）。

康熙三十七年（1698 年）九月《重修云冈寺记碑》（第 5 号窟大佛阁东侧）。

顺治九年（1652 年）胡文华编纂的《云中郡志》卷一《云中郡属图》，在云中郡城西有旧云冈图、新云冈堡图。雍正十一年刘士铭纂修的《朔平府志》中亦有记载。

乾隆四十六年（1781 年）编纂的《大同府志》中的题诗则径称“云冈石窟”了。

云冈之名不见于明成化时编纂的《山西通志》，嘉靖四十三年有《重修云冈堡记》碑，可见嘉靖四十三年以前没有云冈堡。或者明代末期，云冈成为边防要塞，清时更为重要，于是云冈名称代替了武周山，云冈石窟寺代替了武周山石窟寺。云冈名称应是起于明成化以后、嘉靖四十三年前后。

2. 云冈石窟的开创历史。

十六国以来，百余年的民族斗争与融合，为北魏的统一创造了条件。从道武帝（拓跋珪）、明元帝（拓跋嗣）到太武帝（拓跋焘）三朝，在残酷的民族征服的战争过程中，固然统一了北中国，但拓跋氏统治集团对各族人民以民族压迫的形式实施阶级压迫，激起了各族人民的反抗斗争。

魏孝文帝未改制以前，拓跋贵族把战俘或被征服的各族人民，作为封建依附户，让他们从事各种不同的劳役，甚至佛教寺院也占有依附的农民

——僧祇户、浮图户。直到孝文帝以后上述情况才有些改变。

拓跋氏为了巩固政权，一方面极力拉拢汉族上层分子，用于主持制官爵、撰朝仪、协音乐、定律令；或为之谋划统治各族人民之术；并借用各族豪强地主阶级的武装，协助拓跋统治集团镇压义军。另一方面又利用宗教来麻痹人民。拓跋珪在征服各族战争中，路经邯国佛寺，“皆致精敬。禁军旅无所犯”。天兴元年（398 年）曾下诏于京城作五级浮图，耆阇崛山，须弥山殿以及讲堂、禅堂、沙门座等等。明元帝拓跋嗣“又崇佛法，京邑四方，建立图像，仍令沙门，教导民俗”。拓跋焘“太延中凉州平。徙其国人于京邑，沙门佛事俱东，像教弥增矣”（《魏书·释老志》）。

拓跋焘虽然有灭佛之事，那是佛道僧侣地主阶级内部之争。到文成帝拓跋濬登了皇位，立即恢复佛教，又命沙门统昙曜于武州山开石窟，造佛像。很显然，云冈石窟的大事开凿，只不过是拓跋氏为了缓和民族矛盾、阶级矛盾，把佛教造像作为阶级统治的工具罢了。

云冈石窟的开凿年代，过去有几种不同说法：

(1) 北魏明元帝（拓跋嗣）神瑞元年中（414 ~416 年）（《大唐内典录》卷第四）。

(2) 文成帝（拓跋濬）和平初年（460 年）（《魏书·释老志》）。

(3) 文成帝（拓跋濬）兴安二年（453 年）（《魏书·释老志》）。

我认为真正的开凿年代，应是文成帝再兴佛法之明年——兴安二年。

(1) 神瑞年开凿的记载，出自唐人西明寺僧道宣。据《大唐内典录》卷 4《后魏元氏翻传佛经录》中记：

> 道武帝，魏之太祖也。改号神瑞元年，当晋孝武太元元年也。出据朔州东三百里，筑城立邑，号为恒安之都。为苻秦护军。坚败，后乃即真号。生知信佛，兴建大寺。恒安郊西大谷石壁，皆为窟。高十余丈。东西三十里，栉比相连，其数众矣。

明《永乐大典》所记金皇统七年曹衍著的《大金西京武州山重修大石窟碑》，即是据此加以考证的，并且进而对云冈石窟的创建结论为：

“肇于神瑞，终乎正光。凡七帝历百一十一年”（按：实为一百〇六年）成化十年纂修的《山西通志》卷 5（可能据曹衍碑文）也同样记出：

石窟十寺，在大同府城西三十五里，后魏时建，始于神瑞，终于正光。凡七帝，历百十有一年。

文中既有“金皇统间修”，可证是见过曹衍碑文而记出的。以后顺治九年纂修的《云中郡志》卷3，雍正十一年纂的《朔平府志》卷3，乾隆四十七年纂的《大同府志》卷5，都可能是根据曹衍的碑文，因而说是“肇于神瑞，终乎正光”。

关于云冈开凿的年代问题，我们首先要从文献中的文字来分析。神瑞开创之说，最早是唐西明寺僧道宣所著《大唐内典录》中提出的。它在年代上有错误：把明元帝的神瑞元年，误为道武帝的纪年；神瑞元年相当于东晋安帝义熙十年，而不是东晋孝武帝太元元年，相差三十八年。这说明《内典录》中对北魏的纪年没弄清楚。当然对恒安开窟事，也就不会记得确切了。

再以《大唐内典录》《元氏翻传佛经录》的文章来看，也不是说神瑞元年开恒安郡西郊的石窟。从行文次序看，是说神瑞元年，迁都恒安。苻秦败因即天子位；而不是说在神瑞元年开恒安郡郊西的大谷石壁。何况“筑城立邑，号恒安之都”的事，也不是神瑞元年，而是天兴元年[③]，中间相差十六年。这一事件，西明寺僧道宣又记错了。如果说道武帝（拓跋珪）于恒安郊西大谷石壁，皆凿为窟。也应在拓跋珪在位时登国、皇始、天兴、天赐四个纪年内。而不应在明元帝（拓跋嗣）第二个纪年的神瑞年中。金曹衍对这粗糙的文章，不加细读，竟误认恒安西郊大谷石壁的开凿是道武帝的神瑞元年。

再以云冈早期第16、17、18、19、20等几个大窟的造像风格来看，是接近玉门关以东莫高窟、炳灵寺、麦积山等石窟的早期造像。如佛像僧祇支上画方格纹与炳灵寺、麦积山早期造像形式相同。炳灵第169号窟上层壁画具体年代是西秦乞伏炽磐建弘元年（420年），晚于神瑞元年者七年。拓跋氏未统一北中国以前很不可能如云冈那样开大窟，造大像，早于河西、秦、陇地区的各石窟群。云冈与炳灵寺、麦积等石窟佛教造像艺术的关系，应是继承的关系，否则早期佛教艺术就不能说渊源于印度古代的孔雀王朝、大月氏王朝、岌多王朝，经过古代西域新疆河西、陇右东传到中原各地。魏收所撰的《魏书》中说：北魏佛教盛行，在拓跋焘太延五年平河西以后，“徙凉州民三万余家于京师。沙门佛事俱东，象教弥增矣”。[4]这种说法是比较可靠的。太延五年，上距神瑞元年，还有二十余年。在太延五年以前，北魏佛教既未盛行，当然也不可能大肆开石窟造佛像了。

（2）和平初年开窟的记载是根据《魏书·释老志》、《续高僧传》昙曜传。其所记和平初昙曜任沙门统，接着又叙开窟事。因而认为和平初是云冈开窟的年代。《魏书》释老志云：

和平初，师贤卒。昙曜代之，更名沙门统。初昙曜以复法之明年，自中山被命赴京……帝后奉以师礼。昙曜白帝于京城西武州塞，凿山石壁，开窟五所，镌建佛像各一。

过去说在和平初开云冈石窟，是读《释老志》时只注意和平初这个昙曜代师贤为沙门统的时间，未注意下文是“初昙曜以复法之明年……开窟五所”，没弄清“明年”是哪一年，把两件事混而为一。实际上昙曜作沙门统在“和平初”，开窟事，在“复法之明年”。

所谓复法之明年，究指哪一年？《魏书》卷5《高宗纪》（文成帝）云：

兴安元年……十有二月……乙卯初复佛法。

复法既在兴安元年，“复法之明年”即是兴安二年。它早于和平初者，近八九年。唐道宣《续高僧传》昙曜传清楚地说：

和平年任北台昭玄统，绥辑僧众，妙得其一，住恒安石窟通乐寺，即魏文帝之所造也（文帝即文成帝拓跋濬）。

这足证和平年北台已有石窟。《魏书》撰成于北齐文宣帝（高洋）天保五年（554年），去文成帝不过七十多年，所记武州山石窟开凿于“复法之明年”——兴安二年，也是可靠的，可与道宣《续高僧传》昙曜传所记和平年已有石窟事来互证。二者都说明，云冈石窟的开凿，不在和平年中。

二、云冈石窟艺术题材的分析

云冈石窟的造像题材，是当时统治阶级根据麻痹人民的需要，完全取自佛教经典的反动内容。它“颂扬怯懦、自卑、自甘屈辱、顺从驯服”。[5] 现首先分析当时究竟利用了哪些唯心主义反动学说，来创造云冈石窟造像的。

1.《维摩诘所说经》、《妙法莲华经》的流行、“顿悟成佛”说的兴起与云冈石窟造像的关系。

佛教入中国的最初百余年，并不受统治者的重视。但自三国以后，国家分裂时间较长，人民遭受的涂炭，实前古所未有。为求得精神上的安慰，除接受上层阶级提倡的玄学外，才广为接受佛教。于是从西方来到中原宣传佛教的大和尚，如鸠摩罗什等，就为统治阶级所重视了。当时最受重视的佛教经典是《妙法莲华经》和《维摩诘所说经》，还有《大般涅槃经》等等。

自鸠摩罗什入关中，为后秦姚兴所重视，开馆译经以后，门下多人俱系大乘宗匠。如道融讲《新法华》，注《法华》、《大品》、《金光明》、《十地》、《维摩》等《义疏》。释昙影亦能讲《正法华经》，什后出《妙法华经》……特加深思，乃著《法华义疏》四卷。释僧睿，并注《大品》、《小品》、《法华》、《维摩》、《思益》、《自在王禅经》等序，皆传于世。这些人都是拓跋嗣（明元帝）、拓跋焘（太武帝）在位之时。他们的义学，势必影响到拓跋氏统治集团。因而拓跋弘（献文帝）“敬信尤深，览诸经论，好老庄，每引诸沙门及能谈玄之士，与论理要”（《魏书·释老志》）。

孝文帝（元宏）初期如徐州僧渊的弟子道登“善《涅槃》、《法华》，并为魏主所重”（《高僧传》卷8,《僧渊传》）。“恒持讲论，曾在禁中与帝夜谈。”（《魏书》释老志）昙度长《涅槃》、《法华》、《维摩》、《大品》，并探微隐，思发言外……当时魏主元宏“闻风餐挹，遣使徵清。即达平城，大开讲席”（《高僧传》卷8《释昙度传》）。

从以上的传记，可以看到淮河以北拓跋魏的疆域内，佛教的《法华》、《维摩》、《涅槃》义理之学，基本上仍在盛行，并不是“义学南趋，北方偏重行业”。因而云冈石窟造像中，除由西方传来的佛本生、佛本行故事题材外，其次是两个净土中的弥勒与阿弥陀。更重要的是根据《法华》、《维摩》两部经而创造出的。

这两部经的特点，是用许多故事作譬喻，易于用形象表达出来。

在云冈石窟造像题材中，表现最多的是这两部经。《妙法莲华经》中表现最多的造像是《见宝塔品》的释迦、多宝说法像，《序品》中妙光菩萨与前佛、后佛的日、月灯明佛像，《从地涌出品》中的释迦牟尼佛与弥勒菩萨像，还有八部护法等等。

《维摩诘所说经》表现最多的是：《问疾品》中的文殊师利菩萨与维摩诘说法像。《菩萨行品》中维摩诘与文殊师利菩萨共见释迦像（第6号窟南壁）。《观众生品》中天女与舍利佛幻化像（第5、6号窟大阁上层）。《香积佛品》中作维摩诘，文殊师利像和正中幻化菩萨像（第14号窟西壁）等等。

用迹象和譬喻表达“空”“无”的道理。这两部经是其他“般若”各经中所达不到的。所以在云冈造像中就多采用了这两部经内的故事。它所起的麻痹人民的作用，比文字宣传更普遍、更广泛。

云冈开窟所以得到拓跋氏统治集团支持的另一原因，是“一切众生，皆有佛性”，“一阐提人皆得成佛”之说的提出。这样的佛教学说，固然见于法显译之《大般泥洹经》，昙无忏译之《大般涅槃经》。更重要的原是出于《妙法莲华经》，由道生倡导而成说。道生是最早注疏《法华经》的人。《法华经》的内容，基本上是人人皆可成佛。其中解说最明显的，是《常不轻菩萨品》，在这品中说：

> 尔时有一菩萨比丘，名常不轻……四众之中有生瞋恚心不静者，恶口骂詈，言是无智比丘，从何所来。自言我不轻汝，而与我等授记，当得作佛……说是语时，众人或以杖木、瓦、石而掷之，避走远住，犹高声唱言：我不敢轻于汝等，汝等皆当作佛。以其常作是语故，……号以为常不轻。

吉藏《法华义疏》卷第11《常不轻菩萨品》云：

> 今明此品，正辨恶人有佛性义……则知一切有心，并有佛性，皆成佛也。……即是极恶人，有佛性义，与《涅槃经》无异也。

总之，法华要旨是，“一切众生，莫不是佛，亦皆泥洹”（道生《法华经略疏》）。

即一切众生，皆有佛性，只要一心敬佛，最后都可得到佛果。要人们相信个人内心的神秘启示，以达到“悟（神秘主义的直观，深刻信仰的理解）、发信（听来学的知识）、谢（入理言息）”的地步。

当时门阀、士族地主阶级，骑在人民头上，作了许多坏事，不能不引起他们的空虚与恐惧，如何解脱这种苦呢？道生根据六卷《泥洹经》说：

> 剖析经理，洞入幽微。乃说：一阐提人（即作恶多端，贪求欲乐，不悔改的人），皆得成佛（《高僧传》卷7，竺道生传）。

道生的学说，是宗教的精神本体；是违反科学的大骗局。正如伟大导师列宁所教导的：“对于依靠他人劳动而过生活的人，宗教教导他们要在人间行善，廉价地售给他们享受天国幸福的门票。”⑥

在人人皆有佛性，“一阐提”皆得成佛，顿悟成佛等佛教教义的宣传下，封建统治阶级就更起劲地敬信佛法，开窟造像，求得“功成妙智，道登圆觉”，寻找成佛的道路。这就是北魏统治集团在云冈开窟造像的另一个主要原因。

2. 麻痹人民追求另一天国的两个净土世界。

伟大导师列宁指出：“对于工作一生而贫困一生的人，宗教教导他们在人间要顺从忍耐，劝他们把希望寄托在天国的恩赐上。”⑦佛教创造两个净土世界，一是弥勒净土，一是阿弥陀净土，用来麻痹人民，不必认真对待当前这个剥削的社会，而把希望寄托在两个净土世界上。《佛祖统记·三世出兴志》中说：

> 见在贤劫成二十小劫……第九小劫……第四释迦牟尼佛出世……减至八十六岁时。尽正法第十小劫。减至八万万岁时，第五弥勒佛出世。

道世《法苑珠林·弥勒部》又说：以“兜率天常有一生补处菩萨”。这个补处菩萨，即是弥勒菩萨。

十六国时的大和尚道安，曾立世誓愿生兜率天的弥勒菩萨处。据佛经记载，释迦灭度，为弥勒受记，留在世间决疑。所以僧睿《维摩诘经》序中说：

> 先匠（指道安）所以辍章遐慨，思决言于弥勒者。良在此也。

佛教欺骗人们说，兜率天中有百千万亿天女眷属，“彼中诸天常闻说般若，若从他佛来生此间，斯则转胜也”（《法苑珠林》卷16弥勒部赞观部第三）。

佛教又欺骗人们说弥勒菩萨还未下世人间，如果下世，这个佛国是：“人常慈心，恭敬和顺……雨泽随时，谷稼滋茂。一生草秽，一种七获，用功甚少，所收甚多。”⑧

佛教就是这样来麻痹人民。创造出理想的幸福天国，当然是劳动人民衷心向往的了。由于弥勒菩萨在下一个小劫就要成佛，所以云冈石窟造像中，把弥勒菩萨当作主像来造出。

佛教另一个净土世界，是阿弥陀净土。阿弥陀汉译为无量寿。在鸠摩罗什译的《佛说阿弥陀》经中说：

> 从是西方过十万亿佛土，有世界名曰极乐。其土有佛号阿弥陀……彼佛光明无量，照十方国。无所障碍……彼佛寿命及其人民，无量无边阿僧祇劫，故曰阿弥陀。

据支谦译的《佛说阿弥陀佛经》中说：生于这个佛国者：

> 聋者得听，哑者能语，偻者能伸，跛者能行，愚者默慧，诸乐不鼓自鸣。妇女珠环皆自作声。

佛教就是如此的麻痹人民，宣传净土中的无量幸福。所以隋、唐以后有了净土宗的成立。希望死后进入阿弥陀净土世界中。

罗什门下的慧远，是宣传阿弥陀净土的一个大和尚。晋安帝（司马德宗）元兴元年（402年）曾与刘遗民等百十三人立誓生于西方阿弥陀佛国，云冈造像中，也造出西方净土的阿弥陀佛像，不过没有弥勒菩萨像造的那样多而已。

道生和尚创出了“一阐提人皆可成佛”的理论，使剥削阶级也同样认为只要信仰佛教，做功德——敬信佛、法、僧，也可以进入天国。他们的剥削生活，奢侈，欲望是无穷的。佛教净土中所说的无穷幸福，实际上是把剥削阶级的生活移植到天堂。因此他们也同样地信仰弥勒净土与阿弥陀净土。所以弥勒菩萨与阿弥陀佛像也同样成为云冈石窟造像中的重要题材之一。

3. 根据六波罗密诸经而雕造出的故事形象。

“波罗密”汉译为“究竟”“到彼岸”。在佛教中认为波罗密有六种。康僧会译《六度集经》卷第一云：“何谓为六：一曰布施，二曰持戒，三曰忍辱，四曰精进，五曰禅定，六曰明度无极高行。”这六种行为，都是释迦牟尼所讲他前世所做的六种善行故事，又称作“本生”故事。本生梵语是阇陀迦（jataka）。《大般涅槃经》卷 15 云：“何等名阇陀加经，如佛世尊，本为菩萨，修诸苦行。所谓比丘，当知我于过去，作鹿，作罴，作獐作兔，作粟散王，转轮圣王，龙，金翅鸟诸王，如是等行菩萨道，所可受身，是名阇陀加。”

根据这六种因果报应的故事，可以从生、死此岸达到涅槃彼岸，正如释迦所说：“昔我前世行四等心，七年之功，上为梵皇，下为帝释。复还世间，作飞行皇帝，典四天下数十百世，功积德满，诸恶寂灭，众善普会，处世为佛。”（《六度集经》卷第 8 末）。

在印度桑志大塔西门左柱内侧刻有睒道士本生故事像。巴基斯坦白沙瓦地区马尔丹东北 13 公里夏哈巴斯卡拉村的麦克哈桑达遗址出土有善慧仙人以发布地定光佛为受记的故事造像。⑨不过云冈连环画式的浮雕造像的布局与技法，与桑志大塔和麦克哈桑达遗址出土的雕刻有所不同而已。

这些故事造像，都是说菩萨前世六种善行，因而得到今生成佛的善果。一方面麻痹被剥削者要克制自己，对统治阶级不要进行斗争和反抗。只要种此六波罗密善行，就可得到再生的无量幸福；另一方面给剥削者寻找放屠刀，立地成佛，廉价地售以升入天国门票的机会。

三、根据佛本行诸经镌造出的释迦牟尼成佛前后和诸佛的各种故事形象

释迦牟尼一生的事迹，从诞生、出家，渐次修行到成佛。即是佛的本

行故事。与本生是两种不同的故事。一是前生，一是此生。上段说的是释迦牟尼前生，——本生这段要说的是释迦牟尼此生——本行。佛本行的故事约可分四类：

（1）未出家前宫内各事迹。如：宫中娱乐，出游四门，四天王捧马足等故事形象。

（2）表现苦行的事迹。如：出家入山，剃发染衣，精进苦行，牧女奉糜，毕波罗树下思维等等。

（3）表现神行的故事。如：太子试艺，降魔成道，四天王捧钵，收那舍，降伏火龙，伏优楼频螺迦叶，罗云认父，升忉利天为母说法等等。

（4）表现大智的故事。如：鹿野苑初转法轮，为目犍连、舍利弗说法，中为佛，配以观世音、大势至二菩萨，或文殊与普贤二菩萨，双树泥洹时说法等等。

云冈第6窟窟内东、南两壁，及中心柱四面佛上层佛龛上面的浮雕，由太子诞生到出家得道一幅幅的浮雕，为石窟群中纪念佛——释迦得道、成佛最详尽的、精美的大幅浮雕。

此外各窟中还造有结跏趺座，半结跏趺座、莲花跏趺座、善跏趺座等各样坐势的佛像。

在第11窟西壁屋形大龛内，在屋檐下刻有高二公尺的七身佛像。唯北端的佛像已风化不可辨识，仅有五身并列的佛像，这七佛像在《佛说七佛名经》中云：

> 过去几十一劫，有毗婆尸佛应正等觉，出现世间。三十一劫，有尸弃佛，毗舍浮佛，应正等觉，出现世间。于贤劫中第六劫，有俱留孙佛应正等觉，出现世间。第七劫，有俱那含牟尼佛，应正等觉，出现世间。第八劫有迦叶波佛应正等觉，出现世间。第九劫我释迦牟尼佛出现世间，应正等觉。

以上的七身佛像，在佛教中所谓贤劫之前的有三任。到此贤劫，又有四佛以至最后立到释迦牟尼成佛。

又在第7窟正窟后面上、下两层。上层有坐于狮子座上莲花跏趺座的菩萨像。左右为善跏趺坐的佛像，正中菩萨，两旁二佛，在《妙法莲华经序品》中说：

尔时文殊师利语弥勒菩萨摩诃萨及诸善大士善男子等……尔时有佛，号日月灯明如来……次复有佛，亦名日月灯明如来……初佛，后佛同一，字名日月灯明……时有菩萨名曰妙光，有八百弟子，是时日月灯明佛三昧起，因妙光菩萨说大乘经……日月灯明佛于六十小劫，说是经已……便于中夜，入无余涅槃。佛于灭度后，妙光菩萨，持《妙法莲华经》，妙八十小劫，为人演说……弥勒当知。尔时妙光菩萨，岂异人乎？我身是也。求各菩萨，汝身是也。

这组造像，可能是根据《妙法莲华经序品》所记，宣扬《法华经》人物，正中的菩萨应是妙光菩萨，即释迦牟尼佛，左右的二佛像，是过去初佛、后佛同名的日月灯明佛。

第11号窟西壁的屋形大龛七佛的西南上角尖拱龛内，一佛二菩萨像的佛座下面刻双树。树下刻佛涅槃像。在《般泥洹经》卷下云：

彼时佛勅贤者阿难：汝于苏连双树间，施绳床令北首，我夜半当灭度。受教既施。还白已具。佛到双树，就绳床侧右胁而卧。

又天台大师灌顶撰《大般涅槃经玄义》云：

此经若具依梵本，应云摩诃般涅槃那修多罗。摩诃言，大般涅槃那此翻灭度。灭者即是解脱。……所言度者即是摩诃般若。故大论云：信为能入，智为能度……灭者即是三德皆寂灭也。度者邓是三德皆究竟圆满也。

涅槃即是解脱烦恼，生死永灭，免去因果的忧患。一切圆满，德无不备，障无不尽，因之称为“圆寂”。这双树下佛涅槃像，就是佛的“圆寂”像了。

云冈石窟造像中，大多是依据大乘经，因而纪念佛的造像，也不专造一身佛像，而是加上菩萨和声闻弟子像。但在前后，仍然是有一定次序的。吉藏《法华义疏》卷第1云：

今何故先列声闻，次列菩萨，后列凡夫耶？……声闻心具智断，形备法仪，心形两胜，是故前列。菩萨心虽会道，形无定方，或道或俗，此则心胜形劣，故在第二。凡夫心、形两劣，所以居第三。

云冈第18号窟，正中是释迦牟尼佛像，外面是十大弟子像，最外是菩萨像。这样造像，是在中国封建社会中，把佛比拟帝王，以声闻、菩萨作为佛的左辅右弼。《佛说观佛三昧海经》卷第6观四威仪品中云：

尔时罗睺承佛威神入如意定。礼拜既毕，迈佛七匝，即自化身作转轮圣王。阿难侍左，难陀侍右。千二百五十比丘，化为千子，阿难为典藏臣，难陀为典兵臣，七宝四兵，皆悉具足。

云冈造像中，第18号、20号窟，各有三佛，有人认为是过去、现在、未来三佛。其实造像中虽然有三身，也并不是三世佛，因而名号也不能是什么三世。竺法念译《菩萨璎珞经》卷第13净居天品第13云：

三世名号，云何而生，何由而灭，佛告天子，生本无生，灭本无灭，一切诸法，亦复如是。生本无生，灭本无灭，何以故？性自然空故。……如来身者，于过去、未来、现在，亦不在生，亦不在无生，是无过去、未来、现在。

这种“空无”唯心主义的思想是佛学中的特点。这样，三世佛也就是一世佛，一世佛也是三世佛，因而云冈造像中，虽有三身，也不一定是三世佛了。

在印度桑志大塔东门左柱正面第一段有菩提树下成道的造像（见日人逸见梅荣：《印度古代美术资料》），西门左柱内侧第二段刻出释迦成道龙王礼佛像，西门右柱内侧第二段刻出诸天听法像等等。

阿富汗北部库杜兹河附近古兰萨尔瓦尔，那萨尔氏图书室中藏有从阿恒札答——梯皮发见的佛本行故事“白马吻足”的刻像[10]，从这雕造中，可证古代印度与犍陀罗佛教艺术，也都有佛本行故事形象的雕造。云冈石窟群佛本行故事形象占了很大部分。正如恩格斯所说的：“在各阶级中，当然也会有相当多的人，他们在物质解放上已经绝望了。都去寻求精神的解放。寻求那合乎使他们免于完全绝望意识上的安慰来代替它……安慰当然就以宗教形式出现……”⑪

云冈造出许多佛本行故事像，就是为了欺骗、麻痹劳动人民，使他们安于现状，心甘情愿地忍受被剥削的痛苦，自我安慰来信仰佛教。佛教欺骗人民要学小乘经中所记释迦牟尼六年“苦行”和大乘经中的各样故事，以便成佛后，完全觉悟，学有无限的神行，方能享受无量的幸福。

云冈石窟造像中根据诸佛经造出各种故事像。在第7、8、9、10等四个窟中，根据佛本行，本生诸佛经而造出的故事像很多，如根据《六度集经》、《过去现在因果经》、《太子瑞应本起经》、《杂宝藏经》、《修行本起经》、《大楼炭经》、《经律异相经》等，而造出三十几种故事变相，雕造出来，是十分生动而有艺术价值的。

其他如摩诃萨埵舍身饲虎等故事等等连环画式的雕刻。这种本生浮雕故事像，古代印度、犍陀罗佛教艺术，也都有这样题材的雕刻品。

此外还有根据大乘《妙法莲华经》而造出文殊菩萨在灵鹫山敬礼释迦、多宝佛的形象，都是依据佛教故事而造出的形象。

四、保卫佛的护法像

“护法”是护持佛的神将。在佛教中尤其是大乘法中，又创造出神秘性护持佛的八部。甚至把外教的天神，也当作佛的护法。法云：《翻译名义集》一八部篇中云：

> 一天、二龙、三夜叉、四乾闼婆、五阿修罗、六迦楼罗、七紧那罗、八摩睺罗伽。原夫佛垂化也。道济百灵。法传世也，慈育万有。出则释天前引、入乃梵王后随，左辅大将，由灭恶以成功、右弼金刚，用生善而为德。三乘贤圣，既肃尔以归投、八部鬼神，故森然而翊卫。

云冈造像中，主要的有佛、菩萨、声闻等形象，其余的五光十色，体例众多，似乎缭乱复杂，无从辨识，但详加分析，不外乎是八部护法。例如第7、8窟门两侧的“天”，与金刚密迹力士、夜叉等像。第13窟的八大龙王，以及各窟中门楣内部和缠绕须弥山顶的二龙王像，窟顶与壁顶上的乾闼婆（伎乐神）、紧那罗（舞神）、阿修罗（三头六臂）和天夜叉与虚空夜叉像，门楣上的迦楼罗等等护法像。

云冈石窟中所雕出的各种护法像，很可能是根据大乘经而创造出的。在《妙法莲花经》卷第1序品中云：

佛住王舍城者阇崛山中，与大比丘众万二千人。俱是阿罗汉……菩萨摩诃萨八万人。……尔时世尊……为诸菩萨说大乘经，名无量义，教菩萨法……尔时会中比丘、比丘尼、优婆塞、优婆夷。天、龙、夜叉，乾闼婆、阿修罗、迦楼罗、紧那罗、摩睺罗伽、人非人及诸小王、转轮圣王、是诸大众，得来曾有，欢喜合掌，一心观佛。

在八部众中，第一是天部。《婆娑论》172云：

于诸趣中，彼趣最胜、最乐、最善。最善最妙高，故名为天。

在云冈造像中，八部中造出天部像，有摩酰首罗天与鸠摩罗天，在第7窟门的两旁。一乘牛，一骑孔雀。

第二是龙。在云冈第11窟中心柱顶窟顶上四周各刻二龙，共八条龙。这即是八大龙王。在《妙法莲华经》序品中记参加佛法会的有：

八龙王：难陀龙王、跋难陀龙王、娑伽罗龙王、和修吉龙王、德叉迦龙王、阿那婆达多龙王、摩那斯龙王、优钵罗龙王等。

有的窟门上缠绕二龙，恐怕是难陀龙王与跋难陀龙王了。

第三是夜叉。《注维摩诘经》第1中记：

夜叉，什曰……有三种：一在地，二在虚空，三天夜叉也。地夜叉，但以财施，故不能飞行。佛转法轮时，地夜叉唱，空夜叉闻。夜叉唱四天王闻，如是乃至梵天也。肇曰：夜叉秦言轻捷。有三种：一在地，二在虚空、三天夜叉。居下二天，守天城池门阁。

又《金光明最胜王经》卷第9《诸天药叉护持品》中记：

梵王，帝释主，护世四天王及金刚药叉……各领天众，常供养诸佛……无数夜叉众，勇猛有神通，各于其四方，常来相拥护。

因而在窟顶上，有作飞舞状，有作捧钵状，有作掷击状，大多梳发下垂，作莲起的形象。这些夜叉与伎乐舞蹈等人刻在一起，是难以分别的。一般都称作飞天。其实有的是天夜叉，有的是虚空夜叉等等。

第四乾闼婆。玄应《一切经音义》卷3“犍沓”和条云：

乾闼婆……此云乐神，一云食香，旧云香神，亦近也。经中亦作香音神也。

《注维摩诘经》卷第1中云：

乾闼婆，什曰：天乐神也……肇曰：天乐神也，居地上宝山中，天须乐时，此神身上有异香现，然后上天也。

第五紧那罗。慧琳《一切经音义》卷1云：

紧那罗歌神也。其音清美，人身马首。女则姝丽、天女相比、善能歌舞，多与乾闼婆天以为妻室。

同上书卷25《紧那罗条》又记：

或云真陀罗，此云歌神，其声美妙。正法华云：和音天子是也，亦云疑神也。以头上有角亦名人非人也。

《经律异相》卷第46中说“歌诸法实相，以赞世尊”。这就认为紧那罗是歌舞之神。歌的内容，并不是一般的歌曲，而是歌颂佛教教义，尽量宣扬佛的威德，用以迷惑，麻醉人民的护法神。

第六阿修罗。《玄应音义》3曰：

阿修伦，又作阿修罗，皆讹也。正言阿素洛。此译云：阿无也，亦云非，素洛云酒，亦云天，名无酒神，亦名非天。经中亦名无善神也。

在云冈造像中，窟顶上刻有三首四臂，上二手托日、下右手扶膝，左手当胸，下着裙半身像。多是四面的阿修罗王。

《长阿含经》卷20世纪经阿须伦品中有：

毗摩质多阿须伦王、罗呵阿须伦王、波罗呵阿须伦王、睒摩罗阿须伦王。

又《法华经序品》中参与佛法会的有：

婆稚阿修罗王、法罗骞阿驮修罗王、毗摩质多阿须罗王、罗睺阿修罗王。

这四阿须伦王，即石窟中的四面阿须伦王。也就是二首四臂的阿修罗王像了。

第七迦楼罗，即金翅鸟。《妙法莲华经文句》卷第2下云：

迦楼罗，此云金翅，翅翮金色，居四天下大树上，两翅相去三百三十六万里……金翅啖龙云何是类。大威德者，威胜群辈，又威摄诸龙也。……雄化为天子，雌化为天女，化己住处，有宝宫，亦有百味，而报须食龙……《观佛三昧经》云：……堕山上成为意珠，龙得之即为王，人王亦感此珠也。

此金翅鸟亦八部护法之一，云冈7、8、9、10、11等窟，有时于龛上刻一鸟，当即八部护法之一——金翅鸟，迦楼罗也。

第八摩睺罗伽，又曰莫呼洛伽。《妙法莲华经》玄赞卷第2本云：

梵云莫呼洛伽，此云大腹，大蟒田蛟腹行之类。摩睺罗伽讹也。

《慧琳音义》11曰：“摩休勒，古译质朴，亦名摩睺罗迦。亦是乐神之类。或曰非人，或云大蟒神，其形人身而蛇首也。"

在云冈尚未见有此形象之雕刻品。惟敦煌莫高窟285窟的窟顶，有各种护法像，或有此像。

云冈石窟中所雕出的各种护法像，很可能是根据大乘经而创造出的。在《妙法莲华经》卷第1序品中所谓"八大护法者"是也。

自罗什译出此经后，为当时封建地主阶级所重视。僧睿说"法华经者，诸佛之秘藏，众经之实体也"。道宣说："自汉至唐六百余载……受持感者，无出此经。"云冈石窟造像的题材，基本上依据大乘诸经，与印度、巴基斯坦、阿富汗各石窟造像题材，有所不同。甚至与大多以佛涅槃像为主，以佛本生、本行壁画环绕窟室与依据小乘经而创造的新疆各石窟也有所不同。

结 语

总之，云冈石窟的名称与开创的历史，造像艺术的题材，不外以上几项。它完全是为封建统治阶级欺骗麻痹人民服务的。因此对云冈石窟造像题材内容，必须解释清楚，彻底揭露佛教是麻痹人民的鸦片。在中国中世纪封建社会中，佛教是封建君主国家的附属物。正如恩格斯所指出："君主主教制，却宣布人间的世俗权力。即国家权力，是至高无上的。并迫使教会的权力，服从国家的权力……而事情的另一方面是：现在君主集一切权力（人间和天上的）于己身，他这人间上帝，就标志着宗教国家的登峰造极。"⑫

因此我们研究云冈造像，主要方面是揭露封建统治者——皇帝麻痹人民的行为。另一面从那些石窟造像中，不只从其中看到统治阶级的极度豪华奢侈、口头清高行动卑鄙的腐朽生活，而且可以从其中看到劳动人民，在剥削压迫下，用最大的精力和智慧，创造出千古不磨灭的、伟大的、繁华和美丽的艺术创作。

注释：

①《魏书》卷6《显祖纪》："皇兴元年秋八月丁酉行幸武州山石窟寺。"高祖纪："延兴五年五月丁未幸武州山。""太和元年五月乙酉车驾祈雨于武州山。四年八月戊申幸武州山石窟寺。七年五月戊寅朔幸武州山石窟佛寺。"

②缪荃孙：《永乐大典·平字韵北平府》条引《析津志》中有金曹衍撰：《大金西京武州山

重修大石窟寺碑》。仍称之为武州山而不称云冈。见宿白：《大金西京武州山重修大石窟寺碑校注》。

③《魏书》卷2《太祖纪》"天兴元年……七月迁都平城，始营建宫室、建宗庙、立社稷"。

④《魏书》卷第4《世祖纪》上：太延五年冬十月条及卷114释老志。

⑤马克思：《莱茵观察家的共产主义》，《马克思恩格斯全集》第4卷，人民出版社1958年第一版，第218页。

⑥⑦列宁：《社会主义和宗教》，见《列宁全集》第10卷，第62页~63页（人民出版社1958年版）。

⑧鸠摩罗什译：《弥勒下生成佛经》。

⑨日本京都大学：《伊朗、阿富汗、巴基斯坦学术调查报告》，水野清一等编　麦克哈桑达第七章　遗物（1）石雕（1969年版）。

⑩日本京都大学：《伊朗、阿富汗、巴基斯坦学术报告》，水野清一等编　《哈依巴库与克什米尔——斯迈斯梯第3部阿富汗北部的考古调查七、库杜兹附近》（P. 71Fig123）（1962年版）。

⑪恩格斯：《布鲁诺，鲍威尔和原始基督教》，《论原始基督教》，人民出版社1961年第一版，第9页、第10~12页。

⑫恩格斯《普鲁士国王弗里德里希—威廉四世》，《马克思、恩格斯全集》第1卷，人民出版社1956年第一版，第537~538页。

（原载《社会科学辑刊》1980年第5期）

云冈石窟的文化价值

赵一德

位于今山西大同市西16公里武州山麓的云冈石窟，自北魏创建以来，历经1500余年的沧桑，至今遗迹斑然，幸运地保留了53个洞窟，5万余尊石雕佛像，成为中国乃至世界的一大文化宝库。

云冈石窟有它的极盛时期，那就是北魏当年建成时“山堂水殿，烟寺相望；林渊锦镜，缀目新眺”。[①]这是鲜卑人在他们的京郊创建的一大景观。也有它的衰颓时期，那就是隋唐时“荒郊处处生荆棘，寒飚动地牧马嘶。君不见，当年魏都行乐处，只今空有野风吹”。[②]这是由于突厥人侵犯边塞，这里是兵戎相见的古战场。又有它的中兴时期，那就是辽金时“峰峦后拥，龛室前开……三十二瑞相，巍乎当阳；千百亿化身，森然在目。烟霞供宝座之色，日月助玉毫之辉。神龙夭娇以飞动，灵兽雍容而助武。色盾连延，则天皇弥勒之宫；层檐竦峙，则地通多宝之塔”。[③]这是契丹人、女真人两次对云冈木构寺庙的重修装饰，令它不仅恢复旧观，而且辉煌一时。还有它被长期冷落的时期，那就是元、明、清时。蒙古人铁马金戈不顾这事，朱家王朝花天酒地不管这事，明清交替之际：“是非莫辨，玉石俱焚。楚猿祸林，城火殃鱼……（大同）为狐鬼之场者五阅春秋。”[④]这里遭受闯军的战火，姜瓖的降叛，满清的屠城，云冈备受兵燹。清人在安定之后虽亦稍加修葺，然已面目全非，与当年盛况不可同日而语了。有清一代云冈沉默塞边睡，鲜为人知达二百余年。本世纪初，法国人沙畹(E. Chavannes)，日本人伊东忠太郎等著文、摄影公诸于世，云冈才又赫然引人注目。第二次世界大战前后，日本几代学者如本善隆、小野玄妙、关野贞、常盘大定、水野清一、长广敏雄等，广为撰文发论，大肆宣扬，议论云冈者蔚然兴起，涉及艺术、佛教、考古、历史以至民族，各执一端，众说纷呈。中国著名学者如陈垣、梁思成、刘慧达、阎文儒、周一良、宿白等，自30年代以来，也有许多论著公诸于世，提出许多卓有见识之论，为研究云冈奠定了基础。

随着旅游风气的兴起，云冈石窟已成为一处热点。游人们愿意知道云冈的来龙去脉，更愿知道它的价值所在。

作为世界性的一大文化宝库，它的文化价值何在？作为北魏王朝的历史博物馆，它的历史价值何在？作为佛教一大名胜，它的宗教价值何在？作为旅游观赏的古迹，它的美学价值又何在？这些问题前人尚未充分论述。若从“文化”这个大视角、大背景下去鸟瞰云冈石窟，并分门别类地剖析其价值内涵，对云冈的研究可能会深入一层。

本文试从文化价值的讨论着手。

一、石窟文化

“石窟文化”是我在1989年为《中国古代北方民族文化史》撰稿时提出的一章专论。这个命题是否科学？能否成立？尚未充分讨论。这里从肯定的角度作一点探讨。

“文化”（Culture），自身的概念就比较庞杂，名目也相当纷繁。加上我国近来的“文化热”，各种文化名称纷至沓来，使文化概念有流于庸俗的倾向。此际提出“石窟文化”亦难避凑热闹之嫌。但是，从文化的角度看石窟，或从石窟的现象谈文化，却备感清新，别有洞天。

我对众多的文化概念，从返本求真的角度撷取了中国儒家学说中的一个含糊观念，即孔子所说的：“质胜文，则野文胜质，则史文质彬彬，然后君子。”⑤将这一不太引人注意的文化观念作为文化的基本定义。因为“质”与“文”确系产生文化现象的根本。这二者间的交互关系是人类与其他动物分离后率先发生的现象。当人类从初始的朦胧中觉醒过来，第一次使用遮羞蔽体之物开始，他们就自觉不自觉地用一点身外之物——哪怕是一片树叶，文饰了自我，文化现象也就发生了，随着人类在生存竞争中日益扩大领域，为对抗自然需用多种物质，为应付社会需要各种精神。因此，人自身固有的“质”必然要以身外的“文”去不断装饰，不断美化。以后人类从维护生存、美化生活、健全思想出发，创造了无尽的物质文饰（文化）和精神文饰（文化）。一个个文明社会形成了，装饰与美化人本的文化日益发展。于是门类繁多、内容广博、五彩缤纷的灿烂文化与日俱增。但这些现象的宗旨，总不出：文饰人本。如果承认文化是人类与生俱来之物，那么我说文化的目的就是为了完善人本自我；文化的作用就是对人本质的文饰，文化的动力是人类为生存而需要物质、为理想而需要精神；文化的效果是社会的文明进化。

如果把“石窟”这种现象，也视为是某些人类某民族为了完善自我，为了将其自身之质文饰成为神佛，是一种精神升华的物质表现形式，是一项文明的标志，是一定时期的社会现象。那么“石窟文化”可以确立。事实上至今遗存的许多石窟遗迹，正展示着一种独具特色的文化风采。

综合分析石窟文化的表现形式，约可归纳出七种特征：

第一特征：石窟特征。

石窟，是石窟文化的基本特征，也是首要特征。此“石窟”有着特定的含义。它不同于古人穴居野处所用的岩洞或洞穴，也不同于供人观赏的自然洞。石窟的目的是人们为了满足一种精神的需求，即寻找一种精神寄托和心灵慰藉而创设的一种宗教活动场所；它不是人们的物质需要，它是纯属精神需要，人为地开凿而为其目的服务者。

石窟的表现形式是佛教信徒为实行其宗教活动或为坐禅修行，或为供佛礼，或为弘扬佛法等，选择风光秀丽、山水相连、僻静幽深的灵岩圣地，于山崖岩壁开洞窟，造佛像（有石雕、有泥塑、有壁绘），行佛事，以企祈福往生极乐世界。此中凝聚的是佛教信徒及社会人士的精神寄托、精神向往、精神享受，故而表现为一种精神世界的文化现象，而与那种为生存、生活的物质需求的“洞穴文化”判然分区了。

第二特征：佛教特征。

人们按照自己的某种意愿开凿石窟并形成一种文化现象，是佛教创立的。以后的发展也是按照佛教的宗教要求发展的。终极成果也仍然是佛教的文化现象。

佛教开凿石窟无非是两种功能，一种是坐禅，一种是供佛。坐禅是印度僧人的传统，传入中国后被中国僧人广泛接受，故坐禅窟在石窟中占一定的比重，但它还不是石窟文化的代表。能代表石窟文化的是供佛窟，这与寺庙供佛是同一目标下的两种文化形式，石窟供佛有它的独特的文化表现。

佛教在供佛问题上有过长期的争议。起初只是以保存佛的牙、发、指、舍利，并为之建塔贮存以示纪念，对佛陀画影、塑形不甚注意甚至反对。经过几百年，随着希腊文化的入侵印度，造像观念有所改变。佛像出现后，先是兴建伽兰寺庙作殿堂式的供养。由于寺庙的局限性太大，才又回归山林，创造了石窟供佛。

佛教在石窟供佛上创建很多，借着石窟的条件扩大了供佛的内容，保存了古老的佛像。在供佛内容上，除以释迦牟尼为主线外，还开辟弥勒佛一条辅线，又把三世诸佛、十方诸佛纳入石窟，使佛教的多佛信仰得以充分发挥。至于菩萨、罗汉、弟子等无不赋予充分表示的场所，此外又扩展出佛本生、佛本行、经变故事等内容丰富的供佛题材，使石窟文化有了十分充实的内容。

至于中国石窟在佛教内容以外还有道教的和儒释道三教并存的现象，这些只是在佛教石窟基础上的模仿与演化，仅是支流，不能代表石窟文化。

第三特征：民族特征。

中国石窟文化的缔造者并不是汉族，而是西北和北方的古代少数民族，所以保留在石窟中的民族色彩非常浓郁。沿着古丝绸之路，古疏勒人、龟兹人、高昌人、羌人率先在西北开凿古窟，接着鲜卑人在北方、中原继续开凿。他们把各自民族的心态、感情、信仰、习尚等传统文化，大量寄寓于石窟中。

在表现民族心态和民族感情上，集中表现在把人格化了的佛作了民族形象的处理，佛的三十二相反而居于次要地位。中国西部石窟无不留下当地民族的典型形象，他们把人格化的佛，按照本民族的形状去寄托感情，在民族信仰和民族习尚方面也有非常细腻的表现。他们在塑造佛教神佛以外，还要按照佛教格式塑造他们民族所崇拜的神仙、鬼怪，还借石窟描述他们的日常生活习俗。

就这样把各地各民族的文化典范、民族精神，渗透到石窟文化中。

第四特征：民俗特征。

与民族特征有着共同基础的民俗风情，在民间工匠的创作中，自觉不自觉地留在石窟中。这些作品往往冲破佛教的束缚，极富有生活气息，而且生动活泼。

表现突出的是对佛教极乐世界的描绘。那无限美好的天堂净土，无非是当地人们理想的生活世界。在这里他们还把深入民心的纲常伦理观念、民众道德观念、日常生活状况、习用的器具用品及民众的审美观念等，都融会在石窟文化之中。

第五特征：艺术特征。

创立石窟文化的古印度，在创造伊始就吸取了古希腊与波斯的艺术，结合其印度本土文化创造出一种风格独特的犍陀罗艺术、茉菟罗艺术。传到中国，则先受古龟兹文化的熏染而出现克孜尔风格，又受五凉三秦文化的浸润而出现敦煌风格，再受鲜卑政权的强压而出现云冈风格，后受中原文化的影响而出现龙门风格。当遍及中国各地区之后，各地的文化新血液无不输入到石窟艺术中去。而各地、各时期的石窟又都以千姿百态的艺术形式，表达着当地、当时的文化水准。

石窟艺术，是一个完整的而且也是特殊的文化形式。它自身具有着超越现实的典型概括性，因而是浪漫的，同时它又是取材于生活的原型和社会实际，因而又是现实的。它在表现宗教内容时，既用浪漫的抽象去表现宗教的理想，又用现实的具象去表现宗教的仪轨。所以石窟艺术既是宗教艺术，也是社会艺术。它以一种特殊的形式放射着文化的光芒。

石窟艺术具体表现在：洞窟的形制、壁画、泥塑、石胎泥塑、石雕、摩崖大像以及窟前的木构建筑。不过木构建筑不应包含在石窟文化中。对这些具体形式的研究已有很大的成果。但在类比与确定某一个具体的个性上尚欠火候，往往一句“犍陀罗风格”就把一组石窟与千百造像遮盖了。到底哪一点是犍陀罗的？哪一点又不是犍陀罗的？哪些是本土文化与外来文化的融合或垂加都说得似是而非。对此，须有微观分析的进展。

第六特征：地理特征。

石窟文化受自然地理与人文地理的双重影响，而地理条件又决定了石窟与造像的形式。

就自然地理而言，各地的地理环境和地质结构成为石窟形式的先决条件。就中国而论，新疆克孜尔、敦煌莫高窟地处戈壁沙漠，窟内宜塑、宜绘，陇上麦积山地处黄土高原，窟内尤宜泥塑；塞北云冈地处侏罗纪砂岩地带，窟内宜雕琢；中原龙门地处花岗岩带，尤宜雕琢等等，自然条件决定了石窟的或雕或塑或绘的选择。

就人文地理而言，西域与西北地区在十六国时期，有一段相对稳定的政治环境，五凉三秦进行了幅度较大的民族文化融合，同时接受了丝绸之路传来的西方文化，形成了五凉三秦的先进文化体系。佛教文化是它们重要的选择，石窟文化就应运而产生了。塞北高原由于鲜卑政权对文化兼容并蓄的政策，在其都城中心出现了一个文化高峰小区，西部诸民族所选择的佛教文化被他们应用并推广了。中原地区在少数民族第一次统治后，少数民族的文化又熔铸于汉文化中，石窟文化就成为融合结晶之一。由人文地理的先导而敷衍出石窟文化体的分布。

第七特征：时代特征。

中国石窟自东晋十六国时期开始，至明清之际，代有建造，而各个时代的石窟与造像亦无不具备显著的时代痕迹。尽管主题与内容差异不甚明显，但时代的精神、时代的工艺、时代的需要，则有明显的区别。所以时代又是石窟文化的一大特征。

敦煌石窟延续时间最长，跨越了几个朝代，从而也荟萃了各个时代的精神风貌和艺术精华。故而可以说，敦煌石窟是纪录西北文化的历史长卷。

云冈石窟工程期间最短，仅北魏一朝，所以集中表现了北魏王朝的精神状态和民族情调。故而可以说，云冈石窟是北魏鲜卑统治者的历史专篇。

龙门石窟极盛于盛唐时代，而唐朝又是文化最发达的时代。如果把唐代文化归结于大量融合了古代北方少数民族文化的结果，那么，龙门石窟正是这种文化交融的结晶。

大足石刻则把宋代熔儒、道、佛于一炉的时代学术风潮，贯注于石窟文化之中。

石窟文化，从印度开创的半天然、半人工的坐禅窟，发展到纯人工雕凿的供佛窟，再发展到中国式的象征帝王，用石窟寄托精神，把佛、菩萨人格化、社会化，把佛经故事化，把弥勒佛世俗化（如大肚弥勒的出现）等等发展过程，都饱含着时代的精神与审美。按时代的进程可以理出一个石窟的发展轨迹，而在轨迹的每一个点上，又表现着浓郁的时代气息，这就是石窟文化时代特征的所在。

在上述七项特征之外，还有一个因素对石窟影响很大，那就是政治因素。几乎所有的石窟工程都与当时、当地的政权息息相关，不少石窟中的佛像是象征着帝王的，也有直接把人间统治者纳入石窟的内容者，如“帝后礼佛图”。一部石窟文化兴衰史，可以说是各代各地政策方针演变的缩影史。那么，政治因素可不可以成为石窟文化的一个特征？我以为不可。

因为政治因素只能作为石窟文化的背景，它不是石窟文化的有机组成部分，也不是石窟的实体部分，对政治无直接表现，所以政治不能成为石窟的文化特征。

二、石窟文化在云冈的体现

金代曹衍在撰写《大金西京武州山重修大石窟寺》碑文中有一段评论："然而，虑不远不足以成大功；工不大不足以传永世。且物之坚者莫如石，石之大者莫如山，上摩高天，下蟠厚地，与天地而同久。是以昔人留心佛法者，往往因山以为室，即石以成像，盖欲广其供养，与天地而同久，虑远而功大矣。与夫范金、合土、绘丝者，岂可同日而语哉！"云冈石窟之所以创造出这番石破天惊之举，有如此的宏伟规模，有这般的豪迈气派，有从洞窟到佛身以至装饰器物全部石雕化的创建，有能力集中于一个朝代完成全部工程，等等，都和曹衍所说的文化意识分不开。鲜卑人能产生这样的文化意识，是有其族属的文化传统、历史渊源和政治背景的。

拓跋鲜卑祖居于"幽都之北，广漠之野，畜牧迁徙，射猎为业，淳朴为俗，简易为化……"[⑥]，是一派典型的原始游牧民族的文化传统。从大兴安岭遗存的嘎仙洞石室，可以窥视到他们早期的文化基础。以后经过几世几代人的南下迁徙，越过"九难八阻"的地理艰险，吸取北方诸民族的各种文化，到拓跋珪在中国北方建立政权时，鲜卑人已经融合了许多北方文化，极大地提高了他们民族文化的水准，并对来自西域的外来文化也有所接触。拓跋珪率先接受了佛教文化，尽管当时对佛教理解不深，仅以"胡神"看待佛，但对沙门法果却优礼有加。法果也打破沙门不礼拜皇帝的教规，将皇帝视作"当今如来"，不仅礼拜，且得到信任。借此，法果于天兴元年（398年）在京城内外创建了弘扬佛教的三大基地，即五级佛图、耆阇崛山、须弥山殿。此中的耆阇崛山，有可能就是京城西武州山的那个天然岩洞（今云冈第三窟），于是武州山也就成了灵山圣地（后称灵岩）。第二代皇帝明元帝数次祈祷于武州山并定为"常祀"，该是与此有关。从此佛教文化与中国传统的道教文化、儒家文化，在鲜卑政权中鼎足而三地占据了一席之地。

第三代皇帝太武帝起初对佛教也信仰并支持，还滋生出一股势力很强的寺院经济。后来盖吴起义把长安的大寺院牵扯进去，或者长安的寺院经济正是盖吴的后盾。太武于平息盖吴中发现了长安寺院经济的实力和武器装备，一场灭佛的政治方针就确定了。太平真君七年（446 年），中国佛教史上第一次“大灭法”实施了。尽管监国太子反对并加以保护，但土木宫塔，胡神形象的泥人、铜人，尽皆击破焚烧。佛教文化与政治发生了冲突。七年以后，第四代皇帝文成帝即位，立即“复法”，而且来势很猛，出现“天下承风，朝不及夕，往时所毁图寺，仍还修复”[⑦]的局面。这是一种逆反意识的驱使，也是一个政治变革的反映。灭法时破坏最重的是土木宫塔，复法时则以石窟对之；灭法时指罪的是供养泥人、铜人者，复法时则以石佛对之，一灭一复，变本加厉。而佛教文化则在寺庙文化的基础上开创了石窟文化。石窟，虽有西域石窟（含阿旃陀、巴米扬等外国石窟）、河西石窟（指十六国时期的一些小型开凿）等可资借鉴，但创造如此宏伟规模与气势的石窟群，在中国尚属首例，其伟大意义则在于使中国的石窟文化开始进入成熟期，也可以说开始有了完善的第一组石窟文化体。这是中国石窟文化的一座里程碑。由此归纳云冈石窟文化的表现，在石窟文化的七项特征中是完备的。

（一）使石窟特征进入全石化的完善阶段。

早期五凉三秦时在河西开凿的一些石窟，尚属开石窟而塑泥像、绘彩壁，可以说是石窟文化的不完整阶段。云冈石窟则既开石窟又凿石像，使石窟文化步入全石化的完整阶段，这是一个了不起的创举。尽管有自然条件的便利，但文化意识的作用更为主导。鲜卑人肯于支持这种全石化的工程，远的有他们祖居石室的传统文化流衍，近的则有铸成“与天地而同久”的创立永世之功的逆反意识，所以才造就了这一文化创举。

石窟特征的主题是精神需求。云冈石窟在这一点上表现尤其突出。如果说早期河西石窟多坐禅窟，而坐禅窟又多少含有一些生活或生存需要的话，那么云冈石窟这种大型的供佛窟则几乎没有坐禅的条件，只能作供佛、礼佛、绕佛之用，再就是为帝王、父祖祈求冥福的意念寄托，使它和属于生活、生存需要的物质性的洞穴彻底分离，而成为纯粹的精神需要的石窟。这样就把石窟特征的含义更为完整地体现出来，从而使石窟文化更充实饱满。

云冈从第 1 窟到第 20 窟是主体，都属于皇家气派的大洞窟、大佛像。从昙曜五窟“开窟五所，镌建佛像各一。高者七十尺，次六十尺，雕饰奇伟，冠于一世”[⑧]开始，造大石窟的文化观念就落脚于为皇帝祈福，借供佛以象征帝王，借佛像以表现鲜卑人的顶天立地、盖世无比的气度，把人们的精神寄托、精神慰藉，引导到一个新的高度，与那种“凿仙窟以居禅”[9]的观念已不可同日而语。昙曜五窟凿作穹隆顶，平面为马蹄形，正是把鲜卑人曾经居住过的洞穴、毡房引入到石窟文化中的写实。这是鲜明的文化承传与文化发展的痕迹。随后进一步发展，则出现顶作四方平顶，平面呈方形的窟制，且又分出内室与外室。这又是把内地房屋建筑文化引入到石窟文化中的写实。再有一种在窟的中央立四方塔柱，平面作回形的窟制，并且雕饰丰富，这正是外来石窟文化的造型引进，但又有所创新。云冈石窟以这样三种窟形组成其主体，充分体现着它的石窟文化观念在于精神的向往。至于西部从第 21 窟到第 53 窟，虽属于一些民间工程，且偶而也有几个可供坐禅用的小洞窟，但其主导的文化倾向仍属于云冈主导观念的范畴，规模虽小，气度不凡，对石窟特征的表现依然是充分的。

（二）使佛教特征明显地社会化。

从石窟为坐禅，到坐禅与观佛并举，再到纯为供佛，这几个发展变化阶段使窟内的佛像布局也发生变化。再加入社会背景与政治因素，石窟文化中的佛教特征则愈趋纷繁。北魏自法果和尚提倡“皇帝即当今如来”之后，佛与皇帝已经萌发了人神合一的观念。经过太武灭法的挫折，文成复法伊始，便在兴安元年（452 年）“诏有司为石像，令如帝身”[10]旋即又于兴光元年（454 年）“敕有司于五级大寺内，为太祖已下五帝，铸释迦立像五，各长一丈六尺，都用赤金二十五万斤”。[11]把人神合一的观念推上高峰，而且毫不掩饰。和平初（约 460 年）昙曜奏请“开窟五所，镌建佛像各一”时，正当这种观念的高潮期，五窟五像不能不与帝王合一。这样佛教五像的选择，就得突破前期造像多为释迦、弥勒的范围而别开生面。

自昙曜在昙曜五窟造五方佛开始，为佛教供佛的领域拓宽了。从佛教空间观念所设的方位千佛中，五方佛、四方佛、十方佛等应运而被选择；从佛教时间观念所设的过去、现在、未来千佛中，过去七佛、现在释迦、未来弥勒等三世诸佛也在选择之列，从净土观念出发，东方琉璃净土的药师佛，西方极乐净土的阿弥陀佛，天宫兜率净土的弥勒菩萨等亦多被选择；从法华、华严经义又引出文殊、普贤、观音、势至等诸菩萨的选择；尤为突出的是依《妙法莲花经》所记释迦，多宝二佛并坐讲法像，在云冈诸窟多次出现。如此种种不但把佛教供佛的范围扩大，使佛教特征更加浓郁，而且以众多的佛、菩萨巧妙地作为诸帝王、众贵族的象征，把人神合一的政治要求创造得更加完美，也把石窟文化导入时空无限的领域。

如此，云冈石窟之专为供佛而开凿的佛教特征则兼具二义：一者使佛教的多神论得以充分发挥，使诸佛菩萨各得供养场所；二者把佛教从缥缈的虚幻中引回到现实的社会里。人神合一的宗旨即落实了佛教，又弘扬了佛教。云冈石窟也许是有此基调，所以能把佛教的诸佛、菩萨、罗汉、弟子、供养人等的选择纯佛教化，所有造像必有佛教的张本。这就不同于敦煌莫高窟等画像中出现掺入中国神话传说中的神仙，如东王公、西主母、雷公、伏羲、女娲等的情形。云冈的这一纯佛化的创举，把石窟文化的佛教主体作了巩固与突出。它也对石窟造像的主题选择影响深远。如龙门、响堂山、巩县等石窟就不离佛谱。大约到宋元石窟文化已转入衰退时期，才把这个模式打破，出现儒、道、佛并存的非佛教的石窟，但那已经不能代表石窟文化了。

（三）使民族特征表现在民族心态上。

鲜卑人以一个文化基础薄弱的民族，在取得了政权，统治了大半个中国及文化优于自己的汉民族后，他们的民族自尊心和民族自卑感始终交织在一起，心态是不平衡的。崔浩碑刻《国书》，触及到他们的短处，招致杀身、诛族之祸。昙曜造石窟就不得不借鉴这前车不远的教训。昙曜与众造窟者注意到这一点，并巧妙地平衡了鲜卑人的心态。

首先，以佛像的雄伟高大来象征拓跋帝王的威严尊贵，树立了鲜卑人的民族形象的自豪感。无论是顶天立地的立像，还是巍然危坐的坐像，或是端庄慈祥的法像都具有一种震慑人心的威力，表现出一种举世无双的气魄。他们似向人世间作狮子吼般地大声宣布：我们鲜卑人就是如此雄伟，如此高大，我们是优秀的民族，我们要主宰世界。

其次，表达了鲜卑民族在文化融合中的抉择与偏爱，并把游牧民族的独有风情作了细微的刻画。如第 12 窟，就把一堂庄严肃穆的礼佛庆典鲜卑化了。它所采用的乐器既不是印度佛教传统的宗教乐器，也不是汉族宗庙祭礼或隆重庆典所用的“雅乐”，而是大胆地采用了游牧民族惯用的“短歌箫铙”类的“马上乐”。那些羌笛、羯鼓、胡笳、琵琶，尽管与礼佛庆典不太协调，但在民族心态的驱使下，还是突破了佛教的约束和钟、磬、琴、瑟的诱惑，宁愿用本民族偏好和自身的文化传统去取代那些“外来的”文化，以平衡他们的心态。

第三是鲜卑人在“汉化”与反汉化的心态斗争中，始终没有统一。孝文帝为推行汉化不惜迁都洛阳，不惜杀害反汉化的亲生儿子元恂。从历史发展观来看，孝文帝是进步的；但从民族心态来说，则是悖谬的。所以留守在平城故都的鲜卑遗老，可以不顾历史的潮流，极力维护其民族形象。在第三窟的三尊造像上，就体现了这种保护民族尊严的逆反心态。当龙门石窟的造像已经汉化之后，这里依旧按照他们业已承认了的“云冈风格”，为废太子元恂凿琢了一躯更加完美的象征佛像。这件事大约发生在正光年间，而不是有些学者推论的发生在隋或唐初。六镇之乱，迫使这个洞窟的造像工程停止了，它也就成为云冈工程的终点。

（四）使民俗特征以高雅的形式表达。

云冈石窟的窟内总体布局反映的是民俗观念的伦理秩序。比如对一佛二胁侍或一佛四胁侍的排列，不仅突出中尊主座的地位，而且还从形体的大小上作了夸张的处理，一般中尊主佛要比两旁胁侍大出两三倍以至四五倍。这绝不单纯是为了渲染主佛的庄严，而是兼含着尊卑、主奴的等级伦理意义。这种形体大小的尊卑在人世间的现实生活中是不能体现的，尽管有此伦理的观念，但绝无如此的伦理形状。石窟文化却把抽象变为具象，由此推衍云冈石窟中一切陪衬雕饰，如供养人、力士以至鸟兽、器物等，都在尊卑伦理的观念下，等级鲜明，大小有别，次第有序，美丑有格。陪衬就是陪衬，绝不许喧宾夺主。

民俗风情还寄寓在洞窟、佛龛的装饰上，民间的技巧用作点缀装饰。如三开间或单开间的民间住屋式的佛龛；窗框、门楣的花边装饰；平棋藻井的图案布局；供养人的跪拜仪态，乐舞伎的乐态舞姿，花卉鸟兽的吉祥取义等等，几乎都是民间的文化形式，而不是佛教文化的规定形式。再如塔，起源于印度的塔，到民间工匠手中，就把那种单层覆钵式的形状，美化成多层楼堂殿阁式的建筑形状。云冈石窟中出现的，大的如中心塔柱，刻出层次，极尽装饰之能，加上华美之饰；小的如壁面浮雕的多级式、重檐式、殿堂式、楼阁式的各种塔样，无不是民间的创作。

太武帝征伐西北时，虏掠了北凉众多的工匠并迁居平城开凿云冈，这些工匠是主力，同时平城及京畿的工匠也是大量参加者。这样就把西北的、平城的民情风俗，自觉不自觉地留刻在云冈石窟之中，而云冈石窟也给这些工匠提供了极好的创作场所。如各大型洞窟的三个壁面及窗框、门楣诸处，第11窟东壁上部留下的“太和七年铭记”（是云冈极少的文字遗刻之代表）就说出了当时的情形。他们为给皇家、父祖祈求冥福而造像九十五躯，而贯串的意图就与皇家工程有所不同，这里是民间的意识，他们所要表示的是虔诚与敬仰，他们希望国泰民安，更希望父辈祖辈往生极乐世界。

（五）使艺术特征独创一格（云冈风格）。

概括云冈石雕的艺术特色，大致是粗犷豪放，大模大样，刀法洗练，神韵安详。其造像效果，既富有写实的现实感，又富有传神的浪漫气；它是熔理想与抽象于一炉，含真实与具象于一体的精美艺术珍品，是祖先心血的结晶，是文化艺术的瑰宝。

这些瑰宝、结晶、珍品的抽象风格，并不单纯是雕琢技艺，更主要的是构思的奇巧和手法的夸张。这里追求的是神似而不是形似。

可以说云冈每一尊主佛在创作开始就要象征一位人物，那么该以佛像为主还是以人像为主？追求形似则将什么也不是。本来佛有三十二相的规范，而人则纷纷繁繁千姿百态，这是一组难以调和的比赋，云冈石刻却巧妙地解决了。最有代表性的是昙曜五窟的五尊大佛，乍看是佛，细审却又各具人态，很能引人追想当年拓跋力微、拓跋珪、拓跋焘、拓跋濬及拓跋后代（典型）的风姿。具有代表性的第20窟大佛像，它综合了鲜卑人的共相，在佛的三十二相具备的基础上又把人像味道浓浓融入，既是一尊完美的佛像，又是一幅鲜卑人的典型肖像，且把鲜卑人装扮得那么美好。

据说印度阿旃陀石窟1号窟的释迦牟尼雕像，在面部展示了三种不同的表情，正面看是思维状，左侧看似拈花微笑，右侧看如悲悯众生。这种效果被誉为是艺术的魅力。云冈20窟大佛似有更强的艺术感染力。它以一派慈祥端庄静穆的庄严法相，把思维、微笑、慈悲、善良、亲切、端正等等优美的人间情感都集中融会在一起，而从不同的角度、不同的侧面也能突出表现某一种表情。[12]再加上淡淡的、微微上翘的唇髭，[13]既渲染了佛的种性，又添了几许活泼气息。至于整个造型，细眉长目，方直鼻梁，微翘口唇，垂肩双耳，宽肩细腰，透体僧袈，右袒肩臂，跏趺定印等等雕琢技艺，无不为佛相、鲜卑种族像增添着光彩。如果说这就是云冈风格，那它的艺术特色就在于共相传神之中；显然它和炳灵寺石窟弥勒大像的苦修相、龙门石窟卢舍那大像的极乐相、天龙山石窟弥勒大像的空无相、敦煌莫高窟大佛的入定相[14]判然分别。差别就是风格的体现。云冈风格，第20窟大佛可为其嚆矢。

云冈风格，还有极尽夸张的民间审美观念贯穿于其中，典型而又普遍的“两耳垂肩”造型可为代表。这种造型在佛像的三十二相中是没有的，仅在“八十种好”中有“耳轮阔大成轮垂形”一好，也没说阔大到垂肩的程度。但民间流传着三国刘备有两耳垂肩的福相，工匠们就把它嫁接到佛像上，而这种极度夸张的艺术手法却又收到美的效应。这也就是云冈风格的所在。龙门造像虽是云冈造像的延续，但风格不同，创新很大，起码这两个耳朵就收敛了不少，故而云冈风格是独立的。

（六）使地理、历史两个特征极为明显。

就地理环境而言，云冈石窟与平城以西30华里之武州山是互为因果而相成者。武州山若不是灵岩与绝壁，石窟不会选择到那里；而云冈石窟不开凿在武州山，这灵岩圣地也持续不了那么长久。这明显的是自然地理和人文地理的相益加。

通观国内现存石窟的选址，一般都选择偏僻幽深、依山傍水、风景秀丽的地方，对山水的要求虽然并不追求名山大川，但也要有神异灵气的圣地。武州山当时具备了这些条件。其实武州山的山势并不险峻，若从空中俯瞰，它的背后却是一派广袤的原野，并非崇山峻岭，严格地说，它仅是一段断崖岩岗。后世称之为云冈倒是恰如其分的。但此山岗的岩壁是一段整齐的绝壁，壁面又有过天然溶洞，岩石又是水沉砂砾结构，非常适宜开凿石窟，雕琢石像。再加武州川水从山脚下潺缓流过，不急不缓，河湾积水常能把山林景色倒映水中，能构成郦道元看到的“林渊锦镜，缀目新眺”的美丽景致，从而完全具备了开窟造像的自然地理条件。当人文景观凿成后武州山便名声显赫了。

就历史时代而言，当时中国北方正处在一个动荡的时代，人们求安心切，寻找精神寄托是当务之急。佛教在这方面恰能填补人们的精神空白，再加上一段灭法与复法的激荡反复，它的条件成熟了。北魏王朝集一朝的财力、物力、人力完成了此项丰功伟业，使其成为北魏的历史博物馆和地上文物、佛教圣地、艺术宝库，把北魏的文化状况汇集在这里，于是它最能体现北魏的时代精神。

云冈石窟的营建始末，文献上存在三种说法。早的是神瑞说，即所谓“始于神瑞（414年），终乎正光（523年）”[15]；中的是兴安说，即“是年（兴安元年，453年）诏有司为石像，令如帝身”；晚的是和平说，即“和平初（460年）昙曜白帝，于京城西武州山塞，凿山石壁，开窟五所”。[16]近年考古学者普遍承认和平说。我以为三说应当并存，因为各有端倪。概括而言：神瑞为发端，奠定了武州山灵岩地位；兴安为创始，始造“兴安石像”，为开雕石像之先河；和平为实施，昙曜五窟开工。几说并存较客观，不必咬定一点而忽视发展过程。莫高窟也有此问题，该是从司空索靖题壁仙岩寺算起？还是从沙门乐僔开窟一龛算起？或是从现存北凉洞窟算起？取舍不同，可以并存。对于“终乎正光”的说法争议较小，虽也有以为是指龙门石窟者，或以为言之无据者，但皆无足轻重。反正六镇之乱后，北地平城已经处于各族纷争的境地，战争、灾荒连年不断。北魏、北齐以至隋、唐，中央政权都已对它失去控制，石窟工程绝无延续条件，这是历史的实际。所以对终乎正光的说法毋庸置疑。那么，云冈石窟从最早的神瑞说算起到正光，时限都在北魏一朝。这样云冈石窟所表现的历史特征就有集中表现一个朝代的特点。它与其他跨朝代的石窟又有不同。

综观云冈石窟在七种文化特征上的表现可充分说明，“石窟”是一种文化现象，也是一个实实在在的文化体。它以独特的文化形式表现着一时一地一个民族的精神风貌，它的价值是永恒的。

三、云冈石窟的文化价值

文化，就其价值而论，就在于它能以物质的具象或精神的抽象去标示人类文明进化的历程。所有文化现象或文化遗迹，都不外乎是当时当地的人类为了美化生活（物质的）和美化心灵（精神的）而遗留的文明痕迹。而所有的美化手段，亦无非是创造一些身外之物去对自身之质进行文饰。所以评价文化价值，就不能脱离创造文化的动机与效果。

石窟文化是属于精神领域的文化，它标示着一代一地一族人们的意识形态与宗教观念，也表现着全部的文化水准。同时，由于这些抽象的观念是通过石窟造型的有形实体表现的，故而也反映了物质文化。

鲜卑人留下的云冈石窟，蕴含着极高的文化价值。他们把1500多年前北魏兴盛时期的物质文化与精神文化，凝重地熔铸于石窟中，使今天的人们能够从有形的实物去揣摩一个业已消逝的民族在其极盛时期的生活情景和精神面貌。

云冈石窟这种大规模、大气派，这种开创石窟与造像全部石雕化，这种风格鲜明的雕琢艺术，这种推进宗教社会化和人神合一的内蕴，这种掀起全国开窟造像之风的外延，其价值何在？归纳起来，它不仅在文化价值上有一定的分量，在此外的历史、考古、宗教、艺术、美学等诸方面，也有相当的价值；而其文化价值又体现在这诸方面的价值之中，这个精神文化体完全寄寓于它的物质文化形式中。

就其历史价值而论，云冈石窟可为北魏的实物史卷和形象史碑。北魏，这个神秘的鲜卑政权，究竟在政治、经济、文化上有何建树？社会发展到怎样状况？史虽有记，但语焉不详，尤缺形象实物以示其状。随着这个民族的消失，史学界更加渴求知其实情。云冈石窟可补此缺。无论其政治风云、经济实力、文化风格，这里都有形象的记录，而且保存了下来。它有直接表现者，有间接反映者，上溯可到拓跋远祖，下延可至北魏末期，内蕴思想意识，外显风土人情。从史学角度透过佛教形式剖析其史学内涵，云冈石窟则是北魏的历史博物馆。

究其考古价值而论，云冈石窟作为地上文物是当之无愧的。考古学界已经注视了对它的艺术考古、分期考古，再引申一步对它进行生活考古、意识考古，会拓宽很大的领域。比如石窟中的服饰、器物、音乐、舞蹈等，虽然是佛教的，但它的原型仍然是现实生活的，而且是当时、当地的民族的生活原型。它的那种生动、形象、翔实、细腻，有着极大的考古价值。云冈出土过一块"传祚无穷"瓦当能给考古带来很多的启示。面对如此丰富的地上文物应当带来更多的启示，何况所有一切造型与实物形状都包含着若干潜在的意识。运用综合、类比的分析方法必能考证出它的深层意识。云冈石窟的丰富资料给考古提供了广阔的天地，它的考古价值大有发掘的余地。

就其宗教价值而论，云冈石窟标志着鲜卑人宗教观念的定型，并且把南北朝时期南方佛教与北方佛教的区分记录下来。鲜卑人的原始宗教是什么？尚不得而知。充其量也不过是萨满之类的巫神崇拜。当他们在南迁途中接触到道教、佛教以后就开始了选择，与汉族统治者一样，一时是对两教兼容并信，一时又偏向一教，一时又偏向另一教。太武帝对佛教的灭法和文成帝对佛教的复法，是对佛教选择的一次大反复。随着云冈石窟的开凿标志着鲜卑人的宗教选择基本有了定向。佛教此后虽未成为国教，虽未独霸教坛，但已占了上风。这说明鲜卑人对佛教与道教都有了深层次的了解，经过长时期的比较，对佛教有了偏好，他们的宗教选择定型了。云冈石窟的佛教内容是佛教的，也更是鲜卑族的。这里记录着鲜卑人的佛教观念，它与同期南朝的佛教信仰就有很大的差异。研究云冈能增添中国佛教发展的内容。

就艺术价值而论，云冈的艺术价值是高品位的。前期研究者对云冈艺术林林总总提到许多精辟的评价，但对其艺术精髓的透视与评价，尚未达到综合完善的水平。究竟云冈艺术的精神何在？特征何在？人们虽已感觉到它是独特的，且命名曰“云冈风格”，但它的具体表现是什么？尚未找到准确答案。评价一种艺术是不容易的，可是云冈石窟有足够资料供研究者参照、对比、分类、组合，若能找出它的共性特征，则可接近真谛。云冈石窟艺术集中于石雕工艺。石雕工艺是中国传统文化之一，秦汉时期已有高水平的作品，到北魏在云冈石窟大兴石雕造像之风以来，石雕工艺达到一个高峰，无论是阴线刻划，还是图雕浮雕，几乎都用大写意的手法，寓粗犷豪放于凝练，寓精细纤巧于洒脱，一派浑厚而又潇洒的手法。这有外来文化的影响，有本土文化的基调，更多的是北方民族的气质与创造。它的价值在于划时代。

就美学价值而论，云冈石窟的艺术处在一个完美、系统、高水平的品位上，它的美学价值自然也是很高的。由于过去对艺术品评的不完善，给美学评价留下空白，现在已开始起步，应当使云冈的艺术哲学有所建树。

云冈美学的基础当归结在鲜卑人的审美观上。鲜卑祖先长期生活在“幽都之北”，居处石室，与人类早期的穴居生活有共性，这正是他们的生活原型。以后虽经几代人的南下迁徙，直至建立国家，但对那个印象深刻的生活原型仍不易忘却。太武帝拓跋焘征服西北时，扩地千里，而最能引起他心灵共鸣的还是那草原牧野，依山傍水的洞穴而居的生活景象，所以他要派使臣去祭典幽都大石室。这就提醒研究者对鲜卑人的石室遗风应相当重视，在此基础上探索鲜卑人对石窟的审美观念才不致脱节。

云冈石窟的美学基础正在于鲜卑人的民族心态上。云冈石窟之所以能超越河西、西域早期那种小型坐禅窟的格局，一下子创建出如此大型的辉煌的气势赫赫的大供佛窟，恐怕“石室”遗风的膨胀当推首要因素。至于那种大气派、大窟、大佛以粗犷、豪放、顶天立地、不可一世等风格，正是鲜卑人在他们特有的审美观念支配下，用以表示他们不甘心屈居于其他民族之下的一种民族心态的表现。

总之，无论云冈石窟的历史价值、考古价值、宗教价值、艺术价值、美学价值，都从一个侧面表现着它的文化价值。云冈石窟的主体价值在于文化。云冈石窟的文化价值一言以蔽之它是一个民族在一定的历史条件下所创造的一种精神文明的财富，它是人类共有的文化遗产。

注释：

①《水经注·㶟水》。

②张嵩：《塞上》。

③曹衍：《大金西京武州山重修大石窟寺》碑文。

④顺治十三年《重修大同镇城碑记》。

⑤《论语·雍也》。

⑥《魏书·序纪》。

⑦⑧⑩⑪⑯《魏书·释老志》。

⑨高允：《鹿苑赋》。

⑫《中国美术全集·云冈石窟雕刻》载有20窟主佛头像摄影18帧，对比审视，可感到不同的情感内蕴。

⑬这唇髭，在一般照片上不容易看到，只有亲临像下方可。

⑭这几个像情的引喻，是我个人的体味，别人未必皆有同感。

⑮《大唐内典录》等。

（原载《中国古都学会第十届年会暨学术研讨会》1992年）

云冈石窟所反映的一些北魏政治社会情状

殷　宪

云冈石窟是集宗教文化、石雕艺术和古代建筑于一身的伟大的综合性艺术杰作，可以说本身就是那个时代的一座历史丰碑。因此，在云冈石窟中，我们到处可以找到北魏王朝、特别是北魏平城时代许多政治和社会生活的影子。本文只就云冈石窟中我初步感觉到的几点细枝末节谈些粗浅看法，以求方家教正。

二佛同龛——太和“二圣”主政的表明形式

二佛同龛，就是两尊佛在同一个佛龛中并坐。这种造像形制是从云冈石窟的第5、第6窟开始的。这样的佛龛不仅在5窟后室的西壁很多，而且在第6窟中心塔柱北壁下层的主龛就是一组巨大的二佛龛。根据《法华经》教义，二佛，一尊是释迦牟尼佛，另一尊是多宝如来。多宝佛在修菩萨道的时候就发过一个大誓愿：“我成佛灭度之后，于十方国土，有说《法华经》处，我之塔庙为听是经，故涌现其前，为作证明，赞言善哉。”后来，释迦佛于灵鹫山说《法华经》，忽然地下有一座安置多宝如来全身舍利的宝塔出现于空中，塔中发声赞叹释迦，证明法华。[①]问题是，这样的教义为什么会在北魏的太和年间被受到重视，并且在第5、第6窟变成了“石庙形象”？凡读过《魏书》的人，一定对“二圣”两字不陌生。兹举几例于后：

“沙门法秀谋反伏诛。（程）骏表曰：‘忽有狂竖，谋逆圣都。明灵幽告，发觉伏诛……于穆二圣，仁等春生。’”[②]这是程骏颂扬“二圣”平定法秀的功绩。应在太和五年。

"今二圣躬行俭素，诏令殷勤。""今二圣哀矜罪辜，小大二情，谳决之日，多从降恕，时不得已，必垂恻隐，虽前王之勤听肆赦，亦如斯而已。""二圣清简风俗，孝慈是先。"[③]这是李彪赞扬"二圣"的宽仁孝慈。从这段文字中有"自太和建号，逾于一纪"看，应当在太和十年。

"吾兄弟自相诫曰：'今忝二圣近臣，母子间甚难，宜深慎之。又列人事，亦何容易，纵被瞋责，慎勿轻言。'及二圣间言语，终不敢辄尔传通。"[④]这是迁都洛阳后杨椿回顾他与其兄杨播太和初作近臣时在帝后间临深履薄的情况。

"二圣钦明文思，道冠百代，动遵礼式，稽考旧章……置立邻党，班宣俸禄，事设令行，于今已久。"[⑤]这是高闾盛赞"二圣"的几项改革措施。据《魏书·高祖纪》载，班宣俸禄，均田，置立邻党分别完成于太和八年、九年和十年，既云"事设令行，于今已久"，则应在改革后三年以上。因此高闾说这话的时间应在太和十三年前后（十四年文明太皇太后已薨）。

《魏书》中多次提到"二圣"，就是太和年间北魏的两位当权者：祖母文明太后冯氏，其孙孝文皇帝拓跋宏。孝文帝登极时只有5岁，冯氏是30岁。可以说孝文帝成年之前是名义上的皇帝，而成年之后则是在其祖母掌握之中的皇帝。太和年间是北魏的鼎盛时期，其间进行的"俸禄制"、"三长制"、"均田制"等一系列重大改革，实际上都是在文明太后的主持下进行的。当然帝后之间不会没有矛盾和摩擦，但更多的是理解和合作。文明太后在孝文帝身上确实没少下工夫，又是躬自抚养，又是悉心教诲，又是作歌劝诫，又是无情体罚。人格上的培养和磨砺，再加上政治上的言传身教，终于成就了中国历史上一代少数民族的明君。由这种教育氛围和自身的素质所决定，孝文帝完全接受和继承了冯太后的政治主张，这从迁都洛阳之后，孝文帝仍在更深更彻底地推进着帝后的改革大业，可以得到证明。

二佛并坐，就是"二圣"比肩。"二圣"，在文明太后在世的太和年间（太和十四年即490年）之前，已是朝廷上下一种理所当然的尊称。以"二圣"称文明太后和孝文帝，一方面说太后和皇帝处于同等重要位置，这实际上是在强调太后的地位，皇帝还用得着说吗？另一方面则表明冯太后对孝文帝的态度，她觉得自己是成功的，由她所选定和造就的继承人是堪当大任的。如多宝佛的舍利塔突然间从地下升到天空，对释迦牟尼说

《法华经》赞不绝口，这是一位早已得道成佛的智者对后来者的一种肯定和认可。也有人说释迦、多宝并坐龛在云冈石窟的出现，只是教义上的事情，与朝廷的事联系起来未免有点牵强。把教义和皇权对立起来，不是历史唯物主义的态度，也不符合当时的实际情况。北魏的第一任道人统法果就明明白白地说，皇帝“即是当今如来，我非拜天子，乃是礼佛耳”。后来北魏又有“为太祖以下五帝铸释迦立像”，“诏有司为石像，令如帝身”，“为高祖、文昭皇太后营石窟二所”[⑥]等等举动。这都说明，佛教的教义亦在或明或暗地为皇权服务，甚至或多或少地受其左右，为其改造。将“二圣”体现于开窟造像之中，还有见诸文字的例子。云冈 11 窟《太和七年五十四人造像记》中就有“愿以此福上为皇帝陛下、太皇太后、皇子德合乾坤……国祚永康”的祝愿。北魏历史上，除了文明太后和孝文帝并称“二圣”外，迁都洛阳之后，尚有孝明帝元诩与其母灵太后胡氏。在龙门石窟的诸多题记中，不仅有为他们祝愿的铭刻文字，而且还有《帝后礼佛图》的浮雕，表现手法就更明白和直接了。

云冈石窟的二佛同龛，反映的是北魏太和年间朝廷的政治格局。换句话说，这种二佛并坐的佛龛都应当是太和年间文明太后与孝文帝共同主政时期的作品。一旦文明太后去世，主政者变成了皇帝一人，就再也不可能有这种内容的佛龛出现。因此，这便给了我们一把研究云冈石窟开凿分期的钥匙：凡有释迦、多宝对坐龛的洞窟都应当是太和十四年（490 年）前所凿，如第 11、第 12、第 13 窟和第 5、第 6 窟即是，18 窟东壁的双佛龛则应当是太和初补雕的。过去已被一些研究者证明为太和年间将作大匠王遇负责开凿的第 8 至第 10 窟则应晚于上述几窟，应在太和十五年到十八年（494 年）迁都前后。

云冈塔雕——平城图塔桀峙的生动再现

石窟中央雕以塔柱，使窟内形成回字形诵经道，这是云冈石窟开凿的一大特点。第 6 窟的中心塔柱原本就是一座北魏时期实实在在的佛塔。佛塔分为上下两层，下起地面上接穹顶，通高 15 米。余如第 1 窟、第 2 窟、第 21 窟、第 51 窟等等，都有精美的中心塔体。第 1、第 2 窟的中央是方形塔柱，或两层或三层，每层四面皆雕以佛龛。第 51 窟是一座五层佛塔，其上屋檐、斗拱、梁柱、阑额等构件宛然，奇伟壮丽。第 21 窟的中央则是一座楼阁式图塔，已经完全中国化了。除中心塔柱外，云冈石窟还有数不清的各式各样的图塔浮雕。以高度论，有三级、四级、五级、七级、九级不等；以宽度论，有单开间、双开间、三开间、四开间多种。第5窟的南壁东西两侧各耸立着一座仿木结构方形五级浮图。须弥座下是一头力可千钧的大象，塔顶饰以覆钵、相轮、宝珠。西侧一座一至四层为三开间，五层为两开间；东侧一座只有一层是三开间，其余均为双开间，造型简洁凝重，结构均衡完美。而更具魅力的塔体，则是第6窟中心塔柱上层四角用作龛柱的四尊九级浮图。其形制亦为方形楼阁式，瓦垅、挑檐、椽头，应有尽有，每层均为三开间，给人以直插云端之感。这样的塔浮雕，除了第5、第6窟之外，在云冈石窟绝大多数洞窟中都可以看到，比较集中的是第2窟，第8、第9、第10窟，第11、第13窟等太和年间开凿的石窟。第11窟西壁上层的七级浮图和南壁东侧的三级浮图，则更具写实性。

塔，亦名浮图、塔婆等，它的正式名字是窣堵波。原本是贮放高僧大德舍利的所在，后来便成了寺庙的象征性建筑。佛经上说，释迦牟尼涅槃后，佛舍利藏在了一座十三级浮图内，这大概是世上的最高层佛塔。北魏时的平城，到了太和盛世，“京城内寺新旧且百所，僧尼二千余人”。[⑦]史料有记载的平城范围内的佛塔就有十几处，见于《魏书·释老志》所载，如天兴元年（398年）“始作五级浮图、耆崛山及须弥殿”，太延中（436~440年）的八角寺惠始冢精舍，兴光元年（454年）的五级大寺，天安元年（466年）的永宁寺七级浮图，皇兴中（467~471年）的三级石浮图，延兴元年（471年）的西山鹿野苑浮图，承明元年（476年）的建明寺，太和元年（477年）的方山思远寺，太和四年（480年）的投德寺，等等。见于《水经注》的有：冯太后之兄冯熙所造皇舅寺五层浮图，如浑水（御河）西岸的三层浮图，平城东郭外的钳耳庆时祇洹寺，等等。郦道元形容当时的情况是“京师帝里，佛法丰盛，神图妙塔，桀峙相望”。[⑧]云冈石窟的中心塔柱和佛塔浮雕，正是“京师帝里、神塔妙图”景象的真实写照。

云冈石窟雕有九级浮图，然而据史料记载，当时平城的寺塔最高的是永宁寺七级浮图。《魏书·释老志》云，永宁寺七级浮图，高三百余尺，基架博敞，为天下第一。郦道元说，永宁寺其制甚妙，工在寡双。“天下第一”、“工在寡双”，其意甚明。就是说北魏平城时期，永宁寺塔是天下第一高塔。直到迁都洛阳之后的熙平中（516~518年），才“于（洛阳）

城内大社西，起永宁寺。浮图九层，高四十余丈”[⑨]，旧都天下第一塔的位置才被新都所取代。到这里，我们是否可以认为，云冈第5窟的五级浮图、第10窟的七级浮图，以及其他层次较低的佛塔是写实的，而第6窟的九级浮图则是将来时的东西，多少有点理想的色彩。那么，是不是说第6窟比之第5窟开凿时间要晚一点呢？尚待研究证实。

胡汉比肩——平城民族聚居的真实写照

围绕着第6窟中心塔柱四周的主佛龛，有许许多多造型生动的供养天和护法神。而在这些两两并肩的人物中，必有一位是高鼻、深目、须发卷曲的异族人，而另一位则是地道的中原人形象。这固然是反映佛法西来的真实。除此之外，是否也反映作为当时北中国政治中心的平城多民族聚居和频繁对外交往的实际情况呢？拓跋鲜卑原本就是当时匈奴故地鲜卑和其他北方部族的盟主。所谓的代人就是这样一个北方诸多少数民族结合体的代名词。这一时期诸多民族聚居和融合的过程，不单单是逐步强大的北魏政权对北方各少数民族政权的征服和人口迁徙，同时还有各部族和国家之间的和亲及互派使节，也有这样一座区域性大都会对周边地区和国家居民的吸引，这样便出现了当时平城多民族和睦相处、共兴共融的繁荣景象。《魏书》中有这样一个精彩场面：“太后曾与高祖幸灵泉池，燕群臣及藩国使人、诸方渠帅，各令为其方舞。高祖率群臣上寿，太后欣然作歌，帝亦和歌，遂命群臣各言其志，于是和歌者九十人。”[⑩]在方山下面的灵泉宫被宴请并展示各自民族优美舞姿的，不仅各国使臣、各方渠帅中不少是碧眼金发，而且“群臣”本身就是一个肤色不同、语言相异的群体，这种情况一直延续到了隋唐。大家都说北魏的一百多年为后来盛唐的出现做了准备。这个准备包括军事方面、政治制度等方面。要我说，李唐王朝之所以那样强大、那样充满活力，在很大程度上是得益于这次大规模、深层次的民族融合造成的优良政治环境、优秀的交融文化和大量的高素质人才。

在中华民族发展史上，北魏王朝最可贵也是最成功之处，就在于它吸纳先进文化，促进和实现多民族共同融合、共同繁荣的自觉性。那么作为这个王朝极盛时期的国都，大同在中国历史上的最大贡献也莫过于民族融合、民族大同这一点。因此可以说是多民族的交融造就了大同。我们不单单是在云冈石窟中可以感受到这种气息，在大同街头的人群中同样可以感受到这种交融的痕迹。这不仅仅是大同人的广博胸怀和热情好客，实际上祖祖辈辈生活在这块土地上的大同人本身就是这种融合的证明。已经好长时间了，我一直想通过对现今大同地区居民姓氏的分析，了解一下北魏平城京畿地区的民族状况。初步调查的情况表明，现在雁门关以北、长城以南整个雁北地区的居民，其主体仍然是一千六百年前被离散到土地上的代北诸部族，当然，现在这一地区的居民，并非原来意义上的代人，而是经过千百年的民族大融合之后形成的华夏民族大家庭的一部分。在大同地区，《魏书·官氏志》所载汉化后的拓跋宗室十姓，以及神元帝时内入诸部一百零九姓，几乎都可以找到，而万人以上者有二十多姓。像由丘穆陵氏改成的穆姓，由丘敦氏改成的丘姓，由贺赖氏改成的贺姓，由步六孤氏改成的陆姓，由胡古口引氏改成的侯姓[11]，由叱吕氏改成的吕姓，一直是大同地区的大姓。[12]另外还有一些汉人很少有或只有代人才有的姓氏，如缑、芦、兰、浑、库、厍、副、门等姓在大同农村也可以找到。还有一部分是留在旧都未改或后来恢复的代姓（多数已经简化），如拓、拓跋、土（拓跋）、尸（尸突，原改为屈姓）、屋（屋引，原改为房姓）、尉迟等姓。以上都是融于中华民族大家庭的代人。再有一些是迁入平城的鲜卑其他部族及其他邻国姓氏，如慕、宁、宇文、鞠、赫、赫连、柔（柔然）、茹（茹茹）等。

这篇短文，我们粗浅地讨论了云冈石窟的二佛同龛与北魏太和年间（早期）的帝后“二圣”主政的关系，讨论了云冈石窟内的佛塔雕刻与当时京师帝里塔桀峙的真实情况，同时又从云冈第6窟供养天的胡汉杂处现象，看到了当时魏都平城地区的民族聚居和民族融合，并且找到了这次大融合至今在大同地区留下的踪迹。这样的工作虽然是初步的，却是很有意义的。特别是云冈石窟所映照出的胡汉共处现象有力地证明，像大同这样经历过千百次战争洗礼的边塞城市，土著们是怎样艰难而深情地坚守着自己的土地，创造着历史的奇迹。

注释：

①《法华经》。

②《魏书·程骏传》。

③《魏书·李彪传》。

④《魏书·杨播传附弟椿传》。

⑤《魏书·高闾传》。

⑥皆引自《魏书·释老志》。

⑦《魏书·释老志》。

⑧《水经注·㶟水》。

⑨两条皆见《魏书·释老志》。

⑩《魏书·文成文明皇后冯氏传》。

⑪《魏书·官氏志》云:"胡古口引氏,后改为侯氏。"但据2002年第3期《书法》载,2000年出土于洛阳北邙的《魏故显祖献文皇帝第一品嫔侯夫人墓志铭》云:"夫人本姓侯骨……祖侯万斤","考伊莫汗,世祖之世为散骑常侍,封安平侯,又迁侍中尚书,寻出镇临济,封日南郡公。孝文皇帝徙县伊京,夫人始赐为侯氏"。大同市灵丘县《(文成)皇帝南巡之颂》碑阴有"宁南将军殿中尚书日南公斛骨乙莫干"其人。伊莫汗与乙莫干为一人无疑。《侯夫人墓志》之"侯骨"就是《南巡碑》之"斛骨"。可见侯姓实由侯骨(或斛骨、纥骨)所改,胡氏则应为胡古口引氏所改。

⑫据1991年《山西人口姓氏大全》。

(原载《北朝史研究》)

拓跋鲜卑与敦煌早期艺术

张子中

学术界对敦煌早期艺术的评价褒贬不一，大都认为那是上承汉墓壁画传统，下启隋唐风格的过渡阶段。即使有人推崇北朝时期的造型艺术具有原始魅力，却没能深入挖掘其背后的真正动因。美术史家常任侠先生指出："中国过去的美术史家，往往只注意汉族的美术，忽略了其他民族的成就。中国是个多民族国家，应该看到从古以来各民族文化互相交流的过程。"[①]中国历史上曾有人把边疆少数民族进入中原看作"五胡乱华"，如今学术界往往突出中原汉文化对边疆少数民族的影响，而忽略边疆少数民族文化对中原汉族文化的影响。事实上文化交流的作用和影响是互动的双向运动，从来就不存在纯粹的中原汉族及其文化对周边文化的单向作用和影响。我国南北朝时期是文化大交流、民族大融合时代，敦煌艺术是中外文化和中华各民族文化交流融合的典范。敦煌早期艺术（主要指北朝时期）既不是机械搬来的舶来品，也不是中原文化单一影响的结果。笔者认为，敦煌北朝时期造型艺术的原始魅力与拓跋鲜卑有关，尽管二者之间的内在联系作用并不明显，但这不意味着没有研究价值。到目前为止，仅有敦煌艺术专家常书鸿先生提出："汉族文明与西北少数民族拓跋鲜卑相结合而形成中世纪北魏时代的佛教文化艺术。"[②]由于拓跋鲜卑没有本民族的文字，依据现有的汉字文献典籍来研究拓跋鲜卑文化的历史作用显然是片面的，更不会发现拓跋鲜卑与敦煌早期艺术之间的联系，正因为这个原因，至今没有人探讨常书鸿先生的观点。

笔者认为，探讨拓跋鲜卑与敦煌早期艺术的关系问题具有发生美学的意义。从儿童的心理发展及其艺术活动可以考察印证原始艺术的产生[③]，本文则利用考古学和美学、民族学的研究成果，把在某种程度上据有人类学研究价值的古代民族——拓跋鲜卑与敦煌早期艺术相联系，以其实现对敦煌早期艺术进行发生美学三种途径（考古学、人类学和儿童心理学）贯通研究的目的。

一

拓跋鲜卑入主中原发生在世界历史上的所谓“蛮族迁移时期”，日耳曼人的大规模迁移是来自中亚匈奴人的逼迫，匈奴西进的原因据何琦先生的研究是气候变化促成的生态环境变迁造成的。4世纪是近两千年来太阳黑子活动最剧烈的一个世纪，这使很多地方寒冷干旱，游牧生态环境遭到破毁，“这种生存资源的迁移往往带有很大侵略性。在中国，来自周边的少数民族对汉中原的入侵在4世纪便达到了高潮”。[④]早在公元85年和公元87年，鲜卑曾两次大破匈奴，匈奴西进与鲜卑南迁西进是同一历史过程。到檀石槐时期，鲜卑尽据匈奴故地，控地辽阔，划分为中、东、西三部六十余邑，“从上谷以西至敦煌、乌孙二十余邑为西部”。[⑤]由此可知，民族大迁徙主要是地理气候原因造成的，鲜卑族的南迁西进也可以属于世界性“蛮族迁移”的一个组成部分，也是造成匈奴西进乃至日耳曼人迁移的原因之一，而早在拓跋鲜卑入主中原之前，鲜卑族有许多人已到达敦煌并生活在那里，“嘉峪关新城3号墓壁画上两个人物其装束即为河西鲜卑人”。[⑥]

鲜卑族的发源地为嫩江上游大兴安岭北部森林地带，这里霜冻期长达半年之久，不适于发展畜牧业与农业，丰富的野生动物资源为鲜卑人从事狩猎生产提供了条件。据米文平先生的考古研究成果表明，鲜卑祖室嘎仙洞出土的文物只有石镞和骨镞而没有农牧生产工具，只有大量野生动物骨骼，而没有马羊牛骨骼，这证明鲜卑族原本为森林狩猎民族。[⑦]问题是深居大兴安岭密林之中的狩猎民族鲜卑人与沙漠绿洲的敦煌农耕民族有何联系呢?

根据考古学家严文明先生的研究，从旧石器时代过渡到新石器时代，东北北部、蒙古高原和青藏高原同属狩猎采集文化区，其活动方式和文化风貌显然不同于长江流域及其南部的稻作农业文化区以及北方的黄土高原、华北平原以及山东丘陵和铁岭以南的东北平原的旱地农业文化。[⑧]另外，从新时期文化分布来看，以细石器为特征的北方松嫩文化和河套文化明显有别于大河文化、大江文化和珠江文化，以石镞为代表的细石器分布从东北到西北以至于西南，构成边地半月形文化传播带。[9]鲜卑族迁移的地带与敦煌地域相连，地理历史风貌相似，具有相同的生态环境，生产经济类型也大体相近，人们的生活习惯心里较为一致。考古学发现证实确以存在的北方民族文化区与中原及南方文化既有共同性（中华各民族的共通性），又有差异性（中华民族内部各个民族不同文化的特殊形态），因而属于北方文化区内的敦煌必然具有该文化的显著性。当然，必须承认生活在同一自然环境中的不同民族可以选择不同的生存方式。在汉武帝经营河西、移民屯垦河西四郡时，敦煌已有了农耕文化，而鲜卑人还保持着狩猎兼游牧的生活方式。因此，敦煌早期艺术的原始魅力不可能完全是中原汉族影响的结果，在很大程度上只能得自于文化相对落后、保留原始生活习惯的少数民族。

作为森林狩猎民族的鲜卑人与日耳曼人一样终日同野兽搏斗，严酷的生存条件使他们具有憨实凝重的性格以及团结互助的集体主义精神。狩猎和果实的分布使他们游于四处而不能定居，也没有对土地的依附。人口密度小使他们的注意力主要放在人与自然的关系上，特殊的生存斗争造就了鲜卑人雄壮有力的体魄和英勇好战的意志，像其他狩猎民族一样对猎物和周围环境有着非凡的观察力和记忆力。鲜卑是在“五胡”当中文化最落后的民族，拓跋鲜卑部是鲜卑中文化程度最低的一支，为什么拓跋鲜卑能够战胜中原汉族占领北方并且给敦煌艺术带来积极的影响呢？德国马克思主义理论家梅林指出，罗马人胜不过日耳曼人的“不可摧毁的自然力”，日耳曼人“使不可救药的奄奄一息的文明得到了新生”。[10]当我们把拓跋鲜卑南迁入主中原与日尔曼人迁移战胜罗马人这两个史事相比较时会惊奇地发现，历史竟然是如此相似。二者都是森林文明战胜了平原文明，泰戈尔和宗白华等都曾极力推崇森林文明。入主中原前尚处于部落联盟阶段的拓跋鲜卑人，以原始野蛮暴力战胜了中原汉族，用淳朴粗犷的森林狩猎文化为中原农耕文化输入了生机勃勃的新鲜血液，挽救了渐趋封闭僵化的中原文化。没有拓跋鲜卑称雄北方，就没有后来的隋唐盛世，更没有稚拙天真的敦煌早期艺术原始风格。

当中原汉族高度文明，典籍浩荡时，入主中原的拓跋鲜卑竟落后到没有文字。在两种文明的冲撞交叉过程中，中原汉族是以自身为中心向外辐射开拓一种文明的民族，因而具有强烈的文化优越感和对外排斥力，文化形态表现为优美华丽；拓跋鲜卑作为周边地区的少数民族，他们在文化上的自卑感和对外吸收力尤为强烈，其文化形态表现也是质朴无华。因此，拓跋鲜卑占领北方后，鲜卑族的汉化与汉族的鲜卑化是反复多次交替进行，南北朝时期成为中国历史上民族融合程度最深、影响最久远的时代。例如，胡服、胡舞、胡乐以及鲜卑语一度成为北方的时尚，北方人莫不沾染“胡风”；孝文帝改革后鲜卑族迅速汉化。这种鲜卑化与汉化的反复，实质上是森林狩猎文化与中原农耕文化既相冲突又相融合的过程。正是在拓跋鲜卑特有的森林狩猎文化的强烈影响下，在云冈石窟和敦煌石窟开创了北朝时期自由豪迈、刚健有力充满野性的北方艺术风格。敦煌舞乐就是在大量吸收了鲜卑等少数民族的风格基础上发展而来的，这从敦煌莫高窟早期洞窟中天宫伎乐粗犷的舞姿即可看出，诸如挥臂投足、纵横腾踏等均属于“胡舞”。

二

拓跋鲜卑在哪些方面保留有原始民族生活习惯并影响到敦煌早期艺术的形成呢?

首先是狩猎文化的延续和影响。黎虎先生指出，拓跋鲜卑在南迁过程中依旧从事狩猎生产，直到定都平城前还是猎、牧、农兼营的经济结构，统一北方后还把狩猎当作功课人民的一项内容，这使北方民间狩猎之风颇盛，以至于中原大地猎物锐减，孝文帝迁都洛阳汉化以后，狩猎才逐渐退出经济领域。[11]笔者认为，狩猎经济虽然衰退了，但拓跋鲜卑却给中原汉族带来了崇尚武事、平等互助的狩猎文化，这对南朝士族崇尚门阀、溺于玄虚等恶习产生了一定的冲击。拓跋鲜卑在狩猎运动中表现出的强壮的体魄、敏锐的身体直接感觉以及对激烈肉搏的特殊爱好等等，统统渗入到中原汉族人民的气质、性格、体质以及习惯心理之中，难怪敦煌北朝壁画有那么多的狩猎场面。高山和树林也是北朝壁画表现最多的自然背景。如莫高窟第294窟的狩猎图，其场面惊心动魄，用色大胆涂抹，造型夸张生动，线条奔放有力，画面上所有物体（包括云雾和群山）均随着追杀猎物的冲击而飞动起来。地处戈壁深处的敦煌，野生动物十分罕见，敦煌北朝壁画上众多的狩猎场面必然与狩猎民族文化的影响有直接关系。

其次是石窟艺术的普及。北朝时期是中国历史上开凿石窟最多的时代，其原因不能归结于拓跋珪“颇览佛经”，对佛教的大力提倡，还应挖掘深层次的原因。笔者认为，拓跋鲜卑对石窟艺术独为钟情的根本原因在于其残存的原始生活习惯，政治上统治的需要只不过是表层原因。这主要表现在：第一，刚刚脱离原始社会时间不长的拓跋鲜卑，对洞穴石窟具有祖先崇拜意识。近年在大兴安岭嫩江上游发现的嘎仙洞，就是拓跋鲜卑祭典祖先的重要场所。他们原本就居住在森林洞穴之中，开凿石窟、崇拜佛像的潜意识里暗含着对祖先的敬畏和祭祀以及对本民族早期生活的眷恋。在此意义上，佛教石窟也可以说是早期人类栖身的洞穴的演变，人们在石窟中重蹈祖先的生活，穴居的祖先离我们更近了；第二，拓跋鲜卑因为没有本民族的文字，精神生产尚处于器物文化的造型艺术发展阶段，所以就谈不上书写文字艺术对造型艺术的冲击，石窟艺术最能表现他们的造型艺术才能。在原始社会，造型艺术是作为集体活动的仪式、人与神联结的媒介物以及神秘的信息载体而发挥重要作用。进入文明社会以后，宗教艺术依然是那些没有文字的民族承接传统文化的载体，这些落后民族还像原始人那样，深信神像不止是模仿而是神的雏形式化身，参加宗教活动是他们最主要的精神生活，通过宗教艺术实现其审美理想。相比之下，书写文字发达的民族，他们不屑于把毕生献给石窟艺术，翻译佛经、著书立说更为重要，因而西魏之前敦煌莫高窟造型艺术很少有中原风格。北朝故事画，主要表现舍己献身的崇高人格，唐代壁画歌颂的是极乐世界甚至发展到供养大于人的菩萨的地步。这说明，不同民族对宗教艺术的态度不同，由此而产生的宗教艺术风格也各异。

再次是原始民族审美情趣的沿袭。意大利历史学家维柯把人类社会划分为神的时代、英雄的时代和人的时代，与此相适应人类心灵依次展开为感觉、想象和理智。他认为，原始人按其真实本性就是诗人（艺术家），诗是人的自然语言，最初的语言就是那些“和要表达的思想有天然联系的、无声的、身体的动作”。诗人和画家的理念一样，是完全的幻想，幻想越强，推理越差。每个时代都有它自己特殊的力量和美，不能以抽象理性肤浅地蔑视过去。[12]维柯是历史上第一个为原始人及其艺术平反的人，德国文论家赫尔德紧随其后把民间艺人视作真正艺术的创造者。按维柯和赫尔德的理论来分析拓跋鲜卑及其审美情趣，他们对敦煌早期艺术原始风格的影响就显而易见了。许永杰先生对鲜卑遗存进行了详细深入的考古学考察，他提出与拓跋鲜卑活动有联系的文化特征是：用头宽脚窄的墓穴，宽顶部设二层台放殉葬物，家畜殉葬仅用其头或蹄作象征，并有大量的铜釜和铜戒指等草原色彩器物。[13]很明显，拓跋鲜卑与中原汉族相比还处于感觉力和幻想力极强的人类童年阶段，其思维方式是以感觉动作思维和具体形象思维为主，从他们使用的器物来看，实际上就是艺术品。殉葬动物的头或蹄是他们力量的标志，制作精细定型化的石镞和骨镞既是工具也是欣赏玩味的艺术品，更进一步说是本民族英勇好战的象征物，而小巧玲珑的草原风格青铜器则显示出本民族审美趣味的特色。从嫩江流域出土的拓跋鲜卑收藏的小件青铜器来看，主要是用于装饰，作为个人占有财富的荣耀，“而没有像中原人那样向青铜器顶礼膜拜。中原地区青铜器以政治意义为主，嫩江流域青铜器以审美意义为主。这一点可以从齐齐哈尔市郊大民屯三家子墓葬来加以说明”。[14]相比之下，中原地区青铜器越造越大，几乎成为统治阶级的王权象征。拓跋鲜卑处于黑格尔所说的英雄时代，个人与社会还未尖锐对立，最容易实现艺术理想。他们亲手宰杀牲畜去烧烤，亲自驯马，使用的器具或多或少是他们亲手制造的。从这些器物上“可以看出他的筋力，他的双手的灵巧，他的心灵的智慧或英勇的结果”。[15]从拓跋鲜卑使用的陶器上看，“外表纹饰或几何图形或动物图案，几乎没有植物图案”。这表明拓跋鲜卑是以狩猎生产为主要经济结构的民族，尽管在政治、经济、文化上落后于中原民族，但他们以刚健质朴的森林狩猎文化，对敦煌早期艺术原始风格的形成产生了不可低估的影响。在敦煌莫高窟，以428窟壁画为代表的北朝时期壁画，大量地描绘了山林和骑马的景象，这恰好是狩猎游牧民族最为熟悉的形象，画工们以此来处理外来的宗教题材。随着中原农耕文化对敦煌的大量影响，在敦煌中、晚期艺术中就很少有骑马狩猎和群山森林等景象了。

最后是残存的原始婚姻制及其影响。拓跋鲜卑与其他民族相比，保留有更多的原始群婚制残余。据史书记，他们“婚姻先髡头，以季春月大会饶乐水上，饮宴毕，然后配合”。[16]他们还保留“父兄死，妻后母执嫂”的原始婚姻旧俗。[17]鲜卑占领匈奴旧地以后，与滞留下来的匈奴人“杂处”，出现了史称“鲜卑父匈奴母”的拓跋鲜卑人。随着居住地的不断迁徙，鲜卑人占地越来越大，人口也越来越多。据考证，“鲜卑族入敦煌，是以统治者身份出现，自北魏世祖太武帝拓跋焘开始，终东西两魏至北周，先后有鲜卑拓跋氏、慕容氏、乞伏氏、宇文氏等部族和部落中人，以各种形式迁往敦煌”。[18]他们在敦煌定居后，其“文化心态和生活方式仍旧带有明显的部落性”，为充实敦煌兵威和民力，他们还把大批罪犯流放到敦煌。鲜卑人的大量涌入使敦煌居民的组成融入了鲜卑成分，极大地改变了当地人原有的种族观念和婚姻观念，以往婚姻上的禁忌被解除，人们在婚姻生活上有了更大的自由度，这不仅丰富了精神生活中的艺术想象力，而且使北朝文化及敦煌艺术更具有开放性和兼容性。中原汉族及敦煌居民部分地接受了鲜卑族的婚姻制度和结婚习俗礼节，并且一直影响到隋唐。敦煌壁画中就有许多反映婚俗的场面，其中有些就是鲜卑族婚俗的沿用。黄铸先生指出："孝文帝改革以后鲜卑不再作为民族实体存在，但他们的后裔却有不少人在隋唐这两朝中处于显赫地位。如隋唐的建国者杨、李二家，他们的母、妻都是汉化的鲜卑人，两朝的达官显宦更有许多鲜卑人，其中位至宰相的就有二十多人。"[19]

需要指出一点，令人低估拓跋鲜卑在敦煌的作用和影响，原因之一是以当代的国界意识和省界意识去看待拓跋鲜卑的南迁西进路线，只看到拓跋鲜卑定都平城（大同），没注意到拓跋鲜卑中的一些部落越过草原直接进入河西的事实。拓跋鲜卑作为狩猎民族其迁徙不同于游牧民族长年累月在其领地内有规则地迁移，他们是在生存环境逼迫下伴随着战争和掠夺的扩张式的全迁异乡。入主中原后，他们面临一个逐步适应中原自然环境和文化环境的艰难过程，出于统治地位的需要，拓跋鲜卑自觉主动地汉化，这就使他们适应中原的过程成了汉族鲜卑化和鲜卑族汉化的交替过程。拓跋鲜卑迅速汉化的过程，同时也是政治上的封建化的过程。特别是他们教育本民族的语言、姓氏和习俗，使他们的文化特质逐渐萎缩、解体，最后导致该民族文化的彻底丧失，结果是没给后人留下完整的民族文化形态。令人欣慰的是，拓跋鲜卑及其特有的文化品质完全融入汉族之中，孕育出了“大有胡气”的新汉族，中华文明充满了生机。拓跋鲜卑族及其文化的丧失，换来了中华民族的新生，这是何等悲壮崇高的历史剧。从此，中华民族更具有兼收并蓄外来文化的博大胸怀，敦煌艺术就是中外文化和中华各民族文化交流融合的典范。鲜卑族的汉化以及汉族的鲜卑化，从根本上改变了中华民族原有的种族意识、国界意识以及由此而来的狭隘的文化心态。唯有多民族复合、结构优势的中华民族，才能创造出跨越时空限制的敦煌艺术。敦煌艺术从产生之日起，就不是为一个民族、一个国家和一个时代而作，其中北朝时期充满原始生命力的艺术作品更是突破时间和地域局限的永恒之作。从这个意义上讲，敦煌艺术是世界性的，而这种世界性的品格源泉，部分地得自于带有原始民族生活习性的拓跋鲜卑。敦煌莫高窟第428窟南侧《萨埵那太子舍身饲虎》的壁画，笔者以为即是拓跋鲜卑主动融入汉族并使汉族获得新生的艺术写照。当然这只不过是一种艺术夸张说法，但这样就容易理解为什么在北朝故事画中有那么多舍身牺牲的悲壮画面了，学术界有人把这些故事画理解为“如此悲惨残酷得不合常情”，看作为“一种地道的反理性的宗教迷信”[20]，这是笔者不能苟同的。因为，古代早期民族把流血牺牲看得十分平常，认为那是英雄的本色、勇士的天职，沉溺于玄虚或靡靡之音之中正是他们所痛恶和不能的。

三

学术界普遍认为，从汉代墓室画像砖及壁画到魏晋南北朝时期，我国造型艺术的发展出现了断档，在敦煌北朝壁画彩塑中大量出现诸如人大于山、水不容泛、上身长于下身等不合乎常情的事，直到唐代才彻底改变。笔者认为，敦煌北朝时期造型艺术表现出的不合比例、不符合透视规律等非常规现象，恰好是敦煌早期艺术的特殊魅力所在，这主要是与不同民族所处的不同历史阶段而表现出的不同的民族精神有关。

澳大利亚艺术史家奥班恩指出：“原始人和儿童的内在地不受控制的自发性是所有艺术的基础，当正规教育进入他们的生活后反倒不会画了。”这是因为“文明的传播，技术的发展，生活节奏的加快和新的经济，已经减弱了原始人的最初的创造本能”[21]，东汉末年中原战乱难多，民族精神萎弱，心灵机能衰退，中原地区造型艺术的发展放慢。周边少数民族入侵后，政治上长年动荡不安，思想上却极为解放，艺术上也更加自由。作为古代早期民族的拓跋鲜卑人还处在没有文字的造型艺术发展阶段，他们没有文明社会种种清规戒律的束缚，在他们的带动和影响下画工们无所顾忌、放肆大胆地尽情发挥艺术创造力，创造出充满想象力、粗犷狂怪的敦煌北朝艺术。这些艺术作品具有鲜明的原始艺术风格，其奥秘众说纷纭，莫衷一是。

按照瑞士心理学家皮亚杰发生认识论的观点，儿童思维和原始思维一样都具有主客体不分、自我中心状态、泛灵论等心理发展特征，在思维具体性和绘画方法上也有相似之处。拓跋鲜卑作为敦煌早期居民的一个组成部分，其思维方式是以感觉动作思维和形象思维为主，他们以十分敏锐的身体直接感觉如嗅觉、触觉等来体验事物。由于没有本民族的文字语言，审美反应以反射为主要表现特征，神经活动也必然属于巴甫洛夫所说第一信号系统占相对优势的“艺术型”，其想象力特别丰富，形象记忆特别发达。儿童和原始民族在绘画上的主要特点，恰好就是敦煌早期艺术的特点。比如，喜爱画运动中的对象的动态性，通过自由挥洒和随意舞动表现出对线条动觉的兴趣，用一幅画表示在时间上一连串发生的事件以及对连环画的特殊喜好等等。原始人和儿童绘画一个突出特点是：抓主要特征，夸大特别注意之点（头和眼），突出整体效果，其他均可略去。如敦煌第296窟顶北壁画房子只画一个房顶，画面上阻挡人的视觉运动的线和形均可删去。在第257窟北壁《鹿本生图》中，为了突出人物动作和戏剧性高潮，山林只是陪衬，必须小于人。尽管我们可以在敦煌早期艺术和拓跋鲜卑墓葬出土文物中看到儿童和原始民族的艺术表现特点，但敦煌早期艺术毕竟不是原始艺术，拓跋鲜卑已不是原始人。只有当我们把敦煌早期艺术与中晚期相比较时，才称早期艺术具有原始风格；只有当我们把拓跋鲜卑与中原汉族相比较时，才称拓跋鲜卑为“童年民族”。可是，当拓跋鲜卑学会汉话和汉字进入抽象思维阶段时，这个“童年民族”就融入汉族之中消失了。结果是中原民族挽回了即将遗忘的艺术形式感觉力，中原文化艺术重新焕发出青春活力。宋代理学抬头时，敦煌艺术逐渐衰落，嘉峪关闭门后敦煌被人所遗忘。

对于敦煌早期艺术的原始风格，我们不能用西方的透视法和比例法去衡量，因为西方画家也只是在15～19世纪下半叶这几百年遵守写实透视法。正如英国美学家贡布里希所指出，西方的写实艺术传统在世界艺术史的范围内是一个“巨大的例外”，它“在艺术上完全是异常的”，是一种对正常艺术规律的“背离”。[22]

敦煌艺术在中国古代画论中可谓默默无闻，因为历代文人画家藐视地位卑下的画工；在敦煌艺术评价中存在着抬高盛唐贬低北朝的倾向，这主要是因为北朝的统治民族是文化落后的拓跋鲜卑人。中原山水画一出现，就是文人士大夫的专利，他们隶属于宫廷或画院，可以终日游山玩水，其艺术成就是个人性的。敦煌早期画工与宫廷及画院无缘，有的连自身都典给寺院或富人。他们在保留有原始民族精神的拓跋鲜卑带动影响下，自由发挥自己的想象力，更没有透视法和比例关系的束缚，创造出在本质上与原始艺术一脉相通的永恒之作，其艺术成就不是个人性的，而是隶属整个中华民族乃至全人类。如果说敦煌画工是“无名艺术家”的话，那么拓跋鲜卑就是“无名艺术家”背后的“无名的民族”。美学家伍蠡甫先生把敦煌北魏画工与唐宋画家做了比较研究，他指出，出自画工之手的射猎场景“线条极有力量，造型准确生动，笔势如飞，一挥而就”[23]；而唐宋达官贵人或画院名家画牛是笔笔俱到，连牛毛都画出来，他们尽管惨淡经营，却没有画工们那种“抓住本质、以少胜多的本领”。

从敦煌北朝壁画上，处处可以看到鲜卑族的历史遗迹。如骑兵装备的甲骑具装、供养伎乐的衣着（297 窟）以及飞腾姿势豪迈大方的北朝飞天，均显露出拓跋鲜卑民族的特点。在敦煌北朝时期的画工当中，既有汉化鲜卑人，也有鲜卑化的汉人，他们的艺术创造必然带有鲜卑民族特色。常书鸿先生认为，敦煌莫高窟第 275 窟西壁的《交脚弥勒塑像》，其坐式反映了鲜卑上层统治阶级以两腿交叉为尊贵坐式的习俗。[24]第 254 窟南壁《交脚弥勒像》，其着装完全是“紧身的北朝装束”，第 285 窟中“众多的供养人画则为研究河西鲜卑的历史提供了资料”。[25]

最后，如果把云冈石窟与敦煌莫高窟相比较，也可以发现拓跋鲜卑对敦煌北朝艺术的影响。云冈石窟虽然受到早于它的凉州石窟的影响（如凉州僧人昙曜到平城任沙门统提仪并领导包括迁移到平城的凉州画工在内的众人开凿云冈五窟），但云冈石窟的主要艺术形象特征并不来自凉州。比如云冈造像多为广额高鼻、面相椭圆、形体高大，这无疑反映出拓跋鲜卑特有的健康、豪爽、剽悍的民族气质。考古学家宿白先生指出：“云冈模式很快为北魏境内各地窟龛开凿所效仿，莫高窟早期洞窟表现出云冈模式的某些特征，这与 5 世纪末 6 世纪初北魏对河西地区的控制强化有关。”[26]可以断定，敦煌石窟开凿初期曾有过凉州石窟以及新疆克孜尔石窟的影响。而在北朝时期则受到云冈模式的重大影响。只不过由于地理条件不同，云冈以立体区制的石雕见长，敦煌则以色彩夺目的壁画及泥塑取胜。如果说从凉州、云冈和敦煌北朝艺术作品中还能看出拓跋鲜卑的原始风范，那么，在龙门石窟的北魏造像那里则能见到鲜卑汉化的历史遗迹，佛和菩萨全变得温和可亲世俗化了。

注释：

①朱光潜、黄药眠、常任侠：《美学和中国美术史》，知识出版社，1984 年，第 47 页。

②高岭、张同道编译：《敦煌的光彩》，中国社会科学出版社，1991 年，第 238 页。

③参见拙文：《儿童心理学为艺术起源提供的旁证》，人大复印资料《心理学》1989 年，第 4

期，第55页。

④何琦：《气候变迁与欧洲美术史上的三次断层》，载《美术史论》1990年第3期。

⑤《后汉书》90卷，第2990页。

⑥张光福：《中国美术史》，知识出版社，1982年，第134页。

⑦米文平：《森林民族文化论述》，载《中国文化源》，1991年，第82页。

⑧严文明：《中国史前文化的统一性与多样性》，载《文物》1981年，第3期，第43页。

⑨童恩正：《试论我国从东北至西南边地半月形文化传播带》，载《文物与考古论集》，文物出版社，1986年。

⑩梅林：《德国史》，三联书店，1980年，第9页。

⑪黎虎：《北魏前期的狩猎经济》，载《历史研究》1992年，第2期。

⑫维柯：《新科学》，人民文学出版社1986年版，第98页；另见克罗齐：《美学的历史》，中国社会科学出版社1984年版；克罗齐：《历史学的理论和实际》，商务印书馆，1982年。

⑬许永杰：《鲜卑遗存考古学考察》，载《北方文物》1993年，第4期。

⑭拙文：《早期文明与民族融合》，载齐锡鹏主编：《齐齐哈尔历史述略》，黑龙江人民出版社，1989年，第18~19页。

⑮黑格尔：《美学》第三卷（下），商务印书馆1981年版，第350页。

⑯《后汉书·鲜卑传》卷90，第2985页。

⑰《三国志》卷30，第83页。

⑱刘鉴唐、杜文平：《敦煌居民生活组织与敦煌卷子、成因、封藏》，载四川《文史杂志》1995年第6期，第29页。

⑲黄铸：《论民族融合问题》，载《民族研究》1993年第5期，第12页。

⑳李泽厚：《美的历程》，文物出版社，1981年，第110~111页。

㉑奥班恩：《艺术的涵义》，上海学林出版社，1984年，第27页。

㉒转引自徐书城：《绘画美学》，人民出版社，1991年，第13页。

㉓《雄狮中国美术辞典》，雄狮图书公司，1989年（台湾），第12页。

㉔转引自王伯敏主编：《中国美术史》第2卷，山东教育出版社，1987年，第181页。

㉕胡戟、傅玫：《敦煌史话》中华书局，1995年，第46页、第50页。

㉖转引自苏哲：《宿白教授的考古学研究》，载《北京大学学报》（社科版）1995年第3期。

（原载《齐齐哈尔师范学院学报》1996年第5期）

云冈孝文石窟考

宁立新　张海啸

云冈石窟是北魏平城时期的石镌博物馆。它紧扣时代脉搏，反映了当时社会生活的方方面面。北魏平城时期蝉联六帝，加上追尊的景穆帝是为七帝。云冈石窟恰有7个大佛窟。加以复法后，帝室又有为帝王造像的诏令。于是云冈大佛窟特别是今编号第5窟、第16窟主尊大佛的帝王象征，就令人关注。本文拟从文献与服饰角度试陈管见。

一

“孝文石窟”一语出自唐释惠祥撰集的《古清凉传卷上·古今朝胜迹》：

> 中台南三十余里在山之麓有通衢，乃登台者常游此路也。旁有石室三间，内有释迦、文殊、普贤等像，又有房宇，橱帐、器物存焉。近咸亨三年（672年），俨禅师于此修立，拟登台道俗往来修憩。俨本朔州人也，未详氏族。十七出家，径登此山礼拜，忻其所幸，顾造真容于此安措。然其道业纯粹，精苦绝伦，景行所覃，并北部一人而已。每在恒安修理孝文石窟故像，虽人主之尊，未参玄化，千里已来，莫不闻风而敬矣。春秋二序，常送乳酪毡毳，以供其福务焉。自余胜行殊感，末由曲尽。以咸亨四年终于石室。去堂东北百余步，见有表塔，迦坐如生，往来者见之矣。石堂之东南，相去数里别有小峰，上有清凉寺，魏孝文所立，其佛堂尊像，于今在焉（《大正藏第51册史传部三》）。

又宋释妙济、延一重编《广清凉传卷上·释五台诸寺方所》记：

> 石窟寺，在佛光东北二十余里，俨禅师所造，正当山口，登清凉寺路经于此，游礼憩息之所（《大正藏第51册史传部三》）。

此记进一步证实了俨禅师的存在。

唐初，依北齐、北周、隋之制，在魏都平城故址设恒安镇，恒安石窟也就是今天的云冈石窟，唐释惠祥前述记载，长期被认为是唐代修理石窟造像的依据。修石像的办法是包以泥塑。“乳酪毡毳”就是作塑泥之用。即用黄土掺以毡毳，与乳酪、水拌合成塑泥，毡毳加强了塑泥的拉结，乳酪减少了对造像的侵蚀。修像用塑泥较多，所以，春秋二序信众常送此二物，供俨禅师修像之用。

恒安石窟中，哪一窟是俨禅师修理过的呢？

王恒先生在近作《云冈石窟》（山西人民出版社 2003 年版）中认为：被后世包泥彩绘的大型洞窟，主要有第 5 至第 13 窟。其中佛像服装的包泥彩绘最典型和最精美的，要数第 5 窟主尊坐像。这一坐像高 17 米，为石窟最高大的佛像，最高处的头部到最底层的佛座均是包泥彩绘。其服装形式飘逸自然，是云冈所有包泥佛装中的精品……根据现有碑刻记载，清代云冈石窟进行过数次不同程度的维修工程，由此人们多将云冈石窟中包泥彩绘的佛像视为清代所为。我们通过观察不难发现，这一点只适应多数较小形状的佛像和那些臃肿笨拙不成章法的作品，并不适应第 5 窟主尊大佛这样自然大方、比例适当、纹饰流畅且雍容华贵的作品。已故著名石窟考古学家阎文儒教授生前曾依据第 5 窟主尊大佛依服装样式与唐代冕服相接近的特点，做出了这尊包泥彩绘大佛是唐代的俨禅师每在恒安修理孝文石窟故像之所为的观点……同时不容置疑的是，自佛教艺术在中国发展以来，就将形象似帝王作为最重要的建造佛像标准。当然，唐代俨禅师每在恒安修理孝文石窟故像，以接近于皇室冕服式样，将大佛包泥彩绘，是很自然的事情了。

王恒先生赞同阎文儒教授的看法，认为第 5 窟主尊大像就是俨禅师修理的孝文石窟故像。

惠祥记“孝文石窟故像”“虽人主之尊，未参玄北，千里已来，莫不闻风而敬矣”。说明唐代就认为恒安石窟内有孝文帝石像，受到人们的礼敬。

《魏书·释老志》记："景明初，世宗诏大长秋卿白准代京灵岩寺石窟，于洛南伊阙山，为高祖、文昭皇太后营石窟二所。"

"准"即依据，比照之意，代京灵岩寺有孝文石窟，方可依照，似此，《释老志》记述的灵岩寺高祖石窟与佴禅师修孝文石窟，应指同一窟室。

今云冈第5窟是不是孝文石窟，只能从北魏在武周山开窟的历史，特别是迁洛前的历史去探寻了。

二

武州山石窟是复佛法的产物，《魏书·释老志》记："和平初，师贤卒。昙曜代之，更名沙门统。初，昙曜以复佛法之明年，自中山被命赴京，值帝出，见于路，御马前衔曜衣，时以为马识善人。帝后奉以师礼。昙曜白帝，于京城西武州塞，凿山石壁，开窟五所，镌建佛像各一。高者七十尺，次六十尺，雕饰奇伟，冠于一世。"

昙曜开凿的五窟，即今第16～20窟。五窟主尊大像以19窟的16.8米最为高大。以北魏中尺为28厘米计算，合60尺。所云七十尺，六十尺当指窟高。五窟大像皆在13.5米即北魏48尺以上。五窟雕像之内容，或认为三世佛，或以五窟为五方佛。自道武时沙门法果即倡言："太祖明睿好道，即是当今如来。"文成帝复佛时"即诏有司于五级大寺内，为太祖以下五帝铸释迦像五"，近世论者认为昙曜五窟亦太祖以下五帝之象征。然而尊拓跋珪为太祖是太和十五年以后的事，前此，太祖为平文帝。这样五窟的五帝象征，也就说法不一。

昙曜五窟的开窟时期，有兴安二年与和平初两说。其中第16窟主尊大佛的完成时间，或认为可以晚到迁洛前：

> 第16窟大佛像，全窟四壁造像，都具有第一期的特征与风格，只有正南的大佛像是第二期雕出的。大像高13.5米，右旋发髻，面型与颈略长，唇薄颊瘦，内着僧祇支，外着褒衣博带式双领下垂的大衣，由内衣中引出双带，作结下垂，右手上扬，左手下伸，食指屈曲，拇指相捻作施无畏印，中部已风化，下腿部还可看出有较密的衣褶，足踏莲花，完全进入汉民族形式化风格（阎文儒《云冈石窟研究·第五章》）。

但上述说法，显然与《魏书·释老志》之记相悖。问题出在服饰上。

第16窟大像在发髻、面庞、服饰等方面，与源于印度及西域诸国的造像，如第17窟大像的高宝冠，左袒披络腋；第18、19、20窟的高肉髻，右袒披袈裟，面目丰满，迥然不同。第16窟大像波状发，面目清瘦，其上装宽袍大袖，中部雕面残损，下腿部可见密褶纹，但无羊肠大裙而是跣足踏莲。这是什么服饰，只能从当时的社会习俗中去探寻了。

笔者认为，第16窟大像所着服饰为北朝盛行的裤褶装。对此装，80多年以前王国维先生作《胡服考》（《观堂集林四》）论之精详，略称：

> 胡服之入中国始于赵武灵王，其服上褶下袴。颜师古注《急就篇》云，褶重衣之最在上者也，其形若袍，短身而广袖。袴者，《说文》袴，胫衣也。《释名》跨也，两股各跨别也，阖举其异名于裳者言之。段玉裁《说文解字注》谓今之套裤，古之袴也。以袴为外服，自袴褶服始。此服之起本于乘马之俗。赵武灵王易胡服，本为骑射计，则其服为上褶下袴之服可知。至汉而为近臣及武士服。汉末，军旅数起，服之者多，于是始有袴褶之名。二字连文始见《吴志·吕范传》裴注引《江表传》。魏晋以后，至于江左，士庶服之，天子亦服之，然但以为戎服及行旅服而已。北朝起自戎夷。此服尤盛。后魏之初以为常服及朝服。此服通行于中国者千有余年。

王国维引《赵书》（《北堂书抄》卷129引），陆刿《邺中记》及《魏书》胡叟、王元盛、成淹诸传，以证袴褶装在北魏已为常服、朝服。

裤褶装与南朝士大夫的褒衣博带装是两种不同的服饰，沈从文著《中国古代服饰的研究》之四一《南朝斲琴图部分》，图中有褒衣博带高屐隐士以及大衣袖，裤褶执扇侍从。是两种不同服饰之例。

周锡保先生在所著《中国古代服饰史》第六章《魏晋南北朝服饰》中认为："北方各族大多是从事于畜牧生活，习于骑马涉水草，所以他们的衣着大多衣裤为主，即上身着褶，下身着裤，称之曰裤褶装。"

以剽悍的蒙古马为坐骑，在北中国纵横驰骋200余年的契丹人，披发改为髡发，但"同我国北方民族一样，契丹服饰也是衣袖袍、左衽、穿裤、着靴"（《北方民族文化史·第五章》，黑龙江人民出版社1995年版）。袖袍穿裤仍是裤褶服。

黄能馥、陈娟娟所著《中国服装史》（中国旅游出版社 1996 年版）第五章之裤褶中还指出："上身穿齐膝的大袖衣，下身穿肥管裤，这种服装的面料，常用较粗厚的毛布来制作。"

第 16 窟大像所着衣褶厚实的大袖之袍，密褶之裤，正是毛布制作的裤褶装。

关于北魏早期服饰，《魏书·礼志四》云："太祖天兴元年冬，诏仪曹郎董谧撰朝觐、飨宴、郊庙、社稷之仪。六年，又诏有司制冠服，随品秩各有差，时事未暇，多失古礼。世祖经营四方，未能留意，仍世以武力为事，取于便习而已，至高祖太和中，始考旧典，以制冠服，百僚六宫，各有差次。""始考旧典"主要是汉魏以来的冠服。

至于改制前之服饰"取于便习而已"，裤褶装便于骑乘，是当时皇帝、百官的朝服。昙曜见帝于路时，文成帝所着即此裤褶装也。

第 16 窟大像波状发，面目清瘦，着裤褶服，实是昙曜的精心之作。太武灭法，惊心动魄。昙曜深深体会到了皇帝即当今如来，更感激文成父子两代护法、复法之无上功德，因之，模文成之容貌、体态、服饰于石窟主佛之一，即今第 16 窟主像。鲜卑的发式衣襟也与之印证。《南齐书·魏虏传》说："猗卢入居代郡，亦谓鲜卑，被发左衽，故呼为索头。"《南齐书·本纪》宋禅位诏有"是以辫发左衽之酋，款关请吏"。第 16 窟大像的波状发"右领甩向左臂"即"被发左衽"之实例。包括第 16 窟大像在内的昙曜五窟，都是在文成帝时期完成的，是昙曜与开窟匠师们在特定历史条件下，模如帝身的艺术杰作。青年英俊，被发左衽，着裤褶装的文成帝石像，是我国现存最早的皇帝造像。

第 16 窟以东，山崖出现断弧，故第 14、第 15 窟皆矮小。山崖再起，有 13 窟，窟高 13.6 米，主尊弥勒坐像高 13 米，为云冈 7 个大佛窟之一。20 世纪末，第 13 窟主尊大像右足后包的泥皮脱落，呈现两颗黑色石子，或认为即《释老志》"是年，诏有司为石像，令如帝身，既成，颜上足下，各有黑石，冥同帝体上下黑子，论者以为纯诚所感"之实证。问题是，这次造像是否在武周山，史无明载，而"令如帝身"，是个体石雕，不可能有 13 米之高度。

文成帝时营造了昙曜五窟，献文帝毗邻继续营造第 13 窟及其迤东的斩山工程，这 6 个窟都是大佛窟，第 13 窟迤东诸窟，除第 3 窟外，多为太和时期开凿，且为双窟。如第 1、2 窟，第 5、6 窟，第 7、8 窟，第 9、

10窟。其特征是：两窟紧依，规模相当，共用一个前庭，双窟壁侧有对应的塔柱。太和以后，时臣尊称冯后、孝文为“二圣”，双窟即为“二圣”开窟，就中，只有第5窟为大佛窟。

三

第5窟大像如果同系“孝文石窟故像”，起码要具备两个条件：1. 历史条件允许。2. 孝文有意。从迁洛前这段历史去探寻，在太和十年前是不可能的，主要是冯后心存疑虑。

孝文帝诞生，冯氏曾放弃朝政躬亲抚养。但自承明元年收拾了已退居太上皇的献文帝以后，五岁的孝文帝，成了她一桩心病：

文明太后以帝聪圣，后或不利于冯氏，将谋废帝。乃于寒月，单衣闭室，绝食三朝，召咸阳王禧，将立之。元丕、穆泰、李冲固谏，乃止（《魏书·高祖纪第七下》）。

北都时，朝法严急。太和初，吾兄弟三人（杨播、杨椿、杨津）并居内职，兄在高祖左右，吾与津在文明太后左右。于时口敕，责诸内官，十日仰密得一事，不列便大隤嫌。诸人多有依敕密列者，亦有太后、高祖中间传言构间者。吾兄弟自相诫曰：“今忝二圣近臣，母子间甚难，宜深慎之。又列人事，亦何容易，纵被嗔责，慎勿轻言。”十余年中，不尝言一人罪过，当时大被嫌责，答曰：“臣等非不闻人言，正恐不审，仰误圣听，是以不敢言。”于后终以不言蒙赏。及二圣间言语，终不敢辄尔传通。太和二十一年，吾从济州来朝，在清徽堂豫宴，高祖谓诸王、诸贵曰：“北京之日，太后严明，吾每得杖，左右因此有是非言语，和朕母子者唯杨椿兄弟。”遂赏赐四兄及我酒（《魏书·杨椿传》）

杨椿兄弟亲历了冯后对孝文帝从怀疑到信任的过程。成长中的孝文坦然以对：

自太后临朝专政，高祖雅性孝谨，不欲参决。事无巨细，一禀于太后。太后多智略，猜忍，能行大事，生杀赏罚，决自俄顷，多有不关高祖者。是以威福兼作，震功内外（《魏书·文成文明皇后冯氏传》）。

太和五年以后，孝文帝的处境好了起来，表现在：

（一）远巡。“五年春，正月乙卯，车驾南巡。丁亥至中山……乙酉讲武于唐水之阳，庚戌，车驾还都。”这是孝文帝首次远巡，时年16岁。

（二）冯氏预留后事。“太后与高祖游于方山，顾瞻川阜，有终焉之志……高祖乃诏有司营建寿陵于方山，又起永固石室，将终为清庙焉。太和五年起作，八年而成。刊石立碑，颂太后功德。太后以高祖富于春秋，乃作劝诫歌三百余篇，又作皇诰十八篇，文多不载。”（《魏书·文成文明皇后冯氏传》）太和五年“铭太皇太后终制金册”。终制即身后遗嘱，全文失载。从相关文献推敲，其内容一为葬事从简，二是过葬即吉，勿荒政事。

时冯后未及不惑，铭终制金册。应与“太后尝以体不安，服菴闾子”有关。菴闾子即青蒿子，功能清热凉血。冯氏自为后即卷入拓跋王朝政治斗争中心。从飞身投火，临朝听制，诛杀已浑，收拾献文，一直在极度紧张中生活，患有心血管疾病，诚有可能。

太和十年左右，杨椿兄弟“终以不言蒙赏”。之所以如此，是因为太和八年到太和十年，开创了北朝历史上划时期的壮丽事业——改制革新。

太和八年（484年），颁布官吏俸禄制，严惩贪污。

太和九年（485年），颁布均田令，规定农户从国有地受田、还田的各项办法。

太和十年（486年），下令实行三长制和新的租调制，始制五等公服。

均田制和三长制的推行，加强了中央集权，增加政府收入，发展了经济、文化，北魏的国力空前充实。对此次改革的意义及冯后的作用，孝文帝在太和十四年冯氏故后作了精辟的概括：

> 朕仰惟太祖龙飞九五，初定中原，及太祖承基，世祖纂历，皆以四方未一，群雄竞起，故锐意武功，未修文德。高宗、显祖亦心存武烈，因循无改。朕承累世之资，仰圣善之训，抚和内外，上下辑谐。稽参古式，宪章旧典，四海移风，要荒革俗。
>
> 朕以不德，冲年践祚，而圣母匡训以义方，诏诲以政事，经纶内

外，忧勤亿兆，使君臣协和，天下缉穆。上代以来，何后之功，得以仰比？（《魏书·礼志三》）

政治上的一致，使母子亲密无间，“自太和十年已后诏册，皆帝之文也”。这一年孝文帝20岁，始服褒冕。孝文是否乐于为自己营造大像呢，太和十年改营太庙诏，提供了准确信息：

祖有功，宗有德，自非功德厚者，不得擅祖宗之名，居二祧之庙。仰惟先朝旧事，舛驳不同，难以取准。今将述遵先志，具详礼典，宜制祖宗之号，定将来之法。烈祖有创基之功，世祖有开拓之德，宜为祖宗，百世不迁。而远祖平文功未多于昭成，然庙号为太祖；道武建业之勋，高于平文，庙号为烈祖。比功校德，以为未允。朕今奉尊道武为太祖，与显祖为二祧，余者以次而迁。平文既迁，庙惟有六，始今七庙，一则无主。惟当朕躬此事，亦臣子所难言。夫生必有终，人之常理。朕以不德，忝承洪绪，若宗庙之灵，获全首领以殁于地，为昭穆之次，心愿毕矣。必不可豫，设可垂之文，示后必令迁之（《魏书·礼志一》）。

诏书的用意很清楚，以道武为太祖，明元、太武、景穆、献文、孝文为昭穆，即为七庙，只是孝文尚在，“七庙之祀，备行日久，无宜阙一，虚有所待”，只好“依先奉祀”。诏书证实，孝文帝对列祖的功德，自已的地位有明确的认识，此际，在武周山营造前所未有的大双窟、大佛窟的条件，臻于成熟。

云冈第5、第6窟的斩山截壁，太和十年后已经开始，但两窟规模宏巨，迄冯后之终工程仍在继续，迁洛前始竣工。

前此，国外学者认为第5、第6窟是太和元年到七年所完成。无论从这一时期的帝后关系或太和十年孝文始服褒冕，第5窟大像已着冕服等考察，都是不可能的。

诚如梁思成先生在《云冈石窟中所表现的北魏建筑》中曾指出的：关野、常盘合著的《支那佛教史迹》第二集评解中，又谓中部第一洞（即今编号第5窟）为孝文帝纪念其父所造，其时代仅次于西部五大洞（即今第16至20窟）。因为此洞平面虽然有长方形之外室，后部仍为不规则之形体，乃过渡时代最佳之例，这种说法，固甚动听，但文献上无佐证，实不能定谳（1931 年《中国营造学社汇刊》第 3、4 期合刊）。

唐释关于俨禅师修理孝文石像的记载，续证了景明初诏准代京灵岩寺石窟为高祖造像这一史实。经过包泥彩绘，身着冕服的第 5 窟坐像也与之相应。因此，第 5 窟即孝文石窟，主尊大像即孝文石窟故像，是我国现存最高大的皇帝造像。

有人认为，第 5 窟大像的包泥彩绘是俨禅师依唐式为之，石像服饰之原式，难以肯定。因第 5 窟西壁的弥勒立像脱泥后，与原像并不完全一致。对此，只能存疑以待他日了。不过，唐代曾认第 5 窟大佛即孝文石窟故像，文献是确凿的，更何况，唐之帝服亦传承于前代。

由太皇太后冯氏主持，孝文帝拓跋宏坚定支持的，以均田制、三长制为主要内容的经济改革与政治改革，是继商鞅变法以后，在中国大地上发生的伟大的社会变革，为北魏平城时代画上了圆满的句号。云冈第 5、第 6 窟是改制成功的艺术见证，是历代劳动人民为这两位卓越改革家树立的不朽丰碑。

（原载《文物世界》2005 年第 2 期）

云冈石窟的开凿工程

杭侃

云冈石窟的开凿工程是一个饶有趣味的话题。过去的研究者多从洞窟形制、造像样式与文献相结合，探讨云冈各洞窟的开凿次第，而论及云冈石窟开凿工程本身的论文很少。日本的隧道工程专家、佐滕工业株式会社的吉村怜等人曾经从建筑工程的角度探讨了云冈昙曜五窟的主要工程数量、工程时间和作业人数，在他们发表的《昙曜五窟营造工程探讨》一文注释中，提到长广敏雄先生出版于1976年的《云冈石窟》中所收录的《石窟工程过程的想象》是“唯一一篇具体论考昙曜五窟工程的论文”。吉村怜先生参照他们对于云冈营造工程的研究结论，提出了与长广敏雄和宿白先生不同的洞窟分期。吉村怜先生的一些观点，笔者虽然并不赞同，但是他从营造工程的角度重新审视云冈石窟的相关问题，其方法却是值得石窟研究者们引起重视的。

石窟的开凿工程与石刻的雕造工序，文献中缺少全面的记载，但是，我们通过零星的文献拼合，结合对云冈第3窟等未完成洞窟的分析，可以复原其大致的工序。

首先是“斩山”，即修整崖面。《魏书·释老志》在记载龙门石窟开凿工程时说“景明初，世宗诏大长秋卿白准代京灵岩寺石窟，于洛南伊阙山，为高祖、文昭皇太后营石窟二所。初建之始，窟顶去地三百一十尺。至正始二年中，始出斩山二十三丈。至大长秋卿王质谓斩山太高，费功难就，奏求下移就平，去地一百尺，南北一百四十尺”。这段文献也说明当时对大规模的石质工程还处于摸索阶段，起初按照龙门“准代京”的规模去开凿，结果发现龙门的石灰岩远比云冈的砂岩难于开凿，进而不得不调整原来的工程方案，反过来我们从这段文献中也可以推想云冈工匠对云冈石质的认识水平。

由于有高差，“斩山”，还需要搭建类似栈道的脚手架。刘勰《梁建安王造剡山石城寺石像碑》（以下简称《刘碑》）在记述新昌大佛开凿过程时说：“构立栈道……椎凿响于霞上，剖石洒于云表，命世之壮观，旷代之鸿作也。”说明开凿石窟所用的工具为椎、凿，需要“剖石”，还要“构立栈道”，以便施工。云冈石窟的“斩山”遗迹，在中部窟群附近可以清楚地看到。

其次，在洞窟内造像的雕凿方面，工程的主体工程是自上而下进行的，明窗应该也承担着从上而下开凿洞窟内部时运出石料的任务。

浙江新昌宝相寺弥勒大佛是南朝齐永明四年（486 年）雕造的，这一年高僧僧护来这里游历，见寺北石壁上有如佛焰之形，于是发愿“敬拟千尺弥勒之容”。《刘碑》在记述新昌大佛时说“愿造弥勒，敬拟千尺，故坐形十丈……克勤心力，允集劝助，疏凿积年，仅成面璞”。

这段文献结合云冈学者对云冈第 3 窟的调查，可以看出在进行洞窟内部雕凿的时候，是先将内部大的空间凿出，留出主要雕像的坯体，然后再对坯体进行自上而下的加工，首先凿成的是“面璞”。也就是说，洞窟内部的开凿是由粗到精的，粗凿的程序完成之后，很可能从事粗凿工作的工人会转而去开凿其他洞窟，而对坯体进行细加工的程序，是由有专门技艺的工匠完成的。

第三，在造像基本完成之后，还要对其进行更细致的加工，文献上也称之为“莹拭”，“磨砻”。《刘碑》在叙述这道工序的时候说：“及身相克成，莹拭已定，当于万字，信宿隆起，色似飞丹，圆如植壁，感通之妙，熟可思议。”

第四，进行彩绘工作。《刘碑》在叙述这道工序的时候说“故光启宝仪，发挥胜像。磨砻之术既极，绘事之艺方骋”。这项工序在云冈保存至今的许多雕像上都可以看到，只是经历了岁月的沧桑，有些颜色已经有不同程度的脱落，有些色彩也与原来的色彩有了不同程度的变化。

在《刘碑》对于石窟开凿过程的记述中，还有两点是值得我们注意的。其一是开凿过程中根据需要，对新昌大佛的原有开凿方案进行过修正，《刘碑》说“初护公所镌，失在浮浅，乃铲入五丈，改造顶髻，事虽仍旧，功实创新”；其二，在雕刻右掌的过程中，发生了断裂的意外情况，所以只好进行调整，《刘碑》对此的记述是“雕刻右掌，忽然横绝，改断下分，始合折中，方知自断之异，神匠所裁也”。刘勰的文章中将右掌的断裂归之为是“神匠所裁”的“自断”，是不符合史实的。实际上造成这种情况的原因，是手臂与身体分开的空间在镂空雕刻的过程中，极易发生断裂的情况，所以，古代工匠在雕刻手臂的过程中是十分小心的。新昌大佛的右臂原来很可能是想雕刻前伸上举的印相的，发生断裂之后，不得不修改成现在双手于腹前相叠的禅定印。

我们今天看到许多古代造像的手臂部分残断了，这固然有历次法难可能造成的破坏，但也不排除搬运过程，甚至雕刻过程中发生手臂残断的情况。这种情况不唯中国古代雕像如此，外国的雕像一样如此，著名的维纳斯残缺的手臂就给后人留下了无限遐想的空间。为了使这些残缺的造像不至于因为仅仅是手臂残断就遭到废弃，古代工匠往往采取补救措施，所以，现在看到的很多手臂残缺的雕像，残缺的部分上都有装榫卯的圆孔。

了解古代石窟开凿的基本过程对于我们讨论云冈石窟的具体开凿情况是有帮助的。云冈石窟东西绵延1公里，现有主要洞窟53个，被两条冲沟分为三个自然区。这些洞窟分为三期，其中最先开凿的，是被称为“昙曜五窟”的第16至20窟，这五座石窟是和平初年（460年）昙曜奏请文成帝同意之后开凿的，“昙曜白帝，于京城西武州塞，凿山石壁，开窟五所，镌建佛像各一。高者七十尺，次六十尺，雕饰奇伟，冠于一世”。

云冈石窟开凿在侏罗纪云冈统砂岩透镜体上，岩性疏松、裂隙较为发育，“这里的地层为侏罗纪，岩石为灰黄色的中粗粒砂岩和暗紫红色的砂质页岩。东部（第1~13窟）洞窟所在以砂岩为主，而西部（第14~21窟）洞窟所在为砂岩与二至三层的暗紫红色砂质页岩成互层状。绝大部分的石刻造像都雕在砂岩上。此地砂岩成分以石英、长石为主，夹杂部分黑色矿物（如角闪石和黑云母等），易风化且多成小洞”。在这种地质结构上开凿石窟，石质易于雕刻，但存在的问题也很多，“再加上削山为壁，开凿石窟破坏了原来山崖的整体结构，使所有洞窟前壁失去支撑力，产生减荷作用，在原始构造裂隙基础上又产生了剪切岸边裂隙，致使许多洞窟裂隙纵横交错，悬石累累，险象环生”。

笔者曾经根据云冈第20窟西壁的两处打破关系，第18窟明窗的裂隙走向与小龛分布，和相邻的第21窟存在的暗紫红色砂质页岩软弱岩层等迹象，推测第20窟西壁的坍塌早在第20窟完成不久就已经发生了，并进而造成开凿工程中断，对原有的布局方案进行了调整，所以现在可以看到的昙曜五窟明显分为两组，第 18、19、20 窟为一组，以有东西附窟的第 19 窟为中心，第 16、17 两窟为一组，两组的地面高度都不一样。笔者据此进一步推断昙曜五窟最初的布局设计是第 16 窟原本应该在现在第 21 窟的位置上的，但是，正如前面所述，第 20 窟夹有大面积的软弱岩层，加上发生了第 20 窟西壁的坍塌事件，必然会促使昙曜修改原来的设计。正是这种调整，造成了第 16 窟工程的延后，使得第 16 窟主尊呈现出褒衣博带，与早期其他主尊不同的造像样式。

云冈中期工程集中在昙曜五窟以东，主要洞窟有五组：第 7、8 窟，第 9、10 窟，第 5、6 窟，第 1、2 窟，这四组都是双窟；另外一组是三个窟，即第 11、12、13 窟。此外，云冈最大的第 3 窟内外北魏时期的主要工程，也是在这个时期进行的。

昙曜五窟在题材上以三世佛和千佛为主，选择了气势磅礴的大窟高像，主尊占据了窟内的大部分空间。洞窟平面皆作马蹄形，穹隆顶，大体上摹仿古印度草庐形式。云冈中期造像则出现许多新的题材及造像组合。平面多方形，多具前后室，有的窟中部雕中心塔柱，还有的在后壁开凿隧道式礼拜道。题材内容变化多样。

早、中期石窟风格上发生的这种变化，学术界过去多从石窟艺术的中国化角度考虑问题。认为该期石窟中窟室出现平棋顶，方形平面，重层布局的壁面和分栏长卷式浮雕画面，以及窟口崖面上雕饰斗拱的窟檐外貌，重层楼阁式的高塔和耸立中庭下具龟趺的丰碑，都体现了中国汉式殿堂形式的格式布局和传统建置；殿堂龛面，帷帐流苏，画面附榜题，龛尾饰龙、雀、博山炉、兽面装饰等更是汉地所常见日渐清秀的造型，褒衣博带的服装，表现了佛教艺术中国化的不断深入。

对于云冈中期石窟艺术中国化的种种表现，笔者没有疑义。但是，为什么中期出现了许多前后室，和窟中部雕中心塔柱的窟呢？其实，同样是表现上述内容，从理论上来说，是完全可以采取别的洞窟形制的。

规划设计昙曜五窟的是来自凉州、当时任佛教界领袖人物的沙门统昙曜。云冈中期石窟开凿的时候，昙曜依旧活跃在云冈。他在 462 ~ 472 年间，在云冈一再翻译讲述传法历史的《付法藏因缘传》。昙曜确切的生卒年代不明，但直到孝文帝时代，仍可见他活动的记载。所以，他在云冈中期石窟开凿过程中依旧会结合云冈工程的实际情况，发挥他应有的作用。早、中期的洞窟形制、造像风格虽然产生了变化，但是通过佛教艺术体现中国封建皇权的思想却是一脉相承的，即使北魏迁都洛阳之后开凿的龙门石窟也是如此。

北魏佛教在传播过程中，积极投靠皇权的政治强势，主张佛即天子，主动致敬人主，谋求取得有力的外护。道武帝拓跋珪建国之初，“绾摄僧徒”的道人统法果就改变“沙门不礼俗”的习惯，带头礼拜皇帝。《魏书·释老志》载：“初，法果每言，太祖明睿好道，即是当今如来，沙门宜应尽礼，遂常致拜。谓人曰：‘能鸿道者人主也，我非拜天子，乃是礼佛耳。’”而这种政治投靠，在造像过程中也有明显的反映，“是年（452年），诏有司为石像，令如帝身”。兴光元年（454年）秋，更是“敕有司于五级大寺内，为太祖已下五帝铸释迦立像五，各长一丈六尺，都用赤金二十五万斤”。不久之后开凿的“昙曜五窟”，正是这一传统的延续。

云冈中期石窟中出现了几组“双窟”，现在学者普遍认为“双窟”的出现，是与当时的政治形势相关的。从承明元年（476年），至太和十三年（489年），虽然孝文为帝，但期间冯氏对国事的决定权很大，所以，时称孝文和冯氏为“二圣”或“二皇”。云冈石窟“双窟”的出现，正是这一历史事实在石窟开凿工程中的表现。云冈石窟从早期的“昙曜五窟”到中期成组的“双窟”，都明确表明了封建帝王高于一切的意识。

那么，同样是表现这个主题，为什么形式上会产生如此大的差异？为什么不再普遍采取大像窟的形式？如果我们结合水泉石窟中的两尊大像和龙门石窟宾阳洞造像，就可以有新的视角。水泉石窟中的两尊大像和龙门石窟宾阳洞造像的存在表明，即使表现“二圣”这个主题，同样可以采用大像窟的形式，反过来说云冈中期石窟之所以不采用大像窟，一定另有考虑。

笔者认为，云冈中期石窟采用中心塔柱窟和前后室的形式，可能就是针对云冈早期石窟工程出现的坍塌等问题采取的调整措施。云冈中期石窟中我们可以看到，每一个单独洞窟的面积都不大，通过中心柱、前廊、前后室的分割，窟的跨度较“昙曜五窟”显著缩小，这样也就可以减少因为出现软弱岩层而给石窟带来的危害。云冈中期石窟在开凿过程中一定是考虑到工程中岩石质问题的。如第13窟等主尊右手臂之下有力士像，这个力士像并没有经典依据，出现在这里笔者以为完全是出于工程坚固的考虑。同时，我们可以注意到，云冈中期石窟中的造像，其伸出的手臂都离身体较近，以至于显得有些生硬，这也应当是出于工程坚固的考虑。

云冈中期洞窟工程中没有解决的问题尚有不少。这些洞窟虽然多成组出现，但洞窟形制和造像内容存在不统一的情况。第5、6窟采用同一的双塔一碑的窟前设计，所以被认为是一组双窟。第6窟内正中雕塔柱，雕饰在云冈石窟中最为华丽；第5窟则依旧采用的是昙曜五窟中的椭圆形平面，穹隆顶，主尊结跏趺坐，东西两壁各有一身立佛，与主尊合为三世佛的题材，也与第17窟~20窟相同。另外，云冈最大的一身佛像并不在昙曜五窟，而是第5窟的主尊，高度超过了17米；第11、12、13窟被认为是一组石窟，第13窟的平面也是马蹄形，穹隆顶。主尊为交脚弥勒，高度也达到13米，与第16窟主尊相仿佛，但为什么会出现三窟一组的形式，学术界没有满意的回答。学者普遍认为中期洞窟中第7、8窟开凿时间最早，约在孝文帝初期，那么，同样崇奉佛教的献文帝时期在云冈有没有营造？这些问题相当复杂，长广敏雄先生曾经在云冈第16窟中发现一处打破关系：

> 1944年夏，我在当地调查时满载微暗的洞窟中，发现三段千佛的下缘排列着供养者的双脚，中央只剩下一点香炉脚。回想我意识到是被切断的男女的双脚时，曾感到一阵莫名的战栗。宝坛右侧的列像是6个男人，可以推测左侧是6个女人。为什么一定要挖去这个对发愿人来讲值得纪念的供养人列像带的宝坛，而以补刻的千佛来代替呢？是命令补刻的发愿人想要抹掉以前的供养人吗？他们是一向敌视，还是表示一种怨恨呢？我解不开这个谜。

吉村怜先生认为这种打破关系与以献文帝和冯太后为代表的不同的政治集团的残酷斗争有关。在没有更多的文献资料佐证的情况下，仔细研究云冈石窟中各种打破关系，应该成为把云冈石窟研究推进一步的有效途径。

云冈的晚期工程开始于太和十八年迁洛前后，主要集中在第20窟以西的云冈西部地区。云冈石窟的开凿过程并没有因为迁都洛阳而马上衰落，这是因为迁洛之后，很多上层亲贵对“旧都意重”。孝文帝为了抚慰“内怀不可”“深忌河洛暑热，意每追北方”的上层亲贵，“特听东朝京师，夏归部落”，宣武帝也一再派遣重臣抚劳平城。朝中旧贵直到宣武时期还往来于洛阳、平城之间，使平城在迁洛之后的一个时期里还保持了一定的繁荣。

其次，迁洛初期，新都忙于经营宫殿衙署，在这种情况下，云冈积累的开窟造像人才和资料，还没有大量迁往洛阳，所以洛阳附近可以肯定开凿于孝文帝时期的窟龛造像，只有古阳洞和其北侧弥勒一龛。这从一个侧面反映了开窟造像，在迁都之初并非当务之急。这种情况就使得云冈晚期石窟得以继续繁荣了一段时间，直到孝明以后，洛阳各种佛事工程急剧扩展，大量技艺工人南迁，云冈也随之衰落了下来。

由上所述，石窟开凿本身出现的问题和政治形势的变化，都会对石窟的工程和洞窟形制、内容产生影响，我们在研究云冈石窟群的时候，有必要比以往更多地综合考虑石窟开凿过程中的各种因素，包括工程营造本身的影响。

（原载《中国文化遗产》2007 年第 5 期）

云冈石窟的历史与艺术

张　焯

一、大同与云冈

大同地处晋、冀、蒙交界，介于内外长城之间，自古属于边塞用武之地。大同，意取“世界大同”之义，因唐代大同军驻扎而得名。大同，古称平城，曾用代都、恒州、恒安、云内、定襄、云州、云中等名。

最初的雁门郡平城县之设，大致在战国中期（前3世纪初年），即赵武灵王胡服骑射、征伐西北的过程中。汉高祖七年（前200年），刘邦率大军北击匈奴，被困于平城县东之白登山（今名马铺山），平城由此闻名天下。平城之围的历史意义在于：直接引发出一项中国历代正确处理民族关系的重大方略——和亲政策。

东汉以降，匈奴式微，来自遥远北方的鲜卑民族成为蒙古高原的主人。西晋灭亡后，整个北中国陷入了匈奴、鲜卑、羯、氐、羌五胡争霸的混战之中，鲜卑拓跋部渐次崛起。公元386年，拓跋珪登国；公元398年，北魏王朝正式建立，定都平城；公元439年，拓跋焘统一北方；公元448年，征服西域（今新疆）；公元494年，拓跋宏迁都洛阳。平城建都97个春秋，一直是北朝的政治、经济和文化中心，也是当时欧亚丝绸之路东端的国际型大都会。

北魏以后，平城衰败，时而为北方游牧民族盘踞，时而由中原汉族军队驻守，直到唐朝中后期方始稳定。五代时，后晋石敬塘献幽、云十六州于契丹。辽金二代，大同复兴，立为“西京”陪都。元代，大同府是中国馈飨蒙古要道上的一大中转站。明清时代，大同系九边重镇之一，号称

“京师北门”，实为首都西北的军事屏障。云冈石窟坐落在大同城西十六公里的武州（周）山南麓，武州川（今名十里河）的北岸。石窟倚山开凿，东西绵延一公里。按自然地势划分为三个区域：东部第1~4窟，中部第5~13窟，西部第14~45窟。现存大小窟龛245个，主要洞窟45座，造像51000余尊，其余动植物、花纹图案不计其数。石窟规模宏大，雕刻艺术精湛，造像内容丰富，形象生动感人，堪称中国佛教艺术的巅峰之作，代表了5世纪世界美术雕刻的最高水平。

云冈峪自古是通往内蒙古阴山腹地的古道，秦汉时代的武州塞，大约就在云冈石窟西侧或南面附近，可惜早已消失在残石碎瓦之中。武州山，北魏早期即被奉为神山。据《魏书·礼志》记载，明元帝拓跋嗣做太子时，“乃于山上祈福于天地神祇。及即位，坛兆，后因以为常祀，岁一祭，牲用牛，帝皆亲之，无常日”。后来，逐渐成为北魏皇帝祈雨、开窟、礼佛的“鹿苑”胜地。

云冈石窟，北魏称武州山石窟寺或灵岩寺。关于石窟的开凿，《魏书·释老志》记述的很简略，“和平初，师贤卒。昙曜代之，更名沙门统。初，昙曜以复佛法之明年，自中山被命赴京，值帝出，见于路，御马前衔曜衣，时以为马识善人。帝浚奉以师礼。昙曜白帝，于京城西武州塞，凿山石壁，开窟五所，镌建佛像各一。高者七十尺，次六十尺，雕饰奇伟，冠于一世”。文中讲述的五所佛窟，即今云冈第16~20窟，学者称之为“昙曜五窟”。周一良《云冈石佛小记》曰：“唯昙曜在兴安二年见帝后即开窟，抑为沙门统之后始建斯议，不可晓。要之，石窟之始开也，在兴安二年（453年）年至和平元年（460年）之八年间。”

然而，昙曜五窟的兴工，实为武州山皇家大窟大像营造的起始，此前小规模的石窟或佛像雕制必定已有基础，否则昙曜大师不会突发奇想。现今存世的北魏题记佛雕，如河北正定的太平真君元年（440年）朱怛造石佛像、日本国收藏的真君三年鲍纂造石塔基座铭和石造半跏趺思惟菩萨像、河北蔚县石峰寺的真君五年朱业微石造像、日本国收藏的太安元年（455年）张永造石佛坐像和太安三年宋德兴造石佛坐像，都是砂岩质，造像风格与云冈石窟早期作品极为相近，应是北魏武州山及其石窟寺开凿的产物。《魏书·释老志》曰：“凉州自张轨后，世信佛教。敦煌地接西域，道俗交得其旧式，村坞相属，多有塔寺。太延中，凉州平，徙其国人于京邑，沙门佛事皆俱东，象教弥增矣。”由此印证，太武帝太延五年

（439 年）平北凉，徙凉州（治今甘肃武威）吏民三万户于京师，平城佛教随之兴盛；特别是凉州民中有三千僧侣作为战俘到达京城，从此成为平城佛教和武州山石窟建设的主力。

太武帝拓跋焘于真君七年（446 年）诏令灭法，《释老志》记载北魏民间“金银宝像及诸经论，大得秘藏。而土木宫塔，声教所及，莫不毕毁矣”。当此，武州山开山取石的锤声大约仍在继续，但石窟、佛雕的制作停止了。文成帝拓跋濬兴安元年（452 年），初复佛法，“方诏遣立像，其徒惟恐再毁，谓木有时朽，土有时崩，金有时烁，至覆石以室，可永无泐。又虑像小可凿而去，径尺不已，至数尺；数尺不已，必穷其力至数十尺。累数百千，而佛乃久存不坏，使见者因像生感”（朱彝尊《云冈石佛记》）。于是乎，昙曜五窟应运而生。

昙曜五窟的开凿，掀起了武州山石窟寺建设的高潮。从文成帝开始，经献文帝、冯太后，到孝文帝迁都，皇家经营约四十年，完成了所有大窟大像的开凿。同时，云冈附近的青磁窑石窟、鲁班窑石窟、吴官屯石窟、焦山寺石窟、鹿野苑石窟等，也相继完成。其间，广泛吸收民间资金，王公大臣、各地官吏、善男信女纷纷以个人、家族、邑社等形式参与石窟建造，或建一窟，或捐一龛，或造一壁，或施一躯，遂成就了武州山石窟寺的蔚为大观。迁都之后，武州山的小规模石窟建设并未停息，直到正光五年（524 年）六镇起义的战鼓响起。

云冈石窟是北魏一个朝代完成的伟大工程，从文成复法启动，到北魏末年终结，大致开凿了 70 年之久。云冈石窟的诞生绝非偶然，而是诸多历史必然性的结果。佛教自东汉进入中国，最初假借黄老道术在民间传播，魏晋时逐渐独立。十六国时期，由于来自西北的胡族统治者的推奉而迅速发展，同时迎合了苦难深重的中原人民的精神需求。北魏太武帝灭佛，则从反方向刺激了佛教的勃兴。石窟建造之风，由古印度、西域、河西渐次东传，至平城而特盛。北魏自道武帝建国，到太武帝结束北方群雄割据的战乱局面，各国各地的贵族官僚、儒士僧侣、能工巧匠、金银财富荟萃平城。特别是随后对西域的征服，直接迎来了我国历史上东西文化交流的新一轮高峰。武州山石窟的创作，最初是凉州高僧带来了西域风格的佛教造像艺术，然后是古印度、师子国（今斯里兰卡）、西域诸国的胡沙门带着佛经、佛像和画本，随商队、使团而至，再后是昙曜建议征集全国各地的宝像于京师，最后是徐州僧匠北上主持云冈佛事。一代代、一批批高僧大德、精工艺匠，共同设计、共同制作，创造出云冈石窟一座座旷世无双的佛国天堂。

北魏以后，云冈石窟衰落了，梵音唱晚之声，再没有越过雁门山峦。隋大业三年（607 年），炀帝北巡塞外，归途大约曾经游幸云冈。唐太宗贞观四年（630 年），李靖平突厥，收复雁北；十四年，移云州及定襄城于恒安；明年，守臣重建大石窟寺。大约当时，有俨禅师等曾对云冈石窟佛像进行过修理。高宗永淳元年（682 年），突厥攻陷云州，城池荒废。玄宗开元十八年（730 年），复云州及云中县；天宝元年（742 年），筑大同军城于云中。不久，诗人宋昱北上，写下了《题石窟寺——即魏孝文之所置》五言诗。之后，云冈石窟阒寂无闻。

辽代以后，武州山石窟寺又称石佛寺。契丹人佞佛，残塔旧寺无不兴复。据《大金西京武州山重修大石窟寺碑》记载：辽兴宗重熙十八年（1049 年），皇太后发愿重修石窟寺，但因工程规模巨大，一时没有完成。道宗清宁六年（1060 年），朝廷委托山西转运使刘某监修。咸雍五年（1069 年），禁山樵牧，又差军巡守。寿昌五年（1099 年），又委托转运使提点。天祚帝天庆十年（1120 年），幸西京，赐大字额。可见，辽代武州山石窟寺的修建工程，大约延续了半个多世纪。也许是对旧有寺院的陆续修复，也许是仿效北宋重修五台山十寺的做法，辽代西京大石窟寺内分立了十座寺院：一曰通乐；二曰灵岩；三曰鲸崇；四曰镇国；五曰护国；六曰天宫；七曰崇福；八曰童子；九曰华严；十曰兜率。可惜十寺郁立的好景不长，“亡辽季世，盗贼群起，寺遭焚劫，灵岩栋宇，扫地无遗”（《金碑》）。

金朝“天会二年，大军平西京，故元帅、晋国王到寺随喜赞叹，晓谕军兵，不令侵扰；并戒纲首，长切守护。又奏，特赐提点僧禅紫衣，并‘通慈大德’号。九年，元帅府以河流近寺，恐致侵啮，委烟火司差夫三千人，改拨河道”（《金碑》）。西路元帅、晋王宗翰（粘罕）于天会九年（1131 年）将石窟前的武州月河道南移，遂形成今天十里河云冈段现状，可谓功德千秋。皇统三年至六年（1143 ~ 1146 年），住持法师禀慧重修“灵岩大阁”（今第 3 窟外的阁楼），“自是，山门气象，翕然复完矣”（《金碑》）。

金代中后期，迫于蒙古族逐渐强盛的压力，在西京北境加强了边墙、边堡的防御体系建设，武州山前筑起了一座军堡。这座名为石佛寺堡的建立，宣告了云冈石窟的再次走向衰微。1214 年，金朝迁都汴梁（今河南开封），五京旧都相继沦陷。据《至元辨伪录》记载，蒙古大举“兵火已来，精刹名蓝率例摧坏”；各地佛寺，“兵火之后，无僧看守”。正是在这种山寺无僧钟自鸣的情况下，全真道士进驻了云冈石窟，并在东部留下了“碧霞洞”“云深处”“山水有清音”等遗迹。云冈之名，大约从此酝酿、产生。

元代忽必烈至元年间（1264～1294 年），西京大华严寺慧明大师僧徒，重新收复了石佛寺，但是无法挽回云冈石窟的整体颓势。明朝嘉靖三十七年（1558 年），重修石佛寺堡为云冈堡；万历二年（1574 年），又建云冈上堡并上下堡间的夹墙。从此，石佛寺局缩于第 5、6 窟，彻底变作山野小寺。尽管清初地方官曾经维修、康熙皇帝曾经临幸。

二、发现与探索

对云冈石窟的研究，始于金代曹衍《大金西京武州山重修大石窟寺碑》，继以清初朱彝尊《云冈石佛记》，然而真正学术意义上的研究则是百年之事。20 世纪蓬勃而兴的云冈研究，功归于两次发现：一是伊东忠太博士发现了石窟寺；二是宿白先生发现了《金碑》。

1902 年 6 月，日本学者伊东忠太等在中国进行考察旅行，无意中踏入云冈石窟破败的庙门，博士惊讶地发现这里竟保存着最为壮观的北魏石窟建筑群，其艺术形式直接来源于西方，且与日本的推古式若合符契。随后，他发表的《云冈旅行记》、《支那山西云冈石窟寺》，引起了世界学术界的注意与兴趣。1907 年，法国的东方研究专家沙畹来到云冈，不久将其收集的云冈石窟和龙门石窟的照片与图录，著成《华北考古学使命记》。从此，云冈石佛寺声名鹊起，开始成为海内外学者和美术家的一大巡礼地。

最初半个世纪的云冈研究，以日本学者居多，主要探讨的是云冈石窟的艺术形式与艺术来源。中国学者陈垣、梁思成、周一良、戴蕃豫的文章，则重在解析云冈历史，介绍邻邦的研究成果。关于云冈艺术的源流，有埃及影响说、希腊影响说、拓跋氏影响说，有印度马吐腊雕刻影响说、巴基斯坦犍陀罗雕塑影响说、西域艺术传承说等，并逐渐形成共识“云冈样式，是由印度、波斯、中央亚细亚、中国等风格之混合融会而成，同时也有希腊及罗马的痕迹之遗留”（岩崎继生《大同风土记》）。1938～1944年间，以水野清一、长广敏雄为首的京都大学调查队，对云冈石窟进行了迄今最为详细的调查。其摄影、实测、线描、拓片、论文等研究成果，结集为16卷本《云冈石窟》巨著，1951～1956年陆续出版，代表了云冈研究的最高水平。水野、长广将云冈艺术区分为西方外来与中国传统两个方面；指出，北魏平城佛教文化艺术是带有浓郁中亚（此指新疆）色彩的凉州风格的再现，尽管云冈石窟的西方样式具有多元性，明显受到西方诸地石雕、泥塑、壁画等等的影响，但其早期雕刻显示出的是犍陀罗风格、中印度风格和中亚风格，而中亚各国寺院与云冈石窟有着直接的渊源关系。中国传统则主要表现在动物雕刻、仿木构建筑雕刻等方面，石窟造像明显存在着一个逐步中国化的过程。

《金碑》即《大金西京武州山重修大石窟寺碑》，皇统七年（1147年）曹衍撰，记述了云冈石窟的历史及金初的寺院维修。原碑早佚，碑文幸存于清人缪荃荪传抄的《永乐大典》天字韵《顺天府》条引《析津志》文中。1947年，宿白整理北京大学图书馆善本书籍时发现，并于1956年发表了《大金西京武州山重修大石窟寺碑校注》一文，此后又陆续发表了《云冈石窟分期试论》、《〈金碑〉的发现与研究》、《平城实力的集聚和“云冈模式”的形成与发展》、《恒安镇与恒安石窟》等。对北魏平城政治、军事、经济、文化与佛教的发展，对云冈石窟乃至大同历史，对云冈洞窟形制、造像组合、佛装服饰等特征，对云冈石窟开凿分期问题，从历史学与考古学角度，进行了全方位的探讨，取得了突破性进展，遂使云冈石窟的历史与艺术脉络豁然清晰。

进入21世纪，张焯的《云冈石窟编年史》问世，成为目前云冈石窟的第一部通史。其中《〈鹿苑赋〉与云冈石窟》一文指出，献文帝时代云冈石窟进入了一个新的大发展阶段；《徐州高僧与云冈石窟》，则澄清了孝文帝太和年间云冈造像中国化背后的历史，即凉州系高僧失宠，徐州僧匠入主云冈石窟；《〈金碑〉小议》，对碑文传抄中出现的错误进行了梳理，证明云冈十寺中的护国寺为今第1、2窟；《全真道与云冈石窟》，考述了金元之际道教势力侵入云冈石窟的历史事实；《云冈筑堡与古寺衰微》，考订出金代中晚期石佛寺堡的建立，揭示了800年来云冈石窟走向衰微的必然历程。

三、洞窟与艺术

（一）帝王象征的昙曜五窟及诸窟大像。

沙门礼拜皇帝，是北魏首创。《魏书·释老志》载："皇始中，赵郡有沙门法果，诫行精至，开演法籍。太祖闻其名，诏以礼征赴京师。后以为道人统，绾摄僧徒。每与帝言，多所惬允，供施甚厚。至太宗，弥加崇敬。……初，法果每言，太祖明睿好道，即是当今如来，沙门宜应尽礼，遂常致拜。谓人曰：'能鸿道者人主也，我非拜天子，乃是礼佛耳。'"法果和尚以皇帝为佛的弘法思想，确立了北魏佛教为统治者服务的基调，也奠定了北魏佛教昌盛的基础。半个世纪后，先是师贤建议文成帝"诏有司为石像，令如帝身"。然后，又"敕有司于五级大寺内，为太祖已下五帝，铸释迦立像五，各长一丈六尺"。最后，昙曜则进一步建议将这五位皇祖雕造成顶天立地的石窟巨佛，从而使武州山石窟寺升格为北魏皇室的家庙，神圣不得侵犯。

云冈第16～20窟，经日本学者研究确认为昙曜五窟，属于云冈石窟最早开凿的洞窟。这五座洞窟形制相同，平面呈马蹄形，顶部为弯窿状；每窟一门一窗，窗在上，门在下，外壁雕满千佛。各窟造像主要是三世佛（过去、未来和现在佛），主佛居中而设，身躯高大（都在13米以上），或坐或立，姿态各异，神情有别。根据主像和石窟布局，这五个窟可分为两组：第18、19、20窟为一组；第16、17窟为一组。这五所洞窟虽然曾经统一设计和施工，但完成的时间并不一致，前三窟较早，后二窟略晚；尤其是洞窟内的许多壁面、门洞、明窗的雕刻，大概是献文帝、孝文帝时代陆续填补完成的。

昙曜五佛是云冈石窟的典型代表，也是西域造像艺术东传的顶级作品。大佛身着的袈裟，或披或袒，衣纹厚重，似乎表明是毛纺织品，这无疑是中亚葱岭山间牧区国家的服装特征。大佛高肉髻，方额丰颐，高鼻深目，眉眼细长，嘴角上翘，大耳垂肩，身躯挺拔、健硕，神情威严、睿智而又和蔼可亲，气度恢弘。与北魏晚期佛像的清瘦、谦恭，东魏、北齐佛像的缺乏神俊、刚毅，唐朝佛像的夸张、柔弱，以及后世佛像的无精打采，判若两类，不可同日而语。诚如唐代道宣大师所云"造像梵相，宋、齐间，皆唇厚、鼻隆、目长、颐丰，挺然丈夫之相"（宋《释氏要览》卷

2)。特别是第20窟的露天大佛，法相庄严，气宇轩昂，充满活力，将拓跋鲜卑的剽悍与强大、粗犷与豪放、宽宏与睿智的民族精神表现的淋漓尽致、出神入化，给人以心灵的震撼。

第18窟是昙曜五窟中造像组合最为合理、完备的洞窟，主尊大佛身披千佛袈裟，东、西两侧对称分布着十弟子、一菩萨、一立佛。立佛脚踏莲花，头罩华盖，神清气朗，端庄慈祥；菩萨头戴宝冠，面如满月，衣饰华美，高贵典雅。十位弟子相貌各异，均为西方人种特征，神态生动、微妙，或闭目聆听，或若有所悟，或喜从心生，令人叹为观止。

昙曜五窟，在艺术效果上突出了造像雄浑伟大、旷世无双的气势，在宗教意义上体现了佛法流传不息、世代长存的思想，从而将一个英姿勃发的民族、一种百折不挠的精神刻入山岩，化作永恒。

关于昙曜五佛雕造的是哪几位皇帝，学术界长期争论不休。一般认为，分别是道武帝、明元帝、太武帝、景穆帝、文成帝的象征。但是，各种观点都忽视了一个事实，那就是文成时代的“太祖已下五帝”，其“太祖”指的是平文帝，而非道武帝。道武帝被尊为太祖，事在孝文帝太和十五年四月以后。由此说来，昙曜五佛象征的是平文、昭成、献明、道武、明元五帝。至于何窟为何帝，盖由凿窟次序或左右次序排列决定，我们今天实难臆测。

按照这样的思路，我们可以大胆地讲，云冈石窟的其他大窟大像代表的依然是皇帝，且其归属以及开凿时间，也大致可以推断：第9、10窟双窟的主像，前者为倚坐大佛，后者为交脚菩萨，应与文成帝太安元年(455年)“奉世祖、恭宗神主于太庙”（《魏书・高宗纪》）的含义相同，意在补全“天子七庙”制度，是文成帝为其祖父太武帝、父亲景穆帝所建(当然，工程的完成大约经献文帝，延续到了孝文帝初期)；第13窟交脚菩萨大像，当系文成帝为自己或献文帝为其父开凿；第5窟坐佛，是献文帝为自己或孝文帝为其父建造；第3窟倚坐大佛，则是孝文帝为自己雕凿。

关于第3窟大像的雕造时间，学者们的意见分歧很大，有的认为与昙曜五窟同期，有的认为在孝文帝迁都之前，有的说是隋炀帝为其父隋文帝所建，有的说是初唐作品，还有的讲是唐朝中后期产物。后三种说法，是根据大同历史条件分析，基本没有可能性。我们赞成第二种观点，因为第3窟是云冈最大的洞窟，工程因某种变故而中途停止；窟外二层中央的弥勒窟，呈殿堂式，居中一尊交脚弥勒；弥勒窟两侧，各有一座三级石塔，这显然是一组弥勒天宫的完整造型，属于北魏作品无疑；窟内仅有一佛二菩萨，佛作说法态，目光直视左前方，左前方隔壁正是窟外的弥勒殿。整个第 3 窟造像，内外呼应，刻画的是佛说观弥勒菩萨上生兜率天经的情景，反映的是进入净土世界的神圣与庄严。

（二）绚丽多彩、富丽堂皇的中期风格。

从献文帝时代开始，云冈石窟皇家工程转入大规模建设阶段，到孝文帝太和年间达到鼎盛。这一时期大约二十多年，不仅昙曜五窟的雕刻仍在进行，而且云冈所有的巨型洞窟都陆续开工。关于献文帝时的云冈工程情况，北魏高允《鹿苑赋》有所描述："暨我皇之继统，……追鹿苑之在昔，……于是命匠选工，刊兹西岭；注诚端思，仰模神影；庶真容之仿佛，耀金晖之焕炳。即灵崖以构宇，疏百寻而直上；絙飞梁于浮柱，列荷华于绮井。图之以万形，缀之以清永；若祇之洹瞪对，孰道场之途迥。嗟神功之所建，超终古而秀出。"就是说，献文帝继位后对武州山石窟工程进行了重新部署，云冈建设进入了洞窟形制多样化、图像内容多元化的快速发展轨道。孝文帝时代云冈的新建工程，我们知道的不多。曹衍说："护国、天宫则创自孝文，崇福则成于钳耳。"但实际上对辽金时的护国、天宫、崇福这三座寺院，我们现在很难确定其对应的洞窟，只能大体推测为第 1、2 窟，第 3 窟，第 5、6 窟。不过，有一点可以肯定，那就是太和十八年（494 年）迁都洛阳之前，云冈的皇家大窟基本都已竣工。

这一时期开凿完成的洞窟，有第 1、2 窟，第 5、6 窟，第 7、8 窟，第 9、10 窟四组双窟和第 11、12、13 窟一组三窟，以及未完工的第 3 窟。在洞窟形制上，不仅有穹窿型，还出现了方形中心塔柱窟，以及前后室殿堂式洞窟。此外，有的还在大佛后壁开凿出隧道式的礼拜道。在佛龛造型上，不仅有圆拱龛、尖拱龛、盝形龛、宝盖龛，又增加了屋形龛、帷幕龛和复合形龛等。平面方形洞窟的大量出现，较早期穹窿型洞窟而言，雕刻面积大幅度增加，雕刻内容与形式也变得复杂起来。洞窟的顶部，多采用平棋藻井式雕刻。壁面的雕刻，采取了上下重层、左右分段的方式。在设计完整的洞窟中，可能主要用来体现佛国人物不同层次的"果位"关系，或是展示不同的故事情节；在设计不完整的洞窟中，可能主要为了便于善男信女对补凿佛龛的出资捐施。这一时期的造像题材，虽仍以释迦、弥勒为主，但雕刻内容不断增加，依凭的佛经明显增多，普遍流行的是释迦说法或禅定盒像、释迦与多宝并坐龛式，七佛造型，维摩与文殊问答，以及菩萨装或佛装的交脚菩萨龛式等等。护法天神像，开始雕刻在门拱两侧；佛本生、佛本行故事龛和连环画刻，出现在列壁最直观的位置；特别是作为出资者的供养人形象，以左右对称排列的形式出现在壁龛的下方。佛塔、廊柱、庑殿等建筑造型，跃然而出；飞天、比丘、力士、金刚、伎乐天、供养天，千姿百态；各种动物、花纹图案，争奇斗艳。至此，云冈石窟佛教艺术宝库的真容毕具。

第7、8窟是云冈营造最早的双窟，窟顶用莲花与飞天装饰的平棋藻井，赋予中国传统建筑样式以佛国仙境般的浪漫。第7窟门拱两侧的三头四臂神像，头戴尖顶毡帽，极具中、西亚特征；第8窟门拱两侧，三头八臂的摩醯首罗天骑神牛，五头六臂的鸠摩罗天驾金翅鸟，其形象来源于古印度神话中的天神湿婆和毗湿奴，一位可以毁灭宇宙，另一位则能够创造世界。这种将婆罗门教大神转化为佛教护法神的现象，是印度密教思想的反映，完全属于西来像法，为中西石窟寺的绝版遗存。第9、10窟是中国传统的殿堂式建筑，但其窟外前庭由雄狮、大象驮起的廊柱和建筑造型，则混合皆备了古印度与希腊、罗马建筑艺术风格；后室门廊两侧的金刚天王，不似其他窟的逆发胡神，而是头顶鸟翅。第5、6窟规模宏大，前者为大像窟，主尊高达17.4米，为云冈佛像之最；后者为塔庙窟，设计完整，雕刻纷繁，尤以描述释迦牟尼生平故事的系列浮雕“壁画”著称于世。第12窟亦为廊柱式殿堂窟，俗称音乐窟，其前室北壁上方的伎乐天手持各种东、西方乐器，宛若一支“交响乐团”，是研究我国古代音乐史的珍贵素材。这些富丽堂皇的石刻艺术，惊世骇俗的伟大建筑，是中华民族奉献给全人类的不朽杰作。

云冈石窟的中期建设，正处于一个继往开来的蓬勃发展阶段。一方面是西来之风不断，胡风胡韵依然浓郁，占据着主导地位；另一方面是中华传统势力抬头，汉式建筑、服饰、雕刻技艺和审美情趣逐渐显露。我们能够感觉到，佛、菩萨等造像的雕凿，主要模仿的是新疆泥塑，那种制作便利、样式纷繁、面如满月、充满异国情调的黄泥制品，当时已在北魏首都附近大批量生产，并用来装潢佛塔、寺院，这为云冈雕刻提供了鲜活的样本。与早期造像相比，中期造像健硕、美丽依旧，但似乎丧失了内在的刚毅与个性，雕刻如同拓制泥塑一样程式化了。大像、主像和重要造像雕琢精细，虽然造像普遍略显草率，但工匠洗练的刀法仿佛于漫不经心间流淌出来，反而给人以自由、活泼、奔放的感觉。部分佛像开始变得清秀，面相适中；佛衣除了袒右肩式、通肩式袈裟之外，出现了"褒衣博带"样式。菩萨的衣饰也发生了变化，头戴宝冠者外，又流行起花蔓冠；身佩璎珞，斜披络腋，转变为身披帔帛；裙衣贴腿，转变为裙裾张扬。这些佛装、菩萨装向着汉族衣冠服饰转化的倾向，显然是太和十年（486 年）后孝文帝实行服制改、推行汉化政策的反映。由此，填补了我国南北朝佛教艺术从"胡貌梵相"到"改梵为夏"的演变过程的空白。

（三）异军突起的秀骨清像。

在云冈石窟中，汉民族意识的觉醒，我们说不清经历了多长时间。但是，深受西域佛教、像法影响的凉州僧团的领导地位，大约从太和五年（481 年）开始动摇了。随后，徐州义学高僧接受了孝文帝的邀请，率徒北上，"唱谛鹿苑，作匠京缁"（《广弘明集》卷 24《元魏孝文帝为慧纪法师亡施帛设斋诏》），代京平城的佛学风气为之一变。到太和十三年（489 年），褒衣博带、秀骨清像，登上了云冈第 11 窟外壁的佛龛，并从此成为时尚。如果说云冈第 6 窟中最早出现的褒衣博带式佛像，尚未脱离"胡貌梵相"，那么第 11、12、13 窟外壁众多龛洞的造像则是完全"改梵为夏"了。

孝文帝迁都洛阳后，平城依然为北都，云冈的皇家工程基本结束，但民间盛行的开窟造像之风尤烈。尽管大窟减少，但中小窟龛却自东迄西遍布崖面。晚期主要洞窟分布在第 20 窟以西，第 4、14、15 窟和第 11 窟以西崖面上部的小窟，第 4 ~ 6 窟间的小窟，基本都属于晚期作品。这些数量众多的中小型洞窟，类型复杂，式样多变，但洞窟内部日益方整。塔窟、四壁三龛及重龛式的洞窟，是这一时期流行的窟式。造像内容趋于模式化、简单化。佛像一律褒衣博带，面容消瘦，细颈削肩，神情显得缥缈虚无；菩萨身材修长，帔帛交叉，表情孤傲。从效果上看，给人以清秀俊逸、超凡脱俗的感觉，显然符合了中国人心目中对神仙形象的理解。从艺术上看，相貌、衣着的改变，仿佛失却了造像内在的活力；但民间自发、自由的行为，仿佛又激发了另一种创造力。造像衣服下部的褶纹越来越重叠，龛楣、帐饰日益繁杂，窟外崖面的雕饰也越来越繁缛。这种风格与特征与龙门石窟的北魏造像如出一辙。

四、保护与未来

云冈石窟经历了1500百多年的风雨沧桑而得以保存，是历代官府、僧民不断维修、保护的结果。由于相关记载缺略，我们今天只能大体而言。唐初，地方官民曾对石窟寺进行重建，对佛像进行修理，但现已无法确认其具体内容。辽代进行了云冈历史上最大规模的寺院重建和洞窟维修，整个石窟区域被划分为十所寺院，几乎所有的大、中型洞窟外都搭建起木构的佛殿式阁楼；洞窟内的维修全面而彻底，工匠们为大像安上时髦的黑色琉璃眼珠；对破损造像进行了补刻或改刻，对风化的造像以及所有窟壁下层严重风化部位，都采取了钻洞、插桩、缠绳、包泥、彩绘等不同方式进行修补。能够看出北魏样式的尽量恢复原貌，需要符合辽代百姓信仰的则包泥改塑为辽像。另外，还制作了部分单体泥塑。整个工程做工精细、近乎完美，无可指责。金初，左副元帅粘罕将云冈石窟前的河道南移，从根本上解决了六百多年来地下毛细水侵蚀石窟下层雕刻的问题。随后，禀慧和尚进行的重修，则主要针对第3窟外的灵岩大阁。元、明二代，石佛寺肯定有过维修工程，可惜没有留下任何记录。清代云冈工程主要集中在第5窟“大佛寺”和第6窟“石佛寺”及其前面的僧院，光绪年间曾彩绘过五华洞（第9~13窟）。民国期间的保护，一是因大批佛头、佛像被盗而派警察守护，二是将中、西部洞窟内生活了几百年的村民全部迁出。

中华人民共和国成立后，党和政府高度重视云冈石窟，组建了专门的保护机构，面对当时洞窟裂缝纵横、坍塌严重、石雕风化剥落的凄惨景象，多次组织专家进行勘察、发掘、研究和维修保护。特别是1973年秋周恩来总理陪同法国总统蓬皮杜参观云冈石窟时，指示国家文物局“要在三年内修好”。随后的三年中，工程技术人员采用高分子粘结材料，对全部洞窟进行了大规模的抢险加固，基本上解决了洞窟的稳定性问题。同时，对部分洞窟石雕进行了力所能及的恢复、修补工作，从而使云冈石窟焕然改观。20世纪90年代迄今，云冈周边环境治理取得了显著成效，窟前地面硬化、国道云冈段改线、山门前拆迁与广场建设、云冈峪绿化、十里河蓄水等大型工程，从根本上解决了石窟区的煤尘、粉尘污染问题，彻底改善了云冈石窟的环境条件，为今后云冈石窟的可持续利用与发展奠定了坚实的基础。

2006 年 8 月，云冈石窟研究院挂牌成立。摆在新一代云冈人面前的任务艰巨，道路漫长。首先是石窟外部岩石进入了新一轮的快速风化期，山顶渗水也日趋严重。能否结束持续了半个世纪的窟檐建设方案的争论，尽快实施“洞窟保护伞”工程，是云冈石窟最为急迫的工作。其次是研究队伍青黄不接，石窟调查起步艰难。云冈石窟调查是一项长期性、基础性的工作，也是一项争气工程，事关研究院的前途与荣誉，不能不做。第三是游客数量逐年增加，大景区建设时不我待。总之，无论外部客观要求，还是内部主观需要，云冈石窟的未来都将是一个机遇与挑战并存、光荣与羞辱交织的时代，我们无可选择，只能迎难而上。

（原载《中国文化遗产》2007 年第 5 期）

云冈石窟的文化品质与审美特点

王建舜

云冈石窟建凿于公元5世纪中叶，那是一个多元文化融合与艺术创作开放自由的时代。

关于云冈石窟建凿的开始与结束，历史典籍和碑志铭记有零星的记载与描述，归纳而言，有三种说法：A. 唐朝沙门道宣撰《大唐内典录》中记“始于神瑞，终乎正光”。金代曹衍撰《大金西京武州山重修大石窟寺碑》内言“肇于神瑞，终乎正光”。两条记载时间相差了483年，但观点和看法一致。两句话八个字，涉及了一个重要历史文化的事件起止与两个年号——神瑞、正光。神瑞是北魏王朝第二位皇帝明元帝拓跋嗣的第二个年号，为公元414~416年。正光是北魏王朝第九位皇帝孝明帝元诩的第三年号，为公元520~525年。若此计算，云冈石窟从始到终开凿运作了111年，可谓跨越世纪的百年工程，我们将此概括为云冈石窟开凿的“神瑞说”。B. 北齐时魏收撰《魏书》，在卷114《释老志》中载言曰：“和平初，师贤卒。昙曜代之，更名沙门统……昙曜白帝，于京城西武州塞，凿山石壁，开窟五所，镌建佛像各一。高者七十尺，次六十尺，雕饰奇伟，冠于一世。”研究者确认这是一段记叙云冈石窟开凿事件的完整史笔描述，有人物、时间、事件、过程。其中，“和平初”就是这一重要事件的发生要素和时间刻度。和平是北魏王朝第五位皇帝文成帝拓跋濬的第四个年号，为公元460~465年。初者，自然就是此年号的初始之年，即460年，我们将此概括为云冈石窟开凿的“和平说”。C. 同样是《魏书·释老志》中的一段材料，它紧接上引材料前四句的后面，为：“初，昙曜以复法之明年，自中山被命赴京，值帝出，见于路，御马前衔曜衣，时以为马识善人。帝后奉以师礼。”接下便是上引材料“昙曜白帝”一段。这一段叙述神奇灵妙的材料纳入到上引材料之中，构成了历史记载的完整性和丰富性，从阐释学和文本解读的角度看，它显然是以追溯性、回忆性的时间语言（状语）“初”来插入或补写早已发生过的一段史实，来加强所叙述事件的重要内容，来增加复杂的社会情态和事件情态的真实性与丰富性。在整个《魏书》史实的记载中，以“初”字作为追溯性、回忆性材料的语句行文标志，例子很多，语意表达也非常清晰。从内容和语言以及史料记写的特征性方法来分析，这段材料正是揭示了历史人物主角昙曜以神奇面貌出现，向当朝皇帝文成帝拓跋濬面陈他的神奇构想和实施云冈石窟伟大工程的全部内容和史实信息。它前面的四句“和平初，师贤卒。昙曜代之，更名沙门统”，正是它后面这段材料的历史背景和事件基础。在这段材料中，有一个非常重要的时间词，即作为状语功能出现的时间性短语“复法之明年”。北魏王朝在平城时代，发生过两件佛教的大事件：一是在太平真君七年（446 年）太武帝“灭佛”，一是在兴安元年（452 年）文成帝“复法”。史料中“复法之明年”，显然就是兴安元年文成帝“复法”的第二年，也就是公元 453 年。兴安年是文成帝上台执政的第一个年号，为公元 452 ~454 年。我们把认为云冈石窟是开凿于文成帝“复法之明年”的学术观点概括为开凿时间埋论中的“兴安说”。[①]

云冈石窟建凿的上限说法有三个不同的时间说法，而其建凿的下限皆认同“终于正光”。

无论是哪一种开凿时间说法，都在表明云冈石窟开凿于北魏王朝平城时代正在走向社会、经济、政治、文化和其他意识形态全面发展的辉煌时期。

云冈石窟作为北魏王朝最宏伟、最壮丽的文化工程和艺术创造，尽显了人类在物质和精神的文明创造中所包含的全部智慧、才情、力量以及在信仰、文化和审美上的内心追求。作为全人类共同拥有的世界文化遗产，作为与敦煌莫高窟、洛阳龙门石窟齐名传世的中国三大石窟，它与莫高窟和龙门石窟在发生时间、守教义理、文化内容的关联性和艺术创造的真实性、丰富性等方面，有许多共同的表征和特点，它们同处于一个佛教文化系统之中。若是在这个整体的文化系统中，将云冈石窟作为文化子系统抽取出来，再将它与那两个子系统做一个比较学上的对照与研究，那么云冈石窟在艺术的整体性上就表现出鲜明感人的文化品质与审美特点。

一、国家工程——规模宏大、气势雄伟、艺术精湛

云冈石窟是佛教文化思潮兴盛发展的产物，是北魏王朝立国以来规模最大、时间最持久、影响最广泛的一项国家政治性、宗教性的文化工程。它是北魏王朝倾其财力、物力、人力，集聚了当时北方地区、西北地区以及其他内陆省区最优秀的佛教艺术雕刻家[②]甚至还有来自佛教信仰发达地区印度、中亚和西域等地区“胡僧”[①]参与构建的浩大文化工程。

北魏王朝从开国皇帝道武帝拓跋珪始，在宗教政策上就逐渐确定了佛教国家主义色彩的地位。北魏天兴元年（398 年）道武帝就下诏曰：“夫佛法之兴，其来远矣。济益之功，冥及存没，神踪遗轨，信可依凭。其敕有司，于京城建饰容范，修整宫舍，令信向之徒，有所居止。”[①]封建王朝的最高统治者有了对佛教渊源和教化功能的理论认识，有了对这种宗教信仰的价值判断和情感倾向，自然就会在相应的政治、文化、宗教政策上采取一些相应的实际行动。鉴此，也就在这一年，“始作五级佛图、耆阇崛山及须弥山殿，加以缋饰。别构讲堂、禅堂及沙门座，莫不严具焉”。[①]从认知和实践、政策和措施两个方面，道武帝拓跋珪把佛教置于国家利益和国家意识的层面上。在这种肯定存在、鼓励发展的政治和政策的基础上北魏一朝在宗教政策上采取兼容并蓄、尤先佛教的方针。即使是太武帝拓跋焘于太平真君七年（446 年）“灭法”，但其在此之前仍是秉承祖父两朝的既定国策——尊佛重教。所有这些都为后继者文成帝拓跋濬开凿云冈石窟这样国家级的文化工程奠定了坚实的信仰基础与思想基础。

文成帝拓跋濬是继其祖父太武帝拓跋焘而“践极”的。他一上台就在宗教政策和思想文化领域大张旗鼓地尊佛重教，积极恢复佛教自传入中土400 年来积淀的传统的盛貌，并且以一个新兴国家的力量把佛教发展推向一个新的高潮。在《魏书》卷 114《释老志》中，记载了文成帝“践位”后的一系列重大举措：一是颁布“恢复佛法”的诏文；二是“于修复佛法日……诏有司为石像，令如帝身。即成，颜上足下，各有黑石，冥同帝体上下黑子”；三是“兴光元年秋，敕用赤金二十五万斤”；四是批准昙曜的建议：“于京城西武州塞，凿业石壁，开窟五所，镌建佛像各一。高者七十尺，次六十尺，雕饰奇伟，冠于一世”[①]。除此之外，还制定了一些亲近佛教、促进佛教发展的配套措施。云冈石窟的建凿是北魏文成帝拓

跋涉一系列尊佛重教政治文化工程的伟大代表，是其宗教政策指导下的文化标志工程，是文成帝“许之”的，这就清楚地表明和决定了它的国家性质，它是一处典型的国家工程或称皇家工程。

正因为云冈石窟是北魏的国家工程、皇家工程，所以它就可以举北魏时代的国家之力量而为之，集中国家强大的人力、物力和财力，汇聚当时最先进的工程技术水平和石雕艺术水平。就是因为有了这样的文化品质和社会条件，所以造就了它所具有的一个突出的审美特点：那就是规模宏大、气势宏伟、艺术精湛。

从学术界一般的认识和研究看，云冈石窟主要经历了北魏三朝——文成朝、献文朝、孝文朝，前后约有 70 多年的时间。这是北魏文化建设的黄金时代，也是中国佛教文化、佛教艺术发展的黄金时代。它在北魏京城——平城西郊的武州山南麓开凿了 53 个大型独立的洞窟，现存 1100 个佛龛和 51000 余尊造像，整个洞窟群从东到西约有 1 公里长，构成了中国古代规模最大的石窟群之一。

在云冈石窟群中，有 20 多个超大型的洞窟，这些都是北魏国家工程的典型作品。在这些宽阔、高大和充满深邃历史感的洞窟中，或坐或立雕刻出 60 多尊超大型的佛像，仅是超过 10 米以上雕像就有 12 尊。每一个洞窟都雕满了各不相同、姿态各异的石雕像，现编号为第 6 窟的一个洞窟就雕刻了 3200 尊石像。在这个洞窟我们已经找不到一块没有雕刻或者忘记雕刻的原始石头，整个洞窟饰满了庄严、优美的佛像，就连墙壁与墙壁、柱体和柱体、此处与彼处的交接处，也都是以雕刻了艺术的图像来过渡的。

在云冈石窟，这些由国家所开凿的洞窟，我们无论是远看还是近看，无论是整体的眺望还是局部的细端，它们都显现出一种雄伟的气势和庄严崇高的风格，透露出一种新兴国家力量的雄健和强势以及它所具有的国家主义佛教色彩。

云冈石窟有大到 17 米高的巨大雕像，也有小如 2 公分的玲珑细作；有庄严慈悲的三世诸佛及菩萨像，也有狰狞凶煞的金刚夜叉像；有虎虎生气的狮虎狼豹等动物雕像，也有枝叶曼妙的花草树木样刻；有现实人间和缥缈佛国的亭堂殿楼等建筑物体，也有巧扮装饰的纹样图案。所有这些，一窟一壁、一像一景都显示出云冈石窟作为国家工程所独有的精湛、精妙和精美的文化品质和审美特点。在第 5 窟和第 6 窟的两个大型洞窟的夹壁，其中间的厚度也仅有薄薄的二三公分，而两面的洞窟墙壁却是满满地雕刻成大大小小、深深浅浅的石雕佛像，在1500年前还没有精密勘探测量仪器的北魏时代，这真是一个精妙、精湛、精美无比的创造奇迹。

云冈石窟规模宏大、气势雄伟、艺术精湛的审美特点，源自于它所具有的国家工程这样的文化品质。

二、一朝完工——理念相同、形神和谐、风格统一

与莫高窟和龙门石窟相比，云冈石窟在历时性上有一个突出的特点，那就是它的建凿工程始于北魏、完于北魏，历经一个朝代就结束了。远不像莫高窟那样跨越千年之久，也不像龙门石窟那样经历了四百多年。云冈石窟这种一朝完工的文化品质，就非常容易形成它在石雕艺术上的一些美学特点——即理念相同、形神和谐、风格统一。

前边所说的云冈石窟在开凿时间理论上的三种说法，即神瑞说、兴安说、和平说。每一个不同的说法中，却有一个相同的归结点，那就是它们都认同“归乎正光”。在史籍中所出现的有关云冈石窟开凿时间下限的文献记载，恰巧也在云冈石窟的造像铭记中找到了实证与对应，即第4窟“正光五年铭记”，由此确认了云冈石窟的建凿工程是开始于北魏又完结于北魏。

作为一个封建王朝的浩大文化工程，这样一种内蕴的文化品质，它在洞窟、造像、技术和风格上，也就形成了完整统一的艺术面貌和艺术风格，形成了主旨鲜明、理念相同、形神和谐的审美特点。

敦煌莫高窟始凿于前秦二年（366年），经北朝、隋唐、宋辽西夏直到元朝，历时有千年之久。洛阳的龙门石窟开凿于北魏孝文帝迁都洛阳，盛于唐朝，完于宋代，从前至后了有四百多年。在石窟艺术的创作过程中，每一个时代都有每一个时代的信仰、观念、文化、审美及科学技术，而这些不同的创作思路和创作方法必然会在洞窟之中留下不同时代的艺术印迹和文化面貌。若是从整体性和丰富性的角度而言，跨越千百年时间创作的佛教石窟艺术，显然会在艺术的内容和风格方面表现出多样性、丰富性的特点，但也会表现出驳杂的特点，一时一样，一代一貌，异族异风。而云冈石窟则不同，它发生于一个大致相同的历史条件和文化背景，有大致相同的信仰心态、历史传统和文化观念，就连艺术创作上的思想原则和

审美标准以及工程技术上的经验和方法都会具有大致相同的时代性。同在一个时代、一个层面的艺术创作和文化工程，一定会具有同一时代不可避免的趋同特性，造成完整统一的艺术面貌和艺术风格。

从对事物把握其规律性的特点来看，云冈石窟的艺术创作全过程可以分为早期、中期和晚期[③]，从这三个阶段来考察，云冈石窟的洞窟开凿和造像雕刻表现出了前后相袭相续的主旨和理念。

昙曜五窟是云冈石窟初创时期的作品，是后世以文成帝时期负责佛教事务管理的头领——大和尚昙曜的名字来命名的。因为是昙曜创意了这个文化工程，并主持督建了这五个大洞窟的开凿与创作，所以，后世之人就因其开创之功德呼之昙曜五窟。在云冈石窟50个洞窟中，唯一以人名来称名的洞窟。这5个大洞窟即现编号的第16～20窟。从文化品质、历史意义和艺术特点的角度看，昙曜五窟在云冈石窟的建凿中，不仅具有开创的功德，而且还具有垂范后者的榜样之功。若是从一个更宏大的背景上说，它是佛教传入中国以来佛教石窟艺术创作中系统性、完整性、独创性和人文性最强的一组洞窟。就昙曜五窟洞窟和造像的内容与义理而言，它最鲜明的主旨就是为现实中的帝王祈福和作纪念。有的研究者甚至把这五个大洞窟看作是北魏皇室的“祖庙”。以佛教的宗教性特质而为死者祈福和纪念，这是昙曜五窟作为佛教信仰产物最初的功能选择，而且也成为一条鲜明的主旨贯穿了云冈石窟的始终。

在云冈石窟的早期、中期和晚期，在云冈石窟的东区、中区和西区，都有以纪念性和祈福性为主旨而建凿的洞窟与造像。如果我们把昙曜五窟作为文成朝的祈福窟和纪念窟，那么我们可以把第7窟和第8窟看作是献文朝的祈福窟和纪念窟，把第5窟和第6窟确认为是孝文朝的祈福窟和纪念窟。像第3窟和第13窟甚至是第15窟也具有鲜明的祈福与纪念特征。第9窟和第10窟是孝文帝时期的大宦官钳耳庆，用官资为孝文帝和冯太后祈福、纪念而建，在《大金西凉武州山重修大石窟寺碑》中言：“今寺中遗刻所存者二：一载在护国，大而不全，无年月可考；一载在崇教，小而完，其略曰：安西大将军散骑常侍吏部内行尚书宕昌钳耳庆时镌也岩开寺，其铭曰：承籍口福，遮邀冥庆，仰钟皇家，十世惟永。盖庆时为国祈福之所建也。”朗朗铭言，其开窟造像之祈福意旨非常明确。

在《魏书》中，曾多次记载了献文帝和孝文帝巡幸石窟寺的事。献文帝在皇兴元年（467年）“秋八月丁酉，行幸武州山石窟寺”（《魏书·显祖纪六》)；孝文帝太和四年（480年）“八月戊申，幸武州山石窟寺”；太和六年（482年）“三月辛己，幸武州山石窟寺”；太和七年（483年）“五月戊寅朔，幸武州山石窟佛寺”（《魏书·高祖纪七》）。为什么北魏朝皇帝不顾山路颠簸而不止一次地去“幸武州山石窟寺”呢？显然是武州山石窟寺有值得两代皇帝拨冗行幸的道理和原因，其中祈福和纪念应是最重要的原因。云冈石窟在北魏时代曾称武州山石窟寺。

在云冈石窟为数不多的洞窟造像铭记中，大多在表明造像主一个清晰的主旨和愿望，那就是以此开窟造像的功德，为“皇帝陛下、太皇太后、皇子，德合乾坤，威逾转轮……又愿义诸人、命过诸师、七世父母、内外亲族，神栖高境，安养光接”（第11窟“太和七年造像题记”）；“比丘尼惠定，身遇重患，发愿造释迦、多宝、弥勒三躯。愿患消除，愿世安稳”（第17窟“惠定造像题记”）；“为亡夫故常山太守田文原、亡男思颜、亡女阿赍，造释迦文石像三躯。又愿亡夫、息男女，生化之隆，别兴三宝，弥勒下生得道图。若堕三涂，速令解脱”（第11窟明窗东侧“太和十九年造像题记”）。可见，上为皇帝太皇太后皇子、下为义诸人诸师及七世父母纪念祈福，是云冈石窟造像铭记在行文上的基本模式，这些信息贯穿于云冈石窟从东区到西区、从早期到晚期的全部石窟凿刻过程，也就形成了云冈石窟一以贯之的开窟造像的主旨与理念。

出于同一时代和同一主体民族的文化工程与艺术作品，它们会受制于同一的或大致相同的信仰心态、文化理念、艺术审美、民俗状态和技术经验的图式，这就会使艺术作品表现出大致统一的艺术面貌和艺术风格，表现出围绕一个主线发展延续的整体性，比如说洞窟的形态与风格。云冈石窟的洞窟形态基本上可归纳为两大类：一是椭圆形的洞窟平面穹隆顶式的大窟大像式；一是平顶方形四壁整齐的群像组合式。除此而外，还有一些窟分前后、左右成双的双窟，洞窟中央矗立中心塔柱的塔庙窟，以及类似于第3窟那样具有特殊构造和特殊功能的洞窟。在云冈石窟的西区东端，平整高阔的崖面以及每个洞窟所具有的宽大的明窗和高窄的窟门，从外观形态而言，它们有统一的空间结构和艺术风格，这就是云冈石窟最早的作品和工程——昙曜五窟。这五个大洞窟在空间结构和外在形态上，表现出清晰的系统性、完整性和一致性。它们均采用了椭圆形平面穹隆顶式，高大宽阔的洞窟内既给人以宇宙浩渺般的辽阔，又给人以时间苍茫的历史深邃感。在窟内北壁东壁西壁处皆造出了巨大的大佛像，四周圆弧的壁面又雕刻出一圈又一圈的千佛龛，如同宇宙星河中灿烂的群星，尤其是第 19 窟，简直就像是浑圆宇宙苍穹的缩影与样板。这样开窟的动机与文化理念，是以佛教的义理与文化的符号凿出具有历史感和实用态度的帝王人格纪念像。这样一种主旨和理念，也就是一种文化目标，必然要求洞内空间采用放置巨大佛像为旨归的椭圆形平面穹窿顶式空间形态，而其洞窟所呈现的空间形态是适应了洞窟造像主题的物理要求。洞窟形态与窟内造像相依相制、相辅相成。在云冈石窟，无论是早期、中期，还是晚期，凡以大像为主题造像者，其洞窟形态多以此类为最佳、最宜。进入中期以后，云冈石窟的洞窟形态又多以方形平顶整齐四壁为主，无论是单体窟，还是同式双窟，又多以此为普遍和流行。平顶方形整齐四壁的洞窟形态和空间结构，非常便于造像的布局和结构，也便于容纳丰富的题材和连续性、多样化的不同造像，同时便于平面化的技术处理和艺术刻划的深度表现，洞窟造像与洞窟形态也构成一种相依相制、相辅相成的关系。在云冈石窟的晚期工程中，洞窟形态与洞窟造像也基本沿袭前式。虽然其开窟和造像的数量已大大减小，已非前时，但空间结构和洞窟形态的面貌还是保持着整体的统一性和完整性。

其洞窟造像的义理设计、造型安排、刀法运用、布局组合、交叉互补、时空变化以及形象的精雕细刻和形式的美感方面，也都表现出其整体的统一与完整特性，尤其是不同历史阶段——早、中、晚时期的工程与作品中表现出各自阶段的艺术面貌和艺术风格的统一，早期雄劲浑厚，中期典雅华丽，晚期秀骨清像，这是其他大型的石窟群所不具备的。

作为国家工程，云冈石窟在北魏一代的统治时期完成了它的主要的甚至是全部的创作，因而在洞窟形态、窟内造像、雕刻技法以及艺术风格方面就保持或保存了完整统一的面貌，折射出北魏时代共同的佛教信仰、文化观念、历史传统、民俗特征和艺术审美趣味，也反映出那个时代社会、经济、历史、文化的基本状况。一代必有一代之风气和艺术相貌。

三、帝佛合一 ——人格精神、历史回望、民族情怀

若说云冈石窟作为人类文化创造最大的文化特征和文化品质是什么，应该说就是其造像的帝佛合一。这也是它与敦煌莫高窟和洛阳龙门石窟的洞窟造像在精神文化内涵上的最大不同。

云冈石窟是魏晋南北朝佛教文化思潮与北魏王朝政治宗教文化观念相结合，拓跋鲜卑人的生命意识、人格精神与其宗教信仰、历史态度相结合的产物。

佛教石窟、佛教艺术是佛教文化的重要载体，它是佛教作为思想形态、宗教形态和文化形态的附属产品，它们融合在一起共同构成了佛教这种独特的历史文化现象。

在东汉明帝“感梦求法”、“白马驮经”，佛教随之传入中国以后的一个漫长历史时期，中国佛教是以移植、模仿和学习印度佛教为主，在整个义理体系中，只是一个文本转化、主体转化、方式转化的过程，中国佛教徒仍然遵循佛教原生地信徒的基本自视态度，把自己的角色看作是“方外之宾”，不予世事，不涉王理。即使到了西晋慧远生活的时代依然如此，所以，慧远写出了《沙门不尽王者论》，表明了佛教徒对待世俗与王权的基本态度。但是，佛教产生于印度，对于华夏而言，它作为外来之宗教，意欲在历史悠久、文化深厚的中华大地扎根和发展，在与华夏本土宗教的斗争、冲突中谋求安稳和成功，就必须适时适量地进行自身的改革，必须寻找和依靠第三种力量。一些具有先进思想的佛教理论家在佛道儒冲突斗争和佛教自身曲折艰难的发展中已深刻认识到：佛教“不依国主，则法事难立”，应该走“教权”亲近“王权”的道路。

到了北魏初期，客观环境和历史条件都有了很大的变化，就“佛”与“王”、“教权”和“王权”而言，它们二者之差异区别之中有了趋同和合作运动力量。于是，法果大和尚就提出了“能鸿道者人主也，我非拜天子，及是礼佛耳”。法果大和尚经常对人讲：“太祖明睿好道，既是当今如来。”[①]法果大和尚就是这样，根据时代的特点和佛教自身发展的要求，大胆而开创地将皇帝与佛陀相融合，使之成为一体两性。让佛教在传入中国400年之后，把“王”与“佛”、“王权”、“教权”相结合，佛教得到了世俗王权、世俗政治力量的有力支持，由此而步入了教理发展的快车道。

法果大和尚的佛教改革理论为北魏王朝的国家工程云冈石窟的开凿，开创或“帝佛合一”的双重纪念佛像模式的出现提供了坚实的理论依据和现实可能。

在中国佛教“经像俱东”的过程中，在一个漫长的历史时代和地理区域，凡石窟或寺院，佛教的制作和佛教艺术的创作，皆是以佛教之粉本和佛教之礼仪为基本的操作规范来创作的，佛的崇拜性和偶像性也就成为佛教文化的主要标准与主旋律。沿着丝绸之路，从西域到河西再到陇东，莫不如此。

然而，到了云冈石窟，佛教的内容发生了根本的改变。在它创作的初期，就是在“天子既佛”的指导思想下进行，“帝佛合一”的文化品质就是它创作初期，最鲜明的文化印记与审美特色。在《魏书·释老志》中，非常清楚和准确地记载了云冈石窟开凿的初衷与指导思想。在北魏文成朝“恢复佛法”的时期，“是年，诏有司为石像，令如帝身。既成，颜上足下，各有黑石，冥同帝体上下黑子，论者以为纯诚所感。兴光元年秋，敕有司与五级大寺内，为太祖已下五帝，铸释迦立像五，各长一丈六尺，都用赤金二十五万斤……于京城西武州塞，凿山石壁，开窟五所，镌建佛像各一。高者七十尺，次六十尺，雕饰奇伟，冠于一世”。这是北魏平城时代佛教文化工程和佛教艺术创作的一个系统工程与完整过程，虽然它们所言的对象不同，但是，其主旨和指导思想则是相同的，那就是在他们的创作中注入了“天子既佛”的“帝佛合一”的文化品质和文化理念。

在云冈石窟创作者手中，他们把印度佛教的释迦牟尼佛变成了中国北魏的帝王，然后又把中国北魏的帝王变成了中国佛教的释迦牟尼佛。这种宗教、历史、文化和艺术的双重转变，丰富了石窟艺术创作的内容，拓展了时空的领域，也为文化符号、佛像图式中的北魏帝王注入了生动鲜活的人格精神。

云冈石窟文化工程中最早的“开窟五所，镌建佛像各一。高者七十尺，次六十尺”的五尊大石像，就是“为太祖以下五帝”的真实写照，就是“帝佛合一”的文化建构与人格重塑。按照学术界一般的认识，这5窟五大佛像，就是太祖道武帝、太宗明元帝、世祖太武帝、恭宗景穆帝和高宗文成帝。他们是北魏立国初期和北魏平城时代建功立业的帝王，是北魏历史状态中真实的人格存在，有了这种真实的生活根基，也就有了佛教石窟艺术中真实永存的历史感染力和生活感受。每一位帝王都在其佛教的形式和文化符号下，演绎出他们各自具有的历史实践与生活行为，展现出以他们为代表的拓跋鲜卑人的民族自尊心、自豪感以及作为胜利民族所独有的笑意乾坤的精神与风度。我们在石窟石像“帝佛合一”的一体双性中，感悟历史、宗教、艺术与生活。

云冈石窟在早期的五帝、中期的孝文帝和冯太后、晚期的普通官员的人格展示中，尽显出北魏王朝国家工程和艺术创作中人格精神烛照下的历史态度、民族精神和艺术创造的文化品质与审美特点。

云冈石窟作为葱岭以东地区最为浩大的佛教文化工程和佛教艺术创作，它结合历史时代，关联社会生活，创作出独具文化品质和审美特点的佛教石窟艺术。其所具有的国家工程、一朝完工和帝佛合一的文化品质与审美特点，成为中国佛教文化和佛教艺术重要的标志，载入史册，感念人心，影响未来。

注释：

①《魏书》，中华书局，1974 年。

②宿白：《平城实力的集聚和“云冈模式”的形式与发展》，《中国石窟·云冈石窟》（一），文物出版社，1991 年。

③宿白：《云冈石窟分期试论》，《考古学报》1978 年第 1 期。

（原载《敦煌研究》2008 年第 1 期）

北魏平城宫殿建筑初探

管芙蓉

北魏鲜卑拓跋氏统治者自天兴元年（398 年）七月建都平城到太和十七年（494 年）迁都洛阳，在这近百年的时间里，北魏鲜卑拓跋统治者对平城实施了大规模的建设，使平城成为当时北中国政治、经济、文化的中心，并在此基础上，创立了光辉灿烂的北中国文化，为中国历史写下了光辉的一页。

对北魏时期的京都，过去已有许多专家、学者发表了不少精辟的见解，但这些见解，多集中在对古平城（大同）遗址的考证上，而对当时作为北魏王朝都城的古平城（大同）的建筑情形，却极少涉及。笔者想在这里对当时作为北中国政治、经济、文化中心的都城古平城（大同）的建筑作一个初步探索。

一、平城建筑的分期

北魏王朝建都平城历时 97 年。在 97 年中，从建筑特色上看，可以分为前后两个时期；前期从天兴元年到延兴元年，计 74 年；后期从延兴元年到太和 17 年，计 23 年。

前 74 年，北魏鲜卑拓跋氏虽然已定都平城，但在建筑上，多保留游牧部落的审美特征，尽管他们在平城也建筑了朝堂、宫殿、太庙、太社之类的统治者办公、处理朝政的场所，然而，更多的，花力气更大的是在苑囿的建筑上。这些供统治者射猎使用的苑囿的建筑，很明显地表现出游牧民族固有的特点。后 23 年，即延兴元年魏孝文帝即皇帝位到太和十七年迁都，由于魏孝文帝仰慕汉文化，所以，才在京城建筑上，日渐显出华丽和规范化的特点，因此，此际的平城建筑当是中原汉文化和北方草原文化的结合体，加上北魏的统治者十分崇信佛教，京都的寺庙达百余座，所以，此际的平城建筑上，又可以说是远东文化和西亚文化相结合的产物，北魏平城建筑呈现出多样化的特点。

二、宫城与郭城

平城的早期建筑，明显地带着深厚的游牧民族草原文化的特点。所谓都城，只不过是一个较为固定的居住地，并不像中原城镇那样，具有政治上、军事上的战略地位。据《南齐书》载，北魏鲜卑拓跋氏定都平城后，"截平城西为宫城"，宫城"四角起楼，女墙、门不施屋，城又无堑"，"开四门，各随方色"。这种"门不施屋、城又无堑"充分表明这时的鲜卑拓跋氏统治者，还保存着"朝发穹庐、暮至城郭"的生活特点。

《南齐书·魏虏传》还说"太子宫在城东，亦开四门，瓦屋，四角起楼。妃妾信皆土屋"。这表明，这时的鲜卑拓跋氏，还保持着游牧民族原始淳朴的特色。

把平城一分为二，西为皇宫，东为太子宫，而且互相独立，各"备屯卫"的做法，也还是北方游牧民族"居毡庐，环车为营"生活习俗的延续。

北魏鲜卑拓跋氏进入中原的时间，正是北方大战乱的时代。战争使北魏鲜卑拓跋氏统治者认识到，作为都城，"门不施屋，城又无堑"无法保持京城在政治、军事上的战略地位，因此，经常受到鲜卑族另一支、仍然保持着游牧民族特点的蠕蠕（汉民族史书上称为柔然）的南下内侵。据《魏书》载，自天兴元年（398 年）到泰常七年（422 年）短短二十余年间，蠕蠕南下就达十次之多，有时，蠕蠕的先头部队已经到达距平城仅百十里的长城边，为了保证京都的安全，泰常七年（422 年）九月，才"筑平城外郭，周回三十二里"。

这个"周回三十二里"的平城外郭城，是对"门不施屋，城又无堑"的原平城在军事防御上的一个补救措施。"周回三十二里"的平城外郭城，规模颇大，它不仅包括宫城、太子宫（即东宫），还包括平城南部的广大地区。关于这个外郭城，《水经注》上有详细的记载。《水经注》曰："如浑水又南分为二水，一水西出南屈入北苑中，历诸池沼，又南经虎圈东，又经平城西郭内，南又屈经平城县故城南，……又南，出郊郭。”“一水南经白登西……又南经平城县故城东……历京城内，河干两眉，……累石结岸……南郭结两石桥，横水为梁。”这样，平城不但有了外城，而且还有了东西两条沟堑，军事上的作用就大大加强了。不仅如此，为加强京城的防卫，第二年，即泰常八年（423 年）二月，“筑长城于长川之南，起自赤城（即现在内蒙赤峰市），西至五源，延袤二千余里，备置戍卫”。

那么，原平城有多大呢？据《魏书》载，东宫周回六里，我们设想一下，如果东宫南北长二里，东西长也只有一里，周回正好六里。宫城是“截平城西为宫城”的，设宫城和东宫周回等长，那么，原平城就是一个正方形了，周回八里。现在的外郭城周回三十二里，正好扩大了四倍。《读史方舆纪要》引《城邑考》云：“城东五里无忧坡上有平城外郭，南北宛然。”《太平寰宇广记·河东道》云中县条引《冀州图》云：“古平城在白登台南三里，有水焉，其城东西八里，南北九里。”这里说的和《魏书》中记载的平城外郭城周回三十二里基本上是相符的。

根据以上材料，我们可以清楚地知道，作为北魏王朝都城的平城，由内城，即故平城，其中包括宫城、太子宫和外郭城两部分组成。

三、北魏京都平城的苑囿

北魏鲜卑拓跋氏作为一个游牧民族，虽然建立了固定的都城，结束了过去那种“随畜牧而转移，逐水草迁徙，毋城郭，居无常处，以穹庐为舍”的局面，但是，他们那种固有的“民尚勇”、“好猎射”、“射猎为业”的本性并没有改变，而且在一个时期内也无法改变。因此，在他们定都平城的第二年（399 年），就在平城建立了范围空前的苑囿作为他们射猎的场所。《魏书》载：“天兴二年二月，发俘获的七万高车众”起鹿苑，南因阴台，北距长城，东包白登，属之西山，广轮数十里，凿渠引武川水注入苑中，疏为二沟分流宫城内外。

这个广大的苑囿不久又划分为北苑、西苑、东苑、南苑四个部分。

据《魏书》载，泰常六年（421 年）三月，“发京师六千人筑苑，起自旧苑，东包白登，周回三十余里”，是谓北苑，北苑是供统治者捕杀和射猎虎豹的地方，故，北苑内有供帝王观猎的虎圈。魏孝文帝废除虎豹鹰犬之献后，北苑就变成了老百姓的耕地了。

西苑旧称鹿苑，范围几何，史书无载。据北魏著名诗人高允的《鹿苑颂》描述，鹿苑的地方也很大，它东起郭城，西包武周山，是供帝王弋猎麋鹿的地方，后来却变成了佛教寺庙集中的地方了。《鹿苑颂》写道："追鹿野之在昔，兴三转之高义，振幽宗于已永，扩千载而可贵。"这里，以云冈石窟寺为中心，建立了大大小小的寺庙数十所。高允在叙述云冈石窟寺时说："命工选匠，刊兹西岭。""即灵崖以构宇，竦百寻而直正。"又说："凿仙窟以居禅，辟重阶以通术。""守应贞之重禁，味三藏之渊典。"又说："玩藻林以游思，绝鹰犬之驰逐。"高允认为，鹿苑的建立，是继承了周文王设立苑囿的传统，因此文中写道："踵姬文而筑苑，包山泽以开制。"高允在这里还告诉我们，居住在苑囿内的人，是不交纳税收的，他们的任务是根据各个苑囿的特点，从事他们专门的事务。所以，诗文写道，这些人"植群物以充务，蠲四民之常税"。

这里要指出的是，高允的《鹿苑颂》写于魏孝文帝即皇帝位（471年）以后，所指的苑囿，较之天兴二年（399年）所筑的环绕京城数十里的鹿苑规模小多了。

关于东苑，史料极少，所以，对它的范围、规模无法考证。我们可以肯定的是，东苑一直是供皇家射猎的地方，《魏书》上载有泰常九年九月"诏泰平王率百国以法架田于东苑"。

至于京地南郭的广大地区，史书不称南苑，而称南郊。南郊这个地方也很大，北背京都，南面漯南宫，方圆数十里，据史书载，南郊是皇家练兵的地方，所以在南郊筑有马射台，皇帝经常"阅兵于南郊"，"阅武于南郊"。

随着鲜卑拓跋氏由游牧业向农业的转化，随着大批的汉人被迁往平城，特别是战争减少，靠掠夺为生的鲜卑拓跋氏逐步认识到，不完成向农业生产的过渡就难以维护其统治，于是，就开苑囿为农田了，太和改制后，这些苑囿后来变成了农业耕地了。

四、北魏京师的宫阙

北魏鲜卑拓跋氏统治者除了截平城西为皇宫外，在当时的平城，还有四个大的宫阙建筑，即北宫、南宫、东宫和西宫。每个宫都是一个独立的小城，关于这些宫阙建筑时间和规模如下：

1. 漯南宫。

漯南宫又称南宫。其宫在平城南一百余里的桑干河北岸。

史书云，天兴六年（403 年），帝幸南平城，规度漯南宫，面夏屋山，背黄瓜堆，建新邑。又云，天赐三年（406 年）3 月，“发部五百里内男丁筑南宫，门阙高十余丈，引沟穿池，广苑囿，规立外城，广二十里，分置里市，经途通达，三十日罢”。又云，泰常五年（420 年）起漯南宫。《水经注》在湿水（桑乾河）条下云：“湿水又东北经魏亭西，盖皇魏天赐三年之所经建也。”

南宫经建的时间很长，前后达 17 年之久，南宫就是南平城。又称小平城，始建于穆帝六年（403 年）。“帝登平城西山，观望地势，乃更南百里，于漯水（桑乾河）之阳黄瓜堆筑新平城。”南宫广二十里，较周回三十二里的京城略小，可分置市里，经途通达，也是一座颇为繁华的宫城。

2. 北宫。

北宫是旧宫人作簿所在。北临神泉池，南面平城，当在北苑之北。

北宫建筑于南宫之后一年。《魏书》云：天赐四年（407 年）为北宫筑垣墙，三旬而罢。这里用的时间和南宫相等，但未说明参加人数。笔者推测，北宫规模可能小于南宫。因为北苑周回三十余里，而北宫在北苑北，这个地方相应较南宫小，至多也只能和南宫相等。

《水经注》说，北宫是旧宫人作簿所在。《南齐书》叙述北魏太子宫宫人作簿情况时说：“婢使千余人，织绫锦，贩卖，酿酒，养猪羊，牧牛马，种菜，逐利。”一个皇太子就有这么多的宫人作簿，门类那么多，作为整个皇宫，婢使一定不少，所以我们说，北宫的规模也不会太小。

3. 西宫。

西宫位于京城西，西山东，西苑内。

《魏书》云：天赐元年（404 年）十月筑西宫。泰常八年（423 年）十月广西宫，起外垣墙，周回二十里。看来，西宫和南宫规模相等。

西宫早期的作用大概是用于班赐和宴飨群臣的地方，《魏书》上有这方面的记载：

天赐五年十一月癸酉“大飨于西宫”。

泰常七年二月，丙戌“大飨于西宫”。

太安元年三月己亥，诏令中有“于西苑遍秩群神，朕以大庆飨百僚”的话。

西宫内的殿堂有天文殿、板殿等。

永兴元年十二月，“帝始居西宫，御天文殿”。

永兴四年八月，“幸西宫，临板殿”。

4. 东宫。

东宫“皇太子在城东，亦开四门，瓦屋，四角起楼。妃妾住，皆土屋。”又说“伪太子别有仓库”。

《魏书》云：始光二年三月，“营故东宫为万寿宫，起永安、安乐二殿，临望观，九华堂”。又云：延和三年七月，“东宫成，备置屯卫，三分西宫之一”。又云，太平真君十一年二月，“是月，大治宫室，皇太子居于北宫”。

这是史料上有关东宫的记载。东宫是西宫的三分之一。西宫周回是二十里，则东宫的周回只有六里多。

平城皇宫的建筑，较之南宫、西宫和北宫小得多了。但皇宫的建筑，却是北魏鲜卑拓跋氏统治者下功夫最多、最大的。

5. 宫城以外的其他著名殿堂及主要建筑。

（1）城南的主要建筑，有以下几个方面：

A. 宫城南、南郭城内的主要建筑之一——太庙及云母三殿。

据有关史料记载，北魏京都平城宫城南、南郭城内有一个大的建筑群。

《南齐书》曰：“南门外立二土门，内立庙。凡五庙，一世一间，瓦屋。其西立太社，佛狸（指太武帝）所居云母等三殿。又立重屋，居其上饮食……厨在西，皇后可孙恒出此求食。可孙、昔妾媵殿西，铠仗库四十余间，殿北丝绵布绢库，土屋十一间。”又云：“正殿西筑土台，谓之白楼……台南又有祠星楼。正殿西，又有祠屋，琉璃为瓦。”

此中可注意的建筑如：

①土门内的太庙，《魏书》载：天兴二年（399年）十月，“太庙成，迁神元、平文、昭成、献明皇帝神主于太庙”。这里，神元是指拓跋力微，平文是指拓跋郁律，昭成是指拓跋什翼犍，献明是指道武帝父拓跋珪。

《南齐书》说：“凡五庙，一世一间。”以上只有四世，好像有些矛盾，其实并不矛盾，《魏书》说的是道武帝时代，《南齐书》说的是太武帝时代的事，太武帝是道武帝之孙，如果加上道武帝，也就是“凡五庙，一世一间”了。

《魏书》云：永兴二年（410年）十二月，“立太庙于白登之西”。

《魏书》又云：太和十五年（492年）十月，“明堂，太庙成”。十一月，“迁七庙神主入新庙”。以上两条，说太庙两次迁移情况，一次由宫城南、南郭内迁到东郭城外；第二次，又从东郭外，迁到南郭城外。

②太社，位于太庙西。太社建于何时，史书无载，《魏书·帝纪》载，太和十五年（492年）十一月，“迁社于城内文西”。这里的城，是指宫城还是郭城，语焉不详，只知道在太和十五年，把太社迁移走了。

③太武帝所居云母三殿。关于云母三殿，《魏书》载，天兴三年（400年）四月，“起中天殿及云母堂、金华堂”。看来，皇宫在道武帝时，只是办公、朝见群臣的地方，而居住的地方却在宫城外。围绕云母三殿，还有一些附属建筑，有御厨、武器库、布帛仓库、祠星楼、祠屋等。

④白楼。关于白楼，《水经注》云：“其水夹御路，南流经蓬台西，魏神瑞三年（416年）又毁，建白楼甚高竦，加观榭于其上，表里饰以石粉，皜曜建素，赭白绮粉，故世谓之白楼也。后置大鼓其上，晨昏发以千椎，为城里诸门闭之候，谓之戒晨鼓也。”

这个建筑群规模不大，但却形成了蓬台（白楼）以北的一个小小的宫殿建筑群。《魏书》载，泰常四年（419年）三月，“筑宫于蓬台之北”。

B. 两大著名寺庙——宫城南、南郭城内的主要建筑之二。

《水经注》云：如浑水南，“经皇舅寺西，是太师昌黎冯晋国所造，有五级浮图，其神图像，皆合青石为之，加以金银火齐，众彩之上，炜炜有青光。又南，经永安七级浮图西。其制甚妙，工在寡双”。

冯晋国即冯熙，是文明太后的兄长，故称国舅，冯熙又是魏孝文帝的岳父。太和十九年（496年）卒于平城。冯熙生前筑寺庙72座。永宁七级浮图，又叫永宁寺，初为七宝永安行殿，建于承明元年。《魏书》载，承明元年（476年）十月，“起七宝永安行殿”，这是魏孝文帝为纪念他的父亲魏献文帝所建。皇兴五年（471年），年仅17岁的献文帝被迫把皇位禅让给5岁的儿子拓跋宏——魏孝文帝。承明元年被害于永安殿（史书说为文明皇太后所害），年仅22岁。魏孝文帝于当年十月筑此寺，命名为“七宝永安行殿”，以示纪念。

这座寺庙的兴建再加上其他的一些事件，引起了文明太后对拓跋宏的不满，因此，差一点像他父亲一样丢了皇位，《魏书·帝纪》载：“文明太后以帝聪圣，后或不利于冯氏，将谋废帝，乃于寒月，单衣闭室，绝食三朝，召咸阳王，将立之，元丕、穆泰、李冲固谏，乃止。”

C. 宫城南，南郭城内的主要建筑之三——白台、朱明阁。

《魏书》云：泰常二年（417 年）七月，“作白台于城南，高二十丈”。《水经注》云：“台甚高广，台基四周列壁，阁路白内而升，国之图篆秘籍，悉集其下。”这就是说，白台是存放国家图书、文籍档案的地方。

《水经注》又云：“台西，即朱明阁，直侍文官，出入所由。”这是说，朱明阁是文武大臣朝见皇帝前等待的地方，关于朱明阁的建筑时间，《魏书》云：太和元年（477 年）七月“起不明，思贤门”。这里，思贤门在宫城内，待下面介绍。

D. 宫城南、南郭城内的居民建筑。

北魏王朝定都平城期间，在宫城南、南郭城内建立了一个规模巨大的居民区。《南齐书》曰：“其郭城绕宫城南，悉建坊，坊开巷。坊大者，容四五百家，小者六七十家。每南坊，搜检以备奸巧。”

北魏鲜卑拓跋氏统治者定都平城后，平城这个塞外小城，人口迅速增加。这种人口迅速增加的原因，一则是鲜卑族拓跋氏八部十姓都云集平城，更主要的是北魏统治者把大批被征服地区的人民强迫迁徙京师，因此，造成了平城人口的剧烈增长。

（1）天兴元年十二月，“徙六州二十二郡守宰、豪杰、吏民二千家于代都”。

（2）天兴五年二月，突高平，“徙其民于京师”。

（3）泰常三年四月，“徙冀、定、幽三州、徙河于京师”。

（4）太延五年十月，“徙凉湖民三万余家于京师”。

（5）太平真君七年三月，“徙长安城工巧二千家于京师。”

（6）太平真君八年三月，“徙定州、丁零三千家于京师”。

（7）太平真君九年二月，“徙西河、离石民五千余家于京师”。

（8）正平元年，太武帝南伐至长江边，“以降民五万余家分置近畿”。

这些就是京师平城人口迅速增长的原因。此外，还有无数次把掳掠的各族人民作为战利品分配给各王公大臣作奴隶，使当时平城人口增长特别快。据《魏书·地理志》载，当时平城和近郊的人口有 43 万之多。这期间，南郭城内的居民区是史书上留下的一份珍贵资料。这份史料也告诉我们，北魏统治者对迁徙来的人民实行的是奴隶式的统治，他们不时地对居民实行搜检，以防备有反对他们的人。

E. 南郭城外的主要建筑。

(1) 南郭城外的主要建筑有东侧的明堂、辟雍、太庙、籍田、药铺，有南侧的马射台、讲武堂等。

《魏书》云：太和十年九月，"诏起明堂、辟雍"。太和十五年十月，"明堂，太庙成"。十一月，"迁七身神主于新庙"。《水经注》明确地指出了明堂、辟雍的位置所在，"其水自北苑南出，历京城内，……南郭结两石桥，横水梁上，又南，经籍田及药铺西，明堂东……下则引水为辟雍。水侧结石为堂"。

关于马射台，《魏书》云，兴安二年七月，"筑马射台于南郊"。平城南郊是较开阔的平坦之地，是跑马骑射的好地方，故作为练武场是很适宜的。

(2) 城北的主要建筑。

城北的建筑也比较多，其主要的建筑有东北部的白登台、宁先宫；在北宫北部方山有以文明太后陵园为中心的一个大建筑群。东部有虎圈、报德寺；此外，还有永东游观殿等。

a. 白登台。白登台是一个古老的建筑，在如浑水志东，平城北北苑内，距城七里许。《水经注》云：白登，台名，去平城七里，如淳日，平城傍之高城，若丘陵矣。

b. 宁先宫，又名崇光宫，献文帝禅位后所居。《水经注》云："其水又经宁先宫东，献文帝之为太上皇也，所居故宫矣。……余为尚书祠部，与宜都王穆遨同拜北部，亲所经见。"关于崇光宫的建筑，《魏书》云，皇兴五年，太上皇徙御崇光宫，采椽不斫，土阶而已，《水经注》说："宫之东次下，有两石柱。"是从邺城运来的。

c. 方山建筑群。方山建筑群始于太和三年（479 年）六月，方山的建筑群内有文明太后陵，魏孝文帝虚陵及其他附属建筑。

《魏书》云："太和三年六月，起文石室，灵泉殿于方山。"七月，"幸方山，起思远佛寺。"又云，太和五年四月，"幸方山，建永固石室于方山，立碑于石室之庭。……又起鉴玄殿"。《水经注》对这一建筑群也有详细的叙述，《水经注》云："羊水又东注于如浑水，乱流经方岭土，有文明太皇太后陵，陵之东北，有高祖陵，二陵之南，有永固堂，堂之四周隔雉列榭阶栏槛及扇户梁壁椽瓦，悉文石也。檐前四柱，……堂之内外，四侧结两石扶，帐青石屏风，以文石为椽，并隐起忠孝之容，题刻贞顺之名，庙前镌石为碑兽，碑石至佳，左右列柏，……院外西侧，有思远灵图，图之西有斋堂，南门表二石阙，阙下斩山累结，御路下望，灵泉宫池，皎若圆镜矣。”这里，把方山建筑群各个建筑物的方位叙述得历历在目。

虎圈是王公大人射猎虎豹的地方，孝文帝时，开放苑囿，其后又分苑囿之地于民耕种，废弃虎豹之贡，在此建报德寺，太和元年九月，又在北苑建永乐游观殿，《魏书》云：太和元年九月，“起永乐游观殿于北苑”。

（3）城西的主要建筑。

根据《水经注》和《魏书》上的史料，北魏王朝的京都平城城西的主要建筑有：郊天坛，郊天碑，有离城三里的五经、国记碑，在武周山之阳，有石窟寺、龙王庙等。此外还有鹿苑台。关于石窟寺的论述已经很多，这里就不再重复了。关于国记碑，这里可以多说几句。

据《魏书》载，国记本由崔浩和高允所撰。公元450年，崔浩以司徒的地位，令将国记刻在石碑上立于城西门之外，因为国记中记录了鲜卑拓跋氏早期愚昧、野蛮和拓跋氏统治者的荒淫、腐败的生活实况，因而惹怒了拓跋氏统治者，特别是最高统治者太武帝，于是太武帝下令，杀了当时全部撰写国书的著作郎，株连千余人，高允因皇太子保驾，幸免于难，崔浩是一个为鲜卑拓跋氏打天下立下了盖世之功的汉族知识分子，因为如实地书写鲜卑拓跋氏统治者的历史，就惨遭杀害，且株连九族。可见，鲜卑拓跋氏统治者对知识分子，能用则用，稍微触动了他们的利害，他们就毫不可惜地加以杀害。

（4）城东的主要建筑。

《魏书》载：神瑞元年（414年）二月，起丰宫于平城东北。泰常四年（419年）八月，“筑宫于白登山”。始光三年（426年）二月，“起太学于平城东”。

《水经注》云：“如浑水左有大道坛庙。”始光二年（425年）建。坛之东北，有静轮宫，水右有三层浮图寺庙。据《水经注》载：“此三建筑皆在东郭城内，东郭城外，有阉人宕昌公修建的舍。”

五、北魏京都平城的宫城建筑情况概述

北魏王朝的宫城，无疑是北魏鲜卑拓跋氏统治者重点建设的地方。查

《魏书》，自天兴元年定都平城到迁都洛阳的97年间，建筑一直未有间断过，但因为鲜卑族作为一个游牧民族，在宫城建设上，特别是早期，十分缺乏整体布局的观念，因此，许多宫殿的建筑，在今天，我们只知其名，却无法找到它的方位和地址。同时，其中不少宫殿并不在宫城内，我们不能看到史书上有个什么宫殿，就以为它就建筑在宫城内。

据史料可确定的宫城内殿堂有：天安殿、太华殿、太和殿、安昌殿、思贤门、皇信堂、太极殿等。

第一，《魏书》上记载的有关材料。

天兴元年十月，“起天文殿”。何时建成，史书无载。

天兴二年七月，“起天华殿”。十月，“天华殿成”。

太安四年三月，“起太华殿”。九月，“太华殿成”。

太和元年元月，“起太和、安昌二殿”。七月，二殿成。

太和元年七月，“起思贤门”。又名“承贤门”。

太和七年十月，“皇信堂成”。

太和十五年，“迁太社于内城之西”。

太和十六年二月，“坏太华殿，经始太极殿”。十月，“太极殿成”。

太和十七年，“改作后宫，帝幸永兴园，徙御文宣堂”。

第二，《水经注》上记载的有关宫城内殿堂材料。

太和十六年，破太华、安昌诸殿，造太极殿，东西堂及朝堂，夹建象（魏乾元中），阳端门，东西二掖门，云龙，神虎，中华诸门，皆饰以观阁。东堂东接太和殿，殿之东阶下，有一碑，……殿之东北接紫宫，南对承贤门，门南即皇信堂，堂之四周，图古圣、忠臣、烈士之容，刊题其侧，堂南对白台，台圣高广，台基四周列壁，阁路自内而升，国之图篆秘籍悉积其下。台西即朱明阁，直侍文官出入所由也。《水经注》这段记载，除白台、朱明阁在宫城外，其余殿堂，均在宫城内。

第三，《南齐书》上有关北魏宫城内殿堂建筑材料。

截平城西为宫城，四角起楼，女墙，门不施屋，城又无堑。

上面三种史料中，《水经注》不但记录了宫城内的殿堂，还记载了方位和走向，给我们以立体的感觉。

现在的问题是：宫城内的殿堂建筑，是什么走向？门向什么方位开？据鲜卑早期生活风俗我们推测，早期殿堂是南北走向，坐西，门向东开，到了魏孝文帝时，才采用汉民族的习俗，宫殿变成东西走向，坐北，门南开。我们从《水经注》上记载的魏孝文帝时的建筑方位，完全可以证明这一点。《魏书》又有太和三年“坤德六合殿成”。

六、结束语

北魏京都平城的建筑情况，除了上述外，当时宫城内外，还有不少旅悫筑，《魏书·释老志》载：“太宗践位，遵太祖之业。亦好黄老，又崇佛法，京邑四方，建立四象。”当时，除开凿了规模宏大的石窟寺（云冈）外，其他可知的佛寺有五级大寺（城西），七级永宁寺（城南），三级石佛寺（城东），鹿苑佛国寺（城北），思远灵图寺（城北方山），报德寺（北苑内），建明寺等等。又据《魏书》载：自兴光元年（454 年）至此太和元年（477 年），京城内，寺新旧且百所，僧尼二千余人，《水经注》在叙述当时平城寺庙盛况时说：“京邑帝里，佛法丰盛，神图庙塔，桀峙相望，法轮东转，兹为上矣!”可见，当时平城的建筑，寺庙占有相当大的比重，这使得当时的平城，不仅是中国政治、经济、文化的中心，而且还是佛教的中心。至今犹存的云冈石窟寺，永远成了历史的见证。

关于北魏京师平城的建筑情况，根据有关史料作了如上的论证，不当之处，敬请指正。

（原载《北朝散论》山西出版集团·山西经济出版社，2007 年 5 月）

龙门石窟北魏后期洞窟小考

——以520～530年期间开凿的石窟为中心

[日] 八木春生著　丁淑君译

北魏（386～534年）佛教艺术分为494年迁都洛阳之前和之后两个时期，迁都之后代表石窟为龙门石窟，对此一般没有什么异议。特别是宾阳中洞（515～517年左右）不仅造像精美，而且石窟全部内容也是在深刻理解了佛教的基础上营造的，从而成为龙门石窟的中心洞窟。但随着对这一时期北朝各地佛教美术的研究，就会知道它们受到的未必是宾阳中洞的强烈影响。当然宾阳中洞从主尊袈裟的特殊穿着方式、衣服的下摆到波状边饰的形式、皇帝皇后礼佛图以及所谓的十神王像等都为始创，另外作为流行先驱的例子也有不少。可是与之相反，在510年到530年期间，北朝各地流行的刻有乌和蟾蜍的日月图等的汉民族传统图像，在这个洞窟里却一个也没有发现。并且，那些传统图像，不但在宾阳中洞里没有，而且在龙门石窟里也几乎看不到，这一事实表明，在佛教与民间信仰混杂的时期，或者说在佛教艺术急剧大众化的时期，龙门石窟却没有卷入这一潮流，表明了龙门石窟在北朝石窟中是个例外。

另外，495年开始营造的龙门石窟不可能像麦积山石窟、敦煌莫高窟、云冈石窟第3期石窟那样，在迁都之前已形成的传统基础上又接收新的影响，而形成自己的发展体系。尽管作为国家大事来营造了宾阳中洞，但是在慈香洞（520年）、魏字洞（520～521年）、普泰洞（524～525年）、皇甫公窟（527年）、路洞（534年前后）等龙门石窟（520～530年期间）的石窟中[①]，都与宾阳中洞有许多不同点。既然宾阳中洞在龙门石窟不能成为绝对的规范，而且在了解龙门石窟自身方面，北朝后期的佛教美术历来就隐藏在宾阳中洞之后，值得注意的有不少，那么也就明确增加了研究龙门520~530年期间各石窟的重要性。下面将它们与宾阳中洞进行比较，明确两者之间的类似点与不同点。并且在比较的过程中，把视野扩展到北朝的各石窟而考察其影响关系。从而确立龙门石窟520年~530年期间的各石窟在北朝佛教美术中的地位，这便是本文的主要目的。

一、石窟形式

（一）宾阳中洞。

宾阳中洞具有马蹄形平面和穹隆形的窟顶。洞窟高9.30m、宽11.40m、进深9.85m。[②]天井中央雕刻出大莲花，周围雕刻了乘着云彩、手持乐器的飞天。在象征着莲花池的地面上，中央有内侧雕刻了龟甲纹的通道，在通道较高的地方雕刻有狮子，在狮子脚下左右雕有正在游泳的童子和水鸟。西壁（正壁）上方被本尊的背光遮挡了一部分，但在南壁（右壁）、北壁（左壁）佛像的头上方刻有表示天上世界的华盖。在装饰了钱纹、鱼鳞纹和三角形垂幔等纹样的华盖上部，交替雕刻出了与博山纹相融合的宝珠和侧面形莲花。

正壁、右壁、左壁下方都设置了较低的佛坛，上面都雕刻了佛像。在正壁以如来坐像为中心、二弟子和二菩萨形成五尊像形式，在左、右壁如来立像及二身胁侍菩萨像构成三尊像的形式。本尊足下左、右两侧各雕有一头狮子像，侧身蹲坐，两者都是前脚直伸，姿势威慑的特点。东壁（前壁）拱门的左右两侧壁面上下分割成四层，右侧的壁面上刻有维摩像、须达拿太子本生图、皇后礼佛图和五身神王像，左侧壁上刻有文殊像、萨埵太子本生图、皇帝礼佛图，还有五身神王像。外壁雕有两身金刚力士像，在拱门的右壁和左壁上，从上到下是飞天、供养人，以及被确定为梵天、帝释天的多面多臂护法神。

（二）520~530年期间的各洞窟。

（1）规模以及平面设计。

在龙门石窟520~530年期间开凿的石窟中，没有一个规模能比得上宾阳中洞的。[③]虽然都有穹隆形的窟顶和马蹄形的平面，像宾阳中洞即壁面不开龛而设置佛像的洞窟也只有慈香洞。而在魏字洞、普泰洞、皇甫公窟三个石窟的左壁和右壁上都开有大龛，这种洞窟形制又被称为“三壁三龛式”[④]，说明正壁自身是一个大的佛龛。确实由于本尊、弟子和菩萨像都被设置在较高的佛坛上，乍一看正壁上就像是作为佛龛开凿出来一样。换句话说就是利用了马蹄形的平面设计，只是没有把正壁一直凿到地面，而是留下来当作佛坛用了。因此，应该跟麦积山石窟第155窟、云冈石窟第24窟（均为6世纪前叶营造的）那种在正壁中央开凿出了与左、右壁相同的佛龛（三壁三龛式）的样式明确地区别开来。魏字洞、普泰洞、皇甫公窟是从正壁下方地基建起较低的佛坛。路洞与魏字洞、普泰洞、皇甫公窟三个洞窟相同，正壁下方都有高、低两种佛床，但是，在左、右壁上没有雕刻出较大的造像。从这种洞窟形制，可以看出宾阳中洞与520～530年期间各洞窟之间有一定的关系，但关系并不紧密。

（2）天井及地面。

像宾阳中洞那种，在天井中央大莲花周围双手分开而飞翔的飞天形式，在慈香洞、魏字洞、皇甫公窟三个洞窟里也能看到。普泰洞的天井上只雕刻出了三重同心圆，路洞窟顶则在大莲花周围填满了千佛。与宾阳中洞最接近的是皇甫公窟，但是，不同的是天井上雕刻出的只是南朝风格的乘云伎乐天，而不是童子形飞天，大莲花周围还刻出了半忍冬唐草纹。在慈香洞和魏字洞里，半忍冬就像花瓣似的鼓出来，像风车似的旋转。而后者在莲花瓣的环绕下形成复合形式的团花纹样。与它类似的复合形式团花纹样，在龙门石窟中莲花洞里也能找到，但是在时间上更早的南京铁心桥王家洼墓（506年左右）出土的花砖上也有雕刻[⑤]，说明可能是从南朝传来的样式。

地面的装饰，尽管通道内部没有龟甲纹和莲花中间的水鸟。但皇甫公窟的与宾阳中洞的相近，路洞里似乎雕刻过莲花，但现已磨损的看不到原形了。[⑥]慈香洞、魏字洞、普泰洞三个洞窟的地面上，恐怕什么也没有装饰过，因此，很难像天井那样找出它们与宾阳中洞的关系。

二、造像的构成

在正壁上以如来坐像和两弟子、两菩萨像构成的五尊像的形式，慈香洞、魏字洞、普泰洞三个洞窟与宾阳中洞一致，在皇甫公窟的正壁上也能看到五尊像，但是左、右壁上雕出的是半跏趺坐菩萨像；路洞的正壁上看到的是一佛、四弟子、二菩萨七尊像的形式，这两窟是不同的。本尊下方的狮子，在慈香洞、魏字洞、皇甫公窟、路洞四个洞窟里都能看到，但普泰洞不知为什么本尊下方却一个也没有雕刻。

另一方面，在宾阳中洞的左右壁中央雕刻了如来佛立像，左右配置了二身菩萨像，但是，在520～530年期间的龙门各石窟里则变化多样。首先，在慈香洞的右壁上雕有（交脚）菩萨五尊像、左壁上雕有如来坐像五尊像。在魏字洞的左、右壁中央都有半跏趺坐菩萨像，左右两侧为二弟子、二菩萨像，龛外为力士像。普泰洞的左、右壁龛内雕有如来坐像五尊像，只在右壁龛外左侧雕有力士像。并且，在皇甫公窟的右壁上有半跏趺坐菩萨五尊像，左壁为二佛并坐像和二弟子、二菩萨像，龛外的左、右两侧配置了供养菩萨、供养人像。在左右壁上都没有开凿佛龛的路洞里，壁面被分别分成四层或五层，雕刻了如来坐像、十神王像等浮雕像。另外，魏字洞和路洞两个洞窟与宾阳中洞相同，没有在前壁上雕刻出大的造像。与之相对，普泰洞仅在左壁及皇甫公窟的拱门左、右两壁上可以看到如来佛立像和两胁侍菩萨构成的三尊像。

从造像的构成来看，可以说这一时期没有一个石窟忠实地继承宾阳中洞的形式。另外，前壁拱门左、右两壁上配置如来立像的形式，在被认为是开凿于507年前的云冈石窟第25窟、29窟内已经出现了，可以认为普泰洞和皇甫公窟受到了云冈第3期各石窟的影响。[⑦]

三、造像的形式

（一）如来像。

魏字洞、普泰洞、皇甫公窟三个洞窟的如来像继承了宾阳中洞的本尊的独特衣着形式（佛身上缠着两层袈裟，最外面的一层缠绕在右肩，沿手腕下垂后，从腹前绕过，形成裳悬座）。[⑧]其中只有皇甫公窟的如来像的袈裟几乎没有挂到右肩上。这些特征大致相同的像（完全没有挂的），能在巩县石窟第1窟（520年左右）以及第3窟（525～527年间）里找到。宾阳中洞的本尊，因为与头部的大小、上半身的长短相比较，肩显得过宽，给人们一种厚重感，这种特征只被魏字洞继承了下来。普泰洞、皇甫公窟两个洞窟中，佛像的头部依然很大，但是，从头到肩的线条流畅，肘部没有伸出来，整体上很柔和。而上半身没有厚度的特点与巩县石窟、特别是第3、4窟的如来本尊像相同。[⑨]

慈香洞和路洞的本尊，袈裟的穿着形式各有不同，虽然无论哪一个都是汉式穿着法，但袈裟都没有挂在右肩上。并且前者正壁上的本尊的脚尖没有从袈裟里伸出来，后者右脚虽然伸出来了，却把袈裟和它下面下垂的布分开了。因此，对称性的裳悬座的形式在宾阳中洞之后的魏字洞、普泰洞、皇甫公窟的如来坐像是大不相同。[⑩]慈香洞的佛像，面部已经毁坏，但与头部的大小相比较，肩部显得较窄。在路洞中，造像的头部也已残毁，但是这里的造像的肩部耸起来，呈团块状，是过去没有出现过的样式。[⑪]与它相类似的佛像，在地华洞和鸿庆寺石窟第2窟等龙门石窟以及它周围的北魏末期石窟里能看到。

从袈裟的穿着形式，可知宾阳中洞对520年代龙门石窟产生过强烈影响。但是，佛像所具有的体量感，除魏字洞外，其他各窟都没有继承，而都喜欢雕刻细长、柔和型的佛像。普泰洞和皇甫公窟的如来像与巩县石窟第3、4窟类似，特别是在皇甫公窟里，可以看出直接或间接地受其影响。所以在530年代，不仅袈裟的穿着形式，就连佛像造型的感觉也被新的东西所取代，相反受到了魏字洞等影响的巩县石窟（第5窟）的关系却不是很明显。

（二）菩萨立像。

宾阳中洞的菩萨立像，由于头部较大，大衣在较低的位置（膝的上下）交叉呈X字形状，显得比例极不协调。魏字洞的菩萨像虽然头部看上去也较大，与上半身相比，下身较长，天衣交叉的位置提高到了腹部前。并且，在正壁（左侧）的菩萨像X字状的天衣内穿着汉民族的上衣，这是在宾阳中洞里所未见的，但在巩县石窟第1窟却有大致相同的菩萨立像。[⑫]普泰洞正壁的菩萨立像穿着像僧祇支一样的衣服，比例与魏字洞的相似。但是，前壁高大的如来像左侧雕刻着纵向较长的菩萨立像。皇甫公窟的前壁也有同样比例的菩萨立像与正壁不同。与它们比较接近的造像在巩县石窟第3窟里能看到。可是在龙门石窟古阳洞和河南北部地区500年到510年期间出现的造像当中，已经出现几例异常地纵向伸长了的菩萨立像。[⑬]这种与宾阳中洞几乎对称形成的菩萨立像，不仅在当时的龙门石窟里出现了，而且在河南北部地区也出现了。

慈香洞的菩萨立像，X字形的天衣交叉在腹部，头部较小，整体姿态匀称。与之相对，路洞的菩萨像，天衣交叉的位置较低，但下半身特别长。另外，与普泰洞、皇甫公窟的前壁的造像不同，身体较厚、纵向伸长的比例，给人以很自然的印象。璎珞也像X状的天衣一样挂在身上，与天衣不同的是交叉的位置较高，天衣的两端分别缠绕在两脚，形成了新的形式。特别是后者的形式，是在别处几乎看不到之例。这样的菩萨立像的比例和样式是从宾阳中洞、魏字洞到普泰洞、皇甫公窟，随着时代的发展而变化和延续的。并且和如来像一样，慈香洞和路洞的造像是那些特有与魏字洞、普泰洞、皇甫公窟等不同审美观的工匠们开凿的。

在菩萨像中，特别值得一提的是位于魏字洞的左、右壁龛内的本尊像。它们都是半跏趺坐，有带子的内衣上披着X状的天衣，因为交叉点在胯裆之间，一部分就看不到了，猛地一看会觉得这些造像似乎穿了袈裟。实际上有一些研究者把这种造像归纳为坐佛像了。[14]当时的工匠们也不一定对这种半跏趺坐的新样式菩萨像十分了解。皇甫公窟里也有同样的菩萨造像，但不能认为魏字洞里看到的是一种混乱现象，而且也很难认为雕刻这种造像是魏字洞的独立发展的结果。因此，这种形式的菩萨像可能是从某个其他地方传到魏字洞和皇甫公窟。于是在大约跟魏字洞同一时期开凿的巩县石窟第1窟里，已经雕刻出了完整的半跏趺坐的菩萨像。

（三）弟子以及力士像。

（1）弟子像。

宾阳中洞里，本尊的右侧设置了少年弟子像、左侧为老年弟子像。在龙门石窟能够区别出老、少弟子像的最早的实例被认为是有正始四年（507年）铭的古阳洞安定王元燮所造释迦像龛。但那时老年弟子像与少年弟子像的配置恰好相反。[15]究竟什么时候反过来的还不明确，但石松日奈子认为老、少位置发生变化是从龙门石窟古阳洞第二层（509～517年间）开始的。[16]在龙门520～530年期间的各石窟中，遗憾的是很多弟子像的头都残破了，因此，很难确认老、少弟子的特征。但是，在莲花洞的正壁上确实能看到两身老、少弟子造像（右年少、左年老），普泰洞正壁上也同样，本尊右侧为少年弟子、左侧为老年弟子。还有在皇甫公窟的正壁的弟子像中，本尊左侧的造像只露出了胸部的骨头，明显地说明这一边的是一个老弟子。可以认为在从510年代以后的龙门石窟中，（至少在正壁上）就采用了右侧少年弟子、左侧老年弟子的区别、配置方式。但也存在像在慈香洞里看到的在每个壁面上都雕刻大体相同的弟子像之例。

在宾阳中洞里，与右侧的双手拿着像盒子一样的器物的少年弟子相对，左侧的老弟子则双手合十。古阳洞本尊左侧的弟子像当中，存在手持盒子的例子（左壁第2层第2龛），似乎有老、少区别，但也有不能明确区别的情况。在慈香洞、皇甫公窟里，正壁以及左、右壁上弟子像大部分双手合十。在魏字洞、普泰洞的正壁上，右侧弟子像双手持容器，左侧弟子像右手置在胸前，左手下垂。特别有意思的是普泰洞的年轻弟子像与宾阳中洞的形式相似。[17]在路洞的正壁上所见到的四身弟子像当中，能够确认其中一身弟子像于胸前手持容器一样的器物。

（2）力士像和狮子像。

除了慈香洞外，在龙门520～530年代的诸窟的外壁拱门左右，雕刻着与宾阳中洞相同的力士像。在魏字洞左右壁上的大龛内的左右也雕刻出了力士像（普泰洞只有右壁左侧有）。它们中的大部分是一臂弯曲，拳头放置在胸前，一条腿弯曲，膝盖从衣服里露出，形成立刻出击之势。宾阳中洞的力士像为汉民族传统的威吓姿势，掌心向正面。但是，魏字洞、普泰洞、皇甫公窟以及路洞的力士像虽然也有动作，但与直立姿势的宾阳中洞的像相比较，却更具有一种攻击性，表明了汉民族传统的力士“乌获（畏兽）”像与金刚力士像相融合并发展了的形象。汉化了的力士像是在何地开始营造的呢，现在还不知道。从古阳洞里的520年前后雕刻出的几身这种形式来看，就不能否定这种形式的力士像是始于龙门石窟的。但是，在西安碑林博物馆所藏陕西省华县瓜坡支家村出土的延昌元年（512年）铭朱双炽造像龛里，已经雕刻出了受到汉民族传统门神哼、哈二将所影响的力士像。因此，在什么时候都应该考虑到在龙门石窟以外的地区也能雕刻出与汉民族传统相结合的力士像的可能性。

慈香洞里雕刻有三对六头狮子像。每一个都是正面像，没有雕刻出身体。同一样式的像，在皇甫公窟右壁的大龛内也能看到。但皇甫公窟正壁上的狮子像是雕刻在较低的佛床上，为侧面像。魏字洞正壁上的狮子也是侧面，但身体的朝向不同。其特点是一只脚高抬，尾巴尖分成两半。路洞正壁的狮子像，一只脚上举和尾巴的形式与魏字洞相似，但是身体的方向与皇甫公窟的相同。比魏字洞以及路洞更早的狮子形式，可以从南京附近金家村墓出土的花砖上刻出的狮子像去寻找。在北朝，山东省临淄出土的正光元年（525年）铭的台座、巩县石窟第5窟等类似的狮子例子是很多的。[18]另外，在普泰洞里，正壁的佛坛底部比较窄，也许是没有雕刻狮子像的空间之故，看不到狮子像。而在左、右壁的大佛龛内却雕刻了侧面形狮子像，但它们的臀部是完全靠在地面上的。魏字洞的左右大龛里，现在仅残留着供我们想象的狮子尾部。

龙门石窟 520～530 年期间的狮子像的形式虽然互不相同，但是无论是正面形侧面形，与宾阳中洞的像完全不同。这和能否有足够空间来雕刻狮子像有关。如果没有空间，当然就雕刻为侧面形的像，极端情况下，也有像普泰洞那样干脆省略了的情况。不具备宾阳中洞那样规模的中小型石窟，必然要以侧面形的像为主流。但是，从在龙门石窟古阳洞左、右壁上的第三以及第二层等处可以看到的身体为正面，但脖子转向本尊（这也不需要多大的空地）的狮子像形式消失情况来看，就有必要注意，在 520～530 年期间的龙门石窟里，接受了不是古阳洞而是新的南朝风格的狮子形式。

四、壁面装饰

（一）外壁。

在宾阳中洞的外壁拱门上方装饰着充满了火焰纹尖拱额。承托着由龙身变化成的拱端的是与侧面形莲花相组合的爱奥尼亚式柱头。在其左右站立着的金刚力士像的头上，雕刻出了有瓦的屋顶。魏字洞、普泰洞外壁上除力士像以外没有别的装饰。另外，在古阳洞有正始四年（507 年）铭的安定王元燮所造释迦像龛里，雕刻出了仿木构建筑，上层为人字披形，下层为四角钻尖歇山式的屋形龛（上部中央雕刻着金翅鸟）。而继承这种样式并加以发展的却是在皇甫公窟里。拱门上方雕刻出了屋顶形，上部中央为金翅鸟，两端为鸱尾。屋顶下刻着飞天和尖拱额，额中有七佛像。承托龙身状拱端的柱子中央捆扎着莲花似的图案。[19]路洞里风化严重，很难得知全貌，但据最近的报告可知，在须弥山状的物体上雕有金翅鸟。在其旁边及下方雕刻着手托日月的阿修罗、树木和龙。[20]

在宾阳中洞外壁力士像头部上方表现的屋顶，与在汉代画像石中站立在阙下的门神像有关系。汉代以来（在墓葬美术中），阙象征着中国神话中西王母宫殿的入口（天门）。大概是与天门的门神形象相对应的结果，金刚力士像也就立在了房顶下面。在宾阳中洞的地面上表现出莲花池，石窟内部形成了净土世界；但是，在皇甫公窟中，为了强调这一点，就在屋顶上雕刻了金翅鸟，路洞里则更进一步在拱门上雕刻了阿修罗和须弥山。迁都之前（486 年左右）之例，我们知道宁夏固原出土的北魏墓漆棺的棺盖上，在西王母和东王公坐着的建筑物屋顶上绘有金翅鸟。另外在云冈石窟第9、10窟（481年以前）前室的北壁拱门上部，分别雕刻有托着金翅鸟的建筑和须弥山。因此，完全可以认为皇甫公窟和路洞（古阳洞的安定王元燮造释迦像龛也是同样）是直接地或间接地受到了北魏前期、特别是云冈石窟第二期各石窟的影响。

（二）窟内壁面（与宾阳中洞共同的要素）。

（1）维摩、文殊像。

在宾阳中洞里，造像周围充满了小供养人像。维摩、文殊像、萨埵太子、须达拿太子本生图、帝后礼佛图、十神王图等全都集中在前壁两侧。这些题材中，维摩、文殊像在慈香洞、魏字洞、普泰洞、皇甫公窟、路洞里都能看得到。但是所表现的位置没有规律，慈香洞里雕刻在本尊的左右，魏字洞和普泰洞里在左右壁大龛的龛楣拱额上部，皇甫公窟浮雕在右壁大龛的龛楣的拱额上部，以及龛内半跏弥勒菩萨像头部的左右。几乎全部都是维摩像在本尊左侧，文殊像在右侧。[21]

在北朝，维摩像和文殊像最早成对出现，是在迁都之前云冈石窟第7窟主室前壁拱门左右壁上。[22]这里维摩像和文殊像的配置形式都是侧向本尊的形式。从本尊位置来看，维摩像在左，文殊像在右。490年左右开凿的第6窟里，虽然也雕刻在前壁，但是位于拱门上部，中央夹着释迦像，左边是维摩像，右边是文殊像。如果和第7窟一样以本尊为中心来考虑的话，就与第7窟配置相反，维摩像在右边，文殊像在左边了。所以，也可以认为在云冈石窟，维摩像、文殊像的配置方法还没有固定下来。但是在第6窟拱门上部，由于中央配置了释迦，那么在东侧（即左侧壁）上配置文殊像，西侧配置维摩像，与第7窟相反必然是妥当的。因此，可以推断从云冈石窟的第二期开始，本尊左侧为维摩像、右侧为文殊像的规则是存在的。[23]

另外，在龙门石窟，例如古阳洞左壁的第3层第3龛、第2层第3龛等龛中，在本尊左侧雕刻文殊像，右侧雕刻维摩像。但是，在右壁上的第2层第3龛和古阳洞右壁慧畅等造释迦龛中，却是维摩在左侧、文殊在右侧，从那之后就成了固定模式。[24]也就是说虽然在古阳洞的初期，由于某种原因出现了混乱，但可以知道510年始，就开始采用在云冈石窟第6窟里看到的配置方法了。问题是在一个龛里只表现维摩、文殊像的巩县石窟第1窟东壁第1龛的特例，这种情况，维摩像（面朝造像）在右侧，文殊像在左侧，但可以理解为虽然没有表现本尊，它的配置方式也与本尊配置在中央一样。虽然有一些例外的情况，但北魏后期，本尊左侧为维摩像，右侧为文殊像的形式可以说成了一般的配置方法。[25]那么，这种配置方法到底是怎么产生的呢？这肯定与把维摩和文殊哪一个看作上位的问题有关。在中国自古以来就有左边位置比右边高的习惯。这与天子常常面南而坐有关。[26]这种情况下，比西方尊贵的是东方，也就是在天子的左侧了，所以左侧比右侧高。实际上如果考虑了汉民族的宗庙里神王的配置方式昭穆制的话，就会发现中央为太祖，第二、四、六世（昭）在太祖的左侧，第三、五、七世（穆）安置在右侧，说明左侧是上位。[27]而且在本尊左侧能看到维摩，就意味着维摩的地位要比文殊的高。

在宾阳中洞前壁拱门的左、右两侧，左侧壁上雕刻出了文殊像，右侧壁上雕刻出了维摩像。可以认为是遵循了中央虽然没有表现释迦，却似有释迦像的规则雕刻出来的结果。由此可知，这时期即便是有面对本尊这种特殊性质的前壁，那种规则也是优先的。但是这种情况下，在必须区别上位和下位的造像方面上，工匠们之间似乎也产生了不少混乱，例如在文殊像的下方刻出了皇帝礼佛图、在维摩像的下方刻出了皇后礼佛图。[28]比起皇帝在本尊左侧、皇后在本尊右侧的规范，这里却优先考虑维摩、文殊的位置。路洞前壁上浮雕出的维摩像，如果以本尊看来也是在右侧，所以前壁上配置维摩、文殊像的规则，可以理解为在这之后，进入530年也没有发生过变化。

（2）十神王像。

表现了十神王像的只有路洞，但是出现了阿修罗等神王像则与宾阳中洞不同。宾阳中洞里最早出现十神王像，与在窟内雕刻出帝后礼佛图有着密切的关系。大概是与发愿主宣武帝自身对佛教有较深的理解有关。此图的出现打破了皇帝等于如来的北魏佛教思想特色。皇帝礼佛图宣告皇帝自己是一个普通的人，其结果说明皇帝的力量是有限的。而且有必要利用像《金光明经》等有护国思想的经典，特别是其中有揭示国土安宁、击退外敌的思想的鬼神品，这就是出现十神王像的原因。在巩县石窟第1~4窟里，虽然也雕刻了十神王像，但似乎仅此还不够，又增加了汉民族传统图像中的畏兽形象。[29]宣告了皇帝也是俗人的洞窟，基本上是在皇帝发愿窟，在其他洞窟里雕刻十神王像应该是不允许的。尽管如此，在路洞里也雕刻出了十神王像，这无疑证明了皇帝的力量在降低，肯定再不会有其他原因。

（三）窟内壁面（宾阳中洞里看不到的要素）。

（1）涅槃像。

在宾阳中洞里看不到的形象，以魏字洞的左壁和普泰洞左壁上出现的涅槃像为例，这种题材的图像，在迁都之前的云冈石窟第二期末的各石窟（第11窟、第13～14窟）里已经能见到了。[30]但是，魏字洞和普泰洞的图像在北魏是较早的例子，无疑是北魏末期到北齐期间流行的涅槃像的先驱。[31]从在魏字洞以及普泰洞的与涅槃像相对应的位置（前者在左壁大龛楣拱额右下，后者在左壁大龛楣拱额左下方）上雕刻出的与它无关的图像来看，不能断言那里最初就有要表现涅槃图像的计划。但是，与龛楣拱额内的浮雕相比，它的制作时期也不会太晚。

普泰洞中的原作保存得比较好，在仰卧的释迦像的枕边上能看到一身双手合掌的比丘，释迦上方还雕刻出了为释迦之死致哀的四个比丘的头像。在其旁边的大钟下面还能看到两身比丘。魏字洞里虽然没有雕刻出大钟的图像，但除了在释迦旁边多出现了几身弟子像外（隐约地能看到触摸释迦脚的迦叶似的人物），构图大致与普泰洞相同。在云冈石窟第三期的各石窟，第35窟（515年左右）和第38窟（512～525年间）里出现了涅槃图，在后者的图像中上方似乎可以看到弟子像。但是，从释迦的头部开始可以找出很多差异点来，如上部的弟子像只雕刻了上半身等。另外，在巩县石窟第1窟西壁上也雕刻出了涅槃像的龛。由于现在只能看到几身弟子像，所以，也有研究人员对此持保留态度。[32]然而那里没有雕刻佛背光的痕迹，弟子像的排列方式都与魏字洞、普泰洞相类似。因此现在虽然看不到横卧的释迦形象，但是，龛内雕过释迦涅槃像的可能性很高（只不过这里，从弟子像的视线方向来看，可以想象是朝释迦头的方向的，与魏字洞、普泰洞相反）。此外，北魏后期的例子，还有嵩县铺沟石窟、炳灵寺石窟第132窟拱门上部、麦积山石窟第133窟10号碑、庄浪卜氏造像塔第二层、陕西省安塞县云山品石窟第3窟中心塔柱第2层左面等。[33]

（2）树下半跏思惟像。

树下半跏思惟像和涅槃图一样，也是宾阳中洞里看不到的题材。无论是在魏字洞，还是在普泰洞，这两种图像都被对称地雕刻在左、右壁的楣拱额内。皇甫公窟的则有所不同，在正壁上构成七尊像的半跏像旁边出现了树木，其上雕刻出了供养弟子像。塚本善隆氏提出，魏字洞右壁大龛的楣拱额内的树下半跏思惟像是大龛内的弥勒菩萨像，“应该是即将成佛的佛”。但是，却没有谈到普泰洞的树下半跏思惟像和大龛内如来坐像的关系[34]。迁都之前，云冈石窟第9窟、10窟及敦煌莫高窟第275窟的树下半跏思惟像都是作为交脚菩萨的胁侍，是修行者的理想姿态。[35]另一方面，在河南省渑池县鸿庆寺石窟第1窟西壁上，雕刻出了与树下半跏思惟像在一起的白马犍陟的形象。迁都之前的作品中，与犍陟离别（与白马吻别）的场面中肯定要出现半跏思惟像，但是旁边没有雕刻树木，而且，即便是树下半跏思惟，除它自身作为胁侍的情况外，一般都是单独出现的。因此，可以认为在520年前后，本来互无关系的与犍陟离别和树下半跏思惟像的两种题材，由于半跏思惟像的媒介，相互融合在一起。这样没有犍陟形象的魏字洞里，树下半跏思惟像是悉达太子像的可能性也很大。

在渑池县鸿庆寺石窟第1窟西壁的犍陟离别图中，能看到供养人及随从的形象。在从520年左右开始的魏字洞、普泰洞以及北朝领域的各地，出现了在手持华盖、羽葆的随从陪伴下的世俗人物像礼拜树下半跏思惟像的场面。[36]莲花洞的南壁中层雕刻出了头戴冕旒的人物在树下半跏思惟像的面前跪拜的图像。虽然可以认为这些都是汉化了的佛传中的人物形象，可是，如果考虑到这一时期的皇帝像、供养人像总是与手持宝盖、羽葆的随从表现在一起的话，那就不能否定作为礼拜悉达太子的世俗人物来表现的现实中的皇帝和供养人形象的可能性。

（3）路洞的壁面装饰。

在前壁上部雕有树下半跏思惟像的路洞，风化严重。旁边还能看到有菩萨像，但无法断定周围没有雕刻一身世俗的人物。在石窟壁面上没有开龛的路洞，左壁上下分为四层，右壁上下分为五层，上面三层每层都雕刻了如来像，它们大多与树木表现在一起。并且，在左壁的第3层、右壁的第4层中雕刻了如来像的建筑物周围，还雕刻出了莲花池。南北壁面上大概也是表现净土世界吧。在右壁上的第5层的降魔图上方，不知为什么出现了牵骆驼的人物形象。[37]另外，不仅与宾阳中洞，与520年以后的龙门诸窟也有很多差异的是路洞的壁面装饰。在正壁的本尊像的左右两侧雕刻出的插着植物的花瓶图案（插花图案），在皇甫公窟里也能看到，这原本是印度图，大概是在520年前后经过南朝传入龙门石窟的。[38]

五、主次关系与造像的配置方法

（一）三世佛。

现在，把宾阳中洞里雕刻出的三身如来佛像确定为三世佛已成定论。[39]北魏时期在一个洞窟里出现的三身如来像常常被看作是三世佛。虽然也有中央配置交脚菩萨像的（弥勒菩萨像），可是本尊大多是释迦（现在佛）。但是，在这种情况下是很难判断左右两边哪个是过去佛哪个是未来佛，把宾阳中洞以及云冈石窟第20窟等窟的题材定为三世佛的刘慧达先生也无法判断究竟哪个是过去佛哪个是未来佛。但是，在一方为菩萨像的情况下，那它就是弥勒菩萨，另一方就可以认为是过去佛。[40]根据这种说法，在龙门石窟520～530年期间的各石窟中，慈香洞和皇甫公窟两窟的右壁为弥勒菩萨像，那么左壁就是过去佛。[41]在皇甫公窟里，弥勒菩萨像不是交脚式，而是半跏趺坐式。探寻龙门石窟附近的石窟，就会发现在鸿庆寺石窟第3窟中（北魏末期），本尊右侧是弥勒菩萨像（交脚），左侧是过去佛。

以此相对，在巩县石窟的惟一没有中心塔柱的第5窟里（530年代前期），右壁的为过去佛，左壁的为弥勒菩萨（半跏趺坐式），与龙门石窟的配置相反。在云冈石窟第三期的各石窟中，在515年前后营造的第35窟或者第5～10窟、第13～15窟、第13～16窟、第13～17窟的交脚菩萨像几乎都配置在本尊的右侧。特别是在第13～15窟中，由于右壁上雕刻有二佛并坐像，那么可以确认本尊是释迦、右壁为过去佛、左壁的为弥勒菩萨。另外，在炳灵寺石窟第126窟、132窟（都为北魏后期）中，本尊为二佛并坐，也是右侧为过去佛、左侧为弥勒菩萨像（交脚）。[42]时代再晚一点，北魏到东魏期间开凿的山西省昔阳县石马寺石窟第3窟和顺县云龙山石窟的东窟里，也是把结跏趺坐式过去佛雕刻在右壁，倚坐式弥勒菩萨像雕刻在左壁[43]。还有，在麦积山石窟北魏后期的各石窟中，第101窟、第163窟的右壁上雕刻出过去佛，左壁上雕刻出弥勒菩萨像（交脚）。但是，另一方面也存在第142窟看到的那样配置形式混乱的地区。但北魏后期，在龙门石窟以外的地区，把弥勒菩萨像配置在本尊左侧的方法成了主流。

从云冈石窟第三期的几个洞窟开始，在炳灵寺石窟第126窟、第132窟中，把过去佛配置在本尊右侧，弥勒菩萨像配置在左侧，可能与右绕拜佛方式有关。在中心塔柱窟的巩县石窟第1~4窟中，弥勒菩萨像配置在右绕拜佛时最终到达的位置。[44]在云冈石窟第6窟中心塔柱的东向面也能看到弥勒菩萨像，可以认为最晚在490年前后，弥勒菩萨在中心塔柱上的位置就已经确立。所以，迁都以后，即便在没有中心塔柱的洞窟中，弥勒菩萨像也被雕刻在本尊左侧。[45]

（二）与弟子像的关系。

在明确区分出二弟子特征的巩县石窟第1~4窟中，其配置方法与宾阳中洞不同（右老年、左少年），在第3窟里只有一个是相反的。左壁有弥勒菩萨的第5窟里也采取了右老年、左少年的配置方法。另外，麦积山石窟第155窟，是迁都后较早地采用了少年弟子在右、老年弟子配置在左的配置形式。还有在第121窟正壁大佛龛内，本尊的右上方塑造了五身小弟子的影塑，左上方有五身老弟子的影塑。但是，在这个洞窟里，与正壁大佛龛右侧的弟子像相对的左侧的弟子像是螺髻像，从那以后，在麦积山北魏后期的各石窟里能看到很多这样的组合形式。在云冈石窟，老、少弟子像的特征醒目的例子，只在第5~10窟内能看到类似的形式，不仅在迁都以前，就是在迁都以后也极少。而且，在北朝的各地，老、少弟子组合形式的普及也是到了东西魏分裂以后。迄今为止虽然没有人指出过，但在龙门石窟皇甫公窟的过去佛和弥勒菩萨像的配置方法确实与弟子像排列方法相关的可能性很大。弥勒菩萨在右壁、过去佛在左壁和本尊右侧少年弟子、左侧老年弟子的理由是共通的。就像在维摩、文殊像的配置方法上看到的，它与汉民族传统的左位优先思想（崇左思想）有关。左侧是右侧的上位，换句话说左侧配置年长的，右侧配置年幼的，大概是老年与过去、少年与未来（弥勒）相结合的结果吧。也有可能，没有考虑"昭穆制度"，而是为了使造像的配置形式更加统一，而使整个洞窟的含义融入到了儒教的传统（礼制）中，使它更富有权威性。

从四川出土的几组群像的形式来看，弟子没有老少区别。虽然不能把它们无条件地看作南朝的代表作品，但把这种配置方式运用在过去佛和弥勒佛（菩萨）配置的想法，始于北朝（龙门石窟或洛阳）的可能性很高。不过，维摩、文殊像的配置方式，在云冈石窟第二期就已开始。问题是，把迁都之前就已存在的维摩、文殊像的配置方式用于区别新出现的老少弟子像，并把它用于过去佛和未来佛的配置方式的是不是宾阳中洞的工匠们。可以确认在前壁雕刻出的维摩、文殊像与皇帝皇后礼佛图之间的混乱，且本尊左右雕刻的都是如来立像，没有区别过去佛和未来佛。因此还不能断言以汉民族传统为基础的造像配置方式始于宾阳中洞右壁为弥勒佛，左壁为过去佛，但在略晚于宾阳中洞的慈香洞右壁出现了交脚菩萨像。慈香洞的规模较小，也不明确弟子像是否有老少区别。正因为如此，这种造像的配置规则在这个洞窟之前被确定下来的可能性就很高，十分有可能是在宾阳中洞。总之，明确表明这种配置规则的肯定不会是皇甫公窟。但是，不知道为什么在慈香洞里弥勒佛被雕刻成了交脚菩萨像，并且还延续到了皇甫公窟（为半跏趺坐式）。

（三）两身的弥勒菩萨像。

魏字洞中似乎无视这种传统，出现了左右壁都雕刻半跏趺坐菩萨像的新组合形式。把半跏趺坐菩萨像看作弥勒菩萨，那么，魏字洞的左右壁龛内的就是两身弥勒菩萨像。这样的例子能在属于云冈石窟第二期末或第三期的第 11 ~ 17 窟、第 33 窟里（不是半跏趺坐式的，是交脚像）找得到。在第三期的各石窟里，由于在第 24 窟的左、右壁上出现了二佛并坐像，根据图像学的意义，可以理解为是由于重视左右对称性的原因。[46]宿白先生认为第 11 ~ 17 窟营建于迁都之前，第 33 窟营建于 515 年以前[47]，因此，无论哪一个都早于魏字洞。那么，魏字洞里雕刻的两身弥勒像有可能直接或间接地受到重视左右对称性的第三期各窟的影响。如上面所看到的，虽然魏字洞中，南北壁楣拱额内左右都雕刻了树下半跏思惟像，显然工匠们是以左右对称为目的的。

另外，在皇甫公窟正壁五尊像的左右两侧分别雕出了树下半跏思惟像，而形成七尊像，也是出于同样的理由。另外，魏字洞和普泰洞两个石窟的左壁的楣拱额左右出现的树下半跏思惟像中，只在其中一边的下方出现涅槃像仅有的一个无视左右对称的例子，可能是后来补刻的，或者仅仅是偶然在那里雕刻出的涅槃像。但是相反，把它与树下半跏思惟像相对表现出来也可以说是由于某种意图而形成设想。表示希望成道或即将成道的树下半跏思惟像和完成了涅槃的涅槃像组合在一起，并且，（在宾阳中洞之后）把它们放在本应该放过去佛的左壁上，表明了魏字洞和普泰洞中已经清楚地认识到了释迦是过去的存在。这与强调了佛法从过去到现在、然后未来永远延续的宾阳中洞和皇甫公窟不同。于是，与左右大龛内如来坐像的尊格不明确的普泰洞同样，魏字洞被认为是强烈表现了释迦作为过去的存在、弥勒是未来的憧憬，从而创造出了一佛二弥勒的新的组合形式。

左右大龛内配置两身弥勒像的形式，有可能是受到云冈石窟第二期末或第三期各石窟的影响，另外，由于涅槃像也在同一时期出现在云冈石窟，就不能否认魏字洞里出现涅槃像受到云冈石窟影响的可能性。不过那里的涅槃像和尊像的关系与魏字洞不同。在把弥勒像配置在左右两边的云冈石窟第 11～17 窟和第 33 窟，没有出现涅槃像。[48]当然，在云冈石窟第二期末或第三期的各石窟里，既然采用了涅槃像，也就能够推测出在那之前没有认识到释迦之死的时期，工匠们的认识是不同的。但是，魏字洞中却没有考虑“皇帝即如来”思想的重要性，不仅接受了释迦之死，而且可以说工匠们更进入到了把它与强烈期待下一个如来——弥勒的下生结合起来的阶段。

结　论

龙门石窟 520～530 年期间的各石窟，特别是在造像的样式方面，除了与宾阳中洞外，还与巩县石窟第 1～4 窟之间有许多共通点。可是从没有中心塔柱和造像的配置规则的差异来看，很明显并不是把巩县石窟第 1～4 窟作为唯一的标准来营建的。[49]另一方面，颇有意味的是龙门石窟 520～530 年期间的各石窟出乎意料地受到了云冈石窟第二期以及第三期的各石窟的很大影响。相反，从龙门石窟 520～530 年期间的各石窟传播到第三期的信息似乎不是很多。[50]在龙门 520～530 年期间的各石窟中，魏字洞、普泰洞、皇甫公窟三个石窟之间的关系比较接近。慈香洞虽然与它们有许多共同点，但可以看到如来像袈裟的穿着方法等细部形式有所不同。也有规模较小之例，可知虽然工匠们受到了宾阳中洞的影响，但与魏字洞、普泰洞、皇甫公窟的工匠不是同一系统的。路洞也与宾阳中洞或皇甫公窟有一定关联，但在洞窟形式上与 520 年间的各石窟之间存在明显的界线。

另外，魏字洞、普泰洞、皇甫公窟三个石窟之间也存在着各种不同点。例如在如来像、菩萨像的风格及形式、前壁没有如来立像方面，就能把魏字洞与普泰洞、皇甫公窟分为两类，但是在是否有涅槃像的壁面装饰方面，可以分为魏字洞、普泰洞与皇甫公窟两类。由此可见，它们不是同一组工匠开凿的。魏字洞和皇甫公窟两个石窟之间，石窟的营建思想存在明显的差异。普泰洞跟它们中的哪一个都存在着共同点和差异点，而且很难分得清楚。在魏字洞里，同样在左右壁的楣拱额内装饰了树下半跏思惟像，左壁上还雕刻出涅槃像，但是，在左右壁大龛内雕刻如来坐像的普泰洞里，如果它们都被看成是弥勒佛的话，就应该是受到了魏字洞的影响。但与正壁的本尊组合起来看，如果是三世佛的话，就应该是吸收了宾阳中洞的传统，并且由此成为向皇甫公窟过渡的桥梁。

虽然皇甫公窟不是皇帝的敕愿窟，没有雕刻出十神王图，但是，根据尊像以及外壁、地面、窟顶装饰，石窟内部简直就是一个地道的净土世界，完全继承了宾阳中洞的传统。而在外壁上雕刻出了须弥山、地面和左右壁也都雕刻出了莲池的路洞，可以看成是净土世界的夸张表现。把宾阳中洞中基于汉民族传统的尊像配置方法中尚存的不明确之处发展完成了的也是皇甫公窟的工匠们。在皇甫公窟里，把各种不同来源的三世佛、维摩、文殊像、老少弟子像等按照统一的基准，重新组合在一起，不仅将它们明确地表现出来，而且还采用了巩县石窟和洛阳的流行形式，说明此窟是龙门 520 ~ 530 年期间各窟的代表。

在石窟内雕刻三世佛，是为了表现佛法从过去到现在、再到永远延续到未来。可是，其中也融入了北魏皇室家族永远繁荣的愿望。很明显这与以孝道为基础的儒家思想有着很深的关系，而且，由于依据崇左思想（礼制）来统一尊像配置方法，因此，宾阳中洞及皇甫公窟与它们之前的石窟之间的确存在着界线。除了在本尊左侧配置过去佛、右侧配置弥勒外，还必然地应该采用与过去右绕拜佛方式不同的礼拜方式。因此，可以说在那里出现了同样重视儒家思想和佛教思想的汉民族化了的造窟概念。

但是，这种造窟概念，基本上不出龙门石窟以外，只在周围的几个石窟里，并且采用的形式也不完全具备。另外，在石窟以外，郑州荥阳大海寺出土的造像碑（525 年，河南省博物院收藏）也有老少区别的弟子像（右年少、左年老）和汉民族化了的力士像，可以看到与龙门 520 ~ 530 年期间各石窟之间的密切关系，尽管如此，也存在着把维摩配置在本尊右侧、文殊配置在左侧的情况。因此，可以得出结论：不仅是宾阳中洞，就连龙门石窟自身也都属于北朝文化圈中的少数派。而且在宣武帝死后，北魏朝廷内部发生了围绕胡太后的一连串的权力之争，以及由此引起的河阴之变（528 年），无疑也给这些石窟带来了很大的影响。总之，北魏朝廷的衰弱，就影响到了北魏佛教中枢之一龙门石窟向心力的下降。因此，在北朝领域内各地形成了地域特色浓厚、大众容易接受的佛教美术，换句话说，可以认为是促进了与民间信仰的融合（这也是一种汉民族化）。本文没有论及这一时期也很重要的涅槃像出现与末法思想流行的问题[31]，虽然魏字洞里已经看到了它的萌芽，但接受了释迦之死而产生的各式各样造型上的变化，将是今后要研究的课题。

注释：

注：本文译自《佛教芸術》267号，译文经赵声良研究员审校。

①关于龙门石窟的年代，采用温玉成先生的编年，温玉成《龍門北朝期小龕の類型と分期および北朝期石窟の編年》（龍門文物保管所、北京大学考古系编著《中国石窟·龙门石窟》（一）、平凡社1987年）。其中，关于莲花洞，温玉成先生认为建造于510～513年左右。另外，不仅如此，还有从入口没有采用手掌向外式的力士形象、左右壁开两层佛龛的古阳洞形式等方面来看，其营造的时间应该在宾阳中洞以前

②刘景龙、杨超杰著：《龙门石窟总录》，中国大百科全书出版社，1999年。

③慈香洞（窟高1.74m、宽1.67m、进深2.31m），魏字洞（窟高4.25m、宽4.13m、进深4.35m），普泰洞（窟高3.17m、宽3.15m、进深4.60m），皇甫公窟（窟高4.7m、宽4.78m、进深7.25m），路洞（窟高4.15m、宽4.50m、进深5.65m）。这些数字的依据都是根据刘景龙、杨超杰著《龙门石窟总录》的记载（中国大百科全书出版社，1999年）。

④宿白：《平城における国力の集中と“雲岡样式”の形成と发展》，云冈石窟文物保管所编著：《中国石窟·雲岡石窟》（一），平凡社1989年，第197页；吕采芷：《北魏后期的三壁三龛窟》、云冈石窟文物保管所编著：《中国石窟·雲岡石窟》（二），平凡社1990年，第223～225页。

⑤姚迁、古兵编著：《六朝艺术》，文物出版社，1981年，图228。

⑥王振国：《龙门路洞调查报告》，《中原文物》2000年第6期。

⑦宿白：《平城における国力の集中と“雲岡样式”の形成と发展》（云冈石窟文物保管所编著：《中国石窟·雲岡石窟》（一），平凡社1989年，第198页）；八木春生：《雲岡石窟第三期諸窟についての一考察》，《美学、美术史论集》第14辑，成城大学大学院文学研究科，2002年。

⑧但是可以指出这与宾阳中洞之间，也存在有无表现饰边等细部形式的不同（冈田健、石松日奈子《中国南北朝代の如来像着衣の研究［下］》，《美術研究》第57号，东京国立文化研究所，1993年，第228～229页）。

⑨八木春生：《鞏縣石窟年代考》，《芸術学の視座》，勉诚出版，2002年。巩县石窟诸窟的营造年代也请参照同一论文。

⑩慈香洞的情况，北壁（左壁）如来坐像右脚尖从袈裟中露出，路洞也同样，右足把袈裟与垂在其下方的布的中央分开，形成左右对称式裳悬座。

⑪曾布川宽：《龍門石窟における北魏造像の諸問題》，《中国中世の文物》，京都大学人文科学研究所，1993年，第209页。

⑫河南省文物研究所编：《中国石窟·鞏縣石窟寺》，平凡社1983年，图69。

⑬在龙门石窟古阳洞中，可以举例出被认为景名三年（502年）铭伊爱姜等二十一人造弥勒像龛以及约在同期，景明年间的作品的比丘道匠造龛、编号为北壁108号龛的如来造像龛等的胁

侍菩萨像，另外，关于河南地区北部的造像，请参照石松日奈子：《北魏河南の一光三尊像》，《方学报》第69册，京都大学人文科学研究所，1997年。

⑭例如在刘景龙、杨超杰著《龙门石窟总录》第7卷（世界大百科全书出版社，1999年）中，把这些造像不是作为菩萨像一起来处理，而是作为佛像来处理的。

⑮温玉成：《龍門北朝期小龛の类型と分期および北朝期石窟の编年》；龙门文物保管所、北京大学考古系编著：《中国石窟·龍門石窟》（一），平凡社1987年，第186页；北朝老少弟子像组合，在云冈石窟第19－2窟，即迁都以前就已经见到了（这里是在雕刻了二佛并座像的龛的右边配置老年、左边少年。可是，那里仅仅没有形成五尊像吗？云冈石窟在其后不久，没有出现老小区别的弟子像，在这种造像与中间加入了老少弟子像的五尊造像形式之间，应该没有直接影响关系。那么，云冈石窟第19－2窟能雕刻出老少弟子像，也可以考虑为是受到金塔寺东窟中心塔柱北面）。本尊右边老弟子、左边小弟子像等受河西石窟群第二期诸窟的影响（关于河西石窟群，请参照八木春生：《雲岡石窟と河西石窟群について》，《雲岡石窟文样论》，法藏馆，2000年）。

⑯石松日奈子：《龍門石窟古陽洞造像考》，《佛教芸術》第248号，每日新闻社，2000年，第40页。

⑰魏字洞南壁（右壁）大龛内也有两只手上置容器的弟子像。但是，在普泰洞南北壁（右左壁），好像雕刻出的是双手合十的和右手上举、左手下垂的。

⑱姚迁、古兵编著：《六朝艺术》，文物出版社，1981年，图202；河南省文物研究所编：《中国石窟·巩县石窟寺》，平凡社1983年，图197；李静杰：《石窟选萃》，中国世界语出版社，1995年，图67。

⑲刘景龙、杨超杰著：《龙门石窟内容总录》第10卷，世界大百科全书出版社，1999年，图版489。

⑳王振国：《龙门路洞调查报告》，《中原文物》，2000年第6期。

㉑关于维摩、文殊像，参照了石松日奈子：《維摩·文殊像の研究》，《南都佛教》第71号，1995年。石松氏在其论文第57页中确认了维摩、文殊一对像的比较表现，但却认为这种意识（利用两个相对照的要素安排整体的协调）是与用阴阳两种属性来捕捉宇宙的一切的中国的世界观相共通的。虽然的确不可否定存在这种说法的一面，但是，把包括前面提到的老少弟子像，全都理解为阴与阳对比表现就有疑问了。

㉒水野清一、长广敏雄：《雲岡石窟》第4卷，京都大学人文科学研究所，1952年，图88。

㉓石松日奈子认为云冈石窟第6窟前后维摩、文殊的配置反置了（石松日奈子：《維摩、文殊像の研究》，《南都佛教》第71号，1995年，第35页），但认为在如以上所述的那样第二期诸窟出现的时候开始就确定了本尊右边为文殊、左边为维摩的配置。那么，在云冈石窟第二期诸窟中已经见到一例第1窟的维摩、文殊像，在拱门东壁一侧（本尊的左侧）维摩和文殊被雕刻在一起，并且1只维摩像很大，而文殊像只是画蛇添足式的在那里。即便在第1窟，像第7窟那样一开始就是计划分开表现在拱门左右的，很明显是由于某种理由而发生变更的，但是尽管如此，维摩像还是安置在本尊的左侧。另外，在迁都以后的第三期诸窟中，虽然依据这种方法并列起来的例子很多，但是也有像第33－3窟那样维摩在右边、文殊在左边的例子。

㉔温玉成：《龍門北朝期小龛の类型と分期および北朝期石窟の编年》，龙门文物保管所、北京大学考古系编著：《中国石窟·龍門石窟》（一），平凡社1987年，第190～191页；石松日奈

子:《龍門石窟古阳洞造像考》,《佛教芸術》248号,每日新闻社,2000年,第41~42页。

㉕从四川成都西安路出土的三佛并座像背光内侧也能见到维摩、文殊像,可以得知南朝也流行这种图像,但是我们知道其配置(此像至少造于540年代)是维摩在右、文殊在左(成都市文物考古工作队、成都市文物考古研究所:《成都市西安路南朝石刻造像清理简报》,《文物》,1998年第1期)。

㉖根据“圣人南面而听天下”(《易·说卦》)“南面王乐”(《庄子·至乐》)等的记载,可以知道自古以来天子就是指面朝南面的事物。

㉗关于昭穆制,参照諸辙次:《大和辞典》卷5,大修馆书店,1957年。

㉘在中国南北朝时代,以须达拿太子本生图为代表的“好施舍自己拥有物”的情况,也与在萨埵太子本生中看到舍去自己的生命的“本来的舍身”一样,也有被称之为“舍身”的情况,但是,由船山氏指出的《身の思想》(《东方学报》第74册,京都大学人文科学研究所,2002年,第324页、第312页、第311页),萨埵太子本生被安置在左边大概应该是原来意义上的舍身要比象征性的舍身重要吧。

㉙八木春生《いわゆる十神王像について》,《芸術研究報》21,筑波大学艺术系,2001年。

㉚云冈石窟文物保管所编著:《中国石窟·云冈石窟》(二),平凡社1990年,图83。那么,第13-4窟里也有类似涅槃的图像,是由宿白氏指出的。宿白:《平城における国力の集中と“雲岡样式”の形成と发展》,云冈石窟文物保管所编著:《中国石窟·雲岡石窟》(一),平凡社1989年,第180页。

㉛成都万佛寺出土的造像(6世纪前叶)背光中,有雕刻棺木的情况。刘志远、刘廷壁编:《成都万佛寺石刻艺术》,中国古典艺术出版社1958年,图3。但是那里的棺木中没有表现横卧的人物,因此就不清楚它是否是与涅槃有关系的图像了。

㉜宿白:《洛阳地方における北朝期石窟の初步考察》,龙门文物保管所、北京大学考古系编著:《中国石窟·龍門石窟》(一),平凡社1987年230页,注61。

㉝宿白:《洛阳地方における北朝期石窟の初步考察》,龙门文物保管所、北京大学考古系编著:《中国石窟·龍門石窟》(一),平凡社1987年,第228页,《中国石窟·炳灵寺石窟》(平凡社1986年,图101;张宝尔编著:《甘肃佛教石刻造像》,甘肃人民美术出版社,2001年,图157、图141;藤龍:《中国云冈石窟における中心柱窟の展開とその影響》,《美学、美術史論集》第14辑,成城大学大学院文学研究科,2002年。据说过去曾经有过涅槃像(水野清一、长广敏雄《雲岡石窟》第15卷,京都大学人文科学研究所,1955年,第17页)。

㉞塚本善隆:《龍門石窟に6れたる北魏佛教》,水野清一、长广敏雄:《河南洛陽龍門石窟の研究》,座右宝刊行会,1941年,第190页。

㉟八木春生:《雲岡石窟文論》,法藏馆,2000年,第77~80页。

㊱大阪市立美术馆所藏,太和十六年铭的表现与犍陟离别的造像龛,半跏思惟像的旁边,例外地雕刻出了供养人、僧人的形象。可是没有随从给打伞盖和羽葆。

㊲王国维:《龙门路洞调查报告》,《中原文物》2000年第6期。

㊳八木春生:《中国南朝の蓮華文について》,《雲崗石窟文論》,法藏馆2000年,第229~257页。

㊴稻本泰生:《龍門賓陽中洞考》,《研究纪要》第13号,京都大学文学部美学美术史学科研

究室，1992 年，第 62 页。

㊵刘慧达：《北魏石窟中的“三佛”》，《考古学报》1958 年第 4 期。

㊶同样北魏末期营造的六狮洞，也只是右壁上雕刻出交脚菩萨像。

㊷虽然在炳灵寺石窟第 132 窟正壁能看到二佛并坐像，但是，云冈石窟第 13～15 窟同一时期却表现在了过去佛的位置。因此，二佛并坐像，就应该有强调过去佛和强调现在佛的两个方面。那么，在为了强调现在佛使用了二佛并坐的例子中，有敦煌莫高窟第 285 窟北壁。

㊸晋华、崔盛荣：《山西昔阳石马寺石窟及摩崖造像》，《文物》1999 年第 4 期；高濑奈津子：《北朝末山西南部の仏教石窟》，《明大アジア史論集》第 5 号，明治大学东洋史谈话会，2000 年；李玉明、常亚平：《和顺县云龙山石窟调查简报》，《文物季刊》1997 年第 1 期。

㊹石松日奈子：《弥勒像坐势研究》（东京国立博物馆美术誌《MUSEUM》502 号，1993 年）第 18 页。但是，在中心塔柱上雕凿出三世佛的情况，很明显一面就变得多余了，是否存在一定的规律，不清楚。

㊺有问题的是，云冈石窟第 20 窟等 460～480 年代之间的三世佛。原因是这一时期的三世佛都是如来像，因此，到底本尊的哪一边配置的是弥勒了呢，就不能简单地断言了。虽然东山健吾氏在《麦積山石窟の研究と初期石窟に関する二、三の問題》（《中国石窟・麦積山石窟》，平凡社 1987 年，第 266～268 页）中，提示了被作为 4、5 世纪左右的作品的ショトラク出土的三世佛像，来作为云冈石窟第 20 窟、麦积山石窟第 74 窟等石窟中看到的三身如来像，就是三世佛的根据，但是其三世佛的情况，中央释迦像右边雕刻出了过去佛定光佛。于是北朝 460 年代期间，决定把过去佛配置在本尊（释迦像）的右边、弥勒像置在左边的可能性就很大。因此，就与右绕无直接关系，也不能否定是不是与西方的习惯有关。那么，出现在被认为开凿于 470 年前后的金塔寺东窟中心塔柱西面的三世佛，配置形式为中央交脚弥勒佛、左边释迦佛、右边过去佛，可是基于什么样的理由这样组合的呢，现在还不清楚。

㊻八木春生：《雲岡石窟第三期諸窟についての一考察》（《美学、美術史論集》第 14 辑，成城大学大学院文学研究科，2002 年）。

㊼宿白：《平城における国力の集中と“雲岡样式”の形成と发展》，云冈石窟文物保管所编著《中国石窟・雲岡石窟》（一），平凡社 1989 年，第 180～第 181 页，水野清一、长光敏雄：《西端诸窟》，《雲岡石窟》第 15 卷，京都大学人文科学研究所，1955 年，第 52 页；八木春生：《雲岡石窟第三期諸窟についての一考察》，《美学、美術史論集》第 14 辑，成城大学大学院文学研究科，2002 年。

㊽相反在雕刻有涅槃像的云冈石窟第 38 窟，涅槃像被雕刻在正壁二佛并坐像的左边，另外，在左壁大龛内交脚菩萨像的楣拱额左上方能看到涅槃像的第 35 窟，右壁大龛内也配置过去佛的倚坐像。

㊾在被认为是涅槃像的巩县石窟第 1 窟中，营造石窟的工匠们的素养或对图像学的兴趣是很薄弱的。恐怕只是一点不差地选择当时流行的一个主题雕刻在壁面上。此窟与几乎同一时期开凿的魏字洞之间，不应该有直接关系，另外，从二者与云冈石窟第三期诸窟的涅槃像之间也能指出细小的差异来看，在云冈石窟、龙门石窟以外的地域，例如在洛阳的寺院等地，510 年后期流行涅槃图像，魏字洞、巩县石窟第 1 窟，就十分有可能是采用了那里最新流行的形式。在这两个洞窟中看到的新的形式半结跏趺坐菩萨像，可以从永宁寺塔址的出土品中得到确认。

(50)八木春生:《雲岡石窟第三期諸窟についての一考察》,《美学、美術史論集》第14辑，成城大学大学院文学研究科，2002年。

(51)根据曾布川宽氏的研究，末法思想开始于《大方等大集经》丿亅藏分翻译以后，但是末法思想的危机意识在北齐时代已经存在了。《(响堂山石窟考》,《东方学报》第62册，京都大学人文科学研究所，1990年，第202~203页)。

(原载《敦煌研究》2007年第2期总第102期)

后 记

2009年8月26日，我在鄂伦春自治旗委宣传部、文化局有关人士的陪同下，第一次登临名贯中外的嘎仙洞。大山和山洞都是寂静的，但我却心潮起伏，真正的热血沸腾也莫过如此。

我曾经在呼伦贝尔工作过7年，自1993年离开后每年至少也能回去一次。但阴错阳差，始终没有机会光顾鄂伦春、光顾嘎仙洞，真可谓遗憾至深。因编辑《走出石窟的北魏王朝》一书，查阅了大量资料，阅读了大量论文，对大兴安岭、对嘎仙洞有了更深层次的认识和理解，更有了非常强烈的向往。此时如愿以偿，怎能不心花怒放、心潮澎湃呢?

就是眼前这座被称为嘎仙洞的石窟，曾养育了一个伟大的鲜卑民族；鲜卑民族又创造了一个伟大的北魏王朝。鲜卑族的骄子拓跋焘做皇帝后因缅怀先祖的丰功伟绩和生命恩泽，于443年派遣中书侍郎李敞不远几千里来石墟祭祖，并在坚硬的石壁上凿刻“维太平真君四年癸未岁七月廿五日，天子臣焘，使谒者仆射库六官、中书侍郎李敞、傅𦰡，用骏足、一元大武、柔毛之牲，敢昭告于皇天之神。启辟之初，祐我皇祖，于彼土田，历载亿年。聿来南迁，应受多福，光宅中原。惟祖惟父，拓定四边。庆流后胤，延及冲人。阐扬玄风，增构崇堂。剋揃凶丑，威暨四荒。幽人忘遐，稽首来王，始闻旧墟，爰在彼方。悠悠之怀，希仰余光。王业之兴，起自皇祖。绵绵瓜瓞，时惟多祐。归以谢施，推以配天。子子孙孙，福禄永延。荐于皇皇帝天，皇皇后土。以皇祖先可寒配，皇妣先可敦配。尚飨！东作帅使念凿”。

这段文字后来被写进《魏书》，它是开启北魏研究的一把钥匙，可这把钥匙却被藏在深山老林中。致力于鲜卑、北魏研究的学者都在寻找，米文平最为有幸，他于1980年7月在嘎仙洞的石壁上发现了这段祝文，为鲜卑、北魏研究打开一扇厚重的大门。米文平坦言，他之所以把目标锁定在嘎仙洞，是受白鸟库吉、翦伯赞、马长寿、宿白等中外史学大师的影响。

嘎仙洞石壁祝文的发现，使相对沉寂的鲜卑、北魏研究立刻活跃起来，《走出石窟的北魏王朝》所收入的论文便是明证。

感谢在《走出石窟的北魏王朝》编辑过程中给予支持和帮助的有关部门和有关人士。

阿勒得尔图

2009 年 10 月 8 日晚灯下于闲野斋

图书在版编目（CIP）数据

走出石窟的北魏王朝/金昭主编．—北京：文化艺术出版社，2010.1

ISBN 978-7-5039-4231-0

Ⅰ．走… Ⅱ．金… Ⅲ．①鲜卑—民族历史—研究—中国②中国—古代史—研究—北魏（439～534）Ⅳ．K289 K239.210.7

中国版本图书馆CIP数据核字（2010）第008590号

走出石窟的北魏王朝

主　　编　金　昭　阿勒得尔图
责任编辑　金　燕
特约编辑　苏雅拉图
装帧设计　玲　子
出版发行　文化艺术出版社
地　　址　北京市朝阳区惠新北里甲1号　100029
网　　址　www.whyscbs.com
电子邮箱　whysbooks@263.net
电　　话　（010）64813345　64813346（总编室）
　　　　　（010）64813384　64813385（发行部）
经　　销　新华书店
印　　刷　国英印务有限公司
版　　次　2010年4月第1版
　　　　　2010年4月第1次印刷
开　　本　787×1092毫米　1/16
印　　张　49.625
字　　数　813千字
书　　号　ISBN 978-7-5039-4231-0
定　　价　96.00元（上、下卷）